国家出版基金项目
NATIONAL PUBLICATION FOUNDATION

國家出版基金項目

教育部哲學社會科學研究重大課題攻關項目

「十一五」「十二五」「十三五」國家重點圖書出版規劃項目·重大工程出版規劃

「十四五」國家重點出版物出版专項規劃項目·古籍出版規劃

國家社會科學基金重大項目

北京大學「九八五工程」重點項目

儒藏

精華編一四七册
史部詔令奏議類

儒藏

精華編

北京大學《儒藏》編纂與研究中心

《儒藏》精華編第一四七册

首席總編纂　季羡林

項目首席專家　湯一介

總　編　纂　湯一介　龐　樸　孫欽善　安平秋（按年齡排序）

本册主編　張希清

《儒藏》精華編凡例

一、中國傳統文化以儒家思想爲中心。《儒藏》爲儒家經典和反映儒家思想、體現儒家經世做人原則的典籍的叢編。收書時限自先秦至清代結束。

二、《儒藏》精華編爲《儒藏》的一部分，選收《儒藏》中的精要書籍。

三、《儒藏》精華編所收書籍，包括傳世文獻和出土文獻。傳世文獻按《四庫全書總目》經史子集四部分類法分類，大類、小類基本參照《中國叢書綜録》和《中國古籍善本書目》，於個别處略作調整。凡單書已收入入選的個人叢書或全集者，僅存目録，並注明互見。出土文獻單列爲一個部類，原件以古文字書寫者一律收其釋文文本。韓國、日本、越南儒學者用漢文寫作的儒學著作，編爲海外文獻部類。

四、所收書籍的篇目卷次，一仍底本原貌，不選編，不改編，保持原書的完整性和獨立性。

五、對入選書籍進行簡要校勘。以對校爲主，確定内容完足、精確率高的版本爲底本，精選有校勘價值的版本爲校本。出校堅持少而精，以校正誤爲主，酌校異同。校記力求規範、精煉。

六、根據現行標點符號用法，結合古籍標點通例，進行規範化標點。專名號除書名號用角號（《》）外，其他一律省略。

七、對較長的篇章，根據文字内容，適當劃分段落。正文原已分段者，不作改動。千字以内的短文一般不分段。

八、各書卷端由整理者撰寫《校點説明》，簡要介紹作者生平、該書成書背景、主要内容及影響，以及整理時所確定的底本、校本（舉全稱後括注簡稱）及其他有關情況。重複出現的作者，其生平事蹟按出現順序前詳後略。

九、本書用繁體漢字豎排，小注一律排爲單行。

《儒藏》精華編第一四七册

史部詔令奏議類

歷代名臣奏議卷之三百二十四

禦邊

宋仁宗時，知延州龐籍論范仲淹攻守之策，上疏曰：

臣近奉詔詳范仲淹所上攻守之策，及范仲淹近遣本州推官張問至，具述延、慶之間合力出兵之議。臣竊謂虜衆之舉，齎糧不過十日，而利於速戰，短於攻城。彼攻我城，則常多死傷。我速與戰，則屢成挫衂。若諸寨有樓櫓、矢石、芻糧、水泉之具，即委之使攻。既齎無久糧，野無所掠，就使十日不退，我以重兵乘之，觀釁而動，誠得全師禦戎之體。萬一它路力不能支，須至用仲淹之策，然由德靖出師，路沿洛河，涉春泥濘，步騎難進。若久留賊界，人心多搖。川谷之險，皆可以邀擊我軍。意外之虞，恐不能盡如豫算。或寇深入患大，亦不免與仲淹合謀而入，擇地而攻也。仲淹所陳守用土兵則安，東兵則危。今土兵之數無多，而難於招募，東兵亦未可去也。且當撫馴訓練，興營田，減冗費，爲持久寬民之計。賊來則力禦之，有隙則間之，以俟其弊。且西羌之俗，歲時以耕爲事，略與漢同。近年屢有點集，人多失業。每入寇邊郡，計其掠獲，僅足償所費，人尚不樂。❶若堅壁清野，使無所得，則勢必益窮，心必益怨，歲月之

❶「樂」，原作「多」，今據《長編》卷一三五慶曆二年二月癸未條改。

間，釁變必生。心危勢動，然後招納之策始可行焉。仰料朝廷固不吝財貨以安方隅，但深思極慮，事體有大於此者耳。

康定元年，仲淹爲陝西都轉運使，乞嚴邊城實關內，上奏曰：

臣聞兵家之用在先觀虛實之勢，實則避之，虛則攻之。今緣邊城寨有五七分之備，而關中之備無三二分。若昊賊知我虛實，必先脅邊城，不出戰，則深入乘關中之虛。小城可破，大城可圍，或東阻潼關，隔兩川貢賦。沿邊懦將不能堅守，則朝廷不得高枕矣。爲今之計，莫若且嚴邊城，使持久可守。實關內，使無虛可乘。西則邠州、鳳翔爲環、慶、儀、渭之聲援，北則同州、河中府阨鄜、延之要害，東則陝府、華州據黃河、潼關之險，中則永興爲都會之府，各須屯兵三二萬人。若寇至，使邊城清野，不與大戰，關中稍實，豈敢深入？復命五路修攻取之備，張其軍聲，分彼賊勢。使弓馬之勁無所施，牛羊之貨無所售，❶二三年間，彼自困弱。待其衆心離叛，自有間隙，則行天討。此朝廷之上策也。又聞邊臣多請五路入討，臣切計之，恐未可以輕舉也。太宗朝以宿將精兵北伐西討，艱難歲月，終未收復。緣大軍之行，糧車甲乘，動彌百里。虜騎輕捷，邀擊前後，乘風揚沙，一日數戰，進不可前，退不可息，水泉不得飲，沙漠無所獲，此所以無功而有患也。況今承平歲久，中原無宿將精兵，一旦興深入之謀，保難制之勝，❷臣以謂國之安危，未可知也。然則

❶「售」，《范文正公别集》卷四《論西事劄子》作「集」。

❷「保難制之勝」，《范文正公别集》作「係難制之虜」。

唐、漢之時能拓疆萬里者，蓋當時授任與今不同。既委之以兵，又與之賦税，而不求速效。故養猛士，延謀客，日練月計以待其隙。進不俟朝廷之命，退不關有司之責，觀變乘勝，如李牧之守邊，可謂善破虜矣。惟陛下深計而緩圖之。

慶曆元年，仲淹爲陝西安撫副使、知延州，論夏賊未宜進討疏曰：

臣聞昨賊界投來山遇，❶嘗在西界掌兵，言其精兵纔及八萬，餘皆老弱不任戰鬭。始賊衆深入，蓋爲官軍以分地自守，既不能獨禦賊鋒，又不能併力掩殺，彼得其便，繼爲邊患，其虜劫生口牛羊，亦不曾追奪，故安然往來，如蹈無人之境。今延州東路合隄防之處，已令朱吉與東路巡檢駐軍延安寨，其西路亦委王信、張建侯、狄青、黄世寧在保安軍每日訓練，及令西路巡檢劉政在德靖寨、張宗武在敷政縣，❷密令分布兵馬，候賊奔衝，放令入界，會合掩擊。若數路並入，且併衆力禦敵，或彼得一處，即便邀擊别路。其環慶路已遣通判馬端往報部署司，❸令一如鄜延路設備。如此，則可以乘勝而破賊也。今須令正月内起兵，則軍馬糧草動踰萬計，入山川險阻之地，塞外雨雪，暴露僵仆，使賊乘之，所傷必衆。況鄜延路已有會合次第，不患賊先至也。賊界春暖則馬瘦人飢，其勢則易制，及可擾其

❶「遇」，原作「過」，今據《長編》卷一三〇慶曆元年正月戊午條、《宋朝諸臣奏議》卷一三二《上仁宗論夏賊未宜進討》改。
❷「靖」，原作「青」；「敷」，原脱，今據《長編》改、補。
❸「部署」，原作「總管」，宋人避宋英宗名諱改，今據《長編》改回。

耕種之務，縱出師無大獲，亦不至有它虞。自劉平陷没之後，修城壘，運兵甲，積糧草，移士馬，大爲攻守全勝之策，非爲小利而動。如重兵輕舉，萬一有失，將何繼之？則必闕朝廷安危之憂，非止邊患之謂也。苟自今賊至不擊，是臣之罪也。兵法曰：「戰道必勝，主曰無戰，必戰可也。戰道不勝，主曰必戰，不戰可也。」臣昨於九月末至鄜延路，便遣葛懷敏、朱觀入界掩襲族帳。蓋與今來時月不同，非前勇而後怯。今若承順朝旨，不能持重王師，爲後大患，雖加重責，不足以謝天下。苟伺春暖舉兵，尤未爲失策。❶

且元昊稔惡以來，欲自尊大，必被奸人所誤，謂國家太平日久，不知戰鬭之事。又謂邊城無備，所向必破。所以恣桀慢之心，侵擾不已。今邊鄜漸飭，❷度其已失本望。況已下敕招携族帳首領，臣亦遣人探問其情，欲通朝廷柔遠之意，使其不僭中國之號，而修時貢之禮，亦可俯從。今鄜延是舊日進貢之路，蕃漢之人頗相接近。願朝廷敦天地包荒之量，❸存此一路。今諸將勒兵嚴備，賊至則擊，但未行討伐。容臣示以恩意，歲時之間或可招納。如先行攻掠，恐未能擒其聚落，如白豹之功，官軍既退，戎類復居。狼心重報，增其怨毒，邊患愈滋，無時敢暇。若天兵屢動，不立大功，必爲夷狄所輕。臣又近召張亢到延州熟議，亦稱願與戎人相見於界上。臣所以乞存此一路

❶「爲」，原作「能」，今據《四庫全書》本、《長編》改。

❷「鄜」，《長編》作「備」。「飭」，原作「飾」，今據《四庫全書》本、《長編》改。

❸「敦」，原作「廣」，宋人避宋光宗名諱改，今據《長編》改回。

者，一則懼春初盛寒，士氣愈怯。二則恐隔絶情意，偃兵未期。若施臣之鄙計，恐是平定之一端。苟歲月無效，遂舉重兵取綏、宥二州，擇其要害而舉之，屯兵營田，❶作持久之計。如此，則横山一帶蕃漢人户，去賊昊相遠，懼漢兵威迫，可以招降，或即奔竄。則是去西賊之一臂，拓疆制寇，無輕舉之失也。

仲淹又改知慶州，上攻守二策疏曰：

臣竊觀西事已來，每議攻守，未見適中。或曰「必行進討，以期平定」。臣謂諸路進討，則兵分將寡，氣不完盛。❷絶漠風沙，迷失南北，饋運輜重，動有抄掠。賊之巢穴，負阻河外，非奇將不能襲。至若寇邊，常併兵來擾一路。每有朝旨令入界牽制，其如將帥方略，非有素定，茫然輕進，不知所圖，但求虚弱之處，以剽竊爲功。既不能大振兵威，又不能少分賊勢。此進討牽制之無效也。或曰「宜用守策，來則禦之，去則勿逐」。臣觀今之守邊，多非土兵，不樂久戍，又無營田，必煩遠饋。久戍則軍情危殆，遠饋則民力將竭。歲月綿久，恐生他患。此守禦之末策也。臣荷國重寄，曾無寸勞，夙夜營營，思有所補，而才踈迂昧，終無發明。今採邊人而成末議，固不敢謂其可用，亦不敢望其必行。在朝廷以衆議參之，擇其可否，如無所取，乞賜寢罷。今具下項攻守之議，依聖旨指揮，交付梁適齎回赴闕。

❶「兵」，原作「田」，今據《長編》改。

❷「完」，原作「全」，宋人避宋欽宗名諱改，今據《范文正公集》卷五《上攻守二策狀》、《長編》卷一三四慶曆元年十一月記事回改。本篇下同。

議攻

臣謂進討未利，則又何攻？臣切見延安之西、慶州之東，有賊界百餘里侵入漢地，中有金湯、白豹、後橋三寨，阻延州、慶州經過道路，使兵勢不接，❶策應迂遠。自來雖曾攻取，無招降之意，据守之謀，漢兵纔回，邊患如舊。臣謂西賊更有大舉，朝廷必令牽制，則可攻之地，其在於此。可用步兵三萬、騎兵五千，鄜延路步兵一萬二千、騎兵三千，涇原路步兵九千、騎兵一千，環慶自過馬步一萬。除官軍外，蕃兵更可十八千人。軍行入界，當先布號令。生降者賞，殺降者斬，得精强者賞，害老幼婦人者斬，拒者併力以戮之，服者厚利以安之。逃遁者勿追，疑有伏也。❷居者勿遷，俾安土也。乃大爲城寨以据其地，如舊城以險而增修。非守地，則別擇要害之處，以錢召帶甲之兵、熟户、强壯，兼其功役。❸昨奉朝旨，令修緣邊城寨。臣以民方穡事，❹將係官閑雜，并勸令近上人户以雇夫錢，散與助功兵士食錢。❺其帶甲兵士翕然情願，諸寨並以畢工。俟城寨堅牢，當留土兵以守之。方諸舊寨，必倍其數。使范全、趙明以安撫之。范全今爲麒麟副使、慶州北都巡檢。❻趙明今爲東頭供奉官、柔遠寨都巡檢使。必嚴其戒曰：賊大至則明斥候，召援兵，金湯東去德靖寨四十里，西去東谷寨六十里，❼西南去柔遠寨八十里。❽白豹西去柔

❶「接」，原作「安」，今據《范文正公集》、《長編》改。
❷「伏」，原作「質」，今據《長編》改。
❸「功」，原作「士」，今據《長編》改。
❹「民」，原作「兵」，今據《范文正公集》、《長編》改。
❺「功」，原作「土」，今據《范文正公集》、《長編》改。
❻「今」，原作「令」，今據《范文正公集》、《長編》改。下一「今」字同。「麒麟」，《范文正公集》、《長編》作「騏驥」。
❼「寨」，原作「縣」，今據《范文正公集》、《長編》改。「六」，《范文正公集》、《長編》作「八」。
❽「去」，原脱，今據《范文正公集》、《長編》補。

遠寨五十里，❶南去慶州一百五十里。堅壁清野以困之。小至則扼險設伏以待之。居常高估入中，及置營田以助之。如此則可分彼賊勢，❷振此兵威，通得延、慶兩路軍馬，易爲應援。所用主兵官員、使臣，勇決身先者居其前，❸王信、狄青、劉極、范全、劉貽孫、張建侯。可用策應者居其次，任守信、王逵、❹王遇、王文、張宗武、譚嘉震、王守恩。使臣中可當一隊者參於前後，❺張信、張忠、郭達、張懷忠。有心力幹事者營立城寨。周美、張瓌、李緯、楊麟、❻劉兼濟、張繼勳。臣觀後漢段紀明以騎五千、步萬人、車三千兩，錢五十四億，三冬二夏，❼大破諸羌。又觀唐馬燧造戰車，❽行則帶甲兵，止則爲營陣，或塞險以遏奔衝。臣以此路山坡，大車難進，當用小車二千兩，❾銀絹錢二十萬以賞有功將吏及歸降蕃部，并就糴芻粟，亦稍足用。其環州之西、鎮戎之東，復有胡蘆泉一帶蕃部，與明珠、滅藏相接，阻環州、鎮戎經過道路。明珠、滅藏之居，北接戎疆，多懷觀望。又延州南安去故綏州四十里，在銀、夏川口。今延州兵馬東渡黃河，北入嵐、石，却西渡黃河，倒來麟、府策應。蓋以故綏州一帶，賊界阻斷經過道路。已上三處，

❶「五」，原脱，今據《范文正公集》、《長編》補。
❷「可」，原脱，今據《范文正公集》、《長編》補。
❸「決」，原作「夫」；「先」，原作「死」，今據《范文正公集》、《長編》改。
❹「信王」二字，原誤倒；「逵」，原作「達」，今據《長編》改。
❺「後」，原作「隊」，今據《范文正公集》、《長編》改。
❻「麟」，原作「鄜」，今據《范文正公集》、《長編》改。
❼「二」，原作「三」，今據《范文正公集》、《後漢書・段熲傳》改。
❽「造」，原作「引」，今據《范文正公集》、《長編》改。
❾「千」，原作「十」，今據《范文正公集》、《長編》改。

內麟府一路，❶臣不曾到彼，更乞下本處訪問及畫圖，即見山川道路次第也。如此取下一處城寨，❷平定則更圖一處，爲據守之策。比之朝去暮還，此稍爲便穩。

議守

臣觀西戎居絶漠之外，長河之北，倚遠恃險，未易可取。建官置兵，不用禄食，每舉衆犯邊，一毫之物皆出其下，風集雲散，未嘗聚養。中國則不可。遠戍之兵久而不代，負星霜之苦，懷鄉國之望。又日給廩食，月給庫緡，春冬之衣、銀、鞋，❸饋輸滿道不絶，國用民力，日以屈乏。軍情愁怨，須務姑息。此中原積兵之憂，異於夷狄也。臣謂戎虜縱降，塞垣鎮守，當務經遠，古豈無謀。臣觀漢趙充國興屯田，大獲地利，遂破先零。魏武於征伐之中，令帶甲之士隨宜墾闢，故不甚勞，大功克舉。數年之中，所在積粟，倉廩皆滿。唐置屯田，天寶八年，河西收二十六萬石，隴西收四十四萬石。孫武曰：「分建諸侯，以其利而利之，使食其地之毛實，役其人民之力，故賦税無轉徙之勞，徭役無怨曠之嘆。」臣昨在延州，見知青澗城种世衡言欲於本處漸興田利，❹今聞僅獲萬石。臣觀今之邊寨，皆可使弓手、土兵以守之，因置營田，據畝定課，兵獲羨餘，中糴于官，人樂其勤，公收其利，則轉輸之患，久可息矣。且使其徙家塞下，❺重田利，習地勢，顧父母妻子而堅其守，比之

❶「麟」，原作「鄜」，今據《范文正公集》、《長編》改。
❷「此」，《范文正公集》無此字。「取」，原作「處」，今據《范文正公集》、《長編》、《宋朝諸臣奏議》卷一三三《上仁宗攻守二策》改。
❸「銀」，原脱，今據《范文正公集》、《長編》補。
❹「知」，原脱，今據《范文正公集》、《長編》補。
❺「塞」，原作「寨」，今據《范文正公集》、《長編》改。

東兵不樂田利，不習地勢，復無懷戀者，功相遠。少田處，許蕃部進納荒田，以還資酬奬，或量給與價直。儻朝廷許行此道，則委臣與擇官員，約古之義，酌今之宜，行於邊陲，庶幾守愈久而備愈充。雖夷狄時爲邊患，不能困我中國。此臣所以言假土兵、弓手之力以置屯田，爲守制也。然臣觀前漢高帝之盛，中有蕭、張決勝千里，下有百戰之師，以四十萬人之衆，困于平城，乃約匈奴和親。至高后、文、景，代代如之，不絶其好。而匈奴慮變，往往犯塞，殺戮吏民，不勝其酷。至於書問傲慢，下視中國，而人主以生民之故，屈己含容，不爲之動。孝文即位，將軍陳武請議征討，以益封疆。孝文曰：「兵，凶器也。雖克所願，動必耗病，謂百姓遠方何？今匈奴内侵，軍吏無功，邊民父子荷兵日久，朕動心痛傷，何日忘之。未能銷距，願且堅兵設候，結和通使，休寧北陲，爲功多矣。且無議兵。」故百姓無内外之徭，得息肩於田畝，天下富實，雞鳴犬吠，煙火萬里，可謂和樂者乎。司馬遷以文帝能和樂天下，協於大樂，故著于律書，爲後代法。臣謂國家用攻，則宜取其近，而兵勢不危；用守，則必圖其久，而民力不匱。然後取文帝和樂之德，無孝武哀痛之悔，則天下幸甚。

二年，仲淹再議攻守疏曰：

臣切惟國家太平日久，而一旦西戎背德，陵犯邊鄙，公卿大夫争進計策，而未能副陛下憂邊之心。且議攻者，謂守則示弱。議守者，謂攻必速禍。是二議卒不能合也。臣前至延安，初請復諸寨爲守禦之備，❶次

❶「初請」，原作「所謂」，今據《長編》卷一三五慶曆二年正月壬戌條改。

則幸其休兵，輒遣一介，示招納之意。朝廷以群言之異，未垂采納。今臣領慶州，日夜思之，乃知攻有利害，守有安危。何則？蓋攻其遠者，則害必至。攻其近者，則利必隨。守以土兵則安，❶守以東兵則危。臣謂攻遠而害者，如諸路深入，則將無素謀，士無素勇。或風沙失道，或雨雪彌旬，進則困大河絶漠之限，退則有乘危扼險之憂。臣謂攻近而利者，在延安、慶陽之間，有金湯、白豹之阻，本皆漢寨，陷爲賊境。隔延、慶兵馬之援，爲蕃漢交易之市，姦商往來，物貨叢聚。此誠要害之地。如別路入寇，數百里外，應接不及，則當遠爲牽制。金湯、白豹等寨，可乘虚取之。因險設陣，布車横塹，不與馳突，擇其要地，作爲城壘，則我無不利之虞。至於合水、華池、鳳川、❷平戎、柔遠、德靖六寨，兵甲糧斛，可就屯泊，固非守備之煩也。環州定邊寨、鎮戎軍乾興寨相望八十餘里，二寨之間有胡蘆泉，今屬賊，泉爲義渠、朝那二郡之交，其南有明珠、滅藏之族。若進兵據胡蘆泉爲軍壁，北斷賊路，則二族自安，宜無異志。又朝那之西、秦亭之東，有水洛城，亦爲之限。今策應之兵，由儀隴二州十驛始至，如進修水路，斷賊入秦亭之路，其利甚大。非徒通四路之勢，因以張三軍之威也。

臣謂守以土兵則安者，以其習山川道路之利，懷父母妻子之戀，無久戍之苦，無數易之弊。臣謂守以東兵則危者，蓋費厚則困于財，戍久則聚其怨，財困則難用，怨聚則難保。民力日窮，士心日離，他變之

❶「兵」，原作「丁」，今據《長編》改。
❷「川」，原作「州」，今據《長編》改。

生，出於不測。臣所謂攻宜取其近而兵勢不危，守宜圖其久而民力不匱。招納之策，可行於其間。今奉詔宜令嚴加捍禦，觀釁而動，與鄰道協心而共圖之。又覩赦文，謂彼無驕動則我不侵掠。臣恐賊寇一隅，遠在數百里外，應援不及，須爲牽制之策以沮賊氣。至時諸路重兵，豈能安坐。如無素定之畫，又無行營之備，恐當牽制之時，茫然無措，雖見利而莫敢進，觀釁而莫敢動。寇勢愈盛，邊患愈深。叛亡之人，日助賊算，不可不大爲之謀也。願朝廷於守策之外，更備攻術。彼寇其西，我圖其東，彼寇其東，我圖其西。寧有備而不行，豈當行而無備也。所謂備者，必先得密旨，許抽將帥便宜從事，并先降空名宣敕之類。恐可行之日，奏請不及。臣前曾遣人入界，通往來之問，或更有人至，不可不答。如朝廷先降密旨，令往復議論，歲年之間，當有成事。若謂邊將之耻未雪而不欲俯就，臣恐諸路更有不支，其耻益大。賊或潛結諸蕃，并勢合謀，則禦之必難。且兵馬精勁，西戎之所長也，金帛豐富，中國之所有也。禮義不可化，干戈不可取，則當任其所有，勝其所長，此霸王之道也。臣前知越州，每歲納税絹十二萬，和買絹二十萬，一郡之入凡三十萬。儻以啖戎，是費一郡之入而息天下之弊也。

時文彦博經略涇原，帝以涇原傷夷，欲對徙仲淹，遣王懷德喻之。仲淹謝曰：「涇原地重，第恐臣不足當此路。與韓琦同經略涇原，並駐涇州，琦兼秦鳳，臣兼環慶。涇原有警，臣與韓琦合秦鳳、環慶之兵，掎角而進。若秦鳳、環慶有警，亦可率涇原之師爲援。臣當與琦練兵選將，漸復横山，以斷賊臂，不數年間，可期平定矣。願詔龐籍兼領環慶，以成首尾之勢。秦州委文彦博，慶州用滕宗諒總之。孫沔亦可辦集。渭州，一武臣足矣。」帝采用其言。

仲淹又論元昊請和不可許者三、大可防者三，上疏曰：

臣等久分戎寄，未議策勳，上玷朝廷，俯慙鄙懷。心究利害，目擊勝負，三年于兹，備詳本末。今元昊遣人赴闕，將議納和。其來人已稱六宅使、伊州刺史，觀其命官之意，欲與朝廷抗禮。臣恐不改僭號，意朝廷開許爲鼎峙之國。又慮尚懷陰謀，卑詞厚禮，請稱「兀卒」，以緩國家之計。臣等敢不爲朝廷思經久之策，防生靈之患哉。臣等謂繼遷當時用計脱身，竊弄凶器。德明外示納款，内實養謀。至元昊則悖慢侮常，大爲邊患。以累世奸雄之志，而屢戰屢勝，未有挫屈，何故乞和？雖朝廷示招納之意，契丹邀通好之功，以臣等料之，實因累年用兵，蕃界勞擾，交鋒之下，傷折亦多，所獲器械鞍馬，皆歸元昊，其下胥怨，無所厚獲，其横山蕃部，點集最苦，但漢兵未勝，戎人重土，不敢背賊，勉爲驅馳爾。今元昊知衆之疲，聞下之怨，乃求息肩養鋭，以逞兇志，非心服中國而來也。臣等謂元昊如大言過望，爲不改僭號之請，則有不可許者三；如卑辭厚禮，從兀卒之稱，亦有大可防者三。

何謂不可許者三？自古四夷在荒服之外，聖帝明王，恤其邊患，柔而格之，不吝賜與，未有假天王之號者也。何則？與之金帛，可節儉而補也。鴻名大號，天下之神器，豈私假於人哉。唯石晉藉契丹援立之功，又中國逼小，纔數十州，偷生一時，無卜世卜年之意，故薦號於彼，壞中國大法。而終不能厭其心，遂爲吞噬，遽成亡國。一代君臣，爲千古之罪人。自契丹稱帝，滅晉之後，參用漢之禮樂，故事勢强盛，常有輕中國之心。我國家富有四海，非石晉逼小偷生之時，元昊世受朝廷爵命，非有契丹開晉之功。此不可許者一也。又諸處公家文字并軍民語言，皆呼「昊賊」。人知逆順去就之分，尚或逋亡，未由禁止。今元昊於天都山營造所居，已逼漢界，如更許以大號，此後公家文字并軍民語言，當有西帝、西朝之稱，天都山必有建都、郊祀之僭，其陝西戎兵邊人，負過必逃其地，蓋有歸矣。至於四方豪士，稍不得志則攘臂而去，無有逆順去就之分。彼多得漢人，則禮樂事勢與契丹並立，夾困中國，豈復有太平之望邪？此不可許者二也。又議者皆謂元昊胡人也，無居中國之心，欲自尊於諸蕃爾。臣等謂拓拔珪、石勒、劉聰、苻堅、赫連勃勃之徒，皆胡人也，並居中原。近則李克用父子，沙陁人也，進據太原，後都西洛，皆漢人進謀誘而致之。昨定川事後，元昊有僞詔諭鎮戎兵民，有「定關輔」之言，此其驗。蓋漢家之叛人，不樂處夷狄中，心謀侵據漢地，所得城壘，必使漢人守之。如契丹得山後諸州，皆令漢人爲之官守。或朝廷假元昊僭號，是將啓之。斯爲叛人之助甚矣。此不可許者三也。

何謂大可防者三？元昊以累世姦雄之資，一旦僭逆，初遣人至，猶稱臣奉表。及劉平之陷，賊氣乃驕，再遣賀九言至，上書朝廷，便不稱臣，其辭頓慢。而後屢勝，當有大言過望，乃人情之常也。若卑辭厚禮，便肯從兀卒之稱，皆陰謀也。是果以山界之困，暫求息肩，使中國解兵。三四年間，將帥懈慢，士伍驕墮，邊備不嚴，戎政漸弛，却如前暴發，則中國不能支梧，此大可防者一也。又從德明納款之後，經謀不息，西擊吐蕃、回鶻，拓疆數千里。至元昊事勢稍盛，乃稱尊悖禮，背負朝廷，結連北戎，情跡盡見。大爲邊患，偶未深入，今復起詐端，以款我兵，而休息其衆，又欲併力專志，併吞唃厮囉等諸蕃，去秦州一帶籬落，爲將來再舉之利。緣元昊初叛之時，親攻延州，是本有侵陷郡國之志。今復彊盛，豈便息心？且朝廷四十年恩信所被，一朝反側，豈有發既叛之謀，蓄未挫之鋭，而能久守盟信者乎？此大可防者二也。又從德明納款後來，使蕃漢之人入京師貿販，憧憧道路，百貨所歸，獲中國之利，充于窟穴。賊因其事力，乃興兵爲亂。今兹五年，用度必困，乃卑辭厚禮，迎合我意，欲復圖中國之利。待其給用既畢，却求釁興兵，以快本意。狼子野心，固難馴伏。今若通和，或再許靈、夏蕃漢之人依前出入京師，深爲不便。緣自前往來，叛狀未彰，情無蠹害。今既爲强敵之虜，稔禍未已，必窺伺國家，及夾帶亡命入蕃，或與姦人別有結連，或使刺客竊發，驚擾朝廷。又此類必所在恣縱，甚於昔時，有事何以處置？此大可防者三也。

臣等乞朝廷俟元昊所遣人至，觀其所請。彼如大言過望，堅求僭稱，則乞朝廷答云：「上畏天地宗廟，不可私許大號，壞中國之法。」彼卑辭厚禮，止是求「兀卒」之稱，則按唐單于、可汗故事，有許之之理。亦預防其陰謀，嚴飭邊臣修葺城寨，訓練軍馬，儲蓄糧草，以備虚詐。俟一二年間，見其表裏，及邊備牢固，方可那減戍兵於近裏屯泊。緣西戎自古翻覆，朝廷不可休兵以啓不虞之變。如求割熟户，則乞答云：「靈、夏甚有漢户，能割歸朝廷否？況横山蕃部安於内附，一旦驅之，則驚擾生事，必不爲西界之用。」彼如求至京師，依前來出入買販，則乞答云：「昨來戰鬬之後，甚有軍民没陣。其子孫骨肉，銜怨至深，必恐道塗之中，多有讎殺，致西界相疑，更却生事。只於邊上建置榷場，交易有無，各得其所。」彼如邀我自今而後罷修城寨，則乞答云：「邊界熟户、生户多有讎怨，❶常相侵害，須藉城寨駐兵，方能鎮静，使各安居爾。」若自餘更有非禮之求，朝廷或難應副，即且拒之，不必從也。但厚遣來人，善詞回答，使還延往來，即逾四月，賊不能舉矣。至秋則無足畏也。何以言之？臣等觀朝廷信賞必罰，今已明白，帥臣奉詔，得以便宜，又舊將漸去，❷新將漸升，前弊稍除，將責實效，約束將佐，不令輕出，訓練軍馬，率多變法。但今極邊城寨或未堅全，新集之兵未可大戰。若賊今春便來，以臣等計之，尚可憂慮。然大軍持重，奇兵襲擊，宜無定川之負也。如候秋而來，則城寨多固，軍馬已練，或堅壁而守，或據險而戰，無足畏矣。臣等已議一二年間訓兵三四萬，使號令齊一，陣伍精熟，又能使熟户蕃兵與正軍參用，則横山一帶族帳可以圖之。降我者使之納質，厚其

❶ 「户多」，原脱，今據《長編》卷一三九慶曆三年二月乙卯條補。

❷ 「去新將漸」，原脱，今據《韓魏公集》卷一二《家傳》補。

官賞，各令安居，籍爲熟户。拒我者以精兵加之，不從則戮。我軍鼓行山界，不爲朝去暮還之計。元昊聞之，若舉國而來，我則退守邊寨，足以困彼之衆。若遣偏師而來，我則據險以待之。蕃兵無糧，不能久聚，退散之後，我兵復進，使彼復集。每歲三五出，元昊諸廂之兵，多在河外，頻來應敵，疲於奔命，則山界蕃部，勢窮援弱，且近於我，自求内附。因選酋豪以鎮之，❶足以斷元昊之手足矣。然乞朝廷以平定大計爲意，當軍行之時，不以小勝小衄黜陟將帥，則三五年間，可集大功。仍詔中外臣寮，❷不得輒言邊事，❸以沮永圖。我太祖、太宗統關四海，創萬世之基業，今以三五年之勞再定西陲，豈爲晚邪？契丹聞國家深長之謀，必懼而保盟，不復輕動，然後中國有太平之期矣。臣等所以言彼賊非禮之求不必從者，蓋有此議也。

或曰：「今王師不利者數四，而未思戢兵，何也？」臣等謂不然。國家太平日久，將不知兵，兵不習戰，以致不利，非中國事力不敵四夷，非今之軍士不逮古昔。蓋太平忘戰之弊爾。今邊臣中有心力之人，鑑其覆轍，各思更張，將有勝賊之計。昔漢、楚之戰，不以多負罷兵，而終有天下。安禄山之亂，所向無前，郭子儀日夜謀慮，王師復振，而終滅大盜。今國家以天下全盛之勢，豈有偶勝偶負而自謂中國不可振，而夷狄不可禦邪？斯惑之甚矣。或曰：「兵不可久，久則民困而財匱。」臣等謂不然。争

❶「因」，原作「内」，今據《長編》改。

❷「外」，原作「國」，今據《長編》改。

❸「輒」，原作「諱」，今據《長編》改。

勝逐利之師，則有巧遲拙速之異，如其外禦四夷，則自古未嘗廢兵。是以山海之利，皆歸邊用，抑爲此也。况即目邊上城壘，經今春修葺，漸以險固，兵民力役，自當減罷。又每歲春夏之交，軍馬甚可抽退於數百里間就食芻糧，亦足省入中之費，減饋運之勞，庶乎民不困而財不匱。非如西事之初，人人畏懼，未測虜情，所屯軍馬，不敢少退。臣等更思興利減費之算，以爲之助。

臣等早蒙聖獎，擢貳清班。西事以來，供國粗使，三年塞下，日勞月憂，豈不願聞納和，少圖休息？非樂職矢石之間，蓋見西賊强梗未衰，挾以變詐，若朝廷處置失宜，他時悖亂，爲中原大禍，豈止今日邊患哉。臣等是以不敢念身世之安，忘國家之憂，須罄芻蕘，少期補助。其元昊來人到闕，伏望聖慈於納和禦侮之間，審其處置，爲聖朝長久之慮，天下幸甚。

仲淹又奏乞揀選往邊上屯駐兵士疏曰：

臣竊見去年以來，自京差撥禁軍往陝西邊上屯戍，内有諸處鄉軍雇到經販之人，并向南諸處廂軍揀上添填，逐指揮内有小弱怯懦之人，道路指笑。及到邊上，不堪披帶、教閱，虚破禁軍諸般請受、支賜。今來又差發兵士五千人往秦州添屯，并續有諸軍發往邊上替换。欲乞指揮下殿前馬步軍司，應在京及畿内諸軍今來并向去合起發往邊上兵士，並須逐指揮依次勾來本司，子細揀選下小弱不堪披帶之人，更不令發往邊上。其揀下小弱人數内，元係在京諸司庫務并外路廂軍，如却願歸本處舊指揮者，並令送還。内有身材比舊等様小三兩指，却少壯得力者，即不得揀下。所有年老病患之人，即等第與剩員安排。其逐指揮人員年老疾患不得力者，亦便揀選别與安排。却於本指揮向下人員十將内揀選得功并武藝高强人，升一兩資，權管勾當，候轉員日，依本資施行。如本指揮人員十將内無可選揀，即於以次指揮内選揀，令權管補填勾當。所貴在路便有幹了軍員部轄，各得齊整，不至依前作過。其所差兵士，本營在外州軍府者，即委逐處長吏、都監、監押，依此揀選起發。仍乞指揮諸路部署司，將去年秋後差到屯駐、駐泊并今後差到兵士，並依此揀選施行訖，逐旋開坐聞奏。

仲淹又乞散直等處揀有武勇心力人疏曰：

臣竊知散直并下班殿侍内，甚有經歷、喫得辛苦之人，可以邊上使喚。乞特降指揮下殿前司，於散直、下班殿侍内揀選或有心力，並具姓名聞奏，當議再行揀選。内曾有過犯人，如武勇出倫，亦别具姓名聞奏。本班人員不得抑遏漏落，當行勘斷。其揀到人數，别分等第。内上等人及識文字者，差在闕人員處，權管勾當。三周年無過犯得力者，令逐處保明奏取旨，使與轉三班差遣權管，與依轉員例，遞遷安排。有功勞者，特行升擢。大段勝於年老轉員之人，有誤戰敵。緣西北事大，常須先選人在軍中使喚，以備邊事。

五年，仲淹爲參知政事，奏陝西河北攻守疏曰：

臣蒙聖恩非次獎擢，待罪兩府，日夜憂迫，恐負陛下委用之意。臣等誠無所長，但塞下初還，粗知邊事，不敢有隱。臣等聞三代以還，皆有戎狄之患，以至侵淩中國，被于渭洛。齊、晉逐之於前，秦、漢驅之於後，中原始清，人倫乃叙。逮於西晉之弱，群胡猾夏，天寶之末，石晉之際，中國不幸，皆罹其害。自周世宗北征之後，雖疆土未復，夷夏稍分。我祖宗奕世修備，大庇生民。今西北二方復相交搆，夾困中國。元昊率先叛命，兵犯延安，次犯鎮戎，煞傷軍民，曾無虚歲。中國之兵，討伐未利，而北虜舉十萬衆，謂元昊是舅甥之邦，責中國不當稱兵。此交搆之跡，更何疑哉？國家以生民之故，增物帛以續盟好，彼既獲利，方肯旋師。今乘西夏通順之議，又欲主盟邀功以自尊大。❶元昊屢戰勝，且倚北戎事勢，雖求通順，實欲息肩。亦如北戎，大獲厚利，候其物力稍豐，可以舉衆，則必長驅深入，有吞并關輔之志。何以知之？昨定川之戰，我師不利，彼作僞詔，誘脅邊人，欲定關中，其謀不細。蓋漢多叛人陷於窮漠，衣食嗜好皆不如意，必以苻堅、劉元海、元魏故事，日夜游説元昊，使其非獨元昊志在侵漢，實漢之叛人日夜爲賊之謀也。朝廷若從其通順，則北戎邀功，自爲主盟。下視中國，邀求無厭，多方困我，而終於用兵矣。若拒絶其意，則元昊今秋必復大舉，北虜亦必遣使問我拒絶元昊之故，或便稱兵塞外，張勢脅我國家，至時寧不疑懼？必於陝西選將抽兵，移于河北，未戰而西陲已虚，元昊乘虚而來，必得志於關輔。此二虜交搆之勢，何以禦之？臣等思度，是和與不和，俱爲大

❶「以」，原脱，今據《宋朝諸臣奏議》卷一三四《上仁宗和守攻備四策》補。

患。然則爲今之謀者，莫若擇帥練兵，處置邊事，日夜計略，爲用武之策，以和好爲權宜，以戰守爲實事。彼知我有謀有備，不敢輕舉，則盟約可久矣。如不我知，輕負盟約，我則乘彼之驕，可困可擊，未必能爲中國之患也。臣等請畫一言之。

一、和策

臣觀西戎蓄禍，積有歲年。德明在時，已聞僭擬，元昊方壯，遂肆兇驕。外倚北戎，内凌中國，屢戰屢勝，未嘗挫衄。而乃輒求通順，實圖休息。所獲者大利，所屈者虛稱。然猶干請多端，姦謀未測。國家以生靈爲念，不可不納。如唐高祖、太宗應天順人，百戰百勝，猶屈於突厥。當戎王始亡，爲之舉哀，廢朝三日，遣百寮詣館吊其來使，其屈禮之甚也。又太宗騎六騎於渭上，見頡利與語，復親與之盟。頡利既退，左右勸擊之，太宗謂我擊彼敗，懼而修德，後患必深。乃周旋俯就，使之驕怠。一旦遣李靖擒之，威震四極。此盛王之謀也。陛下如唐高祖、太宗，隆禮敦信，以盟好爲權宜，選將練兵，以攻守爲實事。彼不背盟，我則撫納無倦，彼將負德，我則攻守皆宜。如此則結好之策，未有失也。

二、陜西守策

元昊自來通順之時，歲受恩賜，朝廷撫納甚厚，未嘗有失。尚猶時擾邊境，殺戮將吏。暨叛命以來，累次大舉，曾無沮敗。乃求通順，實蓄陰謀，非屈伏之志也。朝廷若以權宜許之，更當嚴作守備。然陜西久屯大兵，供費殫竭，減兵則守備不足，不減則物力已困。臣等請緣邊城寨，愈加繕完，使戎虜之心無所窺伺。又久守之計，須用土兵，各諳山川，多習戰鬬，比之東兵，戰守功倍。然緣邊、次邊，土兵數少，分守不足。更當於要便城寨招置土兵。若近裏土兵願改隸邊寨者，即遷其家而團集之。況昨來慶州創起大順城，欲置振武、保捷兵兩指揮，仍於永興、華、耀土兵中，召其願守塞者，而應募甚衆。何則？關内諸州土兵多在邊上，或得代歸營，而數月之間，復出遠戍，豈徒星霜之苦，極傷骨肉之恩。征夫不保其家，離婦頗多犯法，人情不免，久則怨起。如得并遷其家於緣邊住營，更免出軍，父母妻子，樂於完聚，戰則相救，守則相安。或謂若土兵携家居于塞下，則全分請給，其費尤多。不然，土兵月給差少，人素號精强，使之戍邊，於東兵數復可減，❶然於逐路漸爲增益，❷二年已來，方能整齊，有非一朝可驟改也。

又陝西新刺保捷土兵，其中尫弱不堪戰陣者，宜沙汰之，使歸于田畝。既省軍費，復增農力。然後東兵三分中，一分屯邊，以助土兵之勢。一分移入次邊，或屯關輔，以息饋餉之困。一分歸京師，以嚴禁衛之防。彼如納款未變，則東兵三分中可更減退。又緣邊無税之地，所招弓箭手，必使聚居險要，每一兩指揮，共修一堡，以完其家。與城寨相應，彼戎小至，則使屬户蕃兵，暨弓箭手，與諸寨土兵共力禦捍。彼戎大舉，則二旬之前，必聞舉集，我之沿邊軍馬，盡可勾呼，駐於堅城，以待敵之進退。緣邊山岅重複，彼之重兵必循大川而行，先求疾速。俟其得勝，使我師沮而不出，方敢

❶「減」，原作「自」，今據《范文正公政府奏議》下《奏陝西河北攻守策》、《宋朝諸臣奏議》改。
❷「然」，原作「今」，今據《范文正公政府奏議》、《宋朝諸臣奏議》改。

散兵虜掠，過越險阻，更無顧慮。我若持重不戰，則彼之重兵行川路中，糧草無所給，牛羊無所獲，不數日，人馬困弊。彼之重兵更不敢越險，又未能决勝，必不得已而散兵虜掠。我於山谷村落中，伏精鋭以待之。彼散掠之兵，輕而寡弱，可擊可逐。使散無所掠，聚不得戰，欲長驅深入，我則使諸將出奇以躡其後。欲全師以歸，我則使諸城出兵以乘其弊。彼將進退有禍，不三兩舉，勢必敗亡。此守策之要也。

三、陝西攻策

元昊巢穴，實在河外。河外之兵，懦而罕戰。惟横山一帶蕃部，東至麟、府，西至原、渭，二千餘里，人馬精勁，慣習戰鬬。與漢界相附，每大舉入寇，必爲前鋒。故西戎以山界蕃部爲强兵，漢家以山界屬户及弓箭爲善戰。以此觀之，各以邊人爲强，理固明矣。所以秦、漢驅逐西戎，必先得山界。彼則遠遁，然後以河爲限，寇不深入。儻元昊歸款，則請假和策以撫之，❶用守策以待之。如未通順，或順而翻覆，則有可攻之策，非窮兵瀆武，角勝於絶漠之外也。臣等嘗計陝西四路之兵，總數幾三十萬，非不多也。然各分守城寨，故每路戰兵，❷大率不過二萬餘人。坐食芻糧，不敢舉動，歲歲設備，常如寇至。不知賊人之謀，果犯何路。賊界則不然，種落散居，衣食自給，忽爾點集，併攻一路。故犬羊之衆，動號十餘萬人。以我分散之兵，拒彼專一之勢，衆寡不敵，遂及散敗。且彼爲客，當勞而反逸。我

❶「撫之用守策以」六字，原無，今據《長編》卷一四九慶曆四年五月壬戌條補。

❷「路」，原作「歲」，今據《長編》改。

爲主，當逸而反勞。我若復用此計，彼勞我逸，則取勝必矣。

臣等請於鄜延、環慶、涇原路，各選將佐三五人、使臣一二十人、步兵二萬、騎兵三千，以爲三軍，以新定陣法，訓練歲餘。候其精勇，然後觀賊之隙，使三軍掠于横山，更進兵，降者納質、厚賞，各令安土，拒者併兵急擊，必破其族。假若鄜延一軍先出，賊必大舉來應，我則退守邊寨，或據險要，不與大戰。不越旬日，彼自困，彼勢將潰歸，則我環慶之軍復出焉。彼若再圖點集，來拒王師，則又有涇原之師乘間而入，使賊奔命不暇，部落携怨，則我兵勢自振，如宥州、綏州、金湯、白豹、折薑等寨，皆可就而城之。其山界蕃部，去元昊且遠，求援不及，又我以堅城據之，以精兵臨之，彼既樂其土，復逼以威，必須歸附，以圖安全。三五年間，山界可以盡取。此春秋時吴用三師破楚之策也。元昊若失横山之勢，可謂斷其右臂矣。矧漢、唐之舊疆，豈今日之生事也。

四、河北備策

臣等於陝西緣邊，頗究利害，所陳三策，必可施用。而國家禦戎之計，在北爲大，臣等敢不經心。且北戎久强，在後唐日，以兵四十萬送石高祖至洛陽，立爲天子而還，遂與石晉爲父子之邦，邀求無厭，晉不能支。一旦釁起，長驅南牧，直抵京師，虜石少主及當時公卿，盡室而去，幽燕遂陷，爲中原千古之耻，尚未能雪。國家以生靈之故，與之結和，將休兵養民，有所待也。及天下無事，人人懷安，不復有征戰之議。前年北虜驟變，詭謀稱兵燕薊，有背盟之變，割地之請。國家倉卒無備，難於用兵，遂增重賂，以續前好。彼既獲利，方肯旋師。今乘元昊通順之議，又欲邀主盟之功，其勢愈重。苟不大爲之備，禍未可量。臣等固請朝廷力行七事，以防大患。一、密爲經略，二、再議兵屯，三、專於選將，四、急於教戰，五、訓練義勇，六、修京師外城，七、密定討伐之謀。

一、密爲經略者，自河朔罷兵以來，幾四十年。州郡因循，武事廢弛，凡謀興葺，則罪其引惹。昨朝廷選差轉運使，蓋欲革去舊弊，預爲之防。然既有本職，則日爲冗事所嬰，未暇周慮。請選有材識近臣，假以都轉運使之名，暫往經畫。使親視邊壘，精究利害，凡邊計未備者，皆條上而更置之。不出半年，歸奏闕下，更令中書、樞密院子細詢訪，熟議經久之計。若虜情驟變，則我有以待之矣。

二、再議屯兵者，自來真定府、定州、高陽關分爲三路，其所轄兵馬，未甚整齊，乃有一州兵馬却屬兩路之處。又未曉本路將來於何處控扼，合用重兵若干，又甚處只宜固守，合屯兵若干，及三路互相應援次第。須差近臣往彼密爲經略，方可預定法制，臨時不至差失。或事宜未動，亦當相度，兵馬合那減於何處駐泊，使就芻糧，以省邊費，庶免先自匱乏，至用兵之日，重困生民。

三、專於選將者，委樞密院於閤門祇候使臣已上選人，三班院使臣中選人，殿前、馬步軍司於軍旅中選人，或有智略，或有材武，堪邊上試用者，逐旋進呈。據選到人數，以籍記之，候本路有闕，則從而差授。如此，則三二年間，得人多矣。

四、急於教戰者，於陝西四路，抽取曾押戰隊使臣十數人，更授以新議八陣之法，遣往河北閱習諸軍，使各知奇正循環之術，應敵無窮。

五、訓練義勇者，今河北所籍義勇，雖約唐之府兵法制，三時農務，一時教戰。然未建府衛之官，而法制不行，號令不一，須别選知州、知縣、縣令可治兵者，并增置將校，使人人各知軍中之法，應敵可用。斯則强兵制勝之本矣。

六、修京師外城者，後唐無備，契丹一舉直陷洛陽。石晉無備，契丹一舉直陷京師。故契丹之心，于今驕慢，必謂邊城堅而難攻，京師坦而無備，一朝稱兵，必謀深入。我以京師無備，必促河朔重兵與之力戰。戰或不勝，則胡馬益驕，更無顧慮，直叩澶淵，張犯闕之勢。至時遣使邀我，欲以大河爲界。我既無備，將何以禦？從之不可，拒之必難，又振逼京師，何以爲計？若京城堅完，則戒河朔重兵不與之戰。彼不能戰，則無乘勝之氣，欲謀深入，則前有堅城，後有重兵，必將沮而自退。退而不整，則邀之可也。是則修京城者，非徒禦寇，誠以伐深入之謀也。漢惠帝時起六里内男女城長安，二年而畢。唐明皇時城長安，九十日畢。考法於古，擇利于今，京城之修，蓋無疑矣。然須二年成之，則民不勞苦，人不驚駭矣。

七、密定討伐之謀者，彼幽燕數州，人本漢俗，思漢之意，子孫不忘。太宗皇帝既克河東，乘勝北討，數州吏民，望風請命。惟幽州未破，我軍虚驚。班師以來，歲月縣遠，如天限其北，無復輕議。一昨盟好已摇，安保其往。當訓兵養馬，密爲方略，以待其變。未變則我不先舉，變則我有後圖。指彼數州，決其收復，使彼思漢之俗，復爲吾民。成太宗皇帝赫怒之志，雪石晉千古之耻，則陛下之功，如天如日，著于無窮矣。

仲淹又奏元昊求和所争疆界乞更不問疏曰：

臣竊觀史籍，見前代帝王與戎狄結和通好，禮意甚重，非志不高而力不足也，蓋懼邊事不息，困耗生民，用兵久之，必生他變，而爲社稷之憂。如漢高帝、唐太宗身經百戰，大服天下，不敢黷武而屈事戎狄者，正爲此也。及其國力强盛，將帥得人，則長驅破虜，以雪天下之耻。今北虜西戎，合謀并力，夾困中原。西兵數年未能平定，近方遣使往復，以議通順。而延州塞門并河東豐州之地，舊有屬户居之，則爲我利。自元昊驅掠西去，遂爲隙地。中國利害，不繫於此。今衆議須欲復得塞門，以全疆土，借如祖宗朝北陷易州，西失靈夏，及其和好，皆略而不言，耻以前失之醜，而求無用之地。今西戎貪吝，不足與争，但名體已順，餘可假借，以成和好。然後重議邊事，退移兵馬，減省糧草，綏我生民，勤我稼穡，選將練士，使國富民强，以待四夷之變。此帝王有道之術，社稷無窮之福也。❶如欲與戎狄理曲直，决勝負，以耗兆民，以危天下，語之則易，行之實難。臣備位二府，當思安危大計，不敢避人謗議，上下共説，累陛下包荒之德，以重增宵旰之憂。臣不勝懇迫惶恐之至。

仲淹又奏乞宣諭大臣定河東捍禦策

❶「福」，原作「富」，今據《四庫全書》本、《長編》卷一五一慶曆四年八月戊午條改。

疏曰：

臣竊見契丹遣使來朝廷，言欲西征。今邊上探報，皆稱契丹大發兵馬，討伐呆家族并夾山部落，❶及稱亦與元昊兵馬相煞。又報元昊亦已點集左廂軍馬。既是二國舉動大兵，必有大事。以臣料之，夾山等蕃部小族，豈二國盡舉大兵攻討？此可疑一也。又元昊自來惟倚契丹侵凌中原，今無大故，何敢便與契丹相絶，而舉兵相持？此可疑二也。自古聖賢議論，皆稱夷狄無信，今朝廷便欲倚憑，此可疑三也。前來契丹邀中國進納物帛，欲屈伏朝廷，元昊僭號擾邊，屢擒將帥，始盟信可保，何至此今日之舉？又可疑四也。河東地震數年，占書亦主城陷，今二國之兵萃於彼方，此又可大疑五也。又邊上探得契丹遣使二道，至南山寧化軍、岢嵐軍後面覷步谷口道路，此又可大疑六也。

設或二國不守盟信，卒然奔衝，以數十萬衆，乘不備而來，河東軍馬不多，名將極少，衆寡不敵，誰敢決戰？此大可憂一也。契丹素善攻城，今探得點集床子弩并砲手，皆攻城之具，與昔時不同。況元昊界無城可攻，如却入漢界，併攻此兩城，破而屠之，則其餘城，乘風可下，此大可憂二也。萬一此度却未奔衝，以取中國之信，使安於疑，爲後舉之策，此大可憂三也。今乞聖慈顧問大臣，如契丹可以保信，必不入寇，亦不與元昊連衡，則乞今日同署一奏，納於御前，使中外安静，不更憂疑。他日或誤大事，責有所歸。如大臣不敢保信，則乞指揮大臣，今日更不歸廳，便畫禦捍之策，抽何

❶「家」，《長編》卷一五〇慶曆四年六月壬子條作「兒」。

路軍馬，用何人將帥，添若干錢帛，據何處要害。如此定策，猶恐後時，不能當二虜之勢。或更因循度日，直候大寇入境，然後爲謀，則河東一傾，危逼宗社。臣待罪兩府，義當極論，不敢有隱，繫聖斷處之。

仲淹又奏爲契丹請絶元昊進貢利害疏曰：

臣竊見契丹來書，稱朝廷曾請契丹止遏元昊，今聞名體未順，遂舉兵討伐，又請朝廷絶元昊進貢。契丹安肯爲朝廷特舉大兵以討元昊？此不可信一也。若自與元昊有隙，必行討伐，其人使即合堅請阻絶元昊，何却只問楊守素往來次第？是無必討之意，此不可信二也。余靖等今有見虜主親信，須指揮夏州，令楊守素入南朝勾當，必是動有關報。今來虜使却言北朝並不知子細，此不可信三也。萬一契丹必有深隙，須行討伐，必堅要阻絶元昊，豈暇問於南朝名體順不順？顯是契丹虛稱爲朝廷西征，駐重兵於雲朔。如元昊以誓書未立，入寇河東，亦足相爲聲援，得至則享厚利。如元昊更不入寇，納誓書于朝廷，則契丹自爲因行討伐，使元昊入貢，以此爲功，而駐兵雲朔，以邀重報。是契丹進退有利，而俱爲我害也。

臣謂朝廷今日答書則易，將報必難。而專於致賂，欲滿虜志，則契丹大兵豈肯虛舉而善退？❶願朝廷孰慮此事，先且大議備邊之策，然後遣使往來，使虜知我有備，

❶「豈」，原作「起」，今據《范文正公政府奏議》卷下《奏爲契丹請絶元昊進貢利害》、《長編》卷一五一慶曆四年七月癸未條改。

無必勝之理，則亦可以遏其邀功求報之心。縱背盟好，亦有以待之，少減生靈之禍。

仲淹又奏乞罷參知政事知邊郡疏曰：

臣近與韓琦上言陝西邊畫，略陳八事，須朝廷遣使，便宜處置，方可辨集。又近覩手詔下問合用何人鎮彼西方，兩府已奏見選人進呈。即今西人議和，變詐難信，成與不成，大須防將來之患。臣久居邊塞下，誠無寸功，如言鎮彼西方，保於無事，則臣不敢當。但稍知邊情，願在驅策，雖無奇效可平大患，惟期夙夜經畫，措置兵馬財賦，及指蹤諸將，同心協力，以禦深入之虞。今防秋事近，恐失於後時，願聖慈早賜指揮，罷臣參知政事，知邊上一郡，帶安撫之名，足以照管邊事，乞更不帶招討部署職任。

元年，右正言孫沔論范仲淹答元昊書，上疏曰：

臣伏自前月以來，聞中外言昊賊使高延德持書至延州，有歸伏朝廷之意。范仲淹以書諭之，令去僭號，方可納款。仍聞大臣頗有異議，或言忠義可賞者，或言專命可戮者。此數人皆平斷天下事，何是非智識其相遠悖如是。又臣寮上言者多相矛盾，竊恐衆論紛撓，以致惑亂視聽。臣朝夕思之，未知孰得。今偶有所見，揣昊賊情僞之計，原邊臣得失之謀，其理有三，敢悉陳之。萬一上合聖聰，亦愚人之極慮也。

一者，以西陲蕃户，久來貿鬻羊馬藥物，歲數百萬，至於米鹽飲食，皆資於内地。自昊賊背逆凡二年，謹察邊防，禁絶交易。彼又驅率鬭戰，殺害父子。量其蕃族，怨望者衆矣。今忽來歸順者，蓋知中國必未納其姦謀，將給其族類，必曰我爲爾請和，通其有無，朝廷未允耳。此將以激怒其衆，使爲邊患也。二者，近聞昊賊入寇涇原，騎十餘萬。此亦慮我知其盡鋭離於巢穴，而以别路攻其不備，故使延德僞來貢款而緩我鄜延一路之兵也。三者，范仲淹夙負時望，多士歸慕，今處邊任，得將士心，軍民受賜，夷狄所聞。故昊賊未測其才謀，因用延德爲反間以謀撓我師。使疑而退黜之，賊得其計矣。

臣又謂仲淹移書，有利害者三焉。一者，賊請歸款，以我不許爲激衆之謀。今仲淹答而許之，則賊之策不得行，此亦我權其利也。二者，賊以計緩我鄜延一路入攻之兵，則我本無深討之策，雖其詐來之意，於邊境之慮亦無害也。三者，賊謀撓我師而仲淹答其書，雖於軍政無損，實亦自蹈先機，今大臣果得其專命，或言其可斬者。若有姦謀深利此言，使賊知之，因致悖慢之言，僞爲交結之意，起市虎、拾塵之説，設並馬、草具之事，冀朝廷疑仲淹，而朋比有嫉害者，從而媒蘖之，大則受誅滅之罪，小則必竄逐其身。使國家一朝失賢，三軍無帥，去邊地之長城，開賊衆之大路。此實可憂之甚者也。

臣又見前歲王德用被罪廢黜，本其事發之因，亦由臣寮以讖記之言、形貌之肖，章奏交上，何止於三，使曾參被殺人之名而不得自明也。蓋德用至公之節，得軍中之情，有總統之望，爲遠人所知。驟獲憂疑，忽然廢棄，使邊鄙無大將，而朝廷終不敢起德用，豈非昊賊以密謀挾邪而中害良善也。今仲淹盡誠許國，立義忘軀，獨處遠徼，不顧危亡，求之品流，罕有倫擬。在陛下聖哲，推其本心，令得盡節，則天下之幸也。臣恐昊賊即設姦計，復答其書，矯陷仲淹，暗合臣說，則望陛下念之以辯其詐，使賢材不爲賊所欺逐，則夷狄亡滅，可立俟矣。或曰：「蕃寇小醜，安有遠圖？」臣對曰：「預備則無患，過慮則少失。」若昊賊實欲歸款，料之雖過，於事無損。即如前歲賊使六十餘人峨冠變服，托以貢奉，宣言僭稱之意。時宰執謀議，固無異術，但下詔削奪遣還。而惟知制誥吴育上言，以聖朝太平既久，兵戰不習，乞且因而撫之。然後備邊練將，以議攻取爲便。當日柄臣皆誚其怯，今二年連陷將帥，覆没兵衆，豈復可以小寇待之。然欲行吴育之策而未能也。況仲淹以書移賊，自是閫外事宜。若昊賊因而歸順，亦國家軍事之利，於朝廷有何累哉。今韓琦督戰無功，敗軍殺將，尚不欲黜削，恐傷國體。況仲淹以計策或有得失，且於事未有大過，豈宜輒加其罪。諒陛下神機聖斷，盡在策中，不待言而後知也。臣與琦、仲淹皆故舊深知，今論事之際，必盡公言，決安危之計，非愛憎之心也。伏望陛下萬機之暇，乙夜詳覽，幸甚。

歷代名臣奏議卷之三百二十四

本卷王鵬校點

歷代名臣奏議卷之三百二十五

禦邊

宋仁宗慶曆初，丁度入知制誥，遷翰林學士，糾察在京刑獄，判太常禮院兼群牧使。劉平、石元孫敗，帝遣使問所以禦邊。度奏曰：

今士氣傷沮，若復追窮巢穴，饋糧千里，輕用人命以快一朝之意，非計之得也。唐都長安，天寶後，河、湟覆没，涇州西門不開，京師距寇境不及五百里，屯重兵，嚴烽火，雖常有侵軼，然卒無事。太祖時，疆埸之任，不用節將。但審擢材器，豐其廩賜，信其賞罰，方陲輯寧幾二十年。爲今之策，莫若謹亭障，遠斥候，控扼要害，爲制禦之全計。

四年，度又論契丹請絶元昊進賞事，上疏曰：

臣等切謂契丹、元昊相攻，虚實未可知。今來書大意，且言以元昊不順朝廷之故，遂成興兵。恐深入討伐之後，却歸朝廷，❶乞拒而不納。今答書便云于元昊理難拒絶，則是不從北鄙之請，堅納西人之盟，得新附之小羌，違久和之强虜。❷如聞契丹屯兵甲，近在邊陲。萬一得書，違情生忿，

❶「却歸」至「便云于」十五字，原脱，今據《長編》卷一五一慶曆四年八月乙未條補。

❷「强」，原作「羌」，今據《長編》改。

回戈我境，有以爲名。夫患有遲速，事有重輕，此朝廷不可不審度也。若阻契丹而納元昊，則未有素備之策。絶元昊而從契丹，又失綏懷之信。莫若以大義而兩存之。臣等謂宜降詔與元昊，言昨許再盟，蓋因契丹有書來言彼是甥舅之親，朝廷久與契丹結和，不欲傷鄰國之意，遂議開納。今却知國中招誘契丹邊户，虧甥舅事大之禮，違朝廷納款之本意，當須復順契丹，早除嫌隙，則誓詔封册，便可施行。仍乞於契丹回書中言已降詔與元昊，❶若其悔過，歸順貴國，則本朝許其款附；若執迷不復，則議絶未晚。如此則於西人無食言之曲，於北鄙無結怨之端，從容得中，不失大義。惟陛下裁擇。

時趙元昊反，右騏驥使、忠州刺史、知鄜州張亢上疏曰：「舊制，諸路總管、鈐轄、都監各不過三兩員，餘官雖高，止不過一路。總管、鈐轄不預本路事。今每路多至十四五員，少亦不減十員，皆兼本路分事，不相統制，凡有論議，互報不同。按唐總管、統軍、都統、處置、制置使各有副貳，國朝亦有經略、排陣使，請約故事，别置使名，每路軍馬事，止以三兩員領之。又涇原一路，自總管、鈐轄、都監、巡檢及城砦所部六十餘所，兵多者數千人，少者才千人，兵勢既分，不足以當大敵。若敵以萬人爲二十隊，多張聲勢以綴我軍，後以三五萬人大入奔突，則何以支？

又比來主將與軍伍移易不定，人馬强弱，配屬未均。今涇原正兵五萬，弓箭手二萬，鄜延正兵不減六七萬，若能預爲團結，

❶「已」，原脱，今據《長編》補。

明定節制，迭爲應援，以逸待勞，則烏合飢餒之衆，豈能窺我淺深乎？請下韓琦、范仲淹分按逐路，以馬步軍八千已上至萬人，擇才位兼高者爲總領。其下分爲三將：一爲前鋒，一爲策前鋒，一爲後陣。每將以使臣、忠佐三兩人，分屯要害之地，敵小入則一將出，大入則大將出。

「又量敵數多少，使鄰路出兵應接，此所謂常山蛇勢也。今萬人以上爲一大將，一路又有主帥，延州領三大將，鄜州一大將，保安軍及西路巡檢、德靖砦共爲一大將，則鄜延路兵五萬人矣。原渭州、鎮戎軍各一大將，渭州山外及瓦亭各一大將，則涇原路五萬人矣。弓箭手、熟户不在焉。昨延州之敗，蓋由諸將自守，不相應援。請令邊臣預定其法，敵寇某所，則某將爲先鋒，某將出某所爲奇兵，某將出某所爲聲援，某城砦相近出敢戰死士，某所設覆，都、同巡檢則各扼要害。

「又合鄰路取某路出應，仍潛用旗幟爲號。昨劉平救延州，前鋒陷賊者已二千騎，平猶不知。趙瑜部馬軍間道先進，而趙振與王逵趨塞門，至高頭平路，❶白馬報敵張青蓋駐山東，振麾兵掩襲，乃瑜也。臣在山外策應，未嘗用本指揮旗號，自以五行支干別爲引旗。若甲子日本軍相遇，則先見者張青旗，後見者以緋旗應之，此是干相生，其干相尅，及支相生尅亦如之。蓋兵馬出入，晝則百步之外不能相知，若不預爲之號，必誤軍事。國家承平日久，失於訓練，今每指揮藝精者不過百餘人，餘皆疲弱不可用。且官軍所恃者，步軍與强弩爾。臣

❶「路」，原作「踏」，今據《宋史·張亢傳》改。

知渭州日，見廣勇軍彍弩者三百五十人，引一石二斗者僅百人，餘僅及七八斗，止欲閱習時易爲力爾。臣以跳鐙弩試，皆不能張，閱習十餘日，裁得百餘人。又教以小坐法，亦十餘日，又教以帶甲小坐法，五十餘日始能服熟。若安前弊以應新敵，其有必勝之理乎？

「又兵官務張邊事，以媒進邀賞，劉平之敗，正緣貪功輕進。鎮戎軍最近賊境，每報賊騎至，不問多寡，凡主兵者皆出，至邊壕則賊已去矣。蓋權均勢埒，各不相下，若不出則恐得怯懦之罪。且諸路騎兵不能馳險，計其芻粟，一馬之費，可養步軍五人。馬高不及格，宜悉還坊監，止留十之二，餘以步兵代之。又比來禁衛隊長，緣年勞換前班者，或爲諸司使副，白丁試武伎，亦命以官，而諸路弓箭手生長邊陲，父祖效命，累世捍賊，乃無進擢之路，何以激勸邊民？

「竊聞大帥議五路進師，且用兵以來，屢出無功，若一旦深入，臣竊以爲未可也。山界諸州城砦，距邊止二三百里，夏兵器甲雖精利，其鬭戰不及山界部族，而財糧又盡出山界。若十月後令諸將分番出界，使夏人不得耕牧。然後出步兵，負十日糧，人日給米一升，馬日給粟四升、草五分，賊界有草地，以半資放牧，亦可減輓運之半。王師既行，使唃厮囉及九姓回紇分制其後，必蕩覆巢穴。」

又言：「陝西民調發之苦，數倍常歲，宜一切權罷，令安撫司與逐州長吏減省它役，顓應邊須。及選殿侍軍將各三十人，以駝、騾各二百，留其半河中，以運鄜、延、保安軍軍須，其半留乾州或永興軍，以運環、慶、原、渭、鎮戎軍軍須，分一轉運使專董其事。又鄜州四路半當衝要，嘗以閑慢路遞鋪兵卒之半，貼衝要。驛百人，每三人挽小車，載二百五十斤至三百斤，若團併輦運，邊計亦未至失備。」

初，亢請乘驛入對，詔令手疏上之，後多施用。進西上閤門使，改都轄，屯延州。

又奏後疏。

慶曆元年七月，亢知延州，論邊機軍政所疑十事，上疏曰：

臣伏以太平日久，人不知兵，元昊反逆以來，民力凋弊，而邊機軍政措置未得其宜，今輒陳臣之所疑者十事。

臣切謂王師每出不利，豈非節制不立，號令不明，訓練不至，器械不精，或中賊之詭計，或自我之貪功，或左右前後自不相救，或進退出入未知其便，或兵多而不能用，或兵少而不能避，或爲持權者之所逼，或因懦將之所牽，或人馬困飢而不能奮，或山川阻險而不能通：此皆將不知兵之弊也。未聞深究致敗之由而處置之，雖徒益兵馬，亦未見必勝之理。臣之所疑者一也。

去春賊至延州，諸路發援兵，而河東、秦鳳各踰千里，涇原、環慶不下十程。去秋賊出鎮戎，又遠自鄜延發兵。且千里遠鬬，豈能施勇，如賊已退，乃是空勞師徒。異時更寇別路，必又如此。不戰而自弊，臣之所疑者二也。

今鄜延副都部署許懷德兼管勾環慶軍馬，❶環慶副都部署王仲寶復兼鄜延，其涇

❶「都部署」，原作「總管」，宋人避宋英宗名諱改，今據《長編》卷一三二慶曆元年七月己酉條改回。本篇下同。「管勾」，原無，宋人避宋高宗名諱刪，今據《長編》、《宋史·張亢傳》補。

原、秦鳳部署等亦兼隣路。雖令互相策應，然環州至延州十四五程，直路亦不下十驛，涇原至秦州又遠于此。若一處有事，自此發兵赴援，而山路險惡，而人馬已困，欲責其功，何可得也？臣所疑者三也。

四路軍馬，各不下五六萬。朝廷盡力供億，而邊臣但言兵少。每路欲更增十萬人，亦不見成功之效。且兵無節制，一弊也。無奇正，二弊也。無應援，三弊也。主將不一，四弊也。兵分勢弱，五弊也。有此五弊，如驅市人而戰，雖有百萬，亦無益於事。臣所疑者四也。

古之教習，須三年然後功成。今之用兵已三年，將帥之中孰賢孰愚，攻守之術孰得孰失，累年敗衂而居邊要者，未知有何謀？設更數年，或未罷兵，國用民力，何以克堪？若因之以飢饉，加之以師旅，安危之策，未知何如。臣所疑者五也。

今言邊事者甚衆，朝廷或即奏可，或使定奪以聞，❶或劄下逐處，或不令下司，前條方遂施行，後令復即衝改。胥吏有抄録之勞，官員無看詳之暇，邊方軍政，一無定制。臣所疑者六也。

夏竦、陳執中皆朝廷大臣，凡有邊事，當付之不疑。❷今但主文書、守詔令，每有宣命，則翻録行下。如諸處申禀，則令候朝廷指揮。如此，則何必以大臣主事？臣所疑者七也。

前河北用兵，減冗以省費。今陝西日以增員，且如制置青白鹽使副、招撫蕃落使

❶「或」，原脱，今據《長編》補。《宋史》此句作「或再詳究以聞」。

❷「當」，原作「皆」，今據《長編》、《宋史》改。

臣等十餘員，所占兵士千餘人，請給歲約數萬緡。復有都大提舉馬鋪器甲之類。又諸州一例招到新兵克敵、制勝、保捷、廣鋭、宣毅等指揮，久未教閲，但費軍廪，無益邊備。臣所疑者八也。

國家竭財用以贍軍，今軍士有手藝者，❶管兵之官每一指揮抽占三之一。❷如延州諸將不出，即有兵二萬，除五千守城之外，❸其餘止一萬五千。❹若有事宜，三日内不能團集。況四十里外便是賊境，一有奔衝，緩急何以支梧？臣所疑者九也。

陝西教習鄉兵共十餘萬人，其中無賴之輩，名挂天籍，心薄田夫，夫豈無姦盗雜於其中？苟無措置，他日爲患不細。臣所疑者十也。

乞暫許臣赴闕面陳利害，如臣言狂率不可用，❺即行降黜。

陝西經略安撫判官田況上兵策十四事疏：

一曰自昊賊弄兵，侵噬西蕃，開拓封境，僭叛之迹，固非朝夕。始於漢界緣邊山險之地三百餘處，修築堡寨，欲以收集老弱，併驅壯健，爲入寇之謀。初貢嫚書，亦未敢擾。范雍在延州，屢使王文恩輩先肆侵掠，規貪小利，賊遂激怒其衆，執以爲辭。王師伐叛弔民之體，自此失之。劉謙、高繼嵩等破龐青諸族，❻任福襲白豹城，皆指爲

❶「今軍」，原無，今據《長編》補。
❷「之」，原作「人」，今據《長編》、《宋史》改。
❸「除」，原作「餘」，今據《長編》、《宋史》改。
❹「止一」，原作「正兵」，今據《長編》、《宋史》改。
❺「言」，原脱，今據《長編》補。
❻「青」上，原衍「諸族任福襲」五字，今據《長編》卷一三二慶曆元年五月甲戌條刪。

大功，無不殺戮老弱以爲首級，彼民皆訴冤於賊以求復讎。吾民受制異類，而又使無辜被戮，毒貫人靈，上下文移皆謂之「打虜」，吁，可媿也。或謂國家久不用兵，將卒未練，欲使趨功鶩利，習於戰鬬爾。然賊界諸處設備甚謹，屢行「打族」，俘獲無幾，陷没極多。如郝仁禹打瓦娥族，亡三百四人，無所獲。任政打鬧訛堡，亡一百九十三人。秦鳳部署司打隴波族，❶亡九十六人，各獲首一級。麟府軍馬司入賊界牽制，亡三百八十人，斬馘十八。其餘大亡小獲，無足言者。以此計之，實傷挫國威，取賊輕侮。自今宜且罷「打族」，但嚴設備守，以俟賊至，然後别爲之策，以破奸謀。

二曰自昊賊寇邊，王師屢戰不利，非止人謀不善，抑亦衆寡非敵。近因好水川之敗，士氣愈怯。諸將既没，牙隊之兵，罪皆當斬。朝廷普示寬貸，欲爲招輯。伸恩屈法，事非獲已。軍中相勸，以退走自全爲得計。陝西雖有兵近二十萬，防戍城寨二百餘處，所留極少。近又欲於鄜延、環慶、涇原三路各抽減防守戍兵，于鄜、慶、渭三州大爲屯聚，❷以備賊至。然今鄜延路有兵六萬六千餘人，環慶路四萬八千餘人，涇原路六萬六千餘人，除留諸城寨外，若逐路盡數那減，屯聚一處，更會合都監、巡檢手下兵併爲一陣，極不上三二萬人。賊若分衆而來，猶須力決勝負，或昊賊自領十餘萬衆，我以三二萬人當之，其勢固難力制。議者但欲以寡擊衆，幸於偶勝，非萬全策也。夫

❶「署」，原作「管」，宋人避宋英宗名諱改，今據《長編》改回。本篇下同。

❷「于」，原脱，今據《長編》補。

能以寡擊衆，徼一時之勝者，或得地利，或發奇策，非可恃以爲常。今必敗之形，洞可前照，而恬然坐視，莫知更爲計也。議者又謂，賊若併兵而入，則率他路援兵以禦之。且賊每入寇，既有所得，飈馳霧卷，一夕而去，他路固無所及矣。或謂收保邊民，持重以觀其勢，可擊則擊，不可則已。賊不過破毀民生，因食野積而歸爾。此苟一日之不敗則可也，深慮後患，有異於斯。臣去冬在都下，嘗聞士大夫相與言，謂小羌不足憂。何則？叛命之初，我無邊備，若兵隨檄至，則關中安危未可知。此賊計之失也。自劉平、石元孫陷没，中外震駭。賊若長驅而至，誰能當之？此二失也。

臣始聞此説，亦誠謂此賊之易與也。今觀其包藏變譎，圖全擇利，乃知所謂失策者，實賊之得計也。且賊之未敢長驅，亦猶我之未可深入。所以然者，主客異勢，進退懷疑，邊防之兵並出其後，險要之地或斷其歸，是決成敗於一舉，豈勝算哉。自李士彬被虜，❶劉平等敗没，延州之境，蕩然一空。日者，山外之民殺掠奔潰，已亡太半，是渭州之境又漸空矣。料賊今秋或來春，猶且驅劫而已。必使我藩籬盡空，表裏可見，然後攻城破邑，漸謀長驅，則無後顧之患。臣所以謂關中安危漸不可測，願朝廷爲勇斷之計也。斷之勇者，在乎發内帑之財，募陜西、河東强壯之民五七萬人，分屯鄜延、環慶、涇原三路。甫及防秋，❷則以逐處弓手分番戍守城寨，而參以正兵，每路及五六萬人以上，精加訓練。我軍既衆，其氣自振

❶「士」，原脱，今據《長編》補。
❷「甫」，原作「俯」，今據《長編》改。

也。必曰募民兵則衆情不安，增邊戍則大費不贍，此循常拘近之論也。且民兵之法，祖宗所行，迄今軍中餘老多在。加之出錢選募，非同點差，其中必有樂於效用者。且内帑之積，祖宗本爲用兵，今乃其時也。

三曰用兵之法，當先有部分。部分進退，權於大將，旗鼓常在中軍。自西陲用兵，每戰必敗。好水川之戰，任福實爲大將，而不能指麾統制以爲己任，乃自率一隊前當劇鋒，矢盡勢窮而後陷没。忠勇之節雖可嗟憫，然論其材力，止一卒之用。夫部分不明，多則不能辨，少則不能勝，進無所勸，退無所止，一有紛亂，則其勢北矣。欲矯此弊，在乎先求大將之才，峻其威權而尊寵之。如葛懷敏爲鄜延部署、張亢爲鈐轄，當以偏裨之禮奔走麾下，若犯令即當誅之。乃平牒往來，動皆鈞禮。韓琦、范仲淹爲經略副使，葛懷敏見之，禮容極慢。上下姑息，三軍之士何所法耶？夏竦、陳執中不能身當行陣，爲士卒先，至於選擇大將，明定部分，乃其職也。乞朝廷降詔，令更互巡邊采察，邊臣中有材任大將者，特與不次拔擢。其驕怯之將，每自顧重，不爲國家盡力者，奏罷之。則部分立而功可冀矣。

四曰自古用兵，未有不由間諜而能破敵者也。昊賊所用諜者，皆厚加賞賂，極其尊寵。故規我機宜，動必得實。今邊臣所遣刺事人，或臨以官勢，或量與茶綵，止於熟户族帳内采道路之言，便爲事實。賊臣變詐，重成疑惑。今請有入賊界而刺得實者，以錢帛厚賞之。賊將野戾剛浪、唛遇乞之徒，皆元昊親信，分廂主兵。俯近漢界，出入從者不過一人。若能募死士，陷胸辟首，是去賊之首足。王沿嘗欲用此策，但朝廷不惜美官重賂，則功豈難圖。

五曰唐置都護府，掌撫慰諸蕃，征討斥堠，及行賞罰，叙録勳勞。其屬有長史、録事、功、倉、户、法諸曹，❶得爲開府之盛。國朝承五代之後，事歸邊防。當西陲安輯時，朝廷固無意及此。今昊賊大肆殺掠，沿邊屬户各顧家族，心生向背，又使奸人恣行誘脅。以此賊勢轉盛，而邊候無復扞蔽。今新置招撫蕃落司，所謂招撫者，非飲食不足以得其驩，非賞賂不足以回其意，非術數不足以鼓其動，非刑誅不足以制其驕。曩者曹瑋在秦州，❷誅賞並行，戎落慴伏。比涇原用韓質，秦鳳用張僎，皆韓琦隨行指使，❸雖各有武勇，至於招撫之術，豈可倚耶？環慶一路熟户，未嘗經賊殘破，部族完整，❹人堪戰鬭，若綏御有術，可得精兵數萬。請令都管舉官與王懷端協力招撫，仍只令韓琦、王沿、龐籍、張奎同領之。事之大者，關報都部署司，其餘知州通判更不兼管。以養正兵萬人一歲之費，爲招撫之具，則事無不濟。自來熟户販鬻青白鹽以來厚利，今一切禁絶之，欲以困賊。然絶熟户之利，無以資其生。太宗朝，鄭文寶請禁青白鹽以困賊遷，可不戰而屈人兵，詔自陜以西市之者皆坐死。其後犯法甚衆，戎人乏食，寇抄邊郡，内屬萬餘帳歸繼遷。命錢若水馳傳視之，因詔盡復舊制，戎人始漸歸附。今日之勢，若厚加招撫，稍寬鹽禁，則熟户無不得用。議者疑邊饋已窘，而又興廢不訾，非

❶「倉」，原作「食」，今據《長編》改。
❷「瑋」，原作「偉」，今據《長編》改。
❸「指」下，原衍「揮」字，今據《長編》删。
❹「完」，原作「全」，宋人避宋欽宗名諱改，今據《長編》改回。

至計也。且國家通使唃厮囉，欲誘以爲用，賜帛二萬以從其出師，終無實報。是捨熟户近成之效，而信西蕃遠妄之言，豈至計耶？自昊賊破犛牛城，築瓦川會，而唃厮囉遠竄歷精城，偷安苟息。其子忙氊角、瞎氊自立，皆爲仇敵，尚不能制，矧能爲昊賊輕重邪？温逋其乃唃厮囉親信首領之豪，其子一聲余龍有衆萬餘，最爲强盛，乃與昊賊結姻，唃厮囉日益危弱。今欲以爲國家用，非臣之所能知也。以是論之，招撫熟户，不猶愈於彼乎？

六曰環慶路投來蕃部極多，夏竦等懲延安之前失，慮賊馬奔衝，内應爲患，欲遷襄、唐州界，給曠土使就生業，又皆不肯離往。若驟加起遣，則戎心動摇，或致生事。若招撫蕃落司得人，令躬至族帳，察其心之向漢者，給沿邊閑田，編於熟户。或度其後必生變者，徙之内地。然恩威裁制，其事百端，苟非權謀，未易集事也。

七曰蕃落、廣鋭、振武、保捷，皆是土兵，材力伉健，武藝精强，戰鬬嘗爲士卒先。自昊賊擾邊以來，惟土兵踴躍，志在争功。其餘請給甚微，不及東軍之下者。振武料錢五百，而二百五十爲折支，積數月一支，又皆靡弊不堪之物。如新添虎翼兵，自南中選填，材質綿弱，而云不知戰鬬，見賊恐死，傳者皆以爲笑。朝廷但且以塞數爲名而已。若月添土兵請給，事恐難行，請遇特支，比常優加其數，或别定南郊賞例以激其心。則其立功，必不在東軍之後矣。

八曰沿邊屯戍騎兵，軍額高者無如龍衛。聞其間有不能被甲上馬者。况驍勝、雲武、武騎之類，馳走挽弓不過五六斗，每教皆望空發箭，馬前一十二步即以墮地。

以賊甲之堅，縱使能中，亦不能入，況未能中之。請密料邊兵，益步卒而減騎軍，但五分得一足矣。以一騎軍之費可贍步兵二人，而又寬市馬之煩擾，違害就利，莫善於玆也。

九曰西賊每至，諸城寨不料衆寡，並須出戰。稍有稽違，皆以軍法從事。使趙奢、李牧、周亞夫授任於今日，獲罪必先於諸將矣。邊臣甘心死事，❶猶獲子孫之福，不敢持重伺隙，自取嚴誅。今若遇寇大至，且堅壁以守，須會合諸路兵馬，可以取勝則令出戰，若賊衆不多而畏懦不即追討，並行誅之。

十曰主將用兵，非素撫而威臨之，則上下不相附，指令不如意。西賊首領，各將種落之兵，謂之「一溜」，少長服習，如臂之使指。既成行列，舉手掩口，然後敢食，慮酋長遥見，❷疑其語言，其整肅如此。昨任福在慶州，蕃漢各以信服，士卒亦已諳練。一旦驟移涇原，值賊至，麾下隊兵逐急差撥，諸軍將校都不識面，勢不得不陷覆。今請諸路將佐，非大故毋得輕換易，庶可責其成功。

十一曰古之良將，以燕犒士卒爲先。所以然者，鋒刃之下，死生俄頃，固宜推盡恩意以慰其心。李牧備匈奴，市租皆入幕府，爲士卒費。趙充國禦寇戎，亦日饗軍士。太祖用姚内斌、董導誨抗西戎，❸何繼筠、李漢超當北虜，人各得環、慶、齊、杕一州征租農賦，市牛酒犒軍中，不問其出入。

❶「心」，原脱，今據《長編》補。
❷「慮」，原作「虜」，今據《長編》改。
❸「内」，原作「全」，今據《長編》改。

故得寇戎併息，不敢窺邊。臣前通判江寧府，因造紙甲，得遠年帳籍。見曹彬征江南日，和州逐次起餉猪羊肉數千斤以給戰士。近范仲淹在延州，奏乞比永興軍、泰州支米造酒，有司之吝，以爲無例而罷。今請渭、延、慶三州及諸路部署司，並特支米造酒，仍比都管司别給隨軍錢，務令贍足。除軍員外，其餘士卒，每一季或因都閲，或值出入，並須量有霑及，以慰勞苦。古者命將出師，閫外之事，無不專制，財糧用度，豈有異司？今主兵、主財者，皆力敵權均，紛然相制，豈國家任人責功之大體也？

十二曰功作器用，中國之所長，非戎狄可及。今賊甲皆冷鍛而成，堅滑光瑩，非勁弩不可入。自京齎去衣甲，皆軟脆不足當矢石。以朝廷之事力，中國之伎巧，乃不如一小羌乎？由彼專而精，我慢而略故也。今請下逐處，悉令工匠冷砧打造純鋼甲，旋發赴緣邊。❶先用八九斗力弓試射，以觀透箭深淺賞罰之。聞太祖朝舊甲絶爲精好，但歲久斷綻。乞且穿貫三五萬聯，均給四路，亦足以禦敵也。

十三曰今春昊賊寇邊，器械、攻城之具極爲拙鈍，❷此特緩吾備也。料賊年歲間破盡緣邊籬落，必驅迫漢民、熟户，使爲先登，以攻城一邑。邊城一有不守，事故可憂。今修築城寨雖漸完固，其如軍民不知守城次第。請下河北選守城卒三五十人，諸處指教，善治器用，大爲之備。賊動必求全，常顧後患。若邊城堅守，攻之不拔，則亦未敢長驅而深入也。

❶「旋」，原作「鏇」，今據《長編》改。
❷「器械」，《長編》作「棄下」。

十四曰昊賊蓄謀歲深，盡更漢法，自作祅書，非恩信可以縻，文令所能動。若非天威振赫，大挫姦鋒，其勢未已。漢界與賊山界相接，人民繁庶，每來入寇，則科率糧草多出其間。山界之民，引弓甚勁，與賊爲戰，所謂步奚。此皆去賊地遥，向漢甚邇。若承戰勝之勢，賊若皆散，承其不備，分路進兵而攻取之。抗禦者誅殛，降順者招徠，老弱無辜，係之南徙。其間險要可守之地，則築堅壘以據之，所得土田，給與有功熟户。必不可守，則縱兵破蕩以弱賊勢。若請命歸款，則裁割縱捨，制之在我。弭患如此，則邊陲可安矣。

四年，況知制誥，乞訪問執政專以虜患爲急疏曰：

臣伏以朝廷予契丹金帛歲五十萬，朘削生民，輸轉道路，疲弊之勢，漸不可久。而近者西羌通款，歲又予二十萬。設或復肆貪瀆，再有規求，朝廷尚可從乎？臣至愚，不當大責，每念至此，則怨嘆不已。矧兩府大臣皆宗廟社稷、天下生民所望而繫安危者，豈不爲陛下思之哉？每旦垂拱之對，不過目前政事數條而已，非陛下所以待輔臣，非輔臣所以憂朝廷之意也。有唐故事，肅宗以天下未乂，除正衙奏事外，别開延英以詢訪宰相。蓋旁無侍衛，獻可替否，曲盡討論。今北虜桀慢，而河朔將佐之良愚，甲兵之善窳，道路之夷險，城壘之堅弊，軍政之是否，財糧之多少，在兩府輔臣，實未有知之者。萬一變發所忽，制由中出，少有差跌，則事不測矣。如前歲蕭英、劉六符始來，和議未決，中外惶擾，不知爲計，此臣所目覩也。和議既定，又復恬然若無事者，豈得爲安哉？顧因燕閑，召執政大臣於便殿，從容賜坐，訪逮時政，專以虜患爲急，則人人唯恐不知以誤應對，事事唯恐不集以孤聖懷，日夕憂思，不敢少懈，同心叶力，必有所爲。今不此爲務，❶而日以委瑣之事更相辨對，議者羞之。臣備近列，實同朝廷之休戚，惟陛下不以人廢言也。

二年，樞密副使韓琦論備禦七事，上奏曰：

臣聞漢文帝襲高、惠承平之後，躬行節儉，國治民富，刑措不用。時賈誼上書言事，尚以爲可慟哭太息，豈其過哉？蓋憂深思遠，圖長久之計，欲大漢之業垂千萬世而無窮者。今陛下紹三聖之休烈，仁德遠被，天下大定，民樂其生者八十餘載矣，而臣竊觀時事，謂可晝夜泣血，非直慟哭太息者，何哉？蓋以西北二虜，禍釁已成，而上下泰然，不知朝廷之將危，宗社之未安也。臣今不暇廣有援引，請粗陳其大概。

切以契丹宅大漠，跨遼東，據全燕數十郡之雄，東服高麗，西臣元昊，自五代迄今垂百餘年，與中原抗衡，日益昌熾。至於典章文物、飲食服玩之盛，盡習漢風。故虜氣愈驕，自以爲昔時元魏之不若也。非如漢之匈奴、唐之突厥，本以夷狄自處，與中國好尚之異也。近者復幸朝廷西方用兵，違約遣使，求關南之地以啓争端。朝廷愛念生民，爲之隱忍，歲益金幣之數，且固前盟，而尚邀獻納之名以自尊大，其輕視中國，情可見矣。

❶「今」，原作「之」，今據《長編》卷一四八慶曆四年四月庚申條改。

又元昊父祖以來，畜養姦謀，招納亡命，雖外示臣節，而内完兵力。❶至元昊則好亂逞志，併甘凉諸蕃以拓境土。自度種落强盛，故僭號背恩，北連契丹，欲成鼎峙之勢。非如繼遷昔年跳梁於銀、夏之間爾。元昊累歲盜邊，官軍屢衄。今乘定川全勝之氣，遣人約和，則知其計愈深，而其事可虞也。議者謂昨假契丹傳道之力，必事無不合。豈不思契丹既能使元昊罷兵，豈不能使元昊舉兵乎。比來辭禮驕慢，殊未屈下。北虜之言，既已無驗，亦恐有合從之策以困中原。❷朝廷若軫西民之勞，暫求休養元元，且以金帛啗之，待以不臣之禮。臣恐契丹聞之，謂朝廷事力已屈，則又遣使移書，過邀尊大之稱，或求朝廷不可從之事，隳其誓約。然後驅犬羊之衆，直趨大河，復使元昊舉兵深寇關輔。當是時，未審朝廷以何術而禦之？或西鄙稱蕃，專事北寇，陛下親御六師，臨澶淵以待之，即未知今之將卒事力與環衛統帥，比真宗北征時何如？欲駐蹕北京以張軍勢，臣恐虜衆由德、博度河，直趨京師，則朝廷根本之地，宗廟、宫寢、府庫、倉廩、百官六軍室家所在，而一無城守之略，陛下可擁北京之衆，却行而救之乎？臣所以謂可晝夜泣血者，誠憂及于此，冀陛下一悟而急爲拯救也。朝廷若謂今之盟約尚可固結，則前三十年之信誓，朝廷何負二虜，而一旦違之哉。彼狼狽之心，見利而動，又可推誠以待之乎？夫得於先見，預爲之防，則功逸而事集。若變

❶「完」，原作「全」，宋人避宋欽宗名諱改，今據《長編》卷一四二慶曆三年七月甲午條改回。

❷「以」，《長編》作「夾」。

生倉卒，駭而圖之，雖是良、平復生，爲陛下計，亦不能及矣。臣是以夙夕思之，朝廷若不大新紀律，則必不能革時弊而弭大患。臣輒畫當今所宜先行者七事，條列以獻其大略：

一曰清政本。樞密院本兵之地，今所主多苛碎眇末之務。中書公事雖不預聞，❶恐亦類此。謂宜詔中書、樞密院，事有例者著爲法，可擬進者無面奏，其餘微瑣可悉歸有司。使得從容謀議，賜對之際，專論大事。二曰念邊事。今政府循故事，纔午即出，欲稍留則恐礙衆，退朝食罷，怱遽簽書而去，何暇及疆事哉？謂宜須未正方出，延此一時，以專邊論。三曰擢賢才。自承平以來，用人以叙遷之法，故遺才甚多。近中書、樞密院求一武臣代郭承祐，聚議累日不能得。謂宜倣祖宗舊例，於文武臣中不次超擢，❷以試其能。四曰備河北。自北虜通好三十餘年，武備悉廢。慢書之至，騷然莫知所爲。宜選轉運使二員，密授經略，責以歲月，使營守禦之備，則我待之有素也。五曰固河東。前歲昊賊陷豐州，掠河外屬户殆盡，麟、府勢孤絶。宜責本道帥，度險要，建城堡，省轉餉，爲持久之計。六曰收民心。祖宗置内藏庫，蓋備水旱兵革之用，非私畜財而充己欲也。自用兵以來，財用匱竭，宜稍出金帛以佐邊用，民力可寬而衆心安矣。七曰營洛邑。今帝都無城隍之固以備非常，議興葺則爲張皇勞民，不若陰葺洛都以爲游幸之所，歲運太倉羨餘之粟以實其廩庾，則皇居壯矣。

❶「中書公事」至「宜詔」十五字，原脱，今據《長編》補。
❷「文」，原脱，今據《長編》補。

五年，琦又論西北議和有大憂者三、大利者一，上疏曰：

臣伏見朝廷已封册夏國，又契丹以西征回來告。當此之時，若便爲太平無事，則後必有大憂者三。若以前日之患，慮及經遠，則後必有大利者一。請略言之：

自羌人盜邊以來，于今七年。小入大至，未嘗剉其鋒。今乘累勝之氣而與朝廷講和者，得非凡軍興之物，悉取其國人，而所獲不償所費，又以絶在邊和市，上下困乏，暫就稱臣之虚名，而歲邀二十五萬之厚賂，非爲得計邪？且契丹勢素强，而夏人尚敢與之抗衡，若使其歲享金繒及和市之利，國内充實，一旦我之邊備稍弛，則必有大窺圖關輔之心，此臣所謂後必有大憂者一也。契丹昨以羌人誘致邊民，遽往討伐，既不得志而還，見朝廷封册曩霄，其心必固不樂。近諜者傳契丹國人語云：「往河西，趨沙漠中，所得者唯牛羊耳。若議南牧，則子女玉帛不勝其有。」臣恐契丹異日或更有邀求，或請絶西人之和以賫盟誓，且河北兵驕不練，忽爾奔衝，則必震動京師。此臣所謂後必有大憂者二也。又昔石晉假契丹力以得天下，歲遺繒帛三十萬，今朝廷歲遺契丹五十萬、夏國二十五萬，使二虜日以富强，而國家取之於民，日以朘削。不幸數乘水旱之灾，則患生腹心，不獨在二虜。❶此臣所謂後必有大憂者三也。

昨契丹自恃强盛，意欲并吞夏人，倉卒興師，反成敗衄。犬羊之性，切於復讎，必

❶「二」，原脱，今據《長編》卷一五四慶曆五年正月丙子條補。

恐自此交兵未已。且夷狄相攻者，中國之利，此誠朝廷養謀待釁之時也。若能内葺紀綱，外練將卒，休息民力，蓄斂財用，以坐待二虜之弊，則幽、薊、靈、夏之地，一舉而可圖。振耀威靈，彈壓夷夏，豈不休哉。此臣所謂後必有大利者一也。

臣願陛下深思，去大憂而取大利，則爲天下之福。今范仲淹、富弼往河東、河北經制邊事，必有所陳。然臣久在陝西，敢復陳陝西措置事宜。且鄜延、環慶、涇原、秦鳳四路，雖罷招討使，而邊備不可弛。請仍選有才望近臣爲之主帥，特降手詔，委之久任，使其經營一方，以備羌人翻覆之變。又四路所駐兵，十分中宜留六分在邊，二分令東還，二分徙屯近裏州軍。其鄜延路徙屯河中府，❶環慶、涇原路徙屯邠州、永興軍，秦鳳路徙屯鳳翔府。❷逐路分鈐轄一員，❸駐泊都監二員，與逐路知州同行訓練，而本路仍領之。非有事宜，不得輒抽動。其徙屯兵馬處，知州才望輕者，請選人代之。又四路所抽就糧土兵，請委逐路帥臣相度，歲分兩番，留一番在邊，❹一番放歸本處。不唯減節邊上糧草，兼使無久戍之勞。又陝西州軍，經南郊賞給之後，官帑例皆空虛。今范仲淹若過陝西宣撫，則又有軍間特支，徒益所費。若臣策可行，陝西亦別無處置，不必仲淹更往也。復見諸路昨招置宣毅兵近十一萬，然朝廷物力未充，何以贍給？況閭里切發，自有巡檢、縣尉可以捕擊，若防群盜，只當益屯一路都會之地，不必每州

❶「徙」，原脱，今據《長編》補。
❷「徙」，原脱，今據《長編》補。
❸「分」，原脱，今據《長編》補。
❹「留」，原脱，今據《長編》補。

盡要防守。其宣毅兵，欲乞除河北、河東外，其京東、京西、淮南、兩浙、江南、荆湖、福建等路，每旨揮可減以三百人爲額，後有闕即招填之。今天下兵冗不精，耗蠹財用。❶陝西、河東、河北、京東州軍已曾差官揀選，其餘路亦乞選近上内臣，分往揀選。所貴冗食可蠲而經費可給也。

仁宗時，太子中允、充館閣校勘歐陽脩上書曰：

臣伏見國家自元昊叛逆、關西用兵以來，爲國言事者衆矣。臣初竊爲三策，以料賊情。臣迂儒，不識兵之大計，始猶遲疑，未敢自信。今兵興既久，賊形已露，如臣素料，頗不甚遠。故竊自謂有可以助萬一而塵聽覽者，謹條以聞。惟陛下仁聖，寬其狂妄之誅，幸甚。

夫關西弛備而民不見兵者，二三十年矣。使賊萌亂之初，藏形隱計，卒然而來。當是時，吾之邊屯寡弱，城堡未完，民習久安而易驚，將非素選而敗怯，使其羊驅豕突，可以奮然而深入。然國威未挫，兵力未疲，彼得城而居，不能久守，虜掠而去，可邀擊其歸。此下策也，故賊知而不爲之。戎狄侵邊，自古爲患，其攻城掠野，敗則走而勝則來，蓋其常事。此中策也，故賊兼而用之。若夫假僭名號，以威其衆，先擊吾之易取者一二以悦其心，❷然後訓養精鋭，爲長久之謀。故其來也，雖勝而不前，不敗而自退，所以誘吾兵而勞之也。或擊吾東，或擊

❶「耗」，原作「輕」，今據《長編》改。

❷「二」，原作「一」，今據《歐陽文忠公文集》卷四五《通進司上書》、《長編》卷一二九康定元年十二月乙巳條改。

吾西，乍出乍入，所以使吾兵分備多而不得減息也。吾欲速攻，賊方新鋭。坐而待戰，彼則不來。如此相持，不三四歲，吾兵已老，民力已疲，不幸又遇水旱之災，調斂不勝而盜賊群起，彼方奮其全鋭，擊吾困弊，可也。使吾不堪其困，忿而出攻，決於一戰，彼以逸而待吾勞，亦可也。幸吾苦兵，計未知出，遂求通聘，以邀歲時之賂，度吾困急不得不從，亦可也。是吾力一困，則賊謀無施而不可。此兵法所謂不戰而疲人兵者，上策也，而賊今方用之。

今三十萬之兵食於西者二歲矣，又有十四五萬之鄉兵不耕而自食其民。自古未有四五十萬之兵連年仰食而國力不困者也。臣聞元昊之爲賊，威能畏其下，恩能死其人。自初僭亂，嫚書已上，逾年而不出，一出則鋒不可當。執刼蕃官，獲吾將帥，多禮而不殺。此其兇謀所畜，皆非倉卒者也。奈何彼能以上策而疲吾，吾不自知其已困。彼爲久計以撓我，我無長策而制之哉。

夫訓兵養士，伺隙乘便，用間出奇，此將帥之職也，所謂閫外之事而君不御者，可也。至於外料賊謀之心，內察國家之勢，知彼知此，因謀制敵，此朝廷之大計也，所謂廟算而勝者也，不可以不思。今賊謀可知，以久而疲我耳。吾勢可察，而人已困也。誠能豐財積粟，以紓西人，而完國壯兵，則賊謀沮而廟算得矣。

夫兵，攻守而已，然皆以財用爲彊弱也。守非財用而不久，此不待言，請試言攻。昔秦席六世之强，資以事胡，卒困天下而不得志。漢因文、景之富力，三舉而纔得河南。隋唐突厥、吐蕃常與中國相勝敗，擊而勝之有矣，未有舉而滅者。秦、漢尤强者，其所攻，今元昊之地是也。况自劉平陷没，賊鋒熾鋭，未嘗挫衂。攻守之計，非臣所知。天威所加，雖終期於掃盡，然臨邊之將尚未聞得賊釁隙，挫其兇鋒。是攻守者未有休息之期，而財用不爲長久之計，臣未見其可也。四五十萬之人坐而仰食，然關西之地，物不加多，關東所有，莫能運致。掊克細碎，既以無益而罷之矣。至於鬻官入粟，下無應者，改法權貨，而商旅不行。是四五十萬之人，惟取足於西人而已，西人何爲而不困？困而不起爲盜者，須水旱耳。外爲賊謀之所疲，内遭水旱而多故，天下之患，可勝道哉？夫關西之物不能加多，而必通其漕運而致之。漕運已通，而關東之物不充，則無得而西矣。故臣以謂通漕運、盡地利、權商賈，三術並施，則財用足而西人紓，國力完而兵可久，以守以攻，惟上所使。夫小瑣目前之利，既不足爲，長久之謀，非旦夕而可效。故爲長久而計者，初若迂愚而可笑，在必而行之，則其利博矣。故臣區區不敢避迂愚之責，請上便宜三事，惟陛下裁擇。

其一曰通漕運。臣聞今爲西計者，皆患漕運之不通，臣以謂但未求之耳。今京師在汴，漕運不西，而人之習見者遂以爲不能西。不知秦、漢、隋、唐其都在雍，則天下之物皆可致之西也。山川地形非有變易於古，其路皆在，昔人可行，今人胡爲而不可？漢初，歲漕山東粟數十萬石，是時運路未修，其漕尚少。其後，武帝益修渭渠，至漕百餘萬石。隋文帝時，沿水爲倉，轉相運置，而關東、汾晉之粟皆至渭南，運物最多，而遺倉之跡，往往皆在。然尚有三門之險。自唐裴耀卿又尋隋迹，於三門東、西置倉，開山十八里，爲陸運以避其險，卒泝河而入渭，當時歲運不減二三百萬石。其後劉晏遵耀卿之路，悉漕江淮之米，歲入于計者六百萬石，誠能分給關西，得一二百萬石足矣。今兵之食汴漕者出戍甚衆，有司不惜百萬之粟分而及之，其患者，三門阻其中爾。今宜浚治汴渠，使歲運不阻，然後按求耀卿之迹，不憚十許里陸運之勞，則河漕通而物可致，且紓關西之困。使古無法，今有可爲，尚當爲之，况昔人行之而未遠，今人行之而豈難哉。耀卿與晏初理漕時，其得尚少，至其末年，所入十倍，是可久行之法明矣。此水運之利也。

臣聞漢高祖之入秦，不由東關而道南陽，過酈析而入武關。曹操等起兵誅董卓，亦欲自南陽道丹、析而入長安。是時張濟又自長安出武關，奔南陽，則自古用兵往來之徑也。臣嘗至南陽，問其遺老，云自鄧西北至永興六七百里，今小商賈往往行之。初，漢高入關，其兵十萬。夫豈能容十萬兵之路，宜不甚狹而險也。但自洛陽爲都，行者皆趨東關，其路久而遂廢。今能按求而通之，則武昌、漢陽、郢、復、襄陽、梁、洋、金、商、均、房、光化沿漢之地，十一二州之物，皆可漕而頓之南陽。自南陽爲輕車人輦而遞之，募置遞兵，爲十五六鋪，則十餘州之物日月入關而不絶。沿漢之地山多美木，近漢之民仰足而有餘，以造舟車，甚不難也。前日陛下深恤有司之勤，内賜禁錢數十萬以供西用，而道路艱遠，輦運踰年，不能畢至。至於軍裝輸送，多苦秋霖，邊州已寒，冬服尚滯於路。其艱如此。夫使州縣綱吏遠輸京師，轉冒艱滯然後得西，豈若較南陽之旁郡，度其地里，入于武關，與至京師遠近等者，與其尤近者，皆使直輸於關西。京師之用有不足，則以禁帑出賜有司者代而充用。其迂曲簡直，利害較然矣。此陸運之利也。

其二曰盡地利。臣聞昔之畫財利者易爲工，今之言財利者難爲術。昔者之民，賦税而已，故其不足，則鑄山煮海，榷酒與茶，征關市而算舟車，尚有可爲之法，以苟一時之用。自漢、魏迄今，其法日增，其取益細，今取民之法盡矣。昔者賦外之征，以備有事之用。今盡取民之法，用於無事之時，悉以冗費而縻之矣，至卒然有事，無法可增。然獨猶有可爲者。民作而輸官者已勞，而游手之人方逸。地之産物者耕不得代，而不墾之土尚多。是民有遺力，地有遺利，此可爲也。況歷視前世，用兵者未嘗不先營田。漢武帝時，兵興用乏，趙過爲畎田人犁之法以足用。趙充國攻西羌，議者争欲出擊，而趙充國深思全勝之策，能忍而待其弊。至違詔罷兵而治屯田，田於極邊，以遊兵而防鈔寇，則其理田不爲易也，猶勉爲之。後漢之時，曹操屯兵許下，彊敵四面，以今視之，疑其旦夕戰争而不暇。然用棗祗、韓浩之計，建置田官，募民而田，近許之地，歲得穀百萬石，其後郡國皆田，積穀無數。隋、唐田制尤廣，不可勝舉。其勢艱而難田，莫若充國；迫急而不暇田，莫如曹操。然皆勉焉，不以迂緩而不田者，知地利之博而可以紓民勞也。

今天下之土不耕者多矣，臣未能悉言，謹舉其近者。自京以西土之不闢者，不知其數。非土之瘠而棄也，蓋人不勤農，與夫役重而逃爾。久廢之地，其利數倍於勞田，今若督之使勤，與免其役，則願耕者衆矣。

臣聞鄉兵之不便於民，議者方論之矣。充兵之人遂棄農業，託云教習，聚而飲博，取資其家，不顧無有，官吏不加禁，父兄不敢詰，家家自以爲患也。河東、河北、關西之鄉兵，此猶可用。若京東、西者，平居不足以備盜，而水旱適足以爲盜，其尤可患者。京西素貧之地，非有山澤之饒，民惟力農是仰。而今三夫之家一人、五夫之家三人爲游手，凡十八九州，以少言之，尚可四五萬人不耕而食，是自相縻耗而重困也。今誠能盡驅之使耕于棄地，官貸其種，歲田之入，與中分之，如民之法，募吏之習田者爲田官，優其課最而誘之，則民願田者衆矣。太宗皇帝時，嘗貸陳、蔡民錢，使市牛而耕。真宗皇帝時，亦用耿望之言，買牛湖南而治屯田。今湖南之牛歲賈于北者，皆出京西，若官爲買之，不難得也。且鄉兵本農也，籍而爲兵，遂棄其業。今幸其去農未久，尚可復驅還之田畝，使不得群遊而飲博，以爲父兄之患，此民所願也。一夫之力，以逸而言，任耕緩田一頃，四五萬人皆耕，而久廢之田利又數倍，則歲穀不可勝數矣。京西之分，北有大河，南至漢而西接關，若又通其水陸之運，所在積穀惟陛下詔有司而移用之矣。

其三曰權商賈。臣聞秦廢王法，啓兼并，其上侵公利，下刻細民，爲國之患久矣。自漢以來，嘗欲爲法而抑奪之，然未能也。蓋爲國者興利日繁，兼并趨利日巧，至其甚也，商賈坐而權國利。其故非他，由興利廣也。夫興利廣則上難專，必與下而共之，然後通流而不滯。然爲今議者，方欲奪商之利，一歸於公上而專之。故奪商之謀益深，而爲國之利益損。前日有司屢變其法，法每一變，則一歲之間所損數百萬。議者不知利不可專，欲專而反損，但云變法之未當，變而不已，其損愈多。夫欲十分之利皆歸于公，至其虧少十不得三，不若與商共之，常得其五也。

今爲國之利多者，茶與鹽而已。茶自變法以來，商賈不復，一歲之失，數年莫補。所在積朽，棄而焚之。前日議者屢言三税之法爲便，有司既以詳之矣，今誠能復之，使商賈有利而通行，則上下濟矣。解池之鹽，積若山阜，今宜暫下其價，誘群商而散之，先爲令曰三年將復舊價，則食利之商争先而湊矣。夫茶者生於山而無窮，鹽者出於水而不竭，賤而散之三年，十未減其一二。夫二物之所以貴者，以能爲國資錢幣爾，今不散而積之，是積朽壞也，夫何用哉？

夫大商之能蓄其貨者，豈其銖銖躬自鬻於市哉？必有販夫小賈就而分之。販夫小賈無利則不爲，故大商不妬販夫之分其利者，恃其貨博，雖取利少，貨行流速，則積少而爲多也。今爲大國者，有無窮不竭之貨，反妬大商之分其利，寧使無用而積爲朽壞，何哉？故大商之善爲術者，不惜其利而誘販夫；大國之善爲術者，不惜其利而誘大商。此與商賈共利，取少而致多之術也。一有「今商賈之難以術制者，以其積貨多而不急故也。利厚則來，利薄則止，不可以號令召也。故每有司變法，下利既薄，小商以無利而不能行，大商方幸小商之不行，適得獨賣其貨，尚安肯勉趨薄利而來哉？故變法而刻利者，適足使小商不來，而爲大商賈積貨也。今必以術制商，宜盡括其居積之物，官爲賣而還之，使其貨盡而後變法。夫大商以利爲生，一歲不營利，則有惶惶之憂，彼必不能守積錢而閑居，得利雖薄，猶將勉而來。此變法制商之術也。夫欲誘商而通貨，莫若與之共利，此術之上也。欲制商，使其不得不從，則莫若痛裁之，使無積貨。此術之下也。然此可制茶商耳，❶若鹽者，禁益密，則冒法愈多而刑繁」，凡二百三十八字。若乃縣官自爲鬻市之事，此大商之不爲，臣謂行之而難久者也。誠能不較錙銖而思遠大，則積朽之物散而錢幣通，可不勞而用足矣。

臣愚不足以知時事。若夫堅守以扞賊，利則出而擾之，凡小便宜，願且委之邊將。至於積穀與錢，通其漕運，不一二三歲，而國力漸豐，邊兵漸習，賊鋭漸挫，而有隙可乘，然後一舉而滅之，此萬全之策也。願陛下以其小者責將帥，謀其大計而行之，則天下幸甚。脩昧死再拜。

脩又上奏曰：

臣伏見北虜近於界首添建城寨，及拘囚定州巡兵湯則，侵過銀坊、冶谷地界等事。竊聞朝廷至今未有分明嚴切指揮，令邊臣以理爭辨。竊料朝廷之意，必謂爭之恐有引惹之虞，❷此乃慮之過、計之失也。夫虜性貪狠，號爲犬戎，欺弱畏强，難示以怯。今杜之於早而力爲拒絶，猶恐不能。若縱之不争而誘其來侵，乃是引惹。況西山道路，有三十餘處皆可行兵，其險要折扼，在於軍城、銀坊等路，爲彼奪據而不争，則北寨、王柳等口，漸更來侵，豈能争矣？是則西山險要，盡爲彼奪。一日使虜以大兵渡易水，由威虜之西平陸而來，以奇兵自飛狐出西山諸口而下，則我腹背受敵之患，不知何以禦之？此蓋兵法必争之地也。

❶「茶商」，原誤倒，今據《歐陽文忠公文集》乙正。

❷「引惹」，原作「引悳」，今據《四庫全書》本、《歐陽文忠公文集》卷一一八《論契丹侵地界狀》、《長編》卷一五六慶曆五年閏五月癸丑條改。本篇下同。

且與人爲隣敵，而自棄險要，任彼奪據而不爭，雖使我弱彼彊，尚須勉强。何况勢鈞力敵，又違誓約，而彼曲我直乎？臣謂朝廷所以然者，蓋由未察虜中强弱之形，而不得其情僞之實也。

臣又見朝廷常有懼虜之色，而無憂虜之心。夫憂之與懼，名近而意殊。憂者，深思極慮而不敢暫忘。懼者，臨事惶惑而莫知所措。今邊防之事，措置多失其機者，懼慮之意過深也。若能察其强弱之形，得其情僞之實，則今日之事誠不足懼，而將來之患深有可憂。奈何不憂其深可憂，而反懼其不足懼？且戎虜雖以戰射爲國，而耶律氏自幼承其父祖與中國通和之後，未嘗躬戰陳，遭勍敵，謀臣舊將，又皆老死，今其臣下如貫寧者，無三兩人。寧才不及中人，已是彼之傑者，所以君臣計事，動多不藏。當初對梁適遣使河西，使與中國通好，及議和垂就，不能小忍以邀中國厚利，乃與元昊爭夾山小族，遂至交兵，而累戰累敗，亡失人馬，國內瘡痍，誅斂山前，漢人怨怒。往時虜殺漢人者罰，漢人殺虜者死，近聞反此二法，欲悦漢人，漢人未能收其心，而虜人亦已怒矣。又聞今春女真、渤海之類，所在離叛攻刼，近纔稍定。方且招輯敗亡，修完器甲，內恐國中之復叛，外有西夏之爲虞，心自懷疑，憂我乘虛而北襲。故於界上勉强虚張，❶囚我巡兵，侵我地界。蓋其實弱而示强者，用兵之詭計。故臣謂苟能察其强弱，知其情僞，則無不爭之理，何必懼其不足懼哉。自國家困於西鄙用兵，常慮北戎合謀，乘隙而動。及見二虜相失而交攻，議

❶「張」，原脱，今據《歐陽文忠公集》、《長編》改。

者皆云中國之福。夫幸其相攻爲我之福，則不幸使其解仇而復合，豈不爲我禍乎。臣謂北虜昨所以敗於元昊者，亦其久不用兵，驟戰而逢勍敵耳。聞其自敗衄以來，君臣恐懼，日夜謀議，通招丁口，柬募甲兵，處處開教閲之場，家家括糧馬之數。以其天姿驍勁之俗，加以日夜訓練之勤，則其强難敵矣。今虜國雖未有人，然大抵爲國者久無事則人難見，因用兵則將自出。使其交戰既頻，而謀臣猛將争能並出，則是夾山一敗，警其四十年因循之弊，變驕心而爲憤志，化惰卒而爲勁兵，因屢戰而得驍將。此乃北虜之福，非中國之福也。此臣所謂將來之患者也。

然二虜勢非久相攻者也，一二年間不能相并，則必復合。使北虜驅新勵之强兵，無西人之後害，而南向以窺河北，則又將來之患大者也。臣雖不知朝廷顧河北爲如何，但於本路之事，以今年較去年，則亦可見。去年已前，河北官吏無大小，皆得舉材而擇能，急於用人如不及者，惟恐一事之失計故也。自今春以來，差除漸循舊弊，凡幹敏之吏熟於北方事者，舉爾奏乞，百不一從。不惟使材臣能吏不勸而殆，亦足見朝廷不憂河北之事辦否也。至如廢緣邊久任之制而徙劉貽孫，以王世文當冀州，李中吉當廣信，王中庸當保州，劉忠順當邢州，如此數人，於閑漫州軍尚憂敗政，况於邊要之任乎？臣愚以朝廷不以北事爲憂。

歷代名臣奏議卷之三百二十五

本卷王鵬校點

歷代名臣奏議卷之三百二十六

禦邊

宋仁宗慶曆二年，歐陽脩知諫院，論韓琦、范仲淹乞賜召對陳邊事，奏曰：

臣伏見自西鄙用兵以來，陛下聖心憂念，每有臣僚言及西事，必皆傾心聽納。今韓琦、范仲淹久在陝西，備諳邊事，是朝廷親信委任之人。況二人才識不類常人，其所見所言之事，不同常式言事者，陛下最宜加意訪問。自二人到闕以來，只是逐日與兩府隨例上殿，呈奏尋常公事，外有機宜大處置事，並未聞有所建明，陛下亦未曾特賜召對，從容訪問。況今西事未和，邊陲必有警急，兼風聞北虜見在涼甸與大臣議事，外邊人心憂恐。伏望陛下因無事之時，出御便殿，特召琦等從容訪問，使其盡陳西邊事宜合如何處置。今琦等數年在外，一旦歸朝，必有所陳。但陛下未賜召對，此二人亦不敢自請獨見。至如兩府大臣，每有邊防急事，或令非時召見聚議，或各令互述所見，或只召一兩人對見商量，此乃帝王常事，祖宗之朝並亦如此，不必拘守常例也。

三年，脩乞令韓琦居中、范仲淹在外，上奏曰：

臣風聞如定等不久放還。竊緣比來議論，必未諧和，須慮驕賊猖狂，忿兵攻寇，凡關防邊備，正要枝梧。伏覩朝旨已差范仲淹、田況等爲宣撫使，今日風聞韓琦以仲淹已作參政，❶欲自請行，不知是否。以臣愚見，不若且遣仲淹速去。琦與仲淹皆是國家委任之臣，材識俱堪信用，然仲淹於陝西軍民，恩信尤爲衆所推服。今若仲淹外捍寇兵，而琦居中應副，必能共濟大事，庶免後艱。若陛下以新用仲淹，責其展效，則且令了賊一事，俟邊防稍定，不兩三月自可還朝。既先弭於外虞，可漸脩於闕政。今邊事是目下之急，不可遲緩以失事機。伏望斷自宸衷，趣仲淹速去，以備不虞。

脩又論乞令宣撫使韓琦等經略陝西劄子曰：

臣竊聞已降中書劄子，抽回韓琦、田況等歸闕。昨來琦等奉命巡邊，本爲西賊議和未決，防其攻寇，要爲禦備。今西方再來，方有邀請，在於事體，必難便從，邊上機宜，正須處置。仍聞韓琦、田況各有奏狀，言邊防有備，請朝廷不須怯畏，每事曲從。竊以勝敗之間，安危所繫，料琦等如此奏來，則邊事可知，自有枝梧，不至敗誤。臣謂且令琦等在彼撫遏，則朝廷與賊商議，自可以持重，不須屈就。今議方未決，中道召還，則是使賊知朝廷意在必和，自先弛備。況事無急切，何必召歸？其召韓琦劄子，伏乞速賜指揮抽回。且令琦等在彼經略，以俟西賊和議如何。

脩又論乞詔諭陝西將官劄子曰：

臣風聞昊賊今次人來，辭意極不遜順，所請之事，必難盡從。事既不成，則元昊必

❶「以」，原作「去」，今據《歐陽文忠公文集》卷九九《論范仲淹宣慰陝西劄子》改。

須作過，朝廷須合先爲禦備。竊慮沿邊將帥見西人入朝，惟望通好，便生懈怠，萬一西賊驟出忿兵，擊吾弛惰，則立見敗事。乞速詔邊臣，密諭與西賊辭未遜順，必不通和之意，各使先知，絶其顧望，早爲準備，庶不敗事。仍慮邊將謂朝廷此時議雖未合，若後次更來，必須和好，因此便無討賊之志。仍乞便因詔諭，示以激厲之言，云朝廷以昊賊罪大，意在討除，今不許其和好者，蓋以外有爾輩在邊，必望破賊成功之意，使其不生退心。臣見唐武宗英武之主，所任宰相李德裕最號有材，當時用兵征伐，指揮將帥，處置事宜，動以詔書約束勸厲，故終成功業。國家用兵以來，未聞以賞罰號令激動人心，使其竭力者，此最宜留意。

脩又論河北守備事宜劄子曰：

臣伏見朝廷方遣使與西賊議通和之約，近日竊聞邊臣頻得北界文字，來問西夏約和了與未了。苟實如此，事深可憂。臣以謂天下之患不在西戎而在北虜。縱使無此文字，終須貽患朝廷。契丹通好僅四十年，無有纖介之隙，而輒萌姦計，妄有請求。竊以戎狄貪惏，性同犬彘，遇强則伏，見弱便欺。見我無謀，動皆屈就，謂我爲弱，知我可欺，故添以金繒，未滿其志，更邀名分，抑使必從。無事而來，尚猶如此，若更因西事攬以爲功，别有過求，將何塞請？此天下之人無愚與智，共爲朝廷寒心者也。今若果有文字來督通和之事，則臣謂醜虜狂計，其迹已萌。不和則詰我違言，既和則論功責報，不出年歲，恐須動作。苟難曲就，必至交兵。至於選將練師，既難卒辦，禦戎制勝，當在機先。臣竊怪在朝之臣，尚偷安靜。自河以北，絶無處置，因循弛慢，誰復挂心？豈可待虜使在廷，寇兵壓境，然後計無所出，空務張皇而已哉。今國家必謂兩意雖乖，尚牽盟誓，邊防處置，未敢張皇。以臣思之，莫若精選材臣，付與邊郡，使其各圖禦備，密務脩完，此最爲得也。況今邊防處置，百事乖方，惟有擇人，最爲首務。

今北邊要害州軍，不過十有餘處，於文武臣僚中選擇十餘人，不爲難得。各以一州付之，使其各得便宜，如理家事。完城壘，訓兵戎，習山川，蓄糧食，凡百自辦，不煩朝廷經度。以兹預備，尚可枝梧。至如鎮定一路，最爲要害。張存昔在延州，以不了事罷去，今乃委以鎮府。王克基凡庸輕巧，非將臣之材，而任定州。其餘州郡，多匪其人。臣欲乞陛下特詔兩府大臣，取見在邊郡守臣可以禦敵捍城、訓兵待戰者留之，其餘中常之材，不堪邊任者，悉行換易。

若秋風漸勁，虜釁有端，陛下試思邊鄙之臣，誰堪力戰？朝廷之將，誰可出師？當臣初授諫職之時，見朝廷進退大臣，陛下鋭意求治，必謂群臣自此震慴，百事自此脩舉。西北二事，最爲大者，自當處置，不待人言。及就職以來已數十日，而政令之出，漸循舊弊。惟言事之臣拾遺補闕者，勉强施行其一二。至如講大利害，正大紀綱，外制四夷，内紓百姓，凡廟堂帷幄之謀，未有一事施行於外者。臣忝司諫諍，豈敢不言，伏望陛下不忘社稷之深耻，無使夷狄之交侵，駿發天威，督勵臣下。仍乞詢問兩府大臣，西鄙和與不和，能保契丹别無辭説否？苟有所説，能以廟謀奇算沮止之否？苟無謀以止之，則練兵選將，備邊待寇，賊至而後圖，能不敗事否？臣願陛下勿謂去歲六符之來，可以賄解，今而有請，則事難從矣。勿謂累年西賊爲患，習以爲常，若此事一動，則天下摇矣。臣所言者，社稷之大計也。願陛下留意而行之。

脩又論西賊占延州侵地劄子曰：

臣竊聞元昊近於延州界上修築城壘，强占侵地，欲先得地，然後議和，故楊守素未來，而占地之謀先發，又聞邊將不肯力争。此事所繫利害甚大。臣料賊意見朝廷累年用兵，有敗無勝，一旦計無所出，厚以金帛買和，知我將相無人，便欲輕視中國，一面邀求賂遺，一面侵占邊疆。不惟驕賊之心難從，實亦爲國之害不細。今若縱賊於侵地立起堡寨，則延州四面更無捍蔽，便爲孤壘。其賊盡據要害之地，他時有事，延州不可保守。若失延州，則關中遂爲賊有。以此而言，則所侵之地不可不争。何况西賊議和，事連北虜。今人無愚智，皆知和爲不便，但患國家許物已多，難爲中悔，若得别因他事，猶可絶和。何况此侵地是中國合争之事，豈可不争？

臣謂今欲急和而不顧利害者，不過邊臣外憚於禦賊，而内欲邀議和之功，以希進用耳，故不肯擊逐羌人，力争侵地。蓋小人無識，只苟目前榮進之利，不思國家久遠之害。是國家屈就通和，只與邊臣爲一時進身之利，而使社稷受無涯之患。陛下爲社稷計，豈不深思！大臣爲社稷謀，豈不極慮。伏望聖慈遣一使往延州，命龐籍力争，取昊賊先侵之地，不令築城堡寨。若緣此一事得絶和議，則社稷之福也。臣仍慮西賊來人，尚有青鹽之説，此事人人皆知不可許。亦慮小人無識急於就和者，尚陳鹽利，以惑聖聰。伏望聖慈，不納浮議。

脩又論水洛城事宜乞保全劉滬等，上疏曰：

臣近風聞狄青與劉滬争水洛城事，枷禁滬等奏來。竊以邊將不和，用兵大患。況狄青、劉滬皆是可惜之人，事體須要兩全，利害最難處置。臣聞水洛城自曹瑋以來，心知其利，患於難得，未暇經營。今滬能得之，則於滬之功不小，於秦州之利極多。昨韓琦等自西來，聞有論奏，非以水洛爲不便，但慮難得而難成。今滬能得之，又有成之之志，正宜專委此事，責其必成。而狄青所見不同，遂成釁隙。其間利害，臣請詳言。

國家近年邊兵屢敗，常患大將無權。今若更沮狄青，釋放劉滬，則不惟於狄青之意不足，兼沿邊諸將皆挫其威，此其不便一也。臣聞劉滬經營水洛城之初，奮身展效不少，先以力戰取勝，然後誘而服從，乃是党留諸族畏滬之威信。今忽見滬先得罪，帶枷入獄，則新降生户豈不驚疑？若使飜然復叛，則今後邊臣以威信招誘諸族，誰肯聽從？不惟水洛城更無可成之期，兼沿邊生户永無可招之理，此其不便二也。自用兵以來，諸將爲國立事者少。此水洛城不惟自曹瑋以來未能得之，亦聞韓琦近在秦州，嘗欲經營而未暇。今滬奮然力取，其功垂就，而中道獲罪，遂無所成，今後邊將誰肯爲國家立事？此其不便三也。臣又聞水洛之戍，雖能救援秦州，而須藉渭州應副。今劉滬既與狄青異議，縱使水洛築就，他時萬一緩急，狄青怒滬異己，又欲遂其偏見，稍不應副，則水洛必須復失，此其不便四也。緣此之故，遂移青於别路，則是因一小將移一部署，此其不便五也。此臣所謂利害甚多，最難處置者也。

臣謂今宜遣一中使，處分魚周詢等速令和解，務要兩全。必先密諭狄青曰：「滬城水洛，本有所稟，非是擅爲。役衆築城，不比行師之際，滬見利堅執，意在成功，不可以違節制加罪。滬宜釋放，朝廷不欲直放，恐挫卿之威，卿自釋之，使感卿惠。若他時出師臨陣，有違進退之命者，任卿自行軍法。」然後密諭滬曰：「汝違大將指揮，自合有罪。朝廷以汝於水洛展效，望汝成功，故諭青使赦汝，責爾卒事以自贖。」俟水洛功就，則又戒青：「不可因前曾異議，堅執不修，惟幸失之，遂已偏見。今後水洛緩急，尤須極力應副，萬一小有疏失，則是汝挾情故陷之，必有重責。」如此，則水洛之利可成，蕃户之恩信不失，邊將立事者不懈，大將之威不挫。苟不如此，未見其可。蓋罪滬既不可，罷水洛城又不可，沮狄青又不可。事關利害，伏望聖慮深思。

脩又上疏曰：

臣伏見朝廷近爲脩水洛城事，雖已差魚周詢等就彼相度，風聞周詢近有奏來，爲水洛蕃族見狄青枷取劉滬等，因致驚擾，周詢却乞將帶滬等往彼，以此足驗劉滬能以恩信服彼一方。朝廷必知水洛爲利，而不欲廢之，非滬守之不可。然滬與狄青、尹洙已立同異，難使共了此事。臣謂必不得已，寧移尹洙，不可移滬。尚慮議者必謂不可因小將而動大將。今若但移洙而不動狄青，即不是特移大將矣。若却移路分，更升差遣，或召拜他官，苟不類前後因事移替之人，即不是因滬被移矣。如此，則於洙無損，於滬獲全其功，於邊防利便，三者皆獲其利。

若曲爲尹洙、狄青，却將立功將校輕沮，則其害有三：大凡文武官常以類分，武官常疑朝廷偏厚文臣。假有二人相争，實是武人理曲，然武人亦不肯服，但謂執政盡是文臣，遞相黨護，輕沮武士。況今滬與洙争，而滬實有功效，其理不曲。若曲罪劉滬，則沿邊武臣盡鼓怨怒，其害一也。自有西事以來，朝廷擢用邊將極多，能立功効者絶少，惟范仲淹築大順城，种世衡築青澗城，滬築水洛耳。臣亦聞三者，惟滬尤爲艱辛，是功不在二人之下。今若曲加輕沮，則今後武臣不肯爲朝廷作事，其害二也。滬若不在水洛，則蕃族恐他人不能綏撫，別致生事，則今後邊防永不能招緝蕃部，其害三也。今三利三害，其理甚明，但得大臣公心，不於尹洙曲有黨庇，則不與邊防生患。此繫國家利害甚大，伏望聖意斷而行之。

脩又論西北事宜，上疏曰：

臣昨在河東，聞北虜事宜，説者多端而少實。其役兵動衆，脩城掘壕，凡所興爲，則有蹤跡。昨三月、四月之間，於北界地名大柳谷、銀瓮口與蕃族相殺，契丹累敗，折却主將數人，見今抄點中軍，秋冬必大交戰。此亦説者多同而不虚。惟云夾山部落叛歸元昊，契丹與西賊相攻。又云西賊見在河灣會劄寨，兵馬尤多。或云二虜詐謀，欲合而攻我。此一事，則説者雖多，而以人情料之，皆不可信。

自西賊叛我以來，更事契丹甚謹。蓋已與中國交争，則屈己事隣，乃其常理。二虜自來未聞釁隙，而忽納夾山小族，反與契丹立爲大敵，但恐元昊黠羌，不爲此事。以此言之，不可信也。契丹若寇邊鄙，當先自河北，不應便出河東。若云出吾不意，則兵釁未成，必未突然入吾險地。是北虜必不攻河東矣。西賊二年之間，累次遣人通好，國家過當，許物已多。今盟約垂成，而忽供契丹數百里之路，崎嶇勞師，入吾險固。以此而言，是西賊必不攻河東，此其不可信者也。然北戎抄點人馬，聲張已久，今漸向秋，必已聚集。邊臣但見虜兵聚在界上，不得不至驚疑。惟在朝廷料敵制謀，養威持重，不爲輕發，使虜不可窺，則得計矣。其密爲禦備次第，臣今具管見，畫一如後。

一、據今事宜，不問北虜攻夾城與元昊，但不過夷狄自相攻耳。然虜兵在我境上，不可不爲支準。惟當持重以待，未宜便若寇至，而大集窮邊，虛成自擾。但訓兵練卒，於并、忻、嵐、憲，屯結以俟。太原去忻州，一日半可至，忻州去代州，一日半可至，嵐州去岢嵐，一日中可至，憲州亦然。今以兵屯忻、并而應援代州，屯嵐、憲而應援岢嵐。賊至，則使代州、岢嵐堅壁清野，待其師老，徐以忻、嵐等兵擊之，此用兵之法也。如此，則虜來不失應敵，不來不至虛驚。其代州、岢嵐，但用去年防秋兵數可矣。惟治器械，擇將帥，此非倉卒可辦，宜急爲之具。

一、河東沿邊州軍器械，全然不堪。臣昨到彼，見逐處弓弩無十數枝可施用者。問其何故，云爲省司惜筋、膠，支請不得，縱支得，即角短筋碎，不堪使用，久無物料修治，是致廢壞。臣亦知京中筋、膠、角絶少，然若遍支與諸州軍，即恐不及，欲乞且只支與沿邊州軍。仍乞選差幹事官，逐州自遣一員，上京支請，便令自監脩補。其諸州木羽箭，臣曾逐色用草人被甲，去三十步以硬弩射之，或箭幹飛掉不至，或箭頭卷折不入。此乃臨陣誤事之物，十無一二堪者。惟舊竹箭，雖翎損、鏃生秀，射之亦能入甲，又數目不多，亦乞委官揀點脩換。

一、代州知州康德輿，老懦不濟事。臣方欲到京奏乞替却，近知已差張亢。然德輿却充并、代鈐轄。只此職，亦非德輿所堪，乞與一近裏小處知州，鈐轄別選差人。

一、代州諸寨主、監押三十餘員，内無三四人能幹而曉事者，伏乞早行替換。仍乞於近日臣寮準密院劄子舉到堪充將領人内，差充寨主、監押。

一、岢嵐軍地接草城川口，無險可恃，而城小壕淺，須合增城浚壕。乞降指揮下河東，那打白草廂軍及本軍係役兵士，早併力脩葺。臣曾狀奏乞米光濬且令知軍，蓋光濬已知彼中次第。當事宜之際，若李緯乍到，恐處事未盡合宜，又緯必非岢嵐久住之人。其米光濬，伏乞檢會臣前奏施行。

脩又論麟州四議疏曰：

臣昨奉聖旨，至河東與明鎬商量麟州事。緣臣未到間，鎬已一面與施昌言等先有奏議。尋準樞密院劄子，備録鎬等所奏，令臣更切同共從長相度。臣遂親至河外相度利害，與明鎬等再行商議，乞那減兵馬人數，可以粗減兵費，已具連署奏聞。此外臣別有短見，合盡條陳。其利害措置之説，列爲四議：一曰辯衆説，二曰較存廢，三曰減寨卒，四曰委土豪。如此，則經久之謀，庶近禦邊之策。謹具畫一如後：

一曰辯衆説者，臣切詳前後臣寮起請，

其説有四：或欲廢爲寨，❶或欲移近河次，或欲抽兵馬以減省饋運，或欲添城堡以招輯蕃、漢。然廢爲寨而不能減兵，則不若不廢，苟能減兵而省費，則何害爲州？其城壁堅完，地形高峻，乃天設之險，可守而不可攻。其至黄河與府州，各纔百餘里，若徙之河次，不過移得五七十里之近，而棄易守難攻之天險。以此而言，移、廢二説，未見其可。至如抽減兵馬，誠是邊議之一端。然兵冗不獨麟州，大弊乃在五寨，若只減麟州而不減五寨，與不減同。凡招輯蕃、漢之民，最爲實邊之本。然非朝廷一力可自爲，必須委付邊臣，許其久任，漸推恩信，不限歲年，使得失不繫於朝廷之急，而營輯如其家事之專，方可收其遠效，非二年一替之吏所能爲也。臣謂減兵添堡之説，近之而未得其要。

二曰較存廢者，今河外之兵，除分休外，尚及二萬。大抵盡河東二十州軍以贍二州五寨，爲河外數百邊户，而竭數百萬民財，賊雖不來，吾已自困，使賊得不戰疲人之策，而我有殘民斂怨之勞。以此而思，則似可廢，然未知可存之利。今二州五寨，雖云空守無境之人；然賊亦未敢據吾地，是尚能斥賊於二三百里外。若麟州一議移廢，則五寨勢亦難存。兀爾府州，便爲孤壘，而自守不暇，是賊可以入據我城堡，耕牧我土田，夾河對岸爲之巢穴。今賊在數百里外，沿河尚費於防秋，若使夾岸相望，則泛舟踐冰，終歲常憂寇至，沿河内郡盡爲邊戍。以此而慮，則不可不存，然須得存之

❶「寨」下，原衍「名」字，今據《長編》卷一四九慶曆四年五月丁丑條删。

之術。

三曰減寨卒者，臣勘會慶曆三年一年用度，麟州用糧七萬餘石，草二十一萬餘束。五寨用糧一十四萬石，草四十萬餘束。其費倍於麟州，於一百二十五里之地列此五寨，除分兵歇泊外，尚有七千五百人，別用二千五百人負糧，又有并、忻等十州軍百姓輸納外，及商旅入中往來，其冗長勞費，不可勝言。逐寨不過三五十騎巡綽伏路，其餘坐無所爲。蓋初建五寨之時，本不如此，寨兵各有定數，建寧置一千五百人，其餘四寨各止三百至五百，今之冗數，並是後來增添。臣謂今事宜稍緩，不比建寨之初，然且約舊數，尚不至冗費。臣請只於建寧留一千人，置一都巡檢。其鎮川、中堠、百勝三寨，各留五百。其餘寨兵所減者，屯於清塞堡，以一都巡檢領之，緣此堡最在近東，隔河便是保德軍，屯兵可以就保德軍請糧，則不煩輸運過河供饋。若平日路人宿食諸寨，五百之卒巡綽有餘，或些小賊馬，則建寧之兵可以禦捍，若賊數稍多，則清塞之兵不失應援。蓋都不去百里之内，非是減兵，但那移就食而已。如此，則河外省費，民力可紓。

四曰委土豪者，今議麟州者，存之則困河東，棄之則失河外。若欲兩全而不失，莫若擇土豪，委之自守。麟州堅險，與兵二千，其守足矣。況所謂土豪者，乃其材勇獨出一方，威名既著，敵所畏服，又能諳敵情僞，凡於戰守，不至乖謀。若委以一州，則其當自視州如家，繫己休戚，其戰自勇，其守自堅。又其兵既是土人，與其風俗情接，人賴其勇，亦喜附之，則蕃、漢之民，可使漸自招集。是外能捍賊而戰守，内可輯民以實邊，省費減兵，無所不便，比於命吏而往，凡事仰給於朝廷，利害可倍也。必用土豪，非王吉不可。吉見在建寧寨，蕃、漢依吉而耕於寨側者已三百家，其材勇則素已知名，況其官序，自可知州。一二年間，視其後效，苟能善守，則可世任之，使長爲捍邊之守。

右臣所陳，乃是大計，伏望聖慈特賜裁擇。若可以施行，則紓民減費之事，容臣續具條列。

三年，集賢校理余靖奏論元昊請和當令權在我疏曰：

臣切聞賊昊差私署官入境，❶相次到闕，欲與朝廷通和事。伏以息兵減費，夷狄順命，國家大臣，至於邊將，咸欲息肩，以休士卒。臣愚料之，以謂挫北胡之氣，折西羌之鋭，不如不和，最爲得策。假如元昊貪我財貨，甘心臣伏，比之爲禍大於今日。臣請別白言之。

伏自國家用兵五年已來，三經大戰，軍覆將死，財用空虚，天下嗷嗷，困於供給。今乃因胡人一介之使，馳其號令，遂使二國通好，君臣如初，吾數年之辱，而胡人一言解之。若胡人又遣一介有求於我，以爲其謝，其將何詞以拒之？若國家又有所惜，必將興師責我，謂之背約，則北鄙生患，二境受敵矣。矧西戎自僭名號，未嘗挫折，何肯悔禍，輕屈於人。今若因其官屬初來，未有定約，但少許之物，無滿其意，堅守名分，以抑其僭，雖賜之甘言，彼必不屈，則吾雖

❶「署」，原作「置」，宋人避宋英宗名諱改，今據《長編》卷一三九慶曆三年二月乙卯條改回。

西鄙受敵，而北虜未敢動也。何以知之？昨梁適使胡之時，虜主面對行人，遣使西邁，意氣自得，自言指呼之間，便令元昊依舊稱臣。今來賊昊不肯稱臣，❶則是北胡之威不能使西羌屈伏，彼自喪氣，豈能來責？故臣謂今之不和，則吾雖西鄙受敵，而北胡未敢動也。若便與西戎結盟，則我之和好，權在夷狄，中國之威，於是盡矣。北胡責我，則二鄙受敵，其憂深矣。

伏願陛下與執政大臣，密謀而深思之，無令陷虜計中，則天下社稷幸甚。必不得已而與貨財，須作料錢公使名目，便將靈鹽、銀夏作兩鎮，則賜予倍於往時，而君臣名分不改矣。或欲速成和好而屈名分，則天下共耻之，雖强兵在境，有血戰而已矣。若他年賊自有釁來求和者，權在我而不必拒之也。惟陛下裁之。

靖又乞韓琦兼領大帥鎮秦州狀曰：

臣准五月七日詔敕節文，今後三館臣寮如有邊防要切機宜及朝廷大事，並令具實封奏。臣竊聞已降敕命，差韓琦等充涇原等四路都部署，❷韓琦、范仲淹並於涇州駐劄，仍差文彦博知秦州者。

臣聞兵之勇怯在乎將，勝敗在於氣。竊見賊昊侵軼邊鄙以來，大戰者三矣：延安之役，人猶勇鬭；好水之師，陷虜伏中；定川之敗，不戰而走。此皆賊乘屢勝之氣，而吾將勇怯之分也。臣觀賊昊雖曰小羌，其實黠虜。其所舉動，咸有次序。必先剪

❶「今來賊昊不肯稱臣」八字，原脱，今據《長編》補。

❷「署」，原作「管」，宋人避宋英宗名諱改，今據《長編》卷一三八慶曆二年十一月辛巳條改回。本篇下同。

我枝附，壞我藩籬，先攻易取之處，以成長勝之勢。金明之族最近賊庭，故先取之。豐州之地援兵難集，故次取之。涇原將帥軟懦，故又取之。此乃賊知先後之計也。

臣竊料沿邊諸郡最富最實者秦州耳，賊所以盤桓未敢攻秦州者三焉：❶邈川尚强，雜羌未附，而韓琦爲守也。此賊昊之所畏，朝廷之所恃也。今可憂者，邈川唃族爲賊所侵，漸已挫折，一恃去矣。其餘雜羌附漢者未必全，歸賊者未必誅，向我堅者往往族滅而不能救，今雖受我封賜，賊兵若至，其肯死力而援我乎？此二恃去矣。若使韓琦且守秦州，招懷部落，撫以恩信，訓勵士卒，聳以忠果，猶須擇材勇以爲鬬將，庶幾完輯三恃，❷使賊有所畏可也。

今乃專委文彦博、許懷德守此一路，臣深爲朝廷憂之。臣亦非敢横議沮事，但以三軍所恃者將耳。韓琦數年在邊，雖未成功，羌賊知名，士卒信服。今一旦使文彦博代之，恩信未洽，緩急有難，兵將肯用其命乎？且彦博新進，懷德無聞，羌賊固將輕之矣。今雖以韓琦、范仲淹在涇原，遥節制諸路，以爲聲援，但益秦州之憂耳。賊若出其上策，以一軍守瓦亭，則涇渭之師不得南矣。以一軍趨隴坻，則岐隴之兵不復西矣。以一軍直擣秦州，而援兵不至，族羌外附，則秦州非我之有也。賊若出其下策，前驅雜羌，所在掠奪，則吾之救兵雖可至，勝負未可知也。若謂賊輕去巢穴，以爲不然，此所以出我不意也。

❶「桓」，原作「旋」，宋人避宋欽宗名諱改，今據《長編》改回。

❷「完」，原作「全」，宋人避宋欽宗名諱改，今據《長編》改回。

臣以爲當今之計，不若急遣韓琦兼領大帥，歸鎮秦州，增兵故關，以扼衝要，諸路有急，不妨應援，此最安危之機也。益涇州之戍以當兵衝，以成輔車之勢，一大將居之足矣。更宜擇材勇以代懷德，亦最急也。賊自屈强以來，未嘗挫折，若得勇將以摧其鋒，則庶可屈伏矣。朝廷措置大事，臣妄言其間，甘俟鼎鑊。

靖又奏論狄青不可獨當一路狀曰：

臣近奏狄青知渭州、尹洙知晉州，不協物議，未蒙朝旨者。臣切謂若非大臣全無憂邊之心，即是微臣當坐罔上之罪，二者之間，必有一焉。臣伏思陝西四路，惟涇原山川寬平，易爲衝突。若戎馬之勢不遏，則爲關中之憂。關中之憂，則天下之憂也。故國家自有西事以來，以涇原爲統帥之府。前歲葛懷敏喪師之後，朝廷欲差范仲淹往彼完輯，❶尚先遣中使諭之以意。其時仲淹不敢獨當此任，乞差韓琦同往。朝廷遣韓琦、范仲淹同共經略，又差張亢知渭州，狄青同爲一路部署。❷琦等雖名四路招討，其實只是營度涇原，亢領州寄，青爲鬬將，即是朝廷憂涇原如此之深也。及至去年，召琦、仲淹赴闕，又使中使問仲淹何人可以爲代，於是差鄭戩替韓琦，仲淹充四路招討，尹洙代張亢知渭州。至秋，又差韓琦、田況往彼宣撫，則固知朝廷未嘗忘涇原也。今年已罷鄭戩歸永興，又移尹洙知晉州，遂令狄青一身兼領三人職事。且仲淹號爲最曉

❶「完」，原作「綏」，宋人避宋欽宗名諱改，今據《長編》卷一五〇慶曆四年六月癸卯條改回。

❷「署」，原作「管」，宋人避宋英宗名諱改，今據《長編》改回。本篇下同。

邊事，不敢獨當，孫沔亦是朝廷精選，而託疾不行，是涇原有可憂之勢，豈青匹夫獨能當之！仲淹豈忘之乎？大臣必謂韓琦、仲淹二年涇原，成規可守，故專任狄青足以了事。臣實以爲不然。

伏自懷敏覆没之後，兵氣沮喪，未有小勝。百姓遭刼掠之餘，雖欲歸復，而生業未備。幸賊未至而謂完實，❶議和未定而早懈怠，抽減將帥，軍民之心尚何所望而敢自安乎？且向來於生户界中修一城寨，尚有刼奪殺傷，不能相保，賊馬若至，誰復安心？是大臣全無憂邊之心明矣。初緣昨者狄青、尹洙倉猝行事，上煩朝廷。臣竊料朝廷之意，謂此二人徇偏見之情，以相倡和，❷故換孫沔在青之上，欲令庶事有所商量。❸今來只因孫沔稱病，遂將涇原路兵馬專令狄青進止，豈天下之廣，更無一奇才可以知渭州與青共事者？是大臣不思之甚也。況始因行事猝暴，朝廷不欲問罪，遂得專兵柄，不知是何賞罰？且緣青驟自行間，未著大功，蒙恩超擢，又其爲性率暴鄙吝，偏裨不伏，所以劉滬敢駡尹洙乳臭、狄青一介耳。今來以青獨當一路，豈不憂偏裨不伏，而敗國家之事乎？雖傳聞仲淹請行，若朝廷從之，不過涇州駐劄以制大節，❹須別得渭州知州，與青緩急商量戰守之勢。又況龐籍守延，猶與王信等同事，今來反不及青獨當最難一路，無乃籍等羞與爲伍，以懷怨

❶「完」，原作「全」，宋人避宋欽宗名諱改，今據《長編》改回。

❷「相」，原脱，今據《長編》、《宋朝諸臣奏議》卷六五《上仁宗論狄青不可獨當一路》補。

❸「有」，原作「在」，今據《長編》改。

❹「涇」，原作「本」；「以制」，原脱，今據《長編》改補。

望乎？朝廷乏賢，一至於此？伏乞陛下詢問大臣，如或將來賊馬衝突涇原，狄青果能保必勝之勢，不貽朝廷之憂，則臣甘先就誅竄，以當罔上之罪。

四年，靖改起居注，論契丹請絶元昊貢獻事，上疏曰：

臣伏覩契丹人使耶律元衡今月二十四日朝見訖，中外臣寮但聞報西征事，又知河東邊奏甚急，無不憂懼。雖北邊事宜云征夾山部落，且夾山小族，而契丹舉國征之，事勢甚大，恐似別有謀者。臣切思之，朝廷於西北大事，前後處置失錯，所以戎狄乘釁肆其憑陵。今者使來，必此之故。切緣元昊世稱藩臣，一旦僭叛，招携出討，當自圖之。而乃屈中國之威，假契丹之援，借人之勢，權在他人，此謀始之失也。臣去年在虜中，虜主親與臣言：梁適去時云：伺西事了，遣人來謝。及以元昊表示臣，俾知元昊畏服之意。又與臣言：乾元節信使回日，請子細報來。及臣歸朝，首言此事，只緣吕夷簡病退，梁適差出，便乃隱諱，云無此言。暨乾元節信使蕭忠孝來，屢問館伴張錫，❶錫終不與言元昊商量次第。朝廷當昊叛時，則遣使告之，及其和約欲就，則問而不對，必疑朝廷有異議矣。此始末不同之失也。

臣今月十六日曾具奏陳款，其所謀四事：一曰借邊兵，二曰借邊粟，三曰假數年之物，四曰絶元昊之和。遥度虜情，在此而已。必若假借財物，拒之有詞。

❶「屢」，原脱，今據《長編》卷一五一慶曆四年八月戊戌條補。

唯與元昊絶和，最難處置。臣切計之，遜詞以謝北虜，緩詞以款西戎，苟紓歲月之禍，誠當今可行之策也。然臣愚慮兵之禍自此起，不宜處置更有失錯。今若徇北虜而絶西戎，亦有兵禍。納西戎而違北虜，亦有兵禍。二虜連謀，共爲矛盾之勢。北人才去，西人必來，拒納之間，動皆有礙。擇禍就輕，守之以信，使曲不在我，即得其要矣。必若棄元昊以爲外虞，堅絶其約，使北胡不能反覆而邀功，此最久安之策，恐謀者不能終之。且元昊所以抗中國者，僭尊號，改年名，不稱臣，不奉表，此其屈强之勢也。今皆捨去而歸我矣。三年謀之而一朝絶之，及其既去，北虜使至，將又招之，犬羊之性，豈不懷忿？此起兵之禍也。契丹所以取重於中國者，亦欲成和好之事，專與奪之權也。今西戎偃蹇而不從，朝廷沈吟而不報，及其使我絶之，而遽即成之，桀驁之氣，豈不懷怒？此亦起兵之禍也。然而彼欲舉兵而使我絶約，皆胡人之狡謀耳。臣切料北虜因弋獵之勢，爲舉兵之名，欲邀成功，以德於我。若報之曰：「天下之民一也，本朝之兵尚不忍令其戰鬭以趁死傷之禍，况鄰國之兵，冒白刃而不憂其傷，非所以兼愛南北。寧失一小蕃，不可煩兄弟之國。蕭偕回日，曾達此誠，且未嘗乞師，無煩大舉。若元昊自有釁隙，違忤北朝，今日出師，非復預議。又元昊使來，每稱北朝之意，早緣名體未順，難以從之。近者稱本朝正朔，去羌人僭僞之號而稱臣矣。只以事要久遠，故須往復商量。今若事體准前，固當拒絶，但業已許其每事恭順，則受其來歸，若來而拒之，則似失信。且中國以信自守，故能與四海會同。儻失信於西人，誰復信其盟約？若北朝怒其叛而伐之，南朝因其服而捨之，共成德美，亦《春秋》之義也。」虜雖禽獸，固當聞此而悛心矣。唯重幣輕使以結之，使其有邀功之心，則必緩圖我之患。

臣又聞前歲胡人解甲後，幽州亦遭劫掠財物，迫奪婦女，發掘墳墓，燕人苦之。今河東近邊恐有衝突，須作隄備，以戒不虞。臣嘗觀北胡氣陵中國，捃拾事緒以起釁端，歸於强弩相射，利劍相擊而已，不可不早備也。唯陛下圖之。

靖又論元昊所上誓書，上疏曰：

臣竊聞契丹國書到闕，❶議者紛紛，以「不請深入」爲虜中微詞，❷不敢與元昊誓書，緩行封册之禮，以觀虜變，此皆游談之過也。臣昨在虜中，預聞書意，虜主親與臣言：如行封册，不請遣使深入軍前，❸恐契丹軍馬到彼，誤有殺傷，即別無微意。臣又詳觀二虜形勢，唯有速行封册，使元昊得以專力東向，與契丹爭鋒，二虜兵連不解，此最中國之利。設若二虜交兵，雖有勝負，契丹不能止我之和，謀已先定故也。假如契丹戰勝，元昊伏罪，則我與元昊通和，契丹自以爲功。又如契丹戰敗，則我與元昊通和在前，自非觀望，加以契丹意在讎賽元昊，豈復妄怨於我？此皆理之必然者也。儻或朝廷懷猶豫之意，謀不早定，則事久變

❶「契丹」，原脱，今據《長編》卷一五二慶曆四年九月甲申條補。

❷「請」，原作「靖」，今據《長編》改。

❸「不」，原作「之」，今據《長編》改。

生，非我之利。切以元昊天生凶狡，非獨今日知之。且以契丹强盛，尚敢悔慢，况於中國數戰屢勝，徒誘於利，乃肯和耳。豈是心服？若知我逗遛以待其變，則翻然屈伏於契丹，而專力肆忿，爲患於我，未必輕於契丹也。臣之愚慮，以謂封册元昊，在二虜勝負未分以前，則元昊有以爲恩，契丹無以爲詞。今若謀慮未定，二虜交兵，萬一契丹戰敗，而遣使堅來止我之和，則何詞以拒之？不如先降敕命，差定夏國封册使，俾其知之，以堅西賊之心，專敵北虜。此則鬭二虜之策也，惟早圖之。

三年，賈昌朝上備邊六事奏曰：

臣竊惟太祖初有天下，鑑唐末五代方鎮武臣、土兵牙校之盛，盡收其權。當時以爲萬世之利。及太宗所命將帥，❶率多攀附舊臣、親姻貴胄，賞重於罰，威不逮恩，而猶仗神靈，禀成算，出師禦寇，所向有功。自此已來，兵不復振。近歲恩倖子弟，❷飾厨傳，沽名譽，不由勳效，坐取武爵者多矣。其志不過利轉遷之速，❸俸賜之厚爾。禦侮平患，何望於兹？然乘邊鄙無事，尚得以自容。昨西羌之叛，驟擇將領，鳩集士衆。士不素練，固難指蹤，將未得人，豈免屢易。以屢易之將，御不練之士，故戰必致敗。此削方鎮兵權過甚之弊也。且親舊恩倖已任軍職者，便當爲將，兵謀戰法素不知曉。一旦付千萬士卒之命，使庸人致之死地，此用

❶「宗」，原作「祖」，今據《宋史·賈昌朝傳》改。
❷「恩」，原作「因僥」，今據《長編》卷一三八慶曆二年十月戊辰條、《宋史》改。
❸「志」，原作「未」，今據《長編》、《宋朝諸臣奏議》改。

親舊恩倖之弊也。臣謂守方鎮者，❶無數更易，管軍并刺史以上官秩，宜審其所授，以待有功。如楊崇勳、李昭亮輩，恩倖之人，尚在邊任，宜速別擇人代之。此臣所陳救弊之端也。方今備邊之尤切者凡六事：

其一曰馭將帥。古帝王以恩威馭將帥於内，將帥以賞罰馭士卒於外，故軍政行而大功集。乾德中，詔王全斌等伐蜀。是冬大雪，太祖皇帝着煖帽、被貂裘，御講武殿氈幄，顧左右曰：「今日此中寒不能御，況伐蜀將士乎？」即脱所服裘帽，遣中使馳騎往賜全斌。此御以恩也。又曹彬、李漢瓊、田欽祚等討江南，召彬立於前，漢瓊等立於後，授匣劍曰：「副將而下，不用命者，得以專戮之。」漢瓊等股慄而退。此御以威也。今命將帥，心先疑貳，非近倖不信，❷非姻舊不委。錫與金帛巨萬而心無感悦者，以例所當得也。蓋向來錫與，一皆用例。如舉兵之際，須特出非常，然後可以動其心也。又陝西四路，自部署而下，❸鈐轄、都監、巡檢之屬，軍政必相參謀。計之未成，事已先漏。彼可則我否，上行則下戾，雖有主將，不專號令，故動則必敗也。請自今命將，去疑貳，推恩意，捨其小節，責以大效。爵賞威刑，皆得便宜從事。偏裨而下，有不聽令者，以軍法論，至於筦榷賦税，府庫之物，皆得而用之。如太祖監方鎮過盛，雖朘削武臣之權，然邊將一時賞罰及財用，則皆聽其專。有功則必賞，有敗則必誅。此所謂馭將之道也。

❶「守方鎮者」，原作「守鎮之地」，今據《長編》改。
❷「倖」，原作「侍」，今據《長編》、《宋史》改。
❸「署」，原作「管」，宋人避宋英宗名諱改，今據《長編》改回。本篇下同。

其二曰復土兵。今河北河東强壯、陝西弓箭手之屬，蓋土兵遺制也。且戎狄居苦寒沙磧之地，惡衣食，好馳射，自古御寇却胡，非此不可。然河北鄉兵，其廢已久，陝西土兵，屢爲賊破，其存者十無二三。臣以爲河北、河東强壯，除已詔近臣詳定法制外，每因閱習，則視其人武力兵技之優劣，又擇其家丁夫之壯者以代老弱，每鄉爲軍，其才能絶類者，❶籍記其名姓而遞補之。陝西蕃落弓箭手，貪召募錢物，利月入糧俸，多就黥刺，❷混爲營兵。今宜優復田疇，安其廬舍，使力耕死戰，世爲邊用，則可以減屯戍而省供餽，爲不易之利。内地州縣增置弓手，亦當約如鄉軍之法而閱試之。

其三曰訓營卒。太祖下令諸軍，食無肉，衣無帛，營舍之門有鬻酒肴者則逐去之，士卒有服繒綵者則詰責之。異時被甲鎧，冒風霜，攻苦服勞，無不一以當百。今營卒驕惰，臨敵無勇，此殆素所資用之過也。舊例三年轉員，❸謂之落權正授者，雖未能易此制，即不須一例使爲部署、鈐轄，宜於其間擇實有才勇可任將者授之。又今之兵器，類多詭狀，造之不精，且不適用，虚費民力。宜按八陣之法，依五兵之用，以時教習之，使啓殿有次序，左右有形勢，前却相附，上下相援，令之曰「失一隊將則合隊皆誅」，何患衆不爲用乎？

其四曰制戎狄。今戎狄蕩然與中國通，北方諸國則臣契丹，其西諸國則臣元昊，而二虜合從以掎角中國之勢。就使西

❶「才」，原無，今據《長編》補。
❷「黥」，原作「點」，今據《長編》改。
❸「員」，原作「資」，今據《長編》、《宋史》改。

戎來服，不免與之重賄。是朝廷歲遺二虜，不可勝計。古之備邊，西則金城、上郡，北則雲中、鴈門。今自滄之秦，綿亘數千里，非有山海峻深之阻，獨恃州縣鎮戍爾。凡歲所供贍，又不下數千萬。以天下歲入之數，纔可取足，而一穀不熟，則或至狼狽也。契丹近歲兼用燕人，治國建官，一同中夏。昊賊據河南列郡而行賞罰，善於用人。此中國之患也。宜度西戎諸國如沙州、唃厮囉、明珠、滅藏之族，❶近北如黑水女真、高麗、新羅等處，皆舊通中國，今爲二虜隔絶，可募人往使，誘之來朝。如此，則二虜必憾於諸國矣。憾則爲備，爲備則勢分，此中國之利也。

其五曰綏蕃部。且屬户者，邊陲之屏翰也。如延有金明，府有豐州，皆戎人内附之地。朝廷恩威不立，撫馭乖方，比爲强虜協從，❷而塞上諸州，藐焉孤壘。蕃部既壞，土兵亦衰，恐未有破虜之期。請令陝西諸路緣邊知州軍，皆帶「安撫蕃部」之名，多設方略，務在招集。財賦法令，得以自專。擇其族盛而有勞者以爲酋帥，如河東折氏比，❸庶可爲吾藩籬之固矣。

其六曰明探候。古者守封疆，出師旅，居則有行人覘國，戰則有前茅慮無，其審謹若此。太祖命李漢超鎮關南，馬仁瑀守瀛州，韓令坤鎮常山，賀惟忠守易州，何繼筠領棣州，❹郭進控西山，武守琪守晉陽，李謙溥守隰州，❺李繼筠鎮昭義，趙贊領延州，姚

❶「囉」，原脱，今據《長編》補。
❷「比」，原作「此」，今據《長編》改。
❸「比」，原脱，今據《長編》、《宋史》補。
❹「棣」，原作「隸」，今據《長編》、《宋史》改。
❺「謙溥」，原誤倒，今據《長編》、《宋史》乙正。

内斌守慶州，董遵誨屯環州，王彦昇守原州，馮繼業鎮靈武，筦榷之利，悉輸軍中，仍聽貿易而免其征税，召募勇士以爲牙爪。❶故邊臣富於財，得以養死力爲間諜，蕃夷情狀，無不預知者。二十年間，無西北之憂，善用將帥，精於覘候之所致也。今西鄙刺事者，所遺不過數千錢。但略涉境上，盜聽傳言，塞命而已。故虜情賊狀，與夫山川道路險易之利勢，絶而莫通。夫踐不測之戎，入萬死之地，覘伺微密，探索機會，非有重賂厚賞，孰肯自效乎？願鑑藝祖任將帥之制，❷邊臣財用，一切委之。專使養勇士爲牙爪，而臨戰自衛，無殺將之辱；募死力爲覘候，而坐知敵情，免陷兵之耻也。

歷代名臣奏議卷之三百二十六

本卷王鵬校點

❶「牙爪」至「死力爲」十四字，原脱，今據《長編》補。
❷「任」，原脱，今據《宋史》補。

歷代名臣奏議卷之三百二十七

禦邊

宋仁宗慶曆三年，樞密副使富弼論削兵當澄其冗，弛邊當得其要，上奏曰：

臣聞茶鹽之法，漢唐之所取贍也。孔僅建白，有鈦趾之刑；桑羊畫策，爲安邊之本；張林、衛覬，踵陳其方：此煮海之利也。至如張滂始倡於正元之間，王涯繼議於太和之後，鄭注、趙贊並沿其術：此摘山之税也。國家茶鹽之利，兼唐數十倍矣。向以邊隅用兵，經費不足，主計之吏益求其贏，新舊之法屢更，是非之議紛起，群商咨怨，遠近諠然。究其弊端，奚厚利之可致哉！試陳一策，或可取焉。

臣嘗究桑羊之説，觀倪寬之論，從大夫之計，則曰：脩鄣塞，備屯戍，必蓄貨長財以禦不軌；通有無，調緩急，必建本抑末以制豪人。覽文學之策，則曰廣道德，開仁義，必本脩民慤以興教化；遏貪鄙，尚至誠，必防塞利門以劭農業。二者之術，交尚而相勝，卒無所歸準。由是溺利權者，不知興王致治之本；談古誼者，不知佐財備邊之急。今徒能語興王致治，而不能思其急，則腐儒之議也；止能語佐財備邊，而不能思其本，則霸圖之駮也。今國家追王風，黜霸略，國用稍艱，而利課遂梗者，兵不可削籍，而邊不可弛候故也。然兵有可削之術，邊有可弛之謀。所謂兵有可削者，非能去之也，在乎澄其冗者而已。所謂邊可弛者，非不備之也，在乎得其要者而已。今中自京畿，外至州縣，防戍之卒，屯駐之兵，其籍盈數百萬，無技勇者有之矣，癯弱朽邁則虛爲耗蠹，是皆可澄之者也。

今屯備之要，存乎西北。自西羌叛命以來，朝廷制禦之術爲不少矣。其北鄙雖結驩奉好，無輕傀寇鈔之患，然烽候不可不嚴，堡鄣不可不備。且邊陲所恃，唯騎與射。若夫勁弩大戟，長矛巨盾，鏃之所中，刃之所挂，洞胸連腋，則非彼之所能加也。儻釋騎而就步，則參伍不能當中國之一。必若馳高鶩下，規迴矩折，則非中國之騎所堪也。中國之馬，駔駿既少，騎士或非精習。戰陣之際，步兵整頓，騎士馳突，多或蹀亂。誠宜損其騖下，存其精鋭，以增步兵。東漢嘗詔邊郡增置步兵，列屯塞下，此其效也。而况給一騎之芻粟，可以贍步兵數人矣，得不違害而就利哉！此又可以澄之者。

至如今之邊候，多屯内兵，土宜非所堪，技能非所習，而坐食儲峙，慣忲給賜，久恬安逸，靡知艱苦，有未嘗識陣伍而聞金鼓者。忽有一旦之用，擐三屬之甲，雪霜增其慘，瘃瘇切其身，則恐疲瘁顛仆之不暇，非全勝之師也。

夫邊徼之人，土俗懻忮，便騎射，能寒苦，與戎人習尚一同。寇或暴至，皆能全保，聚有鬭心，雖討擊驅攘，亦嘗參用。然什不得伍，所遺實多。莫若歲乘農餘，鳩集勇壯，教以長技，繕其利兵，示之以進退之形，權之以賞罰之柄，分之以部隊，領之以幹臣，粟帛可以不供，賦租可以自贍，角前掎後，翼以内兵，則爲全勝之師矣。此所謂得其要者如此。而後利途可以寬，本業可以阜，教化可以振，貪鄙可以消，而免譏乎腐儒之議，漸遠乎霸圖之駁也。顧陛下不以臣説爲妄，特留聖意。

四年，弼上河北守禦十三策疏曰：

臣伏以北虜自古爲中國患，黄帝時謂之獯鬻，周時謂之玁狁，秦時謂之胡，漢時謂之匈奴，唐時謂之契丹。其名雖異，其實則一也。有民人而不知教化，有土地而不出財貨，寒無温麗之服，饑無甘珍之食，凡百所欲，率皆不足。只知有射獵之事，禽蟲之獲，食其肉，衣其皮而已矣。於是見中國之盛，萬物之富，愛而不可得，學而不可及，貪惏之性，復有趫武，則不得不爲邊鄙侵掠之患也。然爲患深淺，係其强弱，亦係中國盛衰焉。或暫而入寇，或連歲擾邊，或散處中原，或逐出漠北，或費兵力而臣蓄之，或從權宜而亢禮之，伏叛相倚，勝敗不常。歷代帝王知其若此，不欲困百姓而外事四夷，故有曰「比之蚊虻，驅之而已」，復有曰「接以禮讓，羈縻不絶而已」。又有或質其子，或盟於天，或啗之金帛以厭其欲，或結之姻好以暱其心。自古謀謨之臣，運籌畫策，相與争於廟堂之上者，亦惟此數科而已。

國家初得天下，震耀威武。太祖待北虜僅若一族，每與之戰，未嘗不克。太宗因親征之衂，虜勢遂驕，頻年寇邊，勝敗相半。真宗嗣位之始，專用文德。于時舊兵宿將，往往淪没，虜騎深入，直抵澶淵，河朔大騷，乘輿北幸。於是講金帛啗之之術，以結懽好，自此河湟百姓幾四十年不識干戈。歲遺差優，然不足以當用兵之費百一二焉，則知澶淵之盟，未爲失策。而所可痛者，當國大臣議和之後，武備皆廢，以邊臣用心者謂之引惹生事，以搢紳慮患者謂之迂闊背時。大率忌人談兵，幸時無事。謂虜不敢背約，謂邊不必預防，謂世常安，謂兵永息。恬然自處，都不爲憂。西北之寇，稔知朝廷作事如此之失也，於是陰相交結，乘虚有謀。邊臣有奏敵中事宜，則猶曰「探候之人妄報，所以希賞」，固未嘗聽也。蕃使每到朝廷悖慢，則尚曰「夷狄之人無禮，是非異事」，固不之恤也。但只自謾赫，佯爲包容，其實偷安，不肯爲國家忘私任責，畫久長之遠經，所以縱其姦謀，養成深患。是致寶元元年，元昊竊發，數載用兵，西人窮困，未有勝算。又至慶曆二年，契丹觀釁而動，嫚書上聞，中外倉黄不知爲計。不免益以金帛，且苟一時之安。此二邊所以敢然者，蓋國家向來輕敵忘戰，不爲預備之所致也。

臣深見二虜爲患，卒未寧息，西乏則北助，❶北静則西動，必欲舉事，不難求釁。通和則安享重幣，交戰則必敗官軍。叛而復和，孰敢不許，擒縱自在，去住無梗。兩下牽制，困我中國。有何大害而不爲邊患？有何後悔而長守懽盟？渝盟擾邊，我則遂困。不幸凶荒相繼，盜賊中起，則彼二虜所圖，又甚大矣！臣故曰「二虜爲患，卒未寧息」。臣上之所陳西北形勢，乃唐室以前夷狄之事也。其後契丹自得燕、薊以北，拓跋自得靈、夏以西，所生英豪，皆爲其用。得中國土地，役中國人民，稱中國位號，仿中國官屬，❷任中國賢才，讀中國書籍，用中國車服，行中國法令。是二虜所爲，皆與中國

❶「乏」，《長編》卷一五〇慶曆四年六月戊午條、《太平治迹統類》卷八作「伐」。

❷「仿」，原作「立」；「官」，原作「家」，今據《長編》、《太平治迹統類》改。

等，而又勁兵驍將，長於中國。中國所有，彼盡得之，彼之所長，中國不及。我當以中國勍敵待之，庶幾可禦，豈可以古之夷狄待二虜邪？前既輕敵忘戰，❶不爲預備，致二虜結禍，爲朝廷深憂。今又欲以苟安之勢，遂爲無事。二虜各獲厚利，退而養勇，不數年相應而起，則無復以金帛可啗，而盟詛可約也。臣向者累奉德音，令韓琦、范仲淹專管西事，命臣專管北事。臣才識無取，濫膺擢任，退自循省，何以塞責。然敢不强勉，夙夜揣摩，今輒得守策凡六事，禦策凡七事，謹具如左。

一、河北三十六州軍内緣邊、次邊，如北京、雄、霸、祁、深、保、瀛、莫、❷滄、定、鎮、冀十二州，廣信、安肅、順安、信安、保定、乾寧、永寧七軍，總一十九城，皆要害之地，可以控制虜寇而不得深入矣。定爲右臂，滄爲左臂，❸瀛爲腹心，❹北京爲頭角，此四城者，河朔之所望也。餘十五城爲指爪支節，乃四城之所使者。定、瀛、滄各置一帥，❺北京置一大帥，餘十五城分屬定、瀛、滄三路，悉擇善將守之。十九城都用三十萬，定五萬，滄、瀛、鎮各三萬，冀二萬，冀在要會之地，諸路皆通，故比餘郡蓄兵稍多。保、祁、深、廣信、安肅各一萬，保州、廣信、安肅當入寇之衝，故三城鼎足相峙，欲以交相會合，以禦初入之鋒也。祁在鎮、定之東，

❶「忘」，原作「妄」，據上文及《長編》改。

❷「莫」，原作「漠」，今據《長編》、《九朝編年備要》卷一二、《群書考索》卷四六改。本篇下同。

❸「滄爲左臂」四字，原脱，今據《長編》、《九朝編年備要》、《群書考索》補。

❹「瀛」下，原衍「滄」字，今據《長編》、《九朝編年備要》、《群書考索》删。

❺「一帥北京置」五字，原脱，今據《長編》、《九朝編年備要》、《群書考索》補。

舊頗慢。後來虜騎入寇，以鎮、定有重兵，不肯趨鎮、定路，才過保州，便從東南道出祁、深，往取冀路寇澶、魏，故祁、深亦須屯兵稍多。雄、霸、莫、順安、信安、保定、乾寧、永寧各五千，北京五萬，爲諸路救援之兵。今河朔平時有駐泊、屯駐、就糧兵十八萬，本城五萬，至用兵時增十萬人，則戰兵足矣。此三十萬兵，非如景德年閉門自守，皆使出而接戰也。當時城守不敢出，所以寇兵堂堂直抵澶淵，幾至渡河爲京師患。今若使良將帥守十九城，分領三十萬衆，❶左右出入，縱橫救應，閃誤逗誘，衝陷掩襲，臣雖愚，未信虜敢長驅而南也。頃年大兵悉屯定州，然閉城不使出戰者，蓋恐一敗塗地，則無以救援，且防中渡之變也。今雖用兵三十萬，而分置十九城，右敗則左救，縱失則橫援，豈更有昔時之虞邪？其外十七城不復蓄兵，只以本郡鄉兵堅守，不使出戰。

一、河朔州軍長吏最宜得人，以備匈奴之變。自來都不選擇，贓汙不才、年老昏昧者盡使爲之。又移替不定，久者不過一二年。其間苟且之人，只是幹尋常之務，其經久利害，自知不及其身，率皆不爲。前後相承，積弊已甚。若不選人久任，以矯前失，則異日虜有變故，邊城不守，浸淫深入，爲患不細。其上件十九州軍，在河朔尤爲要害。內定、保、雄、霸、滄五州，廣信、安肅、順安、信安四軍，近已得旨選人差定，見施行次；北京已有大臣；自餘鎮、冀、瀛、莫、祁、深六州，保定、乾寧、永寧三軍，北平一寨，亦乞選差長吏，並使久於其任。內績效

❶「領」，原作「頭」，今據《長編》、《玉海》卷二五、《慶曆河北守禦二策》改。

著聞者，優與就遷秩禄及厚加賜予，使樂於邊寄，亡所怨苦，則悉心營職，自甘久處。或廉勤可尚、才有不足者，罷之，與内地合入差遣。若故爲乖繆、欲違邊任，及有罪不可留而法不至死者，廢之終身。如此，則人知禍福必及，孰敢不勉？別有事件，已具進呈。

一、除上件十九州軍長吏選人久任外，❶其餘大小文武官并十七州軍長吏已下，並乞詔本路轉運、提刑、安撫、部署、❷鈐轄，分擘舉充，仍委樞密院、三班、審官、銓司選擇，不許循入，並須三年一替。所貴上下得人，衆職皆舉，用兵之際，有可供使，與夫臨時外求，得失相萬也。

一、屯兵備邊，古今常制，所患者，民賦有限，兵食多缺，必須廣爲經度。其間歲有凶歉，謀之不獲，或寇至益兵，食常不足，則暴斂横取，何所不至？民由是困，盜由是起，此歷代之所患也。河北自石晉失燕、薊之險，無所固守，是以蓄兵愈多，積粟愈厚。國朝踵之頗久，至景德講和之後，兵備漸弛，粟亦隨減。前年虜忽生變，雖强與復和，而終非悠久之計。自此邊釁已兆，向去未有寧歲，尤宜謹備禦之策，使久而不匱。臣輒得養兵二條，其一，據守邊兵馬合留外，屯駐、駐泊、就糧諸軍，悉分屯於河南鄆、齊、濟、濮等州，以教以養。况其地富實，不營而足。率三年一代，遇有警急，發符召之，不旬日可到，豈有後期不及者邪？所以略省河朔誅斂，以寬疲民，使之安逸蘇

❶「選人」至「長吏」十九字，原脱，今據《長編》、《九朝編年備要》補。

❷「署」，原作「管」，宋人避英宗名諱改，今據《長編》改回，本篇下同。

息，坐待寇至而用，庶幾沛然師有餘力，可以禦敵。其二，緣大河州軍起敖倉，支移河南民税，及漕江、淮粟以實之。分屯近邊兵馬，每二歲一代，亦足以寬河朔乏困之民。❶二者可擇一焉，或兼用亦善。不然，臣恐無事時，河北已見殫竭，一旦用武，又重加斂，民必怨叛，則肘腋之下，皆爲仇讎，豈暇禦外寇哉！

一、河北最號勁兵之處，若盡得精鋭，則無敵於天下，况夷狄乎！頃年朝廷未與匈奴講和，虜每入寇，唯懼北兵，視南兵輕蔑之也。我分南、北兵各爲一軍，凡對陣，❷虜必先犯南兵，南兵潰，則并北軍累之而必敗。懲此，因有以南、北兵混而戰者，敗走益甚，❸是不若純用北兵之爲勝也。今河北屯南兵尚多，徒能張爲虚聲，而實不足用。臣願自今河北增募土人爲禁軍，料錢不可過五百文，每成一指揮，即代南兵一指揮歸營。不數年，三十萬盡得北兵，又教之精勇，❹則匈奴自當畏服，豈敢輕動哉！恐議者謂不宜益兵，則請於别路罷招，以此易彼，亡所增矣。既得土兵，勿戍他郡，糧不足，則願用臣前養兵二條。

一、北虜風俗貴親，率以近親爲名王將相，以治國事、以掌兵柄而信任焉。所以視中原用人，亦如己國。向者燕王威望著於北虜，知是皇叔，又爲王爵，舉天下之尊無與二，謂朝廷庶事皆決於王。又疑王善用兵，天下兵皆王主之，嚴刑好殺，無敵當者。

❶「河朔乏困之民」，原作「河湟之困民」，今據《長編》改。
❷「對陣虜」，原作「虜陣」，今據《長編》改。
❸「益甚」至「河北屯」十七字，原作「北兵」，今據《長編》、《群書考索》後集卷四〇改。
❹「又」，原作「不」，今據《長編》、《九朝編年備要》改。

北虜疑此，益所畏懼。故燕、薊小兒夜啼，輒曰「八大王來也」，於是小兒輟啼。每牽牛馬度河，或旅拒未進，又曰「必是八大王在河裏」。其畏服如此。虜人每見南使，未嘗不問王安否及所在。朝廷以王之故，亦見重於虜。朝廷有如是親賢，每欲妄動，未必不畏王而止。今春王薨，識者亦憂之。謂王之生，則北虜以朝廷爲重；王之薨，則北虜以朝廷爲輕矣。

臣亦嘗念國家將帥，既未聞於夷狄，而親王素有威望，爲匈奴所畏者，又已淪謝，且不復更聞有皇親可以爲朝廷屏翰者，必謂王室孤弱，無所扶助，本根不固，易以動搖，此誠宜爲夷狄之所窺測也。臣願陛下親擇宗室中年長知書、識理道、曉人事者十數人，爲王畿千里知州。慮宗室不達民政，且或有任性爲事，通判位下難規正，宜擇方嚴公幹、近上朝臣一人爲同知州。❶所貴勢均力敵，可以共事而無所乖失。俟歷一兩郡，決知可以獨任，則罷同知州，只置通判。又擇其次者數十人，爲千里内州郡鈐轄，恐亦未練軍政，職事不舉，其都監、監押未可減省。宜擇廉幹歷事之人令共職，仍選良守臣伺察而裁處之。其年少官卑，度其稍堪差使者，爲畿縣都監、監押。雖年少，亦須二十歲已上者，亦擇良令長以諫正之。並限二年一替，亦用文武臣寮賞罰之法以勸沮之。内有勤儉好學、接寮屬有禮、❷曉習文法、能治民事者，量高下等第，或降詔奬諭，或賜金帛，或遷官秩。有諸過者，亦量大小等第，或罰俸，或贖金，或降官，甚者召還，黜於宫宅，俾之省過，一二年復遣補外。凡三省過而遂不改者，終身使奉朝請。如此

❶「臣」，原作「廷」，今據《長編》改。

❷「禮」，原脱，今據《長編》補。

教育之，選試之，善者必賞，不善必罰，臣知不數年，當有賢宗室如前漢河間、後漢東平二王者，不爲難矣。內可以藩屏王室，外可以威示四夷，此有國家者之急務。臣觀三代已後興王者，今日得天下，明日封建宗室，至于襁褓之子，亦皆爲侯爲王，分割土地，自成邦國，所以分布枝葉，庇廕根本，張大王室，壯觀天下，使英豪無間辭、無異意，謂四海之內，盡是一姓，雖有凶謀變計，不敢妄動，此前代帝王制御天下長久之策也。布在簡牘，驗之可信。今則埋没抑壓，僅同豢養，縱其非僻，殊不教訓，雖有説書之官，又實虛設，是盡欲愚之，而不令知善道、爲善人，甚非帝王養宗室之義也。至於臣庶之家，有子孫弟姪者，無不孜孜誨誘，使之成器。蓋持門户，主祭祀，若子孫不肖，則家道淪没。又有擔負之夫，微乎微者，日求升合之粟以活妻兒，尚每日那一二錢，令厥子入市學，謂之學課，亦欲厥子讀書識字，有所進益，而嗣其家。國家富有天下，基業全盛，實祖宗艱難而致，所宜子子孫孫，相承不絶，爲萬世之計，豈可宗室滿宫，而陛下都不教導，任爲過惡，俾外夷輕笑？是陛下自去枝葉，而取孤根易摇之患，臣竊憂之。

臣又伏思陛下任李用和爲殿前副都指揮使，❶任曹琮爲馬軍副都指揮使，是任親也。用和與琮誠親矣，然皆異姓。異姓者尚可信之，則宗室同姓，與陛下是骨肉之親，反不可信之哉？陛下不過謂宗室無人，臣謂今則誠未見其人，教之試之，當自有人矣。今唯朝會時，群行旅進，青蓋滿

❶「都」，原脱，今據《長編》、《宋史·李用和傳》補。

道，士大夫見者，方知有宗室，但出得都城四門之外，已不知宗室之有無，況天下乎？況四夷乎？　上古直至周世宗，其間所歷何啻萬代，而宗室不教、不試、不用，微弱之人，未有如本朝之甚、之極者也。　宜乎爲識者之所憂，而北虜之所輕也。　且如北虜，有南大王蕭孝穆、北大王蕭孝惠、魯王惕隱、楚王夷離畢，是其近親者甚衆。　臣前歲奉使，盡與之接，又詢其國人，未必實皆才武，而中原聞之，莫不疑其人人皆良將也，其故何哉？　蓋聞其名而疑其有實爾。　今朝廷若能崇植宗室，❶使聲名漸著，聞於北虜，亦謂南朝宗室有人，根本牢矣，藩屏固矣，欲謀則息，欲動則止。　古者有以實效濟務者，亦有虛聲懾敵者，兵尤重先聲而後實，況臣之所説，必能聲實相副，願陛下行之無疑。

一、景德以前，緣邊土兵，無事時戍本州軍，寇至則盡爲逐路部署司抽起。　沿邊缺人，却以南兵屯守，甚無謂也。　夫土兵居邊，知其山川道路，熟其彼中人情，復諳虜兵次第，亦藉其營護骨肉之心，且又服習州將命令，所以禦必堅、戰必勝也。　若遷入内地，則山川道路不知，人情不熟，虜兵不諳，骨肉不在，州將命令不習，又爲南兵怯弱所累，則禦不必堅、戰不必勝也。　北虜唯懼土兵，每聞以南兵替入内地，虜人大喜，故來則勝而回。　前年河朔有警，定帥復尋景德故事，盡抽邊兵守定州，河朔之民大恐，❷以謂官軍必敗。　幸而虜騎中止，不見失律，不然，喪師必矣。　臣願自此若虜入寇，沿邊土兵只在本處，不復令部署司抽移。　若逐處

❶「植」，《長編》、《太平治迹統類》作「樹」。
❷「朔」，原作「湟」，今據《長編》、《太平治迹統類》改。

土兵尚少，即以南兵益之；如其有餘，方許部署司抽起。況部署司自有近裏州軍土兵，可以聚而爲大陣矣。臣上篇議十九城分領兵三十萬出戰，餘十七城係近裏州軍，只用鄉兵守之，更不出戰。其逐路部署可於十七城聚大陣兵矣。邊兵勇悍，不畏堅敵，虜騎初入，使當堂堂之鋒，或得便可戰，必能取勝。則近裏州軍，人心自壯，則雖是南兵之怯，亦自增氣。苟以南兵在邊，遇寇一敗，虜騎乘勝而南，則表裏震恐，雖精鋭盡在部署司，亦已沮喪，安能保其全勝哉？

一、景德以前，匈奴寇邊，必由飛狐、易州界道東西口，過陽山子，度滿城，入自廣信之西，後又多出兵廣信、安肅之間。大抵虜騎率由西山之下入寇，大掠州軍，然後東出雄、霸之間。景德前，二州之間，塘水不相接，因名東塘、西塘。二塘之交，蕩然可以爲虜騎歸路，遂置保定軍介於二州，以當賊衝。厥後開導不已，二塘相連，雖不甚浩渺，而賊路亦少梗矣。然或窮冬冰堅，或旱歲水竭，亦可以濟，未爲必安之地。雖然，但少以兵控扼之，則虜騎無以過矣。自餘東從泥姑海口，❶西至保州一帶，數百里皆塘水瀰漫，若用以爲險，可以作限。只自保州以西，至山下數十里，亡塘水之阻，虜騎可以平入。虜若守盟不動，則我無先發，但用臣上篇屯兵之法，足以固守。萬一渝盟入寇，用臣之策，可以轉禍爲福，逞志泄憤矣。何以陳之？今虜若寇邊，必由廣信西來。虜騎初入境，沿邊州軍堅壁，亦不得出兵，虜必不顧而進；將入鎮、定，亦堅壁，虜必易我而懈。於是令廣信、安肅、保州三城

❶「姑」，原作「茹」，今據《長編》、《宋史・河渠志五》改。

開壁會兵，張虛而不與戰，虜必分兵來禦，已而令鎮、定互開壁，復不與戰。虜既前後受敵，必未敢長驅而南。於是我急從滄州取海上路，以數十艘出輕兵三千趍平州，❶入寇家口，❷咫尺燕、薊。滄州至北界平州，❸水路約五百里，不數日登岸，地肥水草美，不必重齎。計其日，然後自雄、霸之間，即景德年虜騎東歸之路也。又出精兵，直抵燕京，會滄州兵擣其腹心，破其聚積。彼見兩下兵入，則莫之爲計矣。燕地既亂，入寇者必有歸心，又爲王師所牽，而不能遂去。於是乘其向背之際，使沿邊三城及鎮、定兵合擊，必大破之。追奔及燕，盡逐虜兵過山後，虜兵入界則整，若敗而出塞，則紛然散走，無復行陣，易爲驅除矣。以兵守居庸關、古北口、松亭關、符家寨，❹則虜騎無復南者。因其妄動，可以一舉而復全燕之地，拔數郡陷蕃之族，❺平累朝切骨之恨，臣自謂必無遺策矣。既以兵守四關，口外唯西山後有新開父牛、鐵脚、猪窠三口，虜人以通山後八州之路，然皆峻狹，不容車馬，虜人鑿山爲徑，只通人行，險峻非兵行之道。雖不加防守，亦無所害。或於口側少伏兵馬，縱虜入寇，發伏可以盡殺之。假如陛下謹重，未欲盡舉復燕之策，即請寇入之後，頓重兵於西山下。虜騎雖有所掠，❻而東出亡路，進退不遂，我於是以十九城之兵分布掩擊，必使退敗，保無深入之患。虜勢既屈，與物則

❶「平」，原作「于」，今據《長編》改。

❷「寇家口」，《長編》作「符家寨」。

❸「州」，原作「地」，今據《長編》、《宋朝諸臣奏議》卷一三五《上仁宗河北守禦十三策》改。

❹「以兵」至「符家寨」十五字，原脱，今據《長編》補。

❺「蕃」，原作「兵」；「族」，原作「俗」，今據《長編》、《九朝編年備要》改。

❻「雖」，原脱，今據《長編》補。

削，與和則久，亦制匈奴之下策也。

一、燕地割屬契丹，雖逾百年，而俗皆華人，不慣爲匈奴所制，終有向化之心，常恨中國不能與我爲主，往往感憤，形於慟哭。臣前年奉使虜廷，邊上往復數次，邊人皆勸臣：「無重契丹以困民，萬一入寇，我沿邊土人，甚有豪傑，每一豪傑，可自率子弟數百人爲官軍前驅。願朝廷復取燕、薊，吾等却爲華人，死亦幸矣。」臣切壯之，慰謝而退。朝廷之力未及外禦，遂虚邊豪之請。雖然，❶臣未嘗忘懷，思爲異日之外用。自後不輟尋訪，所得邊豪頗多。將來虜若寇境，臣必能以所得邊豪，令自率鄉户各成一隊，或爲嚮導，或爲内應，或破陣，或攻城，大可以爲王師之助矣。其始去則質其家，其成功則厚其賞，臣不患其譎而反爲害也。

一、古者有外虞，則以夷狄攻夷狄，中國之利也。朝廷西有羌人之患，力足備禦，不假求外援以自助。唯是北虜强盛，十倍羌人，異日渝盟，悉衆南下，王師力若不給，則禍未可涯，宜求所以牽制之術，使有後顧而不敢動，動亦有所憚，❷而不能盡鋭以來，我力足以禦之，此不可不慮也。今契丹盡服諸番，如元昊、回鶻、高麗、女真、渤海、㝢惹、鐵勒、黑韃、室韋、達靼、步奚等，弱者盡有其地，强者止納其貢賦。獨有高麗不伏，自謂夷、齊之後，三韓舊邦，詩書禮義之風，❸不減於中國。契丹用力制之，高麗亦力戰，❹後不得已而臣之。契丹知其非本意，頗常勞於制御，高麗亦終有歸順朝廷之

❶「然」，原脱，今據《長編》補。

❷「動亦」，原作「則」，今據《長編》改。

❸「詩」，原作「讀」，今據《長編》改。

❹「力」，原作「不」，今據《長編》、《宋朝諸臣奏議》改。

心。臣伏見淳化年中，其國主王治遣契丹兵入境，遣使元郁來朝納款，太宗不從，但婉順回答。又於咸平年中，其國主王誦遣户部郎中李宣古來使，❶真宗不納，但降優詔而已。又於祥符七年，其國主王詢遣工部侍郎尹證古貢表來使，❷表稱今斷絶契丹，乞歸附大國，仍乞降正朔并皇帝尊號，真宗又不許。陛下即位後，天聖二年，復曾遣使來朝，朝廷差柳植館接，❸其事甚近，可以按證。前後高麗四次遣使脩貢，每來必言不願附契丹而願歸朝廷，終不允納。雖然，高麗款附之切，如渴者望飲，飢者望食，無一日而忘也。但略遣人翹發，則其來必矣。來則善遇之，許其歲朝京師，賜與差厚於前，以回其心；優爲詔命之辭，以悦其意。它時契丹復欲犯順以逞志，我遣人使高麗激之，且約曰：「契丹往年無故侵高麗三韓之地，今又累興師深入，誅求無厭，高麗甚苦之。我先帝重惜民命，不欲數與之鬬，故歲遺厚幣，於兹四十年矣。今契丹又欲背施肆毒，犯我邊境。我軍民並怒，皆願死戰，我不敢違衆，師行有日。高麗又舉兵相應，表裏夾攻。契丹敗，則三韓之地及所得人民、府庫，盡歸高麗，我秋毫不敢有，但止復所割故地爾。」高麗素怨契丹侵其地，又怨每歲斂取過重，向者恨無大國之助以絶之，聞今之説，必然從命，然則契丹不足破也。或者疑其納高麗，則契丹可以爲釁端，不便。臣答曰：「前歲之隙，豈爲納高麗興辭邪？夷狄之性，變詐多端，苟欲背

❶「宣」，原作「定」，今據《長編》、《宋史·高麗傳》改。
❷「證」，原脱，今據《宋史·高麗傳》補。
❸「館」，原作「管」，今據《長編》改。

盟，何說不可？豈宜動自拘礙，不敢有爲，直俟禍來，坐受其弊！愚者尚不肯如此，况謀謨天下之事乎！」高麗果入貢，假契丹來問，我當答以中原自古受方國之朝獻，矧高麗素稟朝廷正朔，但中原有阻，今却復舊好，使我何辭阻絶之？與契丹納諸國之款，一也。契丹安能使我必不納高麗之貢哉？臣又思之，若契丹寡弱，不足爲虞，或能謹守盟誓，無陵侵中國之志，則何用遠納高麗之款，而近忽契丹之約？❶今契丹盡吞諸蕃，事力雄盛，獨與中原爲敵國，而漸有憑陵之心。况前歲已生釁隙，自知不直，謂朝廷僞增金帛，後圖釋憾，不久又將先有以制我焉。發而謀之，則不及矣。經營措置，今乃其時。❷臣又嘗聞契丹議曰：「我與元昊、高麗約，❸連衡攻中原，元昊取關西，高麗取登、萊、沂、密諸州，又曰：高麗隔海，恐不能久據此數城，但縱兵大掠京東官私財而去。我則取河北三十六州軍，以河爲界。」臣聞此久矣，萬一果如斯説，臣恐朝廷必無以制之。外寇如此窺圖中國，中國但因循日過一日，臣不知終久如何！夫高麗累年貢奉朝廷，朝廷終不許，遂決志事契丹，所以爲契丹用也。契丹所使，無令不從。今朝廷能許高麗進貢，正遂其久志，則必反爲我之用矣，契丹何能使之耶？臣熟知高麗雖事契丹，而契丹實憚之。天聖三年，契丹嘗伐高麗，是年朝廷遣李維奉使。高麗敗契丹兵三十萬，匹馬隻輪無回者。自是契丹常畏之，而不敢加兵。朝廷若得高麗，不必候契丹動而求

❶「近」，原脱，今據《長編》補。
❷「乃」，原作「及」，今據《長編》改。
❸「與元昊」，原作「元昊與」，據《長編》乙正。

助，臣料契丹必疑高麗爲後患，卒未敢盡衆而南。只此已爲中國之大利也，臣願陛下行之無疑。

一、鎮、定西山有谷口十餘道，盡通北界山後之路。景德已前，不甚迹熟，蓋溪澗峻狹，林木擁遏，故虜罕由兹路而入，雖有來者，亦必艱阻。臣頃聞河朔人説，契丹自山後斬伐林木，開鑿道路，直抵西山漢界而止。今則來往通快，可以行師。臣亦細詰其由，云契丹舊亦疑朝廷有復燕之志，恐天兵渡界河，直北趍燕京，則虜人欲出我不意，由山後進兵，旁擊鎮、定，横行河朔，牽制王師，以解收燕之患也。臣必料往年緣邊已曾探報，聞于朝廷。今或契丹自廣信、安肅入寇，我必以重師禦其鋒，若有西山別衆出于鎮、定，横行背擊，官軍敗績，則大事去矣。兵家切務，不可不知。當得能幹而謹密者，陰往經制，如何屯戍，如何捍禦，必有可以勝之之術。❶ 先事而定，以待其來，則保邊之道也。

一、祁、深二城，舊非要郡，宿兵至少，故城壘迫而陋，不甚完葺。❷ 切聞契丹今復入寇，知吾重兵屯鎮、定，不肯南面直走，繞過保州，便取東南路，由祁、深以來。祁、深二壘，當廣而高之，以防攻逼。誓書言不得創制城池，若因而廣之，則無疑。又曰：虜既憚鎮、定而忽祁、深，必謂二城兵寡，不戒而過。我若乘其不備，使二城潛出精兵，首尾應而擊之，必大得志。此係於臨時，非可預度，然亦當知之，俟其變則易爲謀矣。

❶「之」，原脱，今據《長編》、《宋朝諸臣奏議》補。
❷「完」，原作「脩」，宋人避欽宗名諱改，今據《長編》改回。

一、漢、唐以前，匈奴入寇，率由上郡、鴈門、定襄等路。蓋當時中國據全燕之地，有險可守，匈奴不敢由此路而來也。自石晉割燕、薊入契丹，無險可守，由是虜騎直出燕，不復尋定襄等故道。今朝廷若留意河朔，邊鄙有備，虜不可得而入，須求別路以來。或雖可入寇，❶第取定襄等路爲掎角之勢，則河東不得不大爲防。或創立城池，或造作險阻，何地可以設奇伏，何路可以出牽制，此須預爲經度，素有隄備，則臨時足以禦捍，應卒不至倉皇。使與河朔表裏相應，寇不能逞其欲，實邊防之急務也。

右守禦二策，總一十三條，是臣庚辰、壬午二歲奉使契丹日，於河朔往回十餘次，詢諸緣邊土兵，并內地故老，博采參較，得之甚詳。及到虜廷議事，又頗見其情狀，以至稽於載籍，質於時務，用是裒聚撰述，以副陛下委責之意。即非臣任胸臆，罔聖聽，惟陛下令兩府會議，可者速行之，其未可者交相致詰，而是正之。臣必不敢持己徇私，旁拒衆證，兩府亦不得畏事養病，而無所發明。如此，則庶幾謀行而患可弭矣。

臣聞古者人君遭患難，則退脩道德，可以無咎。是故文王出羑里，純任教化，而終滅獨夫；句踐脫會稽，厲精武事，而卒破夫差。又聞主憂則臣辱，主辱則臣死。是故陳主答書悖慢，❷而楊素下殿請死；蔡賊跋扈難制，而裴度誓不兩全。終之隋滅江南，裴度平淮西。有以見古之君臣，所爲各得其道，無不建功立業，聲流後世者也。昨契丹背約，呼索無厭，朝廷以中國之尊，兇醜

❶「或」上，原衍「路」字，今據《長編》刪。

❷「主」，原作「王」，今據《長編》改。

敢爾，陛下固未聞有文王、句踐復讎雪耻之心，臣亦未見有楊素、裴度死難平賊之志。如此，而望排患解紛、建功立業，如古之君臣，何可得也？ 臣計北虜勢方强盛，可以爲寇，而輒肯議和者，有謀也。謀而後舉，以爲萬全之策也。又計中國之勢，如人坐積薪之上而火已然，雖焰未及其身，可謂危矣。北虜之彊既如彼，中國之危又如此，而尚不急求所救之術，是欲秦之魚爛、梁之自亡耶？ 臣備位樞府，夙夜憂畏，恨未得死所，少紓國難。願解臣密職，與河朔一要郡，得以效拙，經營邊事，雖未敢必謂無虞，然料或可稍寬陛下北顧之憂矣。伏惟早賜裁幸。

弼又論契丹不寇河東，上疏曰：

臣昨日垂拱奏事，准宣諭，今來虜主雲州受禮，恐於河東作過，令兩府設備。實由臣誤荷奬擢，無所施設，致此外寇，上煩聖憂。聞命震驚，不遑啓處。然退自思念，僅得粗略。切謂契丹必不寇河東，其事有九：無名，一也。動稱王師，不肯切發，二也。河北平坦，可以長驅，必不由河東險阻而來，易入而難出，三也。河北富實，河東虚乏，❶必不肯擊虚乏，而令我備富實地，四也。河北無備，河東有備，黠虜萌南下之心久矣，臨事必不肯捨無備而寇有備，五也。若欲乘我不測而入，當行詭道，出於倉卒，必不肯先報雲州受禮，六也。契丹始與元昊相約，以困中國，前年契丹背約，與中國復和。元昊怒契丹坐受中國所益之幣，因

❶「東」，原作「南」，今據《長編》卷一五一慶曆四年八月甲午條改。

此有隙，屢有怨辭。契丹恐其侵軼，於是壓元昊境，築威塞州以備之。而呆兒族累殺威塞役兵，❶契丹又疑元昊使來，遂舉兵西伐。驗之非詐，今必無會合入寇之理，七也。契丹惜燕地如人惜心腹，若寇河東，豈不防我攻燕爲牽制之術？于今不聞備燕，八也。契丹自得燕、薊，不復由河東入寇，九也。臣驗此九事，故知契丹不寇河東必矣。臣今但論目下不爲河東之患，過此以往，則非臣所知。

臣謂契丹異日之禍，必在河朔，河東只可爲牽制之地，❷所以臣近奏河北守禦之策，因乞守一要郡，自行其事。下二府議之未合，只且令田況往彼按臣所說。此乃平時悠悠所爲，非今來確乎至急之意也。河朔二三年來，雖名爲設備，其實未堪禦寇。乃是張豫備之虛聲，適足重敵人之姦計，爲患愈大，不可不思。臣前歲奉使契丹，理當無所增賂，蓋爲朝廷方盡力西鄙，❸未遑北事，於是忍羞自屈，歲益所入，聊以款兵緩禍，而望雪耻於後也。臣今欲乞必願俞允，不任訓兵備敵，以安元元，至於身羞國耻，庶幾可刷。臣不勝大幸。

弼又論元昊所上誓書，上疏曰：

臣近見元昊所上誓書及表奏，辭禮恭順，一遵朝廷所約，只是榷場上微有商量。❹

❶「呆兒族」，原作「保族」，今據《長編》、《宋史·富弼傳》《夏國傳》改。

❷「河東只可爲牽制之地」，原为注文，今據《長編》、《宋朝諸臣奏議》卷一三五《上仁宗論契丹不寇河東》改爲正文。

❸「鄙」，原作「郡」，今據《長編》改。

❹「榷場」，原作「疆場」，今據《長編》卷一五一慶曆四年八月末記事改。

候楊守素等到闕，乞與婉順商議，示以必和之意，使之深信；不可爲其恭順，却於元約事外别有詰難邀勒。所宜多方容納，令無備我心，則必盡力與契丹相持。若二寇自相殺伐，兩有所損，此朝廷之福，天之所假也。苟議絶和約，或大段拖延不成，則元昊必復與契丹合，而爲患如故，此必然之理也。臣料契丹必未肯與朝廷絶好，余靖此去，保無他虞。將來若遣謝使，所賫謝物不可過數，苟多無益，更乞深加詳擇。

五年，弼爲河北宣撫使，論河北七事，上疏曰：

臣伏以河北一路，蓋天下之根本也。古者未失燕、薊之地，有松亭關、古北口、居庸關爲中原險要，以隔閡匈奴不敢南下，❶而歷代帝王尚皆極意防守，未嘗輕視。自晉祖失全燕之地，北方關險，盡屬契丹。契丹之來，蕩然無阻。況又河朔士卒精悍，與它道不類，得其心可以爲用，失其心則大可以爲患，安得不留意於此而反輕視哉？

臣昨奉詔宣撫，自度河而北，遍詢士人熟知祖宗以來邊防事機者，觀其所説，皆有條理。太祖、太宗之時，契丹入寇，邊兵或有喪敗，而不能長驅。真宗初，邊兵亦少失，而有長驅之患者，何哉？蓋太祖、太宗時，屢曾出師深入攻討，及寇至，又督諸將發兵禦戰。胡騎雖勝，知我相繼開壁，援兵四至，無退藏之懼，是以忽忽出塞，不敢長驅也。洎真宗即位，懲喪師之衂，遂下詔邊臣，寇至但令堅壁清野，不許出兵；縱不得

❶「閡」，原作「關」，今據《長編》卷一五三慶曆四年歲末記事改。

已出兵，只許依城布陣，又臨陣不許相殺。賊知我不敢出戰，於是堅壁之下，不顧而進，一犯大名，一犯澶淵。是故雖無喪師之失，而有長驅之患。真宗再駕河朔，幸而講和，不然，事未可知也。

臣嘗爲史官，竊覽國史，以土人之説參驗之，大略相合。既得祖宗朝守禦利害，又伏思今來事體，不及祖宗朝，其事有七。朝廷號令不一，前後自相抵牾，事有緩急，四方不能遵行，北虜苟動，必有闕誤。此號令不及先朝嚴明，一也。自西鄙用兵，今七年，大小凡經十餘戰，每戰必敗，官軍沮喪，望風畏怯。北虜之衆，❶又非西賊可比，苟有變動，何由以威武取勝？此威令不及先朝震赫，二也。兩府大臣，不敢主事；設有所主，斷然而行，則横議群興，惑亂聖聽，以此往往破壞，暫行復止，是故朝政不舉。北虜苟動，事繫安危，誰敢爲朝廷主行之？四方多事，此執政事者不及先朝大臣主斷，三也。天下之人，恩信不及，配率重大，攘肌及骨，悲愁怨恨，莫不思亂。近年凡有盗賊，應者如雲，足見人心多叛。北虜苟動，大兵四集，百姓必有觀釁而起者。自憂内患不暇，豈暇防外虞哉？此民心不及先朝固結，四也。朝廷費用浩瀚，❷財物殫竭，取於民則民人已困，取於帑則内帑有限。今河北諸州軍，唯糧儲稍有準備外，其餘藏庫無不空虛。北虜一動，所費無涯，今未有財用所出之計。此財用不及先朝豐足，五也。外有强敵竊窺中國，或攻或守，須得健將。

❶「北虜」至「取勝」二十一字，原錯置於下「二也」之後，今據《長編》乙正。
❷「瀚」，原作「澣」，今據《長編》改。

今河朔止有一二人可充偏裨，五七人可於陣中役使，北虜苟動，大兵畢集，都未有將帥統領。此將帥不及先朝有謀勇而經戰陣，❶六也。軍政隳弛，士卒驕惰，居常少有鈐束，不過笞箠，已謀殺害都將，結扇逃背。若急有調發，使當矢石，則豈無變亂，與外寇合勢爲孼？昨保塞事起，滄州兵欲刼瀛州，莫州兵欲刼順安軍，自餘至城下者，無不白日刼人，殊無畏憚。其事甚近，可以爲驗。此士卒不及先朝肅整，七也。

上件七事，盡臣目覩耳聞，不敢緘默，恐係邊防大計。伏望陛下特留聖念，以先朝已試之效，而革因循之弊，奮自宸斷，以爲久長之策，不勝大幸。

仁宗時，蔡襄知諫院，論拒二虜皆爲邊患，上奏曰：

或曰：今拒二虜，皆爲邊患，何以處之？臣謂校輕重之勢，執理道之直者行之，然沿邊亦須備。若契丹一舉，我軍未能決勝，則人心摇動，中國之勢十去五六。況元昊之和未決，契丹以兵脅之，二虜通謀，元昊當陝西，契丹當河北，合兵而出河東，則中國所備者衆，而兵勢分，此天下至危之勢也。

襄又奏曰：

或曰：前所陳沿邊地形之勢勝在我，其利出攻乎？曰：出攻未見其利也。何則？我雖有地形之勝，而西虜之地亦多險隘，是皆有地利，但爲客者敗多，而爲主者勝多耳。今若興兵出攻，且西虜地無水草，

❶「經」，原作「輕」，今據《長編》改。

又飛芻輓粟，崎嶇山谷，虜必深遁遠去。我若進攻，虜必遣兵依險設伏，絶我糧道。進則不得攻，止則糧不給，退則必有掩襲之兵，此出攻其利少也。或曰：既不可出攻，又不可通和，但增兵守邊，繁費轉多，虜何時可破乎？曰：若邊郡帥臣能設計謀，誘之使其來侵而敗之，然後元昊可得而制也。此最爲上策。

襄又乞大爲邊備之要，上奏曰：

或曰：契丹事宜如此，朝廷應副添兵擇將可以禦之。臣謂不然。不去其弊，不求其要，兵多益分，危事也。臣所謂求其要者，一曰變軍法，二曰委兵柄於必戰之人，三曰擇偏裨於行陣，四曰去無用之兵，五曰分守兵與應兵爲首尾救援之勢，六曰擇要害郡縣之官。六者既脩，然後可言邊備。若因循舊弊，未見可勝之期。此方今至急之務也。

襄又乞拒契丹之請，上奏曰：

契丹今以兵助中國討元昊，僞爲善意，朝廷若不從其請，契丹必以爲詞。又駐兵雲州，正當鴈門之路，或便盟好，即爲邊患，河東、河北，必爲大備。或曰：契丹今在雲中，只是帳下兵馬，不曾點集他部，必非大舉。臣謂元衡歸，既得此事端，傳檄而起，不踰月而大合，豈得不爲患哉？患在目前，若拒契丹，則當速爲備。

襄又請納元昊使人，上奏曰：

右臣等伏見北虜請絶西人使纔去，而西人納款之信已來。從北虜則畏西人，納西人則畏北虜，不審廟堂之上何以爲謀？

自元昊寇邊以來，國家有累敗之羞，而無一戰之勝，復忍耻屈體，以金帛買和，又不能自爲，而假手黠虜。當虜人對梁適遣耶律佯使元昊之時，中國今日之患已萌矣。而中國有可悔之理，❶而大臣執不悟之迷，事至於今，勢何可已？使北虜晏然不動，俟和而邀功，故已爲吾大患。二虜詐謀，一來納款，一請絶和，而使中國絶和莫知所從，亦是爲患。二虜實有釁而相攻，使中國納西則違北心，顧北則失西好，亦足爲患。然等爲受患，宜擇其輕。何謂擇輕？速納西人是也。今料二虜者，不過直疑其實有隙與實無隙耳。且俟我和西而責報，是虜本志。今和垂就而反請我絶之，其意何在？豈非虜銜其强，自是能指麾中國？謂和必由我，不和亦由我，欲使元昊必信中國和與不和皆由之，故託有隙之名，而遣絶和之使。苟中國遂從其請，則元昊不得不信中國動止由於虜也。是北虜一與西賊爲有隙之名，使元昊遂信中國不得自由。此則北虜之舉，南則指麾中國，西則能信服羌人。他日却爲元昊服罪之名，又使中國通好，則度吾今已從其請，則後日必不能違。苟至於斯，中國不能爲國矣。以此言之，二虜雖無隙而詐來請絶，不可從之必矣。若實有隙，則納西人，粗爲中國之利。西人新與虜結釁而與我和，得無南顧之憂，而東併力以拒虜，必不肯輕絶吾盟。北虜方欲西戰元昊，❷吾雖不從其絶和，亦不有力分兵而寇中國。以此而言，雖實有隙，尤宜早納西人

❶「國」，原作「道」，今據《莆陽居士蔡公文集》卷三〇《請納元昊使人》改。

❷「方」，原作「萬」，今據《莆陽居士蔡公文集》改。

也。伏以二虜交構，中國憂危，蓋由從前所議參差，兩端不決，切恐西人已到，議者尤更遲疑。伏望聖慈決於睿斷。

襄又乞通和之後，早計費用。上奏曰：

自趙元昊狂悖以來，朝廷日日發關東兵馬，以爲邊郡守備，然沿邊州軍，自來只約見在人馬芻粟，爲一二歲計。今者增兵與馬，比舊必多數倍，至於饋運芻粟、轉輦兵甲、修葺城寨、燕犒給賜之費，日以益廣。若終一歲而計之，其費用之物，大率必倍多於每歲。❶既邊兵未有罷期，則其費愈多。臣恐年歲之後，必有議者建白，請賜元昊金帛，與之通和者。臣謂此謀非國家長久之計也。若元昊削去尊號，臣禮如舊，朝廷但赦其罪，亦不當大與金帛；與之金帛，是爲狂悖而得之。況元昊豈肯削去稱號，何名而賜之金帛、與之通和哉？國家遺北虜，其費不少，若更與西虜通和，使北虜窺中國之强弱，而啓其狡心，不細事也。臣謂朝廷將來罷通和之議，莫若早計度減損費用之物。苟費用不減於舊日，則何以持久而制狂虜也？

宋庠在崇政殿，與樞密院同答手詔曰：

臣等今月十七日，伏蒙聖慈召赴崇政殿，面賜手詔各一封，仍令中書、樞密院一處商量對答聞奏者。伏讀聖訓，震駭愚衷，退獲詳研，稍分條目。乃知皇帝陛下，防危

❶「倍」，原作「陪」，今據《四庫全書》本、《莆陽居士蔡公文集》卷二九《乞通和之後蚤計費用》改。

於慮表，求策於事先，鬱悼諄勤，遍咨良策，此誠聖人勞謙思治，博索廣詢，不以睿哲掩尋常之謀，不以高深辭淺近之益，雖舜好問，禹拜言，無以過此。奚獨臣等幸甚，抑亦天下幸甚。然臣等與聞幾事，皆忝近司。自去歲春，陛下有祕殿疇咨之勞，迎陽敷納之廣。是時中書、樞密院亦合條對急政，尋曾面論，以謂兩府者，佐天子決大政，總四海謀議，評百官能否，或片言可以防患，或寸效可以佐時，凡有見聞，便當裁處，不須承命，然後告猷。而宸旨丁寧，辭不獲免，覥顔待罪，粗述大綱，雖荷天地包荒之仁，終慙股肱同體之美。今者再煩清問，是重前尤，既不敢固拒詔音，仍且許協陳公論，銜恩被貸，無可寘言，敢不悉心同上愚對。

謹案聖詔大略，以今契丹因而西征之役，遣使來告，深慮狡黠，別有邀求，詭譎多途，將何回答？臣等竊謂夷狄之性，雖不可以仁義禮法爲期待，文書言辭爲約束，見利則動，緣間則争，狼子野心，固其常態。至於向背之勞逸，利害之輕重，雖曰匪人，亦將有擇。契丹自景德通好，垂五十年，冠蓋相望於歲時，金繒沓委於幽朔。戎馬不汗，而坐收厚利；邊烽不焰，而自稱鄰國。彼若常保此誓，可謂逸而不勞；常獲所資，可謂利而無害。今或自違信順，固作端倪，必欲渝盟，以圖入寇。是則部落蒙調發之苦，酋豪須嘗餌之科；穿塞必有矢石勝負之憂，掠野不過牛羊廩窖之獲。我若堅壁以持重，蓄力以待疲，去則不追，來則固守，但恐彼之所獲，不復有五十萬之數矣。捨交聘、就戰鬬，則向逸而背勞；絶歲輸、謀掠奪，則利輕而害重。果從此舉，是謂無謀。況今持聘之來，未失睦鄰之意。且西北搆釁，邊境具知，既議出師，固當通問。昔歲高麗之役，近年河西之行，皆遣使人，實爲成例。未聞前來兩次，別有他求。兼契丹常作大言，欲平西夏。今若乞財助費，便爲示弱於人，遥揣敵情，恐無此理。萬一狂狡，實有過言，則對答之間，誓書可復，彼曲我直，何懼無辭？然必望朝廷且鎮之以静，淺謀横議，抑而未行。

聖意又慮詐報西行，陰爲南顧，山川地形甚處可爲控扼。臣等竊以自來河北、河東兩路，各有控制走集之地，救應邊陲之所，只緣保守信誓，不敢明作改張，必緣此使人，便違舊約，則可敕此兩路，馳案邊屯，或展塘水以扼兵衝，或築軍城以遮賊道，塹山堙谷，何所不爲？樹帥分兵，❶唯變所適，事至而應，亦匪後時。

聖意又念方面輔翊之材，帥領偏裨之舉，或難於自薦，或須藉衆推，威禦綏寧，堪爲鎮静者。臣等以謂，將帥之器，非獨今世所難得；威禦之略，顧亦前代所希逢。然自古聖帝明王選才擢士，未有借才於既往，待俟於將來。如以一世之人，治一世之事，不可謂將無韓、白而廢軍帥，吏非龔、黄而去守宰，顧其策勵奬育任使之術何如耳。苟得其道，胡恤乏才。若能賞不過功，罰必當罪，上無姑息之施，下無僥倖之求，則雖懦夫可使握節以制軍，女子可使攘袂以赴敵。又況擇材武之長、用訓練之師哉？大法一行，則賢者不得藏其謀，何煩於自薦？

❶「帥」，原作「師」，今據《元憲集》卷三二《崇政殿與樞密院同答手詔》改。

智者有以申其用，何待於衆推？ 而綏寧鎮禦之方，唯所使矣。

聖意又念河朔軫救之外，軍儲闕乏，及向去財用如何省節？ 加以冗兵尚衆，戰馬未孳，發于焦勞，並令周悉。 臣等伏以冀部不幸，決溢爲灾，中路州軍，例遭湮没。 此則非緣它故，專爲河防民户既已流亡，田畝未能耕蓺，且可恣其所往，以就廣饒，所在撫綏，庶幾存活。 議者多欲使州縣出粟以救其命，虚倉餔餒，誠是深仁。 連營乏儲，更非小事。 欲乞嚴敕三司，及安撫、轉運等使，凡係本路浮費，且令一切罷之，專以調食爲先，次以安民爲急。 若向去秋夏西路豐登，必有餘波可蘇疲衆。 至如冗兵一事，最是減費大端。 日近雖累降指揮，並令揀退天下剩員萬數，亦已别行催督。 其餘條貫，敢不申明。 此則向去財用省節之矣。 若迺戰馬登耗，事存監牧，然自昔生馬之地，今皆不屬中州，唯藉四夷與官互市。 切聞邊關黠虜未嘗肯出名駒，徒費財珍，例多駑劣。 其源若此，爲弊實深。 自餘坊監官司華戎貿易，更乞下群牧制置使多爲條約，以量價直，重明賞罰，以督蕃孳，常或舉脩，亦恐可登舊數。 然臣等今來所陳數事，即是日夕奉行，行而復言，理不踰此。 竊恐衆臣議論，别有所長，欲望聖慈盡取將相、學士以下對詔之文，降附中書、樞密院商量行遣，匪徒逃尸素之責，固亦合中外之謀。 天下至公，於此爲美。 惟陛下留神財幸。

庠又答手詔曰：

伏奉手詔，以賊昊未平，邊防用武，上煩聖慮，諮及具臣。 竊以賊昊旅拒偷生，巢穴深固，若或興師出境，必須命將得人。 又緣承平以來，久無征伐，縱有驍勇之士，皆非緜歷之流。況復饋運之間，勞費斯甚，陝西民力，配率已繁，更或隨軍，愈難應副。且當静守，頗謂得宜。今來邊臣例循舊轍，靡營禦寇之策，但急濟師之言，須立定規，俾從經久。緣邊州郡，皆有熟户蕃兵，不能訓齊，但務姑息。雖有弓箭手，人數甚衆，其如部伍未明，至於本城蕃落定功之類，亦未嚴整。凡所防托，悉藉正軍，是致調發之煩，不無科率之困。復又多立小寨，倒蕃糧儲，無事則兵勢虚分，臨敵則不能自固，奔衝掩襲，職此之由。所宜委自轉運使，與逐州長吏，量其户口，籍定土兵。每至農閑，輪番教閲，仍選勇敢有部轄之人，充等第將校。其熟户蕃兵，亦須點集齊整，撿括人數，與本城及弓箭手，每臨陣敵，前後節次使用。所有賊兵出入道路，合行把截去處，並可展置大寨，令弓箭手與本城兵士守把。其諸小寨，不可廢去者，量留側近土兵看守探候，不得廣積糧草。所有朝廷差去禁軍，只委自部署鈐轄路分臣僚，相度賊勢遠近策應。如此，則固守有常，東兵可減。蓋資其土人服習道路，彼中若有點集，易爲探候，自免奔衝。而又兵籍素定，經費有涯，轉餉之勞，漸可撙節。自來每招役蕃户，耗蠹頗多，主帥但納其虚言，臨陣恐成於悮事。今後不須枉用金帛，更有招收，其逐州長吏，能訓練兵師，脩完戰備，膽勇材幹，爲人所稱，朝廷當與保全，不責小過，歲滿成績，增秩再留，使之恩信及人，用明奬激。臣等素不知兵，叨居近列，欽承睿問，莫副天心，無任戰懼之至。

庠又答内降手詔曰：

伏奉二月二十七日手詔，以逆賊元昊阻命西鄙，令臣等細畫方略，並具實封進入者。仰承天旨，❶伏用震汗。臣等愚駑無狀，待罪宰府，聖恩含養，弗暴所疵，夙宵惟念，未獲云補。乃今羌狄小種，違背恩盟，輕爲風塵，穿盜邊塞，而將吏未習，烽徼弗明，蕞然逆醜，遂積天罰。此皆臣等謀猷疏暗，奉職不稱之咎也。陛下幸開大惠，不忍加誅，丁寧垂喻，俾悉其意。此誠謀及卿士，詢于芻蕘之成訓。然臣等旅服三事，義殊百辟，以謂中書門下，政令之所出也，朝夕之所詢也。事無鉅細，謀無遠邇，皆可罄率庸淺，日陳于前，隨宜制務，靡容有隱，不當更竚清問，始復條列。至於守禦方略之要，則與樞密院並可議定；餽運便宜之常，即下三司、轉運司坐見虛實。凡所關啓，略皆施行。此陛下之明悉也。雖使各述爾志，亦不出于兹矣。惟詔旨内深入討擊一事，臣等自來未敢輕議。非謂沮損威重，直以勢有輕重，時須進退，請試言之。

夫中國之人，習見承平久矣。將不六十，不更金鼓戰陣之事；卒不五十，不經疆場馳鬬之役；齊民編户，租賦之外，不知差調率斂之勞。猝然有警，孰不騷動？自劉平、石元孫陷没之後，邊防震擾，吏氣沮傷，奏報相銜，妄增虜數。或言四十萬，❷或稱三十萬。故敵未攻壘，先杜城門；❸賊已出界，尚求兵援。將帥庸懦，亦緣人情未嘗諳歷故也。今若更責未習之將，驅嘗敗之兵，討已黠之虜，而希百勝之術，無功必矣。故

❶「承」，原作「賾」，今據《元憲集》卷三二《答内降手詔》改。

❷「萬」，原作「溜」，今據《四庫全書》本、《元憲集》改。

❸「杜」，原作「土」，今據《元憲集》改。

臣等近者但乞本路脩峻城堞，以遏奔衝；籍閲强壯，以擬緩急；速遣韓琦等馳至邊郡，采訪利病，補理頹敝，且爲今秋守禦之策；仍令紓放倚閣，緩責轉輸，綏撫西人，務令安堵。且亦申戒邊將，以時訓練，使賊去勿追。此上數事，雖皆老生常談，然當今守邊之策，未有易此者也。

臣等又料狡賊狃忕，必須再謀寇抄，欲乞諭緣邊守戍，因賊入境之際，或羸師以誘之，或伏險以邀之，或奇兵夜斫其營，或堅壁晝挫其鋭，務據便地，勿與馳逐，俟其疲老，則犄角以斃之。如此一經創艾，則可以漸謀羈服矣。臣等熟計，莫便於此。至若臨機處可應變弛張，❶一二之言，非可豫述。事至中覆，未爲後時。然敢不策發惷冥，以須期會，思有以伐謀决勝，少報萬分，然後退就田里，誠無所恨。謹昧死上愚對，惟陛下幸察。

歷代名臣奏議卷之三百二十七

本卷張希清校點

❶「可」，《元憲集》作「置」。

歷代名臣奏議卷之三百二十八

禦邊

宋仁宗時，翰林學士宋祁議減邊兵，上奏曰：

臣本書生，不當妄言兵革。但以事勢料之，參驗今古，有灼然易了者，敢爲奏請。臣伏見自古以來，防邊守塞，未有屯結兵馬，經年亘歲，常在城砦，無有休息者。傳曰：「久暴師則國不足，雖有智者，不能善其後。」只如秦漢時，與匈奴更相酬報，出入鈔掠，亦是兵罷即歸，不令屯結，亦不如聖朝長令兵馬守備邊上，既不出攻，坐費糧運。是故用兵未及六年，天下之財已告匱竭。良由邊將不知休兵，朝廷不授成算，億萬之費耗散而不計。若更十年，未知多少財用可濟其艱，臣請言其驗。

賊界自三月後，馬瘦放在草野，不能負重，關陝人皆知之。則背春向夏，賊不能大舉。其驗一也。賊無餽運，每入漢界，常因糧於中國。中國自三月以後，才有麥熟，其餘禾稼未成。無糧可因，賊不能大舉。其驗二也。又有高山大川溪谷相衝，春夏之後，雨水時行，霖潦爲阻，賊不能大舉。其驗三也。是賊兵鋭於秋冬，而屈於春夏，其勢可見。臣欲乞朝廷詳度，許令應沿邊州軍城砦，每年自三月後抽減一半兵馬，入内地州府就糧，直至九月，却往元駐劄去處，號爲防秋。况所抽兵士，雖在内郡，其校習訓練，一如邊上。此乃事之至便，不足多疑。一則邊上州軍愛惜得年支糧草，二則兵馬有休息之時，三則兵士到内地州府易爲裹費，四則關陝之民免得轉般糧草，是邊上一年支準可展爲二年也。

識者必難臣曰：賊知朝廷自三月後抽退兵馬，必選擇壯騎精兵，出人不意，入來漢界作過，恐大段深入，鈔掠人民，破蕩城砦，何以爲備？ 臣對曰：假如令賊有壯馬精兵，能於盛夏入漢界作過三五日，❶只是抄掠得界上些小熟户人民，且無糧草可食，賊又不會攻打城壁，朝廷但只令所在城砦堅守不出兵，及州軍只增城立栅相對，❷不與賊戰，則見在一半人馬已自足用。 萬一假令賊敢謀深入，即令内郡就糧兵馬旬日内可以勾集，令大將將數萬之兵，結陣徐驅，往彼救應，亦只立硬砦相持，勿與賊争鋒，使賊進則不敢，退又粘逐，常擇便地，自逗留至二十日以上，賊必有糧盡，或雨水之阻，又何能破蕩城砦，大段深入也？ 但自來朝廷不肯明下成算與邊將，令抽退兵馬，是以邊將畏避責罰，長要占留在邊上，圖常有準擬。其添到軍馬，以死固執，無因肯減一人一騎。今若朝廷明降成算，使之遵守，如賊非時入界，萬一有少敗衂，朝廷自任其責，自然邊將必無固執斯議者也。伏望降付中書、樞密院，子細商量。取進止。

祁知成德軍，論蠻夷利害劄子曰：

右臣竊聞用兵者，不幸敵之亂，而欲己之不可亂；不畏彼之侵，而患所以來其侵

❶「日」，原作「萬」，今據《景文集》卷二八《減邊兵議》改。

❷「增」，原作「坡」，今據《景文集》改。《宋朝諸臣奏議》卷一二〇《上仁宗乞邊兵三月後減半就糧内郡》作「披」。

也。今聞契丹興端造隙，欲敗和誓，外倚虛驕，搖脅近邊，不顧曲直，惟利是視，是謂貪兵。兵貪者亂，此可乘而取之。然陛下無良將，邊陲之臣，類皆才下。又甲冑不完密，弓弩不射遠，行無馱幕，出無營壘，馬乏精突，士習驕惰，❶外不能扞患，內能爲患，此陛下未有可冀敵之不能亂也。❷邕溪之蠻最脆弱者，今乃離去巢窟，略地千里，弄兵安行，無一能拒，虻飛蠅營，挐而不散。此官濫吏庸，招其所以侵也。事弊及此，不振而張之，不可謂謀。謀之不臧，使得遺禍，不可謂國。臣伏見陛下諸臣，急則念治，緩則偷安。天下無事時，見利害之小者，則鄙之以爲不足事；及大利害，則憚曰「安可卒行」。又曰「據今日之安，亦未及于危」。小者鄙之，大者難之，遠者蔑之，於是天下之事，日損一日，歲耗一歲，經制不立，紀綱頹陵。賴陛下盛德，四海晏然，然無法而治，不可以恃。今幸二邊少警，朝廷焦意寒心，此而獻謀，人意必向。臣請先舉二方言之。

今河北既分部署等路，各有屬州，是唐諸節度兵也，然而未有都統以節進退。臣請因建大帥以一之，使部分各得其人，則金鼓旗幟，卒伍號令，便當一稟於其帥。綴鎧磨兵，益養馬閱師而討之；講求法度，朝廷密詔以虜入某處，以某部署軍當之，某路以師援，某所以糧濟，咨大帥而聽命焉。擊首尾應，擊尾首應，掎角屈伸，包裹彌縫。明立賞罰，閫外之務不從中制。此所謂不可

❶「驕惰」，原作「饞墮」，今據《宋朝諸臣奏議》卷一三六《上仁宗論河北及嶺南事宜》改。

❷「可」，原脱，今據《景文集》卷四三《蠻夷利害議》、《宋朝諸臣奏議》補。

亂也。不亂，則陛下可用而勝彼之亂也。

嶺南外區，瘴癘熏蒸，北方戍人，夏秋往者，九死一在。多發兵則糧乏，少發則事不集；急責功則蠻獠遁逃不肯出，緩則復來擾人：是宜有以制之也。今聞發北方兵踰萬人，已戍嶺外，下濕上蒸，病死必多。料群蠻勢不久屯，擊之必散。臣謂不如選一二健將，歲纔留北兵五千人，分屯要害處。得善吏十數人，完治諸州，募土人爲鄉軍，復其租調，視州大小、户多少爲之數。統以部伍，教以進退，習以彼所長伎，與相追逐。率百人給北兵三十，以勁弩利兵佐之。冬春則使深入擾其居，夏秋則使謹守防其略。彼雖能誘納中國亡命，要之食盡，必出鹵掠。若其來也，一大斬獲，則終身瘡矣。我威已立，然後可議招來，與之盟則固，許之臣則久，遠期五年，近止三年，南方無事矣。臣竊恐有司苟且，復仍舊弊，多留客兵，自取死亡。又不先以威而務招懷，不爲遠圖而求近效，故雖盟必違，雖臣必叛。夫前日之失，已不可追，自今之利，便當審料。恐諸將功成之後，議者泰然，遂便因循授吏，鹵莽設防，不爲陛下議長久計，雖一賊死而百賊生。故臣曰「彼侵不足畏，患所以來其侵也」。臣愚陋不識禁忌，惟陛下裁赦用之。

祁知定州，上便宜奏曰：

右臣伏念行年五十有六，素自衰怯，不逮人，宜内治一郡，習刀筆簿領，計校米鹽，與俗吏争課最，以報萬分。不意陛下過聽，乃使守邊。居真定不半年，徙定武，任過所能，早夜震惶。然常聞天下根本在河北，河北根本在鎮、定，以其扼賊衝，爲國門户。

且契丹摇尾五十年，習不畏人，狼態猘心，❶不能無動。今舐齶垂涎，欲肆囓者，惟定與鎮二軍。不戰，則進搏深、趙、邢、洺，咋脆撞虚，血吻婪婪，有其患矣。❷臣所以日夜深計者，以爲欲兵之强，莫如多穀與財；欲士而練，莫如善擇將；欲人歆艷樂鬬，莫若賞重而罰嚴；欲賊顧望不敢前，莫如使鎮重而定强。夫耻怯尚勇，好論事，甘得而忘死，河北之人殆天性然。陛下少勵之，不憂不戰。以欲戰之士，不得善將，雖鬬猶負；無穀與財，雖鎮金城、定湯壕，勢必輕。今朝廷擇將練卒，制財糧，返以陝西、河東爲先，河北爲後，非計也。夫西戎兵鋭士寡，能略邊不能深入；河東天險，虜憚爲寇。惟河北不然，失長城之防，自薊而南，直視千里，賊鼓而前，如莞衽上行。故曰：謀契丹患，不得不先河北；謀河北，捨定與鎮，無可議矣。故臣願先入穀鎮、定，鎮、定已充，可入穀餘州。列將在陝西、河東有功狀者，得遷鎮、定，則鎮、定重。

天下久平，馬益少，臣請多用步兵。夫鬨然聚，霍然去，雲奔飈馳，抄後掠前，此馬之長也。强弩巨梃，長槍利刃，❸什什相聯，伍伍相遮，大呼薄戰，此步之長也。臣料朝廷與虜相攻，必不深入窮追，敺而去之，及境則止，然則不待馬而步可用矣。臣請損馬而益步，故馬少則騎精，步多則鬬健，我能用步所長，雖契丹多馬無所用之。

❶「狼」，原作「狠」，今據《長編》卷一七四皇祐五年正月壬戌條、《宋史·宋祁傳》改。

❷「有其患矣」，原作「無有患矣」，《長編》、《宋史》作「無所顧籍」，今據《宋朝諸臣奏議》卷一三六《上仁宗論河北根本在鎮定》改。

❸「刃」，原作「刀」，今據《景文集》卷二九《上便宜劄子》、《長編》改。

夫鎮、定一體也，勢不可離。今判爲二，恐謀之未詳。自先帝爲一道，帥專而師不分，故定摀其胸，則鎮擣其脅，勢自然耳。今判而爲二，❶其顯顯有害者，屯寨山川要險之地，裂而有之。平時號令文移不能一，賊脱叩壘，則彼此不相謀，誰肯任責耶？臣請合鎮、定爲一路，願以將相大臣領之。無事時以鎮爲治所，有事則遷治定，指授諸將。諸將權一而責有歸，無苟且意，策之上也。惟陛下與中書、樞密院當居安慮危，❷熟計所長，必待事至而後圖之治矣。河東馬强，士習善馳突，與鎮、定若表裏然，東下井陘，不百里入鎮、定矣。賊若深走，以河東健馬佐鎮、定兵，掩契丹之惰若歸者，萬出萬全，此一奇也。

臣聞事切於用者，不可以文陳。臣所論增步兵，及入穀分兵隸裨將等諸條，件目繁碎，要待刀筆吏委曲可曉。臣已便俗言之，輒别封上，至擇善將、多畜財，乞委樞密院、三司條具以聞。臣一諸生，弗知軍旅，事偶有所見，不敢隱，特以受大恩思亟報也。恐議涉迂暗，有司疑詰，更乞付臣令悉意條陳，然後施行。

至和二年，祁又進禦狄論表曰：

臣去皇祐四年秋七月，待罪成德軍，五年二月改定武軍，皆兼本路安撫、部署兩司，此河北極選，賢士大夫日夜所望立功名者也。臣某誠恐誠懼，頓首頓首。臣不肖，少服儒業，幸得秉筆代天子制令，奉職弗

❶「判而爲二」，原脱，今據《長編》、《宋史》補。
❷「居」，原脱，今據《景文集》、《宋史》補。

稱，遂用外遷。乃蒙皇帝陛下，❶擢自疏冗，付以劇使，俾專一面，護諸將，貴重體雄，日靡皇寧。出入三年，無毫髮之報。竊以持兵擁甲，野戰乘城，皆非臣所能勉。加體力早衰，年向六十，❷謀不逮遠，識不先事，姑奉陛下經武之略，赧然汗發于背。然所至詢疆埸事，所以制賊大略，目見耳聞，非得歇端，輒次爲《禦狄論》七篇。其語不文，以便事也；弗泥於古，從權宜也；直取今日利害，決爲可行也；不足示後，時異則計有所不用也。伏以中書、樞密院皆忠力大臣，謨謀閎深，奉承聖算，明燭萬里，敵無遁情。臣今所上，乃廊廟淺計，策牘棄語，猶敢冒昧上陳者，欲明邊臣思不出職，亦上佐朝聽蒭蕘千慮之冀也。干冒宸覽，臣無任愧羞戰栗之至。其論謹附表投獻以聞。臣某誠恐誠懼，頓首頓首，謹言。

篇之一

客問臣：子爲陛下守中山，直契丹西鄙，天下精兵處，賊敢引弓南面射，最先薄戰。自先帝咸平以來，常以重將臨統，子今出入三年，頗知賊情僞乎？臣應曰：太守本諸生，朝廷不知其愚，使護諸屯，未嘗履軍陷陣，又無横縱之辯、王霸之術，烏能論賊乎？雖然，傳曰：「知彼知己。」太守誠不肖，粗能舉其凡。客曰：願子無讓，請以今事言之。竊聞西羌與北虜解仇申約，復爲甥舅，信乎？臣曰：契丹使一介叩朝廷，言夏人臣順事，驅馬羊納有司，果信矣。

曰：❸然則兩賊合而無隙，彼將連衡以

❶「乃蒙」，原作「不謂尊號」，今據《景文集》卷四四《禦戎論》改。
❷「十」，原作「一」，今據《景文集》改。
❸「曰」，原脱，今據上下文補。

擾二邊，奈何？ 臣曰：合則有之，隙未平也。 契丹地大兵衆而猥，羌地狹卒寡而精。以大臨狹，則羌弗獲已而合；以精抗猥，虜何敢安受其臣哉？ 且虜酋與羌兒戰一不勝，殺卒二萬餘，虜主僅自脱，北築威武、金肅等城，跨河而守者五年矣，訖無尺寸功，是虜窮於侵而羌倦守矣。 故卑辭厚幣以休兵甲之勞，羌非真畏虜。原本欠。 子女麗，金錢多，故思弭隙而連和以軋吾境，❶鈔刼係纍，各飽其私，安得不合？

臣曰：不然。 如客所謂，兹易與耳。國家歲棄金帛五十萬與北狄，以五萬與西羌，彼有背盟爲不臣者，我幣五十五萬固不出境。 若陰以十萬許羌人赦其罪以携之，彼必與中國合還兵而抗虜，❷虜失西援，且狼狽不敢前。 我又陰許還北虜三十萬與之平，則二賊之仇結不解矣。 狄之怨必嫁于西羌，西羌之怒且銜于北。 朝廷安視其禍，以虚饋操二國重輕，何所患哉？

客曰：羌人自元昊以來勢始張，國褊而兵寡，離與合，恐不足爲重輕。 對曰：不然。 元昊善用兵，其左右皆賢，故數亂西垂，未嘗少衄焉。 雖挾勝而不敢不來臣，知事大之體也。 既父子戕死，而諸酋扶孀嫗、抱嬰鷇南面而朝，人惕息相與守舊君法無違德，南抗中國，東支契丹，養馬按兵，自如四隣，不敢侵中國。 有年，無疾疫死亡。 意者天假之幸，是且將興，烏得不爲重輕哉？

篇之二

客曰：子謂契丹與古孰强？ 臣曰：耶律一姓王二百年，今其衰也歟？

❶「弭」，原脱，今據《景文集》補。
❷「與」，原作「以」，今據《景文集》改。

客曰：彼兼奚、黑水、高麗、達靼、新羅數十國，薄海而東，南包燕、薊肥腴之地，孳養腥臊，戢戢林林，重穢北荒，與中國爭長六十年。今又得西夏而臣之，何云衰耶？臣曰：客詑其表，不責其裏，請爲客道所聞。虜主懦庸，其弟悍剽好戰，本許傳國，故盡以奚、契丹兵屬之。虜主有子且長，更爲王，以燕、薊華人屬之。然其弟常右蕃卑漢，數請犯中國，子常佐漢鄙狄，願與中國和，又寡老嫗在焉。故虜主依違不能有所決，華人之輔政者皆附主與子，蕃長之當國者附其弟，是此虜一軀裂爲二支，禍難待時作耳。有如君長一日病死，❶其弟即位，愛子能相下爲君臣乎？能爲君臣無疑忌乎？華蕃大臣能合而不限乎？幸而寡嫗未死，肯捨其子而助其孫乎？內不能定，必大誅殺，安得不亂？亂必有黨，黨必爭，爭未必有能國也。彼高麗、達靼等苦爲契丹屬久矣，誅求無時，調發無度。一旦契丹亂，❷彼將蝟毛而奮，自王其國，且何恃而强？

又和戎以來，虜人習見朝廷袍笏之美，百官之富，肴果饒醪，炙瀹甘珍，衣服器彝，薰澤光鮮，皆委氈毳，厭血食，解辮褫衷，慕爲華風，時時道詩書語，竊問儒者禮樂等事，爭貨紈綃纖縩之麗，橙茗辛馥之奇，以相夸尚。此賈誼所謂五餌壞其耳目腹心者也。

客曰：五餌等語，班固詆以爲疏，子何據之？臣曰：然。誼於治體深，故其言奥，其事久而效。固俗儒也，見誼不爲文帝

---

❶「病死其」，原作「狗馬病狠」，今據《景文集》改。

❷「旦」，原作「日」，今據《景文集》改。

用，便以誼爲空言，固則陋矣。且自古戎狄所以强中國者，隨水草無常居，耐霜雪，以鞍馬爲家，此其勝邑居城郭也。射狐鹿兔麞，飲其血，服其皮，脯肉而糗之，此其勝耕斂困廩也。喜相群，怒相殺，殺人者取償而止，有罪即誅，凡召發，傳一箭哄然皆集，此其勝文檄簿領也。生能挽弓傳矢帶刀劍，孺妻弱子皆習熟，此其勝營伍教督也。不知道德仁義、制度文物，君臣並肱而踞，情一而志通，此其勝禮文親疏嫌疑等差也。今則不然，反殺而强仁，反戰而崇和，棄腥糒，甘饔熟，美衣食，酣聲樂，所以勝中國之具者，一切喪矣，是耳目腹心壞而不復完，徒操虛强以摇中國，太守知其無能爲也。

篇之三

客曰：景德，契丹數寇河北，我諸將謀必敗，戰必走，何耶？虜既負勝，由是鼓而前，破五六城，突魏觸澶，躨跜無所畏，子識所以然乎？臣曰：識之。中國失虎北之隘，自幽而南，地如袵席然。何承矩始畜陂障，建屯田，塍而畦之，限賊馳突。然東不盡海，西薄常山，數百里輒止，外無所阨，故賊常掃穹廬而來，厲壯馬，走平地，以大衆加中國。其時也，馬適肥，士適飽，人人貪抄劫之以利，氣適無前。我諸將常迎其鋭薄之，又以寡抗衆，故虜常勝，吾常負，失所以制賊之術也。

曰：然則何不待其氣弱而後戰？臣曰：得已而然哉？夫大將在外，必有貴臣監軍。貴臣見賊至，不課彼己强弱，不待便利，促其將使鬬，鬬而敗，閉壘不敢出矣。然後賊以數萬騎綴廣信、安肅二軍，嬰保州，則定武僅能自守。賊精兵獵瀛、冀，犯深、趙。瀛、冀自不支，其穿西山而出者繞鎮右行。鎮兵雖急戰，不能禁其入。由是蹂邢躪洺，而睥睨澶、魏矣。

客曰：策安出？臣曰：在擇將以閫外事付之。夫任一則權不分，故外不見脅於中，上不見狃於下，值隙而後攻，逢利而後爲，可而奮，不可而止，避其鋭，間其憧，邀其歸，厭其所不能，無促以功，則功易成，無必其期，則戰易勝。此亦一端也。

客曰：未也，請衍而申之。臣曰：虜人之來，因糧於漢。聞景德時，大賊固營不動，而游騎四出，發窖竇，略馬牛，係老弱，劫樵採，旦而出，夕而内之軍中，仰以濟師。當此時，諸將熟視，不出一卒以乘其弊。賊由是肆然燔室廬，殘邑聚，逮於講和，河北爲空，此一失也。又詔書敕諸將，逐賊無深入，及境則止。故賊勝則驅而進，不勝則不畏追。是時虜塞之人按堵，而吾鄙不聊生矣，此再失也。

夫戎虜安知道德仁義哉？醜然其人面而狗腸也。惟勁鏃遺胸、長刀築脅乃怖耳。當鈔騎之出，我若以邊人邏士邀之，或㢊其左，或戹其右，蔽林伏埌，掩所不防，但令無所獲而走，不過五日七日，衆飢師老矣。以吾飽乘賊飢，何攻不破，何擊不北耶？賊之入塞，掠吾老弱畜産若干，我伺其便，以五六月虜馬瘦弓弛，勒偏將出塞，虜其部族、牛羊亦若干，相當輒止。虜所恃以爲富者，特幽、薊耳。彼能殘我河北，吾一支病也。我能殘其幽、薊，彼一軀廢也。若是，則虜懲艾計較，必不敢輕入而爲寇矣。漢武帝使衛青、霍去病深入鏖鬬，斬匈奴首級最凡十四萬而已，北虜遂衰，此驗在前可質也。故曰：不殺不怖，不傷不刈，不得其當不止。此上術也。

客曰：太守計雖審，然與嚴尤、班固之説戾而不合，何哉？尤之言曰：周、秦、漢三家征匈奴，未有得上策者。周得中策，漢得下策，秦無策焉。又言宣王時，玁狁内侵，至於涇陽，命將征之，盡境而還，故天下稱明。固之言曰：來則懲而御之，去則備而守之，此聖王制御蠻夷之常道也。臣對曰：尤、固皆中人俗儒，不足與論天下計。彼特得皮忘髓，齧胲臇而未知雋腴也。唐牛僧孺嘗詆尤以爲禦戎無上策、秦爲無策非是，世謂知言。夫戎虜既曰以禽獸畜之，班固所言，是不可以道德仁義化也。道德仁義不可化，則無上策矣，必以强武服之。所謂武，未有不殺而能威之以武，秦漢是已。然秦與漢自以它失爲後世譏病，於計匈奴不爲無功。尤盛贊宣王以及境則止爲明，非也。宣王興厲王之後，奮衰氣，逐强敵，威不能加於虜，故及境而止。詩人姑美其能中興，不美不追賊也。《易》稱高宗伐鬼方，三年克之。伐而克，非道德可化章章矣。故曰：來則懲而御，去則備而守，殊可嗤怪？必如其言，是兵常在邊，而弛甲無期矣。故曰：尤、固不足與論天下計。

篇之四

客曰：虜之來常因吾糧，故朝廷以清野困之；常獵吾民，故堅壁挫之。今日北邊高城濬池，樓櫓堅密，比景德有加焉。一日契丹送腰領，其可以制賊乎？對曰：能捍賊，未足以制賊也。吾野雖清，吾壁雖堅，若鎮、定兵不出，賊猶敢負戎馬，足直驅深入擣虚，而奪人氣也。

曰：然則奈何？曰：虜中軍，其大渠常自將。我若使鎮、定兵從之，與相上下。吾常環車固壘，出輕騎擾其餉，擊其鈔，夜譟其營，彼求戰不得，攻不能下，掠無所獲，大衆老而懼，吾因其懼而舉薄之，無不勝矣。前日虜人犯定軍，夾唐河以陣，虜不能勝，因捨定攻瀛，破其外郛，又不能克，乃直走澶淵。是時定軍尚未出也。由此觀之，吾失在不戰矣。太守是以知今日邊臣專脩守械，不爲攻戰計，未足以制賊也。

客曰：然則今日樓櫓城隍果勝於異時？臣曰：不然。祖宗時，有北復燕、易意，故不專於守。今者專於守，故城益高，隍益深，勢自當然，非今人工、昔人拙也。

客曰：今日朝廷分河北爲四路，可以經制乎？對曰：甚善。無事時訓師徒，撫風俗，便事之宜，治葺保鄣，督官吏能否，鼎峙而立，其效過異時遠甚。一日軍興，猶須即河北安撫爲大使，統而一之，乃可責功。又鎮、定不可裂付二將，宜及平時并爲一路，使將佐部分有臂指之勢，輕重相權，誰不曰宜？滄州東薄海，南倚濱、棣，斜視淄、青，北與虜接，其間漢虜棄地各數百里，土鹹舃，水泉不可食，夏蚊如雲，不可居也。至冬萑葦際天，姦細商賈未嘗行。故朝廷輕其戍，列數堡而已。景德之後，守臣廣陂障，蓄水接海，又黄河限其南，是以議者超然不以滄州爲劇地。自河決橫壟、商胡，游波紆浸貝丘，盪永静，環海而北，破乾寧，恣肆妄流，以入于海，凡游塞下陂水數百里皆爲平地，則濱、棣、淄、青失河之險，未有以恃也。我未有恃，則啓戎心。故賊不可不虞也。是宜權建滄州爲一道，以扞東垂，伐賊之謀，然止十年計，河若用道，滄可廢矣。

客曰：塘水之險可恃乎？吾聞議者或謂不然。對曰：塘水東西袤六百里，其闊百里，或五十里，夏浪冬冰，淺不可載舟，深不可亂而濟，足以挫虜騎突怒，省亭堡之防也。然議或不同，何哉？蓋語塘之利者，不列其害；謂害者，不該其利，是以聽之似可用，質之似無有也。

客曰：其害奈何？對曰：昔之畜水爲塘，其制曰：若干地淺若干尺，若干地掘而浚之若干尺，相錯如繡，是謂深不可度馬，淺不可載舟也。後人忘向時之制，惟因霖潦時漲而廣之，故壞民良田，無有涯極，而議者詆無涯之害，因忘設險之利也。

客曰：若何而可？曰：邢、鎮、定皆西倚山，水泉悉輸東北，其地西高東下，若建瓴於霤然。昔之爲塘，必掘而浚之，所以留水也。今若案舊法爲塘之限，闊不過百里，狹不下五十里，隄而限之，亦足制北虜之入爲中國十二，又得良田還與民，則利害曉然判矣。

客曰：可爲無窮利乎？曰：百年計耳。水潦自高而注者，必歲淤而月廞，如今不掘而浚，弗出百年爲平原矣。

篇之五

客曰：北虜負其衆，中國常爲之屈，將天運乎？亦人謀有未至耶？臣曰：儒者不可捨人而言天，意者謀有未至爾。祖宗事，太守不及知，直以慶曆時驗之。北虜乘西鄙方擾，裒其衆首鼠叩境，作謾言求關南十縣。時議臣倉卒，直以十縣歲賦才二十萬爲對，故歲益金幣二十萬與之，因欲塞求地之請。虜由是得自大，謂不遺鏃缺刃而成功，妄爲醜言誇示其下，由是縣官用度益急矣。殊不知與賊二十萬，則其地故其有也，彼且緣爲辭曰：吾不取賦而還吾縣。即是朝廷植今日之禍根，取它年之亂實。已失吾財，又亡吾地，尚謂國有謀乎？故曰：未有至焉。

客曰：不然。是時不許其求則戰，我兵未合，必爲賊乘，故爲一切之權，必亂其謀，子何昧焉？對曰：等爲之權，不如直以百萬賂之，使罷兵。既不爲無窮之饋，又使它年絶旁緣之辭，不猶愈乎？

客曰：犬戎得朝廷之賜，充足其欲，然常以虚計摇邊，何耶？答曰：契丹君臣合謀，以爲取二十萬于我爲無名，謂我且嘗膽以圖其國，刷耻取償焉。是以歲閲馬料衆，治橋路郵舍，以自張大，示將狼貪無厭者。外又挾漢爲重，制服諸戎，太守固知虚矯而實衰也。

客曰：如此何計而宜？對曰：莫如自治，所謂思患而預防者也。今朝廷英俊林立，豈謂無人？但莫適任患，故功不立。糧可廣入也，而便糴日改，法下不信，則塞下之倉庾空；財可預積也，而有司辭以用乏，吝而不出，則塞下之帑庫空；馬可孳養也，議者喙阿，日推月引，苟安其任，終不肯盡力，則塞下之牧廐空。不止三空，又有五可誚。騎軍多馬少，三分其人，馬才居一。士既不可爲步，是畜無用之兵。一可誚。河決澶、滑，横流不制，壞陂障，破曹渠，失國所恃以爲防者。又破滄州，歲貲七十萬，朝廷玩之不爲塞。二可誚。舉河北義勇且三十萬，著令歲一大習，盡一月止，用古一時講武之義。而州縣避事，或歲未稔，民且困，即罷之。又惜數萬碩之廪，歲爲此言，雖有教閲者，不爲部伍行陣，如小兒戲即止。又流亡物故皆不補，十耗三四，自謂便民，民之便，國之不便也。三可誚。緣邊守將輕授而重任之，重任而輕易之，衆皆知不肖，而朝廷謂之能。見效無狀，而歷任累其年，一日警急，是輩巽懦奔走，敗軍損國者也。若迺公忠材猷嶄然風采士，❶不肯袞袞雷同，欲卓爾自立，時或有之。但一失意於銜命小臣，則飛奏朋毁，使内不能自明，上有以爲惑，一紙詔移它路矣。是以不材者在，而材者去。四可誚。近年議邊臣公用錢，尤急計校出入，剖粒析毫，監司督察，急爲威峻。至於探候間諜，無財貨募召，皆不能入賊境。比蕭德、吴湛等告西人之和，足及藁街，尚未得其奉使意。此迺所責小、所失大。五可誚。故曰：三空宜早實，五誚宜速除，居安慮危之至計也。然朝廷每得虜人一好言，便釋然高枕，至邊戍奏請，罕復報下；得一妄語，焦心不終日，督切邊臣，宣敕紛然，此似未盡其情。夫用兵以狙詐爲本，凡不足示人以有餘，强示人以弱，兵家常策也。景德時，北虜窮兵深入，豕突澶淵，先時令王繼忠累表乞和，兵益急，表益來。會伏弩射殺賊將，虜母大懼，因遂講好。先帝不窮其姦，而與之盟，此已驗之效也。故得賊好言，可聽而不可怠；得賊惡言，可防而不足懼。不懼謂何？自治有素矣。

篇之六

客曰：虜常籍諸戎兵，席卷來寇，故河朔之勢不支。子何以禦之？苟如子之策，可决勝乎？對曰：大衆不足恃也，其取勝者在中軍而已。中軍不振，諸酋長且土崩，雖衆何賴！爲夫鎮、定在河朔兵第一，今使悉衆從賊，中軍與相進退，令瀛、魏軍當酋長，縱奇兵擊鈔騎，河南列屯營，謹守澶淵，餘州皆清野以待，不逾月，賊必飢，飢必

❶「猷」，原作「猶」，今據《四庫全書》本、《景文集》改。

求戰。我畜銳不發，以羸畜弱卒嘗之，待其爭而囂，則整師犯之，無不敗衆塗地矣。然中國不用兵五十年，軍有所未習，先屈而後勝未可知。用之數年，習知委曲，則士心侈而樂鬭矣。士見所得財珍馬羊皆自取也，所上首級厚賞也，死事者卹其後，奔怯者無衆寡必戮，罰信而賞明，則士氣銳，將謀果，人心定，不止禦自來之賊，可北圖燕、薊矣。夫燕、薊，契丹恃以爲强也，故太宗已平河東，而先取幽州，聖謀深矣。故不復慮北契丹不可臣。

客曰：子言太高，恐不爲時所信。且陛下爲四海屈己，斥銀幣五十萬爲年賜，使者賀正月慶誕，曰廷勞答貺，又十餘萬，西夏亦十餘萬，大底直百萬，歲棄之二垂，安天下元元，德至厚也。子欲輕動干戈，爲國生事，非策之宜。對曰：唯唯。太守所云，非謂欲朝廷舉兵討也，直因其來寇而豫爲計耳。賊之南牧，必先犯鎮、定、邢、趙、瀛、魏，以地平戰易，民富有，易擾而多獲也。所在發掘鈔略，終無顧巢窟意。夫賊留吾境，大衆不輕動，吾可用奇矣。若令輕騎挾半月糧，出河東以殘雲、應，出雄州以襲幽、燕，治戰舠數千，載半歲食出青、萊，浮海以動營州，縱諜者告賊，能安然不畏乎？比賊之還，吾輕騎、戰舠歸矣。故彼歸我出，我出彼歸，不數年，賊山川險要無不究，❶則彼自保不暇矣。朝廷又出寶貨募使者，走間道，賂新羅、達靼、黑水等諸戎，以諜士隨説之，許以重爵，割地與之平，使叛契丹。彼不從，必露言於賊，賊且內相疑。若聽吾命，賊固失援矣。此皆伐謀紓難，可先計而

❶「山」，原作「出」，今據《四庫全書》本、《景文集》改。

後用者也。

客曰：或言契丹歲得銀幣五十萬，庫積充滿，安肯自爲送死計？彼之來，不過略河北數十州，固無五十萬之獲，賊雖愚，肯捨安受之賄，與朝廷決不可必之勝也？子試策之。此言是乎非耶？答曰：今者虜君臣皆不肖，殆有是矣。彼其臣爲王謀曰：宋所輸珍寶，君皆自得之。今若縱兵鈔略，所得財皆散於下有功者，君又將傾府庫以賞。然則違盟而戰，下得所欲，上喪所蓄，君但有勝負之虞，將何事焉？太守策之，此北虜所以遷延自安，未肯作反計昭昭矣。

篇之七

客詰曰：子策契丹不反，然子之在中山，所統九州軍修樓櫓，濬壕隍，畜糧增馬，勒部伍，無日不討於兵，何不自安？對曰：客言非也。兵家有云：「無恃敵不攻，恃吾所不可攻也。」賊雖未叛，吾備何得弛乎？常治所以待亂也，不虞是其可虞也。前所謂虜主孱，其子長也，而弟又凶德，一日虜主狗馬疾，弟與子必争其位。争而勢分，有弱有强，强者與我爲敵，則弱者求吾爲助。許之，强者怒；不許，弱者必致讎于我。賊習知邊鄙怯懦，漢地富有，故攻所易攻以自長雄，不可不爲之備。又其弟得國，必恣狂勃，先剽劫于邊，左右素不慊者，將妄誅夷，雖不保終，要能爲疆埸患，朝廷尤須以兵鎮撫，所謂待亂也。❶

慶曆時，虜主將叛，乞師於諸戎，皆以兵從之。約曰：所獲人畜財貲皆自取。」衆胡喜，日夜馳且南向，會與虜和，各罷歸。

❶「待」，原脱，今據《景文集》補。

衆胡皆恚曰：「欺我使來。」因大掠幽、薊間數十縣去，契丹不能禁也。今虜主再遣王綱約諸國借師，皆曰：「又欲如前欺我乎？」不肯出兵。故去年八月遣使叩塞，告與西夏絶，正言甘而禮厚，以反謀未成，爲詭計訹朝廷之北虜耳。❶異時能得諸戎兵，即又尋隙責言，肆其沓貪，此謂可虞也。故太守欲朝廷自治，以待彼亂，常備不虞，奚待可虞也？

又況歲出貲百萬賜二虜，此寧無窮垂子孫計耶？水旱疾疫，古今代有，假如萬分一中國遭三年之水旱，數千里疾疫，南方治課不登，而上取無涯之財填沙幕之北，是自困天下者也。天下窮則厚取於民，厚取於民則怨，怨而不亂者未之有也。彼將乘吾之困、民之怨，責吾所輸，恚氣直辭，歸曲於我，此不謂倒太阿假賊以柄乎？

太守聞異時縣官歲與銀，皆還入漢邊相貿易，官得什六，歲益三四則略足。自慶曆後，虜禁止銀不得復入邊州且十年，此欲困中國非一日計也。自和盟以來，歲與三十萬者四十年，五十萬者十年，契丹所得銀幣凡千七百萬矣。❷春秋許夷狄者不一而足，有如它日賊復壓境，又欲如慶曆時增歲入之物，與之盟乎？故莫若先自治，待其來勤兵，固以威武示之。如前所陳者，我威一立，與之盟則固，與之惠則悦而易臣。有所賜與，不過二三十萬，則天下之財不至乏，垂之後世而易遵爾。

慶曆七年，樞密使文彦博論討戎瀘小

❶「訹朝廷之北虜耳」，《景文集》作「欺朝廷耳」。
❷「千七」，原倒，今據《景文集》乙正。

夷不必自秦鳳興師，奏曰：

臣今覩梓州路奏稱，渹井監夷人作過，❶事體不小，乞依慶曆四年例，於秦鳳路差撥兵馬，赴本路救應事。臣勘會慶曆四年夏，瀘州界夷人作過，是時臣任秦鳳路都部署、經略等使，❷准朝旨令臣發禁軍兩指揮赴瀘州救應。❸臣以秦州去戎瀘四十餘程，地遠必赴救不及，枉有拖曳兵甲。臣雖知不便，當時以朝旨丁寧，不敢稽留異議，遂發禁軍兩指揮赴瀘州。未及中路，夷人果已退去。其上件兩指揮兵士，只到遂州駐泊。是時川界州軍見此兵士經過，人情頗亦驚恐，兼爲遂州官吏不曉軍政，不能平心撫馭，動有猜疑，幾至生事。臣知益州日，鑑此舉動之失，曾具利害擘畫聞奏。以謂戎瀘些小夷人作過，只是本處白艻子弟及寧遠兵士，自可禦遏。若賊勢稍大，則計會梓夔、益利兩路，就近差那兵甲，可以討擊。蓋蠢爾小蠻，來則禦之，不可窮其窟穴，豈煩遠自秦鳳興師，空自勞弊？兼恐別有驚擾，况嘉、眉州皆是益州鈐轄司屯兵之處，若發兵救應，乘舟下水，不三四日便至瀘州，赴救之勢，最爲神速。臣之奏章必在樞府，可以復視。伏乞更不自秦鳳發兵，只令速計會益州鈐轄司相度，量差兵甲，由水路赴瀘州策應，尤爲允當。

仁宗時，王堯臣爲學士，知審官院。陝西用兵，爲體量安撫使。將行，請曰：故

❶「渹井監」，原作「涓并監」，據《潞公文集》卷一五《乞差嘉眉益利屯兵救應渹井監更不差秦州兵》改。

❷「署」，原作「管」，宋人避宋英宗名諱改，今據《潞公文集》改回。

❸「指」，原作「旨」，今據《潞公文集》改。

事，使者所至，稱詔存問官吏、將校，而不及於民。自元昊反，三年于今，關中之民凋弊爲甚，請以詔勞來，仍諭以賊平蠲租賦二年。仁宗從之。

使還，上言：「陝西兵二十萬，分屯四路，然可使戰者止十萬。賊衆入寇，常數倍官軍。彼以十戰一，我以一戰十，故三至而三勝，由衆寡不侔也。涇原近賊巢穴，最當要害，宜先備之。今防秋甚邇，請益團土兵，以二萬屯渭州，爲鎮戎山外之援；萬人屯涇州，爲原、渭聲勢；二萬屯環慶，萬人屯秦州，以制其衝突。且賊之犯邊，不患不能入，患不能出也。並塞地形，雖險易不同，而兵行須由大川，大川率有砦柵爲控扼。賊來利在虜掠，人自爲戰，故所向無前。若延州之金明、塞門砦，鎮戎之劉璠、定川堡，渭州山外之羊牧隆城、静邊砦，皆不能扼其來，故賊不患不能入也。既入漢地，分行鈔略，驅虜人畜，劫掠財貨，士馬疲困，奔趨歸路，無復鬭志。若以精兵扼險，彊弩注射，旁設奇伏，斷其首尾，且追且擊，不敗何待？故賊之患在不能出也。賊屢乘戰勝，重掠而歸，諸將不能追擊者，由兵寡而勢分也。若尚循故轍，必無可勝之理。」

又論：「延州、鎮戎軍、渭州山外三敗之由，皆爲賊先據勝地，誘致我師，將帥不能據險擊歸，而多倍道趨利。兵方疲頓，乃與生羌合戰；賊始縱鐵騎衝我軍，繼以步奚挽彊注射，鋒不可當，遂致掩覆，此主帥不思應變以懲前失之咎也。願敕邊吏，常遠斥候，遇賊至，度遠近立營砦，然後量敵奮擊，毋得輕出。」詔以其言戒邊吏。

監察御史包拯進張田邊説疏曰：

右臣以懦庸之質，荷邊帥之任，才輕責重，不能稱職，進退隕越，罔知所措。伏自北虜請和以來，邊境無事，垂五十載。守禦之備，因循浸久；將領之選，未甚得人；卒伍之輩，復多驕惰。若不精加擢擇，一旦緩急用之，以庸謬之將，總驕惰之卒，必先事而敗，雖有犀甲利器，焉所施哉！況虜中日有事宜，姦詐萬狀，不可謂要盟甚固，萬無負德，往年之事，亦可明矣。《孫子》曰：「無恃其不來，恃吾有以待之也；無恃其不攻，恃吾之不可攻也。」若沿邊長吏兵官悉得有才之士，委而用之，上下協濟，庶幾後患可弭。臣昨待罪諫署，未嘗不論列及此。今叨邊寄，安敢循默，而不傾竭愚慮，圖所以爲報哉！臣竊見殿中丞、通判信安軍張田，性質端勁，文藝該博，周知河朔之事，嘗著《邊説》七篇，詞理切直，深究時病，輒敢繕寫進呈。伏望陛下萬機之暇，少賜觀覽，則沿邊利害粲然可見。仍乞宣諭兩府大臣，參議可否，鋭意而預圖之實，天下幸甚。

拯又論契丹事宜疏曰：

臣伏見契丹近遣人使，復有請求，今朝廷重遣使命以答其意者，蓋羈縻不絶之誼也。且北虜自先朝請盟之後，邊鄙無事，垂四十年；近因昊賊背畔以來，邀乞無厭，情僞可見。臣訪聞虜中，官吏薄於俸給，人民窘於衣食，故自將相而下以及族帳，久萌南牧之心，所未欲者，特其主耳。亦非甲兵用度之未足，種落上下之未和，其力固有餘也。所以然者，以國家歲入數十萬計，往還聘問之禮，未之或闕，無釁而動，佳兵不祥，不欲曲在彼耳，非有服仁義、崇德讓之道也。其貪而好利，忍而好殺，强則驕傲，弱則卑順，率戎狄之天性也。故自古聖王以禽獸蓄之，來則敺而御之，去則備而守之，此制夷狄之常道，然無代不爲中國之患。議者或謂四夷乃支體之疾，夫支體之疾，亦根於心腹矣，苟支體未寧，則心安得無患？願陛下深鑑於此，慎無忽焉。

又慮陛下左右，或言事者，有以虜中無事以安聖意，謂彼君臣樂我和好，盟誓甚固，萬不負德，竊恐有誤於陛下也。《兵法》曰：「無恃其不來，恃吾有以待之也；無恃其不攻，恃吾之不可攻也。」今既無故遣使，是必以不可從之事爲請，乃其詭計耳。但小不如意，則欲以爲詞。况今夏地震於并、代之境，蓋陰盛之象。且夷狄者，中國之陰也。又震於純陰之地，此天之有以示戒也，豈徒然乎？彼必有潛謀構隙之志，尤不可不深慮也。

臣竊知沿邊諸將，未甚得人，皆售進市恩，結援固寵，不講方略，不訓士卒，撫馭無術，勞逸不均，以致邊備未完，邊廩未實，一旦急用，必先事而敗。且河朔地方千餘里，列郡數十，與虜界連接，深入之患，甚可虞也。而郡無善將，營無勝兵，卒有來如疾電，去如脱兔，緩急之際，曷以禦之？臣每念至此，寒生毛骨，况觀今來事勢，乃必然之兆。雖命兩府重臣，往逐路宣撫措置，更望陛下頻召執政大臣與總兵將帥，乞丁寧訓諭，俾圖議謀策，選求將帥，精練卒伍，廣爲積聚，以大警備之。不然，則懼貽陛下之深憂也。臣區區之心，無所云補，惟陛下裁擇。

拯又上疏曰：

臣聞戎狄爲中國之患，其來久矣。以

古揆今，未有恃盟好、舍武備而不爲後患者。國家自契丹請命，逾四十年，沿邊卒驕將惰，糧匱器朽，主兵者非綺紈少年，即罷職老校，隱蔽欺誕，趣過目前，但持張皇引惹之説，訓練有名無實，得不熟慮乎？

臣昨奉命出境，虜中情僞頗甚諳悉。自創雲州作西京以來，不輟添置營寨，招集軍馬，兵糧積聚不少，但以西討爲名，其意殊不可測。緣雲州至并、代州至近，從代州至應州，城壁相望，只數十里，地絶坦平，此漢與胡古今所共出入之路也。自失山後五鎮，此路尤難控扼，萬一侵軼，則河東深可憂也。不可信其虚聲，弛其實備。兼聞代州以北，累年來蕃户深入南界，侵占地土，居止耕田甚多，蓋邊臣畏懦，不能晝時禁止。今若不令固守疆界，必恐日加滋蔓，窺伺邊隙，寖成大害。銀方城等，亦緣此而致，切不可忽也。况邊上將帥，尤在得人。昔太祖經營四方，選勇幹忠實者分控邊陲，以何繼筠滄、景，李漢超關南，以備北虜；郭進邢州，以禦太原；姚令斌慶州，董遵誨通遠軍，以捍西戎。傾心委之，錫賚殊異，皆一任十餘年不遷，卒獲其效。今則不然。莅事未幾，即從遷徙，又何暇於訓練備禦乎？臣欲乞今後應沿邊要衝之處，專委執政大臣精選素習邊事之人，以爲守將，其代州尤不可輕授。如得其人，責以實效，雖有微累，不令非次移替，所貴軍民安其政令，緩急不至敗事。

拯爲河北轉運使，乞河北添糴糧草，上疏曰：

臣累曾上言，以河北、河東沿邊守將未甚得人，特乞精選帥臣，訓練卒伍，廣爲聚積，以防後患，而位疏言賤，未賜開納。臣昨奉命出疆，詢訪虜中情僞，亦甚諳悉。蓋彼處官吏薄於俸給，人民苦於衣食，其下族帳各萌南牧之心；所未欲者，獨其主與一二將相而已。亦非兵力用度之不足，蓋利國家歲入數十萬，❶不欲無釁而動耳。然黠集軍馬，創造兵器，無日無之，觀迺所爲，其志不小。而議者但欲少安聖意，謂彼君臣樂我和好，盟誓甚固，萬不負德，竊恐有誤於陛下也。孫武曰：「無恃其不來，恃吾有以待之也；無恃其不攻，恃吾之不可攻也。」況河北、河東、京東地震尤甚，沿邊大水，並陰氣極盛之象，兼又五星屢失躔次，此皆灾異之大者。且天之示變，蓋不虛發，所以警悟於陛下勤勤如是，固不可推咎四夷，以忽天戒也。其邊上事宜，不可不速爲備禦之具。今雖遣臣寮往三路便糴，緣逐處少得見錢，恐難集事。欲望特出宸斷，許於内帑支見錢或絹百餘萬匹，逐路乘此之便，相兼收糴，俾邊廪稍實，有數年之蓄，庶少寬聖慮。然後日御便殿，召執政大臣與總兵戎帥，丁寧訓諭，❷俾謀議畫策，講求將帥，練習兵旅，繕完城壘，以先警備之。況當此可爲之際，若不鋭意遠圖，但務因循，憚於更張措置，恐非宗社之福，必貽陛下之深憂也。臣區區之心，不能自已，惟陛下留神省察。

拯再請移那河北兵馬及罷公用回易：

臣竊見天下之患，在乎三路，而河朔爲

❶「十」，原作「千」，今據《包孝肅奏議》卷九《乞河北添糴糧草》改。

❷「諭」，原作「論」，今據《包孝肅奏議》改。

患最甚。冗兵耗於上，公用蠹於下，內則致帑廩空竭，外則致生靈困敝。臣前後累次論列，乞那移兵馬於河南州軍，及罷諸處公用回易，尋委逐處安撫、轉運司相度，終未見果決施行。況北虜請和，四十餘年，歲遺金帛數十萬者，是欲寬國用而舒民力爾。今邊鄙不聳，正是保國息民之時，而屯兵益衆，用度益廣。每年河北便糴糧斛三四百萬石，約支見錢四五百萬貫，僅有三二年之備。雖朝廷竭力應副，亦所不逮，日甚一日，恐數歲之後，必有不可救之患。至如寶元已前，天下無事，財貨充足，一旦昊賊猖獗，調發旁午，公私窘絶，迄今未復，以今事勢較之往日，則不侔甚矣。萬一或有警急，何以取濟？且夷狄者，四支也；河朔者，心腹也。幸而外無夷狄之虞，而令河朔塗炭，如此，是防手足未然之患，而自潰其心腹也，則朝廷安可不深慮而務救之之策乎！若上下協心，更張措置，如反掌之易，而有太山之安，又何憚而不爲哉！欲望聖慈宣諭兩府執政大臣，應沿邊及近裏州軍兵馬，除合留防守外，其屯駐、駐泊諸軍，悉令歸營就糧。諸軍即分屯於河南兖、鄆等諸州，率三年一代，遇有邊事，即時舉發，不旬日可到，豈有後期不及者邪？其諸州公用錢，除沿邊及人使路分州軍量與增添外，❶諸路一切禁止，並不得回易。則國用民力，漸可完復。惟陛下矜念元元，斷在必行，若更令逐路相度，則互執所見，益無涯矣。臣區區之心，不能自已，伏乞陛下留神省察。

❶「除」，原作「其」，今據《包孝肅奏議》卷九《再請移那河北兵馬及罷公用回易》改。

拯又請擇探候人，上疏曰：

臣竊見沿邊州軍探候事宜，於體最急。舊日何承矩、李允則識虜之情僞，大小必得其實。後來，葛懷敏亦能使人。自王德基、王仁勗後，惟務邀功冒名，所遣既不得慎密之人，且從而聲張之，是致契丹累次捉過漢人，去界上多添巡邏驗認，于今全不能深入。只是到得四榷場，及幽、涿間，傳得民間常語，及虚僞之事，便爲事宜。且諸處自有機宜一司，所管金幣不少，自來只備支賜與探事人，近年甚有侵借過處。兼沿邊守將類不得人，但圖進取，殊不以此爲意，正恐一日賊及境而不知也。欲乞應係沿邊自來探候事宜州軍，密令知州、通判及舊例管機宜人等，盡籍見勾當事人姓名，仍具機宜司見管金幣多少，自來每得甚事，支與何等物，幾月日可來一報，仍令多方求訪舊日曾經探事人使用。新差少年不諳事者，並令廢罷，及只令探首領所在，任將相何人，山前山後人哀樂如何，諸國臣與不臣，并訓練點集兵馬，造作姦謀，年歲豐凶，轉移糧草。凡于大事，即許申報；自餘打圍、移帳、放赦、脩城，細碎尋常，衆人所見，虚僞傳聞之事，並不可納，徒廢金幣，無益於事。伏望聖慈特降指揮，仍乞嚴賜約束，不得漏洩，所貴逐處官吏用心，緩急免致誤事。

時陝西用兵，判國子監葉清臣上言曰：

當今將不素蓄，兵不素練，財無久積，小有邊警，外無驍將，内無重兵。舉西北二陲觀之，若濩落大瓠，外示雄壯，其中空洞，❶了

❶「洞」，原作「侗」，今據《長編》卷一二五寶元二年歲末條、《宋史·葉清臣傳》改。

無一物，脱不幸戎馬猖突，腹内諸城非可以計術守也。自元昊僭竊，因循至於延州之寇，中間一歲矣。而屯戍無術，資糧不充，窮年畜兵，了不足用，連監牧馬，未幾已虚。使蚩蚩之氓無所倚而安者，此臣所以孜孜憂大匏之穿也。今羌戎稍却，變詐亡窮，豈宜乘即時之小安，忘前日之大辱？又將泰然自處，則後日視今，猶今之視前也。

仁宗御便殿，訪近臣以備邊之策，清臣爲翰林學士、權三司使，上對曰：

陛下臨御天下二十八年，未嘗一日自暇自逸，而西夏、契丹頻歲爲患者，豈非將相大臣不得其人，不能爲陛下張威德而攘四夷乎？昔王商在廷，單于不敢仰視；郅都臨代，匈奴不敢犯邊。今内則輔相寡謀，綱紀不振，外則兵不素練，將不素蓄，此外寇得以内侮也。慶曆初，劉六符來，執政無術略，不能折衝俎樽之間，以破其謀。六符初亦疑大國之有人，藏奸計而未發；既見表裏，遂肆陸梁，只煩一介之使，坐致二十萬物，永匱膏血，以奉腥羶。此有識之士所以爲國長太息也。

今詔問北使詣闕，以伐西戎爲名，即有邀求，何以答之？臣聞誓書所載，彼此無求。元昊叛邊，累年致討，契丹坐觀金鼓之出，豈有毫髮之助。今彼國出師，輒求我助，奸盟違約，不亦甚乎！若使辯捷之人，判其曲直，要之一戰，以破其謀，我直彼曲，豈不憚服！苟不知咎，或肆侵陵，方河朔災傷之餘，野無廬舍，我堅壁自守，縱令深入，其能久居？既無所因之糧，則亟當遁去。然後選擇驍勇，遏絶歸師，設伏出奇，邀擊首尾，若不就禽，亦且大敗矣。

詔問輔翊之能，方面之才，與夫帥領偏裨，當今孰可以任此者。臣以爲不患無人，患有人而不能用。今輔翼之臣，抱忠義之深者，莫如富弼；爲社稷之固者，莫如范仲淹；諳古今故事，莫如夏竦；議論之敏者，莫如鄭戬；方面之才，嚴重有紀律者，莫如韓琦；臨大事能斷者，莫如田況；剛果無顧避者，莫如劉渙；宏達有方略者，莫如孫沔。至於帥領偏裨，貴能坐運籌策，不必親當矢石。王德用素有威名，范仲淹深練軍政，龐籍久經邊任，皆其選也。狄青、范全頗能馭衆，蔣偕沉毅有術略，張亢倜儻有膽勇，劉貽孫材武剛斷，王德基純慤勁勇，❶此可以補偏裨者也。

詔謂朔方灾傷，軍儲缺乏。此則三司失計置，轉運使不舉職，固非一日。既往固已不咎，來者又復不追，臣未見其可也。且如施昌言承久弊之政，方欲竭思慮，辦職事，一與賈昌朝違戾，遂被移徙，軍儲何由不乏？自去年秋八月，計度市糴，而昌朝執異議，仲春尚未與奪，財賦何緣得豐？先朝置内帑，本備非常，今爲主者之吝，自分彼我，緩急不以爲備，則臣不知其所爲也。至如粒食之重，轉徙爲難，莫若重立爵等，少均萬數，豪民詿誤，使得入粟以免杖笞，必能速辦。夫能儉嗇以省費，漸至於從容，德音及此，天下之福也。比日多以卑官躐請厚俸，或身爲内供奉，而有遥刺之給；或爲觀察使，便占留後之封。倖門日開，賜予無藝。若令有司執守，率循舊規，庶幾物力亦獲寬弛。

❶「純」，原作「張」，今據《長編》卷一六六皇祐元年二月辛巳條、《宋史・葉清臣傳》改。

詔問戰馬乏絶，何策可使足用？ 臣前在三司，嘗陳監牧之弊，占良田九萬餘頃，歲費錢百萬緡，天閑之數纔三四萬，急有徵調，一不可用。今欲不費而馬立辨，莫若賦馬於河北、河東、陝西、京東、西五路，上户一馬，中户二户一馬，養馬者復其一丁。如此，則坐致戰馬二萬匹不爲難矣。

歷代名臣奏議卷之三百二十八

本卷張希清校點

歷代名臣奏議卷之三百二十九

禦　邊

宋仁宗時，安化蠻蒙光月率衆寇宜州，敗官軍，殺鈐轄張懷志等六人。三司鹽鐵判官蘇紳上言曰：「國家比以西北二邊爲意，而鮮復留意南方，故有今日之患，誠不可不慮也。臣頃從事宜州，粗知本末。安化地幅員數百里，持兵之衆不過三四千人。然而敢肆侵擾，非特恃其險絶，亦由往者守將失計，而國家姑息之太過也。向聞宜州吏民言，祥符中蠻人騷動，朝廷興兵討伐。是時唯安撫都監馬玉勒兵深入，多所殺獲。知桂州曹克明害其功，累移文止之，故玉志不得逞。蠻人畏服其名，至今言者猶惜之。使當時領兵者皆如玉，則蠻當殄滅，無今日之患矣。至使乘隙蹂邊，屠殺將吏，其損國威無甚於此。朝廷儻不以此時加兵，則無以創艾將來，而震疊荒裔。彼六人者，雖不善維馭，自致喪敗，然銜冤負耻，當有以刷除。

「臣觀蠻情所恃者，地形險阸，據高臨下，大軍難以並進。然其壤土磽确，資蓄虛乏，刀耕火種以爲餱糧，其勢可以緩圖，不可以速取，可以計覆，不可以力爭。今廣東、西教閱忠敢、澄海，湖南、北雄武等軍，皆慣涉險阻，又所習兵器，與蠻人略同，請速發詣宜州策應，而以它兵代之。仍命轉運使備數年軍食，今秋冬之交，嵐氣已息，進軍據其出路，轉粟補卒，爲曠日持久之計。伺得便利，即圖深入，可以傾蕩巢穴，杜絶蹊逕。縱使奔迸林莽，亦且壞其室廬，焚其積聚，使進無鈔略之獲，退無攻守之備。然後諭以國恩，許以送款，而徙之内郡，收其地，募民耕種，異時足以拓外夷爲屏蔽也。仍詔旁近諸蠻，諭以朝廷討叛之意，毋得相爲聲援，如獲首級，即優賞以金帛。計若出此，則不越一年，逆寇必就殄滅。况廣西溪峒、荆湖、川陝蠻落甚多，大抵好爲騷動，因此一役，必皆震讋，可保數十年無俶擾之虞矣。」朝廷施用其策，遣馮伸己守桂州經制之，蠻遂平。

皇祐五年，直集賢院劉敞論城古渭州有四不可，上疏曰：

臣今月二十二日奏公事，臣得預上殿親聞德音，以謂古渭州存之則爲害，棄之則傷威，兩者未決，詢及左右，指意懇惻。臣誠獨美陛下聰明謙遜，好謀無窮也。臣雖不聞公卿之議，然臣之愚以爲棄之便。何者？朝廷與羌戎約和久矣，今一旦奪其地而城之，棄明信，規小利，使夷狄有以窺中國。不可一也。羌戎種落非一族也，自見稍侵，必人人懷疑，交謀間諜，以新城爲比，或能相率，大爲邊患。不可二也。自始築城，到今半年耳，所費已鉅萬計，秦州爲之空竭，而調給饋運不可勝紀。設復屯兵守之，日引月長，財盡力竭，則關中皆可憂。不可三也。向者虜出争利，多殺官軍數千人，後雖擊破其衆，足以相當，而虜怨益深，其志復得故地而已。兵若不解，憂患方起。不可四也。假令新城足以蔽秦州，長無羌胡之虞，雖傾國守之可也。不然，地形便利，賊能乘之，以窺邊圉，雖傾國争之可也。

今何所重輕，而糜國財用，困民力，損士卒之命，以貪此咫尺之地，計功則可辱，言利則可耻，慮患則可憂，昭昭甚明，而談者不忍决之，謂爲傷威，臣所不諭也。

昔者舜伐三苗，三苗不服，益贊于禹，班師振旅，而有苗來格。由此觀之，帝王之威，在使物畏之，不在使物惡之。故動以義，順於理，則物畏之矣；動以利，逆於理，則物惡之矣。畏之則服，惡之則侮，自然之道也。武帝黜丞相、御史之請，而止不田車師、輪臺，則天下復平；元帝用賈捐之之策，而罷朱崖，則中國復安。故以德言之，則不過舜禹；以强言之，則不過漢武帝。馭夷狄也，患枉於義，不患力不足也；患逆於理，不患威之損也。惟陛下察於此兩者，以觀利害之孰在，謀之貴多，斷之貴獨，明鑑所以見容，古事所以知今。臣不勝狂直之至。

仁宗時，敞又奏曰：

臣伏以預備不虞，軍之善政。曩者元昊畔亂，西邊震驚，騷動之患，延被天下。賴陛下神聖，與宗廟之靈，元昊殞滅，國内多故，其子幼弱，委政舅氏，故邊鄙得以復安，百姓養老，長幼早寢晏起，此誠天道助善，中國之福也。然自爾以來，又十餘年矣。其子益壯，竊謂虎狼野心，未可待以不疑。設使一旦發狂，能爲風塵，而邊備少懈，又如曩時，甚非預慮制勝之策。臣望朝廷申敕邊臣，常若寇至，城郭必固，甲兵必脩，倉廩必實，賞罰必明，候望必謹，威信必立，使夷狄懔懔無可乘之隙，則邊患遠矣。頃者邊吏頗以飲食之費、役使之傭得罪，即今武吏多不願臨邊，有不得已就職者，皆畏避微文，情不自聊，居常救過苟免而已，緩急恐不足以責效，又非所以明朝廷大體也。孫沔、吕溱皆貴重之臣，有功名於時，猶以此見廢，設復有孟舒、魏尚之徒，臣固知議者不能容之。此迺馮唐所以疑漢文帝不能用廉頗、李牧也。鄉飲酒之禮，一獻百拜，其爲脩愨至矣，然而終不可以治軍旅。則治軍旅者，姑亦取其大節而已。邊臣有材者寡，可用者少。臣願陛下容養此輩，闊略細過，無甚督以微法，使得樂職嗜事，展力效用，人人思報上恩，則折衝遠矣。臣所部不當邊劇，然而言此者，欲推明聖德駕馭智勇之一端，非敢爲邊吏游説也。

至和元年，侍御史趙抃論契丹遺使無名，上言曰：

臣伏見河北通和，歲歷浸久，使人往復，禮有常數。近者虜庭遣蕭德輩不時而來，奏記旅實外，又即別無事端，雖中外人心稍安，然戎狄情僞難測。或覬望釁隙，或窺覘盛衰，桀黠貪惏，自古無信。昔漢文帝與匈奴和親，厥後繼入邊境，故賈誼有太息慟哭之説。唐德宗許吐蕃盟會，至時竊發平凉，故渾瑊有狼狽奔遁之事。初皆甘言厚意，終乃背約渝盟。今契丹使來無名，其勢未已，僥求不一，詭詐百端。稱息兵以怠我師，幸重賂以困邦賦。爲意不淺，其可忽諸？《傳》曰：「居安慮危。」又云：「有備無患。」不可謂邊隅未擾，即示晏安之懷；❶不可恃風塵未驚，遂爲苟且之計。伏望陛下留神鑑古，密諭輔弼近臣，講求捍禦之策。

❶「晏」，原作「宜」，今據《清獻集》卷八《奏疏論契丹遺使無名》改。

今沿邊急務者，莫先乎擇將帥，練士卒，備軍實。擇將帥，則才能者留，疲懦者去；練士卒，則精勇者進，驕惰者退；備軍實，則邊氣壯，人心安。三者有禦，萬一猝然寇警，我何懼哉？頃歲西師未興之日，士大夫有横議及此者，人皆竊笑鄙易之，指爲狂狷不祥之言，烏肯動心預爲之防。一旦延安驚擾，臨時措置失次，中外不勝其弊。臣今之言，未必非當時狂狷不祥之言也。至愚憂國，無所諱避。伏惟陛下如天聽卑，取千慮一得之説，奮乾剛之德，發先見之明，審思而力行之，則宗廟社稷之福也。

嘉祐五年，侍御史吕誨論邊備弛廢，上疏曰：

臣切以戎虜講好，積有歲日，邊備久隳，兵威不振，因循玩寇，豈居安慮危之長策也。臣非知兵者，但累任陝西官，稔聞四路之事，方陛下厲精求治，臣嘗言兵防宜爲之首務，故略舉邊鄙數事，以聞宸聽。臣以謂今邊備最可憂者，陝西民財匱乏，仍歲不稔，不比寶元、康定間事力萬一，小有警急，必無强勝之勢，斷可知矣。自西戎通好以來，儒臣樂爲邊帥者，特以寄任事權爲意，何嘗經略庶務，爲兵防久遠之計哉？

臣伏見近年生户自入漢界居住者，奄有土田，如蹈無人之境。所屬堡寨都不禁止，州縣亦無由得知，雖知亦不行遣，慮恐生事。風塵忽起，爲賊内應，皆此類也。熟户自慶曆中經歷戰鬭，消折人數甚多，後來雖有析生增口，未嘗籍其姓名，緩急要用，如何點集？兼自來威彊之族，往往爲西人利誘，皆有背心。藩籬不固，將來禦敵無所憑恃，不可不憂也。弓箭手自西事後來，闕數不曾招填，多爲堡寨官員私役，百種侵漁，人甚苦之，以致教閱隳廢。今沿邊堡寨使臣，多不擇人，唯利在轉官酬奬，聚積俸禄。乘時射利，一切營私，至有家不蓄馬，弓弩不牽挽者。責其禦敵之效，其可得乎？至如土兵，最是得力。寶元中，籍民充弓手，尋刺爲保捷等軍。當時公私損費，不知紀極，既而分配指揮訓練，已成倫序。西事既平，逃亡、死損，更不添填，今所存無幾，少者皆五十餘歲。即日揀擇殆盡，則二十餘年蓄養訓練之功，一旦廢棄，良可惜也。至如四路帥臣，且以涇原一路言之。地最平衍，賊馬出入，正當奔衝，控守尤難。康定中，累戰大敗，皆在此路。施昌言昏老且病，當此重寄，如倚長城，得爲之安乎？臣愚嘗思之，今邊鄙無事，正是可爲之際，宜早擘畫，亦有以爲待寇之備。

臣欲乞朝廷選差諳邊事朝臣一兩員，别作名目，密與轉運使一員，同共體量四路。如果有宿弊，無憚更張，應自來生户遷入漢界住者，並依熟户例，標撥田土，明行給授，置簿拘管，分立頭項，俾人員領轄。所有舊來熟户，亦將元人點檢，内或有生户溷雜久居，今來不以新舊人重編排等級，增置人員，立定帳籍，所貴應急可以點集。其弓箭手，只點檢元籍闕額人數，令逐旋招收補填。所有備邊堡寨使臣，盡令閲試弓馬，相度人才，不至怯懦，可以被驅使者，俾之久任。若不稱職者，委所差官，於近裏州軍使臣内，選揀對换。應是土兵，只擇其子弟驍勇有武藝者，不以等級爲限。許壯者得以代其老弱，其利相萬也。四路帥臣，乞選揀才略公忠之人，或文或武，不限官職。如得其人，使之久任。

此數事，臣愚自謂之便，又非創新擘劃，並是祖宗舊規。但痛惜其隳廢，敢覬陛下留神省察，與大臣確論。以臣言是，當遂施行，不宜稽緩；以臣言非，亦乞宸衷記録，異日當驗所以乞差官體量者。緣久隳之事，皆是邊臣苟安三二年間，更替而去，養成深弊，上下固護，不欲朝廷聞知。若只降詔命，令逐處修飭武備，終無實事，與不行均矣。惟聖聰採納。

仁宗時，蘇舜欽論西事，上疏曰：

臣竊見自西寇暴逆節，天下言兵者不可勝計，大抵不過訓練兵卒、積芻粟而已。其言泛雜，無所操總，又陳爛使人耳厭其聞而咲忽之。況清衷近輔，自有上算，故不當復有所獻也。然臣早居長安，備見西邊事體，其要在乎得人。得人則練兵積粟之術，不煩帷幄之議而自集也。唯攻守之策，必須中授，何者？此事至大，不可輕舉。近聞朝廷將議深討，覆其巢穴，此蓋憤其凶悖，勇而不之思也。孰不知羌氏之俗，居不常處，獸聚鳥散，本無聚積，若垂軍絶漠，則跨歷險塗，被甲裹糧，操執兵械，外疲而内懼，一日之行有三日之勞，曾未見敵，先已自病，隘而遇伏，則將不支矣。昔趙充國論之詳矣。故中國利守，夷狄利戰，從古然也。《傳》曰：「天子守在四夷。」又曰：「荒服者王，不王則脩德。」《詩》云：「薄伐玁狁，至于太原。」薄伐亦謂逐出之而已。來則逐之，去而勿追，禦戎之善策也。

國朝五路興師，亦遇敗衂。前日劉平不能持重俟隙，務於速戰，身罹禽獲，傷剥國威。是知討之不如守之之利也明矣。近者朝廷拜置夏竦、韓琦、范仲淹等，此皆名動外夷、人所屬望者。賊昊姦譎，故必疑畏，疑畏則將以事驗之。以臣竊料，今秋必放兵犯塞，以觀我師之方略。當是之時，尤須慎重。若能堅壁清野，勿與之敵，設伏用奇於險塞之地，待其師老糧盡而反覆擊之，不勞深討而可成功也。方今之勢，不患其不來戰，患守之之道未至耳。議其攻者，恐銳而寡謀，敗陛下軍事也。愚者之説，萬或一效，以嘗預西事，不敢塞默，伏惟聖慮財察之，不勝懇懇之至。

英宗時，胡宿論河北備邊事宜合分滄棣爲一路，上奏曰：

臣聞地有常險而國無常地，此古今得失之勢異也。古者北有盧龍之塞，白檀之險，隔限南北，中國得之控扼北狄。今此二險，虜反有之，河北地形無險可守。自河南北達于澶淵，平壤二千里。景德中，一旦虜騎至河上，當是時，去祖宗才四十年，兵强將勇，習知戰鬬，至煩章聖親駕，虜始懼而乞和。河北名將帥有若楊延昭、馬知節、李允則、何成矩、孫全有盛名，扈駕則李繼隆、石保吉，内臣則秦瀚，皆數經戰陣。自河決商胡，失横隴故道，中國亡大河之險，虜乘虚擣滄、景，則山東危，願用張宗益、郭申錫言，割濱、棣、德、博，以隸、滄别爲一路，屯兵以扼虜衝，備不虞，國之福也。伏望聖慈特詔大臣講究速行。

宿又論邊界守約束，上奏曰：

臣聞憂患之來，多藏於細微，而生於人之所忽。自邊臣趙滋舉行界河打魚刈葦，一切禁斷，由此漢兵多與北人争鬬，累年不絶。和好之體，一旦至此，怨隙之開，亦不在大。去年八月庚寅大雨水，今春彗孛謫見，上天不言，以文象示下。陛下宜思内外憂患，彌縫其闕，蓋有備則患不能深，無釁則亂不能起。界河武思、趙用輩，雖時立小忠，皆不達大計，宜密行誡約。臣觀景德詔，安撫司皆防微慎重。自景德已後，詔書數更，北人打魚，安於積習，邊吏弛職，不復譏呵。及至舉行舊條，而淵魚見察，衆狙皆怒。履霜已深，堅冰且至，願大臣早爲之備。國家承平百年，與虜通好者六十歲，内外無患，前世所未有。近年邊遽來上，不過侵誣，尺寸疆候，此夷狄之常態，縣寨之本職，移文足以辨之，何遽至興甲兵哉？今搢紳中有耻燕、薊外屬者，若天時未與，人事未至，而欲妄意難成之福，不如講和息民，擇良將以守邊，選能臣而脩聘，外固歡和之形，内脩守禦之備，羈縻不絶。守真宗、仁宗法度以惠養元元，則天下幸甚。

宿又論西夏事宜，上疏曰：

臣聞漢武收河南地，築朔方，開置河西五郡，中國得之以隔絶羌胡，不得相通，前世謂之斷匈奴右臂，今盡爲夏國所有。夏國主諒祚恃犬羊之衆，濟凶父之惡，去年不顧誓詔，燒刼秦鳳、涇原兩路熟户，肆行殺略，滿意而去。邊臣畏懦，按兵不出，朝廷降詔詰問，拒使者不之納。及賀正人至，以壕外地屬户爲説。此地慶曆中，西蕃溪洞所獻，檢據甚直，詔答已詳。近日延州安撫司復奏，夏國乞遣使賫狀乘馹詣闕，其意無他，止是申尋前語，圖起争端。臣恐疆場之憂恐未息也。如聞西人常有意闚秦中，同家堡一帶蕃部，正扼西賊來路。涇原若失此險，無所隔閡，賊馬一二日可至古渭。古渭可至，則秦中摇矣。雖聞今年歲在東井，爲關中之福，星家説鎮歲所在，不可加兵，然五緯盈縮，進退不常，難可恃也。彼若不畏天道，輒來犯順，盈縮繫於天道，成敗先於人謀。若止是論議理壕外地界，朝廷必無開許。彼見不許，有必争之舉，大集群醜以撓諸路。如聞西賊尚有窺伺邊隙，結納熟户之意。欲望聖慈明戒邊帥，豫備不虞，綏靖鎮撫，明遣間探，講練軍政，以佚待勞。彼知我有備，決不敢遽起事端。

宿知制誥，論邊事，上奏曰：

臣竊以景德二年，北虜乞和，章聖深惟遠慮，務息邊氓，俯屈至尊，下柔獷俗。繼以仁宗聖德，順成先志，彌縫間隙，得羈縻勿絶之誼。自爾邊境長無風塵之警，父老不識金革之事，大德至恩在民深矣。國家承平百年，其間通好居六十年，前世所未有。近日戎人移建鋪居，侵越代州疆界，吏止之，虜兵與漢兵鬬。又雄州奏，契丹人騎兩過拒馬橋南，伐去柳栽千餘，放箭射歸信縣尉。又界河舊制，北人不得取魚，雖素有禁防，或聞私亦曾採捕。舊不聞有鬬争之事，近年禁禦太密，鬬争不絶，亦曾射傷巡檢，殺死邏兵。邊臣恬然，曾不爲怪。朝廷奏報，視爲閑事。未審鬬争不止，其末如何？皆積不相能，馴致此釁，履霜之漸，堅冰且至，誠懼章聖和戎之策從此而壞。

國家居常備陝西，次及河東，未嘗深留意於河朔。陝西、河東兩路兵官，經朝廷選，所得差多，極邊城寨都監、寨主之類，則又許帥保薦，頗得土人，曉識山川險易，習知蕃戎情態。又有内屬蕃部，爲之障蔽。土兵、蕃落、保捷之屬，皆便弓善戰。以一路兵力得良帥制之，寇至可以戰，可以守，河東險固，去年西賊燒劫涇原、秦鳳熟户蕃部，迄今環慶賊馬鈔掠未已。然今年歲在東井，東井秦分，爲關中之福，星家之説，鎮歲所在，不可加兵，宜敕沿邊諸將，嚴兵爲待，賊若大舉犯順，我得天道，不宜縱敵。兵法所謂敵加於己，不得已而應之者，謂之應兵，兵應者勝。彼自守窟穴，無所侵軼，不宜提兵深入，自違天道。前所謂朝廷未嘗深留意於河朔者，豈非恃盟好、重改作、防虜人之疑乎？方今之計，莫若外固懽和之形，内修守禦之備，且河朔地形無險可守，自雄、莫已南，平壤千里。往時黄河流入虜境，無慮五七里，自河決商胡，不由横隴故道，河北水流散漫，失中國大河之險，不能限隔戎虜。盛冬冰合，胡骑可過。虜人若以精騎擣滄、景之虚，長驅南下，則京東摇矣。河北雖有塘水城壁，利兵堅甲，無所恃之。

臣非能知，前後通邊事者，言之多矣。朝廷以北虜無釁，未暇經略，今來邊釁已有萌芽，防於幾先，奸謀自破。今陛下聖德日躋，神機天挺，燭知萬事之統，坐照四夷之情。廟堂之上，俊乂大臣，皆有文武全略，通知三路利害者，豈臣愚瞽摽聞所能究知？然而負薪之語，有益廊廟，况預聞政事，稔知邊患，敢默而去乎？欲乞令中書、樞密院檢取前後臣僚上言章奏，相度可否施行。

知諫院司馬光言備邊劄子曰：

臣聞《周書》稱文王之德曰：「大邦畏其力，小邦懷其德。」蓋言諸侯傲狠不賓，則討誅之；從順柔服，則保全之。不避彊，不陵弱，此王者所以爲政於天下也。臣伏見去歲先帝登遐，趙諒祚遣使者來致祭，延州差指使高宜押伴入京，宜言語輕肆，傲其使者，侮其國主，使者臨辭，自訴於朝。臣當時與吕誨上言，乞加宜罪，朝廷忽略此事，不以爲意，使其怨懟歸國，一國之人皆以爲耻。今歲以來，諒祚招誘亡命，點集兵馬，窺伺邊境，攻圍堡寨，驅脅熟户八十餘族，殺掠弓箭手約數千人，悖逆如此，而朝廷乃更遣使臣齎詔撫諭。彼順從則侮之，傲狠則畏之，無迺非文王所以令諸侯乎！若使臣至彼，諒祚稽首伏罪，禁止侵掠，猶或可赦；若復拒違王命，辭禮驕慢，侵掠不已，未知朝廷將何以待之？傷威毁重，孰甚於此！方今公私困竭，士卒驕惰，將帥乏人，而戎狄犯邊，事之可憂，孰大於此？而朝廷上下晏然若無事者，其故何哉？豈朝廷自有其備，而疏外之臣不得與知乎？臣竊惑之。所謂備者，非但添屯兵馬，積貯糧草而已也，在於擇將帥而修軍政也。三者皆闕，何謂有備？臣不勝憤懣。伏望陛下博延群臣，訪以禦邊之策，擇其善者而力行之。方今救邊之急，宜若捧漏甕、沃焦釜，猶恐不及，豈可外示閑暇而養成大患也！

治平元年，光又乞戒邊城闊略細故，上疏曰：

臣聞明主謀事於始，而慮終於微，是以用力不勞，而收功甚大。切見國家所以禦戎狄之道，似未盡其宜。當其安靖附順之時，則好與之計校末節，争競細故，及其桀傲暴横之後，則又從而姑息，不能深討。是使戎狄益有輕中國之心，皆厭於柔服而樂爲背叛。近者，西戎之禍生於高宜，❶北狄之隙起於趙滋，而朝廷至今終未省悟，猶以二人所爲爲是，而以循理守分者爲非。是以邊鄙武臣，皆鋭意而生事，或以開展荒棄之地十數里爲功勞，或以殺略老弱之虜三五人爲勇敢，朝廷稱其才能，驟加擢用。既而虜心忿恨，遂來報復，屠剪熟户，鈔劫邊民，所喪失者動以千計。而朝廷但知驚駭，增兵聚糧，其致寇之人既不追究，而守邊之臣亦無譴責。如此而望戎狄賓伏，疆埸無虞，是猶添薪扇火，而求湯之不沸也。

臣愚切惟真宗皇帝親與契丹約爲兄弟，仁宗皇帝赦趙元昊背叛之罪，册爲國主，歲捐百萬之財，分遺二虜，豈樂此而爲之哉？誠以屈己之愧小，愛民之仁大故也。今陛下嗣已成之業，守已安之基，而執事之臣數以争桑之忿心，不思灌瓜之大計，❷使邊鄙之患紛紛不息，切爲陛下惜之。

近者聞契丹之民有於界河捕魚，及於白溝之南剪伐柳栽者，此乃邊鄙小事，何足介意？而朝廷以前知雄州李中祐不能禁御爲不材，别選州將以代之。臣恐新將之至，必以中祐爲戒，而以趙滋爲法，妄殺虜民，戰鬬之端，往來無窮焉。況今民力凋弊，倉庫虚竭，將帥乏人，士卒不練。夏國既有憤怨，屢來侵寇，禍胎已成，若又加以契丹失懽，臣恐國力未易支也。伏望陛下嚴戒北邊將吏，若契丹不循常例，小小相侵，如魚船柳栽之類，止可以文牒整會，道

❶「宜」，原作「宣」，今據《温國文正司馬公文集》卷三三《北邊劄子》、《長編》卷二〇二治平元年六月己酉條改。

❷「思」，原作「畏」，今據《温國文正司馬公文集》、《長編》改。

理曉諭，使官司自行禁約，不可輕以矢刃相加。若再三曉諭不聽，則聞於朝廷，雖專遣使臣至其王廷，與之辯論曲直，亦無傷也。若又不聽，則莫若博求賢才，增修德政，俟公私富足，士馬精强，然後奉辭以討之。可以驅穹廬於漠北，復漢唐之土宇，與其争漁柳之勝負，不亦遠哉！

光爲龍圖閣直學士，乞留意邊事，上疏曰：

臣切見近年以來，趙諒祚雖外遣使人，稱臣奉貢，而内蓄姦謀，窺伺邊境，陰以官爵金帛，招誘中國不逞之人及熟户蕃部，❶聞其亡命叛去，及與潛交通者，已爲不少，而朝廷不能一一盡知也。其熟户蕃部有違拒不從者，諒祚輒發兵馬，公行殺掠。弓箭手有住在沿邊者，諒祚皆逼逐使入内地。❷將帥之臣但坐而視，不能救援，遂使其餘熟户皆畏憚兇威，怨憤中國，人人各有離叛之心。及朝廷遣使賫詔責問，諒祚拒而不納，縱有所答，皆侮慢欺冒之辭。朝廷亦隱忍含容，不復致詰。諒祚又數揚虚聲，以驚動邊鄙，而將帥之臣率多懦怯，別無才謀，以折衝禦侮，只知多聚兵馬以自衛其身。❸一路有警，三路皆聳，盡抽腹内州軍下番兵士，置在麾下，使之虚食糧草。數月之後，寂無影響，然後遣還。未及休息，忽聞有警，又復抽去。如此往還，疲於道路，訖無一事曾有施爲。

❶「及」，原脱，今據《温國文正司馬公文集》卷三三《西邊劄子》、《長編》卷二〇六治平二年十二月丁未條補。

❷「内地」，原作「界」，今據《温國文正司馬公文集》、《長編》改。

❸「知」，原脱，今據《温國文正司馬公文集》、《長編》補。

臣雖愚駑，不習邊事，切以私意料之，諒祚所以依舊遣使稱臣奉貢者，一則利於每歲所賜金帛二十餘萬，❶二則利於入京販易，三則欲朝廷不爲之備也。其所以招誘不逞之人者，欲以采訪中國虚實之事，平居則用爲謀主，入寇則用爲鄉導也。其所以誘脅熟户，❷迫逐弓箭手者，其意以爲東方客軍皆不足畏，唯熟户、弓箭手生長極邊，勇悍善鬬，❸若先事剪去，則邊人失其所恃，入寇之時通行無礙也。所以數揚虚聲、驚動邊鄙者，欲使中國之兵疲於奔命，耗散儲蓄，❹公私貧困，既而邊吏習以爲常，不復設備，然後乘虚入寇也。凡此事，若不早爲之慮，使姦謀得成，切恐其爲國家之患不可量也。臣謂朝廷宜宵衣旰食以爲深憂，而但見其遣使奉貢，即以爲臣節未虧，得其侮玩之語，以爲恭順，得其欺慢之語，以爲誠實，蓋朝廷非不知其本心，欲幸其未發，❺止求目前之暫安，不顧異時之深患。臣日夜思之，不勝憤悒，何戎狄爲謀之深而中國慮事之淺也！

臣愚伏望陛下於邊鄙之事，常留聖心，特降詔書，明諭中外應文武臣僚，有久歷邊任，或曾經戰陣，知軍中利害及戎狄情僞者，並許上書自言。陛下勿以其人官職之疏賤，及文辭之鄙惡，一一略加省覽，擇其道理稍長者，皆賜召對，從容訪問以即日治兵禦戎之策何得何失？如何處置即得其

❶「利於」，原脱，今據《温國文正司馬公文集》、《長編》補。
❷「以」，原脱，今據《温國文正司馬公文集》、《長編》補。
❸「善」，原作「苦」，今據《温國文正司馬公文集》、《長編》改。
❹「儲蓄」，原作「諸蕃」，今據《温國文正司馬公文集》、《長編》改。
❺「幸」，原脱，今據《温國文正司馬公文集》補。

宜？若其言有可取者，即爲施行，仍記録其姓名，置於左右，然後選其中勇略殊衆者，擢爲將帥。若能稱職有功，則勸之以爵賞；昏懦敗事，則威之以刑誅。加以選練士卒，留精去冗，申明階級之法，抑揚驕惰之氣。誠能如此行之不懈，數年之後，俟將帥得人，士卒用命，然後惟陛下之所爲，雖北取幽、薊，西取銀、夏，恢復漢、唐之疆土，亦不足爲難，況但守今日之封略，制戎狄之侵侮，豈不沛然有餘裕哉！

四年，文彦博奏曰：

臣被旨令看薛向所上疏，并邊陲利害，具可否條列録進入。臣詳觀向之所陳，大要有五：其一，任將帥以制其衝。其二，亟攻伐以罷其敵。其三，省戍兵以實其力。其四，絶利源以弊其國。❶其五，慎經費以固其本。

所謂任將帥者，朝廷何嘗不慎擇而重之？但所擇或得或否耳。既得其人，固當如向所論，使久其任，必各成效。猶如前時屢遷數易，雖得賢才，使將帥亦難責其成功。

所謂亟攻伐以罷其敵者，一曰先舉之策。以謂先發制人攻勝，後發制於人攻負，故欲亟肆以罷之，多方以誤之。二曰淺攻之策。其大旨欲招誘横山部族，團結熟户之兵，及義勇、弓箭手之衆，侵擾賊境，使不寧居，將自困弊。此皆朝廷素留意者。兼韓琦上言：慶曆初，曾與范仲淹嘗建此議，會西人輸款而止。去歲樞密院遂與中書同

❶「源」，原作「原」，今據《四庫全書》本、《宋史全文》卷一〇、《資治通鑑後編》卷七五改。

議，悉有成算，尋已降付逐路。今别録奏議進呈。兼逐路之兵，自來未嘗精較實數，去歲樞密院令編例官類聚得確實人數，降下諸路，嚴切訓練。至於部分亦有成法，并檢康定中諸路出師牽制之術，並密付逐帥遵守。朝廷處置之詳，殆無遺策。然此舉動，必當其時。去歲十月，臣嘗上奏於先帝，若諒祚果遂倔强，自絶于朝廷，以討伐兇渠，招納降附，無所不可。若猶恭順服過，即當含容，所謂羈縻不絶。况王者之師，非不得已，豈宜輕用？今向亦云：若諒祚改圖自新，復守誓詔，伏望廓天地之量，霽雷霆之怒，省費罷兵，安邊息民，天下之幸。斯言是矣。然於平時不可不講議精熟，一旦有隙，用之無疑。

所謂省戍兵以實其力者，其要欲省東兵之疲軟，揀土兵之精勤，取實用，損虚費，爲持久必勝之術。朝廷近以計較逐路之兵，去冗留精，皆有定數。俟向去春季，依法料簡，兼去歲不以龍衛兵戍邊，此亦省兵實力之一端也。

又曰絶利源以弊其國者，蓋謂朝廷歲賜并緣邊和市，一宜絶之，賊勢自窘矣。歲賜、和市，如諒祚阻命，自當絶之。上三策不待議論而利害可知。

所謂慎經費以固其本者，此迺方今至切之務，最要講求。蓋經費若簡，國財乃富；國富即兵强，兵强即蠻夷不敢内侮；而後制禮作樂，馴致太平，何欲而不可？今之言者，不計國用之豐寡，而欲輕舉妄動，爲國生事者多矣，惟朝廷審用而慎行之。兵一用，其費不貲，苟力屈貨殫，雖有智者不能善其後。向又以調度兵費，宜以康定爲鑑，其言尤爲切當。蓋康定時，兵久不用，人未知戰，上下騷然，暴取横用，莫知紀極，天下困弊，終無尺寸之功，亦可鑑矣。向云：自寶元初，守官陝右，出入兵間，今又主關中之漕，首尾七年，目覩心計，固宜詳悉。其言誠有倫理。然謀攻料敵，老將所難。兵者大事，不可輕言之。古人論兵，至慎至重。如向云，取横山如反掌，捕西賊若設罝掩兔，謀雖可采，言亦似輕，誠願慎之重之。愚慮如此，伏乞聖神詳擇。

起居舍人傅堯俞乞備邊，上奏曰：

臣竊聞延州近有密奏，衆口籍籍，以爲事在諒祚，臣備位外廷，不當商度機務，輒進瞽言，苟所聞誠非，惟陛下貸狂愚之罪。

夫自古策戎狄者多矣，臣不敢備論，以煩天聽。臣獨怪數十年來，不修戎備，而事事姑息，損國家堂堂之威，驕腥羶無厭之俗。近日朝廷頗用道理裁抑，以伸暢威靈，誠爲得也。然臣謂度必能制其死命，如臂使指，則反覆低昂，皆得以如我所欲。不然，士武將材，决莫能犯，伸暢之議，迺可獨行，儻猶未也。制御之術，宜屈伸相養。今養兵百萬，率懦且驕，將臣雖多，孰可倚以辦事？國家新遭大喪，人皆一詞，以爲府庫屈竭，邊鄙之間，未宜有警。伏願陛下詳思遠圖，先爲不可勝之備，以挫其姦心，脱或跳梁妄狂，有所干請，擇不甚害事體者，間有所屈，庸示含容，則所伸可必矣。惟識理道、曉重輕者，居可以言譬，動可以意揣。今諒祚猖狂恣肆，在人言意之外，豈可不隄防哉？雖未有深策祕計，能爲大憂，敢必其無動，幸陛下念之。夫人有十金之産，已厚棘重關，將禦寇竊。一罹難疢，則有投間之虞，况天下之大，而復土未畢乎？臣又見今日一人乞備邊而無事，明日一人乞備邊而又無事，遂相安於無事，而謂可以卒無事，所以言日益輕，而備日益不修。臣恐積習因循，爲悔遂大。朝廷苟以爲然者，不過行文書諭邊吏而已。望陛下修備邊之實，而慮於人之所忽，則天下幸甚。

堯俞改知諫院，乞差人經度西事，上奏曰：

臣聞有國家者，慮事於未萌，而修備於無患，况事既然，而患已至者乎？臣雖亡狀，粗爲陛下陳之。臣伏見西戎猖狂，負恩逆德，邊鄙之熟户則掠爲己有，朝廷之使人則拒而不納，其事勢如此，猶得不爲之備乎？惟制御之大略，陛下與執政大臣，宜講之已熟。至於控扼之當否，將吏之勇怯，甲兵之利鈍，士伍之强弱，與今狂賊重輕之勢，事有萬塗，非可以盡得於廟堂之上。此趙充國所謂百聞不如一見，兵不可以隃度者也。况沿邊分爲四帥，未盡得人，人各有心，議難齊一。伏望陛下詳擇重臣一兩人，往彼經度制置，俾至秋冬，事有豫備，賊苟侵軼，庶能枝梧。此固事機，不可稽緩。

堯俞又乞罷内臣招安熟户，上奏曰：

臣聞近差内臣四人，分爲陜西四路鈐轄，俾專安輯熟户，而理其冤結，仍許每歲一入奏事。臣獨念之，未以爲得。緣所以置安撫、經略使者，正爲此等事耳。夫不能慰安，使叛而從僞，與無故爲羌戎所刼，有司之過一也。苟謂帥臣力不可爲，則雖内臣何益？豈有邊鄙藩籬爲賊掠去，迺無一人任其責者？今邊事方作，處置不可失宜。臣謂安輯之要，當專督帥臣，但寬其羈勒，使得盡其材力。倘猶不職，重行黜免，則後效可圖，而威靈伸矣。况理有非便，庸可不思？將來李若愚等奏事，苟不以爲信，與無用同。言而必從，則安撫、經略之權遂歸於四人矣。彼帥臣者，將諂奉之不暇，又敢與之較事體而争是非哉？縱若愚等審慎無過，猶不足以爲後法。便著成效，益有可慮。古人謂塞其涓涓，况勢非涓涓者乎？伏乞收採芻蕘，特行寢罷。前事之失，具存方册。臣不復詳言，惟陛下留神省察。

神宗即位，開封推官陳襄奉使契丹回上殿劄子曰：

臣昨奉使北虜，久留邊郡，竊見高陽關一路沿邊州軍，戍兵甚冗，馬步之卒，不減三萬九千餘人，歲費芻糧，動以萬計。諸州儲蓄之數，出於貴糴，多者無數歲之備，少者微三年之蓄。一甲未擐，則財用已匱，而邊民困矣。幸而亭障無虞，可以姑息，一有警急，如何支持？臣愚以爲，方今安邊息民之要，莫先於減戍卒而用土兵。戍卒減，則財用省而民力紓；土兵用，則戰守易而城壁固。此祖宗禦戎之遺策，不可廢也。今延安本路七州四軍，義勇之籍，無慮四萬六千餘人，可以當馬步戍兵之數。但官司因循，失於訓練，歲時雖有教閲之名，而無可用之實，甚可惜也。况邊防諸郡，深池高壘，有陂塘沮洳之阻，無犬羊奔衝之患。萬一有寇至，不過堅吾壁以守之，清吾野以待之。則昔時義勇之軍足爲防托之用，不有屯戍，又何患哉？臣欲自朝廷先遣才望之臣，按行一路，令與監司長吏，將所籍義勇人數，重行揀點。去其老弱而補之壯勇，舍其征役而授以騎耕。每於農隙之時，給與口食，選差教隊使臣分往諸邑，精加簡閱，務令精鋭，可以効用。然後減去戍兵之半，食於近輔之郡，遇大征伐，則發内卒以應之。如此，則土有精兵，塞有餘粟，守禦有備而邊民蘇矣。如允所奏，乞降付樞密院相度施行。

前輝州司户參軍王韶上書言曰：

「國家必欲討平西賊，莫若先以威令制服河湟；欲服河湟，莫若先以恩信招撫沿邊諸族。蓋招撫沿邊諸族，所以威服唃氏也；威服唃氏，所以脅制河西也。陛下誠能擇通材明敏之士，能周知其意者，令往來出入於其間，推恩信以撫之，使其傾心向慕，驩然有歸伏之意，但能得大族首領五七人，則其餘小種皆可驅迫而用之矣。諸種既失，則唃氏君臣，其敢復簡慢而不歸心於我耶？唃氏既歸於我，即河西李氏在吾股掌中矣。急之可以蕩覆其巢穴，緩之可以脅制其心腹，此所謂見形於彼，而收功在此也。今木征諸族，數款塞面内，爲中國之用者久矣，此其意欲假中國爵命以威其部内也。而邊臣以董氈故，莫能爲國家通恩意以撫之，此所謂棄近援而結遠交，貪虚降而忘實附，使董氈得市利而邀功於我，誠非取勝之術也。今木征與青唐族首領瞎藥等在河州，瞎征與其舅李篤氈及沈千族首領常尹丹波等屯結，可欺巴温與龍川首領羅結在黄河頭，三者皆唃氏子孫，各立文法漢界，遠者不過四五百里，近者二三百里，皆可以并合而兼撫之也。謹具和戎六事，條列如左。

「一、臣切見涇原、秦鳳兩路蕃兵，及

洮、河、宕、疊州、武勝軍諸族，皆吐蕃之遺種也。自唃斯羅死，董氈繼立，文法秖能安集河湟間，而近邊諸族自爲種落。其在疆埸之外者，皆强梗頑硬不爲吾用；在内地者，又分離散處不相統一。此議者所以謂西蕃諸族，皆微弱而不足用也。臣聞古之善御戎狄者，固不患其微弱也。惟其微弱，然後可以并合而有，但國家未嘗得人而親撫之耳。臣愚以爲陛下必欲合西戎諸族而用之，宜擇通材明敏之士，心慮軒豁、能周知羌人情意者，令朝夕出入於其間，往來巡行，察其疾苦，平其冤濫，治其鬱結，如漢護羌校尉之比。有不服者，即稍以恩信綏之。身與之爲帥，使其傾心向慕，歡然有歸伏之意，然後激作而用之，則十數萬之兵，不出疆埸而可集矣。

「一、臣切見西蕃種類皆尊大族，重故主，諸族有承唃氏之後者，羌人皆畏服尊之。而唃氏諸孫今在洮河間者，皆孱弱不能自立，如木征往歲居洮山，有青唐族首領雞羅瞎藥及胡僧鹿尊事之。欲立文法，收復洮、河、宕、疊等州，及武勝軍諸羌，而木征孱弱，終不能自立。會秦州遣人逐去，今洮、河間諸州，並無大族爲主，雖有瞎征及欺巴温之徒，各恃衆自立，然文法所及者，俱不過一二百里，此其勢正可以并合而兼撫之也。臣愚以爲宜遣人往河州，與木征計議，令入居武勝軍或渭源城，與漢界相近，輔以漢法。因選官一員有文武材略者，令與木征同居，漸以恩信招撫沿邊諸羌。有不從者，令木征挾漢家法令以威之。其瞎征及欺巴温之徒，既有分地，亦宜稍以爵命制其心腹，使其習用漢法，漸同漢俗。於漢界實有肘腋之助，且使西賊不得與諸羌結連。此乃制賊之上策也。

「一、臣切見鄜延、環慶兩路番兵，自來各有成法，使之戰鬭及守境，皆與漢兵無異；往往禦敵殺將，立功塞外，此兩路藩籬所以益固也。今四路番兵，並是羌夷舊種，雖有吐渾、党項及吐蕃之別，然其種姓實皆出於西戎而已。何獨在鄜延、環慶則可用，在涇原、秦鳳則不可用，豈天地之所生育，與人材性分之所授者，絶然相異耶？臣體問得宣徽使曹偉在西邊日，其用環慶兵皆不及涇原、秦鳳，只因經略使范仲淹在慶州日，與种世衡等處置各盡其宜，故今四路之中唯環慶路蕃兵號爲得力，是知教之在人，而不在其性分之相異也。臣愚以爲陛下宜擇朝臣有文武材略者，往涇原、秦鳳擇蕃兵可教者教之，固其部族，合其心力，使勸勉奮勵，樂爲吾用，則十萬餘蕃兵，不費官中粒食，而可以爲心腹之用矣。

「一、臣以謂蕃人欲其可用，須令有合有離，離之所以弱其勢，合之所以齊其力。沿邊諸族附塞而居者，皆分離散逸，無大首領也。勢既離弱，又須團合，所以均其志趣、齊其心力，使其勸勉奮勵，相率而爲吾用。臣愚以謂涇原、秦鳳兩路蕃兵，可爲十部，每部置都巡檢一人，以蕃官有材能識略、爲衆所服者統之。而以漢官一員爲都大提舉以總之。但得蕃人畏其首領，而以漢官總其權任，自然不敢作過，而久遠並爲吾用矣。

「一、臣謂沿邊蕃部欲其可用，莫若使其與漢人雜居。今沿邊蕃部畸零田地，耕墾所不至者極多。但自來官中須得頃畝相連、地段相接者，方始招添弓箭手。臣愚以爲本不須地段相連，一段三二十畝以上者，即三五段便可招一名弓箭手矣。切計沿邊諸族，不下十餘萬帳。大約十餘萬帳可招弓箭手一萬人，以一萬人散居十餘萬帳之間，則何患其心腹不一、思慮不專乎？是則招添弓箭手一萬人，便可獲番兵十餘萬人之用也。

「一、臣切見官中自來然令蕃兵獻地，招致弓箭手，多是令其全段獻納，盡帳起離，此蕃人所以顧戀而不肯獻也。若田地隘狹，招致不足處，可令熟户隨其地段多少，大約耕百畝者即獻十畝，與官中招添弓箭手。令其全段獻納，盡帳起離，則蕃人顧戀，所獻者狹；若隨其地段割令以獻，則山原高下，所獻者廣。又令弓箭手得散在沿邊族帳之間，使中國羈游無事之民，耕蕃部荒閑之地，而可以禁其背叛，結其心腹，語其利害，豈不顯然明白耶？昔魏絳和戎，謂戎狄貴貨賤土，其土可賈，今之蕃部正同此耳。若國家厚以恩信撫之，其土地皆可賈易而致。臣切案古渭州一帶，至洮、河、蘭、鄯之間，漢隴西、南安、金城三郡地，所謂湟中、閤亹、臨羌、枹罕、邯中、大小榆土地肥饒宜穀者，皆在洮、河、蘭、鄯之間，誠得而耕之，其利豈止威伏羌戎而已耶？」

書入，上即令樞密院召問方略，以爲秦鳳路安撫司。自古渭寨接青唐、武勝軍，應招納番部市易、募人營田等事，並令韶主之。五年，韶建用兵之策，王安石力主其議。八月，韶舉兵破木征，收復武勝軍。十月，改爲熙州。六年八月入河州，遂城之。復將兵至馬練川，降瞎吴叱，進攻宕州，拔之。岷州木令征，疊州欽令征，洮州郭厮享，皆路以城降。復州五，闢地自臨江寨至安鄉城，東西十里。韶加端明殿學士。然議者謂詔所上功狀，多欺誤不實，殺蕃部老弱甚衆，能開拓疆土而耗費中國，不可勝計。紹聖以後，王贍復建郋、鄯之策，實詔啓之也。

翰林學士鄭獬論种諤擅入西界，上奏曰：

臣伏見十月二十四日，召兩府大臣入議，外言切皆傳种諤已提兵入據綏州，橫山豪酋挈族内附。審如是，是豈朝廷之福耶？聚謀累日，策將安出？事雖隱秘，不漏針芒，然趣賈逵、竇舜卿就道，以母沆爲轉運使，發京師兵及銀數十萬兩備芻餉，出錦袍、銀帶賜降者，觀此，則殆將兩持首尾，未有決然判安危之至策也。臣前言不可納橫山，及見手詔以諒祚順向，深戒邊臣無得生事，臣以爲信。今迺知朝廷外示綏静，内包陰計，兹豈帝王之大略哉？尊用變詐之士，務爲掩襲之謀，乃戰國强暴之君所爲也。況陛下初履天位，猶處諒闇，宜念祖宗蒙成太平之業，以淵静鎮海内，仁澤結民心。不及慮此，而過聽一二邪臣之説，欲以奇譎幸邊功，此天下盡知其不可，而陛下獨以爲可，冒而行之，聞者莫不寒心。然种諤之奪綏州，若不奉陛下之風指，安敢一日不俟上報，徑驅數千卒直擣虜境乎？不然，則擅興有罪，陛下何爲而不行誅？

夫中國以信義撫四夷，既約束邊臣無得生事，詔墨未乾而奪其地，信義俱棄，其曲在我，彼將嫚辭以請罪，則朝廷何以報之？如彼懷不順，袛氊裘而犯邊，我不得已而起應之，則士卒雖肝腦塗野而不辭，蓋舉天下之怨在彼也。今無故而先擾之，彼將率其犬羊之衆而來争，則士卒有旅拒躊躇而不行者矣。蓋舉天下之怨在我也，豈唯士卒之不樂哉？府庫之空乏，此四海所共患，千金之費不給，則必賦諸民，則將見隳産壞家，棄父母、鬻子孫，以供軍期者矣。萬一有奸雄之徒，窺隙而乘之，嘯爲盜賊，小則剽屋廬，大則跨郡縣，於此之時，潰爛而不救，則於社稷生靈得無有負乎？事有謀小而妨大者，正爲此也。而种諤不顧國家始末之大計，乃欲以一螻蟻之命，以天下爲兒戲，苟貪微功以邀富貴，此正天下之奸賊，若不誅之，則無以厲其餘。

臣以爲陛下必欲逆折禍亂之機牙，使不爲異日之悔，則莫若下詔聲諤之罪，誅於塞下，及薛向、高遵裕、楊定、張穆之等，皆付有司，次第以治其罪。然後遣一介之使，持手詔還諒祚以綏州及横山之降民，遂明告以諤等生事，已次第伏罪，則彼又將何求於我？如此，則顯示中國履信之美，而復收夷狄向化之心，無遺鏃折戟之費而事立解矣。如有言者希望，尤以爲不然，此皆非忠臣，豈敢以犬馬之餘生，而保天下之事乎？臣以太白經天，四方地震，皆爲兵象，切恐兵禍起於横山之議，今見其端矣。無使臣言之驗，則朝廷之福也。伏望陛下上觀天戒，下察人事，以宗廟社稷爲念，以四海生靈爲意，無令天下無罪之民爲姦臣所誤。今誅一姦臣而天下定，其利害較然可見。陛下決意行之無疑，臣不勝區區之懇。

知諫院楊繪論种諤擅入西界，上疏曰：

臣聞帝王之道，唯信爲大。仲尼以爲兵食可去，信不可去。晉文霸國之君爾，猶曰：「得原失信，何以庇民？」今爲國家患，唯西北二虜，然而數十年無烽燧之警，生民不識戰鬭之苦者，豈專仗金帛而然乎？亦恃乎信誓之言而已矣。比者西戎新納信款，切聞高遵裕詐傳聖旨，與种諤等納西夏叛人首領近三十人，仍深入虜界，地名綏州，築城以居之。臣切謂朝廷若遂從其計，則失信於戎狄，生起邊事，無窮極矣。爲今計者，莫若貶謫其矯制擅興之罪，以正典刑，仍差使告諭西夏，示非朝廷之命。如此，則大信不失，興功生事之徒少有懲矣。

臣又聞西戎有僭逆之狀已五七年，擅置官司，輒更年號，而但倔强於巢穴中，終不敢顯然出兵爲邊鄙之患者，何哉？彼雖戎狄，亦不敢無名而舉矣。今既納其逃叛者，則彼之作過有名矣。以中國而失信於外夷，一不可也。既失信於西，則北戎亦從而疑信誓之不實，是一舉而兩失之，二不可也。興師有曲直，直者奮而曲者怠，《左傳》所稱「我怠彼奮」是也。今若生起邊患，則差往戰鬭者，必曰：彼邀功生事，高遵裕、种諤實當其名；而被堅執鋭出生入死，則使吾徒爲之。有不伏之心，而生懈怠焉，則難以必勝，三不可也。有此三不可之大患，則朝廷何恤於二子，而不惜於邊鄙大患乎？方今公私帑藏，近已空竭；糧運不繼，當取於民；民將不堪，則患起於内矣。

臣切料扶其議者，必曰：若貶二子，歸其逃者，則西虜亦未必息兵，不若因而成功。臣切謂朝廷自不失信，而虜作過，則直在我矣。我直彼曲，雖興軍擾民，軍民何辭以怨乎？外人議者，咸曰：兹事蓋起於薛向鹽馬之法，行之六七年，今將弊矣。薛向欲求脱去，而使他人乘其弊，故與楊定、高遵裕、种諤等建爲此謀，欲求邊任而罷轉運使之職，致陝西之民從夏秋以來，倡言朝廷欲收復横山，而不恤陝西之民，甚有怨咨。近外人又傳，惑陛下之聽於外者，楊定也；惑陛下之聽於内者，王中正也。致陛下鋭於横山之議者，職斯二人。臣雖愚昧，豈不知此事之非實，但願陛下早賜旨揮，則外人浮議自弭矣。臣忝諫職，敢不盡言。

知雜御史劉述論种諤擅入西界，上疏曰：

臣昨以种諤不稟朝命，擅興兵馬，城西界綏州，有違誓詔，爲國生事，曾具奏聞，乞并同謀人枷送下獄，從朝廷差官制勘，依軍法施行。續又奏薛向、楊定、張穆之、高遵裕、王中正輩，表裏相結，誑惑聖聰，妄興邊事，乞行根勘，以正典憲，未蒙朝廷盡理施行。臣伏思之，陛下新紹大統，方在亮陰之中，所賴者兩府大臣協心畢力，脩輔庶政，以安民心，以固根本。至於疆埸之事，尤宜戒飭帥臣，講信修睦，撫寧遐荒。而乃輕用姦臣之言，遽議用兵之策，失信於外國，結怨於邊民，而况關陝之西，比年饑饉，民力凋弊，國帑空虚，自寶元、康定以來，人間瘡痍，尚未全復。今又使之奉期會之役，供倉卒之求，彼獨何以勝其苦哉？故臣慮有不堪其憂者也。又風聞每於中書南廳會議，其間多顧避形迹，不務昌言，或各持己見，靡從正論，至有累日而不能决者。

夫軍國之事，常有緩急，若機會一失，則如奔川逸驥，弗可救止。今兩府大臣依違如是，使之適變而應猝，豈不殆哉？昔唐太宗謂黄門侍郎王珪曰：近日中書所行詔敕，頗有意見不同，互相是非。或有苟避私隙，相惜顔面，知非不正，遂即施行。惜違一官之小情，僞爲萬人之大弊，此實亡國之道也。隋內外庶官，正以依違而致禍亂。茲誠人主獨見事機，委任責成之先務也。臣愚欲乞陛下面戒兩府，今後並須戮力一心，堅守正道。凡所議事，皆當原始要終，不可婾爲一切，以貽久遠之患。詔旨有所未便，亦須據理執奏，毋事循嘿。

仍乞密加聖鑑，辯其邪正。其辯邪正之術，如唐李絳所言：試取惡事，假以上意爲善而問之，或取善事，假以上意爲惡而問之。其人或不顧事實好惡，便隨聖心而言，則忠信傾邪立可識矣。此得其要也。其間或有無所裨益，唯務阿附之人，宜加罷出，以儆在位，則賢否分而職業脩矣。臣以戇愚，動觸忌諱，忠憤所激，豈敢愛身！惟陛下念之。

熙寧元年，述又論种諤、薛向，上疏曰：

臣切聞趙瞻勘到种諤詐稱得密旨，擅發兵馬城綏州，公案止斷追官安置而已。案內亦不一，就勘到薛向、張穆之、高遵裕、王中正等人，外議喧然，皆謂未得公當。夫矯制發兵，人臣之罪無大；懷奸罔上，國家之法不容。一則見不忠於主，茲實叛亂之漸，爲天下者不可不深懲也。昔漢馮奉世矯制斬莎車王，傳首京師，威震西域，宣帝欲加爵土，蕭望之以爲不可，恐後奉使者爲國生事。武帝時，王恢用馬邑豪聶一計，欲舉兵攻匈奴，與韓安國論難往復數四。武帝從恢議，後無成功。下恢廷尉，廷尉以爲當斬。太后以田蚡之言，謂武帝曰：「恢爲馬邑事，今無成而誅恢，是爲匈奴報仇也。」武帝曰：「首爲馬邑事者恢，故發天下兵數十萬。今不誅恢，無以謝天下。」恢聞迺自殺。恢當時禀命於朝廷，而舉事不成，武帝猶謂不誅無以謝天下。蓋慮後來狂易之人，妄興邊事，殺傷士卒，疲弊中國，故以爲戒爾。今种諤詐稱密旨，擅發兵馬，以致邊境騷然，公私勞費，此而不誅，孰爲可誅者？所幸賴者，陛下仁聖之心充格天地，天地神靈擁祐聖德，故致諒祚死。不然，兵連禍結，百姓受弊，於今已不淺矣。伏望陛下深思宗社之計，早絶禍亂之源，發於聖斷，斬諤以謝邊民，以誡後來專輒興事以遺國家之患者。天下幸甚，天下幸甚。

其次薛向，臣採諸衆論，其人本爲擘畫用鹽博馬事，今來鹽鈔布滿中外，賣之折錢而復不顧，其法已弊矣。向切欲擺脱，未有緣由，故於上前妄陳横山可取之議，欲作邊帥以徼己利耳，非忠於朝廷也。洎過本路，遂將公文并手詔與諸將，稱得密旨圖取横山，以致种諤狂發貪功，恐爲他人所先，輒作此事。迹其所由，首惡者乃向也。今种諤既議追官安置而已，向迺猶不失爲州，臣恐用法未適輕重之宜。縱使陛下當時曾許向經營此事，乃爲向以甘言厚利眩惑之故。所謂懷奸罔上者，非向而誰？漢武帝所以不赦王恢者，正爲此爾。中外皆謂向憸巧之人，善結權貴，致位至此，悉用此道。陛下既爲此人面欺，當須覺悟而怒之，不當曲爲主張，掩蓋其罪也。臣恐今後姦邪之人，窺見此意，别生事端，誑誤陛下，以爲朝廷招天下之患。陛下又將主張掩蓋之邪？將不然邪？

臣聞聖人無常心，以百姓心爲心，言從衆也。仁宗皇帝未嘗私意喜怒，天下之人謂之善則用之，天下之人謂之惡則棄之，是以天下稱其聖。此陛下所宜法而行之者也。今薛向之罪惡，中外切齒，關陝之人恨不食其肉而寢其皮，而陛下獨未悟，臣所未諭也。其勘官趙瞻既勘得种諤辭連薛向等人，便合追攝勘證，豈得再取朝廷旨揮，顯見黨庇懷奸首惡之人。伏請選差公正强明臣僚，并趙瞻一處勘鞫，以正邦憲，以厭人心。臣前已具奏，乞不差趙瞻作勘官，恐因與薛向鄉里之舊，曲爲黨庇，今乃果然。臣恐兩府大臣中亦有黨庇薛向如趙瞻者，陛下不可不察也。臣職在糾奸，故敢觸冒忌諱，昧死陳誠。惟陛下念之。

神宗時，張方平出知青州，未行，帝問祖宗禦戎之要，對曰：「太祖不勤遠略，如靈夏、河西，皆因其酋豪，許之世襲；環州董遵誨，西山郭進，關南李漢超，皆優其禄賜，寬其文法。諸將財力豐而威令行，間諜精審，吏士用命，故能以十五萬人而獲百萬之用。及太宗謀取燕、薊，又内徙李彝興、馮暉，於是朝廷始旰食矣。真宗澶淵之克，與契丹盟，至今人不識兵革。三朝之事如此。近歲疆埸之臣，乃欲試天下於一擲，事成徼利，不成詒患，不可聽也。」帝曰：「慶曆以來，卿知之乎？元昊初臣，何以待之？」對曰：「臣時爲學士，誓詔封册，皆出臣手。」帝曰：「卿時已爲學士，可謂舊德矣。」

右正言孫覺論自治以勝夷狄之患，上疏曰：

臣伏見陛下去年經營西事，議不素定，邊臣一二，至令偏裨輕易出師，深入營建城壘，轉輸饋運，數道爲之騷然。終之楊定見誘，喪元於敵。今又或傳交趾争立，内相誅夷，爲更易廣帥，以至閩越諸州，大抵改置牧守矣。而北戎亦輒爲誓約，❶擅刺兩地邊民。中國四陲，而三方皆警，此蓋陛下新即大位，夷狄未見威德，故敢或爲侵侮，以窺我邊。朝廷整飭戎備，選置任使，未爲失計也。然臣切聞之，《虞書》曰：「柔遠能邇，惇德允元。而難任人，蠻夷率服。」夫以堯舜之時，聖賢相會，宜長策成算以厭伏四夷。然其言專以難任人爲本，蓋任人處内則主聽眩，主聽眩則任使不明，忠邪雜進，雖有智勇，安所設施？或任人放遠，則智者竭其智，勇者獻其力。夫如是，則何蠻夷之足患哉？臣又聞《六月》詩之序曰：「《小雅》盡廢，則四夷交侵，中國微矣。」蓋《小雅》王道之序，凡其所言，皆綱紀人倫，惠養萬物，君臣相遇以誠，而知群下之勞苦，遣使勞還，恩意愈篤。反復以自治爲先，故能周道中興，夷狄遠迹。臣愚切以夷狄之患，雖盛王所不免，唯知自治者爲能勝之。伏望陛下雖講邊備，選帥臣，而深以《詩》《書》爲監，日新盛德，使任人不能眩聽，而次序以興《小雅》之廢，則臣將見四夷畢來，陛下深拱以享太平之報。

覺又論治邊之略，上疏曰：

臣伏見陛下深以戎狄爲念，而治邊防，儲軍實，臨朝慨然思古之將帥，至親撰文以祭前朝大將之有功者。垂老降虜，賜之服章，延見訪逮，以此見陛下之於夷狄，懷不平之憤，而欲上爲列聖攄之於無窮也。臣切不自料，謹上治邊之略，伏惟留神采擇。

國家與虜和好六七十年，雖時有邀求，

❶「爲」，據文意，疑爲「違」字之誤。

或小侵嫚，然未嘗敢頓隳信誓，深入大擾，邊民白首不見兵革。朝廷雖歲捐金繒，厚禮重幣以結其懽心，然吾之元元得父子相保，以養其家，不至于暴露流離，肝腦塗地者，列聖之賜也。其賄益厚，其勢益驕，其弊終至於用武，何也？與者倦而其取無厭，約既久則其終必弊，則其至於用武也。豈得已哉？老子曰：「兵者不祥之器，非君子之器，聖人不得已而用之。」苟不得已，則軍儲不可以不實，邊防不可以不修，將不可以不擇，卒不可以不練。吾之糧械既已備足，戎人守信誓，謹疆埸，則吾固待之如初。若大有所求，違約妄作，或舉重兵以臨境上，恃吾有以待之，則以戰、以守，惟上所令。臣雖未嘗至邊州，以臣之所聞見，切恐今日之將卒器械糧廪，未可以與虜角也。臣聞李牧之爲趙將居邊，軍市之租，皆自用享士，賞賜決於外，不從中覆，委任而責成功。故李牧乃得盡其智能。選車千三百乘，騎萬三千匹，百金之士十萬，是以北逐單于，破東胡，滅澹麻，西抑强秦，南支韓、魏，委任邊將，必若趙之於李牧可也。

太祖皇帝神武聖謨，燭知邊事，故關南用李漢超，瀛州用馬仁瑀，常山用韓令坤，易州用賀惟忠，棣州用何繼筠，延州用趙贊，慶州用姚内斌，環州用董遵誨，原州用王彦昇，靈州用馮繼業，遠者至二十年，近者亦不減十餘歲，其家留京師者，撫恤之甚厚。郡中筦榷之利，悉以與之，恣其市易，免所過征税，令募驍勇以爲爪牙。每來朝，必召對賜座飲食之；其還也，厚加賜賚。故邊臣於財得以養士，用間通知蕃人情狀，敵將入寇，我已先知，設伏掩擊，多能以寡勝衆。以至平蜀、取荆、下嶺表、收江南，二十年間，用兵四方，而不以西北爲慮者，諸將守邊之力也。臣以謂才能策略若此十數人者，不乏於世，顧所以委任責成之道何如耳。誠能講求擇將之方，於諸州要處試而用之，其才果可任也，則付之一州，以便宜從事。地可墾闢，聽招士兵；卒可選用，聽其廢置；財可聚散，聽其出入；間諜往來，聽其自便；率歲來朝，燕見加禮。使君臣之際，洞見心腑，則將輸其忠，士盡其力，是被邊諸州皆得李牧以守之也。如此，則虜之進退常在中國，至於無厭之邀求，無故之侵侮，彼將望風而自沮矣，孰敢赴湯蹈火，以取糜爛者哉？

夫以衰周之諸侯，唐室之藩鎮，皆以一國或數州之地，外抗夷狄，內拒天子，蓋用志不分者，能以小敵大；委任責成者，能以寡勝衆也。今以天下之大，四海之富，而鰓鰓然嘗有夷狄之患，用人不專而間說者衆，不假人以權而朝廷自任責故也。臣聞治天下譬之養身。身之血氣，不可偏有所養。養血以勝氣，養氣以勝血，皆以致疾而害其身。文武之爲用，亦何以異此？國家自西師講和以來，天下以兵爲諱，武事之不講也久矣。陛下天錫勇智，兼用文武，方將大拯天下之弊，以爲宗廟無窮計慮，則夫備邊選將之方，特其小小者耳。伏望陛下日新盛德，聽用賢俊，收采衆策，以期成功，天下幸甚。

歷代名臣奏議卷之三百二十九

本卷張希清校點

歷代名臣奏議卷之三百三十

禦　邊

宋神宗熙寧三年十一月，司馬光乞留諸州屯兵劄子曰：

臣奉敕充永興軍一路兵馬都總管、安撫使，臣竊聞本路十州所管屯駐禁軍至少，大率皆是緣邊就糧兵士。常時分爲上下番，有一半在逐州。或遇邊上稍有警急，則盡皆抽去，逐州並無守把兵士。臣竊惟天下事不可忽，必須思患豫防。戎狄犯邊，雖當竭力捍禦，然腹内州軍，豈可全無武備？況逐州皆有軍資甲仗，市邑民居，萬一犬羊奔突，間諜内應，或盜賊乘虚，姦人竊發，其本州官吏手下無兵，雖有智勇，將安所施？臣愚以爲逐州宜各添一指揮禁軍屯駐，内永興軍爲關中根本，宜添兩指揮。若朝廷別無兵士可以差撥，只乞於緣邊就糧兵士内，依此數目撥留在逐州屯駐，邊上更不得勾抽，所貴緩急不至失備。取進止。

四年，樞密使文彦博論進築河州，奏曰：

臣竊聞議論，欲至來春進築河州，漸恢遠略。臣切思之，以爲未可。蓋熙州初成，猶未完固；❶西蕃内附，尚要撫綏；積粟未豐，屯兵雖衆，未宜多事，恐累成功。臣以

❶「完」，原作「全」，宋人避欽宗名諱改，今據《潞公文集》卷二〇《言洮河》改回。

謂且須增固熙州，使有保民之利，安存蕃部，彌堅向漢之心。倉廪豐盈，士馬壯健，以守則固，以戰則强。根本既深，❶枝葉自茂，然後洮河之役，可以指顧而就。❷今欲務速，臣切深憂。古人謂欲速則不達，見小利則大事不成。又云：勞於服遠，不若修近。斯言可鑑，在理必然。夫趣時希旨，人之甚利；犯顔違意，人之甚害。中人之情，鮮不爲利，多是顧身謀而諂説，豈肯爲國計而危言？❸臣待罪之所，地兼將相，若括囊無言，仰屋切歎，辜祖宗之奬擢，負陛下之倚任，是敢因事極論，違衆立議，庶幾萬一有補涓毫。陛下以臣爲納忠報國，幸賜采擇；以臣爲害成沮事，甘俟誅夷。臣無任惶恐隕越之至。

元豐五年，彦博判河南，上奏曰：

臣去歲冬，輒率愚瞽，累奏陳陝西邊事。今春，蒙差臣男貽慶，特賜臣二月二十五日手詔撫諭。後蒙聖慈矜寛，不責狂易。恭讀詔旨曰：「六軍還塞，將士已殫勞，黎民已告病，今日之勢，豈復可遠舉深入哉？惟固境自完而已。近命涇原制置城數亭障，制虜衝軼，非有前日圖也。」臣仰味聖言，伏增欣抃，有以見陛下推堯、舜之心，卹生靈之困，罄兹溥率，廣被涵育，幸甚幸甚！然自今秋已來，復有遣戍開疆，運糧深入，此必是邊臣希功，規爲僥倖，開陳端緒，誑惑朝廷，料敵不精，致有撓敗。進此計者，陛下必知其人，乞行顯誅，以戒今後

❶「深」，原作「堅」，今據《潞公文集》改。
❷「可」，原脱，今據《潞公文集》補。
❸「計」，原脱，今據《潞公文集》補。

干賞蹈利之輩，免致向去更誤朝廷大事。望以今年二月二十五日詔書大旨，密諭邊臣，嚴設備預，固境自完，來則禦之，去勿遠逐。更年歲間，士氣復振，民力復完，足食足兵，何求不可？醜羌聞之，自當屈服。

臣又聞謀攻料敵，老將所難，不當與新進白面書生，惟務高談虛論，容易而計畫之。今以天下之大，士人之衆，豈無深識遠慮、懷忠守正、更事歷試之人？願陛下詳求而審用之。如祖宗朝所用捍邊守塞宿將名臣，見於國史者多矣，乞詳察之。臣之此言，非不知觸犯時怒，蓋耄耋之年，被三朝重任，蒙陛下眷獎尤深，乃心本朝，義均休戚，豈當隨例緘默，上負聖明？伏望天慈亮其區區竭盡之誠。

熙寧八年四月，樞密副使富弼答詔問北邊事宜，上疏曰：

臣素乏才業，忝塵二府。昔在壯時，精力尚不及人；今老且病，氣志衰耗，何足備大政之問？然臣實非己見，今但舉衆人所得聞者，録以上奏，惟聖明裁擇。

臣五六年來，切聞綏州、囉兀、熙河、辰、錦、戎、瀘、交趾，咸議用兵，唯交趾中寢，其餘諸路皆有攻討，或尅獲，或喪失，即傳播天下。而綏州、囉兀、熙河，始初興舉，便傳聞云朝廷後必復靈、夏，❶平賀蘭，既又大傳有人上平燕之策，此說尤盛，北虜必尋已探知。❷相繼彼復聞朝廷修整器甲，簡練兵伍，增築城壘，積聚芻糧，加之招致高麗，

❶ 「後」，原脱，今據《長編》卷二六二熙寧八年四月丙寅條補。

❷ 「尋」，原脱，今據《長編》補。

爲牽制之援。近又分置河北三十六將，按閱愈急，喧布漸久，事機參合。此虜人所以先期啓釁，以發代北侵境之端，而不肯已也。其平賀蘭、平燕之策，虛實固不可知，然傳者既多且久，萬口一詞，誰敢辯白？設有辯者，遠夷何以取信？今釁端已成，代北各屯兵馬境上，争議逾年未決。横使再至，事歸朝廷。此邊城之職，而朝廷自當之，則恐理難款緩，便要可否，違之則兵立起而患速，順之則河東斥堠窄狹，爲患雖遲，而久遠不便。臣謂不若一委邊臣，令其堅持久來圖籍疆界爲據，使其盡力交相詰難。然北虜非不自知理曲，蓋故欲生事，遂興干戈，以氣吞我，以勢陵我，是欲奪我累年所作之事。彼非敢無故驟興此端，實有以致其來也。惟陛下深省熟慮，不可獨謂虜人結釁背盟也。彼若萬一入寇，事不得已，我持嚴兵以待之，來則禦戰，去則備守，此自古中國防邊之要也。若朝廷乘忿便欲深入討擊，臣實慮萬一差跌，其害非細。更或與西夏爲犄角之勢，則朝廷宵旰矣。事既至此，邊奏警急，兵糧皆缺，窘於應用，須防四方凶徒，必有觀望者，謂國家方事外虞，其力不能制我，遂相嘯聚，蜂蝟而起，事將奈何？臣願陛下以宗社爲憂，生民爲念，納汙含垢，且求安静，更俟歲時豐稔，窮困稍蘇，流亡漸歸，民粗安業，税賦不失，倉廪不虛，恩信宣布，人心固結，然後别圖萬全之舉，貴免一跌之失，[1]此天下之願也，亦臣之志也。

向又喧傳陛下決爲親征之謀，中外益

[1]「免」，原作「勉」，今據《四庫全書》本、《長編》、《宋朝諸臣奏議》卷一三七《上神宗答詔問北邊事宜》改。

更憂懼，心殞膽落。陛下雖英睿天縱，必有成算，然太平天子與創業之君事體絶異，尤不可概然輕舉。又恐朝廷且作聲勢，固無實心，事若如此，乃是我以虛聲而邀彼實來也。張虛聲者，必有疏略之虞；作實來者，必有周密之慮。以疏略之虞而當周密之計，其成敗豈不灼然耶？假令入討得志而還，此契丹一種事力自大，況又夏國、唃厮囉、高麗、黑水、女真、達靼等諸蕃爲之黨援，其勢必難殄滅，使無噍類，即此結成邊患，卒無已時，大非長轡遠馭之道也。

臣切謂因橫使之來，且可選人以其疑我者數事，開懷喻之，云「朝廷凡所爲武備，乃中國常事，非顧外興征伐。向者用武之地，皆小蕃有過者，朝廷須合問罪。若吾二大邦通好，已是七十餘年，無故安肯輒欲破壞？恐是奸人造作，妄興鬪諜，或是彼聞我整肅邊事，即疑我有所興作。我既知之，豈免大爲準擬？蓋因此互相疑惑，養成釁隙，遂有今日争理。」朝廷更有可説諸事，但盡説之，須令釋然無惑，乃一助也。橫使如不納，❶即遣報聘者，於戎主前具道此意，庶幾一聽，必有所益。緣彼大藉朝廷歲與，方成國計，既有顧藉之心，豈無安静之欲？只以疑情未釋，遂成倔强。若與開解明白，必肯回心向化，凡百芥蔕，盡可脱略。苟互相疑忌，兩情不通，禍患日深，必成後悔。臣歷觀春秋洎戰國時，諸侯遞相征伐，兩兵已合，飛矢在上，行人在下，辯説解釋，遂各交締而退、却復盟好者，比比皆是。況今釁端漸啓，兵尚未合，且可多方以理解釋，或能有濟，與其用征戰而决勝負，萬萬不

❶「如」，原作「始」，今據《長編》、《宋朝諸臣奏議》改。

侔也。

彼此致疑及禦戎二事，臣並得之群論，非出胸臆，是皆目前衆所共知、所共見必然之理，非事外別生奇異之策也。臣更望陛下兼求博訪，不宜專聽一偏之説，恐有迎合聖意及畏避用事之人，不敢盡以實事上奏，有誤國家大計。臣今所以及此者，切聞去春以久旱，陛下特降手詔，許人極陳朝政得失，中外歡抃，咸謂聖情已大開悟。尋聞上章論列者甚多，隨而或遭貶降。陛下殊不以手詔召人極諫爲意而優容之，反令得罪，士大夫自此皆務鉗結，忠藎之語不敢復出于口。臣謂下情不能上達者，迺朝政莫大之患也。願陛下深思極慮之，早令天下受賜及朝廷無事，不勝大幸。此奏出於忽遽，又且欲事理明白，不敢加飾及援據古事，但直書利害而已。昔楚相子反謂區區之宋尚有不欺人之臣，況中原大國，已與北虜結隙，今若更不推誠以待之，則恐不能解疑釋惑也。伏乞聖造特加裁恕。

九年六月，弼又論蠻獠侵犯乞詔諸道以寬民爲務疏曰：

臣退伏草茅，不預人事。近者切聞蠢爾蠻獠，犯我疆封，二廣致灾，五嶺嚴備，雖爲手足之患，諒煩宵旰之憂。然而命將得人，出師有日，上禀宸算，必成武功。

臣又切聞淮南累歲尤爲荒歉，流亡餓殍，賑濟難周。今驟起數萬之徒，間由諸路而往，兵馬所到，糧草須辦。監提守宰，唯務供軍，府庫倉箱，殆難足用，既各求於集事，恐必至於擾民。又有按察之官，繼行督責之令，上下逼迫，公私煎熬，人心不寧，實可矜惻。

臣又切聞南方鄉村城郭，重疊逋欠官司錢物，其數浩瀚，若監司、州縣又相迫催理，仍與此時贍軍所費，一併取足，則民不堪命，無以爲生，嘯聚驚騷，或難禁戢。陛下天賦仁聖，累降寬卹之詔，其如所在闕用，出於無可奈何，須至侵漁，方能濟集。而又官吏各思一時苟免罪責，不暇爲國家憂及後患，而爲長久之計也。

臣又切聞諸處興修水利之類，役人甚衆，多或至於一二十萬，此傷耗民財，事亦不細。伏願陛下深詔有司并下諸道，切以寬民爲務，❶凡所逋欠，可蠲者與蠲放，理難蠲放者，多分料次，且令迤邐輸納，及權罷諸般興作，完聚民力，❷一意專以破賊爲急。俟嶺南寧息，歲時稍豐，然後別上圖議，以稱朝廷有爲之心，固亦未晚也。

臣杜門謝事，秖如聾瞽，但時得於四方之人傳聞者，今録以上奏。苟有妄説，惟陛下恕其愚而憐其心，以來衆正之路。

八年四月，判相州韓琦答詔問北邊事宜，上疏曰：

臣伏蒙聖慈，特差入内内侍省東頭供奉官、幹當内東門司裴昱，齎賜臣手詔，以朝廷通好北虜幾八十年，❸近歲以來，生事彌甚；代北之地，素有定封，而輒開釁端，妄來訴理。比敕官吏，同加按行，雖圖籍甚明，而詭辭不伏，今橫使復至，意在必得。朕以祖宗盟好之重，固將優容，虜情無厭，

❶「切」，原脱，今據《長編》卷二七六熙寧九年夏末記事補。

❷「完聚」，原作「全養」，今據《長編》改。

❸「幾」，原脱，今據《忠獻韓魏王家傳》卷一〇、《長編》卷二六二熙寧八年四月丙寅條補。

勢恐未已，萬一不測，何以待之？古之大政，❶必詢故老，卿夙懷忠義，歷相三朝，雖爾身在外，乃心罔不在王室，其所以待遇之要、禦備之方，密具以聞。

臣晚年多病，心力耗殫，日欲再乞殘骸，保此頽暮。不意陛下以北虜生事，深思預防，記及孤愚，曲有詢逮，敢不勉竭，以塞聖問。

臣切以契丹與中國抗者，蓋一百七十餘年矣。自石晉割地，并有漢疆，外兼諸戎，益自驕大，在祖宗朝，屢常南牧，極肆凶暴。當是時，豈不欲悉天下之力，必與虜角哉？終以愛惜生靈，屈就和好，疆埸有所興作，深以張皇引惹爲戒。以是七十年間，二邊之民，各安生業，至於老死，不知兵革戰鬭之事，至仁大惠不可加也。

臣觀近年以來，朝廷舉事則似不以大敵爲恤。虜人素以久强之勢，於我未嘗少下，一旦見形生疑，必謂我有圖復燕南之意。雖虜主孱而佞佛，豈無强梁宗屬與夫謀臣策士引先發制人之説，造此釁端？故屢遣横使，❷以争理地界爲名，觀我應之之實如何耳。所以致虜之疑者，臣試陳其大略。

高麗臣屬契丹，於朝廷久絶朝貢，向自浙路遣人招諭而來。❸且高麗小邦，豈能當契丹之盛？來與不來，國家無所損益，而契丹知之，謂朝廷將以圖我，此契丹之疑也。

秦州古渭之西，吐蕃部族散居山野，不

❶「之」，原作「人」，今據《忠獻韓魏王家傳》、《長編》改。
❷「横」，原脱，今據《忠獻韓魏王家傳》、《長編》補。
❸「自」，原脱，今據《忠獻韓魏王家傳》、《長編》補。

相君長，耕牧自足，未嘗爲邊鄙之患。向聞强取其地，建熙河一路，殺其老少以數萬計，所費不貲。而河州或云地屬董氈，即契丹壻也，既恐闢地未已，豈不往訴？而契丹聞之，當謂行將及我，此又契丹之疑也。

北邊地近西山，勢漸高仰，不可爲塘泊之處，向聞差官領兵遍植榆柳，❶冀其成長，以制虜騎。然興於界首，無不知者。昔慶曆嫚書所謂「創立隄防，障塞要路」，無以異矣。然此豈足恃以爲固哉？但使契丹之疑也。

河朔義勇、民兵，置之歲久，耳目已熟，將校甚整，教習亦精，而忽聞保甲，一道紛然。義勇舊人，十去其七，或撥入保甲，或放而歸農，得增數之虚名，破可用之成法。此又徒使契丹之疑也。

自虜人辨理疆界，河朔沿邊與近裏州郡，一例差官檢討，修築城壘，開淘壕塹，趙、冀、北京，❷役者尤衆。敵樓、戰棚之類，悉加完葺增置，❸防城之具，率令備足，逐處兵甲器械，累次差官檢視，排垛張盤，前後非一。又諸處創都作院，頒降新樣，廣謀造作，澶州等處創爲戰車。此皆衆目所覩，諜者易窺。且虜人未有動作，彼無秋毫之損，而我已費財殫力，先自困弊。此又徒使契丹之疑也。

近復置立河北三十七將，各專軍政，州縣不得關預。❹雄州地控極邊，亦設將屯

❶「差」，原作「羗」，今據《忠獻韓魏王家傳》、《長編》改。
❷「趙」，原脱，今據《忠獻韓魏王家傳》、《長編》補。
❸「完」，原作「換」，宋人避宋欽宗名諱改，今據《長編》改回。
❹「州」，原脱；「預」，原作「防」，今據《忠獻韓魏王家傳》、《長編》補改。

兵，其隨軍衣物，有令兵士自辦者，有令本營增置者，有令官造給付者。以至預籍上户車馬騾驢，准備隨行，明作出征次第，不可蓋掩。此又深使契丹之疑也。

夫北虜素爲敵國，施設如此，❶則積疑起事，不得不然，亦其善自爲謀者也。今横使再至，初示偃蹇，以探朝廷。况代北與雄州素有定界，若優容而與之，恐虜情無厭，浸淫不已，誠如聖詔所諭，固不可與；或因其不許，虜遂持此以爲己直，縱未大舉，勢必漸擾諸邊，卒隳盟好。蓋有因緣而致此者，乃煩明詔訪以待遇備禦之要。自顧老朽，夙夜思之，其將何策上助聖算。臣聞言未及而言謂之躁，言及之而不言謂之隱。臣昔曾言散青苗錢不便事，而言者輒肆厚誣，非陛下之明，幾及大戮。自此新法之下，雖其間有未協人情者，實避嫌疑不敢更有論列。今親被詔問，事繫國家安危，言及而隱，是大不忠，罪不容誅矣。

臣嘗切計，始爲陛下謀者，必曰：「自祖宗以來，紀綱法度率多因循苟簡，非變之不可也。治國之本，當先有富强之術，聚財積穀，寓兵於民，則可以鞭笞四夷，盡復唐之故疆，然後制作禮樂，以文太平。」故始散青苗錢，使民出利，所得之利，復以爲本，但務多取，歲增本錢，無有定數。又爲免役之法，自上等以至下户，皆令次第出錢募人應役。從來上户輪當衙前重難，故其間時有破敗者。今上户一歲出錢不過三十餘緡，安然無事，而令下户素無役者，歲歲出錢，此則損下户而益上户，雖百端補救，終無善法。又役錢之内，每歲更納寬剩錢以備他

❶「施」，原脱，今據《忠獻韓魏王家傳》補。

用，此謂富國之術也。且農民送納夏秋税賦，一年兩次，納不前者，始有科校之刑。今納青苗與役錢已是加賦，有過限者，亦依二税法科校，則是一户一歲之中，常負六次科校，民不勝駭矣。稍遇水旱則逋負官錢，流移失業，是已著見，孰敢言者！又内外置市易，務盡籠天下商旅之貨，官自取利。主者以得利爲功，❶圭刀必取，小商細民遂無所措手。加以新制日下，更改無常，州縣官吏茫然不能詳記，稍有違者，坐以徒刑，雖經赦降去官，不得原免。監司督責，以刻爲明，薄法之苛，過於告緡。故州縣之間，官吏惴惴然，日苟一日，皆以脱罪爲幸。❷

夫農者，國之本也；商者，能爲國致財者也；官吏者，助朝廷之教化者也。今農者則怨於畎畝，商者則歎於道路，官吏則所在不安其職，恐陛下不能盡知也。夫欲攘捍四夷以興太平，而先使邦本困揺，衆心離怨，振古以來，未聞能就此功者也。此則陛下始謀者之大誤也。陛下有堯、舜之聰明，知其所誤，能改不吝，聖人之大德也。

又今好進之人，不顧國家之利害，但謂邊事將作，富貴可圖，獻策以干陛下者，必云：「虜勢已衰，特外示驕慢耳。以陛下神聖文武，若擇將臣，領大兵深入虜境，則幽、薊之地，一舉可復。」此又未之思也。今河朔累歲災傷，民力大乏；沿邊、次邊州郡，芻糧不充；新選將官，例皆麤勇；保甲新點，未經訓練。若驅重兵頓于堅城之下，糧道不給，虜人四向來援，腹背受敵，欲退不

❶「者」，原脱，今據《忠獻韓魏王家傳》、《宋朝諸臣奏議》卷一三七《上神宗答詔問北邊事宜》補。

❷「脱」，原作「得」，今據《忠獻韓魏王家傳》、《長編》改。

可，其將奈何？太宗時雖曹彬、米信名德宿將，猶以致岐溝之敗也。

臣愚今爲陛下計，謂宜遣使報聘，❶優致禮幣，開示大信，達以至誠。具言朝廷向來興作，乃修備之常，與北朝通好之久，自古所無，豈有他意？恐爲諜者所誤耳。且疆土素定，當如舊界，請命邊吏退近者侵占之地，不可持此造端，欲隳祖宗累世之好，永篤信約，兩絶嫌疑。望陛下將契丹所疑之事，如將官之類，因而罷去，以釋虜疑。萬一聽伏，則可遷延歲月，陛下益養民愛力，選賢任能，疏遠姦諛，進用忠鯁，使天下悦服，邊備日修，塞下有餘粟，帑中有羨財，俟虜果有衰亂之形，然後一振威武，恢復舊疆，快忠義不平之心，雪祖宗累朝之憤，陛下功德赫然如日，照耀無窮矣。如其不伏，決欲背約，則河北諸州深溝高壘，足以自守。虜人果來入寇，所在之兵可以伺便驅逐，大將持重，以全取勝。自此彼來我往，❷一勝一負，兵家之常，不可前料，即未知何時復遂休息也。至於清野之法，則難盡行，倉卒之際，不可率一境之民，比户將牛馬餱糧盡入城郭。蓋至時或有往保山寨者，❸或有挈家渡河者，或有留人看守莊舍者，或有就近入居城郭者。當使人得自便，方保安全，固不可按圖先定，必令城郭而居，雖有嚴令，必不從也。在祖宗朝，屢經北虜之擾，鄉民避寇，率亦如此，願朝廷不須一一處置。

❶「報聘」，原作「來聘」，今據《忠獻韓魏王家傳》、《長編》改。

❷「自」上，《忠獻韓魏王家傳》有「然」字。

❸「山」，原作「生」，今據《忠獻韓魏王家傳》、《長編》、《宋文鑑》卷四四《答詔問北邊地界》改。

臣歷事三朝，十年輔相，宦已極品，歸榮故鄉，萬事無不足者；年將七十，宿疹在身，每思告老而去，庶全始終。比緣聖問之及，❶因敢一貢藎言，非嫉善也，非求進也，用是只以自信。今天下之人，漸不敢以直言爲獻，臣實不忍負累朝眷遇之恩，猶覬愚瞽一悟聖心，爲社稷之盛福，惟陛下加察，賜以不疑，非獨老臣幸甚，天下幸甚。

十年，監察御史裏行蔡承禧論再征交趾，上疏曰：

臣聞漢儒之言曰：「聖人以天下爲度。」《傳》曰：「江海納汙，國君含垢。」則知天下之治亂無窮，若銖銖以較之，則道有所不及。故聖人限要荒之俗，以不治治之，而天下無不治也。伏自交寇之弗率，一隅之間，兵死于道者相屬，丁男之轉輸而斃于行者相繼。縻都内之財以億萬，二歲之久，可謂勞矣。而所得者，廣源數州之地而已。夫瘴海窮山，蛟虺霧毒之淵藪，飛鳶墮於上，温風泊其間，殆非人境，雖盡得之，顧何補於天下！今若討安南之罪，則已伏罪矣。雖三苗弗率，而七旬班師，義亦何以加此？然而郭逵、趙卨尚未罷歸，邊兵未還營伍，外議喧傳，以爲李乾德之降，疑不深自引慝，朝廷再欲興師，不識有此否乎？

夫蠻蜑之俗，介居荒服之外，通譯而能書亦已多矣。臣知朝廷必不計其意之厚薄，而與之較也。夫所謂限之以荒服者，三代之治蓋詳密矣，亦以爲不足治，何也？不欲以遠而勞近，以夷而困夏，若朝廷以爲蠻夷以讎劫爲事，既已收取其境土，而殪其

❶「比」，原作「此」，今據《長編》改。

元惡，俘其黨類，慮其復爲異日之患，聊用逵、卨之徒以守之，使其怯於攻討之勢而不來可也。萬一有再舉之策，臣願更且詳思熟講。假湖、廣之人安息數年，俟瘡痍平殄，然後留意，未可輕議，以恢陛下納汙含垢之量。臣誠識淺言輕，干冒天威。

元豐八年，朝奉郎、前知登州軍州事蘇軾登州召還，議水軍狀奏曰：

右臣竊見登州地近北虜，號爲極邊。虜中山川，隱約可見，便風一帆，奄至城下。自國朝以來，常屯重兵，教習水戰，旦暮傳烽，以通警急。每歲四月，遣兵戍駞基島，至八月方還，以備不虞。自景德以後，屯兵常不下四五千人。除本州諸軍外，更於京師、南京、濟、鄆、兗、單等州，差撥兵馬屯駐。至慶曆二年，知州郭志高爲諸處差來兵馬頭項不一，軍政不肅，擘畫奏乞創置澄海水軍弩手兩指揮，并舊有平海兩指揮，並用教習水戰，以備北虜，爲京東一路捍屏。虜知有備，故未嘗有警。議者見其久安，便謂無事。

近歲始差平海六十人，分屯密州信陽、板橋、濤洛三處；去年本路安撫司又更差澄海二百人往萊州，一百人往密州屯駐。檢會景德三年五月十二日聖旨指揮，今後宣命抽差本城兵士往諸處，只於威邊等指揮內差撥，即不得抽差平海兵士。其澄海兵士，雖無不許差出指揮，蓋緣元初創置，本爲抵替諸州差來兵馬，❶豈有却許差往諸

❶「差來」，原作「萊州」，今據《東坡七集·奏議》卷二《登州召還議水軍狀》改。

處之理？❶顯是不合差撥。不惟兵勢分弱，以啓戎心，而此四指揮更番差出，無處學習水戰，武藝惰廢，有誤緩急。伏乞朝廷詳酌，明降指揮，今後登州平海、澄海四指揮兵士，並不得差往別州屯駐。謹録奏聞，伏候敕旨。

神宗時，御史中丞蘇轍論渠陽邊事劄子，曰：

臣近論唐義問處置邊事乖方，致渠陽蠻寇賊殺將吏，乞早黜義問以正邦憲，更選練事老將付以疆埸。經今多日，不蒙施行。訪聞執政，止以臨敵易將，兵家所忌爲説，雖知義問處置顛錯，至覆軍殺將，而猶復隱忍不即遣代。比雖遣衡規往視，然規凡人，未曾經練戎事，何益於算？徒引歲月，坐視邊人肝腦塗地，臣甚惑之。謹按義問所爲，蓋全不曉事，留在邊上，一日即有一日之害。昔趙任廉頗，以趙括代之則敗；秦任王齕，以白起代之則勝。蓋臨敵易將，顧代者何人耳。今執政乃以虛文藉口，終欲庇之，遠人何辜，日被塗炭！若非陛下哀矜四方，亟命賢將往代，則臣恐陷害生靈，未有已也。

兼臣訪聞渠陽諸夷，蟠踞山洞，道路險絶，中國之兵入踐其地，雖跬步不得其便。昔郭逵知邵州，困於陽光僭；李浩從章惇自沅州入，過界即敗。逵、浩皆西北戰將，然並有敗無成者，地形不便也。今聞朝廷已指揮諸道發兵，數目不少，然將非其人，臣恐既不知戰，又不知守，老兵費財，漸致腹心之患，深可慮也。今朝廷欲棄渠陽，然

❶「往」，原脱，今據《東坡七集》補。

其中屯戍兵民，不下數千，義無棄之虜中，俾爲魚肉。要須略行討定，使之畏憚，肯出渠陽兵民，然後爲可。臣訪聞湖南、北士大夫皆言群蠻難以力争，可以智伏。欲遣間諜招誘，必用土人；欲行窺伺攻討，必用土兵。捨此而欲以中國强兵敵之，雖多無益。然此可使智者臨事制置，難以遥度也。

臣前者嘗以衆人言謝麟屢經蠻事，頗有勞效，乞行委任。朝廷置而不用，蓋必有賢於麟者，惟乞速遣，以紓邊鄙之患。至於義問决無可望，幸陛下無疑也。臣又聞渠陽諸夷，與宜州群蠻相接，宜蠻部族衆多，若與渠陽諸夷合謀作過，勢益昌熾，猝難剪滅。亦乞指揮廣西預行招撫，雖不得其用，但勿與協力，亦不爲無益矣。取進止。

轍又論渠陽邊事劄子，曰：

臣以唐義問處置渠陽蠻事前後乖方，致東南第七將王安入界陣亡，恐邊患滋長，乞速選差諳知用兵之人，❶往代其任。又聞義問兵敗之後，奏乞棄捐城寨，與夷人講和，其爲暗弱謬妄，取笑夷虜如此。然其事已著，伏計朝廷必不復用。然外人竊見召還彭孫，妄意朝廷欲付湖北邊事，兼孫亦以此自任，群議洶洶，皆所不曉。謹案孫劫竊之餘，賊性不改，前後委任，欺罔貪盗，靡所不爲。今若付以兵柄，❷深恐塗炭湖北，非州縣所能禁止。❸蓋蠻人背叛，不過侵撓邊城；若使彭孫作過，腹心郡縣並受其毒。前者誤用義問，止於敗事；今者若用彭孫，

❶「選」，原脱，今據《欒城集》卷四四《再論渠陽邊事劄子》、《長編》卷四四七元祐五年八月庚申條補。
❷「付」，原作「委」，今據《欒城集》、《長編》改。
❸「縣」，原作「郡」，今據《欒城集》、《長編》改。

凶嶮多端，事有不可知者。以臣愚見，雖知朝廷必不肯輕用此人，然衆所共知，不敢默已。若待既用而後獻言，實恐於事有損。伏乞聖慈早賜施行。

起居舍人范純仁乞戒飭邊臣勿弛備狀曰：

臣近聞夏國累次遣使赴闕，禮意恭順，外議皆謂漸可罷兵。竊知西人頓買漢物數目過多，似不爲頻來之計。臣愚慮或恐分畫地界之際，復欲阻兵脅盟。臣已指揮沿邊諸將寨柵，常爲意外之備。更望朝廷戒敕邊臣，不得少有懈慢。❶其向來所增軍馬及創添吏員，且與存留，候將來畫定地界，納到誓書，抽減未晚。蓋朝廷舉動，夷夏所瞻，固宜慎重。及臣所奏請邊防利害，并舉辟官屬，亦望不付有司，特降聖旨施行，免用常格沮礙。臨時闕事，萬一落賊姦便，上貽宵旰之憂，則臣不早陳述之罪，萬死難贖。伏望聖慈留神聽納，則天下幸甚。

純仁同知諫院，條列陝西利害疏曰：

臣前次上殿親奉德音，以臣曾任陝西，令臣具陝西利害聞奏。臣才識淺拙，慚無長策，上裨聖猷，謹具管見，條列如左。

一、唐以涇原帥府在涇州，爲四鎮北庭，邠寧帥府在邠州，爲静難軍。本朝置逐路總管，亦多只在涇、邠二州。自康定、慶曆後來，方於慶州置環慶帥府，渭州置涇原帥府，蓋以邊事之際，便於照管。然事平之後，饋運增遠，民力倍費，所以陝西之民，久

❶「少」，原作「小」，據《范忠宣集》奏議卷上《奏乞戒飭邊臣弛備》、《長編》卷三六〇熙寧二年十月丁丑條改。

不完復。臣今乞移兩路經略使，只於涇州、邠州置府，或遇邊事警急，可令行營就近照管。庶減供饋之勞，實於邊事無闕。

一、邊帥多以糧草責不在己，務擁重兵於無事之時，坐耗軍食；及妄興軍旅，誘致寇讎，或縱熟户邊人劫掠西界，殺害平民，爲國生事，皆非朝廷愛人柔遠之意。臣今乞選擇慶、渭、延、秦四州通判，令各兼本路經略判官，專主本路糧草，及覺察城寨使臣邊人，不得誘致寇讎，希功生事。如能愛惜邊用，比常歲不增供億，及將到任至罷任一路糧草比較，如有增羨，及本路並無生事之人，即委監司保明，其判官并帥臣，並與旌賞。或枉費供億，糧草虧耗，及縱邊人生事者，並行責降。如此，則不惟邊計可實，亦使夷狄懷我恩信。

一、陝西有沙苑等處監牧草地，七八千頃，自來養馬，别無增息，虚占良田。今來陝西四塞之地，不通漕運，若得彼中自出穀食，則屯聚大兵易爲供贍。今乞罷陝西監牧，將上件地開爲營田，募民耕種。一頃歲收公私無慮二百碩，則歲可得一百五十餘萬石，以助關右兵民之食，爲利不細。其所得芻稈，自可秣馬，以助軍計一方。今陝西苦於城寨太多，及冗兵、冗官爲害。又朝廷時有試中武藝等人，並與班行、殿侍，送沿邊指使。城寨多則分却兵糧，冗官多則坐耗邊用，及班行等各懼替歸本班，難得差遣，故人人皆思僥倖，以爲身謀；交構邊事，無所不至。今乞將閑慢城寨、冗官、冗兵，檢會臣前來劄子，委帥臣、監司減省。其試中武藝等人，即乞且送陝西内地易得糧草處差使，緩急旋行勾抽，不惟惜得軍儲，兼免妄生邊事。

一、邊地瘠薄，公私難得米穀。又山險艱於般運，而逐處場務醞酒耗蠹無度。每遇邊上兵馬屯聚，難得糧草之際，裹外賣酒愈多。轉致穀米耗竭，和糴不行，兼一遇凶歲，民即無食，官中却輟軍糧救濟。今乞將沿邊、次邊鄉村酒店課利，每月不滿二貫文者，並行停閉。其州縣城寨酒務，亦不得於常年課額外務爲增羨。庶使不奪民食，飢凶之年可減賑貸，兼免添起和糴米價，大費官錢。

一、解鹽之法，是爲邊備根本。近因法壞，朝廷雖曾遣張靖體量，亦不能深究利病。朝廷以未見弊源，重於更制。臣恐三二年間，糧草亦更虧少。今乞檢會臣前來劄子，令轉運司通管，公共講求長久之法，庶幾范祥時糧草之數，漸可補復。

一、今之商賈、富人車馬器服，皆無制度，役屬良民，豪奪自奉。蓋前世聖王法所先禁，今不惟恣其奢僭，耗蠹民用，而又於朝廷急難之際，一有率斂，則群聚興怨。今既不可暴行禁止，可以因其所欲而爲之節文，又得財利以資公家之用。今乞如秦漢武功爵之類，立爲散官及衙校名品，使富人入粟於邊，然後授之。即以其名品高下，定爲車馬、器服、僕使、屋室之制，仍聽贖輕罪。如此，則國不失權，而民皆樂輸，不惟可實邊儲，亦可漸行内地。此亦漢之遺法，在聖朝舉行之爾。

一、邊人好食西界青鹽，雖嚴禁所不能止。販者多是邊上强人，事敗悉遭遠配。邊上强人漸少，甚非中國之利。今乞於沿邊置榷場，以茶并雜貨博易青鹽，盡收入官，與解鹽同賣，仍通入解鹽課額。其合用茶，乞自朝廷賜與；其他雜貨，即令解鹽司管認。如此，則不惟省刑愛人，亦可以固戎心、息邊患。

一、陝府虢、解等州與絳州，每年差夫共約二萬人，至西京等處採黄河梢木，令人夫於山中尋逐採斫。多爲本處居民於人夫未到之前收採已盡，却致人夫貴價於居人處買納。及納處邀難，所費至厚，每一夫計七八貫文，貧民有賣産以供夫者。今乞並破官錢收買，如官中少錢，即許合著夫人户情願出錢免夫，每夫納錢二貫文，與官中合破夫糧，相兼買梢，其監買官仍與別立賞格。如此，則河防無闕，大省民力。

監察御史裏行劉摯論邊事，上言曰：

臣竊以北虜之爲中國患，自《詩》《書》已來，世常有之。方今之勢，雖效順惇睦，服威德而利金幣，然其驕貪之情，常能覦伺中國動静，一見間隙，則造端産謀起事以撼我。昔者寶元、康定間，國家問西夏之罪，而遣使肆嫚有非理之求，中外憂恐，至倍增歲賂而後已。臣愚不足以論事勢，然竊有私憂過計，以謂今日之故，有可以動驕貪之覦伺者，臣謹言之。

昨者綏州用師，連兵三歲，皆繇議臣失計，理曲而無名。北虜之於西夏，自以爲甥舅之國，此一事也。今高麗遣使朝貢，將至闕下。高麗自天聖中，嘗以事請干朝廷，朝廷不從，遂附庸北虜，自是方貢不入王府者，數十年矣。既已臣屬于彼，而一旦面内中國，則恐爲彼不能無疑，此二事也。臣以謂此二者，彼皆足以藉口而爲請于朝廷者也。伏況大河之北，自戊申以來，地大震，水大溢，民大失職，離鄉内徙，空虚塞下。至于今三年，而地震未已，此何祥也？今歲漳河春役，財力並竭，中路夏旱，二麥不登，灾變因仍，人不寧處。夫彼既有以爲藉口，又乘民心皇皇，公私疲匱，禦備百廢，朝廷厭聞邊患之時，臣恐夷狄見利投隙，而區區之信誓，豈足以保其心而恃以爲安乎？彼固不至敢有狂謀，假令遣一使持尺書，援二事以請於朝廷，其用何辭以杜其問？一言入境，臣恐勞人以繕城械，倍估以儲庾廩，更易將帥，輕用名器，張皇擾攘，大勞大費而已爾。康定、寶元之事，蓋可以鑑也。又議者籍籍，皆謂高麗之至，有徼幸希功之人誘而召之者。使無此理也，不過臣爲妄言；使誠如議者之論，則釁自我始。西兵之禍，覆車未遠，安得不先事而言哉？

伏乞陛下密詔二府大臣，使日夜謀畫，以求防微杜變之理，而伐其心。且河北重地，據天下安危之勢，願陛下寢食以爲念，而無忘北顧。常務勞來其人民，安輯其田里，薄征斂之數，省煩急之令，恤其凋瘵，足其衣食，使樂守生涯而維持其心。凡所謂邊備軍政調度之數，皆宜因事稍稍經畫，藏其用而隱其跡，兵法所謂恃吾有以待之者，惟陛下留神無忽，以消連年地震之異。夫無事而言，其言若狂，而人皆易之；有事而言，其言雖足以取信，而事已無補。臣寧以狂得罪，不敢後事而爲無益之言，以負陛下耳目之任。

翰林學士楊繪論李憲討交趾，上疏曰：

臣伏聞交趾猖狂，上負聖化，方議討伐，雖神謀睿算已決勝於千里之外，而臣不度愚昧，敢陳芻蕘，出於愛君之切然也。伏乞採其狂言。

臣聞《軍志》有之：「善攻者攻其所不

守，善守者守其所不攻。」今側聞潭、廣易帥，修飾守備，而南閩泉、福之守，未聞議焉。雖越廣然後抵閩，然慮泛海，使便風或有出其不意，亦未宜忽於守其所不攻也。交蠻擾於南方，其於出師命將及偏裨之選，皆西邊、北邊之官素號能者在行。然臣亦慮國家鋭意南討，而忽於西邊、北邊之備。設萬一有乘虛掩不備之寇，則其憂又大矣，則亦非所謂「守其所不攻」之義也。臣所謂西北之備者，非謂增兵嚴警，張皇其事，但陰留驍勇諳練謀慮之將，不盡遣行於南討，庶乎有以備西北緩急之用也。切見癰疽之醫，未嘗不先用托裏之藥，蓋治病於皮膚者，必先固護於心腹。此雖醫工之智，亦不可謂不知所先後也。唯願陛下察其先後，而慮乎皮膚、心腹之害焉。

臣又覩招討副使李憲，年三十五六，官已爲防禦使，職已爲押班，況聞有才，今仗宗廟之威靈，禀陛下之聖策，功其必成。臣願陛下儲思於他日成功之後也。成功之後，賞爵必崇，年又未高，權又益盛，乞陛下處之得其當而已。伏惟陛下聰聞明覽，其於古今安危之機，歷代興亡之轍，中貴任權之成敗，不假臣縷細而述。謹按唐憲宗命吐突承璀爲行營招討使，于時白居易爲翰林學士，上疏切諫，在其集中。臣非不知陛下聖德神功，過憲宗遠甚，今李憲又止是副使，非如承璀之比。然臣遭逢聖恩，忝在白居易之位，而又翰林學士三員，鄧綰入試院，陳繹出知府，本院宿直唯臣一人，則臣之榮幸，又過於居易。臣不欲使唐憲宗朝獨有翰林學士白居易敢言事，而陛下聖德神功過唐憲宗遠甚，乃無翰林學士白居易者。是敢進其區區，伏望陛下赦其狂僭之罪，而賜之深思遠慮。

神宗詔近臣舉士，孫固以施州通判李周聞，神宗詔對，謂曰：「知卿不游權門，識今執政乎？」對曰：「不識也。」「識司馬光乎？」曰：「不識也。」訪禦邊之術，曰：「四邊手足爾。若疲中國以勤遠略，致百姓窮困，聚爲賊盜，懼成腹心之憂。」神宗頷之。

哲宗即位，知慶州范純仁繳進後漢光武詔書狀曰：

後漢光武《報臧宮》等詔曰：《黄石公記》曰：「柔能制剛，弱能制强。」柔者，德也；剛者，賊也。弱者，仁之助也；强者，怨之歸也。故曰：有德之君，以所樂樂人；無德之君，以所樂樂身。樂人者，其樂長；樂身者，不久而亡。舍近謀遠者，勞而無功；舍遠謀近者，逸而有終。逸政多忠臣，勞政多亂人。故曰：務廣地者荒，務廣德者强。有其有者安，貪人有者殘。殘滅之政，雖成必敗。今國家無善政，灾變不息，百姓驚惶，人不自保，而復欲遠事邊外乎？孔子曰：「吾恐季孫之憂，不在顓臾。」北狄尚强，而屯田警備傳聞，常多失實，誠能舉天下之半，以滅大寇，豈非至願？苟非其時，不如息人。

臣伏見夏國差人詣闕多日，未見放回。近日探到賊中事宜，漸却添屯兵馬，必是發情疑阻，却欲別生邊患。伏望聖慈以陝西生靈之故，稍從其欲，使復常貢，庶幾可以罷兵，俾華夏復見太平。則陛下好生之德洽于生靈，祖宗社稷享萬世之安，皆在陛下一言之賜爾。臣常讀後漢光武《報臧宮馬武詔書》，良有深戒。

臣恐陛下欲聞，謹録繳進，惟聖心採擇。

純仁條對手詔所問邊計狀曰：

「勘會夏國自神宗皇帝升遐，後來遣使吊慰祭奠，繼以告國母喪，進遺物。今者又復遣使入朝謝恩，使人比來外示恭順，稍可見矣。然戎情狡獪，未測其誠心何如耳。如向者所得邊地，雖建立城寨，亦慮孤僻，不易應援。棄之則弱國威，守之則終恐戎人在念。卿久在西塞，深曉邊情，當此宜罄嘉謀，輔予憂勞。可條具邊計，合如何措置？向去如何守禦？親書實封聞奏，無拘以文者。」

臣奉命皇恐，不知所措。蓋臣智識迂昧，計慮不長，何足以仰承聖問，上副天心？雖然，臣蒙被大恩，未有補報，敢不竭心悉慮，强勉以對，以成陛下詢于蒭蕘之善。

臣竊見夏國自朝廷用兵以來，近漢之民，頗失生業，並塞二百餘里，不敢耕種，其國上下之人，皆欲講和。又自陛下臨御之初，聖政鼎新，凡有不便於民者皆爲蠲除，每詔令一下，民間讙呼鼓舞，以至印賣傳播，謂之快活條貫，此事即時聞於夷狄。又邊上臣寮，亦多體朝廷之意，不縱侵擾。以此夏國必謂朝廷待之異於前時，所以遣使入慰，探朝廷之意。朝廷待其初來之使，❶禮意既厚，是以接續肯來。以至累次不失恭順，而終未敢復言請地者，其意應爲前來朝廷拒之太峻，却慮啓口之後，更失朝廷之意，則和好愈難。

❶「使」，原作「意」，今據《范忠宣集》奏議卷下《答詔論西事》、《長編》卷三六六元祐元年二月丙子條改。

今聞夏人又將到闕，願選擇押伴臣寮，使與推誠語論，因而談美聖政，及陛下好生惡殺、捨己從人之德，彼必有所對答，則夷狄之情亦可測見。若有願和之意，則可令作押伴臣寮臆度説與，❶自用兵以來，甚有陷蕃官吏軍民，見在西界，宜若夏國盡底納與朝廷，聞朝廷待將虜到生口賜還夏國。如有邊上未便之事，亦可因而陳請，朝廷必應量度應副。彼若云：前來已曾請地入貢，蒙朝廷不允。則可答云：前來請地乞貢，是梁氏之意，宜其朝廷不允。今梁氏已死，朝廷於國主必無所難。彼若無對答，則乞委延州趙卨宣布此意。其肯還生靈及來請地，則可曠然降詔許之，亦不須疑其狡獪難測。彼將陷蕃官吏軍民押在界上，即却將向來所得邊地，及城寨内外有居漢人屬户，先次漸令移入近裏，并勾集前後虜到夏國生口，亦在界上。先且立定誓表，預約日數，兩相交還。如此措置，則取捨有名，於國威無損。其有向來所得邊地，雖是建立城寨，其間實有孤僻不易應援供餉之處，留之則戎人必須在念，邊事難息。若却换得陷蕃生靈，不惟無損國體，兼和氣充塞天地，陛下聖德超越古今，爲中國無窮之利矣。若趙卨諭意，不肯换易，及换易之後，尚較計别有邀索，則朝廷自可絶之，嚴戒邊臣，堅壁静守，任其所爲。如此，則我直彼曲，我逸彼勞。我直彼曲，則人神共怒，滅亡可待；我逸彼勞，則雖久不來庭，於王道無損。所有交地之際及宣布之時，其間合有意度節次，更委趙卨條上，不得落賊

❶「臆」，原作「意」，今據《范忠宣集》、《長編》改。本篇下同。

姦計。

臣倉卒略具大概，仰答聖問，未能詳盡，如蒙召對，尚有口奏事件，得以粗陳，更在陛下擇而行之，天下幸甚！　臣所知邊事，只熟知環慶及粗知鄜延，其他路分，非臣所知。臣今所陳，乃王體當然爲萬世之法，非一時之利害也。又其宣布意度及换易事節，先須只作押伴臣寮及帥臣臆度者，竊恐戎人萬一於應對之間，失禮不遜，則於朝廷無損。又將來夏人回日，必有答詔，便可奬諭其累次遣使恭順，及喻以解仇釋怨、罷兵息民之意。

純仁拜諫議大夫，畫夏國疆界三策曰：

臣竊見前日簾前文彦博等諸執政論疆界事宜，其時以諸臣奏對已多，臣雖有管見，不敢久煩聖聽，欲於別日奏陳。而臣今病假在家，未能如心。竊慮夏人在庭，議論日逼，謹先具條列聞奏。

若以所得夏國地土换易陷蕃生口，如此則便可罷兵息民，陛下仁惠之化得以久行，堯舜之治可以速成，此上策也。又蘭州定西城，聞元是西蕃境土，後來方屬夏國，已有景德中誓表，更不虜掠西蕃。彼雖堅意欲之，我亦留之有名，❶徐委邊帥婉順商量，雖便未可罷兵，彼應難便猖獗，此中策也。又若留塞門、吴堡、義合，而止棄遠處難守二三城寨，則朝廷與之不足以示大恩，彼雖得之不足以副其欲。如此，則兵必不解，夷夏難安。陛下仁惠之政，何由復施？勝負安危之機，邈未可料。所得之地，不及

❶「有」，原作「不」，今據《范忠宣集》奏議卷下《畫夏國疆界三策》、《長編》卷二八二元祐元年七月癸亥條改。

秦、漢萬分之一，乃妨陛下堯、舜之政，❶而且有後憂，此下策也。

右臣謹條此三策上進，伏望陛下深賜採擇，以爲天下國家無疆之福。臣稍可勉强，更當面具奏陳。臣未曾見夏人表章，如其過有邀求，則雖與地不能息兵，非臣今來所料，俟臣别具陳奏。乞且嚴戒邊臣，過作守備，凡有所闕，盡令陳請，朝廷當一一應副。庶令責有所歸，不至誤事。惟中策，安燾頗與臣合，近曾將擬下詔意示臣，内有不與中國舊寨一節，臣曾簽帖，欲其除去。然安燾未曾修改，應待聖意裁度。

純仁爲武安軍節度副使，乞棄廢寨地與西夏疏曰：

臣伏見陛下臨御以來，懷柔西戎，恩德備至，至於册封賜地皆出宸斷，遂使累年之間，戎馬不能犯塞，蕃、漢生靈全活無數，好生之德格于皇天。故使百穀屢登，四海豐樂。此帝王之盛事，太平之大本也。近日傳聞熙河邊臣分畫地界，吝惜向來久廢寨地，❷以爲要害，未欲給賜，致其偃蹇不從，以至未能罷兵，邊事難了。竊恐蓄疑敗謀，事久生變，萬一姦人間諜復致猖狂，容之則虧損國威，討之則前車未遠。連兵不解，勞費無期。若或飢饉相因，兵民乏食，則雖有智謀之臣，未易爲計。如此，則功虧一簣，併棄前恩。伏望陛下深留聖念，特務遠圖，不舍易而爲難，不以小而妨大。檢會元約，朝旨特賜允從，遵孟子樂天之言，稽虞、舜

❶「乃妨」，原作「廷坊」，今據《范忠宣集》、《長編》改。

❷「吝」，原作「各」，今據《長編》卷四六五元祐六年閏八月壬午條改。

舞干之德，則天下幸甚。臣受恩至重，職與邊臣，過計深憂，不能緘默，惟陛下矜憐，曲加采納。

又奏：

司馬光爲陛下陳棄寨之策，及後來換易生口，并降賜封册，臣寔皆與其議。昧者尚多不以爲然，至朝廷力行，浮議方息。今與西夏君臣體分已定，惟有分畫地界，所較不多。若是去城寨二十里内，雖夷狄無厭，亦可以理開諭，必肯依從。以臣愚慮，但恐邊將貪功生事，不樂罷兵，將去城寨二十里外，聖恩已許給賜，或向來用兵之時，不曾保據之地，指爲要害，却欲築城占守，則虧朝廷大信，誤國家前謀，不可不察。議者或謂夷狄無厭，與之，必將更有邀求。竊以祖宗朝兵勢國力，尚因德明歸順，賜以數州；元昊稱臣，❶加國主之號。蓋欲安民息戰，不以小利玩兵。後來彼國果自服從，亦何嘗更有干犯？而况今日所損利害絶小，惟聖明深慮。昔樊噲欲以十萬横行匈奴中，❷季布指爲面謾。武夫邊將之言，多若此類。上誤先朝不少，今可爲鑑。

純仁又乞早分畫西夏地界，疏曰：

臣近入劄子，爲夏國分畫地界未定，恐邊將靳地失信，復致用兵。所陳利害頗明，必已上達天聽。近日伏覩樞密院指揮及諸路關報，西人頻有點兵侵犯漢境，或聞邊將多亦乘此希功先動，恐至秋凉，再爲邊患。

❶「元昊」，原作「元吴」，今據《范忠宣集》奏議卷下《奏乞棄廢寨與西夏》、《長編》改。

❷「横」，原脱，今據《長編》、《太平治迹統類》卷二補。

臣是以夙夜過憂，不能緘默。❶臣伏見陛下始與司馬光等議定大計，今乃爲邊將貪鄙之論沮害遠圖。前捨四處已成之寨，换易生口，以示輕地愛人之德。今乃傳聞復留兩堡從來不守之地，再起事端，以招纏兵致寇之患。昧聖君舞干之化，進市道苟得之謀，則其是非輕重，不待詳陳。蓋今日靳地之邊臣，多昔年生事之黨類。朝廷若不早悟，必恐復繼前車，將致聖恩無由下通，天威不以義動，生靈受弊，後害難量。臣之區區，實在於此。日近坤成節，夏人進貢在庭，若有所請，不至乖悖。伏望聖慈特賜寬納，或令押伴宣諭，所有地界早令分畫，或邊臣未能宣達，朝廷詔旨有所不盡，特許奏陳，候朝廷相度指揮。然後嚴戒邊臣分畫地界，並依已行詔旨，不得虧失大信，别起事端。雖云夷狄貪婪，必亦難生怨叛。息民偃革，指日可期，則天下幸甚。臣前來所上劄子，更乞檢會看詳，特垂收采。

純仁又乞戒邊將不得生事疏曰：

真廟朝與契丹講和，懷撫有道，兩國情通，小人不敢生事間諜，今將百年，生靈安帖，自古和戎，所未曾有。今來西夏雖是小國，亦未可輕。况自興兵已來，恩信未孚，動生疑阻。加以邊將慣得厚賞，樂於生事邀功，多是先自引惹，却稱西人侵犯，構起邊患。朝廷不知，致使夷狄之情無由通達。此風不除，難得安静。伏望朝廷常加審察。

歷代名臣奏議卷之三百三十

本卷張希清校點

❶「憂不能緘」，原空闕，今據《長編》卷四六五元祐六年閏八月壬午條補。

歷代名臣奏議卷之三百三十一

禦邊

宋哲宗元祐元年三月，守慶州范純粹乞以棄地易被虜之人疏曰：

臣自元豐元年在陝西路備員監司，適當軍興之時，至七年乃得還朝。故於陝西邊事，粗知始末。昨蒙除授今任，赴官過闕，雖蒙特許朝覲，累狀乞上殿奏稟職事，尋准樞密院劄子，催發出門。故欲敷奏職事，了不獲陳。今既到任，身遠朝廷，須至披露論析，仰黷聖聽。切以西夏之國，效順歲久，邊隅無事，夷夏晏然。秖因种諤、沈括數輩希功造事，欺罔朝廷，以謂夏國失勢，衆怨親叛，無甚勞費，席卷可平。或請覆巢長驅，或請進築開拓，致朝廷大舉戈甲，諸路並興。固嘗長驅而無功，亦已進築而失利。衆説並試，一無所成，徒致關輔瘡痍，公私困弊，百姓流徙，國兵殘耗。雖諸路各有收復故砦廢州，多非中國所利之地，深在虜境，創爲興修，横添兵屯，倍置器械，加費金幣，益耗芻糧。盡關輔公私之力，曾不足以自支。故日煩朝廷，自内應副，而邊防釁隙，日有可憂。❶

彼夏國者，深沉自居，未即報應。蓋亦以頻年應敵，部族疲勞，横山之人失業良久，勢力未復，舉動良難。故但比時以來，

❶「有」，原作「在」，今據《長編》卷三七二元祐元年三月壬申條改。

數數遣使，跡如效順，實迺有謀。外則不議土疆，内則不修常貢，既形款我之計，又爲自資之謀。臣聞累番使人，貨販滋廣，通約所得，不減三數百萬，其自資之謀，亦可見矣。諸路軍兵，經累次凋瘵之餘，雖將招填，略充舊數，而新人眇小，未堪戰鬬。朝廷但知兵籍數目，而未知士卒之氣全未振奮。臣未測朝廷謀畫所向，但見近降朝旨，應因軍興增置兵將官吏及添戍軍兵，並已抽還。外議以謂朝廷晏然自以爲無事，人切憂之。則其款我之計，亦已行矣。常貢未修，彼所以言邊事之未竟也。疆土不議，彼所以爲將來舉事之端也。理勢灼然，無可疑者。然則邊防大事，未見成畫。臣恐歲月滋久，彼力漸全，待草豐穀實之秋，當弓勁馬肥之際，稱兵有請，暴肆跳梁，倉卒之間，何以遣應？若臨時欲議許可，則國體有傷。若至期復舉干戈，則生靈被害。唯編户之方困，豈再籍之能堪？臣心之憂，言有不忍。臣昨者既不得奏稟聖算，尋曾往見執政大臣，語此邊事。雖所慮亦或切至，而爲謀未知所從。如臣之愚，亦何敢以此自任。唯是思慮所得，參訪群言，不敢内有所懷，願陳其説。

臣切以謂諸路所取夏人之地，固未足繫彼國存亡之機，而彼之所以乘困而必争者，蓋以謂日侵月削而不敢校，則小國之勢，在所可憂，故自保之計，不得不然。一國共謀，豈不及此？由是推之，乃知必争之地未棄，則邊釁無時而可除也。

夫中國者，禮義之所自出也。今彼之與我必争者，顧禮義當何如耳？臣竊觀近時之論邊事者，獨以謂彼既困怠，無所能爲，加以數年，可期柔服。臣竊以謂不然。

彼所以嘿嘿自處，未有所請，但爲自全之計者，乃所以養鋭待時也。是豈終困之理哉？謂新地自興復以來，縻耗鉅萬，斥棄爲難。殊不思前日之已費者不可復追，❶而它日之未費者尚可救也。

臣伏覩陛下即位以來，累降德音，凡聚斂掊積之令，有害民生者，悉行蠲除。四海兆民，懽呼愛戴，蒙被聖澤，可謂盛矣。臣竊思念天下之費，莫大於饋邊。若邊事未有措置，他日一有調度，帑藏空虚，無以取濟，則聚斂傷民之令，恐不能輒已。此又不可不慮者也。

臣願陛下静占往鑑，斷自聖心，因彼遣使再三而未有所請之時，乘彼詞理恭順而姦謀未露之日，特降詔旨，概述先帝所以問罪之意，具道秉常所以復國之由，嘉其忠藎之誠，諭以逆順之理，趣令先以前後戰陣虜陷官員、使臣、將吏、丁夫，悉歸朝廷，其所削之地，並從給賜。如此，則邊釁可期於止息，生靈有望於安全，亦足使四夷知朝廷前日興師之意，在于拯患問罪，而不在乎疆土之利也。中國陷寇之人，又知朝廷愛人而不愛地也。神功偉績，可謂難名。

臣非不知危言異議，自速禍悔，伏念不獨守邊之職，理當建明。重以事君之方，義無可避。臣於先帝臨御之日，數論邊事，屢竭迂淺。伏蒙先帝曲賜優容，每有稱可，非敢獨於此日驟爲首尾異同之論。古人有言曰：「知予之爲取者，政之寶也。」取予之間，正在今日。伏望陛下察臣誠在憂國，志切愛君，以臣今言，少關聖慮。如其粗有可採，即乞宣付三省、樞密

❶「可」，原作「足」，今據《長編》改。

院，令大臣共議。事貴機速，伏乞早賜處決，庶不爲朝廷異時之患，則天下幸甚。傳曰：「事君有犯無隱。」臣則無隱矣，其如位卑言高，妄議朝廷機政，實犯天憲，不敢以誅竄自逃。

貼黄：臣頃者或聞北虜曾有文字到朝廷，請勾下西邊兵馬。臣昨充北朝國信使日，其接伴虜使嘗語及夏國之事，亦云「曾有文字教南朝罷兵」。臣是時隨宜應對，尋具奏聞。臣以謂西北脣齒之國，萬一北虜狡慢，或一日又以夏國所失疆土爲言，即朝廷至時却已難爲處決。今日機會，恐不可忽。此臣所謂事貴機速也。

臣切見所得西夏舊城堡砦，如河東路葭蘆、吴堡，鄜延路米脂、義合、浮圖，環慶路安疆等寨，皆係深在賊疆，於漢界地利形勢略無所利，而所費芻糧皆是倍價計置，及歲歲勞煩税户遠入輸納。至于運致錢帛、器械，置官遣戍，一一艱苦。今日若行斥棄，委是並無關害。唯是鄜延路塞門一寨，係當中路之衝，平川廣闊，去帥府地里甚近，别無地利控扼之險。自得塞門，增遠四十餘里，可爲中路屏蔽，粗爲邊防之利。兼此塞門一寨，舊是漢城，棄陷以來，年歲未遠，似與其餘城寨利害有殊。朝廷若議存守，則理或有名，更係朝廷裁決。所有蘭會之地，耗蠹尤深，如聞朝廷已遣使相視勘會，更不敢縷細開陳。

平章軍國重事文彦博奏曰：

臣伏讀聖問：有可禦西夏之術？臣

去年夏，始聞西人欲求内附，❶臣以謂方國家多事，務早安静，奏乞朝廷恢天海之量，廣示開納。禦四夷之術，羈縻而已。由此可以息兵，止固吾圉，外夷懷服，中夏安寧。則太平之風浸隆浸久。兼曾繳進神宗專令臣男貽慶齎賜臣親書詔一本，所貴審知神宗本意，止務安邊，不欲輕舉。皆是邊臣希望功賞，爲國生事，徼倖萬一，以致兵食困匱，財力殫耗。必料此詔已經聖覽。今復蒙下問所禦西夏之術。臣愚，何足以仰副虚佇。

臣切見西人自去年已來，凡數次入朝，即未見脩歲時常貢之禮，亦未聞請常賜之物，度其姦心，必有所待。當此之際，朝廷亦須有以待之，邊臣亦必有以制之。若更如向時种諤、徐禧輩料敵不精，謀攻失策，致誤邊事，即關中之人，其心摇矣。自靈武、永樂王師不振之後，兵勢民力尚未完復，狡羌竊發必能制乎？即如向時种諤輩，皆云西人亂弱，取如拾芥，又可信乎？國之大事，豈可數爲狂計所誤？朝廷於此，固當熟計而深念。事欲美成，計須先定。當責成邊臣，審料賊勢，精選諜者，密窺賊形。必先事以待之，使賊計不行，邊壘有備。此亦固羌夷之策，爲人謀之小勝。或西人款塞請覲，詰其所由，出於善意，即導之使來，俟至延安，帥臣密察，亦當得其要領，先時奏聞廟堂之上，可以預料而審度之。俟至闕下，知其所來，必有所爲，因其所爲之可否，或議或詰，審而應之，可者即從，否者即已。若議及疆土，須廟堂之上，

❶「附」，原脱，今據《長編》卷三七二元祐元年三月壬申條補。

衆謀大同，苟有後艱，同任其責。或取與之間，謀有同異，即各述利害，理須明白。後或不應，謀果不臧，自任其責。廟謀一定，邊計粗寧，天下小康，堂上高枕矣。伏惟陛下聖明，遠大之計，固已先定，出於衆智。豈俟臣之過慮？然采蒭蕘，擇狂言，亮其誠而不責其妄，幸甚。

二年，彦博又奏曰：

中外臣僚上言：夏國受朝廷封册，恩禮極優，錫賚尤厚，而敢忘恩背惠，輒行公牒，傳達疆吏，自絶于天，不脩貢奉，天地所不容，人神所共怒，乞行天討，以正有罪。欲乞降詔邊帥，及出敕牓以諭中外。若朝廷姑務息民，推天地之大德，曲示含容，抑群情之怒忿，不與醜羌計較，即乞明諭邊臣，嚴加守備，静以待之，必取全勝。所有朝廷續遣大兵，且令分屯次邊州軍，以備緩急邊上勾抽。

元祐元年十一月，吏部尚書吕大防答詔諭西事疏曰：

臣伏准詔問：「戎人狡獪，未測其誠心。」臣愚以爲，夷狄之情，自古無信。西夏自繼遷以來，專事譎詐。惟朝廷御得其道，則詐無所施，或失其方，則驕而益肆。待遇之體，❶不可不審。然以臣觀之，今日夏戎之情，略可見矣。羌人重於酬報，先帝舉大兵徑抵靈武，幾入其國，而不能以數萬人之衆入塞爲報。永樂諸將，寡謀敗事，使北虜僅得以藉口。然自是王師深入不虞之咎，非其本國舉兵之成功，蓋未足以爲美。虜

❶「體」，《長編》卷三六六元祐元年二月丙子條作「禮」。

之無能爲一也。自來開邊進築之始，虜必極力決争，乘其未堅，至於三四，不能得而後已。昨蘭州之城，攘斥甚廣，雖一再至争不能得，去歲冰合，遂不復來。城既益堅，虜望亦絶。此虜之無能爲二也。比聞秉常極孱劣，梁氏既死而秉常存亡未可知。❶若秉常已亡，則内難未已，何暇外圖？雖使秉常得存，亦不足畏。今數遣使入朝而不早布誠款者，蓋苟欲觀望遷延，不敢先發以示弱。以臣愚計，切聞虜使旦夕到闕，可使押伴臣僚且以私意問其來使，今主上嗣登寶位，自大遼諸國，皆遣使入賀，夏國是朝廷蕃臣，何故獨不至？以觀其意，足以測其情僞矣。❷

又詔問：「向者所得邊地，雖建立城寨，亦慮孤僻，不易應援。棄之則弱國威，守之則終恐戎人在念。」臣以謂新收疆土，議者多言可棄，蓋思之未熟也。詔旨以爲弱國威，真廟算之遠慮。然臣猶謂棄之不止弱國威而已，又有取侮於四夷之端焉，不可不審計也。況蘭州西羌之地，本非夏國封境，又其君長嘗受朝廷禄秩，元昊以來，方盜據其地。延、慶城寨則接近漢界，一旦舉而棄之，未見其可。今日措置之宜，只可降詔下本路，將會州一處更不攻取，其蘭州及延、慶兩路新建城寨，只據見得地界守禦，❸亦可以稍安虜情，而爲議和之計矣。議者不過謂戍兵少則不足以出戰，多則無力以供饋。臣愚以綏蘭之地，皆並塞美田。增招民兵，墾以足食，則供饋之費省。專事

❶「秉常存亡未可知若」八字，原脱，今據《長編》補。

❷「情」，原脱，今據《長編》補。

❸「據」，原作「遽」，今據《四庫全書》本、《長編》、《宋朝諸臣奏議》卷一三八《上哲宗答詔論西事》改。

守計，少存戰兵，則騎兵可大減矣。其增招民兵，墾闢曠土，分守戰之計，減供饋之費，如以爲可，即乞下臣條析子細利害。

又詔問：「邊計合如何措置，向去如何守禦」？臣愚以爲，今日邊計，唯擇將帥爲先，轉運使爲次，其他施設皆可取辦。伏聞國初西戎之患多在環、慶，太祖皇帝擇姚内斌、董遵誨二驍將以守二州，租賦之入、兵械之費，一切付之而聽其自爲。西人畏之，不敢入寇。今以四海九州之力奉邊而不足，太祖以二州租入之費禦戎而有餘，以此言之，守禦之方，在於得人而已。臣愚以陝西五路，宜擇威名忠亮之人，不限文武，爲之統帥，其次以爲將佐，又擇公正强明之臣以爲轉運使、副。俾各擇其才能，以充其任使屬官。備邊之城，專事守計，而出戰救援之兵，蓄於内郡，平居則散而耕，寇至則聚而守，且爲内郡之兵以援之，視寇入之多寡深淺而必報之，無使其得志，亦不妄動以生事。守兵雖見大利，不得出戰；戰兵雖見大利，不得久在邊。如此則費省而易供，守堅而不墮其計矣。

給事中孫覺乞棄蘭州，上奏曰：

臣頃在諫職，嘗議蘭州可棄，兩次奏聞，未蒙賜可。切聞西人在館，以蘭州爲請，而朝廷大臣議論不一，或以爲可棄，或以爲不可。臣切思之，二者皆有所見，非苟而已也。以爲不可者，以戎人難保，棄信忘義，今日得地，明日侵邊，未可知也。與其割要地以利之而不能已其侵冒，孰與守其要害而坐制其弊哉？以爲可者，則以爲蘭州之地，乃彼所素有。吾雖得之，增兵益戍，未嘗有毫髮之益，而歲縻一百七十餘萬。羌人又嘗大舉圍閉，久之乃罷，終爲中國之患，而生西人之隙。恐西人今請不已，用兵未有已時。二者所見雖不同，然皆爲中國計慮，憂深思遠，有志之士也。

以臣觀之，今者朝廷之於西羌，幸可乘其無事，保養三數年間，亦可以休息邊人困苦之弊。萬一西羌不如所請，跳踉桀驁如元豐時，則臣知廟堂之上，憂未艾也。臣以爲棄之便。凡臣所謂棄之者，非謂直棄以與之而已，蓋欲於未與之時，先與之要約。西界寨柵，往時所謂要害，羌人取之而去者有幾？令西人先以還我，約束既定，乃議與之，如此則吾所得者亦不少矣。伏望聖慈因其來請，特與之。勿牽於異議，拘於常守，而失此機會也。漢宣帝明主也，趙充國良將也，以宣帝之明，充國之老練，其論羌事，往返至於五六年，從其策而事乃集。廣謀博議，古之人不免，要在明主擇而行之。

哲宗時，侍御史劉摯論邊事，上言曰：

臣伏見元豐中出兵西界，增創城壘，議者講求利害久矣，臣亦嘗具三策上于朝，今夏人泛遣使者已到邸累日，其勢必有邀請，雖廟議默定，而區區不能自已，謹復條列一二。補前奏之未備，以待採擇。

議者之論，臣嘗詢訪本末，備得其說。爲棄地之議者曰：「往年興師，本以弔民伐罪，既取地自利，其勢必争。傷財害民以争非其地，其勢不得不棄。困而後棄，不如一捐空城予之，以示恩惠。」此言是也。然難者謂：「予地所以息争，若虎狼亡厭，争求不已，得地據險，益擾近郡，其能保不爲患乎？」爲守地之議者曰：「頓儲設阻，增募土兵，遠斥近援，何地不守？且先皇帝之所得，而以予人，非是。」此言亦是也。然難者謂：「虜不得地，兵難不解，日引月長，邊釁益大，其能保終守此地乎？」故議者之論，非不曲盡事理，至於弭未然之患，如難者所憂，則雖好謀之人，莫敢任責。竊料朝廷深計遠慮，未欲遽決，亦必以此。

臣愚不佞，獨謂用兵以終守其地，誠難保也。棄地而使不爲患，臣雖老矣，願保没齒不見邊境之憂。惟陛下赦其愚，使畢其説。臣聞向所得地，在熙河爲蘭州，在鄜延爲五寨，蘭州本西蕃故地，而五寨本夏戎所有也。其地道里迂直，産利厚薄，所須守兵多寡，轉餉勞逸，皆朝廷所熟究，臣不復道。而自夏人視之，爲必争之地，彼將以誓約爲請，固請而固不予，彼將獸困而鬭，借兵北戎，以逞其忿，朝廷且有西顧之憂。使我師每戰每勝，臣猶以爲非國之利，又況殺傷相當，成敗未可知。皇帝陛下諒陰之際，太皇太后垂簾稱制，正思與民休息，而顧欲戮力血戰，以争尺寸無用之地，所謂以隋侯之珠，彈千仞之雀，由此言之，終守其地，是臣之所以不敢保也。

國朝自祖宗以來，歲捐金帛數十萬，遣使修約，而二虜稽首順命者數十百年矣。夷狄好事亡厭，固天性也。然且如此，則恩深利厚，足以羈縻其心故也。今乘先帝討擊之威，因其屈服之勢，曠然推惠，歸侵地，復歲賜，丁寧戒敕，分棄前患，❶復謹舊約，彼雖有桀黠睢睚之意，既一杜塞，其欲無所發，則亦將感激退聽，復如前日，何苦必欲動衆犯順，以自魚肉其民？雖彼之國，寧獨利乎？古之養虎者，時其飢飽，適其怒

❶「分」，《長編》卷三八二元祐元年七月壬戌條作「悉」。

心，虎或可養，而况夷狄乎？由此言之，弭患息争，非獨臣以死保之，自祖宗以來，御二虜者用此道也。臣願采議者之論，觀異日之勢，而斷以此意。大計既決，其餘措置纖悉，施行次第，在朝廷裁之而已。

雖然，臣猶有拳拳之愚，不敢不盡。今夫請地在彼，予地在我，是以主制客，以逸待勞之勢也。爲彼計則不得不急，爲我計正宜從容閑暇，鎮以無事。臣切怪近日議者，皇皇汲汲，視此地如金城湯池，唯恐不守。不然，如附贅懸疣，唯速去之爲快。異議紛起，先自惑亂，又何其迫遽無大體也？今使者雖在邸，臣願且毋遽許以地，而厚禮答之，善詞遣之，或先復歲賜，而微示以不愛地之意，度其效順堅決，至于再，至于三，然後以歲月予之，所謂許夷狄不一而足，夫豈晚乎？臣愚不知大計，惟陛下財幸。

殿中侍御史吕陶上慮邊五疏：

一曰四夷爲中國患，從古有之，雖純王極治所不免，然無如今日匈奴之盛彊也。禦戎之策，前世止言中下，雖搢紳之儒、介胄之士，備見利害，互論得失。或專和親以苟一時之安，或務討伐以洗數世之耻，然無如今日制御之失也。盛彊之漸，非一日而能，蓋自光啓以來，善窺中原之多故，起掠旁鄰，以廣部族。至于石晉，則又藉其兵勢，以取天下，乃割地以報之。夫十六州者，皆據宅要害，天之所設，以限夷狄。前世聚兵置帥，控扼之地，既已棄而爲其巢穴矣，而乃劃千里平廣之野，以自守禦。且藩牆不完，而户庭易覘，則盗賊奮臂以入，又安怪其南牧之患哉？是以晉祚之末，悉衆來寇，如蹈無人之境，而得志以歸，於是有輕中原之意。國家之興，數從數叛。景德之役，氣燄大喪，始露講好之請。章聖皇帝以休息天下爲慮，有爲民屈己之説，可其盟約，因而罷兵，而天下之武備漸以弛廢。至寶元、康定之間，西鄙不庭，王師未克，虜人觀我之釁，外自連結，以邀利於上，多張虚聲，屢出慢言，以駭惑朝廷之聽。而當時之勢，顧有未安，乃議增其金帛以至五十萬，今三十年矣。時獻一書，歲馳一介，設難可之求，發非常之問，以覬吾君吾相之應答。而朝廷拳拳然若奉盟主，未嘗輒忤其意，寧忍愧耻，不敢興事。惟重賂柔辭，以固鄰好，舉天下生民之膏血，刼以鞭朴，聚以錐刀，而歸于虜者，幾千萬也。古之夷狄彊盛，有如今日者乎？古之制御夷狄，有如今日者乎？然而恃以爲長久之計，亦竊爲執事者不取也。

夫兵家之要，先據地利，不然，則善屈敵人之力而勝之。故《軍志》曰：「先處戰地，趣戰者勞。」又曰「以佚待勞，以飽待飢，謂之理人力」。彼十六州者，古稱險固之會，而我皆失之，則地利有不及也。所恃者，獨中國之富彊耳，而掊剥吾民，歲爲供饋，使之坐得厚賄，以充其豺狼之力，而我之生民日趨困弊。王兵未舉而邦本先摇動，則素所恃者，亦不足矣。始防外憂，而終召内患也。雖曰和戎爲利，又安獲其利哉？臣恐積日持久，我虚彼實，彼佚我勞，一旦乘隙而發，則勢將不可。是和之愈久，則害愈深而禍愈大，所謂養虎遺患也。善制夷狄者不若是，叛戾不率，則有戰。困窮而馴伏，然後與之和。戰亦在我，和亦在我，是故中國不可料以一隅，而四夷無得計。今我常欲和，彼常欲戰，則彼能測我之所欲，而以戰邀利於我，乃其計之得也。彼之所欲者，亦未必然耳。夫如是，則中國何事於畏戰而好和哉？今日尤宜思之矣。景德之戰，彼力既屈，而謀臣猛將欲乘其敗以鏖之，此萬世之舉矣。貸而不戮，則固有噬臍之悔。及其以地爲請，而議者不思遠圖，迺許之以金幣。垂三十年，而請地之釁復作於慶曆之始，則又從而增之。慶曆距今亦三十年矣，知天子之新即位，而欲窺中國備禦之淺深彊弱，乃其謀也。向之虛聲慢言而有請者，疑其旦暮聞于朝廷矣。臣雖甚愚，不知何以禦之哉？彼方窺吾之備禦，而苟失其策，則陵侮之勢無休已時也。將拒之以兵邪，則平日畏戰而不欲加兵矣。將益之以賂邪，則民力有限，虜心無厭，而國之大費日益不給。用以制之者，適足助之也。藉以爲利者，陰受其害也。名爲惜民，而實乃戕民也。勢至於此，則莫若一任威斷，而不可不用兵矣。用兵之略，臣敢繼而備論焉。

二曰朝廷畏戰甚矣，天下之士疑焉，而未知其端也。以體言之，而謂不順乎，則中國固可鞭笞四夷而隆主威也。以義言之，而謂無釁乎，則慢求僭請接踵以至，而衆心積憤也。以地言之，而謂其廣乎，則我之享有四海，而彼乃一隅也。以兵言之，而謂其多乎，則我之成軍百萬，而彼纔什二也。以材言之，而謂其足用乎，則旃裘之醜，不若衣冠之賢也。以力言之，而謂其富厚乎，則馬羊之饒，不若賨幣之積也。中國之直且彊，虜之曲且弱也如此，然猶畏戰而不敢用兵，以正其罪。論者乃曰：「兵，凶器；戰，危事，不可輕議而妄舉也。」斯大不然。兵，所以禁暴也，惟其窮兵則受弊。戰，所以殄寇也，惟其好戰則取亡。國家方有夷狄侵侮之患，而未嘗一議誅削之策，是以中國之氣鬱鬱不振，而天下之心不勝其憾。苟一日奮揚皇威，以申九伐之令，則豈及於窮兵好戰之失哉。持是談者膠柱於一偏，而未能應變也。度今之勢，必可不至於兵戰，惟甘言厚幣結其心，而致萬世之安乎？雖天下之愚夫曲士，皆知其不足以結之，而必至於兵戰也。知甘言厚幣之不足結，則何事極竭吾力以填廬山之壑，而飽寇讎之力哉？知兵戰之不可免，則又何憚夫凶器危事，而不講求其具也？昔者六國併力，以攻孤秦，百戰而歸於覆亡者，豈兵之不可勝歟？蓋以地賂秦，而不知其地盡，而兵亦弱也。今天下之勢，固萬萬異於六國，然以虜人與我爲敵之情而言，則亦有類於秦與六國之事。彼常邀賂而無厭者，欲窮我之力也。以賂與之而不以兵禦之，則何以息其見窮哉？

然則臣之所謂用兵者，亦非大舉六師，長驅深入，輕吾民之命，犯天下之危，力決於一勝，而驟平其巢穴。蓋亦大爲之防，先嚴其備，而次絶其賂，示以必戰，而求其成功於終也。夫困則卑順，彊則驕逆者，虜之情也。有田欽祚之勝，然後有開寶之盟。有樝覽之敗，然後有景德之好。今肆其陵慢，務求於我而不已者，豈其勢力必能乘中國之釁哉？蓋六十年間，狃於國家之仁治，珍藏之財，歲歲厚遺，而無窮已，壯夫猛士不敢彎弓而北嚮。彼方之人，少而耳所聞，長而目所見，惟知中國貨財之可取，而不知中國威武之不可犯故也。是以彊而不困，驕逆日甚，而卑順日遠。幸今陛下纘治之始，乾健離明，運炤萬物。天威霆怒，震驚四海。殊方獷俗，深有未測，而方覘伺於我，則固宜乘此機會，而更張備禦之策，示之以無所貸忍之意，而有所必誅之道，以變易其視聽，而破壞其姦心。夫講求邊備，申嚴軍政，慎擇將帥，精練士卒，分屯要地，以爲掎角之勢，謹固封略，以全守禦之形。然後罷其歲賂，而使之無素蓄之具，則虜之計，反覆皆窮，而不知所出。欲以賂爲請乎，則我之財不復可覬。欲以戰爲事乎，則我之兵可用而無所憚。夫内之既失於貨賄，則其力自困。外之又逼於守備，則其勢無所得。如此，而部族之不微，黨與之不潰者，從古未嘗有也。不過十年，虜必衰矣。苟非屈服於我以就命，則必逃遁亡匿於幕北寒苦無水草之域而不之見也。夫然乘坐勝之勢，復燕薊之地，遵祖宗前定之策，即范陽故府建堡置戍，以遏三路入寇之漸，則勳高古今，而福及廟社，豈不偉哉。與夫平日委百萬之貲與人，而拱手以待寇至者，孰爲愈也？

三曰今天下之勢，内無彊臣跋扈之漸，外無僭國割裂之危，朝廷之上，早夜深憂切計，孜孜而不已者，惟二虜之患，臣嘗語其詳而奏於前篇矣。及西戎逆順之情狀，臣亦竊覘其大略焉。夫以五州之地，數萬之衆，而敢肆其豺狼之心，求犯天子之威怒而不知懼者，其故何哉？蓋彼之部族日以盛大，而我之制御失其策也。靈武之地，方廣千里，表裏山河，草木肥茂，足爲放牧耕戰之所，而一旦捨之以資彼寇，使西域諸羌坦無隘礙，合而爲一，則其類益廣，其勢益彊，不足怪也。昔之制北狄者必通西域，以弱其助。今之所以不能通者，由棄靈武而夏人安處其間，爲之障蔽也。西域之不能通，則北狄有以連結，而夏人之彊梗，豈可量哉？且自國初而來，逆順固非一也。興國之際，繼捧既奉朝貢，則繼遷爲寇，故端拱之詔，賜國姓，授節鉞，以羈縻之。至淳化之初，侵掠不已，是以太宗皇帝奮揚武怒，鋭意誅翦，王師一舉而俘其酋領，蕃漢之户來歸者八千餘族，因隳夏城，徙民於内。及至道之始，則又有五路之伐，然而諸將緩期不援，遂喪大功，資養餘孽，以遺害於後世，至今天下深惜之。洎乎章聖嗣位，遽請蕃任，朝廷雖察變詐，姑務寧息，乃有刺史功臣之拜，其後清遠、靈武之役起於咸平，而二壘盡陷。德明幼弱，則有景德之歸嚮。元昊狂悖，則有寶元之僭叛，此始終順逆，其情狀可見者也。賜之以國，授之以節鉞，封之以功臣，加之以王爵，朝廷之恩信極於此矣，皆不足以悦來其心，而屈服其志，於是賂之以厚幣，以固結盟好，幸其不犯邊吏而免用師之勞，豈惠中國，綏四夷，不戰而屈人兵之長計乎？臣故曰：彼之部族日以盛大，而我之制禦失其策也。況比歲已來，服容官號，不復循習舊俗，皆竊取朝廷之制而倣用之。多遣介使，以伸難塞之請。屢傳閲集，以驚近塞之耳目。招致逋逃，又與之謀議。叛釁之萌，已數年矣，而朝廷不爲備慮，從而養之，甚可痛也。

臣計其逆戾之意，不過兩端而已，大則欲舉衆犯塞，儌倖於一勝之利，而徐圖所嚮。小則欲益吾之歲賂，而飽其貪心。就兩端而窺之，則所謂舉衆犯塞者，亦未必能爾。惟求益歲賂，則固其心焉。兵説有之：「詞卑者進，詞彊者退。」昔冒頓匿壯士健馬，不以示漢使，蓋有攻漢之心也。詩人以形聲者，豈必有其實哉？由此而言，則夏人爲彼不庭之態者，欲求益歲賂而已也。彼以形聲誇我而遂益其賂，乃逆計之得矣，則無厭之求，何時而息乎？此天下之共議，而廟堂之宜慎動也。就使舉衆入寇，則勝敗之際，亦有兩端而已。戰而勝邪，則謂吾畏之而必益其賂。戰而敗邪，則必曰近塞諸羌擅用兵爾。爲此説者，欲吾歲賜之不絶也。彼之得失，兩獲其利，而吾可以不計哉？內府之財，群生之力，捨之以啗寇，則貽害益甚，孰若取之以養兵而彊威也？事之施設，必有先後，而利亦有大小。今之所先者，莫若精武備、謹邊略，不爲形聲之所駭動，而遂自處於柔弱恐懼之地，來則禦之，去則守之，毋畏其兵，毋繼以賂，使之不測國家臨制之術。夫然則其利雖小，可弭數十年邊鄙之患，而無旦夕之憂。苟欲謀其大者，而滌除本根之害，則必復靈武而後可也。

四曰朝廷之棄靈武，凡幾十年矣，議者以爲殊方絶塞，無用之地。昔漢武以英材雄略征伐天下，舉造陽之地九百里而棄之。元帝以捐之一言，遂罷朱崖，不復討擊，皆足以垂裕後世，然則何必疲弊中國之力，而興事於彼哉？臣雖狂愚，輒謂不爾。今西邊諸郡多與蕃戎接迹，旦夕惴惴，常有侵掠之虞者，蓋失靈武而致其境土迫於我也。況西域不能通，而北鄙無以弱乎？昔東漢之世，西羌屢擾，鄧隲欲棄涼州，虞詡以爲不可，其議乃曰：「今羌所以不敢入據三輔，爲心腹之害者，以涼州在後故也。其土人所以推鋒無反顧之心者，爲其臣屬於漢故也。若棄其境，或徙其人，衆必生異志，雖太公、白起爲將，恐不足禦。」今靈武久棄而西羌盛大，二鄙連結而中國之憂不已，亦何異此？故臣愚以爲必復之，則本根之患庶幾可以除也。然則臣所謂復之之策者，非經營期月之間而速求其效，蓋亦久而不懈，而要以成功於終。其措置之大略有三而已，一曰離旁鄰之助，二曰啓嚮化之心，三曰分兵以困其力。

且西鄙諸羌，類族至衆，有地可守，有兵可戰。雖彊弱大小，其勢不一，而其心不能相君臣，此固中國以夷狄伐夷狄之資也。昔景德之初，羅支能以部族出討繼遷，卒致敗滅，當時議臣欲加王爵，褒寵其效。今之不附於夏人者，其謂誰乎？則固宜敷導恩信，諭之禍福，厚賜金幣，重假名器，以懷結其心，而感其力，必有輸忠義而爲梗於彼者。使諸羌類族攻戰不暇，則外有所忌，而內不敢抗於中國，此之謂離旁鄰之助。臣又聞戎酋之性，自用而好忍，比歲以來，雖腹心之人，往往罹陷誅殺，是故爲其役屬而處於要重者，竊有款塞效順之意，然而懼乎無見容之地，而退就刑戮，徬徨猶豫，計莫能決。則固宜擇任土人，爲之誘導，可其來歸之請而撫存之。且以索求其左右之姦謀，則虜人之黨與，將漸携貳，此之謂啓嚮化之心。況今西夏之兵不滿二十萬，已寇於我，悉衆而至，大抵長於聚，而不長於散，可以獨支於一隅，而不可雜出於諸路。是故犯秦、隴則涇、渭爲無虞，逼環慶則麟府未嘗警，此虛實衆寡可見者也。儻任吾犄角之勢，而更相援助，彼掠於東，則擊其西，彼擾於南，則追其北。則力有不迨，而氣亦喪矣，此之謂分兵以困其勢。爲是三説，而濟以久而不懈，則已失之地，庶幾必復，而西域有可通之漸，乃中國數世之利也。奈何不圖長遠之計，而過務姑息，幸朝夕之無寇至，豈不惜哉。今之所謂禁地者，吾不可徒步輒履，而彼得以放牧其間。今之所謂巡照者，吾不可張弓西嚮，而彼得以縱暴於我。言之國體，殊未壯也。苛法細禁，徒自損弱，而不敢奮然革易者，得非畏康定之失乎？昔之失也，蓋萬事弛廢，變生於倉卒而莫能支矣。以今况昔，則邊不失備，兵已知戰，而猶甘心以欺侮者，誠亦未之思也。

五曰自周而下，戎狄之勢稍稍抗於中國，而朝廷時有遣將用師之役。其見於載籍，可得而擬議者，在《詩》則有《采薇》《出車》《杕杜》《六月》《采芑》《江漢》《常武》之類，分列二《雅》而詠歌之。至于齊桓以大國之資，起爲盟主而衞王室，其於戎狄，最號有功，雖《春秋》實予，而孔子稱其「一正天下」，大概皆務攘除驅逐，而不使之有損於中國，亦不以四夷爲難制。漢氏初興，大亂甫定，羌戎之患屢起，故其計議雜出於一時之不得已，而以和親爲説，於是中國四夷之分始交而失其别。及乎積久，而國家旦夕常有夷狄之憂，是以才謀智識之士，探窮原本而務爲經遠之策，志在力平邊鄙之難，而不欲使之一日輒犯於中國，其思慮精密而規模恢廣，雖時異事變，亦可倣而用焉。夫欲特設一官，以主蠻夷之事，使吾日理而彼日危，然後施三表五餌而係其頸，令千家爲一國而處之塞外，此賈誼之術也。夫欲徙民實邊，使遠方無屯戍之勞，塞下之民父子相保，而無係虜之患，則與東方戍卒不習地勢而心畏胡者，功相萬矣，此鼂錯之議也。夫欲度羌虜故田及民所未墾，願罷兵分屯要害，賦以農事，益積畜，省大費，以待寇之自弊，此趙充國之計也。夫欲令隴西以北、定安以西八郡之民罪非不赦者，皆得輸粟於公，以贖其過，且廣邊備而爲守戰之具，此張敞之言也。

今二虜之釁，中國以爲大患而百官不尸其責，疆埸之謀，日勞於吾君吾相之念慮而未聞成功，天下之務或委廢而不暇修講，則孰若特建一官，以專其任，使之廣詢博聽，竭其智力而辦之哉。此賈誼之術可施於今日也。三邊之地，嚴於扞敵，一夕不敢忘備，而士兵無幾，聚四方兇悍不逞之徒，坐食塞下，如寄於逆旅之中而督以殄寇，則孰若募近塞願徙之民及以罪而遷者，一切寬假，而命之久安於彼，以爲禦衛哉？此鼂錯之議可施於今日也。一方少警則四海有饋餉之勞，歲掊月斂，竭耗民力，以養不耕不戰之卒，而勢不可已，則孰若募人爲屯，以墾塞下之間田，而助足兵足食之利哉？此趙充國之計可施於今日也。不惜國家之公利，召富商入穀而給之倍價，以王官易民之錢刀，假浮屠法以度非類，而爲饋邊之脩，則孰若貸民之輕罪，而命之以粟贖過，且有紓於急匱哉？此張敞之言可施於今日也。臣竊惟方今之敝，蓋危而後爲之謀，及乎暫安則置而不議，皆苟於一時之利，而不若古人經營之久，以圖其功於永世故也。惟吾君吾相深思極慮，參求古今之宜而慎其施設，則四子之策，孰云無補於朝廷乎？勿謂其區區既往之陳迹，而不之考也。

陶又乞徙瀘州戎兵歸内郡，上奏曰：

臣切見昔年瀘州乞弟入寇，始因求索一髦骨價，事至毫末，而邊吏貪功覬賞，擅行殺戮，以至敗軍覆將，搔動一方，上煩朝廷兩次命帥西討，調發數萬，公私之費，其數不貲，兩蜀瘡痍，今未全復。初，林廣統領大兵深入巢穴，及到乞弟住坐處，止有茅屋數間，賊亦遁去，竟不能獲，乃是以天地之力，與螻蟻計較毫釐。以生民膏血，棄如糞土爾，此朝臣固未詳知也。其後以王光祖爲瀘南安撫，意欲生致賊酋，光祖怙權作威，肆其殘虐，蕃漢被害，怨淪骨髓。經營數年，亦無所得，此朝廷亦未詳知也。今瀘州内外屯兵萬餘，作爲聲勢，欲致此賊，其策亦疏矣。夫欲致賊而不匿其形，賊不可得，且萬兵之費，饋運日勞，雖無寇至，坐耗民力。臣愚以謂乞弟之存亡違順，不足上煩朝慮，宜一切置而不問，唯徙重兵歸内郡以省横費，戒邊臣守疆埸，示不必取之意。要以歲月，當有成効。

元祐二年九月八日，翰林學士、朝奉郎、知制誥兼侍讀蘇軾因擒鬼章論西羌夏人事宜劄子奏曰：

臣竊見近者熙河路奏生擒鬼章，百官稱賀，中外同慶。臣愚無知，竊謂安危之機正在今日。若應之有道，處之有術，則安邊息民，必自是始。不然，將驕卒惰，以勝爲災，亦不足怪。故臣區區欲乞陳前後致寇之由，次論當今待敵之要，雖狂愚無取，亦臣子之常分。昔先帝用兵累年，雖中國靡弊，然夏人困折，亦幾於亡。横山之地，沿邊七八百里，不敢耕者至一百餘里。歲賜既罷，和市亦絶，虜中匹帛至五十餘千。其餘老弱轉徙，牛羊墮壞，所失蓋不可勝數。飢羸之餘，乃始款塞。當時執政大臣謀之不深，因中國厭兵，遂納其使。每一使賜予、貿易，無慮得絹五萬餘匹。歸鬻之其民，匹五六千，民大悦。一使所獲率不下二十萬緡。使五六至，而累年所罷歲賜，可以坐復。既使虜因吾資以德其民，且飽而思奮，又使其窺我厭兵欲和之意，以爲欲戰欲和，權皆在我。以故輕犯邊陲，利則進，否則復求和，無不可者。若當時大臣因虜之請，受其詞不納其使，且詔邊臣與之往返商議，所獲新疆，取捨在我。俟其詞意屈服，約束堅明，然後納之，則虜雖背恩反覆，亦不至如今日之速也。虜雖有易我意，然不得西蕃解仇結好，亦未敢動。

夫阿里骨，董氊之賊臣也，挾契丹公主以弑其君之二妻。董氊死，匿喪不發，逾年衆定，迺詐稱嗣子，僞書鬼章、温溪心等名以請于朝。當時執政若且令邊臣審問鬼章等，以阿里骨當立不立？若朝廷從汝請，遂授節鉞，阿里骨真汝主矣，汝能臣之如董氊乎？若此等無詞，則是諸羌心服。既立之後，必能統一都部，吾又何求？若其不服，則釁自彼，爵命未下，曲不在吾，彼既一國三公，則吾分其恩禮，各以一近上使額命之。鬼章等各得所欲，宜亦無患。當時執政不深慮此，專以省事爲安，因其妄請，便授節鉞。阿里骨自知不當立，而憂鬼章之討也，故欲借力於西夏以自重，於是始有解仇結好之謀。而鬼章亦不平朝廷之以賊臣君我也，故怒而盜邊。夏人知諸羌之叛也，故起而和之。此臣所謂前後致寇之由，明主不可以不知者也。

雖既往不咎，然可以爲方來之鑑。元昊本懷大志，長於用兵。亮祚天付兇狂，輕用其衆，故其爲邊患，皆歷年而後定。今梁氏專國，素與人多不協，方内自相圖，其能以創殘呻吟之餘，久與中國敵乎？❶料其姦謀，蓋非元昊、亮祚之比矣。意謂二聖在位，恭默守成，仁恕之心，著于遠邇，必無用武之意，可肆無厭之求。蘭會諸城，鄜延五寨，好請不獲，勢脅必從，猖狂之後，求無不獲，計不過此耳。今者切聞朝廷降詔諸路敕勵戰守，深明逆順曲直之理，此固當今之急務。而詔書之中，亦許夏人之自新，臣切以謂開之太易，❷納之太速，曾未一戰，而厭兵欲和之意已見乎外，此復蹈前日之失矣。臣甚惜之。

今欲聞鬼章之捷，或有漸款塞之謀，必將爲恭狠相半之詞，而繼之以無厭之請。若朝廷復納其使，則是欲戰欲和，權皆在虜。有求必獲，不獲必叛，雖偷一時之安，必起無窮之釁。故臣願明主斷之於中，深詔大臣，密敕諸將，若夏人款塞，當受其詞而却其使。然後明敕邊臣，以夏人受恩不貲，無故犯順，今雖款塞，反覆難保。若實改心向化，當且與邊臣商議。苟詞意未甚屈服，約束未甚堅明，則且却之。以示吾雖不逆其善意，亦不汲汲求和也。彼若心服而來，吾雖未納其使，必不於往反商議之間，遽復盜邊。若非心服，則吾雖蕩然開懷，待之如舊，能必其不叛乎？今歲涇原之入，豈吾待之不至耶？但使吾兵練士飽，斥候精明，虜無大獲，不過數年，必自折困。今雖小勞，後必堅定。此臣所謂當今待敵之要，亦明主不可以不知者也。

今朝廷意在息民，不憚屈己，而臣獻

❶「乎」，原作「卒」，今據《東坡七集·奏議》卷四《因擒鬼章論西羌夏人事宜劄子》、《長編》卷四〇五元祐二年九月丁巳條改。

❷「易」，《東坡七集》作「急」。

言，乃欲艱難其請，不急於和，似與聖意異者。然古之聖賢，欲行其意，必有以曲成之，未嘗直情而徑行，而有獲其意者也。若權其利害，究其所至，則臣之愚計，於安邊息民，必久而固，與聖意初無小異。然臣竊度朝廷之間，似欲以畏事爲無事者。臣竊以爲過矣。夫爲國不可以生事，亦不可以畏事。畏事之弊，與生事均。譬如無病而服藥，與有病而不服藥，皆可以殺人。夫生事者，無病而服藥也。畏事者，有病而不服藥也。乃者阿里骨之請，人人知其不當予，而朝廷予之以求無事。然事之起，迺至於此，不幾於有病而不服藥乎。今又欲遽納夏人之使，則是病未除而藥先止，其與幾何？臣於侍從之中，受恩至深，其於委曲保全，與衆獨異，故敢出位先事而言，不勝恐悚待罪之至。

二十七日，軾又乞詔邊吏無進取及論鬼章事宜劄子奏曰：

臣聞善用兵者，先服其心，次屈其力，則兵易解而功易成。若不伏其心，惟力是恃，則戰勝而寇愈深，况不勝乎。功成而兵不解，况不成乎。頃者西方用兵累年，先帝之意本在弔伐，而貪功生事之臣，惟務殺人争地。得尺寸之土，不問利害，先築城堡，置州縣，使四夷憎畏中國，以謂朝廷專欲得地，非盡滅我族類不止。是以併力致死，莫有服者。今雖朝廷好生惡殺，不務遠略，而此心未信，憎畏未衰。心既不服，惟有鬬力，力屈情見，勝負未可知也。今日新獲鬼章，威震戎狄，邊臣賈勇，争欲立功，以爲河南之地，指顧可得。正使得之，不免築城堡，屯兵置吏，積粟而守之，則中國何時息肩乎？乃者王韶取熙河，全師獨克。使韶有遠慮，誅其叛者，乃以忠順，即用其豪酋而已，則今復何事。其所以兵連禍結、罷弊中國者，以郡縣其地故也。往者既不可悔，而來者又不以爲戒，今又欲取講主城，❶曰「此要害地，不可不取」。方唐盛時，安西都護去長安萬里，若論要害，自此以西無不可取者。使諸羌知中國有進取不已之意，則寇愈深而兵不解，其禍豈可量哉。臣願陛下深詔邊吏，叛則討之，服則安之，自今已往，無取尺寸之地，無焚廬舍，無殺老弱。如此期年，諸羌可傳檄而定。然朝廷至意亦自難喻，將帥未必從也。雖日行文書，終恐無益。宜驛召陝西轉運使一員赴闕，面敕戒之，使歸以喻將帥而察其不如詔者。

臣又竊聞朝論謂鬼章犯順，罪當誅死，然譬之鳥獸，不足深責，其子孫部族，猶足以陸梁於邊。全其首領以累其心，以爲重質，庶獲其用，此實當今之良策。然臣竊料鬼章凶豪素貴，老病垂死，必不能甘於困辱，爲久生之計。自知生存終不得歸，徒使其臣子首鼠顧忌，不敢復讎，必將不食求死，以發其衆之怒。就使不然，老病愁憤，自非久生之道。鬼章若死，則其臣子專意復讎，必與阿里骨合而北交於夏人。此正胡越同舟遇風之勢，其交必堅。而温溪心介於阿里骨、夏人之間，地狹力弱，其勢必危。若見并而吾不能救，使二寇合三面以窺熙河，則其患未可以一二數也。如臣愚計，可詔邊臣與鬼章約，若能使其部族討阿

❶ 「主」，原作「王」，今據《東坡七集·奏議》卷四《乞詔邊吏無進取及論鬼章事宜劄子》改。《長編》卷四〇五元祐二年九月丙子條作「珠」。

里骨而納趙純忠者，當放汝生還，質之天地，示以必信。鬼章若從，則稍富貴之，使招其信臣而喻至意焉。❶鬼章既有生還之望，不爲求死之計，其衆必從。以鬼章之衆與温溪心合而討阿里骨，其勢必克。既克而納純忠，雖放還鬼章，可以無患。此必然之勢也。西羌本與夏人世仇，而鬼章本與阿里骨不協，若許以生還，其衆必相攻。縱未能誅阿里骨，亦足以使二盜相疑而不合也。昔太史慈與孫策戰，幾殺策。策後得慈，釋不誅，放還豫章，卒立奇功。李愬得吴元濟將李祐，解縛用之，與同卧起，卒擒元濟。非豪傑名將，不能行此度外事也。議者或謂鬼章之獲，兼用近界酋豪力戰而得之，仇怨已深，若放生還，此等必無全理。臣以謂不然，若鬼章死於中國，其衆讎此等必深，若其生還，其讎之亦淺。此等依中國爲援，足以自全。自古西羌之患，惟恐解仇結盟，若所在爲讎敵，正中國之利，無可疑者。臣出位言事，不勝恐悚待罪之至。

十月七日，軾又乞約鬼章討阿里骨劄子奏曰：

臣近者竊見劉舜卿賀表，具言阿里骨罪狀，又竊聞舜卿奏乞削阿里骨官爵，續又聞阿里骨上章請命，議者或欲許其自新。以臣愚慮，二者之説，皆未爲得。何者？阿里骨兇狡反覆，必無革面洗心之理，今聞其女已嫁梁乞逋之子，度其久遠，必須協力致死，共爲邊患。今來上章請命，蓋是部族新破，衆叛親離，恐吾乘勝致討，力未能支，故匿情忍詬，以就大事。若得休息數年，蓄

❶「招」，原脱，今據《長編》補。

力養鋭，假吾爵命，以威脅諸羌，誅不附己者，羽翼既成，西北相應，必爲中原之憂，非獨一方之病也。且夏賊逆天犯順，本因輕料朝廷，以爲必不能討己，今若使從阿里骨之請，則其所料，良不爲過。西蕃小醜，朝爲叛逆，暮許通和，則夏國之請，理無不許。則西二寇滔天自若，欲戰欲和，無不可者。則西方之憂，無時而止矣。然遂從舜卿之請，削奪官爵，即須發兵深入致討，彼新喪大首領，舉國戒懼，我師深入，苟無他奇，恐難以得志。

臣愚以謂當使邊將發厚幣，遣辯士以離其腹心，壞其羽翼。今聞温溪心等諸族已爲所質，勢未能動，而心倅斂氊在其肘腋，迹同而心異，若用臣前計，使邊臣與鬼章約，若能使其部族與温溪心、斂氊等合而討阿里骨，納趙純忠，即許以生還，此政所謂以夷狄攻夷狄，計無出此者。若朝廷便許阿里骨通和，即須推示赤心，待之如舊，不可復用計謀以圖此賊，數年之後，必自飛揚，此所謂養虎自遺患者也。故臣願朝廷既不納其通和之請，又不削奪其官爵，存而勿論，置之度外，陰使邊臣以計圖之，似爲得策。臣屢瀆天聽，罪當誅死。

八年十一月十一日，軾知定州，又乞增脩弓箭社條約狀奏曰：

臣竊見北虜久和，河朔無事，沿邊諸郡，軍政少弛，將驕卒惰，緩急恐不可用，武藝軍裝，皆不逮陝西、河東遠甚。雖據即目邊防事勢，三五年間必無警急，然居安慮危，有國之常備，事不素講，難以應猝。今者河朔沿邊諸軍，未嘗出征，終年坐食，理合富彊。臣近遣所辟幕官李之儀、孫敏行親入諸營，按視曲折，審知禁軍大率貧窘，妻子赤露飢寒，十有六七，屋舍大壞，不庇風雨。體問其故，蓋是將校不肅，斂掠乞取，坐放債負，習以成風。將校先違法不公，則軍政無緣脩舉，所以軍人例皆飲博逾濫。三事不止，雖是禁軍不免寒餓，既輕犯法，動輒逃亡，此豈久安之道？

臣自到任，漸次申嚴軍法，逃軍盜賊已覺衰少，年歲之間，庶革此風。然臣竊謂沿邊禁軍緩急終不可用，何也？驕惰既久，膽力耗憊，雖近戍短使，輒與妻孥泣別，被甲持兵，行十數里，即便喘汗。臣若嚴加訓練，晝夜勤習，馳驟坐作，使耐辛苦，則此聲先馳，北虜疑畏，或致生事。臣觀祖宗以來沿邊要害，屯聚重兵，止以壯國威而消敵謀，蓋所謂先聲後實、形格勢禁之道耳。若進取深入，交鋒兩陣，猶當雜用禁旅，至於平日保境，備禦小寇，即須專用極邊土人，此古今不易之論也。

鼂錯與漢文帝畫備邊策，不過二事。其一曰徙遠方以實廣虛。其二曰制邊縣以備敵。寶元、慶曆中，趙元昊反。屯兵四十餘萬，招刺宣毅、保捷二十五萬人，❶皆不得其用，卒無成功。范仲淹、劉滬、种世衡等，專務整緝蕃漢熟户弓箭手，所以封殖其家、砥礪其人者非一道。藩籬既成，賊來無所得，故元昊稱臣。今河朔西路被邊州、軍，自澶淵講和以來，百姓自相團結爲弓箭社，不論家業高下，户出一人，又自相推擇家資武藝衆所服者爲社頭、社副、録事，謂之頭目。帶弓而鋤，佩劒而樵，出入山坂，飲食

❶「招」，原作「配」，今據《東坡七集·奏議》卷一四《乞增修弓箭社條約狀二首》、《宋史·兵志四》改。

長技與北虜同。私立賞罰，嚴於官府。分番巡邏，鋪屋相望，若透漏北賊及本土彊盜不獲，其當番人皆有重罰。遇有警急，擊鼓集衆，頃刻可致千人。器甲鞍馬，常若寇至，蓋親戚墳墓所在，人自爲戰，虜甚畏之。體問得元豐二年，北界群賊一火，約二十餘人，在兩界首不住打劫爲患，久不敗獲。有北平軍大悲村本社頭目冉萬、冉昇及長行冉捷等，部領社人，與北賊鬬敵，趕趁捉殺，直至北界地名北當山峪内，被冉萬射中賊頭徐德，冉捷趕上，斫獲首級，并冉昇亦斫到第二賊頭賈貴。本路保明申奏朝廷，並已於班行内安排。以此知弓箭社人户驍勇敢戰，緩急可用。先朝名臣帥定州者，如韓琦、龐籍皆加意拊循其人，以爲爪牙耳目之用。而籍又增損其約束賞罰，奏得仁宗皇帝聖旨，見今具存。昨於熙寧六年行保甲法，準當年十二月四日聖旨，彊壯弓箭社並行廢罷。又至熙寧七年，再準正月十九日中書劄子，聖旨，應兩地供輸人户，除元有弓箭社彊壯并義勇之類，並依舊存留外，更不編排保甲。看詳上件兩次聖旨，除兩地供輸村分方得依舊置弓箭社，其餘並合廢罷。雖有上件指揮，公私相承，元不廢罷。只是令弓箭社兩丁以上人户兼充保甲，以至逐捕本界及化外盜賊，並皆驅使弓箭社人户，向前用命捉殺。見今州縣委實全藉此等寅夜防托，顯見弓箭社實爲邊防要用，其勢決不可廢。但以兼充保甲之故，召集追呼，勞費失業。今雖名目具存，責其實用，不逮往日。

臣竊謂陝西、河東弓箭手，官給良田以備甲馬。今河朔沿邊弓箭社，皆是人户祖業田產，官無絲毫之給，而捐軀捍邊，器甲鞍馬，與陝西、河東無異，苦樂相遼，未盡其用。近日霸州文安縣及真定府北寨，皆有北賊驚劫人户，捕盗官吏拱手相視，無如之何，以驗禁軍弓手，皆不得力。向使州縣逐處皆有弓箭社人户致命盡力，則北賊豈敢輕犯邊寨，如入無人之境。臣已戒飭本路將吏，申嚴賞罰，加意拊循其人去訖，輒復給用龐籍舊奏約束，稍加增損，別立條目。欲乞朝廷立法，少賜優異，明設賞罰，以示懲勸。

今已密切取會到本路極邊定、保兩州，安肅、廣信、順安三軍，邊面七縣一寨，内管自來團結弓箭社五百八十八村、六百五十一火，共計三萬一千四百一十一人。若朝廷以爲可行，立法之後，更敕將吏常加拊循，使三萬餘人分番晝夜巡邏，盗邊小寇，來即擒獲，不至狃忕以生戎心，而事皆循舊，無所改作，虜不疑畏，無由生事。有利無害，較然可見。謹具所乞立法事件，畫一如左。

一、看詳嘉祐四年龐籍已獲朝旨事件除見可施行外，有當時事體與今來稍有不同，須至少有增損。今參詳到下項弓箭社人户，但係久來團結地分，並依見今已行體例，不拘物産高下，丁口衆寡，並每户選擇彊壯一丁，充弓箭手。貼黄：高彊人户與下等各出一丁，雖似不均，緣行之已久，下等人户無詞，乞且一切仍舊。若上户添差人數，即恐行法之初，人心不安。又緣保甲法，雖上户亦止一丁，所以今來不敢增損。

每社置社長、❶社副、社録事各一名爲頭目，並選有物力、或好人材事藝衆所推服者，方得差補。農事餘暇，委頭目常切提舉

❶ 下「社」字，原脱，今據《東坡七集》、《宋史》補。

閱習武藝，務令精熟齊整，如無盜賊，非時不得勾集。

每社及百人以上，選少壯者三人，不滿百人者選二人，不滿五十人者選一名，充急脚子，並輪番一月一替，專令探報盜賊。如探報不實，及稽留後時有誤捕捉者，並申官乞行嚴斷。

逐社各置鼓一面，如有事故及盜賊，並須聲鼓勾集。若尋常社内聲鼓不到者，每次罰錢一百。如社内一兩村共爲一火，地里稍遠，不聞鼓聲去處，即火急差急脚子勾喚。若彊盜入村，鼓聲勾喚，及到而不入賊者，並罰錢三貫。如三經罰錢一百，一經罰錢三貫，而各再犯者，並送所屬嚴斷。如能捉獲强盜一名，除依條支賞外，更乞支錢二十貫。如兩次捉獲，依前支賞外，仍與免户下一年差徭。如三次以上，更免一年。無差徭可免者，各更支錢十貫折充。如獲竊盜一名，除依條支賞外，更支錢二貫。以上錢，用社内罰錢充，如不足，並社衆均備。

逐社各人，置弓一張，箭三十隻、刀一口。内單丁及貧不及辦者，許置槍及捍棒一條。内一件不足者，罰錢五百。弓箭不堪施放，器械雖有而不精，並罰錢二百。若全然不置，即申送所屬，乞行勘斷。

逐社每夜輪差一十人，於地分内往來巡觑，仍本縣每季給曆一道，委本社頭目抄上當巡人姓名。有不到者，罰錢二百。如本地分失賊，其當巡人委本社監勒依條限捕捉。限滿不獲，送官量事行遣。其所給曆，除每季納换及知佐下鄉因便點檢外，不得非時取索。

弓箭社人户，遇出入經宿以上，須告報本社頭目及鄰近同保之人，違者罰錢三百文。

社内遇捉殺賊盗，因鬬致死，除依條官給絹外，更給錢一十貫付其家，被傷重者減半，並以係省錢充，社内所納罰錢，令社長等同共封記主管，須遇社會合行酬賞者，方得對衆支給破使，即不得吏私別作支用。

社内遇豐熟年，只得春秋二社聚會，因便點集器械，非時不得亂有糾集搔擾。

已上並是龐籍起請已獲朝旨事件。自熙寧六年聖旨廢罷，後來民間依舊吏私施行，令參詳增損修定。

一、弓箭社人户，爲與彊虜爲隣，各自守護骨肉墳墓，曉夜不住巡邏探伺。以此巡檢縣尉，全藉此人爲耳目肘臂之用。每遇冬教，内有本社弓箭人户見係保甲人數者，即須勾上一月教閲。其稱捕盗，官司不敢放心，以至化外盗賊，既知逐社人户勾上，村堡空虚，即皆生心窺伺，公私憂恐。又人户勾集彌月，諸般費用不少，深爲患苦。臣竊謂保甲人户，每年冬教，本塞與人氣俗相似，以戰鬬爲生，寢食起居，不釋弓馬。出入守望，常帶器械，其勢無由生踈。欲乞應弓箭人户，今後更不充保甲，仍免冬教。貼黄：保甲法，須是主户兩丁以上，方始差充。其弓箭社，一丁以上並差，即無已充保甲。而不充弓箭社人户者，今來所乞本社内人户，更不充保甲。只是減罷重疊虚名，即非幸免。　顯無妨礙，而使人户稍免無益之費，專心守禦，又免教集之月，村堡空虚，以生戎心，公私安枕，爲利不淺。　其減罷保正長，並却令充本社守闘頭目。

一、弓箭社人户，既任透漏失賊之責，動輒罰錢科罪及均出賞錢，顯見與其餘人户苦樂不同，理合稍加優異。欲乞應弓箭社人户，並免兩税折變科配。今已取會到本路州、軍所免折科錢物數目，比之和買價例，每歲剩費錢七千九百九十八貫五十六文，所獲精鋭可用民兵三萬餘人，費小利大，可行無疑。

一、弓箭社頭目，並是鄉村有物力心膽之人，責以齊衆保境，亦須別加旌勸。欲乞立定年限，每句當及三年，如無透漏及私罪情重者，委本縣令佐及捕盜官保明申安撫司，給與公據，公罪杖以下聽贖。又及三年無上件過犯，仍與保明給公據，與免本户差徭。內別有功勞者，委自安撫司相度。如委是卓然顯效，雖未及上件年限，亦與比類施行。若更有大段勞績，難以常格論賞者，即委自本司奏乞録用。

一、弓箭社地分，本係人户私下情願，自相團結。皆是緣邊之人衆共相約要害防托之處，行之已久，北虜不疑。所以龐籍奏請，並是因舊略加約束。今來不可更有移易地分及增添團結去處，永遠只以今來所管五百八十一村爲定。所貴事事循舊，不至張皇生事。❶如本地分內人户分烟析生，即各據户眼定差，或外來人户典買到本社田地，亦許收入差充弓箭社户。若兩處有田産者，不得緣此帶免別處折變，委所屬官司常切覺察。貼黃：弓箭社五百八十八村，內有八十九村係兩地供輸人户。勘會上件人户，元是有些小虛名税賦，自來北界差人過來，計會本縣收衆户抱脚供輸，其人户並是一心捍邊可信之人。切慮朝廷欲知其實。

一、今來立法整齊弓箭社人户及免冬教，即須委自安撫司逐時差官按視，內有武藝膽力出衆之人，即須與例物激賞，不惟使人户競勸，亦所以致朝廷及將帥恩意，緩急

❶「生」，原脱，今據《東坡七集》、《宋史》補。

易爲驅使。今取會到轄下兩州三軍弓箭社人户兼充保甲者，每年冬教按賞，合用錢一千五百八十二貫七百八十八文。今來既免冬教，即保甲司却合出備上件錢數與安撫司，爲上件激賞之用。但人數既多，上件錢數微少，支用不足，欲乞每年破五千貫。除上件錢數外，其餘並以本路回易庫見在錢貼支。

右謹件如前。臣竊見西山之下，定、保之間，山開川平，無陂塘之險，澶淵之役，虜自是入寇。見今本路只有戰兵二萬五千九百餘人，分屯八州、軍，若有警急，尚不足於守，而况戰乎？論者或以保甲之衆緩急可恃。臣竊謂保甲皆齊民也，集教止是一月，武藝無緣精熟，又平時無絲毫之利有得於官，每歲所獲，按賞例物，不償集教一月之費，一旦驅之於戰守死地，恐未可保。惟弓箭社人户所處皆必争之地，世世相傳，結髮與虜戰。若朝廷許依臣所乞，少有以優異其人，既免折科，間復贖罪免役，歲以五千緡賞其尤異者，深致朝廷將帥恩意，則此三萬餘人，真久遠可恃者也。今録白到嘉祐四年龐籍奏獲聖旨事件，兼取會到本路兩州三軍弓箭社火人數，及免折科每年和費用錢數，年免冬教所省按賞例物數目，繳連在前，仍畫到地圖一面，帖出接連邊面及逐社住坐去處，隨狀進呈。伏望聖慈詳酌施行。謹録奏聞，伏候敕旨。

歷代名臣奏議卷之三百三十一

本卷王鵬校點

歷代名臣奏議卷之三百三十二

禦邊

宋哲宗時，左司諫蘇轍論西邊警備狀曰：

臣近奏乞因夏國遣使入貢，歸其侵地，竊聞朝廷已降詔開許。伏惟包荒之德，與天地同量，使西邊之民，自此得免餽餉之勞，脱戰鬪之禍。天下不勝幸甚。然臣聞兵法：受降如受敵。夷狄獸心，見利忘義，雖以恩信深加結納，而備豫不虞，不可蹔弛。況朝廷數年以來，舉兵攻討，深入其地，奪其疆土。今雖接以恩禮，其怨毒之意必未遽忘。若因給賜城寨，定立界至之際，乘我無備，輒肆猖狂，則取笑四夷，悔不可及。謂宜明加約束，所賜城寨須候逐路帥臣處置，搬運器甲，抽那兵馬，凡百了當，立定期日，然後得與人交割。若未了之間，不得令一人一騎先期窺覘。仍指揮沿邊將吏，常加嚴備。因夏國新復侵地、謹守誓約之際，招填士馬，充實倉廩，綏懷熟户，常若寇至，不得爲其通和稍有廢弛。如此數年，朝廷常務懷柔，以革其欲報之心。邊臣常作隄防，以折其内侮之志。臣謂數年之外，必無後患。縱使背畔，而邊計已完，士氣已復，度其事勢，亦不足深憂。況背恩犯順，彼曲我直，雖復羌人亦當知非，足使吾民坐而賈勇，制勝之道，始自今日。惟願陛下深詔大臣，安不忘危，常以戒敕邊吏爲心，則社稷之福也。

轍又論蘭州等地狀曰：

臣竊見先帝因夏國内亂，用兵攻討，於熙河路增置蘭州，於鄜延路增置安疆、米脂等五寨。議者講求利害，久而不決。其一曰：「蘭州、五寨，所在嶮遠，饋運不便。若竭力固守，坐困中國。羌人得以養勇，窺伺間隙，要之久遠，不得不棄。危而後棄，不如方今無事，舉而與之，猶足以示國恩惠。」其二曰：「此地皆西邊要害，朝廷用兵費財，僅而得之，聚兵積粟，爲金湯之固。蘭州下臨黄河，當西戎咽喉之地，土多衍沃，略置堡障，可以招募弓箭手爲耕戰之備。自開托以來，平治徑路，皆通行大兵。若舉而棄之，熙河必有晝閉之警。所謂借寇兵資盗糧，其勢必爲後患。」此二議者，臣聞之久矣。然以夏戎背畔，雖屢有信使而未脩臣職，未請侵地，則棄守之議，朝廷無因自發。今聞遣使來賀登極，歸未出境，而使者復至，講和請地，必在兹舉。雖廟堂議論已得詳熟，而小臣憂國，不能嘿已。輒嘗覈實其事，以爲前件棄守之議，皆非妄言，然而朝廷當決從一議。欲決此議，當論時之可否，理之曲直，算之多寡。誠使三者得失皆見於前，則棄守之議可一言而決也。

何謂時之可否？方今皇帝陛下富於春秋，諒闇不言，恭默思道，太皇太后陛下覽政簾幃之中，舉天下事屬之輔相。當此之時，安靖則有餘，動則不足。利在綏撫，不利征伐。今若固守不與西戎，必至於争。甲兵一起，呼吸生變，緩急之際，何所咨決？况陝西、河東兩路，比遭用兵之厄，民力困匱，瘡痍未復，一聞兵事，無不狼顧。若使外患不解，内變必相因而起。此所謂時可棄而不可守，一也。

何謂理之曲直？西戎近歲於朝廷本無大罪，雖梁氏廢放其子，而夷狄外臣，本不須治以中國之法。先朝必欲弔伐，但誅其罪人，存立孤弱，則雖犬羊之群，猶將伏以聽命。今迺割其土地，作爲城池，以自封殖。雖吾中國之人，猶知其爲利而不知其爲義也。曲直之辯，不言可見。蓋古之論兵者，以直爲壯，以曲爲老。昔仁祖之世，元昊叛命，連年入寇，邊臣失律，敗亡相繼。然而四方士民，裹糧奔命，唯恐在後，雖捐骨中野，不以爲怨。兵民競勸，邊守卒固，而中國徐亦自定，無土崩之勢。何者？知曲在元昊，而用兵之禍，朝廷之所不得已也。頃自出師西討，雖一勝一負，而計其所亡失，未若康定、寶元之多也。然而邊人憤怨，天下咨嗟，土崩之憂，企足可待。何者？知曲在朝廷，非不得已之兵也。今若固守侵地，惜而不與，負不直之謗，而使關右子弟肝腦塗地，臣恐邊人自此有怨叛之志。此所謂理可棄而不可守，二也。

何謂算之多寡？棄守之議，朝廷若舉而行之，其勢必有幸有不幸。然臣今所論於守，則言其幸，於棄，則言其不幸，以較利害之實。今夫固守蘭州，增築堡寨，招置土兵。方其未成，而西戎不順，求助北虜，並出爲寇。屯戍日益，飛輓不繼，賊兵乘勝，師喪國蹙，蘭州不守，熙河危急，此守之不幸者也。割棄蘭州，專守熙河，倉廩有素，兵馬有備，戎人懷惠，不復作過，此棄之幸者也。二者臣皆不復言。何者？利害不待言而決也。若夫固守蘭州，增築堡寨，招置土兵，且耕且戰，西戎懷怨，未能忘争，時出虜略，勝負相半，耕者不安，餽運難繼，耗蠹中國，民不得休息，此守之幸者也。割棄蘭州，專守熙河，西戎據蘭州之堅城，道熙河之夷路，我師不利，復以秦鳳爲境，脩完廢壘，復置烽候，人力既勞，費亦不小，此棄之不幸者也。夫守之雖幸，然兵難一交，仇怨不解，屯兵饋糧，無有休日，熙河因此物價踴貴。見今守而不戰，歲費已三百餘萬貫矣。戰若不止，戍兵必倍，糧草衣賜隨亦增廣，民力不支，則土崩之禍或不可測也。棄之雖不幸，然所棄本界外無用之城，秦、鳳之間，兵民習熟，近而易守，轉輸所至，如枕席之上，比之熙、蘭，難易十倍。有守邊之勞而無腹心之患，與平日無異也。

夫以守之幸較棄之不幸，利害如此，而況守未必幸，而棄未必不幸乎？且朝廷以天地之量，赦其罪惡，歸其侵地，復其歲賜，通其和市，雖犲狼野心，能不愧耻？縱使酋豪内懷不順，而國恩深厚，無以激怒其民，臣料一二年間，其勢必未能舉動。萬一不然，而使中國之士知朝廷棄已得之地，含垢爲民，西戎背恩，彼曲我直，人懷此心，勇氣自倍，以攻則取，以守則固，天地且猶順之，而況於人乎？

故臣願朝廷決計棄此，然後慎擇名將以守熙河，厚養屬國，多置弓箭手，於熙、蘭往還要路爲一大城，度可屯二三千人，以塞其入寇之道。於秦鳳以來，多置番休之兵，以爲熙河緩急救應之備。明敕將佐，繕修守備，常若寇至，❶先爲不可勝以待敵之至，庶幾可以無後患也。臣自聞西使復來，謹采衆議，以三事參較利害。反覆詳究，理無

❶「常若」，原脱，今據《欒城集》卷三八《論蘭州等地狀》、《長編》卷三八一元祐六年六月甲寅條補。

可疑。是以輒獻狂言，惟陛下裁擇，幸甚。

貼黄：臣竊見二聖臨御，除去煩苛，天下之民想見太平之風。今西戎已有向化之漸，若朝廷靳惜蘭州等處，堅守不與，激令背畔，使邊兵不解，百費復興，則自前苛政，皆將復用，太平之期不可復望，深可痛惜。伏乞陛下與二三大臣詳議其事，以天下安危爲念，勿争尺寸之利以失大計，則社稷之幸也。臣竊聞議者或謂，若棄蘭州，則熙河必不可守，則西蕃之馬無由復至，而夏戎必爲蜀道之梗。臣謂此皆劫持朝廷，欲必守蘭州之説，而非國之至計也。臣聞熙河屬國彊族甚多，朝廷養之極厚，必不願爲西戎所有。若帥臣能以恩信結之，統之以戍兵，貼之以弓箭手，又於熙、蘭要路控以堅城，臣恐西戎未易窺伺，而西蕃之馬何遽不至乎？至於蜀道之虞，自非秦、鳳、階、成等處蕩然無城池兵馬之備，則西戎豈敢輕爲此計？臣謂此説亦空言而已。

臣又聞説者謂韓縝昔與北朝商量河東地界，舉七百里之地以界之，近者臺諫以此劾縝，縝由此罷相。故今朝廷議欲以蘭州等處復與西戎，無敢主其議者。臣謂蘭州等處與河東地界不可同日而語。河東地界，國之要地，祖宗相傳，誰敢失墜？舉而與人，非臣子之義。至於蘭州等處，本西戎舊地，得之有費無益。先帝討其罪而取之，陛下赦其罪而歸之，理無不可。不得以河東地界爲比也。

輸再論蘭州等地狀曰：

臣近於六月二十八日奏以西使入界，恐必有講和請地之議。乞因此時舉蘭州及安疆、米脂等五寨地棄而與之，安邊息民，爲社稷之計。見今西使已到，竊聞執政大臣棄守之論尚未堅定。

臣竊見皇帝陛下登極以來，夏國雖屢遣使，而疆埸之事初不自言。度其狡心，蓋知朝廷厭兵，是以確然不請，欲使此議發自朝廷，得以爲重。朝廷深覺其意，忍而不與，情得勢窮，始來請命。今若又不許，遣其來使徒手而歸，一失此機，必爲後悔。彼若點集兵馬，屯聚境上，許之則畏兵而與，不復爲恩。不許則邊釁一開，禍難無已。間不容髮，正在此時，不可失也。

臣又聞昔日取蘭州及五寨地，本非先帝聖意。先帝始議取靈武，内臣李憲畏懦不敢前去，遂以兵取蘭州。先帝始議取横山，帥臣沈括、种諤之徒不能遵奉聖略，遂以兵取五寨。此二者皆由將吏不職，意欲邀功免罪，而先帝之意本則不然。其後元豐六年，夏國遣使請罪。先帝嘉其恭順，爲敕邊吏，禁止侵掠。既又遣使謝恩，請復疆土，先帝仍爲指揮保安軍，與宥州議立疆界。因循未定，而先帝奄棄萬國，遂以至今。由此言之，蘭州五寨，取之則非先帝本意，棄之則出先帝遺意。今議者不深究本末，妄立堅守之議，苟避棄地之名，不度民力，不爲國計，其意止欲私己自便，非社稷之利也。

臣又聞議者或謂棄守皆不免用兵，棄則用兵必遲，守則用兵必速，遲速之間，利害不遠，若遂以地與之，恐非得計。臣聞聖人應變之機，正在遲速之際。但使事變稍緩，則吾得算已多。昔漢文、景之世，吴王濞内懷不軌，稱病不朝，積財養士，謀亂天下。文帝專務舍養，置而不問，加賜几杖，恩禮日隆。濞雖包藏禍心，而仁澤浸漬，終不能發。及景帝用鼂錯之謀，欲因其有罪，削其郡縣。以爲削之亦反，不削亦反。削之則反疾而禍小，不削則反遲而禍大。削書一下，七國盡反。至使景帝發天下之兵，遣三十六將，僅而破之。議者若不究利害之淺深，較禍福之輕重，則文帝隱忍不决，近於柔仁。景帝剛斷必行，近於强毅。然而如文帝之計，禍發既遲，可以徐爲備禦。稍經歲月，變故自生，則以漸制之，勢無不可。雖有千濞，亦何能爲？如景帝之計，禍發既速，未及旋踵，已至交兵。鋒刃既接，勝負難保，社稷之命，决於一日。雖食鼂錯之肉，何益於事？今者，欲棄之策與文帝同，而欲守之謀與景帝類。

臣乞宣諭執政，欲棄者理直而禍緩，欲守者理曲而禍速。曲直遲速孰爲利害？况今日之事，主上妙年，母后聽斷。將帥吏士，恩情未接。兵交之日，誰使效命？若其羽書沓至，勝負紛然，臨機决斷，誰任其責？惟乞聖慈以此反覆深慮，早賜裁斷，無使西戎别致猖狂，棄守之議，皆不得其便，則天下幸甚。

轍爲御史中丞，論熙河邊事疏曰：

臣近以熙河帥臣范育與其將吏种誼、种朴等妄興邊事，東侵夏國，西挑青唐，二難並起，釁故莫測，乞行責降，至今未蒙施行。臣已别具論奏。臣竊復思念熙河邊釁，本由誼、朴狂妄，覬幸功賞。今育雖已去，而誼、朴猶在，新除帥臣葉康直又復人才凡下，以臣度之，必不免覦望朝廷，爲誼、朴所使。若不並行移降，則熙河之患猝未可知。加以朝廷論議亦自不一，臣請詳陳本末而陛下察之。

昔先帝始開熙河，本無蘭州，初不爲患。及李憲違命，創築此城，因言若無蘭州，熙河决不可守。自取蘭州，又已十餘年。今日欲築質孤、勝如以侵夏國良田，遂言若無質孤、勝如，蘭州亦不可守。展轉生事，類皆浮言。蓋以邊防無事，將吏安閑，若不妄説事端，無以邀求爵賞，此則邊人之常態，而自古之通患也。今若試加詰問，理則自窮。何者？二寨廣狹幾何？所屯兵甲多少？夏人若以重兵掩襲，其勢必難保全。既克二城，乘勝以擊蘭州，則蘭州之危何異昔日？今朝廷不究其實，而輕用其言，以隳大信。夏國若因此不順，外脩朝貢，以收賜予之利，内實作過，以收鹵獲之功，臣恐二寨所得地利，殊未足以償此。臣所謂質孤、勝如决不可城者，由此故也。

昔先帝綏御西蕃，董氊老而無子，趙醇忠其族子也。先帝嘗遣苗履多持金幣以醇忠見之，是時聖意蓋有在矣。事既不遂，而董氊昏病，遂爲阿里骨所殺。阿里骨本董氊之家奴，先亂其家，次取其國。董氊之臣如鬼章、温溪心等皆有不服之志，此實一時之機會也。是時朝廷若因機投隙，遣將出兵，擁納醇忠，則不世之功庶幾可立。而一時大臣不知出此，遽以旄鉞寵綏篡奪之臣，使得假中國爵命之重，以役屬蕃部，臣主之勢由此而堅。然自是以來，頗亦外脩臣節，未顯背畔之迹，而育等欲於此時復舉前策，蓋已疏矣。昔曹公既克張魯，劉曄言於公曰：「公既舉漢中，蜀人望風破脱，劉備得蜀日淺，蜀人未恃也。誠因其傾而壓之，蜀可傳檄而定。若小綏之，蜀人既定，據嶮守要，不可犯矣。」公不從。居七日，聞蜀中震動，公以問曄。曄曰：「今已小定，未可擊也。」夫機會一失，七日之間遂不可爲。今乃於數年之後追行前計，亦足以見其暗於事機，而不達兵勢矣。

臣聞种諤昔在先朝，以輕脱詐誕，多敗少成，常爲先帝所薄。今誼、朴爲人，與諤無異，誼於頃歲偶以勁兵掩獲，以此自負。而西蕃懲於無備，久作隄防，亦無可乘之勢。育自到任，屢陳此計，咫尺蕃界，誰則不知？臣謂兵果出境，必有不可知之憂矣。兼聞近日擅招青唐蕃部數以千計。納之，則本無朝旨，未有安坐之處。却之，則於彼爲畔，必被屠戮之苦。據此事情，罪名不輕。臣不曉朝廷曲加保全，其意安在？若不並行責降，臣恐朝廷之憂未有艾也。借使阿里骨因此怨叛，結連夏人，同病共卹，更出盜邊，羽書交馳，紛紜奔决。當此之時，大臣相顧，不敢任責，而使明君聖母憂勞於帷幄之中，雖食主議者之肉，復何益乎？臣所謂阿里骨決不可取者，由此故也。

凡此二事，皆國家安危，邊民性命所係，禍機之發，間不旋踵。故臣願陛下蚤發英斷，黜此三人。外則使異域知此狂謀，本非聖意，易以招懷。內則使邊臣知賞罰尚存，不敢妄作，此當今所宜速行者也。然臣尚謂熙河遭此破壞，❶彼此相疑，却欲招納，令就平帖，非得良帥，未易可也。臣觀葉康

❶「臣」，原脱，今據《欒城集》卷四三《再論熙河邊事劄子》、《長編》卷四四四元祐五年六月記事改。

直之爲人，深恐未足倚仗。何者？康直頃緣權貴所薦，節制秦鳳。秦鳳邊面至陝，號爲無事，而康直於前年冬無故展修甘谷城，致令夏國大兵壓境。兵役已興，康直恐懼，不敢興功，妄以地凍請於朝廷。役既不成，虜亦迺去。既無將帥靖重之略，而當熙河摇動之時，臣恐陛下西顧之憂未可弭也。要須徙置屯路，更命熟事老將以領熙河，仍特賜戒敕，使知朝廷懷柔遠人，不求小利之意。如此，而邊患庶幾小息矣。

貼黃：葉康直頃歲差知秦州，中書舍人曾肇、諫議大夫鮮于侁皆言康直昨因兵興，調發芻糧，一路騷然。及令兒男掘取窖藏斛㪷貨賣，及建言欲由涇原路入界，和雇車乘人夫，爲知永興軍吕大防所奏，有違詔敕，先帝欲深寘於法。康直素事李憲，憲營救得免。按其爲人如此，今熙河方反側未安，而付之此人，中外知其不可也。种朴昔因永洛覆師之後，父諤權領延安之日，與其親戚徐勳矯爲諤奏，妄自保明勞效，仍邀取諸將賂遺，并奏其功。先帝覺其姦詐，欲加極典，既而釋之，並特降官落職停替。諤因此憂恚發病至死。狂妄如此，若不加貶責，臣恐熙河終未寧靖也。

轍又論熙河邊事疏曰：

臣近論奏范育以措置邊事乖方，召還爲户部侍郎，賞罰倒置，乞行責降，仍乞罷种誼、种朴本路差遣，更擇熙河帥臣，使之懷柔異類，謹修邊備。雖蒙聖旨罷育户部，而使還領熙河，其於邊事，一皆如故。臣方以爲憂，旋聞質孤、勝如二寨，近日已爲夏人出兵平蕩。臣本儒生，不習軍旅，妄以人情揆度，以爲熙河創見於非守把之地，修築城寨，理既不直，必生邊患。言未絶口，而夏國人兵既已破城而歸矣。臣謹按二寨雖昔嘗興置，至元豐五年並已廢罷，與囉兀、永洛等城無異。今欲復行修築，生事致寇，理在不疑。而熙河諸將意欲侵奪良田，收耕穫之利以守蘭州，而不顧夏國争占之害。計其所得，不補所亡，不待臣言，事已可驗。然臣竊謂夏國所遣坤成使臣適至京師，而國中遂敢舉兵攻城，略無所忌者，意謂築城之役曲在熙河，雖朝廷之重，亦必不敢無名苟留其使故也。邊計一失，遂爲夷狄所侮，可勝歎哉。

如臣愚見，謂宜速擇良帥，俾往綏靖一路。至如聚糧添屯之類，亦必隨事應副，以備不虞。今育與誼、朴猶在本路，觀其輕敵無謀，貪功希賞，必更妄起事端，以蓋前失，關、陝之憂，未可知也。況育等欲納趙醇忠，謀已宣露，爲阿里骨所怨。二難交至，可無慮乎？昔李德裕議討劉稹，同列有異議者，德裕請曰：「有如不利，臣請以死塞責。」今中外皆謂守信固盟，中國之利。若大臣有欲專任育等不顧邊患者，臣願陛下以德裕之請要之。若能如此，即用其計，事定之日，按行賞罰，則朝廷綱紀庶幾尚在也。

貼黄：臣竊見朝廷久不明辨是非，必行賞罰，故群臣輕易造事。去年議回黄河，所費兵夫物料不可勝計，功卒不成，而議者仍舊在職，略無責問。臣下習見朝廷刑政如此，故敢輕造邊釁。臣乞陛下以河事爲戒，與大臣熟議，必令任責不辭，然後舉事。

轍又論熙河邊事疏曰：

臣論范育、种誼等不可留在熙河，章三上矣，而朝廷不從。臣亦言之不已，不審陛下亦嘗察其故否。臣初論育措置邊事失當，不合遷户部侍郎。朝廷既追寢成命，臣亦粗可以塞言責矣。育知熙州，誼知蘭州，皆非今日之命。臣雖不言，於臣職事非有害也。而臣再三干瀆聖聽，誠有説也。

方今太皇太后陛下聽政於帷幄之中，皇帝陛下育德於恭嘿之後，欲以仁覆天下則有餘，欲以武服四夷則不足。利在安靖，不利作爲。而大臣欲聽育等狂謀，以興邊事，使夏人由此失和，兵難不解。當此之時，欲相率持羽檄决計於簾前，此臣所以寒心者一也。元祐以來，朝廷懷柔夏人，如恐不及，地界之議將成而絶者屢矣。頃者朝命許以二十里爲界，彼既忻然聽從，而熙河幸其聽從之間，❶於四十里之外修築已廢舊寨，奪其必争膏腴之地。板築未移，戎馬即至，而二城不守矣。今若不問枉直所在，興忿恚之師，爲必取之計，則關、陝兵禍，漸不可知。若自知不直，雖不復争，而留育等守之，一則夏國懷疑，終不信向。二則育等狷憒，耻功不遂，妄造事端，以蓋前失，患終不弭。况復育等既結阿里骨之怨，二隙交遘，勢尤可虞。此臣所以寒心者二也。非此二事憂患迫切，育等瑣瑣，臣肯屢以爲言哉？

然臣所言於育等三人，亦止是各移降差遣，及育作待制差緩數年而已，於其私計

❶「其」上，原衍「甚」字，今據《欒城集》卷四四《四論熙河邊事劄子》、《長編》卷四四五元祐五年七月丁亥條删。

無多損也。臣愚以謂方論國事，宜且先公後私，以全大計。不勝區區，孤忠憂國，再三干瀆天聽，甘俟斧鉞。

轍又論前後處置夏國乖方疏曰：

臣前後四次論熙河處置邊事乖方，乞移范育、种誼差遣，至今未蒙施行。然臣前所論，止言見今措置之非，未及已往根本之失。若默而不言，竊恐聖明尚有未矚，再三煩瀆，罪合萬死。臣竊觀朝廷前後指揮，方夏人猖狂，寇鈔未已，則務行姑息，恐失其心。夏人恭順，朝貢以時，則多方徼求，苟欲自利。以此凡所與奪，多失其宜。何者？元祐三年朝廷遣使往賜册命，而夏人公然桀傲，不遣謝使，再遣兵馬，蹂踐涇原。朝廷方務遵養，不復誅討。於四年始復遣使，奏乞以所賜四寨易塞門、蘭州。朝廷雖不聽其所乞，然即爲改易前詔，不候分畫地界，先以歲賜予之。仍令穆衍以三省、密院意旨開喻來使，及言所納永洛陷没人口，既經隔歲月，或與元數不同，並許據數交割。及所立界至，雖有自來遠近體例或山斜不等，不許邊臣固執争占。凡此三事，皆夏人奏請之所不及，而朝廷迎以與之者也。及鄜延路乞依夏人所請，用綏州舊例，以二十里爲界，十里之間，量築堡鋪，十里之外，並爲荒閑，近黄河者仍以河爲界。朝廷一一聽之。臣竊見先朝分畫綏州之日，界至遠近，責令帥臣相度保明，往往審覆乃從其説。今所畫界首，起鄜延，經涉環慶、涇原、熙河四路，朝廷更不委逐路審覆，即以鄜延一路所見便利，指喻夏人。號令一布，無由復反，至今夏人執以爲據。此則臣所謂「朝廷方夏人猖狂，寇鈔未已，則務行姑息，恐失其心」者也。

至於熙蘭所請，欲以蘭州黃河之北二十里爲界，臣竊謂過河守把，勢已艱難，侵占蕃地，理尤不可。仰料朝旨必不敢依，唯所言定西、通西、通渭等城外弓箭手耕種地，遠者七八十里，近者三四十里，不可以二十里爲界。邊臣雖爲此說，然議者或謂蘭州每遣弓箭手耕種此地，輒爲夏人所殺，若言已有耕者，則弓箭手必有名籍，所得租課，歲入幾何。二説相違，理難遥度。要須以此先與夏人商議，各從逐路之便，不可以二十里一概許之。朝廷既失先事籌量，及號令已行，乃欲追悔，先後皆失，遂生厲階。而熙河帥臣與其將佐，迺敢不候朝旨，於元請之外修勝如、質孤二寨。二寨既於元豐五年廢罷，具載《九域圖志》，見今無使臣兵馬住坐，而妄謂夏人，舊係守把，朝廷從而助之，以《九域圖志》爲差誤，以吏部見差管勾二寨弓箭手、道路巡檢使臣爲守把。臣謂苟以此誑惑中朝士人可耳，若欲以此塞夏人之口而伏其心，恐未可也。此則臣所謂「朝廷方夏人恭順，朝貢以時，則多方徼求，苟欲自利」者也。然臣竊妄料朝廷之意，勝如、質孤二寨必難議再修，定西、通西、通渭三寨二十里以上界至，亦無以取必於夏國。蓋朝廷歲賜大利，既於無事之時空以與人，及此緩急，無以爲重。所謂差之毫釐，謬以千里者也。然則地界之事，要必相持不決。遇有朝貢使介復來，秋冬之交，賊馬肥健，時出寇掠，受侮夷狄，何時已耶？如臣愚見，欲檢會前奏，移降育、誼，置之佗路，别擇名將謹守大信，且修邊備。本路疆界之議，實非見今守把者，可推以與之，以信前約。其佗則令推公心，具長久計，條列聞奏，然後朝廷擇而行之，則熙河尚可得而安也。

今臣觀朝廷初無定議，方熙河邊釁之作也，急召帥臣，寘之户部。及臣言賞罰失當，則急復遣育還帥熙河。至如种朴，本與育、誼共造邊隙，今迺移朴涇原，獨留育、誼。若以召育爲是，則今遣之爲非矣。若以移朴爲當，則獨留育、誼爲失政矣。政令如此，終安適從。徒遣孫路、穆衍之流，往彼相度，朝廷大計，豈可取决衍等之口。萬一敗事，雖戮衍等，何補於國？臣前上言唐李德裕議討劉稹，同列有異議者，德裕請曰：「有如不利，臣請以死塞責。」今中外皆謂守信固盟，中國之利。若大臣有欲專任育等，不顧邊患者，臣願陛下以德裕之請要之。若能如此，即用其計，事定之後，案行賞罰。今臣言已竭，勢不能回，不審陛下嘗以臣前説要之否？邊事至重，安危未可知，惟陛下留神而已。臣以孤忠，誤蒙拔擢，不敢不盡所懷以孤任使。然觸犯者衆，死有餘責。

轍爲户部侍郎，論西事狀曰：

臣伏見西夏頃自秉常之禍，人心離貳，梁氏與人多二族分據東西廂，兵馬勢力相敵，疑阻日深，入寇之謀，自此衰息。朝廷略加招納，隨即伏從。使介相尋，臣禮甚至。只自今年春末夏初以來，始有桀心。出兵數萬掩襲涇原，殺虜弓箭手數千人，復歸巢穴。朝廷方事安衆，難於用武，接以君臣之禮，加以册命之恩，特遣使人厚賜金幣。戎狄獸心，敢爲侮慢，輒以地界爲詞，不復入謝。至於坤成賀使，亦遂不遣。中外臣子聞者莫不憤怒，思食其肉。臣忝備侍從，主憂臣辱，義不辭勞。況臣擢自小官，列於禁近。議論幾事，既其本職。感激思報，宜異常人。是以冒昧獻言，不避罪戾，庶幾聖意由此感悟，雖被譴逐，臣不恨也。

臣竊惟當今之務，以爲必先知致寇之端由，審行事之得失，然後料虜情之所在，定制敵之長算。誠使四者畢陳於前，羌戎小醜，勢亦無能爲也。董氈本與西夏世爲仇讎，元昊之亂，仁宗賴其牽制。梁氏之篡，神宗藉其征討。世效忠力，非諸蕃之比。迺者董氈老病，其相阿里骨擅其國事，與其妻契丹公主殺其二妻心年氏。其大將鬼章及温溪心等皆心懷不服。阿里骨欺罔朝廷，自稱董氈嗣子。朝廷不察情僞，不原逆順，即以節鉞付之。謀之不臧，患自此起。阿里骨既知失衆，虐用威刑，衆心日離。而鬼章自謂與阿里骨比肩一體，顧居其下，心常不悦。夏人乘此間隙，折節下之。先與阿里骨解仇結懽，令轉説鬼章舉兵入寇，復誘脅人多保忠，令於涇原竊發。黨與既立，羽翼既成，是以敢肆狂言，以動朝聽。向若阿里骨以董氈之死來告立嗣，朝廷因其所請，遍問鬼章、温溪心等以誰實當立。若衆以阿里骨爲可立，則既立之後，衆必無詞。若以爲不可，則分董氈之舊秩，以三使額授此三人。阿里骨無僥倖之命，鬼章無怨望之意，則夏人無與爲援，安能動摇？加以數年以來，朝廷本厭兵事，羌中測知此意，亦以自安。頃者忽命熙河點集人馬，大城西關，仍云來年當築龕谷。聲實既暴，虜心不寧，舉兵自强，釁亦由此。此所謂致寇之端由也。

先帝昔因梁氏篡逆之禍，舉兵誅討，侵

擴地界，爲怨至深。羌虜之性，重於復讎。計其思報之心，未嘗一日忘也。徒以喪亂相繼，兵力彫殘，陛下臨御之初，意切懷納，是以連年入貢，以休息其民。雖有恭順之言，蓋亦非其本意矣。假令犯順，固猶有詞。今朝廷因其承襲之後，賜之册命，捐金錢二十餘萬緡以爲之禮。彼既與我有君臣之分，然後可責以忠順之節。朝廷此舉於義甚長，而羌虜無謀，遂肆桀傲。內則其國中士民自知不直，必不爲用。外則中國兵將皆有鬭志，易以立功。曲直之幾，於此始定。雖棄捐金幣，以封殖寇讎，小人謂之失策。而分別曲直，以激勵將士，智者謂之得計。此所謂行事之得失也。元昊本懷大志，長於用兵。亮祚天付兇狂，輕用其衆。頃爲邊患，皆歷歲年。然而國小力微，終以困斃。今梁氏專國，素與人多不恊。內自

多難，而欲外侮中原，料其姦謀，蓋非元昊、亮祚之比矣。意謂二聖在位，恭默守成，仁澤之深，遠近所悉。既無用武之意，可肆無厭之求。蘭會諸城，鄜、延五寨，好請不獲，勢脅必從。以爲狂言一聞，求無不得。今朝廷既已漸爲邊備，益兵練將，則羌虜之心已乖本計。不過秋冬寒凉之後，小小跳梁，以嘗試朝廷而已。若朝廷執意不摇，守邊無失，則款塞請盟，本無愧耻。若朝廷用心不一，惟務求和，則請求百端，漸不可忍。此所謂虜情之所在也。

凡欲應敵，必先正名。夏人初起邪謀，必有二説。其一以爲慢詞既達，則地界可得。無窮之請，因以滋彰。其二以爲雖不得地，實亦無損。猖狂力屈，稍復求和，中國厭兵，勢無不許。方其不遜，則張皇事勢，夸示諸戎。及其柔伏，則略爲恭順，使

中國黽勉而聽。今朝廷遣兵積粟，地界之請固已不從。而號令未明，逆順未著。臣恐夏人未知朝廷不憚用兵之意，無以折其姦心。又恐將來姦窮力屈，略脩臣禮，便與講和。要約不堅，必難持久。昔趙欲與秦爲購，其謀臣虞卿以爲從趙爲購，莫若從秦爲購。於是東結齊人，而秦人自至。區區之趙，尚知出此，而況堂堂中國，畏避畜縮，媮於無事，不一分別曲直，而反聽命於羌人哉？

臣願陛下明降詔書，榜沿邊諸郡，其大意略曰：「夏國頃自亮祚喪亡，先帝舉兵弔伐，既絶歲賜，復禁和市。羌中窮困，一絹之直至十餘千。又命沿邊將吏，迭行攻討。横山一帶，皆棄不敢耕。窮守沙漠，衣食併竭，老少窮餓，不能自存。朕統御四海，均覆無外。憫此一方，窮而無告，遂敕諸道帥臣，禁止侵掠。自是近塞之田，始復耕墾。既通和市，復許入貢。使者一至，賜予不貲。販易而歸，獲利無算。傳聞羌中得此厚利，父子兄弟始有生理。朕猶念孤童幼弱，部族携貳，若非本朝賜之策命，假以寵靈，則何以威伏酋豪，保有疆土？是時朝士大夫咸謂夷狄反覆，心未可知，使者將行，言猶未已。朕有存亡繼絶之志，欲脩祖宗爵命諸侯之典，以爲寧人負我，斷而不疑。故遣使出疆，授以禮命。金錢幣帛，相屬於道。邊人父老，觀者太息。以爲仁義之厚，古所未有。而狼子野心，飽而背德，不遣謝使，不賀坤成。朕以君道拊之，而不以臣禮報朕，天地所疾，將相咸怒。朕惟狂謀逆節，止其一二姦臣，國人何辜，當被殺戮？是以弭兵安衆，未議攻討。然而逆順之理，不可不明。其令沿邊諸將，飭勵兵馬，廣爲儲峙，敢有犯塞，即殺無赦。彼既背逆天理，不有人禍，必有鬼誅。姑脩吾疆以待其變。」臣料此命一出，羌人愧畏，雖未即款伏，而姦計沮屈，無以號令其下。諸路兵民，知彼曲我直，人思致死，勇氣一發，邊聲自倍，此必然之勢也。

今朝廷日夕備邊，常若寇至。而但曲加隱忍，不降此命。使虜一旦犯境，終亦不免交鋒。若聽臣此言，要之亦不出兵，坐而待敵，初無有異，而使士氣感奮以思戰，虜情知難而自屈。求和之請，其至必速。此所謂制敵之長算也。

臣竊聞朝廷近已添屯兵將，增廣邊儲，議絶和市，使熙河帥臣招來阿里骨、鬼章、温溪心、人多保忠等。此兵法所謂上兵伐謀，不戰而屈人者。陛下若能饒之以金錢，而寬其繩墨，使將帥得盡其心，間諜得盡其力，則事無不成，而虜漸可制矣。

然有一事，似非臣所得言者，但以蒙國厚恩，不敢不盡。昔熙寧、元豐之間，所行政令雖未必便民，然先帝操之以法，濟之以威，是以令無不從，而事無不舉。頃者朝廷削去苛法，施行仁政，可謂善矣。然而刑政不明，多行姑息。中外觀望，靡然有縱弛怠惰之風。平居無事，姑以媮安可耳。今虜不順，勝負之變，蓋未可知。緩急之際，威令無素，何以使衆？臣謂宜因事正法，以明示天下。

臣前所言去歲大臣承用阿里骨欺罔之奏，授以節制，致令鬼章懷憤入寇，夏人乘釁違命，此則當時宰相、樞密使副苟簡無謀之罪也。近者涇原賊馬至者數萬，殺略數千，斥候不明，備禦不及。熙河賊退，經今累月，而殺傷焚蕩之奏，至今未止。此則將帥弛慢，不畏朝廷之罪也。陛下恬不爲怪，略無責問，政之不脩，孰大於此？中外相視，以爲疑怪。朝廷方將使人蹈白刃，赴湯火，臣有以知其不能矣。昔公孫弘爲相，諸侯有逆謀，請上侯印以塞責。諸葛亮爲相，任馬謖不當，請自貶三等，以右將軍領事。蓋大臣體國，不惜身自降黜，爲衆行法。今陛下何不取去歲册命阿里骨與議大臣，不論去位在位，皆奪一官。至於兩路將帥，雖寄任不改，而法不可廢，皆使隨罪行罰。以此號令四方，庶幾知所畏憚，政脩於朝廷之上，而敵恐懼於千里之外，勢之所至，不足怪也。今陛下未能正群臣，而望西羌之畏威，不可得矣。臣聞范仲淹守慶州，因葛懷敏之敗，請以任將非人，因兩府遜謝，損其勳爵而復其位，以激勵諸將，感慰邊兵。時雖不用，而仲淹之言，至今惜之。臣雖不敏，究觀往事，以爲可施於今，不敢默已。小臣狂僭，斧鉞之誅，無所逃避。惟陛下裁察。

侍讀蘇頌論屯兵漕河大要疏曰：

臣今月初九日入侍經筵，進讀《三朝寶訓》，至咸平六年契丹南牧，真宗皇帝嘗命輔臣條陳禦戎之策，因謂宰相李沆等曰：「今已屯大兵，虜未有隙。聚兵廣費，民力何以充給？自來建議營田河道，多爲帥臣所沮。」臣伏蒙聖問屯兵、漕河孰長？臣尋上對，以謂屯兵、漕河二事相須，闕一不可。

蓋天下無事，兵雖不用，而邊防武備在乎戍守，則屯兵不可闕也。既有戍守，必資糧餉，積儲糧餉，須由運漕，運漕小阻，其費百倍。是漕河不可闕也。方契丹連歲繹騷，邊城謹備。真宗以露師累歲，思長久控扼之術，故語及營田設險，儲糧贍軍之議，蓋爲息民止戈之漸。而帥臣不能遠謀，但矜甲馬雄盛，反以設險爲示弱，故李沆又陳「功之難成，蓋人人互執所見，參驗而行，實爲至便，欲望聖斷決行」。是後雖與契丹講和，然而運河營田，終亦不廢，至今沿邊以爲大利。又國家禁旅大兵多駐沿河州縣，皆取運漕之便也。臣故曰：「屯兵、漕河二事相須，闕一不可。」臣退而伏思聖問淵奥，皆經國裕民之先務。臣前對疏淺，不甚周悉。輒復稽考書傳所載前世已行之事，進言其一二，仰備聖覽。

臣聞古者内諸夏而外夷狄，故有甸侯要藩之限，祭祀享貢之令，蓋異遠近而別夷夏也。遠人不服，則侯伯之國得以文告而懲艾之。故文王命南仲伐玁狁，城朔方，而玁狁于夷。宣王命召公平淮夷，至江漢而淮夷來獻。此攻伐征討之備素具故也。秦并諸侯，天下混一，而强胡未服，始皇使蒙恬將兵攻取，疲敝中國，卒無成功。此無外禦之所致也。韓安國將兵屯漁陽，上言方佃作時，請且罷屯。罷屯月餘，而匈奴大入上谷、漁陽，掠其人畜而去。此失備虞之所致也。自爾以來，中國未嘗無戎狄之患，郡縣未嘗無戍守之役。千金之費，歲月相乘，由是轉漕運糧之策興焉。秦使天下飛芻輓粟，起黄、腄、直瑞反，又音誰。琅邪負海之郡，轉輸北河，率三十鍾而致一石，六斛四斗爲鍾，計道路所費，凡用百九十二斛，乃得一石至。卒困民力。漢守滎陽，軍無見糧。蕭何轉漕關中以給食，糧道不絶，遂興漢祚。此運漕有策與無策之相去萬萬也。趙充國擊先零，請罷騎兵，以步兵萬人留屯要害，因田致穀，威德並行。大費既省，徭役豫息，以戒不虞。唐姜師度守易州，始於薊門之北，漲水爲溝，以隔奚、契丹之寇。又約魏武故迹，傍海穿溝，號平虜渠，以避海道，運糧者至今賴之。此皆屯兵、漕河，前代之明驗也。

臣聞帝王之都，必據形勢，故三代居河、洛之間，漢唐宅咸、洛之壤。我太祖皇帝嘗愛洛陽山川之勝，始有建都之意。用軍校李懷忠陳汴渠運漕之利，遂東還京師。此實聖斷睿謀，因時適變，貽萬世之長策。今京師有汴、蔡、廣濟轉輸之饒，沿邊有塘濼營屯之固。鎮壓夷夏，踰於金湯。非三代、漢、唐之可擬倫也。臣頃在先朝，竊聞今太子太保致仕張方平，嘗蒙神宗顧問汴渠興置利害。方平奏曰：「古者建國必依山川，今國家都汴，實據平夷之地，所以爲形勢者，禁旅也，資禁旅者，粟帛也，所以富粟帛者，汴渠也。望戒有司以時開塞，毋輒輕議，天下幸甚。」神宗深以爲然。審此言亦可見屯兵漕河之大要也。臣愚僭易開陳，庶幾上禆聖政之萬一。

元祐五年六月，殿中侍御史上官均論棄地非便疏曰：

臣切聞《春秋傳》曰：「德以柔中國，刑以威四夷。」是知先王之治天下，其待中國與四夷，其道固異。何則？夷狄天性桀驁，恃遠負險，中國弱則先叛，彊則後服。專以恩養則倔彊難制，其勢使然也。臣切覩自陛下臨御以來，懲前日邊臣拓地邀賞之弊，而大臣采宋璟不賞邊功之説，務以息兵養民爲事，德意可謂至渥矣。然自朝廷納西夏貢使，賫册報幣，❶復與歲賜，恩禮不

❶「賫册報幣」，原脱，今據《長編》卷四四三元祐五年六月丁酉條補。

爲不厚，而戎人驕恣，傲然無懷服之意，遣使請地，邀求無已，迺知非恩之不至，待之不勤，其弊在於姑息之太過耳。

臣聞威過則怨，恩過則驕，怨則懷必死之心，驕則有無厭之求。昔先王之御夷狄，知威之不可獨立，故假惠以濟威；知惠之不可獨行，故須威以行惠。然後夷狄且懷且畏，無怨望輕侮之心。今戎虜之情，驕傲已見，大臣務以息兵省事爲意，前日遽棄沿邊四寨，以塞其請，而戎心無厭，邀請益甚。不知大臣爲陛下計，將與之乎？將拒之乎？與之則地日蹙而威日削，適足增其犬狼之氣，終不使之屈懾柔服以聽命令。漢晁錯明於邊事，嘗曰：「來而不能困，❶使得氣去，後未易服也。」又况遺以土地以驕其氣乎？❷臣聞兵以誅驕暴，驕暴去則無所用兵；政以治事，事息則無所用政。驕暴未去而遽寢兵，事未治而欲無事，是爲畏事苟安之計，其極必至於用兵多事，勞弊内外而後已。昔漢因循，以成七國之禍。唐厭兵，以成藩鎮之彊。此前事已然之驗也。戎狄之情，臣雖不知，邊鄙之事，臣雖未嘗習，然士大夫自塞徼守官罷歸京師者，訪聞非一，皆如臣言。又以古驗今，戎虜之情宜不相遠，故臣敢爲陛下反覆陳之。

臣願陛下詔敕大臣，虛懷訪問塞上罷官與知邊事之臣，參伍稽考，當得其實。則羌人萬里之情，可以坐見矣。臣聞練兵、選將、積粟三者，禦邊之急務。厚賞重祿，勸士之要術。元祐初，❸朝廷常敕邊郡爲五年

❶「不」，原脱，今據《長編》、《宋朝諸臣奏議》卷一四〇《上哲宗論棄地非便》補。
❷「况」，原脱，今據《長編》補。
❸「元祐初」三字，原脱，今據《長編》補。

之蓄，不知今日之積，其數幾何，不可以不預計矣。夫犯彊敵，冒白刃，士卒不顧死者，利厚賞也。前日薄首級之賞，務以息邀功之士，而不知非厚賞不足以使衆，此不可以不講也。伏願陛下詔諭大臣，簡略細務，留意安邊大計，却羌戎無厭之求，講練兵選將，積粟厚賞之術，遣知邊事可信之臣按察塞徼，以詳守禦得失之實、儲蓄卒伍之數。明誡邊吏以朝廷之意。羌虜柔服則治兵積粟以備之，桀鶩侵軼則邀擊前後以挫之。退不得畏縮以驕其氣，進不得興兵以費吾財。張大天威，赫然示戎狄不可侵犯之意，則士氣日奮，戎心日消，四夷無侵陵之患，中國有泰山之安矣。夫先患而謀則有餘，後事而計則無及，此天下大計，惟陛下留神，蚤加詳擇。

貼黄：臣切聞西夏見今所爭蘭州塞地，皆控扼戎馬要路，若苟容目前無事，全不計校，輕以付與，中外之議，深恐戎人擣虚長驅，熙河數郡孤立難守，爲害非細。臣切意大臣之計，務欲安静無事，故曲從其意。若異時戎心無厭，繼欲請熙河故地，不知何詞以拒之？臣訪聞沿邊得替官員，皆以爲犬戎之情，驕則愈横。今以旁塞要地付與，徒自去其藩扞，長敵人彊悍之勢，如傅虎以翼，借寇以兵，不唯無益，適足爲患。爲今之計，不若治兵、積穀、選將、厚賞，畫地而守，❶勿與尺寸，使戎心曉然知朝廷之意，中國之彊，不敢輕犯。願陛下詢訪執政大臣，今以塞地與之，不知果能使西夏懷惠，無異日

❶「守」，原脱，今據《長編》補。

之患否？不可必，則是徒失險阻，爲久遠之累。如夏人以故地疆界爲言，則邊將盍答以靈州亦朝廷故土，西夏若還靈州，中國亦償以故土。如此，亦足以折其無厭之請。❶兹邊陲安危之計，宜博訪審慮，庶無後悔。

臣愚所言，非欲興兵生事。蓋西戎驕倨，請求無厭，若不講飭邊備，折其貪冒之意，其勢必至侵犯塞郡，勞師費用，困弊中國。伏乞陛下詔諭大臣，早爲之計，❷以消未然之患。

元祐間，右正言王覿論吕惠卿違侵擾外界旨疏曰：

臣聞自古中國有以致夷狄之患者，其端固不一也，然大要多因守邊之吏貪功生事而侵擾之，積以成釁，其禍乃深。故漢武帝用王恢、聶壹之言，絶匈奴之好，以興馬邑之師，初已無利，而其後連兵不解者數十年。唐明皇因孫誨、趙惠琮之謀，背吐蕃之盟，以有青海之戰，初雖一捷，而其後官軍陷没者數萬人。如武帝、明皇，可謂英睿之主矣，然一爲邊吏所誤，渝盟爽信，以快一時，而至使生靈肝腦塗地，財竭力殫，爲後世笑，可不爲之痛惜哉。故爲國深慮者，若貪功生事之邊吏，置之法而無赦，則庶幾得所以懷夷狄、安邊境之道也。

臣伏見資政殿大學士吕惠卿前知太原府，於元豐八年内差知府州折克行等，於四月十七日入西界三角川以來討蕩，及差第一將訾虎等，於四月十九日入西界聚星泊

❶「請」，原作「情」，今據《長編》改。

❷「早爲之計」四字，原脱，今據《長編》補。

以來討蕩。二將及麟府州蕃漢士卒并帥府添差之兵，無慮二萬人騎，不惟無故結釁於彼，而我之士卒陣亡及傷而見姓名者數百人，隨軍子弟不預焉。支過賞功及陣亡輕重傷銀絹二萬餘匹兩，犒設及其餘錢糧又數萬計。致西人却於五月中引千餘騎犯邊，至葭蘆寨供奉官王瑛以戰死，兵士陷没者六十餘人。自是惠卿内懷憂恐，過作守備於極邊難得糧草之地，添屯兵馬，虛費極多。臣訪聞惠卿出兵之時，邊境本自安靖，徒以元豐五年内曾有朝旨，倏往忽來爲擾耕之計。惠卿緣此，於去年春間面諭諸將及遣屬官諷沿邊將佐，申乞出兵，蓋欲事成則功歸於己，不成則罪在將佐而已。故管勾麟府路軍馬公事張之諫不肯隨順申請，惠卿挾怒奏黜，人咸冤之。未出兵之間，三月六日登極大赦既到，折克行以赦書旨撝不侵擾外界，未肯出兵，惠卿不聽，故克行等迺以四月十七日、十九日入界。

臣伏讀三月六日赦書：「應沿邊州府仰逐處長吏并巡檢使臣，鈐轄兵士及邊上人户，不得侵擾外界，守疆埸，勿令搔擾。」此朝廷之美政，陛下之盛德也。凡州郡赦書初到之日，集官吏軍民而宣讀焉，聖恩深厚，孰不嘆嗟，四夷傳聞，當亦感泣。蓋皇帝陛下即位之始，太皇太后同聽政之初，以神宗新棄天下，聖心悲哀，豈皇武事？故須慰安夷狄，休息兵民，俾兵民安土而無荷戈之憂，夷狄歸心而無擾邊之患，然後可以見中國禮義之舉，可以申聖考亮陰之情也。而惠卿志不在哀，心輕赦令，僥倖功賞，妄興師徒，使朝廷内則致疑於兵民，外則失信於夷狄。損虧國體，蠹傷聖政，皆惠卿之由也。

臣檢會本朝自建隆以來南郊等赦書，並無前項不得侵擾外界等旨揮，惟太宗、真宗、仁宗、英宗、神宗登極大赦，戒敕邊吏，與去年三月六日赦文正同。於此既有以見祖宗謹始之先務，又有以知陛下承祧之深意也。是則於國家之體，所繫豈輕哉？凡厥邊臣，敢不恭命。惠卿嘗爲執政，方握帥權，朝廷禮遇不爲不優，國家寄委不爲不重，所當將順聖德，彈壓邊陲。若提封之内敢或違赦弄兵，輒侵外境，自當决行軍法，以嚴天子之命，以爲邊吏之戒，安可自爲亂階，身犯詔禁？涣汗之號方悦於群情，無名之兵已駭於衆聽，如此則吏民豈復以赦書爲可用，夷狄豈復以中國爲可親，四方豈復以朝命爲可尊，後世豈復以祖宗爲可法？陛下以惠卿之罪爲微罪耶？大罪耶？以惠卿之惡爲可恕耶？爲不可恕耶？以惠卿之罪爲微罪，則自古以來廢詔騁兵、殘民辱國者皆微罪矣。以惠卿之惡爲可恕，則由今以往欺君罔上、壞法亂常者皆可恕矣。或謂惠卿雖無遵用赦書之意，亦豈敢更不奏請而遽遂出兵哉？請不請固非臣之所知，而其爲罪惡則均也。夫惠卿不復奏請而遂出兵，則是直廢赦敕，無人臣之禮，罪不容誅矣。引赦爲説而有請焉，亦不過張大出兵之利，以欺罔朝廷而已。朝廷以邊帥之請而信之不疑，則適足以致非禮之舉、失信之過盡歸於朝廷也。爲臣不忠，孰甚於此？伏望聖慈察惠卿妄興師旅，違聖孝之情，廢格赦敕，無人臣之禮，隳祖宗謹始之意，開邊鄙異日之患。僥倖功賞，志不在哀。内致疑於兵民，外失信於夷狄，虧損國體，蠹傷聖政，蚤行誅竄，以爲天下後世不忠不孝之戒。干冒睿聖，無任忠憤激切之至。

貼黄：《登極赦》内「不得侵擾外界，務要静守疆埸」等旨揮，自太宗以來至陛下，六聖所同守，天下所共知也。及惠卿一旦而壞之，縉紳之稍識忠義者，孰不憤歎？但以惠卿凶險傾邪，嘗任執政，朋黨甚多，恐言發禍隨，故未有敢以其事聞朝廷者。惟朝廷特賜主張。臣非懼禍，所慮臣言不行，則於聖政所損不細而已。伏望聖慈詳察。

又曰：奏而廢赦，與不奏而廢赦，其罪之輕重相去無幾。但曾經奏禀，即須更治經歷官司之罪也，乞聖慈詳酌。

又曰：赦到太原，當在三月十日以後，惠卿出兵在四月十七日，即是宣赦未及四十日，而違赦出兵也。今後朝廷赦敕何以使吏民尊之，夷狄信之？況今正當朝廷務要守静疆埸，綏安夷狄之時，故須竄誅惠卿，以爲邊吏之戒。

又曰：三月六日赦書，必須數日而後可到太原，其麟府等處得惠卿旨揮而後出兵，又須數日。既以四月十七日出兵，即惠卿措置出界等事，正是初聞神宗上仙之時。若疆埸有警，勢須捍固，所不論。既邊境本自無事，又赦書有「不得侵擾外界，務要静守疆埸」之戒，惠卿乃忍故違赦令，忘哀動衆。夫因人之喪而伐之，猶且不可，自聞國哀之初，若喪考妣之際，而謀動干戈也。惠卿若不重行竄殛，是則人臣之不忠不孝者接跡而無懼矣。惟聖慈詳酌。

又曰：惠卿傾邪刻薄，當其竊權用事之時，簡賢附勢，壞法亂常，爲國巨蠹。行手實之法，搔動天下；興鄭俠之獄，賊害正人；諂奉王安石，賴以進用，後因争利而爲仇，援引徐禧，擢之通顯，終致喪師而辱國。如此之類，皆中外之所共知者，言事臣寮必已及之，臣不復論。今惠卿雖已罪惡貫盈，懼禍稱疾，力求宫觀差遣，欲以幸免。緣前項太原府用兵之事，所係國體甚大，不可不行法也。若爲其已是宫觀差遣而寬假之，乃是正中其姦計矣。如此，則奸凶之人何所懲艾？

覲又狀曰：

臣再瀝懇誠，上瀆天聽。臣今言吕惠卿違赦出兵事，所繫國體甚大，兼係赦後之事，伏望陛下出臣章，與執政大臣議其罪法。然中書侍郎張藻素出惠卿門下，藻性傾邪，與惠卿不異，故自來交相爲地，人皆指爲死黨。今來陛下若與大臣議惠卿罪法，藻必預焉。論議之際，惟聖慈察之。無令藻奸計得行，則天下之幸也。干冒聖聰，無任戰汗之至。

又狀曰：

臣近有封事，爲資政殿大學士吕惠卿前知太原府，於元豐八年内差知府州折克行及第一將訾虎等，於四月十七日、十九日入西界三角川、聚星泊等處討蕩，有違三月六日登極大赦内「不得侵擾外界」旨撝。若惠卿不奏請而遂出兵，則是直廢赦敕，若引赦爲説而有請焉，亦不過張大出兵之利以欺罔朝廷而已。朝廷以邊吏有請而信之不疑，則適足以致非禮之舉、失信之過盡歸於朝廷也。爲臣不忠，孰大於此？惠卿措置出界等事，正是初聞神宗上仙之時，乃忍故違赦敕，忘哀動衆。

伏望聖慈察惠卿妄興師旅，違聖孝之情，廢格赦敕，無人臣之禮，隳祖宗謹始之意，開邊鄙異日之患，僥倖功賞，志不在哀，内致疑於兵民，外失信於夷狄，虧損國體，蠹傷聖政，亟行誅竄，以爲後世不忠不孝之戒等事。其狀於今月初二日投進訖。臣今來竊聞惠卿出兵之前，曾有奏請，伏慮朝廷爲其曾有奏請而薄其罪，臣請畢其説。

惠卿之罪，在廢赦出兵，不在奏不奏也。奏而廢赦，不奏而廢赦，其罪重輕相去無幾。惠卿奏請之意，臣固不得而盡知，然臣竊料之，其説有二而已：其一不過謂元豐曾有旨爲擾耕之計，妄云與赦敕兩不相妨而可以出師，則是惠卿引前詔以惑朝廷而乞廢赦也。其二不過但以師期來請而不及赦，則是惠卿心輕赦敕而直廢赦也。引赦與不引赦雖異，而其爲廢赦則均也。朝廷不允其請，乃是惠卿欺罔之計不得行而已；朝廷允請，乃是惠卿欺罔之計得行而已。欺罔之計得行與不得行雖異，其爲欺罔則一也。臣竊惟皇帝陛下、太皇太后陛下臨政之初，首宣赦敕，欲以著大信於夷狄、大戒於邊吏也，乃因惠卿一舉而壞之。本朝自太宗以來，登極大赦旨撝不得侵擾外界，六世所共守也，至惠卿一朝而廢之。陛下謂惠卿之罪猶在可恕，其所以爲罪，豈在奏與不奏之間乎？伏望陛下檢會臣今月初二日奏狀，并今來所奏，並付三省，議惠卿之罪，亟行誅竄，以警邊吏之慢，以慰夷狄之心，以爲天下後世不忠不孝之戒。惟聖慈詳酌施行，臣不任區區忠憤之至。

貼黄：臣前狀或已付三省，亦須得今來奏狀一處考證，伏望聖慈蚤賜降出施行。

歷代名臣奏議卷之三百三十二

本卷王鵬校點

歷代名臣奏議卷之三百三十三

禦邊

宋哲宗時，陳次升論西戎，奏曰：

臣伏以西戎獷悍，貪冒無信，難以德懷，易以威服。先朝振武，稍稍知畏。元祐以來，姑息過多，豢養過厚，今日猶敢跋扈，以分畫地界爲辭。察其匪茹，必肆猖狂，出我不意，侵擾邊陲。當此之時，不可以無備矣。以今計之，五路兵馬果足用乎？城池樓櫓果脩飭乎？兵器犀利乎？糧食有備乎？運籌帷幄，決勝千里之外，有其帥乎？被堅執銳，冒矢石以當其鋒者，有其將乎？茲數者果備，即以吾堂堂之師，以當蕞爾之戎，猶利刃之摧枯，沸湯之沃雪，至則靡矣。設若未備，一有衝突，何以支梧？此天下之至慮，社稷之深憂也。《書》曰：「有備則無患。」《記》曰：「事豫則立。」今日之事，正在茲矣。臣愚以爲宜選有風力之士，以當漕運之任；智謀勇略之帥，以當方面之寄。兵加訓練，穀加畜積。守將之疲軟無聞者、軍校之昏耄者代之，無張虛數，坐費軍儲。兵既精鋭，城壁完固，彼來則拒之，彼去則備之，以戰必克，以守必固。如此，則邊防無殘暴之患，中國有奠枕之安。此所謂先爲不可勝，以待敵之可勝者也。惟陛下留神，天下幸甚。

次升爲諫議大夫，乞備邊賞有功，奏曰：

臣竊聞鄜延路比之他處，兵旅稍衆，財

用稍足，朝廷又選有謀略、習知邊事之臣以爲將帥。今者戎虜輒敢先犯延安最强路分，圍城破寨而去，如入無人之境，其他必有輕易之心，邊患恐未已也。臣摭之輿議，以謂沿邊州軍兵甲甚少，財賦不足，彼知我備未完，罄國大舉，以衆臨寡，强弱不敵。今既破寨而還，其氣益鋭，而又資所得糧儲，以充軍用。我之邊境既失城寨，士氣沮喪，萬一更來撓邊，何以支梧？今日不可輕視，要在先事而慮。伏望陛下敕左右大臣精思之，熟議之，早圖邊備，制勝於未然，慎無輕舉，以貽後日之患。所是今來有功及陣亡之人，宜厚賞賜，以勵其餘，庶使邊威可振，戎虜不敢干犯。

畢仲游論禦戎，上奏曰：

好文者論和親，尚武者議攻伐，處於文、武之間者，則爲羈縻之計。自兩漢以來千二百餘年，雖或盛或衰，或得或失，禦戎之策不出此三者，而皆非今日禦戎之政也。蓋中國之待夷狄，如待禽獸。禽獸勇猛，而我柔弱。禽獸無耻，而我有耻。禽獸殘忍而我不忍，然所以勝之者，智不若人耳。今夷狄雖如禽獸，而權謀譎詐，怙强喜勝，論是非，較曲直，反過於中國之人。而又益之以禽獸之勇猛，無耻安忍之天性，則近世夷狄之難禦，疑若理之固然。而難禦之中，必亦有可以禦之之道。今有好辯者，將與人爲辯，則必陰自省曰：「我於義無傷乎？我於法無不直乎？我之家室安乎？我之子孫無累乎？我之智能過之乎？凡我之所以與辯者，皆有備乎？」力能加之也，智能過之也，子孫無累也，家室安也，於法無不直也，於義無傷也，然後與人辯，則勝矣。

今中國之與契丹戰，亦無異於與人辯，則不識中國陰自省者何事乎？其名正乎？其於義理合乎？其國富乎？其民安乎？其將可任乎？其廟算定乎？凡我之所以待夷狄者，亦皆有備乎？廟算定也，其將可任也，其民安也，其國富也，其於義理合也，其名正也，然後與夷狄戰，則勝矣。

以本朝之事言之，太宗皇帝乘太原之勝，一舉而下易、順、薊三州，范陽之民爭以牛酒犒師，而不遂取者，餉道不繼也。至雍、涿之間，選十八將三道而並入，一出雍州，飛狐，一出鴈門，兵涉其地而寰、朔、應、雲、涿五州開門爭下，而不遂取者，諸將知勝而不知敗也。以祖宗取天下之兵，用諸將定天下之智，欲復區區燕薊，一事不應，則未足以成功。況今日之兵非祖宗之兵，今日之將非祖宗之將，而所以待夷狄非直一事之不應。故欲爲和親與羈縻之計，則歲損五十萬，雖厚於漢之錦袍繡袷、飾具帶赤紼緑繒，而比漢，猶未敢有尚宗室之請。則和親羈縻之計，亦未爲全失。如欲遠舉大功，復周宣、漢武之事，則願敕在位之臣，先正其名，使合於義理，國富民安而將可任。五者備矣而後廟算定，廟算定而後可以進征討之計。

仲游論西夏利害，上言曰：

臣竊見自元豐、元祐已來，西夏背叛，邊境不安，朝廷深惟長久之計，憫恤近邊之民數被虜掠，屈意綏懷，俯就和事。而夏人譎詐，反覆不定，遷延歲月，終不得其要領。遂詔諸帥臣除兵器、廣畜積，絶其語言以杜塞姦計。天下皆慶朝廷深得制禦夷人之道，近邊之民當漸得安堵，而和事方可成也，幸甚幸甚。然臣竊謂備禦夷狄之道，雖藉謀臣猛將積穀治兵以待其來，須有實事絶其冀望，使不敢與中國較。而輔之以謀臣猛將與兵穀之重，然後邊境可得久安，塞下之民永無係虜之患。今專待之以謀臣猛將，即安知彼之謀臣猛將不能與我相當？若專積穀治兵以待，即近年來鎮戎之役、綏德之役、麟府之役、環慶之役，兵非不治，穀非不積。彼以數十萬之衆圍守要害城寨，四散劫掠，焚廬舍，雖有兵穀，將安所施？兵法曰：「校之以計而索其情。」今夏人之所長者何事也？所短者何事也？所懼者何事也？所不懼者何事也？蓋夏人所長者併兵野掠也，所短者攻城也，所懼者中國之進築也，所不懼者計較曲直要約也。今不扼其所短，使不得施其所長，因其所懼以改變其所不懼，使不得不款塞而乞和，而單欲論辯曲直，好言善意以要其和，此所以桀驁益不肯和也。

又奏曰：

蓋自元昊以來，爲併兵之計，擾邊逮今六十年矣，擾邊而取勝者幾數十次矣，而終未有以破其併兵之策。併兵之策不破，邊境不得而安，此目前之事也。臣嘗思之，古今兵法累至數千萬言，而其要切與可施於當今者，止於「先爲不可勝以待敵之可勝。不可勝在己，可勝在敵」數言而已。蓋城寨者，不可勝之具也。清野以待之者，不可勝之術也。進築者，可勝之具也。俟其機會而進築，以破其併兵之計者，可勝之術也。臣頃奉使河東，適當麟府邊事之後，蒙朝廷差赴河外體量邊事，嘗建言也。

仲游又論河外清野利害奏狀曰：

一河外三州及諸靠邊堡寨屯戍之數，除軍馬司外，多者數千，少者不減五七百人馬。若西賊小小入寇，即逐城寨地分將校，自可掩殺驅逐。若舉大衆作過，勢力非敵，即當起遣人户入保，爲清野之計。清野之計，朝廷行之已久。而昨來西賊至麟州城下，殺掠人畜，焚蕩廬舍，未見清野之效者，由清野之計雖行，而清野之具未甚完備。今麟府之地守禦城寨，大小共一十五處。若賊伺間竊發，其有居處近城寨之人，方可起遣令赴城寨入保。不幸居處窵遠，起遣赴城寨不及，則必被殺掠驅虜。斥候明遠，恐亦未免此患。如更斥候不明，何所回避？今若依近日邊臣計議，欲增築護耕小堡，使人户居處，自爲捍禦，不惟增築數目不少，工力浩大，兼不設樓櫓，不爲壕塹，不置矢石，人户團聚其中，無以禦捍。賊過平蕩，只頃刻間耳，恐亦非清野之具。

勘會麟府州界，除見今城寨外，舊别有宣威一寨，瑠璃、懷來、青塞、永寧、雅爾、河濱六堡，皆在見今城寨之間。訪聞自康定後來，以平日無事，節次廢罷。今雖無樓櫓而城壘尚存，縱有頹缺，亦易爲補築。若稍施工力完葺，便可却爲堡寨。契勘麟府州界，更有大沙窑堡、河西堡、臨塞堡、中候四望堡、來遠堡、金勝堡、横戎堡、奈遠堡、焦山堡，亦係久來毁廢堡寨。但與見今城寨相近，不消補築。兼府州界内靖化、西安兩堡，麟州界内肅定、神木、惠寧三堡，樓櫓粗完，見各量屯人馬，亦有使臣管勾。即不爲守禦之計，遇有緩急，却令使臣人馬與居民棄城而走，赴其他城寨，謂之走寨，甚無謂也。昨來人馬入界，上件五寨亦有棄而走者。中路與賊馬相逢，多被殺虜。走寨爲計，蓋亦疏略。昨來西賊入麟州界作過，靖化堡使臣人馬居民皆棄城而走，欲往寧府寨。但聞使臣三班奉職趙起中路爲西賊所殺，其他人馬居民可知。

臣今體量，欲乞將前項補築宣威寨等七處并走寨五處，并爲守禦。唯麟州界橋子堝上作地分，四面各去城寨稍遠，舊無廢寨，乞踏逐別添築兩小堡子，臣在河外計議，改走寨爲守寨，與補築已廢之寨，同控扼舊寨，分擘地分，令人户詢問土人，有無拘占地分不着，更合就水泉添修堡寨去處。稱所計議新舊堡寨，拘占地分殆遍。唯麟州界橋子堝上作側近，四面去城寨里數頗遠，合更添脩兩寨子。其添修堡子亦只是準備入保，爲清野之計，非用扼控賊衝。只消脩五百步城壘，和雇禁軍工力費用甚省，亦爲已罷體量，不敢更下逐處取會如何施行。乞下別司取會此一節。皆置使臣一員，略均那他寨内人馬分在宣威寨等處屯泊。大約逐處人兵滿百數，馬近三十匹則足矣。却每寨更令側近蕃巡檢或蕃官一兩員，帶領部族，移就寨城内住坐，改走寨爲守寨，與補築已廢之寨，本只議令蕃官或蕃巡檢，帶領部族在城内與所遷居民同爲守禦，自己足用。所以乞置使臣一員，人兵百數，馬三十匹者，要令爲本堡寨之綱紀，不欲專委蕃官。然人馬數目不必多也。兼訪聞蕃巡檢等在野外住坐，亦常虞賊馬侵掠。若得分頭於城寨内存泊，乃所樂爲。共爲守禦之計。既不苦增添人馬，又側近蕃巡檢等部族住坐，常爲家計，自備口食，絶無供餉之費。其改走寨爲守寨，補築已廢之寨及添脩堡子，只是准備人户入保，爲清野之計，非用扼控賊衝。自有横陽、静差、銀城、神木、神堂、鎮川、闌干、通津、建寧、安豐、寧府、百勝、河濱斥候等一十三堡寨，是扼控之地。所以不消多屯人馬，改走寨爲守寨，既苦無費用補築已廢之寨，與添脩小堡子亦工力不多，却於麟、府二州之門，比舊又增起十四堡寨，可以守禦。令人户就近入保，利益不細。

仍乞將麟、府二州與扼控舊堡寨及增起新堡各分定地分，每處四面約遷十里至十五里側近内蕃漢人户，令入城居住。蓋麟、府二州界至不甚闊遠，地多山阪沙磧，人户稀少，可以就近遷入城寨之中。内有城寨狹小，恐着人户不盡，即令城外靠城居住及繫泊羊馬。却築收軍城以護之，俗謂之羊馬城。其制約高一丈，厚四五尺，上亦有女牆箭窗。脩築之時，牆外自城壕塹，豐州城外州界内，永安、保寧二寨見各有羊馬城，人户在裏居住。亦置門户，隨寨門啓閉，老幼常居其中，資畜自隨。丁壯即就往所分擘地分内耕種牧放，晨出暮歸，别無妨廢。如遇緩急，即所分擘地分至近，頃刻已到城寨之中。丁壯就十里或十五里耕種，晨出暮歸，猶不爲遠。況老幼資畜既先依城寨，丁壯亦自可時暫於野外宿泊，以便耕種。候其終畝，然後易地。聞有寇至，即旋歸城寨之中。雖不晨出暮歸，勢亦無害。土人爲老幼資畜在城寨，而丁壯宿於野外者，謂之下火。或剜土窑，或效蕃俗爲撮蕉，或略以椽木支撑苫蓋而止宿。其類頗衆，蓋河外土俗之常也。小寇至則收軍城内，人户更不遷徙，丁壯與官軍同共禦捍掩殺。大寇至即由收軍城中，徐入城寨。比之布在四遠，星散居止，都無捍禦之備，寇賊欲至，方始起遣，不免被殺掠驅虜者，功相百也。

不待斥堠而野常清，其利有五：羌人不善攻城，其入寇也，本亦不爲攻城之計。特以人户散居山野，牛羊資畜處處有之，故舉衆而來，先以重兵圍守要害城寨，使兵不得出，然後四散野掠，驅虜老幼資畜，因而殺人焚蕩廬舍。今既老幼資畜先依城寨，丁壯又只往側近耕種，緩急寇至，獲時亦歸城寨之中。賊馬雖來，野無所掠，絶其大寇之源，寇宜不至，一利也。人户老幼資畜既就城寨，雖秋收之時，禾穀在地，然土人治打禾穀纔畢，逐旋窖藏。既不能虜掠生口考問，則亦不能盡知窖藏之處。清野之利，十蓋八九。老幼資畜既先在城寨，丁壯出外耕種，其心自安。緩急寇至，又入城寨同爲捍禦。既有老幼資畜累其心，城守之堅必十倍於往昔，二利也。平日所患戍兵多則困於供饋，戍兵少則不足以捍禦。今若漢蕃人户既遷就城寨，每城且以三四百家，率家不下三男子，則一城之中不用糧餉，約增千人戍守，却可以多代正兵出戰，三利也。邊人勇健出於天性，又以迫近賊寇，皆會弓馬。既就寨居處，數目易見。若因其屯聚善撫養之，教以坐作進退之法，使自衛其老幼。不待驅率，勢必樂從，則是不費官中衣糧，如得土兵數萬。平時任從田作，寇至則人自爲敵。虜聞之必大有畏憚，四利也。羌虜每欲作過，必先測知城寨虛實動靜，然後敢入寇。蓋有姦細行於其中，而姦細之來，止以漢蕃人户散在山野，與爲道地，無由止絶。今既遷近堡寨，有城壘門户之禁，閭里比居，易相司察。界外姦細，勢遂不行，五利也。

若麟、府人户不曾被寇，廬舍作業已成次第，懷土重遷似難驅率。今既新被大寇，廬舍已空，人心不安，見皆願依城寨安泊。若因而措置分擘，使長依城寨，既不妨其田作，又老幼資畜常如入保。除創築兩小堡子外，皆是因舊爲之，亦不消多添人馬。只是增得八九員使臣，無大費用。訪問邊民，皆大以爲便。斥候不明猶可，清野之具始似完備，雖未能支解羌虜，亦寇不犯之道也。

徽宗建中靖國元年，龍圖閣學士、知永興軍范純粹論進築非便，上疏曰：

臣伏見陝西、河東沿邊諸路，拓地深遠，城守增多。凡邊臣始議經營利害之實，與夫朝廷處決之計，臣固不得與聞。而它路形勢之狀，保明之計，臣所未嘗親見者，亦不敢輕議。唯是河東一路，臣忝領帥任，雖止百有餘日，而承乏鄜延，亦既累月。耳目聞見，略已詳熟。誠心所得，義不蔽欺。切惟兩路凋殘，困於進築。在公則所費金帛緡錢，不知其幾千萬，内外之力既已匱竭，此朝廷固亦究見，不待臣言而後知。在私則大兵之後，洊有凶年，雖去歲夏秋兩經豐穰，而物價未甚減小。如鄜延路新城堡砦，今春糴買，米斗猶有至一貫四百文者，則一方艱食可以概見。春冬苦雪，饑殍縱横，士卒疲羸，鶉服過半。其月得料錢，不足充一飽之費。民之窮弊，從此可推。唯是浮游贓貪之人，欺天罔上，盜切名器，大得所欲。賤者既貴，貧者既富，閭閻小子，略遂封侯之望，而掉臂散去者，又不知其幾千百人也。所拓之地疆界遼絶，由是封堠有去城砦一百五六十里去處。必欲責巡捉人馬頻至境上，則裹糧露宿，曠日不返，奔走疲弊，衆情厭苦。若欲休養士卒，則新地之内無復人迹，將士觀望，不敢有言。朝廷欲墾闢新疆，每路置提舉官，招刺弓箭手以資兵備，而所得多浮浪闕食之人，唯幸借貸種糧牛具等錢，而隨即逃亡。臣在河東路勘會得，一季之内逃亡至四分。今至鄜延，[1]考究得提舉弓箭手官石杳，所招人計

[1] 「延」，原脱，今據《宋朝諸臣奏議》卷一四〇范純粹《上徽宗論進築非便》補。

六千九百五十一人，内已逃亡過二千八十八人。地未加闢，而所失財用亦已多矣。是未見得地之爲利也。

鄜延一路，前此頗以招納爲事。臣今契勘，自紹聖三年後來，計招到夏國人口共一萬一千五百餘人，其中丁壯纔及三千，自餘皆婦女老小之數，並計日給食。内已得班行名目人，皆給料錢、驛券，歲費極廣，錢糧浩博。若謂可以分彼兵力，則一國之衆，豈以三千人爲重輕。若謂使可以致彼離叛，則前後招納甚久，而未嘗小驗。平日莫測心腹，間輒叛去，不唯出入之時決不敢保其爲用，而緩急之際内變可虞。邊防幾事，靡不傳洩。由是推之，安知其非謀也哉？是未見得人之爲利也。

新地之内，既有城堡之備，莫非先計兵力。今計鄜延一路，新舊城砦二十七處，合用守兵六萬三千。然秪是依守禦之法，計地步排立之人，而出奇禦敵，番休固守者，未在此數。新壘守人既不可闕，餘雖舊砦，亦當足兵。有如金明，最是近裹，乃者賊至，屠戮無遺。則知不問城堡之新舊，舉不可乏人而後可以責其固守也。自夏人納款以來，朝廷已將戍兵將吏，十減六七。今諸城堡砦守禦人數，未及合用十分之四。若將來稍有警急，則兵備何以自全？若萬一再遇凶年，則歲用何以取濟？是城守之計爲甚可憂也。

議者以謂夏人力屈情見，既極恭順，請命率職，誠服不渝，邊患封疆，自此大定。臣愚不善料敵，未敢信然。而日夜區區，私憂國計。何者？在彼國勢，恐尚惜諸路所取之地，在人常情，恐未忘積年所結之隙。今雖脩貢而未及疆議者，良有以也。迺養力待時，聊以自款耳。蓋歲額賜予，至于來朝商販，所得甚厚。而又諸路塞上，博易公行，度彼三二年間，事定力全，則必先以畫疆爲請。一語不契，決復盜邊。臣恐朝廷未可以今日之迹，遂爲奠枕之安。虜情深狡，爲甚可憂也。臣以謂開邊之初，昔固神速，善後之計，今實難爲。雖得地得人，未見稍利，而虜備實可寒心。臣不敢苟無事於目前，乃所願圖安於永久。若一路城守，朝廷可以增足戍兵。增戍之兵，朝廷可以長足歲費。則臣雖疲懦，敢不竭心，庶幾上遵廟謨，聊可居職。今守計不備而無兵可增，縱有兵可增而財用方窘，以此禦寇，豈臣敢當。它路事宜，度不殊此。措置宜先於機會，豐凶難測於天時。伏望聖慈曲賜軫惻，内量國力，外察邊情，深詔大臣，更爲遠慮。明降畫略，以杜艱虞。臣於神宗皇帝在御之時，數陳兵議。後於哲宗皇帝臨朝之日，復論土疆。或賜優容，或因而坐廢，有干典憲，實出狂愚。今者再被使令，未忍便爲緘嘿。不唯身任憂責，況復職在論思。雖置散投閑，固重覆車之戒，而納忠叙事，詎忘體國之心。

右正言任伯雨議湟鄯事宜策曰：

臣聞去歲熙河路以瞎征投降，因取湟、鄯二州，朝廷委陝西運判秦希甫、知熙州胡宗回相度。秦希甫以二州爲不可守，胡宗回以二州爲不可棄，更奏異同，紛若白黑。自後覆軍殺將，果失鄯州。秦希甫之言驗而白罷運判，胡宗回之言不當而仍舊作帥，蓋章惇、蔡卞曲庇帥臣，欲幸邀功，故蒙昧朝廷，隱諱邊患，萬口一辭，以爲不當。切以用兵累年，公私困竭，加以物貴人饑，解弛損壞，萬一更有邊事，國家如何枝梧？臣伏願陛下取秦希甫、胡宗回并臣庶所上論邊事畫處，類聚編排，參驗可棄可守之策，則利害灼然，不可掩矣。然後選差小心得力曉事内臣一員，齎手詔往邊上問帥臣及監司將官等，各一員棄守二策，結軍令單狀奏聞，則自然着實供析，不敢依違附會矣。

伯雨又狀曰：

臣伏覩神宗皇帝所以能用兵取熙河者，不獨英謀睿斷，委用得人。蓋以承仁宗數十年天下富庶之後。紹聖之初，所以能五路進築者，亦以承元祐十年休息之後。今日邊隙視紹聖之初爲益廣，財用視紹聖之初爲益乏，勁兵健馬視紹聖之初爲益耗，謀臣將帥視紹聖之初爲益少。加以鹽池損壞，歲失財用三百餘萬，關中累年荒旱，物貴人饑，生齒流移，十減六七，今年雖豐，物價猶五倍平日，以此觀之，邊事不可復生亦明矣。去年邊臣邀功，爲國失信，奪貨爲寇，立召邊患，强欲兼并鄎、鄯二州，自去蕃屏，覆軍殺將，已失其一。今湟州雖存，勢又孤絶，荒山窮谷，地不可耕，道路險阨，又難饋運，得之無用，徒耗中國。

又湟、鄯二州均爲唃氏之地，鄯大湟小，脣齒相依。既已棄鄯，湟州勢難獨守。國家守之，且有五患：朝廷前年取天都山置西安州，取葭蘆寨置晉寧軍，無所不可，何者？此夏賊之地，吾讐敵之國，取之有名也。今湟州乃唃氏之地，唃氏世效忠順，有功國家，真宗、仁宗繼嘗封爵，乃朝廷與國。因與國之亂而貪其土地，失信背義，取之無名，絶夷夏向化之意，一患也。國家征伐夏賊，所以無熙河以西之憂者，唃氏爲籬落也。今既取湟州，則唃氏餘族不爲吾助，吾必有西邊費財用師之備，二患也。國家買馬，歲二萬匹，而責青唐十居七八。今既爲讐，則馬不復至，二年一匹不買，亦可見矣。西北無馬，大失邊備，三患也。河南有郎阿章族，河北有瞎養呃族，平日與唃氏同輔中國。今吾既與唃氏爲讐，則彼畏吾有吞并之心，必與夏賊結連，以抗中國，四患也。萬一夏賊因唃氏之困，掩取其地，則勢力益强，永遠爲吾腹背之害，五患也。

況聞自得湟州已來，歲費三百萬貫以守之，一州所費如此，五路邊面可知矣。國家一歲賦入三百萬者凡有幾也？內帑之積，三百萬者亦有幾也？安可以既乏之財，追無窮之欲，圖未集之衆，棄已成之師耶？陛下備嘗講究其事，始差內臣李某，復差內臣鄭居簡，皆知本末。本路走馬郝平及姚雄、苗履亦嘗具利害敷奏。觀此事體，所宜多方休養，不宜更滋邊患。萬一五路同日有警，兵困不給，財竭不續，糧乏不繼，虜或奔突，侵犯關隴，不知朝廷何以枝梧？又聞陝西運判秦希甫、知熙州胡宗回曾有文字，互奏邊事不同。又聞邊人實封言邊事者甚衆。邊人所陳，其言必實。

臣伏願陛下取上件文字類聚一處，子細參考，則是非利害不可掩矣。然後選差謹厚小心、得力曉事內臣一員，齎手詔往邊上，密令帥臣及本路監司，各具疏棄守二者，畫一利害，結軍令狀聞奏，以參合希甫、宗回及邊人封事。臣願陛下更令二府大臣各具己見論列，若議論不同，即令詰難，務盡其詞，以是而止。如其立異違衆，公肆偏見，則俾之先具若干兵馬，須若干資糧，擇何人往守，約何時無患。若有敗事，先坐首議。陛下徐察其所言，審其所處，則安危之機、成敗之效，曉然於目前矣。昔漢武帝亦嘗令韓安國、王恢詰難邊事，往返五六，其後敗事，恢任其責。今日治邊，正可用此策矣。

伯雨又論月暈圍昴畢，上奏曰：

臣先曾論湟州事，乞陛下俯稽衆議，早定棄守之策。又曾論赤氣事，乞陛下仰推天變，預防夷狄竊發之虞。天道幽遠，理難取必，方此恐懼，以俟妄言之罪。迺今月初八日夜，伏見月暈圍昴、畢。謹按《漢志》曰：「昴、畢，天街也。其北爲胡，其南爲漢，而參爲趙、魏之郊。昔漢高帝七年，月暈參畢，遂有平城之圍。」以此觀之，象不虛示，必有可考。夫以陛下躬堯、舜之資，乘千載之運，小心順帝，動無過舉，而天象屢變，其故何也？蓋天心深憂陛下，欲陛下畏懼脩省，先事爲備，故變之來，併在數月。推考衆類，皆爲兵應。雖非諄諄，理不虛示。臣謹爲陛下先論湟州，次論陝西五路，終論河北，略具畫一如後。

一、湟、鄯二州，唃廝羅地，唃氏世效忠順，有功朝廷，爲國家與國。在真宗時，繼遷爲寇，唃氏之兵牽制，卒使兵敗困於六谷。朝廷以其功大，封武威郡王。及康定、寶元，元昊不順，又常出兵以助中國，仁宗再封武威王。自是凡有夏賊之虞，唃氏必爲中國之助。朝廷所以無熙河、陝西之憂者，以唃氏爲藩籬也。前年因瞎征竊據，失國出走，王贍、胡宗回乘彼之亂，妄稱納土，殺降攘貨，自去藩屏，覆軍殺將，失信夷狄。朝廷一切不治其罪，既已棄鄯，湟獨尚留，不唯孤絶，地不可耕，饋糧艱阻，勢難獨守，亦恐唃氏銜怨，結連夏賊，或勢力微弱爲所并，自此西方吐蕃諸族，必盡服屬，夏賊益彊，國家邊面益廣，由成、文、龍直抵蜀道，悉隣西賊之境，蓋不啻五千餘里。其爲國家之患，豈特一州之地、陝西歲失買馬之利而已哉！臣願陛下更詳前後臣庶所論湟州棄守利害，如不可守，先下手詔，選命邊帥一員，令於境上召瞎養呧與大小隴栘等，喻以前年邊臣生事，非朝廷本意，斬王瞻於境上，黜宗回於遠方，還其湟州，擇所當立之酋，責以如祖宗以來世守忠順，則費財遠守、自開邊面之虞庶幾息矣。今不早定去取，設若力屈不守，覆軍殺將，挫損國威，又欲如前年置而不問耶？昔瀘州邊事，韓存寶止以不即追乞弟，神宗命斬於邊上。王瞻之罪，蓋不止百倍於存寶，故必斬首，始足以息邊人之冤憤矣。

一、臣聞往者朝廷許於諸路進築，人人務深入虜界，多築保砦，以希功賞，故不復計勢之險易，地之遠近，守之可否，兵廣財屈，爲國瘡痍，捨可守之疆，城不毛之地，規難臣之虜，喪既練之師。且夷狄之性貪而怙亂，侵其土地，彼已不分，建立城砦，又非所欲。今日納款，特以力困耳，彼其爲心，亦豈不一日思有逞哉。遠不過三五年，近不出一二歲，天時人事，必有邊警。且關中歲歉物貴已六年矣，❶去年雖豐，物價至今猶五倍平日。不獨糧食殫窘，加以財用匱竭，官員俸給，累月無支，諸軍料錢，往往併月。平居如此，萬一有事，無以應副，財竭兵亂，理有必至。臣願陛下特下手詔，嚴敕

❶「物」，原脱，今據《四庫全書》本補。

諸路帥臣，俾其各畫地圖，指陳攻守之策。蓋新築城砦僅全，舊有堡砦漸廢，欲新舊並守，則財力不支；欲捨舊守新，則饋運滋遠。地理滋遠則罅隙必多，罅隙既多則救應必難。萬一寇至，虜衆限隔，外内睽阻，首尾不應，則堡砦遠者不特無益，適足爲患。故臣願陛下敕帥臣，新舊堡砦，何者爲可守，何者爲可廢，何者可以兼存，何者可以兼罷，俾之直論，不得觀望成敗之際，嚴立刑賞，然後下兩府大臣，公共參議。萬一異議，俾任其責，如漢武之責王恢，自然不敢逞其私意矣。昔仁宗嘗御龍圖、天章閣，以西方多故，將帥不得人，令具數以對。況今日邊事之重，大臣於此，可以悉心公論矣。

一、臣聞前日河北水災，居民流移，自永静以北，居民所存三四。自滄州以北，所存一二。其他郡大率類此。千里蕭條，間無人煙。去年雖豐，無人耕種，所收苗稼，十不一二。河北，朝廷根本，密邇彊敵。居民流散，倉廩空虚，城郭不脩，甲兵不利，萬一有警，何以爲計？今朝廷雖行鬻爵，以佐用度，縱使多鬻，所得有幾。又地上不耕，收穫至寡，雖鬻爵入粟，勢豈贏餘。取之本路，無由仰足。臣願陛下力節浮費，痛減用度，廢内帑之積，募人漕東南之粟，誘民歸業，課農力耕。密敕監司牧守，繕器械，脩城壘，揀選將領，訓齊卒伍。雖爲無虞，常若有待。蓋赤氣之起，月暈所主，趙、魏之郊不可無備，此天象之變，可質而知也。又聞前年水災，流民有入北界者，幽薊之間，往往刺之爲軍，中國虚實，彼固知矣。虜主老病，比年轉甚，胡鶵驁猛，性頗好戰，狼子野心，難以信結。萬一乘我無備，有所趑趄，則國家預備之策，安可緩哉。此人事可質而知也。昔真宗嘗謂輔臣設險興功，守邊之利，苟漸爲之，害莫大焉。祖宗之事，足以爲法矣。國家太平百五十年，財用彫竭，無甚今日。昔仁宗積之數十年而神宗用之，哲宗積之十餘年而紹聖耗之。陛下適承彫耗之後，遠無熙寧之富庶，近無紹聖之蓄積。去年哲宗山陵甫畢，今日太后園陵又作。既建西宫，又饗明堂，支用之廣，不可勝計。陛下方事節儉，痛加約損，經費常用尚恐不足，以此事勢，豈宜更有邊事？伏願聖慈留神采覽，更俾二府大臣公共論議，毋使偷安，以幸無事。臣孤賤讜才，誤蒙陛下擢置言路，小大之事，知無不言，出於愛君，不暇他恤。惓惓之心，不勝千萬。

貼黄：今日西人雖已款塞，湟州雖已固守，萬一忽有邊警，不知朝廷指準何處錢物應副，乞令二府預議。國家湟州歲費三百萬貫，不知自得湟州，已因事發怒，刺數千人爲兵。更乞朝廷密賜審察虚實，不可不慮。

吏部侍郎張舜民論進築非便，上疏曰：

臣伏以陝西、河東自紹聖二年用兵，至今首尾六年。進築未畢，覆軍殺將，糜費錢糧，不可勝紀。每築一城，自帥臣已下，增秩賜金，號爲賞功。切按《春秋》之法，凡稱「城」者，謂既得其土地人民，然後城之以宅人民耳。今則輕師潛入三五十里以至百里，乘敵人未覺之時，數日之間，苟脩草創，亟聞朝廷，盗取功賞。然自城門之外，依然賊境。以一徑內通，晝日挾兵張弓，非百十人不敢行，是真謂之城乎？其初帥司制置經畫，每一寨屯三千人守禦，計置糧草，厚破公使，以來吏民。❶多不旬月間，人兵復抽去，草糧未盡計置，公使亦遂裁減，其已居官吏人民，日夕憂恐，不成家計。亦有修築逾年，至今未有人居止者。其兵將吏民，彼此將相諭，本不爲修築開邊，止爲沽將帥之賞而已。以致工作苦窳，守禦繆悠。若夏人一來，不攻自破。此皆邊人之語也。朝廷高遠，詭冒百端，上下相蒙，以致如此。昨元豐年五路出界，既而回軍。神宗皇帝欲自涇原路胡盧河川，築十五堡以通靈州，以其功賞浩大，尋亦罷之。五路入界所降御前劄子畫一指揮，第一不得修築城寨，深慮邊臣幸賞也。李憲築蘭州，雖不按法，然勘劾逾時，終亦不賞。范育帥熙河，築定遠城，用錢糧五十七萬，當時言者以爲百萬，論列紛紜，二年不已。今既河東、陝西六路進築五十餘城，亦何止涇原十五堡也。其一寨之費，何止定遠百萬耶？又自軍興已來，關中歲饑，流亡莩餓，十室九空。鹽池之利，居天下之半，一旦失之。夫以軍士方興，值累年灾歉，而又失大利，天意可見也。故天時不如地利，地利不如人和。今三者皆不得其一，而堅以罷將御老師，役饑民，爭曠土，而不變者，未之有也。熙寧中，李復圭帥環慶，因出軍散鞋錢，以其半尅還舊欠，衆兵喧呼，潰叛而出，關中騷然者逾時不能定。今則六年妄作，曾無一人譁語，此廟社之靈也。每一思之，使人不寒而慄。用是廟堂之上，日進諛言，蔽哲宗皇帝聰明，以謂夏人之勢，至衰至削，中國六路進築而無敢有抗，晏然自得，不復計慮，此尤

❶ 「以來吏民」，原脱，今據《宋朝諸臣奏議》卷一四〇張舜民《上徽宗論進築非便》補。

可憂者也。臣且以近事明之。

紹聖三年秋九月，夏人大舉寇鄜延，號一百八十萬，破金明，圍延安，陵轢諸寨，種落爲之一空。至四年，便爲衰弱不能舉。豈今年一百八十萬，而明年徑至衰弱如此者乎？雖甚愚之人亦知之，廟堂執政大臣亦知之，姑爲此説，專欲蔽上之聰明也。大抵夏人用兵，皆本元昊之法，先謀而後戰。吝嗇財用，愛惜人命，與中國正相反。中國六路進築，天下困弊，夏人坐觀，不遺一鏃。臣敢望陛下止以此觀之，不問可知矣。夏人謀深，不同中國。彼一旦謀成力辦，摇尾南鄉，凡新築之城，創開之地，未有能不失者。臣未死，可以服妄言之刑矣。願陛下以三年待之，河東之人，自古不曾流移，以其勤儉爲生，少經力役。今則流徙太半，長安、陝華，米斗一千，鄜延麥麪，一秤二貫三百，皆足陌也。自西京以封樁錢糴米，運至鄜延，每石爲錢二十貫有畸。古先有是乎？關中之民，十無四五，以今日之勢而猶貪無用之空土，非賣國而何？

故臣今日之説，敢望陛下速罷兵、養士、懷民也。不然，將有變矣。不易帥不能罷兵，不久任漕司不能養士。五年罷兵，十年懷民，恐瘡痕猶未合也。古之善兵者，其君莫如漢光武，其臣莫如唐李光弼。光武每發兵，必增白鬚數莖。光弼每臨陣，常置短刀靴中。人或問之，光弼曰：「吾天子三公，不可辱於賊手。萬一敗北，則當自裁也。」以光武、光弼之飽戰知兵，獨如此之難，是何江湖書生，足未嘗履邊塞，目未嘗見兵革，耳未嘗聞金鼓，一旦輕率總戎，容易取敗，貽憂君父，殘害生靈，曾不至於自焚者，前所謂廟社之靈也。

紹聖三年秋，臣赴任知潭州，登對，故嘗析陳於哲宗皇帝之前，因及神宗皇帝感疾之由。天顔顰蹙久之，屢蒙歎嗟。然當是時，猶未至於如此。其後卒不見施行，爲左右大臣所蔽也。故善御者毋使窮其力，善牧者毋使擾其群。力窮則車敗馬傷，群擾則瞻前失後。静思至此，雖有智者，不能善也。方今天下之事，大且急者，無甚於此。伏望留神三復，考驗施行。

舜民知定州，論河北備邊五事狀奏曰：

臣猥以衰疾，繆塵聖選，使待罪邊陲。平時責任固已非輕，況當遼人新舊之交，河朔累年饑流之後，使遼人盟好如昔，無或渝變，更不復論。儻使有毫髮好惡不同前日，便貽中國深憂。以臣觀之，今日河朔之勢，正如陝西寶元、康定之前，將不知兵，兵不知戰，一旦倉猝，不可枝梧。邊臣若預爲振舉，則謂之張皇，而朝廷亦自不容。若依舊宴安，號爲無事，則綱目日見頽廢，有不勝舉之憂。故凡議河朔之政者，以今日爲最難。此臣所以不敢緘默，必爲陛下陳之也。其當急務者，略有數端。故曰選將兵，擇郡守，添兵額，蓄財用，謹探報。數事修立，則邊備之術已過半矣。苟行之得策，亦無張皇生事之患。今臣輒有所請，敢望陛下留神省覽，特賜主張應副，則事無不集。若委之有司，援條沮難，則無復機事矣。謹别具開析奏陳。

選將兵。凡言河北軍事者，必曰將驕卒惰，將不知兵，兵不知戰。此上下所同知也。或者欲爲之整齊訓練之，則必曰河北軍情不同也，稍急則生變。此中外所共患也。又爲將者多是膏粱子弟，畏河東、陝西不敢往，盡欲來河北。百年之間，未嘗知有烽火之警，雖有出屯，不離本路，唯是優游暇日，安得不驕且惰也。近日朝廷將河北將兵遣戍陝西，甚得均勞之策。臣欲乞陛下特賜指揮，將河北將兵輪那出戍河東、陝西，却將東、西京將兵專戍河北，以補河北將兵出戍之闕。仍比之他將，少促代期。所貴平時則知有道塗往還之勞，緩急則知有出入戰陣之事。

擇郡守。勘會河北沿邊州軍，自兩地講好以來，迨今百年。雖號爲邊郡，不知有戰陣守禦之事，唯是飲食宴樂，優游暇日而已。以此凡孤質公平奇特之士，莫得而居之。以至城壘器械，凡所謂軍中之職，不復講脩，相習宴安，久已成俗。臣伏乞陛下特賜指揮，將河北沿邊知軍、州及將副，選擇脚色内曾經三路沿邊城寨將佐，及累有戰功，内知州、軍曾實歷路分都監資序人充，仍舉行自通和以來河北沿邊知州軍條貫。所貴緩急之際，不致誤事。

添兵額。本朝自南北通好以來，定州路兵額常及十萬。爾後日見銷耗，至熙寧、元豐以前，定州猶不減二三萬人。後因封樁禁軍闕額錢糧，朝廷唯務封樁數多，轉運司利於銷兵省費，更不切招填，因致邊兵日少。即今春秋大教，盡數不及六七千人。定州最爲河北屯兵之處，尚乃如此，其它州軍即可知矣。咫尺狄境，聲迹相聞，使形勢如此，豈得安便？皆由邊帥不思經久利害，憚於建明，朝廷不復以緩急倉猝爲慮。定州馬步禁軍共三十一指揮，近年每指揮減作四百人，仍招填不足。臣今乞將逐指揮人數却復舊額，定州依乞元降朝旨，常令及二萬人。仍乞於京東、西路招刺添填，專置官催促。所貴稍遠北邊，不致張皇。

蓄財用。勘會河北累歲灾歉，又以大河移徙，生齒遷流，民力凋弊，公私乏絶。臣訪聞本管定州，即日人糧不至急闕，唯是錢、絹苦無見在，堡寨以東，糧食亦闕。兼聞春衣至今有未曾支散去處。定州一年約支錢二十二萬貫有零，諸雜課利改錢，祇得一十一萬有零，其餘盡是轉運司添陪，方了一年支計。今轉運司那融不行，屢曾干告朝廷。已聞支撥見錢文鈔，及借奉職等補牒。河北州縣既屢經灾歉流死，公私乏絶，豈有餘力買官。至於見錢文鈔，又專爲博買斛斗，所以應用全闕。定州一月諸般支使約萬緡，軍資庫、轉運司見錢祇有七百三十餘貫、絹二百餘匹。定武大藩，猶且如此，其餘列郡即可知矣。咫尺北狄，覘邏日交，使知財力至此，何以示威取重？伏望陛下特賜指揮，將給降見鈔，如糧食足用處，權許出賣見錢，及諸州軍常平錢內，借撥一二百萬貫赴轉運司應副急闕支用，却責限歸還。據今日窘急之勢，儻朝廷不爲講明救濟，使人情窮濫，緩急必致生事。

謹探報。臣觀古之爲將守邊，第一必先覘邏。苟得其術，敵人之情可以坐制。先人有奪人之功，其此之謂也。與夫戰攻而獲勝，不可同日而語。切聞河北邊上，近年探事人徒有其名，至於酬賞，全然微薄，以致覘邏之人不肯探伺。既不知敵人情實，則緩急何以枝梧？況當新舊之交，尤在精審。訪聞即日安撫司所管回易本錢不多，臣欲乞朝廷特降見錢文鈔一十萬貫，添助回易。如探伺得實，則量添酬賞。所貴激勸邊人，虜情可得。

宣和三年，蜀州教授馮檝論沿邊納土三害，上疏曰：

臣伏見夔峽廣南邊臣開納土之議，誘置熟蕃，接武請吏，金銀繒絮以啗其欲，高官厚俸以侈其心。開闢荒蕪，草創郡邑，一部不下三四州，而縣又倍之。入版圖者存虚名，充府庫者無實利。而官吏廪禄，軍兵餉饋，脩治城郭，日月彌廣。官吏支持不暇，百姓奔走輸送之不給，其爲害一也。建築以來，調發害於民間者不可勝計，而費出縣官者亦不爲不多。其初監司覈實布賞，名爲軍須，唯恐其後。常平使者不復執奏，已失元祐立法之意。而漕司於經費之外，復有饋運，未免侵支封樁，折變科率，其爲害二也。州縣之吏，躐庶官而升法從，脱選調而位正郎，武弁轉横行，布衣竊仕版，白丁黜徒爲將校者又不論也。名器既已假人，而禄廪因而耗蠹，有司歲計已數倍於熙豐矣。其爲害三也。不毛之地既不可耕，而狼子野心，頑不可革。建築之後，西南夷獠交寇綿茂，而播州溪洞之蠻亦復跳梁。大冢之衆固無足慮，蜂蠆之毒不能無傷。士卒死干戈，官吏没王事，生民肝腦塗地，往往有之。以此知納土之議，非徒無益，而又害之也。莫若委擇帥臣或監司，令條具建築以來財用出入之數，商較利病，覈實以聞。可省者省之，可併者併之。縣不足建則易之以鎮寨，官吏不必衆則總之以護戎。戎兵可減，饋運可省，夷狄可撫，而邊鄙之患可息矣。自今以往，邊臣招地之請，邀功生事之隙，不可不嚴禁而杜絶之也。

通判李新乞罷招安將劄子曰：

臣嘗謂邊俗易驚，宜静不宜動。邊民性悍，可綏不可擾。自陛下臨御，道化德教，蟠天極地。凡日月臨照，薄海内外，無不州縣，悉皆臣妾，三代之所不能通。六服要荒之外，皆納土慕義，化爲編氓，窮古未始見。而聖心軫慮，尤先遠徼，累詔帥臣、監司及城寨官，務以懷徠爲事。况新民隸籍已久，賦輸如期出入，馴柔重於犯法。平時所以動而擾之者，招安將是也。縣須某物，寨官有某役，使雞不安塒，犬不安竇，新民不得安其居，彼去官司遠，一切俛首聽命。大率爲邊境生事者，本於招安將。幸今烽燧已息，四境澄清，無所用招安將，願下帥司概罷之。今後不得更有遷補，許監司、州縣官覺察以聞，則綏懷遠人之意盡之矣。

李復乞置弓箭手堡劄子曰：

臣竊見極邊弓箭手就土山削成峻壁，盤開細徑，鑿穴以居，謂之崖巉。凡一巉所聚，少者百餘家，多至三四百家。其情非不樂居城邑，就堡鄣，意務便於耕牧，又密邇敵境，相與保險，以防抄掠之患。然本欲防患，賊寇若至，患不可逃，蓋各潛於穴，不能相救，賊前阨其門，尋氣窗灌浸熏燎，束手就禍。嚮者元祐間夏賊寇犯涇原，大被其毒，邊民皆自知其如此，顧戀生業，無以爲計。臣欲乞下逐路經略司，委官相度，就弓箭手耕牧近便處團併指揮，建置堡子。分擘地步，先爲土堋，漸次備完，使之就居，備列戰格，開掘壕塹，修立門橋。一堡之内，正丁家丁不減二三千人，於其暇時教以戰守之法。逐指揮人員將校統領分定城上地分，每季輪那城寨官前去點檢，地分巡檢常切往來照管。遇有探報，無起遣之擾，雖有攻圍，必以死守，遠近聲勢相接，互相應援。近年新邊城寨相去近者四五十里，緩急卒不相應。此壘若成，血脉方通，人旅行役不及城寨，可就安泊，不待官兵戍守而藩籬密完，誠一舉而兩利。

復又乞於幾牟兀突置烽臺劄子曰：

臣近巡歷自蘭州京玉關至通湟寨，入湟州路，經把拶宗。其路極深，峻窄險滑，闊不及二尺，陡臨宗河，般販斛斗客旅畏其難行，頭畜脚乘盡由宗河北路過往。北路是夏國生界，三處有賊馬，來路又近夏國蓋朱城，溝谷屈曲，賊馬隱伏不測，出入抄掠，前後被患，已十餘次。緣客旅往來通湟寨，至京玉關四十餘里，中途倉皇，南北奔趨不及，遂被殺虜。今京玉關東北約二十里有舊鵝牟兀突城地基，正在兩城中路，地勢甚高，接連生界。欲乞下本路經略司就彼脩築烽臺，比尋常烽臺增展寬大，可以停泊三五十人，開掘壕塹，築立羊馬牆，安置門橋，備設守禦之具，差人守坐照管。賊馬出入，若有抄掠，客旅可以奔投，若賊馬數多，舉烽火，京玉、通湟頃刻便到，蘭、湟二州兵馬相接而至，不須更築城寨，足可隄備。伏乞詳酌施行。

欽宗靖康元年，右諫議大夫楊時論要害三鎮，上奏曰：

臣切觀自漢迄唐，待戎狄之道，無如祖宗之時者。百年之間，民生戴白，不見兵革。賊臣要功，爲國生事，與惡而棄好，馴致今日，虜騎逼城，備禦無素，卑詞厚禮以紓目前之急，蓋勢有不得已而然者。割要害之地以爲盟好，則非經遠計也。臣固嘗論之矣。比聞金人駐兵磁、相，劫擄無有紀極，❶破大名成安一縣，驅掠子女二千餘人，殺令佐二人而去。誓書之墨未乾，而背不旋踵，吾雖欲專守和議，不可得也。昔趙割六縣之地，使趙郝約事於秦，虞卿謂趙王曰：「秦之攻王，倦而歸也。秦以其力攻其所不能取，倦而歸，王又以其力之所不能取以送之，是助秦自攻也。」今日之事，正類於是。夫去其巢穴越數千里之遠，而犯人之國都，蓋危道也。使其力能攻之，則城中之物皆其有也，尚何事求和哉？彼見吾高城深池未易陵犯，勤王之師四面而至，姚平仲固嘗與之交兵，忍而不敢怒，請和而去，則其情可見。蓋亦懼而歸，非愛我而不攻也。朝廷割三鎮二十州之地與之，是亦助寇而自攻也。聞肅王初與之約，❷及河而返。今挾而往，此敗盟之大者。臣切謂朝廷宜以肅王爲問，責其敗盟，必得肅王而後已。三鎮之民以死拒之於前，而吾以重兵擁其後，其勢必得所欲者。若猶未從，則聲言其罪而討之。夫師以直爲壯，是舉也，直在我矣。三鎮聞之，士氣必振。此萬全之計，不可失也。若三鎮窮蹙，而王師不救，則其民必謂朝廷視其塗炭而莫之恤，則戴后之心懈而大事去矣，不可不慮也。切聞出師之令，廟算不一，屢行而屢反。如是則士氣必惰，欲其成功難矣。昔憲宗平淮西，韓愈謂：「凡此蔡功，惟斷乃成。」未有舉大事不斷而能有成也。伏望陛下斷自宸衷，無惑於浮議，則天下幸甚。

❶「劫擄」，原作「切慮」，今據《龜山集》卷一《上欽宗皇帝（其四）》改。

❷「肅」，原作「蕭」，今據《龜山集》改。下二「肅」字同。

尚書右丞李綱乞脩塘濼劄子曰：

臣伏覩种師道、詹度等奏，金賊人馬已出塞垣，朔方保全，宗社大慶。然虜但以河間、中山兩路州軍堅守之故，且懼王師之襲，不得不遁，其意豈嘗一日忘割地之約耶？深慮秋冬之交，弓勁馬肥，復犯邊徼，捍禦之策，所當預脩。契勘安肅、廣信、平定等軍，東有塘濼，西抵太行，中間坦塗不過三百餘里。塘濼既可增廣，其他地勢雖頗高仰，亦可因高就下，限以長隄，瀦蓄水櫃，以爲阻固。如水櫃不及之處，自宜脩築城堡，屯兵控扼，或設塹穽，以虞奔衝。茲事體大，非藉能臣，未易辦集。竊見樞密副都承旨李邈，累任河北邊郡，風績素著，深究邊防利害，欲乞特建一司，以邈充使，專切措置塘濼、城堡、水櫃等。仍乞朝廷多方應副，庶幾克成大功，以爲永遠之利。

綱又論守禦劄子曰：

臣竊觀自秦漢以來，制禦戎狄未有得上策者。惟本朝與契丹爲澶淵之盟，守之以信，結之以恩，百有餘年，邊境晏安，兵革不用，和好之篤，古所未有。然而所以制禦之術，曷嘗一日弛備耶？財用充足，糧儲有餘，士馬精研，將帥用命，則虜雖欲窺邊徼而摩封疆，無隙以投，欲不守盟，何可得也。臣伏見仁祖時，富弼所上守禦二策，審地形，觀事機，分兵控扼要害之地，左右出入，縱横應援，曲盡其妙。然以謂非三十萬衆不可，則知制勝之術在於足兵，與王翦之伐荆必六十萬而後行，其理一也。臣愚以謂今日防秋，正宜用弼之説，度時之宜，良將勁卒，分布邊境，重兵大帥，雄據諸鎮，使賊不敢有覬覦之心，萬一奔衝，可以制其死命，誠上策也。所有富弼守禦策二篇，謹具繳進，伏望聖慈特賜省鑒，採其説而用之。

綱知樞密院、論備邊禦敵八事，上疏曰：

臣伏以金人退師，❶交割三鎮。三鎮官吏軍民，不肯陷没夷狄，其勢必爲朝廷堅守。天時寖熱而虜有輜重之累，必不能久留，當即出疆。臣恐秋高馬肥，虜必再至，以責前約。及今宜飭武備，修邊防，勿恃其不來，當恃吾有以待之。謹條具所以備邊禦敵者凡八事。

唐之藩鎮，所以拱衛京師，故雖累有變故，卒賴其力。而及其弊也，有尾大不掉之患。祖宗監之，銷藩鎮之權，罷世襲之制。施諸承平邊隅無事則可，在今日則手足不足以捍頭目。爲今之計，莫若以太原、真定、中山、河間建爲藩鎮，擇帥付之，許之世襲，收租賦以養將士，習戰陣，相爲唇齒，以扞金人，可無深入之患。又滄州與營平相直，隔河下流，❷其勢易以侵犯，宜分濱、棣、德、博，建横海軍一道，❸如諸鎮之制，則帝都有藩籬之固。

二、自熙、豐以來，籍河北保甲凡五十餘萬，河東保甲凡二十餘萬。比年以來，不復閲習，又經燕雲之役，調發科率，逃亡流移，散爲盗賊。今所存者，猶及其半。宜專遣使團結訓練，令各置器甲，官爲收掌，用印給之，蠲免租賦，以償其直。武藝精者次

❶「人」，原作「又」，今據《四庫全書》本、《宋朝諸臣奏議》卷一四二《上欽宗論備邊禦敵事》改。
❷「流」下，《梁谿集》卷四六《備邊禦敵八事》有「及小海」三字。
❸「建」，原脱，今據《梁谿集》補。

第遷補，或命之官以激勸之。彼既自保鄉里親戚墳墓，必無逃逸，平時無養兵之費，有事無調發之勞，此最策之得者。

三、自祖宗以來，養馬爲監，擇陝西、河東、河北美水草高凉之地處之，凡三十六所。比年廢置殆盡，牧馬民間以充數，官吏便文以塞責，而馬無復有善者。又驅之燕山，悉爲敵人所得。今諸軍闕馬者太半，宜復祖宗監牧之制。權時之宜，括天下馬，量給其直，則不旬月間，數萬之馬可具也。

四、河北塘濼，東距海，西抵廣信、安肅，深不可涉，淺不可行舟，所以限隔胡騎，爲險固之地。而比年以來，淤澱乾涸，不復開濬，官司利於稻田，往往洩去積水，隄防弛沓。又自安肅、廣信以抵西山，地形低下處可增廣，其高仰處即開乾濠及陷馬坑之類，宜專遣使以督治之。

五、河北、河東州縣城池，類多隤圮堙塞，宜遍行修治。而近京四輔郡諸畿邑，皆當築城，創置樓櫓之屬，使官吏兵民有所恃而安。萬一有賊騎深入，❶虜掠無所得，可以坐困。

其六、河北、河東州郡經賊馬殘破蹂踐去處，宜優免租賦以振恤之。往年方臘擾浙東，尚免三年。今三鎮之民爲朝廷固守，安可不議所以大慰其心者。

七、河北、河東諸州，❷最以儲峙糴買糧草爲急務。宜復祖宗加擡糧草抄法，❸一切以見緡，來商賈而實塞下，使沿邊諸郡積蓄豐衍，則虜不敢動矣。

❶「一有」，原誤倒，今據《梁谿集》乙正。
❷「河北」二字，原脱，今據《梁谿集》補。
❸「擡」，原脱，今據《梁谿集》補。

八、陝西解鹽無煮海之勞，而給邊費、足民食，❶其利不貲。自更法以來，解鹽地分益狹，西邊益貧。願復祖宗舊制，以慰關陝兵民之心。

綱出宣撫兩河，乞無罷防秋人兵狀

奏曰：

臣昨待罪樞府，伏蒙陛下委令措置防秋人兵。臣意以謂中國軍政不修幾三十年矣，闕額不補者過半，其見存者皆潰散之餘，不習戰陣，故令金人得以窺伺。既陷燕山，長驅中原，遂犯畿甸。來無藩籬之固，去無邀擊之威。廟堂失策，又割三鎮，質親王，劫取金帛以億萬計，驅虜士女，屠戮良民，不可勝數。誓書之言，所不忍聞。此誠宗社之羞，而陛下嘗膽而思報者也。今河北之寇雖退，而中山、河間之地不割，賊馬出没，並邊諸郡寨栅相連，兵不少休。太原之圍未解，而河東之勢危甚。旁近縣鎮，皆爲賊兵所占據。秋高馬肥，虜騎憑陵，决須深入，以責三鎮之約，及金帛之餘數。倘非起天下之兵，❷聚天下之力，解圍太原，防秋河北，則必復有今春之警，宗社安危，殆未可知。故臣輒不揆，爲陛下措畫，降詔書以團結諸路防秋之兵，大約不過十餘萬人，而欲分布河北沿路雄、霸二十餘郡，中山、河間、真定、大名、横海五帥府腹中十餘州郡，邊河一帶控阸地分，翊衛王室，隄防海道。其甚急者，解圍太原，收復忻、代，以扞金人、夏人連兵入寇。不知此十數萬之衆一

❶「而」，原作「西」，今據《梁谿集》改。
❷「兵聚天下之」五字，原脫，今據《梁谿集》卷四八《論不可遣罷防秋人兵劄子》補。

一皆到，果能足用而無賊馬渡河之警乎？今臣被命出使，去清光之日未幾，朝廷已盡改前日詔書，調兵防秋之計，罷去太半，不知金人聚兵兩路入寇，將何以枝梧？而朝廷何恃不留意於此也？

臣切思之，以兵爲不須起者，大概有五：川、廣、福建、荆湖之地遠，一也。錢糧賞犒之費多，二也。河北寇退，天下已無事，三也。太原之圍，賊馬不多，不攻自解，四也。探報有林牙、高麗之師牽制，未必深入，五也。

若以川、廣、福建、荆湖之地遠，則詔書之下以四月，期天下兵以七月，當時關報三省，何不即止？今已七月，遠方之兵皆已在道，始復約回，是復蹈今春勤王之師約回之弊也。一歲兩起天下之兵，中道而兩止之，天下謂何？臣恐朝廷自此不復能取信四方，而將士解體矣。國之大事在戎，宗社安危所係，而且行且止，有同兒戲，臣切痛之。若以謂錢糧犒賞多，則今春無兵扞寇，致令悮國，土地寶貨人民皆爲所取。又惜小費，不爲之備，臣恐後來所取，又不止於前日也。元降指揮，防秋人兵各令齎糧以行，則錢糧犒賞之乏，自非所患。廟堂不深思宗社大計，而惜小費，臣切所不取也。若以河北寇退，天下無事，則邊郡日報金人聚兵，聲言某月入寇，當取某地。强敵臨境，非和非戰，朝夕恐慄，懼其復來，天下果無事乎？賈誼謂厝火積薪之下而坐其上，火未及然，因謂之安。以今日觀之，何止於火未及然，處於烈焰之旁，而言笑自若也。若以謂太原之圍，賊馬不多，不攻自解，則自春徂秋，攻守半年，曾不得其實數。姚、种二帥以十萬之師，一日皆潰，彼未嘗有所傷衂，不知何以必其兵之不多，以爲可以不攻而自解者？臣以謂非愚則誣。至林牙、高麗牽制之報，理或有之，然不可恃。彼之不來，當恃我之有備，則屯兵聚糧，正今日之先務，不可不急也。

今河北、河東州郡日告急乞兵，皆以三五萬爲言，而半年以來未有一人一騎可以副其求者。防秋之兵甫集，又皆遣罷，不知此何理？若必以謂不須動天下之兵而自可無事，則臣誠不足以任此責，陛下胡不遣建議之人代臣坐致康平，而重爲此搔擾也？除范世雄所統湖北兵聞已至襄、唐間，臣昨奉聖旨令疾速發赴宣撫司外，所有餘路乞依元降詔書起發，庶幾不誤國事。

右司諫陳公輔乞戒大臣究心邊事，上疏曰：

臣竊聞河東用兵不利，陛下聖慮憂勞，臣子之心，夙夜不寧。然臣切料之，此未必不爲宗廟社稷之福也。伏惟少寬聖心，容臣之言。蓋有難則懼，無難則怠，人情之常也。朝廷日見河北金寇出界，雖未解圍，幸其師老，必自解散，遂至稍緩其事。廟堂大臣相與謀議者，多不急之務，或窮究往事，或經營私意，論經術是非，究禮文詳略，至於兩路邊事，曾不究心。緩急失宜，先後倒置。内外人情雖知秋冬在近，深爲可憂，然非朝廷用事之臣，徒憤歎終日，無如之何也。今若不緣用兵不利，往往遂以爲無事，因仍媮惰。至秋冬萬一狂寇結集諸夷，空國而來，以助河東之師，則吾之倉卒無備，又復如前日矣，可不慮哉。

臣愚伏望陛下因此一失，深戒大臣，凡不急之務，一切暫罷，專以河北、河東兵事爲先，經畫措置，多方應辦。仍仰各盡所聞，勿懷異意。并令今後臣僚上殿，亦須先及邊事。陛下留意聽納，不厭其多，或有可行，盡付三省、樞密院，令斟酌施行。夫漢之所以勝楚，以屈群策。而愚者千慮，必有一得，勿謂群臣之言，皆無可採耶。陛下若今如此曉夜圖之，則不徒以濟今日之急，將來秋冬亦不失備矣。臣故曰：「此未必不爲宗廟社稷之福也。」臣區區憂國之言，望陛下不以愚棄之，豈獨臣之幸哉。

秘書省著作佐郎李若水使虜，乞拯救河東、河北，上奏曰：

臣自深州入金人亂兵中，轉側千餘里，回至關南。凡歷府者二，歷軍者二，歷縣者七，歷鎮寨者四，並無本朝人馬，但見金人列營數十，官舍民廬悉皆焚毁，缾罌牖户之類無一全者。唯井陘、百井、壽陽、榆次、徐溝、太谷等處僅有名存，然已蕃漢雜處。衹應公皂，皆曰力不能支，脅令拜降，男女老幼，例被陵轢，日甚一日，尫殘窮苦，狀若幽陰間人。每見臣，知來議和，口雖不言，意實赴愬，往往以手加額，吁嗟哽塞，至于流涕。又於山上見有逃避之人，連綿不絶，聞各集散亡卒，立寨栅以自衛，持弓刀以扞賊。金人屢遣人多方招誘，必被勦殺，可見伏節死義、力拒腥膻之意。臣切惟河東、河北兩路，涵浸祖宗德澤垂二百年，昨因蔡京用事，新政流毒，民不聊生。繼而童貫開邊，燕雲首禍，搜膏血，以事空虚。丁壯疲於調發，産業蕩於誅求，道路號呼，血訴無所，塗炭桎梏，誰其救之。陛下嗣位之初，力行仁政，獨此兩路，邊事未已。今戎馬憑陵，肆行攻陷，百姓何知，勢必脅從。而在邑之民無逡巡向賊之意，處山之衆有激昂死難之心，可謂不負朝廷矣。哀斯民之無生，服斯民之有義，媿起顔面，痛在肺肝。望深軫聖衷，哀痛之詔，慰民於既往，決擇之計，拯民於將來。上答天心，下慰元元之望。

太學正秦檜論邊機三事狀奏曰：

一、金國興師，乘鋭深入，河朔諸郡，堅壁固守，彼進有大河之隔，退慮諸城躡其後，師老糧匱，情見力屈。然猶桀驁不遜，重有邀請。望斷以大義，與其所當與，不宜示怯，以自蹙削。且如燕山一路，是金國取契丹，與之無害。至於歲幣，須令彼能制契丹餘種，不爲邊害，方許以祖宗契丹之數。切聞仁宗與契丹結盟，增添歲幣，亦是與之論夏國事，乞檢會參酌施行。

一、金國遠夷，俗尚狙詐，今日遣使求和，又復渡兵隨至，恐是設計以緩王師守禦之備。望一面遣兵備守黄河，仍急擊渡河寇兵，使不得聯續以進。

一、金國遣使，所求甚大，此亦人情之常。蓋既興師深入，不肯示怯空歸。如聞朝廷前日與之議四鎮事，百僚不得預聞。審如所議，坐失富强之地，狄人貪心無厭，得地而勢益强，復不能保其不再犯邊。今若與之議燕山及歲幣，當須集百官入議狀，擇其當者載之盟書示信，坦然無疑。蓋與所當與，經久不渝。一旦爲苟且之計，或多或少，皆是失當，終亦不能守。

侍御史胡舜陟同御史中丞吕好問乞救中山，上疏曰：

臣伏見陳遘蠟書，❶其詞哀切。首陳真定城破，屠戮生靈，不知幾萬人，虜據高城，愈難追退。臣讀之流涕，切歎朝廷何忍其如此，未嘗遣一兵一馬爲援也。李邈三四十狀奏陳略不見報。朝廷豈不惜土地而愛人民？但以與虜講和，不敢動兵。一何失計之甚耶？臣請爲陛下言之。

古者列國兵交，使在其間，推論利害，釋二國之患，是以息民而貴和。今虜遣使來，而我使亦往，彼此按兵不動，乃所謂和也。然虜人用兵不已，今日陷一城，明日陷一邑，尋侵而南，有并吞席卷之志。時遣一使邀求寶貨，詭辭爲順，使不爲備。我之使往，脅之以威，不得吐一語，但以虜人甘言奏聞，而朝廷不察其情僞，便謂和議已定。宣撫司見講和如此，亦不遣兵救援真定，以至於亡。陳遘所以言：彼受和議之使，留置寨中，而任意攻取，無人救解。彼何計之得，而我何計之失也。今虜悉力中山城下，朝夕必攻城矣。若朝廷又以講和之故，不令宣撫司應援，必失中山。失中山，則河北諸郡不攻而自下矣。河北下，則京師不可都，而宗廟社稷危矣。陛下何不以宗社爲念乎？遘又言：彼既攻城，殺人放火，而我師援之，理不爲曲。朝廷若任諸鎮之存亡，不復顧恤，則更無可論。若欲保全，伏乞速賜旨揮宣撫司，火急遣兵前來。遘之言如此，可謂切矣。陛下若聽大臣之論，謂「既講和，不復應援」，則非惟失宗社忠計，第恐土地、人心必兩失之。若大臣謂「今日無兵，何以爲援」，臣以爲，河北之民皆兵

❶「陳遘」，原稱其字「亨伯」，宋人避宋高宗名諱改，今據《宋史·陳遘傳》改回。本篇下同。

也。使諸郡縣傾廩庫，與民共之，朝廷以好爵縻之，何患人不爲用？但係措置何如耳。遣乞宣撫司兵自深、冀來祁，會合馬忠兵，宣撫兵擊其西，祁兵擊其東，中山兵爲内應，則轉禍爲福，易敗成功，其言似亦有理。伏望陛下詔三省、樞密院，日下詳酌施行。

欽宗時，京師復戒嚴，聶昌拜同知樞密院。入謝，即陳扞敵之策，曰：「三關四鎮，國家藩籬也，聞欲以畀敵，一朝渝盟，何以制之？願勿輕與，而檄天下兵集都畿，堅城守以遏其衝，簡禁旅以備出擊，壅河流以斷歸路。前有堅城，後有大河，勁兵四面而至，彼或南下，墮吾網中矣。臣願激合勇義之士，設伏開關，出不意掃其營以報。」帝壯之，命提舉守禦，得以便宜行事。

歷代名臣奏議卷之三百三十三

本卷王鵬校點

歷代名臣奏議卷之三百三十四

禦　邊

宋高宗建炎元年，尚書右僕射李綱上言曰：

臣聞居於山者必高垣牆、固柴柵，以虞虎狼之害；居於野者必盛僮僕、勵甲兵，以防盜賊之患。夫金人，虎狼盜賊也，曾不爲防虞之計，而裂地厚賂以予之，譬猶割肉以啖虎狼而欲止其搏噬，出財以畀盜賊而欲止其侵陵，豈可得哉！臣所謂三年然後兵可用者，謂大舉以報今日之耻也。至於守備，則自今以往，當日爲虞害防患之計，不可暫輟。夫金人既已得其所欲，挾二聖、卷六宮而北之矣，逼脅邦昌，使僭位號，其意亦豈果在邦昌哉？特迫於時月不得不歸，知天下之戴趙氏，必將有主，而陛下總兵于外，必爲臣民之所推，故留此以爲中國釁端，其意不難知也。語曰：「鞭雖長，不及馬腹。」夫以四方萬里之遠，而金人欲以力經營之，故其力之所及者，靡不悉取，而其力之所未及者，留釁以爲異日之圖，此必至之理也。

爲今日守備之策，當以河北、河東之地建藩鎮，立豪傑，使自爲守，朝廷量以兵力援之。而於沿河、沿淮、沿江置帥府要郡以控扼，修城池，備器械，屯兵聚糧，堅壁清野，教車戰以禦其奔衝，習水戰以擊其濟渡，使進無所掠，退不得歸，則其勢必不敢深入。至於陵邊隅、破城邑，則不能保其必無也，但能備禦今冬不至越軼，使國勢漸定，人心稍安，則自此得益修軍政，吾無患矣。臣愚料之，金人秋冬之交，決須再來，仍分爲兩道：由河東來者，自京西以擾關中，與夏人連謀，欲窺川、陝；由河北來者，自京東以擾淮南，與高麗連謀，欲窺江、浙。則京西、陝右、京東、淮南不可不爲之防，當擇大帥、屯重兵以經略之。譬猶治病，當視脉息，察邪氣之所入，預遏絶之。不然，待其既至而後治，則無及已。惟陛下熟計而幸察。

紹興間，綱爲江西安撫制置大使，乞沿淮漢修築城壘劄子曰：

臣伏覩手詔，車駕將乘兹春律，駐蹕建康，此誠至當甚盛之舉也。臣昨奉詔書條具邊防利害，嘗論駐蹕建康爲措置之宜所當先者，然其説謂淮南有藩籬之固，則建康可都，宜命諸將移重兵於江北，料理營田，葺治城壘，則藩籬可成。今大將既已移屯矣，營田既已施行矣，楚、泗既已修築城壘矣，惟是沿淮如廬、壽，沿漢江如襄、鄧等處尚未措畫。臣願陛下降詔劉光世、岳飛，乘士卒之暇，以漸脩築。如韓世忠之於楚，張俊之於盱眙，楊沂中之於泗，使名城堅壘，緜亘相望，以張國勢，以讋敵心。又命朝廷選通知古今臣僚，按行淮、漢，深考古跡要害控扼之地，如濡須塢、牛渚圻之類，築壘屯兵，益務自固，使犬羊無侵突之虞，貔虎有蓄鋭之利，以守則固，以戰則勝。此今日之上策也。夫守戰一道也，能固守而後能進戰，是守者進之基也。譬如奕棊之家，凡欲勝人，先須自固。此言雖小，可以諭大。今陛下既已斷自淵衷，不貳不疑，駐蹕建康，以承天意矣。伏望聖慈益脩戰守之備，以建中興之功，天下不勝幸甚！

臣以衰病見丐閑散，不勝臣子愛君憂國之誠，輒復自竭，冒昧以聞。或有可採，亦臣仰報聖恩之萬一也。干瀆天聰，臣無任惶懼戰越之至。

二年，綱爲觀文殿學士，上言：

荆湖，國之上流，其地數千里，諸葛亮謂之用武之國。今朝廷保有東南，控馭西北，如鼎、澧、岳、鄂，若荆南一帶，皆當屯宿重兵，倚爲形勢，使四川之號令可通，而襄、漢之聲援可接，迺有恢復中原之漸。

建炎中，御史中丞許景衡奏乞救援順安軍疏曰：

臣伏覩順安軍爲金寇圍城危急，奏乞差軍救援，并乞糴買本錢，未聞朝廷措置施行。又二狀爲久闕正官，亦蒙批送吏部，依條差注。竊謂邊奏告急，乞兵救援及糴買糧草，正在朝廷疾速應副，豈可頃刻濡滯也？極邊州郡方當軍興，係是重難去處，今闕正官，亦須破格立賞。然後人肯注擬，若令吏部依條差注，亦恐人不願就也。竊聞河北並邊州軍若安肅、廣信皆已陷没，唯有順安尚能固守不屈。此宜朝廷特加奬勵，若有申請，尤當疾速施行。今來二事或如常程文字，或只付之有司，不蒙特與措置，朝廷果欲棄河北耶？又本軍所奏城中芻糧向盡，只可支持一月，度至今日，恐已不能固守，兼得諸道路之言，順安近已殘破。若果如所聞，則亦已矣。不然，更望睿明詳覽本軍所奏，下三省、樞密院，疾速應副人馬、糴買本錢，及措置破格差官填闕，免令一城官吏生靈盡爲强寇殺戮驅虜也。

景衡又奏乞備江岸把扼劄子曰：

臣契勘方今駐蹕淮甸，而大江上流，所當設備。雖真州已有范瓊一軍，其向上宣化渡、和州烏江與江西金陵、馬家渡、采石相對，並是險阨去處，各合立寨柵，脩戰船，置水軍，精選巡檢，閱習弓弩，以戒不虞。只如前日張遇群賊順流而下，若沿江逐處皆有守禦之備，亦豈能便據金山、梗絶江渡耶？覆轍未遠，後患可憂。伏望睿旨行下所屬，相度前項險阨去處，增置巡檢水軍及守禦之具，亦思患豫防之意也。或恐臣所聞關津未至詳盡，則乞所屬從長講究施行。

三年，趙元鎮上奏曰：

臣伏見比來臣寮上殿奏陳利害，并群臣應詔條具，及二府大臣延見賓客，獻陳已見，江淮監司、郡守前後申請防秋要切之務，不過控扼上流，防托淮甸，固護江浙一帶。自四月迄今百有餘日，慮之固已無遺策。大率以兵爲先，而分兵固守，占據地形，習熟其山川險易之宜，以爲出入邀襲之計，要在前期而遣，則軍行從容，民不駭愕。今已秋矣，未見分兵而出也。一旦邊報有警，胡塵南來，風勁馬驕，倏至泗上，則淮甸震驚，聲摇江左，陛下其能安居於此乎？或謂俟杜充至，然後分遣。今道路梗澀，充若久之未至，終將不遣邪？儻預爲撥發，各使按堵，俟充之至，盡以付之，有何不可？自來出兵，例皆留滯，今日上畫一，明日請器甲，今日支借請錢糧，明日散起發犒設，般挈老小，編排舟船，動有十日半月之事。比至按隊渡江，各到屯泊去處，又須旬餘，非可傳箭而集，舉鞭而行也。待其有警而後發，不亦晚乎？是時上下惶駭，軍情憂疑，將有去留嚮背之意，安在其爲控禦哉！若以謂淮甸上流自有兵將，分壁已定，不須遣兵，則幸也。苟或不然，臣實憂之，後時之悔，其可再邪？臣願降旨開具，上自荊襄、下及楚泗屯泊地分，所屯兵馬大將謂誰，置司處所。先聲後實，未必皆然，多作條畫，揭示一牓，姑以安士民之念，亦使敵人知吾有備，所謂伐謀也。

元鎮又論防秋利害，上奏曰：

臣竊惟東晉之遷，國勢微弱，惟其設淮上之備，以嚴外户，阸荊襄之要，保有上流，是以能建都江左，歷年之久。今車駕駐蹕建康，則荊淮之防托、沿流之斥候，誠爲急務。斥候之不明，以措置不專，勸賞不立也。自來委之軍中及沿路州縣，而軍或散亡，城亦失守，❶倉皇阻絶，力所不暇。今欲自御營及諸軍州縣，各選募使臣兵級，立定人數，信賞必罰，不任出戰城守之責，專令探報。如此，則人得盡力，而事不失實矣。防托之不謹，以事出倉卒，不能預備也。自來俟有警急，乃始調發，而陣未成列，兵刃已交，退無所歸，披靡逃潰。今欲前期選閲，受成而出，各使分壁遠近，占據形勢，習熟其山川險易之宜，以爲出入邀襲之計。廣積芻糧，嚴設塹栅，出而掩擊，入而拒守。如此，則前有以阻遏，而後能牽制矣。雖然，防托之任，正惟其人，未得其人，計將安出？臣竊謂黃帝時諸侯相侵伐，暴虐百

❶「失」，原作「自」，今據《忠正德文集》卷一《陳防秋利害》改。

姓，於是習用干戈，以征不享。然而遷徙往來無常處，以師兵爲營衛，❶所以能戰。炎帝伐蚩尤、逐葷粥，以去天下之不順者，今陛下欲久留此耶？願如臣所陳，謹斥候防托之備，慎將帥委任之選，保無後患。堅守不動，爲長遠之計可也，茍或未然，則維揚之禍可不鑑哉！

臣願陛下深懲既往之失，常爲去就之謀，以六宮所止爲行宫，以車駕所至爲行在。吏部注授，並依八路；户部金帛，貯之諸州。凡宗廟祭祀禮文法物及六曹百司之閑慢者，並歸之行宫，而差除陞擢、號令賞罰出於行在。隨駕之兵不在多，選擇萬餘以備儀衛，其餘兵將分布江、淮，預設控扼，既有以分軍食，又有以相應援。行在官兵既省，則用度易足，進退簡便。或駐江、浙，或臨淮甸，延見父老，省察風俗，旌别善惡，搜揚人材，召集軍兵，振耀威武。使敵人知有預備，而莫測巡幸定居之所，則恐未敢再謀窺伺。然後别遣能臣，出使關陝，收六郡良家子，募爲效用；優諸路弓箭手，足其闕額；以至蠲私田之税，如弓箭手法推之全陝諸郡。因其民俗，復唐府兵之制，待以歲月，訓練精熟，則四方之事庶有可爲者。且關中四塞之國，周以龍興，秦以虎視，漢高祖所以卒能并强楚、成帝業者，以其先得關中之地。是知古先帝王欲大有爲於天下，莫不在此。今固未可，幸陛下它日圖之。

紹興間，元鎮又上奏曰：

臣契勘即日防秋是時，臣雖夙夜惕厲，

❶「師」，原爲空格，今據《忠正德文集》補。《四庫全書》本作「戈」。

思所以廣爲隄備，第念事勢相形，利害安危，固有緩急輕重，儻非先事建明，遠瀆聖聽，恐一旦措手無及。恭惟清蹕見駐臨安，二浙、閩中爲近輔，江東、淮甸爲要藩。自行朝達鎮江、建康，屯宿重兵，無慮十萬，距京師約三千里，非不深且遠，可恃以安。然江西一路，北際陳、蔡、廬、壽，西連潭、衡、荆、襄，比他路邊面最爲闊遠。僞齊見遣兵將力守光州，爲備數年，頗聞農種漸廣。自汴由陳、蔡至光纔三百里，復與蘄、黄接界，亦粗有糧可因。臣策僞齊萬一會合金人再來南侵，當數路並進，而鎮江、建業既已有備，必由光州直擣蘄、黄，旬日便到江上，虜船造栰，乘間南渡，聲摇江湖。人心摧於傷弓，當烏驚魚散，支吾不暇，將見行朝亦不得奠枕，則建康、鎮江雖屯重兵，固已無益於事矣。況己酉冬胡騎已嘗出武昌岸，徑趨興國，緣山疾馳數日，薄洪州城下。❶前車之戒未遠，則江西今日利害安危，豈不重且急乎？

臣計本司見管軍馬共一萬六千餘人，皆是招收烏合之衆，除輜重、火頭等外，可使出戰僅及萬人，才足以屯防近裏州縣，隄備盜賊，豈堪前當大敵？近奉聖旨留岳飛全軍，先分萬兵駐九江，士馬精勁，似可倚仗。臣愚見尚有二患：邊面闊而僞境近，則師不可不益；師旅增而贍給廣，則財不可不聚。謂如江州、興國軍西抵岳、鄂，皆據大江上游，曲折千里，控扼要害，受敵處多。自湓浦以上，江漸狹隘，至霜降水落，則一箭可及，一葦可航，非若下流深闊多

❶「薄」，原作「傳」，今據《忠正德文集》卷二《措置防秋事宜》改。

阻，未易侵越也。今計岳飛兵數二萬一千有餘，除火頭、輜重、守寨、疾病人外，實得戰士一萬五六千人。忽有警急，迎敵保城，臨時應機，猶恐分布不給。兼岳、鄂人馬無多，安能使掎角應援？臣欲乞朝廷更摘那數頭項堪任出入將兵，時暫付臣相兼使用。又本路州縣屢經兵火殘毁，繼以連歲討賊，大兵往來，民力彫弊，官用空虚。今既留岳飛全軍，復丐益師，則軍儲愈窘，若止仰漕計，必致闕誤。臣欲乞朝廷廣行支降錢物，及就撥本路應干諸司上供錢帛，并榷貨務見在及日後收樁之數，並行付臣斡旋，相兼支遣。仍乞選户部官一員前來與漕臣協議應副。庶幾兵勢稍强，財用粗足，可以待敵，且免臨時擾攘失措之患。

臣材識庸暗，所見止此，伏望聖慈察其勢迫計窮，早賜睿旨，詳酌施行。

元鎮又乞下湖北帥司隄備賊馬，上奏曰：

臣昨據本路制置使岳飛申：諸處探報，李成、劉麟會合金寇，有直趨蘄、黄渡江之計。臣以本路正當衝要，控扼江、浙，實係行朝利害，不敢隱默，節次具奏，庶幾中外預得爲備，不至倉卒失措。自十一月二十日已後，探報少緩，而臣不即以聞者，以賊情不測，萬一所傳不審，有失隄防，或致衝突之患。當料其有，不料其無，勿恃其不來，恃吾有以待之也。今李成尚留漢上，雖未聞追襲之耗，而經營襄、鄧，用意不淺。蓋輕兵追襲，爲患速而小；占據上流，爲患緩而大。計朝廷已有措置，非臣愚慮所及。緣上流既失，即自漢陽而下，沿江諸郡皆順流可至之地，不可一日弛備，非特防秋而已。臣已奏稟乞支降錢物，打造戰船，不唯本路合行計置，竊恐沿江諸路亦當如此。兼聞光州、順昌府各儲糧十數萬，今則未見動息，觀其意向，必有所用。臣除不住移文制置使岳飛及本司所遣兵馬，遠布耳目，益嚴防守，并召募硬探，直往襄陽已來伺察賊情外，所有漢陽沌口係漢江下流，湖北帥司所隷，更望聖慈特降睿旨，嚴切戒約，過爲隄備，庶免意外不虞之患。

紹興初，監察御史明槖言：

湖南邊郡及二廣之地，舊置溪峒歸明官，比年寖廣其員，及諸州措置隘砦，闕人把拓，又令管押兵夫，素不習知法令，率貪婪無厭。況管押又皆鄉民，甚爲邊患，遭困苦折辱者往往無所赴愬。議者欲俾帥臣籍其姓名，每三年一遷易，如州縣官故事。或云止循舊添差，並罷管押兵夫，宜令二廣、湖南帥臣處置適宜，無啓邊禍，以害遠人。

四年六月，張浚論虜情及備禦利害，上言曰：

臣聞山東警報，曉夕深思，未見虜人大舉之意。臣竊惟世忠進兵淮上，號稱十萬，劉豫父子勢已窘蹙，必多遣僞使求援於虜。向使虜之大兵，外示衰弱，養鋭不動，秋高馬肥，一舉而至淮甸，是爲可憂。然其勢亦須再調生兵，簽發百姓，方敢深入。何則？去歲失意而去，人心離怨，苟非增益重兵，安肯輒至也？今我師自屯淮楚，僞地騷然，修城郭，起丁役，設馬栅，運糧餉，蓋劉豫欲以安其民人，使無背叛之心。凡此皆臣之所樂聞而深喜者。比又報虜之大兵已至沂州，臣所未喻。借使有之，豈不爲我之利乎？夫盛夏興師，中國所難，夷狄爲之，其失多矣。虜之所恃者馬，方此大暑，不獲休養，則秋冬安可復用？此一利也。虜以騎射爲能，當夏之時，筋膠解緩，豈能害物？此二利也。北人性不能熱，堅甲重兵，皆非所用之時。此三利也。爲我之計，正當休兵持重，日爲過淮聲勢，困弊其人。仰惟陛下聖算神機，必有所處。臣愚無識知，豈能測度，姑叙所見，恐或有補聖慮萬一。區區僭冒，伏幸睿照。

高宗時，浚又論戰守利害，上言曰：

臣智識暗陋，所見不明，惟有愚忠，庶幾仰報。儻或畏避隱默，負愧天地，誠不忍爲。臣竊惟醜虜盛夏舉兵，拂天違時，朝廷發明詔，議征伐，固天下所願者。臣愚以爲今虜竭國而來，其勢方鋭，可以計圖，難以力破。若速於用兵，則戰有勝負，時有利鈍，糧有繼絶，曠日持久，變生不虞。曷若俾諸帥結從連衡於近淮要害之地，據利便、擇形勢，就餉運以促其勢，堅壁清野，時遣間諜，坐觀釁隙。使之進不得決戰，守不能久聚，俟其智力俱困而圖之，天下可定矣。帝王之師以全取勝，貴謀而賤戰，正今日之先務也。惟陛下察大《易》不密之戒，矜愚臣憂國之私，斷自聖意，天下幸甚。

浚奉祠居永州，論和議利害，上言曰：

臣於正月十五日恭覩大霈之頒，再三熟讀，通夕不寐。翌日，作書呈參知政事孫近，大概以虜若尚强，和安可信，其勢遂衰，和爲可惜。竊料聖心高明，姑且爲此，内以激將士之憤，外以觀敵國之情。不然，事日委靡，何以立國？燕雲之舉，其鑑不遠，他日之悔，復何可追？臣愚區區過計，竊以謂虜自宣、政以來，挾詐反覆，傾我國家，蓋非可結以恩信、待以仁義者。今日事之虚實，姑置未論。借令虜中有故，上下分離，天屬盡歸，河南遂復，我必德其厚賜，謹守信誓。數年之後，人情益解，士氣漸銷，彼或内變既平，指瑕造隙，肆無厭之欲，發難從之情，其將何詞以對？顧事理之可憂，又有甚於此者。陛下焦心勞慮，積意兵政，精神感格，將士漸孚，一旦北面事虜，聽其號令，游談之士取功於一時，勳績之臣置身於無用，比肩宥密，接武求盟，小大將帥，孰不解體？陛下且欲經理河南而有之，臣知其無與赴功而共守者矣。矧夫虜計莫測，自古所傳異時策馬渡河，風塵畢起，倉卒之間，孰肯赴敵？蓋自堯、舜以來，人主奄有天下，非兵無以立國，非武無以定亂。國立而勢起，亂定而治生，然後干戈可戢，道德可行。未聞委質夷狄，可以削平禍難。遠而石晉，近而叛豫，著人耳目，歷歷可想。

夫中原之地，未易輕守也。譬諸人身至虚，風邪乘之，手足偏廢，不能運動，必其精於自養，元氣日强，氣之所到，肢體乃舉，藉外物以扶持，難乎其經久而及遠矣。昔魯仲連不欲尊秦爲帝，且曰：「秦無已而帝，則將變易諸侯之大臣，彼且奪其所不肖而與其所賢，奪其所憎而與其所愛。彼又將使其子女讒妾爲諸侯妃姬，處梁之宫，梁王安得晏然而已乎？」蓋小之事大，不幸而交於虎狼無道之國，彼力屈則姑且矜容，力强則肆爲吞并。春秋之時，楚懷王入覲于秦，一往不返，逮今千載之下爲之痛心，由辨之不早也。漢高祖起兵之四年，侯生侍太公、吕后以歸，軍皆稱萬歲。已而羽解而東歸，漢王引兵西歸，張良、陳平諫曰：「今漢有天下太半，而諸侯皆附，楚兵罷食盡，此天亡之時。不因其機而取之，所謂養虎自遺患也。」漢王從之。古人争天下，必審夫機會，時不再來，追咎莫及。高祖知羽之寡恩少義，其和不可恃也，又知夫從我將士日夜望尺寸功，求其顯著，人心之不可沮也。故雖再敗固陵，甘心不悔。兹二事者，足以爲今之戒矣。

臣日夜思念，此國之大事也。陛下獨不與二三將帥熟謀之，而從約之遽，肆赦之速，用世儒之常説，答猾虜之詭祕，措置失叙，思之寒心。臣不自量，爲陛下再計。嗣今以往，使其遷延生事，姑緩一時，謝絶使人可也。明告以利害，詳喻以曲直可也。萬有一如太公、吕后之歸，便當博詢諸帥，獎礪將士，外存和議之名，内圖恢復之實。逼之以大勢，使其人心終至於乖離；示之以威武，使其内釁不能以遽息。始臣而終服之，如唐太宗之所以待頡利者，庶乎國家可立焉。

臣罪戾之餘，一意養親，深不欲論天下事。顧惟利害至大至重，不忍緘默，以負陛下之知。罪之聽之，惟陛下命。

紹興間，户部尚書章誼乞守臣措置土豪狀奏曰：

臣竊聞劉光世奏金人忽生南渡之意，又聞通州使臣劉鑄奏金人來年正月初一日渡江，又聞江陰軍探報北岸有船數千隻。臣參驗三人之説，則金人南渡之計决矣。蓋金人去歲嘗以冬月渡江矣。陛下御輕舟乘風遵海而南，彼方崎嶇山陸，當建康屢戰之師，踰錢塘城守之阨，且復再涉重江，是以追兵不得以速進也。今時則異於此矣。大駕駐蹕會稽，北直通、泰，彼將方舟結筏徑渡三江之口，騎兵、舟師水陸兼進。又自立春之後，風起東方，海行之舟有類退鷁，覆却可慮。虜誠出此，則我之所保，水失乘桴之便，陸有追騎之虞，墮賊計中矣。臣以是思之，則三人之報不可忽，正月之渡爲可信，不知朝廷亦嘗慮此乎？使三人之報不實，則大幸矣。使其不妄，則正旦逼矣，將何以待之耶？

臣聞臨安府守臣李光願統浙西土豪爲國屏翰，朝廷何不聽用其策，稍假事權，使勵其衆，藉爲禦侮。非唯臨安一府也，二浙諸郡、江東、江西一切委自守臣，速行措置，明降詔旨，喻以力戰堅守之意，降去退保之令，有能竭節城守、扼險破敵，與夫懷私退避、並緣爲姦之人，來年事平之後，大明賞戮。如此，則金人雖欲南渡，有所不敢。設其敢渡，諸郡之兵且戰且守，或犄或角，日夜追逐，數萬之衆可立盡也。一戰而勝，虜人終身懲艾，陛下國勢立而疆土復矣。

臣不勝區區愛君憂國之誠，惟陛下留神聽納，與將相大臣速圖之。

誼又乞令張浚措置防秋然後班師，上奏曰：

臣聞江淮招討使張浚之師，自破李成，斬孫建、馬進之後，盜賊震恐，知尊朝廷。如張用、孔彦舟之徒，皆願聽節制。乘此機會，可以措置江、湖、淮甸之間，使兵皆隸將帥，使將皆有職任，分布要害之地，委以戰守之事，各令漕臣給其糧餉，嚴罰重賞，責以來效。如此，則防秋之事大概略舉矣。然後張浚可以班師，別聽陛下之指授。今聞朝廷許之入覲，徑自淮西循江而下，切恐奉詔遄歸，其於江、湖、淮甸之間，有合措置事務，不暇經略，則數路之廣，盗賊復得屯聚，軍兵無以彈壓。雖留岳飛一軍以爲聲援，終恐兵少望輕，緩急難濟。伏望睿明更賜裁酌，不勝幸甚。

誼又論守江之策，上奏曰：

臣近者伏見朝廷分三大使宣撫淮南、湖北之地，皆跨有大江，邊臨淮泗，既可以應援東北來歸之人，又可以捍禦戎虜南侵之勢，内資富庶之邦，外撫殘破之郡，誠計之得也。然欲進圖收復，必須退有據依。今東北方藉經營之勞，而江南實爲固守之地，設使黠虜憑陵，盗賊群聚，但不能踰大江而東，則國勢鞏固，如木之有本，水之有源，崇高廣大，可坐而致。臣去年爲郎時，嘗爲宰相畫守江二策，不蒙施用，後卒奔走。臣觀今日守江之議尚不可廢，輒繕寫投進，連粘在前。伏望睿明鑑照，如有可採，乞降付外廷相度，令三大使措置施行。

誼又論具舟師爲守江之備，上奏曰：

臣竊見朝廷自靖康以來，聚天下之兵以抗金人，初戰燕山，次戰太原，初守汴京，後守淮甸，然而守則不堅，戰則不利，累年於兹矣。至于今日，知步騎之非敵，懼易野之難守，是以東踰大江，保兹川險，勢雖甚迫，而理實可安。朝廷所以屈體爲此者，謂金人利於鞍馬，而南方長於舟檝，使金人捨其所利而我得用其所長，則勝負有在，是朝廷之本謀也。今則不然，專恃長江之險，不設舟師之備，萬一金人東侵，方舟結筏，皆可濟師，舉帆直指，如履平地，則向之川險既不可保，而南方之所長亦不獲用，日蹙一日，將安所之乎？ 且朝廷之所恃者，北則淮，南則江，今縱不能守淮，且欲阻江爲險，則舟師不可不備也。 今之議者或欲聚兵於江北，或欲分兵於江南，此議者未之思耳。夫聚兵於江北，是欲與金人戰也，中國既已屢戰而屢北，則戰非所利矣。 又欲分兵於江南者，是欲守也，長江數千里，金人果得浮舟以濟，則我不知所守矣。 故嘗謂此二説皆未之思也。 唯多具舟師，中流以守，則金人雖有良將勁兵、輕車駿馬，數踰百萬，亦必臨流歎息而退，將安用之？ 伏望招選才能之士，多具中流之師，則江南諸郡雖無守備之兵，亦可高枕而卧矣。

小貼子：竊聞金人已有登、萊、沂、密之地，萬一自此數郡乘舟而來，則通州狼山之險實爲咽喉要害之所，當有舟師以爲備禦。 温、台、明、越、常熟福山皆由此路以往，伏乞照察。

誼再論舟師水戰之利，上奏曰：

臣契勘目今朝廷暫駐浙東，襟帶江海，實憑川險以却胡騎。 然則巨浸湍流，蓋今日之長城也；樓船戰艦，蓋長城之樓櫓也；舟師戰士、鑿工没人，蓋長城之守卒也；火船火筏、彊兵毒矢，蓋長城禦攻之具也。 設有江城萬里，則尺寸之地不容於不守，今有巨浸湍流，顧豈可無守禦之備哉？ 守禦之備莫如舟師，用舟師之策莫如中流以守。且金人攻城長於用砲，我之舟師中流以守，則矢石有所不及；金人野戰長於用騎，我之舟師中流以守，則騎兵不能奔衝。 是二者，固可以奪金人之所長矣。 又況金人將必欲與我戰乎，是必造舟維梁、結筏渡騎，然後可也。造舟結筏，不在大江之濱則無艤駐之地，必於大江之滸則有焚蕩之虞，若是則進不得戰矣。金人將長臨大江以困我乎，自春徂夏，自夏及秋，雨潦將降，騎兵有陷没之憂，氣令炎燠，遠人有疫癘之苦，若是則退不能守矣。在彼者進退失據，而我中流之師未嘗勞也。伏望特賜討論，盡發平陸之兵，迭爲舟師之用，並海沿江，若州若縣，多具中流之師，以爲守禦之備。不勝幸甚。

五年，房州司刑張嵲上疏曰：

金人去冬深涉吾地，王師屢捷，一朝宵遁。金有自敗之道，非我幸勝之也。今士氣稍振，乘其鋭而用之，固無不可。然兵疲民勞，若便圖進取，似未可遽。臣竊謂爲今日計，當築塢堡以守淮南之地，興屯田以爲久戍之資，備舟楫以阻長江之險，以我之常，待彼之變。又荆襄、壽春皆古重鎮，敵之侵軼，多出此塗。願速擇良將勁兵，戍守其地，以重上流之勢。

六年，知鼎州張觷言：「鼎、澧、辰、沅、靖州與溪峒接壤，祖宗時嘗置弓弩手，得其死力，比緣多故，遂皆廢闕。萬一蠻夷生變，將誰與捍禦？今雖各出良田，募人以補其額，率皆豪强遣僮奴竄名籍中，乘時射利，無益公家，所宜汰去。別募溪峒司兵得三百人，俾皆練習，足爲守禦，給田募人開墾，足供軍儲。」詔荆湖北路帥司相度以聞。帥司言：「營田四州舊置弓弩手九千一百一十人，練習武事，散居邊境，鎮撫蠻夷，平居則事耕作，緩急以備戰守，深爲利便。靖康初，調發應援河東，全軍陷没。今辰、沅、澧、靖等州乏兵防守，❶竊慮蠻夷生變叵測。若將四州弓弩手減元額，定爲三千五百人，辰州置千人，沅州置千五百人，澧州、靖州各置五百人，分處要害，量給土田，訓練以時，畊戰合度，庶可備禦。以所餘閑田募人畊作，歲收其租，其於邊防財賦兩得其便，可爲經久之計。」詔從之。

八年，提舉臨安府洞霄宮葉夢得奏金賊移軍稍前乞講民兵水軍二事劄子曰：

臣聞淮寇尚未覆滅，近者復移屯稍前，有欲戰之意。道路所傳，未知虛實。臣嘗論自陛下決策親征，逆折其鋒，意其雖有奔突之志，無所可施者。以爲王威既振，雖犬羊無知，成敗所在，自當知難而退。今乃昏迷，尚懷搏噬。臣復思之，蓋虜法甚嚴，彼既受命萬里入寇，暴師三月，傷折已多，若無功而還，總帥者必不免刑戮，故欲竭力以戰，以決去就。若僥倖小勝，固可以藉口，或遂敗衂，亦足爲辭，此姦謀所從出也。不然，知我有備，請命於其酋，欲歸而不獲，尚狃往時兇暴之氣，責之深入，懼而不敢不前。又其不然，則是欲引去，畏我躡其後，張此虛勢，以爲陰遁之計耳。果出於前二者，則不可不過爲深防。

臣聞兵法曰「上兵伐謀」，又曰「兵家先聲而後實」。今朝廷拒敵，必勝之策既付之諸將矣，備禦之道，凡脩其實者，宜無不盡，故臣不敢復言。而前妄議民兵、水軍二事，雖若迂緩，區區之意，蓋謂施之今日則足以廣先聲而伐其謀，與平時議者不同，試復

❶「靖」，原作「静」，今據《四庫全書》本、《宋史·蠻夷二》改。

申之。

所謂民兵者，孰不知驅畎畝耒耜之徒，使捍虎狼不可禦之敵爲不可哉？且方此擾攘之際，又重勞吾民，亦不能無擾。然臣非欲恃此以爲戰也，蓋兵有以多爲用者。古者用師必設疑兵，則增大其勢，惟恐其不盛。苻堅犯晉，望見八公山上草木皆成人形，猶足以懼。東漢虞詡謀武都羌，至有添竈，日增倍之以示彊。今傍江之人，利害既切於己，往往不待驅率，私自結約保守鄉里者所在而有。州縣把隘防托，及給軍役之類，亦皆出於保伍，莫非民兵也。所患者特無所統一，散漫雜處，而賊不知。故臣願權暫命官，因以部伍團結，爲之紀律，番次迭出，耀之江上，與正兵相爲先後，豈不愈於望草木而示添竈乎？一可示賊以衆，張大吾軍；二可增吾正兵之氣，相爲形援；三則布列旁遠之地，萬一衝突，出吾不備，亦愈於無人。今賊已師老，必不更能久留，不過爲旬月之計，農事未興，民未必告病也。

若水軍，則諸大將所統固各有之矣。臣竊慮其以步、騎兵爲急，而未盡講，或置而未用，或不常閲習，或彼此節制不及，緩急不相爲用，則雖多而無所益。故臣亦欲會而爲一，及官私舟既未通行，亦可權時拘截，專爲一軍，於建康、鎮江兩州沿江要害之地分布擺拽。俟其欲用，則與騎、步兵合謀並進。日者僞四太子回軍至吴江，裨將陳思恭驟以舟師襲之，賊衆驚亂，幾至於潰。適近村有應之者，素非所約，思恭疑爲賊兵，遂不果終其役。若使軍有所統，晝夜講習，號令、方略、進退、闔散悉皆預爲約束，一則可以示賊，使知畏有加於前；二則事藝精熟，人日從事其間，安於爲用；三則可擇驍勇之士，伺賊之間，乘風水便利，以收奇功。蓋賊既與我夾江相持，其要在江，則水軍爲上，騎兵次之，步兵又次之，尤當深察也。今賊如止爲陰遁之計，稍已退却，臣言固無所用，如尚猖獗，志在衝突，則將步、騎正兵外，更益之以此，恐或可以佐萬全。

臣不避狂愚，復畢其説，更望聖慈裁擇。疊冒天威，臣無任激切屏營之至。

高宗時，夢得爲兩浙西路安撫使，乞措置瀕海州縣防秋狀奏曰：

右，臣備員一道兵民之寄，當朝廷艱難之時，外難未平，所仰四方相與維持者，其責尤重，不敢偷安尸素，苟且目前。故自到官以來，日夜盡瘁，庶幾少有寸補，不至上誤使令。

竊見金賊雖已遁去，封豕長蛇、薦食上國之意，恐未遽弭。登、萊兩州密邇其境，而兩浙諸州例與海道相連，自登、萊航海，遠不過數日可至。浙西諸縣如杭州鹽官，秀州華亭、海鹽，常州江陰，平江府崑山、常熟，浙東諸縣如越州餘姚、上虞，明州象山、定海、奉化、昌國，温州樂清，台州寧海、黄巖，皆切近於海。臣去歲守南京，嘗得宣撫司探報，聞賊欲取山東路入兩浙作過。是時彼方有意再犯王畿，勢固未暇及此，然又見其未嘗無此謀也。近有東道總領司嘗被驅虜使臣，歸爲臣言，賊知其爲兩浙人，頗問山川道里形勢甚詳。又其所誘留人多有東南篙工、水手從事舟楫之間者，皆爲陳説計策，及夸大蘇杭富實。臣益知犬羊貪婪之心，不無所在。今兩河蹂踐之餘，内至近甸，金帛、子女，掠取殆盡，使其谿壑之欲，誠未厭足，則去歲宣撫司探報豈得不慮哉？

兩浙風俗輕而易動，有自來矣，又連遭方臘、倪從慶之變，人懷危疑，常不安居。加以險僻頑民陰間伺隙，潰散冗卒居多嘯聚，樂禍喜亂，未易制禦。今環兩浙之地瀕於海者十幾四五，議者謂虜以鐵騎衝突爲長，澤國水鄉非其便利。此以其竭國來寇論之可也，若志但在金帛、子女，則姑以千百之衆，脅吾驅虜之人以爲鄉道，聲言欲雜出於數州之間，以圖侵掠，則未至而吾民先已驚遁矣。況樂禍喜亂之徒望風乘勢，或應之以合謀，或假之以自奮，則其憂有不可勝言者，何必直須賊之盡至乎？晉之孫恩竊入上虞，唐之袁晁發自臨海，近日方臘山谷一夫，亦能破六州二十七縣，皆已事之驗。

然所以爲備禦之策，不過城池、器用、兵卒、糧食四事而已。今防秋僅有兩月，事勢已迫，每事必俟朝廷措畫，則勢不及待，所以分憂捍患，盡其力而爲之，惟在守令而未見其可當此任者。臣雖誤當帥事，法有常守，又浙東非所部，不敢輒有侵越。若遂拱默不言，緩急或有誤事，雖即誅死，何足償責？輒敢冒昧陳列，欲望聖慈詳酌，特降睿旨，先次遴擇瀕海諸郡守臣，各得其人，分命監司遍行巡察，及諸屬邑，凡令長有不可委仗者，許得權宜移易罷黜，別加選辟，量立賞典，以爲激勸。應所合指畫事，除城郭已有近降指揮外，其餘如脩治器械、訓練弓兵，皆嚴爲近限，責以實效，無令文具。僻遠之地，巡尉與弓兵或可增添元額，許一面差補。將來如有調發，須量以分數存留，無闕守備。錢穀移用亦當椿管應用，無至侵奪。至於分布防托之宜，闔散戰守之節，斥堠幾察之要，鄰比應援之期，皆須熟議素講，預有一定之謀，相爲表裏。平居持重鎮撫，不至於勞民；有警隨事酬酢，皆可以禦敵。軍聲士氣稍達於海外，使彼望而知畏，而吾境内之姦亦有以逆折其心而不敢萌，則遠近人心恃以不恐，朝廷亦可一意西北，而忘東顧之慮。

干冒聖聰，不勝惶懼激切屏營之至。謹録奏聞，伏候敕旨。

夢得爲江南東路安撫制置大使，又論防江利害劄子奏曰：

臣聞兵有可勝之理，而無必勝之道。孔子曰：「我戰則克。」夫以至仁伐不仁，孰敢與爲敵？此理之所可勝者也。然猶曰「必也臨事而懼，好謀而成」，而不貴盡用其勇者，是無必勝之道也。故堯、舜伐有苗而至于三，成王、周公征淮夷而至于四，雖終至於克服殄滅，然其初猶有待而後成者。蓋不以所可勝決其所必勝，聖王之功也。伏見黠虜敗盟，罪惡已盈，天地所不能庇覆，鬼神所不能容忍。陛下謙慎寬慈，包藏涵養之久，至使溢而自覆，玩而自焚。今猖獗以來，攻城無所得，掠地無所據，兀术親敗亡而去，諸將偏師所指，捷奏交上，是誠滅亡送死之日也。秋期已至，我所可勝者雖其理甚明，然犬羊姦詐，用意不測，其爲必勝者亦不可不審。臣誤蒙聖恩，總帥一道，留鑰所寄，王室是賴，敢不思效其職？

竊惟今日之計不過有三：其大曰過河，次曰戍淮，又次曰保江。日者既命四大帥以三京兩河招撫招討矣，若乘此屢勝之後，虜果沮撓，我師分道並進，直抵京師，追逐過河，遂定故疆，何往不可？若猶恃其蜂蟻之屯，濟師於國，竊據京師，閉關旅拒，乍出乍没，我不可盡鬭吾民，則諸帥分屯淮上，徐覩其釁，我既未敢直前，彼亦未敢遽下者，必且戍淮。若昏迷不悟，尚懷衝突，竭國遠來，無所忌憚，我師未可遽與争鋒，則退而阻險以待其師老力疲，然後爲之所者，必且保江。過河不可必而戍淮，戍淮不可必而守江，此勢所不得已，在我未爲失策也。至於保江則盡矣，江若不必守，則後何以繼乎？

天生巨險，所以限南北，非河與淮之比。曹操之强，孫權首敗之赤壁。其後權徙治秣陵，操復連年再攻濡須，權至以水軍挑戰，卒不敢發，徹軍而還。及其子丕，遣曹休、張遼等併軍同下，權遣吕範等以舟師拒之。三年，丕出廣陵，望而歎曰：「魏雖有武騎千群，無所用也。」乃退。後魏拓跋珪南侵，止於翺翔淮上。惟宋元嘉末一至瓜步，壞民廬舍，及伐葦爲筏，聲言欲渡，亦睥睨太息而不能越。則江豈有可犯者乎？惟是漢末劉繇守曲阿，畏懦無能，故爲孫策乘之長驅，奄有三吴；與近歲杜充陰懷異志，擁衆數萬，散而不屬，以誤大事爾。竊嘗考之，吴所以能禦曹丕，宋所以能禦拓跋珪者，無他術焉。臨江爲疑城，自石頭至江乘築圍，作薄落，上施假樓，浮之江中，使魏人遥望知畏者，權之策也。盡户發丁，分守津要，使之遊邏，上接于湖，下至蔡洲，陳艦列營，周亘江瀕，自采石至暨陽六七百里者，宋之策也。則知險不能自固。

古之爲守者，初無奇秘不可及之事，我之人力勝而彼不能奪，彼之人力勝則我不勝守。而所謂人力勝不勝者，在其所施設用意不用意之間而已。故臣竊不自揆，妄意今過河之策，朝廷已付之將帥，而長江守禦，參古驗今，使州縣協力講脩其職，預爲萬一之備者，臣之職也，敢不以身先之？其道不必便有興作，但措置有定議，控扼有定所，上下知所戒而不敢忽，遠近知所恃而不敢怠。正使賊即掃蕩，猶足外爲聲援，以佐大軍，設有緩急，皆無逃吾之術内，則吾拱手以待其斃可也。是以輒敢先事有言。昔曹丕既退，孫權以情語蜀使曰：「孤土地邊外，間隙萬端，長江巨海，皆當防守。丕觀釁而動，惟不見便。寧得忘此，復有他圖？」夫以丕不敢犯爲得計，而以丕不見便爲可虞，此孫權之所知也，而况於今日乎？所有防守職事，朝廷前後方略約束，案籍具在，臣已撿會，擇其所當施行者畫一條例，別具奏陳。而迂疏之見，淺陋之識，復以冒達天聽，伏惟聖慈貸其萬死，少加採擇。

夢得又奏論舉行保社分守地分劄子曰：

契勘本路與淮西雖隔大江，其實相爲表裏。自古用兵貴於後重以爲根本，所以師出必宿重兵於後。今朝廷既以張俊領淮西宣撫於前，❶則本道正當其後。張俊見屯本府，平居固賴以爲形勢，萬一有警，張俊兵起赴所部，則本府兵備單弱，便爲虛空之地。縱或朝廷分留張俊兵防托，客主異勢，號令無統，理難使喚。臣昨紹興初，待罪本道，郡人懲王瓊奔潰之失，無以自固，坐遭剽掠屠戮，痛入骨髓，皆願隨所居鄉村自結

❶「俊」，原作「浚」，今據《石林奏議》卷一〇《奏論舉行保社分守地分劄子》改。本篇下同。

爲保社。家出人丁，分立隊伍，遞相部轄，官爲之籍其姓名。以待有警，則部轄人各帥其屬，分地爲守，以自保其室家。因遂從之，略得八九萬人。自後虜未嘗犯境，官司亦未嘗行。今民間以其法久廢，皆欲少加整緝。臣已漸次檢舉施行外，竊緣近世凡言民兵利害者，多是以民爲兵，公家取以爲用，使之遠去閭里，或科率錢物，搔動百端，徇名忘實，徒爲重害，與此不同。自兵興以來，江淮之民有逃避不及，自結爲山寨、水寨者多得保全。只如本府轄下五縣，昨虜人過江，皆被殘酷，惟句容縣一鄉自保赤山，並無侵害，故今户口比他縣獨多。况今不移所居，而自爲守禦。或謂恐因之聚爲盜賊，亦不然。此前日妄亂召募烏合之衆爲把隘防托，措置無法，失其所歸之過。今乃土著主户皆有家産物業，使自保其父母妻子，安有此慮？至於官中初無所費，而坐有十萬民兵之名，内可以與正兵相權，爲淮西後重之計，外可藉先聲以威敵境，此其效不爲小補。

夢得又奏金賊敗盟乞下三大將措置捍禦劄子曰：

臣今月二十一日准壽春府探報，虜騎侵犯東京，打虜已至拱州、應天府，未明虚實，尋已兩具奏聞。續覩淮西宣撫司探報，與臣一同，并有録白到僞牓，必亦具奏。臣竊惟虜情變詐不測，蓋有自來。昨張通古來使之後，雖歸我舊疆，朝廷尋遣王倫等報聘，既留王倫不遣，莫將繼行，又不即迎，曠日持久，包藏禍心，人固疑之。今果猖獗，乃以盛夏弓解馬疲之時，遽至王畿，其志必是秋冬欲如往年深入，觀我所爲，徐爲進退。故先入京師，休養士馬，復占昨來留下米斛，仍因二麥成熟，苛斂拘收，積聚糧食，至秋深長驅南下，爲必衝突之計。若我有以禦之，則因所積之糧，且堅壁相持，萬一我有間隙可乘，則鼓行而前，惟所欲爲。陛下聖謀宏遠，慎終圖始，必皆素有定議。臣備員疆吏，職思其憂，不敢不爲過計妄意。

議者或謂虜勢頻年衰弱，去夏腹心自相誅戮，懼爲我所窺，故特爲此謀以自抗，暫至京師，未必更能前進，我不可爲之震擾。或以爲莫將奉使未回，虜欲取我歲幣，貪婪不貲，及邀求禮數，狂悖非分，以我未即順從，故以重兵壓境劫脅以幸得志，我始疑之，不可便與争鋒。若果出此，則固無足慮，我但持重，勝之以理可矣。如其不然，出我所料之外，一旦横行，而我無預備，則事至豈可旋爲之謀哉！何者？虜素有易我之心，謂其衰弱則非臣所得知，若邀求狂悖，則前已見於事矣，安能保其必止於東京？蓋虜之南侵者凡再，建炎三年，陛下巡海上，杜充迎降，諸將數十萬人望風潰散，故乘勢得以入浙。其易我者一也。紹興五年，以劉豫爲鄉導，再復大入，陛下進臨平江，諸將並會。雖楊沂中迎敵，一戰破之，然不能繼爲圖，使師老從容得去。其易我者二也。今不稍更前轍，赫示王威，督責中外，日夜併手共爲，及至秋冬，尚恐不及，若更少緩，使得料我但如平日，其氣愈盛，其鋒愈鋭，則何所不可肆哉！

臣聞上兵伐謀，臣不知虜欲復舊疆，朝廷姑且聽之耶？欲堅守以俟，則中原兵力寡弱，城池器械皆未嘗料理，未可遽與之較。若姑且聽之，則莫若先伐其謀，亟下中原諸州，乘其兵未集，盡將見管未斛并民間二麥，特爲措置，或令般運，或令焚棄，勿爲彼有，縱有不及，勝於不爲。彼所恃者先已失圖，我却部分諸將，掎角連衡，分據要地，示以欲戰之形。姑以和議應之，佯爲小屈，使彼曲我直，而内實嚴爲守備，纖悉周盡。今諸將兵訓練日久，各精熟，畜鋭思奮，人懷踴躍，聞虜亦自知之。張皇六師，亦先王用兵之術所不能免。如虜縱未即知畏，豈不内懷疑阻？我益商度軍食，分置沿流諸郡，我之所積者日廣，彼之所仰者日耗，進不得前，退不得守，雖欲久留，勢有不可。而後我或欲優柔涵容，尚存和議以奉迎太母，欲乘其弊，定與決戰，使彼懼而歸我太母，苟出於一，無不可行。伏望聖慈特賜睿察，參酌累年方略，反覆熟議，無使我在其術内。

古者師克在和不在衆，雖有良將，苟非同心，未易成功。漢陳平號智略無遺，方諸吕爲變，周勃以太尉握重兵，猶無以爲策，得陸賈之言，奉金交歡，始能坐勝。唐以九節度兵圍史思明於相州，李光弼、郭子儀在其間，而計慮不同，人各自異，卒爲思明所敗。今大兵所恃，惟韓世忠、張俊、岳飛三將。❶臣欲乞朝廷先定大計，更命三將各具所見，如何則守，如何則戰，守以何道，戰以何術，孰當鋒居前，孰勒兵殿後，如何以爲聲援，如何以爲策應，一一條上，取所可行者就以付之，各盡其謀，更相究知，以責功效。仍下詔慰勉，俾務輯睦，苟無同異，躬率部曲，一以社稷爲心。古之言兵者以謂如常山之蛇，擊其首則尾應，擊其尾則首應，而艱難相濟，譬之同舟遇風，雖胡越且無異心，况位兼

❶「張俊」，原作「張浚」，今據《石林奏議》卷一〇《奏金賊敗盟乞下三大將措置捍禦劄子》改。

將相，比肩並立者哉？此武王有臣三千，人同一心，所以勝紂之億萬人也。

臣智識淺陋，不明遠略，濫守陪都，外固邊圉，敢不竭盡忠款，少效區區之愚。冒瀆天威，臣無任惶懼隕越之至。

夢得又奏措畫防江八事狀，奏曰：

臣伏見金賊敗亡遠遁，尚猶竊據東京。近者雖諸道收復故疆，迤邐漸近王畿，秋冬掃滅可待，然臣所部控扼大江，爲國藩籬，與他路事體不同，其職守所當舉，不敢不過爲隄備，内以屏翰王室，外爲大軍聲援，使敵人望風知畏，以稱陛下萬全之舉。謹取會本司及屬部州軍自虜人侵犯中原前後被受朝廷指揮，有合檢舉預行講究事，其大要有八，逐一開具，合取自聖裁。今具下項：

一曰申飭邊備。檢會紹興三年十一月樞密院劄子節文具下：「樞密院奏：諸路防秋，各有屯守，養鋭蓄力，規畫已定。奉聖旨，令都督府及諸路將帥加意防守，增修邊備，精練士卒，明審間探，嚴兵待敵，勿致疏虞。」臣契勘邊防之事，其目不一，雖大號令一當聽稟朝廷，然有司之守見於常法，自當夙夜上下協力振舉。兵法曰：「善戰者先爲不可勝，以待敵之可勝。不可勝在己，可勝在敵。不可勝者守，可勝者攻。」又曰：「用兵之法，無恃其不來，恃吾有以待之；無恃其不攻，恃吾所不可攻。」昔齊師侵魯，疆吏來告，桓公曰：「疆埸之事，慎守其一，而備其不虞。姑盡所備，事至而戰，又何謁焉？」此古守疆之道也，然桓公知其説而不能行。《春秋》書「公追戎于濟西」，説者以爲公不能預備，戎至而不知，逮其去而後始追之，故書以爲戒。然則爲其所不可勝、恃其所不可攻者，其可斯須忽乎？ 昨和議之後，兵革少息，沿流諸郡例多廢弛，畏慎者恐涉生事，但保目前；怠隋者竊幸苟安，豈思日後？ 故虜兵初聞，人人畏駭，皆有遷避奔走之意。 雖有官守者，亦顧望相持。 及兀术敗走，軍聲驟振，捷奏交上，則復皆謂江淮決保無事，不必更爲過計。 常情所及，安知遠慮？ 夫戰勝者易驕，謀中者易怠，常勝之家難與慮敵，光武之所深憂。 竊慮亦合明降指揮，監司、守令下及巡捕之官，各脩其職，常若寇至。 有合申明事務，以時上聞，無得循習，坐廢職業。

二曰分布地分。 檢會紹興四年十月樞密院兩次劄子：「備坐下劉光世、吕祉奏，分定劉光世所管沿江地分，上流自池州東流縣管下佛池洲至江州界，下流自太平州當塗縣管下磁姥山接連建康府界，皆是光世所管。 鎮江府、承、楚一帶係韓世忠所管，續除張俊浙西江東宣撫使，本府界係張俊所管。」臣契勘本路自池州至鎮江府，皆是沿江地分，共一千餘里。 昨來既係劉光世、張俊兩軍分守，故虜人侵淮甸，凡經三月有餘，卒不敢窺江岸。 今來張俊雖屯太平州，近者又聞岳飛分兵下守池州，略有舊制，然逐人既領三京、河南北兩路招討，將來進師中原，逐旋起發前去，即沿江諸州並皆空虛，都無指準。 昔匈奴入上郡、雲中，漢文帝以令免屯飛狐，蘇意屯勾注，張武屯北地，以捍其外；而内以保京師者，復以周亞夫次細柳，劉禮次霸上，徐厲次棘門，分列要害之地，❶以相表裏。 唐代宗時，吐蕃、

❶「列」，原脱，今據《石林奏議》卷一一《奏措畫防江八事狀》補。

回紇入寇至奉天，以郭子儀屯涇陽，分布麾下，各當一面，以李忠臣屯渭橋，李光進屯雲陽，馬璘、郝廷玉屯便橋，以次前拒，故皆無患。今諸將方圖中原，不容更分其餘力兼使守江。若但令預先以今來地界依舊分畫，使有定處，如遇進討，迤邐追破虜人，瀕江自在腹内，不必過慮。萬一或須退守，則引兵而歸，各着部分，便可堅壁固守，臨時不致紛擾。故曰：「善戰者，其勢險，其節短。紛紛紜紜，鬭亂而不可亂。」竊慮亦合明降指揮，略如前日預行約束，張示形勢，可使敵人傳聞，知我有備，亦足慰安遠民。

三曰把截要害。檢會紹興四年九月樞密院劄子：「備坐樞密院奏：沿江采石渡、岡沙夾、馬家渡一帶分命劉光世、韓世忠各遣軍馬，擇地屯泊，各有差定兵將住泊去處。後來韓世忠移屯鎮江府，續差張俊策應兩路，其本府靖安、石步至東陽、下蜀，接連浙西，亦係張俊差定兵將住泊去處。」臣契勘本府及太平、池州三處賊馬可以過處甚多，前件所具，止是大略。今據取會到太平州界内即有荻港渡、三山、大信渡等，池州界内即有丁家洲、楊山、清溪、李河、鴈汊、趙屯、港口等，皆是自來置巡檢緊切守把。今所管土軍每處各不及百人，其餘不置巡檢，猶有二三十所，既不可遍守，亦須量度地里遠近，於其要會別行屯戍，使緩急上下應援得及，則力不足者知所倚仗。昔蘇峻作亂，自和州渡江，孔坦勸王導早守江口，陶回爲庾亮言：「峻知石頭有重戍，不敢直下，必向小丹陽南道步來。」亮不能從，峻果由此路徑至都城。其後諸將戰不利，郗鑒度賊必入吴，即於丹徒立大業、曲阿、庱亭三壘，賊果來攻大業，不克而敗。其地今皆在本府及鎮江界内，可考而知。蓋攻其所不備，兵之要務，以此推之，凡可衝犯，豈可不防？杜充惟不知此，故雖有數萬衆聚而爲一，初無部分向着，一旦望風奔潰，今日安得不戒？竊慮亦合明降指揮，下諸將及守臣，逐一相度，凡可過渡去處，擇其緊慢，或兵或民，預定戍守之所，以待臨時分撥，爲決不可犯之計，以防意外之患。

四曰約束舟船。檢會紹興三年十月樞密院劄子：「淮東安撫司申明：已責委江都、泰興兩縣約束沿江鄉村人户，遇有賊馬緊急，預行摇駕舟船離岸等事，令沿江州縣依此施行。」臣契勘長江之險，非黄河與淮之比，河、淮不唯皆狹，河峻急，所向不可當，淮水淺而易涉，獨江勢深闊平緩。自春秋、劉、項以來，齊、楚、燕、趙用兵，越淮與河，皆浮梁可濟，未嘗深計。至長江，惟孫策乘漢末亂離，無與爲敵，故能乘間長驅，徑入三吴。及蘇峻狂悖，掩晉不備，遂抵都城。自孫權定都秣陵之後，逮晉、宋及梁，自北來犯者苟有守備，皆薄江而止，莫敢睥睨。中間雖曹操嘗至濡須，曹丕嘗至廣陵，魏太武嘗至瓜步，亦逡巡顧視，反不敢輕進，況今兀术小醜乎？守禦之計，未論其他，但能嚴斷舟檝簰筏，彼自無以爲計。今可乘以渡者非止舟楫，其木筏與蘆荻、柴束皆可爲用。公私舟船固不可以數計，而商販木筏類皆聚於北岸，真州所在山積，蘆荻亦是出産去處。若便行禁止，則有搔擾之弊，若緩急旋圖，則勢必無及。惟當先命有司籍見公私舟船數目，曉諭遇有緩急，則許令所在一面拘收盡過南岸。不唯可絶虜人劫奪、占據，若或不得已至於水戰，則舟皆吾艦，人皆吾兵，不必更廣製造及别籍水軍。真州木筏蘆荻並限以八月前盡數發入鎮江及浙西，其江州向上木簰，八月後並權住不得放下，已過者候到本府，盡令解拆。竊慮亦合明降指揮，重立刑禁，責付守臣收執，以待臨時施行。但嚴禁無故輕舉，阻節往來，人自不擾。

五曰團結鄉社。撿准紹興五年樞密院劄子，具下樞密院奏節文：「内召募土豪鄉兵把隘，奉聖旨，沿江州軍守臣、逐路宣撫、安撫司疾速講究。其土豪鄉兵並先行籍定人數，以備緩急使喚，即不得因而勾集，致有搔擾。」至紹興六年六月，樞密院劄子坐下臣寮上言：「緣諸路帥憲司，夏秋之交不復詢問有無盜賊，循例檢舉，於界首各立寨柵，聚集保伍，因而決撻，妨廢生業。」遂降聖旨：「除沿海地分外，其餘州縣不得亂有勾集。」臣契勘自古兵民皆有所統，《周官》在民者五家而上，謂之比、閭、族、黨，在軍者五人而上，謂之卒、伍、師、旅，同出一法。此雖常談，然用衆之道未有散而不屬、能號令開闔者也。今軍固有部分行伍，而民之在鄉村者亦有保伍，在坊郭者亦有保甲。但承平日久，未嘗資民爲用，故施之不過租税、盜賊之間而已。軍興以來，士不知古，一變而爲鄉兵之論，於是遂欲驅農畝末耜之民，與正兵參用，不教而責之戰，無事而聚之役，食無常廩，用無常器。朝廷既不得已從之，遂致人言，因有再降指揮。竊詳詔令但戒不問有無盜賊，❶妄亂勾集，若所當用，豈可因噎廢食？今所謂團結者，非民兵之謂也，特以保伍舊法少加損益，令自相糾率，各集强壯，推擇所信服以爲首領。官

❶「戒」，原作「我」，今據《四庫全書》本、《石林奏議》改。

爲立爲條約，假借名目，約見多寡之數，籍而不用，揭以示衆，無事但藏其籍，有警按籍下令，各守其地。正兵控守之餘，令彌縫其所不及，外張聲勢，以自保其鄉里而已。民雖至愚，若懲往歲之弊，不幸寇得踰江，强者奔迸遠徙，骨肉離散，弱者坐受殺戮，同於雞犬，資用剽劫，室廬焚蕩，孰若上下相維，各奮其力，使不得犯我之爲愈乎？民能保其土，則國能保其險，理之必然者也。周制用民不過一人，以餘爲羨卒，至田與追胥，尚猶竭作。宋文帝禦魏太武，盡户發丁，雖公卿子弟亦皆從役。此雖不可爲法，亦可見其所以能自全者。竊慮亦合明降指揮，許令守臣預行討論，量爲措置，以圖民利，上佐國勢。有蹈前失，重寘典刑。

六曰明審斥堠。檢准紹興四年十二月樞密院劄子：「勘會斥堠全藉寅夜舉放煙火，務要不失捍禦。昨劉光世在池州駐劄，將管下沿江地分並置烽火，所有建康府、浙西沿江一帶並無烽臺斥堠。奉聖旨，令江東、浙西安撫司措置施行。」臣契勘用兵斥堠，不惟敵勢厚薄、軍行遠近，所待以前知，兼亦慮姦人唱爲浮言，動摇民聽，遠無以驗，或致有悮朝廷設施。晉袁耽守歷陽，石季龍遊騎十餘匹至，耽遽以爲言，遂至朝野危懼，王導以宰相假黄鉞出征，已乃知其妄。石勒在葛陂，軍士飢，死亡過半，至有勸之納款者。元帝會天下兵守之而不知，乃縱使去，後遂不可復制。此斥堠不明之過也。昨建炎間，虜騎已至江上，本府守臣猶誤以爲李成，遂致失守。斥堠探伺條目固多，烽火最爲緊急。魏王基攻西陵，爲今峽州，孫權遣戴烈、陸凱拒之，暮舉火西陵，鼓三終達吴郡。古之用兵蓋如此。今虜人近在東京，瀕江相去無數百里，其動息尚不能的實盡知。日近攻圍順昌，前後累戰，多是事已，方得關報，至今人數多寡，議者猶有異同，則緩急何以取信？所有傳送遞角，比者戒約雖已嚴，然事待奏而後知，亦恐緩慢。至於間探，亦須所在嚴立賞罰，廣布耳目，相與參照，非臣所得獨與。惟是烽火，本府昨自承指揮，上元、江寧、句容共置烽臺三十餘處，通連浙西，不爲無補。今大軍屯泊淮上，與前日事體不同，淮北動息，尤宜速聞。舊制，沿邊三路烽火皆有成法，人多知之。若令更加條具，取其簡易可行者付之于外，遠近同爲一體，不至乖悟。竊慮亦合明降指揮，令自淮南廬、壽以來，增置烽臺，通江南岸舊管去處，專委郡縣，候賊馬警動，即舉以施行。

七曰措置積聚。檢准建炎四年七月樞密院劄子：「檢會三年六月聖旨節文：鄉村居民自來顧戀産業，若必行清野之法，竊恐盜賊未至，民情先摇。若置而不問，又恐佐敵資糧，反爲民害。仰守令、監司更切措置，多印文榜，直説事因，使民間通曉，務求安全。外有糧斛草薪之類難於般移，亦須預行措置。」臣契勘虜人前後侵犯，敢肆深入，皆是資糧於我，故恬無所憚。昨自僞立劉豫之後，盜有土疆，認爲己有，其抄掠劫奪，取之於民，固已有限，與前不同。是以紹興六年至於淮甸，無成而歸，亦坐糧乏自困之一也。近脩和議，中原諸州積糧甚多，皆是賊豫苛斂裒克，以爲猖獗之備，可見姦謀。臣初聞警，即嘗具陳請，首欲措置，蓋正爲此。今來從僞諸郡以次收復，倉廩所餘無幾。淮北雖近秋成，本不産稻，將來爲我師過淮之備，縱賊得之，不能般輦前來，亦不足計。惟有淮南地分水田尚多，今秋所入，安得不預圖？善用兵者，不必全抗以力。劉、項相拒滎陽、成皋之間，必計敖倉得失。陔下之敗，正以彭越、田横往來絶楚糧道，張良、陳平知其食盡，以爲天亡。唐初群盗紛起，亦倚洛口諸倉爲重。事之利害，彼此均同。我欲討彼，當須先講糧道，則彼來侵我，豈能無食可全？所有淮北地分，將來准備大軍進討合用糧斛，有司自宜別有措畫。其淮南直至江岸，盧、壽、滁、和皆前日虜人宿師之地，若能依險自爲山寨之類，即趣令各擇利便，早定其所，般輦糧斛，以備入保。其大軍屯駐，亦須計權，委自兩路漕臣，以次津發。但令前後相繼，不至乏絶，不可多存。若有人無糧，縱能輕入，何敢久住？其餘金帛、馬草之類，皆依倣並行。竊慮亦合明降指揮，飭江東、淮南當職官吏同爲措置。賊若知此，與清野何異？實爲上策。

八曰戒覈官吏。檢會前降指揮，內一項：「敵人去冬深入，其諸州郡守臣等，不能召募忠義勇敢人兵，留處城中，悉力捍禦，共爲死守之計。又不能措置般移糧食，遷徙人民，擇深山大澤率衆固守，束手端坐。敵人既至，則以一身逃遁，致使一城生靈枉遭塗炭。奉聖旨，下江浙諸州，如敢依前失行措置，止以一身逃避者，當明正典刑。」臣契勘朝廷措置既已備具，號令既已明審，唯在守之以人。承平之時，一官不治，止廢一官，一邑不治，止廢一邑，利害無所相關。至於用兵，則環千里之地，成敗得失，皆相與爲先後。譬之一身，手、足、耳、目各有所司，苟廢其一，身與之俱。故不可使一官不脩其職，一人不盡其力。昨承平既久，玩習成風，例不肯以身任責，苟簡文具，姑應目前，一遭警急，皆望風先遁，遠出疆界，遂使生靈陷於塗炭，井邑鞠爲丘墟。及至事定徐還，往往反以收復論功。事既出倉猝，且所干人衆，難以盡責，因得原釋。昔陳豨反代趙，周昌奏，常山二十五城，亡其二十城。漢高祖曰：「守尉反乎？」對曰：「不。」上曰：「是力不足，亡罪。」日近新疆敵人驟至，城守之計，初無素備，有官守者棄而來歸，朝廷推此以廣仁心，苟免降屈，貸而不問，猶之可也。若江南諸郡，入有城郭，出有兵將，所恃有民，所資有食，只尺行闕，動干大勢，豈可不責之以必守乎？而人情習慣，妄恃寬典，尚無慷慨激昂之志。夫守以兵者必責之將，守以民者必責之吏。兵不可使一卒怯而輕退，將必先之；民不可使一夫懼而輕散，吏必先之。將能死敵，然後兵能死戰；吏能死職，然後民能死守。竊慮亦合明降指揮，應備禦之事既已備具，將來或有警急，輒棄官守、妄作緣故逃避出界之人，並依軍法從事，必罰無赦。庶無玩令，稍知事君之義。

右，上件所陳，皆是朝廷已行之命，臣但將案籍檢舉，參驗古事，稽察人情，擇其可以施行責付官吏者，講之於無事之時，行之於有警之日，寧可有備而不用，不可當用而無備。是用輒敢塵犯天威，伏惟陛下寬貸而曲赦之，臣無任惶懼激切屏營之至。謹録奏聞，伏候敕旨。

貼黄：臣聞兵家先聲後實。臣所陳皆是朝廷已行命令，州縣職事所當爲，但欲檢舉申飭，上下協心，行之得人，使敵人望風知畏，不敢輕動而已，並無勞民費財之弊。昔孫權以葦荻爲疑城，殆同兒戲，而曹丕遠懼；苻堅淝水之敗，❶望見八公山草木皆成人形而遁去。今若預令將士分守其地，鄉社團集有所，傳之四遠，以張國威，即廣軍聲，過於葦荻、草木遠甚。伏乞睿察。

臣今來所陳，正是本道職事，不敢兼及旁路。然界分遠近，上連下接，如淮東沿海，事體一同，利害均一。如蒙採取，即淮東、浙西亦合依此施行。伏乞睿察。

夢得爲户部尚書，奏乞徙虜人必經由州縣居民劄子曰：

臣竊見冬候漸深，金賊往來倏忽無常，未能保其不南牧。先事預備，當有萬全不可勝之計。臣前嘗妄議虜反用吾術，若欲以中國攻中國，故凡人馬、糧草、器械、城池，皆因我以爲用。今必禁之，使不得行其謀，亦在反用其術而已。

古之夷狄善待中國者，莫若藏其輜重、人畜，遠引深避，而不争鋒。漢武帝初命衛、霍連年伐匈奴，所至斬首拓地，無不如意者，以虜之兵力與漢相當而較勝負故也。其後虜稍覺悟，作空地避漢之計。至公孫賀、趙破奴引師深入二千里，不見敵而還，遂困我漢，於是不出兵者幾十年。元豐間，神宗皇帝鋭意必討西夏，經營累歲，遂詔五路並入。是時天下皆意夏人必可蕩滅，然終無成功者，亦以夏人盡空其地去之，而我無與敵也。臣愚竊惟今虜南侵之路，不過京東、京西與沿汴三處，若度其必經由州

❶「苻」，原作「符」，今據《晉書・苻堅傳》改。

縣，徙其居人，令先埋瘞斛㪷錢物，各以金銀輕齎四散，擇深僻之地，遠自藏匿，雖馬草並皆盡野燒焚，無得存留。但能空地數百里，彼脅諸國而來者，不過以利誘之以結其心，乘我潰散以作其勢，使所至州縣皆空無所得，自已失望。其衆久不見敵，則勢亦隨挫。設其腹心必欲擾我者，若行三日，人無糧，馬無草，凡欲因我爲利者皆無所得，則雖欲前進，可乎？議者或恐以動衆，不可爲，是大不然。夫擾民動衆，戒於承平可也。今虜衆所至，剽劫之害，金珠玉帛盡從攘奪，則與藏瘞而存之孰利？屠剥之虐，父子兄弟盡從殘滅，則與奔趨而去之孰重？民雖無知，必有辨於此者。此誠不戰屈人之策。

伏望聖慈特賜睿察，命大臣參酌詳議。如有可取，乞疾速密付所在監司、州縣將帥，令明以利害禍福喻民，使保萬全，不唯伐虜之謀，亦吾保民之計，無大於此。

歷代名臣奏議卷之三百三十四

本卷劉永强校點

歷代名臣奏議卷之三百三十五

禦邊

宋高宗淳熙十二年，❶廣西漕臣胡庭直上言：

邕州之左江、永年、太平等砦，在祖宗時，以其與交阯鄰壤，實南邊藩籬重地，故置州縣，籍其丁壯，以備一旦之用，規模宏遠矣。比年邊民率通交阯，以其地所産鹽雜官鹽貨之，及減易馬鹽以易銀，忽而不防，恐生邊釁，所宜禁戢。

高宗時，馮當可上劄子曰：

臣竊聞虜使往來，講修和好，即其往事，何足信憑？此必緣廢僞齊，人心未固，深恐陛下乘其機會，則殄滅有期。知奉迎梓宫在陛下之心至切至痛，以是爲辭，延引歲月，待其撫循既定，狡計既立，然後率其醜類送死遠來。陛下可不逆照其情，深爲之備？

臣切見江前備禦尚或闊疏，自建康以屬海，臣非親見，不敢妄陳，自西蜀以至江東，臣請論之。吴玠一軍在梁、洋之間，凡五千餘里至鄂州，始有岳飛，又三千餘里至建康，始有張俊。❷陛下雖以玠爲屏幛，然東南形勝，實有長江。今岳飛屯鄂渚，實欲

❶「淳熙」，原作「紹興」，今據《宋史・蠻夷三》改。

❷「俊」，原作「浚」，今據《建炎以來繫年要録》卷一二〇紹興八年六月丙子條改。

兼備江、池，襄陽有警，比岳飛得聞，往返三千里，束裝辦嚴，非一月不至襄陽。而醜類近在京師，輕軍疾馳，不數日遂涉江、漢。萬一舉偏師向江、池連綴岳飛，而以大軍向襄陽，中斷吴、蜀，當是時，吴玠不能離梁、洋而下，岳飛不能捨江、池而上。醜類盤泊荆南，可以指顧上流，震驚吴會。或徑趨潭、鼎，橫涉饒、信，可以直乘空虚，擾我心腹。備禦如此，似亦疏矣。臣愚願陛下先事制勝，選知兵大臣，分重兵以鎮荆襄，使倉卒有警，荆襄併力，足當一面，岳飛得專於江、池間。若兵有統屬，不可遽分，亦宜嚴戒岳飛，及玆無事，預思方略，審度事宜，重益荆襄之戍。

直龍圖閣李光乞措置防江劄子曰：

臣伏覩建康，古號帝都，非獨取其形勢之勝而已。蓋大江天險，可以限隔虜騎，戰不足而守有餘也。自六朝以來，歷年數百，雖元魏、北齊之强，竊據中原，橫行天下，而不能加兵窺境者，豈其力不足哉！魏文帝至廣陵，臨江觀兵，見波濤洶湧，歎曰：「嗟乎！固天所以限南北也。」紀陟使魏，晉文王問吴之戍備，道里甚遠，難爲堅固。陟曰：「疆界雖遠，而其險要不過數四，猶人雖有八尺之體，靡不受患，其護風寒不過數處耳。」《易》曰「王侯設險以守其國」，孟子亦以「天時不如地利」。今濁河長淮已入敵境，所恃者獨大江耳，若又不守，專主避狄之謀，可謂無策矣。陛下駐蹕會稽，江浙今爲根本之地，進足以戰、退可以守者，莫如建康。臣不敢遠及上流，姑以耳目所經、江南所當守者言之。

自建康至姑孰凡一百八十里，其隘可

守者有六：曰江寧鎮，曰礀砂夾，曰采石，曰大信口，其上則有蕪湖、繁昌，❶皆與淮南對境。其餘皆蘆篠之場，或碕岸斗絶，水勢湍悍，難施舟楫。爲今之計，莫若預於諸隘屯兵積粟，分命將吏，使各總地分，調發傍近鄉夫，使州縣各自部轄，併力守禦。多埋鹿角，廣置砲架，遇有警急，强弓勁弩，矢石俱發，出奇以撓其議，堅守以老其衆。勞逸之勢，我得勝算矣。如此，事勢尚有可圖者。臣愚伏望聖慈更下臣章付三省、密院大臣，參稽衆議，或以爲可行，乞精選大使那移將兵，就建康屯駐，據險守要，衛護王室，經略淮楚。庶幾緩急之際，不至仰貽君父之憂，人心固而士氣振矣。實天下幸甚。

李彌遜乞募土人守禦劄子曰：

臣契勘自淮以南與僞境相接地分，守之即多事，棄之即資敵，當緩爲計以圖之。訪問諸將下各有逐處土人，願爲朝廷招集鄉民，耕種田畝，置立堡寨，以守一方，如劉綱、孫暉之類者甚多。若因所欲，更加選擇可委之人，其上使之守州，其次使守縣鎮，不必須保故地，但使自擇要害可守之所處之。仍委逐地分將帥，時出輕騎，巡掠境上，以爲衛護。萬一寇至則避，寇退復保其所。事初，朝廷量行應副，稍加就緒，即使自給，漸次措置人兵，別無大段費用。目前雖未見其利，數年之後，增一藩籬之固，爲利非輕。伏乞聖慈更加詳酌可否施行。

監察御史鄭剛中論邊郡，上奏曰：

臣竊謂張官置吏，皆以爲民，而治外之

❶「上」，原作「下」，今據《宋史·李光傳》改。

官尤重於郡守，承流宣化莫先於太守，而今日之勢尤急於邊郡。甚矣！邊郡之欲得人，臣請爲陛下詳言之也。

在内諸郡，簿書、獄訟、户口、農桑、財賦、盗賊，是數者有一不治，皆足以爲害，然患小勢緩，而所係猶輕。至於邊郡，則維持控扼，與國勢常相關。撫綏不至則生齒凋而力孤，備禦不嚴則罅隙開而釁入，巡徼不謹則姦僞容而謀泄，關市不修則物貨艱而錢陷。朝廷非可謾委以付人，得一人亦非可輕以更易也。三國魏據中原，自廣陵、壽春、沔口之屬，皆其東邊也，而吴亦以所抵爲隣。南安、祈山、陳倉之屬，皆其西邊也，而蜀亦以所抵爲隣。大率曩之爲魏者，今多在虜僞；曩之爲吴、蜀者，今皆在朝廷。如楚、泗、通、泰，以至滁、濠、江、鄂，接連襄、鄧、關陝之地，爲今邊郡者，大略不過二三十郡，委以與人，誠不可忽。臣願陛下詔大臣詳閲吏瑣，將諸處見任及已除未到之人精加審察。訪求材術之士，略其細行，但平時績效著聞、實可任用者，精選二十餘輩，布之邊郡，使其講究利源，招徠士卒，種殖牧養，蓄息疲瘵。分委既定，時遣朝廷官吏按行省察，取其無狀者復更易之。俟其處處得人，則須以持久，增秩賜金之事可行也。朝廷亦何惜數闕，必欲以資任終更？亦何輕數郡，但欲作尋常委付耶？

昔韓延壽善爲郡，所在置正長，閭里阡陌有非常，吏輒聞知，姦人莫敢入界。又晁錯爲文帝陳守邊備塞之説甚詳，大要欲使著業安居，家室田作，爲久遠之計。所用之吏，存卹老弱，善遇壯士，和輯其心，而無侵刻之苦。由是觀之，陛下用以守邊者宜加審擇，既得其人，宜加久任，無可疑者。

或謂臣曰：「朝廷和議既成之後，故地可還，今日所謂鄰邊者，却爲内郡，勢若可緩。」此大無理也。人君立國，惟在因時，本無定勢。借使故地果因通和而還，則要當以江、淮爲根本，所謂故地者却是新民。根本殖立於内，護之當益工；新民屏蔽於外，倚之當以漸。更須數年經理，力彊勢重，始可望其通一。所謂江、淮者，在今日尤當愛重也。故臣切切以邊郡守臣爲言，望陛下與二三大臣留意選擇，特賜施行，不勝幸甚。

殿中侍御史張守論守禦劄子曰：

臣伏見陛下上念宗社之重，遠懷二聖、母后，思還京都，形之詔音，中外感悦。然而西京未静，糧餽未充，千乘萬騎難遽啓行。而防秋之期纔一兩月，秋高馬肥，長驅深入，其控扼之地，其守禦之方，所當聚兵，所當積粟，蓋非一途。雖廟謨密議，未易測知，而臣區區之私憂不能自已，日夜念慮，敢復貢其狂瞽之説。

臣聞兵法曰：「無恃其不來，恃吾有以待之也。無恃其不攻，恃吾之不可攻也。」況金賊猖獗，兇焰尚熾，有必來必攻之理，則爲備可少緩乎？臣切謂其來犯淮甸，凡有四路：其一中路自西京趨東京，沿汴河由天長以來，則衆人常行之路凡一千七百八十里，可以控扼守禦者，南京、宿、泗、天長軍是也；其一東路自滄、濱趨京東，由淮陽軍絶淮入楚州而來，則自北直南大路凡一千九百里，可以控扼守禦者，青、沂、淮陽、楚州是也；其一西路自西京趨潁昌、蔡州、順昌府、廬、滁、真州而來，則自西北而至東南凡一千八百一十五里，可以控扼守禦者，順昌、廬、滁、真州是也；其一上流自西京、潁昌、唐州至于襄陽凡一千一十里，絶襄江而至荆南則一千二百九十五里，自西京、潁昌、蔡、光州而至黄州則一千三百六十里，皆可沿江順流而下，可以控扼守禦者襄陽、荆南，江之北則漢陽、黄、蘄、和、滁、真州，江之南則岳、鄂、興國、江、池、太平州是也。四路之中又有要害之地，中路則泗州據淮、天長據險爲可禦，東路則青州據穆陵關、❶楚州據淮陰爲可禦，西路則廬、壽爲可禦，上流則襄陽、荆南、蘄、黄爲可禦。不幸順流而下，則沿江諸州各據地利以臨之，合從共禦，庶乎其可也。

然當今之勢，欲控扼守禦則無人，欲聚兵積粟則無財，仰給漕計而漕計不足，横取民力而民力已困，然亦豈以此而坐待其至邪？伏望陛下詔諭大臣，取四路守倅帥臣，銓擇能否，易其尤不才者，然後於要害之郡各賜緡錢，視大小爲等差，責之募戰士，責之儲芻粟，責之繕甲兵，使明斥候，公賞罰，進相援，退相保。陛下親降手詔，委曲鐫諭，許以便宜，使之夙夜盡力扞蔽，效死而不辭。如俟緩急臨時指揮，決難辦集。《書》曰：「惟事事乃其有備，有備無患。」伏願陛下思惜寸陰之義而早圖之，天下幸甚。

守再論守禦劄子曰：

臣恭惟陛下時巡四方，駐蹕淮甸，還闕之意屢形詔音，然而鞏洛未清，糧儲未廣，兵力未强，國勢未振。雖遣馬悌應援河

❶「穆」，原作「木」，今據《四庫全書》本、《毗陵集》卷六《論守禦劄子二》改。

北，❶竊恐烏合之衆未能必其有功。雖遣信使相繼祈請，竊恐狼子之心未能必其退聽。臣昨論奏四路防秋，擇其險阨以備守禦，然猶恐兵民之心望風畏怯，亦未必其能截然堅守以爲扞蔽也。又况揚州四達之衝，城不若京都之高厚，池不若京都之深廣，旁無高山大河之阻，近無强藩重鎮之援。而六宮在行，百司扈蹕，以至府庫倉廩輜重甚多，動静之間，利害相絶。設或一旦有意外之警，前禦强敵，後逼大江，臣恐良平之謀、賁育之勇或無以善其後。欲望睿慈詔督四路帥守、監司，措置把隘事宜，條具以聞，鐫諭切責，使之合縱連衡，扼其要害，遏其奔衝，不止爲嬰城自守之計，然後稍可恃也。仍詔大臣審度事機，如六宮、百司與夫府庫之積，預行區處，以圖萬全。而陛下與群臣專俟守禦，徐爲後圖，則進退周旋，庶幾簡易而不煩，從容而不迫矣。臣愚戇不足以策大事，惟陛下留神，天下幸甚。

守又應詔論備禦劄子曰：

臣準御史臺承都省劄子「臣寮上言邊事未寧，乞大詢衆庶備禦之策。奉聖旨，行在職事官具所見聞奏」者。臣竊以金人自去冬以來，破澶、濮、德、魏，側聞游騎及于濟、鄆，未有退師之期，聖心焦勞，主憂臣辱，敢不自竭，圖裨補於萬分？臣觀今日强弱之勢，理難與之決一旦之勝負。雖已遣范瓊、韓世忠會師東北，固已盡國之勢力以事備禦，不過如此矣。然謂二將之兵可恃以無恐，則非臣所敢聞也，是宜廣詢計

❶ 「悌」，《毗陵集》卷六《再論守禦并乞預措置六宮百司府庫劄子》作「慎」。

策，以圖萬全。臣竊謂今日莫先於遠斥候，使平安警急之報速聞於朝廷。昔三國時，烽火一夕行於萬里，而前日北京失守，二十餘日而後知之。臣謂更宜措置探報，使之速聞，然後在我之計可得而用也。今日之計有二而已，一曰防淮，二曰渡江。然二者固有利害，臣試爲陛下陳之。

何謂防淮利害？使賊由常道而來，則可防者有三：自南京、宿州而來，則泗州爲可防；自東平、青、沂入海州而來，則楚州爲可防；自青、沂入淮陽而來，則楚之淮陰爲可防。三路皆須渡淮，則凡淮北舟船盡拘留淮南，我屯重兵，據地利臨之，賊未必能遽渡，而維揚可以苟安。此防淮之利也。然而有三患焉：一則我師惰驕，勇於私鬬而怯於公戰久矣，萬一賊騎抵淮，則望旌旗而變色，聞鉦鼓而失聲，其不潰散者幾希，而勝敗蓋不論也，則今日之防淮猶向日之防河矣，此一患也；二則淮北舟船不能盡收，斬木繫筏亦或能渡，此二患也；三則賊或偵知有備，出吾不意，由間道而來，或以精鋭先絶吾渡江之路，則坐受危困，此三患也。

何謂渡江利害？大約三倍於河而五倍於淮，金人之所不測，而勞師襲遠，又非其利，我宿重兵於建鄴、鎮江，亦據地利以臨之，則賊未必能遽來。此渡江之利也。然亦有患焉：一則鑾輿南巡，去中原益遠，而中原之民易以動揺，此一患也；二則行在之兵多西人也，未必樂於南去，恐或肘腋生意外之事，此二患也；三則行在之兵不多，鑾輿既動，則必宿兵於淮上，亦必宿兵於揚州，又必有扈蹕而行者，兵分勢弱，一有緩急，何以禦敵，此三患也。

惟其利害相形，故搢紳之論遂不能决。若爲保守中原之計而幸其不至，則防淮之策爲得也。若爲宗廟社稷之計而出於萬全，則渡江之策爲得也。今權輕重之宜、緩急之勢而不得已，則姑爲南渡之計，庶乎其可也。然而所謂三患不可不預爲之謀，當權輕重緩急，别擇重帥，鎮守維揚，則中原動揺未足憂也。先詔諸將以利害禍福强弱之説遍諭將士，使上下之情通，然後啓行，則西兵不樂非所憂也。建鄴、鎮江亦各擇重帥，使當一面，則兵分勢弱亦非所憂也。今渡江以圖萬全，非捨淮而不防也，特以淮不可恃而已。若止防淮而不爲渡江之計，則不可，蓋或淮不能遏，猝有三患，亦不免於避地，將見争舟競渡而指可掬矣。又况千艘相銜，出入兩閘，渡非數日不能盡。若加促迫，必使畢於朝夕之間，亦恐舟未脱而漕河涸矣，則所謂渡江亦非倉猝所能辦也。欲望睿慈詔大臣將帥，預行區處渡江利害，使之盡善，以俟探報。臣故曰：探報速聞，然後在我之計可得而用也。或謂彼能渡淮，則亦能渡江矣，臣以爲不然。昔魏文帝以十餘萬衆欲渡江，見波濤洶湧，歎曰：「嗟乎！固天所以隔南北也。」遂歸。則金人未必能遽渡，理恐或然也。

守爲御史中丞，論守禦劄子曰：

臣伏讀詔書，其略以謂隆祐太后以及六宫前去江表，百司庶府並令從行，與二三謀臣宿將、士庶軍人戮力同心，以備寇敵，進援中原，念社稷之與存，蹈鋒鏑而罔避。遠近感悦，以爲陛下志存宗社，先民後己，顒顒之望，遂得所屬。今則六宫、百司啓行半月，防秋之事未甚就緒，而淮甸之間兇渠未靖，貽將來之憂；輦轂之下人心動揺，無保聚之意。竊謂陛下行欲移蹕以避寇鋒，遠近憂疑，殊無固志。臣固知廟堂之議未必然，然而士庶之情不能户曉，悠悠之談牢不可破。蓋以但見江上守禦未有措置，雖已點集民兵，恐不可恃也；建康城池未甚深峻，雖已本府修治，恐不能成也；兼謂江北賊路不一，而一杜充不能盡禦也。以此三者，便謂六飛不爲固守之計，前日之詔恐成虚文。臣亦私憂備禦之策亦有未至，今日已迫矣，姑舉其簡易可行者，願早爲之所。

臣聞兵有先聲而後實者，今日官兵微弱，盍不大振起之？❶行在之兵不計多少，宜於建康府城之外以至江下，分置營寨，多設旗鼓，星列棊布，責之將領撫循訓練，早晚教閲，使鉦鼓之聲常聞於數百里外。仍又間爲虚寨疑兵以助聲勢，則大江之北偵戒有備，❷默銷姦謀。日遣御營使副一員躬行按閲，事藝稍精，立加旌賞，小不如令，必正軍法。每旬日則陛下一親臨按閲，而又大賞罰之，則士氣激揚，人自賈勇，必有可用之實，豈惟先聲而已哉！所有沿江防托即乞先用本州縣廂禁、土軍、弓手，如或不足，則益以民兵，庶不專恃不教之民以捍方熾之虜也。所有建康府修築城壁樓櫓，即乞暫那諸軍併力修治，責以旬日畢工，庶不以輦轂之重而同州縣之役也。如此，則行在軍民必有爲陛下效死弗去之意，如有緩急，徐爲進退。然而所向之方當亦預定，以

❶「不」，原作「亦」，今據《毗陵集》卷六《論守禦劄子一》改。

❷「戒」，原作「我」，今據《毗陵集》改。

防襲逐之患，尤所不可忽者。今日之事大且急，無以加此。其他瑣瑣皆不足爲陛下道，如有可采，即乞睿斷早賜施行。

守乞以大河州軍爲藩鎮劄子曰：

臣伏見昨者車駕倉卒南渡，駐蹕錢塘，席未及暖，又遭肘腋之變。天人協佑，陛下復正大位，蓋厲精以圖中興之時。然越在江南，地勢褊狹，脱或一騎絶江而南，則立致顛沛。今宜汲汲措置，以期萬全。防秋之期不遠三兩月間，忠臣義士所爲寒心。伏見向來被寇州郡往往堅守，近則一兩月，遠至數月，或至踰年而不能下。比年虜騎不至則已，至則不過三數日輒破一郡，又或望風棄城，或開門投拜，未嘗接刃，取如拾遺，此在今日最爲可憂。臣以謂與其委城於賊，不如委之於守帥。今乞將大河州軍並倣唐藩鎮慎擇守帥，而土地、人民一以付之，許一切便宜從事，凡經畫財賦、廢置官屬、治兵調發皆得自便，使之扞禦外寇，屏蔽中原。如虜騎侵軼而能殺敵退師，固守無虞，則許世襲其地。庶幾人自爲戰，中原可得而保也。以至近裏州軍見爲番人占據之處，能進兵剋復者，亦乞準此。若或因其退師，罔冒功賞，即乞朝廷嚴立罪賞施行。所有沿江凡可渡處皆築堡壘，量屯人兵，使旌旗相望，鉦鼓相聞，仍遣大將一員先爲防淮，次爲保江之計。

守又應詔論防秋利害劄子曰：

臣準本臺牒「準尚書省劄子：奉聖旨，防秋在近，朝廷雖已措畫，尚慮未盡，令行在侍從、職事官條具利害，實可施行事聞」者。臣伏覩朝廷措畫防江利害，止是江南一岸事宜，臣以謂江北先爲之防，然後江南可守。何以言之？江北諸州類經殘破，無兵可用，無糧可食，他日賊至，官吏遁逃，則賊據城市，修器械，具船筏，與我對壘，磨以歲月，爲患實大。臣故曰「江北先爲之防，然後江南可守」也。然而江流綿遠，南自荆南而至平江，北自漢陽而至通、泰，當國家傷殘之餘，兵有所不足，力有所不逮，而又高郵、楚、泗寇攘未静，誠亦難矣。今日之計，當併力招捕淮南之寇，一面措置防托以爲限隔，且示朝廷不以江北之地置度外也。

夫江流雖遠，古人以謂猶人之一身，皆可受病，而備禦風寒，不過數處，蓋亦先其所急，後其所緩耳。使賊由襄陽、荆南順流而來，則南岸之兵及水軍戰船，如今所畫之策，可以禦之矣。若由京東而來，則當禦於楚、泗；若由京西而來，則當禦於廬、壽、光、濠以拒其衝，次於蘄、黄、舒、和以斷其渡，此皆所急之地也。仍各差兵將，量給錢糧，付兩路制置使同守倅監司，參以民兵，相地形之險易，隨宜措置，務要明遠斥堠，預知敵情，然後在我之計可行矣。古之都江南者，豈專阻大江之險而能却敵哉，亦必有制勝之道，而强弱衆寡蓋不論也。苻堅以百萬之師而窺晉室，❶自謂投鞭於江，足斷其流，可謂强矣，晉令謝玄兵纔八萬，乃絶淝水決戰而勝之。今使賊由京東西、淮南爲南渡之計，則當效東晉之距苻堅，然後爲得也。曹操入荆州，得船步兵數十萬而下吴會，水陸俱進，可謂强矣，吴遣周瑜纔精兵三萬，逆戰於赤壁而勝之。今使賊由

❶「苻」，原作「符」，今據《毗陵集》卷五《又應詔論防秋利害劄子》改。本篇下同。

漢江、荆南上流爲南下之計，則當效孫權之距曹操，然後爲得也。若止區區自守江岸，不爲進取之謀，竊恐未爲得策。又況狄人長技唯是鞍馬，彼捨鞍馬從舟楫已非所利，我以舟師禦之，則以我所易攻彼所難，擊於上流，誠爲至計。若廬、壽、光、楚、泗、蘄、黄、舒、和不能防遏，或不幸而渡江，則亦當急擊於中流，使不得濟。若其及岸，則勢力十倍矣。

昔魏文帝以十餘萬衆欲渡江，見波濤洶湧而嘆曰：「嗟乎！固天所以隔南北也。」遂歸。則江亦未易渡也。所可深慮者，將驕卒惰，望風畏怯，敵人未至，曳兵而走，則雖大江之險亦不足恃也。今必上自御營使，下委制置使，督厲將士，三令五申，上下連接，左右應援，一有逃避，不問大小衆寡，必正軍法，然後此弊庶可去也。且以前日諸處郡守或望風棄城，或開門投拜，皆當正典刑也，今雖至甚者不過貶官二等，極止放罷，竊恐他日賊至，皆不復固守矣。前日所遣將帥或不戰而遽返於中途，或無功而徘徊於他路，皆當正典刑也，今既置而不問，又從而超加爵秩，極於尊崇，竊恐它日遣將亦不復拒戰矣。此在今日最爲可憂。

臣愚欲望陛下詔諸路帥守及防秋所遣將帥，諭以前日逃遁失守、逗遛無功之人，蓋緣朝廷已前號令不明，失於申警，聊示寬恩，以責後效，自今以往，復蹈前轍，必誅無赦。亦復三令而五申之，庶使玩法廢職之人有所警懼。防秋利害莫大於此。狂愚之言，惟陛下裁擇。

守又論大臣當講究防秋劄子曰：

臣伏見陛下駐蹕建康已四十日，敵師

止于東平，防秋近在旬月，而經畫設施未見端緒，中外憂恐，不知所出。近嘗頒降防秋之策十有六條，人未以爲然，内外臣寮駁論甚多，臣亦嘗條上其失，特蒙開納，未聞施行。而前日指揮布在遠邇，擾而無補，恐必誤事。兼又江北未有措置，官吏、兵民莫不疑沮，以爲朝廷置之度外矣。臣竊惟今日保有江南，宜圖萬全，一有差跌，覆水不救，非若前日維揚尚有南渡之計也。訪聞大臣在政事堂雖窮日力，頗亦困於文書之冗、賓客之勞，不得專意於經濟之務。蓋所謂文書者，多常行細事，所謂賓客者，率干求差遣。弊精神於無補，使其少休，僅容食息而已，豈復更能有所經畫？日月逝矣，臣竊惜之。臣欲望睿慈詔諭大臣，撥置常行文書，付之都司或六曹長貳，一面行下；除授差遣則更加考覈，引用恬退之士，以息奔競。庶得凝神靜慮，思所以備禦之策，若之何而拒戰，若之何而固守，若之何而將士用命，若之何而資糧不乏，朝夕講究，以次施行。不然，則與去年秋冬無以異也。昔漢王吉言於宣帝曰：「欲治之主不世出，公卿幸得遭遇其時，未有建萬世之長策，舉明主於三代之隆。其務在於簿書、期會、斷獄、聽訟，非太平之基也。」唐太宗謂房玄齡、杜如晦曰：「比聞聽受詞訟，日不暇給，安能助朕求賢乎？」因敕尚書細務屬左右丞，惟大事應奏者乃關僕射。此皆前世之明法，又况今日艱難多故，尤當急所先務，惟陛下留神，天下幸甚。

參知政事、同提舉脩政局翟汝文應詔條具虜退利害狀曰：

臣正月二十四日準尚書省遞到詔書一

道，今臣條具虜退利害以聞。臣伏見皇帝陛下駿發德音，咨訪群臣，憤金賊之狂狡，悼中原之顛覆，使群臣各效計策。又恐臣愚不得盡言也，復詔之曰「君臣之間，期於無隱」，豈非悔東隅之已失，念覆車之當戒！此堯、舜、禹、湯、文、武之用心也。顧臣敢無辭而對，謹昧死上三策。恭惟朝廷已事之失：無遠略、無定論、無腹心。三者國之大事，其餘不足陳也。

臣聞自古夷狄之亂，未有如今日之酷。昔西晉之亂，元帝建都江左，復興晉祚，雖苻堅、❶石勒數雄之强，不能睥睨，以守長江設險之固，用一時人物之傑，故能保有疆土，傳祚累世。自金人渡江飲馬，以至于海，躤躪中國，肆意所欲，乘輿遠狩，越在裔土，雖西晉戎狄之禍，不至於此。唐安、史相繼爲亂，其禍亦云極矣，改元至德，收復兩都，不二年間，相繼底定。自建炎於今九年矣，頓師南方卑濕之域，唯恐深入遠引之未至，陵夷以至今日，雖唐安史之亂，不至於此。每歲防秋，則相顧先擾，謀避狄之地，至春事定，則泰然安肆，如無事之日。此將相誤國之罪，臣故曰無遠略，謂是也。

其次曰無定論。臣聞古之爲國者必先有立國之規模，御世者必先有役一世之術。秦人欲并六國，則悉國人趨於耕戰，秦人非耕無所得食，非戰無所得爵，是故國以富强，卒并諸侯。且非獨秦也，句踐之取吴，隋文帝之取陳，必勝之計已定，料敵之謀已審，以次而行之。自建炎以來，天下日苦於兵，生人塗炭，而朝廷無一定之論，禦戎無

❶「苻」，原作「符」，今據《四庫全書》本、《忠惠集》卷七《應詔條具敵退上封事》改。

堅決之策，乞盟於猾虜者冠蓋相望，已甚屈辱矣。而裹糧坐甲，兵未嘗得釋，養兵數十萬，竭民力以供億，可謂困矣。而每歲講和，兵未嘗出戰，攻守之計紛然未決，事之珠玉曾不得免，臣故曰無定論，謂是也。

又其次曰無腹心。臣聞創業中興之君必有謀主腹心之臣，相與朝夕論議，圖事揆策，如出一心，如左右手。昔晉武帝平吴，舉朝以爲不可，唯張華、羊祜、杜預贊成其計。夫舉天下不可而不能易三人之可，則所謀與所聽審也。唐憲宗伐淮、蔡，舉朝以爲不可，而憲宗所恃以裴度。武宗伐澤潞，舉朝以爲不可，而武宗所恃以李德裕。朝廷苟有腹心謀慮之臣，人主恃以爲固，天下恃以不恐。自兵興以來，陛下之所取計者誰也？所任事者誰也？所與朝夕進見而納誨者誰也？前此非不委任將相矣，敵至與衆同懼，敵退與衆同喜，如斯而已。臣聞以天下與人易，爲天下得人難，必欲爲天下得人，此前世之君所以日夜焦心勞思而求也。今群臣泛泛如河中之木，❶則陛下孰與圖今日之事乎？臣故曰無腹心，謂是也。

陛下誠能選任大臣，責以恢復，拔用能將，隨所指顧，誰敢不力？合天下英豪之智力，以誅腥臊島夷之小醜，豈其難哉！伏讀詔語「虜勢既屈，潛師遯逃，念兹却敵之功，圖爲善後之計」，臣愚以此知陛下未嘗一日忘經略也。向非陛下赫然獨斷，親出總戎，指授諸將，控扼江表，則虜人徑卷甲渡江，如往歲久矣。此上天助順，而宗社之福也。然臣聞今者虜騎之退，以國主之亡，非諸將力戰而勝、虜騎折北而逃也。向使

❶「木」，原作「水」，今據《四庫全書》本、《忠惠集》改。

虜主不亡，使劉豫竭山東之粟以轉輸賊壘，敵人濟師，驅犬羊之衆以分守淮甸，百姓之財屈於賦斂，力已窮矣，諸將之兵久於暴露，師已老矣，欲進不能，何後之善哉！此臣之所甚懼而憂也。臣料今日之廷臣必因賊虜自退而誦言誅討，因詔旨詢訪而争言用兵。夫善後之計莫急於兵、將、財三者，先有一定之論，必然之畫，付之得人，而後可爲也。臣愚不識忌諱，謹昧死上封事，惟陛下省察。

紹興三十一年，吏部侍郎汪應辰進故事曰：

唐杜牧追咎長慶以來，朝廷措置無術，復失山東，作《罪言》曰：「若欲悉使生民無事，其要在先去兵。不得山東，兵不可去。是兵殺人，無有已也。今者上策莫如自治。法令制度，品式條章，果自治乎？障戍鎮守，干戈牛馬，果自治乎？井閭阡陌，倉廩財賦，果自治乎？如不果自治，是助虜爲虐，環土三千里，植根七十年，復有天下陰爲之助，則安可以取？故曰上策莫如自治，中策莫如取魏，最下策爲浪戰。」

臣竊以天下之事變化百出，不可以勝窮。然自其本求之，則一言而足，杜牧所謂自治是也。苟捨其本而訊其末，則雖千萬言訖無益也。戰國之際，亦多故矣，孫、吴之攻戰，儀、秦之縱横，奔走旁午，天下爲之騷然。時君用之，利不償害。孟軻居其間，獨曰：「盍亦反其本矣。」軻之「反本」，則牧之「自治」之説也。物有本末，事有終始，蓋自開闢以來至于今，未有不自治而能治人者。牧之之説則雖聖人復起不能易矣，而臣猶有疑焉。

何則？自治之外無它策矣，今以自治爲上策，而又有中策、下策，是未始有定論也，是謂其君不能也。若軻則不然，曰：「國家閒暇，及是時，明其政刑。雖大國必畏之矣。《詩》云：『迨天之未陰雨，徹彼桑土，綢繆牖户。今汝下民，或敢侮予？』孔子曰：『爲此詩者，其知道乎！能治其國家，誰敢侮之？』今國家閒暇，及是時，般樂怠傲，是自求禍也。禍福無不自己求之者。」夫不能治其國家則已矣，豈復更有中策、下策者哉？臣竊惟今日所以待夷狄者，曰戰、曰守、曰和，然此三者皆末也。要當以自治爲本，吾之國家治矣，以戰則勝，以守則固，以和則久，所謂脩其本而末自應，不然未知其說也。

孝宗隆興元年，同知樞密院周麟之上封事曰：

臣聞爲天下立事，要當順天下之心，明天下之勢，然後能易亂爲治，轉敗爲功。古聖王所以安中夏、御夷狄也，莫不皆然。舜之格有苗，禹之叙西戎，高宗之伐鬼方，文王之事昆夷，宣王之平玁狁，率用斯道也。下至漢、唐，其跡異，其理同。在高、文則結和親，在武皇則事攻討，在宣帝則受朝賀，在武德之初則詭臣突厥，在貞觀之盛則生擒頡利。夫豈樂爲是異同哉？視人心之所向，度國勢之所宜，有不得不然者耳。由是言之，聖人應世初無私心也，立國本無定勢也。因人心之所喜爲之喜，故樂民之樂，而天下不以爲驕；因人心之所怒爲之怒，故一怒而安，天下不以爲暴。因國勢之彊有以成吾彊，故日闢百里而天下不以爲貪；因國勢之弱有以處吾弱，故以大事小而天下不以爲怯。拱揖指麾之間，衆心樂歸，大勢堅定，而國計成矣，世之懷偏見、執異議者又烏能伸其喙，以撼吾之所守哉？紓一時之急，收百世之利，凡以此也。

金虜之爲中國患數十年矣，自阿骨打之起，繼之以吴乞買，又繼之以東昏王亶，又繼之以岐國王亮，迨今葛王，蓋五世矣。時異事變，勢亦隨之。阿骨打一舉而吞遼人，吴乞買再舉而蹙中原。當是時也，掩中國之無備，乘民心之久安，長驅擣虚，所至輒下，猝然有迴山倒海之勢，其孰能當之？亶之立也，命將興師，入寇屢矣，踰江南，瞰海上，而終不得志于我。兀术之歸，師徒耗傷，僅以身免，士馬物故者太半。用兵連歲，所失益多。虜知事力之屈，可以圖休息也，亶與兀术等謀，則曰：「吾國天下大讎也，使吾子孫一不振，宋必報焉，則吾國覆矣，不若以恩解之。」此和好之所以通也。和好既通，則許我納幣，屈我稱藩，畫淮爲界。然後慈寧就養，永祐復土，南北生靈，各安其業，聘問往來，情文周密。自締好以來，講信脩睦，無若此時之歡者。使亶不被禍，凡我有求，無不見聽，雖列聖諸陵、白溝故地皆可以次第而得之。惜乎不十年間，肺腑之禍起而亶戕矣。至今北人類能言之。是則和好之通，豈非勢使然乎？亮之立也，大惡昭著，内懷危疑，握兵重臣多不受詔，朝夕惴惴焉，惟恐討賊之師四面而至也。我方遣朝賀之使以安之，於是遂偃然南面，號令諸國，而侈心肆矣，狂愎自用，以殺爲嬉，勳戚諸王翦滅殆盡。彼之汰虐日甚，我之順事日嚴。休兵歲深，生齒蕃息。虜知事力之全，可以肆猖獗也，亮與馬欽等謀，則曰：「吾國天下大讎也，使吾子孫一不振，宋必報焉，則吾國覆矣，不若以力取之。」此和議之所以變也。和議將變，則罷榷場，詰私渡，邊釁横生，賊謀遽發，遂欲割我兩淮，要我近輔，而又拒我行人。一不如意，掃境南下，王室震蕩，危若贅斿。自交兵以來，生民被害無若此時之慘者。使亮不見殺，則投箠濟江，蓋無難焉。顧其積惡，天地之所不容，神人之所共憤。變生肘腋，腹敗枝披，醜徒獸奔，惟恐王師之躡其後也。是則和議之變，亦豈非勢使然乎？

太上皇帝仁天智神，臨御三十六年，躬履多難，洞照事幾。其於禦戎之道，固嘗深思熟計，歷試而兼行之矣。陛下以大有爲之資，光奉慈訓，嗣守天位，治民事神，恭儉遜慤，德無不周，明無不燭。惟疆埸未靖，上貽宵旰之憂，抑嘗有以天下之心、天下之勢告陛下者乎？自踐阼以來，建議之臣有爲陛下言戰者矣，必曰：金鼓一動，雷厲風飛，則兵不血刃，可以收疆土，復陵廟，活萬姓。然王師所至，城邑一空，破蔡州則殺蔡州之民，入海州則殺海州之民，奪宿州則殺宿州之民。京西、陝右往往皆然，非所謂拯民於水火之中也。繼之以士無鬭志，棄甲來歸，中原寸地，了不可得，烏在其爲戰？有爲陛下言和者矣，以厚禮將幣，以卑屬寓書，休兵息民，庶乎兩得。然使命數遣，有延至於國中而不得伸其志者矣，有見止於境上而不得通其辭者矣。以此欲和，不啻如方枘圜鑿之不相入也，烏能必其和？有爲陛下言守者矣，以增陴浚隍遏其衝，以積粟聚兵固其本，來則勿與角，去則勿與追。❶

❶「追」，原作「通」，今據《海陵集》卷四《封事》改。

然長淮東西延袤千里，兵少則戍不周，民貧則用不給。比者築城壁，修堰垻，皆取辦於兩淮之人，凋郡遺黎不堪其擾，而守未必能固也。設欲固守，非經營數年不能就緒。大敵忽至，其何以支？守雖長策，亦未易以一朝集也。故欲戰者以和爲姦謀、爲辱國之舉，欲和者以戰爲危道、爲殘民之徒，而欲守者又以戰爲邀功、和爲怯敵，謂和、戰皆非萬全之策。三説紛然，互相矛盾，得此則失彼，舉一則廢二。國論未定，主聽未專，斯民盻盻然不能自保。

嗚呼！胡不觀天下之心，審天下之勢，參三説而用之乎？昔亶之請盟也，太上皇決策講好，遣使以先之，而邊鄙遂定。知其勢可與通也，非用兵之時也。及亮之敗盟也，太上皇出不得已，發兵以應之，而兇酋自斃。知其勢不可與通也，非遣使之時也。以此論之，和、戰、守三策，善用之皆足以收功，不善用之皆足以敗事。使勢可戰也，雖樊噲以十萬横行，李靖以三千蹀血，吾亦爲之，無不勝者。勢可和也，如魏絳之五利可致，賈誼之三表可施，吾必爲之，無不諧者。勢可守也，如宣帝之罷兵留田，光武之閉關謝質，吾必爲之，無不濟者。又胡可外天下之心，忽天下之勢，區區焉操一説而自以爲得乎？

臣頃歲出疆，至河朔，見所過州縣，全盛如故。入則人物繁夥，閈塵充溢；出則耕桑彌望，牛馬被野。然後知二十年息兵之效，不爲無益於斯民。一旦虜人叛盟，赤子又復塗炭。前冬虜退，淮甸白骨如山。迹其殺人之禍，皆起於逆亮一念慮之間，而流毒至於如此，豈不甚可戒哉！今虜勢虧矣，虜計窮矣，兩軍相角而所喪均，兩國相持而其患等。欲戰者少，不欲戰者多，蓋兩軍之心也。欲和者衆，不欲和者寡，蓋兩國之勢也。臣聞之北人則曰：虜中簽發人丁，其下莫肯聽命。又聞之士大夫則又曰：近虜帥移書于督府，致問于廟堂，甚有通和之意。陛下視人心之所向，度國勢之所宜，不知所以應之何如哉？臣願陛下因天下之心，乘天下之勢，特遣信使諭以至理，告以誠心，與之委曲評議，使知和好之不可以虚辭合，又知和好之不可以舊例拘，則吾事濟矣。

或曰：「比歲兩遣使矣，其如不諧何？其如不見納何？」臣應之曰：使之不諧非使者之過也，使之不見納非使者之願也，顧當時所以遣使者失其序耳。何謂遣使失其序？曰遣使一也，而所以遣使則不一也。有和議未定而遣者，有和議已成而遣者。和議未定，則以未定之辭與之通，慶賀有所未修也，報諭有所未及也，如紹興之初，遣韓肖胄、孫近之類是也。和議已成，則以已成之禮與之接，名分有定論也，書辭有定式也，如講和之後，遣何鑄之類是也。自逆亮渝盟，和好絶矣。和好既絶，今始通焉，故遣使以議之，則是和議未定之時也。我方有所議，而損益之未可必，又安可遽爲賀慶、報諭而遣乎？其曰賀登寶位，則是和議已成矣，往年以賀爲使者有舊例焉。彼復以舊例取必於我，又焉得而見納哉？今臣之所謂遣使則不然，當以審議爲名，以韓肖胄、孫近爲例。審也者，欲審而後交。議也者，欲議而後定。和其本於誠心乎？在所審也。其出於詭謀乎？在所審也。名數有未安者乎？在所議也。疆界有未正者乎？在所議也。禮幣之厚薄有未齊者乎？在所議也。

乎? 在所議也。爲此遣使,彼安得不納?

舉此詳議,彼安得不諧? 和議成矣,然後

有所賀則賀之,有所報則報之。此之謂遣

使得其序。

或曰:「遣使得其序,遂可去兵乎?

徹備乎?」臣應之曰:遣使所以議和也,和

雖可必,亦當待之以不可必。使者出境,朝

廷申命諸將,各整其師,淬礪鋒刃,振飾旗

鎧,蓄鋭待敵,常若兩陣相當者,則是使者

之行自不妨治戰具也。大軍列屯,分據要

地,修障隧,正營部,遠斥候,力控江淮之

險,則是使者之行自不妨繕守備也。

夫戰、和、守固相須而並用者也,善爲

國者可戰則戰,不爲戰而廢和也;可和則

和,不因和而忘戰;可守則守,不膠於守而

絶和、戰之利。合而論之則一,析而言之則

三,胡可忽哉? 昔唐之平賀魯也,駱宏義

獻計曰:「安中國以信,馭夷狄以權,理有

變通也。」噫,斯言豈爲一時設哉! 惟陛下

博覽兼聽,詳究利害,觀人心,審國勢,與時

變通,權以濟事,允執厥中而行之。天下

幸甚。

張浚回奏楚泗等處守禦事宜劄子曰:

臣二十七日宿平原鎮,至晚,統制官左

祐齎到御筆處分一通,臣謹已祗領。契勘

楚、泗守禦利害,臣累具奏聞去訖。泗州係

緊要控扼去處,陳敏一軍在彼幾年,已成家

計。見自陳敏下至士卒,盡般家屬節次來

居,蓋以此城必可倚恃。兼臣近閲此軍人

材强勇,事藝精熟,施放便捷,行陣齊一,少

見其比。向之兵將竊笑指議者,今皆心服。

臣愚以爲敏可責以守泗無疑。若城池之

險,糧粟之便,在我得計爲多,更乞聖慈詳

酌。劉寶身任淮東之責，建議欲築甘羅城，先立家計。其城直臨淮岸，在兩清河之間，居海、泗兩州中。寶親握大兵應援，却令副都統吳超以舟師守清河，蓋此處以舟爲便，若河口有備，則楚州正在腹内，而捍禦之計盡仰甘羅城，其楚州即合作第二重家計寨。惟是陳敏一軍，通一萬二千餘人，至九月中，理須益兵。所有淮西戰備之要，容臣至和州條列以奏。淮東真州一帶以六合爲重，於茲固守，其敢輕入？兼廬之巢縣及和州列屯大兵，正乘其後，絶糧邀擊，計皆可施。淮西之兵，山立不動，虜人豈敢輕捨此兵，直犯淮東？六合當其前，淮西襲其尾，進退實難，況值奔敗，定致狼狽。虜用兵日久，必不出此。臣竊惟兵者國之大事，聖人生物之德本於兵。臣行年將七十，雖在遷謫，朝思夜度，不敢輒廢。凡幾微曲折，調發先後，常恐誤失。而近世文武之士徒事空言，竊聽道塗，靡有實用，是非顛倒，莫可究詳。自非陛下神武天付，得之于心，臣之區區，何所布露？三司兵積弊尚有可議者，統制以下多未得人。今此歸休，陛下一大料理之。將來高秋，親總此數萬之旅，嚴賞罰，示恩信，觀虜兵勢重去處，遣王琪輩疾趨取利，似爲得宜。

孝宗時，蔡戡乞脩江陵府城，上奏曰：

臣竊謂南北既分，荆州最爲重鎮，自古必争之地。北得之，則據吳、楚上流以制南土；南得之，則據襄、漢要地以圖北方。故曹操平荆州，於是乎有睥睨長江之心，乃多修船舫，遺書孫權曰：「今治水軍八十萬衆，方與將軍會獵於吳。」及周瑜鎮江陵，於是乎有長驅中原之志，乃説權取蜀：「得蜀，固守其地，北與馬超結援，瑜與將軍還據襄陽以蹴曹操，北方可圖也。」權嘗以荆州資劉備，而周瑜力争，操聞大懼，爲之墜筆。備果藉以取蜀，遂成鼎峙之勢。其地自古不輕而重明矣。粤自鑾輿南渡以來，號爲衿喉之地。陛下聖謨神略，經理淮、漢，規圖中原，餘二十年。朝廷之上，帷幄之中，朝講夕論，左計右數，慮之熟矣。向者城襄陽而戍之，所以爲江陵之蔽。譬之人焉，襄陽手足也，江陵衿喉也，京師腹心也。手足所以爲一身之衛，若執其手足，則衿喉何恃？扼其衿喉，則腹心危矣。今襄陽有城可守，有糧可資，有器甲可用，然戍兵不過萬人。況自隨、郢間道可以直趨江陵，虜以一軍牽制襄陽，而輕兵取江陵，襄陽之戍既不能分兵而爲之援，又不得乘間而擣其虚，僅足嬰城自保而已。江陵城壁頽圮，戍兵寡弱，將何以禦之？是不戰而自屈，不攻而自破也。江陵失利，吴、蜀斷而爲二，長江與我共之，順流而下，如高堂之建瓴水，豈不殆哉！蓋自辛巳北虜敗盟，逆亮狂悖，視長江猶衿帶之水，直欲長驅而來，但遣偏師劉蕚，以十萬衆耀兵江漢，以疑我師，初無意於荆襄。荆襄遠於兩淮，輦運難於轉漕，故敵人去難而即易，舍遠而就近。今既不利於兩淮矣，豈無謀臣策士爲之畫計而改圖？此不可不憂者也。

故善守者恃我有以待之，無恃其不來；恃我有所不可攻，無恃其不攻。爲今日之計，莫若修江陵之城，增襄陽之戍，扼隨、郢之險。增戍扼險，不過移東實西，裒多益寡，在陛下一頤指之頃耳。唯江陵之城非一朝夕所能辦，要當早圖之。蓋略修則無益守禦，大修則不免勞費。天下之事，當計其利害之輕重，無問其工役之多寡。苟有利於國，有補於民，雖傾國帑、竭民力可也。如其不然，雖役十夫，費百金，亦有所不可。今也城要害之地，爲悠久之圖，小費而大利，暫勞而永逸，亦何憚而不爲乎？臣嘗計之，竹木取於山，塼灰取於陶，工役取於軍，費可省半，不過縻三十萬緡耳。萬二千人更休，日役六千人，用工不過百萬，半年可成。臣區區之愚，欲望聖慈斷自宸衷，給降行在會子三十萬道，擇將帥之材者委之，工役材料則責之戎司，錢穀出入則付之總司，事干州縣者則屬之帥司，使之互察而協濟。自今以始，預辦竹木塼灰應用之物，一一備足，來歲十月鳩工，次年三月可以訖事。凡樓櫓雉堞高下、闊狹與夫防守之具，悉如襄陽之制，庶幾可以堅久。荆、襄二城巋然相望，足以壯上游形勝之地，絶敵人窺伺之心，不特陛下高枕而無西顧之憂，抑亦國家萬世之利也。若夫玩歲愒日，循常守故，憚勞惜費，因陋就簡，以苟目前之安，事至而圖之，何嗟及矣？

臣冒貢狂言，罪當萬死，惟陛下留神省察，不以人廢言，天下幸甚。臣無任惓惓憂國之至。

戡又乞備邊，奏曰：

臣恭惟陛下即位以來，宵衣旰食，思中興之治，于兹一紀，建議之臣莫不以恢復爲己任。玩歲愒日，未聞成功，陛下固已厭之。故外堅和好，以休士卒，内修政事，以待機會，可謂得上策矣。臣聞之《書》曰「惟事事乃其有備，有備無患」，傳曰「不備不虞，不可以師」，是故於無事之時，必先爲有事之備。事至而備，正猶已雨而徹桑土，大寒而索衣裘，不亦晚乎！向者秦檜當國，十餘年間，弊聘交馳，邊烽不警，南北之民得以休息，乃制禮作樂，粉飾太平，示天下不復用兵。及其逆亮敗盟，長驅而來，如入無人之境，踐蹂淮甸，睥睨長江，人心驚惶，國勢迫蹙。幸而上天垂祐，虜酋授首，凶徒亦潰，棄甲而歸。自非九廟威靈，兩宫神聖，德動天地，恩結人心，則安危之機未可知也。然而天幸不可以爲常，和好不可以爲安，貪婪變詐之虜不可以爲誠。不思所以先備而預防之，萬一虜人出吾不意，掩吾不備，然後徐爲之圖，將有後時之悔。臣所領州密邇敵境，憂邊思職，是亦臣所當言也。臣愚以爲防秋在即，欲望陛下戒諭大臣，申飭邊郡，凡常歲所以爲備者悉舉而行，又當講求其所以未至者，陰爲之防。或有緩急，則吾有所恃而不恐矣。如是，則以守則固，以和則久。惟陛下留神，幸甚。

戡又論守邊奏曰：

臣恭惟藝祖皇帝以聖謨神略，掃除僭亂，平定四方，北狄、西番不敢犯塞，雖非後世所能管窺蠡測，然而制置邊事最爲得宜，駕馭諸將最爲得體，載在方册，班班可考。其大要則遴選名將猛士，以守二邊，假以事權，優以帑廪，久其任，責其效。當是時，郭進控西山，何繼筠領棣州，前後二十年；李漢超守關南十七年；董遵誨屯通遠十四年；賀守忠在易州，李謙溥在隰州，姚内斌在慶州，王彦昇在原州，皆十餘年，不易其任。一郡管榷之利悉以與之，又縱其回圖貿易以佐軍費，許其召募驍勇以爲爪牙，凡軍中事得從便宜。只帶沿邊巡檢之名，不立行營部置之號。❶有邊功者厚加錫賚，位或不過觀察使。位不高則朝廷易制，久不易則邊事盡知。帑有餘財，得以養死力，使爲間諜，二虜動息必能先知，預爲之備，設伏掩擊，所向皆捷。二十年中，邊塞肅清，兵力强盛，武功蓋世，近古未有。

伏自國家罷兵講和以來，緣邊守臣非書生文法吏則右選子弟，不二年而一易之。國家閒暇之時，使之撫摩凋瘵，安集流亡，或其所長，責以禦侮折衝，安邊固圉，則不勝任矣。往往來者僥倖無事，以苟歲月，寇至則倉皇奔竄，以逃一旦之命。間有忠義之士，不過一死而已，於國家何補哉？臣愚欲望陛下仰遵藝祖皇帝故事，行下總領、都統制同薦曉文墨、識義理、可以親民統制、統領，分守本地界極邊州郡。賜對便殿，察其能否，然後除授，諭以久任，無爲苟且一時之計。使量帶本軍人馬隨行，仍許招募勇敢以益軍伍，經理財賦以備犒勞。又擇通判爲之佐。少寬文禁，厚給廩禄。無事之時，責之儲芻粟，繕甲兵，修城壁，明斥候，以爲有事之備，出則擊寇，入則自保。緩急之際，不待調發而兵四集，可以互相應援，以戰以守，必能成功。惟陛下財幸。

戡又論唐鄧間道，奏曰：

臣恭惟陛下一視同仁，兼愛南北，外修和好以待可乘之機，内固吾圉以爲不虞之備，故禦守之策尤關聖慮。且如分江陵之戍，葺襄陽之城，凡所以備敵者纖悉具備，仰見聖謨雄略，折衝萬里之外。然臣猶有愚見，敢爲陛下言之。夫朝廷之所以城守

❶「置」，當作「署」，作者避宋英宗名諱改「署」作「置」。

襄陽者，豈特爲襄陽計，蓋欲以捍荆鄂而保吳、蜀也。今襄陽環以堅城，戍以重兵，樊城以爲阻，漢水以爲限，自可奠枕。其如唐至郢、自鄧至荆皆有間道，相去不五六百里，騎兵馳疾，三日可到。緩急之際，不唯襄陽戍兵應援不及，亦恐牽制，欲進不能。郢有城不固，荆無城可守，豈不殆哉？臣愚欲乞東修蔡陽古城，西修光化舊城，各戍兵千人，以扼唐、鄧要路。或只於棗陽、穀城戍兵千人，亦足以守禦。仍乞分委荆鄂都統司徐議修築荆郢城壁，以漸爲之，期以數年之後，一如襄陽之制。既有城可恃，有兵可守，庶免虜人窺伺之患，陛下可以寬西顧之憂矣。伏望聖慈特賜詳酌，密切行下京西安撫、荆鄂都統司，公共相度利害，保明聞奏。

歷代名臣奏議卷之三百三十五

本卷劉永强校點

歷代名臣奏議卷之三百三十六

禦邊

宋孝宗隆興元年，顯謨閣直學士虞允文論唐鄧不可棄兩軍守禦之策，上奏曰：

臣伏蒙聖恩，賜臣御札，睿明旁燭，察臣區區之心於數千里之遠，奬訓有加，臣下拜伏讀，九殞此身，不足以報，益當自盡，以副陛下任使作成之意。

臣契勘唐、鄧二州，雖非形勢所在，而足以爲襄陽之藩籬，藩籬存則襄陽固，襄陽固則上流一帶可奠枕而安矣。是唐、鄧不可以輕棄。而無險可恃，又不可勞兵遠争。臣故與三將共議，以兩軍重兵聚於唐、鄧之間，因新野古城壘爲勝勢，則唐、鄧重而虜不敢進兵深入，爲必取必守之計也。蓋唐、鄧不可以兵守，但以兵勢守之爾。虜知官軍之力聚於新野，而深溝堅壁不與之戰，當清野之後，無可因之糧草，又多出忠義之兵抄略其糧道，以臣料之，虜未必能爲旬日之留，又豈能必守吾唐、鄧二州也？官軍少而虜兵衆，要當以智算勝之，使之深入而不能以久留，則唐、鄧終爲我有，襄陽以固而上流自安，此臣得於群策以爲當然者。如用趙撙之説，以鄂州兵保湖陽，用王宣之説，以荆南兵保順陽，相去既遠，兵力又分，唐、鄧中虚，無可恃之兵勢，虜何所顧忌，舍唐、鄧而不堅守也？兵有機變，更須臨事以應之。但比來諸將爲國致命者少，謀身自便者多，臣今未敢以二城置度外之説與二將言之，蓋恐二將知陛下已許臣棄唐、鄧，志氣遂怠，不爲邊面之用也。伏乞陛下垂察。

又今日軍政之弊，陛下數語之間，無不曲盡，聖德明遠，諸將敢不心服膽落，革其故習，以答明訓？臣先日所奏，止是兩軍屯於襄陽之數，分戍之兵不在焉。臣據王彦申到兩軍總數，今具別劄進呈。臣究其甲軍凡四萬二千人，而輕兵、輜重、火頭凡二萬六千四百七十九人，是輕兵、輜重、火頭占破之數，過於甲軍之半，不可不略行整治。今明詔所謂「上下征利，兵力單寡，平居冗費，緩急誤事」，其明效大驗。臣竊於兩軍親見之，此臣之所甚憤。有心於革去，而恐事未一就，謗已四馳，萬里難明，亦臣所甚憂也。臣先日既委曲以交其歡心，又明白以示其好意，使各自爲謀而自捄其過，虛額者補之，老弱者刪放之，占破强壯者拘集之，期於甲軍之數加多，以待國家之用而已。若久之而有不去之弊，臣當隨宜從長行之，別具奏知。伏乞睿照。

允文又論措置唐鄧一帶爲必守計，上奏曰：

臣伏惟陛下聰明睿武，出於天授，當和、戰二議群言紛亂中，獨運聖斷，不惑不疑，去取是非，咸歸於當。不獨覆載之下，一草一木皆有嘉生之意，而虜之情僞無不遠燭，虜之氣亦奪矣。臣比聞已遣胡昉等先往議四州之地，而二使人後發，且留淮上以待，則聖謨既已堅決。據探報，虜帥留昉等，馳騎吏往燕京，臣料虜酋亦無不從，非久當有的報。況近日屢報境上虜兵名爲東南行，而其實東北去，有真女真、契丹人來歸，其說亦合，識者以此爲中國恢復之機，顧恐弗用爾，虜何敢深入與我争此四州地也？今虜中多事，臣竊見陛下不棄此四州已著於施行之迹，則唐、鄧兩城不可以不措置爲必守之計。臣嘗密委官屬前去相視，而鄧州城多頽圮，樓櫓守禦之具亦未備。臣今日已令王宣親往審度，凡當計置費用，臣從本司一面酌量應副。惟唐州城初未脩築，若既和之後，當於二三月以後，兵戍解嚴，農事未興之際，量行營治。若自硯瓦坡、方城、大成山各依險要爲小堡，而唐州有城濠爲戍兵家計，則襄陽之藩籬固，而國家上流之勢有泰山之安矣。臣詢之群議，以爲當然。况泌河之運可以直抵唐州城下，無飛輓調發之勞而可以積粟。異時朝廷有進取之圖，此道路之所從出也，蓋不獨守而已。少須和、戰有定論，别具奏稟。所有兩軍人馬，見不住增數，教强弓弩手，雖正旦亦令就教場拍試。小人志於得利，不以爲勞，互相激勸以希賞，不待入教場，自習事藝，一有出入，必能爲陛下用也。至如絶邊戍守之兵，亦令兩都統分差統制官前去按教，整治隊伍，量加激犒以慰勉之矣。伏乞睿照。

允文又論親臨唐鄧措置修城之役，上奏曰：

臣奉聖旨：「目今荆襄别無事宜，可令虞允文、趙撙、王宣依舊回襄陽府，仍措置兩軍官兵更番休息。」臣恭依聖訓，契勘荆鄂兩軍人馬統制將副等，係分作兩番休息。第一番自四月二十三日以後，節次各歸本寨，亦已參照諸軍體例，量支起發犒設外，其唐州第二番修城官兵亦已回襄陽，依舊入教。臣於五月初二日，趙撙、王宣於初六日，各回襄陽去訖。

臣自去年秋初到襄陽，詢訪邊防利害，凡士大夫之知兵者皆言湖陽小邑，無二三十家，又無城壁，非必守之地。比鄂州軍開東北一面壕，亦無尋丈之廣，意在緩急退保襄江，可危可慮。惟唐州之方城有大山林木，可戰可守，實古之楚塞，俗亦謂之方關。今郡無城池，諸軍無家計可保，又糧運盡仰民力，歲有不給之憂，諸將每以此藉口。臣他日從容問之，諸將亦云形勢之地當在方城，而果以艱食爲辭。臣既審知如此，時虜兵臨邊，日夜訓習將士以待戰用力，未可議。其後臣寮上言修築邊州城壁，十月二十七日奉聖旨，令制置司措置。臣以和、戰未分，施行未得。而城唐之舉未嘗敢忘，於今年正月初三日、初九日兩具奏知，大略只竢和、戰有定論，方興工役。至三月十一日金字牌遞御前降到都督府黄榜，乃敢遣趙撙親往唐州規畫，計度工料。至三月末間回，議定分軍爲兩番，乘四月内暑氣未盛時興築，於一月内訖事。蓋五月以後大暑大雨，八月以後又迫防秋，不可使戰士更就他役也。當趙撙城唐之日，雖據探報虜兵内徙遠去，而出我不意，乘我士卒疲勞，倉卒之間薄我軍於城下，不可不深慮。故王宣以輕甲屯方城，名修方城赭陽陂爲屯田之用，其實遠斥堠，謹防托，絶虜奔衝之患。其他要害去處，亦遣偏裨設伏，所以固安城唐之軍心，潛消意外之變故也。臣既先奉御札，令臣每事親臨，又兩大將臨邊而臣獨居内郡，必謂臣怯，他日寇至，有見輕之心，又見陛下分命兩宣諭往淮東西措置，臣何敢偷安，懼極邊之危，憚暑中一行也？臣至唐州，搏、宣得探報，虜帥聞官軍大將會於唐，虜中奔走驚擾，頗怨僕撒之械我使人，而憂我師之襲之也，引兵又退數舍，而蕭定遠者遂以四千騎走汴。衆謂虜之弱勢至於如此，而臣竊自咲者，能料其來攻，不能料其遁去也。大抵無事之時，職思其憂，不敢怠忽，所以爲有事之用。如自以爲無事，因循度日，則一旦事至，雖窮晝夜之力，有不及爲者矣。今唐、鄧二城及樊城皆已畢工，餘小小敵棚、砲座之類，當戍之兵旋旋爲之，而泌河之糧船相銜而上，終歲可以不役一夫。逮至秋中，或戰或守，必爲萬全之利。

如朝廷必欲棄此二州，臣已具申乞別遣官矣。況臣之羸蹇，百病交攻，食飲日減，蕉萃骨立，不能盡其報國之志，展尺寸之力於後日，以備陛下使令之命也。莊周曰：「知其不可奈何而安之曰命。」臣已累具奏，仰干天聽，乞賜罷免，令蚤歸蜀以便醫藥，餘年可保而晚節獲全，敢忘陛下今日生全之造？臣已力疾行次郢州，伏望睿慈檢照前奏，特賜施行。

允文又論唐鄧州必不可棄，上奏曰：

臣至孤遠，叨被二聖非常之知，始終異等之睠，日夜念所以報，神明寔臨之。今者唐、鄧二州名爲空城，其實繫上游之存亡甚重。臣不敢言其形勢之扞蔽，地里之廣袤，户口之蕃庶，與異時進復中原之涂轍，獨有一事利害至切，不敢不奏禀。臣去秋抵漢上，防托之兵雖薄，所以不至於憂危，謂必可寬北顧者，虜在潁昌、襄郟爲家計，去襄陽爲遠，使其引兵深入，則糧道回遠，必以人力車乘而運，勢不容久留也。若棄唐、鄧，而虜人以唐、鄧爲家計，去襄陽爲近，聚兵積糧，一旦進發，可半日抵城下。其糧道自唐州之泌河順流而下，直抵漢江，可以與官軍久相持，而漢江之險，我且與虜共之矣。漢江在春冬之月，可以踏淺徑度之處凡三十有二，臣欲親行漢江，比乘五月漲水，其襄、郢間坐舟尚有着淺不能行處。郢州又在江之北，見有積糧十餘萬碩，虜若於此分兵駐守，則官軍隔越於外，真有德順往年之憂。況京、湖饟道遂絶，秦、蜀馬路不通，又虜兵東可以入隨，西可以窺荊南，其勢横潰，我之兵力有不能支矣。此皆兩路士夫軍民之所共憂，而臣一一親歷其地，知其事之果不可不慮也。臣非不知陛下許臣棄此二郡，則臣之責輕，又非不知臣棄此二郡與時宰合，可以保位而希進，臣不此之爲，而區區然必進其自危之説者，後日之憂繫宗廟社稷至大。臣今於此事，若尚畏避時宰，緘默不言，則臣負陛下，而祖宗在天之靈必不祐臣矣。臣前後論奏莫不委曲詳盡，伏願陛下審思而徐行之。臣見亦一面遣官屬詣朝廷子細禀議，次重念臣病已沈痼，決不能支梧。嘗於今春奏云或棄地請和，臣即挂衣冠而去，不敢先負陛下，臣今敢墜此言哉？扶力親書，姑以見臣垂死不敢忘君之義，惟陛下哀矜深察之。

允文又論固守唐鄧州方略，上奏曰：

臣比准金字牌遞御前封降到三省、樞密院劄子，奉聖旨，令臣同趙撙、王宣計議將來虜人侵犯唐、鄧，合作如何備禦，條具聞奏。臣契勘襄陽爲吴、楚上流襟喉之地，而唐、鄧二郡實襄、漢之藩籬。臣不敢引古爲辭，姑以近事證之。

當紹興議和之時，割此二州以遺虜，襄陽之疆封才數十里，無一山一水一城一池之限。至三十一年逆亮叛盟，劉萼之兵出唐、鄧，官軍無一戰之地，一旦便自光化順流薄我軍於襄陽城下。是時亮之意不在襄、漢，但分兵爲掎角相持之勢。會亮死，萼引兵去，唐、鄧之民開門以納官軍，遂能復此二郡，爲上游之藩籬，此天也。虜入寇之路雖云不一，如蔡之確山徑出比陽，汝之鵶路徑出南陽，嵩之船平、商虢之峽口徑出内鄉，然自穎昌以至襄、郟，今爲虜之家計，自襄、郟至方城，實虜入寇之大路。昔唐州無城，又無積糧，趙撙不得已開湖陽之壕，一以備虜騎衝突，一以就倉底之糧，倉底，地名。然湖陽無城可保，壕又淺隘，非與虜相持必守之地。今趙撙修唐城既堅高，與鄧州之城表裏相爲蔽援，又泌河可以舟運直至唐城之下。城中既有儲積，官軍有糧可食，有城可保，家計固而諸軍之心亦固矣。若虜自襄縣來窺我唐、鄧，不獨糧道回遠，又以人力車乘而運，則餽餉之給視我爲艱。若以少兵而至，必不能進攻吾城，官軍之守城者足以破之。若以重兵而至，則官軍之守城者可堅壁不戰，以待援兵之至。蓋湖陽大兵進可爲唐城之援，荆南之軍出新野、南陽而與之合，則虜腹背受敵，曠日相持，虜糧盡力屈，引兵而却，豈不爲官軍追襲之利也？

或曰虜兵之來，他路錯出，不止於唐、鄧，而不思二城堅守，我之官軍合勢，持重而不戰，勝負未分，虜敢從他路徑至襄陽城下，萬無此理也。況他路險隘去處，各分偏師以保之，緩急又遣神勁弩手爲之助，而全吾大軍之力，因地利以致敵。敵至而不能與我速戰，我之輕兵與忠義兵又抄絶其糧道，敵豈能久留以與我必争此二城？使争而得之，不知其何以爲必守之計也。駐兵六七萬以上，則無糧以自給，若三二萬人，官軍可談笑破之矣。士大夫之憂，但以或棄二郡，虜得以爲家計，積兵積糧，嬰城自固，一旦竊發，襄陽之城未必可保爾。至二郡之糧，以臣觀之，自今以往必不煩諸將之憂。試以去年春及今年春較之，已有明效，可釋群心之疑。臣嘗檢照案踏去年春調兵二萬人至唐州以應敵，不過旬日間而起七郡之夫運糧，諸軍紛紛，猶曰乏食。今春以二萬兵城唐，積二十五萬工，前後踰月，諸軍飽食之餘，尚有三萬餘碩見在，蓋措置水運比陸運有間矣。雖虜之來路未可前料，而兵之機權亦難執一，至於形勢所在，有兵以禦賊，有城以保兵，又有糧以給兵之食，皆足以爲守唐、鄧之根本也。

趙撙、王宣各具到守禦之策，與臣之説大抵亦相類，謹具進呈。欲望睿慈采臣今來所奏，更賜詳酌，以方略授諸將，俾得以悉力奉行，不致誤事。伏候睿旨。

允文又論固守唐鄧兵勢糧運，上奏曰：

臣伏蒙聖恩，賜臣及趙撙、王宣御劄一封，聖謨閎遠，聖訓坦明，而聖恩不遺，曲示始終之睠，下拜感激，顧犬馬一死，誠不足以報也。臣伏讀聖訓以臣所奏堅守唐、鄧，而諸路有可入寇處，别未見條畫，此獨於二郡，而全勝之策未盡。此臣愚闇，淺識近慮，有所不逮，皇懼載心，無以自容。而先日三省、樞密院指揮但問將來虜人侵犯唐、鄧，合作如何備禦，故臣所對止於二郡爲詳，而不能廣引餘路併論之，此臣之罪也。

臣自去年秋至漢上，以諸將言兵力單薄，臣與之共議，悉收諸屯散漫之兵，聚之襄陽，以爲家計，坐觀虜入寇之路以應之，已嘗具奏知矣。至戍守唐、鄧之兵，但仍其舊，以二將云虜來之正路也。按舊籍唐州屯一千三百餘人，方城屯二千餘人，各以一統制或一統領主之，而湖陽減宋受軍五千人於郢州就糧，惟屯鄂州軍二千四十餘人而已。緩急捄應，已有成規，大抵如朝廷今所具守唐、鄧之上策也。但去年有可憂者，唐州之運以人力車乘而無城可嬰，虜騎一旦猝至，所謂一統制三千之兵無以自固，而湖陽及新野援兵恐不相及，則那回潰散，甚可慮爾。去年湖陽之屯，趙撙之兵不過二千，而王宣之兵在鄧州者亦不過二千人，未有一兵留戍新野者。臣前奏云：「官軍之守唐城者可堅壁不戰，以待援兵之至。蓋湖陽大兵進可爲唐城之援，荊南之軍出新野、南陽而與之合，則虜腹背受敵。」是與趙撙之奏所謂於湖陽、唐州一帶接連屯布軍馬，緩急奔赴争利，與臣之奏亦無甚異也。趙撙奏云：「虜自方城入寇則荆、鄂兩軍固當會合，則王宣分兵應之，其路自當出新野、南陽無疑。」則是撙、宣之意大略亦相一也。自去冬三人守唐、鄧之策既已素定，先日三人之奏又已互見，自是無大段異同。但臣等拙於文辭，不能互達其意，以致上煩朝廷之疑，此又臣之罪也。

至泌河之運，河道隘而舟小，所載不多，又自三月至七月而止。其方城、唐州、湖陽前所具長年守戍之兵，與比陽之戍六百餘人，亦合自唐州陸運應副，歲凡用糧一十一萬四千六百餘碩。去年以前，無城以積糧，又月積人力以陸運，故諸軍之食有足有不足，將士每以此爲憂。臣今歲措置泌河之運，亦不過年計合用之數，而緩急遞遣應援之兵便有糧可食，徐計已食之數，議補發而已，不至倉卒調兩路數萬丁夫也。糧既十一萬有畸，而馬料又凡六萬六千五百餘碩，泌河水力尚未敢必其盡如數，安得有大蓄積以資寇也？襄、漢既遠，事之條目至多，紙上所陳得一遺二，備後闕前，若非朝廷疏列下問，臣亦不自覺其言之不達其意，而今奏又不得不與朝廷明辨也。

伏奉御批「唐州勿輕棄」，陛下深居九重之中而明見萬里之外，嗚呼，盡之矣，臣尚何辭。少須趙撙、王宣具到今次合報事宜，一一別具奏知。伏乞睿照。

允文又論荆鄂兩軍分戍唐州積糧免差夫運，上奏曰：

臣伏准金字牌遞御前封到三省、樞密院劄子：「奉聖旨，於四月初將出戍軍兵到軍日久、住營最遠之人先次發回，其餘令更番休息，日下措置聞奏，仍預修兩軍寨屋等事。」聖恩溥博，德意昭明，軍士驩聲，不約而會。臣除已遵依施行外，契勘唐州最爲極邊，又虜兵入寇之衝，而城壁頹毁，不惟諸軍戰守無以固其志，而逐年糧運亦無隄防，以至不免逐時調夫往來於湖陽陸運，委是重困民力，而軍糧不繼。臣自今年三月泌河水生，即措置舟運，見今已起發二萬四千餘碩。若折運不已，至七八月間，於將來防托進取之用既爲便利，又免人户長年差役。

比自御前降到黄牓，臣即與趙撙商議，因本州子城舊基稍加開拓，自今月二十九日爲頭脩築。分萬人爲兩番，每番十日。第一番工畢，即令有家累人歸鄂州歇泊，第二番亦如此施行。若城身畢工，其餘乳口、樓櫓、泥飾之類，就令當戍之兵徐徐下工，庶幾諸軍不久於役，不至困苦。其荆南軍亦將有家累人分番休息，其無家累人見亦措置，令修築樊城，以爲漢江之外襄陽藩蔽。須家計固，則於進取可免後憂也。惟是殿前司兩軍見屯郢州，臣已移文招統制官宋受、王公述，候到當面議定，別具奏知。伏乞睿照。

孝宗時，允文又論收復鞏州分兵守險，上奏曰：

臣竊見鞏州以孤城諸軍攻打，閱四箇月不下，或慮因循，❶賊生巧計，節次與吴璘商量分那官軍，共力必取。已於六月二十一日、七月一日兩具劄子，以曲折事因奏知去訖。今日得璘捷報，實自陛下以聖德嗣位，威靈遐暢，諸將得以成功，天下不勝慶幸。今熙河路一帶人民可以安業，商旅可以通行，馬政可以復舊。又抽那得官軍及弓箭手、忠義人二萬餘人，以分戍秦隴、德順之險。向西一面，吴璘以身當之，可以堅守無疑。獨南山駱谷諸關隘並各損壞，戍守之兵各不過老弱十數人，群士夫之慮皆以爲憂。臣已與璘商量於利州東路人馬數中，量留一千五百人，今日已令傅忠信前去措置。臣體訪得南山以北，向化者甚衆，就委傅忠信前去招收，以壯軍勢，以弭盗賊。又興元重地，不可略無人馬，爲諸軍聲援，臣見委忠義統領官關寶結集義士，蒐揀伉

❶「慮」，原作「虜」，今據《四庫全書》本改。

健之人教習神臂弓，以爲戰守之備。雖據吴璘探報，虜中日添生兵，必欲從朝廷乞一二萬人應援，臣深慮襄漢、江淮之兵萬一抽那不行，臨時有誤指準，却致失措。故且隨事廣作隄備，庶决保蜀境，覬釁而進，仰寬陛下顧憂。

允文又論襄陽一面爲必守之備，上奏曰：

臣近者竊聞外廷之論，謂盱眙探報率多安好，襄陽探報率多急切，咸以爲疑。臣尋繹其言，質之兩處所報，不爲無據。然累日細思，殆非二守臣有佞有直，特虜於淮北、京西爲謀用力有不同爾。據探報，且以聚糧一事言之，宿、泗不過二三萬碩，而唐、鄧之積乃數十萬碩，兵與器甲之數大抵相類，則我之上流不可不過爲之防也。今王宣已致仕，員琦初到，凡襄陽一面當議所以爲必守之備者不一。陛下既輟遣王炎，付託得人，中外交慶。臣愚謂炎一到荆南，便不可輕動。如因其赴官，令自鄂州取道襄、郢，凡邊防機要處，親得與將帥守臣審議定以聞，則後日成算，淵衷前定，可無北顧之憂。而炎之此行，將帥亦可少見陛下委付之意矣。

狂瞽之言，不能自已，乞自聖裁。

允文又乞措置清河口防托虜中糧戰船，上奏曰：

臣據陳敏申坐奉聖旨令密切措置清河口防托戰守事，臣有以仰見陛下得守江淮之襟要，聖算無遺矣。詳敏所申，謂虜人舟船動以千百順流而下，凡稍泊去處即是登岸之路，我軍雖欲阻之，形散勢分，終莫可禦。其說既當，然以劉錡、劉寶用十數萬之衆不能捍清河，謂莫若益兵五萬人守楚州。或城池芻粟未辦，又謂莫若益兵二萬人守高郵，分兵屯喻口、鹽城、興化、黄浦四處，此其意在守高郵而已。所謂圖其易不圖其難，不可不辨也。虜累年以來打造戰船，教習水戰，皆在山東；拘收糧船，多積芻粟，亦在山東。出山東而爲兩淮之用者，獨有清河口爾。一出清河，不獨順流而下皆是梢泊登岸去處，如敏之說也。使泝流而上，沿楚、泗、濠州而至於安豐，則淮西之虜亦可以足食。逆亮南寇，其糧山積於盱眙、濠州，皆從清河出。隆興癸未、甲申之間，江東路運米亦從淮河而上，沿楚、泗、濠州至安豐、壽春，給淮西官軍。今若不於用力少處措置，却欲增兵五萬人而後守楚州，增兵二萬人而後守高郵，爲計亦左矣。假令朝廷有兵可增，如敏所請，而虜之糧出清河者，上而盱眙以給軍食，則天長一帶虜兵可以持久，又自盱眙上而至安豐，則淮西之虜亦可以爲久屯之計。是增兵以守楚、高郵，名爲捍通、泰、維揚則可，而非絶糧道使虜不得久之上策也。趙李左車善知兵者也，欲扼井陘之口以絶漢糧道，使野無所掠鹵，雖韓信不敢遽進兵。臣愚謂左車之策，今用之於清河口，虜兵雖衆，決不敢輕動，動亦不敢深入可必也。

臣到鎮江，見戚方説亦必欲守清河口，畫到圖子，欲於河口之南，因甘羅城舊基築小堡，藏車、戰船以待用。韓彦直欲沈船打撞必争於虜人叛盟出船之初，與戚方之説亦合。又引周明、韓貴見臣，謂深知清河口地利者。二人見責本軍自效，故願效死力也。彦直以總計事當赴奏，欲乞聖慈面賜宣問，如有可采，即乞速賜裁酌施行。或專委彦直同戚方共力措置，庶兩淮襟喉早得預備。利害至切，臣敢昧冒言之。伏乞睿照。

允文又論德順守戰之利不可輕棄，上奏曰：

臣自秦州同吴璘商量措置，促王彦、楊從儀合兵以圖鳳翔，又德順四十里内並令清野，及調發人馬以助軍勢，已於九月二十日奏知去訖。近據楊從儀申，合喜走入渭州。及據探事使臣伏宏申，虜於九月二十五六間，再以游騎於剥馬嶺一帶抄略無所得，至晚歸寨。臣於三十日到河池，伏見近降指揮令吴璘退守蜀口，此固根本而後進，乃自古不易之至論也。臣初與吴璘約，只令分兵守德順之險，身以重兵居秦亭，爲不可測之勢，正謂如此，已嘗兩具始末奏知。然璘之往德順，先留兵二萬人在蜀口，以萬人在殺金平，以萬人守大蟲嶺之天池。天池在大散關之前，與和尚原相對，山形尤峻阻，有水草之利，又界於入蜀二大路之間，可以腹背當敵。璘云：和尚原止可以扼一路，以前措置有未盡者，今年五月親行大蟲嶺始得之，殆天賜也。至如德順之險，自今春用盡兵力然後得之，勢須必争，理當固守。若一旦棄去，不獨失三路之地，而三路之兵、三路之糧盡資於敵。蓋弓箭手二萬乃土著之人，不肯徙家於近裏州縣，而官軍所因之糧盡仰給於新邊。自去歲九月用兵出秦州，未嘗自河池運一粒米出關以給軍食，而諸州縣城寨日下所管見在尚三十餘萬碩，而就糴之數不與焉。所以七月間身往德順，方擇地利捍防，適與虜值，不免須用兵力摧虜之鋒，以争北山、東山堡之勝勢。今濠塹深固，虜多死傷，德順可以必守。但每恨兵力不足，不能大破虜軍，成大功爾。璘與臣説如此，臣博采輿論，酌以愚見，在今日之勢，誠不可輕棄德順，退守蜀口。且璘自八月末與虜相持，已近七十日，三大戰之後，虜不能有吾丈尺之地。自璘回河池，今又半月，虜之智力又不能有所逞，則是璘規摹措置，可以固守，已有明效，必能上寬西顧之憂。

今士夫之論，以謂一棄德順則虜復收三路兵糧，而窺蜀口之路愈多矣。自德順至仙人關下皆平慢土坡，見盡耕種，而路皆方軌，虜兵可以長驅。當甲寅之春，虜至仙人關，才住十二日，而成都之民已犇逃山谷，不能一日安居，往事尚可鑑也。數年以來，吾所以有階、成、西和州，恃南北之要約爾。今兩界堠在秦州之皂郊平川中，無一水一阜之可憑，有目者皆可見也。臣比者親行此數郡，見士夫之論誠爲不誣。

若朝廷必欲棄新復之地，臣嘗具申乞别選官付以此事，臣決不敢賣國爲苟容之計。念自陛下嗣位，未嘗得一望清光，遽蒙睿慈，察臣孤忠，不肯徇大臣意，賜以庇覆生全之恩，尚付以夔之方面，感極涕零，愈當誓死以報。方其解去，不敢緘默爲一身謀。伏惟陛下聖明，録臣萬里惓惓，不勝大幸。

允文奏論秦隴軍馬錢糧不可棄新復之地，上言曰：

臣竊嘗考諸葛亮用蜀之日，每歲出師，皆以糧餉不繼不能大有所爲，遺恨百世者，以不得秦隴之地也。亮之兵一出散關，而渭南千里無仰給之糧，方且課軍民雜耕，爲持久計。今春吴璘至大蟲嶺，亦以艱食而退，古今尚一轍也。亮之兵一出祁山，其所築營堡在今西和州之北平川中二十餘里，既無險可恃，又無糧可因，而欲以木牛流馬之運取給於蜀之内郡，其不能成功，無足怪也。今天下欲爲恢復之圖，臣以爲從秦隴一帶而進，蓋得兵得馬得糧，盡古人之所不足者而兼之。今吴璘議更戍爲長久之計，其守德順之規摹如守殺金平，若繕修蒐集於年歲之間，必可以大舉無疑。陛下先日賜璘手扎，有云「新復之地一有差軼，則虜勢益張，邊事未有寧日」，群士夫一辭贊嘆，以爲大哉王言，明見於萬里之外，而出衆人智慮之表。今咸願陛下守之以一，密以手扎諭璘，凡德順、蜀口之守，俾璘得以自擇而責其成功，則璘必能以身任陛下之責，日夜圖所以報者。臣福薄才短，當遠使之初，自知危殆。陛辭太上皇帝之日，奏云：「臣之此行，謗書不止於三篋。」臣不意今日保全生成之恩乃遽出於陛下，二聖合德，自然同符，臣子寸心，如何可報？用敢密布腹心，少致其感天荷聖之誠，而實非敢與論事者較是非也。身在萬里，不啻累卵之危，惟陛下憐其愚忠，豈任幸甚。

允文奏陝西事宜狀曰：

臣自去年十二月二十七日以後，三次據利州西路都統司及鳳州一帶屯戍主兵官發下所司緊要文狀，稱虜人集於秦隴、鳳翔之間，積粟既多，已一兩次打圍，聲言以重兵犯西和州，分兵從小路入寇，皂郊榷場亦有禁閉客旅文榜。兵將官多言虜有前件情狀，舊以爲舉事之候，即具急奏，上瀆聰聞，因而張皇，遠近震恐。臣雖書生，至愚至閭，竊料虜兵必不輕動。止緣去年泗上虜使坐索俘囚，陛下神算所運，虜已奪氣，只如陝西之虜已紛擾數月，金銀木牌相屬於道，凡增兵積糧、增築堡塞爲自防之計，蓋不得不如此。其張爲先聲，亦欲吾境内自相紛擾爾。况今已入春時，虜之事力未充，和好之利必不肯輕失，决無可憂者。

又臣自到蜀，如西和、成、鳳極邊闊遠平夷，守臣之病廢者既采衆議，易以良將，次邊統制、統領官之老或病者亦行銓量，選有謀略驍勇之人代之。又點揀之後，入隊皆少壯之兵，臣支撥射射小貼子錢，❶分授都統司，以激勵入教諸軍。臣在利州，又於小貼子内造一兩金錢，分日令逐將弓弩手争射。初無射中者，踰月之後，諸軍人自精習，近日逐將各有三四箭中金貼子者。小人嗜利，不待督責笞捶，皆有必争敢戰之意，而兵氣作矣。又忠義歸正人以數萬計，累年在疑忌棄置中，懷不自安，豈免怨望？若盡行收拾，則事力有未能遽辦，但擇有材武知名虜中置臣左右，爲帳前提舉一行事務之類。士大夫以其反側難保，多爲臣危之，不知臣示以不疑，而反側者自定也。况憔悴憂危之人方惴惴度日，臣一旦信而用之，有請給以養其家，有厚賞以固其志，亦必肯爲臣出死力矣。虜如不動，誠爲虜之福，使天奪其魄，敢爲禍首，則以正兵當其前，與之相持，從間道分遣忠義首領潛入虜地，各連其黨，潰虜腹心，當有必勝之機，可乘而用，反側之效可見也。臣今約諸將静以待之，萬一虜用狂謀，出於不測，一犯吾境，臣即日引道身臨邊衝，糾率三軍，願以

❶「射射」，《四庫全書》本作「令射」。

一死少答陛下天地莫報之施。臣已擺布馬遞傳送探報，約成、鳳、西和至利州不過兩日夜可至，決不致少失機會。臣既籌今日之虜止是虛聲，尚慮諸軍探報或有達天聽者，急具此奏，乞陛下特寬西顧之憂。天日至明，察臣肝膽，不勝臣子之幸。

允文論虜政衰亡宜益自治，上奏曰：

臣先日伏蒙聖恩，特遣中使以姚憲等奏劄宣示，令臣留看。今日降出虜庭報書，其辭意繆悠，神人共憤，凡曰臣子，義當如何！臣之至愚，獨願陛下外示優容，內益自治而已，無令機會卒至而我有未備不足之歎，則事可以萬全。臣嘗詢之有識之士，謂今虜政衰矣，虜之亡證具矣，而惟我之所謂未備不足者，非兵與財也，古之議師一起，附我者皆兵，應我用者皆財也。然非大有爲之君堅誠念，隆德本，上順天意，下固人心，則無以爲恢復之體；又非定規摹，一議論，嚴兵律，立主威，則無以爲恢復之用。惟體用備而大統可集也。

老臣病悴闇昏，豈能知當世務，姑因識者之言，效其卷卷之忠而已。惟陛下方經營之始，未順動之前，日新而不倦焉。天下幸甚。

允文又奏曰：

臣於今月初五日奏虜帥留胡昉等，虜騎數入我境內，嘗妄論其必不敢深入，今寇退果七八日矣。據諸處探報，雖云增兵運糧於襄、郟間，比來寖多，其不能深入，終恐不出臣所料也。臣自去年秋到襄陽，守邊之規摹既定，惟鎮之以靜。諸軍各安其屯，飽食安眠，以習熟事藝爲樂。虜兵數犯境，摑鼓發喊，至于三四，亦未嘗輕爲之動。視去年春調發，蓋免四萬餘兵奔走出入，而兩路減餽運之夫亦以三萬餘計。臣區區之意，謂虜情既得，則當以静困之。彼動而我不爲之增兵，彼去而我不爲之撤備。外示以不可測之勢，内得以安全吾兵民之力，使之常有餘，以待一旦之用，庶幾兵氣振而民心不怨不離，自古萬全之舉有在於此也。今仰憑陛下道德安强之威，春事已畢，防秋將戒嚴，而臣之所自憂者，衰病日加，聰明日塞，負聖恩而妨賢路，速大譴於盛明之時，夙夜危懼，有不能自已者。伏乞睿照。

知建康府洪遵論采石水軍劄子曰：

臣聞《易》曰「王公設險以守其國」，聖人筆之以爲天下後世戒，其可忽諸？臣竊惟南方以水爲險，所恃以立國者長江爾。中興以來，以兩淮爲藩籬，以長江爲門户，我之所必防而敵之所必窺者，曰京口，曰采石，曰九江，曰鄂渚。就數之中，惟采石爲要且重，何則？湍流雖猛而江面實狹，所以北方每每覬覦而僥倖也。跡之前事，隋韓擒虎以五百人宵濟，縛其醉卒而陳弗之覺；五季時，樊若水引繩絶江，請造浮梁以濟師，我太祖皇帝用其策而下池陽；逆亮入寇也，而采石受敵最力，幾爲不可藥之憂。臣待罪當塗，屢至江上，目閲而心計之，竊謂守長江之策，全藉可信之人與禦敵之器爾。天祐我宋而吴、蜀爲一，無王濬樓船之虞。萬一北人習熟水戰，是長江之險與我共之，得不爲之寒心哉？今采石所屯，其人其器未爲盡善，公占破而私役使，以爲當然。夫不專其任，又烏能責其所習哉？舳艫尾銜，鱗次江滸，徒爲觀美而已，異時差官閱視，不過朱艧其外耳。甚者釘斷板缺，輪軸刓敝，舉而置之觝觸决驟之地，是能保其必勝哉？

臣愚欲望聖慈特降睿旨，遴選裨校之良者專一董統其衆，時張水嬉，自爲一軍，無令他屬。間遣信臣按試，重加賞罰而殿最之。器用精而徒卒專，使奮躍淬礪，常若寇至，誠爲今日先務。

王之望論兩淮鎮戍要害，上奏曰：

臣伏準三省、樞密院劄子備錢端禮奏内稱：「昨來虜人累次侵犯，皆自西路入寇，蓋濠、壽之地徑捷，而糧船多自清河以入滁。今西路部分要害已得其宜，若嚴切固守，無致侵犯東路滁州一帶，最爲上策。設若透漏奔衝，則郭振全軍與西路軍馬夾擊，甚爲利便。及今劉寶、郭振互相照應，臨機制勝，遇有兩路連接事機，星火關報，協力一心，無致差誤。奉聖旨，劄與淮西宣諭司。」

臣觀錢端禮所陳，甚合事宜。契勘兩淮屏蔽大江，利害一體，尤不可以東、西分。朝廷既差兩宣諭，遂有界限，勢使然也。且如以前宣撫都督通管兩路，則如何分得東、西？淮南形勢，淮水殊不足恃，而大江狹處最是采石。虜人每來由巢縣、和州一帶徑至江上，最爲要害，其次方到六合、揚州，蓋江道闊而路稍背也。今西路措置修石湖亭、昭關等處關隘，使賊不得至采石，則是兩淮最要害處，西路已獨當之矣。其餘光、黄、桐城等處，孔道甚多，皆須隄備。六合雖隸淮東，而地鄰西路，臣所以欲兩路相關措置，設有緩急，自合兩路相應。此事臣與錢端禮所言一同，乃今日措置兩淮之上策也。若要固守濠、壽等州，使虜不犯滁州一帶，則必無是理。

臣前奏廬、壽、光州決不可守，濠州若虜大入，亦須保横澗山，而兩路中間接近去處，即合相關措置。蓋緩急分東、西不得，虜奔衝東路六合，必須西路夾擊。若欲固守濠、壽，使不犯東路滁州，則西路亦豈能獨任其責？滁州不可守也。滁州之不可守而守六合，則壽、濠之地其可責西路之保守，使賊不透漏乎？今東路劉寶一軍把遏水道外，殿前一軍人數甚衆，將來屯在揚州。郭振軍在六合，所以備此一帶平闊，然不過一二百里之間。而西路疆界闊遠，邊面千里，地平如掌，又無城池之固，若不據險，不知用幾人。雖有大衆，終不足以當虜人之騎兵。見今張守忠一軍屯巢縣，與時俊保石湖嶺，王彦屯和州，保曠口、昭關，戚方屯桐城，保北峽諸關。虜兵不犯去處，方可抽那應援，假令虜人分兵，一犯西路昭關，一犯東路六合，則各處僅能自保而已。此所以備禦之不可不嚴也。故臣曰西路當據諸山之險以控其兵鋒，東路當扼清河之口以斷其糧道。淮西若不扼諸山之險而守濠、壽，以蔽障滁州，此乃劉錡、王權輩前車之覆轍也。若西路敗於濠、壽之間，則將何兵馬與東路夾擊於六合乎？西路既敗，非徒無可以應援東路，而東路六合、揚州之衆亦恐不復能枝梧矣。若吾據關守險，非徒可以自保其處，虜知吾有備，亦未必便敢深入。使其送死，則吾以逸待勞，以飽待飢，正墮吾計中，可以得志。故臣以謂今日措置兩淮之上策，無以加此。臣與錢端禮所論大抵相同，只恐淮東指準淮西固守濠、壽，欲其不犯滁州，將來却成相誤。

臣愚欲望聖慈預戒兩路諸帥，遇有侵犯兩路相近要害去處，互相策應，不得坐觀成敗。臨時朝廷更嚴賜指揮，蓋此非兩宣諭之力所能獨辦也。仍乞降臣此劄行下照會，庶幾不致疑誤。

之望又上言曰：

臣今月初五日戌時準御前金字牌降到三省、樞密院關臣僚劄子奏：「伏見逆虜侵軼淮甸，其意止欲復得四郡而已。緣在我者首尾應接不得要領，遂至無所忌憚。目今淮甸所屯王師無慮二十餘萬，不爲不多矣，但星分棊布，不相襟帶，相望有在數百里外者。所以人人但覺彼衆我寡，既不敢奮然獨進，又不能批亢擣虚。日引月長，徒爲身謀，竟不能成尺寸之功，致虜騎益無畏懼，徐徐南嚮而不已者，正以此耳。臣愚欲望朝廷特於將帥之任，不問疏遠，采聽衆議，精加審擇而易置之。且留戚方於桐城，時俊於巢縣，以備虜賊分兵乘虚之衝，其餘兵帥盡行會合，以臨虜師重兵之所。更遣辯説之士，持捭闔之説直造虜師，以摇其腹心。儻爲此舉，將不待交鋒，彼必稽顙。辯説既行，彼必少懈，出奇掩襲，彼必犇潰，縱之擒之，此萬舉萬全之策。候敕旨。」閏十一月二日三省、樞密院同奉聖旨：「臣僚所論委見今日利病，可令楊存中、王某疾速從長措置施行。」

臣契勘自虜人入寇，奪城殺將，無不如志。我惟謹守而略未有以侵害之，故少即三二十人，多即數百人，公肆出没，無所忌憚，使我不知所備，坐以自困，非持久之道也。臣愚欲下諸大帥各於所部選擇材武膽勇有方略統制、統領將官一二十員，不得以人情冒濫，每人各與錢一二萬或數千緡，不以是何部曲，募驍鋭少壯兵校一二千人或數百人，出奇擇利，分頭迭出，翦其游軍，晝攻夜劫，擾其營寨，可進即進，不責其必往。如此，則虜備者多，小隊不復敢出，無虜掠之利，失樵蘇之便，其勢必窘，不容久留，當有可乘之隙。若遇大敵，則以爲軍鋒，有功者優其賞擢。不過費三五十萬緡，而軍聲大振矣，鼓作士氣，變怯爲勇，無以加此。如蒙聖慈以爲可采，乞速降指揮施行。仍乞撥椿錢一百萬貫，以專充此用，要使諸軍知不徒爲文具，庶幾人有奮心。

趙汝愚論邊防，上奏曰：

臣仰惟陛下以英睿不世出之資，慨然有恢復中原之志，朝謀夕計，留意邊防，宗社幸甚。然臣竊觀今日規模大概，蓋是循用渡江一時權宜之制，而實非祖宗累聖固守之法，惟守備既非素定，則勝負決於臨時，臣實憂之，而願獻其狂愚之説。

臣伏觀自古用兵，正如弈者之弈，其法不過以多算勝少算而已。祖宗西北邊面，凡所用之人，所守之地，所養之兵，累聖講畫，成法具備，自近及遠，節節皆有次第。如極邊要害去處則有堡寨，其次有城守。堡寨則有巡檢、有寨主，城守則有守將。三路有大帥，如韓琦、范仲淹輩，皆極天下之選，其所辟寮佐如田況、孫沔、尹洙、張方平輩，亦無非一時名士，故士大夫皆習知邊鄙間事，其後往往盡爲時用。其兵健則有本城禁軍、廂軍，有堡寨土兵，有蕃漢部落，有義勇、弓箭手，自足以爲鎮守之備。甚不得已，則時出禁旅以助之，蓋未嘗以舉國之師而決於一戰也。故百餘年内外無事，中間如李元昊父子傑黠兇狡，其志非不欲窺伺中國，雖屢戰屢勝，而卒不能得吾尺寸之地者，邊備素嚴故也。

今自西徂東，邊防數千里，所在空虚，朝廷所置帥守，所養兵士，祇與内郡無異。姑先以兩淮論之，緩急之際所恃以爲禦敵之計者，不過以建康之師守淮西，鎮江之師守淮東而已。此正臣前所謂渡江權宜之計，而非祖宗固守之法者也。方太上渡江時，長、淮赤地千里，蓋無藩籬之衛，當時所恃以禦敵者，張、韓、劉、岳數大將而已，故一時權宜之計，不容不出於此。今國家中興六十年，南北之勢既分，沿淮之地皆爲極塞，虜人猶且墾闢田土，暗增戍卒，以爲我備。然則朝廷安可不講明舊制，而爲固守之計耶！且建康、鎮江之師家屬皆在江南，若不深察其情，而驅之於並邊之地，前有彊敵，後無繼援，勝負之命如争一擲，臣恐矢未及發而已有保固妻子之心矣。辛巳之役，王權以數萬衆在合淝，不戰而渡江；甲申之役，劉寶亦以數萬衆在楚州，不戰而退保。此蓋前日之明驗也。陛下視今日諸將，孰能用衆如王權、劉寶者乎？不以此時預爲規畫，誠恐長、淮千里非復國家所有，而唇亡齒寒，將不可以爲國矣。此臣所以日夜私憂過計不能自已者也。

伏願陛下講明祖宗累聖之法，於邊防要地崇建帥府，增置士兵，漸葺諸城，遴選守將，假以歲月，使之優游暇裕，積穀訓師，陰爲備禦之計，而勿使敵人知之。一旦有事，則使守將與士兵當其前，而主帥與大軍繼其後，俾敵人望吾之境愈進而愈難，則陛下以守則固，以戰則克，進可以復祖宗之境

土，退可以保大宋之基業矣。❶

汝愚乞嚴戒沿邊官吏禁戢邊民生事疏曰：

臣近據金州都統司及金州上津縣申，自正月初四日以後，有京西路鄖鄉縣及利州路土津縣沿邊人户，將帶老小驚移，不知其意。續據探報，有州界人馬深入鄖鄉縣界約十餘里，驅掠税户解成、張四、龐博、張博等家口前去，未知的實。或傳是京西路邊民争理地界，或傳是均、房州有人入州界行刼，是致州界遣人搜捕，臣各據逐處申到事狀，備録申樞密院訖。臣契勘得所争地界係屬京西路，不隸州界外，惟是盗賊一事深繫利害，輒有管見，合具奏陳。

臣伏見從前州界如理索歸正人等，州縣自合只循舊例迤邐回報外，至於本界無賴之人擅入州界爲盗，作過生事，即與前項歸正人等事體不同。或遇州界移文，其間若有贓證明白者，州縣自合酌量事體輕重物色追究，依法行遣，庶幾邊頭無賴之人各知畏懼，不敢越界生事。州界之人若聞得本朝曾爲如此行遣，亦自心服。臣訪聞得沿邊官吏多務蔽藏，雖明知有累經作過之人，亦不敢舉覺窮治，或者吏人受賂，肆爲囊橐，無所忌憚。又有不識事體之人互争勝負，務相報復，以彊取勝，却致州界之人或以巡綽爲名，或以搜捕爲説，擅入本界，驅掠人口，而州縣官吏隱諱不言，上司既不問知其人，無由理索，竊恐馴致釁隙。事關邊境，不可不防。

本司昨累承州界移文根究盗賊事，或

❶「宋」，原作「土」，今據《四庫全書》本改。

將作過徒伴押回本界，臣即時酌量輕重，密諭本處官吏盡情追究，依法行遣。如或因採樵誤入州界，或被北界人自因讎隙驅虜前去，本非爲盜者，候見得着實情節，即已備牒州界官司照會去訖。如蒙聖明見得本司前項行遣别無違礙，伏乞特降指揮，嚴戒沿邊官吏禁戢邊民，不得越界生事。如有違犯約束之人，仰州縣官常行覺察，如法根治，重作行遣。臣聞鷙鳥將擊，必匿其形，況夫邊境之間尤宜務存大體。

臣近據邊報，北界僞主已殂，其孫嗣立，從此事體恐有更張。臣愚伏願陛下遠法文王遵養時晦，近同句踐嘗膽會稽，厚禮卑辭，不憚屈己，使彼君臣偃然肆志，不復以我爲懼，然後徐觀其變，起而圖之。是陛下能屈於一時，而獲伸於萬世也。惟陛下留神，幸甚。

中書舍人張孝祥論衛卒戍荆州劄子，上奏曰：

臣仰惟陛下軫念上游，既以荆州付之劉錡，而又倚信聽從，無一不至。伏觀比來詔旨，爲錡而下數踰二十，如嚴制節、備官屬、頒緡錢、增鎧仗之類是已。顧中外之論，猶謂錡之所急寔在兵少，欲出衛卒往戍錡所。夫自吴至荆州，山川阻遠，調發數千，與其孥俱，則是數萬，不惟經行煩擾，亦非所以外示安靖也。臣愚竊欲效計，以謂取之於遠，不若取之於近，所謂夔路是也。今諸路將兵往往有名無實，臣嘗詢之，惟蜀爲盛，成都萬人，潼川六千，夔路四千。夔之去荆，道路無幾，若以夔兵二千益荆州，轉潼川之卒以補夔闕，而下成都之甲如夔之數戍潼川，或歲時踐更，或一定不易。如是，則内無遷徙之爲勞，外無疑間之可開，周旋几席之上，而形勝之强成矣。議者必曰夔當蜀後，夔守虚則蜀以危，臣謂不然。自荆入蜀，取道峽中，地勢險絶，人必魚貫而進。荆在平衍之地，據吴、蜀之衝，使荆果强，則孰敢踰荆而窺蜀？是夔雖有兵，寔寘於無用之地，徙之於荆，則上可經蜀，下控沔、鄂，蜀既無慮，而上游亦固，一動兩得，有利無害。伏惟陛下留神財幸。

辛棄疾論阻江爲險須藉兩淮，上疏曰：

臣竊惟自中興以來，駐蹕臨安，阻江爲險。然江之爲險，須藉兩淮。自古南北分離之際，蓋未有無淮而能保江者。然則兩淮形勢，在今日豈不重哉！臣仰惟陛下垂意邊防，規恢遠略，沉幾先物，慮無遺策。然臣偶有管見，慮之甚熟，誠恐有補萬一，唯陛下寬聽。

蓋兩淮緜地千里，勢如張弓。若虜騎南來，東趨揚、楚，西走和、廬，苟吾兵無以斷隔其中，則彼東西往來，其路徑直，如走弦上，蕩然無慮。若吾兵斷隔其中，則彼淮東之兵不能救淮西，而淮西之兵亦不能應淮東。設使勢窮力蹙之際，復由淮北而來，則走弓之背，其路迂遠，懸隔千里，勢不相及，入吾重地，兵分爲二，其敗可立而待。古之爲兵者，謂其勢如常山之蛇，擊其首則尾應，擊其尾則首應，擊其身則首尾俱應，然後其兵立於不敗之地。今以兩淮地形言之，則淮東爲首，而淮西爲尾，淮之中則其身也，斷其身則首尾不能救明矣。

三國之時，吴人以瓦梁堰爲身，築壘而守之，而魏終不能勝吴者，吴保其身，而魏徒能擊淮西之地也。五代之時，南唐慮周師之來，蓋嘗求吳人故迹而守之，功未成而周兵至，然猶遣皇甫暉、姚鳳以精兵十五萬扼定遠縣，負清流關而守，世宗亦以藝祖皇帝神武之兵當之。虜騎之來也，常先以精騎由濠梁破滁州，然後淮東之兵方敢入寇；其去也，唯滁之兵爲最後。由此觀之，自古及今，南兵之守淮，北兵之攻淮，未嘗不先以精兵斷其中也。況今虜人之勢，一犯吾境，其所以忌我者非戰也，忌吾有兵以出其後耳。一出其後，則淮北之民必亂，而淮北之城亦可乘間而取，如向之海、泗、唐、鄧是也。

今陛下城楚城揚於東，城廬城和於西，金湯屹然，所以爲守者具矣。然臣以謂，兩淮之中猶未有積甲儲粟，形格勢禁，可以截然分斷虜人首尾之處。以臣愚見，當取淮之地而三分之，建爲三大鎮，擇沈鷙有謀、文武兼具之人，假以歲月，寬其繩墨以守之，而居中者得節制東西二鎮。緩急之際，虜攻淮東，中鎮救之，而西鎮出兵淮北，臨陳、蔡以撓之；虜攻淮西，中鎮救之，而東鎮出兵淮北，臨海、泗以撓之；虜攻中鎮，則建康悉兵以救之，而東西鎮俱出兵淮北以撓之；東西鎮俱受兵，則彼兵分力寡，中鎮悉兵淮北，臨宿、亳以撓之。此蘇秦教六國之所以爲守，而秦人聞之所以不敢出兵於函谷關也。比之紛紛紜紜，自戰其地者，利害不侔矣。

如臣言可採，乞下兩府大臣并知兵將帥，詳議建立三鎮去處，措置施行。

棄疾又上疏曰：

臣聞事不前定不可以應猝，兵不預謀

不可以制勝。臣謂兩淮裂爲三鎮，形格勢禁，足以待敵矣；然守城必以兵，養兵必以民，使萬人爲兵，立於城上，閉門拒守，財用之所資給，衣食之所辦具，其下非有萬家不能供也。往時虜人南寇，兩淮之民常望風奔走，流離道路，無所歸宿，饑寒困苦，不兵而死者十之四五。臣以謂兩淮民雖稀少，分則不足，聚則有餘。若使每州爲城，每城爲守，則民分勢寡，力有不給；苟斂而聚之於三鎮，則其民將不勝其多矣。竊計兩淮户口不減二十萬，聚之使來，法當半至，猶不減十萬。以十萬户之民供十萬之兵，全力以守三鎮，虜雖善攻，自非掃境而來，烏能以歲月拔三鎮哉！况三鎮之勢，左提右挈，横連縱出，且戰且守，以制其後，臣以謂雖有兀朮之智，逆亮之力，亦將無如之何，况其下者乎！故臣願陛下分淮南爲三鎮，預分郡縣户口以隸之。無事之時，使各居其土，營治生業，無異平日。緩急之際，令三鎮之將各檄所部州縣，管拘本土民兵户口，赴本鎮保守。老弱妻子，牛畜資糧，聚之城内，其丁壯則授以器甲，令於本鎮附近險要去處分據寨栅，與虜騎互相出没，彼進吾退，彼退吾進，不與之戰，務在奪其心而耗其氣。而大兵堂堂整整，全力以伺其後，有餘則戰，不足則守，虜雖勁亦不能爲吾患矣。且使兩淮之民，倉卒之際不致流離奔竄，徒轉徙溝壑就斃而已也。

棄疾又論荆襄上流爲東南重地，上疏曰：

臣竊觀自古南北之分，北兵南下，由兩淮而絶江，不敗則死；由上流而下江，其事必成。故荆、襄上流爲東南重地，必然之勢也。雖然，荆、襄合而爲一則上流重，荆、襄分而爲二則上流輕，上流輕重，南北之所以爲成敗也。六朝之時，資實居揚州，兵甲居上流。由襄陽以南，江州以西，水陸交錯，壤地千里，屬之荆州，皆上流也。故形勢不分而兵力全，不事夷狄而國勢安。其後荆、襄分而梁以亡，是不可不知也。今日上流之備亦甚固矣，臣獨以爲緩急之際，猶泛泛然未有任陛下之責者。臣試言之。

假設虜以萬騎由襄陽南下，衝突上流，吾軍倉卒不支，陛下將責之誰耶？責襄陽軍師，則曰：「虜以萬騎衝突，臣以步兵七千當之，襄陽戍兵入隊可戰之人，猶未滿此數。大軍在鄂，聲援不及，臣欲力戰，衆寡不敵，是非臣之罪也。」責鄂諸軍，則曰：「臣朝聞警，夕就道，卷甲而趨之，日且百里，未至而襄陽不支矣，是非臣之罪也。」責襄陽守臣，則曰：「臣守臣也，知守城而已，軍則有帥。戰而不支，虜騎衝突，是非臣之罪也。」責荆南守臣，則曰：「荆與襄兩路，道里相去甚遠，襄陽之不支，虜騎衝突，是非臣之罪也。」彼數人者以是辭來，❶朝廷固無辭以罪之也。然則上流之重，果誰任其責乎？

陛下胡不自江以北，取襄陽諸郡，合荆南爲一路，置一大帥以居之，使壤地相接，形勢不分，首尾相應，專任荆、襄之責；自江以南，取辰、沅、靖、澧、常德，合鄂州爲一路，置一大帥以居之，使上屬江陵，下連江州，樓艦相望，東西聯亘，可前可後，專任鄂渚之責。屬任既專，守備自固，緩急之際，彼且無辭以逃責。如此，上流之勢固不重

❶「數人」，原作「人人」，今據《稼軒集鈔存·紹熙癸丑登對劄子》改。

哉！外不失兩路之名，内可以爲上流之重，陛下何憚而不爲？

雖然，臣聞之天下之勢有離合，合必離，離必合。一離一合，豈亦天地消息之運乎？周之離也，周不能合，秦爲驅除，漢爲合之。漢之離也，漢不能合，魏爲驅除，晉故合之。晉之離也，晉不能合，隋爲驅除，唐故合之。唐之離也，唐不能合，五季驅除，吾宋合之。然則已離者不必合，豈非盛衰相乘，萬物必然之理乎？厥今夷狄物夥地大，德不足，力有餘。過盛必衰，一失其御，必將豪傑並起，四分五裂。然後有英雄者出，鞭笞天下，號令海内，爲之驅除。當此之時，豈非天下方離方合之際乎？以古準今，盛衰相乘，物理變化，聖人處之，豈非慄慄危懼，不敢自暇之時乎？故臣敢以私憂過計之切，願陛下安居慮危，任賢使能，修車馬，備器械，使國家屹然有金湯萬里之固，天下幸甚，社稷幸甚。

王十朋代人上疏曰：

臣聞居家者必謹藩籬，置皂隸，以爲寇盜之防；建國者必保山海之險，選岳牧之臣，以禦外敵憑陵之患。今朝廷以江、淮爲蔽障，以守帥爲長城，江、淮守臣比他處爲尤重，宜於文武臣中，擇其材勇智略可爲爪牙者付之。陛下親加敦遣，勉以忠義，資之以糧，假之以兵，俾其守死勿去，則我有所恃而不恐，敵有所憚而不敢窺。苟非其人，則必爲敵所輕，誤事非少。除授之際，尤不可不謹。又川蜀之地去朝廷最遠，尤爲虜所窺伺，緩急之際，勢必不能相應。在兵法有攻東南、備西北者，虜情難測，深恐虚聲在此，而屬意在彼。臣以爲宜增重四川帥臣之權，俾其便宜從事，遇臨機應敵之際，不必請而後行。仍選大將屯重兵于外，以爲急難之援。如是，則陛下可以寬西顧之憂矣。

敷文閣待制、四川置制使范成大奏論文州邊事劄子曰：

臣伏見四蜀沿邊蠻夷，自政和以前，雖時有侵犯邊境，當時朝廷鮮曾容貸，旋即舉兵問罪。固未必皆有大功，然夷人終是畏憚不敢，無時輕發。比年以來，如成都府路嘉、黎、雅三州等處，屢有邊事，時議以外備大敵，姑務含忍，又以方市戰馬，不欲阻絕。夷人狃習，謂中國終不能報復，來則有虜掠之利，退則無追躡之憂，甚者反得犒賞財物，過於未叛之時，是以泰然無所顧忌。蜀之諸邊，蓋未嘗得數歲無事。邇者，利州西路文州界内有蕃部侵犯寨堡，殺掠人兵。訪聞常年如此，官司每是隱忍蔽覆，終於和斷而已。

契勘今來作過蕃部，據邊吏張皇關申，其衆亦不過三四百人，初無雄傑酋長爲之謀，又無堅甲利兵爲之用，國家屯戍大軍密邇其處，蕞爾小蕃乃敢跳踉如此者，政以習見近事故也。若不惜暫勞小費，併力討蕩，期於不貸，則豈獨文州蕃戎讋懼，其他種落自此懲創，知中國不可輕犯。此西陲數十年安靜之長算也。臣已榜下文州，止告諭非作過蕃部，且許自通貿易，以解散其締結。又聞蕃寇之來，稍不得利即依林菁以自固，官軍深入，易落姦便。臣亦已行下乘風焚山，嚴兵清野，徐用鄉道，搗其巢穴。惟是議者或以爲文州係買馬地分，恐不即和斷，或至阻隔。臣再三詢究茶馬司所買馬數，文州不當十之一二，又其品凡下，非宕昌比。兼今來作過主首止是一族，雖加攻討，自不妨餘族互市。政使緣此而所買馬數少減於常年，權邊防利害之重輕，亦恐自有先後緩急之序。

或又謂朝廷方以備北虜爲急，此等癬疥合且姑息，臣竊謂不然。大敵未平，尤當先除腹心之患。諸葛亮豈一日忘中原哉，然五月渡瀘，深入不毛，以定南中者，蓋出此也。不然，方今關外寧肅，而蠻夷敢擾動如此，使岐、雍有警，則此等窺伺侵寇將何所不至！

臣暫此攝事，實有不敢以苟紓歲月爲心，而妄爲西土畫息肩之策。若萬分有一，偶合睿指，欲乞出自聖斷，更賜行下興州都統制吴挺，廣設方略，討蕩施行。其措置催督之類，臣雖庸虚，不敢不任其責。所有文州數百匹之馬，或不及歲額，亦乞暫寬度外，俟邊防安静，不患馬額之不復。臣區區狂率，干犯天威，伏地戰越。

陸游上奏曰：

臣聞天下有無窮之變，而有必然之理。惟默觀陰察，能得其理，則事變之來，雖千態萬狀，可以坐制而無虞矣。天下之變，最幽眇倉卒不可測知者，莫如雷霆鬼物。然雷霆冬伏而春作，鬼物晝隱而夜見，則其理之必然，有不待智者而知之矣。今朝廷内無權家世臣，外無强藩悍將，所慮之變，惟一金虜。虜，禽獸也，譎詐反覆，雖其族類有不能測，而臣竊以謂是亦有可必知者，夫何故？寬猛之相繼，如寒暑晝夜之必相代也。故自金虜猖獗以來，靖康、建炎之間窮凶極暴，則有紹興之和；通和既久，則有辛巳之寇；寇而敗亡，則又有隆興之和。今邊陲晏然，枹鼓不作，逾二十年，與紹興通和之歲月略相若矣。不知此虜終守和約至數十百年而終不變耶，將如晝夜寒暑必相代也？且虜非中國比也，無君臣之禮，無骨肉之恩，惟制之以力，刧之以威，則粗能少定。今力憊勢削，有亂而已。其亂不起於骨肉相殘，則起於權臣專命，又不然，則姦雄襲而取之耳。三者有一焉，反虜酋之政，以悦其國人，且何爲哉？雖陛下聰明英睿，自有所處，然臣竊觀士大夫之私論，則往往幸虜之懦以爲安。不知通和已二十餘年，如歲且秋矣，而謂衣裘爲不必備，豈不殆哉！

大抵邊境之備，方無事時觀之，事事常若有餘，一旦有變，乃知不足。伏望陛下與腹心之臣力圖大計，宵旰弗怠，繕修兵備，搜拔人才，明號令，信賞罰，常如羽書狎至、兵鋒已交之日。使虜果有變，大則掃清燕代，復列聖之讎，次則平定河洛，慰父老之望。豈可復如辛巳倉卒之際，斂兵保江，凛然更以宗社爲憂耶？臣世食君禄，且蒙陛下省録姓名，已二十餘年，念無以報天地父母之大恩，故其陳於陛下者惟懼不盡，而不知狂愚之爲大罪也。

乾道中，猺蠻爲亂，吏匿不以聞，儒林郎李大性上言：「比年猺蠻爲亂，邊吏慮妨賞格，往往匿不以聞，遂致猖獗，使一方民命寄於猺人之手，誠可哀憫。近如梁牟等寇沅州，刧墟市，殺戮齊民，州縣告急於兩月之後，❶比調官軍討捕，俘降其賊，而人之

❶「急」，原作「給」，今據《四庫全書》本、《宋史·蠻夷二》改。

被害已酷矣。宜戒州縣或遇猺人竊發，晝時以聞，違者論罪。仍命監司、帥臣常加覺察，庶幾先事備禦，俾猺人亦知畏懼，不致侵軼，以傷吾民也。」

七年，前知辰州章才邵上言：「辰之諸蠻與羈縻保静、南渭、永順三州接壤，❶其蠻酋歲貢溪布，利於回賜，頗覺馴伏。盧溪諸蠻以靖康多故，縣無守禦，犵狑乘隙焚刼。後徙縣治於沅陵縣之江口，蠻酋田仕羅、龔志能等遂雄據其地。沅陵之浦口地平衍膏腴，多水田，頃爲猺蠻侵掠，民皆轉徙而田野荒穢。會守倅無遠慮，乃以其田給靖州犵狑楊姓者，俾佃作而課其租，所獲甚微。楊氏專其地將二十年，其地當沅、靖二州水陸之衝，一有蠻隙，則爲害不細，臣謂宜預爲之備。靖康前，辰州每歲蒙朝廷賜錢七萬貫，細絹布共八千一百匹，綿一萬七千兩。是時，本州廂禁軍一千四百餘人，沿邊一十六砦土兵六百餘人，皆可贍給。其後中外多故，今歲賜止得一萬二千緡，而本州財復匱乏，無以充召募之費。禁軍止二百一十餘人，諸砦土兵止一百五人，甚至砦官有全無一兵而徒存虛名者，其於邊防豈可不爲深慮？若歲增給民錢一萬，俾本州募强壯禁軍或效用二百人，分屯盧溪等處，以防諸蠻，庶使邊患永消，可免異時調遣之費。」書奏，詔湖北帥臣詳議以聞。

八年，知貴州陳乂上疏言：❷「臣前知

❶「渭」，原作「謂」，今據《宋史・蠻夷二》改。
❷「乂」，原作「義」，今據《宋史・蠻夷二》改。

靖州時，居蠻夷腹心，民不服役，田不輸賦，其地似若可棄。然爲重湖、二廣保障，實南服之要區也。或控制失宜，或金穀不繼，或兵甲少振，蠻獠則乘時竊發，勤勞王師，朝廷當重守臣之選。崇寧初，戍兵三千人，建炎以來，每於都統司或帥司摘兵二百人，以備屯戍。其凶悍者，以州郡不能制，遂慢守臣，反通猺蠻以撓編民。州郡非白主帥不敢治，比得報，已晚矣。故戍兵敢肆其惡，一旦有警，復安能爲用？臣以爲宜聽守臣節制便。」帝嘉其言。

十年四月，全州上言：

本州密邇溪峒，邊民本非姦惡。其始，朝廷禁法非不嚴密，監司、州郡非不奉行，特以平居失於防閑，故馴致其亂。又兼溪谷山徑非止一途，如静江、興安之大通虛，武岡軍之新寧、盆溪及八十里山，永州之東安，皆可以徑達溪峒。其地綿亘郡邑，非一州得專約束，故游民惡少之棄本者、商旅之避征税者、盗賊之亡命者，往往由之以入，萃爲淵藪，交相鼓扇，深爲邊患。如武岡楊再興、桂陽陳峒相繼爲亂，實原於此。爲今計者，宜徙閑地巡檢兵，及分遣士卒屯諸溪谷山徑間，俾湖南北、廣西帥憲總其役，庶幾事權有歸，號令可行也。

李椿奏邊備利害狀曰：

臣竊見朝士大夫，每歲虜使欲來未至之際，則皆憂其變故，及至虜使既還，則以謂一歲無事，便作安享逸樂，國家久遠之計不復關心，直待明年秋冬之交方知憂慮。日復一日，歲復一歲，更無一定之論，天下之勢益就委靡不振，臣實痛之。且如淮甸守備之計，臣嘗具奏乞堅守之地四處，臣今至江上詢訪利害，無過於前奏者。虜或渝盟，四處固守，決不敢至江上。雖至江上，亦不敢住。蓋兵行以糧草爲重，虜騎雖多，而知巢湖、東關等處據險，糧草必不敢行。兵馬闕食，不待戰而必走無疑矣。李陵之言曰「步馬之勢，固自懸絶」，今諸軍馬少，全仰步兵，虜則盡馬，勢固不同。加以衆寡不等，平原淺草，勝負難量。若圖全勝之計，惟守而已。守備已堅，自生勇志，見利然後可以圖戰。若輕用僥倖萬一之勝，是棄其兵也，如葉義問之用劉汜是也，足以爲戒矣。且吾之所長以水爲固，必在於舟楫。兵乘船艦，利則登岸，否則據水，無令敵人有船，則是萬全之計，此守四處之大概。虜所恃者衆與騎耳，我若必以騎圖勝，萬無是理，當思有以制其騎，斯可矣。

臣嘗見諸所以禦虜騎者多用拒馬，二人共舉，其一手不能別執兵器，所以拒敵比車之爲用不相侔矣。臣又見兵官陳敏造車數樣，皆不適用，韓世忠造鰕鰍車以衝，郭振止用商旅羊頭車，許贇造車亦相類而稍華，歸正人徐清三等車樣，向來必曾進呈。而宋武用車四千乘，以布爲幕，下山東，滅慕容超，又用大槌發短矛於車上，以數千人破元魏數萬騎於河北。馬隆用偏箱車，以數千人救西州，虜不能近。以是言之，車之爲用，可以禦馬明矣。臣謂宜委曉事兵將官討論戰車之製，試閱以爲制馬之具，則軍勢必振。然則車戰之圖尚俟守備堅固之後，堅固之圖必用我之所長，水戰爲上。水戰利害，臣謹別具劄子奏陳。

臣願陛下於閒暇之時，責宰執大臣與

侍從之官，朝夕講究圖治之道，上下一心，共執定論，措宗社於磐石，不致事至而憂，天下幸甚。

歷代名臣奏議卷之三百三十六

本卷劉永强校點

歷代名臣奏議卷之三百三十七

禦邊

宋光宗時，彭龜年論邊防事宜疏曰：

「臣聞北虜近有韃靼諸國之兵，河北又遭水旱狎至之變，度其事勢，和好必堅。唯聞河南流人並無歸着，若更不熟，未免聚爲盜賊。」又云：「流人往往有歸附之語，亦知朝廷已有指揮，令沿邊諸州謹守疆埸，至即約迴。但恐此輩以救死爲心，彼既無從得食，忽爾衝突而來，未必可以攔約。儻或攔約不住，又難驅逐以兵。虜人亦耻於百姓流移，當必反以本朝誘引人過界爲解。設或至此，不特失中原之心，又將失夷狄之心。事當早圖，不可坐待。寧謀之而不用，勿事至而旋圖。欲望聖慈宣諭大臣，令密與侍從臺諫兩省官熟議所以處之之道，庶幾不致緩急誤事。」

寧宗慶元元年，大府寺丞臣呂祖儉上奏曰：

臣恭惟國家遭靖康之禍，至慘至痛，所不忍言，凡在臣子，皆同不共戴天之責。高宗中興大業，屈己和戎，終未克伸大義於天下。孝宗思雪讎耻，務圖規恢，雖倦於憂勤，不得少遂，然天地大分，於是稍正，亦足以慰列聖在天之靈。陛下承太上之付託，洪濟艱難，與時屈伸，不殄厥愠，祗宜懋德脩政，蓄鋭養力，以俟時幾，誠不可妄挑兵端，趣其變動。然臣竊揣事勢，虜情難知，備豫不虞，始能無悔。

自紹熙變故，有輕我心。彼之來者陳幣在館，辭語不恭；我之去者摧辱逼脅，不顧常禮。傳聞駭常，孰不悲憤？夫其所以敢於狂悖，是豈無故而然？而又邊遽所傳，其事非一，括馬簽軍，近淮積粟，治戰艦於海道，遣大酋於汴京，固難盡謂實然，第人情已覺動摇。今使命之歸，乃以其所知盡寬衆聽。既曰無他憂也，彼自防内難爾；又曰無他事也，彼自興河役爾。形跡事實莫得而掩，辭説解釋過爲自文。設使彼之計慮祇爲虚聲，未必有實，則隋文平陳之策，所謂量彼收穫之際，徵集士馬，聲言掩襲，彼既聚兵，我便解甲。再三若此，彼以爲常。後更集兵，彼必不信。猶豫之頃，我乃濟師。萬一虜情或出於斯，則亦必深勞宵旰之慮矣。兵家常言「無恃敵之不來，恃吾有以待之」，今交爲無他之説者，是乃恃其不來，徒覬幸其如我所料而已。儻或是説浸淫不已，而弗圖所以待之之具，他日邊烽有警，虜使扣關，若有無厭之求、難塞之請，事出卒遽，莫知所應。從之則國威愈損，拒之則國勢難支。至於此時，而後知其言之誤國，亦何及哉！

伏望陛下痛念讎耻之未報，深察戎心之難知，夙夜之間，期命宥密，固不可以爲無他而自寬，尤不可徒爲張皇而自擾。明詔二三大臣，堅彊志意，審定規模，相與盡誠勠力，圖回實政，布置實材，以爲待敵之方。内而宿衛諸將，訓飭其和輯士心，外而被邊諸屯，申嚴其周視邊備。復於重鎮圖任舊臣老將，俾爲固圉之謀。彼若求釁生辭，則在幃幄運籌者折之以正理，出之以遜辭，盡其在我，毋爲兵首。神天助順，軍聲自強；宋德在人，必無厭斁。

嘉泰三年，前知潭州、湖南安撫趙彦勵上言：「湖南九郡皆接溪峒，蠻夷叛服不常，深爲邊患。制馭之方，豈無其説？臣以爲宜擇所有知勇爲猺人所信服者立爲酋長，借補小官以鎮撫之。况其習俗嗜欲悉同猺人，利害情僞莫不習知，故可坐而制服之也。五年之間能立勞效，即與補正。彼既榮顯其身，取重鄉曲，豈不自愛，盡忠公家哉？所謂損虚名而收實利，安邊之上策也。」帝下其議。既而諸司復上言：「往時溪峒設首領、峒主、頭角官及防遏、指揮等使，皆其長也。比年往往行賄得之，爲害滋甚。今宜一新蠻夷耳目，如趙彦勵之請，所謂以蠻夷治蠻夷，策之上也。」帝從之。

寧宗時，著作佐郎張慮言：❶邊事有二病，戒敕千條，猶患悖繆，指意明白，猶復背違，安有不示其所向而謂可責其成？且言戰則當知彼，❷言和則當請於彼，惟守則自求諸己而已。倘以爲可，則當力主其説，明告天下，日講求其所以守之之策，蓋議論貴合一，而今則病乎雜也。用人不可以嘗試，任人不可以自疑。朝廷惟慮獨任之難勝，彼此互分，不相扶持，人得抗衡，莫有稟屬，制置但存虚器，便宜反出多門。蓋體貴合一，而今則病乎分也。

衛涇應詔論北伐劄子曰：

臣疏賤至愚，暫爾兼官，猥奉明詔，使

❶「慮」，原作「宓」，今據《宋史·張慮傳》改。
❷「彼」上，原衍「於」字，今據《宋史》删。

得吐露，與聞邊議之重。仰見陛下博盡下情，憂深慮遠，以圖帝王萬全之至計，臣敢不罄竭愚忠？

臣竊惟國家再脩盟好以來，邊報晏清，中外寧謐，民不知兵，以保和平之福，蓋踰四十年于此。比來虜運衰微，内當多事自敝之餘，頗爲恭順，外知吾國飭備之謹，寖生疑懼。伏覩宣示類聚探報事宜，其虚實的確雖不可盡知，臣妄料虜情不過因並邊侵軼之擾，多爲防備，必未敢輕犯王略，自速殄亡。近者賀正使副陳景俊等回程，竊知虜廷嘗有文諭，其詞委曲，類若退懦。然觀其指意，只欲求邊臣無生事，盜賊不作，邊境安静而已。今探報所云修道路、閱舟師、點集兵夫、添置寨栅等事，往往其國睬吾增戍，隨亦葺備，施行未必周悉，傳聞易至張皇。譬之對奕，彼此相應，此示之急則彼亦急，此示之緩則彼亦緩。如邇日朝廷分置使命，相繼宣諭，諜間往來，彼寧不知？恐其展轉生疑，安知凡百繕守殆將不止如目前所傳？此亦事勢之所必至，毋足怪者。臣反覆熟慮，今日之計惟當審在我之虚實，以爲備禦必勝之策，無或隨在彼之動静，以爲作輟無定之謀。

自古兩國相持，未問强弱，持重者安，輕動者危，應兵常勝，首事常沮。秦、漢之遠，未暇悉論。東晉事體，大略類今。謝玄淝水之勝，苻堅舉國之衆，❶匹馬不能北返，此應兵必勝之驗也。褚裒、殷浩投機太速，勞師于外，曾微寸功，此首事多沮之鑑也。本朝中興以後，凡渝盟興師，常先出於虜，然虜首兵每衂，而我應兵常得利。兀术號

❶「苻」，原作「符」，今據《晉書·苻堅傳》改。

善用兵，獨穎昌大敗，以十萬勁騎，不能支劉錡背城之一戰。逆亮兇焰方張，自謂可以叱咤渡江，而海道采石，所向輒挫，卒授首于廣陵。此二役者，虜以首兵而皆敗。使今日侵犯之謀果先出於彼，是以機授我，堅師不動以待之，正不足畏。矧虜之既衰，萬萬不及兀朮、逆亮强盛，臣知其必不能出此明矣。《易》曰：「不利爲寇，利禦寇。」今當令虜常居爲寇之名，而在我先定禦寇之計，是遺虜以不利而我擇其甚利，圖全制勝莫切於此。兵法曰：「善戰者致人，不善戰者致於人。」臣所謂持重則安，致人者也；輕動則危，致於人者也。若北虜自貽伊戚，警我邊陲，是墮乎致於我之術矣。以静制動，以逸待勞，豈不能收穎昌城下却敵之效乎？

臣所慮者，彼此疑障既開，邊備未可輕撤，要當力於自治，堅忍持重，勿爲無益之争以啓其侮，勿爲易泄之機以激其變。稍遲歲月，使吾之戎政益修，軍實愈覈，儲蓄豐裕，士馬騰奮，則伸縮進退無不在我，遲速操縱，終可以得志矣。况中國舉措尤貴嚴密，若朝得一報而爲之營營不寧，夕得一奏而遽謂晏然無事，臣恐非所以示朝廷之整暇，而夷狄得以窺測淺深也。昔魯有疆事，疆吏以告，魯桓公曰：「疆埸之事，謹守而備其不虞。姑盡所備，事至而戰，又何謁焉。」魯豈忘疆事哉，蓋内爲之備而外不示弱，此有所主而彼不能動耳。豈以天下之大而可無自立之規摹乎？臣有惓惓之愚，夫事有先後，謀有緩急，譬人之一身，腹心無疾而後外邪可攻。今備邊之計，誠不可緩，而荆襄、兩淮所在饑民未甚帖息，尤所當急。若艱食者衆，萬一盗賊有警，則虜得窺伺之便，而始有重煩朝廷之憂者，其可不亟圖之？臣願陛下申敕宣諭使司，且以撫安饑民爲先，使腹心敉寧，根本充實，則內安外懼，而禦備之策可以無闕。

臣識見短淺，冒陳管臆，不足以仰裨廟算，席藁恐懼，陛下赦之。幸甚。

司令許應龍奏曰：

臣竊惟今日之務，莫急於備邊。小大之臣陳謀獻議，不曰意嚮當定，則曰規模當立；不曰議論貴一，則曰事機貴審。陛下既熟聞之矣，臣雖至愚，安敢復援前説以瀆天聽，輒以彊本之策爲陛下陳之。

夫紓一時之急者，不得不爲權宜之舉；防後日之患者，不可不爲彊本之計。倚權宜之舉而欲其經久而無患者，見遠識微之論則以爲猶有遺慮也。且賴忠義之人以紓一時之急，豈非權宜之舉乎？練官軍以防後日之患，豈非彊本之計乎？粤自京口之舟失於警備之不嚴，泗水之師衂於揣度之不審，既而決淮陰之勝而挫殘虜之鋒者，忠義之力也。邇者烽燧告警而敵情叵測，游騎出沒而疆埸靡寧，未幾奏濠梁之捷以伸吾中國之威者，又忠義之力也。夫軍書輻湊以交馳，羽檄重跡而狎至，隨機應變，豈容無策？今也連營列戍，第爲守衛之謀；邊將閉城，僅防衝突之擾。苟非調發忠義，設伏掎角，則何以却鴟張之勢而成克獲之功哉？是則將以紓一時之急，其勢不得不爾。

雖然，此特權宜之舉，而彊本之計又有不容緩者。蓋元氣既固，外邪自消，吾之威令苟伸，則英雄豪傑之徒莫不俛首屈意於其下。然則官軍者豈非今日之所當振乎？

官軍振則根本彊，根本彊則忠義之人可以爲吾之助而不能爲吾之患，此亦漢以南北軍相制之遺意。苟以其脆弱難用，不加激厲，而攘却之功，一切倚辦於忠義，彼將謂秦無人，萬一恃彊而驕蹇，挾功而邀求，不厭其欲，其能帖然而無譁乎？況吾之虚實，彼所熟知，苟一摇足，何以制之？且今之官兵非不多也，器甲非不利也，廪食非不繼也，以此禦戎，何患不濟？苟能揀其驍鋭，嚴其紀律，日夕淬礪，常若寇至，迨遇敵之際，則功多者有厚賞，不迪者有顯戮，毋徇私意而爲之重輕，毋事姑息而爲之容隱，則怯者奮而爲勇，弱者轉而爲彊，兵威振厲，隱然有猛虎在山之勢，不惟可以折敵人之衝，尤可以消山東偏重之勢。何者？彼知朝廷之所倚仗者不專在我也。夫既資彼之力以紓一時之急，復張吾軍以消他日之患，則國勢巋然，猶泰山而四維之矣。

而或者乃曰：忠義之人猶養虎耳，飢則求食，飽則反噬，深咎夫招來者之不審也。吁，是固然矣，然既招之，則不容却之。彼既與虜爲仇，群然歸我，苟無以安其心，是絶其向生之塗，激其等死之忿，獸窮則搏，勢所必至。況彼方有功於我，猶賴以爲掎角之助，則亦惟區處調伏，使之有致遠之能而無泛駕之虞耳。所謂區處之策者，何也？懷之以恩，結之以信，寵之以爵賞，贍之以闕額官兵之廪，使之歡欣感戴，樂爲吾用，而吾之兵威又足以鎮服其心，則亦庶乎其可也。吁，忠義若可慮也，而有以制之則不足慮；官軍若難用也，而有以厲之則皆可用。然而致此者，則必有任其責者耳。夫膺守禦之寄者，邊將也；總邊將之權者，制閫也。昔蜀以孔明駐漢中，吴以陸遜守荆渚，皆付以事權，不從中御，故得以乘機制變而有成功。今之任制閫者苟得其人，則舉邊陲之寄悉以付之，使進退伸縮莫不如意，則號令一而人心協。苟州縣之有事權者或得以己見專達，雖曰事機無壅，然而謀議或有異同，施行或至牴牾，則倉卒緩急，諸將罔攸禀令。廟謨宏深，其必有以處此矣。

雖然，備禦之策尤當一定，不可視緩急而爲之作輟，覘勝負而爲之驚喜。昔元祐初，以累世逋誅之鬼章，一日縛致闕庭，疑若可以晏然矣，而議臣以爲安危之機正在今日，若處之有術，則安邊息民必自此始，不然則以勝爲灾。夫當國家全盛之時，猶不敢忘警懼之戒，况邊事未寧之日乎？毋恃其一勝，當思爲常勝之謀；毋狃於少安，益圖爲久安之計，此又帝王萬全之策也。

臣位卑言高，罪在不赦，惟陛下恕其愚忠。

應龍又奏曰：

臣聞禦戎之策有三：曰戰、曰守、曰和，因時施宜，固難執一，然其事未嘗不相關焉。鋭於立功者則曰殘虜煙滅，中原丘墟，振兵直前，當如摧枯拉朽之易，不特慰來蘇之望，尤可成剋復之勳，是則攻戰之舉固不容緩。然深謀遠慮者則曰理内斯可禦外，彊本斯可折衝，兵財俱乏，事力不繼，而遽尋干戈則召釁稔禍，功未成而害已見，其可不爲備守之圖？然城壘方營而侵軼已至，糧食甫積而摽掠時警，羽檄交馳，將左支右吾之不暇，其能固吾圉乎？是又不容於不和也。是必和親以紓其擾，然後備守之計爲可圖；備守以壯其勢，然後征伐之謀方可舉。是以古人雖和未嘗不爲守，雖守亦曷嘗忘爲戰之備哉？

請以漢家之事明之。漢興之初，平城之圍未報，嫚書之辱未雪，犁庭掃穴，似不容已。然而樊噲横行之請則却之，賈誼三表五餌之策則謝之，和親之約，細過之棄，冠蓋往來，金繒賂遺，曾不以爲勞且費，何耶？蓋小屈者所以爲大伸之基，而斂翼匿形者未始不爲搏擊計也。况當是時，民之瘡痍未瘳而休息之政未施，公私之積尚乏而邊陲之警未寧，則所以拳拳於議和者，將以爲備守之圖也。故塞下之粟可得而積，内帑之錢可得而羨，材官騎士蒐閲於都試，六郡良家之子閑習於馳射。凡此者，孰非爲攻戰之備？迨夫國勢已彊，皇威益振，然後馳陰山之北而使漢南無王庭焉。極其盛也，款塞而慕義，稽首而稱藩。推所由來，亦和親之計有以基之。今日和好之議意或出此，是豈怯懾而不振者乎？所患者玩一時之少安而忘備禦之大計耳。况狼子野心，背服靡定，其吞併種落，每以和好爲豢敵之計，今當深思曲防以伐其謀，外姑示講和之意，而内實爲强本之圖。厲兵堅守，常若寇至，來則應之，侵則禦之，庶乎其可以自固也。

乃者韃使之來，或欲絶之以杜其窺伺，或欲卑之以示吾名分，或疑其虚僞而不應加禮，此固所以尊國勢而挫戎心。然此既通好於彼，彼以復命而來，已抵中都，亦難遽絶，寵以錫賚，勞以燕享，隨時施宜，不得不爾，初非過於懲創而自損威重也。雖和好成否難以預計，然絶之卑之，則憤心一生，其能保其無間言乎？釁端一開，其患立見，蓋不止於威重之少損也。爲此舉者，姑欲因此而達和好之意，款侵撓之兵，而爲宴邊息民之計耳。使和議既成，尚當嚴於備禦，况議猶未定，可不亟思所以處之乎？且今之師旅疲於攻守，財用耗於調發，郡邑困於應辦，盡心力而爲之猶懼不給，一或少緩，突如其來，得無彷徨失措乎？兵之闕額者當補而訓練之必精，城之頽圮者當修而防捍之必嚴，事事而爲之慮，使無一之不盡，所謂「無恃其不來，恃吾有以待之」者，此乃禦戎之上策也。吁，内修者如支傾，極力拄撑，不急則仆；外攘者如奕棊，當審彼己，輕舉則失。苟爲計既審，而又極力以拄之，安彊之效，自可坐致。

雖然，能戰而後可以能守。苟徒曰守之可以無虞也，彼長驅而來，與吾對壘，擁兵直前，其能閉關以自保乎？抑鋒鏑不容於不交乎？是則攻戰之具尤所當講。今雖未爲開拓之謀，然豈終忘規恢之計？生聚教訓，可以成報復之功；内修政事，可以收外攘之效。根本苟彊，皇威益振，天道好還，寧無可乘之機，第今未可爲耳。今主議于中者既有定論，而宣力于外者當爲遠謀。羊祜在襄陽，務修德信，使命常通，刈穀爲糧則輸絹以償，欲進詭計則却而不納。二境之間，懽然交和，疑若安於苟且而無遠略矣，孰知夫規恢之謀已寓於此，而混一之功不旋踵而成。今之任責者當以是爲心，毋貪小勝以窮追，毋校小嫌而起釁，養威持重，待時而動，復文武之境土，當侔德於宣王矣。惟陛下與大臣亟圖之。

嘉定元年，大學博士真德秀上殿奏劄曰：

臣竊惟權臣用事，妄開兵端，南北生靈

均被其毒，陛下爲之旰食焦勞者二年于兹矣。天啓睿謀，迄殄元惡，尋盟繼好，休息有期，豈非天下之福哉！而臣區區愚慮，竊謂爲國者當示人以難犯之意，不可示人以易窺之形。昔春秋時，晉師入齊，齊使國佐求盟於晉，其勢亟矣，一聞「齊之封内盡東其畝」之言，雖僨軍之餘，不肯苟從，以紓一旦之禍。蓋敵國之相與，有以折其謀則爲和也易，有以啓其嫚則爲和也難。況戎狄豺狼，變詐百出，又非可以中國常理待之乎！

側聞日者小行人之遣也，虜人欲多歲幣之數而吾亦曰可增，虜人欲得姦臣之首而吾亦曰可與，至於往來之稱謂，犒軍之金帛，根括歸明、流徙之民，承命唯謹，曾亡留難。竊揆謀國之意，不過以樂天保民爲心，幸和好之亟就耳，獨不思虜人得以闚吾之情而滋嫚我之意乎！雖然，此既往之咎矣，所以圖制方來者，猶可謹其初也。蓋古者敵國通和，有養其事力以待可爲之機者，越之事吴是也；有聽命於敵以圖苟安之計者，六國之事秦是也。今日尋盟於虜，臣不知姑欲養其事力而待可爲之機乎，抑將聽命於敵而圖苟安之計乎？句踐之行成於吴也，蓋忍耻以志仇讎之復，而非倚和以自固也。是以三十年間，蚤朝晏罷，卧薪嘗膽，未嘗一日忘會稽之耻，故雖詘辱一時，迄能伸其志於異日。若夫六國則不然，其求和於秦也，蓋委國以爲仇讎之役，而非用權以蘄濟也。故朝割地以賂秦，則暮棄謀臣之言；夕遣質以入秦，則旦絶隣國之援。撤防弛備，冀秦之矜己而不加兵，奚異委肉虎狼而幸其弗食也！夫是以六國之地卒歸於秦，豈秦之力能亡六國哉，六國實自亡耳。今日而知是，則當以越之事爲法，而以六國之事爲戒可也。

抑臣聞之，善謀國者不觀敵情之動静而觀吾政之修否。元祐初，用司馬光爲相，盡更王安石斂法，契丹聞之，以勿生事戒其邊吏。今日號爲更化矣，而虜之桀驁亡異前日，毋亦我之所爲尚有可思者乎？故臣妄論今日之事，必吾無以取輕於敵而後和可成，必有以深服其心而後和可固。臣觀昨者竄殛柄臣之始，不惟四方萬里咸服英斷，而敵國亦竦然易視矣。誠使剛健不息之誠愈篤於初，振厲有爲之志益加於舊，則國勢日彊，虜自退聽。奈何朝綱方整而紛紊之漸已萌，政事方修而懈弛之形已露。正人雖進，志未獲伸；言路雖開，忠罕見用。我之更化者僅如此，其能使敵情之畏服哉！況夫彼之待我者方驕，我之恃和者太重，一介行李曾未越境，而動色相慶，若無事然。臣恐盟好既成，志氣愈惰，宴安鴆毒之禍作，浮淫冗蠹之事興。彼方資吾歲賂以厚其力，乘吾不備以長其謀，加之數年，聲勢浸盛，然後發難從之請，挑必争之端，而吾彷徨四顧，將無以應之，此長慮遠識之士所爲寒心者也。臣願陛下以通和講好爲權宜，以修德行政爲實務，君臣之間朝夕儆戒于敵情之難保、禍至之無日，蒐討軍實，申飭邊防，凛然若敵師之將至，如是而國勢不張、外虞不弭者，未之有也。

臣一介微賤，乍對清光，輒竭罨罨之思，惟陛下財擇。

六年，德秀爲起居舍人，直前奏劄曰：

臣竊惟備邊制敵，有國之大事也。今之邊面控連要害者，近則兩淮、荆襄，遠則蜀之關外。然以地形考之，蜀居上流，寔東南之首，荆襄其吭，而兩淮其左臂也。比歲以來，經理淮、襄，廟堂蓋有成算矣，臣敢以蜀事言之。夫蜀之與秦，壤地相屬，長安百二之勢，天下有變則豪傑之所必争。今虜爲韃靼所乘，悉力以備燕、晉，而秦之地必虚，萬一靈、夏伺隙而長驅，盜賊乘時而竊據，邠、岐、汧、隴遂爲戰場。虎闞于垣，而主人得安枕以卧者，亡是理也。今漢中重臣與益、梓、瀘、遂諸鎮人物相望，足副倚毗，然蓄材待用，寧過於有餘，毋失之不足。臣觀寶元、慶曆間，西事既興，一時名臣往往多在邊境，陝西闕帥則就命韓琦，延安闕帥則就用仲淹，無事機蹉跌之虞，有威信相孚之素者，蓋預蓄人材之效也。今自東南持麾節以往者，選用不爲不精，以臣觀之，平居暇日拊摩民瘼，區處吏事，政自有餘，而威名、智略可當一面者，殆未之見。臣愚謂宜倣先朝西鄙故事，凡蜀之名藩要郡，若總饟榷牧之官、轉漕刑獄之任，非精明魁壘可以折衝禦侮者不在兹選，其罷軟弗勝任者易之。儲材於閒暇之餘而拔用於倉猝之頃，備邊制敵，莫此爲急。臣妄言有罪，惟陛下赦之。

貼黄：臣竊見九月丁巳流星晝隕，占者以爲覆軍流血之象，分雖在晉，埜實在益，故臣妄謂蜀之邊備尤宜致謹，而儲蓄人材尤邊政之大者，伏乞睿照。臣恭聞淳熙間有太府丞勾昌泰者獻言，蜀中制置使一員任六十州安危，或疾病遷改，自朝廷除授，動經年歲始至，一去一來之時，至爲利害之機。願於從臣中常儲一二人於蜀，令作安撫，一旦制置有闕，便可就除，實思患豫圖之策。孝宗皇帝諭輔臣曰：「此正在卿等留意。今後欲除蜀帥，須是選擇可備制置使用者，庶幾臨時不至闕事。」大哉聖謨，誠可爲萬世法。惟陛下財察。

七年，德秀使還上殿劄子曰：

臣等非材，蒙陛下擢將使指脩聘鄰邦，適當朔庭雲擾之秋，不克以成禮歸奏。然久駐淮壖，日聆邊報，或云韃靼之衆已陷燕山，或謂西夏之兵方窺秦隴，或稱兵陸梁，有「鐵槍」之號，或志復父仇，興縞素之師。雖傳聞之事固有異同，而危亡之形大抵可見。臣等夙夜以思，有當勤聖慮者，敢因賜對而輒陳其愚。

臣聞中國有道，夷狄雖盛不足憂，内治未脩，夷狄雖微有足畏。蓋昔者五胡之紛擾與單于爭立之事同，而拓拔氏之東西與匈奴之分南北亦無以異。然宣帝因呼韓之朝，而益彊其國，劉、石、苻、姚之變，晉迄不能以成寸功；光武因南單于之歸，拓地千里，而侯景内附，適以兆蕭梁之釁。所遇略同而成敗以異者，豈固有幸不幸哉，蓋宣、光之政修而晉、梁之政失也。今胡運衰微，雖吾宗社之慶，然臣等審觀事勢，竊以爲深可慮者三，亟當爲者二。

何謂深可慮者三？曰對境之流民，僅存之遺孽、驟興之狂虜是也。臣等近抵山陽，聞淮北之民扶携老稺、結筏欲渡者日以百數，雖邊臣謹守疆埸，拒却使還，然蝟集而南者，其勢未已。蓋其仍歲薦饑，重以師旅，遺黎何辜，死者什七，苟非越境，亡以偷生，故其謀遂出諸此。今將容而納之，固未易處，若一切拒絶，彼或萌等死之心，設有不幸，隨之以潰散之兵，繼之以群行之盜，其將何以待之？此其可慮者一。

臣等又聞舊酋之子改元僭號於山東，比者攻圍海州，距吾並邊纔數十舍。倘其粗能自立，遂成瓜裂之形。因而撫柔尚易爲力，萬一外夷得志，必欲滅完顔之宗，干戈相尋，爲力弗敵，兔犇豕突，迫吾邊垂，又將何以禦之？此其可慮者二。

昔宣和中，女真始大，耶律浸微，識者豫知必貽中國之患。蓋雖均爲戎狄，然習安者易制，崛起者難馴，理固然也。今女真土傾魚爛，勢必不支，萬一達靼遂能奄有其土疆，封豕豺狼，本非人類，却之則怨，接之則驕，重以亡虜舊臣各圖自售，指嗾之計，何所不爲？設或肆谿壑之求，要吾以待女真之禮，從之則不可以立國，拒之則必至於交兵，宣和舊事，可爲龜鑑。此其可慮者三。

何謂亟當爲者二？曰内固邊防、外精間諜是也。《書》曰：「惟事事乃其有備，有備無患。」傳亦有云：「無恃其不來，恃吾有以待之。」今邊庭探報未必盡然，臣等所陳亦似過慮，然未至豫言，固嘗爲虚，若其已至，又無所及，况積薪欲然之勢日長不已者乎！而封疆扞圉之臣往往内實驚危，外示閒暇，其説曰「吾將以鎮安物情也」，獨不知人心有所恃，則雖不鎮而自安，若其未然，則雖無故而自擾。與其避張皇之小害，孰若圖倉猝之深憂？夫自古立國東南，未有不以兩淮、荆襄爲根本。紹興中，李綱建議：「六朝之能保守江左者，以彊兵重鎮盡在淮、襄，雖曹魏之雄，苻、石、拓拔之衆，卒不能一闚江表。後唐李氏有淮南，則可都金陵，其後失之，遂以削弱。今朝廷欲爲守備，則當於兩淮、荆襄置三大帥，屯重兵以臨之，分遣偏師，進守支郡，小築城壘，如開新邊，遇有賊馬則大帥遣兵應援。稍能自守，商旅必通，乃可召人來歸，漸次葺理。假以歲月，則藩籬成矣。」綱之言，政今日所宜用也。

臣等聞者自揚而之楚，自楚之盱眙，經行所及，凡數百里，平疇沃壤，極目無際，重湖陂澤，渺漭相連，而田野之民又皆堅悍彊忍，無吳兒驕脆之氣。迨久駐邊城，訪問益審，凡兩淮形勢之利，如在目中，然後喟然嘆曰：「此天賜吾國以爲大江之屏障，使彊兵足食爲進取之資也。」而士大夫習尚因循，視其荒殘，漫弗之惜。田疇不闢，溝洫不治，有險要不知所以控扼，有丁壯不知所以練習，有豪傑武勇不知所以牢籠收拾之方。一旦驚急，但思委而去之，以長江爲足恃，是猶咽喉見搤於人而欲與之角，藩牆扃鐍爲盜所有而欲保堂奧之安，亡是理也。

且往者極邊之地，城壘不建，戍守不增，徒以區區要盟之故。今事變一新，政吾更張規模之日。臣等謂宜及今亟行經理，選儒臣之有威重、知兵略者二三人，俾之督護諸將，其掊克自封、巽懦不立者易之。沿江列屯亡慮十數萬，勁騎精卒皆當移駐並邊，而增募舟師，以扼江面。凡城池樓櫓之未固，若要害之未築者，就遣屯兵，併力繕治，使沿邊數千里脉絡相聯，有貫珠之勢，首尾相應，有率然之形。兵力既雄，民志自固。然後大修墾田之政，倣漢搜粟故事，顓爲一司以領之，力本務農，如周、秦之用西土。數年之後，積貯充實，邊民父子争欲自保，因其什伍，勒以軍法，不待糧饟，皆爲精兵。金湯之勢成，盤石之基立，則退足以守，進足以攻，此亟當爲者一也。

夫間諜不明，最兵家之深忌。今女真與達靼相持蓋非一日，戰鬭離合，不知其幾，而吾邊臣迄未有得其要領者。至如吾林答忠之歸，紇石烈執中之死，並邊諸郡言人人殊，即此推之，他可概見。臣等比至維揚，首聞虜巢摧陷之報，質諸戎師，亦復謂然，迨次脩門，其説又異。夫敵國存立，玆非細事，風傳不一，乃至於斯，脱有緩急，其將何及！昔中興初，韓世忠、吴玠諸人捐金募間，如用砂礫，故敵人深謀秘計靡不豫知，取勝之術，大抵由此。臣等謂宜申飭主兵之臣，顓任遣間之責，事之驗否，特示勸懲，庶幾實事必聞而聞事必實。此亟當爲者二也。

臣等區區，本無奇策，獨念將命之初，違去殿陛，蒙陛下温顔賜諭，以江淮之事歸日奏聞，故敢罄竭愚忠，期報萬一。惟聖明財察。

德秀爲江東轉運副使，奏論邊事狀曰：

臣至愚極陋，蒙陛下選擢將漕江東，朝夕之所盡心，不過州縣間常事，未足仰報大恩。今事有關於宗社之安危、國家之休戚，職有常守，在臣雖不當言，而其義則有可言者。昔歐陽脩以知制誥出爲河北轉運使，嘗請與聞兵事，仁宗許之。臣雖於脩無能爲役，然亦由詞臣出使，且以轉餉爲職，則邊垂利害，臣敢避晉越之罪，畏縮不言？

臣竊見金虜自失國南遷，其勢日蹙，比者韃靼與西夏并兵，東出潼關，深入許、鄭，虜庭危迫之狀，見於僞詔所云。近復傳聞敵兵攻圍都邑，游騎布滿山東。雖探報之辭不無同異，要其大勢，以河南數州僅存之地而抗西北二國方張之師，加以群盜縱横，叛者四起，土傾魚爛，厥證具形。括馬斂糧，公私並竭，交鈔數萬，僅博一餐，危急如此，不亡何待！臣謹按《國史》，女真叛遼在政和之四年，甲午歲，其滅遼也在宣和之七年，乙巳歲，是冬即犯中原。臣竊謂今日天下之勢無以異政、宣之時，陛下所以自治其國與外禦夷狄者，亦宜以政、宣爲鑑。夫以皇皇鉅宋，八葉重光，至于政、宣，蓋太平極盛之日，使朝廷之上，知守成之惟艱，無難之可畏，惕焉戒懼，以祈天永命爲心，親信仁賢，修舉德政，則國勢屹然有泰山磐石之固，雖百女真，其何能爲？不幸燕安沉溺之餘，紀綱蕩然，無一足恃，本根既撥，枝葉從之，於是女真得以逞其凶殘，攻陷我都城，傾覆我社稷，劫遷我二聖，荼毒我烝民，自開闢以來，夷狄之禍未有若是之酷也。今將戒前車之覆，永神器之安，其道非他，願以政、宣爲鑑而已。

臣嘗妄論政、宣致禍之由，其目有十。夫君臣相敕，維時幾安，股肱不良，萬事隳壞，其在虞廷，猶以爲戒。自蔡京倡「豐亨豫大」之説，王黼開應奉享上之門，專以淫侈蠱上心，奢靡蠹國用，土木之功窮極盛麗，花石之貢毒遍東南。甚至内庭曲宴，出女樂以娱群臣，大臣入侍，飾朱粉以供戲笑，於是荒嬉無度而朝政大壞矣。其失一也。

《易》曰：「師貞，丈人吉。」又曰：「師出以律，否臧凶。」言總師必得老成厚重之人，用師必有節制訓齊之律，反是則凶也。自童貫、高俅迭主兵柄，教閲訓練之事盡廢，上下陛級之法不行，潰敗者不誅而招以金帛，死敵者不卹而誣以逃亡，於是賞罰無章而軍政大壞矣。其失二也。

《詩》曰：「敬天之怒，無敢戲豫。敬天之渝，無敢馳驅。」自昔未聞簡忽天變而無禍者。政、宣之世，災異數見，大星如月，徐徐南行，日黯無光，洶洶欲動，赤氣犯斗，水冒都城。當時群臣恬不知警，方且以怪孽爲嘉祥，變異爲休徵。此上不畏天戒，其失三也。

大舜之聖，舍己從人；成湯之德，從諫弗咈。自昔未聞飾非遂過而不亡者。政、宣之際，以言爲諱。張根論征斂之煩，散官安置；李綱論大水之變，遠謫監征，於是薦紳不敢言矣。鄧肅以進詩諷諫，屏出太學；朱夢説以昌言宦寺，竄斥偏州，於是布衣不敢言矣。鈐結成風，馴致禍敗。此下不卹人言，其失四也。

夫君子在內，其卦爲《泰》，「濟濟多士，文王以寧」。政、宣用事之臣專以毁忠忌賢爲事，凡累朝老成之望，當代鴻碩之材，不以姦黨廢，則以邪等斥，不以曲學貶，則以異論逐，排沮挫擾之餘，舉國無君子矣。雖欲久安，得乎？其失五也。

夫開國承家，小人勿用，而難任人，蠻夷率服。政、宣之世，京、黼繼尸宰柄，貫、攸濫厠樞庭，其翺翔臺省，布列館殿，非歌頌《詩》、《書》，即膏粱子弟，非奴事閹尹，即翼附權臣，更引迭援，在廷皆小人矣。雖欲勿危，得乎？其失六也。

記曰：「四方有敗，必先知之，此之謂民之父母。」政、宣小人顓爲蒙蔽，以欺上聽。劉法敗死西陲而童貫乃以捷聞，方臘破東南六郡而王黼匿不以告，郭藥師反形已露而邊臣掩覆於外，女真尅期入寇而大臣諱晦於中，上下相蒙，稔成大患。至虜兵濟河，而朝廷猶未之覺。其失七也。

《書》曰：「民惟邦本，本固邦寧。」政、宣小人專務聚斂，以摇根本。朱勔以貢奉擾浙右，李彦以括田困京東，蔡京改鹽鈔法而比屋歎愁，王黼創免夫錢而諸路騷動。人不聊生，散爲盜賊，雖微夷狄，亦必有蕭牆之憂。其失八也。

《詩》曰：「無競維人，四方其訓之。」古者以一士寢敵謀，片言折外侮。政和初，遣使覘國而童貫實行，遼之君臣相顧竊笑，已有南朝無人之譏。北事既興，遂付戎律，以僕隸之才，當元戎之任。節制不明，諸將無所稟畏；庸懦不武，敵師得以凴陵。未幾副之以蔡攸，易之以譚稹，其爲駑怯又益甚焉。於是女真知中國之無人，而異志興矣。此授任非材，其失九也。

昔子産以蕞爾之鄭，埼嶇彊國間，區區一環，宜無愛於晉，而子産則曰：「大國之人，令於小國而皆獲其求，將何以給之？一共一否，爲罪滋大。大國之求，無禮以斥之，何饜之有？」卒不與。秦求地於趙，趙欲與之，虞卿曰：「王之地有盡，而秦之求無已，以有盡之地而給無已之求，其勢必無趙矣。」趙用其計，而秦不能加。蓋有國者不幸與彊敵爲鄰，當有以服其心，而不當徇其欲。方女真與遼國交兵，雖能每戰輒克，然視吾中國之尊如高山大海，未易測其雄深，何敢遽有他志？不幸姦臣腐夫希功寡謀，唯恐無以順適其意。彼方邀吾歲幣，則予以契丹舊數而不辭；邀吾燕地稅賦，則予以銀絹百萬而不靳。至於索犒師則許以犒師，欲貸糧則許以貸糧。一事方酬而一事已生，前請未塞而後請復起，一切順承，無敢或戾，而南牧之師已侵尋於境上矣。蓋犬豕豺狼本無饜足，徒知徇其欲而無以服其心，其禍固應爾也。或者惟以納張覺、結余覩爲造釁之由，而不知召侮取輕，其漸非一。雖微結納之事，其能保盟約之不寒乎？此處置乖宜，其失十也。

今陛下聖德清明，萬無此失，然臣獨怪一人憂勤恭儉，無媿仁祖之風，而群臣盤樂怠傲，乃有宣和之習。東南民力耗於軍餉者十八，而士卒窮悴，常有不飽之嗟。灾異頻仍，修省之實未覩，言路壅塞，讜直之士弗容。君子非不參用，而正論未嘗獲伸；小人非不欲遠，而讒諂猶或得志。蒙蔽之風日熾，聚斂之政日滋。此失未除，臣恐後之視今，猶今視昔也。

雖然，臣外有司也，其於內事不敢盡言，獨請爲陛下深陳所以待夷狄者。臣觀韃靼之在今日，無異昔者女真方興之時，一旦與吾爲隣，亦必祖述女真已行之故智。蓋女真嘗以燕城歸我矣，今獨不能還吾河南之地以觀吾之所處乎？受之則享虛名而召實患，不受則彼得以陵寢爲詞，假大義以見攻。女真嘗與吾通好矣，今獨不能卑詞遣使以觀吾之所答乎？從之則要索亡饜，豈能滿其溪壑之欲？不從則彼得藉口以開釁端。黠虜之情必出於此，不可不豫圖所以應之也。

自三數年來，謀國者不深惟長算，而一切倖安。曩者虜在幽、燕，吾以歲時聘問，已非獲已；彼既播越而南，獨不可遷延其辭，俟復燕山，然後玉帛往來如故？乃使大宋臣子拜犬羊於祖宗殿廷之下，其誤一也。歲幣之弗遺是矣，然不以還燕爲詞，而諉曰漕之渠乾涸，使殘虜得以移文督責，中原豪傑聞之，寧不以寡謀見哂乎？其誤二也。並邊遺民皆吾赤子，窮而歸我，當示綏懷。疆吏非人，唯知拒却，固已絶中原之望，甚者視爲盜賊，戮之焚之。上流制閫之臣明揭大榜，來者即行勦殺。西州總戎之帥殺程彦暉一家骨肉於黑谷山，秦隴之人莫不切齒。召鄰國之侮，開邊鄙之隙，結遺黎之怨，逆上帝之心，孰甚於此？其誤三也。積此三誤，而吾國之威靈氣燄索然矣。漢昭烈有言：「事會之來，寧有終極？」夫誤於前者不可悔，而應於後者猶可爲，所願朝廷毋再誤而已。

厥今庸人之論有二，不曰虜未遽亡，猶可倚爲屏蔽，則曰中原方擾，未暇窺我江淮。凡此皆誤國之言，不可不察也。虜之必亡，無愚智舉知之，臣不復重陳。若昔五胡之亂，江左粗安者，蓋以群醜並争，莫能相一，故吾江表得以媮旦夕之安。及苻堅既滅慕容，❶旋起吞晉之謀；元魏已併諸胡，遂萌飲江之志。今新虜鴟張，盡有河朔，而楊、劉群盜又皆往往服從，臣恐與五胡角立之勢殊，未可爲江左苟安之計也。

或又以爲安邊置所，儲峙日豐，以此餌敵，何患不濟？臣竊謂不然。夫金繒遺虜，雖後世偃兵息民之權宜，然用之於國勢盛彊之時，則足以示恩而不至於召侮，景德之事是也；用之於國勢委靡之時，則適以召侮而不足示恩，宣和之事是也。儻不思自彊其國，而倚賂遺以幸一日之安，臣知其

❶「苻」，原作「符」，今據《四庫全書》、《西山先生真文忠公文集》卷五《江東奏論邊事狀》、《晉書・苻堅載記》改。

非策矣。昔孫氏以區區之吴而當彊大之魏，若未易爲力者，然其君臣相與策勵，遂能挫曹公虎狼之敵。晉氏東遷，至岌岌也，徒以將相有人，處分得所，卒能破苻秦傾國之師。今國家幅員萬里，貢賦雲集，帶甲百萬，江、漢爲池，豈下於吴、晉者？而中外有司忠誠憤激者少，委靡頹惰者多，一聞赤白囊至則相顧失色，不知所爲，少定則又帖然矣。國家平時不愛名器、爵禄以寵士大夫，一旦有急，未見有毅然以戮力王室自任者，此臣之所以大懼也。

夫天下之勢猶長江大河，上流决潰，下流必無獨寧之理。今荆淮以北數百里間，干戈搶攘，戎馬雜襲，正如熊咆虎鬬，近在藩垣之外，而或者乃曰無預吾事。彼其中心，實不謂然，姑欲架漏目前，攫取名器、爵禄而去，至於宗社生靈之憂，而使陛下獨當之耳。彼群臣爲一身計可也，陛下爲人子孫，任九廟之託，奈何付安危於度外乎？陛下誠欲尊國勢以弭外虞，則政、宣之十失必當懲，近日之三誤必當戒，庸人之論必當破，自彊之計必當立。至誠一心，對越上帝，廣謀兼聽，曲盡下情，以收天人之心，以合中外之助，庶天下事猶有可爲者。若或上下悠悠，養成深患，機會浸失，事變日殊，臣實未知其所終也。❶

臣自委質立朝以來，區區之愚，唯知有君父、有社稷，故常盡忠極慮，❷不敢自爲身謀。今見時事憂虞如此，而顧戀寸禄，不爲

❶「未」，原空格缺字，今據《四庫全書》本、《西山先生真文忠公文集》卷五《江東奏論邊事狀》補。

❷「故」，原空格缺字，今據《四庫全書》本、《西山先生真文忠公文集》補。

朝廷一言，❶豈惟自負夙心，抑亦有慚戴履，是用齋心潔誠，忘寢廢食，❷裁成此章。欲進復休，至于數四，懷不能已，卒以上聞。意者天誘臣衷，欲以感悟陛下，儻或萬一見於施行，則臣雖擯廢田里，其幸多矣。

貼黄：臣竊見太祖、太宗艱難百戰，以有天下，真宗、仁宗兢業守成，至于徽宗之世，宇内承平，民物熙洽。不幸崇寧而後，群小得志，陷害忠良，遂使在廷無一君子。迨政和初，遼國衰微，金虜崛起，王黼、童貫之徒希功寡謀，取侮夷狄，馴致靖康之變，都城失守，二聖蒙塵。追念前失，❸可爲隕涕。臣仰惟陛下鋭精典學，親御經帷，凡祖宗創守之規模可爲今日法者，既日陳于前矣，至於崇、宣之事可爲今日戒者，願詔館閣之臣編類來上，退朝之暇，❹以時省覽，庶幾姦邪誤國之狀、夷狄猾夏之耻一一備見本末，于以鑑前失而圖今得，非小補也。皇太子春秋鼎盛，問學日新，亦宜命宮僚編纂上件故實，從容謀論，其於令德啓發必多。臣位下人微，志在納忠，狂僭妄言，伏竢誅殛。

九年，袁燮輪對劄子曰：

臣竊惟當今之務有不可一日緩者，邊

❶「爲」，原空格缺字，今據《四庫全書》本、《西山先生真文忠公文集》補。

❷「食」，原空格缺字，今據《四庫全書》本、《西山先生真文忠公文集》補。

❸「念」，原脱，今據《西山先生真文忠公文集》補。

❹「朝」，原脱；「暇」，原重文，今據《四庫全書》本、《西山先生真文忠公文集》補、删。

防是也。自陛下更化以來，今十年矣。築城壁，浚壕塹，繕兵甲，積芻粟，習武藝，申軍律，未嘗一日不爲備禦計也。勤勤葺理，至于今日，宜其十全無闕，物物可仗，邊疆隱然有不可敵之威，夷狄帖然無敢爲寇之意，其理固當然也。近者竊聞垂亡之虜輒敢率其餘衆，侵我疆埸，掠我人民，焚我邊舍，偃然有輕視中國之心，陛下知其所以然乎？則以我之所謂邊防者，未必真可恃也。將帥者，三軍之司命。往時稍有勞績之人，率以罪罷，凡今所用，新進爲多。孰爲智，孰爲勇，朝廷不得而知也。孰爲傑出，孰爲中才，朝廷不得而知也。四顧乏使，聊復用之，是謂之嘗試。任嘗試之將，而責以真才實能之事，豈不難哉！然則何以得良將？曰朝廷之上，改弦更轍，作其怠驕苟安之氣，則良將出矣。虜雖微弱，而交聘未已，所以猶敢桀驁。一旦絶之，出其不意，寧不震慴？若猶侵犯，以兵驅之，觀其戰鬬，而智勇傑出之才因是表見，折衝禦侮，不患無人，此乃邊防之首務也。

講和誓書，質諸天地，邀諸神明，不如約者墜其國，可謂嚴矣，誰敢違之？而殘虜輒敢渝盟，豈不自知其非哉？直欲邀我歲幣，故爲此小撓爾。我從而與之，是畏其威也，是示之弱也。堂堂大朝，而見脅於衰殘之小醜，惟其所欲，略不敢較，兹其爲耻辱也大矣。使彼猶在燕山，其國尚彊，未嘗棄好，雖與之可也。今失其窟穴，不絶如縷，又已渝盟，其可與乎？稽諸公論，萬口一辭，謂不當與，惟淺謀寡識者或以爲當與爾。一或與之，我氣先索，何以立國？方今夷狄，韃靼最彊，及其他豪傑崛起於虜地者甚衆，❶見吾怯弱如此，將有吞噬之心，豈不尤爲可慮乎？昔紹興中，北虜彊盛，而徽皇梓宫未歸，太母隔在沙漠，故高宗不得不與之和。所給歲幣，減於全盛者半，而當時忠臣義士猶以死争之。及逆亮叛盟，親提重兵，大入淮甸，而完顔雍已入於北方。亮尋隕于非命，而雍盡反其所爲，其國再安，欲尋舊好，故孝宗減幣而許其和。今之殘虜，與其彊盛之時固萬萬不侔也，而我之與幣，增於隆興，一如紹興之數，毋乃太不稱乎！毋乃太卑辱乎！借寇兵，資盗糧，古人之所深戒也。彼既渝盟，是爲寇盗，乃以重幣資之，衰弱之餘，一旦得此，於以激厲其衆，又豈中國之利也哉！

善立大事者能反而用之，不以是資虜，而反以制虜。夫今之所患者，財用未充也，然歲幣之數不爲不厚，足以募勇敢，足以旌戰功。自今以往，邊防於此取辦，國威由此復伸，此天所以佑我國家也。其弱也易兼，其昧也易攻，摧枯拉朽，不勞餘力，此天所以授陛下復讎刷耻之機會也。殘虜折而入我，韃靼及夫群雄知中國有人，莫不惕息，此天所以啓我昌運也。陛下内揆於心，曉然見夫歲幣之不可與，固守而確持之，則可以奉順天意矣。

臣聞孔子之言曰：「爲君難。」何其爲難也？決大疑，定大計，措其國於泰山之安，天下無敵焉，所以難也。勢則不彊，威則不振，患人之見陵，重賂以求免，中才常主亦能爲之，何待於聖君乎！願陛下審思之。臣不勝惓惓。

❶「崛」，原作「倔」，今據《四庫全書》本、《絜齋集》卷四《論備邊劄子一》改。

十年，袁燮又上劄子曰：

臣竊惟當今之務，備邊爲急，要當精講而熟計之。吴吕範有言：「同舟涉海，一物不牢，則俱受其病。」此至論也。然則今之邊防，其可有一事之不備乎？臣職在獻納，不敢緘默，謹以今日六事，公論以爲未備者，上徹淵聽。

臣聞古之立大事者必定其規模而乘其機會。譬如農功，日夜以思之，思其始而圖其終，行無越思，所謂規模也。始如處女，敵人開户，後如脱兔，敵不及拒，所謂機會也。夫惟規模素定於胸中，緩急先後，有如王朴平邊之策，故守不爲徒守，而戰不爲浪戰。機會未至，則舒徐以待可爲之時，機會可乘，則果決以奮有爲之略，大功之所由集也。今之邊防，亦果能若是否乎？此公論之以爲未備者一也。❶

臣聞古之善料敵者必察其虚實而知其强弱，避實擊虚，避强擊弱，則易爲力。今自間探不明，懵不知其所向，不擣其虚而擣其實，不攻其弱而攻其强，豈惟無益，必將自斃，又何以決勝乎？此公論之所以爲未備者二也。

臣聞古者百將一心，三軍同力，如心腹手足之交相爲用，如父子兄弟之無有間隔。《泰誓》曰：「受有臣億萬，惟億萬心。予有臣三千，惟一心。」此興亡之所以殊也。今人各有心，異論蠭起，不以國事爲念，而惟己私是逞。甚者他人有能，己則嫉之，造作浮言，播於朝路，使有功者不能自安，豈忠

❶「備」，原脱，今據《四庫全書》本、《絜齋集》卷四《論備邊劄子二》補。

於事君者乎！此公論以爲未備者三也。

臣聞兵不在多，以精爲貴。國初兵籍不過十五萬，而征伐四出，莫不如意，惟其精也。自秦檜當國，陰與虜結，沿邊不宿重兵，故大軍屯於江上。有急出戍，給之生券，不爲不多矣，然皆習於驕惰，不堪戰攻。故議者以爲不若令歸舊屯，而以其生券給沿邊武勇之士。公家支費不增於前，而守禦得人，遠勝於舊，有安居之樂，而無出戍之勞。新卒列營相望，則大軍可以漸減，闕額勿補，以計消之，誠强兵省費、經久無窮之利也，而不聞施行。此公論之所爲未備者四也。

臣聞善馭軍者必嚴其紀律。白刃在前，不敢不蹈，以爲退却者必死，而前進者猶可冀其或生也。故惟知主將之可畏，而不知敵人之可畏，出師之日，坐者涕沾襟，卧者涕交頤，一死將至，所以悲爾。今軍人遇敵，望風而奔，蓋以爲前進多死，而退却可幸免也。紀律之不嚴，一至於此乎！此公論以爲未備者五也。

臣聞善養兵者必厚其貨財。國初沿邊諸將久於其職，關市之征皆得自用，以招募勇士，以旌賞有功，以資給間牒，裕然有餘，未嘗匱乏。中興大將所蓄之財，亦不可勝計。紹興之末，内帑所賜犒軍緡錢，多至千萬，無所靳惜。今日軍用不饒，既無以豐犒戰士，又主將朘削，而軍人益貧，平居憔悴無聊，臨難豈能死敵？此公論以爲未備者六也。

即此六事推之，其他未備者亦多矣。區區殘虜，敢抗天威，苟不能克，爲千載笑。伏惟陛下明詔股肱之臣，大修軍政，如臣所陳六事，靡不更張，以實邊防，以强國勢，當今之急務也。惟陛下亟圖之。

燮又上劄子曰：

臣聞天下之大勢，有安危，有存亡，關乎安危猶可言也，關乎存亡不可勝諱矣。人孰不知存亡之分，至爲可畏，惟辯之不早，於其關乎安危也，不速救之，浸淫不已，則存亡繫之矣，豈不哀哉！

臣竊觀當今之務，惟邊防最切，而其間利害有未易言者。自淮甸以迄巴蜀，皆邊面也，形勢至廣，不勝其備，要當斟酌時宜而善處之。淮甸追近中都，論者皆以爲急。然以臣觀之，近者固不可緩，遠者尤不可忽。臣請先言蜀中之利害，可乎？蓋昔者張浚既失五路，力不足以養兵，乃以五路財賦均之四蜀，增立名色，謂之折估。蜀人由是重困，馴致于今，資用耗竭，人情既岌岌矣。往歲殘虜寇邊，淮、襄之間日尋干戈，獨此一方互市自若，遂啓戎心，乘間深入，殺戮不可勝計。忠義之徒痛其家之碎于虜也，縞素復讎，義固當爾。而我師追而還之，虜躡其後，無所逃死，安得不怨讟並興？慮其難制，盡散之以爲農，則安得而不叛？虜窺其意，從而誘之，幸以忠義自名，終不甘爲虜役。及其未固，汲汲招集，其亦可也。而事權不出於一，諸司各行其意，於是乎紀綱紛亂，姦宄並作，而關外四郡遂莽爲盜墟。此關乎安危之時也，若救頭然，雖危可安，失今不圖，噬臍何及！萬一四郡失守，則四蜀之心摇矣。惟蜀與楚相依以立，蜀人乖亂，楚將若何？唇亡齒寒之憂，近在眼中矣，淮甸其能自安乎？中都寧不震乎？可爲寒心，可爲慟哭。此其利害，豈直安危也哉！

智者圖事，因禍爲福，轉敗爲功，原紛擾之由，求康濟之策。推赤心置人腹中，則銅馬之流莫不感悦；釋賊將用其計謀，則李祐之徒皆能成功。「不疑於物，物亦誠焉」，古人此論可謂著明矣。淮西、山東之豪所以爲我盡力者誠心待之，蜀之當事任者誠能效其所爲，開示大信，堅於金石，孰不樂爲吾用？並邊忠義聲勢相接，若左右手之交相爲援，若兄及弟之共禦其侮，智謀迭出，則殘虜不能支矣。此所謂因禍爲福、轉敗爲功者也。

揚雄有言：「御得其道，則天下狙詐咸作使；御失其道，則天下狙詐咸作敵。」御之爲言，結之以恩信，閑之以法度，不疾而徐，巧於調伏，有致遠之能而無泛駕之患也。苟非其人，孰任兹事？擯黜其庸懦不才者，更用其望實夙著者，號令一新，精采俱變。元氣既充，外邪消伏，挈諸擾攘之中，置之安全之域，豈惟蜀安，天下舉安。事之樞要，昭然在是也，惟陛下亟圖之。

十一年，臣僚復上言：「慶曆間，張方平嘗以爲朝廷每備西北，孰不知猺蠻衝突嶺外，南鄰交阯，勢須經營。唐時西備吐蕃，其後安南寇邊，旋致龐勛之禍。國朝每憂契丹、元昊，而儂智高陷邕州，南徼騷動，天子爲之旰食，豈細故哉？臣等比見淮甸間版築薦興，更戍日益，而廣南城隍摧圮不葺，戍兵逃亡殆盡，春秋教閲，郡無百人。雖有鄉兵、義丁、土丁之名，實不足用，緩急豈能集事？宜於嶺南要地增築城堡，籍其民兵，歲時練習，定賞罰格，以示懲勸。如此則號令嚴明，守禦完固，民習戰鬬，可息猺蠻侵掠之患，措四十州民於久安之域矣。」詔從之。

袁説友論楚州屯戍：

臣竊謂城守以爲固，不若軍心以爲固。蓋城雖堅，而固之者在人，軍無二三之心，則誠甚於百二山河之險也。故曰「衆心成城」，此言誠在於衆，而不專在於城也。臣兹奉選命護客有行，往來之間，道由楚州。切觀本州城壁，勢極雄壯，蓋楚州實爲揚州藩籬之衛也。臣復詢之淮民與軍士等，皆謂自淮而南，其陸路至揚州，則自盱眙，由天長而來；其水路則自清河口，由楚州而來也。然楚州尤爲要害者，以敵人糧道必由於楚。又楚在揚之前，其來則楚爲之敵；若以他路至揚州，則楚又扼其後。所以朝廷以楚爲重，增城設塹，不敢忽也。今楚之人皆謂頃年朝廷嘗以武鋒一軍八千人屯駐于楚，軍人家屬悉在焉，誠足爲緩急死守之備。自揚州增創堡寨，以一時建議者，遂移武鋒一軍盡屯堡寨。今不過令鎮江都統司每歲更戍于楚，僅五千人耳，既無老小同行，又每歲一替，不爲久計，總司復添支食錢幾二萬緡。誠恐緩急之日，更戍之士各念妻兒在他郡，且非久屯更練者，恐不能責之死守。臣等欲望聖慈以楚城爲揚州腹背要害，命樞廷相度，或不復武鋒一軍，即乞令鎮江都統司撥五千人，選擇將副，各同老小，就來年二月合更戍日，密與分屯，久戍于楚，庶不張皇。其元來武鋒軍寨屋，見今存在，却預行修葺，庶幾軍士老小同戍，且爲久計。其與無家屬而更戍者，事體全然不同。他日緩急必可恃以固守，兼亦省總司每歲二萬餘緡之費，誠非細務。

歷代名臣奏議卷之三百三十七

本卷劉永强校點

歷代名臣奏議卷之三百三十八

禦邊

宋理宗時，寶章閣學士曹彦約上奏曰：

臣聞夷狄盜賊之患，自古所不能無，惟在處置得宜，然後不能爲害。所謂處置得宜，其略有五：一曰守道，二曰固本，三曰通財，四曰稽衆，五曰愛民。至於擇將練兵，事之重者也，臣猶以爲次也。

所謂守道者，用兵之道，必須先論曲直。當丙子、丁丑間，飢民闖邊者動以萬數，朝廷恐惹邊釁，抑之不納。其後邊臣貪功，慕「簞食壺漿」之名，延納入境，致使重兵在戍，十年不撤，蠹國害民，莫甚於此。已往之事不復歸咎矣，今當明正好惡，定攻守之議，廣立規橅，爲長久之計，不冒昧而進，不蓄縮而退，不以一勝而舉手相慶，不以一敗而唶舌相視，然後可以言道也。

所謂固本者，營壘布列，莫先重内，古人處置，固自有體。重兵皆在江内，而三衙尤多勝兵，中興百年，恃此以不恐。其後馬司徙置江上，而建康、鎮江諸軍皆在江北，人心易摇，姦宄易生，設有緩急，不能自立。爲今之計，莫若使殿步之兵重於江上，江上之兵重於真、揚，真、揚之兵重於楚、海。聚兵於内，守以大將，有時應敵，可以調發，應敵之後，復歸本營。外雖有警，中實安堵，此所以爲本彊也。

所謂通財者，臣固知治國之道不可以無財，有用之財不可以妄用。若必以吝財爲政，則軍事淪於淺陋矣。當開禧未用兵以前，諸軍皆有回易，以至邸店酒息皆有寬剩，其不肖者固掩爲己有，而其賢者猶得以激賞其軍也。及乎出戍數多，調發不時，諸軍在寨，所餘無幾。營運日削，無所取辦，而獨於互送之禮、買工之弊不肯少損。盛寒出戰，無望牛酒，衣不蔽體，日食尚闕。望敵驚奔，勢實使然。士大夫但見乾道、淳熙間諸軍富足，將謂今日事體尚未改舊，不知開禧以後大相遼絶。今若改絃更張，必須選擇朝臣，體訪諸軍利害，供其乏困，削其煩苛。若軍用不足，則又捐金帛以與之。一時區處，未免浪費，比之喪師辱國，孰大孰小？此所謂通財也。

所謂稽衆者，用兵之道，臨機雖貴密謀，而起事要須兼聽。漢高祖欲復六國，則酈食其、張良各獻其計。武帝誘致匈奴，則王恢、韓安國各逞其辯。用張良之策而漢彊，用王恢之策而漢敗，此其驗也。比歲邊事不常，而廟論過於嚴密，道路妄傳，易以惑衆。浮言胥動，固不足卹，其實意向不決，未易舉事，咨諏不廣，難以至當。《洪範》「稽疑謀及卿士」，《大雅》「先民詢于芻蕘」。今若采之衆論，使之各盡其長，朝廷選而用之，不問卑賤，千慮之愚，容有一得。異時選擇邊帥，亦將於此而得之。此所謂稽衆也。

所謂愛民者，自古未有不愛民而可以立國也。今陛下每對群臣，日以愛民爲念，大臣圜座，日以愛民爲政，御史、諫官奏疏論事，日以愛民爲説，而州縣田里之間，實未有愛民之效。有仁心仁聞而民不被其澤，則貪吏之害未去也。朝廷立交承錢物之數，本至公也，彼則以增羡爲名而掩入私室。朝廷付守臣節制之權，本良策也，彼則以私役爲常而脅以威令。籍義兵以備緩急，本善計也，彼則拘之城郭而失其生業。耕營田以實儲蓄，本古道也，彼則彊之鄉夫而奪其農事。邊垂之民，怨懟盈耳，卒有緩急，將何所恃？必須懲其一二，明示播告，使之改行率德，庶幾百姓安業，此所謂愛民也。

有此五者而後可以爲國，如其不然，臣竊憂之。至於擇將，臣不敢易言之也。以今之將爲皆不可用耶，則將以何人而易之？以今之將爲必可用耶，則又不敢以爲然也。夫使守道之策行，固本之議定，通財之説明，則識事者必應時而起；稽衆之計廣，愛民之政傳，則好事者必舉賢而進，可以類求，可以意使矣。若夫練兵，則又爲將之事，非朝廷之所憂也。

臣受國厚恩，無所補報，傾倒所學，不過如此。惟陛下留神。

戴栩奏禦邊劄子曰：

臣請言天下之大慮。今殘虜不足慮矣，近而可慮者淮孽也，遠而可慮者鞑人也。淮甸之孽雖逆名未彰，而逆節已露，我之耕牛則倩客以致之，我之戰馬則昂價以誘之，我之材木則資以爲舟筏之具。朝廷方計糧而爲之餔，廣糴以應其需，稍拂其意則起而殺官吏、焚城郭，暴骨草莽，積聚爲之蕩然，一得其善言則置而不問。夫朝廷不先事以激變，誠大體也，而臣揆之事宜，自可並行而不相悖。陛下與大臣務爲恩言以存其終始，申敕制閫常爲之備，俟其有變而誅之。彼之未動則有所忌憚，動而欲爲不善則天人共憤，而曲不在我矣。鞑人之擾我邊陲，西起巴蜀，中經襄漢，東並淮泗，橫亘數千里。度其勢未能如是汗漫，意其群盜潰卒假托名字，游魂竊息，不然則所過郡縣，驅其丁壯老弱以爲前鋒耳。若是者當精間諜以伺之，不可聽其自爲去來也。

然臣謂二者實所當慮，而先爲不可勝以待彼之可勝，則必有措慮之地矣。陛下所恃爲攻戰者將非吾兵乎，所恃爲保障者將非吾民乎，今自三衙達于屯駐將帥，掊刻日甚。借貸之責償，差使之納賂，征行戍守，反利其死，而名糧口券，動占虛籍。甚者家貲豐餘與夫材力之出衆者，往往貪忌，百計以害之，而陛下之兵怨矣。自内郡達于沿邊州縣，朘剥尤爲苛峻。稅賦之重輸，贓罰之過倍，楮幣貼入，自爲折閲，而茗鹽酒麯，動致破家。甚者和糴、城築之類，科抑百端，朝廷雖給本費以巨萬計，反席卷而藏之，而陛下之民怨矣。兵怨、民怨，陛下不得而知。所恃以爲耳目者，風憲之職而已，間有背公徇私，竊弄威柄，尺牘所馳，轅門鈴閣無日無之。其營求囑托，如裨校之補陞、椽屬之辟薦，主將、州郡能順適其意，則過雖山積且曲爲之地，尚奚肯爲陛下告哉！唐文宗有言：「去河北賊易，去朝中朋黨難。」是雖有激而云，亦末俗之通患也。

臣不識忌諱，位卑言高，何所逃罪？惟陛下留意自治之策，使可慮者不至於可慮，則天下幸甚。

湖南安撫大使兼知潭州兼節制廣南李曾伯上禦邊五事奏曰：

臣一介疏庸，誤蒙聖恩拔拭，畀以閫寄，冒昧領事，倏又閲月于此。竊伏念職守所在，任一道之寄，則當思一道之憂；邊防所關，得一日之暇，則當爲一日之備。臣所部廣右遠在天南，地雖介於蠻猺，民不知於兵革。十數年以來，始傳韃有假道斡腹之計，見於中外奏疏，前後凡幾，其爲隱憂，豈待敷述。第以抵戍之始，莫急守邊之宜。雖近諜之未有所傳，以前聞而詳考其故，參之管見，敢以條陳，謹開具如後。

一、邊防所急，間諜爲先。本路與淮、蜀不同，蓋由爲蠻猺所隔，種類不一，語言不通，一介欲前，寸步有礙，稽之前櫝，類以爲難。前者數年以來，屢下邕、宜諸郡選差體探。邕州嘗遣周超往羅殿，唐良臣、潘住往自杞，宜州嘗遣吴世聰等往特磨道，其去大理路程尚賒，而沉、黎、蜀羌以西又在遥邈，❶其所刺探或傳賊犯烏母國，賊攻赤里國，往往得之諸蠻所傳，韃之進退實不得而知也。中間僅有淳祐五年因遣屬官謝圖南出邊，得於招馬官所報，始知大理告急。自杞有破三城、殺三節度之報。直至謝濟自大理回，經涉兩年，又得一信，始知韃與大理九和之戰、公子和之死，此外俱無聞焉。以此見得自廣遣間探韃，實非易事。

今臣到任，不敢以此自沮，見與邊州守臣及諳歷南事之人多方商確，重賞招募有能識蠻路、曉蠻語之人，令其結約諸蠻，深入遠探，以伺動息端的。但參之衆論，皆謂虜若自沉、黎以西之諸羌透漏南詔，則蜀閫當先知；虜若自思、播一帶之諸蠻透漏沅、靖，則荆閫當先知。其與本司欲自邕、宜以探大理，自融州以探思、播，其去韃境地里委相遼絶。欲望睿慈劄下荆、蜀兩閫，應有

❶「沉黎」，原作「沉」，今據《可齋雜稿》（《四庫全書》本）卷一七《帥廣條陳五事奏》改。

探到韃賊動息，以時關牒本司，庶幾本司得以隨機應接，極力備禦。

一、韃虜謀人之國多出間道，嶺、蜀相去雖遠，道路可通，實在我者之所當備。其數年以前，諸處探報不暇一一泛考。但觀淳祐五年以來節次備録所報，或傳謀入思、播以窺沅、靖，或聞取道蕃部徑趨南詔，或謂吐蕃已得韃賊旗號，爲鄉道入廣，此等之報不一而足，賊之姦謀委是不淺。及至近歲，事勢雖若少寬，然丁未冬所傳韃南闖連爲蕃、蠻所沮。至戊申冬復傳韃賊向吐蕃境内，相近南詔。以此觀之，則是虜之進退邈在諸蠻之外，正自叵測。本司連月以來未見續報。意者去冬沅、黎奏巖州之捷，虜既北遁，遂寬南侵，由是諸羌據險以自防。若使韃兵無間之可入，則廣中賴以無事，豈不甚幸！第因閲蜀中去年一報，謂虜若行吐蕃界中，初不經四川地分，且舉甲辰直至大理之九和鎮，丁未則捨九和熟路而取青羌，丁未失利於西莫先諸蕃，❶又安知不捨諸蕃之熟路而繞出邕、宜？臣以此推之，則戊申既失利於巖州，又安知不捨巖州之熟路而取他道？有如蜀帥久在西邊，識戎情於萬里外，其爲廣右深慮如此，夫豈可玩！

臣近得邕守王雄畫到地圖，及以謝濟行程互相參考，大概廣自邕州入大理界凡四十程，又二十程至其國，蜀自沅、黎至大理之姚府二十八程，又五程至其國。以地理計之，則是自黎、雅諸羌由南詔趨廣界，殆無一百程之隔，必南詔之藩籬常固，則廣右之門户無虞，一罅稍疏，無厭將及。本司

❶「先」，《可齋雜稿》作「光」。

遣間既難，豈容坐視？臣妄謂大理諸臣知慕中國，雖謝濟之已去，有特磨之可通。向後西邊若無警報，本司固不敢外交。萬一虜再窺南，則恐大理之信未可與絶。向來謝濟之往，前帥遣之，實奉朝命。今臣若不預行申請，臨期豈敢自專？伏望聖慈付有司行下，以憑遵守。

一、竊考本司自傳聞斡腹之計，講明備邊之宜，其遠者不暇考，姑舉淳祐甲辰以來五六年間，朝廷之所施行，司存之所經畫。大概以廣右之兵備單弱，邕、宜、融三郡兵屯不滿千，經司静江所管亦不過二千人以上，於是有增招新軍之請。以廣右之糧餉匱乏，設有邊警，非漕計所能支吾，於是有科降和糴之請。以廣右之城池卑淺，覆之以屋，尚不可禦雨，豈能禦寇？於是宜、邕二州有修築城池之役。此三者爲備邊之要。此外則輯約溪峒，團結民丁，備器械，練士卒，前後樞府經司條陳規畫，委曲詳盡，蓋已屢申于公朝矣。臣誤膺委寄，此來要亦不過遵前人之已行，盡愚力之所至，事事而備，旦旦以思，以期保固封守。然以廣右事力，僅可隨宜而措畫，豈敢過有於作爲？臣之所憂，其他姑置，惟以兵力太弱，不能自彊，非但爲韃寇窺闖之防，亦欲爲諸蠻控制之計。

蓋馭輕必先於居重，非彊本不可以折衝。城池雖修，非兵莫守，器械雖備，非兵莫持。如溪峒民丁之類，非有兵不足以制其命，此理甚易見也。今一路二十五郡，扼諸蠻，備海道，制盜賊，防溪峒，皆仰本司二千餘人。調用之中，常苟安無事則可，或小有寇擾則可，若遇稍稍猖獗，則亡具甚矣，何以運掉？臨期請師于朝，如近歲乞備九江之兵，乞調五羊之戍，秖付之文移報應而已，必無救於事也。本司昨請招安邊軍三千人，迫於錢糧，僅招及八百。止今三百人屯邕、宜、融，五百人屯静江，若蒙朝廷更令增招一二千人，併與科舉一項錢米以給券食，庶幾廣右聲勢稍壯，可以消弭外寇。

一、廣右之藩籬在邕，邕之藩籬又在兩江，習南方形勢者素有此論。蓋以右江通大理來路，左江與安南接境，兩江羈縻州峒險隘不一，先朝疆以周索，賴此以控制之故也。考之《邕州圖經》，兩江如横山永平等處，皆是慶曆、景祐間祖宗盛時朝旨措置城築，見得以其地爲重如此。至於諸峒丁壯，則先朝團結訓練，建炎初年再行抄點，結成保隊，兩江總計二百八十一指揮，共計一十九萬餘人，比之熙、豐舊數爲增。其封境之廣闊、丁民之蕃庶又於此可見。所置提舉、都巡檢使四員分隸兩江，左江則永平、太平兩寨各一員，右江則横山寨有東西二員，平居則與之平讎殺、禁掠賣，有寇則調兵於諸峒，協力以合戰。其次知寨以下官屬共不啻十餘員，中間至差文臣朝請郎爲提舉，其請給並依提舉市舶官條例，其官名之重又如此。臣竊謂祖宗當承平時，其爲區區嶺表一隅措置若是周密，無非爲藩籬計。况止備蠻，非備韃也。近年以來，上下狃於循習，事勢日以陵夷，諸寨兵戍既廢，舊屯提舉四員秖存虚闕，蓋有以身而犯難，未聞有功而見知。既無俸可以養廉，且終滿艱於得代，遂致無人願注，類畀攝官。貪婪小人損失大體，取輕納侮，習久成風。以此永平之被焚往見於交人，横山之奪印復見於溪峒。向也輸納税米及錢以供提舉官請俸，今皆失陷，無復有之。尚也首領至寨廷參，今率相抗禮，甚者反加慢罵矣。載思祖宗成規，❶百年羈縻以相安，比歲廢壞之若此，積輕之勢有自來矣。嘉定年間，經、漕兩司商議，漕司歲撥鹽四百籮以支兩江半年俸給，亦嘗有意經理。近歲守臣謝子彊、王雄條具邊防事宜，申明經司，湖南憲宋慈條畫團結峒丁等事，申樞密行府，與夫本司前帥皆嘗講畫，欲得措置修復，固已辟廖一飛者充左江提舉矣。今兩江仍前未有正官，諸峒未免仍習前態。南邊一層藩籬何止一二千里，幾自毁撤，置弗葺理，深爲惜之。

以臣愚見，今欲復四提舉官，未易有此事力。盍若且復其二，左江則駐永平，右江則駐横山。蓋此二處人皆知爲今日控扼胶理、防備斡腹之要地，略倣祖宗之制，稍重提舉之權，許令經司踏逐武臣，優其資格，假以添差本路兵馬副都監以居其官。其餘諸寨皆分聽兩提舉總轄，許及二年不候替，離任照例推行，到任任滿酬賞。任滿與本路州壘差遣，亦猶瓊州將領任滿就除海外軍壘之例。併從經、漕司措置任責。以多寡分認各官俸給。經司儻無此力，請之於朝，且未得催索諸峒苗税。除見管兵外，經司各假以戍兵數十人隨往各處，俾令行之以漸，徐就經理，未可爲之太驟，以啓猜疑。如是而得人任之，加以數年，蠻心稍知漸復舊觀，必能隱然爲吾國保障，但患行之不力耳。經司去邕十八程，自邕至兩江又復數程，此則全在邕守之任其責，有扶持，無沮撓，臂指相應，痛痒相關，顧何事之不濟哉！否則亦徒言耳。

欲望朝廷裁酌，如其説可行，且乞下邕

❶「載」，《四庫全書》本作「臣」。

州守臣條畫始末，取朝廷指揮施行。此乃南中備邊第一事，消尾大之慮，釋齒寒之憂，莫切於此。

一、言備邊於廣右者，數年以來講明條畫，一則曰輯約溪峒，二曰團結民丁。監司、帥守之建明，樞密行府之經畫，與夫游談奏議，率以此爲先務。

今臣檢照前櫝，所謂輯約溪峒，則類是損濡沫之禮物，給借補之資帖，取名作帳狀曰「已令措置關險，❶糾集保守」，其實相與羈縻而已，稍有實作區畫，即生猜疑。如融之大步嶺、宜之隴柵，寨屋屢立，蠻猺即焚。前帥董槐侍郎固嘗見於申請，亦以惹事端爲慮。今官司輯約，使之不爲我梗，諭令自保鄉井，姑爲籬落則可，未可恃之固吾圉也。

所謂團結民丁，則沿邊民丁之在省地者有限，居溪峒者爲多。先儒所謂養兵數百而獲十萬民兵之用，皆峒丁也。往時邊州紀綱修明，號令信服，乃得以疆理之。雖其說如此，蓋亦未嘗用之也，況今時異而事不同乎！前帥蔡範侍郎嘗申陳民兵利害，亦慮邊民鄰境，易致疑愕，論述甚詳。今官司團結其閒散，在猺峒號召之既難，使之自備器糧資費之豈易？必盡得其首領之心，然後可賴其丁壯之力。此姑用之以壯聲勢則可，亦未可全恃之爲吾用也。臣非材被命此來，所部尺籍既虛，於此二者亟討論措置，❷乃職分所當先，豈敢不加之意？近略檢照邕、宜、融三州二三年間案牘之所載，溪峒之在邕州，則樞密行府嘗差邕倅黃夢

❶「名」下，《可齋雜稿》有「字」字。
❷「二」，原作「三」，今據《可齋雜稿》改。

應者團結右江唐、興、歸、樂等州一十八隘，又新置古細首領黃賢能等一十九隘；宜州則守臣曹暕亦嘗結約天、地、❶蘭、那等州峒首領羅光具等一十二處；融州則差曾有開結約所部諸款，以路萬里爲諸款首，或遺以銀牌鹽錦，或假以資帖名目，或與之結立盟誓，諭以無事則守險隘，有警則協力勦逐。此近年溪峒之見於已行者也。民丁之在邕州，則已具之前項左右江之所陳，不暇遠考。

近自淳祐八年經司嘗行下團結兩江諸州峒丁壯，右江則黃夢應具到名帳共計一萬九百六十二人，左江則廖一飛具到名帳共計二萬二千六百人，其本州民丁在外。如宜、融兩州，則淳祐五年亦有團結舊籍。在宜州則有土丁、民丁、保丁、義丁、義效、撞丁，共九千餘人，其猗撞一項可用。在融州則有土丁、峒丁、大款丁、保丁，共九千餘人，其款丁一項可用。淳祐八年，本司亦嘗行下團結，却未見申到。大率出於省地者以家業充丁，或老弱，或冗雜，未免備數；出於溪峒者多習於戰鬬，如藥箭，如標槍，皆其所長。此近年民丁見於已行者也。

臣抵此雖未久，朝夕考求始末，即欲申嚴行下。屬以邕、宜兩郡守皆將更易，難以責之措置。融守謝圖南近却申本司，欲乘此農隙教練民丁，已即從其所請，勉之究意矣。第臣私竊過計，近自蜀西少緩窺闖之報，便覺嶺右浸寬備禦之憂。前項結溪峒、團民丁纔一有所施爲，未免即生疑愕。前者朝廷行下閫臣奉命經理，上下知所遵承。今臣雖爲此來，元未準朝廷指揮邊防戒飭

❶「地」，《可齋雜稿》無此字。

一字，臣若安於循習，則失於先事而慮之防，若亟於講行，則恐有無事自擾之誚。蠻猺環境，動生猜疑，舉動稍輕，大係觀聽，玆不容不謹如此。臣欲且行下三郡，各照已申經司之舊籍，若溪峒則諭令首領遵守成規，布恩信以示撫綏，葺險隘以作隄備，民丁則因其名帳，常加覈實，以彊壯而補老弱，因閒暇以加訓練，庶幾近年之所已行不至既久而付文具。俟其逐州申到，或有合作更革措置，又當隨時區處。若州郡事力不及，經、漕兩司却當與之通融，助給施行。欲望朝廷劄下邕、宜、融三郡守臣遵守。

貼黄：臣前項開畫之陳，雖爲斡腹之慮，載念自古兵家有出間道以謀人之國者，類以偏師濟，如深入險阻，重兵所難。今者韃戎窺闖之計，固難揣度，所當預防。然以臣涉歷淮事覘之，每歲虜當隆寒草枯，盛夏蝨出，不容不去。今自西羌越南詔，欲以窺我，馬力所及，容或有之。然謂大勢遠來，其謀恐未至此。但當申嚴邊備，常若敵至。區區所陳，蓋又慮慢藏誨盜，如舊歲南丹它寇之驚，交人假道之報，有不得不防者，非止爲備韃計也。

曾伯荆閫回奏四事劄子曰：

臣猥以庸繆，本無他長，遭逢聖時，叨被煩使。戍淮罔績，曲荷保全；入嶺無何，曾蔑補效。自天申命，易地上流，任重恩隆，犬馬難報。恪共賤次，亦已兩旬，事雖多端，未易縷數。竊伏恭念乃者季春三日，奎畫誕頒，預授閫規，其條有四，曰：推廣屯田，勸督耕種，可以代和糴；建置榷場，南北互市，可以省科降；修復城池，可以壯藩屏；撫輯流徙，❶可以固人心。大哉聖謨，此真守邊之良策，當世之急務也。臣不武，何足以上副隆委？然自服膺訓飭，願竭涓塵，朝斯夕斯，念此至熟。今者既臨疆埸，親訪軍民，聿昭聖主萬里之明，可無愚臣一得之獻？臣謹不避天威，爲陛下條陳之。

臣竊見京湖自江北諸城往罹狄難，閑田曠土，彌望荆榛，皆二十年前禾麥膏壤也。然而不患無可闢之地，所患無可耕之人。在我固無出因田之謀，在敵則當防因糧之患。比連政制，臣所以艱於經畫，未易廣於開拓也。本司所管江南、江北屯田人謂孟珙嘗云尚餘九百萬畝，以臣愚料，珙亦誇言。儻計夫而授田，以何人而充募？稽其舊籍，汗漫難考。珙存日歲耕，今已莫得其實，但聞其末年歲上朝廷物斛，不過二十餘萬石。賈似道以盛年精力極意經理，田萊加闢，穡人成功，視珙時固已推廣倍半矣，然歲租之上，僅能及三十餘萬石。計諸頃畝所收，固不止此。然軍民雜耕，官吏程督，牛種器具，歲時賑貸，工本於此乎仰。而又司存生券，貼支無藝，頭目添給，月廩浩繁，南北之應酬，緩急之樁備，舉是數者皆取給焉。譬諸常產之家，仰爲卒歲之計，似道非不欲具以成數來上，蓋以此也。臣今驅馳入境，已是六月初旬，勸督耕種，已非其時。方幸諸屯將遂一稔，積雨成潦，江湖泛溢，田禾類傷於巨浸，歲事已乏於全功。而況本司今春優恤佃户，又以每畝減租二分有差，今年所收，其視似道連年之

❶ 「徙」，原作「徒」，今據《可齋雜藁》卷一八《謝宣諭將命往任荆閫奏》改。

數，決是不及遠矣。若曰欲以收數而代和糴，則恐其間秋收雜斛豈足以充軍餉，歲科經費必至於誤邦儲。糴時一失，糴價倍踴，將徒咎無及也。昔羊祜屯田襄陽，始至軍無百日之糧，季年乃有十年之積。此亦須遲之歲月，功效乃見，固未可責之旦暮也。臣愚欲望陛下念邊寄之匪輕，期田功之經久，堅持定畫，委任責成，容臣自今以往廣招農佃，墾闢荒閑，親率勸課，思廣積貯，他時稍增塞下之耕，或可少寬湟中之糴。此推廣屯田之説也。

臣竊惟南北互市，所以懋遷有無，通惠商賈。往年與金爲隣，沿邊置場之利，公私共之。近歲韃與中國交兵，嚴貿易之禁，始於邊州守將博易馬匹，繼之藥物、錢貨，私相交闘。臣在淮時已親其事。然其交猶有場，其來猶有限，未至如近日淮邊之皆可自爲也。財計所入，固宜歸之公家，豈邊臣可私？但臣竊觀京湖之互市與淮間之互市異，蓋淮去北境止隔一河，北客率是齎己貨越吾土以求鬻於我，京湖則置場所在，此襄彼樊，惟此一處可通。自江陵齎貨而往，何啻千里，載以舟楫，衞以軍兵，泝流而上，尤費月日，所歷無異生界。以此淮之互市不拘冬夏之候，荆之互市惟在夏潦之時，秋水一枯，舟不敢踰郢矣。昨自孟珙至賈似道任内，每夏僅止一兩次貿易，似道視珙時固已有加，然聞之舊歲不過得銅錢數萬餘。則如當歸、甘草、雜藥之類，皆滯貨也，計其息若贏羨之可數，視其本或變轉之尚難，所得幾何，厥費尤甚。司存徒以置場則可以覘虜情，可以得韃馬，可以通襄陽一綫之脉，志不盡在利也。邊臣能爲公計，苟籍此有餘積，亦猶國之外府，然若曰目前欲指擬以省科降，則恐藥物之類便未得錢，軍劵等需何所取辦，此場必至於廢而不敢爲矣。又况北方頭目大抵多貪，可以利誘。昔良、平以金啗秦、楚之將，高祖聽其用而未嘗計，卒能成大功，其可不略假之乎！臣愚欲望陛下寬邊臣以責大體，通北貨以疑敵情，異時闖計之可支，斯亦國費之自省。臣聞目今樊城略有北客，正欲遣舟辦貨而往。初爲交易，宜示優容，若欲定其成規，當俟嗣歲。此建置互市之説也。

至於修復城池，則臣竊惟方城、漢水自昔用武之國，向也壁壘相望，蔽護風寒，今惟南郡一城巋然江北，與夫下而漢陽耳。漢陽距鄂一葦，虜不易窺。如南郡城池，則近歲賈似道一新規模，從事畚築，亦既浚淺而培薄，轉瑕而爲堅矣。此外諸城多在寓治，鑿斯築斯，固未有及是者。臣伏讀修復之訓，睿謨宏遠，蠡管莫窺，悚然未知所措。竊計陛下披輿地圖，指示郡國，不忍墮甑之視，將復金甌之全，聖意蓋有爲而發也。臣自抵戍所，訪諸故老諸校，皆謂虜自十數年來，沿邊無可疽食，稍遠區脱，人非城是，山河不殊，曩時擊柝之地，往往嘷狐狸而長荆棘矣。有志之士，豈不感歎！况以睿訓之丁寧如此，臣子之責任當然，諸酋之骨肉方爭，中國之機會難得，陛下念慮及此，真宗社之福也。然前此闖臣志在王室，亦皆有經略之意，或者養威伺釁，未見可爲，度力揆時，將有所待，歷年雖久，抑亦教訓生聚根本之未立。陛下不以臣無狀，今欲付之以此，捐軀效力，固不敢辭。但今兩路城之未復者曰襄、郢、隨、棗、安、信、鄧、復、武當、荆門凡十郡，房元無城。未暇一一枚舉。而襄陽天下之脊，國之西門，古郢荆岑通襄脉絡，將大爲經理之計，抑姑爲徐進之規。私慮我必守者彼所必争，其進鋭者其退易速。昔趙普論幽燕之伐曰「以翰取，以翰守，以至於孰可爲代」，規圖天下大事反覆深慮如此，猶恐成敗利鈍不可以逆睹，不然則徒爲褚裒、商浩，❶祇貽笑方册也。今將爲修復某城計，則當度有司量功日，兵用幾人，從何而調，不可盡撤見屯兵力，當防其乘虚。糧支某歲，從何而取，須是令外辦此一項糧食，不妨常券。器械從何而辦，財用從何而給，城未成而敵已至，則將何而應。凡是軍實所需，物物預圖，事事經慮，一毫不可以欠闕。當如孫叔敖城沂之舉，使封人先慮而授之，庶可不愆于素，無虚役而有成績。更惟聖慈與大臣熟圖而指授之。

至於撫輯流徙，則臣竊惟兩淮頻年受兵，而民之避寇江南者猶頗衆，京湖連歲稍暇，而民之復業江北者已漸多。且聞去歲以及今春，邊民之携老幼、驅牛畜歸返其舊土者，鱗鱗不絶于道，遠而隨、棗、襄、光之郊亦有人矣。其尚寓近裏者，則又公家給之牛種，處之耕佃，聽其酤販，弛其色役，其視往時哀鳴嗷嗷大不侔矣。此固衆人視之以爲喜，有識思之猶以爲憂也。蓋由近日以來，邊人相傳虜哨不入，將謂疆埸自此無事，泰然散居郊野，不復隄防。深恐豺噬非仁，鷙擊必匿，慢藏啓侮，將厚盜資。臣夙夜思之，方此申諭諸郡，俾相告戒，類爲保伍，無事則耕以自給，有急則收之入保，所行雖若遲鈍，不可人意，實切於爲邦本計也。伏讀撫輯之訓，敢不益加勞徠安集，以稱明天子德意。然臣仰窺聖慮，俾固人心

❶「商」，當作「殷」，作者避宋太祖父名諱改「殷」作「商」。

意者，爲蓄漢之撫摩，不專爲吾民之流徙。興言及此，臣罪不勝，所恃明主可爲忠言，愚臣豈敢有隱！蓋自孟珙招納太廣，不爲居重馭輕之思；似道恩結雖優，浸成外彊中乾之勢。今則諸屯典旅，多是其徒，有持阿授柄之憂；南岸列營，撫如驕子，有積薪厝火之慮。幸而不發，苟以無虞，蠶食安居，果將焉用！臣觀京湖之所處者，其視東淮不及遠矣。臣今雖恭奉宸旨，「撫輯」兩字銘著諸心，待之南北之一家，俾無爾汝之形迹。然以前人養虎常飽，猶恐拂之，所謂詐狙作使，未易御者。臣嘗觀東漢末年處降胡於近塞，異時劉、石輩多出其中，苻堅不聽王猛之言，❶亦受鮮卑之患，皆可鑑也。此證養成，要已非一歲于此。往者則幾藉以脅，繼者則惟幸其弭，若不及今商確，預作圖惟，如療病於未病而使醫，如治水勿與水而爭勢，涵洪優裕，勿露機括，思所以處之之地、用之之方，陰消而潛革之，臣恐異時不能不勤宵旰之憂也。光武推赤心置人腹，裴度待蔡人即吾人，明良一堂，恩深義結，固無是慮。臣之此言似過，然亦出於拳拳嫠緯之心爾。伏望聖慈密與大臣而圖全之。

以上四事皆恭因聖明之訓，用輒進狂瞽之言，嬰瀆霆威，謹跼蹐以俟鈇鉞。此外猶有祈控於陛下者。臣自頻年灾患，百念彫零，思慮不及於前時，材力豈堪於重任！封疆盡瘁，所不敢辭，餽餉攸司，實難共二。蓋人品智愚之既異，而物理盈縮之相因，人知爲闕費匱乏，賴以相通，臣則懼總計支吾，久將不逮。陛下且謂日用如故，歲入頓虧，其可以有立乎！譬如中年之人，氣血

❶「苻」，原作「符」，今據《晉書·苻堅載記》改。

豈能與盛年比！病證方異，而醫者謂其充盈，取而朘削之，使盛年處此，亦不可同前日語，況衰竭者乎！强曰藉榮以養衛，正恐不日榮、衛之俱虚也。臣愚欲望聖慈早賜别選計臣，俾臣專意兵事，若或委令兼任，亦須少存舊規，使得永肩一心，展布四體，誓當九殞以報乾坤之大德。乃若胸臆所藴，筆舌難窮，併乞睿照。

曾伯爲淮東制置使，奉詔言邊事上奏曰：

臣所準御筆指揮，仰見陛下申飭三邊，廣延群策，將以圖回實政，豫伐敵謀。臣恭體神謨，勉罄愚慮。伏讀密札所載，自兵備而下，條目有七。臣之所部兩道十有四州，所在皆當風寒，戎馬一入，無所限障。凡而隄防備禦之具，千條萬緒，未易枚舉。大要一城之兵當使可自爲一城之守，臨急望援，決是誤事。其有戍卒不及，急當先期分布。臣竊計諸州守帥仰承上命，必能殫智畢慮，見之敷奏矣。臣竊謂沿淮城壁連年修浚粗周，惟壽、泗暨漣越在淮北，雖葺理不廢，而疏略尚多；沿淮糧食，諸處運發無闕，惟豐、濠及壽遠在淮西，雖向後儘可支，而所憂在難繼。此二者未免尚廑廟堂之問。乃若賊情所在，則老罕諸酋睥睨於我者已非一朝，于此春秋更哨，蓋將以歲月弊我。兩年以前，河南宿、亳、應、永間，賊猶棄弗守，去歲以來，廢壘城矣，閑田耕矣，尚且積粟於境，❶治舟於河，此其姦謀，非有所圖而

❶「尚」，原作「而」，今據《可齋雜稿》卷一七《淮閫奉詔言邊事奏》改。

何？❶據招泗、濠梁報到賊中事宜，今秋之入，又欲早於去歲，臣已申之密院矣。彼之謀我若是其至，我之待彼然則又其可忽？乃舟楫之當戒，險阻之當治，臣熟觀已事，遠慮未然，晝夜以思，今日邊頭之事，淮面、湖面爲急。博采衆論，亹亹然非不可聽，然不要其利害之實，甲可乙否，徒費空言。臣請別白而言之。

臣竊見長淮諸隘，如安豐之上則潁河口，濠梁之上則渦河口，招泗之上則五河口、潼河口，淮安之上則大、小清河口，皆是賊舟可以出淮之路。往年下流謹舟師之備，而上流無隘口之防，賊亦未習於舟，不敢輕突。近年以來，安豐則防潁口，濠梁則防渦、五二口，淮安則防大、小清河口，如潼河等處，招信亦往防托，規模布置似若嚴密，非不欲遏截此虜，使不得渡。然觀遞年與賊應接，止是壬寅之秋，劉虎始以舟師在伍僅收一捷，然不能遏虜舟之不出，虜馬之不渡也。是年主將幾陷賊矢。逮至去春，賊之圍壽，由潁出舟，豐、壽兩郡差調謝天祐、石閏等諸郡舟師防遏隘口，兵力不爲不多，賊船一出，蕩不可禦。去秋五河措置趙文亮連月整葺堡圍，備竭心力，臨期益以劉虎、湯孝信舟師，何啻萬兵，與賊相持累日，弗能遏賊兵。張濟、吕文德雖以捷告，然僅收之桑榆耳。至于今春以文德、文亮聚重兵於此堡，南北之鋭在焉，轉戰幾晝夜，賊勢四集，圍堡亦遂弗支。若非文德見幾，急急收斂，入濠固守，豈不中賊毒手？即是數節，反復以觀，前項諸隘，今殆未知備禦

❶「何」，原作「河」，今據《可齋雜稿》改。「何」下，原衍「北」字，今據《可齋雜稿》刪。

之策。蓋舟師本我長技，賊乃習而用之。由諸隘出淮，皆順流建瓴之勢，而此賊又於南北兩岸夾以馬、步，翼以砲弩，每每我以一面而受敵三面之鋒，而又衆寡相絶，勢所難禦，非我師之不盡用命也。今來秋防在即，方欲再責諸將措置堡圃，則觀諸已然之事，深恐緩急徒損威力，無補關防。置而弗備，則賊舟上下往來，蕩無限禁，長淮千里，與我共之。我之咽喉脉絡爲彼所斷，諸州糧援豈不可憂？今只得思變通之策，姑捨諸隘之備，而於沿淮諸州擇要害去處，各置舟師大屯，依城擺泊，臨流控扼，以虎視諸隘，往來隨宜防托。自五河而上，舟用輕捷，招泗而下，則用巨艘，使賊有所顧忌。縱或侵犯，我得以臨機制之，猶有取勝之道。此淮面舟師之當戒者也。

至若淮東射陽一湖，地跨三州，自上口以至廟灣，上下三百餘里，所謂湖者初無澎湃瀰漫之勢，秋冬之間不過一衣帶水，投鞭可涉。往時山東紅襖之兵皆能習知湖澳地里，賊之垂涎薦食非一朝夕，連年出没湖西，雖抄掠之患猶淺，而賊之來路已熟，血入于牙，殆浸淫未已。兩淮自十餘年來生齒蕩析，半成荆榛。根本之地，得此湖在，良田沃壤，稻粱所生，民食、兵儲歲所取辦，其中資貨、人畜、聚落實繁。中間所謂水鄉可恃，不過如德勝湖、博支湖一二水面稍闊，胡馬難侵。其餘雖名湖濼，非有巨浸。至於海岸，又皆平川，我之能往，賊亦可到，果何恃而不恐？

臣往在京湖，嘗聞復州諸湖非不恃水，卒亦不能禦此寇之入。繼在淮西，親見和州麻湖乃丙寅間居人避虜之地，亦爲賊以計取，卒用其衆轉而他攻。此皆往事之鑑，臣嘗慮及此事，將來爲淮東之患者，必自射湖始。

壬寅之秋，賊分兩路侵犯，一從平河過湖西，一從泰州沿海溝而入。是年湖中全無兵備，其不至滋蔓者幸也。次年臣嘗委官白事廟堂，乞令項招湖兵五千，置一總管，駐之興化，專令爲湖中之備。此策弗售，徒能言耳。後來朝廷命高郵守臣節制諸湖，不過行團結之政，分委水寨頭目各相保聚，自爲防托，寇至則淮、郵、泰、揚各調少舟師以防遏之。然亦僅可分布控扼，使此賊不敢徑涉，慮吾之襲其後耳。若曰可以遏此賊之不渡，未敢以爲然也。而況湖中舟備，如自平河過湖西一路，則猶或可遏，萬一賊用故智，復由海溝斡腹透漏，則我之舟檝反在賊背，豈可不慮！近自賊退後，訪之各郡守將及士夫父老，有謂團結恐誤民，不若聽其遷避者，有謂守射湖不若守運河者，有謂宜復寶應舊壘者，有謂宜築堡于平河、黄浦者。詳玩數説，見各不同，深思其宜，各有得失。若曰盡令遷避，則一湖數十萬之生靈，何地容之？若曰欲守運河，則自維揚至淮安三百餘里，除水濼隔絶外，其可入湖者不止一路，又安得有此一項兵力以分守此河？若曰再復寶應，則又添此一城之守，踞坐寶應亦不能遏此賊之不過。若曰築平河、黄浦，責之高沙、淮安，則高城大池猶懼賊犯，臨河小堡何以抵當？

臣憂心如灼，實未得其長策。近見委官再往郵、淮兩郡，謀之守將，臣意欲得團結、遷避兩説並行。水鄉之深闊，可恃賊所不可到者，從其團結以避寇；其他令淮安、泰州、高郵各從其境，預行告報，委責頭目，遇到秋防寇至，入城遷避，惟有此策，尚或可行。此外寶應及湖濱亦量用舟師往來耀敵，以防賊由平河入之路；泰州堡城一帶亦用官民船張耀，以防賊由海溝入之路。然亦止可以爲賊勢小入之備，儻其大至，則地勢綿亘之廣，兵力敷布之難，可不深憂！此湖面險阻之當治者也。

凡此二者，切於目前，臣憂此熟矣。今雖待罪將去，敢不力疾以聞。伏望睿慈速下有司，更加商確，如臣言可採，早乞處分行下。秋風不遠，願軫淵衷。江淮相爲表裏，藩籬堅密，門户自安，惟陛下亟圖之。

貼黄：臣有少管見，言之若涉於臣之利害，然實切於國之利害。淮西安撫使王鑑，與淮西招撫使吕文德，近來名位相捋，意嚮不同，其守廬、守濠事績，自不待辯。然臣觀鑑久不樂制司之居其上，文德則不甘鑑之居其傍，同舟遇風，豈宜自爲胡越？臣得近日左相緘示廟堂條具奏請，亦已明知維揚兼制淮西，地遠勢均，運掉不行，而招司自謂贅員，常懷觖望，非更張不可。是説也，已在神謨廟算中矣。此聲已出，恐難置之不問。兼臣今日據文德所申，既欲辭新除之命，且欲免招司之權，明有贅員觖望之言，所遺臣書，其言頗激。若只仍此局面，决貽顧憂，他時設有疏失，無謂臣不具奏。臣雖將罷去，敢不盡言。以臣愚慮，莫若罷淮西制置司，或併歸王鑑權管，却分吕文德過淮東，畀以沿流一大郡，分淮東安撫一司以畀之，仍畀兼節制沿淮諸州策應軍馬。如揚州則只以淮東制置使兼知。庶幾東西兩道得兩大將臨其前，各有責任，無相推托。如淮面、湖面俱有可恃，權時制宜，無易此策，伏乞睿斷。

李鳴復上奏曰：

臣蜀人也，三仕劍外，蜀之安危成敗，嘗身履而目擊之。今蜀民困於科擾之煩，蜀兵壞於驕縱之久，蜀財竭於費用之夥，其可慮者多矣。而關外五州所以蔽捍全蜀，利害尤重，謹摘其切於邊防者二事以進，陛下幸垂聽焉。一曰復家計寨之舊，二曰增忠勇軍之額。

寨之有家計，向者吴玠實創之，岷曰仇池，鳳曰秋防原，階曰楊家崖，成曰董家山，是四者皆有險可恃，有泉可飲，又爲之糧以食，爲之屋以居。無事則寓于州，有事則歸于寨，其爲慮蓋甚悉也。自紹興至開禧，虜嘗侵犯矣，視之而不敢攻，以有險在前也，過之而不敢越，懼吾之襲其後也。古人設險守國，殆不過此。曦變以後，一時邊帥欲築城以爲守，而家計寨之實遂廢。曩時蜀帥又欲列栅以爲固，而山寨之役遂興。夫謂之山寨，與前所謂家計寨若類矣，而實非也。蓋家計寨凡四，擇地利之絶險者爲之，而山寨則爲數七十，無其險也。家計寨之設，乃官與民相保聚，其力足以捍敵，而山寨則家自爲活，無其力也。彩畫成圖，但詫觀美，多張虚勢，無補實用，是驅之使就死地也。以山寨之受禍也，而併與其足以避禍者廢而不葺，亦未之思耳。臣故謂家計寨當復其舊者，此也。

軍之有忠勇，初以陝西弓箭手法爲之，興、洋曰義士，金州曰保勝，京西曰保捷，而關陝則謂之忠勇。❶是兵也，可以攻，可以

❶「陝」，原作「今」，今據《四庫全書》本改。

戰，而尤利於守。蓋有墳墓、屋廬以繫其志，有妻子骨肉以堅其心，其勢當效死弗去也。關外之賦總不過四十萬，若盡蠲以爲軍，一人執役，數人荷戈隨之，籍一萬人，可得數萬人用。古者寓兵於農，何以異此？韃寇之入，制司懼其勢之難以支也，遍給旗榜以招忠義。事定之後，又知忠義之不容散遣也，創置軍籍以行屯田。夫謂之忠義，與前所謂忠勇若一矣，而實殊也。蓋忠勇軍自給衣糧器械，而忠義則給之於官者也，忠勇軍有常産，故有常心，而忠義則皆烏合者也。責以屯田未必果能執耒，核其實數未必果皆按籍，此蓋不能無弊也。創增官券以養忠義，而其不費官券者乃寢而不行，亦幾倒置矣。臣故謂忠勇軍當增其額者，此也。

家計寨復，則保聚有要地而人心安；忠勇軍增，則備禦有勁兵而人心固。臣之所論非特爲五州計，爲四蜀計也。陛下如以臣言爲可采，乞下四川制置司參酌施行。

鳴復爲侍御史，論今日當議備邊之實，上奏曰：

臣竊聞韃使之來，朝廷議所以待之。今之議和，猶昔之議戰也。臣以爲和、戰皆不必多議，所當議者邊備之實爾。臣嘗觀班固論漢一代禦戎之策，至其終則曰：「來則懲而禦之，去則備而守之，其慕義而貢獻則接之以禮遜，羈縻不絶。」此聖人制禦蠻夷之常道也。夫懲而禦，備而守，此最邊防急務，不容一日闕者。而今焉上下皆忽之，問之朝廷，則曰已行下戒約，行下隄備矣；問之邊帥，則曰某處差某防遏，某處差某屯戍矣。驗之以事實，未見其實也。何以知其無是實？往者汴京之得，捷報飛來，謂全子才陳兵以護闕庭，趙葵諭衆以宣德意，又申諭諸將，益整六軍，渡河陰之師，奪孟津之險，朝廷亦信其言，第功行賞矣。小戰纔衄，望風皆潰，守禦之實安在？已而趙范至浮光，齎書告廟堂曰：「淮北之守，已遣五千人屯息，二千人屯蔡矣。又遣李寬、孫軍勝守鈞、守許。厚犒而往，斷可得其死力矣。雖使敵國有韓信復生，亦恐未能勝范也。」其詞甚壯，若無復可慮矣，而哨馬一至，數州俱陷，守禦之實何有？前日無其實而徒欲僥倖乎戰之捷，今日無其實而又欲僥倖乎和之成，謀國若此，豈不大有可憂也哉！

臣謂韃使之來，隨宜區處，視其貢獻之物，隆其賜予之禮，寧過乎厚，毋傷乎薄，使一二犬羊弭耳而退足矣。若曰仗一王檝可堅兩國之新好，憑一鄒伸之可復中原之故境，恐無是理也。金昔以和誤我，韃復以和誤金，商鑑不遠，而猶欲蹈其覆轍乎？爲今之計，當移所以議韃使者議邊備，舉所以講虚文者講實政。財必欲其豐，糧必欲其足，器械必欲其備，人心必欲其固，士馬必欲其壯健，而又擇良將以任之。使吾邊陲之間，屹然長城，隱若敵國，則有所不和，和無不成，有所不戰，戰無不勝矣。此上策莫如自治，朝廷所宜加意者在此，不在彼也。惟陛下垂察。

貼黄：臣既謂韃使當隨宜區處，不必多議矣。似聞朝紳有以借吉服一日爲言者，此隨時俯仰，不知大體者之說，關係甚重，有不容默。夫中國所以異於夷狄者，以有禮義也，國家大典禮豈宜爲夷狄一小使輕易？陛下方以孝治天下，行之三年，而遽壞之一日，可乎？ 併乞睿照。

嗚復又論和議不足恃，當以守備爲急，上奏曰：

臣竊見韃使之來，引見已畢。此既待之以有常之禮，彼亦不肆其無厭之求。由中及外，咸謂自今可以變干戈爲玉帛矣。而臣愚不識事勢，獨有憂焉。臣之憂非於今日而後發也。往歲之秋，適當輪對，是時朝廷委襄陽遣使銜命而往。猶未出疆也，臣妄謂韃之情有不可測者二，有深可憂者一。既踰一年，而韃使再至，其狀猶前日也，臣之憂亦猶未釋也。臣之所謂不可測者，人皆見之，不敢贅述。所謂深可慮者，人未必皆知之，其可不申言以冀中外之警悟乎？

往者寶慶丁亥韃嘗遣兩金牌至蜀，大書僞號于牌之上，自謂爲天所錫，附以幅紙，幾百有餘言，狂僭異常，悖嫚無禮，大概只欲吾投拜，否則厮殺耳。彼所謂投拜，即吾之所謂和也。吾以講好爲和，彼則以投拜爲和。金非不通好也，通好而不投拜，其禍卒不可解，於他國亦然，此豈可不深致其慮哉！王檝之來以宣撫爲使名，只此一端，便覺可怪。臣閲邊報，韃人蹂踐關隴，占據河南，有所謂宣差矣，有所謂元帥矣，名曰宣撫，獨於王檝見之。雖往時密院劄下襄陽亦曰「蒙國僞宣撫」，此名何爲而至吾國也？

臣觀檝之爲人，外雖恭順，内實姦詐，意其涉吾境也，固例曰通好也，曰議和也，其反命虜酋也，未必不曰吾使事畢矣，由鄰境至國都，皆聽吾之宣撫，不吾拒矣。異日見之國書，萬一有如金牌之僭嫚，我其何以待之，將却之乎，抑受之乎？却之則貽禍目前，受之則貽羞萬世，利害既迫，吐吞不能。臣恐紹興故事將復再見，宰相不免爲秦檜，執政不免爲孫近，在朝忠憤之士將有如胡銓者出，寧欲赴東海而死矣。陛下試觀鄒伸之等輩，果能如富弼肯與虜酋争「獻納」二字乎？肯辭官不拜，謂虜或敗盟，死且有罪乎？一意詭隨，百端捏合，是亦王倫耳。

慮事當察之於始，防患當謹之於微，先事而爲言，則亦當先事而爲備。然則策將安出乎？自昔待夷狄之説有三：曰和、曰戰，曰守而已。和、戰蓋相反，而守則行乎二者之間，不容以一日闕。不戰則和，不和則戰，此所謂相反也。能守則可以和、可以無和，能守則可以戰、可以無戰，此所謂不容一日闕也。爲今之計，嚴吾守備以待其勢之自定，斯得之矣。天險不可升也，地險山川、丘陵也，王公設險以守其國，此以勢爲守者也。鑿斯池也，築斯城也，與民守之，效死弗去，此以人爲守者也。固國不以山谿之險，威天下不以兵革之利，得道者多助，失道者寡助，此以道爲守者也。得其道則人爲我用，得其人則勢爲我有，其説雖三，其理則一而已矣。

且所謂道，何道也？其要爲三綱五常，其序爲君臣上下，其用爲禮、樂、刑、政。脩之身者此道也，達之天下者亦此道也。使綱紀森嚴，法度峻整，衆賢聚於内，群邪屏於外，六典治邦國而見之政事者無不舉，八柄馭群臣而施之賞罰者無不當，則此道行乎朝廷。役簡刑清，政平訟理，循良者必用，貪暴者必黜，布中和之化而嘆息愁恨之聲以消，行寬大之書而安静和平之福以集，則此道行乎郡國。峙乃糗糧，備乃器械，有功則賞，雖小校必旌其勞，有罪則誅，雖大將必正其法，使皆有仗節守義之志而無畏死貪生之心，則此道行乎邊鄙。言必忠信，行必篤敬，彼以暴，吾則以仁，彼以力，吾則以德，自治以定其立國之本，權時以施其應變之宜，則此道行乎蠻貊。果能此道矣，人心愛戴，國勢安彊，因斯民歸往之情，符上天助順之意，雖以混一區宇，掃清中原，蓋將有自然而然者。豈必待惴惴而爲戰，汲汲而爲和，而後足以固吾圉哉！

邇者，恭承陛下頒示宰相鄭清之章疏，臣以濫陪經幄，例獲諦觀，篇末奏陳，理盡而詞切，諒陛下亦犁然有當於聖心矣。雖然，宰相事無不紀，非但發於言而止也，乃言底可績，然後相之職爲無負。漢申公曰：「爲治不在多言，顧力行何如耳。」此人主事，亦宰相事也，惟陛下與大臣益加之意。

貼黄：臣近見四川制置趙彦呐備申韃寇犯蜀，直至武、階，調遣諸處軍馬，併力鏖戰，賊遂敗績。然則使地利在我，人和在我，韃未嘗不可勝也。韃方遣使議和，而亦遣兵入寇，和果足恃乎？和不足恃，則守備之實尤不容一日不講行也。併乞睿照。

嗚復乞宣引兩督視使各陳己見，上奏曰：

臣竊謂今日之邊患，皆邊臣有以致之。致韃使之來者嵩之也，致韃騎之來者范、葵、㷄也。蔡息不共事，則韃使未必徑造闕庭；河洛不出師，則韃騎未必指爲仇敵。

和、戰雜用，處置失宜，啓釁召戎，實基於此。今范守襄峴，葵守維揚，焴守合肥，皆曩時之主戰者也。韃若抉我藩籬，入我門户，爲三帥者其戰乎，其守乎？兵凶器，戰危事，戰或不捷，策將安施？苟嬰城固守，而長江之險，敵遂與我共之，計又安出？陛下並建督視，蓋謂朝廷去邊面遼邈，就遣二重臣，假以便宜，從急應接耳。五大帥不得爲之事，兩督視當爲之；朝廷不及行之事，兩督視當行之。抑不知爲督視者將調遣淮、襄以掃除寇賊邪，或欲捍禦江面以固護根本也？若止於捍禦，則沿江兩制帥足矣，奚必督府而後能辦？如志在掃除，而且聽賊之自爲去來，諸帥之自爲戰守，諸軍之自爲叛服，則今日之患正坐此爾。局面既新，而積弊如故，奚以督視爲哉？和、戰、守之孰是孰非，兵、將、帥之孰勇孰怯，沿邊之地利孰險孰易，沿江之津渡孰緩孰急？大帥或不職，誰可授任？大將或不利，誰可御衆？此皆大節目，所當講貫胸次者。

夫有此規模，然後有此措置，有此措置，然後有此成就。凡事豫則立，不豫則廢。安危利害之機，決在俄頃，恐非徒事繁文，務爲觀美，可以虚聲了辦也。高帝一築壇，而漢、楚勝負已決於韓信之數言；先主三顧草廬，而魏、吴、蜀形勢已定於諸葛亮之數語。陛下曷不宣引二臣，使各陳己見，聽其有何等籌畫乎？伏乞睿照。

貼黄：臣竊聞趙范有樊城之報，賊衝我軍不動，退走數里，亦足振起士氣，未可言捷也。儻朝廷因此玩弛，二督視因此懈怠，悠悠其出，坐失事機，警報忽來，倉皇無措矣。陛下限之以五日，君命顧可違乎？陛下之令不行於督視，督視之令顧可行於將帥乎？無以事上，恐無以使下。併乞睿照。

嗚復知福州，乞嚴爲廣西之備，上奏曰：

臣七年去國，放浪江湖，未許乞身，猶縻廩粟，事有關於國家之大利害者，不容不以奏聞。

臣近得四川茶馬司凖遣牟申之十一月書，謂今歲韃兵分兩道入寇，一由利、閬，一由巴山。利、閬之寇至磑子溪，我軍發伏頗捷，餘衆却轉入巴山，合而爲一，未知向後如何。制帥迤邐拽回，已抵合陽，觀賊所向而圖之。最是交、廣之憂，不可不慮。前此入蜀之兵本三十萬，忽抽二十萬入雲南。見茂州所申，自曲納族節節透入，已至渭節村、風節村，十八族多已投拜。若得此蠻長驅而往，則大理危矣，邕、宜其可不警？臣向者己亥之歲，僑寄毗陵，曾聞蜀帥陳隆之具申朝廷，謂韃賊欲由大渡河攻破大理等國，斡腹入寇。密院劄下廣西經略徐清叟嚴行體探，預作隄防。後來清叟到大理、自杞等國，回報繳申，今可覆視也。近又從邸報見樞密都承旨蔡節奏章，專坐廣西經略蔡範申到事宜，謂邕、宜深爲可慮，與今來牟申之所言：及向來陳隆之所申大概一同。臣竊惟韃虜向與金爲讎，掃穴犁巢，自燕徙汴，盤旋積歲，竟不能過黄河，以遂其不奪不厭之志。或教之曰：「河之尾有路，可以轉入。」於是破西夏，踰積石，踐蜀境，竟求以快其欲而後已。今其與我爲鄰也，虔劉我兩淮，薦食我西蜀，所幸天限南北，長江洶湧，不容輕涉。然數年以來，嘗竊過萬州以下之胡灘，透漏黎州以後之大渡河，彼其姦謀詭計，未必不曰河之尾有路，可以蹙金，則江之尾亦必有路，可以窺我。

天道好華而惡夷，不義而彊，其斃必速。彼其貪惏無厭，其亡可立而待。然在聖賢每思患而預防之，必於無事之時，先爲有事之備，亦曰無恃其不來，恃吾有以待之可也。臣心於憂國，不能自已，惟陛下與二三大臣深慮而亟圖之。天下幸甚，宗社幸甚。伏乞睿照。

歷代名臣奏議卷之三百三十八

本卷劉永强校點

歷代名臣奏議卷之三百三十九

禦邊

宋理宗時，李鳴復知樞密院事，上奏曰：

臣比者伏蒙聖慈擢置樞筦，繼又從宰臣之請，以兵、財、楮幣分而爲三，委之執政，臣以繆庸，仍獲任兵戎之責。朝夕惟念，大懼無以稱塞。嘗考究其利病，竊謂有一時權宜之策，有萬世經久之慮。審思事勢而定其應，補葺罅漏以周其防，此一時策也。規模欲其宏遠，法度欲其整肅，此萬世慮也。

自三關失險，內郡摧殘，一時軍將蕩無綱紀。寇來則散而爲盜，以擾害百姓，寇去則聚而爲兵，以仰食縣官，其爲數至十有三萬，而蜀之兵不如昔。自襄陽不守，荆、郢繼失，連歲帥閫急欲隄防，創軍籍以招無業之民，抑餉所以贍無額之兵，其爲數至二十餘萬，而荆鄂之兵不如昔。蜀去天萬里，閫外之事不可遥制，故擇兩帥以分其憂；荆鄂正今要衝，列戍分屯，權當歸一，故命督府以總其勢。莫遠於蜀，莫重於上流，委寄得人，則區處有道，赳赳雄斷，是用出此。兩淮所以蔽江浙，而自浮光陷虜，惴惴然常有抱虎之憂；長江所以限南北，而自淮壖被兵，凜凜乎常有飲馬之懼。故收彊壯以實軍籍，兩淮皆然，沿江亦然，不如是，恐反以資寇，勢實使之，不容靳也。廣科降以修戰備，兩淮皆然，沿江亦然，不如是，恐無以禦寇，勢實爲之，不容吝也。蜀、楚之兵雖已溢額，而不可驟減，江淮之兵雖無虧額，而不可不增。蓋敵勢尚强，國威未振，撫事應變，權時施宜，凡以爲一時備禦計爾。

若曰立國之宏規、禦戎之上策盡在於是，則非也。昔太祖受天明命，撫有大寶，戰士不過十餘萬，北禦契丹，西捍河東，猶以其餘威開荆楚，包湖湘，卷五嶺，吞巴蜀，掃江南，服吴越。太宗繼之，遂拔晉陽，一統四海。兵固不在衆也。南渡以來，諸大將陳兵以捍虜，各以數萬計。事定之後，内而三衙，外而沿江，遠而四蜀，皆有旨立定軍額，其溢額人依舊存留，惟日後更不作闕額招收而已。措置得宜，遵承惟謹，兵固當有限制也。人皆以爲今之患在乎兵少不足以强國，臣獨以爲今之患在乎兵多反所以蠹國。兵非惡其多也，多而不足用，不若少而精之爲愈也。以其不足用也，而又求多焉，抑惑矣。今天下兵數視祖宗時何啻數倍，廂、禁軍散在郡國，殿步司拱衛京都，御前軍分屯要害，皆官軍也。蜀有忠勇，襄漢有保捷，兩淮有義士，皆民兵也。禁軍本以備征戰，今供雜役矣；御前軍專以充調遣，今多占破矣。散在郡國者動干紀律，而每懷不逞之志；號爲御前者屢增劵廩，而且有無厭之心。竭天下之力以養兵，而流弊至此，尚足爲國哉？

臣嘗伏而思之，革積弊者當以漸，振頽綱者當以理。老弱交雜而力之壯者無以自伸，精粗混殽而藝之强者無以自見，此今日之弊也。吾能明訓練之法，壯而强者旌而别之，使自爲一軍，無事則温飽以養其勇，有事則激勵以作其氣，彼既有進取之望，則必無非僻之心。而所謂老且弱者，待之如常，闕則勿補，將見數年之後天下皆可用之兵，而凌犯之風不期而自息矣。名隸尺籍而半爲市人，月破廩給而安居他所，此今日之弊也。吾能嚴占破之禁，某處投充則仍隸某處教閱，某郡支請則仍於某郡居住，嚴加訓練，而且緩招刺，將見數年之後天下皆實在之兵，而僥倖之習不令而自消矣。由前而論，特一時應變之權；由後而言，實萬世常行之理。臣願陛下以萬世爲慮，而勿以一時爲安，以兵之冗爲可憂，而勿以兵之多爲可恃。孜孜然思之，斷斷然行之，整今日之新規，復先朝之舊觀。生靈之幸，宗社之福也。

貼黄：臣近見田慶宗具到步司所管在寨軍一萬三千六百餘人，老病借差約五千有零外，止管强壯八千二百四十二人，三千人充采石捍禦，五千人僅可管幹寨栅，及隨番救撲。臣竊疑焉，問之同列，則曰「權要借使，吏房占破，皆於焉取之」，名存實虚，殆無足怪。一司如此，他可類推也。臣曩在會稽，嘗考覈軍籍，幫請給者三千三百餘人，而日就教閱、日充祗應者僅及其半。朝士差借，雖補外而甲乙相傳；權貴占留，雖易世而執持不遣。鄉官之借出，其爲數猥衆。浙漕之抽差，視他司獨多，計二百有八人，以私僕而掛公籍者有之，以虚名而竊實廩者又有之。一郡如此，他可想見也。夫支請有定限，雖頃刻不容稽違；幫勘有定數，雖錙粒不容虧欠。上下煎熬，爲養兵計也；文移旁午，爲養兵設也。平居耗不貲之費，倉卒無可用之人，其可聽其自爲縱弛，而略不加察哉！伏乞睿照。

貼黄：臣竊見平江置戍以拱衛名，慮遠識高，蓋有深意。但數以萬計，經始實難。欲徑從荆鄂召募，而或慮其太遥。欲分委州郡招收，而或疑其紛雜。欲且就諸屯抽摘以實其半，而二三其説，意亦未定。以臣觀之，在内與在邊不同，徐爲之計，似亦未晚。夫五材並用，誰能去兵？然兵可止亂，亦足兆亂，顧所以御之者何如耳。御得其道則紀律脩明，雖舊管之軍，皆可使爲吾用；御失其道則風聲交扇，雖新招之卒，安知不重吾憂？舍舊以圖新，而吾之法度、紀綱蕩然如故，恐亦無益也。臣謂創軍額不如修軍政，急招刺不如精訓練。愚見如此，併乞睿照。

貼黄：臣竊見全蜀井分爲四，而利州一路實爲三路屏蔽。韃人連歲蹂踐，自利以上，半爲盗區。去歲有興、洋間土人數十輩赴制司陳狀，謂韃人屢出榜招安，乞急調兵收復，某等當爲内應，不然則無以自活。是祖宗德澤在人者深，而人心愛戴猶一日也。今宜行下本路安撫陳隆之，密加搜訪，擇其土人之可任一郡者俾守一郡，官得自辟，財得自用。如能捍禦外寇，顯立雋功，當議特許世襲，如古方鎮之法。類而推之，京西一路悉倣而行之，實當今經理之一策也。

貼黄：臣聞兵之與財，本相爲用。制司主兵，總司主財，欲其專也。蜀之財計，邇年以來困於供億之勞。司存徙移，寇盗劫掠，今無一孔之遺矣。總所積弊，其端非一，戎司虛籍，爲蠹尤甚。若仍舊貫，兵財各分，財匱而主兵者不知，兵增而主財者無以爲應，已然之弊不容革，未然之憂蓋未艾也。今宣威新建，而總餉乃楊履正制副暫權，宜乘此時盡將總所之權併歸宣司，以蜀之財養蜀之兵，有無虛實，皆得以相通。兵無虛籍，財無横費，而蜀庶乎其可爲矣。所有合置掌財官屬，併令宣司具名辟奏，朝廷審度除授。

貼黄：臣聞守國之道，莫先設險。蜀自韃虜犯邊以來，昔之恃以爲險者，今蕩然矣。鑿斯城以固吾圉，非所當講明者乎？益昌舊爲制總置司之地，有寶峰山以屏其左，有嘉陵江以限其右。邇者蜀士聚議，謂宜於此郡築城，移沔戎司一屯固守，以扼賊騎衝突之路。臣已嘗移書楊履正、陳隆之，❶令相與叶濟以圖其成，未知目即有無已行措置。去秋風無幾，欲乞睿旨行下，促令作緊計辦。外此如潼川、重慶府，各據兩江之會，亦乞行下本路監司、帥守相度形勢。若可恃以爲險，即任責城築，以爲節節屯守之計。如事力不足，仍自朝廷量與科降。如此，則虜必有所畏而不致長驅，吾亦有所恃而可以爲守矣。

中書舍人袁甫上疏曰：

臣竊謂今日事勢，不當論安危，當論存亡。夫關於國家存亡之最急者，莫急於韃虜，秋高馬肥，必謀大舉。傳聞將以三路並

❶「正」，原作「止」，今據《四庫全書》本改。

進：按只觧與逆全妻將自山東窺我淮甸，速不觧將自木波界窺我西蜀，侪盞將自陜州窺我襄漢。萬一果如所聞，國家何以禦之？侪盞本主和者也，近者淮安兵叛，❶侪盞舉兵相應。所以致此者，蓋亦有説。武僊、田八，䩯之深仇，襄州輕於接納，已爲失策，李伯淵又以詐奪愛頂焉，由是侪盞之怒愈甚。然則和好已難諧矣。始輕戰而挑䩯，中議和而款師，今戰既不可，和又不成，勢甚迫矣，尚覬和而忘備，悠悠度日，敗在眼中，奚止累卵之危而已哉！

然則爲今之計，不破拘攣之格，顯幽拔滯，則真才必不出；不除張皇之禁，披肝露膽，則下情必不通；不掃塵冗之務，一意憂邊，則神志必不專；不去浮淫之蠹，舍虚就實，則功程必不著；不振朝廷之綱，信賞必罰，則氣勢必不奮；不併江淮之勢，合異爲同，則事權必不一；不察卒伍之情，賑乏賙急，則軍心必不安。此皆通國之人明知其當然，而上之人遲疑顧慮，不能果於有爲者，正以未知其職耳。夫天下之所以治安者，以内外上下各得其職也。欲守邊人人稱職，必先任大閫者不失其職；欲閫寄人人稱職，必先臺諫、給舍不失其職；欲臺諫、給舍人人稱職，必先廟堂之上不失其職。今兩淮、荆襄、四蜀衝要之地，處處枵虚，色色鹵莽，身居大閫，一不暇問，朝夕之所計慮者，不過互相猜疑，巧爲傾陷。謀邊甚疏，謀身甚密；外諜甚拙，内諜甚工；讎虜甚淺，私讎甚深。帥臣若此，邊守何責？臣所謂必先閫寄不失其職者此也。自輕啓

❶「兵叛」，原作「叛兵」，今據《蒙齋集》卷六《陳時事疏》改。

兵端，經營京洛，喪師辱國，愁痛尚新，耻過作非，復事唐宿，委棄軍實，取笑黠虜，繩以國法，罪何可逭？ 而臺諫、給舍重於抗章，國有丘山之損，罰無毫毛之加。精采既頹，折衝何賴？ 臣所謂必先臺諫、給舍不失其職者此也。范葵久處襄、淮，朝廷未得其代，甚類一則杜杞、二則杜杞之説。此在廟堂平日儲才耳。昔之儲才者預事先定，某死則某代之，今事急矣，何暇言儲？ 敗證既形，❶勢當更改。臨敵易將之疑，此拘常襲故之論，不足信也。亟求可代者，大作規模，并謀合智，推誠付託，勿掣其肘。事力雖匱，不可吝財；兵難隃度，不可中御。任責在閫寄，而主張在廟堂，讒言莫入，論議歸一，庶或有濟。今閫寄之誤國者，臺諫、給舍不敢言，而廟堂亦不問。使代之者果得其人，臺諫、給舍或以風聞動搖，而廟堂又輕信之，則國事去矣。臣所謂必先廟堂不失其職者此也。

而臣又有疑而未諭者，天下之事緩則緩圖，急則急著。今處呼吸危亡之秋，而不厲卧薪嘗膽之志；習雍容鎮静之量，而不爲捄焚拯溺之舉。方且牽於常調，拘於吏議，豢於苟安，惑於坐談。大敵臨前，搏手無措，則不得已而行守江之下策，淮、襄既不可守，江其果可守乎？ 今淮、襄尚無恙也，不肯破拘攣之格，不肯除張皇之禁，不肯掃塵冗之務，不肯去浮淫之蠹，不肯振朝廷之綱，不肯合江、淮之勢，不肯收卒伍之心，坐待北風一起，遠近響震，則財爲誰之財？ 民爲誰之民？ 與其一擲而輕棄，曷若先事而亟爲？ 與其疑醫而待亡，曷若信

❶「證」，當作「徵」，作者避宋仁宗名諱改「徵」作「證」。

醫而圖存？自古有病者未必死，而諱病者必死。今朝廷諱言病矣，縱使開不諱之門，而未能確然信任可用之人，束縛繩墨，靳吝脂膏，不捐反間數萬之金，反聽市虎三至之説。臣恐韃不在外而在内，兵不動草地而起於蕭牆矣。

抑臣復有愚慮，請盡瀝衷忱，爲陛下精言之。孟軻曰：「入則無法家拂士，出則無敵國外患者，國常亡。」❶此言人君當納其身於戒謹恐懼之地，雖有敵國外患，乃可爲進德之助也。韃虜迫我，人皆憂畏，臣獨謂陛下進德之機正在於此。伏願陛下杜女謁，遠閹宦，戒旨酒，親忠賢。精明不衰則昏怠不起，畏忌常存則邪僻莫干，凜凜然常有履霜堅冰之念，而後可以壯元氣，消外患，强中國，禦韃虜矣。

臣猥以淺學，備數經帷，正以推明經義，❷論説古今，開導上心爲職。臣今此疏自廟堂、臺諫、給舍以至閫寄、邊守，皆以不失其職爲言，臣豈不自知其職乎？若陛下乾剛日進，敬心匪懈，處宮闈如坐朝廷，對妃嬪如對儒生，則無怠無荒，而四夷來王，天下將曰「講説之官不失其職如此」。如或不然，純一有間，怠荒乘之，緣飾雖多，真實反寡，則清議將以臣之責人者移而責臣矣，豈不甚可懼歟？臣赤心愛君，不識忌諱，盡吐肝膈，惟陛下裁赦。

甫又奏曰：

臣聞處事勢孔棘之時，與常日不同，有大斡旋則可以運動事幾，有大力量則可以

❶「常」，當作「恒」，作者避宋真宗名諱改「恒」作「常」。
❷「義」，原作「誼」，今據《四庫全書》本、《蒙齋集》改。

鎮壓人心，有大識慮則可以消伏變故。史册所載，亦可覩矣，胡爲今日之事獨不然耶？邊遽方聞，窘態已露。楮幣一事耳，論説紛起，施行倉卒，實効未獲，疑謗先騰，臣甚惑焉。

且克敵一軍，疽根伏藏久矣，諸帥不叶，互相猜貳，狼子野心，竊窺間隙，於是渾決而不可制。任閫寄者各執所見，朝廷持兩可而聽其所爲，遂折而歸於招之一説。然既招之後，憂慮萬端。今邊報又急矣，輒犯鳳州，又犯蔡、息，三道並進，已驗于此。浮光、棗陽久闕正守，此爲何時，拱默坐視？齊安制閫精鋭消耎，潯陽江面守備尤疏，朝廷非不明知，奈何不爲拯溺救焚之計，而尚爾遷延翫愒耶？自古主於綏懷則不輕用武，主於敵愾則不屑招納。今既許其勦，又許其招，雜用錯施，初無定守。有謂秦、鞏不可棄者矣，而又惑於鞭不及馬之論；有謂秦、鞏不可納者矣，而又摇於獸窮則搏之説。委恢、珙以通好於傍蠚，然今之窺我者傍蠚也，和安可輕信？任范葵而加兵於唐宿，然今之爲吾患者唐宿也，兵豈可輕舉？首鼠兩端，莫知所决，宵旰之憂，其有既乎？

履畒輪券，可謂下下之策。曩嘗議及此矣，其時尚畏公論，未敢犯此惡名，遽改而爲鬻祠牒之舉。已而怨謗譁然，亟從寢罷。曾幾何時，今又歸于履畒。鬻牒信不美也，猶有物以予之，今履畒則白取矣。鬻牒敷配僅及大家，今履畒雖云有官之家，而七色雜流，與已仕而亡殁者咸不免焉，則所及者亦泛濫矣。一命之微官與故官之子孫伏臘不周、事育不繼者何限？今乃使與穹官顯爵、家温禄厚者一概同科。州縣之吏不能皆良，觀望回護，避貴虐賤，有力者頑未應令，而追呼迫促、破家蕩産、悲痛無聊者，大抵皆中下之户先受其害。

昔之謀國興利貽笑千古，若括商，若僦質，若税間架，若除陌錢，彼豈以爲得已不已耶？蓋亦曰不得已而爲之耳。然上焉不得已而虐其下，則下焉亦不得已而叛其上。涇原之變，此亦激於不得已之至耳。非獨前古然也，本朝熙、豐間，若青苗，若助役，若市易，若手實，彼其施行之初，人言籍籍，主國論者惟曰「是不足恤也」，然始於不恤人言，而終於不恤國家。被害之民在在嗟怨，我不恤彼，則彼亦不恤我矣。王安石誤國之罪至於激成靖康之禍，皆不恤之一念爲之也。

然則爲今邊事之計當如何？曰：臨敵雖不可易將，宜急擇忘身徇國、有謀知義之帥，以爲之儲。和、戰雖不可執一説，宜痛懲獨運秘密之弊，使舉朝群臣得以獻其謀，屏目前常程細務，而廟堂謀謨專一以料敵制勝爲急。令淮、襄、四蜀之血脉，俾與朝廷爲一家，而無一毫壅閼蒙蔽之患，則邊事其庶幾矣。

爲今楮幣之計當如何？曰：行法自貴近始。凡將相勳戚之家，斷不得夤緣幸免，而使貧弱者偏受無窮之毒。恢洪朝廷寬恤之意，凡産去税存、有名無實者，一切務從闊略，勿爲迫促急蹙之態，以激天下等死之心。昭示大信，上下交孚，勿使疑吾徒有截鑿之空言，而終行刓忍椿留之實意。收愈多則數愈少，數愈少則價愈昂，非獨國利，亦爲民利，則楮幣其庶幾矣。

顧臣迂愚之質，實懷體國之忠，每見聖上有仁心仁聞，而今乃爲寧考所未爲之事，二揆潔己奉公，而今乃爲故相不屑爲之舉，心誠痛之。故嘗謂厥今有大患，下人輕上，幸灾樂禍，此風滋長，真可寒心。若邊事區處合宜，楮幣施行有序，尚可弭輕量之心，消意外之變。如其不然，邊事摇軍心於外，楮幣摇人心於内，内阻外訌，不亦岌岌乎殆哉！臣之愚策，如上所陳，吐自肺肝，不識忌諱，惟陛下財幸。

甫又奏乞降詔撫諭四蜀劄子曰：

臣竊謂鞑兵犯蜀，憂慮萬端，今趙彦呐隔在仙人原，音問久曠；陳隆之離興元，見住米倉山；高稼在沔州，亦無音耗。朝廷就令四川總領安癸仲撫諭軍民。陛下宜降手札，勞勉制帥及撫諭使，又宜命詞臣草詔，具述陛下憫傷蜀民，曩經鞑虜蹂踐，痛猶未定，今又重遭兵禍，皆由和、戰不決，舉措不審，召釁納侮，悔其可追！老弱死於流離，士卒戕於鋒鏑，愓然愧懼，食息靡遑。即此大意，更加深切，庶幾遠民明知上心，亦使軍士生其氣勢。臣之愚慮，蓋見故相當國，以言爲諱，詞臣揣摩意見，多所避忌，語不懇惻，豈能動人！

陛下更化以來，曠然與天下爲公。今者詔旨丁寧，所貴明白洞達。臣不暇遠引三代誥命，只如漢武末年，兵戈不息，深陳往悔，吐自肺肝，與夫唐德宗奉天詔書，自謂「天譴不悟，人怨不知，痛心靦面，罪實在予」。下至封敖草陣傷邊將詔有云：「傷居爾體，痛在朕躬。」如此等語，頗得王言之體。願陛下明諭詞臣，使之展意，無所依違。赦書誕敭，將見歡聲如雷，賈勇敵愾，鞑兵不足慮也。

僭瀝愚忠，惟陛下採擇。

甫又奏備邊四事劄子曰：

臣濫叨班綴，賜對便朝，竊見陛下軫念邊疆，憂形玉色。微臣恨無良策，少濟時艱，姑竭愚慮，畫爲四條，皆至緊至切，汲汲行之，如拯溺救焚，庶克有濟。

一曰固江陵以重上流之勢。臣聞去年撥襄、鄂、隨、郢、復、岳、德安、漢陽、信陽屬沿江副司，而置司於鄂；撥江陵、均、房、歸、峽、光化、荊門屬京湖副司，而置司於江陵。襄陽距鄂千里，而聲勢不接；江陵介居襄、鄂之間，而孤城無助。今德安、棗陽、隨、郢、襄陽皆破，而復與信陽、漢陽僅存空城而已。均、房、光化、歸、峽、荊門或破或潰，而江陵遂成孤立矣。顧乃責沿江副司以復襄陽，責京湖副司以守江陵，地勢隔越，事權不專，彼此牽制，决至蹉跌。莫若以京湖諸郡仍舊併歸一帥，總治江陵，且撥湖南九郡隸之，庶幾形勢便順，事力從容。經理上流，莫急於此。

二曰堰瓦梁以壯東淮之防。臣聞韃虜往年首犯襄境，連年遂入西淮，至去冬又擾東淮，直抵維揚。三邊之禍，歲甚一歲。今荆、襄已失，止守江陵孤城。西淮屢擾，蕩無藩籬可恃。儻東淮守禦又復不固，則虜馬飲江，而江浙震矣。豈容玩視而弗戒乎？昔孫吴築瓦梁堰以抗彊魏，江南恃以爲安者六十年。南唐李氏悉力經營，堰不及成，淮已盡失。今制臣建議修復，病於工力浩瀚，宜從朝廷亟助其費，乘此虜退，作急經畫，併日興工，猶可有濟。

三曰處流民俾復生業。臣聞淮民少長習兵，爲國保障。去冬虜騎奄至，西淮義勇憤激思鬬，任邊閫者惟恐推鋒而怒敵，但知撒花以媚寇。驅逐老弱，焚蕩生聚，謂之清野。重以胡馬蹂躪，腥焰熏炙，扶携渡江，不可勝計。勞來之使中輟，賑貸之令徒頒。彼留江南別無所得食，返江北又無以爲生，不亟圖之，非但失扞敵之利，必且重蕭牆之憂。謂宜申飭江淮帥臣，亟行賑恤，朝廷亦合貼助支費，假以資糧，俾復生業。或團結以助聲勢，或揀刺以填闕額，或選擢材武優補軍職，兼此數端，實區處淮民之切務。

四曰責邊閫遣回韃使。臣聞比者朝廷已嘗戒飭邊臣，遣回韃使。中外之人方幸廟謨堅定，不墮姦謀，稍有生意。但見王檝盤旋窺覘，久未出境，觀聽已惑，近者傳聞猶爲可疑。豈其不禀朝命，道宣、歙而來邪？朝廷周慮曲防，固萬無是事，不知道路之言何爲有此？黠虜變詐，每得慣便，既有輕量之心，恐肆玩弄之計。今玆復來，非前日比，包藏叵測，必有出於邀索之外者。兼邊疆効死之臣無非與韃爲仇，復有訛言煽摇，可憂非一。儻慮阻遏其來，貽禍目前，❶則專在邊閫委曲區處，豈無良策？或謂玆事當密，難使户知，但恐欲愚國人，而人終不可愚耳。以臣管見，王檝之欲來者，乃邊臣諉其事於朝廷，而止其勿來者，在朝廷當專其責於邊閫。處置少差，噬臍何及？

臣所陳四事，辭雖樸拙，情實懇至。儻陛下以臣言爲可采，伏乞睿斷，速賜施行。

許應龍進故事曰：

慶曆六年詔曰：「西北多故，虜態難

❶「前」，原作「即」，今據《蒙齋集》卷六《奏備邊四事劄子》改。

常，預備不虞，理當先物。」又詔陝西、河東經略司，謂：「西人雖納款稱臣，大戎之心詭譎難信，恐諸路罷兵之後，漸弛邊備，其務練兵卒，全城壁，常若寇至。有不如詔者，亟以名聞。」

臣聞先爲不可勝以待敵之可勝，此用兵之至計也。急則倉皇而失措，緩則玩弛以苟安，事變寇來，莫之能禦，其患有不可勝言者。《書》曰「不見是圖」，《易》曰「君子以思患預防」，此正今日之所當謹也。仁宗當天下全盛之日，尚慮虜態之不常，西人納款之後，猶恐詭譎之難信。況今日韃兵之出沒不時，而荆襄之敗壞已極，西蜀之關隘未固，而外郡之寇攘間作，東支西撑，近獲少息而根本不立，備禦無策。其可不焦心勞思，以來安邊固圉之術乎？權宜通好，意圖少安，而敵情叵測，尤當爲自治之謀。開邊拓境，盍監覆轍，而量時度力，豈宜爲輕進之舉？殘破之郡尚費經理，歸附之卒未易調服，儻優游歲月，不思處置，此去秋高馬肥能幾何日？萬一赤白囊交至，然後科瑣邊吏，無乃大寒而索裘乎？今日之事功其所以弗立者，蓋由於議論之不定，而事權之不一，夫議論不定，則或進或退，莫知適從；事權不一，則相忌相傾，各欲求勝。緩急誰復應援，兵力遂至單弱。是以邊陲靡寧，上勤憂顧。爲今日之計，莫若先定其規模，而使諸將有所稟承；先正其體統，而使諸閫勿相矛盾。如此，則上令而下從，謀并而智合，以守則固，以戰則勝，升平之效，日月可冀矣。

應龍又進故事曰：

藝祖命李漢超等守關南凡十七年，郭進守西山，賀惟忠守易州，姚内斌守慶州，董遵誨守環州，亦十餘年。管榷貿易悉以給之，又使之私募驍勇以爲爪牙，軍中之事復許其便宜。二十年間，曾無西北之虞。真宗朝錢若水上言曰：「今日之所患，在戰守不同心。伏望陛下選武臣有謀、素諳邊事者，任爲邊郡刺史，令召募武勇爲隨身部曲，官爲廩給。然後嚴亭障，明斥堠，每得事宜，密相報示，寇來則齊出討除，寇去則不令遠追，各務安静。苟無大過，不輕替移，儻立微功，就加爵賞。如此，則戰、守必同心，戎虜不敢近塞矣。」

臣謂極邊州郡與敵對境，烽燧警報無時無之。若用文臣，則不諳戰鬬，或遇侵擾，慄慄危懼，多至退遁。若用武臣，則驍勇敢爲，遇寇不慴，惟患無兵可用耳。今若令其招募武勇，給以廩賜，而復久其職任，筦榷貿易悉以予之，俾得以激厲士卒，固結其心，則孰不思奮？而又嚴斥堠，精間諜，寇至則互相救應，併力捍禦，寇去則各嚴備守，不務窮追。聲勢既張，敵自讋伏。朝廷則視其功績，就加旌賞，苟無大過，不輕替移，則士卒相孚，同心協力，如手足之捍頭目，何患疆埸之不寧哉！今之邊郡多任左選，兵略素不講究，行陳又非涉歷，安平無事，僅可自保，一聞警急，率至奔逃。間有究心備禦，差强人意，則又委之不專，任之不久，財用既無積蓄，士卒又非素練，無一可恃，無怪乎邊陲之不固也。今若遵太祖之策，用錢若水之言，以爲守邊備塞之計，則兵威振而外侮消矣。

禮部尚書魏了翁進故事曰：

唐陸贄《奏議》第十六卷《興元賀吐蕃尚結贊抽軍回歸狀》：「右，欽溆奉宣聖旨：『適得渾瑊奏，比日尚結贊頻使人計會，擬自領兵馬，剋期同收京城。緣春來蕃軍多有疾疫，近得探報，尚結贊等並抽兵退歸，不知遠近。朕意緣吐蕃士馬强盛，又以和好之義，自請將兵助國討賊，朝夕望其成功。今忽抽軍退歸，甚失准擬。渾瑊、李晟等諸軍兵馬並不至絶多，若無蕃軍應援，深慮被賊衝突，卿試料量事勢如何者。』

「臣質性孱昧，不習兵機，但以人情揆之，時亦偶有所得。自承此旨，欣賀良深。竊謂蕃戎退歸，乃是社稷遐福，昨日已附欽溆口奏訖。伏恐未盡愚款，尚勞聖憂，謹復披陳，庶解疑結。彼吐蕃者，犬羊同類，狐鼠爲心，貪而多防，狡而無耻，威之不格，撫之不懷。雖或時有盛衰，大抵常爲邊患，陰詐難御，特甚諸夷。陛下但舉建中以來近事准之，則戎心難知，固可明矣。頃者方靖中夏，未遑外虞，因其乞盟，遂許結好，加恩降禮，有欲無違。而乃邀求寖多，翻覆靡定，託因細事，積有煩言。首尾凡歷四年，要約竟未堅決。立碑纔畢，復請改移，猜矯多端，於斯可驗。逮至盜驚都邑，駕幸郊畿，結贊總戎在邊，因請將兵赴難。陛下推誠允納，厚賂招來，逗留持疑，竟不肯進，無濟討除之用，但携將帥之心。懷光遽至猖狂，頗亦由兹促禍。及皇輿再駕，移蹕漢中，陛下猶望蕃兵以寧内難，親倚之情彌厚，屈就之事亦多。豺狼野心，曾不知感，翻受朱泚信使，意在觀變推移。頻與諸軍尅期，至時皆不赴會，致令群帥進退憂虞。欲捨之獨前，則慮其懷怨乘躡；欲待之合勢，則苦其失信稽延。既姦且驕，曷望成績？非唯變態難測，且又妨擾實深。戎若未歸，寇終不滅。但願陛下謹於撫接，以奮起忠勇之心；勤於砥礪，以昭蘇遠近之望。中興大業，旬月可期。不宜尚眷眷於犬羊之群，以失將士之情也。」

臣聞善爲天下者，不計夷狄之盛衰，而計在我之虛實。中國、夷狄一氣耳，其盛衰誠無與於我者。先王以其叛服去來荒忽無常，故雖懷之以德，接之以禮，未嘗逆示猜間，然亦豈引而致之，倚與爲援，而略無防慮也？德宗每事猜忌，雖内焉陸贄，外焉李晟，猶疑之不釋，而獨於尚結贊乃用其信，何哉？方其自請入援，其情不難知也。德宗處渾瑊、李晟兵少，幸其可以爲助，❶聽之不疑。至於結贊抽兵自退，人情驟失倚仗，各懷畏懼，則德宗又以爲憂。以一結贊之來爲喜，一結贊之去爲憂，安有堂堂中國而直爲此廩廩也？陸贄獨曰此「社稷遐福」也，拜疏入賀。

臣以爲藉令倚仗結贊，幸而成功，猶懼無以賞之，而況狼心貪狠，狙詐橫生，求欲無厭，去來自若，可以遽爲之憂喜乎？《詩》曰：「夙興夜寐，洒掃廷內，維民之章。修爾車馬，弓矢戎兵，用戒戎作，用遏蠻方。」古之所謂待夷狄者，亦惟盡吾所以自治之道而已。顧舍其在我以資乎人，祇見其害，未睹其利也。結贊既退，旋復舊京，初無賴乎蕃戎。贊之言既信矣，而德宗尚眷眷於犬羊之群，以貽後

❶「助」，原作「即」，今據《鶴山先生大全文集》卷二二《進故事論夷狄叛服無常力圖自治之實》改。

日劫盟之悔，爲千古笑。至是而贊益有知言之名，然已無及於損威辱國矣。比年以來，夏人既約而復渝，韃使已來而自却，此正所謂荒忽無常者。故臣敢以贊之所言者爲今日獻，願陛下與大臣力圖所以自治之實，而常爲不可勝之勢，則叛服去來，吾皆有以待之也。

劉克莊進故事曰：

石虎死，蔡謨曰：「胡滅實爲大慶，然度德量力，非時賢所及。」商浩北伐，❶王羲之曰：「區區江左，營綜如此，識者寒心。」桓温謀還洛，孫綽曰：「趍死之憂促，返舊之樂賒。」出《晉書》。

臣竊惟居重御輕者安，虚内事外者危。胡運寖衰，士氣稍振，荆甲擣虚，重闢土疆，蜀兵攻堅，大獻俘馘。向也我師畏韃如虎，今遂能祖裼而暴，下車而搏，雖未遽收卞莊子之功，然亦頗奮馮婦之勇矣。此皆陛下廟謨雄略、長駕遠馭所致。如聞閫臣忠憤激發，荆狃一勝，蜀謀再舉，識者憂之。臣觀晉人畫江自守，精兵名將往往分布沿流重鎮，如庾翼在襄陽，陶侃在武昌，褚裒在京口，桓温在姑孰之類。故昔人有「長江千里，如人七尺之軀，護風寒者不過數處」之喻。而自江以北之地則付之祖逖、劉琨輩，使自疆理。琨握空拳守并，逖以素隊千人、布三千匹渡江，不給鎧仗。晉人能量事力、權輕重如此，偏安一隅而不害其立國，非偶然也。今之閫臣握兵柄，操利權，朝家又抽摘科降以助之，適值目前之安静，遂有

❶「商」，當作「殷」，作者避宋太祖父名諱改「殷」作「商」。

分表之經營，比之晉人則似輕堂奥而重極邊，虚根本而事遠略。

臣不敢援引前古，姑以近事言之。趙范欲圖唐、鄧，唐、鄧不可得而棗陽先失，於是安、隨、郢、復、均、房之境皆爲丘墟。趙彦呐欲圖秦、鞏，秦、鞏不可得而劍關不守，五十四州蕩覆。豈非外重而不能御，内虚而無以守，其勢必至此歟？臣竊私憂過計，謂江陵重然後可以援襄樊，重慶實然後可以圖漢中。范與彦呐即吾龜鑑。夫蔡謨、王羲之、孫綽之言，蓋英雄豪傑之所誚侮以爲怯懦者。然自晉至今，欲保守金甌使之無缺者，終不能易此論也。惟陛下詔閫臣熟籌之。

監察御史吴昌裔同臺論邊防事宜疏曰：

臣等嘗兩上章留徐清叟，又各上疏乞畀叢祠，一無報行，日切兢懼，自合居家待罪，不當復有所陳。然事關危急存亡，不容自默。

臣等每謂今日邊事，蜀中之患不在韃而在秦、鞏，淮、襄之患不在韃而在北軍。昨聞鞏州汪世顯等已降於韃，爲之引兵，直窺階、文，則秦、鞏之患已有證矣。近者訪聞襄陽城中北軍挾李伯淵以叛，半殲南軍，制帥趙范帶親兵而出，僅以身免。雖傳聞未可盡信，若其果爾，則是北軍之患又有證矣。竊惟荆襄東連吴會，西通巴蜀，古人以爲國之西門，又謂天下喉襟。若爲寇賊據其門户，扼其喉襟，則吴、蜀中斷，自上流渡江，直可以控湖湘；若得舟而下，直可以擣江浙，形勢順便，其來莫禦。萬一有此，則人心動摇，望風奔潰，雖有勇智，將焉用之？況自去年以來，郭勝叛於唐，范用吉叛於均，尚全等克敵叛於德安，皆以北軍相率叛去。今李伯淵素號膽勇，爲三軍所推，又逐人往來江浙，稔知地利。若群兇並嘯，四叛連衡，守我城池，據我糧食，則其謀深計狡，將不止掠抄邊疆而已。加以韃騎往來不常，此輩爲之向道，則憂在社稷，恐有不忍言者。昔宣和間，黼、貫開邊，郭藥師以常勝軍來降，又招雲、朔漢兒以爲一軍，謂之「義勝」。厥後金虜南牧，二軍首叛以降，遂導虜軍，俶擾中土。時宦官尚閟其事，不以上聞，竟成靖康之禍。臣等讀國史至此，不勝痛心。今日之事雖未遽至是，其危證亂階亦已畢露，不知陛下亦嘗憂及此乎！大臣亦嘗以此告陛下乎！

臣等忝在言責，得之風聞，若不亟爲陛下言之，何以自解不忠之罪？用敢不識忌諱，冒犯奏陳。欲望陛下明諭大臣，思所以靖難保邦之計。若趙范果已離襄，急令收聚諸郡餘兵，固守江陵，以爲上流捍蔽。鄂渚與江陵相近，陛下已嘗命帥而尚未啓行，即宜申命督促疾馳以往。如其方命，乞改畀有威望忠略之人以鎮武昌，與江陵掎角。併乞行下淮西帥尤焴，嚴作隄備。所有淮東之地，亦多北軍，雖聞分戍新復州軍，然恐聞風相挺而動，亦乞下趙葵疾速措置，毋使噬臍。區處既定，則守江之策尤不可緩，乞事以責之陳韡，如戰艦、軍糧、防江民兵等，宜日下辦集，以防不測。其他所合思患預防之事，蚤自廟堂同心區畫。不可循習故態，苟安目前；不可畏避張皇，謾爲覆蓋。夙夜憂懼，惟恐禍至無日，而亟圖利之，庶或可以扶顛持危而不至淪胥以敗也。

臣等不勝憂念懇切之至。謹録奏聞，

伏候敕旨。

貼黃：臣等昨與清叟以開邊論及首相，又因發下條具邊防事宜，見其所具多有疏略，已同諫官疏其不可行者以復廟堂，但知控竭愚忠，不知觸忤時忌。今外有虎視之狂韃，内有鴟張之叛兵，不待秋防，患已立至，國勢凛凛，危於綴旒。大臣於此不能憂邊思職爲君父計，而乃徒事猜防，空擲歲月，甚可憂也。今清叟既已出臺，臣等自難安職，惟君臣義重，冒言及此，又將不免廟堂之疑。欲乞陛下以社稷大計爲念，毋以人情牽制爲拘。若謂臣等不能静嘿安處，乞早罷黜，或與以祠，庶使大臣不以臣等多言爲慮，專爲陛下區處邊防。臣等雖退歸山林，實爲大幸。

昌裔又論三邊備禦狀曰：

臣聞射不志正，雖巧無用，藥不當病，雖良無益。臣不量愚分，冒進瞽言，前疏六條，於陛下之心之身、家國之事，粗陳其概矣，今事有至急至切者，又何敢隱情惜己，不爲陛下終言之？

臣聞之道路，見之諜報，竊知韃靼聚兵牧馬，决意南來，一渡河洛以窺江淮，一由唐、鄧以窺襄漢，一託秦、鞏以窺四川。三道並入，衆號百萬。甚至修搭橋路，將帶羊皮浮環，以爲飲江之計。兵有先聲，雖虚實未審，然三伍見聞，殆有深可慮者。胡不以金人之初起觀之？五月傳箭於國中，令鄉兵備戰，至八月則點集。今秋風已動，非草地點集之時乎？四月放馬入泊逐水草，至七八月則取馬出濼，以備戰鬭。今童馬免乳，非出牧戰鬬之時乎？漢備匈奴，率以秋冬，唐遣戍卒，謂之防秋。中國於秋高馬肥之時，每每嚴作隄備，如此，豈可以候卒流傳之繆，遂謂疆吏張皇之言，款我邊陲，懈我守備，恃其不來，而不恃吾有待之乎？

紹興庚申，兀术分四道入寇，外則張燾等豫言之，内則陳淵等繼言之，下則京局小官亦言之，而秦檜忍耻恃和，漫不爲戰守之備，使無劉錡順昌一捷，則鐵浮屠必南牧矣。紹興辛巳，逆亮分四道入寇，舊相張浚首言之，老將楊存中力言之，從官金安節等交議之，陳康伯雖決戰守之策，然江沱燕安之久，使非虜酋自斃以歸，則紫茸軍必絶江矣。以今事力視紹興時，將無河北、山西之舊也，兵無背嵬、鐵山之勇也，器械無鋭首、駐隊之犀利也，舟師無戈船、海鰍之堅壯也。况京洛潰師以後，精鋭殲於鋒鏑，糧械委於蒿萊，京帑耗於兑楮，邊儲空於生券。四總所科降之數，日積月壓，無以給其乏，然而邊民調度之餘，冰銷火燎，靡敝不知其幾也。以空虚無可恃之邊備，而當飄忽不可測之虜兵，脱或哨騎一來，直闖籬落，則沿邊鎮戍聞風蕩摇，惟有卷甲以南趨，必不能北向爲陛下發一矢矣。

秦師伐鄭，蹇叔曰：「師之所爲，鄭必知之，勤而無所，必有悖心。」夫勞師襲遠而敵國先知，尚且肆其貪殘，不肯徒返，矧犬羊無厭，鄙我猶憾，若知而不爲之備，則其悖心豈不烈乎！今之授任者，方敵未有釁，則抵掌虚喝，欲營分表之功；及寇已有萌，則搏手周章，不爲局内之慮。我之將士不豫附，而乃醲其賞賜，過待新附之軍；我之田野不加闢，而乃供其餼牽，外招遺燼之衆。軍實無楚師之儆，師乘無晉卿之和，端居無事，互相猜防，萬一事會之來，而望其首擊尾應，難矣哉！

事之急者不可以舒緩圖，寇之深者不可以浮淺應。臣愚欲望陛下少垂聖思，明詔二三大臣，不拘旦暮，延見議事。如建炎詔書，許令侍從、臺諫聚議都堂，講明軍政。如紹興典故，取張守四路帥守之議，經理淮甸，以爲外禦之防；取表臣七處備禦之策，控制長江，以爲裏虛之備；取允文三重防托之説，保護蜀口，以爲上流之固。兵食之數有幾，當置講議一司，以考登耗之源；風寒之處有幾，當置修攘一局，以議攻守之要。偏裨材武，當有格法；逐軍事藝，當有掌記。軍書之措畫來上者擇行之，邊守之貪懦不職者易置之。事事精思，日日申儆。而又命一重臣視師江上，董督諸將，以訓齊三軍，如張浚、汪澈、葉義問故事。庶幾統體一而國勢張，思慮集而人心奮，臂指服役而精神折衝。吾圉有備，又何憂虜兵之暴至乎？天下之事難平，敵人之情難料，佳兵者殆，忘戰者危。老師弗戢，既一失於前時；玩寇養安，難再誤於今日。若頻復而數誤，則國事非矣。

《詩》曰：「猶之未遠，是用大諫。」臣不勝拳拳。

昌裔又論三邊防秋狀曰：

臣聞防秋之説尚矣。「薇作而遣，薇剛而歸」，説者曰周之戍役，猶今防秋之兵也。「瓜時而往，及瓜而代」，傳者曰齊之戍期，即今防秋之候也。蓋北虜風俗，四月放馬入泊，令逐水草，禁人乘騎；八月取馬出濺，飼以麥豆，凖備戰鬭。方隆暑則筋解膠緩，力不及遠，至秋高則勁弓折膠，鋭不可當。故漢軍備胡，率以秋冬，唐兵戍北，謂之防秋，皆時吾戰備、遏彼寇虐也。國家當海東崛起之虜，立中國自治之規，每於秋時，常若寇至。靖康有防秋詔，建炎有防秋議。謂「夏已及半，去秋不遠，非早圖之，則虜又奔突」者，李綱之疏也。❶謂「時已中夏，去秋無幾，惟博謀群議，則尚可捍虜」者，劉珏之策也。謂「防秋之期，才一兩月，而控扼守禦，蓋非一塗」者，張守之言也。謂「秋防事迫，僅有兩月，而防托戰守，尚無定謀」者，葉夢得之請也。君臣之間日夜凛凛，惟恐一事蹉跌，此豈故爲是過計哉！撤桑牖户之謀，折柳樊圃之戒，昔人所以無日不申儆於國中也。今計秋風不十日矣，韃之驃悍過於殘金，師之出没飄若風雨，但聞其以草青爲放牧之候，棗紅爲出哨之期，則避暑而遁，逐凉而來，乃狼子之常也。不知上之所以憂邊思職，下之所以料敵禦戎者，亦有如中興之深略乎！

分上下流，守淺隘口，修戰艦，閲水軍，此防江上之秋也。斂淮東戍，厚淮屯，募土豪，訓義甲，此防淮堧之秋也。招水手，葺海鰍，結固民舠，選擇嶼長，此防海道之秋也。援忠勇，集流移，繕修城壁，開浚海櫃，此防京湖之秋也。固三關天險，鬧諸道支徑，補兵籍，峙軍糧，此防蜀口之秋也。

備風寒者不下數處，爲秋防者非止一條，所當愛日惜陰，并手合力，如撲原火，如袽漏舟，旦旦而爲之，猶恐不蒇。而今朝廷之上，百辟晏然，言論多於施行，浮文妨於實務，后族王宫之冗費，列曹坐局之常程，群工閑慢之差除，諸道非泛之申請，以至土

❶「綱」，原作「剛」，今據《四庫全書》本改。

木營繕，時節宴遊，神霄禱祈，大禮錫賚，藻飾治具，亡以異於平時。至於治兵足食之方，修車備器之事，則反皆闕略，不暇精講。方且今日一人而出疆進取，曰吾將以厚藩籬；明日一人而遣使求成，曰吾將以寬歲計。京湖焚蕩者一十四郡，而區撥地界之未明；蜀口委棄者二十三關，而分布司存之未定。勢均者持意見，權扼者快恩讎，膽薄者徇顔情，氣揚者亡紀律，蛇豕薦食，此爲何時？而泛無規模，擔閣日子，脱或游騎闖陸，浮牌渡江，而後調兵符，科邊瑣，爲應急草草之謀，則亦晚矣。

昔靖康之難，虜方退師，上下恬嬉，遂謂無事，方建議立東宫，開講筵，復《春秋》，罷配饗。有言責者日論京、黼之黨，當事任者謀逐許、李之賢。密院欲追擊賊，三省欲護出境，宣司欲調戰士，廟堂欲止援師，行移二三，命令反復，玉輅之索争議未定，而鐵騎已過河矣。故當時有「不理會防秋，却理會《春秋》」等語。吁！此豈一酋之善戰哉，亦一時謀人之不臧，有以致寇而深之耳。

昔胡安國有言：「軍政未修，既不可戰，彊弱不敵，又不可和，惟有講求防守之方，以爲攘狄之備，最爲上策。」臣謂今日之事當置和、戰不議，而專議秋防。三省進呈之際，盡屏細務，非備禦不謀；樞密本兵之地，略去彝章，非兵食不講。侍從不拘早晚，許以邊事請對；臺諫不限月課，時以邊警奏聞。百僚師師，日以敵國外患衡慮，而陛下又鑑靖康之所以失，法建炎之所以興。屏聲色，節燕飲，常以貂帽思將士之勞；抑倖賞，減浮費，務以金帛代軍儲之糴。躬率内外，以弘濟時艱，則敵來而應，可以伸吾威，敵去勿追，可以成吾信。虜雖吞噬諸國，橫截八荒，而終不敢干中華正統之所在矣。惟陛下宵旰亟圖之，宗社幸甚。

貼黄：臣近收鄉人書，言戎帥曹友聞得諜者報，草地欲以八月入寇，則是臣防秋之説於蜀尤不可緩也。蓋蜀自去冬虜退之後，尚留哨騎出没並邊，或伏草間，以待麥熟。董鵬飛以守城死，時當可以刼寨亡，陳瑀以行邊執，不三月間失三太守，皆西陲才勇之人，以此邊氓愈更畏怯。又東有李伯淵窺上津，西有汪世顯伺仇池，種類寔繁，景色可畏。兵無三萬之數，糧無十日之儲，色色築底，惟有民氣一髮僅存，而數年間捐財以助邊，荷擔以供餉，不知其幾履畝矣。近聞總所有對糴之法，制司有起夫之令，臣爲之駭然。此説果行，則民病困極之餘，將引繩而絶之矣。欲望聖慈申敕制總，禁戢科需，而於驅磨所之失陷者、撫諭司之科撥者、官鹽户之輟借者，留意審核，以應支梧，庶可寬民一分，實非小利。所有三太守死事，得之公論，謂董鵬飛爲上，時當可次之，陳瑀又次之，欲乞行下密院，等第推賞施行。伏候敕旨。

昌裔又奏曰：

準御史臺牒，輪當十二月一日視朝轉對，有已見下項事，須至奏聞者。

一、臣比以一介孤愚，待罪分察，每於時政，空臆盡言，旁忤宰臣，幾負大譴。尚賴聖恩天廣，曲賜存全，疊拜命卿，又兼史事。自知無以稱塞，屬當轉對，其敢隱情惜己而有愧於初心哉！臣聞天之所以職覆，君之所以司牧，不過曰仁而已。天之仁在於與民物以爲生，君之仁在於承天心之所生。故好生惡殺，三代之所以得人心也；大兵大獄，漢、唐之所以殄國脉也。洪惟本朝以仁立國，其得天下也，不妄殺一不辜；其謹刑獄也，不誤入一有罪；其懷遠人以恩，不加以侮慢不恭之誅；其體近臣以禮，不坐以曖昧不明之過。漢以王恢首邊釁，兵連不解者踰三十年。而本朝謀臣務存大體，不曰澶淵卻敵之後十九年不言兵，則曰陛下即位之初二十年不可道用兵；不曰首兵必有冥謫，則曰用兵不是好事。蓋恐干戈一啓，有貽根本之憂。唐以林甫陷善良，羅織被罪者幾數百家。而本朝議論務從忠厚，不以女奴之僞書而誣正人，不以奏邸之傲歌而網名士，不以詠檜之詩而終棄奇才，不以興甲之語而深罪舊弼，蓋恐刑獄一興，有以開荆棘之路。此皆列聖仁厚之德，大臣深遠之慮，所以培護元氣而祈天永命於無疆也。不幸其間小人相繼用事，以深入之説而啓兵端，以陰中之術而造黨禍。然仁聖相傳，神武不殺，未嘗一墮其姦謀。故熙河之師，王韶實倡之，而當宁歎息，深咎廷臣之不言。涇原之築，李憲實繼之，而中使奏聞，乃痛邊民之疲敝。鄯湟之復，朝廷初無堅决之謀，而童貫造釁，師敗者數十萬人。燕、雲之取，聖訓嘗有全師之戒，而蔡京首謀，兵潰者五十萬衆。是階厲者之罪也，而何足以傷祖宗之仁！華亭之獄，安石之子雱爲之，會上察其誣而事遂寢。同文之鞫，蔡確之子渭爲之，會事無其證而計不行。元祐之籍，等定者三百九人，天示其威而碑仆不立矣。趙汾之案，根連者五十三家，天奪其魄而款具不書矣。是執讒者之過也，而何足以累祖宗之聖！

上天有祚我宋之心，祖宗無咈人心之事，故雖王室屢經多難，而國勢安若泰山，蓋其所以貽謀者至深且長也。陛下蹈規祖武，祗事天明，小心抑畏，惟恐傷乎民生，盛德溫恭，惟恐咈乎物論。咨儒臣以講學，未嘗不盡下之情；導諫臣以敢言，未嘗有拒人之色。中更大化，庶事厲精，思欲取濁亂之政習而一新之，天下翕然，莫不有升平之望矣。獨惟宰揆非人，不能仰承聖意。方其始也，輕躁寡謀，而首興京洛之師；及其久也，猜忌深中，而陰造縉紳之謗。佳兵之禍，至于甲卒喪亡，膏血沾漬，有目者所得而見也，而中傷士夫之穽，則猶隱而不彰。征調之苦，至于室家離散，哭聲流傳，有耳者所得而聞也，而傾陷善類之罟，則幾發而幸免。若非陛下翻然感悟，洞燭其非，則大兵之後，又將醞成衣冠之禍矣。夫有司失一死罪，責尚不輕，今以無罪而驅民於兵，凡不附己者，謀中以危法，安知嚮夕雷雨之異，非其處心積慮之慘，有以上干至和乎！邇者德音一播，丁寧罪己，而三邊莫不屬心；廷制一揚，奮發拜罷，而多士爲之吐氣。所謂兵獄三事，皆自惠卿發之者，今已昭昭暴白於天下矣。然而仁足以回震霆之怒，而不能以革夷狄之侮心；明足以開積潦之陰，而未能以釋中外之疑慮，豈可不求其故乎？孟子曰「是乃仁術也」，「善推其所爲而已矣」。不殺羔，小善爾，我真宗推之，至於家富人足，聿成景德和平之風。不踐蟻，微事爾，我哲宗推之，至於役減刑清，坐輯元祐安靜之福。

今陛下有悔過之大德，有洗冤之盛心，盍不以其隱之於中者而推之庶政百度耶！

由是而體行葦之厚，以篤兄弟之戚，按棠棣之燕，以懷死喪之威，則親親之仁也。由是而復胎養之令，以培元良之本，立內學之教，以選宗藩之英，則幼幼之仁也。召用衆正，勿以好名之嫌而絶爲善之路，則敬賢之仁也。優容言者，勿以約鬧之説而杜敢諫之門，則好善之仁也。舊姦宿慝，芟夷蘊崇，勿使是殖是長，則惡惡之仁也。僑戶流民，還定安集，毋使靡室靡家，則愛人之仁也。念一覺悟而天下無冤民，心一惻怛而萬物皆生意，則陛下之仁實與天地同其大。彼以暴，吾以仁，彼以嗜殺，吾以好生，雖草地窮漠之夷，亦不能干中國正朔之所在矣。先儒程頤有曰：「充拓得去，則天地變化，草木蕃；充拓不去，則天地閉，賢人隱。」惟願陛下善推而力行之。臣不勝拳拳。

一、臣聞聽言之道，固不可偏，亦不可雜。偏則所受狹隘，無以公天下之言；雜則所聽混殺，無以一天下之善。不失之偏以來衆正，不鄰於雜以杜多門，而後兼聽，盡天下之美矣。且當今急務莫大於朝政、邊事也，在廷則有大命之出納、庶政之廢興、百吏之進退，在邊則有幾事之翕張、帥權之分合、敵情之去來。此皆國家之命脉、天下之機括所關係也。故昔之議朝政也，命令必出於人君，政本必歸於中書，令有不當者必使給舍審覆，事有不便者必許臺諫盡言，所以政令詳審而朝廷尊，行之於天下者無一事之闕。議邊防也，處分必出於廟堂，謀謨必參於都省，侍從之知兵事者許以論思，廷紳之歷邊任者責以條具，所以處置得宜而軍情服，行之三邊者無一籌之誤。此古今之常理，亦祖宗之家法也。蓋自人君喜獨斷之名，而耳目之司或偏於所寄；

宰相操獨運之説，而幾事之密或徇於所私。於是始有以近習干公議，有以小臣與朝政，而事權雜出，徒爲群下梯進之謀。有以私人通密報，有以遊士與邊機，而意見背憎，適爲外臣交賄之地。紀綱之所以隳壞而不振，血脉之所以壅塞而不通，由此其積也。

臣不敢遠引先朝故事，姑以乾、淳之間，聞見之所接者爲陛下言之。孝宗皇帝睿斷明謨，雖博采於衆議，而虚心曠度，實公聽於外庭。熊克以曾覿薦而權直，則宰相入奏言之；劉甄夫以王淇薦而得召，則政府授牘問之；葛掞以内臣薦而欲除要官，則宰執又留班奏之。是議政之地，未嘗使小臣與聞也。有邊事則令侍從、兩省至都堂會議，乏將才則令制領、將佐赴樞密院審察，議恢復則令朝士之可與大計者令兼局官。幾密之地，未嘗許游士請謁也。孝宗二十八年之治，所以光明俊偉而不可及者，豈非朝廷、邊鄙之事操執綱要，而微賤冗散之士不得以輒與其議哉！

今陛下慨念時艱，復置元輔，人心固喜政本之有所歸；大臣留意邊事，博詢廷紳，人言亦知國論之無所倚。然或者過慮，邇言之聽不察，而小臣密啓猶習於命相之前；遠猶之告不聞，而游士私謁尚狃於前相之舊。則體統不明，事宜失當，其弊反有甚於前日之所爲矣。臣願陛下一以孝宗爲法，政事歸於三省，而勿以親信近臣與差除；議論公於外朝，而勿以遠游纖士與邊議。則小不間大，私不勝公，朝政清明，邊塵弭息，乾、淳之治可坐而致矣。伏乞睿斷留神，天下幸甚。

貼黄：臣蜀人也，向在臺時，屢言蜀事，謂趙彦呐年老智窮，所當儲代，又於秋防一疏論蜀必危，而朝堂廷臣之言曾不留意。今聞虜騎徑破閬中，分爲兩隊，一沿江至順慶，一絶流指潼川。曹友聞以轉戰敗于芭蕉谷，劉孝全以食盡潰于鷄翁隘。趙彦呐以羸卒退保劍門，今又之江油。楊恢以無兵禦閬寇，今已趨東關。辛粒以按部行，項容孫以新除去，潼、遂、順慶皆無守臣。驚移之舟，邀截于虜，捹面赴江死者以數十萬計。此得於著作郎李心傳十月十七日成都書報如此。吁！蜀亡矣。或者但知以斬將之虚捷告于廊廟，而不以敗亡之實證聞于朝廷。衆議欲除一宣諭從夔門經理，今已旬月而未見施行。又聞有臺臣有言，欲斥逐小吏之壅蔽蜀事者，公論咸以爲快，而亦未見檢會行遣。豈朝廷之議殆類於棄蜀耶？夫蜀猶首也，荆猶咽喉也，江淮則猶股臂也。今病在頭目，日瀕危亡，而猶翫愒恬嬉，不知救療，欲爲保其四體之謀，抑難矣。臣願陛下明諭大臣，亟圖以救蜀之策，不勝鄉國父老之望。

右，臣前項所奏，一論本朝仁政，謹刑息兵，二論朝政、邊議，貼黄論蜀危急事。謹録奏聞，伏候敕旨。

昌裔又論湖北蜀西具備，奏曰：

臣自就列以來，便閲廣西經略司據岑邈、謝濟所申，以爲敵已破大、小雲南。雲南與廣西爲鄰，審如所申，廣西事體直可寒心。今廟算深長，必能選有威風大臣控扼廣西，如招兵積粟等事，或通湖南，或通廣東，想皆次第施行，算無遺策矣。而臣之愚見，則以爲上流尤所當備。臣十年前聞敵有斡腹之謀，欲借路雲南，圖我南鄙，當時説者皆以爲迂。今聞瀘州安撫司所申密院事，稱西蜀南蕃蠻王阿永申敵攻打大理國，并殺死姚州高慶節度，見在大理國内屯駐，四向生蠻悉皆投拜。烏蒙國都蠻王阿吕申，本蕃鬼婆帶領軍馬往後蕃，見敵兵深入攻打卭部川界分，便破散小雲南國，見敵兵在大理國界分駐扎，言説今冬再回求路，要出漢地。此皆去歲事也。若然，則是小、大雲南悉皆狼狽，迫我後户矣，詎可不爲關防哉！試將蜀西、湖北之與南蠻接者爲陛下條陳之。

南方諸蠻之大者，莫如大雲南。其次小雲南，次烏蒙，次羅氏鬼主國。其他小國，或千百家爲一聚，或二三百家爲一族，不相臣屬，皆不足數，而其他皆蜀之徼外諸蠻，接黎州、大度河之對有所謂卭部川，卭部川之後即小雲南也。卭部川之下即兩林虚恨蠻，虚恨之下即馬湖大江蠻之部族夷都蠻也。馬湖大江蠻每借兩林虚恨、卭部川路販馬于青羌、彌羌，時有好馬至叙州互市，皆得之西方。馬湖一江自叙州入江至開邊寨，右去爲大江蠻，左去爲小江蠻，小江即烏蒙部落也。烏蒙疆界稍大於諸蠻，可爲雲南之次，所有之地，隨小江而上，遶出大江、兩林虚恨之後，與小雲南相接。烏蒙之下即吕告蠻，吕告之下即阿永蠻。其他皆與蜀之諸郡接，由卭部川可通黎州、大渡河，由虚恨可通蛾眉縣中正寨，由夷都可通犍爲縣沐川寨，由大江蠻可通宣化縣崖門及叙之開邊寨，由吕告可通長寧，由阿永河可通瀘水之江門寨，此皆通行往來之路。今小雲南已困，小雲已亡，若烏蒙次第皆破，則驅諸蠻，行熟路，嘉定、瀘、叙、長寧皆可至矣。而臣之所憂，又恐其捷於湖右。蓋阿永與播接，而瀘之仁懷、綏遠寨實出播州之境，又與思、播相連。而思、播可連南平、珍、黔以出鼎、澧，初無關隘，止以山箐爲限，可十日。自烏蒙來吕告，亦可十日。自吕告來阿永，可八九日。阿永來播州，可七八日。播至鼎、澧，亦不過旬日。而羅氏鬼主國在思、播之後，亦可透辰、沅。萬一計出於此，不但蜀邊腹背受敵，而湖右之腹心先潰，可不畏哉！

臣謂廣西固當備，蜀西之南徼、湖北之南鄙尤當備。蓋廣西猶可諉曰炎瘴之毒，非彼所宜，在蜀西，在湖北，則併炎瘴無之矣。以冀北之馬而行於無所障礙之鄉，其鋒何可當耶！臣以爲叙州兩江之會，當用桑愈之説，增兵屯駐，扼塞要衝，思、播田、楊之族當推赤心置其腹中，相爲掎角，以爲烏蒙國之籓籬，使借兵出漢之謀不得逞，則西蜀之南徼屹然如金城之不可拔。辰、沅之間，當用史子翬之策，增兵屯鼎、澧之間，當臣寮之説，選擇憲守以爲羅鬼國之前拒，使斡腹旋出之師不可得進，則湖北之南鄙截然如中防之制水矣。然在蜀者，宜申敕蜀帥，使之用力關防，毋爲輕敵之舉；在湖北者，宜亟建荆閫，使之盡心區處，毋爲漫浪之計。不然，則長江在吾北，不足爲吾之限制，而江以南爲其所躪躤，宗廟社稷將何地而置安哉！

臣連疏求去，蒙陛下宣諭，强顔復留，偶聞廣西之事，其敢自嘿？比之經筵，雖嘗略言其概，猶未詳，今爲陛下底裏言之，惟陛下密與二三大臣圖之。臣不勝俟命。

金世宗時，宗敘嘗請募貧民戍邊屯田，給以廩粟，既貧者無艱食之患，而富家免更代之勞，得專農業。上善其言，而未行也。十七年，上謂宰臣曰：「戍邊之卒，歲冒寒暑，往來番休，以馬牛往戍，往往皆死。且奪其農時，敗其生業，朕甚閔之。朕欲使百姓安於田里，而邊圉彊固，卿等何術可以致此？」左丞相良弼曰：「邊地不堪耕種，不能久戍，所以番代耳。」上曰：「卿等以此急務爲末事耶？往歲參政宗敘嘗爲朕言此事，若宗敘，可謂盡心於國者矣。今以兩路招討司、烏古里石壘部族、臨潢、泰州等路，分置堡戍，詳定以聞，朕將親覽。」上追念宗敘，聞其子孫家用不給，詔賜錢三千貫。明昌五年，配享世宗廟庭。

金東海侯大安初，北兵南嚮，召平定州刺史趙秉文與待制趙資道論備邊策。秉文言：「今我軍聚於宣德，城小，列營其外，涉暑雨，器械弛敗，人且病，俟秋敵至，將不利矣。可遣臨潢一軍擣其虚，則山西之圍可解，兵法所謂『出其不意，攻其必救』者也。」

金宣宗貞祐三年，朝廷欲起代州戍兵五千，河東路兵馬都總管胥鼎上言：「嶺外軍皆已南徙，代爲邊要，正宜益兵保守，今更損其力，一朝兵至，何以待之？平陽以代爲藩籬，豈可撤去？」尚書省奏宜如所請，詔從之。

鼎爲尚書左丞兼樞密副使，上言：「自兵興以來，河北潰散軍兵、流亡人户，及山西、河東老幼，俱徙河南。在處僑居，各無本業，易至動搖。切慮有司妄分彼此，或加迫遣，以致不安。今兵日益盛，將及畿甸，倘復誘其失職之衆，使爲向導，或驅之攻城，豈不益資其力？乞朝廷遣官撫慰，及令所司嚴爲防閑。庶幾不至生釁。」上從其計。

詔諸道按察司講究防秋，按察轉運使盧庸陳便宜曰：「自鄜延至積石，雖多溝坂，無長河大山爲之屏蔽，恃弓箭手以禦侮，其人皆剛猛善鬬，熟于地利，夏人畏之。向者徙屯他所，夏人即時犯邊，此近年深患也。人情樂土，且耕且戰，緩急將自奮。」又曰：「防秋之際，宜先清野。」又曰：「掌軍之官不宜臨時易代，兵家所忌，將非其人，屢代何益？」無何，有言庸老不勝任者，即罷之。

興定二年，樞密院以海州軍食不足，艱于轉輸，奏乞遷于內地。詔問資德大夫兼三司使、尚書右丞侯摯，奏曰：「海州連山阻海，與沂、莒、邳、密皆邊隅衝要之地，比年以來爲賊淵藪者，宋人資給之故。若棄而他徙，則直抵東平，無非敵境，地大氣增，後難圖矣，臣未見其可。且朝廷所以欲遷者，止慮糧儲不給耳。臣請盡力規畫，勸喻農民趨時耕種，且令煮鹽易糧，或置場宿遷，以通商旅，可不勞民力而辦。仍擇沭陽之地可以爲營屯者，分兵護邏，雖不遷，無患也。」上是其言，乃止。

元世祖時，成都失利，帝遣人問所以失之之故及今措置之方。昭勇大將軍、夔東路招討使李忽蘭吉附奏曰：「初立成都，惟建子城，軍民止於外城，別無城壁。宋軍乘虛來攻，失於不備，軍官皆年少不經事之人，以此失利。四川地曠人稀，宜修置城寨，練習軍馬，措畫屯田，規運糧餉，創造舟楫，完繕軍器，六者不可缺一。又當任賢遠讒，信賞必罰，修内治外，戰勝攻取，選用良將，隨機應變，則邊陲無虞矣。」

中統元年六月，郝經備禦奏目曰：

臣經言：臣初離闕廷，未知朝廷用兵次第，雖條奏新政，不敢遽言，但舉備預大略一條而已。今聞西北阻命，朝廷處置，自遼東至于豐靖，以及河西，其關隘備禦，必無缺綻；未知西域回鶻諸國及土波大理，繞出西南，嘗爲備禦否？其土地廣遠，兵力豪勁，且其酋長多變詐，懼乘虛作變，與西北連衡，遏截旭烈大王，在所蟻聚，轉相營惑，使有反顧之憂。又西蜀兩川新集，或爲摇蕩，便有意外之變。宜遣一大官知兵者，選集回鶻諸國、土波、大理一帶軍馬，於好水草險要處駐劄，與關西宣撫司肱脾相應，是斷西北右臂，且張聲勢，以接應旭烈大王軍馬，則國勢日張，西北日沮，諸國不敢覬覦，兩川得以倚重。如不爲備，或有透漏，則數千騎可以突出關西，河南無結草之拒，中原震動矣。臣又切見江上退師以來，宋人頗有輕中國之心，蓋彼瘡痍未完，不敢窺伺，然國家不可不爲之備。四川、河南、京東、山東當置四總帥，西川自成都至興元接上均州置一帥，河南自唐、鄧至陳、潁置一帥，京東自睢、亳至宿、泗置一帥，山東自邳、徐、沂、海并東北海口置一帥。於陝西、河南酌中處置一大行臺，總統東西，以壯國家藩垣。便使宋人請和，邊備亦當如此。

臣愚微眇，爝火之見，不敢自蔽，且即入宋，不勝戀闕，故又及此，伏取聖裁。

歷代名臣奏議卷之三百三十九

本卷劉永强校點

歷代名臣奏議卷之三百四十

夷狄

周靈王三年，無終子嘉父使孟樂如晉，因魏莊子納虎豹之皮，以請和諸戎。晉侯曰：「戎狄無親而貪，不如伐之。」魏絳曰：「諸侯新服，陳新來和，將觀於我。我德則睦，否則携貳。勞師於戎，而楚伐陳，必弗能救，是棄陳也，諸華必叛。戎，禽獸也，獲戎失華，無乃不可乎？」公曰：「然則莫如和戎乎？」對曰：「和戎有五利焉：戎狄薦居，貴貨易土，土可賈焉，一也；邊鄙不聳，民狎其野，穡人成功，二也；戎狄事晉，四鄰振動，諸侯懷德，三也；以德綏戎，師徒不勤，甲兵不頓，四也；鑑于后羿，而用德度，遠至邇安，五也。君其圖之。」

漢高帝罷平城歸，韓王信亡入胡。當是時，冒頓爲單于，兵强，控弦三十萬，數苦北邊。上患之，問建信侯劉敬。劉敬曰：「天下初定，士卒罷於兵，未可以武服也。冒頓殺父代立，妻群母，以力爲威，未可以仁義説也。獨可以計久遠子孫爲臣耳，然恐陛下不能爲。」上曰：「誠可，何爲不能！顧爲奈何？」劉敬對曰：「陛下誠能以適長公主妻之，厚奉遺之，彼知漢適女送厚，蠻夷必慕以爲閼氏，生子必爲太子，代單于。何者？貪漢重幣。陛下以歲時漢所餘、彼所鮮數問遺，因使辯士風諭以禮節。冒頓在，固爲子壻；死，則外孫爲單于。豈嘗聞外孫敢與大父抗禮者哉？兵可無戰以漸臣也。若陛下不能遣長公主，而令宗室及後宮詐稱公主，彼亦知，不肯貴近，無益也。」高帝曰：「善。」欲遣長公主。呂后日夜泣，曰：「妾唯太子、一女，❶奈何棄之匈奴？」上竟不能遣長公主，而取家人子名爲長公主，妻單于。使劉敬往結和親約。

孝惠帝時，單于嘗爲書嫚呂后，不遜，呂后大怒，召諸將議之。上將軍樊噲曰：「臣願得十萬衆，橫行匈奴中。」諸將皆阿呂后意，曰：「然。」中郎將季布曰：「樊噲可斬也！夫高帝將兵四十餘萬衆，困於平城，今噲奈何以十萬衆橫行匈奴中，面欺！且秦以事於胡，陳勝等起。于今創痍未瘳，噲又面諛，欲搖動天下。」是時殿上皆恐，太后罷朝，遂不復議擊匈奴事。

武帝元光元年，主父偃西入關見衛將軍。衛將軍數言上，上不省。資用乏，留久，諸侯賓客多厭之，偃迺上書闕下。朝奏，暮召入見。所言九事，其八事爲律令，一事諫伐匈奴，曰：「臣聞明主不惡切諫以博觀，忠臣不避重誅以直諫，是故事無遺策而功流萬世。今臣不敢隱忠避死，以效愚計，願陛下幸赦而少察之。

「《司馬法》曰：『國雖大，好戰必亡；天下雖平，忘戰必危。』天下既平，天子大愷，春蒐秋獮，諸侯春振旅，秋治兵，所以不忘戰也。且怒者逆德也，兵者凶器也，爭者末節也。古之人君一怒，必伏尸流血，故聖王重行之。夫務戰勝，窮武事，未有不悔者

❶「唯」，原脱，今據《史記・劉敬傳》補。

也。昔秦皇帝任戰勝之威，蠶食天下，并吞戰國，海内爲一，功齊三代。務勝不休，欲攻匈奴，李斯諫曰：『不可。夫匈奴無城郭之居，委積之守，遷徙鳥舉，難得而制。輕兵深入，糧食必絶；運糧以行，重不及事。得其地，不足以爲利；得其民，不可調而守也。勝必棄之，非民父母。靡敝中國，甘心匈奴，非完計也。』秦皇帝不聽，遂使蒙恬將兵而攻胡，却地千里，以河爲境。地固澤鹵，不生五穀，然後發天下丁男以守北河。暴兵露師十有餘年，死者不可勝數，終不能踰河而北。是豈人衆之不足，兵革之不備哉？其勢不可也。又使天下飛芻輓粟，起於黄、腄、琅邪負海之郡，轉輸北河，率三十鍾而致一石。男子疾耕不足於糧餉，女子紡績不足於帷幕。百姓靡敝，孤寡老弱不能相養，道死者相望，蓋天下始叛也。

「及至高皇帝定天下，略地於邊，聞匈奴聚代谷之外而欲擊之。御史成諫曰：『不可。夫匈奴獸聚而鳥散，從之如搏景，今以陛下盛德攻匈奴，臣竊危之。』高帝不聽，遂至代谷，果有平城之圍。高帝悔之，乃使劉敬往結和親，然後天下亡干戈之事。故兵法曰：『興師十萬，日費千金。』秦常積衆數十萬人，雖有覆軍殺將，係虜單于，適足以結怨深讎，不足以償天下之費。夫匈奴行盗侵敺，所以爲業，天性固然。上自虞、夏、殷、周，固不程督，禽獸畜之，不比爲人。夫不上觀虞、夏、殷、周之統，而下循近世之失，此臣之所以大恐，百姓所以疾苦也。且夫兵久則變生，事苦則慮易。使邊境之民靡敝愁苦，將吏相疑而外市，故尉佗、章邯得成其私，而秦政不行，權分二子，此得失之效也。故《周書》曰：『安危在出令，存亡在所用。』願陛下孰計之而加察焉。」書奏，上迺拜偃爲郎中。

五年，番陽令唐蒙風曉南越。南越食蒙以枸醬，問所從來，曰：「道西北牂柯江，牂柯江廣數里，出番禺城下。」蒙歸，問蜀賈人，賈人曰：「獨蜀出枸醬，多持竊出市夜郎。夜郎臨牂柯江，江廣百餘步，南越以財物役屬之，然亦不能臣使也。」蒙乃上書曰：「南越王名爲外臣，實一州主也。今以長沙、豫章往，水道多絶。竊聞夜郎精兵可十餘萬，浮船牂柯，出其不意，此制越一奇也。請通夜郎道，爲置吏。」上乃拜蒙爲中郎將。

元狩元年，博望侯張騫自月氏還，具爲天子言西域諸國風俗：「大宛在漢正西，可萬里。其俗土著，耕田，多善馬，有城郭、室屋。其東北則烏孫，東則于寘。于寘之西，則水皆西流注西海，其東，水東流注鹽澤。鹽澤潛行地下，其南則河源出焉。鹽澤去長安可五千里。匈奴右方居鹽澤以東，至隴西長城，南接羌，隔漢道焉。烏孫、康居、奄蔡、大月氏，皆行國，隨畜牧，與匈奴同俗。大夏在大宛西南，與大宛同俗。臣在大夏時，見邛竹杖、蜀布，問：『安得此？』曰：『市之身毒。』身毒在大夏東南可數千里，其俗土著，與大夏同。度大夏去漢萬二千里，居漢西南；今身毒又居大夏東南數千里，❶有蜀物，此其去蜀不遠矣。今使大

❶「東南」至「大夏」十九字，原脱，今據《史記・大宛列傳》補。

夏，從羌中，險，羌人惡之；❶少北，則爲匈奴所得；從蜀宜徑，又無寇。」天子既聞諸國多奇物，而兵弱，貴漢財物。誠得而以義屬之，則廣地萬里，重九譯，致殊俗，威德徧於四海。帝欣然，以騫言爲然，乃令騫因蜀犍爲發間使，四道並出，求身毒國，各行一二千里。其北閉氐、筰，南閉巂、昆明。昆明之屬無君長，❷善寇盗，輒殺略漢使，終莫得通。於是始通滇國，乃復事西南夷。

元鼎二年，騫又建言：「烏孫王昆莫本爲匈奴臣，後兵稍彊，不肯復朝事匈奴，匈奴攻不勝而遠之。今以厚幣招以益東，居故渾邪之地，則是斷匈奴右臂也。既連烏孫，自其西大夏之屬皆可招來而爲外臣。」上以爲然，拜騫爲中郎將，齎金幣帛直數千巨萬。至烏孫，久之，不能得其要領，因分遣副使使大宛、康居、大月氏、大夏、安息、身毒、于滇及諸旁國。烏孫送騫還，使數十人，馬數十匹，隨騫報謝。是歲，騫還，到後，所遣使通大夏之屬皆頗與其人俱來，於是西域始通於漢矣。

元狩中，匈奴渾邪王率衆來降，漢發車二萬乘。縣官無錢，從民貰馬。民或匿馬，馬不具。上怒，欲斬長安令。汲黯曰：「長安令無罪，獨斬黯，民乃肯出馬。且匈奴畔其主而降漢，漢徐以縣次傳之，何至令天下騷動，罷弊中國而以事夷狄之人乎！」上默然。及渾邪至，賈人與市者，坐當死者五百餘人。黯請間，見高門，曰：「夫匈奴攻當

❶「羌人惡之」四字，原脱，今據《史記》補。

❷「昆明」至「盗輒」十一字，原脱，今據《史記》補。

路塞，絶和親，中國興兵誅之，死傷者不可勝計，而費以巨萬百數。臣愚以爲陛下得胡人，皆以爲奴婢以賜從軍死事者家；所鹵獲，因予之，以謝天下之苦，塞百姓之心。今縱不能，渾邪率數萬之衆來降，虚府庫賞賜，發良民侍養，譬若奉驕子。愚民安知市買長安中物，而文吏繩以爲闌出財物于邊關乎？陛下縱不能得匈奴之資以謝天下，又以微文殺無知者五百餘人，是所謂『庇其葉而傷其枝』者也，臣竊爲陛下不取也。」上默然，不許，曰：「吾久不聞汲黯之言，今又復妄發矣。」

武帝時，匈奴求和親，群臣議前。❶博士狄山曰：「和親便。」上問其便，山曰：「兵凶器，未易數動。高帝欲伐匈奴，大困平城，乃遂結和親。孝惠、高后時，天下安樂。及文帝欲事匈奴，北邊蕭然苦兵。孝景時，吴、楚七國反，景帝往來東宫間，天下寒心數月。吴楚已破，竟景帝不言兵，天下富實。今自陛下興兵擊匈奴，中國已空虚，邊大困貧。❷由是觀之，不如和親。」

宣帝五鳳元年，匈奴亂，五單于争立。漢議者多曰：「匈奴爲害日久，可因其壞亂，舉兵滅之。」御史大夫蕭望之曰：「《春秋》晉士匄帥師侵齊，聞齊侯卒，引師而還，君子大其不伐喪，以其恩足以服孝子，誼足以動諸侯。前單于慕化嚮善，請求和親，未終奉約，不幸爲賊臣所殺。今而伐之，是乘亂而幸灾也。不以義動兵，恐勞而無功。

❶「前」上，《史記・張湯列傳》有「上」字。
❷「大」上，《史記》有「民」字。

宜遣使弔問，輔其微弱，救其災患。四夷聞之，咸貴中國之仁義。如遂蒙恩復其位，必稱臣服從，此德之盛也。」上從其議。

甘露二年，初，匈奴呼韓邪單于來朝，詔公卿議其儀，丞相黄霸、御史大夫于定國議曰：「聖王之制，施德行禮，先京師而後諸夏，先諸夏而後夷狄。《詩》云：『率禮不越，遂視既發；相土烈烈，海外有截。』陛下聖德充塞天地，光被四表，匈奴單于鄉風慕化，奉珍朝賀，自古未之有也。其禮儀宜如諸侯王，位次在下。」望之以爲：「單于非正朔所加，故稱敵國，宜待以不臣之禮，位在諸侯王上。外夷稽首稱藩，中國讓而不臣，此則羈縻之誼，謙亨之福也。《書》曰『戎狄荒服』，言其來荒忽亡常。如使匈奴後嗣，卒有鳥竄鼠伏，闕於朝享，不爲畔臣。信讓行乎蠻貉，福祚流于亡窮，萬世之長策也。」天子采之。

元帝建昭三年，郅支單于叛逆未服。甘延壽、陳湯上疏曰：「臣聞天下之大義，當混爲一，昔有唐、虞，今有强漢。匈奴呼韓邪單于已稱北藩，唯郅支單于叛逆，未服其辜，大夏之西，以爲强漢不能臣也。郅支單于慘毒行於民，大惡通於天。臣延壽、臣湯將義兵，行天誅，賴陛下神靈，陰陽並應，天氣精明，陷陳克敵，斬郅支首及名王以下。宜縣頭槀街蠻夷邸間，以示萬里，明犯强漢者，雖遠必誅。」事下有司。丞相匡衡、御史大夫繁延壽以爲：「郅支及名王首更歷諸國，蠻夷莫不聞知。《月令》春『掩骼埋胔』之時，宜勿縣。」車騎將軍許嘉、右將軍王商以爲：「《春秋》夾谷之會，優施笑君，孔子誅之，方盛夏，首足異門而出。宜縣十日迺埋之。」有詔將軍議是。

成帝元延二年，康居遣子侍漢，貢獻，然自以絶遠，獨驕嫚，不肯與諸國相望。都護郭舜數上言：

本匈奴盛時，非以兼有烏孫、康居故也；及其稱臣妾，非以失二國也。漢雖皆受其質子，然三國内相輸遺，交通如故，亦相候伺，見便則發，合不能相親信，離不能相臣役。以今言之，結配烏孫，竟未有益，反爲中國生事。然烏孫既結在前，今與匈奴俱稱臣，義不可拒。而康居驕黠，訖不肯拜使者。都護吏至其國，坐之烏孫諸使下，王及貴人先飲食已，乃飲啗都護吏，故爲無所省，以夸旁國。以此度之，何故遣子入侍？其欲賈市爲好，辭之詐也。匈奴百蠻大國，今事漢甚備，聞康居不拜，且使單于有自下之意，宜歸其侍子，絶勿復使，以章漢家不通無禮之國。敦煌、酒泉小郡及南道八國，給使者往來人馬驢橐駝食，皆苦之。空罷耗所過，送迎驕黠絶遠之國，非至計也。

河平元年，單于遣右臯林王伊邪莫演等奉獻朝正月。伊邪莫演言欲降，「即不受我，我自殺，終不敢還歸」。使者以聞，下公卿議。議者或言：「宜如故事，受其降。」光禄大夫谷永、議郎杜欽以爲：「漢興，匈奴數爲邊害，故設金爵之賞以待降者。今單于詘禮稱臣，列爲北藩，遣使朝賀，無有二心。漢家接之，宜異於往時。今既享單于聘貢之質，而更受其逋逃之臣，是貪一夫之得而失一國之心，擁有罪之臣而絶慕義之君也。假令單于初立，欲委身中國，未知利害，私使伊邪莫演詐降以卜吉凶，受之，虧德沮善，令單于自疏，不親邊吏；或者設爲反間，欲因而生隙，受之，適合其策，使得歸曲而直責。歸曲於漢，而以直義來責也。此誠邊境安危之原，師旅動静之首，不可不詳也。不如勿受，以昭日月之信，抑詐諼之謀，懷附親之心，便！」對奏，天子從之。遣中郎將王舜往問狀，伊邪莫演曰：「我病狂，妄言耳。」遣去。歸到，官位如故，不肯令見漢使。

哀帝建平四年，單于上書，願朝五年。時哀帝被疾，或言匈奴從上游來厭人，自黄龍、竟寧時，單于朝中國輒有大故。上由是難之，以問公卿，亦以爲虚費府帑，可且勿許。單于使辭去，未發，黄門郎揚雄上書諫曰：「臣聞《六經》之治，貴於未亂；兵家之勝，貴於未戰。二者皆微，然而大事之本，不可不察也。今單于上書求朝，國家不許而辭之，臣愚以爲漢與匈奴從此隙矣。匈奴本北地之狄，五帝之所不能臣，三王之所不能制，其不可使隙甚明。臣不敢遠稱，請引秦以來明之。

「以秦始皇之彊，蒙恬之威，帶甲四十餘萬，然不敢窺西河，迺築長城以界之。會漢初興，以高祖之威靈，三十萬衆困於平城，士或七日不食。時奇譎之士、石畫之臣甚衆，石言堅固如石也。畫，計策也。卒其所以脱者，世莫得而言也。卒，終，也。莫得而言，謂自免之計，其事醜惡，故不傳。又高皇后嘗忿匈奴，群臣庭議，樊噲請以十萬衆横行匈奴中，季布曰：『噲可斬也，妄阿順指。』於是大臣權書遺之，然後匈奴之結解，中國之憂平。及孝文時，匈奴侵暴北邊，候騎至雍甘泉，京師大駭，發三將軍屯細柳、棘門、霸上以備之，數月迺罷。孝武即位，設馬邑之權，欲誘匈奴，使韓安國將三十萬衆徼於便墜，徼，要也。墜，古地字。匈奴覺之而去，徒費財勞師，一虜不可得見，況單于之面乎！其後深惟社稷之計，規恢萬載之策，迺大興師數十萬，使衛青、霍去病操兵，前後十餘年。於是浮西河，絶大幕，破寘顔，襲王庭，窮極其地，追奔逐北，封狼居胥山，禪於姑衍，以臨瀚海，虜名王貴人以百數。自是之後，匈奴震怖，益求和親，然而未肯稱臣也。

「且夫前世豈樂傾無量之費，役無罪之人，快心於狼望之北哉？以爲不壹勞者不久佚，不蹔費者不永寧，是以忍百萬之師以摧餓虎之喙，運府庫之財，填盧山之壑而不悔也。至本始之初，匈奴有桀心，欲掠烏孫，侵公主，迺發五將之師十五萬騎獵其南，而長羅侯以烏孫五萬騎震其西，皆至質而還。質，信也，謂所期處。時鮮有所獲，徒奮揚威武，明漢兵若風雷耳。欲空行空反，尚誅兩將軍。故北狄不服，中國未得高枕安寢也。逮至元康、神爵之間，大化神明，鴻恩博洽，而匈奴内亂，五單于争立，日逐、呼韓邪攜國歸死，扶伏稱臣，伏，蒲北反。然尚羈縻之，計不顓制。顓與專同。專制，謂以爲臣妾也。自此之後，欲朝者不距，不欲者不彊。何者？外國天性忿鷙，形容魁健，負力怙氣，難化以善，易隸以惡，其彊難詘，其和難得。故未服之時，勞師遠攻，傾國殫貨，伏尸流血，破堅拔敵，如彼之難也。既服之後，慰薦撫循，交接賂遺，威儀俯仰，如此之備也。往時嘗屠大宛之城，蹈烏桓之壘，探姑繒之壁，姑繒，謂西南夷種也。藉蕩姐之場，羌屬也。藉猶蹈也。妲音紫。艾朝鮮之旃，拔兩越之旗，艾讀曰刈，絶也。近不過旬月之役，遠不離二時之勞，離，歷也。三月爲一時。固已犂其庭，埽其閭，犂，耕也。郡縣而置之，雲徹席卷，後無餘菑。惟北狄爲不然，真中國之堅敵也，三垂比之懸矣，前世重之茲甚，未易可輕也。

「今單于歸義，懷款誠之心，欲離其庭，陳見於前，此乃上世之遺策，神靈之所想望，國家雖費，不得已者也。奈何距以來厭之辭，疏以無日之期，消往昔之恩，開將來之隙！夫款而隙之，使有恨心，負前言，緣往辭，言單于因緣往昔和好之辭，以怨漢也。歸怨於漢，因以自絶，終無北面之心，威之不可，諭之不能，焉得不爲大憂乎！夫明者視於無形，聰者聽於無聲，誠先於未然，即蒙恬、樊噲不復施，棘門、細柳不復備，馬邑之策安所設，衛、霍之功何得用，五將之威安所震？不然，壹有隙之後，雖智者勞心於內，辯者轂擊於外，轂擊，言使車交馳，其轂相擊也。猶不若未然之時也。且往者圖西域，制車師，置城都護三十六國，費歲以大萬計也者，豈爲康居、烏孫能踰白龍堆而寇西邊哉？迺以制匈奴也。夫百年勞之，一日失之，費十而愛一，臣竊爲國不安也。惟陛下少留意於未亂未戰，以遏邊萌之禍。」

書奏，天子寤焉，召還匈奴使者，更報單于書而許之。

新莽建國四年，烏孫大、小昆彌遣使入貢。莽以烏孫國人多親附小昆彌，欲得烏孫心，乃遣使者引小昆彌使坐大昆彌使上。師友祭酒滿昌劾奏使者曰：「夷狄以中國有禮義，故屈而服從。大昆彌，君也。今序臣使於君使之上，非所以有夷狄也。奉使大不敬！」莽怒，貶昌官。

漢光武皇帝建武十一年，先零諸羌數萬人屯聚寇鈔，距浩亹隘。馬成與馬援深入討擊，大破之，徙降羌致天水、隴西、扶風。是時，朝臣以金城破羌之西，塗遠多寇，議欲棄之。馬援上言：「破羌以西，城多完牢，易可依固；其田土肥壤，灌溉流通。如今羌在湟中，則爲害不休，不可棄也。」帝從之。民歸者三千餘口，援爲長吏，繕城郭，起塢候，開溝洫，勸以耕牧，郡中樂業。又招撫塞外氐、羌，皆來降附，援奏復其侯王君長，帝悉從之。乃罷馬成軍。

十七年，莎車王賢復遣使奉獻，請都護。帝賜賢西域都護印綬及車旗、黃金、錦繡。敦煌太守裴遵上言：「夷狄不可假以大權，又令諸國失望。」詔書收還都護印綬，更賜賢以漢大將軍印綬，其使不肯易，遵迫奪之。賢由是始恨，而猶詐稱大都護，移書諸國，悉服屬焉。

二十四年，匈奴南邊八部立日逐王比爲南單于，款五原塞内附，願永爲籓蔽，扞禦北虜。事下公卿，議者皆以爲：「天下初定，中國空虛，不可許。」五官中郎將耿國獨以爲：「如孝宣故事，受之，令東扞鮮卑，北拒匈奴，率厲四夷，完復邊郡。」帝從之。於是分爲南、北單于。

二十七年，北單于遣使詣武威求和親，天子召公卿廷議，不決。皇太子言曰：「南單于新附，北虜懼於見伐，故傾耳而聽，爭欲歸義耳。今未能出兵而反交通北虜，臣恐南單于將有志，北虜降者且不復來矣。」帝然之，告武威太守勿受其使。

二十八年，北單于復遣使詣闕，貢馬及裘，更乞和親，并請音樂，又求率西域諸國胡客與俱獻見。帝下三府議酬答之宜。司徒掾班彪奏曰：「臣聞孝宣皇帝敕邊守尉曰：『匈奴大國，多變詐，交接得其情，則却敵折衝；應對入其數，則反爲輕欺。』今北匈奴見南單于來附，懼謀其國，故數乞和親，又遠驅牛馬與漢合市，重遣名王，多所貢獻，斯皆外示富彊，以相欺誕也。臣見其獻益重，知其國益虚，歸親愈數，爲懼愈多。然今既未獲助南，則亦不宜絶北，羈縻之義，禮無不答。謂可頗加賞賜，略與所獻相當，明加曉告以前世呼韓邪、郅支行事。「報答之辭，令必有適。今立稾草并上，曰『單于不忘漢恩，追念先祖舊約，欲修和親，以輔身安國』，計議甚高，爲單于嘉之。往者，匈奴數有乖亂，呼韓邪、郅支自相讎隙，並蒙孝宣皇帝垂恩救護，故各遣侍子稱藩保塞。其後郅支忿戾，自絶皇澤，而呼韓附親，忠孝彌著。及漢滅郅支，遂保國傳嗣，子孫相繼。今南單于携衆向南，款塞歸命。自以呼韓嫡長，次第當立，而侵奪失職，猜疑相背，數請兵將，歸埽北庭，策謀紛紜，無所不至。惟念斯言不可獨聽，又以北單于比年貢獻，欲修和親，故拒而未許，將以成單于忠孝之義。

「漢秉威信，總率萬國，日月所照，皆爲臣妾。殊俗百蠻，義無親疏，服順者褒賞，畔逆者誅罰，善惡之効，呼韓、郅支是也。今單于欲修和親，款誠已達，何嫌而欲率西域諸國俱來獻見？西域國屬匈奴，與屬漢何異？單于數連兵亂，國内虛耗，貢物裁以通禮，何必獻馬裘？今齎雜繒五百匹，弓韃韇丸一，矢四發，遣遣單于。又賜獻馬左骨都侯、右谷蠡王雜繒各四百匹，斬馬劍各一。單于前言先帝時所賜呼韓邪竽、瑟、箜篌皆敗，願復裁賜。念單于國尚未安，方厲武節，以戰攻爲務，竽瑟之用不如良弓利劍，故未以齎。朕不愛小物於單于，便宜所欲，遣驛以聞。」帝悉納從之。

明帝永平中，益州刺史梁國朱輔好立功名，慷慨有大略。在州數歲，宣示漢德，威懷遠夷。自汶山以西，前世所不至，正朔所未加。白狼、槃木、唐菆等百餘國，户百三十餘萬，口六百萬以上，舉種奉貢，稱爲臣僕。輔上疏曰：「臣聞《詩》云：『彼徂者岐，有夷之行。』傳曰：『岐道雖僻，而人不遠。』詩人誦詠，以爲符驗。今白狼王唐菆等慕化歸義，作詩三章。路經邛來大山零高坂，峭危峻險，百倍岐道。繦負老幼，若歸慈母。遠夷之語，辭意難正。草木異種，鳥獸殊類。有犍爲郡掾田恭與之習狎，❶頗曉其言，臣輒令訊其風俗，譯其辭語。今遣從事史李陵與恭護送詣闕，并上其樂詩。昔在聖帝，舞四夷之樂；今之所上，庶備其一。」帝嘉之，事下史官，録其歌焉。《遠夷樂德歌詩》曰：「大漢是治，與天合意。吏譯平端，不從我來。聞風向化，所見奇異。多賜贈布，甘美酒食。昌樂肉飛，屈申悉備。蠻夷貧薄，無所報嗣。願主長壽，子孫昌熾。」《遠夷慕德歌詩》曰：「蠻夷所處，日

❶「狎」，原作「押」，今據《四庫全書》本、《後漢書·南蠻西南夷列傳》改。

入之部。慕義向化，歸日出主。聖德深恩，與人富厚。冬多霜雪，夏多和雨。寒温時適，部人多有。涉危歷險，不遠萬里。去俗歸德，心歸慈母。」《遠夷懷德歌》曰：「荒服之外，土地墝埆。食肉衣皮，不見鹽穀。吏譯傳風，大漢安樂。携負歸仁，觸冒險陝。高山岐峻，緣崖磻石。木薄發家，百宿到洛。父子同賜，懷抱匹帛。傳告種人，長願臣僕。」

八年，帝遣鄭衆持節使匈奴。衆至北庭，虜欲令拜，衆不爲屈。單于大怒，圍守閉之，不與水火，欲脅服衆。衆拔刀自誓，單于恐而止，乃更發使隨衆還京師。朝議復欲遣使報之，衆上疏諫曰：「臣伏聞北單于所以要致漢使者，欲以離南單于之衆，堅三十六國之心也。又嘗揚漢和親，誇示鄰敵，令西域欲歸化者局促狐疑，❶懷土之人絶望中國耳。漢使既到，便偃蹇自信。若復遣之，虜必自謂得謀，其群臣駮議者不敢復言。如是，南庭動摇，烏桓有離心矣。南單于久居漢地，具知形勢，萬分離析，旋爲邊害。今幸有度遼之衆，揚威北垂，雖勿報答，不敢爲患。」帝不從，復遣衆。衆因上言：「臣前奉使不爲匈奴拜，單于恚恨，故遣兵圍臣。今復銜命，必見陵折。臣誠不忍持大漢節，對氊裘獨拜。如令匈奴遂能服臣，將有損大漢之彊。」帝不聽，衆不得已，既行在路，連上書固争之。詔切責衆，追還繫廷尉，會赦歸家。其後帝見匈奴來者，問衆與單于争禮之狀，皆言匈奴中傳衆意氣壯勇，雖蘇武不過。乃復召衆爲軍

❶「促」，原作「足」，今據《後漢書·鄭衆傳》改。

司馬。

章帝建初三年，❶軍司馬班超率疏勒、康居、于寘、拘彌兵一萬人攻姑墨石城，破之，斬首七百級。超欲因此叵平諸國，乃上疏請兵，曰：「臣竊見先帝欲開西域，故北擊匈奴，西使外國，鄯善、于寘即時向化。今拘彌、莎車、疏勒、月氏、烏孫、康居復願歸附，欲共并力破滅龜茲，平通漢道。若得龜茲，則西域未服者百分之一耳。臣伏自惟念，卒伍小吏，實願從谷吉效命絶域，庶幾張騫棄身曠野。昔魏絳列國大夫，尚能和輯諸戎，況臣奉大漢之威，而無鉛刀一割之用乎？前世議者皆曰取三十六國，號爲斷匈奴右臂。今西域諸國，自日之所入，莫不向化，大小欣欣，貢奉不絶，唯焉耆、龜茲獨未服從。臣前與官屬三十六人奉使絶域，備遭艱戹。自孤守疏勒，於今五載，胡夷情數，臣頗識之。問其城郭小大，皆言『倚漢與依天等』。以是效之，則慈嶺可通，慈嶺通則龜茲可伐。今宜拜龜茲侍子白霸爲其國王，以步騎數百送之，與諸國連兵，歲月之間，龜茲可禽。以夷狄攻夷狄，計之善者也。臣見莎車、疏勒田地肥廣，草木饒衍，不比敦煌、鄯善間也，兵可不費中國而糧食自足。且姑墨、温宿二王特爲龜茲所置，既非其種，更相厭苦，其勢必有降反。若二國來降，則龜茲自破。願下臣章，參考行事。誠有萬分，死復何恨。臣超區區，特蒙神靈，竊冀未便僵仆，目見西域平定，陛下舉萬年之觴，薦勳祖廟，布大喜於天下。」

書奏，帝知其功可成，議欲給兵。平陵

❶「三」，原作「五」，今據《後漢書·班超傳》改。

人徐幹素與超同志，❶上疏願奮身佐超。五年，遂以幹爲假司馬，將弛刑及義從千人就超。先是莎車以爲漢兵不出，遂降於龜兹，而疏勒都尉番辰亦復反叛。會徐幹適至，超遂與幹擊番辰，大破之，斬首千餘級，多獲生口。超既破番辰，欲進攻龜兹。以烏孫兵彊，宜因其力，乃上言：「烏孫大國，控弦十萬，故武帝妻以公主，至孝宣皇帝卒得其用。今可遣使招慰，與共合力。」帝納之。

章帝時，北單于遣使貢獻，求欲和親，詔問群僚。議者或以爲：「匈奴變詐之國，無内向之心，徒以畏漢威靈，逼憚南虜，故希望報命，以安其離叛。今若遣使，恐失南虜親附之歡，而成北狄猜詐之計，不可。」

玄武司馬班固議曰：「竊自惟思漢興已來，曠世歷年，兵纏夷狄，尤事匈奴。綏御之方，其塗不一，或修文以和之，或用武以征之，或卑下以就之，或臣服而致之。雖屈申無常，所因時異，然未有拒絶棄放，不與交接者也。故自建武之世，復修舊典，數出重使，前後相繼，至於其末，始乃暫絶。永平八年，復議通之。而廷争連日，異同紛回，多執其難，少言其易。先帝聖德遠覽，瞻前顧後，遂復出使，事同前世。以此而推，未有一世闕而不修者也。今烏桓就闕，稽首譯官，康居、月氏自遠而至，匈奴離析，名王來降，三方歸服，不以兵威，此誠國家通於神明自然之徵也。臣愚以爲宜依故事，復遣使者，上可繼五鳳、甘露致遠人之會，下不失建武、永平羈縻之義。虜使再

❶「志」，原作「至」，今據《後漢書》改。

來，❶然後一往，既明中國主在忠信，且知聖朝禮義有常，豈同逆詐示猜，孤其善意乎？絶之未知其利，通之不聞其害。設後北虜稍彊，能爲風塵，方復求爲交通，將何所及？不若因今施惠，爲策近長。」

元和二年，武威太守孟雲上書：「北虜既已和親，而南部復往抄掠，北單于謂漢欺之，謀欲犯邊。宜還其生口，以安慰之。」詔百官議朝堂。公卿皆言夷狄譎詐，求欲無厭，既得生口，當復妄自誇大，不可開許。太僕袁安獨曰：「北虜遣使奉獻和親，有得邊生口者，輒以歸漢，此明其畏威，而非先違約也。雲以大臣典邊，不宜負信於戎狄，還之足示中國優貸，而使邊人得安，誠便。」司徒桓虞改議從安。太尉鄭弘、司空第五倫皆恨之。弘因大言激勵虞曰：「諸言當還生口者，皆爲不忠。」虞廷叱之，倫及大鴻臚韋彪，各作色變容，司隸校尉舉奏，安等皆上印綬謝。帝詔報曰：「久議沈滯，各有所志。蓋事以議從，策由衆定，誾誾衎衎，得禮之容，寢嘿抑心，更非朝廷之福。君何尤而深謝？其各冠履。」帝竟從安議，許之。乃下詔曰：「昔獫狁、獯粥之敵中國，其所由來尚矣。往者雖有和親之名，終無絲髮之效。墝埆之人，屢嬰塗炭，父戰於前，子死於後。弱女乘於亭障，孤兒號於道路。老母寡妻設虛祭，飲泣淚，想望歸魂於沙漠之表，豈不哀哉！傳曰：『江海所以能長百川者，以其下之也。』少加屈下，尚何足病？況今與匈奴君臣分定，辭順約明，貢獻累至，豈宜違信，自受其曲。其敕度遼

❶「使」，原脱，今據《後漢書·班固傳》補。

及領中郎將龐奮，倍雇南部所得生口，以還北虜。其南部斬首獲生，計功受賞如常科。」

章和二年，鮮卑擊破北匈奴，而南單于乘此請兵北伐，因欲還歸舊庭。時竇太后臨朝，議欲從之。尚書宋意上疏曰：「夫戎狄之隔遠中國，幽處北極，界以沙漠，簡賤禮樂，無有上下，彊者爲雄，弱即屈服。自漢興以來，征伐數矣，其所剋獲，曾不補害。光武皇帝躬服金革之難，深昭天地之明，故因其來降，羈縻畜養，邊人得生，勞役休息，於茲四十餘年矣。今鮮卑奉順，斬獲萬數，中國坐享大功，而百姓不知其勞，漢興功烈，於斯爲盛。所以然者，夷虜相攻，無損漢兵者也。臣察鮮卑侵伐匈奴，正是利其抄掠，及歸功聖朝，實由貪得重賞。今若聽南虜還都北庭，則不得不禁制鮮卑。鮮卑外失暴掠之願，内無功勞之賞，豺狼貪婪，必爲邊患。今北虜西遁，請求和親，宜因其歸附，以爲外扞，巍巍之業，無以過此。若引兵費賦以順南虜，則坐失上略，去安即危矣。誠不可許。」會南單于竟不北徙，遷司隸校尉。

漢和帝永元四年，北單于既亡，其弟於除鞬自立，遣使款塞。竇憲請立爲單于，置中郎將領護，如南單于故事。事下公卿議，袁安、任隗以爲：「光武招懷南虜，非謂可永安内地，止以權時之算，可得扞禦北狄故也。今宜令南單于反北庭，領降衆，無緣復更立於除鞬，以增國費。」安又獨上封事曰：「臣聞功有難圖，不可豫見；事有易斷，較然不疑。伏惟光武皇帝本所以立南單于者，欲安南定北之策也，恩德甚備，故匈奴遂分，邊境無患。孝明皇帝奉承先意，不敢失墜，赫然命將，爰伐塞北。至乎章和之初，降者十餘萬人，議者欲置之濱塞，東至遼東，太尉宋由、光禄勳耿秉皆以爲失南單于心，不可，先帝從之。陛下奉承洪業，大開疆宇，大將軍遠師討伐，席卷北庭，此誠宣明祖宗，崇立弘勳者也。宜審其終，以成厥初。伏念南單于屯，先父舉衆歸德，自蒙恩以來，四十餘年。三帝積累，以遺陛下。陛下深宜遵述先志，成就其業。况屯首唱大謀，空盡北虜，輟而弗圖，更立新降，以一朝之計，違三世之規，失信於所養，建立於無功。由、秉實知舊議，❶而欲背棄先恩。夫言行君子之樞機，賞罰理國之綱紀。《論語》曰：『言忠信，行篤敬，雖蠻貊行焉。』今若失信於一屯，則百蠻不敢復保誓矣。又烏桓、鮮卑新殺北單于，凡人之情，咸畏仇讎，今立其弟，則二虜懷怨。兵、食可廢，信不可去。且漢故事，供給南單于費直歲一億九十餘萬，西域歲七千四百八十萬。今北庭弥遠，其費過倍，是乃空盡天下，而非建策之要也。」詔下其議。安又與憲更相難折。憲險急負埶，言辭驕訐，至詆毁安，稱光武誅韓歆、戴涉故事，安終不移。憲竟立匈奴降者右鹿蠡王於除鞬爲單于，後遂反叛，卒如安策。

永元六年，時南單于與中郎將杜崇不相平，廼上書告崇，崇諷西河太守，令斷單于章，無由自聞。而崇因與行度遼將軍朱徽上言：「南單于安國疏遠故胡，親近新

❶「舊」，原作「奮」，今據《後漢書·袁安傳》改。

降，欲殺左賢王師子及左臺且渠劉利等。又右部降者謀共迫脅安國起兵背畔，請西河、上郡、安定爲之儆備。」帝下公卿議，皆以爲：「蠻夷反覆，雖難測知，然大兵聚會，必未敢動摇。今宜遣有方略使者之單于庭，與杜崇、朱徽及西河太守并力，觀其動静。如無他變，可令崇等就安國會其左右大臣，責其部衆横暴爲邊害者，共平罪誅。若不從命，令爲權時方略，事畢之後，裁行客賜，亦足以威示百蠻。」帝從之。

安帝永寧元年，北匈奴率車師後王軍就，共殺索班，擊走前王，略有北道。曹宗請出兵擊匈奴以報之，因復取西域。公卿皆以爲宜閉玉門關，太后聞軍司馬班勇有父風，召問之。勇上議曰：「昔孝武皇帝開通西域，論者以爲奪單于府藏，斷其右臂。光武中興，未遑外事，故匈奴驅率諸國，河西城門晝閉。孝明皇帝深惟廟策，命將出征，然後匈奴遠遁，邊境得安。間者羌亂，西域復絶，北虜遂遣責諸國，備其逋租，❶高其價直，嚴以期會。鄯善、車師皆懷憤怨，思樂事漢，其路無從。今曹宗徒欲報雪匈奴，而不尋出兵故事，要功荒外，萬無一成，兵連禍結，悔無所及。况今府庫未充，師無後繼，臣愚以爲不可許也。宜於敦煌復置營兵三百人及護西域副校尉，遣長吏將五百人屯樓蘭，西當焉耆、龜兹逕路，南彊鄯善、于寘心膽，北扞匈奴，東近敦煌。既爲胡虜節度，又禁漢人侵擾，如此誠便。」公卿難曰：「前所以棄西域者，以其無益而難供也。今欲通之，班將能保北虜不爲邊害

❶「備其」，原脱，今據《後漢書·班勇傳》補。

乎？」勇對曰：「今置州牧以禁盜賊，若州牧能保盜賊不起者，臣亦願要斬保匈奴之不爲邊害也。今通西域則虜勢必弱，爲患微矣。孰與歸其府藏，續其右臂哉！若棄而不立，則西域望絶，屈就北虜，恐河西城門必須復有晝閉之儆矣。今不廓開朝廷之德，而拘屯戍之費，豈安邊長久之策哉？」難者又曰：「西域遣使求索無厭，一旦爲匈奴所迫，當復求救，則爲役大矣。」勇對曰：「今設以西域歸匈奴，而使其恩德大漢，不爲鈔盜則可矣。如其不然，則是富仇讎之財，增暴夷之勢。且西域來者不過稟食，今若拒絶，勢歸北屬，夷虜并力以寇并、涼，則中國之費不止十億。置之誠便。」於是從勇議，復營兵，置副校尉，居敦煌。雖以羈縻西域，然亦未能出屯。其後匈奴果數與車師入寇，河西大被其害。

順帝永建四年，虞詡言：「安定、北地、上郡山川險阨，沃野千里，土宜畜牧，水可溉漕。頃遭羌亂，郡縣兵荒二十餘年矣。❶棄沃壤之饒，捐自然之財，不可謂利；離河山之阻，守無險之處，難以爲固。今三郡未復，園陵單外，而公卿巽懦計費，不圖其安。宜開聖聽，考行所長。」從之，使謁者督徙者各歸本縣，繕城郭，置候驛。又浚渠屯田，省費歲一億許。遂令諸郡儲粟周數年。

永和元年，武陵蠻反。初，太守上書，以蠻夷率服，可比漢人，增其租賦。議者皆以爲可。尚書令虞詡獨奏曰：「自古聖王不臣異俗，非德不能及，威不能加，知其獸

❶「二」，原作「一」，今據《後漢書·西羌傳》改。

心貪婪，難率以禮。是故羈縻而綏撫之，附則受而不逆，叛則棄而不追。先帝舊典，貢税多少，所由來久矣。今猥增之，必有怨叛。計其所得，不償所費，必有後悔。」帝不從。其冬，澧中、漊中蠻果争貢布，非舊約，舉種反叛。

晉惠帝時，關隴屢爲氐、羌所擾，山陰令江統深惟四夷亂華，宜杜其萌，乃作《徙戎論》。其辭曰：

「夫夷蠻戎狄，謂之四海，九服之制，地在要荒。《春秋》之義，内諸夏而外夷狄。以其言語不通，贄幣不同，法俗詭異，種類乖殊；或居絶域之外，山河之表，崎嶇川谷阻險之地，與中國壤斷土隔，不相侵涉，賦役不及，正朔不加，故曰：『天子有道，守在四夷。』禹平九土，而西戎即叙。其性氣貪婪，凶悍不仁，四夷之中，戎狄爲甚，弱則畏服，彊則侵叛。雖有聖賢之世，大德之君，咸未能以通化率導，而以恩德柔懷也。當其彊也，以殷之高宗而憊於鬼方，有周文王而患昆夷、獫狁，高祖困於白登，孝文軍於霸上。及其弱也，周公來九譯之貢，中宗納單于之朝，以元、成之微，而猶四夷賓服。此其已然之效也。故匈奴求守邊塞，而侯應陳其不可；單于屈膝未央，望之議以不臣。是以有道之君牧夷狄也，惟以待之有備，禦之有常，雖稽顙執贄，而邊城不弛固守；爲寇賊彊暴，而兵甲不加遠征。期令境内獲安，疆埸不侵而已。

「及至周室失統，諸侯專征，以大兼小，轉相殘滅，封疆不固，而利害異心。戎狄乘間，得入中國。或招誘安撫，以爲己用。故申繒之禍，顛覆宗周；襄公要秦，遽興姜戎。當春秋時，義渠、大荔居秦、晉之域，陸渾、陰戎處伊洛之間，鄋瞞之屬害及濟東，侵入齊、宋，陵虐邢、衛，南夷與北狄交侵中國，不絶若綫。齊桓攘之，存亡繼絶，北伐山戎，以開燕路。故仲尼稱管仲之力，加左衽之功。逮至春秋之末，戰國方盛，楚吞蠻氏，晉剪陸渾，趙武胡服，開榆中之地，秦雄咸陽，滅義渠之等。

「始皇之并天下也，南兼百越，北走匈奴，五嶺、長城，戎卒億計。雖師役煩殷，寇賊横暴，然一世之功，戎虜奔却，當時中國無復四夷也。

「漢興而都長安，關中之郡號曰三輔，《禹貢》雍州，宗周豐、鎬之舊也。及至王莽之敗，赤眉因之，西都荒毁，百姓流亡。建武中，以馬援領隴西太守，討叛羌，徙其餘種於關中，居馮翊、河東空地，而與華人雜處。數歲之後，族類蕃息，既恃其肥彊，且苦漢人侵之。永初之元，騎都尉王弘使西域，發調羌、氐，以爲行衛。於是群羌奔駭，互相扇動，二州之戎一時俱發，覆没將守，屠破城邑。鄧騭之征，棄甲委兵，輿尸喪師，前後相繼，諸戎遂熾，至於南入蜀漢，東掠趙、魏，唐突軹關，侵及河内。及遣北軍中候朱寵將五營士於孟津距羌，十年之中，夷夏俱斃，任尚、馬賢僅得克之。此所以爲害深重、累年不定者，雖由禦者之無方，將非其才，亦豈不以寇發心腹，害起肘腋，疢篤難療，瘡大遲愈之故哉！自此之後，餘燼不盡，小有際會，輒復侵叛。馬賢狃忲，終於覆敗；段熲臨衝，自西徂東。雍州之戎，常爲國患，中世之寇，惟此爲大。漢末之亂，關中殘滅。

「魏興之初，與蜀分隔，疆場之戎，一彼

一此。魏武皇帝令將軍夏侯妙才討叛氐阿貴、千萬等，後因拔棄漢中，遂徙武都之種於秦川，欲以弱寇彊國，扞禦蜀虜。此蓋權宜之計，一時之勢，非所以爲萬世之利也。今者當之，已受其弊矣。

「夫關中土沃物豐，厥田上上，❶加以涇、渭之流溉其舄鹵，鄭國、白渠灌浸相通，黍稷之饒，畝號一鍾，百姓謠詠其殷實，帝王之都每以爲居，未聞戎狄宜在此土也。非我族類，其心必異，戎狄志態，不與華同。而因其衰弊，遷之畿服，士庶翫習，侮其輕弱，使其怨恨之氣，毒於骨髓。至於蕃育衆盛，則坐生其心。以貪悍之性，挾憤怒之情，候隙乘便，輒爲横逆。而居封域之内，無障塞之隔，掩不備之人，收散野之積，故能爲禍滋蔓，暴害不測。此必然之勢，已驗之事也。當今之宜，宜及兵威方盛，衆事未罷，徙馮翊、北地、新平、安定界内諸羌，著先零、罕幵、析支之地；徙扶風、始平、京兆之氐，出還隴右，著陰平、武都之界。廪其道路之糧，令足自致，各附本種，反其舊土，使屬國、撫夷就安集之。戎晉不雜，並得其所，上合往古即叙之義，下爲盛世永久之規。縱有猾夏之心，風塵之警，則絶遠中國，隔閡山河，雖爲寇暴，所害不廣。是以充國、子明能以數萬之衆，制群羌之命，有征無戰，全軍獨剋，雖有謀謨深計，廟勝遠圖，豈不以華夷異處，戎夏區別，要塞易守之故，得成其功也哉！

「難者曰：方今關中之禍，暴兵二載，征戍之勞，老師十萬，水旱之害，薦饑累荒，疫癘之災，札瘥夭昏。凶逆既戮，悔惡初

❶「田」，原作「上」，今據《晉書·江統傳》改。

附，且款且畏，咸懷危懼，百姓愁苦，異人同慮，望寧息之有期，若枯旱之思雨露，誠宜鎮之以安豫。而子方欲作役起徒，興功造事，使疲悴之衆徒自猜之寇，以無穀之人遷乏食之虜，恐勢盡力屈，緒業不卒，羌戎離散，心不可一，前害未及弭，而後變復横出矣。答曰：羌戎狡猾，擅相號署，攻城野戰，傷害牧守，連兵聚衆，載離寒暑矣。而今異類瓦解，同種土崩，老幼繫虜，丁壯降散，禽離獸迸，不能相一。子以此等尚挾餘資，悔惡反善，懷我德惠而來柔附乎？將勢窮道盡，智力俱困，懼我兵誅以至於此乎？曰無有餘力，勢窮道盡故也。然則我能制其短長之命，而令其進退由己矣。

「夫樂其業者不易事，安其居者無遷志。方其自疑危懼，畏怖促遽，故可制以兵威，使之左右無違也。迨其死亡散流，離逷未鳩，與關中之人户皆爲讎，故可遐遷遠處，令其心不懷土也。夫聖賢之謀事也，爲之於未有，理之於未亂，道不著而平，德不顯而成。其次則能轉禍爲福，因敗爲功，值困必濟，遇否能通。今子遭弊事之終而不圖更制之始，愛易轍之勤而得覆車之軌，何哉？且關中之人百餘萬口，率其少多，戎狄居半，處之與遷，必須口實。若有窮乏糝粒不繼者，故當傾關中之穀以全其生生之計，必無擠於溝壑而不爲侵掠之害也。今我遷之，傳食而至，附其種族，自使相贍，而秦地之人得其半穀，此爲濟行者以廪糧，遺居者以積倉，寬關中之逼，去盗賊之原，除旦夕之損，建終年之益。若憚暫舉之小勞而忘永逸之弘策，惜日月之煩苦而遺累世之寇敵，非所謂能開物成務，創業垂統，崇基拓跡，謀及子孫者也。

「并州之胡，本實匈奴桀惡之寇也。漢宣之世，凍餒殘破，國内五裂，後合爲二，呼韓邪遂衰弱孤危，不能自存，依阻塞下，委質柔服。建武中，南單于復求降附，遂令入塞，居於漠南，數世之後，亦輒叛戾，故何熙、梁覲戎車屢征。中平中，以黄巾賊起，發調其兵，部衆不從，而殺羌渠。由是於彌扶羅求助於漢，以討其賊。仍值世喪亂，遂乘釁而作，鹵掠趙、魏，寇至河南。建安中，又使右賢王去卑誘質呼厨泉，聽其部落散居六郡。咸熙之際，以一部大彊，分爲三率。泰始之初，又增爲四。於是劉猛内叛，連結外虜。近者郝散之變，發於穀遠。今五部之衆户至數萬，人口之盛過於西戎，然其天性驍勇，弓馬便利，倍於氐、羌。若有不虞風塵之慮，則并州之域可爲寒心。滎陽、句驪本居遼東塞外，正始中，幽州刺史毌丘儉伐其叛者，徙其餘種。始徙之時，户落百數，子孫孳息，今以千計，數世之後，必至殷熾。今百姓失職，猶或亡叛，犬馬肥充，則有噬齧，況於夷狄，能不爲變！但顧其微弱，勢力不陳耳。

「夫爲邦者，患不在貧而在不均，憂不在寡而在不安。以四海之廣，士庶之富，豈須夷虜在内，然後取足哉！此等皆可申諭發遣，還其本域，慰彼羈旅懷土之思，釋我華夏纖介之憂。惠此中國，以綏四方，德施永世，於計爲長。」

帝不能用。未及十年，而夷狄亂華，時服其深識。

宋明帝太始七年，單于猛叛，屯孔邪城。武帝遣婁侯何楨持節討之。楨素有志略，以猛衆悍，非少兵所制，❶乃潛誘猛左部督李恪殺猛，於是匈奴震服，積年不敢復反。其後稍因忿恨，殺害長史，❷漸爲邊患。侍御史西河郭欽上疏曰：「戎狄彊獷，歷古爲患。魏初人寡，西北諸郡皆爲戎居。今雖服從，若百年之後有風塵之警，胡騎自平陽、上黨不三日而至孟津，北地、西河、太原、馮翊、安定、上郡盡爲狄庭矣。宜及平吴之威，謀臣猛將之略，出北地、西河、安定，復上郡，實馮翊，於平陽已北諸縣募取死罪，徙三河、三魏見士四萬家以充之。裔不亂華，漸徙平陽、弘農、魏郡、京兆、上黨雜胡，峻四夷出入之防，明先王荒服之制，萬世之長策也。」

齊高皇帝建元元年，王奂進號左將軍。明年，遷太常，領鄱陽王師，仍轉侍中、秘書監，領驍騎將軍。又遷征虜將軍、臨川王鎮西長史、領南蠻校尉、南郡内史。奂一歲三迁，上表固讓南蠻曰：「今天地初闢，萬物載新，荆蠻來威，巴濮不擾。但使邊民樂業，有司脩務，本府舊州日就殷阜。臣昔遊西土，較見盈虚，兼日者戎燼之後，痍毁難復。雖復緝以善政，未及來蘇。今復割撤大府，制置偏校，崇望不足以助强，語實安能以相弊？且資力既分，職司增廣，衆勞務倍，文案滋煩。非獨臣見其難，竊以爲國計非允。」見許。

齊武帝永明中，虜遣使求書，朝議欲不與，丹陽令、中書郎王融上疏曰：「臣側聞

❶「制」，原作「至」，今據《晉書·四夷傳》改。
❷「史」，原作「吏」，今據《晉書》改。

僉議，疑給虜書，如臣愚情，切有未喻。夫虜人面獸心，狼猛蜂毒，暴悖天經，虧違地義，逋竄燭幽，去來豳朔，綿周、漢而不悛，歷晉、宋其踰梗。豈有愛敬仁智，恭讓廉脩，愧犬馬之馴心，同鷹虎之反目。設稾秣有儲，筋竿足用，必以草竊關燧，寇擾邊疆；寧容款塞卑辭，承衣請朔。陛下務存遵養，不時侮亡，許其膜拜之誠，納裘之賷。況復願同文軌，儻見款遣，思奉聲教，方致猜拒。將使舊邑遺逸，未知所寘，衰胡餘噍，或能自推。一令蔓草難鉏，涓流泛酌，豈直疥癢輕痾，容爲心腹重患。抑孫武之言也，困則數罰，窘則多賞，先暴而後畏其衆者，虜之謂乎？

「前中原士庶，雖淪懾殊俗，至於婚葬之晨，猶巾褠爲禮。而禁令苛刻，動加誅轘。于時獯粥初遷，犬羊尚結，即心徒怨，困懼成逃。自其將卒奔離，資待銷闕，北畏勍蠕，西逼南胡，民背如崩，勢絶防斷。於是曲從物情，僞竊章服，歷年將絶，隱蔽無聞。既南向而泣者日夜以覬，北顧而辭者江淮相屬。凶謀歲窘，淺慮無方，於是稽顙郊門，問禮求樂。若來之以文德，賜之以副書，漢家軌儀，重臨畿輔，司隸傳節，復入關河，無待八百之師，不期十萬之衆，故其提漿佇俟，揮戈願倒，三秦大同，六漢一統。

「又虜前後奉使，不專漢人，必介以匈奴，備諸覘獲。且設官分職，彌見其情，抑退舊苗，扶任種戚。師保則后族馮晉國，總錄則邽姓直勒渴侯，台鼎則丘頹、苟仁端，執政則目凌、鉗耳。至於東都羽儀，西京簪帶，崔孝伯、程虞虯久在著作，李元和、郭季祐上于中書，❶李思冲飾虜清官，游明根泛居顯職。今經典遠被，詩史北流，馮、李之徒必欲遵尚，直勤等類居致乖阻。❷何則？匈奴以氈騎爲帷牀，馳射爲糇糧，冠方帽則犯沙陵雪，服左衽則風驤鳥逝。若衣以朱裳，戴之玄頍，節其揖讓，教以翔趨，必同艱桎梏，等懼冰淵，婆娑蹴蹀，困而不能前矣。及夫春草水生，阻散馬之適，秋風木落，絶驅禽之歡，息沸脣於桑墟，别醍乳於冀俗，聽《韶》、《雅》如聾聵，臨方丈若爰居，馮、李之徒固得志矣，虜之凶族其如病何？於是風土之思深，愎戾之情動，拂衣者連裾，抽鋒者比鏃，部落争于下，酋渠危于上，我一舉而兼吞，卞莊之勢必也。且棘寶薦虞，晉彊彌盛，大鍾出智，宿氏以亡。帝略遠乎，無思不服，鑾光幸岱，匪暮思朝。臣請收籍伊、瀍，兹書復掌，猶取之内府，藏之外篇，於理有愜，即事何損。若狂言足採，請决敕施行。」

「世祖答曰：「吾意不異卿。今所啓，比相見更委悉。」事竟不行。

齊明皇帝建武初，南郡太守孔稚珪以虜連歲南侵，征役不息，百姓死傷，乃上表曰：

「匈奴爲患，自古而然，雖三代智勇，兩漢權奇，算略之要，二塗而已。一則鐵馬風馳，奮威沙漠；二則輕車出使，通驛虜庭。推而言之，優劣可覩。今之議者咸以丈夫之氣，耻居物下，况我天威，寧可先屈？

❶「上」，原作「止」，今據《南齊書·王融傳》改。
❷「勤」，原作「勸」，今據《四庫全書》本、《南齊書》改。

吴、楚勁猛，帶甲百萬，截彼鯨鯢，何往不碎？ 請和示弱，非國計也。 臣以爲戎狄獸性，本非人倫，鴟鳴狼踞，不足喜怒，蜂目蠆尾，何關美惡。 唯宜勝之以深權，制之以遠竿，弘之以大度，處之以蝨賊。 豈足肆天下之忿，捐蒼生之命，發雷電之怒，争虫鳥之氣。 百戰百勝，不足稱雄，横尸千里，無益上國。 而蟻聚蠶攢，窮誅不盡，馬足毛群，難與競逐。

「漢高横威海表，窘迫長圍；孝文國富刑清，事屈陵辱；宣帝撫納安静，朔馬不驚；光武卑辭厚禮，寒山無靄。 是兩京四主，英濟中區，輸寶貨以結和，遣宗女以通好，長轡遠馭，子孫是賴。 豈不欲戰，息民命也。 唯漢武藉五世之資，承六合之富，驕心奢志，大事匈奴。 遂連兵積歲，轉戰千里，長驅瀚海，飲馬龍城，雖斬獲名王，屠走凶羯，而漢之棄甲，十亡其九。 故衛、霍出關，千隊不反，貳師入漢，百旅頓降，李廣敗於前鋒，李陵没於後陣，其餘奔北，不可勝數。 遂使國儲空懸，户口減半，好戰之功，其利安在？ 戰不及和，相去何若？ 自西朝不綱，東晉遷鼎，群胡沸亂，羌狄交横，荆棘攢於陵廟，豺虎咆於宫闈，山淵反覆，黔首塗地，逼迫崩騰，開闢未有。 是時得失，略不稍陳。 近至元嘉，多年無事，末路不量，復挑彊敵。 遂迺連城覆徙，虜馬飲江，青、徐之際，草木爲人耳。 建元之初，胡塵犯塞，永明之始，復結通和，十餘年間，邊候且息。

「陛下張天造曆，駕日登皇，聲雷寓宙，勢壓河岳。 而封豕殘魂，未屠劍首，長蛇餘喘，偷窺外甸，烽亭不静，五載於斯。 昔歲蟻壞，瘻食樊漢，今兹蟲毒，浸淫未已。 興師十萬，日費千金，五歲之費，寧可貲計。陛下何惜匹馬之驛，百金之賂，數行之詔，誘此凶頑，使河塞息肩，關境全命，蓄甲養民，以觀彼弊。我策若行，則爲不世之福；若不從命，不過如戰失一隊耳。或云「遣使不受，則爲辱命」。夫以天下爲量者不計細耻，以四海爲任者寧顧小節？一城之没尚不足惜，一使不反曾何取慙？

「且我以權取貴，得我略行，何嫌其耻？所謂尺蠖之屈，以求伸也。臣不言遣使必得和，自有可和之理，猶如欲戰不必勝，而有可勝之機耳。今宜早發大軍，廣張兵勢，徵犀甲於岷、峨，命樓船於浦海。使自青徂豫，候騎星羅，沿江入漢，雲陣萬里。據險要以奪其魂，斷糧道以折其膽，多設疑兵，使精悉而計亂，固列金湯，使神茹而慮屈。然後發衷詔，馳輕驛，辯辭重幣，陳列吉凶。北虜頑而愛奇，貪而好古，畏我之威，喜我之賂，畏威喜賂，願和必矣。陛下用臣之啓，行臣之計，何憂玉門之下而無款塞之胡哉？彼之言戰既慇懃，臣之言和亦慊闊。伏願察兩塗之利害，檢二事之多少，聖照玄省，灼然可斷。所表謬奏，希下之朝省，使同博議。臣謬荷殊恩，奉佐侯岳，敢肆瞽直，伏奏千里。」

帝不納。

後魏世祖蒐于河西，詔崔浩詣行在所議軍事。浩表曰：「昔漢武帝患匈奴彊盛，故開凉州五郡，通西域，勸農積穀，爲滅賊之資，東西迭擊。故漢未疲，而匈奴已弊，後遂入朝。平凉州，臣愚以爲北賊未平，征役不息，可不徙其民，案前世故事，計之長者。若遷民人，則土地空虛，雖有鎮戍，適可禦邊而已，至於大舉，軍資必乏。陛下知此事闊遠，竟不施用。如臣愚意，猶如前議，募徙豪彊大家，充實凉土，軍舉之日，東西齊勢，此計之得者。」

氏、羌慕璝奉表歸國，尋討禽赫連定，送之京師。世祖嘉之，遣使者策拜慕璝爲大將軍、西秦王。慕璝表曰：「臣誠庸弱，敢竭情款，俘禽僭逆，獻捷王府。爵秩雖崇而土不增廓，車旗既飾而財不周賞，願垂鑑察，亮其單款。臣頃接寇逆，疆境之人，爲賊所抄，流轉東下，今皇化混一，求還鄉土。乞拂白連、窟略寒、張華等三人，家弱在此，分乖可愍，願并敕遣使，恩洽遐荒，存亡感戴。」

世祖詔公卿朝會議答施行。太尉長孫嵩及議郎、博士二百七十九人議曰：「前者有司處以爲秦王荒外之君，本非政教所及，來則受之，去則不禁。皇威遠被，西秦王慕義畏威，稱臣納貢，求受爵號，議者以爲古者要荒之君，雖人土衆廣，而爵不擬華夏。陛下加寵王官，乃越常分，容飾車旗，班同上國。至於繒絮多少，舊典所無，皆當臨時以制豐寡。自漢、魏以來，撫接荒遐，頗有故事。吕后遺單于御車二乘、馬二駟，單于答馬千匹；其後匈奴和親，敵國遺繒絮不過數百；呼韓邪稱臣，身自入朝，始至萬匹。❶今西秦王若以土無桑蠶，便當上請，不得言『財不周賞』。昔周室衰微，齊侯小白一匡天下，有賜胙之命，無益土之賞；晉侯重耳破楚城濮，唯受南陽之田，爲朝宿之邑。西秦所致，唯定而已。塞外之人因時

❶「萬匹」，原作「方伯」，今據《魏書·吐谷渾傳》改。

乘便，侵入秦、涼，未有經略拓境之勳，爵登上國，統秦、涼、河、沙四州之地，而云『土不增廓』。比聖朝於弱周，而自同於五霸，無厭之情，其可極乎？西秦王忠款於朝廷，原其本情，必不至此，或左右不敏，因致斯累。檢西秦流人賊時所抄，悉在蒲坂，今既稱藩，四海咸泰，天下一家，可敕秦州送詣京師，隨後遣還。所請乞拂三人，昔爲賓國之使，來在王庭，國破家遷，即爲臣妾，可勿聽許。」

高祖時，楊椿爲太僕卿，加安東將軍。初，顯祖世有蠕蠕萬餘户降附，居於高平、薄骨律二鎮。太和之末，叛走略盡，唯有一千餘家。太中大夫王通、高平鎮將郎育等求徙置淮北，防其叛走。詔許之，慮不從命，乃使椿持節往徙焉。椿以爲徙之無益，上書曰：「臣以古人有言：『裔不謀夏，夷不亂華。』荒忽之人，羈縻而已。是以先朝居之於荒服之間者，正欲悦近來遠，招附殊俗，亦以别華戎、異内外也。今新附者衆，❶若舊者見徙，新者必不安。不安必思土，思土則走叛。狐死首丘，其害方甚。又此族類，衣毛食肉，樂冬便寒，南土濕熱，往必將盡。進失歸伏之心，退非藩衛之益。徙在中夏，而生後患，愚心所見，謂爲不可。」時八座議不從，遂徙於濟州緣河居之。冀州元愉之難，果悉浮河赴賊，所在鈔掠，如椿所策。

孝明帝熙平二年，蠕蠕主醜奴遣使來朝，抗敵國之書，不修臣敬。朝議將依漢答

❶「衆」，原作「罷」，今據《魏書・楊椿傳》改。

匈奴故事，遣使報之。司農少卿、燕州大中正張倫表曰：

臣聞古之聖王，疆理物土，辨章要甸，荒遐之俗，政所不及。故《禮》有壹見之文，《書》著羈縻之事。太祖以神武之姿，聖明之略，經略帝圖，日有不暇，遂令豎子遊魂一方，亦由中國多虞，急諸華而緩夷狄也。高祖光宅土中，業隆卜世，赫雷霆之威，震熊羆之旅，方役南轅，未遑北伐。昔舊京烽起，虜使在郊，主上按劍，璽書不出。世宗運籌帷幄，開境揚旌，衣裳所及，舟車萬里。于時醜類款關，❶上亦述遵遺志。今大明臨朝，澤及行葦，國富兵彊，能言率職。何憚而爲之，何求而行此？往日蕭衍通敬求和，以誠肅未純，抑而不許。先帝棄戎於前，陛下交夷於後，無乃上乖高祖之心，下違世宗之意？

且虜雖慕德，亦來觀我，懼之以彊，儻即歸附，示之以弱，窺覦或起，《春秋》所謂『以我卜也』。又小人難近，夷狄無親，疏之則怨，狎之則侮，其所由來久矣。是以高祖、世宗知其若此，來既莫逆，去又不追。不一之義，於是乎在。必其委質玉帛之辰，屈膝蕃方之禮，則可豐其勞賄，籍以珍物。至於王人遠役，銜命虜庭，優以匹敵之尊，加之相望之寵，恐徒生虜慢，無益聖朝。假令選衆而舉，使乎稱職，資酈生之辨，騁終軍之辭，憑軾下齊，長纓繫越。苟異曩時，猶爲不願，而況極之以隆崇，申之以宴好，臣雖下愚，輒敢固執。

若事不獲已，應頒制詔，示其上下之

❶「關」，原作「開」，今據《四庫全書》本、《魏書·張倫傳》改。

儀，宰臣致書，諷以歸順之道。若聽受忠誨，明我話言，則萬乘之盛不失位於域中，天子之聲必籠罩於無外。脱或未從，焉能損益。徐舞干戚以招之，敷文德而懷遠。如迷心不已，或肆犬羊，則當命辛、李之將，勒衛、霍之師，蕩定雲沙，掃清逋孽，飲馬瀚海之濱，鏤石燕然之上，開都護，置戊己，斯亦陛下之高功，百世之盛事。如思按甲養民，務農安邊之術，經國之防，豈可以戎夷兼并，而遽虧典制？將取笑於當時，貽醜於來葉。昔文公請隧，襄后有言；荆莊問鼎，王孫是抑。以古方今，竊爲陛下不取。又陛下方欲禮神岷瀆，致禮衡山，登稽嶺，窺蒼梧，而反與夷虜之君，酋渠之長，結昆弟之忻，抗分庭之義，將何以瞰文命之遐景，迹重華之高風者哉？臣以爲報使甚失如彼，不報甚得如此。願留須臾之聽，察愚臣之言。

正光二年，詔遣楊鈞送蠕蠕主阿那瓌還國。諫議大夫張普惠謂遣之將貽後患，上疏曰：「臣聞乾元以利貞爲大，非義則不動，皇王以博施爲功，非類則不從，故能始萬物而化天下者也。伏惟陛下睿哲欽明，道光虞舜，八表宅心，九服清晏。蠕蠕相害於朔垂，妖師扇亂於江外，此乃封豕長蛇，不識王度，天將悔其罪，所以奉皇魏。故荼毒之，辛苦之，令知至道之可樂也。宜安民以悦其志，恭己以懷其心。而先自勞擾，艱難下民，興師郊甸之内，遠投荒塞之外，救累世之勍敵，可謂無名之師。諺曰『唯亂門之無過』，愚情未見其可。當是邊將窺竊一時之功，不思兵爲凶器，不得已而用之者也。夫白登之役，漢祖親困之。樊噲欲以十萬衆横行匈奴中，季布以爲不可，請斬之，千載以爲美。况今旱酷異常，聖慈降膳，乃以萬五千人使楊鈞爲將而欲定蠕蠕，忤時而動，其可濟乎？阿那瓌投命皇朝，撫之可也，豈容困疲我兆民以資天喪之虜？昔莊公納子糾以致乾時之敗，魯僖以邾國而有懸冑之耻。今蠕蠕時亂，後主繼立，雖云散亡，姦虞難抑。❶脱有井陘之慮，楊鈞之肉其可食乎！高車、蠕蠕連兵積年，飢饉相仍，須其自斃，小亡大傷，然後一舉而并之。此卞氏之高略，所以獲兩虎，不可不圖之。今土山告難，簡書相續，蓋亦無能爲也，正與今舉相會，天其或者欲以告戒人，不欲使南北兩疆並興大衆。脱狂狡構間於其間，而復事連中國，何以寧之？今宰輔專欲好小名，不圖安危大計，此微臣所以寒心者也。那瓌之不還，負何信義？此機之際，❷北師宜停。臣言不及義，文書所經過，不敢不陳。兵猶火也，不戢將自焚也。彼焚滅之形，可以爲殷鑑。伏願輯和萬國，以静四疆，混一之期坐而自至矣。臣愚昧多違，必無可採，匹夫之智，❸願以呈獻。」表奏，答曰：「夫窮獸歸人，尚或興惻，况那瓌嬰禍流離，遠來依庇，在情在國，何容勿矜？且納亡興喪，有國大義，皇魏堂堂，寧庇斯德？後主亂亡，似當非謬，此送彼迎，想無拒戰。國義宜表，朝算已决，卿深誠厚慮，❹朕用嘉戢。但此段機略，❺不獲相從，脱後不逮，勿憚匡言。」

❶「虞」上，原衍「虜」字，今據《魏書·張普惠傳》删。
❷「之」下，原衍「微」字，今據《魏書》删。
❸「智」，原作「志」，今據《魏書》改。
❹「慮」，原作「意」，今據《魏書》改。
❺「但」，原作「俾」，今據《魏書》改。

莊帝時，蠕蠕主阿那瓌返國，其人大飢，相率入塞，上表請臺賑給。詔尚書左丞拓跋孚爲北道行臺，詣彼賑恤。孚陳便宜，表曰：「皮服之人，未嘗粒食，宜從俗因利，拯其所無。昔漢建武中，單于款塞，時轉河東米糒二萬五千斛、牛羊三萬六千頭以給之。斯即前代和戎、撫新、柔遠之長策也。乞以牸牛産羊餬其口命。且畜牧繁息，是其所便，毛血之利，惠兼衣食。又尚書奏云：如其仍住七州，隨寬置之。臣謂人情戀本，寧肯徙内。若依臣請，給賑雜畜，愛本重鄉，必還舊土。如其不然，禁留益損。假令逼徙，事非久計。何者？人面獸心，去留難測，既易水草，痾恙將多，憂愁致困，死亡必甚。兼其餘類尚在沙磧，脱出狂勃，翻歸舊巢，必殘掠邑里，遺毒百姓。亂而方塞，未若杜其未萌。又貿遷起於上古，交易行於中世。漢與胡通，亦立關市。今北人阻飢，命懸溝壑，公給之外，必求市易，彼若願求，宜見聽許。」

又云：「營大者不計小名，圖遠者弗拘近利。雖戎狄衰盛，歷代不同，叛服之情，略可論討。周之北伐，僅獲中規；漢氏外攘，裁收下策。昔在代京，恒爲重備，將帥勞止，甲士疲力。前世苦之，計未能致。今天祚大魏，亂亡在彼。朝廷垂天覆之恩，廓大造之德，鳩其散亡，禮送令返。宜因此時，善思遠策。竊以理雖萬變，可以一觀；來事雖懸，易以往卜。昔漢宣之世，呼韓款塞，漢遣董忠、韓昌領邊郡士馬，送出朔方，因留衛助。又光武時，亦令中郎將段彬置安集掾史，隨單于所在，參察動静。斯皆守吉之元龜，安邊之勝策。計今朝廷成功，不減囊時；蠕蠕國弊，亦同疇日。宜準昔成謨，略依舊事。借其所閑地，聽使田牧；粗置官屬，示相慰撫；嚴戒邊兵，以見保衛。馭以寬仁，縻以久策。使親不至矯詐，疏不容叛反。今北鎮諸將舊常云，一人代外邏，因令防察。所謂天子有道，守在四夷者也。」

又云：「先人有奪人之心，待降如受强敵。武非專外，亦以防内。若從處分割配，諸州鎮遼遠，非轉輸可到，悔叛之情，變起難測。又居人畜業，布在原野，戎夷性貪，見則思盜。防彼肅此，少兵不堪，渾流之際，易相干犯。驅之還本，未必樂去，配州内徙，復不肯從。既其如此，其費必大。」

朝廷不許。

隋文帝開皇元年，突厥攝圖曰：「我周家親也，今隋公自立而不能制，復何面目見可賀敦乎？」因與高寶寧攻陷臨渝鎮，約諸面部落，謀共南侵。帝新立，由是大懼，修築長城，發兵屯北境，命陰壽鎮幽州，虞慶則鎮并州，屯兵數萬人以爲之備。奉車都尉長孫晟先使突厥，知攝圖、玷厥、阿波、突利等叔姪兄弟各統强兵，俱號可汗，分居四面，内懷猜忌，外示和同，難以力征，易可離間，因上書曰：「臣聞喪亂之極，必致升平，是故上天啓其機，聖人成其務。伏惟皇帝陛下當百王之末，膺千載之期，諸夏雖安，戎場尚梗。興師致討，未是其時，棄於度外，又復侵擾。故宜密運籌策，漸以攘之，計失則百姓不寧，計得則萬代之福。吉凶所係，伏願詳思。臣於周末忝充外使，匈奴倚伏，實所具知。玷厥之於攝圖，兵强而位下，外名相屬，内隙已彰，鼓動其情，必將自戰。又處羅侯者，攝圖之弟，姦多而勢弱，曲取於衆心，國人愛之，因爲攝圖所忌，其心殊不自安，迹示彌縫，實懷疑懼。又阿波首鼠，介在其間，頗畏攝圖，受其牽率，唯强是與，未有定心。今宜遠交而近攻，離强而合弱，通使玷厥，説合阿波，則攝圖迴兵，自防右地。又引處羅，遣連奚、霫，則攝圖分衆，還備左方。首尾猜嫌，腹心離阻，十數年後，承釁討之，必可一舉而空其國矣。」上省表大悦，因召與語。晟復口陳形勢，手畫山川，寫其虛實，皆如指掌。上深嗟異，皆納用焉。

七年，突厥攝圖死，遣長孫晟持節，拜其弟處羅侯爲莫何可汗，以其子雍閭爲葉護可汗。處羅侯因晟奏曰：「阿波爲天所滅，與五六千騎在山谷間，伏聽詔旨，當取之以獻。」乃召文武議焉。樂安公元諧曰：「請就彼梟首，以懲其惡。」武陽公李充曰：「請生將入朝，顯僇以示百姓。」上謂晟曰：「於卿何如？」晟對曰：「若突厥背誕，須齊之以刑。今其昆弟自相夷滅，阿波之惡，非負國家。因其困窮，取而爲戮，恐非招遠之道，不如兩存之。」上曰：「善。」

二十年，都藍大亂，爲其部下所殺。晟爲驃騎將軍，因奏請曰：「今王師臨境，戰數有功，賊内携離，其主被殺。乘此招誘，必並來降，請遣染干部下分頭招慰。」上許之，果盡來附。達頭恐怖，又大集兵。詔晟部領降人，爲秦川行軍總管，取晉王廣節度出討。❶達頭與王相抗，晟進策曰：「突厥

❶「廣」，原作「諱」，今據《隋書・長孫晟傳》改。

飲泉，易可行毒。」因取諸藥毒水上流，達頭人畜飲之多死，於是大驚曰：「天雨惡水，其亡我乎？」因夜遁。晟追之，斬首千餘級，俘百餘口，六畜數千頭。上大喜。

開皇中，容納突厥啓民居於塞内。光禄大夫段文振恐爲國患，上表曰：「臣聞古者遠不間近，夷不亂華，周宣外攘戎狄，秦帝築城萬里，蓋遠圖良算，弗可忘也。竊見國家容受啓民，資其兵食，假以地利。如臣愚計，竊又未安。何則？夷狄之性，無親而貪，弱則歸投，强則反噬，蓋其本心也。臣學非博覽，不能遠見，且聞晉朝劉曜，梁代侯景，近事之驗，衆所共知。以臣量之，必爲國患。如臣之計，以時喻遣，令出塞外。然後明設烽候，緣邊鎮防，務令嚴重，此乃萬歲之長策也。」

文帝征高麗，文振爲左候衛大將軍，出南蘇道。道病，上表曰：「陛下以遼東未服，親降六師。夷狄多詐，深須防擬，口陳降款，毋宜遽受。水潦方降，不可淹遲，惟願嚴勒諸軍，星馳速發，水陸俱前，出其不意，則平壤孤城，勢必可拔。如不時定，脱遇秋霖，兵糧必竭，彊敵在前，靺鞨出後，遲疑不决，非上策也。」及卒，帝甚惜之。

煬帝大業三年幸榆林，欲出塞外，陳兵耀武，經突厥中，指于涿郡。仍恐染干驚懼，先遣長孫晟往喻旨，稱述帝意。染干聽之，因召所部諸國，奚、霫、室韋等種落數十酋長咸萃。晟以牙中草穢，欲令染干親自除之，示諸部落，以明威重，乃指帳前草曰：「此根大香。」染干遽嗅之曰：「殊不香也。」晟曰：「天子行幸所在，諸侯躬親灑掃，耘除御路，以表至敬之心。今牙中蕪穢，謂是留香草耳。」染干乃悟曰：「奴罪過。奴之骨肉，皆天子賜也，得効筋力，豈敢有辭？特以邊人不知法耳，賴將軍恩澤而教導之。將軍之惠，奴之幸也。」遂拔所佩刀，親自芟草，其貴人及諸部争倣傚之。乃發榆林北境，至于其牙，又東達于薊，長三千里，廣百步，舉國就役而開御道。帝聞晟策，乃益嘉焉。

西域諸蕃多至張掖，與中國交市。帝令尚書左丞裴矩掌其事。矩知帝方勤遠略，諸商胡至者，矩誘令言其國俗山川險易，撰《西域圖記》三卷，入朝奏之。其序曰：「臣聞禹定九州，導河不踰積石，秦兼六國，設防止及臨洮。故知西胡雜種，僻居遐裔，禮教之所不及，書典之所罕傳。自漢氏興基，開拓河右，始稱名號者有三十六國，其後分立，乃五十五王。仍置校尉、都護，以存招撫。然叛服不恒，屢經征戰。後漢之世，頻廢此官。雖大宛以來，略知户數，而諸國山川，未有名目。至如姓氏、風土、服章、物産，全無纂録，世所弗聞。復以春秋遞謝，年代久遠，兼并誅討，互有興亡。或地是故邦，改從今號，或人非舊類，因襲昔名。兼復部民交錯，封疆移改，戎狄音殊，事難窮驗。于闐之北，葱嶺以東，考于前史，三十餘國，其後更相屠滅，僅有十存。自餘淪没，掃地俱盡，空有丘墟，不可記識。皇上膺天育物，無隔華夷，率土黔黎，莫不慕化。風行所及，日入以來，職貢皆通，無遠不至。

「臣既因撫納，監知關市，尋討書傳，訪

採胡人，或有所疑，即譯衆口。依其本國服飾儀形，王及庶人，各顯容止，即丹青模寫，爲《西域圖記》，共成三卷，合四十四國。仍别造地圖，窮其要害。從西頃以去，北海之南，縱横所亘，將二萬里。諒由富商大賈周遊經涉，故諸國之事罔不遍知。復有幽荒遠地，卒訪難曉，不可憑虚，是以致闕。而二漢相踵，西域爲傳，户民數十，即稱國王，徒有名號，乃乖其實。今者所編皆餘千户，利盡西海，多産珍異。其山居之屬，非有國名，及部落小者，多亦不載。發自敦煌，至于西海，凡爲三道，各有襟帶。北道從伊吾，經蒲類海鐵勒部、突厥可汗庭，度北流河水，至拂菻國，達于西海。其中道從高昌、焉耆、龜兹、疏勒，度葱嶺，又經鏺汗，蘇對沙那國，康國，曹國，何國，大、小安國，穆國，至波斯，達于西海。其南道從鄯善，于闐，朱俱波，唱槃陀，度葱嶺，又經護密、吐火羅、挹怛、帆延、漕國，至北婆羅門，達于西海。其三道諸國亦各自有路，南北交通。其東女國、南婆羅門國等，並隨其所往，諸處得達。故知伊吾、高昌、鄯善，並西域之門户也。總湊敦煌，是其咽喉之地。以國家威德，將士驍雄，泛濛汜而揚旌，越崐崘而躍馬，易如反掌，何往不至！但突厥、吐渾分領羌胡之國，爲其擁遏，故朝貢不通。今並因商人密送誠款，引領翹首，願爲臣妾。聖情含養，澤及普天，服而撫之，務存安輯。故皇華遣使，弗動兵車，諸蕃既從，渾、厥可滅。混一戎夏，其在兹乎！不有所記，無以表威化之遠也。」帝大悦。

帝巡于塞北，幸啓民帳。時高麗遣使先通于突厥，啓民不敢隱，引之見帝。矩爲銀青光禄大夫，因奏狀曰：「高麗之地，本孤竹國也。周代以之封于箕子，漢世分爲三郡，晉氏亦統遼東。今乃不臣，别爲外域，故先帝疾焉，欲征之久矣。但以楊諒不肖，師出無功。當陛下之時，安得不事，使此冠帶之境，仍爲蠻貊之鄉乎？今其使者朝於突厥，親見啓民，合國從化，必懼皇靈之遠暢，慮後伏之先亡。脅令入朝，當可致也。」帝曰：「如何？」矩曰：「請面詔其使，放還本國，遣語其王，令速朝覲。不然者，當率突厥，即日誅之。」帝納焉。

歷代名臣奏議卷之三百四十

本卷劉永强校點

歷代名臣奏議卷之三百四十一

夷狄

唐高祖武德三年，謂左右曰：「名實須相副。高麗雖臣於隋，而終拒煬帝，何臣之爲？朕務安人，何必受其臣？」温彦博等諫曰：「遼東本箕子國，魏晉時故封内，不可不臣。中國與夷狄，猶太陽於列星，不可以降。」乃止。

五年，突厥寇并州，命太子建成、秦王世民禦之。唐主謂群臣曰：「和戰孰利？」鄭元璹曰：「戰則禍深，不如和利。」封德彝曰：「突厥恃犬羊之衆，有輕中國之意，若不戰而和，示之以弱，明年將復來。臣愚以爲不如擊之，❶既勝而後與和，則恩威兼著矣。」唐主從之。

六年，并州總管劉世讓除廣州總管，將之官，唐主問以備邊之策，世讓對曰：「突厥比數爲寇，良以馬邑爲之中頓故也。請以勇將戍崞城，多貯金帛，募有降者厚賞之，數出騎兵蹂其禾稼，敗其生業，不出歲餘，彼無所食，必降矣。」唐主然其計，曰：「非公，誰爲勇將！」命世讓戍崞城，突厥患之。

❶「不如」，原脱，今據《資治通鑑》卷一九〇唐高祖武德五年八月辛酉條補。

七年，突厥入寇。或説上曰：「突厥所以屢寇關中者，以子女玉帛皆在長安故也。若焚長安而不都，則胡寇自息矣。」上欲從之，秦王世民諫曰：「戎狄爲患，自古有之。陛下以聖武龍興，所征無敵，奈何爲此舉，貽四海之羞，爲萬世之笑乎！願假數年之期，臣請係頡利之頭，致之闕下。若其不效，遷都未晚。」上曰：「善。」

八年，西突厥統葉護可汗遣使請昏。上以問裴矩，對曰：「今北寇方彊，國家且當遠交而近攻，臣謂宜許其昏以威頡利，俟數年之後，徐思其宜耳。」上從之。

太宗即位，梁師都所部離叛，國浸衰弱，乃朝於突厥，勸令入寇。於是頡利、突利二可汗合兵十餘萬，寇涇州。頡利進至渭水便橋之北，遣其腹心執矢思力入見，以觀虚實。思力盛稱：「二可汗將兵百萬，今已至矣。」乃請返命。上讓之曰：「吾與汝可汗面結和親，贈遺無算。今汝可汗背盟入寇，於我無愧？汝雖戎狄，亦有人心，何得全忘大恩，自誇强盛？我今先斬汝矣！」思力懼而請命。蕭瑀、封德彝請禮而遣之。上曰：「不然。今者放還，必謂我懼。」乃遣囚之。

上乃自與高士廉、房玄齡等六騎徑詣渭水上，與頡利隔水而語，責以負約。突厥大驚，皆下馬羅拜。俄而諸軍繼至，旌甲蔽野，頡利見思力不返，而上輕出，軍容甚盛，有懼色。上麾諸軍使却而布陳，獨留與頡利語。蕭瑀叩馬固諫，上曰：「突厥所以敢傾國而來者，聞我家國新有内難，又聞朕新即位，謂我不能抗禦也。我若示之以弱，虜必放兵大掠，不可復制。故朕輕騎獨出，示若輕之；震曜軍容，使知必戰。虜既深入，必有懼心，與戰則克，與和則固。制服突厥，在此舉矣。」是日，頡利來請和，詔許之。斬白馬，與盟于便橋之上。突厥引兵退。蕭瑀請曰：「突厥未和之時，諸將争欲戰，陛下不許，而虜自退，其策安在？」上曰：「突厥之衆多而不整，君臣之志唯賄是求，昨其達官皆來謁我，我若醉而縛之，因擊其衆，伏兵邀其前，大軍躡其後，覆之如反掌耳。然吾即位日淺，國家未安，一與虜戰，結怨既深，彼既懼而修備，則吾未可以得志也。故卷甲韜戈，啗以金帛，彼得所欲，志必驕惰，然後養威俟釁，一舉可滅也。將欲取之，必固與之，此之謂也。」瑀謝不及。頡利獻馬三千匹，羊萬口。上不受，詔歸所掠中國户口。

貞觀初，突厥政令煩苛，國人不悦。加以兵革歲動，連年饑饉，内外離叛。言事者多請擊之，上問群臣，蕭瑀以爲擊之便，右僕射長孫無忌曰：「虜不犯塞而棄信勞民，非王者之師也。」上乃止。

突厥寇太原，且遣使和親。帝問計，群臣咸請許之可紓戰。内史舍人封倫曰：「不然。彼有輕中國之心，謂我不能戰，若乘其怠擊之，勢必勝，勝而後和，威德兩全。今雖不戰，後必復來。臣以爲擊之便。」詔可。

頡利政亂，薛延陁、回紇等叛之，頡利不能制。會大雪，羊馬多死，民大飢。鴻臚卿鄭元璹使還，言於上曰：「夷狄興衰，專以羊馬爲候。今突厥民飢畜瘦，將亡之兆也。」群臣多勸上乘間擊之，上曰：「背盟不信，利灾不仁，乘危不武。縱其種落盡叛，六畜無餘，朕終不擊，必待有罪，然後討之。」

武候將軍張公謹副李靖經略突厥，條可取狀於帝曰：「頡利縱欲肆凶，誅害善良，昵近小人，此主昏於上，可取一也。別部同羅、僕骨、回紇、延陁之屬，皆自立君長，圖爲反噬，此衆叛於下，可取二也。突利被疑，以輕騎免，拓設出討，衆敗無餘，欲谷喪師，無託足之地，此兵挫將敗，可取三也。北方霜早，廪糧乏絶，可取四也。頡利疏突厥，親諸胡，胡性翻覆，大軍臨之，内必生變，可取五也。華人在北者甚衆，比聞屯聚，保據山險，王師之出，當有應者，可取六也。」帝然所謀。

竇静爲夏州都督，禽頡利，詔處其衆河南。静上書曰：「夷狄窮則搏噬，飽則群聚，不可以刑法繩、仁義教也。衣食仰給，不恃耕桑。今損有爲之民，資無知之虜，得之無益於治，失之不害於化。况首丘未忘，則一旦變生，犯我王略矣。不如因其破亡，假以賢王一號，妻之宗女，披其土地部落，使權弱勢分，易爲羈制，則世爲藩臣矣。」

三年，高昌主麴文泰將入朝也，西域諸國咸欲遣使，乃敕壓怛紇干使往西域，引諸國使入朝。魏徵以秘書監參預朝政，諫曰：「中國始平，瘡痍未復，若有勞役，則不能安。往年高昌主來，入貢馬纔數百匹，所經州縣猶不能供，况復加於此焉，則瀕塞州縣以乏致罪者衆。若任其興販，邊人則獲其利；若引爲賓客，中國則受其弊矣。漢建武二十二年，天下寧晏，西域請置都護、送侍子，光武不許，不以蠻夷勞弊中國。今若許十國入貢，其使不減千人，使緣邊諸州將何取給？事既不濟，人心萬端，後方悔之，恐無所及。」太宗然其議，乃追壓怛紇干還。

四年，突厥既亡，其部落或北附薛延陀，或西附西域，其降唐者尚十萬口。詔群臣議區處之宜，朝士多言：「戎狄自古爲中國患，今幸破亡，宜悉徙之河南兖、豫之間，分其種落，散居州縣，教之耕織，可以化爲農民。」顔師古：「請實之河北，分立酋長，領其部落。」李百藥以爲：「突厥雖云一國，然種類區分，各有酋帥。宜因其離散，各署君長，使不相臣屬，則國分勢散，不能抗衡中國矣。仍於定襄置都護府，爲之節度，此安邊之長策也。」中書令温彦博議：「請於河南處之。准漢建武時，置降匈奴於五原塞下，令其部落，得爲捍蔽，又不離其土俗，因而撫之，一則實空虛之地，二則示無猜之心，故是含育之道也。」太宗從之。秘書監魏徵曰：「匈奴自古至今，未有如斯之破敗，此是上天剿絶，宗廟神武。且其世寇中國，萬姓冤讎，❶陛下以其爲降，不能誅滅，即宜遣還河北，居其舊土。匈奴人面獸心，非我族類，强必寇盗，弱則卑服，不顧恩義，其天性也。秦、漢患之若此，故發猛將以擊之，收其河南以爲郡縣，陛下奈何以内地居之？且今降者幾至十萬，數年之後，滋息過倍，居我肘腋，甫至王畿，心腹之疾，將爲後患，尤不可處以河南也。」温彦博曰：「天

❶「萬」，《魏鄭公諫録》卷二《諫河南安置突厥部落》、《舊唐書·突厥上》作「百」。

子之於物也，天覆地載，有歸我者必養之。今突厥破滅，❶餘落歸附，陛下不加憐愍，棄而不納，非天地之道，阻四夷之意，❷臣愚甚謂不可。宜處之河南，所謂死而生之，亡而存之，懷我厚恩，終無叛逆。」魏徵曰：「晉代有魏時，❸胡落分居近郡，郭欽、江統勸逐出塞外，武帝不用其言，數年之後，遂傾瀍、洛。前代覆車，殷鑑不遠。陛下必用彥博言，遣居河南，所謂養獸自遺患也。」彥博又曰：「臣聞聖人之道，無所不通。突厥餘魂，以命歸我，收居内地，教以禮法，選其酋長，遣居宿衛，畏威懷德，何患之有？且光武居南單于於内郡，❹以爲漢藩翰，終于一代，不有叛逆。」

太宗竟從其議，自幽州至靈州，置順、佑、❺化、長四州都督府以處之，❻其人居長安者近且萬家。十二年，太宗幸九成宮，突利可汗弟中郎將阿史那結社率陰結所部，并擁突利子賀羅鶻夜犯御營，事敗，皆捕斬之。太宗自是不直突厥，悔處其部衆於中國，還其舊部於河北，建牙於故定襄城，立李思摩爲乙彌泥熟俟利苾可汗以主之。因謂侍臣曰：「中國百姓，天下之根本；四夷之人，乃同枝葉。擾其根本以厚枝附，用求久安，未之有也。初不納魏徵言，遂覺勞費日甚，幾失久安之道。」

❶「滅」，原作「除」，今據《舊唐書》改。

❷「之」下，原衍「小」字，今據《舊唐書》、《貞觀政要》卷九《議安邊》删。

❸「晉」，原作「昔」，今據《舊唐書》、《貞觀政要》改。

❹「居」下，原衍「河」字，今據《舊唐書》、《貞觀政要》删。

❺「佑」，原作「拓」，今據《舊唐書》、《新唐書・地理志》改。

❻「府」，原脱，今據《舊唐書》、《貞觀政要》補。

帝與侍臣議安置突厥之事。中書令温彦博對曰：「隋文帝勞兵馬，費倉庫，樹立可汗，令復其國，❶後孤恩失信，圍煬帝於鴈門。今陛下仁厚，從其所欲，河南、河北任情居住，各有酋長，不相統屬，力散勢分，安能爲害？」給事中杜楚客進曰：「北狄人面獸心，難以德懷，易以威服。今命其部落散處河南，逼近中華，久必爲患。至如鴈門之役，雖是突厥背恩，自由隋主無道，中國以之喪亂，豈得云興復亡國以致此禍？夷不亂華，前哲明訓；存亡繼絶，列聖通規。臣恐事不師古，難以長久。」太宗嘉其言，方務懷柔，未之從也。自突厥頡利破後，諸部落首領來降者，皆拜將軍中郎將，布列朝廷，五品已上百餘人，殆與朝士相半。唯拓拔不至，又遣招慰之，使者相望於道。

涼州都督李大亮以爲於事無益，徒費中國，上疏曰：「臣聞欲綏遠者，必先安近。中國百姓，天下根本；四夷之人，猶於枝葉。擾其根本以厚枝附，而求久安，未之有也。自古明王化中國以信，馭夷狄以權。故《春秋》云：『戎狄豺狼，不可厭也；諸夏親昵，不可棄也。』自陛下君臨區宇，深根固本，人逸兵强，九州殷富，四夷自服。今者招致突厥，雖入提封，臣愚稍覺勞費，未悟其有益也。然河西民庶，鎮禦藩夷，州縣蕭條，户口鮮少，加因隋亂，減耗尤多。突厥未平之前，尚不安業；匈奴微弱以來，始就農畝。若即勞役，恐致妨損。以臣愚惑，請停招慰。且謂之荒服者，故臣而不内。是以周室愛民攘夷，竟延七百之齡；秦王輕

❶「其國」至「厚從」十九字，原脱，今據《貞觀政要》卷九《議安邊》補。

戰事胡，故四十載而絶滅。漢文帝養兵静守，天下安豐；孝武揚威遠略，海内虚耗，雖悔輪臺，追已不及。至於隋室，早得伊吾，兼統鄯善，❶既得之後，勞費日甚，虚内致外，竟損無益。遠尋秦、漢，近觀隋室，動静安危，昭然備矣。伊吾雖已臣附，遠在藩磧，民非夏人，地多沙鹵。其自豎立稱藩附庸者，請羈縻受之，使居塞外，必畏威懷德，永爲藩臣，蓋行虚惠而收實福矣。近日突厥傾國入朝，既不俘之於江淮，以變其俗，乃置於内地，去京不遠，雖則寬仁之義，亦非久安之計。每見一人初降，賜物五匹、袍一領，酋帥悉授大官，禄厚位尊，理多糜費，以中國之帑賦，供積惡之凶虜，其衆益多，非中國之利也。」太宗不納。

十四年，侯君集平高昌之後，太宗欲以其國爲州縣。魏徵曰：「陛下初臨天下，高昌王先來朝謁。自後數有商胡稱其遏絶貢獻，加之不禮大國詔使，王誅載加。若罪止文泰，斯亦可矣。未若因撫其民而立其子，所謂伐罪弔民，威德被於外遐，爲國之善者也。今若利其土壤以爲州縣，常須千餘人鎮守。數年一易，每來往交替，死者十有三四。遣辦衣資，離別親戚，十年之後，隴右空虚，陛下終不得高昌撮穀尺布，以助中國。所謂散有用而事無用，臣未見其可。」太宗不從，竟以其地置西州，仍以西州爲安西都護府，每歲調發千餘人，防遏其地。

黄門侍郎褚遂良亦以爲不可，上疏曰：「臣聞古者哲后臨朝，明王創制，必先華夏而後夷狄，廣諸德化，不事遐荒。是以

❶「善」，原作「羌且」，今據《舊唐書·李大亮傳》改。

周宣薄伐，至境而反；始皇遠塞，中國分離。陛下誅滅高昌，威加西域，收其鯨鯢，以爲州縣。然則王師初發之歲，河西供役之年，飛芻輓粟，十室九空，數郡蕭然，五年不復。陛下每歲遣千餘人，而遠事屯戍，終年離別，萬里思歸。去者資裝，自須營辦，既賣菽粟，傾其機杼。經途死亡，復在方外。兼遣罪人，增其防遏。所遣之内，復有逃亡，官司捕捉，爲國生事。高昌塗路沙磧千里，冬風冰冽，夏風如焚，行人去者，遇之多死。《易》云：『安不忘危，理不忘亂。』設令張掖塵飛，酒泉烽起，陛下豈能得高昌一人斗粟而及事乎？終須發隴右諸州，星馳電擊。由斯而言，此河西者方以腹心，彼高昌者他人手足，豈得糜費中華，以事無用？陛下平頡利於沙塞，滅吐渾於西海。突厥餘落，爲立可汗；吐渾遺萌，更樹君長。復立高昌，非無前例，此所謂有罪而誅之，既服而存之。宜擇高昌可立者，徵給首領，遣還本國，負戴洪恩，長爲藩翰。中國不擾，既富且寧，傳之子孫，以遺後代。」疏奏，不納。

至十六年，西突厥遣兵寇西州，太宗謂侍臣曰：「朕聞西州有警急，雖不足爲害，然豈能無憂乎？往者初平高昌，魏徵、褚遂良勸朕立麴文泰子弟，依舊爲國，朕竟不用其計，今日方自悔責。昔漢高祖遭平城之圍而賞婁敬，袁紹敗於官渡而誅田豐，朕恒以此二事爲誡，寧得忘所言者乎！」

帝嘗御瑶池殿，❶顧謂侍臣曰：「西蕃

❶「嘗」，原作「常」，今據《魏鄭公諫録》卷三《對西蕃通來幾時》改。

通來幾時？」魏徵對曰：「《禹貢》云『西至流沙』，又云『西戎即叙』，不明境域所至。漢武帝置燉煌、張掖等郡，自此以後，漸通西域。」帝又曰：「朕聞漢武帝時，爲通西蕃，中國百姓死者太半。此事著在史籍，不能具道。但隋後主欲開葱嶺已西，鎮守俱未當，死者繼於道路。如聞流沙已西，仍有隋破壞車轂，其邊即有白骨狼籍。北築長城，東渡遼水，征伐不息，人無聊生，天下叛之，聚而爲盜。煬帝安然，恣其所欲，遂至滅亡，秖爲不聞其過。朕以此事，永爲鑑誡。今與諸公共理百姓，但有不可行，即向朕言，勿得面從，苟相悦譽。且朕素無學術，未聞政道。一日萬機，不能盡經耳目，所有處斷，恐獨見不明，致有失所。所以委公等，公等善相輔弼，使兆庶得所，此乃長保富貴，蔭及子孫。若尸禄曠官，苟貪榮利，必加黜辱，終不容捨。朕既以漢武帝、隋後主爲龜鏡，公等亦須常將此事相規諫也。」群臣並拜謝。

徵進曰：「陛下思弘至化，砥礪群下，臣等敢不竭股肱之力。但恐識度愚淺，無益萬分。臣聞漢武帝承五代之資，天下無事，府庫充實，士馬彊盛，遂思騁其欲以事四夷，聞蒟醬而開邛僰，貪良馬而通大宛，北逐匈奴，❶南征百越，老弱疲於轉輸，丁壯死乎軍旅。海内騷然，户口减半，至於國用不足，府庫空虛。乃榷估鹽鐵，征税關市，課算舟車，告緡賣爵，侵漁百姓。萬端俱起，外内困窮，無以給邊費，議以營田代卒，冀以助軍。迄於暮年，方始覺悟。下哀痛之詔，封丞相爲富民侯，僅以壽終，幾及大

❶「北逐」至「百越」八字，原脱，今據《魏鄭公諫録》補。

亂。煬帝恃其彊盛，思欲追蹤漢武，戎車屢動，人不聊生，十餘年間，亡身戮國。陛下威加海外，無遠不臻，深惟二主以爲殷鑑，所謂一人有慶，兆民賴之。臣等奉以周旋，不敢失墜。」太宗曰：「朕遇千慮一失，必望有犯無隱。」

太宗時，遣使者至西域立葉護可汗，未還，又遣使賫金帛諸國市馬。徵曰：「今立可汗未定，即詣諸國市馬，彼必以爲意在馬，不在立可汗。可汗得立，必不懷恩。諸蕃聞之，以中國薄義重利，未必得馬而先失義矣。魏文帝欲求市西域大珠，蘇則以爲惠及四海，則不求自至；求而得之，不足貴也。陛下可不畏蘇則言乎！」帝遂止。

貞觀十六年，帝謂侍臣曰：「北狄代爲寇亂，今延陁倔彊，須早爲之所。朕熟思之，惟有二策：選徒十萬，擊而虜之，滌除凶醜，百年無事，此一策也；若遂其來請，與之姻媾，朕爲蒼生父母，苟可利之，豈惜一女！北狄風俗，多由内政，亦既生子，則我外孫，不侵中國，斷可知矣。以此而言，邊境足得三十年來無事。舉此二策，何者爲先？」司空房玄齡對曰：「遭隋室大亂之後，户口大半未復，兵凶戰危，聖人所慎，和親之策，實天下幸甚。」帝曰：「善。」許以新興公主下嫁，召突利失大享，群臣侍，陳寶器，奏《慶善》、《破陳》盛樂及十部伎，突利失頓首，上千萬歲壽。詔夷男親迎，帝將幸靈州以成昏事。夷男大喜，詫曰：「我鐵勒部人耳，上以我爲可汗，公主以女我，乘輿爲我幸邊，誰與我榮？」乃搜賦諸下羊馬爲貲。或説夷男曰：「可汗與唐皆一國主，奈何往朝？有如見執，尚可悔？」夷男曰：「不然。吾聞唐天子有德，四方共臣之，藉獨留我，磧北亦須有主，然舍我而求他，非計也。」下乃不敢言。

薛延陀真珠可汗使其姪來納幣，獻羊、馬。契苾何力上言：「薛延陀不可與昏。」上曰：「吾許之矣，可食言乎？」何力對曰：「願且迁延，敕夷男使親迎，彼必不敢來，則絶之有名矣。」上從之，乃詔幸靈州，召真珠可汗會禮。真珠欲行，其臣曰：「不可，往必不返。」真珠曰：「天子聖明，遠近朝服。今親幸靈州，以愛主妻我，我得見天子，死不恨矣。薛延陀何患無君？」又多以羊、馬爲聘，經沙磧，耗死過半，乃責以聘禮不備，絶之。

薛延陀請婚，帝已納其聘，復絶之。遂良曰：「信爲萬事本，百姓所歸。故文王許枯骨而不違，仲尼去食存信，貴之也。延陀，曩一俟斤耳。因天兵北討，蕩平沙塞，威加諸外，而恩結於内，以爲餘寇不可無酋長，故璽書鼓纛，立爲可汗。負抱之恩，與天無極。數遣使請婚於朝，陛下既開許，爲御北門受獻食。今一朝自爲進退，所惜少，所失多，虧信夷狄，方生嫌恨，殆不可以訓戎兵、勵軍事也。且龍沙以北，部落牛毛，中國擊之不能盡，亦猶可北敗，芮芮興，突厥亡，延陀盛。是以古人虚外實内，懷之以德。使爲惡，在夷不在華；失信，在彼不在此也。惟陛下裁幸。」不納。

貞觀十七年，遣太常丞鄧素使高麗。

素還，請於懷遠鎮增戍兵以逼高麗，❶上曰：「『遠人不服，則脩文德以來之』，未聞一二百戍兵能威絶域者也！」

十八年，帝將伐高麗，其莫離支貢白金。黄門侍郎褚遂良諫曰：「莫離支虐殺其主，九夷所不容，陛下以之興兵，將事弔伐，爲遼山之人報主辱之耻。古者討弑君之賊，不受其賂。昔宋督遺魯君之郜鼎，桓公受之於太廟，臧哀伯諫曰：『君人者昭德塞違，今滅德立違，而置其賂於太廟，百官象之，又何誅焉！武王克商，遷九鼎於雒邑，❷義士猶或非之。而况將昭違亂之賂器置諸太廟，其若之何？』夫《春秋》之書，百王取則，若受不臣之筐篚，納弑君之朝貢，不以爲僭，何所致伐？臣謂莫離支所獻，自不合受。」帝從之。謂其使者曰：「蓋蘇文弑逆，汝曹不能復讎，更爲游説以欺大國，罪孰大焉！」悉以屬大理。

十九年，高麗王高藏及莫離支蓋蘇文使獻二美女，帝謂其使曰：「朕憫此女離其父母兄弟於本國，若愛其色而傷其心，我不取也。」並却還之本國。帝謂群臣曰：「蓋蘇文殺君攘國，朕取之易耳，不願勞人，若何？」司空房玄齡曰：「陛下士勇而力有餘，戢不用，所謂『止戈爲武』者。」司徒長孫無忌曰：「高麗無一介告難，宜賜書安慰之，隱其患，恤其存，彼當聽命。」

❶「鎮增戍」，原作「戍增」，今據《資治通鑑》卷一九七唐太宗貞觀十七年六月丁亥條改。

❷「雒」，原作「商」，今據《貞觀政要》卷八《貢賦》改。

貞觀中，突厥俟利苾可汗有衆十萬，不能撫御，其衆悉南度河，請處於勝、夏之間，上許之。群臣皆曰：「陛下方遠征遼左，而置突厥於河南，距京師不遠，豈得不爲後慮！願留鎮洛陽，遣諸將東征。」上曰：「夷狄亦人矣，其情與中國不殊。以德洽之，則可使如一家。且彼不北走薛延陀而南歸我，其情可見矣。」

俟利苾既失衆，輕騎入朝，上以爲右武衛將軍。康國歸附，上謂侍臣曰：「前代帝王大有務廣土地，以求身後之虚名，無益於身，其人甚困。假令於身有益，於百姓有損，朕必不爲，况求虚名而損百姓乎！康國既來歸朝，有急難，不得不救。兵行萬里，得無勞於人？若勞人求名，非朕所欲。所謂歸附，不須納也。」上又謂侍臣曰：「天道福善禍淫，事猶影響。昔啓人亡國來奔，文帝不吝粟帛，大興士衆，營衛安置，乃得存立。既而彊富，當須子子孫孫不忘報德。纔至失脱，即起兵圍煬帝於鴈門。及隋國亂，又恃彊深入，遂使昔安立其國者，身及子孫，並爲頡利破亡，豈非背恩忘義所至也！」群臣咸曰：「誠如聖旨。」

武后時，四夷質子多在京師，如論欽陵、阿史德元珍、孫萬榮，皆因入侍見中國法度，及還，並爲邊害。左補闕薛登諫曰：「臣聞戎、夏不雜，古所戒也。故斥居塞外，有時朝謁，已事則歸，三王之法也。漢、魏以來，草襲衣冠，築室京師，不令歸國。較其利害，三王是而漢、魏非，拒邊長而質子短。昔晉郭欽、江統以夷狄處中夏必爲變，武帝不納，卒有永嘉之亂。伏見突厥、吐蕃、契丹往因入侍，並被奬遇，官戎秩，步黌門，服改氈罽，語習楚夏，窺圖史成敗，熟山川險易。國家雖有冠帶之名，而狼子狐恩，患必在後。昔申公奔晉，使子狐庸爲吴行人，教吴戰陣，使之叛楚。漢遷五部匈奴於汾晉，卒以劉、石作難。竊計秦并天下，及劉、項用兵，人士凋散，以冒頓之盛，乘中國之虚，而高祖困厄平城，匈奴卒不入中國者，以其生長磧漠，謂穹廬賢於城郭，氈罽美於章紱，既安所習，是以無窺中國心，不樂漢故也。元海五部散亡之餘而能自振者，少居内地，明習漢法，鄙單于之陋，竊帝王之稱。使其未嘗内徙，不過劫邊人繒綵、麴蘖，歸陰山而已。今皇風所覃，含識革面，方由余效忠，日磾盡節。然臣慮備豫不謹，則夷狄稱兵不在方外，非貽謀之道。臣謂願充侍子可一切禁絶，先在國者不使歸蕃，則夷人保疆，邊邑無争。」武后不納。

時吐蕃、九姓叛，詔田揚名發金山十姓討之。十姓君長以三萬騎戰，有功，遂請入朝。后責其嘗不奉命，擅破回紇，不聽。麟臺正字陳子昂上西蕃邊州安危事三條疏曰：

臣聞聖人制事，貴於未亂。所以用成功，光濟天下大業。臣伏見國家頃以北蕃九姓亡叛，有詔出師，遣田揚名發金山道十姓諸兵，自西邊入。臣聞十姓君長奉詔之日，若報私讎，莫不爲國家剋剪兇醜。遂數州之内，自率兵馬三萬餘騎，經途六月，自食私糧。誠是國家威德早申，蕃戎得効忠赤。今者軍事已畢，情願入朝，國家乃以其不奉璽書，妄破回紇部落，責其專擅，不許入朝，便於梁州發遣，各還蕃部。臣愚見竊爲國家危之，深恐此等自兹成隙。何以言之？國家所以制有十姓者，本爲九姓强大，歸服聖朝。十姓微弱，勢不能動，所以委命臣妾，爲國忠良。今者九姓叛亡，北蕃喪亂，君長無主，莫知所歸。迴紇金水又被殘破，磧北諸姓已非國家所有。今欲掎角亡叛，維持邊疆，唯倚金山諸蕃，尚爲形勢。有司不察此理，乃以田揚名妄破回紇之罪，坐及十姓諸豪，拒而遣還，不許朝覲。臣愚以爲非善御戎狄，制於未亂之長策也。夫蕃戎之性，人面獸心，親之則順，疑之則亂。蓋易動難安，古所莫制也。今阻其善意，逆其歡心，古人所謂放虎遺患，不可不察。

且臣昨在甘州日，見金山軍首領擬入朝者，自蕃中至，已負其功。見燕然軍漢兵不多，頗有驕色。察其志意，所望殊高，與其言宴，又詞多不順。今更不許入朝謁，疑之以罪，與回紇部落復爲大讎。此則内無國家親信之恩，外有回紇報讎之患，若使狼心有顧，懷不自安，亡叛沙漠，則河西諸蕃道恐非國家所有。且夷狄相攻，中國之福。今回紇已破，既往難追；十姓無罪，不宜自絶。今者妄破回紇，有司已罪揚名，在於蕃情，足以爲慰。十姓首領，國家理合羈縻，許其入朝，實爲得計。今北蕃既失，此虜不安。廟勝之策，良恐未爾，事既機速，伏乞早爲圖之。

臣伏見今年五月敕，以同城權置安北府。此地逼磧南口，是制匈奴要衝，國家守邊，實得上策。臣在府日，竊見磧北歸降突厥，已有五千餘。惟後之來者，❶道路相望。又甘州先有降户四千餘，惟奉敕亦令同城

❶「惟」，《陳伯玉文集》卷八《上西蕃邊州安危事》作「帳」。下一「惟」字同。則當屬上。

安置。磧北喪亂，先被飢荒，塗炭之餘，無所依仰。國家開安北府，招納歸降，誠是聖恩洪流，覆育戎狄。然臣竊見突厥者，莫匪傷夷，殘羸飢餓，並無人色。有羊馬者，百無一二。然則一作其。所以携幼扶老，遠來歸降，實將以國家綏懷，必有賑贍，望一作冀。恩覆獲以安存，故其來者日以益衆。然同城先無儲畜，雖有降附，皆未優矜。蕃落嗷嗷，不免飢餓，所以時有劫掠，自相屠戮。君長既不能相制，以此盜亦稍多，甘州頃者鈔竊尤甚。❶今安北府見有官羊及牛六千頭口，兵糧粟麥萬有餘碩。安北初置，庶事草創，城孤兵少，未足威懷。國家不贍恤來降之徒，空委此府安撫，臣恐降者日衆，盜者日多。戎虜桀黠，必爲禍亂。

夫人情莫不以求生爲急，今不以此粟麥，不以此羊牛，大爲其餌，而不救其死，人無生路，安得不爲群盜乎？群盜興，則安北府城必無全理。府城一壞，則甘、凉以北恐非國家所有。後爲邊患，禍未可量。是乃國家故誘其爲亂，使其爲賊，非所謂綏懷經遠之長策也。且磧北諸蕃今見大亂，亂而思理，生人大情。國家既開綏撫之恩，廣置安北之府，將理其亂者，以慰喻諸蕃，取亂存亡，可謂聖圖弘遠矣。然時則爲得，事則未行。何者？國家來不能懷，去不能制，空竭國用，爲患於邊。取亂之策，有失於此。况夷狄代有其雄，與中國抗衡，自古所病。倘令今有勃起，遂雄於邊。招集遺散，收强撫弱，臣恐喪亂之衆，必有景從，此亦國家之大機，不可輕而失也。機事不密則害成，聖人之至戒。今北蕃未定，降者未

❶「頃」，原作「居」，今據《陳伯玉文集》改。

安，國家不早爲良圖，恐坐而生變。乞得面奏，指陳其利害，邊境幸甚幸甚。

武后方謀開蜀山，由雅州道剪生羌，因以襲吐蕃。子昂上書，以七驗諫止之，曰：

臣聞亂生必由於怨。雅州羌未嘗一日爲盜，今無罪蒙戮，怨必甚，怨甚則蜂駭且亡，而邊邑連兵守備不解，蜀之禍構矣。東漢喪敗，亂始諸羌，一驗也。吐蕃黠獪，抗天誅者二十餘年。前日薛仁貴、郭待封以十萬衆敗大非川，一甲不返；李敬玄、劉審禮舉十八萬衆困青海，身執賊廷，關隴爲空。今乃欲建李處一爲上將，驅疲兵襲不可幸之吐蕃，舉爲賊笑，二驗也。夫事有求利而得害者。昔蜀與中國不通，秦以金牛、美女啖蜀侯，侯使五丁力士棧褒斜，鑿通谷，迎秦之饋。秦隨以兵，而地入中州，三驗也。吐蕃愛蜀富，思盜之矣，徒以障隧隘絶，頓餓喙不得噬。今撤山羌，開阪險，使賊得收奔亡以攻邊，是除道待賊，舉蜀以遺之，四驗也。蜀爲西南一都會，國之寶府，又人富粟多，浮江而下，可濟中國。今圖僥倖之利以事西羌，得羌地不足耕，得羌財不足富。是過殺無辜之衆，以傷陛下之仁，五驗也。蜀所恃，有險也；蜀所安，無役也。今開蜀險，役蜀人，險開則便寇，人役則傷財。臣恐未及見羌，而姦盜在其中矣。異時益州長史李崇真託言吐蕃寇松州，天子爲盛軍師，趣轉餉以備之。不三年，巴蜀大困，不見一賊，而崇真姦贓已鉅萬。今得非有姦臣圖利，復以生羌爲資？六驗也。蜀士尫孱不知兵，一虜持矛，百人不敢當。若西戎不即破滅，臣見蜀之邊垂且不守，而爲羌夷所暴，七驗也。

國家近廢安北，拔單于，棄龜兹、疏勒，天下以爲務仁不務廣，務養不務殺，行太古三皇事。今徇貪夫之議，誅無罪之羌，遺全蜀患，此臣所未諭。方山東飢，關隴弊，生人流亡，誠陛下寧静思和天人之時，安可動甲兵、興大役，以自生亂？又西軍失守，北屯不利，邊人駭情，今復舉輿師投不測，小人徒知議夷狄之利，非帝王至德也。善爲天下者，計大而不計小，務德而不務刑，據安念危，值利思害。願陛下審計之。

子昂又爲喬補闕論突厥表曰：

臣某言：臣以專蒙，叨幸近侍，陛下不以臣不肖，特敕臣攝侍御史，監護燕然西軍。臣自違闕庭，涉歷秋夏，❶徒居邊徼，無尺寸之功，臣誠暗劣，孤負聖明。然臣久在邊隅，夙夜勤灼，莫不以蓄事爲念，俾按察之。❷比以突厥離亂事迹，❸參驗委曲，窮問往來，竊有以得其真，莫不自爲鯨鯢，遞相吞食，流離殘餓，莫知所歸。臣誠愚不識事機，然竊以往古之變，考驗於今，乃知天亡凶醜之時，陛下收功之日。然臣聞難得而易失者時也，易遇而難見者機也。聖人所貴，去禍於未萌。今陛下體上聖之資，開太平之化，匈奴爲中國之患，自上代所苦久矣，❹今天降其灾，❺以授陛下，百代之業，❻在於今時。臣請以秦、漢已來事迹證明之，

❶「涉歷」，《陳伯玉文集》卷四《爲喬補闕論突厥表》作「歷涉」。

❷「俾」，原作「比」；「之」，原脱，今據《陳伯玉文集》改、補。

❸「比以」，原作「已北」，今據《陳伯玉文集》改。

❹「久」，原脱，今據《陳伯玉文集》補。

❺「今」，《陳伯玉文集》作「合」。

❻「百」，《陳伯玉文集》作「萬」。

伏願陛下少留聖聽，尋繹省察，天下幸甚。

臣聞秦始皇之時，併吞六國，制有天下，按劍叱咤，八荒奔馳。然匈奴强梁，威不能伏，牧馬河内，以侵邊疆。始皇赫然使蒙恬將四十萬衆，北築長城，因以逐胡，取其河南之地七百餘里。當時燕齊海岱，贏糧給費，徭役困苦，人以不堪。故長城未畢，而閭左之戍已爲其患，二世而亡，莫不始於事胡也。

至漢興，高帝受命，率群臣，一作雄。乘利便，以三十萬衆窘困白登，七日被圍，僅而獲免。自是歷吕太后至孝文帝，單于桀驁，益凌漢家。文帝徒以遜辭，致獻金帛，但求其善和而已，不敢有圖。賈誼所以哭之，痛文帝以天子一作下。之盛，而卑事戎夷，以倒懸天下也。至景帝時，邊受其患，於是漢武帝踐祚，以承六代鴻業，屬乎文、景玄默之化，海内乂安。太倉之粟，紅腐而不可食；内府之錢，貫朽而不可校。財力雄富，士馬精强，忿一匈奴之驕慢，將報先帝之辱。遂使王恢、韓安國將三十萬衆，❶以馬邑誘單于，師出徒費，竟無毫髮之功。於是大命六師，專以擊戎一作伐胡。爲務，首尾三十餘年，❷中國騷然，大受其弊。至於國用不足，軍興不給，租及六畜，算及船車，盗賊群興，京師起亂，竟不能制單于之命，一日而臣服之，漢宗衰殘，幾自覆社稷也。故漢武晚年，厭兵革之弊，乃下哀痛之詔，罷輪臺之遊，❸封丞相爲富民侯，將以蘇中國也。至宣帝代，罕復出師。屬匈奴數窮，

❶「三」，原作「四」，今據《陳伯玉文集》改。
❷「三」，原作「二」，今據《陳伯玉文集》改。
❸「遊」，原作「田」，今據《陳伯玉文集》改。

天降其禍，虛閭權渠單于病死，右賢王屠耆代立，骨肉大臣自不相服，又立閭渠單于子爲呼韓耶單于，擊殺屠耆。諸名王貴人各自分立爲五單于，❶更相攻擊，以至大亂，殘虐死者計萬億數，畜産耗滅，十至八九，人以飢餓，相燔燒以求食。於是寄命無所，諸名王貴人、右伊秩訾、且渠、當户以下，❷將衆五萬，稽首來降，於是北方晏然，靡有兵革之事，直至哀、平之際，邊人以安。

臣竊以此觀匈奴之形，察天時之變，盛衰存亡之機，❸事可見也。然則匈奴不滅，中國未可安卧亦已明矣。夫以漢祖之略，❹武帝之雄，謀臣勇將，勢盛雷電，窮兵黷武，傾天下以事之，終不能屈一王、伏一國。宣帝承衰竭之後，撫瘡痍之人，不敢惕然爲一作有。出征一作師。之意，❺然而未有遺矢之費，而臣僕於單于之長者，❻其故何哉？蓋盛衰有時，理亂有數，故曰聖人修備以待時，是以正天下如拾遺。陛下肅恭神明，德動天地，今上帝降匈奴之災孽，遺陛下之良時，不以此時順天誅，建大業，使良時一失，凶虜復興，則萬代爲患，後雖悔之，亦不及矣。古語曰：「天與不取，反受其殃。」一作咎。今天意厚矣，陛下豈可違之哉？

臣比在同城，接居延海，西逼近漢南口，其磧北突厥來入者，莫不一一臣所慰察。比者歸化，首尾相仍，攜幼扶老，已過數萬。然其瘡痍羸憊，皆無人色，飢餓道

❶「五」，原脱，今據《陳伯玉文集》補。
❷「右」，原作「左」，今據《陳伯玉文集》改。
❸「之」，原脱，今據《陳伯玉文集》補。
❹「略」，原作「武」，今據《陳伯玉文集》改。
❺「惕」，原作「灼」，今據《陳伯玉文集》改。
❻「之長者」，原脱，今據《陳伯玉文集》補。

死，頗亦相繼。先右一作九。姓中遭大旱，經今三年，野皆赤地，少有生草，以此羊馬死耗，十至七八。今所來者，皆是稍能勝致，始得度磧。磧路既長，又無水草，羊馬因此重以死盡，莫不掘野鼠，食草根，或自相食，以活喉命。臣具委細問其磧北事，皆異口同辭。又耆老云：「自有九姓來，未嘗見飢餓之甚。」今者同羅僕固雖爲逆首，僕固都督早以伏誅，爲亂之元既自喪滅，其餘外小醜徒侵暴自賊耳，本無遠圖，多獵葛復自相讎，人被塗炭，逆順相半，莫知所安。迴紇諸部落又與金州橫相塗戮，群生無主，號訴嗷嗷。臣所以願陛下建大策，行遠圖，大定北戎，不勞陛下，指麾之間，事業可致，則千載之後，邊鄙無憂，一作虞。中國之人得安枕而卧，豈不在陛下一斷哉？

且匈奴爲中國患，非獨秦、漢之間，臣竊惟先帝時，衛公李靖蓋中國之一老臣，❶假一作藉。先帝之威，用廟勝之策，當頡利可汗全盛之日，因機逐便，大破虜庭，遂繫其侯王，裂其郡縣，六十年將於今矣，使中國晏然無斥候之警，書之唐史，傳之無窮，至今天下謂之爲神。況陛下統先帝之業，履至尊之位，醜虜狂悖，大亂邊陲，皇天遺陛下以鴻業之時，陛下又得先帝之跡，德之大者，其何以加？若失此機，事以過往，使李靖豎子獨成千載之名，臣愚竊惟陛下不取也。

伏見去月日敕，令於同城權置安北都護府，以招納亡叛，扼匈奴之喉，愚臣伏慶陛下見機於萬里之外，得制匈奴之上策。臣聞隗囂言漢光武見事於萬里之外，制敵

❶「國」，原作「庸」，今據《陳伯玉文集》改。

應變未嘗有遺，今陛下超然神鑑遠照，實所謂聖明之見覩於無形也。臣比任一作住。同城，周觀其地利，又博問諳知山川者，莫不悉備。其地東西及北皆是大磧，磧並石鹵，❶水草不生，突厥嘗所在一作大。入，道莫過同城。今居延海澤接張掖河，中間堪營田處數百頃，水草蓄牧，足供具萬人。又甘州諸屯犬牙相接，見所蓄粟麥積數十萬，田因水利，種無不收，轉軍一作運到。同城，甚省功費。又居延河海多有魚鹽，此可謂强兵用武之國也。陛下若調選天下精兵，採拔名將，任以同城都護，臣愚料之，不用三萬，陛下大業不出數年，可坐而取成。臣比者看國家興兵，但循於常軌，主將不選，士卒不練，徒知驅市人以戰耳。故臨陣對寇，未嘗不先自潰散，遂使夷狄乘利，輕於國威，兵愈出而事愈屈，蓋是國家自過計於敵耳，故非小醜能有異圖。臣竊以爲陛下今日不更爲之圖，以激厲天下忠勇，但願以今日之兵，今日之將，冀收功於異日，難矣！臣不勝踴躍之至。

聖曆三年，拜諸葛宣超左豹韜員外大將軍，襲故可汗號，餘部詣凉、甘、肅、瓜、沙等州降。宰相張錫與右武衛大將軍唐休璟議徙其人於秦、隴、豐、靈間，令不得畔去。凉州都督郭元振以爲：「吐谷渾近秦、隴，則與監牧雜處；置豐、靈，又邇默啜；假在諸華，亦不遽移其性也。前日王孝傑自河源軍徙耽爾乙句貴置靈州，既其叛，乃入牧坊掠群馬，瘢夷州縣，是則遷中土無益之成驗。往素和貴叛去，於我無損，但失吐谷渾

❶「鹵」，原作「齒」，今據《陳伯玉文集》改。

數十部，豈與句貴比耶？今降虜非彊服，皆突矢刃，棄吐蕃而來，宜當循其情，爲之制也。當甘、肅、瓜、沙降者，即其所置之，因所投而居則情易安，磔數州則勢自分。順其情，分其勢，不擾於人，可謂善奪戎心者也。歲遣鎮遏使者與宣超兄弟撫護之，無令相侵奪，生業固矣。有如叛去，無損中國。」詔可。

武后時，吐蕃乞和，其大將論欽陵請罷四鎮兵，披十姓之地，乃以郭元振充使，因覘虜情。還上疏曰：「利或生害，害亦生利。國家所患，唯吐蕃與默啜耳，今皆和附，是將大利於中國也。若圖之不審，害且隨之。欽陵欲裂十姓地，解四鎮兵，此動静之機，不可輕也。若直遏其意，恐邊患必甚於前，宜以策緩之，使其和望勿絶，而惡不得萌，固當取捨審也。夫患在外者，十姓、四鎮是也；患在内者，甘、凉、瓜、肅是也。關、隴屯戍，向三十年，力用困竭，脱甘、凉有一日警，豈堪廣調發耶？善爲國者，先料内以敵外，不貪外以害内，然後安平可保。欽陵以四鎮近己，畏我侵掠，此吐蕃之要；然青海、吐渾密邇蘭、鄯，易爲我患，亦國家之要。今宜報欽陵曰：『四鎮本扼諸蕃走集，以分其力，使不得併兵東侵。今委之，則蕃力益彊，易以擾動。保後無東意，當以吐渾諸部、青海故地歸於我，則俟斤部落還吐蕃矣。』此足杜欽陵口，而和議未絶。且四鎮久附，其倚國之心，豈與吐蕃等？今未知利害情實而分裂之，恐傷諸國意，非制御之算。」后從之。又言：「吐蕃倦徭戍久矣，咸願解和；以欽陵欲裂四鎮，專制其國，故未歸款。陛下誠能歲發和親使，而欽陵常不從，則其下必怨，設欲大舉，固不能，斯離間之漸也。」后然其計。

中宗時，郭元振爲金山大總管。時烏質勒之將闕啜忠節與婆葛交怨相侵，❶元振奏請闕啜入宿衛，詔許之。闕啜遂行。經略使周以悌説之，❷且教以重賂宰相，無入朝。闕啜即勒兵擊于闐，元振知之，上疏曰：「國家往不與吐蕃十姓、四鎮而不擾邊者，蓋其諸豪泥婆羅等屬國自有携貳，故贊普南征，身殞寇庭，國中大亂，嫡庶競立，將相争權，自相剪屠，士畜疲癘，財力困窮，顧人事、天時兩不諧契，所以屈志於漢，非實忘十姓、四鎮也。如其有力，後且必争。今忠節忽國家大計，欲爲吐蕃鄉導主人，四鎮危機恐從此啓。吐蕃得志，忠節亦當在賊掌股，若爲復得事我哉？往吐蕃於國無有恩力，猶欲争十姓、四鎮，今若効力樹恩，則請分于闐、疏勒者，欲何理抑之？且其國諸蠻及婆羅門方自嫌阻，藉令求我助討者，亦何以拒之？是以古之賢人不願夷狄妄惠，非不欲其力，懼後求無厭，益生中國事也。臣愚以爲用吐蕃之力，不見其便。

「又請阿史那獻者，豈非以可汗子孫能招綏十姓乎？且觧瑟羅及懷道與獻父元慶、叔僕羅、兄俀子，俱可汗子孫也。往四鎮以他匐十姓之亂，請以元慶爲可汗矣，卒亦不能招來，而元慶没賊，四鎮淪陷。忠節亦嘗請以觧瑟羅及懷道爲可汗矣，十姓未附而碎葉幾危。又吐蕃亦嘗以俀子、僕羅并拔布爲可汗矣，亦不能得十姓而皆自亡

❶「勒」，原作「勤」，今據《新唐書·郭元振傳》改。

❷「略」下，原衍「副」字，今據《新唐書》删。

滅，此非他，其子孫無惠下之才，恩義素絶故也。豈止不能招懷，且復爲四鎮患，則册可汗子孫，其効固試矣。獻又遠於其父、兄，人心何繇即附，若兵力足取十姓，不必要須可汗子孫也。又請以郭虔瓘蒐兵稅馬於拔汗那。往虔瓘已嘗與忠節擅入其國，臣時在疏勒，不聞得一甲一馬，而拔汗那挾忿侵擾，南導吐蕃，將俀子，以擾四鎮。且虔瓘往至拔汗那國，四面無助，若履虛邑，猶引俀子爲敝。況今北有娑葛，知虔瓘之西，必引以相援，拔汗那倚堅城而抗于內，突厥邀伺于外，虔瓘等豈能復如往年得安易之幸哉？」疏奏，不省。

玄宗開元三年，突厥默啜爲拔曳國所殺，其下多降，既而稍稍叛去。原州都督王晙上言：「突厥向以國亂，故款塞，與部落無間。延傃北風，何嘗忘之？今徙處河曲，使内伺邊罅，久必爲患。比者不受要約，兵已屢動，擅作蜂區，閉障行李。虜脱南牧，降帳必與連衡，以相應接，表裏有敵，雖彭、韓、孫、吴無所就功。請至農隙，令朔方軍大陳兵，召酋豪，告以禍福，啗以金繒，且言南方麋鹿魚米之饒，並遷置淮右、河南寬鄉，給之程糧。雖一時之勞，然不二十年，漸服諸華，料以充兵，則皆勁卒。議者若謂降敵不可以南處，則高麗舊俘置沙漠之西，城傍編夷居青、徐之右，何獨降胡不可徙歟？臣復料議者必曰：『故事，置于河曲，前日已寧，今無獨異。』且往者頡利破亡，邊鄙安定，故降户得以久安。今虜未殄滅，此降人皆戚屬，固不與往年同已。臣請以三策料之：悉其部落置内地，獲精兵之實，閉黠虜之患，此上策也；亭障之下，蓄華參處，廣屯戍，爲備擬，費甚人勞，下策也；置之朔塞，滋成禍萌，此無策也。不然，前至河冰，且必有變。」書未報，而虜已叛。

玄宗時，吐蕃金城公主請文籍四種，玄宗詔祕書寫賜。正字于休烈上疏曰：「戎狄，國之寇；經籍，國之典也。戎之生心，不可以無備。昔東平王求《史記》、諸子，漢不與之，以《史記》多兵謀，諸子雜詭術也。東平，漢之懿戚，尚不示征戰之書，今西戎，國之寇讎，安可貽以經典？且吐蕃之性，慓悍果決，善學不回。若達於《書》，則知戰；深於《詩》，則知武夫有師干之試；深於《禮》，則知《月令》有廢興之兵；深於《春秋》，則知用師詭詐之計；深於文，則知往來書檄之制。此何異假寇兵、資盜糧也！臣聞魯秉周禮，齊不加兵；吴獲乘車，楚屢奔命。喪法危邦，可取鑑也。公主下嫁異國，當用夷禮，而反求良書，恐非本意，殆有姦人勸導其中。若陛下慮失其情，示不得已，請去《春秋》。夫《春秋》，當周德既衰，諸侯盛彊，征伐競興，情僞於是乎生，變詐於是乎起，有以臣召君、取威定霸之事。誠與之，國之患也。狄固貪婪，貴貨易土，正可錫以錦綵，厚以金玉，無足所求，以資其智。」疏入，詔中書門下議。侍中裴光庭曰：「吐蕃不識禮經，孤背國恩，今求哀稽顙，許其降附，漸以《詩》、《書》，陶以聲教，斯可致也。休烈但見情僞變詐於是乎生，不知忠信節義亦於是乎在。」帝曰：「善。」遂與之。

中書令張九齡賀奚、契丹並自離貳廓

清有期狀曰：「右，適高力士宣示臣等，張守珪奏：契丹及奚並自離貳，兼安禄山復有殺獲。賊數將盡，觸緒猜携，邊鎮勤兵，伺隙而動，誅翦有日，廓清可期。此皆天威遠臨，逋逃自滅，❶臣等不勝慶躍之至。」答曰：「比未窮巢穴，有慎往兵，❷果自猜携，人神所棄，折衝罇俎，遥可圖之。所賀知。」

九齡又賀誅奚賊可突于狀曰：「右，高力士宣示，張守珪所上逆賊契丹屈烈及可突于等首級。此等惡稔，喪敗將及，故天誘其衷，既降又貳。而感義之士惡其翻覆，背恩之賊既已誅鋤，幽障廓清，華夷俱静，計其餘噍，永無動摇。陛下邊任先擇，聖謀獨斷，克禀成命，樹此戎功。且知河朔無轉輸之勞，林胡爲賦税之地。臣等忝在樞近，預聞遠績，捷書之至，喜倍恒情。謹奉狀陳賀以聞，謹奏。」答曰：「用兵之上者，脩政於廟堂，折衝千里之外，此之謂也。小寇適降，復爲翻動，邊軍除翦，有國常刑。朕方事籍田，而今獻捷，當鑄劍戟以爲農器也。」❸

九齡又賀破突厥狀曰：「右，張守珪表奏突厥四萬騎，前月二十五日至能訖離山。契丹涅禮等前後斬獲俘馘數十萬，突厥可汗棄甲逃亡，奚王李歸國及平盧軍將等追奔逐北，計日殲滅。更聞奏者，伏以突厥新立，輕事用兵，彼之威衆，在於一舉。又兩

❶「逃」，原作「醜」，今據《曲江集》（《四部叢刊》景明成化刊本）卷一四《賀奚契丹並自離貳廓清有期狀》改。

❷「往」，原作「佳」，今據《曲江集》附《御批》改。

❸「器」下，原衍「悉」字，今據《曲江集》卷一四《賀誅奚賊可突于狀》附《御批》删。

蕃與其結隙，交搆未深，在於邊隅，猶軫天算。陛下料其終始，指授規模，知其舉種盡來，本自無策，勞師襲遠，必合成擒。使蕃騎先鋒，漢軍堅壁，坐觀成敗，自戰蠻夷。今契丹纔交，突厥已破，計其奔北，必至喪亡，縱脱身獲全，亦舉衆皆棄。北虜震慴，從此氣衰；東胡保邊，永不携貳。寬傜罷柝，自此可期。斯皆聖德遠覃，皇威遐振，事無遺策，舉不失圖。臣忝跡樞近，親承睿略，抃躍之至，倍百恒情。謹奉狀陳賀以聞，謹奏。」答曰：「兩蕃歸我，因用禦邊。北虜猖狂，欲有侵率。何則？馳騁之騎，突厥頗强；弓矢之功，契丹稱勁。彼强也，歷遠已弊；此勁也，襲近而摧。勢自不敵，況違天意，廟堂良算，亭障稜威，故合而有成，豈朕之獨斷？所賀知。」

九齡又賀東北累捷狀曰：「右，今日劉思賢至，奉宣聖旨，垂示臣等破賊所由，兼見守珪表奏，具承契丹累捷。伏以聖武所加，制勝者無失，天威不抗，犯順者自亡。突厥負衆背恩，窮凶遠襲；兩蕃懷德，視死如歸；三軍奉國，從命如指。遂使一戰便尅，已聞殺傷無算，慟哭而奔，則知主將必死。且蠻夷相伐，我則不勞；疆埸有虞，義亦奚失？固知無愆信於漠北，有大造於燕陲。此實獨斷神謀，事皆有預，萬全之策，永静邊隅，薄伐之師，匪勞中夏。凡在黎庶，孰不欣躍？臣等忝預樞近，倍百恒情，無任慶悦之至。」答曰：「東歸兩蕃，不孤含育，北制强虜，且知威信，自相攻伐，稍警邊陲，屢有奔亡，非無逆順。朕之早預，故亦常圖，今乃歸功，得無同體。」

九齡又賀依聖料赤山北無賊及突厥要重人死狀：

信安郡王禕，承王忠副謦，固牒云「赤山有賊」。

狀曰：「右，先得前件牒云：『九月三日，奚探見賊無數。』前坐日，❶臣等面奉聖旨，料此必安祿山所將之兵，奚疑是賊，便有此牒也。臣等當時又奏：『突厥舉國大來，微有輸失便去，竊料此意，恐其有謀。』陛下又云：『必應彼有要重人死，所以即去。』今日幽州節度判官、監察御史張曉至，云：『今月十一日從幽州發來，赤山元自無賊，奚所見者，正是安祿山下兵馬。』又云：『契丹有蕃落人走來，云突厥之兵馬平章事第一人死，所以狼狽即去，在路每日於衙帳前哭。』此並聖心懸照，有如目擊。臣等親奉睿算，及此符同，萬里無差，不勝驚喜，無任踴躍之至。仍望宣付史館。」答曰：「朕臨御有年，更事多矣。天人之際，先意後合，此亦賊意可量，非朕謀之必中。將有可紀，任付史館。」

九齡又賀突厥小可汗必是傷死狀曰：

右，牛仙童宣敕送前件契丹令問委曲者，臣等借問突厥退散所由，其伊吐于被擒，將隨五日，因夜却走迴，每日實見突厥諸將皆於衙帳前哭，及整正面是實。據此，必是小可汗傷死，若其不然，不合如此。審覩伊吐于情狀，亦即不敢妄言，必其不虛，乃是天敗。比其歸至本處，固應更有餘殃，醜虜破亡，必自此始也。陛下聖德無遠，妖

❶「坐」，《曲江集》卷一四《賀依聖料赤山北無賊及突厥要重人死狀》作「三」。

沴自銷，不勞師徒，已清朔漠。臣等獲奉廟算，不勝抃躍，無任喜慶之至。

九齡又賀聖料突厥必有亡徵其兆今見狀曰：

右，林招隱宣敕示臣等，張守珪云：「契丹婦女屈將從突厥出來，知可汗死是實。」又云：「黄頭突厥與默啜突厥争言氣，兵馬欲鬭，驚軍，屈將然得走來者。」參驗前後從突厥來者，説事多同，况此婦人，尤爲指實。死既非謬，天實誅之。且諸蕃之中，北虜爲桀，不待征戰，而自取殲夷，此誠天助有道，坐清妖祲。陛下嘗有聖料者，知其必有亡徵。今云兵馬自争，其兆已見。佇聽其敗，但只納降，亭障息兵，將自此始。不勝欣慶之至。

九齡又賀蓋嘉運破賊狀曰：「右，高力士宣奉敕示臣等王尚客奏狀，知蓋嘉運至突厥施店密城，逢賊便鬭，多有殺獲。且凶黨大衆見在邊城，方擬經春圖爲邊患。忽聞嘉運此入，復有破傷，必其驚忙，當有携散。皆是聖略先定，萬里懸同，尚客所言，合符前旨。臣等不勝慶躍之至。」答曰：「方隅蹔警，乃圖其事，不出意外，且有殺傷。雖復嘯聚邊城，故應知難而退。鼎臣參佐，何獨朕躬？所賀知。」

代宗永泰元年，吐蕃遣使請和，詔元載等與之盟。上問郭子儀，子儀對曰：「吐蕃利我不虞，若不虞而來，則國不可守矣。」乃遣兵戍奉天。

大曆八年，元載嘗爲西州刺史，知河

西、隴右山川形勢，言於上曰：「四鎮、北庭既治涇州，無險要可守。隴山高峻，南連秦嶺，北抵大河。今國家西境盡潘原，而吐蕃戍摧沙堡，原州居其中間，當隴山之口，其西皆監牧故地，草肥水美，平凉在其東，獨耕一縣，❶可給軍食，故壘尚存，吐蕃棄而不居。每歲夏，吐蕃畜牧青海，去塞甚遠，若乘間築之，二旬可畢。移京西軍戍原州，移郭子儀軍戍涇州，❷爲之根本，分兵守石門、木峽，漸開隴右，進達安西，據吐蕃腹心，則朝廷可高枕矣。」并圖地形獻之。會田神功入朝，上問之，對曰：「行軍料敵，宿將所難，奈何用一書生語，欲舉國從之乎？」載尋得罪，事遂寢。

德宗建中元年，命回紇使者突董盡帥其徒歸國，輜重甚盛。至振武，留數月，求資給，踐果稼，人甚苦之。留後張光晟欲殺之，奏曰：「回紇群胡自相魚肉，陛下不乘此際除之，乃歸其人，與之財，正所謂借寇兵、齎盜糧者也。請殺之。」上不許。

興元元年，翰林學士陸贄賀吐蕃尚結贊抽軍迴歸狀奏曰：

右，欽溆奉宣聖旨：「適得渾瑊奏，比日尚結贊頻使人計會，擬自領兵馬，剋期同收京城。緣春來蕃軍多有疾疫，近得探報，尚結贊等並抽兵退歸，不知遠近。朕意緣吐蕃士馬强盛，又以和好之義，自請將兵助國討賊，朝夕望其成功，今忽抽軍退歸，甚

❶「一」，原作「二」，今據《資治通鑑》卷二二四唐代宗大曆八年九月乙丑條改。

❷「軍」，原脱，今據《資治通鑑》補。

失准擬。渾瑊、李晟等諸軍兵馬並不至絶多，若無蕃軍應援，深慮被賊衝突。卿試料量事勢如何者。」

臣質性孱昧，不習兵機，但以人情揆之，時亦偶有所得。自承此旨，欣賀實深。竊謂蕃戎退歸，乃是社稷遐福，昨日已附欽溆口奏訖。伏恐未盡愚款，尚勞聖憂，謹復披陳，庶解疑結。

彼吐蕃者，犬羊同類，狐鼠爲心，貪而多防，狡而無耻，威之不格，撫之不懷，雖或時有盛衰，大抵常爲邊患，陰詐難御，特甚諸夷。陛下但舉建中已來近事准之，則戎心難知，固可明矣。頃者方靖中夏，未遑外虞，因其乞盟，遂許結好，加恩降禮，有欲無違。而乃邀求寖多，翻覆靡定，託因細事，嘖有煩言。首尾凡歷四年，要約竟未堅決。立碑纔畢，復請改移。猜矯多端，於斯可驗。逮至盜驚都邑，駕幸郊畿，結贊總戎在邊，因請將兵赴難。陛下推誠允納，厚賂招徠。逗留持疑，竟不時進。無濟討除之用，但携將帥之心。懷光遽至猖狂，頗亦由兹促禍。及皇輿再駕，移蹕漢中，陛下猶望蕃兵，以寧内難。親倚之情彌厚，屈就之事亦多。豺狼野心，曾不知感，翻受朱泚信使，意在觀變推移。頻與諸軍尅期，至時皆不赴會，致令群帥進退憂虞，欲捨之獨前，則慮其懷怨乘躡；欲待之合勢，則苦其失信稽延。既姦且驕，曷望成績。非唯變態難測，且又妨擾實深，戎若未歸，寇終不滅。

臣請復爲陛下根本其説，則人情物理昭然皆可得而察焉。向者謀誘蕃兵，本是使臣失策。陛下急於戡亂，嘉彼効誠，唯恐後時，不暇詳議，遽降優詔，促令進軍。遠近聞之，莫不危駭，將帥意陛下不見信任，且患蕃戎之奪其功；士卒恐陛下不恤舊勞，而畏蕃戎之專其利；賊黨懼蕃戎之勝，不死則悉遺之擒；百姓畏蕃戎之來，有財必盡爲所掠。是以順於王化者，其心不得不怠；陷於寇境者，其勢不得不堅。怠我之師，堅寇之衆，戎心變詐，復未可量。以此益兵，但招其損耳；以此靖國，適資其亂耳。

一昨蕃戎未退，臣又竊有過憂。流聞結贊好謀，恐其潛蓄姦計。儻或幸朝廷播越之際，乘賊泚窮蹙之時，輕犯近郊，若升虛邑。耀兵牧馬，不却不前，外奉國家，内通兇逆，兩峙誘脅之勢，俱納贈遺之資，旁觀戰争，坐乘衰弊。如此，則王師不得伐叛，烝黎不得寧居，賊必耗亡，我亦困竭，京甸所有，勢無孑遺，千里丘墟，得將安用！是乃戎有萬全之利，我有不測之危。臣所以痛心傷神，晝驚夕惕者，慮其意及於此也。所賴天奪其魄，神降之灾，覩機若瞑，遘厲自遁。實昊穹悔禍之應，列聖垂祐之期，廓清妖氛，慶必非遠。

何以知其然也？且賊泚之亂，始於暴兵，困徵役之繁興，乘衛禁之闕備，誘扇群慝，遂謀大姦。逆天僭君，躬肆攻逼，凡有血氣，皆知惋嗟，矧伊忠良，孰不痛憤！獨惡無與，何能久存？加以聖德日新，改過不吝，布革弊之詔，弘恤隱之懷，天下黎元，翕然遷善，易心改觀，厭亂思安。和風既揚，昏祲自斂，蠢兹狂悖，久合殲夷。頃屬懷光昏迷，緩師養寇，吐蕃干撓，生事惑人，故使義士無施，厲階猶梗。今懷光别保蒲、絳，吐蕃遠避封疆，形勢既分，腹背無患，瑊、晟諸帥才力得伸，又各士馬非多，資糧向竭，若不降賊，即須建功。此輩寵任已崇，貴位已極，建功則寵增而位固，降賊則名辱而身危。況賊之兇愚，滅亡可必；賊之孤劣，翦撲非難。孰肯捨固而就危，違寵而從辱，棄垂成之業，臣將滅之虜哉！既牽於利害之情，理不同惡，又迫於單乏之急，勢難久居。勢理相驅，安能無戰！渾瑊統戴休顏、韓遊瓌乘其西北，李晟率駱元光、尚可孤攻其東南，同病相資，自當合力。但願陛下慎於撫接，以奮起忠勇之心；勤於砥礪，以昭蘇遠近之望。中興大業，旬月可期，不宜尚眷眷於犬羊之群，以失將士之情也。

臣愚不任懇悃之至，輒以私懷忖度，謹冒昧以聞。謹奏。

上發吐蕃以討朱泚，許以安西、北庭之地與之。及泚誅，吐蕃來求地，上欲與之。李泌曰：「安西、北庭，人性驍悍，控制西域五十七國及十姓突厥，又分吐蕃之勢，使不得併兵東侵，奈何拱手與之！且兩鎮之人，勢孤地遠，盡忠竭力，爲國家固守近二十年，誠可哀憐。一旦棄之戎狄，彼必深怨中國，他日從吐蕃入寇，如報私讎矣。況日者吐蕃觀望不進，陰持兩端，大掠而去，何功之有！」衆議亦以爲然，上遂不與之。

貞元三年，回紇使使者獻方物，請和親。帝蓄前恚未平，謂宰相李泌曰：「和親待子孫圖之，朕不能已。」泌曰：「陛下豈以陝州故憾乎？」帝曰：「然。朕方天下多難，未能報，且毋議和。」泌曰：「辱少華等乃牟羽可汗也，知陛下即位必償怨，乃謀先苦邊，然兵未出，爲今可汗所殺矣。今可汗初立，遣使來告，垂髮不剪，待天子命。而張光晟殺突董等。雖幽止使人，然卒完歸，則爲無罪矣。」帝曰：「卿言則然，顧朕不可負少華等，奈何？」泌曰：「臣謂陛下不負少華，少華負陛下。且北虜君長身赴難，陛下在藩，春秋未壯，而輕度河入其營，所謂冒豺虎之場也。爲少華等計，當先定會見禮，臣猶危之，奈何孑然赴哉？臣昔爲先帝行軍司馬，方葉護來，先帝祇使宴於府。及議征討，則不見也。葉護邀臣至營，帝不許，使好謂曰：『主當勞客，客反勞主邪？』東收京師，約曰：『土地、人衆歸我，玉帛、子女予回紇。』戰勝，葉護欲大掠，代宗下馬拜之，回紇乃東向洛。臣猶恨以元帥拜葉護於馬前，爲左右過，然先帝曰：『王仁孝，足辦朕事。』下詔慰勉。葉護乃牟羽諸父也，牟羽之來，陛下以元子不拜於帳下，而可汗不敢少有失於陛下，則陛下未嘗屈矣。先帝拜葉護，全京城，陛下乃不拜可汗，固伸威於虜，何恨焉？然計香積、陝州事，以屈己爲是乎？伸威爲是乎？藉令少華等以陛下見可汗，閉壁五日，與陛下張飲，天下豈不寒心哉？而天助威神，使豺狼馴服，牟羽母捧陛下以貂裘，叱左右促命騎，躬送出營。此少華等負陛下也。假令牟羽爲有罪，則今可汗已殺之，立者乃牟羽從父兄，是爲有功，渠可忘之邪？且回紇可汗銘石立國門曰『唐使來，當使知我前後功』云。今請和，必舉部南望，陛下不之荅，其怨必深。」

上謂李晟、馬燧曰：「朕素怨回紇，今聞泌言，自覺少理。卿以爲如何？」皆對曰：「誠如泌言。」泌曰：「臣以爲回紇不足怨，向來宰相乃可怨耳。回紇再復京城，今可汗又殺牟羽，復有何罪？吐蕃幸國之災，陷河、隴數千里之地，又入京城，使先帝蒙塵於陝，此乃百代必報之讎，爲可怨耳。」上曰：「今與之爲怨已久，今往與之和，得無復拒我，爲夷狄之笑乎？」對曰：「臣請以書與之約：爲臣子，往來不過二百人，印馬不過千匹，無得攜中國人及商胡出塞。五者皆能如約，則主上必許和親。如此，威加北荒，旁讋吐蕃，足以快陛下平昔之心矣。」上從之。既而回紇可汗遣使上表聽命。❶上大喜，謂泌曰：「回紇何畏卿如此？」對曰：「此乃陛下威靈，臣何力焉！」上因問招雲南、大食、天竺之計，對曰：「回紇和，則吐蕃已不敢輕犯塞矣。雲南苦吐蕃賦役，未嘗一日不思復爲唐臣也。大食在西域爲最强，與天竺皆慕中國，代與吐蕃爲仇，臣故知其可招也。」遂遣其使者歸，許以公主妻之。

貞元三年，吐蕃卑辭厚禮求和於馬燧，燧信其言，爲之請於朝。李晟言於上曰：「戎狄無信，不如擊之。」韓滉曰：「今兩河無虞，若城原、鄯、洮、渭，使晟及劉玄佐等守之，河湟二十餘州可復也。」上欲從之，會滉卒，張延賞與晟有隙，數言和親便。上亦素恨回紇，欲與吐蕃擊之，遂從燧、延賞計。

貞元三年，渾瑊與吐蕃盟于平涼，吐蕃劫盟。初，瑊之發長安也，李晟深戒之以盟所爲備不可不嚴。張延賞言於上曰：「晟不欲盟好之成，故戒瑊以嚴備。我有疑彼之形，則彼亦疑我矣，盟何由成？」上乃召

❶「聽」，原作「廷」，今據《資治通鑑》卷二三三唐德宗貞元三年八月戊辰條改。

珹，切戒以推誠待虜，勿爲猜疑。珹奏吐蕃決以辛未盟，延賞集百官，稱詔示之，曰：「李太尉謂和好必不成，今盟日定矣。」晟聞之，泣曰：「吾生長西陲，備諳虜情，所以論奏，但耻朝廷爲犬戎所侮耳。」上始命駱元光屯潘原，❶韓遊瓌屯洛口，以爲珹援。是日，上視朝，謂諸相曰：「今日和戎息兵，社稷之福！」柳渾曰：「戎狄，豺狼也，非盟誓可結。❷今日之事，臣竊憂之。」李晟曰：「誠如渾言。」上變色曰：「柳渾書生，不知邊計，大臣亦爲此言耶？」皆頓首謝。是夕，韓遊瓌表言虜劫盟者，兵臨近鎮。上大驚，謂渾曰：「卿書生，乃能料敵如此其審邪！」

憲宗時，回紇使者再朝，遣伊難珠再請昏，未報。可汗以三千騎至鸊鵜泉，於是振武以兵屯黑山，治天德城備虜。禮部尚書李絳奏言曰：「回鶻盛彊，北邊空虚，一爲風塵，則弱卒非抗敵之夫，孤城爲不守之地。儻陛下懷此，增甲兵，飭城壘，中夏長策，生人大幸也。臣觀今日處置，未得其要。

「夫邊憂有五，請歷言之。北狄貪没，唯利是視，比進馬規直，再歲不至，豈厭繒帛利哉？殆欲風高馬肥，而肆侵軼。故外攘内備，必煩朝廷。一可憂。兵力未完，斥候未明，戈甲未備，城池未固，飭天德則虜必疑，❸虚西城則磧道無倚。二可憂。夫城保要害，攻守險易，當謀之邊將。今乃規河

❶「屯」，原脱，今據《資治通鑑》卷二三二唐德宗貞元三年四月庚申條補。

❷「結」，原作「决」，今據《資治通鑑》改。

❸「飭」，《新唐書·回鶻上》作「飾」。

塞之外，裁廟堂之上，虜猝犯塞，應接失便。三可憂。自修好以來，山川形勝，兵戍滿虛，虜皆悉知。賊掠諸州，調發在旬朔外，其係累人畜在旦夕内，比王師至則虜已歸，寇能久留，役亦轉廣。四可憂。北狄、西戎素相攻討，故邊無虞。今回鶻不市馬，若與吐蕃結約解仇，則將臣閉壁憚戰，邊人拱手受禍。五可憂。

「又淮西吴少陽垂死，可乘其變，諸道興發，役且十倍。臣謂宜聽其昏，使守蕃禮，所謂三利也。和親則烽燧不驚，城堞可治，盛兵以畜力，積粟以固軍，一也。既無北顧憂，可南事淮右，申令於垂盡之寇，二也。北虜恃我戚，則西戎怨愈深，内不得寧，國家坐受其安，寇掠長息，三也。今舍三利，取五憂，甚非計。

「或曰降主費多，臣謂不然。我三分天下賦，以一事邊。今東南大縣賦歲二十萬緡，以一縣賦爲昏貲，非損寡得大乎？今惜昏費不與，假如王師北征，兵非三萬、騎五千不能扞且馳也。又如保十全之勝，一歲輒罷，其饋餉供擬，豈止一縣賦哉？」帝不聽。

元和三年，山南東道節度使于頔憚上英威，爲子季友求尚主，上以普寧公主妻之。李絳諫：「頔，虜族；季友，庶孽，不足以辱帝女。」上曰：「此非卿所知。」頔大喜。上因使人諷之入朝，頔遂奉詔。

文宗太和五年，吐蕃請和約弛兵，而大酋悉怛謀舉維州入之劍南，於是李德裕上言：「韋皐經略西山，至死恨不能致，今以生羌三千人燒十三橋，擣虜之虚，可以得志。」帝使群臣大議，請如德裕策。僧孺持不可，曰：「吐蕃緜地萬里，失一維州，無害其彊。今修好使者尚未至，遽反其言。且中國禦戎，守信爲上，應敵次之。彼來責曰：『何故失信？』養馬蔚茹川，上平凉坂，萬騎綴回中，怒氣直辭，不三日至咸陽橋。此時西南數千里外，得百維州何所用之！徒棄誠信，有害無利。此匹夫所不爲，况天子乎！」上以爲然，詔德裕以其城及悉怛謀等歸之吐蕃。吐蕃誅之境上。

武宗會昌中，時回鶻先爲黠戛斯所破，烏介可汗挾公主牙塞下，種族大飢，以弱口、重器易粟於邊。退渾、党項利虜掠，因天德軍使田牟上言：「回紇叛將嗢没斯等侵迫塞下，願以部落兵擊之。」議者請可其奏。德裕曰：「窮鳥入懷，猶當活之。况回紇於國屢建大功，今爲隣國所破，以窮來歸，未輒擾邊，遽伐之，非漢宣帝待呼韓之義。不如與之食，以待其變。」陳夷行曰：「資盜糧，非計也，不如擊之便。」德裕曰：「沙陀、退渾，不可恃也。夫見利則進，遇敵則走，雜虜之常態，孰肯爲國家用邪？天德兵素弱，以一城與勁虜角，無不敗。請詔牟無聽諸戎計。」帝於是貸粟三萬斛。

會嗢没斯殺赤心以降，赤心兵潰去。於是回紇勢窮，數丐羊馬，欲藉兵復故地，又願假天德城以舍公主，帝不許。乃進逼振武保大栅杷頭峰，以略朔川，轉戰雲州，刺史張獻節嬰城不出。回紇乃大掠，党項、退渾皆保險莫敢拒。帝益知向不許田牟用二部兵之效，乃復問以計，德裕曰：「杷頭峰北皆大磧，利用騎，不可以步當之。今烏介所恃公主爾，得健將出奇奪還之，王師急擊，彼必走。今鋭將無易石雄者，請以蕃渾勁卒與漢兵銜枚夜擊之，勢必得。」帝即以方略授劉沔，令雄邀擊可汗於殺胡山，敗之，迎公主還，回紇遂敗。進位司徒。

黠戛斯遣使來，且言攻取安西、北廷，帝欲從黠戛斯求其地，德裕曰：「不可。安西拒京師七千里，北廷五千里。異時繇河西、隴右抵玉門關，皆我郡縣，往往有兵，故能緩急調發。自河、隴入吐蕃，則道出回紇。回紇今破滅，未知黠戛斯果有其地邪？假令安西可得，即復置都護，以萬人往戍，何所興發，何道饋輓？彼天德、振武於京師近，力猶苦不足，況七千里安西哉？臣以爲縱得之，無用也。昔漢魏相請罷田車師，賈捐之請棄珠崖，近狄仁傑亦請棄四鎮及安東，皆不願貪外以耗内。此三臣者，當全盛時，尚欲棄割以肥中國，況久沒甚遠之地乎？是持實費市虛事，滅一回鶻，而又生之。」帝乃止。

德裕又請遣使訪問太和公主狀奏曰：

右，伏以元和中回鶻累請和親，憲宗不許。至長慶初，穆宗以北虜代結姻好，中國無虞，邊境晏然，生人受福，所以割慈下嫁，用示懷柔。今回鶻國已破亡，公主未知所在，若不遣使訪問，慰其艱危，戎狄必謂國家降主虜庭，本非愛惜，便懷輕易之意，永無敬重之心，非止甚傷虜情，實亦負於公主。臣等商量，望令苗稹將一二十輕騎，齎詔書先至嗢没斯處，令其轉差人送入至公主所在。若嗢没斯便受朝旨，固表恭順之心，若辭拒此行，足彰背叛之跡。因此偵察，無所隱情。伏希聖旨，特賜省察。

德裕又論田牟請許党項讎復回鶻、嗢没斯部落狀奏曰：「右，臣等雖不習兵鈐，昧於邊事，然酌其物理，情實可知，伏希聖慈特賜詳覽。比者陛下常慮回鶻國中離散，未是實情，今據我阿泥及伊難珠合等書云『此間更無活處』，即是實耗。又回鶻安孝順云赤心宰相問『漢國中看你回鶻好無』，足知依倚大國，意甚懃懇。今若許田牟徇党項貪利之心，不自量力，犯必死之虜，絶歸款之誠，事捷亦損耗甲兵，大虧恩信，不成則永爲邊患，取笑四夷。况窮鳥入懷，尚須矜憫，遠人慕義，曾未犯邊，自六月至今未嘗捉烽戍一人，奪党項一物，披誠款塞，望闕哀鳴，昨者所獻表章，詞懇意順，棄而不納，先務誅夷，此不可一也。若回鶻國中無釁，種落皆安，嗢没斯叛逆而來，即須拒絶。可汗既自失國，牙帳已無，携挈傷殘，寄命他所，嗢没斯等迫於饑困，各欲求生。田牟執稱背國亡命，是去年爲惡徒黨，都似與德彝雪屈，爲党項報讎，察其用情，殊非體國，此不可二也。漢宣帝五鳳中，匈奴大亂，議者多曰：『匈奴爲害日久，可因其壞亂，舉兵滅之。』蕭望之對曰：『宜遣使吊問，救其灾患。四夷聞之，咸貴中國之仁義。』其後南單于果自臣服，六十年邊境無事。今縱不能扶其微弱，豈宜因此幸灾？此不可三也。伏望且詔太原、振武，排比騎兵於邊上戒嚴，防其侵軼，待犯國家城鎮，然后以武力驅除。若只於党項、退渾小有劫奪，任部落自相仇報，亦未可助以甲兵。常令大信不渝，懷柔得所，彼雖戎狄，必合感恩。待張賈使回，足知情實。仍望詔田牟不得擅出詭計，妄邀奇功。兼詔仲武不得納將吏惑詞，爲國生事。如蒙允許，伏望

付翰林酌此意處分。」❶

又曰：「比者只待張賈使回，今到已數日，須早發遣。緣回鶻已入邊界，未測多少，天德兵力寡少，須務懷柔。伏以自古禦戎，只有二道：一是厚加撫慰，二是以力驅除。此事利害較然，前古皆有明效。漢宣帝厚撫呼韓，代享其利，邊境六十年無事。漢武力制匈奴，海内疲弊，生人減半。今嗢没斯若不稍加恩意，令盡歡心，須至以力驅除，必恐永爲邊患。假使其衆殘破，摧伏不難，亦須先加以恩，不令疑貳。古人云『將欲取之，必固與之』，正謂此也。臣等商量，縱不與糧食接借，其賜物恐不可太薄。若止於所賜特勒、宰相，實恐發遣未得，須是稍令優厚，於朝廷苦無費損，可以保全。朝野群情，皆望如此。伏希聖慈特賜察納。」

黠戛斯阿熱遣使行三歲至京師，武宗大悦，班渤海使者上，以其處窮遠，能修職貢，命太僕卿趙蕃持節臨慰其國，詔宰相即鴻臚寺見使者，使譯官考山川國風。德裕上言：「貞觀時，遠國皆來，中書侍郎顔師古請如周史臣集四夷朝事，爲《王會圖》。今黠戛斯大通中國，宜爲《王會篇》以示後世。」有詔以鴻臚所得繢著之。

三年，德裕言：「維州據高山絶頂，三面臨江，在戎虜平川之衝，是漢地入兵之路。初，河隴盡没，惟此獨存。吐蕃潛以婦人嫁此州門者，二十年後，兩男長成，竊開壘門，引兵夜入，遂爲所陷，號曰無憂城。

❶「酌」，原作「約」，今據《全唐文》卷七〇四《論田牟請許党項讎復回鶻嗢没斯部落狀》改。

從此得以併力西邊，憑陵近甸。韋皋欲經略河、隍，須此城爲始。急攻數年，卒不可克。臣到西蜀，空壁來歸，南蠻震懾，山西八國，皆願内屬。可減八處鎮兵，坐收千里舊地。且維州未降前一年，吐蕃猶圍魯州，豈顧盟約！當時不與臣者，望風疾臣，詔送悉怛謀等，令彼自戮。臣累表陳論，乞垂矜捨，答詔嚴切，竟令執還。將吏對臣，無不隕涕。蕃帥即以此人戮於境上。絶忠款之路，快兇虐之情。乞追奬忠魂，各加褒贈。」詔贈悉怛謀爲右衛將軍。

宣宗時，暵陽判官李義山爲節度使，王茂元奏吐蕃交馬事宜狀：

右，臣得所由狀，報吐蕃請於鳳翔交馬者。臣伏以吐蕃衆則犬羊，心唯虵豕，不思率服，但逞姦欺。國家務以懷柔，極其撫御，敦惠好於非類，擇使命於本朝，容養甚弘，錫賚非薄。昔魏酬倭國止於銅鏡紺文，漢遺單于不過犀毗綺袷，並一介之使，將萬里之恩。豈若陛下選彼周行，取於宗屬，而敢淹停曠日，留止彌年，久已迴車，又請交馬。視其詭詐，難以保明，深算機宜，未可容許。臣又見蕃中來人説云，其首領素已年侵，更兼心疾，不恤其衆，連誅舊臣，差徵無時，凶荒累歲，以此遂違盟約，仍致逗留。今恐事出多端，致由群下上欺聖德，旁損廟謨，翻覆難知，善惡未決。竊計君奕，合有表章。伏望更敕群臣商量，且命界首止絶。儻須存遠馭，要示殊恩，但言彼蕃來往不時，邊將奏論甚切，亦無妨國體，未阻戎心。

臣自擁節旄，亟踰星琯，修裝器械，蓄積糧儲，又時巡訪川原，討尋蹊隧，每當衝要，必有隄防，增築故城，穿濬新塹，遍箱鹿角，未易可當，木栫魚膏，不曾虛棄，雖臨搖落，免有寇攘。忖彼物情，未能動衆，其若便侵亭障，自起烟塵，臣且率勵當軍，猶可獨當一面。況其隣道悉是强兵，敢忘充國之請行，不慮張宗之辭難？

伏乞聖恩，鑑臣鐵石，納臣芻蕘，使其畏慴威靈，挫平奸宄。臣不勝憤激懇迫之至。

懿宗即位，南詔豐祐卒，子酋龍立，僭號，遣兵陷播州。咸通二年，同平章事杜悰上言：「南詔彊盛，西川兵食單寡，未可輕與之絶。且應遣使吊祭，諭以新王名犯廟諱，故未行册命，待其更名謝恩，然後遣使。」

僖宗時，南詔酋龍卒，子法立，請和親。吏部侍郎崔澹等上言不可從，高駢劾澹沮議。西川節度使崔安潛上言：「蠻蓄鳥獸心，不識禮義，安可以賤隸尚貴主，失國家大體？澹等議可用。臣請募義征子，率十户一保，願發山東鋭兵六千戍諸州，比五年，蠻可爲奴。」久之，帝手詔問安潛和親事，答曰：「雲南姚州譬一縣，中國何資於彼而遣重使，加厚禮？彼且妄謂朝廷畏怯無能爲，脱有它請，陛下何以待之？且天宗近屬，不可下小蠻夷。臣比移書，不言舅甥，黜所僭也。有如蠻使者不復至，當遣諜人伺其隙，可以得志。」

晉高祖天福六年，成德節度使安重榮執契丹使者，上表稱：「吐谷渾、兩突厥、渾、契苾、沙陁，各帥部衆歸附；党項等亦納契丹告牒，言爲虜所凌暴，願自備十萬衆，與晉共擊契丹。陛下屢敕臣承奉契丹，勿自起釁端，其如天道人心，難以違拒。」大抵斥晉主父事契丹，竭中國以媚無厭之虜。又爲書遺朝貴，云已勒兵，必與契丹決戰。晉主患之。時鄴都留守劉知遠在大梁，泰寧節度使桑維翰密上疏曰：「陛下免於晉陽之難而有天下，皆契丹之功，不可負也。今重榮恃勇輕敵，吐渾假手報仇，皆非國家之利，不可聽也。臣觀契丹士馬精彊，戰勝攻取，其君智勇過人，其臣上下輯睦，牛馬蕃息，國無天災，此未可與爲敵也。且中國新敗，士氣彫沮，又和親既絶，則當發兵守塞，兵少則不可以待寇，兵多則饋運無以繼之。我出則彼歸，我歸則彼至，臣恐禁衛之士疲於奔命，鎮、定之地無復遺民。今天下粗安，烝民困弊，静而守之，猶懼不濟，其可妄動乎！契丹與國家恩義非輕，信誓甚著，彼無間隙而自啓釁端，就使克之，後患愈重；萬一不克，大事去矣。議者以歲輸繒帛謂之耗蠹，有所卑遜謂之屈辱，殊不知兵連禍結，財力將匱，耗蠹孰甚焉！武吏功臣，過求姑息，屈辱孰大焉！臣願陛下訓農習戰，養兵息民，俟國無內憂，民有餘力，然後觀釁而動，則動必有成矣。又鄴都富盛，國家藩屏，今主帥赴闕，軍府無人，乞陛下略加巡幸，以杜姦謀。」晉主謂使者曰：「朕比日以來煩懣不決，今見卿奏，如醉醒矣。」

歷代名臣奏議卷之三百四十一

本卷劉永强校點

歷代名臣奏議卷之三百四十二

夷狄

宋太宗時，❶張洎上禦戎策曰：❷

夫禦戎之道有三策焉，前代聖人論之詳矣。繕修城壘，依憑險阻，訓戎聚穀，分屯塞下，來則備戎，去則勿追，策之上也。偃革櫜弓，❸卑辭厚禮，降王姬而通其好，輸國貨以結其心，雖屈萬乘之尊，暫息三邊之戍，策之次也。練兵選將，長壘深入，擁戈鋋而肆戰，決勝負于一時，策之下也。

國家自戎馬生郊，邊防受敵，兵連禍結，累載于兹。邯鄲致蹂踐之虞，上谷失藩籬之固。飛芻輓粟，千里騷然，丁壯斃于轉輸，膏血塗于原野。尚賴聖君宵旰，廣運宸謀，今夏以來，方隅稍定，糇糧以濟，城邑粗安。然而胡虜之情，變詐難測。或慮朔風高引，塞草具腓，乘大漠之苦寒，奉穹廬之醜類，南下燕、趙，復恣憑凌，則成敗存亡，未可量也。況河朔之地，困阨方深，邑里丘墟，黎元蕩析，儻後日之戰，覆車之禍，則趙、真、定，❹疇能守之？人心一搖，天下之事去矣。國家素失薊北關塞之險，亡控守之處，是上策不能舉也。頓兵草野，與匈奴轉戰，勞弊已甚，勝負未分，是下策不足恃

❶「宗」，原作「祖」，今據《長編》卷三一淳化元年六月丙午條改。
❷「張洎」，原作「趙普」，今據《長編》改。
❸「櫜」，原作「橐」，今據《四庫全書》本、《長編》改。
❹「趙」下，《長編》有「魏」字。

也。審觀天下之形勢，憂患未已，唯與之通好，或可解紛。今山東諸侯，近不交戰，訪聞匈奴休兵馬，❶退在虜庭，宜因此時舉和親之策。

夫屈信變化，與道汙隆，轉危就安，聖人之務也。得裁成于四海，豈凝滯于一方。昔高祖奮布衣，起豐沛，誅暴楚，滅强秦，不五七年，平定天下。而雄圖大略，自軒昊以降未見其倫。以天子之尊，唯有魯元一女，及出師朔野，困于白登，爰從説士之詞，遂舉和親之策。迨及文、景，承先人之業，開太平之基，至道興行，兆民胥悦。海内田賦，三十而税一；太倉之粟，紅腐而不可食；内府之錢，貫朽而不可較。亞夫、賈誼爲謀議，將帥之臣，三十年間，天下刑措，巍巍功業，與三代比隆。及其火照甘泉，兵屯細柳，宗室之女出聘單于。夫以高祖之雄才，文景之淳化，豈力之不足而德之不至也耶？然而與之通好者，蓋視夷狄猶禽獸爾。安肯耗竭中國，事無用之虜；傷害德義，而與犬豕争？前代喻夷狄之侵，譬猶蚊虻螫軀，驅之而已，豈求功業于其間哉。觀典策之遺文，審安危之大計，降志戎虜，惟聖人能之。結好息心，正在今日。儻或上天悔禍，醜類依仁，奉二國之歡盟，息邊夷之烽燧，誠祖宗之福也。

夫盛衰之理，其機存焉，聖賢因之以定其業。昔者隋季版蕩，唐室勃興，高祖大并，肇登天位，英、衛、房、杜爲佐命之隆。而頡利可汗遽犯京邑，太宗躬枉車駕，以敦其夙好，廣輸財貨，以厭其貪心。歲月薦更，犬戎浸弱，李靖以數萬之衆，擒而滅之。

❶「聞」，原作「問」，今據《長編》改。

此王者蒙垢俟時，殲强敵之明效也。

今契丹孼臣擅軸，牝雞司晨，單于幽孱，權移于母，治越于强大，地處于嫌疑，犬羊之衆雖繁，攻奪之形已露，况滔天泯夏，極惡窮凶。以人事言之，星紀未周，冒頓之謀必興于虜帳矣。國家暫時屈己，以濟艱屯，而取亂侮亡，其則何遠？若契丹恃憑種落，張皇寇暴，逆天悖理，不奉綏懷，然聖人屈己濟物之誠，已彰灼于天下矣。豈獨回昊穹之眷命，因亦激戰士之鬬心，曲直實在，我又何愧？利害斯見，宜賜察焉。

太宗太平興國五年，左拾遺張齊賢上奏曰：

臣竊惟方今海内一家，朝野無事。關聖慮者，豈不以河東新平，屯兵尚衆，幽薊未下，輦運爲勞，以生靈爲念乎？臣每料之，此不足慮也。自河東初降，臣即權知忻州，捕得契丹納米專典，皆自山後轉般，以援河東。以臣料契丹能自備軍食，則於太原非不盡力，然終爲我有者，蓋力不足也。河東初平，人心未固，嵐、憲、忻、代未有軍寨，入寇則田收頓失，擾邊則守備可虞，而反保境偷生，畏威自固。及國家守要害，增壁壘，左控右扼，疆事甚嚴，恩信已行，民心已定，乃於鴈門、陽武、谷來争小利。此則戎狄之智力，可料而知也。

聖人舉事，動在萬全，百戰百勝，不若不戰而勝。若重之慎之，❶戎虜不足吞，燕薊不足取。自古疆場之難，非盡由戎狄，亦多邊吏擾而致之。若緣邊諸寨撫御得人，

❶「慎」，原作「謹」，宋人避宋孝宗名諱改，今據《長編》卷二一太平興國五年十二月末條改回。

但使峻壘深溝，蓄力養鋭，以逸自處，寧我致人，李牧所以稱良將於趙，用此術也。所謂擇卒未如擇將，任力不及任人，如是則邊鄙寧矣。邊鄙寧則輦運減，輦運減則河北人民獲休息矣。民獲休息，❶則田業增而蠶織廣，務農積穀，以實邊用。且戎狄之心，固亦擇利避害，安肯投死地而爲寇哉。

臣又聞家六合者，以天下爲心，豈止争尺寸之事、角戎狄之勢而已。是故聖人先本而後末，安内以養外。人民本也，戎狄末也。中夏内也，夷狄外也。是知五帝三王，未有不先根本者也。堯、舜之道無他，廣推恩於天下之民爾。推恩者何？在乎安而利之。民既安利，則戎狄斂衽而至矣。陛下愛民利天下之心，真堯、舜也。臣慮群臣所聞，❷多以纖微之利，尅下之術，侵苦窮民，以爲功能者。彼爲此效，相習已久，至于生民疾苦，見之如不見，聞之如不聞。斂怨速尤，無大于此。

伏望審擇通儒，分路採訪兩浙、江南、荆湖、西川、嶺南、❸河東，有僞命日賦斂苛重者，改而正之，因而利之，使賦税課利通濟，可經久而行，爲聖朝定法，除去舊弊。如天下諸州有不便於民事，委長吏聞奏。使天下敢循常不以上聞，自當嚴加典憲。使天下耳目皆知陛下之仁，戴陛下之惠。此以德懷遠，以惠利民，則幽燕竊地之醜，沙漠偷生之虜，擒之與屈膝在術爾。

❶「民」，原脱，今據《長編》、《宋文鑑》卷四一《諫北征》補。

❷「慮群臣」三字，原脱，今據《長編》、《宋文鑑》卷四一《諫北征》補。

❸「嶺南」二字，原脱，今據《長編》補。

七年，李繼遷擾西鄙，保安軍奏獲其母。至是，太宗欲誅之，以寇準居樞密副使，獨召與謀。準退，過相幕，吕端坐，疑謀大事，邀謂準曰：「上戒君勿言於端乎？」準曰：「否。」端曰：「邊鄙常事，端不必與知，若軍國大計，端備位宰相，不可不知也。」準遂告其故，端曰：「何以處之？」準曰：「欲斬於保安軍北門外，以戒凶逆。」端曰：「必若此，非計之得也，願少緩之，端將覆奏。」入曰：「昔項羽得太公，欲烹之，高祖曰：『願分我一杯羹。』夫舉大事，不顧其親，況繼遷悖逆之人乎？陛下今日殺之，明日繼遷可擒乎？若其不然，從結怨讎，愈堅其叛心爾。」太宗曰：「然則何如？」端曰：「以臣之愚，宜置於延州，使善養視之，以招來繼遷，雖不能即降，終可以繫其心，而母死生之命在我矣。」太宗撫髀稱善曰：「微卿，幾誤我事。」即用其策。其母後病死延州，繼遷尋亦死，繼遷子竟納款請命，端之力也。

左拾遺知相州田錫論邊事，上奏曰：

臣聞動静之機，不可妄舉，安危之理，不可輕言。利害相生，變易不定。用捨無惑，思慮必精。

夫動静之機，不可妄舉者，動謂用兵，静謂持重。應動而静，則養寇以生姦。應静而動，則失時以敗事。動静中節，乃得其宜。今北鄙繹騷，蓋亦有以居邊任者，❶規羊馬細利爲捷，矜捕斬小勝爲功，❷賈怨結

❶「有」，原脱，今據《長編》卷二二太平興國六年九月壬寅條、《宋史·田錫傳》、《宋文鑑》卷四一《論邊事》補。

❷「矜」，原脱，今據《長編》補。

仇，乘狄致寇，召戎起釁，職此之由。伏願申飭將帥，謹固封守，勿尚小功，許通互市，索獲蕃口，撫而還之。如此，不出五載，河朔之民，得務三農之業；亭障之地，可積十年之儲。前歲俶擾邊陲，親迂鑾輅，今兹張皇聲勢，頗動人心。若玁狁來侵，六龍夙駕，戎羯既退，萬乘方歸，是皆失我機先，落其術内，所以兵不得分屯，農人不得收斂，勞頓斁耗，可勝言乎？軍國大端，固當慎始。❶戎族未亂，無煩强圖。狄勢未衰，何勞力取？待其亂而取之則克，乘其衰而兵之則降。既心服而志歸，則力省而功倍。自古貪利薦食，不獨匈奴，邀功起戎，多自邊將。當鑑前軌，以恢永圖。昔漢安帝時，東夷犯境，連年不息，漢頗患之。其主云亡，其子繼立，漢乃命使吊之，東夷感悦，還漢生口，一隅晏然。至於南蠻，亦嘗畔涣。始由邊吏增賦，乘怨寇掠。光武時西戎犯邊，班彪請置護羌校尉，通其貨之有無，治其人之冤枉，塞垣遂安。誠願考古道，❷務遠圖，示綏懷萬國之心，用駕馭四夷之策，事戒輒發，理在深謀。

臣又謂安危之理，不可輕言。國家務大體，求至理則安。捨近謀遠，勞而無功則危。爲君有常道，爲臣有常職，是務大體也。上不拒諫，下不隱情，是求至理也。帝王之道，惡萌欲心。漢武帝躬秉武節，遂登單于之臺。唐太宗手結雨衣，往伐遼東之國。率義動之衆，徇無厭之求，輸常賦之財，奉不急之役，是捨近謀遠也。沙漠窮

❶ 「慎」，原作「謹」，宋人避宋孝宗名諱改。今據《宋文鑑》改回。

❷ 「考」，原作「依」，今據《長編》、《文史》、《宋文鑑》改。

荒，得之無用，夷狄遺種，殺之更生，是勞而無功也。

臣又謂利害相生，變易不定者，《兵書》曰：「不能盡知用兵之害者，則不能盡知用兵之利。」蓋事有可進而退，則害成之事至焉。可退而進，則利用之事去焉。能審利害，則爲聰明。以天下之耳聽之則聰，以天下之目視之則明。故《書》曰：「明四目，達四聰。」惟此聰明，無壅塞，盡去相蒙之弊，乃恊知幾之神。

臣又謂取捨不可以有惑，故曰：「孟賁之狐疑，不如童子之必至。」❶思慮不可以不精，故曰「差若毫釐，繆以千里」。自國家圖燕以來，連兵未解，財用不得不耗，人臣不得不憂。恢復弔伐之名，雖建洪業，可否禍福之實，宜留聖心。願陛下精其思慮，決其取捨，無使曠日持久，窮兵極武，爲國大計，不得不然。

雍熙中，詔詢文武禦戎之策。殿中侍御史趙孚奏議曰：「臣愚以爲不用干戈，不勞飛輓，爲萬世之利者，敢獻其說，惟明主擇之。古者兵交，使在其間，雖飛矢在上，走驛在下，蓋信義不可廢也。昔苗民逆命，帝乃誕敷文德，而有苗格。又仲尼曰：『有能一日克己復禮，天下歸仁。』只如并門一方，歷代難取，聖襟英斷，一舉成功。當其逆城危於累卵，生聚懷伏，而陛下猶遣通使舍人薛文寶入城諭之。日者北邊未賓，全燕猶梗，再興軍旅，將復土疆。臣竊計屯戍邊陲，故非獲已，暴露原野，豈是願爲？欲望朝廷通達國信，近鑑唐高祖之降禮，遠法

❶「如」，原作「知」，今據《宋史》、《宋文鑑》改。

周古公之讓地。聖人以百姓之心爲心，君子見幾而作，諭以禍福，示以恩威，議定邊疆，永息征戰。養民事天，濟時利物，莫過於此。臣又計彼雖嗜好不同，然去危就安，厭勞喜逸，亦人情之所同也。」上嘉之。

端拱二年，吏部侍郎李至乞懷柔北狄，上奏曰：

臣今月十一日奉宣御札，以北虜犯邊，廣延群議，天慈惻隱，睿訓丁寧。仰承屈己之仁，俯愧素餐之責，伏聽綸旨，戰汗交并。臣謬以庸虚，叨塵侍從，國家之事，首合上言。但以章句之能，記問之學，徒欲循先賢之陳迹，習迂儒之儒謀，豈敢自衒於多士之朝，輕瀆於至聖之鑑。今陛下戒臣以鉗口，責臣以惜言，既迫威嚴，輒陳狂瞽。臣竊惟北狄爲患，自古而然，不足致怒，唯在御之得其道爾。若綏之以德，則其用功也逸，其經費也約，其見效也速，其保安也久。而無衒耀彰灼之名，但有安樂富壽之實。若懾之以威，則在良將勁兵，奇謀詭道，士冒鋒鏑霜露，民竭資財糧穀，伏屍流血，搴旗斬將，然後振旅凱樂，獻功清廟，此誠天下之壯觀，臣非不欲之也。直以非被堅執鋭之士，無運籌借箸之智，欲之而不能致之也。《春秋傳》云：「人有能有不能。」臣豈强以所不能而誣惑於天聽哉。若其懷柔之術，粗能言之，請陳其一二。

昔者漢高祖既定天下，唯匈奴爲梗，奉春君獻議，請以魯元公主妻之，望其執子婿外孫之禮，高祖欣然納之。臣以爲奉春之策，愚之甚者也。彼單于冒頓，親殺其父而奪其位，肯顧外祖哉。以高祖聰明神武，豈不知此謀之拙？蓋有以也。是時民困已久，皆望息肩，高祖所以屈萬乘之尊，捨骨肉之愛，爲百姓請命於匈奴爾。百姓見高祖如此，則仁義浸於骨髓，感激盈於胸臆，始肯奮不顧命以扞國。天意見高祖如此，始肯霈然垂祐以致和平。遂以至愚之策，而獲萬世之福。此理出於杳冥微妙，非尋常所能見也。至于孝文能遵前訓，亦不以萬乘爲貴，四海爲大，卑事匈奴。所以海内富壽，粟腐貫朽，幾致刑措。至于孝武承累代之業，任雄武之才，奮兵而出，收河南之地，取渾邪之域，摧兇殄寇，功冠前古。及其連兵不已，國家疲弊，户口減半，於是罷輪臺之役，下哀痛之詔，然後僅安。則知威懾之與德綏，利害不侔矣。此乃前古之顯效也。

近者李繼遷以蕞爾之衆，侵擾西邊，爲我疥癬之患。陛下尚能憫西民之勞苦，下惻隱之命，赦繼遷之罪，加保以恩，化狂悖爲忠順，變殺戮爲生成，凡在含識，莫不上感聖德，此又目前之顯效也。昔者仲尼垂持滿之誡曰：「聰明睿智，守之以愚，功被天下，守之以讓，❶勇力振世，守之以怯，富有四海，守之以謙。」此天道也。夫四德者，陛下可謂兼之矣，而有邊寇之患者，天意將儆戒陛下，欲遵仲尼之教，守不世之烈，以永八百年之基乎？

所以臣昧死上言，願陛下上恭天意，下徇民情，霽雷霆之威，霈雨露之澤，追禹、湯罪己之旨，下漢武哀痛之詔，開懷以待之，玉帛以撫之，文告以諭之，明神以要之。使彼服義懷仁，則我無遺鏃之費，保覆盂之

❶「讓」，原作「遜」，宋人避宋英宗父名諱改，今據《荀子·宥坐篇》改回。

安。如使驕狠不悛，則我之士民怒氣自倍，則後日之戰必無前日之遷延也。臣愚暗昏耄，所見止此，塵瀆天鑑，伏俟刑書，謹奉表以聞。

至道二年，出李重貴爲衛州團練使。未行，會命將五路討李繼遷，以重貴爲麟府州濁輪砦路都部署。得對便殿，因言：「賊居沙磧中，逐水草牧畜，無定居，便戰鬭，利則進，不利則走。今五路齊入，彼聞兵勢太盛，不來接戰，且謀遠遁。欲追則人馬乏食，將守則地無堅壘。賊既未平，臣輩何顔以見陛下。」太宗善之，出御劒以賜。

真宗即位，拜李至工部尚書、參知政事。一日，上訪以靈武事，至上疏曰：「河湟之地，夷夏雜居，是以先王置之度外。繼遷異類，騷動疆埸，然臍不足弭其患，擢髮不足數其罪。然聖人之道，務屈己含垢以安億民，蓋所損者小，所益者大。望陛下以元元爲念，不以巨憝介意。料彼脅從亦厭兵久矣，苟朝廷舍之不問，啖以厚利，縻以重爵，亦安肯迷而不復，訖於淪胥哉？昨鄭文寶絶青鹽使不入漢界，禁粒食使不及羌夷，致彼有詞，而我無謂，此之失策，雖悔何追。今若復禁止不許通糧，恐非制敵懷遠、不戰屈人之意。昔唐代宗雖罪田承嗣而不禁魏鹽，陛下宜行此事，以安邊鄙。使其族類有無交易，售鹽以利之，通糧以濟之，彼雖遠夷，必然向化，互相告諭。一旦懷恩，舍逆效順，則繼遷豎子孤而無輔，又安能爲我蜂蠆哉。今靈州不可不棄，非獨臣愚以爲當然，若移朔方軍額於環州，亦一時之權也。或指靈州爲咽喉之地，西北要衡，安可棄之以爲敵有，此不智之甚，非臣之所敢知也。」後靈武卒不能守。

時邊人屢寇，知虢州謝泌上疏曰：

臣竊惟聖心所切者，欲天下朝夕太平爾。雍熙末，趙普録唐姚崇《太平十事》以獻。未幾，普復相，時稱致治之策，無出於此。尋普病，又遼騎擾邊，因循未行。今北邊謐寧，繼遷請命，則可行於今日矣。臣以爲先朝未盡行者，俟陛下爾。陛下自臨大寶，邊不加兵，西北肅然，民安歲登，則太平之象，復何遠哉。至於省不急之務，削煩苛之政，抑奔競，來直言，斯皆致太平之術，又豈讓唐開元之治也。

議者或謂方今用兵，異於開元，且開元邊戎孔熾，明皇卒與之和。至如漢高祖亦然。此皆屈己以寧天下，豈以輕大國而競小忿乎。請以近事言。往歲討交阯，王師一動，南方幾摇。先皇以爲得之無用，棄之實便，及授官爲藩屏，則至今鼠伏。石晉之末，恥講和契丹，遂致天下横流，豈得爲强？或者有言，敵所嗜者禽色，所貪者財利，餘無他智計。先朝平晉之後，若不舉兵臨之，但與財帛，則幽薊不日納土矣。察此，乃知其情古猶今也。漢祖、明皇所用之計，正可以弭其心矣。❶

臣伏覩近詔，以不逞之徒所陳述，皆閭閻事。臣聞古先哲王詢于芻蕘，察於邇言者，蓋慮視聽之蔽，故採此以達物情，亦罕行其事也。先朝有侯莫陳利用、陳廷山、鄭昌嗣、趙贊之徒，喋喋利口，賴先帝聖聰，尋翦除之，然爲患已深矣。

❶「弭」，《宋史·謝泌傳》作「餌」。

咸平三年，知雄州事何承矩上奏曰：

夫榷場之設，蓋先朝從權立制，以惠契丹，縱其渝信犯盟，亦不之廢，似全大體。今緣邊榷場，因其犯塞，尋即停罷。去歲以臣上言，於雄州置場賣茶，雖貲貨並行，而邊氓未有所濟。乞延訪大臣，議其可否，或文武中有抗執獨議，是必別有良謀。請委之邊任，使施方畧，責以成功。苟空陳浮議，上惑聖聰，秖如靈州，足爲證驗，况兹契丹又非夏州之比也。

真宗時，契丹聚兵幽薊，聲言將入寇，議者請城洛陽。司空吕夷簡謂：「契丹畏壯侮怯，遽城洛陽，亡以示威，景德之役，非乘輿濟河，則契丹未易服也。宜建都大名，示將親征以伐其謀。」或曰：「此虛聲爾，不若修洛陽。」夷簡曰：「此子囊城郢計也。使契丹得渡河，雖高城深池，何可恃耶？」乃建北京。

仁宗時，陝西經略安撫使夏竦奏策曰：

臣聞犬戎狗態，薦食邊境，爲日久矣。周道中興，宣王薄伐。秦氏孔武，逐之塞北，雖繞長城，終非良策。漢高北伐，師挫白登，奉春獻議，乃約和親。供給至豐，寇掠無厭。太宗中年，侵軼岐雍。孝武窮兵，稾街秉律，精鋭深入，摧敗醜類。甘露之中，呼韓款塞。當是之時，虜勢微弱，中國懷禦，疏密有宜。新莽盜漢，寇心復戾。世祖中興，敵分南北，勢既携離，邊防稍泰，竇憲總師，遂破其種。逮及桓、靈，復患寇鈔。漢祚綫絶，中原瓜割，氈毳大盛，亂華猾夏。周、隋之際，突厥驕矜，胡后外入，宗女外降。唐室初開，邊境多虞，渭橋之陣，文皇盟載。雖李靖之擒討，蘇定方之破滅，邊鄙之間，不能無害。

聖宋龍興，廓有諸夏。桑穀之賦，山海之利，勇悍之士，金革之物，無有遠邇，皆入縣官，獫狁之寇，猶比漢唐。非勇之不足枝梧，抑虜之梗於疇昔。自幽薊陷虜之餘，重季蒙塵之後，中國器度工巧，衣冠士族，多爲犬戎所有。迨今六十年間，益稔兇狡，多誘中原亡命之徒，善侵塞下。生間之輩，狼貪嘯聚，苦於邊邑。前年冬寇我北鄙，暨于澶淵。將帥之臣，嬰城自守，生靈膏血，腥汙原草。自非陛下拯救元元，親馳革輅，匈奴之氣，未易當也。洎乎天威震耀，醜虜喪膽，遁逃無所，獻款歸命。陛下赦其鯨鯢，寬其剪滅，要以日月之盟，質以丹青之信。若能悛變野心，永懷至德，紓民偃革，大爲長策。誠恐犬羊之性，不耻貪戾。若絶乘虚之寇，必有無已之求。從之則虚府庫而資寇讎，拒之則積怨心而起驕慢。爲國計者，其猶病諸。莫若明待以信，陰爲之圖。以臣料之，非難事也。

夫匈奴之衆，勝兵者不遠二十萬，糇糧不過數日，輜重不過數乘。長於寇鈔，短於守禦。利於騎鬭，挫於步戰。便於弓矢，拙於劍戟。以其兵則不及中國五分之一，以其用則不及中國十分之一，以其技則不及中國三分之一。比年寇虜，而疆場之臣不能扞者，豈天時乎，抑亦將之不省兵乎？夫虜之寇盗，無代無之，若其敗滅，固有時矣。陛下必欲恢復塞垣，清謐邊陲，在擇將帥而後議之。

寶元元年，右司諫韓琦論外憂始於内

患，上奏曰：

臣伏聞元昊狂謀僭命，朝貢不修，輕犯天誅，人神共忿。陛下雖寬詔厚澤，姑務懷柔，其如逆狀已然，必爲邊患。今獻策陳事者，大抵不過欲朝廷選擇將帥，訓習士卒，修利戈甲，營葺城隍，廣蓄資糧，以待黠羌之可勝，此乃安邊扞寇之切務也。然而凡人之慮，皆能及之，臣切謂此特外憂而已。雖漢、唐全盛之際，豈能使四夷常自竄伏而保不爲盜哉？若乃綱紀不立，忠佞不分，賞罰不明，號令不信，浮費靡節，横賜無常，務宴安之逸游，縱宫庭之奢靡，受女謁之干請，容近昵之僥倖，此臣所謂内患也。且四夷内窺中國，必觀釁而後動，故外憂之起，必始内患。

臣今爲陛下計，莫若先治内患以去外憂。内患既平，外憂自息。譬若木之有本，未有本固而枝葉不盛者也。臣欲望陛下深惟祖宗所謂内患者，盡革而去之，則陛下威德遠暢外夷，高視於漢、唐之上，元昊小醜，孰能爲國家之患哉。如外憂已兆，内患更滋，臣恐國家之慮非直元昊一凶而已，臣切爲陛下憂之。臣猥備諫員，不敢循默，言涉狂直，惟陛下憐其納忠，貸其萬死。

仁宗時，趙元昊且叛，爲嫚書來，規得譴絶以激使其衆。通判睦州張方平請：「順適其意，使未有以發，得歲月之頃，以其間選將厲士，堅城除器，爲不可勝以待之。雖終於必叛，而兵出無名，吏士不直其上，難以決勝。小國用兵三年，而不見勝負，不折則破；我以全制其後，必勝之道也。」時天下全盛，皆謂其論出姑息，決計用兵。方平上《平戎十策》，以爲：「入寇當自延、渭，巢穴之守必虚。宜屯兵河東，卷甲而趨之，所謂攻其所必救，形格勢禁之道也。」

慶曆元年，方平知諫院，請因郊禋肆赦招懷西賊劄子曰：

伏以前景祐五年有事於圓丘，西戎貢職不至，始發釁端。次年春遂搆兵犯邊，殺掠吏民。邊將備禦無策，賊數入寇，輒以勝歸，濟其兇謀，氣燄益盛。今自陝西四路、河東麟府，遠近屯戍，輸輓供給，天下爲之勞弊，而解嚴息甲，未可以日月期也。臣嘗問自邊來者，詢賊中事。蓋今羌戎，乃漢、唐郡縣，非以逐水草射獵爲生，皆待耕穫而食。賊每點集，資糧器用，人自爲備。須歲年爲計，乃能一大舉。雖破城寨，不能有我寸土也。而又絶其俸賜，禁其關市，賊中尺布直錢三數百，邊防守備，❶繕完益固。賊情見勢屈，自當改圖。然猶騎虎，不可復下，雖有悔心，亦何由自通誠款？朝廷雖欲招來，若非時無名，事亦難舉。

儻因今來郊禮覃慶之時，特開曠蕩之恩，示以綏懷之意，或特降一詔，或著之赦書，其辭意大略則曰：「夫王者，以天下爲度，含生之類，罔不亭育。况朔方、靈武、河西三郡，聲教所暨，莫非王民。頃自德明已來，克保外臣之節，朝廷眷待，恩禮至隆。去年元昊遣使人來，稱爲本蕃推戴，欲僭竊位號，❷緣其附順三十餘年，忽此奏陳，不無疑駭。見情未審，遂至興兵，使邊人不寧，

❶「守」下，原衍「禦」字，今據《樂全集》卷二〇《請因郊禋肆赦招懷西賊劄子》、《宋朝諸臣奏議》卷一三三《上仁宗乞因郊禋肆赦招懷西賊》删。

❷「欲僭竊位號」，原脱，今據《長編》卷一三四慶曆元年十月壬寅條補。

師徒暴露。今親郊上帝，盛禮告成，慶賜大行，囚繫盡釋。乃眷西顧，惻然軫念，虧於撫育，吾甚傷之。」

今後夏州或有使人至者，候人不得遏絶。或有願通於朝廷之意，即令邊臣受而上聞。且泛告邊臣以謹守封略，罔或生事。令榜而揭諸塞上，或擇邊臣之有威望者，❶遣單使以朝旨往爲開諭。足彰陛下德義之厚，無損朝廷威重之體。

且賊妄自尊大於巢窟中久矣，王者固宜以鳥獸畜之，豈足與之辨名器等威之分哉。賊若有悔禍之心，稱蕃納貢，陛下優爲封爵名號以服擾之，出府庫之餘以歲時豢餌之，使天下知陛下深誠遠慮，爲生靈計，至於天地鬼神，亦當助仁而佑順。仁者無敵於天下，況一賊歟。若賊悍然自恃，凶愎不移，亦足以驕怠彼心，激怒我衆。邊臣必曰：「天子之恩意如此，賊無革心，我不可以不奮身而爲國致討矣。」戰士必曰：「天子不以賊之不義而必窮誅，是哀吾屬之久戍也。今賊無革心，吾屬不可以不效命鬭戰矣。」自邊之人至於天下之民，必曰：「天子所以赦賊，蓋念賦役之煩擾，吾人之困勞。今賊無革心，吾人不得不竭力以奉邊矣。」賊黨必曰：「天子幸加恩而不我誅也，而其主苟不思焉，是驅我於鋒刃之下，以濟其欲而已。」夫兵猶火也，不戢將自焚。使我怒彼怨，賊有自焚之勢，則成敗有所分矣。

今議者聞臣之説，必難臣曰：賊自入寇無不剋，何困之有？今雖招懷之，徒示國之弱，賊肯革心乎？臣請對曰：昔遷賊

❶「擇」，原脱，今據《長編》補。

之爲邊患也，號爲驍悍有謀略者，陷朔方、靈武，國家喪地且千里，而其衆亦大弊。爾時繼遷雖不爲六合所殺，勢亦不支矣。故其死時戒德明曰：「爾當傾心歸順朝廷。如一兩表未蒙開納，但連上封章以祈見聽。」故德明款附，畢世不渝。今賊非遷比也，不幸自其初叛，而我守邊匪人，是故賊累得志，而其衆嗜爲寇之利。向使我無大敗，彼無大獲，而以賊之虐用其下，尋應疲潰矣。今朝廷處畫邊事，守遏益固，將卒用命，財用不乏，雖未能大殘其衆，姑使來無所掠獲，即賊自窮蹙。今先開其歸路，以爲後圖，縱賊未懷，與國何損？

必又難臣曰：「賊雖致款，戎心可保乎？即有其實，邊備得以徹之乎？」臣請對曰：昔景德初，契丹大入河朔。先帝親駕，北狩于澶淵。虜主始遣使議通和好，俄又其統軍撻覽中伏弩以死，和議遂定。于時邊陲可保戎心、徹警備，而謂繼好至今之堅乎？在朝廷所以撫納控馭而已。今事邊之費，歲且千萬，用師以來，係纍殺戮幾十萬人。故自古以來，論邊事者莫不以和戎爲利，征戍爲害，蓋深念此也。伏願陛下廷召二府大臣，試詳此議。儻蒙採聽，則生民之福，實所繫賴。臣不勝區區之懇。

方平議西北邊事，上奏曰：

今月五日，中書、樞密院聚廳奉傳聖旨，宣示契丹來書，并朝廷回答書本。如所見有異，令具陳奏者。今朝廷答書大意，欲且納元昊，故書末有「理難阻絶」之語。臣竊詳今來契丹與元昊相攻，虛實未保。且以來書大體言之，其辭以元昊不順朝廷之故，因緣搆釁，遂已興兵，恐深入討伐，後元昊却歸朝廷，故乞拒而不納。今若答書直云理難阻絶，則是峻拒契丹之請，堅納西人之盟，得新附之小羌，失久和之强虜。况契丹見屯兵甲，近在邊陲，因此違言，或成忿隙，控弦近塞，有以爲名，則河朔邊防素備何若？

患有遲速，事有輕重，廟算折衝，厲階自弭，事要允當，義在兩全。今西鄙遣人已到境上，欲乞朝廷降詔元昊，大約言：昨者朝廷納卿款誠，亦緣契丹啓贊，嘉其善意，遂議加封。今聞卿招誘契丹邊户，頗失甥舅之懽，契丹遣使爲言。朝廷睦隣有體，揆之大義，有軫于懷。卿宜審處事宜，早除嫌隙，則誓書封册，便可施行。仍乞於契丹回書中具及此意。如此，則朝廷於西人有恩意之厚，於北鄙無搆怨之端，中國禮義容覆大矣。若將來契丹却與元昊通和，遣人復請開納，則今詔敕已具後命，元昊被此德音，應知感戴。儻其凶德，復爲旅拒，則較其輕重，羌虜之患小，契丹之患大，斷可知矣。叨蒙訪逮，合罄愚瞽，採擇用捨，繫之朝廷。

方平又奏曰：

臣等近爲中書、樞密院傳聖旨，宣示所答契丹國書，令各陳所見，已於初六日同上劄子，具陳事意。竊聞朝議改定回答契丹書，以爲元昊若盡如要約，即朝廷難爲辭却者。臣等竊懷未盡，須至再有敷陳。

蓋當今可慮於西者三，可虞於北者五。何者？若朝廷已納元昊誓書，勢必便行封册，而虜使復至，固邀我以拒絶，此其可慮一也。若朝廷已納元昊誓書，遲留未行封册，是使西人窺我有所牽制，此其可慮二也。必不獲已，而封册之命中止，是中國無復信義，永斷招懷之理，此其可慮三也。

若報至虜廷，見我辭拒意堅言切，萬一睢盱生忿，因成急變，則河東、河北忽爲所乘，邊備何若？此其可虞一也。且以西人搆難於我，虜曾約束，使來納和。今西人起釁於虜，我乃遂納，不同其患。持此責我，虜爲有辭，此其可虞二也。今二虜相持，事形可見，元昊權譎無耻，狙詐多端，縱負屢勝之强，必不兩延大敵。虜兵既迫，或迎而伏罪，則虜之號令，元昊未應敢逆，安知已和之約，不能復使之離？是我不能弭患於西，徒以致怨於北，此其可虞三也。今虜聚兵馬，近在境上，擇利而動，勢不虚歸，若元昊旦而受封，虜必怨而望報。但恐事之以金帛，未稱其所欲也，故不如叩其兩端之中，徐觀二虜之變，逗留日月，繕完守備。不當乘其方逞，激之卒發，此其可虞四也。夫二虜之隙，誠僞未明，就使信然，尤宜審處，見情則獲，直往必違。而我以新附難保之叛人，怒久和可患之强敵，既促尋戈之釁，翻堅元昊之交，此其可虞五也。

凡此可慮可虞之事，若朝廷深謀長策，有以善其後，臣等所不敢知。儻未有以待之，則若虞機張釋括，期於必中爾。臣等前議，故願示以大義，要之兩全，且未納西人誓表，時降詔書，或遣一介之使，往申告諭，至於和約，又非阻絶。即具以此意回報契丹，因令使人邀其終趣。於北則言遜而體正，於西則名拒而實通，凡諸事機，後皆可救。臣等位叨侍從，義均休戚，國之大議，復蒙訪逮，愚慮所及，不避再三，伏望朝廷更賜採亮。

仁宗時，知諫院蔡襄論趙元昊狂僭之計，上奏曰：

趙元昊棄其祖父盟約，妄爲狂狡，僭稱大號，不臣之迹彰著，朝廷大增邊備。議者皆謂，元昊遣人入朝，不從其所請，必寇邊郡，以肆狂心。臣切謂不然，戎狄之心，見利則動。若元昊欲寇邊，當去年未備之時，舉衆而來，勢或難禦。於其時尚不入寇，今乃先自狂悖，待我邊之皆有禦，然後入寇，亦有何利？臣切料元昊本無寇邊之心，但張聲勢，欲求中國歲與貨財耳。

襄又論地形勝負，上奏曰：

論者或以西虜之俗，善騎射，習戰鬬，以爲北虜之比，臣切謂過也。大凡騎軍利平地，步卒利險隘，得地形之利者，勝勢常多。趙魏之地千里，無關塞之險，虜善騎射，故勝勢多在彼也。今西邊之地，自鄜延、環慶、涇原沿邊三路，皆是山險要塞之處，此乃步卒之地，非騎軍之利。若以其俗善騎射，樂戰鬬，則不減北虜。若論步騎之利，則地形異矣，故勝勢常在我也。

襄又論虜騎强弱，上奏曰：

臣聞景德中，契丹大舉攻瀛州，經二十日不破，而虜衆死傷者數萬人。南略趙魏之境，所攻下者唯通利、德清兩軍而已。以北虜之强，舉國而來，又趙魏之地，無險隘之阻，尚不能必取中國州郡。況趙元昊以數郡之卒，入險隘之地，頓於堅城之下，豈能必勝哉？故元昊當無備之時，不敢伺隙而來，但遣使人，妄設尊名，以揺朝廷之心，幸朝廷怯其勢而聽其請。此乃元昊狡心，能計利害之深者也。爲國家計者，當知其不足懼，但深察其情，❶審於處置，則狡謀自破矣。

襄又料元昊擾邊境，上奏曰：

或問元昊既無來寇之心，今者遣使人入朝，不得如其所請，元昊之計其將安出？臣切謂趙元昊必自度邊塞險固，難於進攻，若大舉甲兵，既一敗衄，則窮蹙之勢日見，坐爲中國擒也。此必但時以輕騎偏軍往來邊地，鈔略蕃部。若此不已，是中國邊郡之兵，不可一日罷去。年歲之間，歲月之久，運芻粟，完城寨，關中勢當疲擾。此虜常佚而我常勞，利害可明也。臣故謂今來未必大舉兵，用偏師鈔擾邊境者此也。

襄又論契丹遣使之意，上奏曰：

契丹舉兵征元昊以助中國，仍責以劫略之罪。或曰：「二虜互相疑貳，勢不兩雄，必有釁隙。」臣謂契丹與元昊久爲親好，元昊爲中國邊患，若與契丹結隙，則腹背受敵，元昊黠賊，豈有如此失策？假使契丹凌辱百端，元昊亦卑屈而就之，必無目下結隙之理。契丹今日之謀，主於自邀通和之功耳。或曰：「契丹既欲邀功，理當趣和，今乃請朝廷不與元昊通和，何也？」臣聞每有朝廷使者在彼，契丹多出元昊之書以示之。然以功不顯著，既和之後，中國之償我者必輕。又元昊必自恃己力能與中國通和，不以契丹爲重。故契丹以兵脅我之絕而示元昊，又以兵制元昊之和以示我。左右持之，而自收其功，足爲威武之勢。臣謂

❶「其」，原脱，今據《莆陽居士蔡公文集》卷二九《論虜騎强弱》補。

今雖請與元昊絶和，朝廷若從之，非久必遣使請與元昊通和。

襄又乞拒元昊之和，上奏曰：

元昊非久必有使來。若更有所求，可因而絶之。若無所求，奉正朔，正名分，貢方物，相續而至，朝廷以何事拒之？若以契丹之故而拒之，相次又以契丹之故招與之和，元昊以中國之言足爲信？今既絶和，元昊必以重兵宿麟、府之間，既防契丹，又窺河東。以輕兵出陝西沿邊州郡，朝廷不敢輕移陝西兵馬。河東一路不增兵則不可以守，增兵則糧運難繼，不戰已困。況乘時覷隙，奔突難防，非細故也。

襄又乞不聽議者許西賊不臣事，上奏曰：

臣伏見元昊遣人乞和，名分不正，須索過多，必朝廷深究事體，已有定議。然臣切慮有昏謬之人，請損名分，且與和好，務從權變，以寬民力，此實苟且之論，非長久之策也。今邊兵久戍，餽運繁數，誰不欲通和以就休息？奈何名分不正，須索過多，便生北虜之心，立見危亡之患，非特執一端之説與羌戎争氣而已。伏望陛下深思熟慮，拒絶小人之言，主持天下之計。大凡百事處置失錯，從可更改，若此事一失，更無可救之理。欲絶後患，莫若斷之在前。區區愚情，不勝披瀝肝膽之至。

襄又乞早降元昊册書，上奏曰：

伏見元昊使人至已數日，如聞誓書大體，頗有朝廷約束，兼余靖使北，已有回奏，別無齟齬之意，切謂宜速行封册者。今契丹兵西嚮，在未勝負以前，遣使報之，度其勢必不暇他議。❶ 苟有所俟，契丹幸而勝元昊，其心益驕，或於賫謝之外輒有所求，何以處之？臣故謂莫若速之利也。若報聘之禮已行，契丹雖欲乘間生端，則曲不在我。況存元昊之和，則契丹未敢輕絶中國而爲患也。伏惟陛下揣度事勢，不可緩也。

寶元二年，直集賢院富弼上奏曰：

臣切聞去歲十二月中，趙元昊反，自立爲大夏皇帝，改元稱制，引兵犯邊，遣使致書，割地邀貨。陛下召輔相於宴會，不容食頃之間。輔相馳車馬於康衢，殊乖坐鎮之重。變起倉卒，事無準繩，朝議紛拏，人心皇駭。不逾旬浹，傳布四方。衆皆謂之忽然，臣則知其有素。請陳有素之狀，其狀有六焉。

昔者德明尚存，元昊方幼，常勸厥父勿事中朝，安能舉我國家終久爲人臣妾。且謂所得俸賜，只以自歸，部落實繁，窮困頗甚，苟兹失衆，何以守邦。不若練習干戈，杜絶朝貢，小則恣行討掠，大則侵奪封疆，上下俱豐，於我何恤。德明以力未甚盛，不用其謀。豈有身自繼立，而不行其説耶？此元昊反狀有素者一也。

自與通好，略無猜情，門市不譏，商販如織，縱其來往，蓋示懷柔。然而迹稔則容姦，事久則生變。故我道路之出入，山川之險夷，邦政之否臧，國用之虚實，莫不周知而熟察。又比來放出宫女，任其所如，元昊重幣市之，内之左右，不唯朝廷之事爲其備

❶「不暇」，原作「假」，今據《長編》卷一五二慶曆四年九月癸未條改。

詳，至於宫禁之私亦所窺測。濟以凶狡之性，貪欲之謀，豈肯固守盟約，坐受羈制？此元昊反狀有素者二也。

西鄙地多帶山，馬能走險，潮海瀰遠，水泉不生。王旅欲征，軍須不給。窮討則遁匿，退保則襲追，以逗撓爲困人之謀，以遲久爲匱財之計。元昊恃此艱險，得以猖狂，復如先朝，加兵於我而終棄靈、夏，况我彊盛，百倍往時，今若稱兵，必能得志。此元昊反狀有素者三也。

朝廷累次遣使，元昊多不致恭，或故作滯留而不迎，或佯爲怱遽而見迫，或欲負扆而對，或欲專席而居。雖相見之初，暫御臣下之服，而送出之後，便具帝者之儀。蓋久已稱尊，成其驕態，忽下編於臣列，深耻見於國人。且講異圖，自求足志。此元昊反狀有素者四也。

頃年靈州屯戍軍校鄭美奔戎，德明用之持兵，朝廷終失靈武。元昊早蓄姦險，務收豪傑。故我舉子不第、貧賤無歸如此數人，自投於彼，元昊或授之以將帥，或任之以公卿，推誠不疑，倚爲謀主。彼數子者既不得志於我，遂奔異域。觀其決策背叛，發憤包藏，肯教元昊爲順乎？其效鄭美必矣。此元昊反狀有素者五也。

西北相結，華亂爲虜，自古聞之，于今見矣。頃者元昊援契丹爲親，私自交通，共謀寇難。緩則指爲聲勢，急則假其師徒。至有掎角爲奇，首尾相應。彼若多作牽制，我則困於分張。蓋先已結大虜之强，方敢立中原之敵。此元昊反狀有素者六也。

是六者，歲月已久，中外共聞，而天子不得知，朝廷不爲備，養成深患，遂至大騷，此乃兩府大臣之罪也。

此外，元昊大抵復知朝廷以久安自恃，不悟邊鄙之防，以無戰爲常，不求帥將之具，士卒驕惰，器用凋零，無謀臣策士以經營四方，無宏綱大紀以控制萬國，以此故元昊敢以一方之衆，抗我天下之師，輒稱皇帝，殊不忌憚。其爲小戎輕蔑也如此。略遣數介，平致尺書，而大臣不知所爲，措置乖失，以致調發軍旅，塞滿邊陲。戰陣未嘗一施，儲饋已聞屢窘。關中大擾，人心不寧。而元昊宴安自居，一毫無損，坐觀其弊，切笑所爲。其爲小戎侮玩也又如此。臣雖賦性至昧，語才不長，然自聞騷繹，常切憂憤。

况臣知元昊必爲今日之患，十年于兹矣，懷不能已，遂於景祐元年嘗進文數軸，内《閱將》一篇，頗叙其事。當時朝廷方謂天下大定，四夷無虞，臣不敢極陳西戎不賓之由，但述選將預備之策而已。不見省納，棄爲空文。今變故已成，邊事爲梗，致陛下憂勞在念，旰昃唯勤，專委任於輔臣，謀削平於寇亂，僅周歲序，尚留天誅。且自用武以來，作事多失，凡降一詔，未嘗合朝廷之宜，凡建一謀，未聞協天下之望，寬猛不中，動静皆違。謂之德，則人不肯懷，謂之威，則人不肯懼。威德既弛，夷夏何觀。臣今略舉八條，止爲戎事，未論其他。伏惟至明詳擇。

一事。伏聞元昊遣使，全擬虜庭，部伍甚雄，辭禮俱亢。觀其勇悍難制，强辨自高，若非使者請行，即是元昊選差。取其籌畫，推爲腹心，必謂不敢加誅，得以恣行彊暴，以能揣敵情爲有智，以不辱君命爲得賢。我若察其所叛之謀，知其所求之意，存之則元昊遂其志，誅之則元昊喪其魄。所宜始至之日，盡斬都市，事出不意，乖其本謀，即時宣聞，遂行削奪。或命將致討，或發兵備邊，上則可以示大邦不測之威，下則可以杜小人好亂之漸，豈不韙哉。戎人必憚而失國，戰士必爲之增氣。而反遠從境上，召至都下，資其貿易，待以雍容，重幣遣還，優辭慰恤。意者豈非冀其回心易慮而伏義向化乎？夫朝廷結以恩信幾四十載，尚無懷感之意，終至反常之禍，豈兹姑息，遂可悛移？且以放還謂之懷柔邪，則元昊悖逆之性，何懷柔之肯馴？謂之矜恕耶，則元昊僭竊之罪，何矜恕之可忍？謂之他計，卒無可觀。只是執事者巽懦自居，優游不斷，殺之恐其急擊，囚之恐其有辭，遂至放還，優示寬貸。向若未能加戮，只宜境上交回，使其不測淺深，猶可謂之良策。召而復遣，理有何長？乃是大國之謀，悉爲小戎所料，遂其所以能揣敵情之智，成其所以不辱君命之賢。況當時調發，正當輦運相屬，道路雜沓，民口沸騰，使之往來，盡得聞見。謀事若此，取侮之過也。

臣嘗觀前史，見隗囂遣將高峻據高平，光武使寇恂往降之。峻命皇甫文出謁，辭禮不屈，恂立斬之，峻即日降。諸將曰：「殺其使而降其城，何也？」曰：「文者，峻之腹心。今者辭意不屈，必無降心。全之則文得其計，殺之則峻亡其膽，是以降耳。」又唐太宗即位，突厥入寇，直至涇州。突厥遣其腹心執矢思力入朝爲覘，自張形勢，云百萬之兵，今且至矣。乃請反命。帝誚之曰：「我先戮爾。」蕭瑀、封德彝請禮遣之，帝曰：「不然。今若放還，當謂我懼。」遂縛思力囚於門下，勒兵欲戰。突厥懼，遂請和。

伏惟陛下觀寇恂、唐太宗之所爲，復思今日元昊殊不悔過，則當誅其來使，果是邪非邪？機會一失，不可復得。臣深念此，痛惜萬萬也。若事皆此類，禍未可知。

二事。伏自元昊稱亂，西鄙震驚。或帥臣乞師，或朝議遣使。沿邊要害，宿兵猥繁，雖與舊日不侔，然亦不過一二十萬。京師屯衛則差減，天下禁旅則尚多，起爲應兵，未嘗乏使。切見自去年十二月至今年四月末，❶半年之内，相繼三度揀軍。皆遣使臣傳布宣命，每至一郡，無不張皇。仍帶殿侍數員，番次押人赴闕。村民恐懼，謂點鄉軍，❷致有奔竄山林，鑽鑿支體，不顧傷毁，苟避涅黥。❸久乃知其非然，其如終是已惑。三揀兵士，厥數臣則不知。然觀此施爲，所獲必鮮。若其事頻驚衆，則莫甚於兹。臣又伏思，内則省庭，外則轉運司以至州縣，勤勞供職，嚴峻用刑，所急之須，唯財是務。盡農畝之税，竭山澤之利，舟車屋宇、虫魚草木，凡百所有，無一不征。共知困窮，都爲賦斂。自來天下財貨所入，十中八九贍軍。軍可謂多，財可謂耗矣。今始用武，遽稱乏人，即不知向時所贍之軍何在？所耗之財何益？殊未戰鬬，已大驚擾，萬一或至敗衂，頻有殺傷，須行補添，别設應援，至時又不知調發者何所？揀選者幾番？比之今來，必大興作。凡係兵籍，既已不充，所謂鄉軍，豈免强配。此時百姓所懼，將來必有不虚。若果行之，爲患非細。

❶「末」，《長編》卷一二四寶元二年九月記事作「未及」。
❷「謂」，原作「未」，今據《長編》改。
❸「涅」，《長編》作「刺」。

三事。伏見今年四月降中書省劄子稱：臣寮上封，財賦所出，各有攸司，由外以充內，自下而奉上者也。又曰：仍取羨登，用備供入。乞戒諭諸路轉運司，如用度或闕，須管自擘畫支贍。若的是圓融不出，即許於隣道穀有剩處支那，不得更似日前乞自京般請錢銀之類，遍行下者。

臣聞民者本也，存心於民，則邦國寧。財者末也，屬意於財，則黎庶畔。是以王者以天下之財養天下之民，不聞誅求以害生靈，蓄積以奉私欲。《易》曰：「何以聚人，曰財。」《禮》曰：「財散則人聚。」此經典之明文也。伏以國家肇造之時，疆境甚隘，財賦至微，而征伐不停，用度亦足。洎太祖、太宗盡取川蜀、河東、江南、兩浙、荊南、湖南、廣南、閩粵之地，❶何啻萬里。不計逐方所積寶貨，❷當時盡歸京師，且以後來賦輸，無不經度。逐年只留實約軍費，❸其餘每歲盡數上供，民力所輸，秋毫無隱。不問遠邇，不問炎涼，輦運縱橫，水陸奔湊，官司督責，時無暫休。凡天下如此者已七十年矣，豈非「由外以充內，自下而奉上」乎？而又干戈不作，華夏底寧，唯是常須，別無他費。

臣謂都下財貨固當在處如岡如阜，有入無出，莫知紀極。諸路運司以逐州實約之費，無多羨餘，其間年歲有凶殺，則必蠲除，朝廷有要索，則必應副，多行搜括，裁可張羅。若又分外督之，不知出於何所？朝廷既行誡諭，運司不敢冒違，無計以供，唯民是取。民若可出，豈復行仁，民又不禁，

❶「太宗」，原脱，今據《長編》補。

❷「計」，《長編》作「許」。「所」，《長編》作「私」。

❸「年」，《長編》作「州」。

必生怨怒，虧損和氣，馴致深憂。是元昊擾邊，❶陝西被苦，士馬日濟，芻粟頓竭，繕治甲兵，修築城壘，百役興作，萬倍艱難。復阻旱灾，無收農賦，中糴之入既不厚，鬻爵所得又不豐，數十萬兵，何所仰給？❷坐觀困弊，不行救卹，而執事者尚曰「財賦者由外以充內，自下而奉上，爾之不足，爾自營求」，是何乖方之深也？

夫上下相繼，中外一體，豈可豐上而刻下，空外而實中。下苟困則上豈得安，外若搖則內豈能定？況以七十年天下所入而救此日一方之急，豈爲難哉？若但誅求取足，人民無所逃避，變亂豈有不生？手足之患未除，心腹之疾又作，則臣深爲執事者危之。臣不敢遠引古事，恐煩省察，只以本朝事驗之。切聞太宗皇帝初實內帑，嘗謂侍臣曰：「河東敵境甚邇，吾必取之，至時不免擾民。今內帑所積，以備調發。」戒重擾也。其後皆如詔，卒不擾下。今元昊背畔，關中用兵，要在安民，圖共禦寇。而反靳中府無用之物，擾四方已困之民，惜財費人，大非太宗皇帝之所用心也。臣又聞王者貴爲天子，富有天下。藏於天下者，天子之富也。藏於國內者，諸侯之富也。藏於室廬篋笥者，庶人之富也。今執事勸陛下行庶人之事，何示人不廣也？且又云「的是圓融不出，許於鄰道支那」。夫鄰道貨財，各有用度，必難假輟，徒費規求。臣又敢以近日一事爲證。切見河北轉運司奏，乞割河東五州十三縣稅賦，充河北支用。本路自奏，一路之費悉賴五州之資，若遂割

❶「是」上，《長編》有「況」字。
❷「何」，原脱，今據《長編》補。

移，殆難供給。尋具聞奏，事已寢停。鄰道支那，徒虛語爾。唯是朝廷逐急救濟，乃爲良圖。矧向者居無事之時，已行假貸，豈今來當用武之際，復致艱難。前後不侔，利害可見。臣謂建此計者，不姦則妄；贊其説者，非愚則諛。惟陛下鑑之以明，斷之以果，則大事不失而帝業可保矣。

四事。切見去歲降詔，令内外兩省官及諸司使副在邊者，并軍職、刺史等近百人，各結罪保舉殿直京官已上、委無贓私、堪充邊任者。

臣聞有德者，然後知人之德，有才者，然後識人之才。無德者見有德必憎，非才者見有才必忌。唯憎與忌，固非存公。萬一才德雖疏，憎忌不作，其如所見相戾，所爲相乖，使之擇人，何由得士。切以兩省官及諸司使副，雖名顯官，豈必皆賢。多由積累而陞，亦有容易而得。軍職、刺史本是武夫，校力則多，語識全少。盡令舉將帥之士，便以委邊塞之權，不問舉主之才德如何，安知所舉者善惡。若忌憎已有所害，乖戾復更相乘，所舉之人，豈堪任事。

臣又聞官大者德未必大，位高者才未必高。京朝殿直之流，固有可採；借職選人之輩，豈盡無能？假有兩省官識一選人，果有奇才，又有諸司使副識一借職，果有異術，皆可薦舉，❶寘于邊陲，而限以詔條，須且棄置。宛轉尋訪，別得所聞，久諳與旋擇固殊，目覩與耳聞又邈，限官而選，得士爲難。

臣又聞，善任人者必適其所用，善御物者不强其不能。蓋以輪轅異宜，鑿柄殊制，

❶「皆」，原作「借」，今據《長編》改。

苟只取其無過而不問其用之所有，祇重其守廉而不究其謀之所存，則臨事必隳，當官必敗。廉而無過者行也，用而有謀者才也。行則主於化導，才則主於經營。居治安之時，宜乎化導以行。在擾亂之日，則當經營以才。大凡處邊任者，小則乘一障，大則守一州。或驅馳戰陣之間，或出入戎狄之境，或經度糧草，或熟習山川，或逞驍勇以雄邊，或行反間以疑敵，或陳討伐之策，或謀守禦之術。如此數事，皆須藉才。必求非常之人，乃立非常之效。若但取齪齪無過，規規守廉，施之邊方，萬必無用。不止無用，必誤軍機。徒令舉者易與而自便爾，後有喪師失律，其若我何？臣謂此詔舉官，蓋因循平日所行，甚非今時之宜也。

臣伏望兩省官、諸司使副或軍職、刺史在邊者，不可一例受詔。宜令兩府精擇有才識公望、卓然爲人所稱者，方令舉官。仍宜不限品秩，自借奉職、選人已上皆得充舉。所保之事，須保堪任邊上重難任使，如上之所陳。或本人邊事不集，並當同罪。則人人自畏，豈敢容易而舉哉。十得十，百得百，不虚授，不濫賞，斷可知矣。倘有所累，許其自新，得出沉埋，必有植立。夫先擇舉主，則所舉者不謬矣。不限品秩，則下位有才者不遺矣。不免責罰，則負犯者激勵而自奮矣。利害甚焕，可舉而用。然須能否既著，賞罰必行，國無虚辭，人則皆勸。

五事。切聞鄜延路嘗與蕃兵接戰，有一寨主爲蕃兵所得，及虜去軍民甚衆，西頭供奉官、閤門祇候馬遵引兵追戰，即時奪回。延帥范雍及副部署劉平奏乞酬奬，朝命只遷東頭供奉官而已。伏以元昊僭尊，西陲被擾，方勵武節，以寧邊患，其要在乎善惡必辨，賞罰必明，則人各有心，孰不宣力。賞若當則有功者愈勸，罰若當則有過者自悛。賞罰不明，功過兩弛，轉相教告，誰肯奮激。武節不勵，戎心益生，有敗而無成，有亂而無治，漸漬不救，淪胥以鋪，蓋由乎辨之不早也。夫馬遵者，出死力，突堅圍，引既衄之兵，入不存之地，奪已擒之將士，拔已陷之師徒，雖非大功，亦可謂之奇節矣。況范雍、劉平者，國家方大倚注，保奏理合超遷，只進一官，殊乖輿論。當兹始初用武，尤在賞勸激人，苟未得宜，必難勵衆。

臣切聞河北一都巡檢王守琪，捉殺得獨流寨潰散兵士二三十人，自禮賓副使轉供備庫使，仍差知隴州。又見京東都巡檢李知和，捉得劫賊七人，自内殿崇班轉供備庫副使。此二賊徒者，只是草切之輩，固非勍敵之人，殺之不足震天威，縱之不能成大患，而王守琪則驟遷十餘級，李知和亦超轉兩資。至於馬遵者，出境討賊，不顧存亡，援溺救焚，皆得全活，上可以壯朝廷之威，下可以抑僭國之强，比王、李之功効，則度越有餘，比王、李之遷酬，則數倍不足。邊臣見之失色，元昊聞之長姦。用人若斯，致寇之道也。

六事。近於七月中，伏聞中書、樞密院同進呈購募元昊科格，❶遂告示天下者。切以拓跋異類，西域諸羌，自唐末亂離，五代爭戰，盜乃土宇，侈其封疆，時肆猖狂，罕能懷服，常致邊患，每勞王師。歷代以犬豕畜之，置諸度外，國家引爲宗屬，付以節旄。

❶「購募」，原作「募擒」，宋人避宋高宗名諱改，今據《長編》改回。

割賜名城，世襲王爵，廪給甚厚，貿遷弗停。其國富强，皆我資用，蠢彼戎醜，變爲華風，則我於西夷，恩德豈不大哉。盟誓弗渝，始終無負，而元昊不圖報效，輒肆頑兇，欺誣上天，僭竊大號，合行誕告，速寘明誅。庶伸征伐之權，以快人神之憤。況自西陲變動，天下震驚，聚目而觀，攢耳而聽。或謂朝廷有上策，廟堂有奇兵，豈容有臣敢行稱亂。顒顒佇望，以日繫時，殆踰半年，不聞下令。久之乃舉削奪之罰，行募賞之科，何其隘哉？夫始未有爲，人實莫測，一旦告諭，共知非謀，孰不疑朝廷自怯，未能加誅於元昊，而又慮久無處置，姑設賞募以厭天下之望乎。適足示弱，不足厭人。示人以彊，猶懼不振，示人以弱，其敝何勝？故《書》曰：「安危在出令，存亡在所任。」若謂元昊小戎，無費民力，但誅首惡，足致和平，則臣請終始陳之。

切聞自邊事初警，即行調發，師徒合雜，器械堆盈，官私俱勤，道路如沸，易置邊吏，辦集軍糧，關輔大騷，黎庶已困，何民力之無費焉。募令一施，敵情愈秘，知有切發，益自周防。增置守衛之兵，廣募禦侮之士，寢食必以計，出處必以權，動則有謀，大爲之備，何首惡之可募焉？況夫募者，起於亂秦，用於末世，三代已往，不聞有此。豈我太平之世，天下一統，偶有小醜背叛，稽之典策，自有討禦，而執事者不爲良畫，遽勸陛下行亂秦末世之事乎？既非至公之謀，又匪常行之法，然有不得已者，亦或爲之。何則？苦於用兵，終未獲敵，思爲助兵之術，則募之，漢高祖於項羽是也。兵力驟敗，敵勢轉盛，內懷震懼，計無所出，則募之，王莽於劉演是也。用兵不一，困於支離，敵又相乘，力不能應，則募之，梁太祖於劉知俊是也。一夫跳走，不知所從，雖有兵甲之彊，無以加討，則募之，楚平王於伍員之類是也。募賞雖設，無一獲者，是募賞爲無益，不可全任，明矣。

今元昊初叛，未嘗大戰，非苦於用兵也。師旅屯聚，空食邊陲，非兵力驟敗也。諸方不聳，獨西鄙有警，非用兵不一也。元昊大據全夏，擁衆不伏，非一夫跳走，不知所從也。臣以此觀之，甚非用募賞之時。且以我大邦坐視小醜，況我直彼曲，奚所憚焉？正朝廷之大刑，副天下之公議，舉不失體，動則有辭，欲征則征之，足以示猛，欲守則守之，姑以示寬，表以大御小之權，行禁暴安民之道，號令天下，豈不偉哉？何乃偷募苟求，潛謀切取，似同盜法，不敢公行，謂之容則元昊之惡不可容，謂之忽則元昊之謀不可忽，謂之惜用則用已費矣，謂之惜民則民已勞矣，況又濟師已衆，遣將已多，邊境騷然，曠日持久，而反止於用募，更無他圖，倚之幸安，謂已得策，以此厭天下之望，以此安君上之心，臣深爲執事者羞之。兵既不行，募又無得，爲此逗撓，不減戍糧，國用且殫，民財是取，怨叛必作，表裏合攻，臣亦甚爲陛下憂之。

夫元昊既懷逆謀，彼必大爲禦備。今聞上下募賞，自知高枕無虞。夷狄之心，畏强侮弱，因而肆暴，遂成深憂。若誘之使來，自有方略，則非臣所知。萬一執事者謀之不臧，技止於此，遷延玩寇，嘔没養奸，禍已成而計窮，敵已大而力屈，則誰復爲陛下圖之？

七事。伏聞秋初，夏守贇爲樞密使。夫樞密之任，秉國大權，起於有唐，始用宦者，降及後世，更以武臣。國家恩禮益隆，委任尤重，本天下之兵柄，代天子之武威，勢均中書，號稱兩府。苟爲輕授，❶不若闕官。夏守贇早事先朝，嘗參儲吏，既緣攀附，漸致顯榮。惟事貴驕，罔思畏謹，每更劇任，頗乏清名，才術無聞，公忠弗有。一旦擢居衆賢之上，俾贊萬務之機，朝命則行，人心不允。又況元昊作梗，西陲用兵，上資睿聖之謀，下取樞臣之畫，庶臻泰定，以安黔黎。所宜妙擇才能，削平禍亂，而罔詢厥德，遽用斯人，不問賢愚，皆所輕笑。

夫樞密者，內陶鑄武臣，外鎮撫夷狄，無事則坐制機軸以修武備，用兵則指畫方略以殄寇讎。是四者皆非守贇所能知其髣髴，而正當用武之際，使踐論兵之職，不誤國事，復何爲哉？雖樞府之柄，不專一人，然大抵任賢，豈當如是。傳曰：「得賢則能爲邦家立太平之基。」《書》曰：「罔有立政用憸人，惟吉士，用勱相我國家。」是則賢者可以立太平，而憸人不可與於政也。

始陛下用守贇，蓋以爲賢者可立太平，故用之，苟知其憸人則必不用矣。使陛下用而不知者，執政緘默之過也。用之和平之日已曰濫官，委於艱難之時尤爲非據。英傑爲之解體，姦雄爲之生心。唯是得賢，乃能靜亂。

臣又聞爲國家者得人則安，失人則危，得人則重，失人則輕。唐郭子儀係乎安危者也，入則天下安，出則天下危。裴晉公係乎輕重者也，進則朝廷重，退則朝廷輕。今守贇反是，其在朝廷也，雖未即致危，亦可謂取輕矣。亟宜罷免，以重觀瞻，所以示陛

❶「輕」，原作「轉」，今據《長編》改。

下不私於一人而蓋爲萬世也。

臣又慮者，以其嘗爲攀附而謂之親信可使，以其久歷寄任而謂之耆舊可尊，以其官是節制而謂能知兵，以其貌甚魁梧而謂能鎮俗。是皆不然。唯盡公者可以親信，不主乎攀附之遇。唯宿德者可謂耆舊，而不至乎寄任之多。[1]有才武而好學則能知兵，不在乎官。有器業而不佻則能鎮俗，不在乎貌。

伏惟陛下察守貳之所立，驗守貳之所爲，可謂盡公、宿德者乎？可謂有才武而好學、有器業而不佻者乎？臣於守貳，愛惡不相干，聲迹不相接，非有家世之隙，禄位之嫌，而進是説也。但聞諸公議，有足惜者。區區之懇，實願究陳。

八事。伏聞西鄙用兵以來，不住差移武臣往彼，每有過闕下而求見者，不多許見。臣切詳所謂，未見其宜。謂之天子至尊，不可令小臣浼瀆，則非所以詢芻蕘而廣接納也。謂之循守舊例，未嘗許小臣求見，則今用兵，要在開通壅，非循舊例阻絶人臣之時也。謂武臣多鄙，不可令容易而對，則既已委任，用爲好人，非宜鄙之也。謂朝廷差除自有命令，本職所管自有局分，不必令對，則用兵之際，事與舊殊，本職或有更張，局分亦有規制，何由聞達，非以博究利病而剪除兇孽之意也。以此四事求之，臣故曰「切詳所謂，未見其宜」。

今邊寇方興，陝西大擾，朝廷多發兵伍，選任武臣，雖則直禦寇戎，蓋亦分備他盜。凡有武臣求對，必於邊事有聞，陛下聽朝之餘，何惜一見。召於咫尺，待以從容，

[1] 「至」，《長編》作「主」。

霽其威顏，加之善誘，使無懼慴，盡日敷陳。然後觀其奏對之是非，察其趣向之邪正，可者則奬激而遣之，不可者亦優容而罷之。如此，則自謂官家知我姓名，身心有所分付，不患邊奏不省，不憂權臣害能，各盡所懷，無不感悦，勇鋭而去，罄竭爲期，刻志夷凶，立功報主，局分豈有不集邊事豈有不寧，❶聖人所以感人心而天下和平者，蓋用此矣。又何憂乎叛寇？何恤乎用兵？陛下勤勞之心，豈不至哉！接納之禮，豈不優哉！聞見之事，豈不博哉！

今却其所求，不與之見，奏對之是非無由辨，趣向之邪正不得知，彼又自謂朝廷雖然遺行，官家未嘗識面，但從職任，罔察事情，胸臆不伸，括囊而去。至則邊事擬奏而不敢奏，兵機欲陳而不敢陳，或慮聰明不聞，或憂權臣見忌，人皆懼禍，誰肯盡心？縱有疏聞，豈如面奏。陛下勤勞之心則怠矣，接納之禮則疏矣，聞見之事則隘矣。禍不滋蔓，已爲大幸，如望寇之速平，兵之速弭，則不可得也。

議者又謂臣曰：此非主上怠於勤勞而疏於接納，蓋執政者自知致寇，常慮獲罪，不欲許人非次上殿，或論奏四方之事，或有陳兩府之罪，開悟聖人聰明，則非己之利也。故但奏云某人已有差使，某人已與遷補，所求入見，不宜允從，只欲徼望恩榮，別希錫賜。以此罔上，上以爲然。意欲阻絶天下是非，蔽塞天子耳目，自以爲安身之計也。臣謂果有是事，則非臣所知，唯在陛下察其忠邪而進退之，則蒼生之福也，宗社無疆之慶也。

---

❶「豈有不集邊事」六字，原脱，今據《長編》補。

弼又上奏論不可待西使太過疏曰：

臣近者切聞昊賊遣其僞六宅使賀從勖齎書到闕，❶欲議通好。事頗秘密，臣不知審實，但外人傳説昊賊來書未肯稱臣，別圖位號。兼臣昨在西京閑居養疾，切見傳宣下河西一路州軍，排備祗候西使，次第甚盛。又令逐州通判就驛相看，置酒管領。臣甚憂事體太過，必恐下面難爲處置，有失中國制馭夷狄之術也。

臣又切聞西使之來，非自然之意。蓋契丹特遣使往河西教之令來。既是元昊稟畏契丹，使來貢奉，元昊不敢不從，即不假怱忙，可且持重與之商議。縱時下未合，必有後圖。今來請和既不由元昊，使人豈能專其可否？以此思之，朝廷待西使不必過當。大凡措置機事，在乎制之於初。初若失宜，後難救應。

臣又今日切聞西使入見，賜與甚多。既許人使僞官之稱，則元昊所圖，勢難止遏。苟一一遂其所欲，臣不知向去事體如何。況臣去年兩使北虜，所議西事甚是分明。臣前後邀勒，度數頗多，不能一一記憶。臣今省得再去時，與館伴劉六符所説一節。臣謂六符云：「北朝將來令元昊如何歸附？須是却令依舊納款，不可令別有所望。」六符云：「固是如此。況元昊自來稱臣於南朝，今來更待望甚？定是須令納款稱臣。況南朝與北朝書云：彼若翻然效順，此必待之如初。」臣今記得上項一節甚明，伏乞朝廷檢會臣再奉使過日別録照對，

❶「勖」，原作「勉」，宋人避宋神宗名諱改，今據《宋史·夏國傳上》改回。

方見的實。向者所許北虜歲添金帛之數，蓋爲令他指揮西事。初既不避張此名聲，今來又却不依舊約，則是虛受前耻而不獲後效，甚可痛惜也。

此事朝廷須是廣爲思慮。何者？北虜元許却令稱臣，今來自是朝廷過有許可，亦恐北虜意不欲。謂元昊於中國尚不肯稱臣，於我豈肯甘分？則是因此致他北虜亦難制元昊，元昊亦自此所圖愈大也。若北虜遣使以此來問，則朝廷何辭以對？又慮元昊若不稱臣於朝廷，則北虜必曰：「元昊本稱臣於南朝，今元昊既於南不復稱臣，漸爲敵國，則是元昊與南朝等，唯我契丹獨尊矣。」臣謂北虜因此益熾，必自喜名分暗定。異日稍有釁隙，緣此若有所求，則未知朝廷何以待之？

臣旦夕思此二事，將必有一焉。不可不深圖，不可不早慮。願朝廷且執北虜所約，更加裁擇，不可容易過許，則不至別生後患。臣又恐延州及京師幹當事人，且貪成功，不爲國家思後來之患。伏乞陛下與兩府臣寮深切計慮，必無後悔，然後從而行之，則天下之幸，宗社之福。臣不勝懇懇之至。

歷代名臣奏議卷之三百四十二

本卷王鵬校點

歷代名臣奏議卷之三百四十三

夷狄

宋仁宗康定元年，同知樞密院事陳執中論西邊事宜，上奏曰：

臣伏見元昊乘天下久不用兵而竊發西陲，以游兵而困勁卒，用甘言而悦守臣，一旦連犯亭障，延安幾至不保。范雍納詭詐之説，失於戒嚴，劉平任輕躁之心，喪其所部，上下紛擾，遠近駭驚。自金明李士彬族破而沿邊籬落大壞。塞門至金明二百里，須列修三城，每城屯精卒千人，招土民爲弓箭手，寇大至則入保城壘，小至則自可驅逐。每城選閤門祗候以上爲寨主、都監，❶別以諸司使爲蘆關一路都巡檢，以填士彬之闕。仍以兵二千人爲三寨之援，使上下應接，左右相顧，爲不可攻之勢。

並邊熟羌，久居漢地，未嘗逃徙者，委邊臣拊存之。潛通賊謀反覆者，❷破逐之。至於新附黠羌，尤爲難信。議者欲結西域諸國爲天兵之援，且戎狄貪而無親，勝不相下，恐徒耗金帛而終誤指蹤。涇原康奴、滅藏、大蟲巉數族，久居内地，常有翻覆之情。儻不剪除，❸恐終爲患。議者更欲命瞎氈以沿邊巡檢，❹彼既不孝於父，安肯納忠於

❶「爲」，原無，今據《長編》卷一二六仁宗康定元年三月庚申條補。
❷「反」，原作「及」，今據《長編》改。
❸「儻不」至「爲患」凡八字，原無，今據《長編》補。
❹「議者更欲命」，原作「更」，今據《長編》補。

國？若交兵之際，與賊互出首尾，則疆埸之憂，百倍於前。

邊兵小屈，皮膚之傷也，民力既窮，腹心之疾也。凡軍須一出於民，夫運而妻供，父挽而子荷，道路愁歎，井落空虛。今復遍修城池，欲如河北之制，及夏須成。使神運之恐猶未及，❶況民力乎。當四路用兵之郊，列城禦寇之地，騎不並轡，車不方軌，唯涇州、鎮戎軍似少平易。❷若不責外守而勞內營，誠取笑狂童，未爲上策。大役既興，春種不入，食竭必亡，力竭必亂，嘯聚千百，惡黨相從，小則掠道路，大則攻縣鎮，賊兵外擾，群盜內侵，臣恐宵旰之憂不在於一方矣。請且修沿邊城池，其次邊如延州之鄜、同，環慶之邠、寧，不過五七處，量爲營葺。則科率既減，民力稍蘇。仍須廣土兵，❸漸減騎卒。蓋土兵增則守禦有備，騎卒減則轉餉可蠲。優爵秩之科以誘兼并，寬茶鹽之法以邀入中。靜守以驕其心，畜鋭以挫其鋒。更須主張將臣，使橫議不及，則忠臣得以盡節，虎士得以忘生也。

慶曆三年，侍讀學士歐陽脩論廷議元昊通和事，上奏曰：

臣近有奏論，今後軍國大事，不須秘密，請集百官廷議。近聞元昊再遣使人，將至闕下。和之與否，決在此行。竊計廟謀，合思成算。臣謂此最大事也，天下安危係之。今公卿、士大夫愛君憂國者，❹人人各

❶「恐」，原無，今據《長編》補。
❷「戎」，原作「戍」，今據《長編》改。
❸「廣」，原無，今據《長編》補。
❹「士」，原無，今據《歐陽文忠公文集》卷九九《論乞廷議元昊通和事狀》補。

爲陛下深思極慮，唯恐廟堂之失策，落夷狄之奸謀。衆口紛紜，互有論議。一曰天下困矣，不和則力不能支。少屈就之，可以紓患。一曰羌夷險詐，雖和而不敢罷兵，則與不和元無異。是空抱屈就之羞，全無紓患之實。一曰自屈志講和之後，不過退而休息，練兵訓卒，以爲後圖。然此亦必不能者，只以河朔之事可知。蓋虜纔和之後，❶便忘發憤，因循弛廢，爲患轉深。縱使元昊稱臣，西邊減費，不弛武備，不忘後圖，然猶有大可憂者。北戎將攬通和之事以爲己功，過有邀求，遂興兵革。是暫息小患於關西，復生大患於河北。

臣忝爲耳目之官，見國有大事，旁採外論，所聞如此異同。然大抵皆謂就和則難，不和則易，不和則害少，和則害多。然臣又不知朝廷之意，其議云何。臣見漢、唐故事，祖宗舊制，❷大事必須廷議。蓋以朝廷示廣大，不欲自狹；謀臣思公共，不敢自强，故舉事多臧，衆心皆服。伏思國家自兵興以來，常祕大事。初欲隱藏護惜，不使人知，及其處置乖違，豈能掩蔽？臣謂莫若採大公之議，收衆善之謀，待其都無所長，自用廟謀，固亦未晚。其元昊請和事，伏乞於使人未至之前，集百官廷議。臣只自朝夕已來，諸處詢訪，已聞衆説如此。若使並集於廷，各陳所見，必有長策，以裨萬一。

脩又論元昊來人不可令朝臣管伴狀

奏曰：

❶「虜」，《歐陽文忠公文集》作「慮」。

❷「祖宗舊制」，原脱，今據《歐陽文忠公文集》、《長編》卷一四二慶曆三年七月乙酉條補。

臣風聞朝旨，欲以殿中丞任顓管伴元昊遣來一行人等。臣竊知元昊此來，全無好意，不肯稱臣，索物太多，其志不小，乃是欲以强相迫脅爾。朝廷既不能從，則待其來人，凡事不可過分。至於禮數厚薄，賜與多少，雖云「事小不足較量」，然於事體之間，所係者大。凡兵交之使，來入大國，必須窺伺將相勇怯，覘察國家强弱。若見朝廷威怒未息，事勢未削，必內憂斬戮，次恐拘留，使其偶得生歸，自爲大幸。則我弱形未露，壯論可持。今若便損國威，過加厚禮，先爲自弱，長彼驕心，使其知我可欺，則議論愈難合矣。必欲成就其事，尤須鎮重爲先。况其議必不成，可惜空損事體。前次元昊來人至少，朝廷只以一班行待之。今來漸多，遂差朝士，若其後次來者漸盛，則必須差近侍矣。是彼轉自强，我轉自弱。况聞邵良佐昨來往彼，僅免屈辱而還。則彼雖夷狄，不爲無謀。今其來人，必須極騁辭辯以圖相勝。若能先薄其禮以折之，亦挫之一端也。其元昊來人，欲乞更不差人管領，送置驛中，不須急問。至於監視饋犒，傳道語言，一了事班行足矣。臣料今國家若不能曲從其意，即不須尊寵來人，厚加禮遇。元昊不免出兵攻寇，逞彼忿心。等是不和，何必自虧事體？不若急修邊備，以圖勝算。

脩又論西賊議和利害狀奏曰：

臣伏自如定等到京以來，竊聞朝議不許賊稱吾祖，❶必欲令其稱臣，然後許和。

❶「不許賊稱吾祖」六字，原脱，今據《歐陽文忠公文集》卷九九《論西賊議和利害狀》、《長編》卷一四二慶曆三年七月癸巳條補。

乃國家大計，廟堂得策。蓋由陛下至聖至明，不苟目前之事，能慮向去之憂，斷自宸衷，決定大議。然數日來，風聞頗有不識之人，妄陳愚見，不思遠患，欲急就和。臣雖知必不能上惑聖聰，然亦慮萬一少生疑沮，則必壞已成之計。臣職在言責，理合辨明。

伏自西賊請和以來，衆議頗有同異，多謂朝廷若許賊不稱臣，則慮北戎別索中國名分，此誠大患。然臣猶謂縱使賊肯稱臣，則北戎尚有邀功責報之患，是臣與不臣，皆有後害。如不得已，則臣而通好，猶勝不臣，然於後患不免也。❶此有識之士、憂國之人，所以不願急和者也。今若不許通和，不過懼賊來寇耳。且數年西兵遭賊而敗，非是賊皆善戰，蓋由我自繆謀。今如遣范仲淹處置邊防，稍不失所，則賊之勝負尚未可知。以彼驕兵，當吾整旅，使我因而獲勝，則善不可加。但得兩不相傷，亦足挫賊鋭氣。縱仲淹不幸小敗，亦所失不至如前後之謬戰。❷是比於通和之後別有大患，則所損猶少。此善算之士、見遠之人所以知不和害小，而不懼未和也。

臣謂方今不羞屈志，急欲就和者，其人有五：一曰不忠於陛下者欲急和，二曰無識之人欲急和，三曰姦邪之人欲急和，四曰疲兵懦將欲急和，五曰陝西之民欲急和。自用兵以來，居廟堂者勞於斡運，在邊鄙者勞於戎事，若有避此勤勞，爲欲陛下屈節就和，而自偷目下安逸，他時後患，任陛下獨當。此臣所謂不忠之臣欲急和者也。和而偷安，利在目下，和後大患，伏而未發。此

❶「患」，原脱，今據《歐陽文忠公文集》、《長編》補。
❷「謬」，原脱，今據《歐陽文忠公文集》、《長編》補。

臣所謂無識之人欲急和者也。自兵興以來，陛下憂勤庶政，今小人但欲苟和之後，寬陛下以太平無事，而望聖心怠事，因欲進其邪佞，惑亂聰明。大抵古今人主憂勤，小人所不願也。此臣所謂姦邪之人欲急和者也。屢敗之軍，不知得人則勝，但謂賊來常敗。此臣所謂懦將疲兵欲和者也。此四者皆不足聽也。唯西民困乏，意必望和，請因宣撫使，告以朝廷非不欲和，而賊未遜順之意，然後深戒有司，寬其力役可也。其餘一切小人無識之論，伏望聖慈絕而不聽，使大義不沮，而善算有成，則社稷之福也。

脩又論西賊議和請以五問詰大臣狀曰：

右臣伏見張子奭奉使賊中，近已到闕。風聞賊意雖肯稱臣，而尚有數事邀求，未審朝廷如何處置。臣聞善料敵者，必揣其情僞之實；能知彼者，乃可制勝負之謀。今賊非難料難知，但患爲國計者昧於遠見，落彼姦謀，苟一時之暫安，召無涯之後患，自爲削弱，助賊姦謀。此《左傳》所謂疾首痛心，賈誼所以太息慟哭者也。今議賊肯和之意，不過兩端而已。欺罔天下者，必曰賊困窘而求和；稍能曉事者，皆知賊權詐而可懼。若賊實困窘，則正宜持重以裁之。若知其詐謀，則豈可厚以金繒，助成姦計？昨如定等回，但聞許與之數不過十萬。今子奭所許乃二十萬，仍聞賊意未已，更有過求。先朝與契丹通和，只用三十萬。一旦劉六符輩來，又添二十萬。今昊賊一口許二十萬，到他日更來，又須一二十萬。使四夷窺見中國廟謀勝算，惟以金帛告人，則邈川首領豈不動心？一旦興兵，又須三二十萬。生民膏血有盡，四夷禽獸無厭，引之轉來，何有限極？今已許之失，既不可追，分外過求，尚可抑絶。見今北虜往來，尚在沿邊市易，豈可西蕃絶遠，須要直至京師？只用此詞，自可拒止。至如青鹽弛禁，尤不可從，於我雖所損非多，在賊則爲利甚博。況鹽者民間急用，既開其禁，則公私往來，姦細不分。若使賊捐百萬之鹽以啗邊民，則數年之後，皆爲盗用矣。凡此三事，皆難允許。今若只爲目下苟安之計，則何必愛惜，盡可曲從。若爲社稷久遠之謀，則不止目前，須思後患。

臣願陛下試發五問，詢於議事之臣：一問西賊不因敗屻，忽肯通和之意，或用計困之使就和乎？或其與北虜連謀而僞和乎？二問既和之後，邊備果有徹而寬國用乎？❶三問北使一來與二十萬，西人一去又二十萬，從今更索，又更與之，凡廟謀爲國計者，止有此策而已乎？四問既和之後，能使北虜不邀功責報乎？虜或一動，能使天下無事乎？五問元昊一議許二十萬，他日保更不邀求乎？他日有求，能不更添乎？陛下赫然以此五事問之，萬一能有説焉，非臣所及。若其無説，則天下之憂從此始矣。方今急和繆議既不可追，許物已多，必不能減。然臣竊料元昊不出三五年，必更別猖獗以邀增添，而將相大臣只如今日之謀，定須更與添物。若今日一頓盡與，則他時何以添之？故臣願惜今日所求。其如西賊雖和，所利極鮮，若和而復動，其患無涯。此臣前後非不切言，今無及

❶「有」，《歐陽文忠公文集》卷一〇二《論西賊議和請以五問詰大臣狀》作「可」。

矣。伏望陛下留意而思之，且可不與。彼若實欲就和，雖不許此亦可。若實無和意，與之適有後虞。

四年，脩改右正言，論與西賊大斤茶劄子曰：

臣伏覩昨者西賊來議通和，朝廷許物數目不少，内茶一色，元計五萬斤。緣中國茶法大斤小斤不同，當初擬議之時，朝廷謀慮不審，不曾明有指定斤數。竊慮西賊通和之後，須要大斤，若五萬斤大斤，是三十萬小斤之數。如此，則金帛二十萬，茶三十萬，乃是五十萬物。真宗時，契丹大舉至澶州，只用三十萬物。三十年後，乘國家用兵之費，兩國交争，方添及五十萬。今元昊一隅之敵，一口便與五十萬物，臣請略言爲國家大患一兩事，不知爲國計者何以處之？三十萬斤之茶，自南方水陸二三千里，方至西界。當今民力困乏，陛下不耻屈志就和，本爲休民息力，若歲般輦不絶，只此一物，可使中國公私俱困，此大患一也。計元昊境土人民，歲得三十萬茶，其用已足。然則兩榷場搭茶之外，須至別將好物博易賊中無用之物，其大患二也。契丹常與中國爲敵國，指元昊爲小邦，若見元昊得物之數與彼同，則須更要增添，何以應副？不過云茶不比銀、絹，本是粗物，則彼必須亦要十數萬大斤。中國大貨利止於茶鹽而已，今西賊一歲三十萬斤，北虜更要三二十萬，中國豈得不困？此其大患三也。

昨與西賊議和之初，大臣急欲事就，不顧國家利害，唯恐許物不多。及和議將成，契丹語洩，兩府方有悔和之色，然許物已多，不可追改。今天幸有此一事，尚可罷和。臣乞陛下特召兩府大臣共議，保得久遠供給四夷，中國不困，則雖大斤不惜。若其爲患如臣所説，不至妄言，即乞早議定計。

脩又論乞不遣張子奭使元昊劄子曰：

臣竊聞昊賊來人議論數日，全無遜順之意，朝廷又欲遣張子奭復往賊中，仍聞且只令在延州，❶伺候賊意，待其來迎，方敢前進。不知果有如此議否？ 若實有之，大爲不便。臣謂方今兩議未決，正是各争名分之時，尤不可自虧事體。元昊既見朝廷議論不合，必料邊防須爲準備，其僞以好辭來迎子奭，使我望和而少弛，然後不意以出攻，子奭或被拘留，或遭虐害，以爲中國萬世之辱，則悔何及焉？ 雖不如此，使子奭端坐延州，不來省問，欲歸則又慮來迎，久待則寂然無報，進退不得，何耻如之。蓋元昊已與中國三次商量，必知難合。子奭之往，又别無議論未盡之事，彼不求相見，則於臣二説，慮有一焉。臣不知朝廷以昊賊爲可臣乎，不可乎？ 若有可臣，則自當以重兵壓境，仍選忠厚知謀之士直入賊中，説令臣伏。如其不可，則何必遣人？ 或但欲遷延歲月不拒絶之，則只當因如定之回，賜以甘言，許其厚賂，諭以若能遜順則使通意邊臣，俟得其實，然後定議，乃是未絶其來之意也。不可令天子使臣待賊命而進退，萬一遭其拒絶，或被拘執，則於事無益，空損國威。爲今計者，不若速遣范仲淹嚴備

❶「令」，原脱，今據《歐陽文忠公文集》卷九九《論乞不遣張子奭使元昊劄子》、《長編》卷一四二慶曆三年八月癸丑條補。

邊境，徐放如定等還，當自爲謀，以求勝算。

脩又論元昊不可稱吾祖劄子奏曰：

臣伏見如定等來，西賊欲稱吾祖，嚮聞朝議，已不許之。今日風聞議却未定，不知虚的，深切驚憂。且「吾祖」兩字，是何等語，便當拒絶，理在不疑，安有未定之説哉。夫吾者，我也；祖者，俗所謂翁也。今匹夫臣庶尚不肯妄呼人爲父，若欲許其稱此號，則今後詔書須呼「吾祖」，是欲使朝廷呼蕃賊爲我翁矣，不知何人敢開此口？且蕃賊撰此名號之時，故欲侮玩中國而已。今若得其稱臣，則此二字尤須論辨。今自元昊以下，名稱官號皆用夷狄。若蕃語兀卒，華言吾祖，則今賊中每事自用夷禮，安得惟於此號獨用華言而不稱兀卒？且彼於我稱臣，而使我呼爲祖，於禮非便，故當以此折之可也。朝廷自有西事以來，處置乖方、取笑於人者多矣，未有如此一事最可笑也。竊慮小人妄有議論，伏乞拒而勿聽。

脩又論孫抃不可使契丹劄子曰：

臣伏見差孫抃等充契丹人使。臣謂朝廷新遭契丹侮慢陵辱之後，必能發憤，每事掛心，凡在機宜，合慎措置。及見抃等被選，乃知忘忽慮患，依舊因循。今西賊議和，事連北虜，中間屢牒邊郡，來問西事了與未了。今專使到彼，必先問及，應對之際，動關利害，一言苟失，爲患非輕，豈可四人之中令抃先往？抃本蜀人，語音訛謬，又其爲性，静默自安，軍國之謀，未嘗與議，凡關機事，多不諳詳。臣聞古者遣使，最號難才，不授以辭，許其專對，蓋取其臨事而敏，應卒無窮。今抃既不可預教以言，則將何以應卒？苟一疏脱，取笑四夷。其孫抃欲乞不令出使，或恐中書不能逆抃人情，尚執前議，即乞别令一人言語分明、料知朝廷事者先往，貴不誤事。且醜虜君臣頗爲强黠，中國常落其計，不可不知。今欲雪前耻，雖知未能，其如後患，豈可不慮？伏望聖慈，早令兩府别議。

脩知諫院，又論乞放還蕃官胡繼謂劄子曰：

臣竊見朝廷前歲以延州蕃官胡繼謂因爲邊臣所疑，移入内地，見任亳州都監，以子守清悉領父之諸部。風聞近爲不服亳州水土，死亡却家族，身又疾病，曾有奏陳，乞移一京西地凉之處。臣謂方今西鄙用兵之際，朝廷宜廣推恩信，撫御蕃夷，既欲守清盡死於邊疆，當厚遇繼謂，保全其家族，豈有既任其子，又疑其父？繼謂求還内地，❶其實異鄉，雖曰居官，乃是囚繫，致其失所，身病家亡。况彼初心，又無顯過。在繼謂之身，已有幽囚寃枉之嘆；於守清之分，又失駕馭豪傑之方。萬一繼謂疾病，死而不歸，守清父子之心，豈得無恨？反視中國，乃爲世讎，必與邊陲，别生患害。其餘部族，亦必離心。國家自用兵以來，凡有計謀，未聞勝算，尤於招撫蕃夷之術，常失恩威，致使離叛者多，皆願附賊。在於繼謂，處置特乖。臣欲乞因其有請，召至京師，與雪前疑，厚加禮遇，放還本族，示以推誠。守清得父子復完，必思盡節；繼謂感國家之遇，必有所施。若朝廷猶以爲疑，即乞先

❶「求」，《歐陽文忠公文集》卷一〇六《論乞放還蕃官胡繼謂劄子》作「來」。

以此意詔問守清，計其必無棄父之理。若彼自不欲其歸，則他日可無後患。

四年，脩又論乞與元昊約不攻唃厮囉劄子曰：

臣風聞魚周詢、余靖、孫抃等奉使北虜，皆有事宜，爲北虜中詰問元昊通和之意，將來必須因此別與朝廷生患。又聞虜人已欲議移界至，漸示相侵，禍亂之萌，其端可見。臣自去年春，始蒙聖恩，擢在諫列，便值朝廷與西賊初議和好。臣當時首建不可通和之議，前後具奏狀、劄子十餘次論列，皆言不和則害少，和則害多，利害甚詳，懇切亦至。然天下之士無一人助臣言，朝廷之臣無一人採臣説。今和議垂就，禍胎已成，而韓琦自西來，方言和有不便之狀。余靖自北至，始知虜利急和之謀。見事何遲，雖悔無及。當臣建議之際，衆人方欲急和，以臣一人，誠難力奪衆議。今韓琦、余靖親見二虜事宜，中外之人亦漸知通和爲患，臣之前説，稍似可採。但願大臣不執前議，早肯回心，則於後悔之中，尚有可爲之理。昨來許賊之物，數已太多，然尚有禁青鹽、還侵地等事，非賊所利。幸其因此自絶，不遣人來，朝廷深戒前非，慎自持重，因而罷議，不落賊計，則轉禍爲福，後策可爲。若賊志愈驕，貪心未滿，復遣人使，更有須求，則假此爲名，亦可拒絶。今通和之事，爲中國之患大，爲二虜之利深。萬一西賊貪深利而不惜侵地，更無他求，急來就和，則此時取舍，便繫安危。陛下宜詔執議之臣，定果決之計，認賊肯和之意，知我害彼利之謀，尤須多方以事拒絶。

臣計西賊無故而請和者，不止與北虜

通謀共困中國，兼欲詐謀款我，併力以吞唃廝囉、摩旃、瞎旃之類諸族，地大力盛，然後東向以攻中國耳。今若未有他計拒其和，則當賜以詔書，言唃廝囉等皆受朝廷官爵，父子爲國蕃臣，今若講和，則不得攻此數族。且攻此數族，是賊本心所貪，聞我此言，必難聽約，用此爲説，亦可解和。臣所以區區惟願未和者，蓋臣愚慮知不和患輕，易爲處置，和後患大，不可枝梧。臣前後奏章，論列已備，此乃天下安危大計，聖心日夜所憂。臣爲言事之官，見利害甚明，若不極言，罪當誅戮。伏望聖慈特賜省覽。

脩爲河北轉運使，上奏曰：

臣伏見契丹宣徽使劉三嘏，挈其愛妾兒女等七口，向化南歸，見在廣信軍聽候朝旨。竊慮朝廷只依常式，投來人等，依例約回不納。國家大患，無如契丹，自四五十年來，智士謀臣晝思夜算，未能爲朝廷出一奇策，坐而制之。今天與吾時，使其上下乖離，而親貴臣忽來歸我，此乃陛下威德所加，祖宗社稷之福。竊慮憂國之臣，過有思慮，以謂納之別恐引惹。臣請略陳納之、却之二端利害，伏望聖慈裁擇其可。

往年山遇捨元昊而歸明，邊臣爲國存信，拒而遣之。元昊甘心山遇，盡誅其族。由是河西之人皆怒朝廷不納，而痛山遇以忠而赤族。吾既自絕西人歸化之路，堅其事賊之心，然本欲存信以懷元昊，而終至叛逆，幾困天下。是拒而不納，未足存信，而反與賊堅人心，此已驗之効也。其後朝廷悟其失計，歸罪郭勸，悔已難追矣。此事不遠，可爲鑑戒，伏望陛下思之。此不可拒而可納一也。三嘏是契丹貴臣，秉節鉞，兼宣徽，可謂至親且貴矣。一旦君臣離心，走而歸我，是彼國中大醜之事，必須掩諱，不使人聞，必不敢明言求之於我。此其可納二也。況彼來投，又無追者相繼，既絶蹤跡，別無明驗，雖欲索之於我，難以爲辭。此其可納三也。三嘏既彼之貴臣，彼國之事，無不與知，今既南來，則彼之動静虛實，我盡知之，可使契丹日夕懼我攻取之不暇，安敢求索於我，自起兵端？若使契丹疑三嘏果在中國，則三四十年之間，卒無南向之患。此又納之大利，其可納四也。彼既窮來歸我，若懼而遣之，❶使其受山遇之禍，則幽燕之間，四五十年來，心欲南向之人，盡絶其歸路，而堅其事狄之心，思爲三嘏報仇於中國，又終不能固契丹之信。此爲誤計，其失尤多。且三嘏在中國，則契丹必盡疑幽燕之人，是其半國離心，常恐向背。凡契丹南寇，常藉幽燕，使其盡疑幽燕之人，則可無南寇之患。此又可納大利五也。古語曰：「天與不取，反受其咎。」此不可失之機也。其劉三嘏，伏望速降密旨與富弼，令就近安存，津送赴闕。惟乞決於睿斷，不惑群言。

嘉祐二年，修又上奏曰：

臣伏見契丹所遣泛使，專爲御容而來。中外之議，皆謂前歲既已許之，於理不可中止，失於不早踐言，至彼非時遣使。及朝夕以來，傳聞頗異，或云大臣共議，欲遂拒而不與。若然，則臣恐釁隙之端，自此而始。禍患之起，未易遽言。

大凡爲國謀事者，必先明信義，審曲

❶「懼」，《歐陽文忠公文集》卷一〇七《論劉三嘏事狀》作「拒」。

直，酌人情，量事勢，四者皆得，然後可以不疑。苟一有未然，尚恐敗事，況四者俱失，豈可不思？ 契丹與中國通盟久矣，而嚮來宗真特於信好，自表慇懃，別有家書，繼以畫像。聖朝納其來意，許以報之，而乃遷延至今，遂欲食言而中輟。是則彼以推誠結我，我以不信待之。失信傷義，甚非中國待夷狄之術，而又其曲在我，使彼易以爲辭。自南北通和以來，信問往復之際，每於報答，常從優厚，假借既久，其心已驕。況此畫像之來，特表慇懃之意。是則於平常之禮，厚報以驕之；慇懃之來，則不報以沮之。沮之彼必怒，不報彼必耻，懷耻畜怒，何所不爲，此人之常情也。許其父不許其子，厚薄之際，此亦人情之難處也。臣竊見契丹來書，初無寒温問候之言，直以踐言孤約爲說，其意在於必得。若此時被沮，勢必更來，事既再三，豈能堅執？ 若待其失於遜順，已成釁隙，然後與之，則重爲中國之辱。又使夷狄謂中國難以恩意交，惟可以勢力脅，因之引惹，別有他求，則爲後患，何可涯哉。今虜主雖弱，而中國邊備未完，廟謀未勝，未可生事，而欲執我曲彼直之義，以起戎而結禍。夫察彼事勢，必不能中止；量我事勢，又未能必沮之。臣故曰四者俱失也。

臣又聞虜使入境之日，地震星殞，變異非常。先事深防，猶恐不及，失計招禍，豈可自爲？ 臣願聖慈出於獨斷，勿沮其善意，無失我信言。臣今欲乞回諭虜中，告以如約，直候今冬因遣常使時與之，則於事體稍便。伏乞速下兩府商議。上繫國家利害，臣不敢不言。

寶元二年，吴育論元昊不足以臣禮責，上奏曰：

臣聞聖人統御之策，夷夏不同。雖有戎虜之君，向化賓服，終待以外臣之禮，羈縻勿絶而已。或一有背叛，來則備禦，去則勿追。蓋異俗殊方，視如犬馬，不足以臣禮責之。今元昊若止是抄掠邊隅，當置而不問。若已見叛狀，必須先行文告，以詰其由，若是同中國叛臣，❶即加征討。大凡兵家之勢，征討者貴在神速，守禦者利在持重。況夷狄之性，唯事剽急，因而僞遁，多誤王師。武夫氣鋭，輕進貪功，或陷誘詐之機。今但明烽候，堅壁清野，以挫剽急之鋒，而徐觀其勢，此乃廟堂之遠算也。

仁宗時，契丹與元昊搆兵，元昊求納款。契丹使來請勿納元昊，朝廷未知所答。育爲禮部郎中，因上疏曰：「契丹受恩，爲日已久。不可納一叛羌，失繼世兄弟之懽。今二蕃自鬭，鬭久不解，可觀形勢，乘機立功。萬一過計，亟納元昊，臣恐契丹窺兵趙、魏，朝廷不得元昊毫髮之助，而太行東西，且有烟塵之警矣。宜使人諭元昊曰：『契丹汝世姻，一旦自絶，力屈而歸我，我所疑也。若無他者，當順契丹如故，然後許汝歸款。』告契丹曰：『已詔元昊，如能投謝轅門，即聽内附。若猶堅拒，當爲討之。』如此則彼皆不能歸罪我矣。」於是召兩制，出契丹書，令兩制同上對，不易育議。

西鄙厭兵，元昊請和，議增歲賜。右正

❶「若是」，《長編》卷一二三寶元二年三月丙午條作「不可」。

言余靖言：

景德中，契丹舉國興師，直抵澶淵，先帝北征渡河，止捐金繒三十萬與之。今元昊戰雖累勝，皆由將帥輕敵易動之故。數年選將練兵，始知守戰之備，而鋭意解仇，所予至二十六萬。且戎事有機，國力有限，失之於始，雖悔何追。夫以景德之患，近在封域之内，而歲賜如彼。今日之警，遠在邊鄙之外，而歲賜如此。若元昊使還，益有所許，契丹聞之，寧不生心，無厭之求，自此始矣。儻移西而備北，爲禍更深。但思和與不和，皆有後患，則不必曲意俯徇，以貽國羞。

宋祁議西人劄子曰：

臣伏見元昊遣使，進納誓書，西人在館，以待答報。伏知朝廷議欲降詔，遂相開納，止留册命，未便舉行。又聞余靖使回，北虜謂本朝若必行元昊封册，勿令使命深入，恐契丹兵馬一例殺傷。又其答書有俟平定西鄙，遣人來報之意，此皆含糊未决之辭，包姦畜怨之語也。臣愚不敏，不知大計，竊謂機危之會，理須審思，事脱一失，悔將難救。

且西、北二虜，連兵構難，中國之利也。方當整勒兵馬，陰拱高視，候其大傷小亡，乃可以逞。今若便許元昊同其誓文，則二國要約固已先定，不待封册方正君臣。如此，則元昊之貢獻必且續至，朝廷之金幣亦便須分。假使北虜能勝西，則契丹必歸曲朝廷，以謂撫彼叛臣，逆其來信，負力悖慢，勢必稱兵。而元昊得朝廷誓詔，必且取重外鄙，市怨耶律，肆其狡獪，因爲間諜，得我金幣，以救敗亡。是乃紓賊禍於一時，嫁虜怨於中國矣。使西能勝北，則二賊之怨必深。契丹士力更當讎賽，則朝廷却與元昊歡盟厚賂，安得不動虜情哉。契丹之怨朝廷益深，則元昊之結朝廷益固者，非謂與我爲金石交也。彼賊藉我之賄，假我之援，全境激敵，以誓刼我，使吾邊戎束手瞪目，熟視流散，不得侵略。然後首鼠窟穴，養成豺虎，斯其謀也。

臣又料契丹毒螫忿損，獸窮反噬，未能得志於元昊，先且取償於河北，避强擊弱，有何不可？是朝廷免西鄙之小衂，結北方之巨釁，輕重之擇，安得不懷？且契丹言恐一例殺傷，又云俟平定西鄙。此何等語，朝廷忽而不計邪？臣伏見元昊誓書中，要結天地，誓及子孫，言雖夸險，勢亦窘急。何者？彼蓋迫契丹之用兵，畏我境之乘便，略其邊寨，取其老小，重復詛誓，務在速成。必知朝廷已賜開許，不肯先違信誓。則彼一心捍北，永無東顧之虞，此賊昊之計，事在目前，確然可辨。臣以爲當今計者，不如且遣彼使，賜以存問詔書，詰難誓文，更令脩正，遷延來往，以賒後期，兼令雄州謄報虜帳。俟其雄雌之決，更議拒納之宜，撫西懷北，兩得其便。伏望略回聖慮，一賜財擇。

知諫院司馬光論環州事宜狀曰：

右臣竊知環州熟户蕃部，屯聚攻刼，殺傷兵民。雖犬羊之衆，人面獸心，緩之則驕，急之則叛，固其常性，亦由將吏恩不能懷，威不能服，信不能結，勇不能斷。平居無事，則擾之使亂，及其陸梁，又不能制。是使戎狄順服王化，則侵苦不安。桀驁鴟張，則富饒熾大。凡邊境所以多事，未有不由此也。夫以屬國小胡，背誕不恭，而國家不能擒討，使西、北二虜聞之，豈不益有輕漢之心？伏望陛下特詔陝西，不干礙監司，體量蕃部所以叛亂之因。若果由將吏撫御乖方所致，即乞明行誅責，以謝邊民。更選良將能吏有方略者，使之鎮遏。分別蕃部善惡，附順者撫而安之，以壞散其黨。悖逆者討而誅之，使永久慴服。不然，臣恐其日月浸深，罪惡愈重，自知不爲朝廷所容，將外連西夏，内結諸部，黨與益衆，氣燄益大，乃爲朝廷旰食之憂，非特鼠竊狗偷而已也。

英宗即位，司馬光爲殿中侍御史，論夏國入吊劄子曰：

臣伏聞夏國所遣使人，前日不肯門見，固求入對，朝廷不許，勒歸館舍。臣愚竊以陛下繼統之初，四夷之人皆欲奉望天表，窺覘聖德，又聞鼐曾不安，意謂未能視朝，所以犬羊之心，敢爾桀黠。今若深閉固拒，不聽入見，則必疑有所隱避，益足使之驕慢。況即日陛下已御正殿，臣謂何惜紫庭數步之地，使之稽首拜伏，瞻仰清光，庶幾得識陛下神武之姿，知必能鎮服四海，歸至其國，轉相告語，使其蜂蟻之衆，心服氣沮，不敢窺邊。此所謂上兵伐謀，不待戰而屈敵者也。

同知諫院吕誨請重造蕃部兵帳，上奏曰：

臣聞兵家之説，國雖大，好戰必亡。天下雖平，忘戰必危。此居恒之深戒也。國家承平日久，自元昊納款，兵防不葺，邊備皆弛。臣切謂最可憂者，陝西四路熟户蕃部久失制馭，將恐籬落盡隳，亭障不固，邊事或起，必爲深患。

昨聞保安軍蕃官胡守清身死後，有弟擦也香於前年走投夏國乞兵，却來本族界上招誘自己手下人馬。及於次年春，西界賊馬來攻掠，胡守清地界熟户相殺，經略司亦曾差官檢驗戰場，胡守清弟守中相繼走投西界。保安軍累行公牒取索，得守中等。雖已處斬訖，奈何人情携貳，其必有因。多是蕃官侵牟，或即首領酷暴，良亦主管兵官失恩威制馭之然也。況胡守清族下從來富庶，人馬强壯，鄜延倚以爲固。若朝廷更不爲存卹，則人不安居，又焉知其他蕃部不有擦也香、守中之志？萬一倡率皆逃，邊城危矣。如李金明三十餘族，向時失於存撫，盡爲元昊以利招誘，逐部首領臨陣皆無鬬意。故李金明失利，王師陷没，至今邊人以爲深痛。昔四路所管熟户不下數十萬人，自寶元用兵以來，相繼陷没，十無四五存焉。復慶曆以後兵帳，未嘗改造，二十年間，逃亡死損，不可勝數。忽有調發，何憑點集？足見邊臣因循積弊，爲日深矣。

況蕃部雖居漢界，自來田業並是父子相承，典買住佃，但無徭賦，此外別不霑恩，唯首領薄有俸錢。遇戰陣則首當前鋒，計其實效，勝正兵遠甚。居無事之際，尤宜存撫。逐部族今所存者，却有外來散户依附其間，或是連親，或即庸力，混雜居處，例各年深，察其情意，未有不願爲漢民者。是彼有鄉順之心，而我失羈縻之策爾。儻不收附兵籍，徒使蕃息於王土，非但緩急不得其用，而又容庇在内，使往來作過。此必然之事，不可不慮也。

臣欲乞朝廷委自四路帥臣，選差有心

力官員，與逐處州縣堡寨，勒本部蕃官供折見在人數。未附籍者，與舊管人一處造帳收係，或逐處更有係官閒田，盡令均勻給受。候造帳了畢，應舊管蕃官及蕃族首領，各與轉資酬獎。所貴窮邊人衆，仰戴國恩，樂其效用，各盡死節。況蕃族首領自來給俸至薄，軍主、都虞候每月不過二貫文，以次等級，從而可知。雖遷轉一二資，無所損費，推是恩信，結之必固。兼大段添收得人數，庶幾邊防籬落，漸次修葺。所有胡守中等逃背因由，伏乞指揮下隣路密切體量詣實，本地分主管官員，乞重行責降。所貴今後邊臣撫存蕃部，不敢懈慢。今來因胡守中等逃背，點檢蕃部，整齊兵帳，不爲生事，於體甚便。

治平初，知桂州陸詵，言交州來求儂宗旦男日新及欲取温悶洞等地，帝問交趾於何年割據。輔臣對曰：「自唐至德中改安南都護府，梁貞明中，土豪曲承美專有此地。」韓琦曰：「向以黎桓叛命，太宗遣將討伐，不服，後遣使招誘，始效順。交州山路嶮僻，多潦霧瘴毒之氣，雖得其地，恐不能守也。」

治平二年，參知政事歐陽脩論西邊可攻四事，上奏曰：

臣伏見諒祚狂僭，釁隙已多，不越歲年，必爲邊患。臣本愚庸，不達時機，輒以外料敵情，內量事勢，鑑往年已驗之失，思今日可用之謀。雖兵不先言，俟見形而應變；然坐而制勝，亦大計之可言。謹具條陳，庶裨萬一。

臣所謂外料敵情者，諒祚世有夏州，自

彝興、克叡以前，止於一鎮五州而已。太宗皇帝時，繼捧、繼遷始爲邊患，其後遂陷靈、鹽，盡有朔方之地。蓋自淳化、咸平用兵十五餘年，既不能剪滅，遂務招懷。適會繼遷爲潘羅支所殺，其子德明乃議歸款，而我唯以恩信，復其王封，歲時俸賜，極於優厚。德明既無南顧之憂，而其子元昊亦壯，遂併力西攻回紇，拓地千餘里。德明既死，地大兵强，元昊遂復背叛。國家自寶元、慶曆以後，一方用兵，天下騷動，國虚民弊，如此數年。元昊知我有厭兵之患，遂復議和。而國家待之，恩禮又異於前矣，號爲國主，僅得其稱臣，歲予之物，百倍德明之時，半於契丹之數。今者諒祚雖曰狂童，然而習見其家世所爲。蓋繼遷一叛，而復王封。元昊再叛，而爲國主。今若又叛，其志可知。是其欲自比契丹，抗衡中國，以爲鼎峙之勢爾。此臣切料敵情在此也。

夫所謂内量事勢者，蓋以慶曆用兵之時，視方今邊備，較彼我之虚實强弱，以見勝敗之形也。自真宗景德二年，盟北虜於澶淵，明年，始納西夏之款，遂務休兵，至寶元初，元昊復叛，蓋三十餘年。上下安於無事，武備廢而不修，廟堂無謀臣，邊鄙無勇將，將愚不識干戈，兵驕不知戰陣，器械朽腐，城廓隳頽。而元昊勇鷙桀黠之虜也，其包蓄奸謀，欲窺中國者累年矣。而我方恬然不以爲慮，待其謀成兵具，一日反書來上，然後茫然不知所措，中外震駭，舉動倉惶，所以用兵之初，有敗而無勝也。既而朝廷用韓琦、范仲淹等，❶付以西事，極力經

❶「既」，原無，今據《歐陽文忠公文集》卷一一四《言西邊事宜第一狀》、《長編》卷二〇四治平二年正月癸酉條補。

營，而勇夫鋭將亦因戰陣稍稍而出。數年之間，人謀漸得，武備漸修，似可枝梧矣。然天下已困，所以屈意忍耻，復與之和，此慶曆之事爾。

今則不然。方今甲兵雖未精利，不若往年之腐朽也。城壘粗嘗修緝，不若往年之隳頽也。士兵藩落增添訓練，不若往年之寡弱驕怠也。大小將校曾經戰陣者，往往尚在，不若往年魏昭炳、夏隨之徒膏粱子弟也。一二執政之臣皆當時宣力者，其留心西事熟矣，不若往年大臣茫然不知所措者也。蓋往年不知邊事之謀臣，馭不識干戈之將，用驕兵，執朽器，以當桀黠新興之虜，此所以敗也。方今謀臣武將、城壁器械不類往年，而諒祚狂童不及元昊遠甚。往年忽而不思，今又已先覺，可以早爲之備。苟其不叛則已，若其果叛，未必不爲中國利也。

臣謂可因此時，雪前耻，收後功，但顧人謀如何爾。若上憑陛下神威睿算，係纍諒祚君臣，獻於廟社，此其上也。其次逐狂虜於黄河之北，以復朔方故地。最下盡取山界，奪其險而我守之，以永絶邊患。此臣内量事勢，❶謂或如此。

臣所謂鑑往年已驗之所失者，其小失非一，不可悉數，臣請言其大者。夫夷狄變詐，兵交陣合，彼佯敗以爲誘我，我貪而追之，或不虞横出而爲其所邀，或進陷死地而困於束手。此前日屢敗之戒，今明習兵戰者，亦能知之。此雖小事也，亦不可忽。所謂大計之繆者，攻守之策皆失爾。臣視慶曆禦邊之備，東起麟、府，西盡秦、隴，地長

❶「内」，《歐陽文忠公文集》作「竊」。

二千餘里，分爲路者五。而分爲州爲軍者，二十有四。而軍州分爲寨、爲堡、爲城者，又幾二百，皆須列兵而守之。故吾兵雖衆，不得不分，所分既多，不得不寡。而賊之出也，常舉其國衆，合聚爲一而來。是吾兵雖多，分之而寡。彼衆雖寡，聚之爲多。以彼之多，擊吾之寡，不得不敗也。此城寨之法，既不足自守矣。而五路大將軍所謂戰兵者，分在二十四州軍，欲合而出，則懼後空而無備，欲各留守備而合其餘，則數少不足以出攻。此當時所以用兵累年，終不能一出者，以此也。夫進不能出攻，退不能自守，是謂攻守皆無策者，往年已驗之失也。

臣所謂可用之謀者，在定出攻之計爾，必用先起制人之術，乃可以取勝也。蓋列兵分地而守，敵得出而撓於其間，使我處處爲備，常如敵至。師老糧匱，我勞彼逸。昔周世宗以此策困李景於淮南，昨元昊亦用此策以困我之西鄙。夫兵分備寡，兵家之大害也。其害常在我。以逸待勞，兵家之大利也，其利常在彼。所以往年賊常得志。今誠能反其事，而移我所害者予敵，奪敵所利者在我，則我當先爲出攻之計，彼疲於守禦，則我亦得志。凡出攻之兵，勿爲大舉。我每一出，彼必呼集而來拒，彼出於東，則別出其西。我歸彼散，則我復出，而彼又集。❶我以五路之兵，番休出入，使其一國之衆，聚散奔走，無時暫停，則無不困之虜矣。此臣所謂方今可用之謀也。

蓋往年之失在守，方今之利在攻。昔至道中，亦嘗五路出攻矣。當時將相，爲謀不審，蓋欲攻黠虜方强之國，不先以謀困

❶「彼」，原脫，今據《歐陽文忠公文集》補。

之，而直爲一戰必取之計，大舉深入，所以不能成功也。夫用兵，難事也。故謀既審矣，則其發也果，故能動而有成功也。凡用兵之形勢，有可先知者，有不可先言者。臣願陛下遣一重臣，出而巡撫，遍見諸將，與熟圖之，以定大計。凡山川、道路、番漢、步騎、出入所宜可先知者，悉圖上方略。其餘不可先言，付之將帥，使其見形應變，因敵制勝。至諒祚之所爲，宜先屈意含容而曲就之，既以驕其心，亦少緩其事，以待吾之爲備。而且嚴戒五路，訓兵選將，利器甲，蓄資糧，常具軍行之計。待其反書朝奏，則王師暮出，以駭其心，而奪其氣，使其枝梧不暇，則勝勢在我矣。往年議者，亦欲招輯横山蕃部，謀取山界之地。然臣謂必欲招之，亦須先藉勝捷之威，使其知中國之强，則方肯來附也。由是言之，亦以出攻爲利矣。凡臣之言者，大略如此。然臣足未嘗踐邊陲，目未嘗識戰陣，以一儒生偏見之言，誠知未可必用。直以方當陛下勞心西事、廣詢衆議之時，思竭愚慮，備蒭蕘之一説耳。

脩又上奏曰：

臣近曾上言諒祚爲邊患，朝廷宜早圖禦備，及乞遣一重臣，親與邊將議定攻守大計等事。至今多日，未蒙降出施行。臣竊見慶曆中元昊作過，時朝廷輕敵翫寇，無素定之謀。每遇邊奏急來，則上下惶恐，倉卒指揮，既多不中事機，所以落賊姦便，敗軍殺將，可爲痛心。今者諒祚以萬騎寇秦、渭兩路，焚燒數百里間，掃蕩俱盡，而兩路將帥不敢出一人一騎，則國威固已挫矣。諒祚負恩背德如此，陛下未能發兵誅討，但遣使齎詔書賜之，又拒而不納，使者羞媿俛首，懷詔而回，則大國不勝其辱矣。當陛下臨御之初，遭此狂童，威沮國辱，此臣等之罪也。臣謂陛下宜赫然發憤，以邊事切責大臣。至於山川形勢，有利有不利，士卒勇怯，孰可用孰不可用，何處宜攻，何處宜守，何兵宜屯某地，何將可付某兵，如此等事甚多，皆陛下聖慮所宜及者。臣謂陛下宜因閑時御便殿，召當職之臣，使案圖指畫，各陳所見。陛下可以不下席而盡在目前，然後制以神機睿略，責將相以成功。而陛下以萬機之繁，既未及此；兩府之臣如臣等日所進呈，又皆常程公事，亦未嘗聚首合謀，講定大計。外則四路邊臣，自賊馬過後，亦不聞別有擘畫。臣恐上下因循，又如慶曆之初矣。近者韓琦曾將慶曆中議山界文字進呈，此邊事百端中一端爾。蓋琦亦患事不講求，假此文字爲題目，以牽合衆人之論爾。自進呈後，尋送密院，至今多日，亦未曾擬議。臣以非才，陛下任之政府，便是國之謀臣。若其謀慮淺近，所言狂妄，自可黜去不疑。臣亦昨因目疾，懇求解職，曲蒙聖恩，未許其去。既使在其位，又棄其言而不問，使臣尸禄厚顔，何以自處？所有臣前來所上奏狀，欲望聖慈降付中書、密院，與韓琦山界文字一處商量。若其言果不足取，棄之未晚。

英宗時，陝西轉運副使范純仁奏乞早遣夏國封册使臣疏曰：

臣近聞朝廷許西人納款，先遣梁交齎賜詔書，而封册之使，未聞進發。竊以夷狄之性，荒忽無常，惟在朝廷結以恩信。今既納其善意，賜以德音，則封奬之恩，亦宜早下。名實相副，示我致誠，犬羊之心，感恩必固。不可更自稽緩，益彼姦心，逆詐畜疑，恐貽後患。又關陝自春少雨，邊計未豐，難於此時，與較毫末。漢祖行封，南粤稽首。項籍刓印，英雄離心，况如聖朝，不可不慎。伏望聖慈指揮夏國封册使臣，速令進發，庶得疆埸早寧，兵民受賜。縱彼別懷狙詐，固亦曲不在我，但使彼國生靈，先感朝廷好生之德，則其酋首自無能爲。

治平四年，神宗即位，御史中丞司馬光上言横山劄子曰：

臣竊聞陝西邊臣有上言欲招納趙諒祚國内人户，漸圖進取者。臣竊惟諒祚驕僭之罪，宜伏天誅，爲日固久。今國家新遭大憂，陛下初承寶命，公私困匱，軍政未講，恐征伐四夷之事，未易輕議也。况諒祚雖内懷桀驁，而外存臣禮，方遣使者奉表弔祭，尚未還國。而遽令邊臣誘納其亡叛之民，臣恐未足以虧損諒祚，而失王者之體多矣。伏望陛下且以拊循百姓爲先，以征伐四夷爲後，速詔邊臣務敦大信，勿納亡叛，專謹斥候，防其侵軼而已。俟諒祚稔惡既熟，中國兵穀有餘，然後奉辭伐罪，不爲晚也。

光又論納横山非便，上奏曰：

臣聞王者之於夷狄，或懷之以德，或震之以威，要在使之不犯邊境，中國獲安，則善矣。不以踰葱嶺、誅大宛、絶沙漠、擒頡利，然後爲快也。竊聞有邊臣言趙諒祚部將輕泥𡃤側，❶欲以横山之衆攻取諒祚，歸

❶「言」，原脱，今據《温國文正司馬公文集》卷三八《横山疏》補。

命聖德。朝廷已有指揮，許令招納。臣近者雖曾論列，以爲非宜，尚懼語言疏略，未盡本末，不敢不再爲陛下陳之。今進謀者但言其利，不言其害，臣請試言其害，雖逆盛意，願陛下勿遽加棄置，略賜省覽，與進謀者參校其是非。

臣聞戎狄之俗，自爲兒童則習騎射，父子兄弟相與群處，未嘗講仁義禮樂之言也，唯以詐謀攻戰相尚而已。故其民習於用兵，善忍饑渴，能受辛苦，樂鬬死而耻病終。此中國之民所不能爲也。是以聖王與之校德，則有天地之殊。與之校力，則未能保其必勝也。以舜、禹之明，征三苗而三旬逆命。商高宗之賢，伐鬼方而三年乃克。漢高祖之雄傑，爲冒頓所圍，七日不火食。國朝以太宗之英武，北舉河東，南取閩浙，若拾地芥。加之猛將如雲，謀臣如雨，天下新平，民未忘戰。當是之時，繼遷背叛，太宗以鄭文寶爲陝西轉運使，用其計策，假之威權以討之，十有餘年，卒不能克。發關中之民，飛芻輓粟以饋靈州及清遠軍，爲虜所抄掠。及經沙磧，饑渴死者什七八，白骨蔽野，號哭滿道。長老至今言之，猶歔欷酸鼻。及真宗即位，會繼遷爲潘羅支所殺，真宗因洗滌其罪，吊撫其孤，賜節鉞，使長不毛之地，訖于天聖、明道四十餘年，爲不侵不叛之臣。關中户口滋息，農桑豐富。由是觀之，征伐之與懷柔，利害易見矣。

及元昊背恩，國家發兵調賦，以供邊役。關中既竭，❶延及四方，東自海岱，南踰江淮，占籍之民，無不蕭然苦於科斂。自其始叛，以至納款，纔五年耳，天下困弊，至今

❶「既竭」，原作「饑渴」，今據《温國文正司馬公文集》改。

未復。仁宗屈己，賜以誓誥，册爲國主，歲與之物凡二十五萬，豈以罪不足誅而功可賞哉，計不得已也。向者諒祚雖時有偃蹇，禮節不備，或誘掠熟户，驚擾邊民，然猶稱臣奉貢，未敢顯然自絶也。今乃誘其叛臣以圖之，縱使誠梟諒祚之首，復靈夏之土，以王者之兵言之，猶可耻也，况其成敗未可知乎。臣恐邊事之興，生民之苦，由此而始也。

王者之於諸侯，叛則討之，服則撫之，是以諸侯懷德畏討，莫不率從。去歲諒祚攻大順城，殺掠吏民，今春朝貢之使不以時至，當是時不能討也。今朝廷既赦其罪，與其賜物，受其使者，納其貢獻，又從而誘其叛臣，激其忿心，是常欲其叛而不欲其服也。信義賞罰，將安在乎？議者或以爲彼誘我民，我誘彼臣，何爲不可？是特閭閻小人之語，非知國家大體者也。彼僻陋小羌，切誘我民，以益其衆，仍欲以天子億兆之富，而效其所爲邪？譬如鄰人竊己之財，己以正議責之可也，豈可復竊彼之財以相報邪？臣聞諒祚陰蓄姦謀，爲日固久，招納不逞之人，以爲謀主，誘脅熟户，以撤中國之藩籬。常有據關中、窺河東之心，雖未必能，然若縱其毒螫，亦足以爲亭鄣之患，未可以小種之羌、孱弱之人待之也。國家不幸，比遭大憂，帑藏空虚。關中之民，自經西事以來，仍苦鐵錢，財力凋弊。熟户屢經殺掠，亡失太半，縱其在者，亦懷二心，非復得如景祐、寶元之時也。當此際，陛下深詔邊吏，敦信誓，❶保分界，嚴守備，明斥

❶「敦」，原作「崇」，宋人避宋光宗名諱改，今據《温國文正司馬公文集》改回。

堠以待之，猶懼諒祚狼子野心，不識恩義，乘我釁隙，侵噬疆場。又况彼不動而擾之，不來而召之乎。

臣又聞虜中間諜，所在甚多，中國動静，豪髪皆知。其嚷側自程戡在鄜延時，已有聲聞，云欲歸降。自是至今，已經數年，朝廷屢召邊臣與之謀議，外人往往知之。亦有邸吏傳報四方，安有虜中獨不覺悟，寂然無事，曾無誅討之意乎？臣切疑其内挾詐謀，未可信也。或者諒祚久懷逆計，以朝廷待之恩禮優厚，無因而發，故遣其部將詐降以卜之。若朝廷受之，則將歸曲而責直，得以爲背叛之名。或者使其部將詐言勢孤力微，不能獨制諒祚，乞朝廷遣將出師爲助，而陰設伏兵以徼大利。此二者皆未可知也。若萬一有之，則今日受之，正墮其計中矣。縱使嚷側實有降心，蓋亦私有忿恨，或別負罪惡，反側不安，欲倚大國之威，以逼其主。其所部之民，未必肯盡從也。雖其自言權勢之强，甲兵之盛，有謀善戰，爲民所附，蓋欲自誇以求售耳，未必然也。借令實能舉兵以與諒祚爲敵，戰而勝之，則是滅一諒祚，生一諒祚也。若其不勝，必引其餘衆，南奔中國，諒祚悉其境内之兵以追之，怒氣直辭，長駈入塞，當是之時，非口舌文移所能解也。臣恐朝廷不惟失信於諒祚，又將失信於嚷側也。若嚷側餘衆無幾，猶可以縛而送之，以緩諒祚之兵，然形迹已露，諒祚必叛無疑也。若嚷側餘衆尚多，還北不可，入南不受，窮無所歸，必不肯如山遇束手就死，將突據邊城以救其命，更爲中國之患，未有涯也。陛下不見侯景之事乎？

臣聞羽翼未成，不可以高飛，近者未

悦，不可以來遠。上自堯、舜、禹、湯、文、武之王，下至齊桓、晉文之霸，❶未有不先治其内而能治於外者也。故孔子曰：「善人教民七年，亦可以即戎矣。」又曰：「以不教民戰，是謂棄之。」今陛下新即大位，尚未逾年，朝廷之政未盡修也，封域之中未盡治也。内郡無一年之蓄，左帑無累月之財，民間貧困，十室九空，小有水旱，即化爲流殍。承平日久，戎事不講，將帥乏人，士卒驕惰，上下姑息，有同兒戲。教閲稍頻，則愠懟怨戾。賜與不時，則揚言不遜。被甲行數十里，則喘汗不進。遇鄉邑小盜，則望塵奔潰。此乃衆人所共知，非臣敢爲欺罔。兵法曰：「知彼知己，百戰不殆。知彼不知己，一勝一負。不知彼不知己，每戰必殆。」陛下視今天下如此，而欲謀境外之事，起兵革之端，挑陸梁之虜，冀難立之功，此臣所爲寒心者也。

爲今日之計，莫如收拔賢俊，隨才受任，以舉百職。有功必賞，有罪必罰，以修庶政。慎擇監司，❷澄清守令，以安百姓。屏絶浮費，沙汰冗食，以實倉庫。詢訪智略，察驗武勇，以選將帥。申明階級，剪戮桀黠，以立軍法。料簡驍鋭，罷去羸老，以練士卒。完整犀利，❸變更苦窳，以精器械。俟百職既舉，庶政既修，百姓既安，倉庫既實，將帥既選，軍法既立，士卒既練，器械既精，然後惟陛下之所欲爲，復靈、夏，取瓜、

❶「桓」，原作「威」，宋人避宋欽宗名諱改，今據《温國文正司馬公文集》改回。

❷「慎」，原作「謹」，宋人避宋孝宗名諱改，今據《温國文正司馬公文集》改回。

❸「完」，原作「修」，宋人避宋欽宗名諱改，今據《温國文正司馬公文集》改回。

沙，平幽、薊，收蔚、朔，無不可也。今八者未有其一，而欲納邊吏之狂謀，信黠虜之詭辭，臣恐不能得其降者數百，而虜騎大至，覆軍殺將，邊城晝閉。朝廷乃爲之宵衣旰食，焦心勞思，興兵運財，以救其急，使天下愁困如康定、慶曆之時，已而卒無可奈何，然後忍耻以招之，卑辭以諭之，尊其名以悦之，增其賂以來之，其爲損也，不亦多乎。斯乃國之大事，安危所係，非特邊境之憂而已。願陛下深留聖思，勿爲後悔，乃天下之福也。彼進謀者，皆非實爲國家斬將搴旗，拓土開境，進衛、霍、甘、陳之功也，但以利口長舌，虚辭大言，一時誑惑聖聰，欲盗陛下之官職耳。他日國家有患，不預其憂，是豈可哉。凡邊境有事，則將帥遷官，士卒受賞。無事則上下寂寂，無因儌幸。此乃人臣之利，非國之利，陛下不可不察也。

歷代名臣奏議卷之三百四十三

本卷王鵬校點

歷代名臣奏議卷之三百四十四

夷狄

宋神宗熙寧元年，王韶詣闕上《平戎策》三篇，其略以爲：「西夏可取。欲取西夏，當先復河、湟，則夏人有腹背受敵之憂。夏人比年攻青唐，不能克，萬一克之，必併兵南向，大掠秦、渭之間，牧馬于蘭、會，斷古渭境，盡服南山生羌，西築武勝，遣兵時掠洮、河，則隴、蜀諸郡當盡驚擾，瞎征兄弟其能自保邪？ 今唃氏子孫，唯董氊粗能自立，瞎征、欺巴温之徒，文法所及，各不過一二百里，其勢豈能與西人抗哉。 武威之南，至于洮、河、蘭、鄯，皆故漢郡縣，所謂湟中、浩亹、大小榆、枹罕，土地肥美，宜五種者焉。 幸今諸羌瓜分，莫相統一，此正可併合而兼撫之時也。 諸種既服，唃氏其敢不歸？ 唃氏歸則河西李氏在吾股掌中矣。 且唃氏子孫，瞎征差盛，爲諸羌所畏，若招諭之，使居武勝或渭源城，使糾合宗黨，制其部族，習用漢法，異時族類雖盛，不過一延州之李士彬、環州慕恩耳。 爲漢有肘腋之助，且使夏人無所連結，策之上也。」神宗異其言。

翰林學士承旨王珪乞令木征不得還熙州劄子曰：

臣早來伏奉聖諭，王韶欲令木征復還熙州，臣甚惑之。 竊惟熙河一道，俗本羌戎，自唐以來，乘中原盛衰，或得或失。 然失之莫不易，得之莫不難也。今得其地環數千里，據大河上游，使夏國有腹背之憂，董氈失脣齒之附，不爲不要矣。顧非陛下獨奮英武，蓋未易得之。前日得巴氈角、瞎吴叱、董谷數人，皆授以官而遣之，蓋欲招致木征爾。木征既出，而韶意欲復還者，不過以南山猶有未附之人。臣以爲不然，且木征屢殺害邊吏，衆亦知其出而不還，非如巴氈角等之比。因而縻之，足使未附之人，皆憚漢之威靈，却易爲撫輯。況西番大首領，其桀黠更無有過木征者。自韶經制一方，捕斬無慮數萬級，其威名蚤立。今所遣一二種落，豈待木征還而後定？觀木征之降，蓋勢不獲已，即非誠有向漢之心。如使居熙州，我之動静虚實，一以得之。其種人皆腹心，又怨漢深，一旦引夏國與董氈，乘間發兵，扼通遠之衝，絶枹罕之餉，四面番部合力而攻熙州，洮、岷、疊、宕，連衡而撓階、秦。方是之時，恐熙河非復我有也。踏白之變，度猶可以復勝者，彼内無應也。儻謀出木征，變起熙州，則事安可測也？不但失之四夷，又從而見侮，棄前功，遺後患，不可不思也。竊以爲木征之還，利小而害大。如陛下必欲慰羌人之心，且令居秦州爲便。臣之愚見如此，不敢自默，更繫
聖裁。

二年，翰林學士司馬光論召陜西邊臣劄子曰：

臣嚮任御史中丞日，聞國家招納夏國降民，曾上言，方今百職未舉，庶政未修，百姓未安，倉庫未實，將帥未選，軍法未立，士卒未練，器械未精，八事不完，不可興兵。智慮迂疏，不合聖心。俄而种諤等起綏州

之役，楊定爲夏虜所殺，陝西騷然，困於餽餉。朝廷悔前之失，故謫降种諤等以謝夏虜，再三招撫，方能得其稱臣奉表，復遵舊約。朝廷特遣使者，以誓詔册命及金帛雜物賜之，尚未返命。今竊聞陛下復召种諤等詣闕引對，不知陛下欲何所興爲，中外聞者無不寒心。夫布衣不守信義，猶見輕於鄉黨，况王者臨御四夷，當叛則威之，服則懷之，使信義之明，皎如日月。若戎狄幸而臣服，無故擾之，及其背誕，則從而嫗煦之，得其臣服，又從而擾之，其於信義威懷如何哉？國家以信義臣畜戎狄，百有餘年。前日种諤等舉而棄之，興兵掩其不備以邀一時之功，僅能得不食之地百餘里，飢虜萬餘人耳。今地則歸之虜庭，民則逃散略盡，朝廷有何所得？而發兵守衛，轉粟饋餉，公私之費以鉅萬計，其爲失策，豈不昭然？今瘡痍未復，憂患未弭，臣前所言八事，一無所修。虜疑忌中國，警備已嚴，怨毒之心，蓄而未發，諤等乃欲復爲前日所爲。臣見其無復綏州之功，而必有大敗覆没之事。兵連禍結，不可救解，公私困竭，盗賊將生，此乃社稷之憂，非獨邊鄙之患也。孔子曰：「過而不改，是謂過矣。」伏望陛下留神深念至于再、至于三，當先修内政，未可輕議用兵，實天下幸甚。

六年，韓琦判相州，契丹來求代北地，帝手詔訪琦，琦奏言：「臣觀近年以來，朝廷舉事，似不以大敵爲恤。彼見形生疑，必謂我有圖復燕南意，故引先發制人之説，造爲釁端。所以致疑，其事有七：高麗臣屬北方，久絶朝貢，乃因商舶誘之使來，契丹知之，必謂將以圖我。一也。强取吐蕃之地，以建熙河，契丹聞之，必謂行將及我。二也。遍植榆柳於西山，冀其成長，以制蕃騎。三也。創團保甲。四也。諸州築城鑿池。五也。置都作院，頒弓刀新式，大作戰車。六也。置河北三十七將。七也。契丹素爲敵國，因事起疑，不得不然。臣昔年論青苗錢事，言者輒肆厚誣，非陛下之明，幾及大戮。自此，聞新法日下，不敢復言。今親被詔問，事係安危，言及而隱，死有餘罪。臣嘗竊計始爲陛下謀者，必曰治國之本，當先聚財積穀，募兵於民，則可以鞭笞四夷。故散青苗錢，使民出利。爲免役之法，次第取錢。迨置市易務，而小商細民，無所措手。新制日下，更改無常，官吏茫然，不能詳記，監司督責，以刻爲明。今農怨於甽畝，商歎於道路，長吏不安其職，陛下不盡知也。夫欲攘斥四夷，以興太平，而先使邦本困揺，衆心離怨，此則爲陛下始謀者大誤也。臣今爲陛下計，謂宜遣使報聘，具言向來興作，乃修備之常，豈有他意，疆土素定，悉如舊境，不可持此造端，以隳累世之好。以可疑之形，如將官之類，因而罷去。益養民愛力，選賢任能，疏遠奸諛，進用忠鯁，使天下悦服，邊備日充。若其果自敗盟，則可一振威武，恢復故疆，攄累朝之宿憤矣。」疏上，會王安石再入相，悉以所争地與契丹，東西七百里，論者惜之。

神宗時，吏部尚書蘇轍論北朝政事大略疏曰：

臣近奉敕差充北朝皇帝生辰國信使，尋已具語録進呈訖。然於北朝所見事體，亦有語録不能盡者。恐朝廷不可不知，謹具三事條列如左：

一、北朝皇帝年顔見今六十以來，然舉止輕健，飲啗不衰。在位既久，頗知利害。與朝廷和好年深，蕃漢人户，休養生息，人人安居，不樂戰鬬。加以其孫燕王幼弱，頃年契丹大臣誅殺其父，常有求報之心，故欲依倚漢人，託附本朝，爲自固之計。雖北界小民，亦能道此。臣等過界後，見其臣僚年高曉事，如接伴耶律恭、燕京三司使王經、副留守邢希古、中京度支使鄭顓之流，皆言及和好，咨嗟歎息，以爲自古所未有。又稱道北朝皇帝所以館待南使之意極厚。有接伴臣等都管一人，未到帳下，除翰林副使。送伴副使王可離帳下不數日，除三司副使。皆言緣接伴南使之勞。以此觀之，北朝皇帝若且無恙，北邊可保無事。惟其孫燕王骨氣凡弱，瞻視不正，不逮其祖。雖心似向漢，未知得志之後，能彈壓蕃漢，保其禄位否耳。

一、北朝之政，寛契丹，虐燕人，蓋已舊矣。然臣等訪聞山前諸州祇候公人，止是小民争鬬殺傷之獄，則有此弊。至於燕人强家富族，似不至如此。契丹之人每冬月多避寒於燕地，牧放住坐，亦止於天荒地上，不敢侵犯税土。兼賦役頗輕，漢人亦易於供應。惟是每有急速發調之政，即遣天使帶銀牌於漢户須索。縣吏動遭鞭箠，富家多被强取，玉帛子女不敢愛惜，燕人最以爲苦。兼法令不明，受賕鬻獄，習以爲常。此蓋夷狄之常俗，若其朝廷郡縣，蓋亦粗有法度。上下維持，未有離析之勢也。

一、北朝皇帝好佛法，能自講其書。每夏季輒會諸京僧徒及其群臣，執經親講。所在脩蓋寺院，度僧甚衆。因此僧徒縱恣，放債營利，侵奪小民，民甚苦之。然契丹之人，緣此誦經念佛，殺心稍悛。此蓋北朝之巨蠹而中朝之利也。

右謹録奏聞，乞賜省閲，亦足以見隣國向背得失情狀，取進止。

强幾聖論邊事劄子曰：

臣聞契丹之於中國，其勢不可常也。弱則臣附，强則相抗，或至於侵軼而不已，遂有闗中原之心。繇三代以迄五季，其間臣以附者無幾。若代侵而代抗，未之或絶也。既尊大於石氏之晉，又得燕地，而虜勢益張。始以胡人爲腹心，而眂燕人猶行路也。以是群胡樂爲之用，膠固而不可已。而燕人桀黠而巧事，虜親燕人，而群胡日寖以疏。故金城宗元之變，起於蕭牆相殘，曾未幾而西夏遂攻其右脇，而軍中往往出叛語，女真諸種又乘釁而動。今契丹雖欲復置群胡於腹中，而人心亦已去矣。又逐水草，習騎射，此胡人之所利，今反棄之，但坐啗中國之金繒，而漸嗜奢佚之爲樂。此特天亡胡時也。萬一虜衆兵其主而南報怨於燕，燕人懼其塗炭也，必求捄於我，朝廷即當遣良將勁卒以捬援燕人。且行復吾境上，則幽薊之地皆漢有也。如曰未能，則是朝廷坐眂燕人之將死，而授其首於群胡，俾得血肉也。其必反怨於朝廷，而愈懼胡人之仇已無難矣。設有慷慨豪俠如荆軻輩復出於其地，一呼其徒而響應之，南驅以避仇釋怨，竊恐大河以南不得而有也。臣兩使河朔，頗究邊事，今既耳剽其説，心惟其勢，豈敢嘿焉而不言？爲今計者，莫若練兵實邊，逆爲北備，使胡馬不敢牧於南，此先時之長策也。朝廷垂聽而留意焉。

鄭獬論西夏事宜狀奏曰：

臣近獲賜對，條列西羌狀，陛下不以臣愚陋，垂屈天意，容其妄論。至於還綏州，赦楊定，陛下雖以臣言爲是，然竊觀聖語躊躇而不盡，似有隱計，不欲暴於外者。臣退而惑之，豈有執議之臣趨時窺利，將有所邀乎？蓋邊隙之萌，其曲不在彼，是以諒祚敢肆其禍心，誘楊定而戮之。自定之死，如朝廷能鞭撻四夷之暴，則宜聲鐘鼓而伐之，何爲忍愧至今，未能發一卒以問罪？是不獨無辭，其實力不足耳。則瘡痏之在邊，猶未愈也。今幸而諒祚死，稚子方在人股掌之間，酋豪相謀，懼未能固其國，故馳使以告，其禮甚順，不失蕃臣之體。陛下所宜照其肝膽而存撫之，既已納其來，則不宜反有所邀，以怫其向義之心。若責其殺楊定，必使割地乞盟，然後還其綏州而貸其顓殺之誅，如此則恐非帝王綏遠之大略。乘人之喪，欺其孤兒，因告哀之使，屈之以圖利，夷狄聞之，不有窺中國之淺深乎？而議者乃用此爲奇貨，將以售寵市功，於己之小智則可，而豈不謬爲國之大計哉！方元昊之梟張，竭天下之力而距之，而竟不覩獻廟之俘。又册之以主號，啗之以金繒，乃得其歸款而盟。不於此時摧其兇焰，以示威德之强，乃於孤兒之喪，謀其小利，是豈足稱雄哉。彼縱以零丁不支，惟天子之命是從，匍伏請盟，割横山之地歸于我，我得之猶且不武。況彼君臣尚能崛强於一方，萬一如有不奉詔，則我又將奈何？遂爾刼持其使而使之必從耶？遂爾遣將練兵以討其不恭耶？是二者又非至理。既無可奈何而復置之，則我無乃返屈與？是無疾而自炙也，故不若不邀之爲善。誠能講襲故事，立其幼子，明告之曰：「殺楊定者爾父也，罰不及嗣，我已赦之，向之邊臣擅城綏州，久欲歸汝，以楊定之死故不可，今還汝。」如此，則中國之恩威重于夷狄，如泰山矣。彼雖鳥獸，豈無啾唧躑躅之感？兩疑之禍，由此可解。

夫釋金石之成議，圖圭黍之末利，虧損國家，非至計也。朝廷如欲經營四夷，則今之羌雛孱孺，酋豪用事，必不能相下，方且有釁，因機制變，陛下少遲之，然非今日之事也。臣自种諤結隙已來，以爲朝廷之憂無大於此者，故曉夕講劘，思有以弭其患，少報陛下收采之恩，所以每當機會，屢言之不已。伏望陛下奮獨見之明，擯斥邪議，一舉而夷狄懷，遂安中國，豈不美歟。前日誅种諤之機既以失之，遂有楊定之耻，則今日之議，不宜再失，恐有甚於楊定者矣。臣之惓惓，不勝至願。

熙寧九年，樞密使文彦博上奏曰：

臣伏奉詔書，詢及疆事。臣以衰拙昏耄，何足仰承聖問。然以久當柄任，蒙國恩深，義激於中，敢不罄露，庶伸補報之萬一。

夫戎狄之情，貪利忘義，從古以來，載於書史者詳矣。自真宗朝與通好，所以息民幾八十年，未嘗犯順。惟慶曆初，乘我西事未弭，故有邀求，餌之而已。當時載立誓書，亦古尋盟之義也。歷觀前代中國與戎狄通好，未有如今之悠久。蓋朝廷謹守信誓，至雖瑣瑣細故，亦不創生變改，是以戎人亦不敢輕有希求。自數年前，累來妄理白溝館地，及要拆去鋪屋。况誓書之中，明載雄州所管白溝，兩朝遵守已久。且信誓之辭，質於天地神祇，告於宗廟社稷，此而可渝，何以享國？今蕭禧重來，又決於雄州北亭交割禮物，其意欲以雄州北亭爲界，其如誓書何？誓書若不爲憑，即代北之地，止以圖籍照驗，宜其不以爲據。原其貪心，亦因慶曆初西事未平之際，求黄嵬之地，朝廷容易棄與之。又致今日，妄有侵理。誠如聖詔所謂「虜情無厭，勢恐未已」。臣亦謂虜因此妄起釁端。

聖意謂：「萬一不測，何以待之？」臣以謂中國御戎，守信爲上，必以誓書爲證，彼將何詞以亢？縱騁詭詞，難奪正論。臣又以事理度之，事固有逆順，理固有曲直。順而直，天必助之；逆而曲，人不與之。若虜人不計曲直利害，肆其貪狠，敢萌犯順之心，朝廷固已嚴於預備之要，足食足兵，堅完城壁，保全民人，以戰則勝，以守則固，止此而已。臣又聞用兵之道，兵應者勝，不得已而用之，此所以天必助之。大抵中國之兵，利在爲主，以主待客，以逸待勞，理必勝矣，亦應兵之道也。

臣伏詳詔書曰：「思所以待遇之要，禦備之方。」切料聖意慎於舉動，尚慮發言盈庭，各有異論。或曰先發制人，意在輕動；或曰乘其未備，襲取燕薊。❶事不審處，恐將噬臍，非王師萬全之舉也。伏願陛下垂意熟察之。

今朝廷分置將官，整齊器械，固得之矣。然將校偏裨，更須慎擇其人。又河朔頻歲飢荒，糧餉用度窘乏，尤索計置。若兵連未解，物力殫屈，即誤國大事。切要先事

❶「薊」，原作「蓟」，今據《四庫全書》本、《潞公文集》卷二二《答奏》、《長編》卷二六二熙寧八年四月丙寅條改。

而辨，乃無後艱。至於不急煩費，事須裁節，在臣本道者，亦當續次奏聞。臣識淺才薄，思慮不周，伏望聖慈稍垂省覽，寬其罪戾。臣無任惶恐之至。

元豐六年，夏人款塞，乞還侵疆。户部尚書安燾言：「地有非要害者固宜予，然羌情無厭，常使知吾宥過而息兵，不應示以厭兵之意。」哲宗立，復仍前議，二府遂欲并棄熙河。燾固争之，曰：「自靈武而東，皆中國故地。先帝有此武功，今無故棄之，豈不取輕於外夷？」於是但以葭蘆等四砦歸之。元祐二年，進知院事。時復洮、河，擒鬼章，清宜結，二邊小清，而並塞猶苦寇掠。燾言：「爲國者不可好用兵，亦不可畏用兵，好則疲民，畏則遺患。今朝廷每戒疆吏，非舉國入寇，毋得應之，則固畏用兵矣。雖僅保障戍，實墮其計中，願復講攻擾之策。且乾順幼竪，梁氏擅權，族黨酋渠多反側顧望。若有以離間之，未必不回戈而復怨，此一奇也。」其後夏人自相携貳，使來修貢，悉如燾策。

元豐間，中書舍人曾鞏乞存恤外國請著爲令，上言曰：

臣昨任明州日，有高麗國界託羅國人崔舉等，因風失船，飄流至泉州界，得捕魚船援救全度。從此隨捕魚船同力採捕，得食自給。後於泉州自願來明州，候有便船，却歸本國。泉州給與沿路口券，差人押來。臣尋爲置酒食犒設，送在僧寺安泊，逐日給與食物，仍五日一次，別設酒食，具狀奏聞。臣奏未到之間，先據泉州奏到，奉聖旨，令於係官屋舍安泊，嘗切照管，則臣存恤舉等，頗合朝廷之意。自後更與各置衣裝，同天節日，亦令冠帶，得預宴設。竊以海外蠻夷，遭罹禍亂，漂溺流轉，遠失鄉土，得自託於中國。中國禮義所出，宜厚加撫存，令不失所。泉州初但給與口券，差人徒步押來，恐於朝廷矜恤之恩，有所未稱。檢皇祐一路編敕，亦只有給與口食指揮。今來聖旨，令於係官屋舍安泊，常加照管，事理不同。緣今來所降聖旨，未有著令。欲乞今後高麗等國人船，因風勢不便，或有飄失到沿海諸州縣，並令置酒食犒設，送係官屋舍安泊，逐日給與食物，仍數日一次別設酒食。闕衣服者，官爲置造。路道隨水陸給借鞍馬舟船。具析奏聞，其欲歸本國者，取禀朝旨，所貴遠人得知朝廷仁恩待遇之意。

神宗時，晁補之上書論北事曰：

臣窮年把經，志願局促，緑衣紵絮，多學無益。竊甘野人自曝之温，輒昧廣厦重裘之燠；退無尸祝尊俎之位，進干庖人操刀之職。不計僭越，冒言天下之事，陛下赦其狂瞽，而矜其市井草莽有介然之心，一賜察省，天下幸甚。天下之治，莫大於制禮作樂。而臣之愚，以謂二事有在於施設之後者。其所先舉者已定，天下晏然，則禮不制而備，樂不作而洽。凡此所缺，特北胡一事而已。臣思之至深，以謂陛下神道設教，紀綱既正，天下大定，燕居而高拱，百工安職，四民樂業矣，而不能無一朝之事，或經聖慮者，庶幾在此。迺臣之狂瞽而深思所至，有取萬一，則臣區區窮年抱經，志願局促，猶不爲緑衣紵絮、多學無益。夫豈惟天下幸甚，臣之師教臣亦若此也。

北胡猖狂，敢冒故疆，使天下百年有

爲，兵不得藏。今四野肅清，邊不告遽，而縉紳先生、四方寒士，或北首憤悱、争道利害者，非願於太平無爲之時，生事覓功，特以中國之地、前王之舊，有未復而已。獻言陳計者，踵相接於國，陛下優而容之，如假種借耕，久貸不償，亦不以券責，豈非周慎再思、萬舉萬全，以謂「將欲取之，必固予之」，不欲以所重試所輕哉。内治未具，不遑外憂。心腹既寧，手足當治。以今準昔，莫利此時。置而不念，何以異夫宿雨坳池、科斗所泳，不以時去，設不害事而鼃黽日喧，乃臣之所願爲陛下深思者。特曰：以中國之師，責中國之地，得地而師解，不爲無名，如此而已。

陛下知兵之道愈於黄帝，復古之功過於宣王，披圖在目，長想遠慮，則窮髮龍堆，螻蟻藏情，不待前箸。而臣私憂過計，竊不自揆，忘己之愚，不敢膠柱鼓瑟、御馬以書。陛下一發天光，使得竭忠，則言而有罪，非臣所敢避也。夫北胡之盛，莫盛漢、唐。而所以制胡，亦漢、唐爲得。三王以前，事則經見，戰國之際，人自爲防，遍舉悉數，則孰與四庫之書終始爲備，百執之謀同異致詳，故臣輒皆置而不論，漢、唐之所以制其彊者。其彊可制，則方其弱時不論可知。漢病匈奴，唐病突厥，至於畿内鳴鏑，渭橋按轡，後宫辱於氈裘，宗室降於絶域，其形如此之逼也。然而列五單于，滅兩突厥，擒回紇，制延陀，漠南塞北皆漢之賦，盧龍、松漠皆唐之府。臣深思至此，然後知北胡之盛，雖莫盛於漢、唐，而所以制胡，亦漢、唐爲得也。冒頓、烏維，力足以弊漢，而武帝雄才，數戰不倦。匈奴絶幕，自以漢不能至，而漢率二三歲一出，或二千里不見一人，故匈奴至於孕重墮殰，罷極苦之。夫搏鼠當庭，善遁易失；灌垣燻穴，則生無聊賴。故欲戰在我，則不欲戰在敵，此其情自昔然也。頡利、突利，進如飈風，而太宗知兵善戰，虜在其術中而不悟。兩陣馳語，二主坐携，六騎臨水，群酋奪魄，指靈朔之境，❶曰：「我將滅之。」命有司更所與書爲詔若敕。思摩孱懦，至感恩流涕，願爲一犬守吠北門，蓋五十年無突厥患。臣嘗壯二主，以謂得一時之權。置三王之事，則漢唐之事猶在中策，何遽無策乎？

今臣又計之：耶律雖桀驁，其彊亦未有以過匈奴、突厥者。陛下神武不殺，高越前世，制之得術，可使繞指，惟上之命，何至越百餘年而不暇營哉。臣請爲陛下言契丹可取之形五：

古者北胡無大君長，種落部族，不相統攝，捽搏鬭擊，彊者爲制，往往而聚者，百有餘戎。勝不相推，敗不相愛，尺地一民，不自保而有也。無城郭邑居，故其民遷徙難制。無耕田作業，故其人食足不勞。無文書約束，故其人一而易使。無營陣行伍，故其人戰自趨利。彼以其智力之全，不治四者，而一之於鞍馬射獵。中國亦以其智力雜治四者，日夜不息，而以應戎狄之至閑。故其自視，常以無法勝中國。利則烏合，譟而從人；不利則雲散四去，欲追無所。自冒頓盡有北垂之地，胡人始不安其舊而有侈心，尺地一民，皆欲保而有之，不能去也。其後，衛律教單于穿井築城，治樓以藏粟，或者以謂胡不能守。降及唐世，尤以合中

❶「指」，原脱，今據《蘇門六君子文粹》卷六五《上皇帝論北事書》補。

國之好爲重，至佩印綬，服爵命，廢一置一，皆決於朝廷。亡虜之在中國者，或樂而忘歸，胡人自是益雜中國之俗。乃臣以今料之，則盧龍、范陽中國故地，又非特如此而已。城郭邑居、耕田作業、文書約束、營陣行伍，四者皆因漢俗，而胡無一焉。雜處而交，治欲其胥，而胡不知彊勉之難堪。此其可取之形一也。

冒頓、烏維，伊穉皆席匈奴之始彊，能以其力爲中國患。武帝中年力盡於北胡，而朔方之患無歲無之。然匈奴卒不能踰塞而南，以有漢尺寸之地。而陰山草木茂盛，單于之所依阻者，漢輒奪焉，匈奴失陰山之後，過之未嘗不哭也。頡利、突利、延陀之兵，皆號精悍，數入寇唐。一旦至渭上，薄畿內，唐亦以其南征北伐之餘，力完不弊，日削月剥，至奪之地而隸都護府，不敢輒怨。蓋未有坦然肆志，竄宅中國之地、感獲諸夏之民如耶律之侈者。臣嘗計之：其君亦非有冒頓、頡利等輩沉毅雄勇之姿，阿保謹特有天命，而德光之暴，以謂晉之立自我，晉亦不勝其德而屈之。驕子不制，日益侈大，割地弗厭，至踐中國。此如黔中之驢，土所不産，方其一鳴，虎爲遠遁，而其技止此，亦足悲也。夫人之情，勝則驕驕，則不自彊。乘秋未霜，則水濱之腐草猶足以爭明於陰夜。天寒既至，萬物將肅，則莫或使之一夕而零，其理然也。璟與明賢，皆柔懦不事事。隆緒稱多謀，不能復振焉。宗真好樂，兩母爭權，至內相殘。當是時，皆有可乘之隙而中國不取，迄於今四十年。彼其君苟非有過人之才，臣知今日之治與璟、明、宗真未大異也。夫知敵之主、知敵之將，則每戰不殆。彼曲我直，我整彼亂，此其可取之形二也。

石氏之割地，當其需人之力，制命在外，無以異於晉惠公河外之列城買人而已。無積仁累義之資，一朝而有天下，舉天下之大，偲偲然常恐其不能守，何暇重割地哉。譬窮室之人，驟獲千金，不能經營，販夫孺子皆得以起而制其弊。富家巨室，力足以仁其四鄰，則四鄰之外所衣食者猶我有也，尚誰得而嗇之哉。石氏既亡，京師不守，中國爲之一虚。當時人君，内憂其腹心，外病其四鄰，中國狼顧自救之不暇，故胡人得以竊計其不及圖，已而跳踉虚喝，求以堅中國不動之心。至於柴周，天下小定，以其享國之日淺，乃能用一朝之議，一戰而勝，以復三關。由是言之，胡雖彊，中國雖積衰之緒，猶足以勝之，况治朝哉。耶律明時，胡已浸盛。柴周之取三門，蓋人有告之者，曰：「此本漢地，何惜之有？」然則彼其平居騖然不顧，跳踉虚喝，豈固敢吝其非己有之分，爲所常守之資哉。求以堅中國不動之心而已。今國家百年太平，而陛下神武不殺，高越前古，心有所懷，威動萬里。柴周叔世，臣豈敢議？然以今天下言之，運偶聖人，時在千一，富萬柴周，力萬柴周，將賢則萬柴周，士勇則萬柴周，斷而必行，鬼神且避，以懾小寇，勢易破竹。此其可取之形三也。

太祖龍興，不折一矢，不馳一馬，而有天下，天下稽顙而稱臣，五國委命而下吏。夏、商之興，莫若此之捷也。當是時，舉中國之兵十二萬而已。太宗皇帝繼以神武之資，經營四方，至于大定。并、汾之討，師久於外，雖迄奏功，然倉廩之羨、士卒之鋭，殫憊於河東。太宗爲社稷長慮，慨然太息，有恢復心。士不弛弓，馬不解勒，倍道兼行，越數百里。一日出塞，金鼓之聲，如在天上，虜不素備，而燕城遂圍，分軍收城。所向輒靡，天下以謂遂無胡矣。幽燕之人，老弱登埤而望，乘輿無意復戰。虜之計，自謂力不足抗，乃爲先聲，張言兵至號五十萬。太宗重愛民命，不肯以力服虜，欲退脩德以懷之。而師久翺翔，士馬南首，亦有怠意，幾舉而捨。燕既釋圍，而諸將所下，輒復爲胡。蓋臣聞之，城中有謀執其帥而降者，王師既還，莫不泣下。雖然，胡人自是始有疑中國之心。四方已定，中國厭兵。景德之役，乘中國不虞，大舉來寇。章聖北巡，天意助順，彍弩竊發，遂隕撻覽。虜相顧自失，屈首請命，亦無復鬭志。當時之議，以謂乘勝席卷，兩翼遮前，大軍從後，可使無遺噍。而天子嘉其既服，亦棄不戮，虜始痛自懲艾，以謂中國不可得而侮也。夫太宗以收并、汾之餘力，計議無素，倉卒北狩，然而一舉幾復。章聖以寇出不虞，至犯輔郡，出師逆擊，然而一戰遂却。況今陛下席祖宗積累之舊，虜不加彊，而中國之盛則倍前日，肉食之謀，芻蕘之言，垂數十年，已審已備，計成而動，何慮不獲。此其可取之形四也。

太祖神武，有希世之謀，御將訓兵，臨機料敵，出人意表，舉天下之衆，宰制役使，如視嬰兒。嘗謂：「胡人之衆，不過二十萬。吾以十縑購一胡，二百萬縑足矣。」以太祖神武，左右之將不減衛、霍，滅越、滅吳、滅江南、滅蜀、滅河東。天下已安，四方之金帛充於内府。士卒平居無事，奕博超距，志意無所騁。當是時，中國特不舉，設有爲，虜孰能禦之者。天下百年無水旱兵革，法度致脩，人物阜安，以三十年之通制國用，山積水委，漢唐所無，則成太祖之志，臣以謂固在於今日。陛下建學設科，使爲士者知兵。頒教立法，使爲兵者知戰。十有餘年，懽慢疲軟之氣既復拯矣，而堅甲利兵羨於四邊，偏州小戎不移而具。臣竊以北道三數者言之：通都要路，一庫之藏足以衣被十萬，況濟之以大司馬之備。驃騎西征，艑師南略，河隍六城、交州九郡，歸命内附而飛輓之煩不及於邊民，此其前古未有也。舉事動衆，宜百日之費者，今千日之費不憂乏。宜百金之賞者，今千金之賞不憂匱。蓋非徒以厚費重賞爲得也，要以爲前世之所不爲者，知今日之能爲之而已。順流建瓴，如風靡草，以臨不加彊之虜，此其可取之形五也。

兵法曰：「形兵之極。」❶陛下亦既知形，則不圖而何待？臣請爲陛下言所以入胡之策。夫欲興大事，所病者兵不衆、食不充。天下之言者必曰：「舉二十萬衆，度百日糧，鳴鼓而攻之，以臨不加彊之虜，如孟賁之戰嬰兒，何往而不可入。」而臣獨計，以謂非勝之難，所以入虜者實難。以樊噲之驍悍，自意得十萬之衆，足以横行於匈奴，而或者曰：樊噲可斬。夫使好奇之人不度是非，不量利害，高論而忼慨，其言固甚可喜，然空語無施於實事，則陛下尚誰取之。今臣則不然，舉二十萬衆，度百日糧，非三年經營之不可。借使以國家之盛，一朝而可集，銜枚縛馬口，千里奄至，雖計甚祕，而人固有知之者矣。緜十許州，塘水之浸，以

❶「形」，原作「取」，今據《雞肋集》卷二四《上皇帝論北事書》改。

彼入非易，故我入亦難。阻塞而陣，燕亦起而拒白溝之南。兵雖衆，食雖充，非勝不能入也。

臣請爲陛下效臣之狂計：蓋昔者尉陀畔越，漢兵出豫章，出會稽，而唐蒙獨上書發巴蜀罪人下牂牁，以出越人不意，卒擒尉陀。蜀姜維拒劍閣，鄧艾乃潛自陰平，馳無人之地七百里，卒降劉禪。兩人者，若校之以事而索其情，則皆近乎不知迂直之計。而臣則以謂論越與蜀者，不如是則不可得而入。今虜之勢，亦何以異此？臣請先爲樓船百艘、精甲萬人，浮膠東，待渤海而勿發。使大軍出次於王畿，聲言以十萬出瓦橋。瓦橋敵所備，出亦此，入亦此，在兵法則所謂以正合者也。潛軍其東以五萬，則自滄趨平州，同時而偕發。潛軍其西以五萬，則自代趨雲州，同時而偕發。平、雲非敵之所素備，則滄、代之兵宜易入。兩翼偕縱，則燕之東西可擾矣。東軍入平州，戰且誘，以稍西行，附於瓦橋之軍矣。西軍入雲州，戰且略，翺翔乎蔚、朔之間，而東以牽制敵勢。敵必分軍以禦雲州，然後瓦橋之大軍與東軍合勢而偕入，❶則涿州、新城不戰而可收。東軍既棄平州，平州備少解，然後渤海之精甲可以乘間入平州。平州下，則營并舉矣。乃間使渤海之師通高麗，曰中國責故地，高麗宜以爾兵從。而析渤海之精甲三千，背道絕險以徑中京之南，繚古北之後，奪關而守之，謹守勿戰。虜狼狽自救，然後雲州之西軍鼓而東，以取易州，而與大軍合。吾兵益張，乃稍乘勝逐北，則燕城可圍矣。度燕城之大，二十七里而止，一

❶「而」，原作「南」，今據《雞肋集》改。

人而守地六尺三，圍之則滿卒三萬，守地無餘。以二十萬衆頓燕南，攻而圍之，若適三萬，則是野戰以拒虜之大軍者猶十七萬也。度虜之大軍，亦不過二十萬，盡燕城之大，而以五萬人實之不能容矣。虜之名統軍在燕城者，其所護契丹、奚、渤海兵馬數才滿三萬，而其曰侍衛在燕城者，騎一萬、步一萬而止。借使臣所聞未實，虜能益之，度燕城之大不過容五萬，則既勃蹊矣。而大軍相持，倉囊未決，其勢不相救。以三萬鋭師，濟以臨衝雲梯之械，并力而急攻。間使張良、陳平不愛千金，從反間，以啗城中臣虜之子孫，能以禍福諭其衆，使内附者許以封侯萬户之賞。彼其在虜，或身居將相，而服衣食飲不免於輿皂之賤，一聞德音，宜有發憤内應，如望并、汾之師者。一人有心，則舉燕城之内其勢揺矣。燕城可圖，則山前後之地雖未盡復，可徐致也。

臣又率臣之意料之：使虜能出上策，中國之師始動，虜無空國逆戰，亦以二十萬拒大軍，而更練奇兵間道他徑，反乘我隙。我大軍遠戍深討，而虜兵出於不意。釋燕而自圖，則前功一發而盡廢。欲勿釋耶，而自治未可，安能治人？然而舉塞上十許州言之，大軍出瓦橋矣，又五萬出滄，五萬出代，虜亦以其軍三析之而應我。滄翼其右，而霸與信安、保定介其間，使堅壁勿戰，則虜雖出奇兵，亦必不能入霸、入信安、入保定。代翼其左，而保與廣信、安肅介其間，使堅壁勿戰，則虜雖能出奇兵，亦必不能入保、入廣信、入安肅。何則？吾爲之守者素也。置是數者，自渤海之東言之，操舟於水，固非虜之所宜便。而其所不當忽，萬一可虞，意者其西北之疆乎？昔唐安禄山以范陽亂，稱兵道胡中，犯京兆，不期月耳。臣嘗考之圖志，則禄山所行，自燕而西，其跡具存，不可不察也。國家方恢復河湟，全秦之力，河湟之所仰，或者思患而豫防之，益全秦之地，以待虜之出於不意，如此而已。

臣又率臣之意料之：今單于之才，不聞其沈毅雄勇、敢爲難制如冒頓、烏維、頡利、突利等輩比者，其左右賢王谷蠡，亦非有如張説所稱闕特勒、暾欲谷之徒超卓過人之才，帖帖然慕中國，學文字，工語言，是口尚乳臭，安知出上策哉。虜計出於數者而皆不能遂，則臣之所料，不過舉國興師、烏合蟻聚而已。使虜先能扼古北口而守之，渤海之舟師無以伺其利，則我東軍扼彌老、符家、私亭口之右，以西軍扼挑峪、紫荆、金坡口之左，使其東西不能出奇，而後大軍鼓行而陣，以挑其南。虜進不能拒，退無所逃，不力戰求勝，則必有内顧自保之心。此在兵法，所謂「窮寇」，臣請勿薄勿逼，緩而持之，置曹王、居庸等關而無奪，以開其生路。我亦視白溝之南塘水之浸，所從歸者狹，何以異於淮陰泜水之傳滄？東西與北三面薄阻，而背阻塘水，則士卒無所住，其心宜固。當是時，陛下得人如韓信，使乘其會，則攘而扼之於井陘，莫利乎此，顧爲陛下將者如何耳。臨衝雲梯，器械致脩，士力致完，以中國之善攻，而加不能善守之虜，則二十七里之城而已，何爲而不下。燕城下，空其積以賞戰士，以臣度之，三年可以無飛輓。自京東、西與河朔之列郡，更輦緡穀以實之，臨以重臣，列亭障於外，燕可守也。陛下以河湟六城之富，孰與全燕？河湟遼遠，城中素空匱，中國且能保而實之，則全燕之富，其易守可知也。惟其城郭邑居，耕田作業，文書約束，營陣行伍，無一不出中國之舊，今以中國之法守之，其民宜易安。燕城既守，則凡石氏之故地猶不盡舉者，未之有也。

雖然，臣猶有説者，則在乎先勝而後戰。夫入人之地，欲其不迷，不可以不知地。索人之情，欲其不匿，不可以不明間。地可知，明可明，而軍無選鋒，則兵不可以交。有選鋒而不較長短，不合外助，則雖多猶寡也。臣請爲陛下言所以必勝之道：陛下誠得數十將用之，則何患夫四五者。

爲今之慮，士已知兵，兵已知戰，而臣獨過計，以謂今選於班列，以將名官者，患未試而已。夫將欲興大事，不可以無重臣。重臣，君所信，功業已試，可使；士卒素附，可使；四夷知畏，可使；位重德亦重，可使；權重威亦重，可使。舉一軍二十萬之衆，而重臣得其人，軍之命定矣。千夫長、萬夫長，才各不同，則舉二十萬之軍，大吏偏裨二百人而後可也。夫安能皆得重臣者而使之？將委之有司之選耶，則天下必有蕭何之至明，然後可以知韓信之未試。不然，則趙括之易言不窮，天下幾何其不以言而信之？人之才，有不能治一妻一妾者，有不能耘三畝之宅者，持籌挾算，擐甲百萬，守地千里，翛然不勞乎其間，忘昔之短也。平居自喜，袒裼而按劍，志如飄風，而聞金鼓之聲，失氣而死，此人之情也。然則將其可以不試哉。天下之言兵曰「微妙者祖孫、吴」，然臣以謂是何以異於宋人之遺券，密數其齒，而曰「吾富可待」，豈不誤哉。陛下知人能哲，興大事，選大將帥，既已得其人矣。凡此，臣不敢議。然臣以謂舉二十萬衆而爲之吏者二百人，所試者在此而已。

子文之治兵，終朝而罷，不戮一人。子玉之治兵，終日而罷，鞭七人，貫三人耳。然而君子與子文。李廣之行軍，逐水草，不擊刁斗。程不識之行軍，嚴斥候，擊刁斗自衞。然而士卒樂李廣。將之才固不可而一也。孫武之試於吴也，以婦人。孫臏之試於齊也，以上中下馬。用之於婦人，用之於馳馬，非將之常也。兩人者，唯其無所不可用以成功，故卒之武能將吴以入郢，臏能將齊以却魏，豈不用其試哉。驪山之閲，天下擐戎服以令，賢如郭元振，幾以失軍容而誅。而薛訥、解琬，乃獨有不動之軍，教使然也。今天下之吏以將名官，握兵柄，習軍事者，環列於輔郡，迨數十人。平居無事，大車駟馬，洋洋乎國中，與之言兵而不能者幾人？若此，臣豈敢以爲遂乏才哉。凡所以必待試而後可用者，特不敢以能之於平居無事，而信其用之於倉卒擾攘也。

陛下知人則哲，能官人。用人之仁，去其貪。用人之勇，去其暴。用人之智，去其詐。皆得其所以用，則向之四五者，凡可以委之大將而已。以二十萬之軍，度百日而後罷，厮役在焉。人日糒二升，則率兩日而食，非萬石不可。百日則百萬，千日則千萬，邊儲不足以給，則不可不權而入之於民。今天下之買爵者，緡錢五千，高得一尉，下乃助教極矣。爲之説者曰：「商賈之子孫，不可以揭而加之於民上。」此爲説者之過也。天下無賴之民，游手不業，計窮力盡者，皆起而爲兵，能犯矢石，致頭首，有一日之勞則紆朱懷金，美爵厚廩，往往而加之民上者皆是也，何獨至於民而疑之？天下之民，不幸而陷於盜賊，白日殺人而奪之財，亦可棄矣。甚者竄山林，晨夜聚嘯，州里爲之搖動。其中有一人焉，造利而自言，則賞千金而命之官，未始疑也。則夫商賈之子孫，雖其類則賤，矧未至於盜賊哉。臣請爲賣爵如漢故事，惟勿爲郎而已，其餘皆可易之以他秩。得比朝籍，與京師官，率能入粟於邊，滿三萬石者，爲之等級以授，事定而止，不過假百人，粟可充也。昔武帝用晁錯議，卒弱匈奴。乃臣區區意竊在此，陛下幸聽焉，則其詳，有司可得而講也。

何謂知地？夫四夷之與中國，其土地風俗剛柔險易之不同，猶之城市之與山林，並得其宜，各便其欲，未嘗同也。百蠻之地皆阻山負海，遠者去王畿數千里。一隅有故，不得已而應。就其近者調之，則兵少不足以用。欲置大軍，則病道里之遼，首尾衡決，倉卒不救。設或遂能致之，其土地風俗皆非國之所習知，萃百萬之衆而頓絕徼之下，欲深入不可，欲致敵不能，譬之逐兔叢林，遇穴而失，則良鷙逸足，猶翱翔傍徨，雖巧而無所效，其理然也。東南、西南群夷，皆絕遠致險，論其近而與中國比者，則莫若北胡。古者，北胡則本非與中國近且比也，踰塞而北，至於寒露遠野，人跡所不至者，乃稍稍屯聚。蓋李牧破林胡，雖斥地千里而胡不能吝。自漢至唐，迄於五代，始侵尋曼衍，寖有中國之地。自王畿而言，則白溝之南千里而近耳，置驛十數，則舉朔漠之事，十日而傳之可聞。城郭邑居，漢也。耕田作業，漢也。文書約束，漢也。營陣行伍，漢也。舉山前後之地而言之，無爲而非漢者。臣嘗披圖而觀，起白溝趨燕城，二百里而止，居庸、曹王、大安、黍谷、崆峒之山，環抱如箕，而燕城峙其中。自白溝而北，衆山而南，燕城之四隅在箕中者，其地如掌。由燕城之三隅，東西與北，衆山之塞，川關要害，遠者不過四百里，近乃二百里而止。山非不可陟也，水非不可涉也，土地風氣水泉百物之産，又非中國之所不習也。徒可徒，騎可騎，車可車，何動而不可圖？正可正，奇可奇，伏可伏，何動而不如欲？顧爲陛下將者如何耳。

何謂明間？夫書生之論，以謂仁義之兵，無術而自勝。此臣讀《孫子》，至所謂「賞莫厚於間，事莫密於間。非聖智不能用間，非仁義不能使間，非微妙不能得間之實」。臣始不信，今乃知之。夫使仁義之兵無術而自勝，則敵衆我寡亦勝，敵彊我弱亦勝，敵實我虛亦勝，敵逸我勞亦勝，敵有備我無備亦勝，而聖人者何事乎「教民七年而後即戎」？而其曰「不教民戰，是謂棄之」者，又何用也？夫仁義，王者所以無敵於天下，不得已而去焉，兵可去，而去仁義則不安。至於不得已而用兵，仁義非可忘。而所謂權焉者，蓋聖人亦多有之，而未嘗去也。孫武無王佐之才，而其言有用於王者之事。間，非平日之所宜先也。故「非聖智不能用，非仁義不能使，非微妙不能得其實」，如此而已。聖君參之，以獲夷狄之心。賢將持之，以制三軍之命。士卒獲之，以幸封侯之賞。夷狄取之，則四境不能以是一日而安，其理然也。秦得由余而八國賓，燕入秦關而東胡破，漢厚閼氏而冒頓解，唐語突利而頡利疑，此中國之以間勝夷狄者也。韓王信在胡而匈奴入太原，盧綰在胡而匈奴入上谷，中行説在胡而漢不得美幣市匈奴。以至於唐，突厥以萬榮侍子而寇瀛州，回紇以僕固懷恩而入涇陽，此夷狄之以間勝中國者也。自昔兵家之用間者，一勝一負，不可得而數。姑以中國夷狄之制勝負者言之：在中國則夷狄憂，在夷狄則中國病，此其理易知而其事難成，不可不察也。今臣以北胡之勢言之，山前後之民，大概皆思漢并、汾之事。王師在燕，有謀執其帥而降者，誠能得張良、陳平，不愛千金以致内應，猶反掌耳。唐周鼎失沙州，州人胡服而臣虜，歲時祀父母，衣中國之服，號慟而藏之。河廣武梁故時城郭未隳，龍支城耋老見唐使者，拜且泣曰：「頃從軍没於此，朝廷尚念之乎？」臣讀史書至此，則慨然知燕之地，士大夫之子孫宜有發憤不辱、飲氣南首而望王師者，徒患無以發之耳。以契丹之舊法言之，其得漢人皆僕妾役之，仕宦而顯者歸見其主如舊禮，殺漢人而以牛馬償之，弗誅也。迨蕭氏乃始徙漢人益北居，而以契丹、奚、渤海之民雜處幽薊，殺漢人者如殺人之罪，自以謂漢人之子孫可懷矣。然臣度之，燕之人皆謹厚朴茂，世漢種也，終不能胥而胡。白溝新城，崎立而相望，漢之俗良美也，不幸而子孫世世爲虜。痿人不忘起，盲者不忘視，勢不可矣。天下誠不乏張良、陳平之智，不愛千金，仗社稷之神靈，所麾前移，所指前死，五間俱起，莫知其道，是謂神紀。裹幽薊之城，百日而平，使彼粟實可因而食，使彼粟虚可因而墟也。

地可知，間可明，夫然後合三軍之士而表其技且勇者，此之謂選鋒。越有君子五千人，秦之鬬士倍於晉，若此皆選鋒也。凡兵，尚義而保氣。義之所勝，愚可明。氣之所加，柔可彊。人之情非有頓利之殊也，顧上所以表之者何如而已。一夫當死市，祖裼而不呼，則千人爲之失色。童子按劍而先登，則七尺之丈夫、全軀保妻子者猶爲之却也。然則人之情豈固難知也哉。前有大壑臨之，則魄墮而懼，狼狽却踵，則身在平地，夫誰肯舉足而蹈其危？使爲士卒者知有死之榮、無生之辱，夫然後顧平地不爲安，蹈大壑不爲懼，則攻何患堅城、戰何患堅陣哉。吴起臨陣，有一夫不勝其勇，遽前取首而還。吴起曰：「雖勇，非吾法也。」斬之。吐蕃逼奉天，渾瑊進單騎馳之，挾虜一將躍而出，一軍皆譟。臣以爲若此者皆可賞勿誅，而吴起反之，此用兵之過也。

鋒可選，然而不校長短，則臣以謂兵不可以交，何則？天下皆以北胡爲善用兵，而臣獨計胡非能出奇合變，循環無窮也，顧其長在騎射而已。自圖志言之，多馬之地半出於胡，而其能挽弓騎射，蓋亦天性使然。趙武靈王變服從胡騎射，而由是以取中山。此其爲策之得者，非以其所長制其長哉？冒頓控絃百萬，白登之圍，騂駹驪白，各以其方之色，自古以馬戰，未有如此之盛者也。漢武帝中年鋭意馬備，阡陌之間，盛或成群，比戰數勝，匈奴罷極矣，而其後亦以馬少不能復出。則度漢之能以其長弊匈奴，亦在騎不在徒，明矣。唐薛延陀不知以所長抗中國，而自恃其數以徒勝，執馬者既收，而徒不能復爲，卒以取敗。胡人自是益自知其短於徒，而中國亦暴其所長而術制之。比者朝廷置騎射，又教民蓄馬，意良而法美矣。而或者民之馬雖蓄而未教，故臣以謂置義勇、置保甲，則民馬皆可以假而習。夫馬生其水土，則人心可知。然而教訓之不安，以之當胡馬之新羈，朝夕馳騁乎荆棘斥澤之地，體安而心調者，恐非敵也。陛下誠用臣說，則義勇、保甲之籍於民者，方其教時，皆使之習騎，騎不足，則更借之乎民。馬嘗入而藉諸官者，番假之，則民力不勞而馬不病。不過三年，天下皆可用之馬。以是佐軍，則漢之戰何以易此？

雖然，猶有所需者，則外助而已。自昔爲國，未嘗不以夷狄制夷狄，其說以謂海濱之蚌鷸，兩自斃，而後人能并得之。匈奴方病漢，而烏孫、昆彌亦自以不得與中國通，漢藉烏孫撫諸夷，以孤匈奴之外援。校尉常惠護五將軍兵擊胡，而昆彌常力戰爲漢軍鋒，所殺過當，匈奴遂虛。於是丁令攻其北，烏桓入其東，烏孫擊其西，而匈奴析其兵支三敵國，以南與漢爭一旦之命，卒以困弱，至於裂五單于，昆彌與有助也。臣嘗譬之鄉邑之小盜，三人而爲輩，則百人不得以力擒一人焉。爭財而不平，則二人者不制而自弊。何則？其素相知者審也。陛下南面負扆，冠帶而朝百夷，四海之內、八荒之外，心有所懷，唯上之所命。迺者高麗折於胡，不敢越遼而西，以効其一日之力於中國。陛下能撫之，至絶海蹈越，綿數千里而入貢闕廷。陛下嘉納，遣使報聘，增美於祖宗之禮。臣聞之，其國見使者至，皆懽喜擁道，自慶未始獲也。彼其折於胡久矣，宜有以逞其志如烏孫、昆彌者，而臣未敢言焉。凡此數者，陛下得一重臣而委之，與在廷一二之士嘗得預聞腹心者，皆可以使之雜而議，然後臣之策庶幾乎可効也。兵既定，石氏之故地已復，臣請謹封疆，嚴斥候，戒邊吏，無得以非中國之地而利絲毫以爲功，且示聖人以天下爲度，而致誠信以結之。虜雖失燕，知其本中國之舊而不以爲吝，中國亦與之講好修聘，懽猶昔時，可使如伯氏之奪邑，没齒而無怨言，此百世之計也。臣身未嘗爲吏，則凡國中之議，是非利害，不知其果何從。姑以臣深思所得，發於畎畝憤悱之忠而不能以自揜者，獻之闕下。陛下好問如虞舜，亦幸擇焉。

韓愈曰：「凡此蔡功，惟斷乃成。」故臣至此猶願致其愚者，則曰必行而已。以臣之幼而學、壯而欲行之心，而又幸出於聖人之世、三代之時，以戴非常之治，沐無窮之休，褒衣博帶，學古人之事，而名諸生之列。每聞陛下德音，雖在市井草莽，欣喜自幸，如第五倫。其所願伸喙道説、以求補於萬一者，豈特此書之所叙而已。然臣竊以謂禮樂爲大，而必其所先舉者已定。天下晏然，然後禮不制而備，樂不作而洽。區區之愚，蓋在於此。臣身賤跡外，其學甚野，輒敢不避鈇質之誅，而冒言其所不當預之事，懷不能忍，憤悱自致，無以異於傳之所謂怒鼃，而幸人君之一式。陛下揭日月之光，而蔀屋之幽得以容，則臣疏遠之言庶幾乎可採而無罪。若乃安畎畝之賤，而不知聖人之世、三代之時、非常之治、無窮之休、親逢之會爲難遭，則臣之倀倀不出門庭，其失時亦極矣。伏惟陛下萬機之閑，一留神聽焉，天下幸甚，天下幸甚。臣無任俯伏待詔激切之至。臣補之誠惶誠恐，謹昧死再拜。

歷代名臣奏議卷之三百四十四

本卷王鵬校點

歷代名臣奏議卷之三百四十五

夷狄

宋哲宗元祐元年，門下侍郎司馬光論西夏劄子曰：

臣伏見神宗皇帝以夏國主趙秉常爲臣下所囚，興兵致討，奮揚天威，震動沙漠。虜携其種落，竄伏河外，諸將收其邊地，建米脂、義合、浮圖、葭蘆、吴堡、安疆等寨。此蓋止以藉口，用爲己功，皆爲其身謀，非爲國計。臣竊聞此數寨者，皆孤僻單外，難於應援。田非肥良，不可以耕墾，地非險要，不足以守禦。中國得之，徒分屯兵馬，坐費芻糧，有久戍遠輸之累，無拓土闢境之實。此衆人所共知也。三師既收，靈州不克，狼狽而歸，卒疲食盡，失亡頗多。西人知中國兵力所至，自此始有輕慢之心。是以明年邊臣築永樂城，虜潛師掩襲，覆軍殺將，塗炭一城，久之又舉一國之衆攻圍蘭州，期於必取。將士堅守，僅而得全。虜自是鋭氣小挫，不敢輕犯邊矣。臣聞此數寨之地，中國得之雖無所利，虜中失之爲害頗多。何則？深入其境，近其腹心，常慮中國一朝討襲，無以支吾，不敢安居。是以必欲得之，不肯棄捨。

一年前，虜嘗專遣使者詣闕，深自辨訴，請臣服如故。其志無他，止爲欲求其舊境而已。朝廷既許其臣服，虜來請舊境，朝廷乃降指揮。其前則云：「所以興舉甲兵，本欲執取罪人，救拔幽辱，非有意侵取疆埸土地而已。」其後乃云：「兵將已得些小邊土，聊示削罰，豈可更有陳乞還復之理？」此則朝旨首尾已自相違。又興師本爲振拔秉常，拒命者國人之罪，豈可更削秉常之地，於理差似未安。王者以大信御四海，羌戎雖微，恐未易以文辭欺也。於是虜既失望，憤怒怨懟，移文保安軍，辭理不遜，云今來賀正旦人使，難議發遣。自是正旦、生辰，乃至陛下繼明，皆不遣使入賀。其不臣大矣。

然而去歲四遣使者詣闕，弔慰、祭奠，告其母喪，并進遺物，理雖不備，稍示屈服。臣竊料虜意，不出於三：一者猶冀朝廷萬一赦其罪戾，返其侵疆。二者陽爲恭順，使中國休息，陰伺間隙，入爲邊患。三者久自絕於王國，其國中貧乏，使者往來得賜賚之物，且因爲商販耳。昔衛貳於晉，晉取戚田。及衛人既服，郤缺曰：「日衛不睦，故取其地。今已睦矣，可以歸之。叛而不討，何以示威。服而不柔，何以示懷。非威非懷，何以示德。」遂歸戚田于衛。今西人所爲如此，朝廷既不能拒絕勿受其使，又不能招納與之更始。彼來則迎送館穀，以賓客待之，不來則一無所問。日復一日，將踰二年。臣竊意朝廷謂西人勢已衰弱，心實內附，故來則不拒，去則不追，置之度外，不以爲虞。殊不思去年前王師大舉深入，❶將士所過，烈於猛火。割其疆埸，屢請而不還，彼怨毒欲讎報之心，窺窬欲乘釁之意，日夜不忘。若渴者不忘飲，盲者不忘視也。譬

❶「去」，原作「數」，今據《温國文正司馬公文集》卷五〇《論西夏劄子》、《長編》卷三六五元祐元年二月壬戌條改。

如有虎狼在屋側，垂頭熟寢，人豈可見其不動，狎而侮之，循其頭，躡其尾邪？臣每思之，終夕寒心。以臣愚慮，於今爲之，止有二策。一者返其侵疆，二者禁其私市。

何謂返其侵疆？凡天子即位，天地一新，滌瑕蕩穢，小大無遺。昔趙佗自稱南越武帝，倔强嶺南。漢文帝即位，赦其大罪，遣單使往諭之，佗稽首請服，累世爲臣。李繼遷假擾西陲十有餘年，關中困弊，真宗皇帝即位，赦其大罪，割靈、夏等數州，除其子趙德明爲定難軍節度使，由是邊境安寧者四十年。此乃前世及祖宗之成法，非無所依據也。

今秉常之罪，不大於繼遷也，米脂等寨，不多於靈、夏也。陛下誠能於此踰年改元之際，特下詔書，數其累年不來賀正旦、生辰及登寶位等不備之禮，嘉其弔慰、祭奠、告國母喪、進遺物之勤，曠然推恩，盡赦前罪。自今已後，貢獻賜予，悉如舊規，廢米脂、義合、浮圖、葭蘆、吴堡、安疆等寨，令延、慶二州悉加毁徹。除省地外，元係夏國舊日之境，並以還之。其定西城、蘭州，議者或謂本花麻所居，趙元昊以女妻之，羈縻役屬，非其本土，欲且存留以爲後圖，猶似有名。禦夷狄者，不一而足，俟其再請，或留或與，徐議其宜，亦無所傷。至於會州尚在化外，而經略司遽稱熙河蘭會，虜常疑中國更有闢境之心，不若改爲熙河岷蘭經略司，如此則西人忽被德音，出於意外，雖禽獸木石亦將感動，况其人類，豈得不鼓舞抃蹈，世世臣服者乎？

議者或曰：「先帝興師動衆，所費億萬，僅得數寨。今復無故棄之，此中國之耻也。」昔漢元帝棄珠崖，詔曰：「朕日夜惟思議者之言，羞威不行，則欲誅之，通於時變則憂萬民。去萬民之饑餓，與遠蠻之不討，危孰大焉？」遂棄之。此乃帝王之大度，仁人之用心，如天地之覆燾，父母之慈愛，盛德之事，何耻之有？國家方制萬里，今此尋丈之地，惜而不與，萬一西人積怨憤之氣，逞凶悖之心，悉舉犬羊之衆，投間伺隙，長驅深入，覆軍殺將，兵連禍結，如鼎日繼遷、元昊之叛逆，天下騷動。當是之時，雖有米脂等千寨，能有益乎？不唯待其攻圍自取，固可深耻，借使虜有一言不遜而還之，傷威毀重，固已多矣。故不若今日與之爲美也。此國大事，伏望陛下留神熟慮，更與執政詳議，以聖意斷而行之，不可後時，失此機會，悔將無及。

何謂禁其私市？西夏所居，氐羌舊壤，地所産者，不過羊馬氊毯。其國中用之不盡，其勢必推其餘與佗國貿易。其三面皆戎狄，鬻之不售，惟中國者，羊馬氊毯之所輸而茶綵百貨之所自來也。故其民如嬰兒，而中國乳哺之矣。寶元、慶曆之間，元昊負恩僭亂，屢犯邊境，大入則大利，小入則小利，中國未嘗蹈其境，破其軍，禽其將，屠其城，有害於社稷也。而首尾六年，元昊遣使，因緣邊吏，卑辭納款，頓顙稱臣。雖其惡積罪盈，欲懷音革面，原其私心，未必不貪中國之財，思私市之利故也。舊制，官給客人公據，方聽與西人交易，傳聞近歲法禁疏闊，官吏弛慢，邊民與西人私交易者日夕公行。彼西人，公則頻遣使者商販中國，私則邊鄙小民竊相交易，雖不獲歲賜之物，公私無乏，所以得偃蹇自肆。數年之間，似恭似慢，示不汲汲於事中國，由資用饒足，與事中國時無以異故也。

陛下誠能却其使者，責以累年正旦、生辰及登寶位皆不來賀，何獨遣此使者，拒而勿内。明敕邊吏，嚴禁私市。俟其年歲之間，公私困弊，使自謀而來，禮必益恭，辭必益遜。然後朝廷責而赦之，許通私市，待之如初。然邊民與西人交易，爲日積久，習玩爲常，一旦禁之，其事甚難。何則？若以常法治之，則有司泥文，動循繩墨，追問證左，逮捕傳送之人，停匿之家，奏裁待報，動涉半年。如此則徒使邊民罹刑者衆，獄犴盈溢而私市終不能禁也。夫三尺之限，空車不能登，峭峻故也；百仞之山，重載陟其上，陵夷故也。今必欲嚴禁邊民與西人私市，須權時别立重法，犯者必死無赦。本地分吏卒，應巡邏者不覺透漏，官員衝替，兵士降配，仍許人告，捉獲者賞錢若干，當日内以官錢支給，更不以犯事人家財充。如此，則緣邊六路各行得一兩人，則庶幾可以聳動人耳目。令行禁止，人不敢犯矣。

然人存政舉，此事全在邊帥得人。昔龐籍爲河東經略使，下令禁邊民與西人私市，有熟户犯禁，籍斬於犯處，妻孥皆送淮南編管，一境凛然，無敢犯者。其後施昌言爲環慶路經略使，亦禁私市。西人發兵壓境，昌言遣使問其所以來之故，西人言無他事，只爲交易不通。使者懼其兵威，輒私許之，法遂復壞。若邊帥未能盡得其人，則此法恐未易可行。不若前策道大體正，萬全無失也。

光又乞未禁私市先赦西人劄子曰：

臣於今月三日上言，以西人未服，中國不得無憂，而邊備不敢少弛，不自揆其狂妄，獻二策。上策欲因天子繼統，曠然赦之，歸其侵地，與之更始。下策欲嚴禁私市，俟其屈服，然後赦之。然禁私市甚難，立法極嚴，又邊帥得人，然後能行，不若前策之道大體正，萬全無失也。今竊聞執政用臣下策，止令禁私市。又立法不嚴，邊帥未盡得人。若邊吏拘文獲一漏百，私市滔滔如故。或此路禁絶而彼路放行，如隄防一存一亡，將何所益。如此，適足以激怒西人，使益發悖心，安肯屈服？萬一微犯邊境，或表牒中形不遜語，至時朝廷轉難處置，悔之無及。不若用臣上策，早相彌縫。縱未欲還其侵地，且下詔書責而赦之，使彼此安心。時難得而易失，不可忽也。況本欲因天子繼統，蕩滌其罪，今日行之，已爲太晚，若更遷延，則赦之無名。玆事繫國安危，若俟執政論議僉同，恐失機會，誤國大事。伏望聖意獨斷行之，勿復有疑，天下幸甚。若有執政立異議，乞令其人自入文字。若依從其議，他日因此致引惹邊事，當專執其咎。

光又乞先赦西人劄子曰：

臣於今月十二日上言，乞以天子繼統，曠然更始，宜下詔數西人之罪而赦之，縱未還其侵地，且行此策，以安邊境，至今聞執政議尚未決。臣之愚意，以爲封内未安，未可圖外，故欲急行臣前策，以羈縻西人，且可數年邊鄙無事，朝廷得休息戎兵，安養百姓。待國力完備，家給人足，然後奮揚天威，討貳柔服，何所不可？若行臣前策，可以萬全；行臣後策，有得有失。豈可棄上策而用下策，捨萬全而就有失也？

太平興國中，李繼遷反，西陲不解甲者十餘年，關中困竭。寶元、慶曆之間，趙元昊叛，屢入爲寇，覆軍殺將。自是中國虛耗，不復富實。今國家理財未得其道，民力困窮於下，府庫窘乏於上，又新遭大喪，山陵纔畢，自去年十月初以來，不雨雪，旱勢甚大。若萬一激怒西人，微出一不遜語，則并臣前策亦不可行矣。今因天子即位未久，西人外迹未有不順，故臣願朝廷旦夕汲汲行之，機會難得，時不可失。此臣所以惓惓進言不已者也。若萬一激怒西人，致生邊患，兵連禍結；士卒殄盡於鋒鏑，生民困竭於轉餉，餓殍蔽地，盜賊蜂起，爲國家慮，豈不危哉？而執政方以爲西人微弱，不敢復動，數遣使來，誠心内附，置之度外，不以爲虞。今復因執先禁私市之議，又立法不嚴，邊帥不才者不先易去，行之太早，不能中節，一旦禍生所忽，邊鄙震驚，乃始歸罪戎狄，豈不害國事乎？

臣於今月三日所上言措置兩邊事，雖畫二策，固以還其侵地，責而赦之爲上策。嚴禁私市，待其數年貧困來服，然後赦之爲下策。所謂絶私市，非立法至嚴，帥臣智勇，此法恐未易可行，不若前策道大體正、萬全無失。非臣前後返覆、静言庸違也。朝廷比來擢臣於冗散之中，使預聞國論，蓋亦誤謂臣微有益於國家，非徒采其虚名也。臣之不敢終辭，亦欲竭盡疲駑，少酬大恩，非苟貪於禄位也。今盡忠謀國而爲衆所挫，臣尚留此有何所用？此國大事，伏望陛下早審察二議，從其長者。若聖意以臣言爲然，乞御批依臣前策。若降付三省、樞密院執政，仍有固守己見，争之最力者，乞如臣前奏，令自入文字，言先禁私市，保得他日必不致引惹邊事，如其不然，身執其咎。

光又乞不拒絶西人請地劄子曰：

臣近具劄子，奏乞於今月八日隨執政延和殿進呈文字，復蒙聖慈遣中使封還，令依前降指揮。臣不敢再三固違聖旨，然臣區區之心所以欲於八日入對者，竊見夏國宥州有牒，稱已差人詣闕計會所侵疆土城寨。竊慮其日進呈上件文字，此乃邊鄙安危之機，生民休戚之本，不可不察。臣自今年二月初以來，累曾上言，乞因新天子即位，西人恭順之際，早下詔書，赦其罪戾，待遇如故。如此，則控縱在我，天子之體正；休兵息民，夷夏之心安。不幸虜人有一語不遜，一騎犯邊，則此詔不可復下。無何，臣在病假，不得面論，人心不同，爲衆所奪，日復一日，遷延至今。虜先遣使來，直求侵地，指陳兵端，辭意寖慢，前所議詔書已不可下矣。既失此機會，即日使至，應答亦難。若悉從其所請，則彼益驕而無厭，若悉拒而不從，則邊患由此而起。今就二者之中，寧爲百姓屈己，少從所請，以紓邊患，不可激令憤怒，致興兵犯塞，以困生民。所以然者，靈夏之役本由我起，新開數寨皆是彼田，今既許其内附，豈可猶靳所侵地而不與？彼必曰：「我自天子新即位，卑辭厚禮，以事中國，庶幾歸我侵疆。今猶不許，則是恭順無益，不若以武力取之。」彼小則上書悖慢，大則攻陷新城。當是之時，不得已而與之，其爲國家之耻，無乃甚於今日乎？以小喻大，譬如甲奪乙田，未請而與之，勝於請而後與。若更請而不與，則彼必興鬬訟矣。此是非利害，明如白黑。臣竊慮進呈之際，群臣猶有見小忘大，守近遺遠，惜此不毛無用之地，結成覆軍殺將之禍，兵連不解，爲國家憂。伏望陛下决自聖志，勿聽浮言，爲兆民計。文彥博輔佐四朝，熟知虜情，此可謂軍國重事，願陛下詢彥博以決之。

光又乞撫納西人劄子曰：❶

臣先於二月中曾上言，乞因新天子繼統，下詔悉赦西人之罪，與之更始，雖未還其侵疆，且給歲賜，待之如故，此道大體正，萬全無失。既而執政所見各有異同，沮難遷延，遂屏棄不行。臣竊聞今來西人已有關報，定使副詣闕，賀登寶位。國家若於此際，又不下詔，開而納之，萬一西人蓄怨積憤，肆其悖心，或有一騎犯邊，或於表牒中有一語不遜，當是之時，雖欲招納，乃是畏其陸梁，傷威毀重，何耻如之，臣之前策亦不可行矣。伏望陛下令三省、樞密院，將臣三月三日、十二日、十六日并今來所上文字，一處進呈。臣愚欲爲國家消患於未萌，誠惜此機會，夙夜遑遑，廢寢忘食。陛下若俟詢謀僉同，然後施行，則執政人人各有所見，臣言必又屏棄。凡邊境安則中國安，此乃國家安危之機。伏望陛下察臣所言甚易行，而無後害，可使華夷兩安，爲利甚大，斷自聖志，勿復有疑。取進止。

韓維論息兵棄地，上奏曰：

臣竊見先帝時大興甲兵，西討夏國。始以問罪爲名，既亦收其土地。遂致夏人有辭，違失恭順。夷狄之俗，以不報仇怨爲耻。今其國力漸復，必來攻取故地。若不幸復爲奪去，則先帝累年勞師所得，一旦失

❶「子」，原無，今據《温國文正司馬公文集》卷五二《乞撫納西人劄子》補。

之，已爲可耻。若興師拒戰，❶則邊隙自此復開，兵連禍結，未有已時。臣切思兵之不可不息者三，地之不可不棄者五，請爲陛下陳之。

伏惟皇帝春秋尚富，太皇太后深處九重，豈嘗習聞軍旅之事？萬一寇兵犯塞，調食撥兵，❷應接不暇，或恐震驚上心，焦勞聖慮。此兵之不可不息一也。自靈州之役、永洛之敗，關陝之力凋耗，士風未復。今若再興大役，必有失律違命散而爲盜賊者。外虞方作，内患又起，臣恐朝廷之憂不在夏國。此兵之不可不息二也。綿地千里，屯兵數十萬，必藉沉謀重望之臣爲之統御，忠義英勇之將出當戰鬭，幹事宣力之臣促辦錢糧。歷數見在之臣，復推近事之驗，恐未足以充此任者。又器械皆捐棄之餘，帑庾有乏絶之憂。此兵之不可不息三也。

先帝以秉常受朝廷爵命而國母擅行囚廢，❸故發兵問罪。今梁氏已死，秉常復位，所爲恭順，有蕃臣之禮。若復其故地，則神宗問罪之名，不爲虚語；嗣皇賜地之意，實成先志。此地之不可不棄一也。朝廷自得熙河之地，歲費緡錢五六百萬以上，所得愈多，所費愈廣，拓地之無利亦已明矣。此地之不可不棄二也。議者或以爲蘭州趨夏人巢穴至近，最爲形勝，自餘亦有要害，可以增置城壁，棄之非便。陛下欲再興師旅，收復靈夏之地，則存之可也。若無此意，勞人費財以奉空虚之地，則是又添一熙河也。

❶「拒」，原作「攻」，今據《南陽集》卷二六《論息兵棄地劄子》改。

❷「食」，原脱，今據《南陽集》補。

❸「國母」，原作「圖安」，今據《南陽集》、《長編》卷三六〇元豐八年十月己丑條改。

陛下以清淨爲心，仁惠爲政，切恐此事不當更興於今日。此地之不可不棄三也。遼、夏二國，世有婚姻，且有脣齒之勢。萬一遼國移書，援先帝興師之意，以梁氏死、秉常復位，爲其請所失之地，則先得我之義理而奪我之機會矣。此時朝廷欲與地，則是聽遼國之命而恩歸於彼，若不與，則是彰先帝之過，虧大國之信，而邊患復興矣。此地之不可不棄四也。中國之所以爲可貴者，爲有禮義恩信也。夷狄之可賤者，以其貪狼暴虐也。今操可貴以臨所賤，則中國尊。與其所欲以成吾所不欲，則夷狄服。此地之不可不棄五也。

臣聞古公亶父居邠，爲夷狄所攻，欲得地與民。民皆怒欲戰，古公不忍，乃去邠而居于岐山之下，邠人舉國扶攜老弱，從公于岐山之下，旁國聞古公行仁，亦多歸之。古公，周之先也，其後世因其仁愛得民，至於文武，遂有天下。今乃奪人之地，又欲殺人之父兄而守之，與古公異矣。陛下試計修德行仁之效，與用兵拓地之利，孰爲多少？誠能於此時特降明詔，盡以向者所得之地賜還夏國，則其君長荷陛下之恩意，人民感朝廷之惠澤，至於隣敵聞中國之行仁政，吾民與兵知人主之惜民命，其懽忻之聲、戴荷之心，將有甚焉。

伏惟陛下鑑古公之修德，亮愚臣之忠計，發自誠心，斷而行之，臣料不獨夷狄感悦，上天鑑德助順，亦且福祐無疆矣。《書》曰「惟德動天」，又曰「至誠感神，矧茲有苗」。此皆前代帝王行之已有成效，願陛下勿疑。若夫計已往之費，吝難保之地，耗金帛，動兵甲，以争不可知之勝負，而且有後患，皆世俗之常談，豈足爲陛下道哉。

維又乞息兵棄地劄子曰：

臣近具奏聞，陳論兵之不可不息者三，地之不可不棄者五，利害甚明，極有義理。竊恐邊防之機，陛下或未盡經聖慮，乃不避喋喋，再有陳述。且思當今所宜，無出此策，願陛下詳覽而深思之。若争地用兵，則向後患禍不可知矣。陛下若發誠心以息兵愛民爲意，自足以動天感人，亦不須待其來請地然後賜之也。又古人以禽獸待夷狄，但當自計利害，不當與之校也。臣竊謂朝廷今日未是用兵勞人之時，前代聖王屈於夷狄非一，皆是此意。今之所處，義理甚高，非有屈也。又臣今所言，須及時爲之乃可，若夏國興兵來犯塞，北虜貽書爲請地，則失我機會，不可用矣。古人修德行仁，不計一時利害，何則？修德行仁之功大，世俗所計利害小，相去如天地之遠。又臣此策可以實先帝問罪之意，廣陛下行仁之德，内慰士民之心，外消夷狄之患，願聖意速行，天下幸甚。

司諫王巖叟論西人請地狀奏曰：

臣累月前嘗上疏論天下之大害，曰莫如熙河、蘭會之坐弊中國，願陛下早圖之。今聞西人入朝，以請地爲事。陛下念生靈安樂遠久之計，深以此事屬謀國大臣，而聞大臣議論參差，無一定之策。切度聖心惑之，未有以處。臣以謂聽言之道，必以事觀之，則一言可決。

國家未開拓以前，唯以信義爲重，夷狄之心不敢輕侮，故邊患少。邊患少，故民力紓。民力紓，故人心安。人心安，故兵威彊。兵威彊，所以能制夷狄而不坐弊中國。開拓以來，以有限之財，供無窮之費，以無窮之費，貪無用之地。國力已困而不可支，人心已危而不可保，兵威已沮而不可恃。於此時，當修復信義，爲天下休息計，豈可固執，更增後日之患也？

昔漢桑弘羊輩請田輪臺之田以威西國，武帝下詔深陳既往之悔，曰：「前有司奏請，欲益民賦三十助邊用，是重困老弱孤獨也。今又請遠田輪臺，是擾勞天下，非所以愛民也。今朕不忍聞。」乃封丞相田千秋爲富民侯，以明休息，思富養民也。❶今議者欲請留蘭皋而田之，何以異此？惟陛下鑑武帝之所以悔於終者早悔之，幸甚。至宣帝時，魏相請罷車師之田，元帝時，賈捐之請棄朱崖郡，唐相狄仁傑亦請棄四鎮，立斛瑟羅爲可汗，又請棄安東，却立高氏，李德裕亦請勿保安西。是數人皆一時之賢，豈不爲國家惜威靈，重棄其地哉？蓋不欲貪外耗內，疲竭生靈，徇虛名，受實弊，遺國家無窮之患也。❷

今窮荒之地，於國家之勢，不以得爲強，不以失爲弱。識者皆曰，去大患以自全，乃所以彊耳。夫得地不如養民，防人不如守己。今因其有請而與之，足以示懷柔之恩，結和平之信。又失此時，後日兵連禍結，中國厭苦而爲腹心之患，陛下雖欲舉而棄之，將不能矣。臣度議者不過曰：十餘年間，竭天下之力而得之，寧忍一旦棄之乎。此不知經遠者之論也。夫已耗之民財，已傷之民命，既非悔可追矣，而後日之

❶「思」、「民」二字，原脱，今據《長編》卷三八二元祐元年七月壬戌條補。

❷「無窮」，原脱，今據《長編》補。

患，猶不處之于今，則當何時而已耶。

又不過曰：恐啓無厭之求，益生邊患，不如勿與。此不知自處者之慮也。夫彼求者無名，則我執者有辭。❶無名之求，勢當自屈。且彼雖夷狄，既已與之，寧不知恩，尚何無厭之請耶？若有恩以結之，猶恐其來，則無恩以與之，將如何哉？臣聞開邊之初，其費不可以數言，罷兵之後，歲歲常費猶不減數百萬。一有騷動，其將奈何？陛下須念此皆出於中原生靈膏血。夫中原者，陛下據之以制四夷者也，而以生靈膏血塗窮荒不毛之地，欲爲垂世長久之計，豈不誤哉。此事萬萬無可疑，惟陛下留神，早賜睿斷，天下幸甚。

元祐中，殿中侍御史呂陶乞早定蘭會議，上疏曰：

臣聞朝廷之安危，不繫於疆土之廣狹；中國之盛衰，不在於夷狄之違順。取與守難易不同其術，内與外輕重各異其宜。知守之爲難，則不敢易於所取，知内之爲重，則不忍輕以事外，此得失成敗之機也。昔之聖人大有爲於天下者，莫不欲震耀皇武，以威四夷。空其巢穴，絶其種類，使之竄伏奔走而惟令之從。其規模權略，豈非恢宏深遠哉！然天下之勢或至於不能成者，此雖可爲後世惜，亦可爲後世利也。臣恭聞太祖皇帝嘗出幽州圖以示趙普。普對曰：「此必曹翰所爲。翰往必可得幽州，然陛下既得幽州，則以何人代翰？」太祖於是默然持圖歸内。臣又聞太宗皇帝太平興國中，既平汾晉，車駕遂北征，欲乘勝取范陽。

❶「執」，原作「報」，今據《長編》改。

王師所至皆克捷，降者亦衆，竟以士卒疲頓，轉輸迴遠，乃班師而歸。雍熙中，又嘗詔欲親征，會有岐溝之敗而止。夫以二聖之睿謀英算，徘徊指顧而四海混合，豈獨一幽州而不能取哉。蓋不欲以大定之天下，而耗其力以事一方也。恭惟神宗皇帝聖智高廣，有削平夷狄之志。既取熙河，又復蘭會，方將一舉而滅西夏，不幸棄四海矣。則今日之計，固宜權其輕重，審其難易，而決其予奪也。

夫元元之疲瘵，可謂甚矣。陛下深知其然，加意惠養，仁澤流行，非特一事。夙夜焦勞，既勤且至。然而邊鄙有深憂，國家有大費，則生民何時休息哉。所謂蘭州、定西城、龕谷寨者，久在封域之外，一旦取而有之，地不可耕而食，人不可收而使，廢垣頹壘，如狐兔之穴。輦金帛以具版築，而郡縣力困於饋挽，驅士卒以嚴戍守，而肝腦或至於塗地。今日運鏹數百乘，明日致粟數百鍾，然後有累月之用。環而視之，則帑廩又空矣。平居無事，一歲之費凡二百萬緡，烽候忽警，安可勝計。坐耗中國，莫甚於斯。如火銷膏，不自知覺，非朝廷之福也。臣嘗觀有唐之盛，其君臣不勤遠略，不賞邊功者，蓋不欲使國家掠虚名而生民受實害爾。儻得無用之地，終則捨之，或因而封其酋長，俾之自守。請舉一二以明之。

太宗既擒頡利，剖其故地，置都督以統之，擢酋長爲郎將者五百人。又嘗克平九姓，册李思摩爲可汗，使率所部建牙於河北。又嘗以鐵勒、迴紇等十三部内附，遂置六府七州，各以酋帥爲都督、刺史。蓋叛則誅之，服則懷之，得推亡固存之義，無費財勞人之役。何必利其土地然後爲勝哉？魏鄭公、褚遂良、温彥博、狄仁傑輩，皆持此議，莫不欲肥中國而綏生民也。以今天下民力凋弊之後，太母垂簾，保祐聖君，措置萬事，尤宜安静，以享太平之福。彼窮邊荒徼無用之地，固當割棄以賜其酋長，如唐故事，因而封之，一則全恩信懷柔之體，二則息饋運轉輸之勞，三則免攻戰死亡之憂。朝廷大利，莫過於此。然則大臣之議遲遲而不決者，必曰：「先帝神武聖機，有鞭笞四夷之意，復數百年陷没之地。其功可謂大矣，今輒棄之，無乃隳大功、損盛德乎？」臣愚竊謂不然。夫中國之待夷狄者，惟恩威二柄而已。方其未服，則威以屈其力，及其既從，則恩以懷其心。於是取與之權，我嘗兩得於内，而逆順之勢，彼不能逃乎其外。先帝昔取之者，威也，故其力屈。陛下今與之者，恩也，故其心懷。然則何累於功德哉？亦足以成先帝之志矣。向日大臣不能堅守誓書，沮拆虜使，乃捨緣邊數百里襟要之地而與北狄矣。豈數百里之襟要則可捐，而數城之孤虚則不可棄乎？且彼數百里者，存之未有損，去之未有益，而遂去之。此一州二寨者，去之則爲利，存之則爲害，而反存之，又非通論也。况守之與棄，義不相須，可與不可，一歸於必。有必可守之策，然後有必不可棄之理。今一州二寨之地，久陷異域，一日復歸於我，則事將至於必争，争則有勝負，是未可必守也。處未必可守之勢，持必不可棄之論，臣恐異時之悔，有甚於今日矣。昔貞觀既平高昌，披其地爲郡縣，號西昌州。魏鄭公諫，以謂不出十年，隴右且空。既而置安西都護府，調兵徙罪人以戍，褚遂良諫，以謂宜擇高昌可立者立之，召其首領，悉還本土。書皆不報，其後突厥寇西州，太宗悔不用褚、魏之計，抑可爲今日監也。臣願陛下參酌古今之迹，早決蘭州之義，無使重困生民，久生邊患，則天下幸甚。

諫議大夫范純仁乞誅鬼章狀曰：

臣近日親聞宣諭，欲留鬼章在邊，以招其子。臣等奏對，不若且令到京。再蒙德音，三省、密院且更商量，止鬼章於沿路所到處，別聽指揮。臣有管見，已曾録與文彦博已下看詳，亦合上瀆聖聰，具畫一條件如左。❶

一、朝廷獲罪人，若畏其子弟之强，防其讐嫌而不誅，則典刑廢矣。如梁乙逋之輩。假設獲之，若有强子弟，則亦將費豢養矣。若止欲存鬼章而招其子，則有逐件利害。

一、若存鬼章以招其子，必曰：我父之存，由我輩在；我若皆往，則父子俱死。如此，固無束身歸朝之理。若使復統部族，効力伸報，則鬼章常宜存在，忽然死亡，則適足爲其怨叛之資，却貽後日之患。

一、鬼章本非君長，止緣誘殺景思立而覆其軍，干犯先朝罪大，而告于裕陵。設若留之有用，尚恐不快神明之怒；今留之無益，則告陵之典，乃是虚行。

一、鬼章今已七十餘歲，設使可系其子之心，亦無多日。况更囚處異鄉，憂愁寂寞，其死朝夕可待。既死之後，其子必却歸怨朝廷，雖諭以善終，亦必不信。兼是向罪人之子解紛，❷深損朝廷威重。若任其疑

❶「左」，原作「右」，今據《四庫全書》本、《長編》卷四百六元祐二年十月丙午條改。

❷「解紛」二字，原在「兼是」下，今據《長編》移置此處。

怪，則彼必曰：既悮我降，而殺我父，則將怨叛有名。

一、存鬼章若不稍使寬足，則必無聊而死，若使之寬足，則戰士當星霜矢石之苦，皆有不如之歎。

一、鬼章自先朝以來，前後殺害中國兵將、蕃漢人民，爲數極多，❶死者寃憤莫伸，其家孤寡窮獨之人，恨不臠食其肉。今得朝廷生獲，日望藁街之戮，以快存殁之寃。而得存養供飼，過於有功之人，徒使激憤幽明，有傷和氣。

一、朝廷賞功，雖不繫鬼章存殁，然用命死戰之人，見朝廷將其所獲怒而誅之，則其心喜快；若釋而養之則其心憤鬱。今大寇未平，尤當體察將士之情。

一、鬼章之獲，本由熙河蕃將怨其害己，故對游師雄憤怒請行。今既冒死獲之，使其不得甘心，亦恐惰其鬭志。

一、交趾方欲妄起事端，若鬼章戮於京師，則四方易得傳聞，交人亦將寢謀，兼使其他夷狄尊畏中國。

一、阿里骨見令兼籛來求鬼章，俟得然後納貢。若存鬼章，近邊不惟阿里骨以不如所請，遷延爲名，未肯納貢，兼其詞已曰：「鬼章在漢在胡一般。」若今留之在邊，厚加奉養，卹其羸瘠，則正行阿里骨之言，彼將市恩於鬼章之子，何暇復感朝廷哉？

一、誅鬼章則上可伸先帝之怒，其次可正朝廷之法，使夷狄知畏，又其次可雪踏白、南川之讐，增戰士之勇，快人神之憤。又可使阿里骨知朝廷果於誅惡，不敢侮慢邀求，早肯納貢。此一舉而數利從之也。

❶「爲」，原作「萬」，今據《長編》改。

純仁爲尚書右僕射，論不當許阿里骨與鬼章相見疏曰：

臣竊見昨日文彦博與樞密院堅欲令阿里骨來，使與鬼章相見，欲其子結吭捉得知父在審實，可以繫累其心，臣愚以爲不然。鬼章是西蕃驍將，身繫其國輕重。未擒之前，敢與中國相抗；既擒之後，遂便狼狽納款，則其要藉鬼章，灼然可見。然其謝罪之始，既已推過本人，雖與劉舜卿蕃字中曾乞放還，未敢便於朝廷陳請，今若得與其使相見，其心必猜朝廷，別有意謂歸國，却須生心，或請放鬼章歸國。如夏國乞還城寨之類，至時必須堅拒，却致嫌怨復生。若更於不與之間，忽然病死，則必謂朝廷因其請而殺之，尤可爲阿里骨舉兵之名。則是今日使見，未必爲利，適足爲他日之害也。又況大國舉動，當使夷狄難測。使其知存，足以示恩；使其知亡，不能生怨。今區區欲悦其子，悉使見我之情，恐生輕慢之心，亦似有虧大體。若陛下以大臣之言，須至依從，則乞候將來常貢之使，因事漸通消息，則亦足以使知陛下容貸之恩。伏望聖慈更將臣言子細審詳，庶於幾事無害。鬼章就擒已久，彼國自已絶望，故於納款蕃字之内，一切歸罪鬼章。若却使之相見，深恐復生覬望之心。結吭捉等既知朝廷顯示其父，必以得見爲期，後若不遂其心而死，却恐嫌隙再生。更乞聖意，深加詳察。

純仁又論不當授鬼章陪戎校尉疏曰：

鬼章自先朝作過，陷没將卒最多。近日南川之圍，殺害邊人亦衆，百里之地，爲之一空。邊人素重怨讎，發憤往報，偶得擒獲，昭告裕陵。阿里骨失其强臣，亦便納款，既釋先朝宿憤，亦快天下人心。陛下曲示至慈，特貸其死，足使族類懷感，已是國家權宜。今更命之以官，於事却恐過當。伏惟陛下視民如子，賞罰至公。今殺匹夫者，必就大刑；殺衆人者，乃獲爵位。不惟刑賞倒置，有紊典常；兼恐被害之家，冤憤難訴。人情天道，兩皆有違。伏望聖慈，特以臣言子細詳察。又言：鬼章曾授團練使，仍賜金帶，尚自不顧恩義，謀叛殺害邊人；今一校尉，何足以收其子心？若朝廷久遠，要與一官，可俟他日，不必太速，以違人心。兼已具劄子奏入，昨日同樞密院進呈，依已得旨與官，則恐臣言未能上動天聽。臣以備位宰執，叨預朝廷，國之刑賞，尤當盡心。

竊緣鬼章俘獻之日，親受聖旨，令招喚其子歸漢，或納質之時，與貸生命。後來鬼章並不曾肯依詔旨寫蕃字招喚，口稱我唯一死。如此悖慢違命，朝廷尚貸其死，已是優恩，今更與官，恐傷信令。所有樞密院關到聖旨，未敢施行。兼劉舜卿回報温溪心文字，正用鬼章曾陷邊將，及昨來犯邊，且歸罪鬼章，圖得不見阿里骨罪過爲解。今却與鬼章官爵，即是今來朝廷不以爲鬼章之罪，不唯赦阿里骨無名，兼使邊臣失辭令，後難爲應答。又欲使阿里骨人使略見鬼章，止欲使知生存審實。今既有文字來乞，則是彼國已知鬼章之存，今來人使自亦不消使見，却恐誘引，别生覬望。勘會捉到西蕃大首領鬼章，昨引見日，奉聖旨候親書蕃字招喚得結吭捉等歸漢，或納質時，與貸生命，仍免囚禁，令於茶場安下。其鬼章後來雖寫到蕃字到熙州，及阿里骨亦遣使詣闕謝罪，兼朝廷已降回詔訖，乞賜詳察。

龍圖閣直學士判慶州范純粹乞不妄動以觀成敗之變，奏曰：

臣准樞密院劄子：諸路探報，自秉常身死，梁氏族人侵擅國事，遂致諸部酋豪往往不伏，變亂交攻，日相屠害，雖不住據逐處奏報，終未見的確事情。緣自來賊中事宜，多是歸順人口通説，事必真實。慮西界近上酋首，❶因此變亂離析，各懷去就。或欲據元有州城自守，遥託朝廷應援，或欲率其部族直謀歸漢，願爲近塞藩籬。若從而開納，即慮展轉生事，難保成功。若一切拒之，又慮反爲他國所有，爲國患轉甚。未審於當今邊情，合如何處置，致不失事機？右三省同奉聖旨，令河東、鄜延、環慶、涇原、秦鳳、熙河、蘭會路帥臣，密切指揮沿邊官吏，若有投來西人，如審驗得委知次第，即仰相度可否收留，仍更切厚與賞物，募人遠探。所有西界首領，若謀歸嚮中國，仰詳前項所問，各以目今邊情，向去利害，縷細詳究，措置條畫，實封入急遞聞奏。親自收掌，不得下司。今劄付臣，准此。右臣除已依朝命施行外，伏詳詔旨所問，蓋邊防機事而繫中外安危之本者。如臣之愚，顧何足以語此。然臣蚤膺任使，久在邊陲，採摭審料，粗若有得。

伏見陝西諸路邊防，自元豐用兵之後，未即解嚴。乃者秉常失職，諸酋並奮，相與吞噬，未有寧日。方其自顧之不暇，尚能爲中國患耶？在朝廷正宜安不妄動，用觀成

❶「西」，原作「兩」，今據《長編》卷三八九元祐元年十月戊戌條改。

敗之變。今詔旨以謂近上酋首或欲據元有州城自守，遥託朝廷應援。夫夷狄蟻聚烏散，盛衰無常。先王列於荒服之外，棄而不擾，縻而弗絶。御戎之策，無以過此。今彼酋豪於變亂艱危之時，欲以内附爲名，而請朝廷爲應援，苟可而許之，臣不知一日急難有請，則朝廷將真應而援之乎？應援之舉，名正而理勝乎？邊兵之衆，樂援而悦行乎？不爲之援，則害大信乎？凡此數者，皆不可不慮也。聖朝方以安静治天下，息兵止殺，重農務本，太平之迹，始於今日，尚何此策之議哉？

又詔旨以謂「或欲率其部族，直謀歸漢，願爲藩籬」。昔漢武帝時，降胡數萬，仰給縣官，天子出御府禁藏以贍之。後日之害，大不可救，是知夷狄爲款附之名，則中國受勞弊之實也。今沿邊諸路，自元豐以來，所納降羌無慮二萬口，而老稚無用者十有七八，增耗邊廪，爲害已大。其心之向背未可知，故平日間，有引而去者，則警急之際，安知其非謀也？然則降羌之無益中國，亦已明矣。況彼之存亡興衰，有未可知者，異時彼事既定，復有君長，必曰前日某部某族某人之亡歸中國者，我國叛人也，奈何受之？我今請之，則朝廷將若爲處乎？豈不理屈而勢沮乎？此又不可不慮也。

或謂彼既附我，奈何不受，何辭以却之？臣以謂不然。彼之部酋，若有以梁氏之禍來告者，若請兵于朝廷者，若據地而願附者，若挺身以降者，朝廷當使邊臣諭之曰：「若主不幸，爾乃臣子，當盡死節之義，善爲若主討賊而已。尚何來告耶？何但欲脱身而内附耶？我之邊兵方備他盜，而不爲爾捕寇也。」夫如是，則中國豈不甚尊，而名體豈不甚正乎？如此，則彼於異時必曰：「我變亂患禍之中，朝廷不乘我之不幸而存我有德，接我有道，尚得志而負之乎？」夫如是，則朝廷之義豈不甚勝，而彼之德我豈不甚重歟？

又詔旨以謂「若一切拒之，慮爲他國所有」。臣觀戎狄之性，以種族爲貴賤。故部酋之死，其後世之繼襲者，雖雛稚之子，亦足以服老長之衆。何哉？風俗然也。唯秉常父子有國綿久，國人歸心焉。今諸路諜者之言，雖曰秉常之死不明，梁氏之族侵擅國事，此特目今之勢然耳。若謂遂能滅李氏之宗而有其國，則臣未之信也。蓋一國之衆，豈無豪傑推李氏族子以繼後者乎？豈遂甘心爲梁氏屬乎？臣以謂借使李氏遂有絶滅之禍，尚當争奪反覆，屠戮相仍，曠日持久，然後定也。夫困獸猶鬬者，冀其或生也。彼有力者方互爲争奪，各將以衆自守，乘隙而奮，觀釁而動，大必并小，强必吞弱，縱未敢統一諸部，豈不據一隅以自全，固願束手爲他國虜乎？臣知他國未能遽有者，斷可識也。借有亡命避患而他附者，不過逋逃之餘種耳，顧何足道哉！

夫夷狄相吞并者，中國之利也。若天祐聖世，遂使此羌卒至離析，凡力等而勢均者，各據土地，自爲一部，則於時庶幾有思附大國者矣。雖然，大河之南，横山之地，必附于中國。大河之北，賀蘭之封，必附于契丹。酒泉、武威之地，必牽於西域。蓋勢力遠邇之異也。昔呼韓裂爲五單于，匈奴分南北庭，自是漢之邊堠遂無匹馬之蹤。❶我之所利，正願如此。故臣所謂在朝廷今

❶「堠」，原作「候」，今據《長編》改。

日唯安不妄動，用觀成敗之變者，蓋謂此也。

夫中國者，禮義之所由出也。臣願朝廷静占往鑑，處以禮義，參稽古昔，無蹈後患。深敕諸邊將吏，使積粟養士，勵兵戒嚴，從容無爲，坐觀其變。應夏國酋領及部族生口有欲歸漢者，並依前降詔旨，一切約回，決無收受，以全中國尊大之體，以破夷狄反覆之謀。如此，則詔旨所謂「目今邊情，向去利害」者，臣愚妄意，切以爲盡之矣。若夫一得一失，小利小權，私己喜功爲國生事者，非臣所知也。伏惟聖慈特賜省察。

五年，純粹爲環慶路安撫使，論息兵失於欲速疏曰：

臣伏見熙、延兩路與夏國所劃封疆，至今未決。外議謂朝廷務在息兵，失於欲速，故狂寇要索，日益滋彰。雖聖朝懷來四夷，固爲上策，若邊臣不究利害，但務委隨，則國體事機，不無虧失。何以言之？二聖臨御之始，夏人來朝。繼而秉常訃哀，乾順嗣立。使者往返五六，賈販貿易，隨已豐富。雖脩好甚恭，蓋亦爲自資之計耳。在朝廷固宜開納，容彼自新，然於處畫土疆，未經決議，當徐觀向背，以察姦謀。而朝廷即遣使人往加封册，欲速之意，爲賊所窺，果致侮慢使人，不即稱謝，起兵入寇，延、渭被殘，反覆不恭，宜在誅絶。後日復有所請，但可一委邊臣與之要約，示以閑暇，使望望焉唯恐朝廷之拒而不納也。則輕重之權，豈不在我乎？所謂要約者，凡疆界之地與夫後日之可慮者，皆當條畫具盡，必使異日莫得而變也。事既審決，邊人始以謝罪請盟之狀聞于朝廷，然後明詔中外，貸其既往之罪，聽其乞盟之請，歸吾陷賊之人，賜汝既許之地。如是，則朝廷之體豈不甚尊，而制寇之策豈不甚簡歟？昨不爲此計，而聞其有請，即許造朝。此又欲速之意，爲賊所窺者也。使人既至朝廷，凡朝夕議論，往復酬對，寧不知皆廟堂謀臣之言乎？是顧接太重而許可太輕，此又欲速之意，爲賊所窺者也。

朝廷既許以陷虜之衆易新造之壘，人有品色多寡之異，地有形勢遠邇之差。約當素明，謀當素定，定必皆著見于書，然後受人、割地，兩相付與，而彼尚何能爲乎？今謀不素定，約不素明，彼以疲殘百餘人塞命而已，我乃不復較問，亟以四壘付之，則彼計固已行矣。聞四壘付之，即已平徹，而熙、延二境，始議畫疆，固不晚乎？欲速至是，其理固然。外議但見朝廷旌賞邊臣，切意朝廷謂事已平，無足慮者。豈以其目今貢奉不爽，謂其無事乎？彼貢奉不爽者，是覆爲賈販計耳，恐不足恃也。

前日事之已然者，固不可追，今日事之可爲者，若審計而徐圖之，未晚也。如聞夏賊於塞門、金城之地，重有邀求之請，聲言與西隣爲合從之謀，將以動我。外議恐朝廷不以爲重而輕棄之。信如是，則欲速亦已甚矣。朝廷所以謂金城、塞門爲不可棄者，非以兩孤壘之爲利也。謂其形勢險阻，足以藩籬邊徼，土田沃壤，足以贍給邊兵也。利害所繫，他壘莫比，故獨不在給賜之限。今畫疆之議，乃欲苟目前之小休，棄形勢之要地，舍數千户已耕之土，斷數百里斥堠之衝。屏蔽無餘，出門遇敵，道路梗塞，運餉難虞，孤壘僅存，我將安用？譬猶欲保一身而捐去四體，是大不可也。然則前日詔旨所不予之地，徒虛名耳。且彼之所求，我必與之，臣不知真足以厭其所欲，而不爲他日之患乎？失要害之地，濟無厭之求，虧國體勢，墮賊計謀，養虎開端，不可不慎。❶

臣伏思邊隅設誓，迨今十有餘年，不爲不久也。朝廷不惜十年之費，不憚十年之勞，而務爲堅守者，何哉？爲形勢人民惜也。今日之議，信如所傳，是能久而不能近也。前日諸路大舉，雖覆巢之計尚能爲之，今安以待敵，而屑就如此，是能大而不能小也。能大而不能小，能久而不能近，棄前功於垂成，開後艱於不測，臣切爲朝廷惜之。臣願朝廷舍其淺近，計於久長，其所取予，並以元降詔書從事。如其偃蹇，置而不問，但飭邊吏嚴備如昔。希功造事，則固所不可；護邊待敵，則宜無甚難。以區區内亂之小羌，尚能與中國久抗乎？期以歲年，決可竟事，在朝廷不惑而已。臣聞自陝以西，議者靡不知此，而莫有爲朝廷言者，是亦以出位爲誡耳。雖朝廷前此議論邊事，專委鄜延，他路邊臣，無得干預。而臣任忝帥寄，職在論思，今以所得衆人之論，妄進狂説，則亦未爲出位也。伏惟聖心採擇，不勝大幸。

歷代名臣奏議卷之三百四十五

本卷王鵬校點

❶「慎」，原作「謹」，宋人避宋孝宗名諱改，今據《長編》卷四四五元祐五年七月壬辰條改回。

歷代名臣奏議卷之三百四十六

夷　狄

宋哲宗元祐中，御史中丞傅堯俞奏曰：

臣聞夏人款塞，傳者謂必緣請地而來，臣竊思之，方今邊備未豐，士氣未振，民力未完，賞罰不明，將帥難倚。其尤可慮者，議論不齊，平居講事，或經時曠日而不能合，苟必至於用兵，豈能迎機應猝，制變於千里之外哉。臣竊爲陛下憂之。夫自古和戎，未有能抗天威而快人意者，惟所屈者益深，則所伸者益遠。願陛下姑務柔之以德，專以繼好息民爲意，則天下幸甚。

四年，龍圖閣學士朝奉郎知杭州蘇軾狀奏曰：

臣伏見熙寧以來，高麗人屢入朝貢，至元豐之末，十六七年間，館待賜予之費，不可勝數。兩浙、淮南、京東三路築城造船，建立亭館，調發農工，侵漁商賈，所在騷然，公私告病。朝廷無絲毫之益，而夷虜獲不貲之利。使者所至，圖畫山川，購買書籍。議者以爲所得賜予，太半歸之契丹。雖虛實不可明，而契丹之彊，足以禍福高麗，若不陰相計搆，則高麗豈敢公然入朝中國？有識之士，以爲深憂。自二聖嗣位，高麗數年不至，淮、浙、京東吏民有息肩之喜。唯福建一路，多以海商爲業，其間凶險之人，猶敢交通引惹，以希厚利。

臣稍聞其事，方欲覺察行遣。今月三日，准秀州差人押到泉州百姓徐戩，擅於海舶内載到高麗僧統義天手下侍者僧壽介、繼常、潁流，院子金保、裴善等五人，乃齎到本國禮賓省牒云：「奉太國王旨，令壽介等齎義天祭文來祭奠杭州僧源闍黎。」臣已指揮本州送承天寺安下，選差職員二人，兵級十人，常切照管，不許出入接客，及選有行止經論僧伴話，量行供給，不令失所外，已具事由畫一，奏稟朝旨去訖。又據高麗僧壽介有狀稱：「臨發日，奉國母指揮，令齎金塔二所，祝延皇帝、太皇太后聖壽。」臣竊觀其意，蓋爲二聖嗣位數年，不敢輕來入貢，頓失厚利。欲復遣使，又未測聖意。故以祭奠源闍黎爲名，因獻金塔，欲以嘗試朝廷，測知所以待之之意輕重厚薄。不然者，豈有欲獻金塔爲壽，而不遣使奉表，止因祭奠亡僧，❶遂致國母之意？蓋疑中國不受，故爲此苟簡之禮以卜朝廷。若朝廷待之稍重，則貪心復啓，朝貢紛然，必爲無窮之患。待其已至，然後拒之，則又傷恩。恭惟聖明灼見情狀，廟堂之議，固有以處之。臣忝備侍從，出使一路，懷有所見，不敢不盡，以備採擇。

八年，軾爲端明殿學士兼翰林侍讀學士、左朝奉郎，守禮部尚書，論高麗買書利害劄子曰：

臣近准都省批送下國子監狀，准館伴高麗人使所牒稱：人使要買國子監文字，請詳此印造，供赴當所交割。本監檢准元

❶「止」，原作「上」，今據《東坡七集·奏議》卷六《論高麗進奉狀》改。

祐令，諸蕃國進奉人買書，具名件申尚書省，今來未敢支賣。蒙都省送禮部看詳。臣尋指揮本部，令申都省，除可令收買名件外，其《策府元龜》、歷代史、《太學敕式》，本部未敢便令收買，伏乞朝廷詳酌指揮。尋准都省批狀云：勘會前次高麗人使到闕，已曾許買《策府元龜》并《北史》，今來本部並不檢會體例，所有人使乞買書籍，正月二十七日送禮部指揮許收買。其當行人吏上簿者。

臣伏見高麗人使每一次入貢，朝廷及淮浙兩路賜予、饋送、燕勞之費，約十餘萬貫。而脩飾亭館，騷動行市，調發人船之費不在焉。除官吏得少饋遺外，了無絲毫之利，而有五害。所得貢獻，皆是玩好無用之物，而所費皆是帑廩之實、民之膏血。此一害也。所至差借人馬什物，攪擾行市，脩飾亭館，民力倍有陪費。❶此二害也。高麗所得賜予，若不分遺契丹，則契丹安肯聽其來貢？顯是借寇兵而資盜糧。此三害也。高麗名爲慕義來朝，其實爲利。度其本心，終必爲北虜用，何也？虜足以制其死命，而我不能故也。今使者所至，圖畫山川形勝，窺測虛實，豈復有善意哉？此四害也。慶曆中，契丹欲渝盟，先以增置塘泊爲中國之曲。今乃招來其與國，使頻歲入貢，其曲甚於塘泊。幸今契丹恭順，不敢生事。萬一異日有桀黠之虜，以此藉口，不知朝廷何以答之？此五害也。

臣心知此五害，所以熙寧中通判杭州日，因其餽送書中不稱本朝正朔，却退其

❶「民力倍有陪費」，《長編》卷四八一元祐八年二月辛亥條作「暗損民力」。

物。待其改書稱用年號，然後受之。仍催促進發，不令住滯。及近歲出知杭州，却其所進金塔，不爲奏聞。及畫一處置緣路接待事件，不令過當。仍奏乞編配狡商猾僧，并乞依祖宗編敕，杭、明州並不許發船往高麗，違者徒二年，没入財貨充賞。并乞删除元豐八年九月内創立「許舶客專擅附帶外夷入貢及商販」一條。已上事並蒙朝廷一一施行，皆是臣素意欲稍稍裁節其事，庶幾漸次不來，爲朝廷消久遠之害。

今既備員禮曹，乃是職事。近者因見館伴中書舍人陳軒等，申乞盡數差勒相國寺行鋪入館鋪設，以待人使買賣。不惟移市動衆，奉小國之陪臣，有損國體，兼亦抑勒在京行鋪，以資吏人廣行乞取，弊害不小。所以具申都省，乞不施行。其乖方作弊官吏，並不蒙都省略行取問。❶今來只因陳軒等不待申請，直牒國子監收買諸般文字，内有《策府元龜》、歷代史及《敕式》。國子監知其不便，申禀都省送下禮部看詳。臣謹按《漢書》，東平王宇來朝，上疏求諸子及《太史公書》。當時大臣以謂諸侯朝聘，考文章，正法度，非理不言。今東平王幸得來朝，不思制節謹度以防遺失，❷而求諸書，非朝聘之義也。諸子書或反經術，非聖人，或明鬼神、信物怪；《太史公書》有戰國縱横權譎之謀。漢興之初，謀臣奇策，天官灾異，地形阨塞，皆不宜在諸侯王，不可予。詔從之。臣竊以謂東平王骨肉至親，特以備位藩臣，猶不得賜，而况海外之裔夷，契丹之與國乎？

❶「行」，原脱，今據《長編》補。
❷「遺」，《漢書·東平王傳》作「危」。

臣聞河北榷場禁出文書，其法甚嚴，徒以契丹故也。今高麗與契丹何異？若高麗可與，則榷場之法亦可廢。兼竊聞昔年高麗使乞賜《太平御覽》，先帝詔令館伴以東平王故事爲詞却之。近日復乞，詔又以先帝遺旨不與。今歷代史、《策府元龜》及《北史》。切以謂前次本不當與，若便以爲例，即上乖先帝遺旨，下與今來不賜《御覽》聖旨異同，深爲不便。故申都省，止是乞賜詳酌指揮，未爲過當，便蒙行遣吏人上簿書罪，臣竊爲無罪可書。雖上簿薄責，至爲末事，於臣又無絲毫之損。臣非爲此奏論，所惜者，無厭之虜，事事曲從，官吏能徇其意，雖動衆害物不以爲罪，稍有裁節之意，便行詰責。今後無人敢逆其請，使意得志滿，其來愈數，其患愈深，所以須至極論。仍具今來合處置數事如後。

一、臣在杭州日，奏乞明州、杭州今後並不得發舶往高麗，蒙已立條行下。今來高麗使却搭附閩商徐積舶船入貢。及行根究，即稱是條前發舶。臣竊謂立條已經數年，海外無不聞知，而徐積猶執前條公憑，影庇私商，往來海外，雖有條貫，實與無同。欲乞特降指揮，出牓福建、兩浙緣海州縣，與限半年内，令繳納條前所發公憑。如限滿不納，敢有執用，並許人告捕，依法施行。

貼黄：據陳軒所奏語録，即是高麗知此條。

一、今來高麗使所欲買歷代史、《策府元龜》及《敕式》，乞並不許收買。貼黄：准都省批狀指揮，人使所買書籍，内有《敕式》，若令外夷收買，事體不便。看詳都省，本部《策府元龜》及《北史》前次已有體例，故以禮部並不檢會爲罪，未委《敕式》有何體例，一概令買。

一、近日館伴所申，乞爲高麗使買金箔

一百貫，欲於杭州粧佛，臣未敢許。以申禀都省，切慮都省復以爲罪。切緣金箔本是禁物，人使欲以粧佛爲名，久住杭州，搔擾公私。切聞近歲西蕃阿里骨乞買金箔，朝廷重難其事，節次量與應副。今來高麗使朝辭日數已迫，乞指揮館伴，令以打造不出爲詞，更不令收買。

一、近據館伴所申，乞與高麗使抄寫曲譜，臣爲鄭衛之聲，流行海外，非所以觀德。若畫朝旨，特爲抄寫，尤爲不便。其狀臣已收殺不行。貼黄：臣前在杭州，不受高麗所進金塔。雖曾密奏聞，元已作臣意度拒絶，兼自來館伴虜使，若有所求請，不可應副，即須一面説諭不行，或其事體大，即候拒訖密奏。今陳軒等事事曲從，便爲申請。若不施行，即顯是朝廷不許，使虜使悦己而怨朝廷，甚非館伴之體。

右所有申都省狀，其歷代史、《策府元龜》及《敕式》，乞詳酌指揮事，並出臣意，不干僚屬及吏人之事。若朝廷以爲有罪，則臣乞獨當責罰，所有吏人乞不上簿。

貼黄：臣謹按《春秋》，晉，盟主也。鄭，小國也。而晉之執政韓起欲買玉環於鄭商人，子産終不與，曰：「大國之求，若無禮以節之，是鄙我也。」又晉平使其臣范昭觀政於齊，昭請齊景公之觴爲壽，晏子不與。又欲奏成周之樂，太師不許。昭歸，謂晉侯曰：「齊未可伐也。臣欲亂其禮而晏子知之，欲亂其樂而太師知之。」今高麗使，契丹之黨，而我之陪臣也。乃敢干朝廷求買違禁物，傳寫鄭衛曲子譜，褻慢甚矣。安知非黠虜欲設此事以嘗探朝廷深淺難易乎？而陳軒等事事爲請，恐失其意，臣竊惑之。又據軒等語録云：高麗使言海商擅往契丹，本國王捉送上國，乞更賜約束，恐不穩便。而軒乃答之風迅不順飄過，乃是與閩中狡商巧説詞理，許令過界。切緣私往北界，條禁至重。海外陪臣猶知遵稟，而軒乃爲歸咎於風以薄其罪，豈不乖戾倒置之甚乎。臣忝備侍從，事關利害，不敢不奏。

軾又劄子奏曰：

臣近奏論高麗使所買書籍及金箔等事，准尚書省劄子，二月十二日三省、樞密院同奉聖旨，所買書籍，曾經收買者許依例收買，金箔特許收買，餘依奏，吏人免上簿者。臣所以區區論奏者，本爲：高麗，契丹之與國，不可假以書籍，非止爲吏人上簿也。今來吏人獨免上簿，而書籍仍許收買，臣切惑之。檢會《元祐編敕》，諸以熟鐵及文字禁物與外國使人交易，罪輕者徒二年。看詳此條，但係文字，不問有無妨害，便徒二年，則法意亦可見矣。以謂文字流入諸國，有害無利。故立此重法，以防意外之患。前來許買《策府元龜》及《北史》，已是失錯。古人有言：「一之謂甚，其可再乎？」今乃廢見行《編敕》之法，而用一時失錯之例，後日復來，例愈成熟，雖買千百部，有司不敢復執，則中國書籍山積於高麗，而雲布於契丹矣。臣不知此事於中國得爲穩便乎？昔齊景公田，招虞人以旌，不至。曰：「招虞人以皮冠。」孔子韙之，曰：「守道不如守官。」夫旌與皮冠，於事未有害，然且守之。今買書利害如此，《編敕》條貫如彼，比之皮冠與旌，亦有間矣。臣當謹守前議，不避再三論奏。伏望聖慈，早賜指揮。

貼黃：臣點檢得館伴所公案内，

有行下承受所收買文字數内一項，所買《策府元龜》、《叙兵》，雖不曾賣與，然高麗之意可見矣。

又貼黄：臣已令本部備録《編敕》條貫，符下高麗人使所過州郡，約束施行去訖。亦合奏知。

軾又劄子曰：

臣近再具劄子，奏論高麗買書事。今准敕節文，檢會《國朝會要》：淳化四年、大中祥符九年、天禧五年曾賜高麗九經書、《史記》、兩《漢書》、《三國志》、《晉書》、諸子、曆日、聖惠方、陰陽、地理書等，奉聖旨，依前降指揮。臣前所論奏高麗入貢，爲朝廷五害，事理灼然，非復細故。近又檢坐見行《編敕》，再具論奏，並不蒙朝廷詳酌利害及《編敕》法意施行，但檢坐《國朝會要》，已曾賜予，便爲收買。切緣臣所論奏，所計利害不輕，本非爲有例無例而發也。事誠無害，雖無例亦可；若其有害，雖百例不可用也。而况《會要》之爲書，朝廷以備檢閲，非如《編敕》一一皆當施行也。臣只乞朝廷詳論此事，當遵行《編敕》耶？爲當檢行《會要》而已？臣所憂者，文書積於高麗，而流於北虜，使敵人周知山川嶮要、邊防利害，爲患至大。雖曾賜予，乃是前日之失，自今止之，猶賢於接續許買，蕩然無禁也。又，高麗人入朝，動獲所欲，頻歲數來，馴致五害。如此之類，皆不蒙朝廷省察，深慮高麗人復來，遂成定例，所以須至再三論奏。兼今來高麗人已發，無可施行。

五年，御史中丞蘇轍論不可失信夏人狀奏曰：

臣聞善爲國者，貴義而不尚功，敦信而不求利。❶非不欲功利也，以爲棄義與信，雖一快於目前，而歲月之後，其害將有不可勝言者矣。昔晉文公圍原，❷命三日之糧。原不降，命去之，諜者曰：「原將降矣。」軍吏曰：「請待之。」公曰：「信，國之寶也，民之所庇也。得原失信，何以庇民？所亡滋多。」退而原降。晉荀吴圍鼓，鼓人或請以城叛，吴弗許。左右曰：「師徒不勤而可以獲城，何故弗爲？」吴曰：「吾聞諸叔向，好惡不愆，民知所適，事無不濟。或以吾城叛，吾所甚惡也。人以城來，吾獨何好焉？」使鼓人殺叛人而繕守備。三月，鼓人請降，使其民見，曰：「猶有食色，姑脩而城。」軍吏曰：「獲城而弗取，勤民而頓兵，何以事君？」吴曰：「吾以事君也，獲一邑而教民怠，將焉用邑？」鼓人告食竭力盡，而後取之。克鼓而反，不戮一人。以世俗言之，此二人者，可謂疏於事情而怠於功利矣。然要其終，文公以霸天下，荀吴以强晉國。則信義之効，見於久遠如此。

臣切觀朝廷之所以御西夏者，可謂異矣。方元祐三年，夏人既受册命，❸不肯入謝。再以大兵蹂踐涇原，大臣畏之。明年遣使，請以所許四寨易蘭州、塞門，朝廷雖不許，大臣務行姑息，不俟其請，而以歲賜等事許之。一歲所賜凡二十萬，夏人仰以爲命。雖以一歲之入易蘭州、塞門可也，而奈何與之？蓋自失歲賜以來，朝廷蕩然無

❶「敦」，原作「貴」，宋人避宋光宗名諱改，今據《欒城集》卷四六《論西邊商量地界劄子》、《長編》元祐五年十二月壬辰條改回。
❷「文」，原無，今據《欒城集》、《長編》補。
❸「夏人」，原脱，今據《欒城集》、《長編》補。

復可以要結夏人者。然此既往之事，臣不復追咎矣。頃者夏人既得歲賜，始議地界。朝旨許以見今州城堡寨，依綏德城例，以二十里爲界，十里外量置堡鋪，其餘十里爲兩不耕地。約束既定，大臣中悔，又欲堡寨相照取直。議猶未定，而熙河將佐范育、种誼欲於見今城堡之外，更占質孤、勝如二堡。大臣僥倖拓地之功，不以育等爲非，從而助之。尋爲夏人所破，所殺兵民皆不敢以實聞。繼脩城門，再被焚毁，其事至今未定。然夏人迫於内患，不敢堅抗朝命，許以照直爲界。其言猶未絶口，而大臣又悔，欲以堡鋪之外，對留十里，通前共計三十里。此命既出，有識之士以爲失信太甚，非中國之體。若使邊臣稍知義理，必不忍自出反覆之言，以彰不信。幸而夏人終以内患未解，不欲違拒，黽勉從之。十里之地，得之不足爲强，失之不足爲弱。雖小人以爲得計，而君子謂之失策。何者？要約未定，今歲已添屯重兵，前後十將有餘。十將之衆，凡五萬人。使五萬人西食貴粟，其費已不貲，而夏人順否又未可必。雖復暫順，要之久遠，不信朝廷，爲患何所不至？然此亦既往之事，臣復何言哉！

臣之所憂，但恐大臣狃於小利，睥睨夏國，便利田地，貪求不已。訪聞近遣穆衍與邊臣計議，既欲取質孤、勝如兩城一帶良田凡數十里，又欲與秦鳳路隴諸城與熙河路定西城照直地僅一百里，❶規畫極大，聞者驚愕。若此謀復作，夏人不堪其忿，竊出作過，我曲彼直，何以禦之？且先朝用兵所

❶ 上「與」字，《欒城集》作「取」。

得四寨，朝廷猶務息民，❶棄而不惜，况於其餘，何足計較？在兵法有之曰：「有其有者安，貪人有者殘。」又曰：「利人土地寶貨者謂之貪兵，兵貪者破。」今之所爲，正犯此禁。臣切怪大臣皆一時儒者，而皆棄所學，貪求苟得，爲國生事，一至於此。外人皆言，前後計畫皆出种誼。誼本小人，安知大慮，而舉朝廷以從之乎？要之，不出數年，此患必見。患至而後言，言雖易信，而已無及矣。伏乞陛下以社稷生民爲念，斷之於心，止其妄作，則天下幸甚。

貼黄：添屯數目，臣見陝西轉運使李南公言，自元祐以來，朝廷不起邊事。凡自前邊臣欺罔殺略熟户，計級受賞，鹵掠財物，私自潤入，及邊民幸於擾攘，買賤賣貴，如此等事，皆不得爲。故上下鼓唱，願有邊釁。凡此皆姦人自作身計，非國之利也。今勝如、質孤等處良田，實西邊第一等膏腴，豈我獨知以爲利，而夏人不知耶？彼知愛之，則不免於争。争端一起，則兵革不息。此正墮邊臣之姦計矣。臣訪聞夏國柄臣梁乙逋者，内有篡國之心。然其爲人，狡而多算，寬而得衆。方欲内安豪酋，外結朝廷，竢内外無患，然後徐篡取之。所以朝廷近日打量地界，前後要求反覆，而乙逋一一聽從。蓋見議地界止於二三十里之間，於彼國不繫利害故也。今朝廷若見其易與，因而别有大段求索，使彼不能堪忍，或至忿争，兵難一交，必非朝廷所願。至此而後，返欲求和，則所喪

❶「息民」，《長編》作「姑息」。

多矣。

轍又乞罷熙河修質孤、勝如等寨劄子曰：

臣伏見西夏輕狡，屢臣屢叛，爲患莫測。昨與延安商量地界，遷延不決。捨歸本國，招之不至。邊人之議，始謂地界自此不可復議，而坤成賀使亦當不至矣。今者天誘其衷，使者既已及境，而地界復議如故。方其未遽告絶，招懷之計猶可復施，此實中國之利也。然臣恐朝廷忽而不慮，不於今日窮究端由，窒其釁隙，必俟邊患既起，而後圖之，則無及矣。

臣聞熙河近日創修質孤、勝如二堡，侵奪夏人御莊良田。又於蘭州以北、過河二十里議築堡寨，以廣斥候。夏人因此猜貳，不受約束。其怨毒邊吏，不信朝廷，不言可見矣。徒以歲賜至厚，和市至優，是以勉修臣節，其實非德我也。非使之稍有便利，❶豈肯帖然不作過哉？何者？中國既失大信，則夷狄不可復責故也。臣竊惟朝廷之於西夏，棄捐金帛，割裂疆土，一無所愛者，累年于兹矣。而熙河帥臣與其將吏，不原朝廷之心，徼求尺寸之利，妄覬功賞，以害國事，深可疾也。頃年熙河築西關城，聲言次築龕谷。鬼章疑懼，遂舉大兵攻擾。一路瘡痍，至今未復。今既城質孤、勝如，其勢必及龕谷。夏人驚疑，正與鬼章事同。由此言之，則曲在熙河，非夏人之罪也。

夫蘭州之爲患，所從來遠矣。昔先帝分遣諸將入界，李憲當取靈武，畏怯不敢深入，遂以此州塞責。自是以來，築城聚兵，

❶「非」，原無，今據《長編》元祐五年六月辛酉條補。

完械積粟，勞費天下，動以千萬，爲計議者患之久矣。好事之臣因此講求遺利，以爲金城本漢屯田舊地，❶田極膏腴，水可灌溉。不患無食，患在不耕；不患不耕，患無堡障。凡西關、龕谷、質孤、勝如，與過河築城，皆所以爲堡障也。從來熙河遣兵侵耕此地，皆爲夏人所殺，況於築堡，致寇無疑？而朝廷恬不爲怪，坐視邊釁之啓，深可惜也。夫蘭州不耕，信爲遺利矣。若使夏人背叛，則其爲患，此之不耕蘭州，何翅百倍？故臣以爲朝廷當權利害之重輕，有所取捨。況蘭州頃自邊患稍息，物價漸平，比之用兵之時，何止三分之一？若能忍此勞費，磨以歲月，徐觀閒隙，竢夏人微弱，決不敢争，乃議修築。如此施行，似爲得策。

臣不知邊臣何苦而爲此怱怱也？

昔唐明皇欲取吐蕃石堡城，隴右節度使王忠嗣，名將也，以爲頓兵堅城，費士數萬，然後可圖，恐所得不酬所失。請厲兵馬，待釁取之。帝意不快，忠嗣由此得罪。其後，帝使哥舒翰攻拔之，雖開屯田，獲軍實，不爲無補，而士卒死亡略盡，皆如忠嗣之言。《唐史》以爲深戒，此則今日之龜鑑也。若朝廷不用臣言，臣料夏人久必復叛。用兵之後，不免招來，其爲勞耻，必甚今日。敵人强梁則畏之，敵人柔伏則陵之，恐非大國之體也。惟陛下留神省察。

貼黄：臣聞朝廷欲遣孫路以點檢弓箭手爲名，因商量熙河界至。臣觀孫路昔在熙河隨李憲等造作邊事，由此蒙朝廷擢用。深恐路狃習前事，不以夏人逆順利害爲心，而妄圖蘭州小

❶「金」，《長編》作「今」。

利，以失國家大利。伏乞明賜戒敕，若因界至生事，别致夏人失和，勞民蠹國，罪在不赦。

元祐中，轍又奏乞裁抑高麗人使狀曰：

臣伏見高麗北接契丹，南限滄海，與中國壤地隔絶，利害本不相及。本朝初許入貢，祖宗知其無益，絶而不通。熙寧中，羅拯始募海商，誘令朝覲。其意欲以招致遠夷，爲太平粉飾，及掎角契丹，爲用兵援助而已。然自其始通，及今屢至，其實何益於事，徒使淮浙千里，勞於供億，京師百司，疲於應奉。而高麗之人，所至游觀，伺察虚實，圖寫形勝，陰爲契丹耳目。或契丹常遣親信隱於高麗三節之中，高麗密分賜予，歸爲契丹幾半之奉。朝廷勞費不貲，而所獲如此，深可惜也。今其復至，既朝廷未欲遽絶，謂當痛加裁損，使無大饒益，則其至必疏，而我得其便矣。切見近日已降朝旨，自明州以來州郡，待遇禮節，率皆减舊，而京師諸事，未加裁定。臣以謂朝廷交接四夷，莫如遼、夏之重。而目前所以遇高麗者，幾比二虜，非獨於本朝事有不便，儻使二國知之，亦爲未允。况高麗之於契丹，大小相絶，有君臣之别。今館餼之數，出入之節，或皆如一，或更過厚，其於事體，實爲不便。臣欲乞凡館待送遺，並量加裁抑。

五年，范育知熙州，論禦戎之要，上奏曰：

臣切以禦戎之要，防患在於無形，制勝在於未然。患至而後圖安，未有不危者也。兵交而後求勝，未有不敗者也。臣觀本路有無形之患，其端已具，其憂甚大。臣蒙朝廷假以方面之寄，容身自謀，依違不言，使患至形成，上貽朝廷憂，下爲一方害，則臣上負明主，不忠之罪大矣！故臣敢極陳其說。

臣伏見近朝廷詔本路與夏人分畫疆界，依綏德例，非所賜城寨外，以二十里爲界，通遠軍、定西、通西、榆木等城寨，朝廷指揮，揆邊相照取直。西人執以逐寨外取二十里。蘭州質孤、勝如堡，前日朝廷令常作守據之計。本路按視，合取二堡外立界，西人指爲非舊堡寨，要自龕谷寨打量。此二事，若朝廷從夏人之請，則於本路邊面形勢有無窮之大害；若不從，夏人必起兵争占，有害今日和議，而西兵未有可息之期。臣請陳其故。

蓋定西北與夏人接境，通西、榆木等處，則賊境在東，若皆取二十里，則今日所棄邊面多者已三二十里，所徙弓箭手已數百千户，失膏腴之地數千畝。又定西孤絶，賊兵可從中斷其歸路，其勢決不可守，則通遠之邊面所蹙又不啻數十里。❶而賊兵每出，可至通遠，通遠受敵，則熙河一路有扼吭不通之患矣。蘭州向藉質孤、勝如川地五十餘頃，皆膏腴上田，有水田可以灌溉，其收畝數斛，無慮置弓箭手三千人。昔之堡障未立，不敢就耕，而以名目占坐不去，已千有餘人。若從龕谷二十里爲界，則二堡之地皆不可耕。蘭州捨此，北距河，南介山，東西境壤無餘，其耕種之地，既不足以自食，其州粟日益貴，費日益廣。又況賊兵

❶「又」，原脱，今據《長編》卷四四四元祐五年六月末記事補。

一出，則立至州之西野，增兵嚴備，❶無時而已，豈不危哉！ 此所謂從夏人之請，於本路邊面有無窮之大患者也。

臣訪聞定西一帶，川原廣闊，昔花麻所居西市，夏人置倉以積穀，質孤、勝如川，僞號「御莊」。❷自歸本路，其土人皆走天都山及會州之境，地瘠人貧，未嘗一日不回思其地。又聞夏人常使此方之人自謀爭奪之計。❸昨正月中，西界所差分畫首領，與邊臣議論不合而去。今其再至，探得集兵數萬，屯於境上，時出遊騎，道不遜之語。度其意，蓋將必爭而後已。雖至於用兵，廢絶和事，皆且不顧。此所謂不從其請，將見兵拏而不解，未有可息之期者也。以臣計之，不與則用兵雖速而患小，蓋吾邊有易守之形也；與之則用兵雖緩而患大，蓋吾邊有難安之勢也。然此二者不可不慮也，臣請終言之。

切聞青唐阿里骨昔以篡得國，朝廷既行封爵，常與夏賊同謀寇邊。賴朝廷威斷，邊將出兵，生擒鬼章，斷河橋以挫其鋒。遂寢姦謀，納質効順，息數歲之邊患。今聞阿里骨常疑其下有怨讎之謀，日圖誅殺，易置首領。且與夏賊結約甚懽，遣人往夏國，詰其與漢和，激其用兵之意。蓋夷狄氣類既同，其嗜欲既一，犬羊之黨，勢必相爲。而又阿里骨篡於前，梁乙通篡於後，昔也相視而成其謀，今也同心而濟其惡，理必然也。臣恐二賊締交，夏賊出兵通遠、金城之郊，本路嚴兵以禦之，里賊又出兵河、岷之郊，則本

❶「嚴」，原脱，今據《長編》補。
❷「莊」，原作「拄」，今據《長編》改。
❸「此」，原作「北」，今據《長編》改。

路分兵而力不給。朝廷方且益發兵增備，不知幾何而止也。商者不得安於途，耕者不得安於野，則所仰之粟，不知幾何而足。五州之境，邊面二千餘里，❶二賊據吾腹背，歲歲不可弛備，一日不可減兵。備其東則西出，備其南則北出，左提右挈，四面受敵，朝暮相救之不暇，一有交兵，則五州之勢岌岌乎皆有動摇之憂。又况萬有一至於敗撓而不可支，可不慮哉！此臣所謂無形之大患，可爲朝廷之憂者也。

以臣愚計，欲防此未形之患，必爲制勝未然之術。❷臣願朝廷垂聽無忽。臣昨累經畫青唐、邈川利害，朝廷未賜俞允。近阿里骨再召，温溪心愈懷疑懼，邈川人情亦不安。又殺圭落族四人，錮其酋首。❸及勾隴逋、喬家族首領，徒杓六心族，其人户不從，遂拘執首酋，致有五百餘户走入河州界，約攔未去。自朝廷除結吭捉鎮州刺史，勾在青唐，拘留不還。又勾界邊廝波結，亦留青唐，其國人携二，酋長憂懼愈甚於前。又近探得阿里骨病甚，或云死，匿哀不發，欲踵前日篡董氊之迹。此逆酋之暴虐，與人情之怨叛，較然可見矣。臣觀夏賊之邈川，地近而形勢便，青唐情通而利害同。彼兩地之動息，夏人知之固熟。徒以乙逋始篡，及疆議未决，故遲遲計未發爾。使其志得謀行，移兵以舉邈川，併青唐，若振槁木之易，其爲西邊大患，臣前日已嘗具奏于朝矣。就其未能，二賊方且合謀爲患，如臣所陳，其勢必矣。

❶「千」，原作「十」，今據《長編》改。
❷「爲」，原無，今據《長編》補。
❸「酋」，原作「囚」，今據《長編》改。

臣又聞古人善爲謀者，因禍而爲福，轉敗而爲功。今本路欲與夏人交議地界，當賊兵之鋒而争口舌之勝，臣未見其可也。不若緩其所當争，而出其所未發，先爲之計，發夏賊之謀而絶其交，乘青唐之變而定其國。用臣前策，納趙醇忠繼董氈後。醇忠既立，忠順戴漢，因撫諸酋，悉皆内向，則二賊之交絶矣。董氈繼世，人心皆服，虐亂既除，國内舉安，則青唐之變定矣。夏賊失青唐之援，則有背腹之憂；本路得邈川歸順，則有形勢之利。彼之所恃者復在我，吾之所患者復在彼，如此，則區區之夏賊，將假息於巢穴而不敢窺吾邊鄙。通遠、金城之疆，錫之則爲朝廷之德，不與則亦不敢争。吾兵不用而可以制夏賊之猖獗，平西賊之禍亂，威行萬里，義服四夷，雖唐、虞、三代之禦戎，不過是矣。將見本路州民，有卧鼓息鋒之安，趣耕稼而成樂俗矣。復何邊患之憂哉？此所謂制勝於未然之術也。

臣伏思朝廷大計，務欲安邊息民，不用兵革。臣爲此謀，其始唯護趙醇忠，假兵力，因其人心，助其聲勢。過此以往，更不煩兵。其津遣趙醇忠，鎮撫部族，合措置事件，如蒙朝廷賜可，乞别具條析聞奏。頃臣雖述此利害，或恐更有未盡事理，朝廷若行詰問，却致往復。已依近降朝旨，選差本司勾當公事种朴乘遞馬赴闕，❶詣三省、樞密院稟議去訖，伏乞朝廷檢會臣累狀及今奏事理，早賜處置指揮。

哲宗時，畢仲游論復境土，上言曰：

❶「勾」，原作「幹」，宋人避宋高宗名諱改，今據《長編》改回。

自漢以來言夷狄之利害者，不知幾十人矣，然其成效，非漢元鼎、唐正觀之間，❶則夷狄之强未有不過中國者也。由三代以前，夷狄之患雖不免，然終不能害中國也。故《詩》曰：「征伐玁狁，蠻荆來威。」又曰：「戎狄是膺，荆舒是懲。」以玁狁、戎狄雖始有其患，而終至於威懲者，此不能害中國之實也。故所以不能害中國者，以御之有道，而有軍旅之制也，有威德之施也，有地勢之利也。今國家軍旅未制，制之可也；威德未施，施之可也；地勢未利，雖欲利而已失也。故議者未嘗不惜幽薊之土，以至晉石氏所割十六州者，皆中國之大險也。以大險之利而久失之於胡，故太宗始因太原之捷，直抵其地，幾拔易、順、薊三州。中又嘗駕幸大名，未至於雍、涿，遂選十八將同出飛狐、雍州、鴈門之三道，環、朔、雲、應、涿五州之民，已望其更生矣。然以貪將之累，而不成功也。及章聖景德間，虜嘗卒驚趙魏之地，賴天地宗廟之神靈，酋死虜散，故國母奉誓求和，至今爲萬世計，此皆以地利失得而致者也。

今上欲强中國，弱四夷，追祖宗之成畫，復先王之故地，則在知其兵之本、兵之主、兵之教、兵之用，然後可也。故省費寬役，厚其輸畜者，兵之本也；熟察將帥，試之以事者，兵之主也；習勤戰士，四時不廢者，兵之教也；脩完械用，並使堅利者，兵之用也。今械用不利，是無用也；士不習勤，是無教也；將不察使，是無主也；輸畜不厚，是無本也。無用則不可敵，無教則不可勝，無主則不可戰，無本則不可守。四者

❶「正」，當作「貞」，作者避宋仁宗名諱改「貞」作「正」。

不備，則雖百勝之畫，無虜之地，不可追復也。四者備而用之，是黄帝之兵也。昔者太宗倚高麗、安定、渤海而北征，章聖封爵潘羅而弱繼遷，此可追之成畫。而晉石氏所割十六州，皆不待痛而復矣。

仲游論棄熙河蘭會，上言曰：

天之生民，初無中國夷狄之别，以其不可以冠帶禮義治也，然後謂之夷狄。而自漢已來，争取其不可治之地而治之，是以府庫空虚，人民死亡，僅能得之，而還爲夷狄之地者多矣。昔大王之治邠，狄人攻之。事之以玉帛皮幣狗馬子女而皆不免，乃曰：「狄人之所欲者，土地也。爲吾臣與爲狄人臣，奚以異。」因杖馬捶去之岐山之下。中國之地，至其不可有也，則猶不欲强治之，况欲强取夷狄之地而治之乎？雖嘗爲中國之郡縣而本夷狄之地者，則亦無所用之；雖欲用之，而多不能有。故武帝不能有輪臺，元帝不能有朱崖，光武不能有西域，而本朝亦棄靈武，則今日熙河蘭會之計議足以斷矣。

然事有既得之，復棄，而與未得同者；有既得之，復棄之，而與未得不同者。武帝棄輪臺則不耕而已矣，元帝棄朱崖則勿擊而已矣，光武棄西域則謝其質子而已矣，本朝棄靈武則置之度外而已矣，此所謂與未得同者。而今日棄熙河蘭會，則與未得不同。徹舊障而爲新障，棄之則新障已没而舊障未完，一不同也。伐其山林，平其道路，棄之則無險阻，而胡人將牧馬於階成之境外，二不同也。立城郭，置倉廩，實以穀粟錢幣而棄之，則瘠中國而肥夷狄，三不同也。然此猶小小者爾。蓋熙河之未取也，爲唃氏；而蘭會之未取也，爲華麻氏。雖羈屬夏人，而非夏人之所有，故猶足以分中國之寇。今舉熙河蘭會而棄之，則唃氏、華麻氏者，勢不能反，而將爲夏人之所有，是以中國之力而爲夷狄驅除，此大不同者也。而不棄之，則歲運府庫之財以填黄河之磧，又非中國長久安寧之策。昔西羌反叛，如趙充國者可謂知兵矣，而曰：「難於遥度，願馳至金城，圖上方略。」其後烏孫圍都護，而陳湯於數千里之外逆知有吉語，期以五日而四日至。非充國之拙，而陳湯之巧也，蓋烏合之兵易爲料，而長久之計難爲功。今熙河蘭會制之於未取之前，則固無事，今已取之而復棄之，棄之之利如彼，其害如此，守之之利如此，其害如彼，則殆非遥度之所能盡，必有馳至河隴，而圖上方略者，然後可決。

歷代名臣奏議卷之三百四十六

本卷王鵬校點

歷代名臣奏議卷之三百四十七

夷狄

宋徽宗即位，殿中侍御史龔夬論青唐狀奏曰：

臣竊聞夷狄之勢，分而不一，則爲中國之利。自頃夷狄强盛，必賴比近部族自相携貳，偵伺虜情，爲國藩翰。臣伏見青唐一族，世受封爵，堅心依漢。又歲出善馬以供和市。自熙寧、元豐已來，朝廷待之尤厚。昨因强臣盜有其地，至其嗣子，國人不附，逃難來奔。特青唐之一虜耳，而朝論以爲納土之降王，引對闕庭，超受節鉞，爲夷狄之笑。至於道路宴犒之費以巨萬計，關輔搔擾，不可具道。今則不惟不得其地，而使青唐之人遂無向漢之心，其勢必與夏人解仇結約以爲邊患，和市善馬不復出矣。數年之後，夏賊兵力稍全，青唐不復附漢而合從於虜，臣恐朝廷西顧之憂，未易言也。今既往之失無所云救，將來之策尚或可圖。伏望聖慈特詔邊臣多方誘諭，赦其罪戾，使之自新。待其入貢，因撫而有，庶幾復堅向漢之誠，不復歸心於虜，以爲預備不虞之計。邊氓幸甚。

建中靖國元年，侍御史陳次升論西蕃市馬，上奏曰：

臣切以戎狄勢合則强，勢分則弱；强則難禦，弱則易制。神宗皇帝熙寧、元豐間，以夏人爲中國患，乃優撫青唐一族，世襲封爵，俾伺間隙，蠹其腹心。而又歲市善馬以强兵，深得禦戎之要道也。其後青唐衰弱，土地爲强臣之子繼立，國人不附，棄位爲僧，迹不自安，窮來歸我，特一亡虜爾。邊臣張皇招納，以致种朴敗衄，爲國家辱。所得亡虜，道路將迎甚勤，朝廷恩賜甚渥，費用不貲，爲夷狄笑。已往之失不可救，未來之患深可慮。

夫兵家制勝莫如馬，步兵雖多，十不當馬軍之一。故自古論兵，必以馬爲先焉。今西戎既叛，馬不出市，國家每歲所失二萬餘匹，數年之後，馬必甚闕。萬一夏人與青唐解仇，連衡入寇，併力衝突，其將何及？訪聞今日邊將，❶乃是前日招納之人，多行庇護，冀免譴責，患害並不以實聞。伏乞睿旨令本路帥臣將官，各具的實利害，結罪保明敷奏，朝廷詳酌施行。或令多方開諭，許其自新，依前入貢，待遇如初。可益强兵勢，威聲遐憺，夏人不敢窺邊，國家之福也。

龍圖閣學士范純粹乞令蕃官不得换授漢官差遣，上奏曰：

臣久忝帥任，殆遍諸邊，切見諸路蕃官，近年以來志意驕滿，習於惰慢。緣數有立功之人，叙述祖父曾任漢官，或帥臣姑息，特爲陳乞，遂得輕授漢官差遣，致互相攀援，不安守分。訪聞各有觀望，不肯專意訓習弓馬，管幹部族，以至遣使探諜，講論邊事，無復留心。倣傚成風，事有未便。切緣屬羌部族既始祖元是羌人，即雖綿隔世

❶「訪」下，原衍「問」字，今據《讜論集》卷二《上徽宗論西蕃市馬》、《宋朝諸臣奏議》卷一二五《上徽宗論西蕃市馬》删。

代，因功授官，不論高卑，要之終是蕃種，豈容輒有變易，雜亂華人？況自來應蕃官首領侵刻部族，或犯餘罪，罪雖至死，止是罰納羊馬。以至婚姻亂倫、喪葬異制，皆與漢户禮法不同。兼條禁不得與漢官婚姻，亦不許置買産業，固有深意。今昔不殊，雖功大官高，不過充蕃將、享厚禄而已。而其位著，久來不以官品高卑，並叙在漢官之下，所以尊中國而賤夷狄也。故每遇差點驅使，並聽漢官統馭指呼，命無不伏。今則輒容僥倖改授漢官差遣，不惟上下姑息之風既已增熾，而於漢蕃區别之體遂致陵夷。因此又多與漢人婚姻，敗亂中國禮法。各自置買田産，廢格朝廷典刑。胡種亂華，不可不戒。兼逐人皆是近上使額，或至遥郡防團，一旦既叙漢官，多在舊統轄官之上，事屬倒置，人情不甘。犬羊之徒，豈可如此？積弊在後，毋有已時，若不别作申明，來者未易止息，兼誘致諸路蕃官子弟，儇衣豐食，驕恣相尚，不肯伏從。若復緩急之際，更無可使之人。雖有得力蕃兵，亦無舊人統領。臣恐積久之後，部族減耗，籬落凋殘，遠畫長謀，爲損不細，輒有短見，謹具下項：

一、乞朝廷明降指揮，今後諸路帥臣不得奏乞與蕃官换授漢官差遣，其蕃官亦不得輒有陳乞。

一、乞朝廷契勘，諸路蕃官已换漢官差遣之人，並與改换，就差充元舊部族都巡檢。或官職甚高者，即與某路蕃兵統領兼本地分沿邊都巡檢名目，並在將副之下。仍明降指揮，並令久任，不限資考。

一、乞立法，應蕃官雖已换授漢官，如遇舊曾統轄將副、城寨官，不以官職高下，依舊在舊統轄官之下。

一、乞立法，應蕃官已换授漢官差遣之人，並止終其身。其弟姪子孫雖因薦奏得官，並只得充舊管本族蕃官，各依蕃官條貫施行。

一、乞立法，應蕃官已换授漢官差遣之家，婚姻及置買産業，並依蕃部舊條施行。

右，伏乞朝廷更賜詳酌，如臣言可採，即乞以臣今奏潤色立法，速賜施行，仍乞不坐臣所奏行下。

崇寧五年，知鳳翔府馮澥論湟廓西寧三州疏曰：

臣伏覩陛下比年以來，知關陝勞弊，罷兵偃武，與之休息，和氣充塞，年穀豐稔，百姓快樂，道路歌舞。臣於今年三月到任，首問民間疾苦，皆云自罷兵之後，人若更生，疾苦事十已去九，唯支移一事尚爲民害。自本府至湟州千有餘里，唯道里遥遠，又爲經涉生界，民間勞困，不易興調。臣遂即敷奏，蒙恩第加寬免，上等不過十程，下户不出府界。旨下之日，萬口歡呼，言自今以去，更無餘事。太平如此，尚復何言？而臣切有所憂者，病本尚在。陛下雖欲罷兵，而兵安可得罷？雖欲息民，而民安可得息？

臣切以湟、廓、西寧三州，本不毛小聚，大河之外，天所限隔。陛下空數路，耗内帑，竭生靈膏血而取之。收復以來，何嘗得一金一縷入府庫，一甲一馬備行陣？而三州歲用以億萬計，仰於官也，而帑藏已空；取之民也，而膏血已竭。有司束手，莫知爲計。塞下無十日之積，戰士飢餒，人有菜色。今殘寇遊魂，未即歸順，黠羌阻命，公爲脣齒，窺伺間隙，忽肆姦侮，則兵將復用，役必再籍，殘弊之後，尚安可堪？ 陛下以四海九州之大，德被萬方，威震四夷，奈何以二三小聚，困弊關陝一方生靈，長爲朝廷西顧無窮之憂乎？ 臣愚欲采前世羈縻之義，擢其酋豪，授以旄鉞，其首領等級命官，使失地無歸之虜，復得其巢穴，奔禽遁獸，各安其故。 嚴其誓約，結以恩信，彼將畏威懷德，稽顙聽命，輸誠效順，長爲漢守，有得地之名，無費財之患。 兵革不用，藩籬永固，而又可以逆絶北虜之辭，旁釋西羌之怨，一舉而衆利得，策無上於此者。

或以謂朝取暮與，取與無常，爲已甚者。 此大不然。 始朝廷慮其爲邊患也，一舉而取之，易於探囊。 今知無所用也，一舉而與之，輕若擲芥。 其擒縱在我，取與不計，大度無所不包，神機不候終日，利便所在，何常之有。 又謂棄地之議未遠，罪斥之人未復，今而爲此，彼將有辭。 又大不然。 羈縻之義，使爲臣屬，與夫捐棄自不同。 且此輩沮壞先帝功烈，宜加罪誅，今之利害，彼復何異議。 方陛下以邊鄙生靈爲念，含垢忍恥，猶或不辭，況兹小嫌，尚何所恤？ 臣望陛下下臣言於本路帥府，使之看詳，或遣近臣臨察可否。

然臣言一出，必爲衆所咻沮。 何者？ 蓋無邊事則朝廷之福，有邊事則臣下之福。 用兵以來，州縣小官，反掌而登侍從；行伍賤夫，移足而專斧鉞。 金錢充棟宇，田壤連阡陌。 下至幕府偏裨，趨走厮役，計其所得，略皆稱是。 故大者稱功德，小者論利害，欺罔熒惑，日陳於前。 陛下雖欲不作邊事，尚安可得；雖愛民如赤子，亦無暇顧矣。 臣願陛下懲既往之失，窒方來之路，奮威斷顯絀一二，以示好惡，以絶欺罔，則朝廷之福，天下之幸。臣遠方疏賤，不避忌諱，荷陛下非常之遇，蒙陛下不次拔擢，念非捐軀隕命，無以報稱，冒萬死爲獻。使狂瞽獲效萬一，則臣雖死之日，猶生之年。

大觀四年，安堯臣上書論燕雲之事，其言曰：「宦寺專命，倡爲大謀，燕雲之役興，則邊釁遂開；宦寺之權重，則皇綱不振。昔秦始皇築長城，漢武帝通西域，隋煬帝遼左之師，唐明皇幽薊之寇，其失如彼。周宣王伐玁狁，漢文帝備北邊，元帝納賈捐之之議，光武斥臧宮、馬武之謀，其得如此。藝祖撥亂反正，躬擐甲胄，當時將相大臣，皆所與取天下者，豈勇略智力不能下幽燕哉？蓋以區區之地，契丹所必争，忍使吾民重困鋒鏑。章聖澶淵之役，與之戰而勝，乃聽其和，亦欲固本而息民也。今童貫深結蔡京，同納趙良嗣以爲謀主，故建平燕之議。臣恐異時唇亡齒寒，邊境有可乘之釁，狼子蓄鋭，伺隙以逞其欲，此臣所以日夜寒心。伏望思祖宗積累之艱難，鑑歷代君臣之得失，杜塞邊隙，務守舊好，無使外夷乘間窺中國，上以安宗廟，下以慰生靈。」上然之。

宣和間，承平日久，兵將驕惰，蔡攸、童貫貪功開邊，將興燕雲之役，引女真夾攻契丹，以宇文虚中爲參議官。虚中以廟謨失策，主帥非人，將有納侮自焚之禍，上書言：

用兵之策，必先計强弱，察虚實，知彼知己，當圖萬全。今邊圉無應敵之具，府庫無數月之儲，安危存亡，係兹一舉，豈可輕議？且中國與契丹講和，今踰百年，自遭女真侵削已來，嚮慕本朝，一切恭順。今捨恭順之契丹，不羈縻封殖，爲我藩籬，而遠踰海外，引强悍之女真，以爲隣域。女真藉百勝之勢，虚喝驕矜，不可以禮義服，不可以言説誘，持卞莊兩鬬之説，引兵踰境。以百年怠惰之兵，當新鋭難抗之敵；以寡謀安逸之將，角逐於血肉之林。臣恐中國之禍，未有寧息之期也。

四年，童貫、蔡攸等師既行，即降旨妄議北事者，必罰無赦，廷臣皆無一言，獨朝散郎宋昭論女真決先敗盟，上疏曰：

臣聞犬戎之性，不可以信義結。去來無定，叛服不常，雖成周盛世，尤有玁狁之難。故自古禦戎，未見上策。漢、唐以還，或盛或衰，乍叛乍服。其禦之之術，率非良策，皆不足爲聖世道，故略而不論。迄我有宋，寰區之内，靡不歸順。而景德中亦有澶淵之役，真宗皇帝天威一震，賊勢瓦解。當是時，乘勝逐北，則腥羶之種無噍類矣。真廟聖慈深厚，特以兩國生靈爲念，故推天地之量，貸螻蟻之命，啖以厚利，與之議和，爲天下後世萬萬年安全之計。故虜人謹守盟誓，不敢南下而牧馬者，誠以天地之洪恩，不敢忘也。自爾聖聖相承，明明繼照，雖睿智神武，堯仁湯德，足以懷柔，然實亦恃此以爲長城。神宗皇帝熙、豐之間，鋭意北伐，選將練卒，積穀理財，葺城郭，修器械。十九年間，倉廩實，府庫充，貔貅之士無不一當百。當是時，鼓譟而前，則自燕以北，❶其人皆俎上肉矣。亦以河朔祖宗興王之

❶「燕」，《三朝北盟會編》卷八作「河」。

地，不忍騷動，安可快一時之忿，失百年之好？故終莫之舉也。

陛下即位以來，禦戎之術，實得上策。虜使之來，宴犒賜予，恩數曲盡，故懷德畏威，向風慕義，稽首稱藩。介胄之士，櫜弓偃息。黔黎之民，鼓腹詠歌。歷觀三代以來，傾心悦服，至誠面内，莫如今日，實太平希世之盛事也。比者王黼、童貫力引狂生李良嗣、董才之徒，妄興邊事，致煩宸慮。遣大臣，提重兵，久屯塞上，倉廩府庫爲之一空，官卒民兵死亡無數。前所奏陳，悉皆誕妄。財用尚可復全，死者何由更生？欺君罔上，蠹國害民，罪不容誅。臣願斷此數人頭，以謝天下。❶不唯慰安虜人之心，使明知陛下德意，無復猜忌，謹守盟好。庶幾奸臣賊子，欺君罔聖，妄興邊事，僥覬功賞者，有所懲戒。臣固知陛下聖慈，不忍誅戮臣下，然此數人不誅，則虜人猜忌之心未易可解。臣願陛下勿以馭賢臣之禮，馭此姦賊，則不勝幸甚。

臣聞虜中頻歲不登，斗米千錢，雖或請和，恐非本心，特出於不得已耳。萬一養鋭數年，歲穀小稔，秋高馬肥，士氣稍振，復來侵擾，則干戈相尋，無時而已。較其利害輕重，則姦臣數人之誅，不足恤也。又況李良嗣、董才皆北虜叛臣，心懷怨望，故附會邊臣，撰造虚語，欲假中國之勢，以復私讎耳。實兩朝之姦賊，豈復忠義之可望哉？

臣切料議者謂：「歲賜浩瀚，虚蠹國用。」是不知祖宗建立榷場之本意也。蓋祖宗朝賜予之費，皆出於榷場歲得之息，取之於虜，而復以予虜，中國初無毫髮損也。比

❶「謝」，原作「令」，今據《三朝北盟會編》改。

年以來，榷場之法寖壞，遂耗内帑。臣願遴選健吏，講究榷場利害，使復如祖宗之時，則歲賜之物不足慮也。或者又謂：「九州中國之地，皆上饒膏腴之田，歲得甚厚。」是曾不慮屯戍守禦之備，戰鬬犒賞之費，歲幾百萬計耶？貪其所得，既不足以償所失，而又戰鬬死亡之士，横被屠戮之民，幾人也哉？徒有闢國之虚名，而無補國之實利。或者又謂：「山後之民，皆有思漢之心，咸欲歸順。」此尤誕妄之易見者。不唯北虜爲備日久，山後之民往往徙居漠北。又自唐末至於今，數百年間，子孫無慮已易數世，今則盡爲藩種，豈復九州中國舊民哉？皆由邊臣用人無術，致探報者利於所得，恣爲誕謾。帥臣庸暗，更加緣飾，妄議邊事，僥覬功賞。或者又謂：「北虜比年以來，爲女真所困，侵城掠地，横亘千里，勢以迫蹙。願與女真合從，腹背攻討，❶則撲滅之易，甚於反掌。」是亦弗思之甚也。滅一弱虜，而與强虜爲隣，恐非中國之福，徒爲女真之利耳。且北虜雖夷狄，然久漸聖化，粗知禮義，故百餘年間，謹守盟誓，不敢妄動者，知信義之不可渝也。今女真性剛狠，善戰鬬，茹毛飲血，殆非人類。北虜以夷狄相攻，尚不能勝，儻與之鄰，則將何術以禦之？不過修盟誓以結鄰國之外好而已。本朝與北虜通好，百有餘年，一旦敗之女真，果能信其不渝乎？異日女真決先敗盟，爲中國患必矣。此理之必然，事之必至，雖使伊周復生，不能易此議也。

臣又聞兩國之誓，敗盟者禍及九族。陛下以孝理天下，其忍忘列聖在天之靈

❶「討」，原作「射」，今據《三朝北盟會編》改。

乎？陛下以仁覆天下，其忍致河北之民於塗炭之中，而使肝腦塗地乎？臣切謂凡今之人臣，不負陛下諏訪之意，愛君憂國，論奏忠赤者，間亦有之。其希意承旨，背公營私，苟求陛下富貴者，不可勝數。遂使忠赤之臣，志不得伸，言不見用。此臣所以痛心疾首，扼腕憤悶，犯顔逆鱗，以蹈萬死者，豈得已哉。誠以國之大事，實係安危，下情壅遏，不得上達。今而不言，其如後患何？譬猶人之一身，中氣痞隔，陽不降，陰不升，則百脉不調，四體不充，久而不治，病在膏肓，雖有良醫，不能愈也。今疾幸在膚腠，是正宜投藥石之時也。臣願爲陛下出疆，説諭虜人云：比因虜中亡失虜主，深慮擾攘之時，疆陲不戒，姦人作過，邊臣生事，故遣近臣使之防邊。果有群寇妄託北朝，驚却邊民，雖降處分，不得殺戮，止牒北界緊行捕捉。切慮尚懷疑貳，妄興兵馬，務在謹守祖宗之盟，無失百年之好。如女真侵削不已，力不能勝，則許求援於中國。報使復來，厚加恩禮，以釋其疑，使之外扞女真，内屏中國。則陛下奠枕，永無憂於北顧；百姓安業，得盡力於南畝。實天下萬萬年無窮之利。古人謂夷狄相攻，中國之福，正謂是矣。

臣固知疏遠微賤，輒以狂瞽冒犯天威，難逃誅戮。然臣聞忠臣徇義，志士徇名，故忠義發於内，則鼎鑊忘於外，愛君之心切，則慮患之志深也。況頑石五色尚有補天之功，愚夫千慮豈無一得之長？願陛下勿以人廢言，留神聽察，則撮土之微尚能增山嶽不厭之高，爝火之光尚可禆日月不照之明矣。臣向任陝州靈寶知縣日，因論列陝右錢法，蒙恩召對，面奉德音，欲除監司。旋致煩言，猶叨貳郡。未到任間，復蒙聖恩，除臣提舉江南茶鹽事。以歲課增衍，又蒙特轉一官。臣每以未能仰報天地爲恨。今者伏覩姦賊，敢爾欺君，義當竭節，圖報涓埃，是敢越職，輒貢芻蕘。萬一臣言可采，乞不降出，庶使天下皆知斷自宸衷，不由人言，足以竦動神靈，激昂士類。北虜聞之，恩歸陛下，則臣報上之心足矣。儻或上誤聖聰，置諸鼎鑊，亦臣之所甘心也。惟陛下擇而處之。

真定府路安撫趙遹乞撫存北虜疏曰：

臣伏准今月十三日樞密院劄子，奉御筆：「虜界爲女真所侵，兵勢瓦解。切慮奔潰侵軼，逼犯邊境。仰河北諸路帥司，依降指揮，團結兵馬，編排器甲，准備不測，勾抽上邊使喚。仍先具知委奏聞。」除已具知委，及逐時探到北界事，節次附入內內侍省遞奏聞去訖。臣切詳北虜自澶淵既盟之後，歲省用兵之費，國享重幣之利。虜自知得計，守盟修好，皆其誠心。然累年以來，虜酋失德，上下離叛，人不爲用。女真、勃海寇亂其國，征伐不已，敗衄相繼，境土侵削，士馬凋殘，財力匱耗。常疑中國密有窺伺，左枝右梧，困弊日甚。恭惟陛下好生之德，深洽民心，帝王之舉，必度萬全。況臣嘗親奉玉音，屢被詔劄，每念南北歡好，方固祖宗盟誓，謂非細事，不可少有引惹，造端生釁，而虜殊不知聖神加惠兩國之意如此。今茲睿旨，特慮他寇與奔潰之衆，不測侵軼，姑示備禦之計。廟謨甚遠，預爲之防。

然臣叨承閫寄，職所當言，苟有管見，豈敢緘默。伏覩邊報，近者虜酋獵於白水川，女真掩其無備，全軍陷没，虜酋不知存亡。虜中震擾，未見所立。若復調兵上邊，虜將謂中國起乘其弊。疑隙既開，何可復釋？唯當示之安静，致其懷服。臣愚切謂耶律氏既有沙漠，歷年甚多，虜人習熟，貴其種類。設有姦雄，誰肯推服？仰惟朝廷與虜兄弟之國，共守盟好，百有餘載。今虜酋叔兄子弟甚衆，若虜酋真遂不還，願陛下用家人禮，特遣重臣，將命彼國，推急難之義，念外侮之虞，慰諭其宗族臣下，厚加拊勞，勉以忠孝，雪耻戡難。就其虜酋叔兄子弟，取虜酋之所愛，國人之所慕，擇賢立孤，以主虜衆。隆其恩禮，錫封册，申結信誓，以繼好息民，俾之知戴中國。虜既倚中國爲重，得存其宗社，則中國有大造於虜也。陛下雖不責報，虜歸故地，減歲幣，必有一以報陛下矣。如是，則中國不待汗馬之勞，❶遺鏃之費，萬無失一而安享大利。機會之來，間不容髮，伏望聖慈特加採擇，速奮睿斷施行，實天下大幸。

貼黄：臣愚切謂虜失其酋，未知所立，方疑中國乘間而攻之。然陛下兼愛南北生靈，務隆義好，若即恤其禍難，援立新酋。當此孤遺乏助之時，得倚朝廷以存其國，名正言順，勢無不從。則恩歸于我，必復披心，申固盟誓，爲利無窮。若使彼新酋自立，則恩非我出，立而衆附，則勢將復彊。增戍緣邊，過爲隄備，徒足生釁，以啓戎心。願陛下無遽增戍，開先時之隙；毋緩立孤，貽不及時之悔。孔子曰：「興滅國，繼絶世，天下之民歸心焉。」惟聖神

❶「待」，原作「得」，今據《三朝北盟會編》卷五改。

亟圖之。

貼黄：臣契勘女真蕞爾小夷，自昔臣屬北虜，勢不過虜之一大族。其衆彊弱，與虜不侔。徒以虜酋失德，乘其離心，遂致以寡敵衆，以弱凌彊者，非女真之能，皆虜所自取也。然北虜大國，其人素不畏女真，女真今雖得志，亦豈能久横行於虜中哉！虜之新酋既立，得國人心，事將反掌也。陛下仁聖被於四海，普天率土，罔不臣妾。若速於斯，有以深結虜心，使之懷服，自削其平日之貪傲。今若止增戍之役，收援立之恩，處以守盟，存國之大義，蠻貊革心，固不難矣。臣所謂用力小而見功多也。

徽宗時，趙鼎臣代條具北邊事宜曰：

臣竊以耶律氏自五季以來，盗據全燕，抗衡中國。遭值國家以仁德撫四夷，屈以休兵，與之講好。憑藉祖宗百年蓄養之恩，因得私其土宇，有其人民。蓋自古昔以來，其盛未有如此者也。自禧僭立之後，肆爲荒淫，無復法度。再至燕京，窮極暴虐，燕人痛毒，貫入骨髓。而又出入輕佻，斥去防衛，嫚我使人，笞辱儐者。人怨神怒，罪已貫盈。譬如猛虎，不自養威，而終日跳踉搏噬，其勢窮力困，當自斃踣，此殆天亡胡之時也。今奚又首亂，破其三州，兵勢甚盛。據諜報所傳，殊未衰息，密邇漢境，休戚繫焉。而守邊之吏，未有深謀遠慮，條畫上聞，致煩聖訓，委曲訪逮，網羅設張，究極終始。此臣所以被詔震恐，竊自訟其不敏而無所辭誅也。臣材質駑下，思慮短淺，何足以贊廟謀之末議。顧以方承人乏，冒領帥事，不敢不自竭其愚，以塞聖問。

臣聞古之善用兵者，在於觀釁而動。所謂釁者，固有小大强弱之形，遲速遠近之迹，善觀其幾而應以謀，則動無不剋矣。今奚人叛虜，衆已盈萬，止殺契丹，不戮漢人，其意蓋欲陰結其黨，以爲己助。雖曰草竊，固亦未易可量。然既破三州，未能長驅有所深入，尚且屯聚於採涼山中，不聞諜者言其有窺窬燕薊之意，則虛實强弱，亦未可以揄度也。臣竊料之，彼與虜戰而勝也，則其志將愈大。志將愈大，必不肯侵犯吾圉，以結中國之怨明矣。使彼戰而不勝耶，一旦豕突敢犯吾境，則是乃吾之賊也。邊吏當亟捕之，夫復何疑。其或戰既不勝，而提其孤軍扣關請命，則是特虜之一叛將耳，以中國之大而納其亡人，吾何賴焉？又況隳盟約以啓寇讎，決非朝廷之所樂爲也。

臣愚以謂窮來歸我，宜不可受，深閉固拒，理不獲已，既足以昭睦鄰之德，又足以示中國之義，禧雖庸虜，將感激没齒，不敢忘陛下之賜矣。至其或者虜不勝賊，敗圮擾亂，而思漢之民悉舉燕地來歸有司，方是之時，勝負之數既可見，强弱之勢又可知，應接斷於一朝，竊謂未可逆決其去取也。何則？漢宣因匈奴乖亂，五單于争立，然後擁護呼韓，卒臣其國。光武因匈奴自分爲南北單于，然後建立日逐，終饗其利。唐失河湟舊封，至宣宗時，吐蕃主弱，大臣相攻，兵拏不解，然後唐不血刃而復三州七關，已而沙州人張義潮以瓜沙十一州歸于有司。蓋存亡之數，成敗之形，天時人事，率相符合。故臣願徐觀其釁，最策之上也。

恭以本朝和戎之久，講信之嚴，自三代以來，未見其比。今禧雖荒縱不悛，其於奉事中國，亦未敢大失禮也。然其國内不靖如此，或是滅亡之萌兆，皇天所以右助我宋，而付屬陛下以燕之遺黎，蓋必有日。雖不可以後時而縮，然尤不可以先時而起也。自古王師之出，要必有名，故臣深願陛下静而俟之，不勝幸甚。臣伏誦聖訓，所以咨謀臣者，可謂至矣，而必繼之以有備無患。

仰見陛下凡所以周旋戒敕臣者，要使之先備而預謀耳。臣聞宣王攘夷狄，復疆土，必使之修車馬，備器械。漢高祖欲伐魏，聞其三將皆不及吾所遣也，然後進兵。自古待敵，未有不先於自治者矣。今防邊之備，可謂致嚴矣。然臣竊嘗以謂一堡寨官之能否，乃一路之休戚。一隊部將之勇怯，乃一軍之勝敗，故臣守邊日久，每以選人材爲最急。自邊事平息以來，本路奏舉大小使臣，率多以不應格報罷。今雖未有他警，然求於倉卒，顧安足以及事哉。臣愚乞聖慈特降睿旨，應河東、河北緣帥司所舉大小使臣員闕，權許不以有無違礙，特行差注一次。庶幾官無鉅細，皆得其人，敵至則戰，未至則守，陛下雖高枕可以無北顧之念矣。至於軍中儲蓄，尤爲急務，而邊臣廩粟，每以匱乏爲憂。伏乞嚴飭計司，多方積貯，或果有急闕，仍許帥司申請措置支降施行邊境之上。既得可用之人，又有可食之粟，奉陛下之威靈，禀廟堂之成算，區區鼠盜，不足置齒牙間也。臣不勝昧死謹上。

宋欽宗靖康元年，尚書右丞李綱上徽宗疏曰：

臣聞中國夷狄，相爲盛衰，非徒人爲，殆亦天數。一昨金賊緣藥師叛，既陷燕山，寖窺河北。城壘相望，而無藩籬之固；牧守相視，而無封疆之臣。老將持兵，望風先潰；大河解凍，乘桴競浮。駿騎長驅於中原，勁兵直指於魏闕。以正月初七日迫邇都城，劫掠士民，焚蕩廬舍，以大火船、鐵騎攻水西門，守衛之具，辦於倉卒。臣奉皇帝旨率勵將士，誓以死守，設械拒於汴流之中，殺獲數千人，迨曉方息。復以鋭兵攻酸棗門一帶，犬戎之衆，蜂屯蟻附，渡壕臨城，梯長如雲，箭落如雨，天地改色，風沙晝昏，人心震驚，宗社危急。臣奉皇帝旨將諸班直弓弩手救援，躬冒矢石，以摧其鋒，令敢死士焚爇雲梯，殺獲首領一人，攻破其黨，獲級甚衆。賊兵乘栰，以强弩射之，往往没溺。障汴河水，令歸城壕，水勢漲溢，自卯及午，賊兵方退却。知我城中有備，始遣使人同李鄴等計議。臣等糾集將士，欲以死戰。皇帝以宗社生靈之故，務令持重，始議通和。使者旁午，冠蓋相望，累日而後議成。皇帝聖德格于曠古，變鴟鴞爲好音，化虎狼爲善類，不愛金幣，務保要害之地。遂遣康王、張邦昌使軍前，悉如所請。賊方退舍，竢犒師之物以歸，然邀求數多，殫竭帑藏，空匱民力，不足以給之。虜情難窺，尤當預防。臣見修治守禦之具，訓練出戰之兵，使虜翦滅所須之數。果如期而退，夫復何言。萬一有跋扈之憑陵，欲危宗社，臣等當陳師鞠旅，以圖進討。神人共憤，天必助之。恭惟道君太上皇帝祗遹神考，以武繼文，天下稱其孝；傳位聖子，法堯禪舜，天下稱其高。翠華南幸，臣拘以職守，不敢負羈紲以從，艱難之秋，冒處政機，誓將肅清畿甸，奉迎鑾輿。矢心已明，殞首何悔！

綱又上奏曰：

臣伏蒙聖慈，以臣乞罷職任，特降親筆，令安心職事，及蒙宣諭，和議、解圍兩不相妨。若虜人必欲三鎮，不免戰争，今則解圍之事，不可少緩。臣伏讀聖訓，第深感懼。竊以今春賊馬犯闕，倉卒無備，自當議和。但一切如其所欲，許以三鎮，及金幣之數太多，則爲非是。臣所以當時與宰執力争者，正恐貽今日之患，非爲不欲和而主戰也。賊馬既退，河北兩鎮幸自保全，而太原之圍，至今未解。陛下既出師以解圍，又遣使以約和議，雖兩不相妨，然虜情狡獪，自春徂秋，頓兵堅城之下而不退，又以重兵侵犯河朔，我師屢北，而議和之使始行。臣恐中國之勢益弱，而黠虜之氣益驕矣！且自秋以來，沿邊探報，金人日聚兵，爲南牧深入之計，朝廷日罷兵，如太平無事之時。今中山、河間、真定諸郡乞兵告急，羽書狎至，宣撫司無兵可遣，申奏朝廷，又只行下宣撫司措置，是徒以空文往復，初無補於實用。虜騎猖蹶，復有今春之虞，將何以禦之？臣累具劄子，乞再行起發後來罷止防秋人兵、團結弓手之類，未蒙施行。伏望留神，爲宗社計，募兵擇將，以圖自强，無謂和議之使，便可恃以爲安也。如臣書生，不習兵法，不歷行陣，大帥之任，誠非所宜。况今春危城之中，陛下之所驅策者悉已去位，而臣獨以非材，尚叨重寄，恐不知者謂臣黷武貪功，爲國生事，招致人言，陛下雖欲保全，不可得也。仰冀聖慈終始哀憐，特降睿旨，許臣守本官致仕，糜捐之報，期於異日。干冒天威，不勝戰越待罪之至。

吏部侍郎程振上言曰：「柄臣不和，論

議多駮，詔令輕改，失於事幾。金人交兵半歲，而至今不解者，以和戰之説未一故也。裁抑濫賞，如白黑易分，而數月之間，三變其議，以私心不除，各蔽其黨故也。今日一人言之，以爲是而行。明日一人言之，以爲非而止。或聖斷踰度而不暇疇咨，或大臣偏見而遂形播告，所以動未必善，處未必宜，乃輒爲之反汗，其勢不得不爾也。」時金兵至河北，振請糾諸道兵掎角擊之，曰：「彼猖獗如此，陛下尚欲守和議，而不使之少有懲艾乎？」上嗟味其言，而牽於外廷，不能用。

監察御史余應求乞將相勿争私忿早定和戰之計，上疏曰：

臣嘗讀《六月》之詩，有曰：「文武吉甫，萬邦爲憲。」又有曰：「侯誰在矣，張仲孝友。」蓋宣王既使文武之將征伐於外矣，若内無孝友之臣以與王居，則讒毁之言日至，忠謀不見用，雖有吉甫，烏能成其功哉？至唐穆宗則不然，裴度以元臣宿望，出討幽鎮，烏重嗣、李光顔皆一時名將，勢若甚易。而元稹用事，恐度有功，妨己進取，所畫軍事，皆從中沮壞之。故屯守踰年，迄無成功。夫内外之事，相須如此，可不鑑哉！

方今强虜入寇，四郊多壘，講和之計雖决，而金帛之數未足；兵將之勢已振，而師出之日無期。是宜内外之臣，同心一意，共議國事，以雪耻辱之時也。而道路籍籍，皆言宰執大臣與將相異謀，朝夕諠争，未有定論。審如此，豈誠心爲國者哉？夫和親、征戰之説，漢廷臣論之詳矣。今日之策，未可偏廢。然金幣既不足，虜人必不肯退師。

又三鎮、三關之地，向以兵力寡弱，不得不姑從之。今老將援師繼至，而城下要盟，神弗信也。若虜人必要金幣之足與三鎮、三關之地，又豈得憚於用兵哉？

陛下既以兵事委李綱與諸將矣，願詔執政大臣，以孝友張仲爲心，和以濟事，無爭私忿，先公而後私，庶幾大功可立。如或不悛，與夫妨功害能之人，當顯出之，求所謂孝友者，而任之可也。雖然，戎馬在郊，城門未啓，中外不通已再旬矣，和戰之計亦宜早定。願詔宰執將帥，僉議於黼座之前。使將帥出師與之對壘，然後遣辯士以利害、禍福、成敗、曲直與之言，若能休兵講和，以繼好息民，策之上者。苟貪惏而無厭，旅拒而不受，陛下雖欲勿戰，得乎？又況事直師壯，人有鬬心，以宗廟社稷之靈，何憂不克？所可慮者，窮寇遠來，自居死地，困獸猶鬬之時也。願更詔將帥持重應機，無輕接敵，以取萬全之策，不勝幸甚。臣一介書生，不知兵謀，忠憤所激，欲默不能，惟陛下財擇。

晁説之應詔上封事曰：

二月十六日，朝請大夫、賜紫金魚袋臣晁説之謹昧死再拜上書皇帝陛下：比者皇天眷命，陛下即位之七日，下詔求直言，天下幸甚。微臣居山邑，距京師越百里而近，踰月得隨士庶垂淚以伏讀，干戈風塵阻絶如此，不謂國家遭陽九之厄也。女真小醜，矜棘入塞，擁馬渡河，曾不淹時，勢如壞山，直抵王城之下。嗚呼，天乎！忘我祖宗配天澤民二百年之基業，乃一日有斯酷耶！在昔春秋之時，周室衰微，天下無王，諸侯相侵，莫酷於城下之師，莫辱於國中之盟，孔子《春秋》用是作也。孰謂國家聖聖相繼，重光洽熙，天下太平，自結繩而來，未之或有。天子坐廣内，朝四夷而牧萬國，曾不足以爲輕重，威至廣也。乃於女真小醜，平昔僕役高麗、臣事契丹者，逡巡偃蹇，乃有城下之師，國中之盟，何其甚耶！義士痛心，壯夫瀝血，孰甚於斯時耶？臣至愚且老，敢齒於義士壯夫，而逖視樵牧思謀、妾婦思勇之際，寧無一言以自効哉？况臣一門七世食禄，高祖迥，咸平、景德之際，極禮樂文章之譽；曾祖宗慤，寶元、康定之時，專任西鄙之役，遂參大政，罷兵息民。自爾以來，海内推臣族爲文學之家。微臣之言，亦其職也。

雖然，臣在元符末，上皇即位之初，嘗應詔有封事。蒙有司第臣爲邪等，著籍刑部，初禁入京城，漸許仕宦，而擯斥卑竄二十餘年矣。其所言皆天下大利害，今莫能悉記，唯是二事不能忘也：一曰國家累聖功德，巍巍無所與二，而近日諂諛大姦，獨推尊考廟，是觀德不在七世之廟，而下同庶士祭行於寢乎！二曰自古衰世暗君，乃有誹謗先烈之言，以鉗天下之口。唯我神宗皇帝何所負於天下，天下内外罔有一人不足於恩德者，尚何謗毁之有？彼諂諛大姦，濟以凶暴，徒以資一身之欲，而不知上累先帝之明也。臣愚欲因此二事，申言當今之急務，豈顧卞和之玉再刖其足耶！竊惟城下之師，明主夙夜焦勞憂慮之時，狂夫之言未暇擇也。

伏覩戊申大赦，封豕逋遁，齊民乂安，凡有血氣之屬，咸以更生相賀，又不必自言也。含哺鼓腹，以沐太平之澤，不知其已雖死猶生也。然赦文有新邊之語，讀者疑焉，識者則歎。妄以謂涿州、易州之地，竟不能保，而復棄之爲新邊也，既而乃知所謂新邊者，河間府、中山府、太原府三大鎮，無慮二十餘州，五六十縣。自州升之爲府，而未幾乃自中國棄之爲新邊也耶！嗟夫，斯地可棄也，斯民其可棄乎？斯民可棄也，吾祖宗艱難之業其可棄乎？嗟乎，誰爲陛下而爲此策乎？昔賈誼不忍以文帝之明，承天下之資，而久爲戎人欺傲，乃歎曰：「可謂中國無人矣！」臣竊考之，當是之時，高祖之舊臣猶有在者，如陳平、周勃、灌嬰、季布之徒，其後進者議論有袁盎、晁錯、賈山、馮唐，守正有宋昌、申屠嘉，司刑有張釋之，司兵有周亞夫、柴武，誼尚何恨哉！使誼尚在，謂今之日有人無人乎！臣於是乎忘其至愚且老，不能默已，請專以割地爲言，未暇及天下事也，唯陛下幸察。

臣元符中知磁州武安縣，嘗作《朔問》二篇，因杜牧之論而發也。牧之意則勤矣，其論失之迂而不密。蓋山東不足以兼河北，而河北爲能制山東，牧安得以天下之勢專之於山東也哉？凡君天下者，得河北則得天下，失河北則失天下；凡有國者，得河北則其國興，失河北則其國弱。又有其國雖不正，而得河北則强，其國雖正，而失河北則弱；其國雖無道，而得河北則强，其國雖不至無道，而失河北則弱。秦、漢、晉、隋、唐之有天下，宋武帝之不能有天下，苻堅之秦、拓跋之魏、朱氏之梁、李氏之後唐、石氏之晉、劉氏之漢，其國所以强弱之勢，與夫曹氏之魏强於劉氏巴蜀之漢，高氏之齊强於宇文氏崤函之周，其迹昭然，在方策可考不誣。是謂河北之形勢，臣敢爲陛下略言之，陛下幸察。臣既言河北重於天下矣，乃敢復言三鎮之重於河北者，不必繁引遠古，唯事與國家造邦相因者則不得而略。

昔周世宗之英武雄毅，實漢光武、唐太宗之流，承石晉父事契丹之後，劉漢禍亂於契丹之餘，即位僅踰兩月，黄鉞親征。而師出之日，四壘奔北，爲我有宋驅除。晚以數千之師伐契丹，不血刃而取益津關，繼取瓦橋關，又繼取高陽關。是三關者，晉人棄之，以爲契丹之元首，非特爲其右臂也。何則？契丹之所盜據者，六國時燕地也，唐方鎮中盧龍也。六國之燕最弱，非韓魏趙之比。河北方鎮中，盧龍亦最弱。朱滔、朱克融輩非魏博田承嗣、鎮冀王武俊之比，而其人堅忍奇倔，藏禍心，畜凶謀。前有太子丹、荆軻之風，後習安禄山、史思明之態，易以興亂，而難與圖治也。以故，雖曰弱燕而常重於趙魏，雖曰陰燕而常動摇乎魏博、鎮冀之上，棄之以奉契丹，固非所宜，况以奉契丹之叛臣女真小醜者？譬之黠鼠得幽薊則潛窟壤，得三關則遊粟積，其勢倍萬也。然克是三關者，雖曰周世宗之英武，而我太祖、太宗實在師間也。世宗嘗以千人之軍溺於亂流叢葦之中，而契丹不敢以一鏃來加者，以三天子之威靈在是也。其克瓦橋關者，又專在太祖之功也。夫以三天子之威靈而得之者，乃一日無名而棄之於一荒裔小醜，豈勝慟哭之痛哉！

又如晉開運之末，出帝之醜，先自梁漢璋覆師于高陽關，遂使契丹侵鎮定，入京師，縛晉帝而北。其在咸平中，康保裔敗于高陽關，契丹遂得犯澶淵。儻如康保裔無高陽之敗，則不勞真宗皇帝爲澶淵之役矣。高陽關之勝敗，猶繫中國之輕重如此，忍論高陽關之存亡邪？廊廟之上，肉食者宜爲陛下念之！中山府，唐義武軍也。此軍甲兵雄於天下，城壁堅高，自昔有揖客三年不得上之語，况又其帥獨知臣節！昔號河北四叛之時，義武不與；後稱河北二寇之時，義武亦不與也。逮黄巢之亂中原，四方諸鎮，孰爲勤王之師？獨義武王處存擁兵渡河，以解關中之急。不幸石晉之粱漢璋敗于高陽，契丹遂得犯鎮定，攻中山。然契丹之兵，亦豈能必勝而全爲入京師之舉哉？❶亦且屢危矣。唯是張彦澤、杜重威以禁旅重兵至中渡橋降于契丹，而中山李商者納契丹于中山，使契丹遂得入京師，成晉出帝之禍，爲中國之醜。向使高陽完師，中山堅壁，寧至是邪？咸平中，康保裔既敗于高陽，而定州之望都且復失守，遂勞真宗皇帝革輅親征，而傅潛擁十數萬精兵屯中山，不出一騎。當斯之時，遠邇愚智無不憤疾潛者，耻與之俱生。無幾何，革輅班師之後，潛議罪當斬，真宗特賜其首領竄斥之，衆議甚鬱也。至今聞者擊指奮袂而起，孰知真宗聖意自有在也，豈臣下所易窺哉？蓋潛實白首老將，耳目親接晉開運之禍變，今坐擁十萬精兵以完中山，示怯於契丹，勿擊堂堂之陣，勿當得意之鋭，脱彼能至澶淵，必不能渡河。待其將成渡河之役，我出中山十萬畜鋭請戰之師，一舉而蹙之，彼契丹雖衆，豈堪填吾洪流而代吾洒掃也哉？彼或不克渡河，我以此師覆其歸路，片馬隻輪，定不返矣。恭惟祖宗無失刑，真宗豈特私一傅潛也哉？真宗清浄垂拱之君，不惑於群策，而決意親征，不以王超、石普、楊延斷

❶「全」，原作「前」，今據《嵩山文集》卷二《靖康元年應詔封事》改。

契丹之歸路，不斬傳潛之不濟師，巍巍然振乎千古之上矣。

中山之形勢，其何如哉！ 唯我祖宗爲能用中山之形勢也，何則？ 在戰國時介於魏趙之間，屹然自成一國，其地雖狹而謀至廣，其人雖寡而材最武，西足以抗秦，北足以制燕，無論趙魏也，所謂中山君者是也。太祖、太宗時，每歲防秋之兵，全師聚于定州，真宗躬置禦戎之陣，以鎮定高陽諸路之兵，並會定州，夾唐河爲大陣，量蕃寇遠近，出軍建栅。 仁宗謹是祖宗之制，積粟則中山爲多，畜兵則中山爲重，命帥則得韓琦焉，至今廟而祀之，歲時嚴也。

太原府劉氏盜有之，太祖皇帝親往而未之克，留以待太宗皇帝，特封太宗爲晉王。 逮夫晉王即皇帝位之四年，親征克之。於是有宋受天明命，平一天下，萬國罔不臣妾，逮今將二百年。 重惟太祖皇帝號令之所加，鼓鼙之所及，一日削平唐末暨五代百年之僭亂，曾不足以摧枯拉朽諭之，乃於太原獨艱難如此，何邪？ 劉繼元雖孺子也，有郭無爲之謀，侯霸榮之勇，其兵嗜戰不怯死，其民樂土不輕去，且復念曰：太原吾父兄之世有也，吾家所以革晉爲漢者，自太原基之也，彼石氏有天下者，亦自晉而得之，遂以晉自命也。 晉篡李氏之唐，而李氏所以爲唐，奪朱氏之梁者，初實起諸晉也。 其上則高祖、太宗所以爲唐者，晉奉之也；楊氏所以爲隋者，晉肇之也；高氏所以爲齊者，晉大之也；司馬氏以晉自命者，實謂受命於晉也。 其在成周，宣王承厲王之亂，號爲中興者，伐玁狁於太原也。 其後王師敗績於羌氏之戎，王乃料民於太原，是太原爲成周之盛衰者，又如此也。

嗚呼，太原之爲鎮，可輕畀付哉？重以太宗皇帝之神武，念太原久未下，顧視群臣誰可與議者。首詢之張暉。暉曰：「戢兵育民，待富庶而後爲謀。」繼詢之張永德。永德曰：「太原兵少而悍，加以北虜爲援，未可倉猝取也，莫若先離其戎心。」又詢之薛居正，居正曰：「太原，自古難克之國。周世宗之伐至於師老，太祖破北虜於鴈門關南，盡驅其人民居虎牢以西，雖巢穴尚存而危困已甚。」卒得曹彬而謀之，問曰：「顯德、開寶兩征太原，以當時兵力不能克，何也？」帝意豈不深哉？彬能身任其役，帝遂決意親征，躬貫介胄。曹彬、潘美、郭進等爲之將，先以進守石嶺關，禦北狄，乃降繼元，平太原，保全其人民，而毁築其城郭，將貽萬世之安也。嗟夫，兩朝三帝二十餘年而得之者，一日甘心而棄之邪？

或謂唐自安史之後，河北遂非朝廷所有，亦何害乎爲唐也哉？臣應之曰：唐之河北固重而失之，然其據太行，津太河以制河北，太原猶在朝廷也。此李德裕相武宗，毅然以身許國，不赦澤潞，卒能號令鎮魏以誅劉稹，成一代偉績也。以兵論之，河北之鋭師固爲三鎮而飛揚，然太原、青州各有兵十萬，邠寧、宣武各有兵六萬，自足以制彼三鎮矣。今又并太原而棄之，古未之有也。太原，唐重兵之地，今棄之矣。而青州賊盗久熾，又未必有如唐之重兵也；邠寧之兵凋殘於近歲，未易並言。唐之宣武，是謂今之汴都，祖宗以重兵威天下，千百倍於唐宣武之兵也。太宗時，張洎爲能言京師之兵制固於唐之兵制；仁宗時，尹洙又能言京師兵制出於秦漢上，非特與唐室論也，後來者宜不復措意開口於斯也。奈何初變更於王安石，卒殲盡於童貫，天下之勢墊矣，惟陛下念之。

天下萬方臣妾，不勝至願，而三鎮之形勢，臣愚略陳之矣。臣前謂國家無名而賜之者，敢復言之。大凡王者慎一嚬一笑，不易以假人，不知此三鎮於一嚬一笑孰輕重哉？謂此小醜爲有功，則隋、唐因突厥之兵以有天下，唐郭子儀嘗以回紇、南蠻、大食之兵而興復中國矣，安得人人賜之土田也哉？惟石瑭父事契丹，假其兵力以即帝位，割燕以委契丹，而魏趙之地猶不與也。謂其能戰，則彼荒絶遐陬，疆埸不相接，未嘗一日當中國仁義之師也，亦未嘗一日聞中國雷霆之音也，果孰怯而孰勇哉？但聞渤海者，高麗之別種也；女真者，渤海之別種也。高麗臣事契丹，而女真國因高麗以臣事契丹者也。在祖宗時，嘗因高麗以入貢，而昔困於契丹之三柵，求救於淳化之初也。其後國家絶高麗而不與之通，女真遂亦自絶於中國。逮熙寧初，國家復與高麗通，而女真方狃於契丹，不得與也。奈何一旦凶謀傾奪契丹之國，出其故君，空其寶貨，而豺狼之號不能自已，遂欲陸梁於中國哉？在祖宗時，嘗來寇我白沙寨，略官馬三匹、民一百二十八口。適其貢馬之使在京師，遂執之不得還，無幾何，渤海入貢，而渤海之酋爲謝女真之過，遂詔還女真之使。不知今日女真之暴逆不恭，自干天誅，孰與三馬百人多少？在祖宗之令當如何哉？議者曰：乃其頓兵城下，❶何請責之？曰：唐廣德初，突厥自涇州犯長安，至於代宗幸陜，而郭子儀帥師則吐蕃望風遯去。

❶「乃」，原作「奈」，今據《嵩山文集》改。

越二年，僕固懷恩以吐蕃、回紇、羌渾二十萬寇京畿，郭子儀以回紇伐吐蕃而難平，皆未有割土田以奉之者也。恭惟陛下始初清明之時，天以小醜警懼，陛下增修盛德巖廟之上，肉食者必有長駕遠馭之術，三鎮已復歸於職方氏矣。顧惟疏遠小臣，必待百官班賀之後，乃得與昆蟲共慶也。

雖然，臣猶將有所陳者。唐杜牧最善論兵，謂上策莫如自治。漢皇甫規善用兵，而先零諸種羌慕其威信，相勸降者十餘萬，則以威信爲干櫓也。規之言曰：「力求猛敵，不如清明；勤明孫吳，未若奉法。」皆自治之道也。又如程苞於板楯蠻，但選明能牧守，自然安集，不煩征伐，亦知自治者也。陛下誠得如皇甫規之有威信者爲帥師，程苞之明能者爲州郡，則三鎮之復爲王土，可指日而期也。然而此則邊埸之臣自治之道也，若夫人君之自治者，無時而不然，尤見於變亂之後，猶之治兵也。漢路温舒嘗爲宣帝言之曰：「齊有無知之禍，而小白以興；晉有驪姬之難，而重耳用霸。近趙王不終，諸吕作亂，而孝文爲太宗。禍亂之作，將以開聖人也。文帝永思至德，以承天心，崇仁義，省刑罰，通關梁，一遠近，禮賢如大賓，愛民如赤子，内恕情之所安，而施於海内，是以囹圄空虚，天下太平。夫繼變亂之後，必有異舊之恩，此聖賢所以昭天命也。」温舒於是遠不及高祖，近不及武帝，可謂知務矣。其視東方朔對武帝之化民，不言堯舜而言文景，尤著明也。

今陛下繼變亂之後，思所以昭天命者，其不在仁宗乎？凡温舒之稱文帝者，實爲吾仁宗而云爾也。核而論之，仁宗於斯天德，加以嚴恭寅畏，翼翼而純矣，漢文未必無愧色也。且文帝在位二十三年，逮其歲晚，頗惑異端，孰如仁宗在位四十二年，日昚一日，圖治愈切，求言愈急，用賢愈勤，正德愈勵，使漢文加之二十年之後，不知又果如何也！語曰：「不知其君，視其臣。」漢文之臣，略如前之所陳者矣，孰如仁宗初相王曾、李迪、吕夷簡，晚得杜衍、文彦博、韓琦、富弼，其在内外大小華國命世之臣，蔚乎不可稱數也。其用之未盡，留以遺子孫者，吕誨、范鎮、司馬光、吕公著，皆社稷之衛也。陛下今日繼變亂之後，誠能得臣如仁宗時，不開邊以玩兵，不專利以殘民，不急刑以殺士，不禁言拒諫以自蔽，則何慮乎女真小醜？是謂《大有》上九「天祐之，吉無不利」之時也，是謂《洪範》九疇「彝倫攸叙」之時也。儻或不然，使梟鳴嘉木之上，蛭毒清池之中，如漢幸而有皇甫規、張奂爲將，而不幸胡廣、趙戒爲相，其中則張遜、段珪、曹節輩兇閹爲之虎狼；唐幸而有郭子儀、李光弼爲將，而不幸元載、盧杞爲相，其中則李輔國、程元振、魚朝恩輩兇閹爲之虎狼，則天下之事去矣。是謂《困》之六三「困于石，據于蒺藜，入于其宮，不見其妻，凶」之時也，是謂《洪範》九疇「彝倫攸斁」之時也。

嗚呼，天下治亂興亡之跡，出一轍也如此。其在治世，既有明君，則有賢相，而將臣自出矣。臣雖至愚，不願國家獨以將稱而無相也。昔者賈誼慟哭於明時，不勝其忠也；阮籍慟哭於衰世，不勝其憂也。當今執政大臣必有撥亂之才，幹國之器，請爲陛下念之。臣前所謂《大有》上九「自天祐之，吉無不利」者，乃自乎「六五之君，厥孚交如威如，吉」也。六五有信以交乎天下，終以威乎天下，是謂德威。故能以一柔用五剛，使上九受天人信順之助，吉無不利也。《大有》之君於是乎得以遏惡揚善，順天休命。如其惡者不遏，則善亦無自而揚，何以爲《大有》之休命也？《大有》一變而爲《乾》，《乾》之德首在剛健，而後曰中、曰正、曰純、曰粹、曰精也。人君之德固宜先之以剛健，而繼之以中正，歸之於純、粹、精，而天下何難乎爲治哉？

臣愚，言不識忌諱，陛下赦其死，幸甚。臣前所謂《朔問》二篇者，今輒隨封事上進，以備乙夜之覽，重增死罪，陛下赦之，幸甚。臣說之昧死再拜。

侍御史胡舜陟論高麗人使所過州縣之擾狀曰：

臣伏以漢建武時，西域請置都護、送侍子，光武不許。唐貞觀中，高昌王將入朝，西域諸國欲悉遣使奉獻，魏證以爲不可，❶太宗從之。皆不欲以蠻夷弊中國也。高麗弊我國家五十餘年矣。政和以來，人使每歲一至，淮浙之間，不勝其擾。所過州縣，官私船盡爲用，驅村保挽舟，一縣有至數百人。田桑之時，農業盡廢。州縣前期勾集保丁，多致凍餓失所。沿流亭館寺觀，悉陳設排辦，所用之物，皆出於民。官吏督迫，急如軍期。吏緣爲姦，民無所訴。更有官爲之提轄，事過有須索，州縣尤畏之，鞭笞取辦於民。故淮、浙間言，高麗一過，甚於遭寇。朝廷所得貢獻，皆玩好無用之物，所費皆帑藏之實，民之膏血。近歲錫予尤腆，所費不貲。而有一路饋遺燕勞之用，約數

❶「證」，當作「徵」，作者避宋仁宗名諱改「徵」作「證」。

十萬緡。高麗人貪利，唯欲數至。臣不知朝廷蠹國害民，以待此小醜，果何用耶？有爲害之大者。彼昔臣事契丹，今必臣事大金。二虜能制其死命，而我無如彼何，故畏虜而不畏我。所得賜予，聞與虜分。我之山川形勢、兵旅衆寡、財用虛實，往往窺測以報虜人。如此，不唯有所煩費，實養虎遺患，豈非爲害之大者乎！臣近見兩浙路申，高麗人使入朝，非久到明州。臣恐復如前日騷動淮浙，蠹耗邦財。今日聖政一新，悉革弊事，以撫養吾赤子。伏望陛下以漢光武、唐太宗爲法，勿使入朝，實國之利。如使人已到明州，止令本州遞表入進，遣還使人。大率高麗人入貢，❶於國於民有害焉，於州縣贓吏小人有利焉。臣願睿明察此，去數十年之弊病，以慰天下企望之情。

歷代名臣奏議卷之三百四十七

本卷王鵬校點

❶「高」，原脱，今據《四庫全書》本、《胡少師總集》卷三《論高麗人使所過州縣之擾疏》補。

歷代名臣奏議卷之三百四十八

夷狄

宋高宗建炎元年，知開封府宗澤上疏曰：

臣聞天下者，我太祖、太宗肇造一統之天下也，奕世聖人繼繼相承，增光共貫之天下也。陛下爲天眷佑，爲民推戴，入紹大統，固當兢兢業業，思傳之億萬世，奈何遽議割河之東，又議割河之西，又議割陝之蒲、解乎？此三路者，太祖、太宗基命定命之地也，奈何輕聽姦邪附賊張皇者之言，而遂自分裂乎？臣竊謂淵聖皇帝有天下之大，四海九州之富，兆民萬姓之衆，自金賊再犯，未嘗命一將、出一師、厲一兵、秣一馬，曰征曰戰。但聞姦邪之臣朝進一言以告和，暮入一說以乞盟。惟辭之卑，惟禮之厚，惟虜言是聽，惟虜求是應，因循踰時，終致二聖播遷，后妃親王流離北去。臣每念是禍，正宜天下臣子弗與賊虜俱生之日也。

臣意陛下即位，必赫然震怒，旋乾轉坤，大明黜陟，以賞善罰惡，以進賢退不肖，以再造我王室，以中興我大宋基業。今四十日矣，未聞有所號令作新斯民，但見刑部旨揮有不得謄播赦文於河東、河西，陝之蒲、解。兹非新人耳目也，是欲蹈東晉西遷既覆之轍耳，是欲裂王者大一統之緒爲偏霸耳。爲是説者，不忠不孝之甚也。既自不忠不孝，又壞天下忠義之心，褫天下忠義之氣，俾河之東、西，陝之蒲、解，皆無路爲忠爲義，是賊其民者也。臣雖駑怯，當躬冒矢石，爲諸將先，得捐軀報國恩足矣。

臣衰老，不勝憤痛激切之至。

三年，澤又奏給公據與契丹漢兒及本朝被虜之民疏曰：

臣契勘金人一族本大遼之臣，曩緣群臣姦謀，苟以目前之利相結，壞亂耶律天祚，使金人假大遼之衆侵犯中國。竊緣契丹漢兒，自與我宋盟約幾百年，實脣齒之邦，兄弟之國，偶被金人殺虜，忿怨不已，止緣一時之勢，未由報冤。今若復盟會，但得回戈，共力破敵，一舉便可滅亡。臣已措置彫印文榜公據，令生獲漢兒，齎往傳報，自相激發。設契丹漢兒未知所措，金人知之，必相疑貳，❶即與契丹漢兒互相併力，自分賊勢。所有本朝被虜良民，臣亦依此措置曉諭外，今繳連文榜公據共三本在前者。

元年，開國伯李綱上封事曰：

自古夷狄爲中國患，所以待之者，不過三策，曰和、曰戰、曰守而已。長驅深入，吾城池堅而人心固則可守；凌犯無已，吾士卒勇而形勢利則可戰；虜氣既懾，吾辭理直而威力强則可和。故能守而後可戰，能戰而後可和，三者雖殊，其致一也。臣不敢遠引前古，請借景德、靖康之事以明之。

真廟景德中，契丹百萬入寇，廷臣之議有欲幸江南及蜀以避之者，賴寇準一言而決，遂幸澶淵，渡河而親征。既殺其酋撻攬，虜情震怖，遣使請和，捐金幣三十萬而

❶「相」，原作「想」，今據《四庫全書》本、《宗忠簡集》卷一《奏給公據與契丹漢兒及被虜之民疏》改。

約成。是景德之事，非獨能守，而於戰與和兩得之，所以盟好之固踰百年，而兩國生靈皆賴其利也。

至靖康初，金人稱兵以犯中原，當時亦有爲避狄之計者，而後卒堅守。虜騎薄城攻圍，連日殺傷甚衆，賊氣挫矣，而吾之援師日集，和非所難。朝廷主謀之臣苟欲脱一時之禍，而不爲長久之計，其所邀求，一切許之。既割三鎮，又質親王，又取犒師之物，金銀幣帛不可勝計，千倍於澶淵之時，而歲賂之數又不與也，有以死争之而弗能得者。迨援師之集既衆，士氣勇鋭，可以施周亞夫困七國之策，以與之再盟。而朝廷懲姚平仲刼寨小衄，遂寢用兵之謀。及其退也，又不復邀擊，遂使金人志得氣滿，有輕中國之心。是靖康之事，止於能守，而於和與戰兩失之也。

其後三鎮之兵民爲國堅守，朝廷始以保塞陵寢之故，遣使計議，願以租賦代割地之約。金人唯阿造爲釁端以寇邊，而許和猶自若也。主議者信之，以爲其和必成，而凡欲治兵設備者，皆以爲害於和議而沮罷之。虜將渡河，猶以爲割河北、河東之地，奉之以衮冕輅車尊號，而師可解。及既登城矣，猶逼朝廷降詔，假和議遂定之説，以款勤王之師。至盡取都城之子女玉帛，然後刼質二聖、六宫、宗室、百官以行。

然則自今觀之，所謂和議者果如何也？夫金人自用兵以來，專以和議疑敵人以取勝。其與契丹二十餘戰，每戰得地輒和，既和復求釁端以戰，而卒滅之。今於中國復用此策，中國信之而不悟，至於今日，禍故如此，豈不重可痛哉！或謂吾之兵力不迨金人遠甚，靖康之初，雖欲坐困邀擊，必無成功，徒結深怨，故不得已而信其和。此殆不然。夫論兵當論其機會，一失機會，弗可爲也。靖康之初，金人初無犯闕之意，兵不過六萬，太半雜種，而河北邊郡帥府既不設備，沿河又無控扼之兵，是以乘勢直擣都畿。而吾之守禦既嚴，援師既集，進不能攻，退不能却。以重兵臨之，而以餘軍待其抄虜，即行掩擊，則糧餉絶而虜可圖矣。既歸渡河，驅掠婦女，輜重遍野，半濟擊之，其法必勝。而朝廷皆不以爲然，失此機會，故有今日之患。

夫夷狄者小人之類，猶之盜賊也。小人無以制御之，而欲乞憐以望惻隱之心，不可得已。盜賊白晝入主人之室，探匱發篋，得其所欲，曾不爲之捍敵，則何憚而不再來，何爲而不盡取哉！若夫吾之將士習於軍政久廢之後，固難得人，然以忠義激其心，以賞罰作其氣，豈無可用者？將士猶手足也，朝廷猶腹心也。今與人鬭，腹心怯而望手足之强，必無此理。朝廷議論一二三，而望將士之用命，蓋亦難矣。此皆前事，不可追悔，而臣之所以痛心泣血者，二聖沈于虜廷，生靈陷於塗炭，自古夷狄之禍中國，未有若此其甚也。

天佑我宋，必有英主爲宗廟社稷之所顧依，萬邦群黎之所戴仰，撥亂反正，以圖中興，故使陛下聖躬得脱於屢危之際。去春奉命使虜而去其軍中，去冬出自危城而總師朔部，乃有今日入繼大統之事，皆天地神示之所顯相，非人力也。恭惟皇帝陛下英睿之姿，久動群聽，孝友之德，實形四方，然而嗣位之初，當宗社艱危之秋，中國衰弱之日，上則欲還二聖之鑾輿，下則欲拯生靈之危阽，捍禦大敵，保綏萬方，厥惟艱哉！

思其艱以圖其易，則今日待夷狄之策，所謂和、戰、守者，當何所從而可也？ 欲和乎，則前日之和，其效如此，而金人北歸，雖宗室亦盡徙以行，其意爲如何，而二聖之辱，實不共戴天之讎，和豈可復信？ 欲守乎，則朝廷已失河北、山東兩路士民之心，或爲金人之所得，或爲豪傑之所據，密邇畿甸，易爲侵陵，守豈復易圖？ 欲戰乎，則去冬將佐卒伍乏人撫御，皆散而爲盜賊，兵力益弱，經此禍亂，士氣益衰，所謂勤王之師，多募之於田畝之間，不習兵革，戰豈可必勝？ 是三者，今日國論以何爲宗？ 顧臣日夜思慮，念之至熟，因時施宜，有策於此，及當今之務數十條，皆急切而不可緩者，非得望清光於咫尺之間，未易殫言也。

夫以今日之國勢而望靖康之初，其不相侔，豈止相什伯哉！❶ 然而猶有可爲者，祖宗德澤在人者深，陛下英明，天下仰望，以謂必能濟大業，轉危而爲安也。 且害菑之臻，國家代有，或多難以興，或將墜復續。故無知禍齊，而小白實長五覇；驪姬亂晉，而重耳實盟諸侯；司馬晉罹聰、曜之酷，而元帝起於江東；李唐有安史之亂，而肅宗起於靈武。 况我有宋幅員萬里，生齒之衆，士民猶足用哉！ 儻能嘗膽勵句踐之心，枕戈懷子胥之志，駕馭豪傑，攬用賢材，法創業之雄謀，革天下之弊事，則中興之功亦不難建。 昔少康以一旅之衆滅澆羿，而祀夏配天，❷不失舊物；光武以數千之卒破尋邑，而克清大憝，漢以再興。 况陛下之明，而臨御九有之師哉？ 然大患之後，百孔千

❶「伯」，原脱，今據《梁谿集》卷五六《上皇帝封事》補。
❷「配天」，原作「以至」，今據《梁谿集》改。

瘡，夏已及半，去秋不遠，非早圖之，則秋高馬肥，虜騎又將奔突，不能支梧，四海且有橫流之勢，可不爲之寒心！此當以夜繼日，❶而爲其所當爲者也。

臣素愚直，平日惟知讀書，深考古今治道，欲推之當世，以尊主而芘民。又嘗願以忠義自奮，以徇國家一日之急。當宣和之初，蒙道君皇帝採其虛聲，擢置左史，得侍清光。竊見天下有危亂之兆，因奏疏論水事，其意以謂變異不虛發，必有感召之因，灾害未易弭，必有銷復之策，乞因侍立，面奏其故。譬猶失火之家，欲爲曲突徙柴之謀。而權臣忌之，沮抑使不得對，因而遷謫，流落七年。其後有盜賊、兵革之事，道君皇帝感悟，以奉常召還，然已晚矣。靖康改元，金人犯闕，前皇帝於倉卒擾攘之中，聽用其言，擢與大政。竊見和議不可保信，因力陳兵備之策，其意以謂夷狄之性，貪婪無厭，不可恃其不來，當恃我之有備，宜益治兵，❷收將士之心，以禦外侮。欲以身任其責，譬猶救火之家，實爲燋頭爛額之客。而忌嫉者衆，讒譖百端，使其身不得一日安於朝廷，其策百不得行於一二，卒誣以罪，竄之遠方。其後虜騎再犯都畿，而前日以和議爲然者，舉皆誤國。前皇帝感悟，復有今日之召，然又已晚矣。臣荷二聖之知遇，悼孤忠之失圖，雖心馳魏闕九重之中，而身在江湖萬里之外，不獲執干戈衛社稷，以伸臣子犬馬之誠，疾首痛心，泣盡而繼之以血。

恭承召命，即日戒途，率湖南義兵倍道

❶「此當」，原脱，今據《梁谿集》補。
❷「宜」，原脱，今據《梁谿集》補。

前進，欲趨元帥行府，以造闕庭。而行次江淮，恭聞二聖羽衛北遷，遠狩沙漠，痛憤徹骨，絶而復蘇。繼覩陛下俯徇群情，嗣登寶位，悲喜交集，不能自勝。夫人君大正始，故於即位之初，立政用人，必有以大慰天下之望者。况於國勢削弱、天步艱難之時，其可忽哉！恭儉者人主之常德也，英哲者人主之雄材也。繼體守文之君，則恭儉足以優於天下；至於興衰撥亂之主，則非英哲不足以當之。惟其哲，故見善明，足以任君子，而不爲小人之所間；惟其英，故用心剛，足以斷大事，而不爲小故之所摇。在昔人君體此道者，惟漢之高祖、光武，唐之太宗，本朝之藝祖、太宗爲然。臣願陛下深考漢、唐三帝與藝祖、太宗之所以創業中興大過人者，了然於胸次，物至而應之，則天下之事雖未底績，固已定於心術之中矣。

臣以疏遠，未覩清光，輒敢以芻蕘之言求籲天地，誠以愛君憂國，心迫而情切，故不自知其不可，伏惟聖慈留神幸察。使愚者千慮，或有一得之可採，則臣所以盡忠於陛下者，乃所以報二聖之知遇也。干冒天威，無任惶懼戰越之至。

紹興間，李綱又論金人失信劄子曰：

臣竊觀金人自宣和、靖康以來，憑陵中國，其所以爲起兵之辭者，不過以「失信」二字加於中國而已。文檄之中，動輒及此，而中國之士大夫與夫兵民將士不察其故，亦自以爲失信於夷狄，而致此擾攘也。語之則愧耻而扼腕，用之則望風而奔潰，職此之由。殊不知失信在金人，而不在中國。彼方恃虎狼之威，假信義之説以責我，吾之人謀回遹，方震怖之不暇，豈敢與之争是非曲直哉？徒受「失信」之名，使士大夫與夫將士兵民茫然不知所仗，此不可以不辯也。臣請爲陛下詳言之。

方宣和間，遣使與金人結約海上，同謀契丹，厚與之賂，而得燕雲之地，以爲失信於契丹則可，以爲失信於金人則不可。其後金人敗盟以陷燕山，遂犯京城，此則金人之失信一也。虜騎犯闕，勤王之師未集，人情震駭，主和議者不爲久長之計，一切以不可許者許之，結成禍根，至今爲梗。然當時所許乃城下之盟，神所弗聽。元約肅王至河而反，不肆侵掠，而金人挾肅王以渡河，虜掠子女玉帛，殺戮尤甚。黏罕復陷威勝、隆德等州，淵聖嘗降詔書，謂金人渝盟，必不可守。此則金人失信者二也。朝廷遣使交割三鎮，而三鎮之民守死不從，此特中國之人不願淪於夷耳。淵聖奉書，請增歲幣，以代三鎮租賦，金人挾此，遂有再入之舉。朝廷遣執政、郎官分行割地，奉使虜中，往往爲兩河之民所殺，如聶山、王雲之流是也。由是觀之，三鎮之民，朝廷豈能令之哉！虜騎既破汴都，登城不下，猶假和約已成之説，以款勤王之師，遂遷二聖、六宮而北之，策立逆臣，易姓建號。此則金人失信者三也。金人負大失信者三，反以此名加於中國，以爲起兵之辭，正猶盜賊刼掠主人，恃其兇威，靡所不至，而猶自以爲己之直而主人之曲也。小人横逆，君子猶以禽獸畜之，况夫夷狄强暴中國，豈可以信義與之較曲直哉！然臣聞師直爲壯，曲爲老，興師動衆，奉辭伐罪，以直爲先。

願陛下降臣此章，與大臣熟議，發德音，下明詔，詳述自宣和、靖康以來，失信在彼而不在此，❶使中外士大夫與夫將士兵民周知其故，曉然不疑。庶幾在我有辭，人百其勇，士氣日振，戡亂定功，莫此爲先。伏惟陛下留神幸察。

高宗時，户部侍郎葉夢得奏論金人劄子曰：

臣伏見黠虜去冬雖未嘗長駈入塞，然今春以來散遣醜類，西陷關陝，東殘青、濰，南破許、蔡，至今或聞尚屯集於同、華、河、洛之間，阻河自守。伏料捍禦攘却之道，聖智先物，廟論深遠，必已朝夕講求，非外廷所得知。然臣蒙召自遠方，留寘從橐，感激恩遇，思報萬一，不無螻蟻過計。

妄意虜若但守今日疆土，力疲志怠，稍知悔禍，則我徐爲後圖，實未爲晚。若以西北諸路郡縣焚劫殆盡，玉帛子女皆其所有，犬羊貪婪，吞噬未已，不肯徒守空地，既聞東南富實素久，陰懷窺伺，則不得不過爲預備。臣嘗逆其爲策，不過有三：宿師河洛，分兵鼓行，直趣襄沔，横據荆渚，因我舟楫人卒，順流西下，進逼江左，上也；盡悉其衆，自許、蔡而南，一出歷陽，徑斷采石，以趨金陵，一入濠、壽，旁引滁、泗，以警山陽，中也；循汴漸進，量力而動，左掠徐、鄆，以擣楚、海，右轢陳、潁，以衝宋、宿，下也。若出上策，長江之險，我恃以爲固者，彼已共之，則王濬入吴、高景入陳皆由此，則利害大約可考而見。若出中策，則蘇峻所從亂晉，本朝曹彬下江南，亦用以成功。若出下策，則曹叡、柴榮連年從事於孫權、李景之

❶「失信」，原作「信失」，今據《梁谿集》卷八一《論金人失信劄子》改。

間，勝負得失，進退相半。然聞道途之言，多及其下，未能深計中、上。兵法曰「無恃其不來，恃吾有以待之」，又曰「先爲不可勝」，安危之幾，間不容髮。臣以謂寧可有備而無事，不可事至而無備。

今天下大勢可見矣。東晉之事固不足道，是時以備西北，則劉琨在太原，李矩在平陽，祖逖在淮陰；以備西南，則郗鑑在歷陽，温嶠在武昌，陶侃在江陵。此固未爲至計，是以適幸劉聰、石勒内自殘擾，無意再動，故此數人粗能枝梧，卒不能掃平僭叛，混一區宇。況今虜勢方張，未見其隙，而盜賊竊發，興滅相繼乎！夫窮兵深入，渡淮越江，誠非虜利。彼以甲兵爲强，舟楫亦非其便。然古之善治夷狄者，以夷狄攻夷狄。今虜之狡謀，若反用此術，欲以中國攻中國。故兵不必皆其民，惟所驅虜；糧不必皆其物，惟所剽劫；形勢不必皆其有，惟所占據；器械不必皆其備，惟所奪取。役我之人，因我之食，竊我之勢，用我之器，彼但威以殘暴，啖以重利，使我欲守則或屈而破陷，欲戰則或潰而奔逃，則彼雖長驅深入，何憚而不爲乎？是必有以禁之，使其術不得施。至於詭譎變詐，乍出乍入，或佯爲講和以疑我之師，或微爲敗衄以驕我之氣，或蹔爲斂退以弛我之備，或驟爲侵侮以駭我之衆，其情尤不可盡測。此皆所宜熟慮素計，以定萬全之策者也。

臣愚伏願陛下益廣睿算，深詔大臣歷考古今之變，及此防秋之時，深察虜情之所在，而審觀其所用之術。其或出於前三策，則我所待之而爲不可勝者當以何道。有合先事而爲，則早謀之，以一二行於前；有宜待事而應，則預計之，以次第施於後。大抵曰形、曰勢、曰氣而已，形以地理、山川爲本，勢以城池、芻糧、器械爲重，氣以將帥士卒爲急。形固則可恃以守，勢强則可資以立，氣振則可作以用。如是，則虜皆在吾度内矣。臣區區不勝大願。

蔓得爲兩浙西路安撫使，乞差人至高麗探報金賊事宜狀奏曰：

右，臣竊惟善用兵者莫先於廣耳目以明斥堠，善覘國者莫深於審形勢以察情實。蓋耳目廣則意之所不及有愈於意之所及，形勢審則迹之所不見有出於迹之所見，此不可不知也。春秋之時，秦欲伐鄭，師次于滑，鄭商人弦高遇之，密以告鄭。穆公得聞而警，因以囿田之事謝，秦客孟明知其有備而不敢進。鄭之使秦者不知其何人，而逆爲之備，以捍其鋒，遂以保國，乃得於逆旅之商人，非意之所不及有愈於意之所及者乎？漢高帝欲擊匈奴，使者十輩皆以爲可，惟奉春君知其匿壯士健馬，以爲欲見短伏奇兵以争利。高帝不之信，乃以三十萬衆困於平城。以高帝之智，而不能詳奉春君之言，以漢在廷謀臣策士，而惟奉春君能測匈奴之隱，非迹之所不見有出於迹之所見者乎？

竊見金賊陰懷不道，欲爲封豕長蛇、薦食上國之日久矣。燕晉疆吏初不以時聞，至前年冬全師大入，將欲渡河，而京師始知之，其罪固不容誅。去歲解圍之後，朝廷宜少警矣，然八九月之間，尚聞持和議以爲必成，而謂秋冬决不復再入，傍觀者爲之寒心，而廟堂以爲得計。此雖玩習苟簡、更相觀望之過，然亦耳目不廣、形勢不審，有以致之。此天下所共痛憤而不能釋者也。

臣所部浙西并浙東路，並外連海道，與高麗跨海相望，去賊境不遠。嘗聞賊有妄窺東南之意，若北自登、萊，東假高麗，揚帆而來，或出於二浙，皆遠不過二十日，近五七日可至。臣自到任，常有私憂於此。本州舶船，舊許與高麗爲市，間有得與其國人貿易者，往往能道其山川形勢、道里遠近。因令舶主張綬，招致大商柳悦、黄師舜問之。二人皆泉州人，世從本州給憑賈販高麗，歲一再至，留高麗者率嘗經歲。因爲臣圖海道大略，言賊境舊與契丹蘇州，正直登、萊。高麗東北與賊接界，有關門爲限。賊舊事高麗，每歲入關，即遣使進奉。崇寧三年，始與高麗稱兵。大觀元年，高麗遂取其六洞於南境，以築九城，實以甲兵、糧食。後復爲賊以沉羅黑水堆洞人奪之，自是與高麗絶。政和五年，契丹爲賊所敗，取其沿海六十餘州。高麗乘間誘得賊用事首領一人，賊屢來求，不與。及賊滅契丹，宣和七年，高麗復遣使通好，爲賊留不歸。去年，賊擾我畿甸之後，高麗遂兩遣人使賊，賊亦兩報之，併欲使之稱臣而修貢。正副使共二人，其一爲契丹人，其一爲金國人。高麗去年亦自爲其外大父謀篡，焚其宫室、積聚、器械甚廣，不能如前日之盛，見出避於别都，勢恐不能與賊重抗。然賊所得契丹傍海六十餘州，皆荒陋單弊，其地與高麗隔鴨緑江。每歲冬深，鴨緑江凍，冰厚可勝車馬。此皆柳悦等親供説如此。臣既有聞，不敢隱默。

竊以鄭弦高之事觀之，❶柳悦等雖商賈

❶「弦」，原作「弘」，今據《四庫全書》本、《石林奏議》卷三《奏乞差人至高麗探報金賊事宜狀》改。

冗賤，然在高麗久，所聽探皆得其國人之言，初本無意。若因使伺賊，萬一欲謀擾我，或得其道里所出、期會所定，或其國中自有變亂，先事而達，有出於我耳目所不及、形勢所不見者，則不爲小補。輒肆管見，欲委此二人，許以名目，陰令如常歲之高麗賈販，應得賊中動息，皆亟使來告。俟參驗得實，有補於事，即厚賞旌之。責以軍令，無得張皇漏泄。其人皆感奮願自效，欲以此月末渡海，約冬初復還。臣以申奏不及，已一面各權借以承信郎名目，給與公據，令趁時前去。

伏望聖慈詳酌，如有可採，乞降睿旨，密付臣施行。邊臣探報，深入敵境，雖理之常，然今跨海越國，創始之初，迫於幾會，不先陳請，專輒自決，罪當萬死。更乞矜察，以臣職守，粗欲圖報，激於忠憤，別無他腸，特賜容貸。所有柳悦等畫到海外圖一本，繳連在前。謹録奏聞，伏候敕旨。

貼黄：臣伏聞朝廷見欲遣迪功郎劉蠡等使高麗。臣雖不知遣蠡等所謀，然今來柳悦等止是因其賈販，使密自刺賊動息，以廣耳目，俟有實驗，然後賞之，有利而無損，禁令無得漏泄。恐萬一或得以爲用，即於今來使命並無相妨。伏乞睿察。

侍御史孫覿和戎劄子曰：

臣聞人主之行異布衣，布衣者飾小行、競小廉，自託於鄉里；人主惟天下安、社稷固否耳。陛下即大位，坐席未暖，而强胡犯闕，長驅萬里，所過州縣，無一人嬰其鋒者。中外之憤，孰不欲一戰驅之以爲快？然茲事體大，陛下當飭將相大臣，深思熟慮，爲萬全之計。差之毫釐，便有莫大之悔，遺社稷之憂，不可忽也。

臣竊讀國史，見寶元、康定間，趙元昊爲嫚書，邀大名以怒朝廷，規欲譴絶以激使其衆。舉朝忿然，皆曰發兵坑小醜耳。時吴育爲諫官，奏言：「承平日久，將不知兵，士不知戰，民不知勞，若驟用之，必有喪師蹶將之憂；兵連民疲，必有盗賊意外之患。且當順而撫之，使未有以發。得歲月之頃，以其間選將擇士，堅城鋭器，爲不可勝以待之。雖元昊終於必叛，而吾戰守之具立矣。」疏入，宰相張士遜見之，大笑曰：「人言吴舍人患心風，果然。」於是决意用兵。所向輒敗，一方騷然。大將劉平、石元孫、任福相繼戰没，大盗王倫轉掠江淮間，契丹聚重兵境上，邀請三關之地。中國耗虚，邊民疲敝，天子厭兵，卒賜元昊夏國主，如育初議。

今女真暴起，滅契丹，爲北方大種，非元昊小醜之比；舉國大入，直抵京師，又非元昊犯塞擾邊之盗。天子之郊，宗廟社稷、太上皇兩宫在焉，亦非戰地。至於將帥不才，士卒驕惰，軍政隳壞，器械朽鈍，財用空竭，法度廢缺，又非仁宗皇帝之時。臣熟思之，莫如和戎爲上策。强胡乘勝頓兵觀闕之下，彼見天子宫室、城池、苑囿之大，而西兵日至，正疑懼不測之時，陛下戒諸將堅壁固守，不施一鏃，不交一刃，使野無所虜掠，然後與之議和，群胡竦然聽命，卷甲而歸，足以爲德矣。以其暇日，蒐擇名將，選練將士，謹蓄積，修法度，成中國安彊之勢，所謂屈於一時，信於萬世之下者也。陛下受太上皇投艱之託，至大至重，豈若匹夫之勇，小不忍遂校勝負於一擲之間耶？

伏望聖慈以趙元昊校北胡之强弱，以寶元、康定校今日之盛衰，臣一人雖不能勝衆論，而憂國之言或有合於吴育。特賜採納，不勝幸甚。

覯又論和戎劄子曰：

臣聞道有經有權，事有常有變。知道之權者，能摧剛而爲柔；適事之變者，亦轉禍而爲福。今者强胡乘百戰百勝之威，合諸種控弦之士，超邑越都，鼓行而至，直抵京室，以爲中國有人乎？此臣區區之愚，力排群議，進和戎之策，庶幾甘言重幣足以厭虎狼貪暴之心，紓一旦倉卒非常之變，而後徐圖天下國家善後之計，其權固在於此也。

昔漢高帝仗一劍誅秦蹷楚，以定天下，而冒頓亦崛越於東胡。吕太后稱制，冒頓遺嫚書，出惡言，虐戲醜詆，可謂甚矣。當是時，謀臣猛將如陳平、周勃、灌嬰之儔固無恙，而上將軍樊噲請以十萬衆横行匈奴中，豈不壯哉！獨季布以謂夷狄如禽獸耳，得好言不足喜，惡言不足怒，第當自計利害，何足與論是非？吕后翻然稱善，詔大謁者張澤持書幣，奉車馬報謝，遂結和親。吕氏雅故本推轂高帝就天下，而季布爲任俠，以勇名關中。一言從容，消弭兵端，貸兩國數百萬生靈肝腦之禍，非所謂大勇者乎？豈若小丈夫悻悻然拊劍疾視，斬頭穴胸，以報睚眦之怨者哉！

臣又嘗讀《國史》，澶淵之役，諸道兵大會行在，虜懼請和，諸將争欲以兵會界河，邀其歸，可勦殺無噍類也。真宗皇帝曰：「如何殺得盡？秪結怨爲邊患耳。」詔按兵勿戰，縱使歸國。自是諸將讙言：「秋高馬肥，復入寇矣。」或曰：「未也，邊儲稍實，復爲盜糧矣。」真宗顧近臣曰：「將帥之臣平居無事，瞋目抵掌，欲赴功名，臨時便誤事，卿等豈不知此輩情狀？ 乃相爲和附，信其説耶？」陛下觀今日之勢爲如何？ 大將劉延慶屯重兵於燕山，一夕，無故拔寨而遁，人馬相藉躪，蹄踵交道，委棄金帛穀粟如山積。虜人長驅萬里，無所忌憚，職此之由也。

伏望聖慈監觀炎漢之興，受命而帝，群臣佐命、百姓歸仁之初，真宗皇帝駕幸澶淵，殺其驍將撻覽，兵威大振之時，尚不忍計校一時小利，摧剛爲柔，以爲萬世無疆之福，固不俟臣諜諜瀆亂聖聽，而予奪之計已默定於聖心矣。

御史中丞廖剛狀奏曰：

臣聞成大功者不謀於衆，守大信者不懷其私。國家昨遭艱危，喪亂弗支，淮北土疆，悉非我有。日者上天悔禍，虜遣和使，盡歸河南、陝西之地，約以休兵。陛下念生靈困苦之甚，亟如其議，謀國之計得矣，詎容邊吏以細故而摇其成哉！ 竊惟二三大將繕甲治兵，雅有敵愾之志，是誠可尚。然今日之事，方且以守爲戰，以弱爲强，以不取爲得，此烏可以不知？ 而或不能戒飭師徒，謹固封守，以聽朝廷之命，輒復招納叛亡于彼之境，是將以小而害大，其不體國甚矣。昔景德初，既與契丹盟于澶淵，代州送投降奚、契丹九人赴闕，真宗詔以請盟後者付總管司還之，因詔緣邊州軍，自今得契丹牛馬，並仰牒還。其後又詔北界，盜賊亡命至緣邊州軍者，所在即捕還之。蓋不如是之嚴，則不足以昭示大信而堅和議之約也。

臣願陛下亟降處分，約束諸將，自今毋或誘致彼界之民。其有盜賊遭迫逐而入吾境者，自合捕還，毋得容匿。敢有違者，必寘之罪。庶幾二境交和而大計以定，所係實不輕也。

樞密行府參謀鄭剛中請放西夏捕獲人王樞等狀奏曰：

臣准今年六月四日，尚書省關備坐環慶路經略安撫使趙彬奏逐處申到西賊出没事，奉聖旨令臣相度措置，務要彼此情通，各獲安帖，仍詳具聞奏者。臣契勘李世輔捉到西夏招撫使王樞，見在四川宣撫司收管看養，并據趙彬申到前後捉獲夏國一百九十四人，送邠寧州、慶陽府等處羈管。臣相度關陝初復，正與夏國爲鄰，欲令將帥通書，恐計議未必周盡，而於國體有傷；置而不問，則彼此疑礙，莫之或先，情亦無自而通矣。兼前項人留之無益於事，還之則感恩荷德，更相告諭，理或有補。

臣愚欲望聖慈將王樞并趙彬羈管一百九十四人，許臣呼至行府犒勞，放還夏國，不惟使夷狄有感嚮之心，實可以示朝廷廣大之意。如蒙允許，乞作睿旨行下。

王元渤論遏虜之策曰：

臣聞中國之於夷狄，未易以力勝也，能使夷狄之人自相攻討，則虜寇可遏矣。西漢之屬國、都護，東京之南單于，與唐回鶻之師，皆此道也。金人用兵以來，七年于兹，而四夷之兵未聞效順，虜兵以是日熾，中國以是日陵，禦遏之術，未見其善。必能合群夷之情，捍强梁之勢，然後虜寇可殄，中國可安。或曰：「中國之使夷狄，夷狄之事中國，各有常勢，胡可强議？ 今中國之勢既陵，夷狄之勢方盛，安能間激，使相戰爭？」臣曰不然。 今者中國之財貨子女、奇技珍巧，金人奄取而盡有之，固諸國之所欲也，使諸夷取之之謀利，則中國啗之之術行。 況今四夷諸國一介未通，在此者既不示以撫安之情，在彼者安知其無向化之意？ 臣謂宜常遣單使，屢持尺書，使知中國之勢尚可振起。 若諸國有能助順，則金人行可破之，何必輶軒旌旗，然後增光遠之華，箱篚厚恩，乃可明遣使之禮？ 申包胥之救楚，但哭秦庭；燭之武之使秦，不聞厚幣。 此所謂不可不爲者，不可以不爲而廢功也。 事有不可爲者，固難以必爲冒進，亦有不可不爲者，安得以不爲而廢功？

黄次山奏劄子曰：

竊聞明州申，有高麗人金稚圭、劉待舉等附舶到州事。 契勘高麗自神宗以至前朝，許之來貢，賜書入學，宴樂賡詩，其甚至於臨遣王人，罷黜言者，所以爲之賜者甚寵，而屬意者亦深。 艱難以來，首鼠兩端，坐觀成敗，終賴謀臣獻計，勇士竭力，乃能立國。 由此觀之，結納遠夷，初未有益，徒自取紛紛爾。 方今排決和議，師律漸張，若因循故事，許至行朝，必將託游說之詞，脅制人主，使兵威自屈，而和議復伸。 忠臣不得遂其謀，烈士無所奮其勇，從違之間，利害不細。 昔劉琨欲結石勒，勒答其賜而辭其言。 竊謂警報方嚴，防秋正急，當厚其賜幣，就彼遣還，折衝消萌，於計爲得。

如有可采，伏望敷奏施行。

陳長方代人上殿劄子曰：

《詩》云：「迨天之未陰雨，徹彼桑土，綢繆牖户。今女下民，或敢侮余？」孔子曰：「爲此詩者，其知道乎！能治其國家，誰敢侮之！」臣伏見去歲僭叛之臣，外連强虜，陛下聖心果斷，元戎北指，天威皇靈，截然而下，如雷如霆，震驚醜類，故其野心奸計不日告窮。然自賊師行遁已復半年，臣輩遠在闕庭之外，廟謀勝算有不及知。而臣竊觀金人緣自靖康所向必得，去歲之舉猶循故智，不謂朝廷遣將四出，六飛親駕，前控大江，後隔長淮，頓兵老師，不能寸進，是自金人犯順以來，未有若去歲少挫其鋒者也。大凡狃勝者耻於少衄，好利則不憚興師，安知醜虜不於秋高馬肥之時，猶恐奮其螳臂？臣愚深恐議者妄意賊情，因此畏怯，簽軍調發，勢難再舉，以悦耳諛佞之詞，上誤國家大計。欲望聖慈敦喻輔臣，內嚴師律，外飭諸將，謹長江控帶之方，講漕運輓輸之畫，留司庶務、斥候要經，無不畢舉素定，以視敵人之進退。如此，則孔子所謂「能治其國家，孰敢侮之」者，臣於今見之矣。

金國使人張通古在館，吏部員外郎許忻上疏極論和議不便曰：

臣兩蒙召見，擢寘文館，今兹復降睿旨引對。今見陛下於多故之時，欲來千慮一得之説以廣聰明，是臣圖報萬分之秋也，故敢竭愚而效忠。臣聞金使之來，陛下以祖宗陵寢廢祀，徽宗皇帝、顯肅皇后梓宫在遠，母后春秋已高，久闕晨昏之奉，淵聖皇帝與天族還歸無期，欲屈己以就和，遣使報聘。兹事體大，固已詔侍從、臺諫各具所見聞矣，不知侍從、臺諫皆以爲可乎？抑亦可否雜進，而陛下未有所擇乎？抑亦金已恭順，不復邀我以難行之禮乎？是數者，臣所不得而聞也。請試別白利害，爲陛下詳陳之。

夫金人始入寇也，固嘗云講和矣。靖康之初，約肅王至大河而返，已而挾之北行，訖無音耗。河朔千里，焚掠無遺，老稚係纍而死者億萬計，復破威勝、隆德等州。淵聖皇帝嘗降詔書，謂金人渝盟，必不可守。是歲又復深入，朝廷制置失宜，都城遂陷。敵情狡甚，懼我百萬之衆必以死争也，止我諸道勤王之師，則又曰講和矣。乃邀淵聖出郊，次邀徽宗繼往，追取宗族，殆無虚日，傾竭府庫，靡有孑遺，公卿大臣，類皆拘執，然後僞立張邦昌而去。則是金人所謂「講和」者，果可信乎？

此已然之禍，陛下所親見。今徒以王倫繆悠之説，遂誘致金人責我以必不可行之禮，而陛下遂已屈己從之，臣是以不覺涕泗之横流也。而彼以「詔諭江南」爲名而來，則是飛尺書而下本朝，豈講和之謂哉？我躬受之，真爲臣妾矣。陛下方寢苫枕塊，其忍下穹廬之拜乎？臣竊料陛下必不忍爲也。萬一奉其詔令，則將變置吾之大臣，分部吾之諸將，邀求無厭，靡有窮極。當此之時，陛下欲從之則無以立國，不從之則復責我以違令，其何以自處乎？况犬羊之群，驚動我陵寢，戕毁我宗廟，劫遷我二帝，據守我祖宗之地，塗炭我祖宗之民，而又徽宗皇帝、顯肅皇后鑾輿不返，遂致萬國痛心，是謂不共戴天之讎。彼意我之必復此讎也，未嘗頃刻而忘圖我，豈一王倫能平哉？方王倫之爲此行也，雖閭巷之人，亦知其取笑外夷，爲國生事。今無故誘狂敵悖慢如此，若猶倚信其説而不寢，誠可慟哭，使賈誼復生，謂國有人乎哉，無人乎哉？

古之外夷，故有不得已而事之以皮幣、事之以珠玉、事之以犬馬者，曷嘗有受其詔，惟外夷之欲是從，如今日事哉！脱或包羞忍恥，受其詔諭，而彼所以許我者不復如約，則徒受莫大之辱，貽萬世之譏；縱使如約，則是我今日所有土地，先拱手而奉外夷矣，祖宗在天之靈，以謂如何？徽宗皇帝、顯肅皇后不共戴天之讎遂不可復也，豈不痛哉！陛下其審思之，斷非聖心所能安也。自金使及境以來，内外惶惑，倘或陛下終以王倫之説爲不妄，金人之詔爲可從，臣恐不惟墮外夷之姦計，而意外之虞將有不可勝言者矣。此衆所共曉，陛下亦嘗慮及於此乎？

國家兩嘗敗外夷於淮甸，雖未能克復中原之地，而大江之南亦足支吾。軍聲粗震，國勢粗定，故金人因王倫之往復，遣使來嘗試朝廷。我若從其所請，正墮計中；不從其欲，且厚携我之金幣而去，亦何適而非彼之利哉！爲今之計，獨有陛下幡然改慮，布告中外，❶以收人心，謂祖宗陵寢廢絶，徽宗皇帝、顯肅皇后梓宫在遠，母后、淵聖、宗枝族屬未還，故遣使迎請，冀遂南歸。今敵之來，邀朝廷以必不可從之禮，實王倫賣國之罪，當行誅責，以釋天下之疑。然後激厲諸將，謹捍邊陲，無墮敵計，進用忠正，黜遠姦衺，以振紀綱，以修政事，務爲實效，不事虚名，夕慮朝謀，以圖興復，庶乎可矣。

今金使雖已就館，謂當別議區處之宜。

❶「布」，原作「而」，今據《宋史・許忻傳》改。

臣聞萬人所聚，必有公言。今在廷百執事之臣，與中外一心，皆以金人之詔爲不可從，公言如此，陛下獨不察乎？若夫謂黏罕之已死，外夷内亂，契丹林牙復立，故今金主復與我平等語，是皆行詐款我師之計，非臣所敢知也。或者又謂金使在館，今稍恭順。如臣之所聞，又何其悖慢於前，而遽設恭順於後？敵情變詐百出，豈宜惟聽其甘言，遂忘備豫之深計，❶待其禍亂之已至，又無所及？此誠切於事情。今日之舉，存亡所繫，愚衷感發，不能自已，望鑑其惓惓之忠，特垂采納，更與三二大臣熟議其便，無貽異時之悔，社稷天下幸甚。

金人遣張通古、蕭哲來議和，禮部侍郎兼侍講尹焞上疏曰：

臣伏見本朝有遼金之禍，亘古未聞，中國無人，致其猾亂。昨者城下之戰，詭詐百出，二帝北狩，皇族播遷，宗社之危，已絶而續。陛下即位以來十有二年，雖中原未復，仇敵未殄，然而賴祖宗德澤之厚，陛下勤撫之至，億兆之心無有離異。前年徽宗皇帝、寧德皇后崩問遽來，莫究不豫之狀，天下之人痛心疾首，而陛下方且屈意降志，以迎奉梓宫，請問諱日爲事。今又爲此議，則人心日去，祖宗積累之業，陛下十二年勤撫之功，當決於此矣。不識陛下亦嘗深謀而熟慮乎，抑在廷之臣不以告也？

《禮》曰：「父母之讎不共戴天，兄弟之讎不反兵。」今陛下信仇敵之譎詐，而覬其肯和以紓目前之急，豈不失不共戴天、不反兵之義乎？又况使人之來，以詔諭爲名，

❶「計」，原脱，今據《宋史》補。

以割地爲要，今以不戴天之讎與之和，臣切爲陛下痛惜之。或以金國内亂，懼我襲己，故爲甘言以緩王師。倘或果然，尤當鼓士卒之心，雪社稷之耻，尚何和之爲務？

金使至境，詔欲屈己就和，令侍從、臺諫條上。吏部尚書張燾言：「金使之來，欲議和好，將歸我梓宫，歸我淵聖，歸我母后，歸我宗社，歸我土地、人民，其意甚美，其言甚甘，廟堂以爲信然，而群臣、國人未敢以爲信然也。蓋事關國體，臣請推原天意，爲陛下陳之。傳曰：『天將興之，誰能廢之？』臣考人事以驗天意，陛下飛龍濟州，❶天所命也。敵騎屢犯行闕，不能爲虞。甲寅一戰敗敵師，丙辰再戰却劉豫，丁巳酈瓊雖叛，實爲僞齊廢滅之資，皆天所贊也。是蓋陛下躬履艱難，側身修行，布德立政，上副天意，而天祐之之所致也。臣以是知上天悔禍有期，中興不遠矣。願益自修自彊，以享天心，以俟天時。時之既至，吉無不利，則何戰不勝，何功不立。今此和議，姑爲聽之，而必無信之可恃也。彼使已及境，勢難固拒。使其果願和好，如前所陳，是天誘其衷，必不復彊我以難行之禮。如其初無此心，二三其説，責我以必不可行之禮，要我以必不可從之事，其包藏何所不有，便當以大義絶之。謹邊防，厲將士，相時而動。願斷自淵衷，毋取必於彼而取必於天而已。乃若略國家之大耻，置宗社之深讎，躬率臣民，屈膝于金而臣事之，而覬和議之必成，非臣所敢知也。」上覽奏，愀然變色曰：「卿言可謂忠，然朕必不至爲彼所紿，

❶「州」，原作「川」，今據《宋史·張燾傳》改。

方且熟議，必非詐僞而後可從，不然，當再使審虛實，拘其使人。」

魏矼上言曰：

臣素不熟敵情，不知使人所需者何禮，陛下所謂屈己者何事。賊豫爲金人所立，爲之北面，陛下承祖宗基業，天命所歸，何藉於金國乎？傳聞奉使之歸，謂金人悉從我所欲，必無難行之禮，以重困我，陛下何過自取侮乎？如或不可從之事，儻輕許之，他時反爲所制，號令廢置將出其手，一有不從，便生兵隙。予奪在彼，失信在我，非計之得也。雖使還我空地，如之何而可保？雖欲寢兵，如之何而可寢？雖欲息民，如之何而可息？非計之得也。陛下既欲爲親少屈，更願審思天下治亂之機，酌之群情，擇其經久可行者行之，其不可從者，以國人之意拒之，庶無後悔。所謂國人者，不過萬民、三軍爾。搢紳與萬民一體，大將與三軍一體，今陛下詢于搢紳，民情大可見矣。欲望速召大將，各帶近上統制官數人同來，詳加訪問，以塞他日意外之憂。大將以爲不可，則其氣益堅，何憂此敵。

户部侍郎李彌遜論和議不當先事致屈劄子曰：

臣昨對日面奉玉音，訓諭金人許歸梓宫，還母后、兄弟、宗族事，臣不勝感歎欣幸之至。數日以來，竊聞朝廷計議禮儀未定，兼使人之説多不可從。臣以所聞反復思之，有不可先事以致屈者，願爲陛下陳之。

仰惟陛下聖孝之至，不顧萬乘之尊，求和異類，而金人止以畫地講和爲辭，初不及母、兄、宗族也。是豈可先事以致屈耶？

虜人狂悖吞噬，欲盜混一之名，故以陛下之所大欲邀陛下。令信其空言，遽從其請，彼既得所欲，則尚復何求，而以土地、宗族歸陛下耶？是又不可先事以致屈也。金人，敵國也。卿士大夫、國人，所賴以爲國者也。陛下欲爲親而屈，使梓宫至，母后還，猶有口實以慰國人，今事未一得，而坐失四海之心，不可不慮。是又不可先事以致屈也。臣所陳三事，於今日和議利害甚明甚切者。儻陛下篤於愛親，盡排群議，内懷欲速之心，外示自弱之狀，以謂必先致屈而後和議可成，臣恐啓敵人窺伺之意，別生無厭，事愈難從，反害和議也。臣願陛下厚禮使人，館之闕下，先遣報謝使，致所以謝之之禮。因令致書，道廷臣、國人衆情未孚，强以難從，慮或生釁，有害兩國之歡。請致梓宫、母后、兄弟、宗族于近地，卜日可迎，然後議所以禮之，則不失虜人之情，而陛下之欲可得也。

臣自草萊，累被親擢，沐天地之恩，異於倫等。蚤夜思所以上報陛下者，唯盡忠而已。苟或緘默顧避，知而不言，致陛下墮敵人之計，失國人之心，以貽後患，則臣之罪不容誅矣，故敢以狂愚上瀆睿聽。伏望陛下少寬萬死，察其拳拳之忠而採擇焉。臣無任恐懼激切屏營之至。

彌遜又答和議劄子曰：

準紹興八年十一月十九日樞密院劄子，三省、樞密院同奉聖旨：「大金遣使至境，朕以梓宫未還，母后在遠，陵寢、宫闕久稽汎掃，兄弟、宗族未得會聚，南北軍民十餘年間不得休息，意欲屈己就和。在廷侍從、臺諫之臣，其詳思所宜，條奏來上，各限一日進入。」右劄付臣準此。

臣近於今月四日陛對，嘗具奏陳金人遣使請和事，當緩而圖之，謀以致之，必於有成。至於先事致屈，有大不可者。伏蒙陛下聽納，以謂當然。茲承温詔，明諭聖意，至於屈己就和。臣仰體陛下孝慈哀痛，有不得已者，不知涕泗之下也。陛下欲還梓宮，迎母后，修陵寢、宗廟之奉，復兄弟、宗族之懽，以與軍民休息之期，誠臣子之深願，天下之至望也。然虜情險詐，姦謀詭計，未易測度。應之得其道，則不必致屈，而陛下之欲可得。應之非其道，則雖屈己從之，求吾所欲未必可得，而後日之患不可不慮也。

金人之擾中國十有餘年，豺狼饕餮不足喻其毒，殘我人民，毁我城邑，貪婪凶暴，莫知窮極。而一旦欲舉土地、宗族以與我，是大可疑也。謂其衆離勢分，爲款我之計，則彼既弱矣，尚何自屈之有哉！謂其幣重言甘，爲誘我之策，則屈己從之，是墮其計中也。或云來使之辭，以謂酋主厭兵，欲施大恩，以釋前日之怨，狼子野心，萬無是理。設或有之，但當復我土地。歸我宗族，休兵息民，不相侵伐而已。何至先之以難從之禮，責我必從而後議哉？陛下受其空言，未有一毫之得，乃欲輕祖宗之所付託，屈身委命，自同下國而尊奉之，是倒持太阿以授之柄也。授之以柄，危國之道，而謂之和，可乎？借使虜人姑從吾欲，假以目前之安，異時一有無厭之求、意外之欲，從之則害吾社稷之計，不從則釁端復開矣。是今日徒有屈身之辱，而後患良未已也。陛下痛念梓宮不返，母后未還，不顧一身之屈，求和異類。彼乃先持割地之説以邀陛下，使真得之，陛下能與三軍百執事共守之耶？不過分兵遣將以疆理之爾，是未必爲我大利。已能致陛下之屈，則梓宫、母后、兄弟、宗族相繼以邀陛下，何所不至，必得其欲而後已，其可不預防之耶？國家之禍，曠古罕聞，陛下冒犯險艱，取神器而有之，四海之内，欣戴聖德，無有窮已者。誠以祖宗流澤入人之深，天下皆知忠於君上爲不易之大節。今陛下率在廷之臣以君夷狄，後何以責其盡忠哉？況三軍之士、四海之衆視朝廷以爲祈嚮，而强之以其所不欲，一夫不從，則有不可勝慮者矣。是又大不可者。臣所謂應之非其道，則吾之所欲未必可得，而後日之患不可不慮者，此也。

臣愚切料金人之失，在於疑黏罕而廢劉豫。黏罕疑，則其國人之心離；劉豫廢，則中原之人不附。所以恐懼自疑，爲求和之計。而賊性詭誕變詐，欲以自蓋，尚持强大之勢以惑我，是不足畏也。願陛下深謀遠慮，緩而圖之，不待屈己就和，而可以得聖心之所大欲。苟内懷欲速之心，外示深畏之跡，寔啓其窺伺之意，事未易可成也。爲今日計者，莫若遣使境上，從其割地之約，俟其復我境土，歸我宗族，則重幣以報之。必欲先屈我而後議其所以，是將欺我也明矣，則謝其使，卑辭厚禮以遣之，勿絶也。陛下縱未遽興天討，亦當申飭將帥，厲兵秣馬，固守疆埸，俟釁而動。然後修德布政，下至誠惻怛之詔，動人心，激士氣，使人人皆有報讎强虜之志，則國威日振，戎事日修，彼將聞風震讋，求附之不暇。陛下端拱南面，梓宫可還，母后可迎，宗族、境土可得而保。一舉而二善成，不亦可乎？臣所謂應之得其道，則不必致屈，而陛下之欲可得者，此也。

陛下聖孝懿恭，痛念宗社，若以謂必先屈己而後和議可成，則十年之間，陛下之屈亦甚矣，虜人所以報陛下者如何，尚復可以有加耶？懷王絶齊以和秦，而商於之地終不可得；太公、吕后之歸，乃在項羽食盡少助之後，果在於致屈以求之耶？此又往古之明監也。安危存亡之機，實在於此，伏惟聖慮詳擇之。

臣蒙被聖恩之厚，迫於愛君，敢竭其愚，冒犯天聽。伏望陛下廓天地之量，貸臣萬死，而取其一得焉，天下幸甚。臣不勝惶懼忠憤，激切屏營之至。謹録奏聞。

紹興八年，宰臣秦檜決策主和，金使以「詔諭江南」爲名，中外洶洶。樞密院編脩官胡銓抗疏言曰：

臣謹按王倫本一狎邪小人，市井無賴，頃緣宰相無識，遂舉以使虜。專務詐誕，欺罔天聽，驟得美官，天下之人切齒唾罵。今者無故誘致虜使，以「詔諭江南」爲名，是欲臣妾我也，是欲劉豫我也。劉豫臣事醜虜，南面稱王，自以爲子孫帝王萬世不拔之業，一旦豺狼改慮，捽而縛之，父子爲虜。商鑑不遠，而倫又欲陛下効之。夫天下者，祖宗之天下也，陛下所居之位，祖宗之位也。奈何以祖宗之天下爲金虜之天下，以祖宗之位爲金虜藩臣之位！陛下一屈膝，則祖宗廟社之靈盡汙夷狄，祖宗數百年之赤子盡爲左衽，朝廷宰執盡爲陪臣，天下士大夫皆當裂冠毁冕，變爲胡服。異時豺狼無厭之求，安知不加我以無禮如劉豫也哉？

夫三尺童子至無識也，指犬豕而使之拜，則怫然怒。今醜虜則犬豕也，堂堂大國，相率而拜犬豕，曾童孺之所羞，而陛下忍爲之耶？倫之議乃曰：「我一屈膝則梓宫可還，太后可復，淵聖可歸，中原可得。」嗚呼！自變故以來，主和議者誰不以此説啗陛下哉！然而卒無一驗，則虜之情僞已可知矣。而陛下尚不覺悟，竭民膏血而不恤，忘國大讎而不報，含垢忍耻，舉天下而臣之甘心焉。就令虜決可和，盡如倫議，天下後世謂陛下何如主？况醜虜變詐百出，而倫又以姦邪濟之，梓宫決不可還，太后決不可復，淵聖決不可歸，中原決不可得，而此膝一屈不可復伸，國勢陵夷不可復振，可爲痛哭流涕長太息矣！

向者陛下間關海道，危如累卵，當時尚不忍北面臣虜，况今國勢稍張，諸將盡鋭，士卒思奮。只如頃者醜虜陸梁，僞豫入寇，固嘗敗之於襄陽，敗之於淮上，敗之於渦口，敗之於淮陰，校之往時蹈海之危，固已萬萬，儻不得已而至於用兵，則我豈遽出虜人下哉？今無故而反臣之，欲屈萬乘之尊，下穹廬之拜，三軍之士不戰而氣已索。此魯仲連所以義不帝秦，非惜夫帝秦之虚名，惜天下大勢有所不可也。今内而百官，外而軍民，萬口一談，皆欲食倫之肉。謗議洶洶，陛下不聞，正恐一旦變作，禍且不測。臣竊謂不斬王倫，國之存亡未可知也。

雖然，倫不足道也。秦檜以腹心大臣而亦爲之。陛下有堯、舜之資，檜不能致君如唐、虞，而欲導陛下爲石晉。近者禮部侍郎曾開等引古誼以折之，檜乃厲聲責曰：「侍郎知故事，我獨不知！」則檜之遂非愎諫，已自可見，而乃建白令臺諫、侍臣僉議可否，是蓋畏天下議己，而令臺諫、侍臣共分謗耳。有識之士皆以爲朝廷無人，吁，可惜哉！

孔子曰：「微管仲，吾其被髮左衽矣。」夫管仲，覇者之佐耳，尚能變左衽之區，而爲衣裳之會。秦檜，大國之相也，反驅衣冠之俗，而爲左衽之鄉。則檜也不唯陛下之罪人，實管仲之罪人矣。孫近傅會檜議，遂得參知政事，天下望治有如飢渴，而近伴食中書，漫不敢可否事。檜曰虜可和，近亦曰可和；檜曰天子當拜，近亦曰當拜。臣嘗至政事堂，三發問而近不答，但曰：「已令臺諫、侍從議矣。」嗚呼！參贊大政，徒取充位如此。有如虜騎長驅，尚能折衝禦侮耶？臣竊謂秦檜、孫近亦可斬也。

臣備員樞屬，義不與檜等共戴天，區區之心，願斷三人頭，竿之藁街，然後羈留虜使，責以無禮，徐興問罪之師，則三軍之士不戰而氣自倍。不然，臣有赴東海而死爾，寧能處小朝廷求活耶？

高宗時，金好成，直秘閣、湖南提刑辛次膺極陳其詐，略曰：「臣昨在諫列，嘗有疏論金人變詐無常，願陛下爲宗社生靈深慮。近觀邸報，樞密院編脩官胡銓妄議和好，歷詆大臣，除名遠竄。已而得銓書藁，乃知朝廷遽欲屈己稱藩，臣未知其可。大臣懷奸固位，不恤國計，媕婀趨和，謬以爲便，臣不知天下之人以爲便乎？『父之讎不與共戴天，兄弟之讎不反兵』。棄讎釋怨，盡除前事，降萬乘之尊，以求説於敵，天下之人果能遂亡怨痛，以從陛下之志乎？」書奏，不報。

高宗時，直秘閣喻汝礪論和好上言曰：

古之人君，恢然有帝王之度，而其明哲

英睿足以權天下强弱利害之勢者，西京之文帝、東京之光武是也。臣嘗讀兩《漢書》，有以少識文帝、光武之用心，嗇於用兵而厚於惜天下之力，所以爲後世計至深遠也。漢遺單于書以尺一牘，單于乃以尺二牘，又印封皆同廣長大，倨傲其辭，曰「天地所生、日月所置匈奴大單于」。文帝乃復夷然安之不異也，未嘗復加大名而勝之也。光武用兵，機速若神，然天覆北胡，極容隱納，胸中曠然，而外之於寒露不毛之地。臧宫、馬武誦言而欲誅之，帝惜其言，弗用也。由是觀之，是二聖人者，其真有帝王之度哉！逮我巨宋，道德寬大，淵然有帝王之度者，仁宗皇帝是也。慶曆中，富弼以知制誥、資政殿學士、尚書户部侍郎使契丹，劉六符館之。既謁虜主，退請崇侈，弼乃委曲曉之，虜謀遂折，增歲賂二十萬。弼還復命，仁宗寵嘉之，以爲樞密副使。王拱辰之讒弼也，敗之曰：「弼第能弊中國以奉夷狄耳，胡功之爲？」仁祖委其語，待弼滋厚，遂升右府，已而相之。

臣切考漢家故事，供給南單于費直歲一億九十餘萬，西域歲七千四百八十萬。永初中，羌有桀心，剥亂西鄙十有四年，靡二百四十萬億。永和之末，復經七年，八十餘億。段紀明之平東羌也，凡百八十戰，而費四十四億。由是論之，王拱辰以增幣爲中國之弊，是蓋不知自漢以來，屯戍轉輸，歲與虜者，其費可勝支哉！吴克齊，子胥懼；晉侯敗楚，子燮弔。趙孟先楚，信聞諸侯；悼公和戎，威伯中夏。然則天下利害强弱之勢，不即其隱密之所而逆制之，姑幸於一勝而忘其敗，姑恃其細娱而忽其大憂，此固有天下之至禁也。

臣又嘗考唐之中葉，方鎮狺然，狃恩恃

功，侮嫚不忌。唐之巨臣引兵而戰魏博、折鎮冀、臨菑青，然皆暫馴而復擾，陽假而陰携，困而不支，唐日以微。論者乃謂其源肇於天寶、乾元之初，其流漫於大曆、貞元之後。自臣觀之，太宗所以爲後世計者過也。左舉而頡利亡，右舉則高昌亡，中舉則吐谷渾、薛延陀之衆亡，唐之武威亦能振於天下矣。迺復悉卒并軍，而身博之於遼水之上。夫太宗侈於用兵而厚於費天下之力，其毒延於代宗、德宗之世，日鬭天下之士，而唐之謀臣不知所以解之也。方鎮之士復專兵一方，共起而危唐，而唐之謀臣不知所以禁之也。唐日鬭天下之士以弊方鎮，方鎮鬭河北之土而弊唐，而唐日以微也。臣故曰「唐太宗所以爲後世之計者過也」。故曰：天生五材而用之，力盡而弊之，不可復振，此有天下之至禁也。

臣切伏覩陛下講信締好，以交兩國之歡；寢兵休士，以重萬民之命；省征伐之用，肥仁義之訓，綏静方國，以承天休。然則陛下之神謀昭鑑，固知兵力之不可盡，而思有以嗇之也；固知天下之力不可費，而思有以息之也；固知後世生事邀功之臣開邊以嬴中國，而思有以戒之也。然臣區區之愚，尚有謁焉。宋國不競，楚國請交；羊祜務德，吴人胥悦。一境交和，國家賴之。伏願陛下飭邊吏各守分界，無隱姦，無專利，無邀功，以仰副陛下睦鄰好、紓吾民之嘉惠，永爲萬世不窮之休。

宗正少卿史浩請安反側劄子曰：

臣聞金虜不道，違天叛盟，陛下至仁，弔民伐罪，干戈所指，犬彘咸奔。邇者變起蕭牆，刃戕酋首。普天率土，同知我宋之方興；掠地屠城，正非今日之所急。貴在先安於反側，乃能盡撫於流亡。蓋靳賽、張中孚之徒，徐文、施宜生之輩，若非海納，用彰曠蕩之恩，則必狐疑，別立姦宄之主。勿謂肉已登於几上，其如敵尚在於舟中。敢冀聖恩亟頒曲赦，高其爵賞，示以腹心。使彼曉然而無他，則必憝爾而弗叛。中原之版地於是可復，寰海之生靈於是可安。儻不速赦群胡，必定復生一虜。時當其可，間無容髮之機；今捨弗爲，決有噬臍之悔。

臣識非通敏，言又闊疏，仰冀聖聰，赦臣死罪。

紹興三年，臣僚言：「武岡軍溪峒舊嘗集人户爲義保，蓋其風土、習俗、服食、器械悉同猺人，故可爲疆埸捍蔽，雖曰籍之於官，然亦未嘗遠戍。靖康間，調之以勤王，其後湖南盜起，征斂百出，義保無復舊制，困苦不勝，乃舉其世業，客依蠻峒，聽其繇役。州縣猶驗舊籍催科，胥隸及門，則挈家遠徙，官失其税，蠻獠日强。兼武岡所屬三縣悉爲猺人所有，遠戍之實已無，而鄉户弩手之名尚在，歲取其直，人户咨怨。乞擇本路監司詳議以聞。」詔從之。

紹興十四年十月，湖南安撫使劉昉奏，武岡軍猺人有父子相殺者，宜出兵助其父，俾還省地。上以問輔臣秦檜，檜曰：「恐輕舉生事。」帝曰：「恩威不可偏廢，可懷則示之以恩，否則威之。不侵省地則已，或有所侵，奈何不舉，俾知所畏哉。」

歷代名臣奏議卷之三百四十八

本卷劉永强校點

歷代名臣奏議卷之三百四十九

夷　狄

宋孝宗隆興元年，顯謨閣直學士虞允文論虜遂衰弱乞和四州不可棄，上奏曰：

臣今日伏准三省、樞密院劄子，盧仲賢齎北界書回，議用敵國禮講和，其南北歸附人彼此各不發遣。臣除已施行外，臣竊念虜兵盛彊，凌夸中國幾四十年，今陛下嗣位之初，虜遂衰弱，通書乞和，亟正名分，上天右序，昭若日月，大勳之集，實基於此。而臣卷卷之忠，謂陛下宜審今日之機，以答天之休賜。

蓋虜揭榜蔡州，有云「歲幣舊疆如故」，遠近傳録。竊有所議，以虜所不惜者虛名，所必取者實利也。虜自逆亮死，虜兵一散，馬多死亡，裒既嗣立而昏庸，契丹、渤海之族因得以乘其釁隙而信其讎憤，中原起義之師迭作於山東、兩河之間。内阻外訌，殆無以植立其國，特其用事之臣猶欲倔彊，繆爲大舉，以要我之和，不頓一戟而得地得財。何虜之每能用其術，而我每墮其計中也？虜謂海、泗、唐、鄧四州，以兵取則有勝有負，以兵守則有得有失，而知中國之意，常汲汲於名分之正，故棄虛取實，大言夸我。而不知亮興兵，舊約已亡，我之名分，我自正之，何待虜之從違而後有不正之名也？

士大夫懲靖康之禍，不敢言兵，亦垂四十年矣。虜欲戰則上下憂懼，如不可以朝夕；虜欲和則輕於割地，惟恐一失其意。獨不思今日與靖康之初，虜兵盛衰之勢如何，官軍之可用不可用又如何也。且海、泗二州襟帶山東、淮北之地，得之所以繫其民之心，而唐、鄧二州利害尤重，以之而守則上流之勢固，以之而戰則窺洛趨汴，外連兩河之民。漢光武、諸葛亮恢復漢祚，其規摹皆出於此。光武得之而中興，亮不得之而馳驅於蜀漢之遠，故大功終以不遂，方册可考也。竊意朝廷之議必不出於此。而臣去國萬里，偶當襄漢一面，苟有所見，敢不盡誠？再三披露，願陛下深察之。

如曰本朝事力未給，姑從其請，若虜退而歸，得以全力平其内難，數年之後，馬益蕃庶，兵財兼裕，不知我所積事力，能與之相當否也。一失此時之機，臣恐後患有甚於今日。比見探報，虜今以迫促之期，脅我以和。恭惟陛下方以祖宗陵廟、中原萬姓爲心，必不惜一介幅紙，申命大臣，別與之議。如其不從，臣雖已句祠，苟一日未去，尚當躬率三軍，嚴陣以待，必不與此賊俱生。天地神明實臨之，惟陛下財幸。

允文又論不當棄四州地與虜和，上奏曰：

臣比准朝廷行下，以敵國禮講和，臣輒一具奏疏，虜已衰之迹，乞不棄四州之地。方以冒昧，日積憂惶，伏奉御劄，許臣以忠勤，諭臣以能副陛下之意，恩禮加重，腹心示眷，臣之欲報，言之爲淺。伏讀聖詔所謂「四郡之地，虜人若許我，則當遣使以款之。若不許我，則不復議和」，睿謀閎深，聖斷英果，固非臣所及，亦非在廷將相大臣百執事所能及也。傳曰：「有君如此，其忍負之？」臣尚願畢其説，惟陛下幸擇。

竊謂自古中國之於夷狄，或戰或和，必因盛衰之勢而用之。若當戰而和與當和而戰，此安危存亡之機，不可不察也。漢高祖、唐太宗皆起於秦、隋大亂之後，其所遭之時、所用將相、所集兵車、所都勝勢，大率皆略相似。及天下初定，高祖和匈奴，太宗征突厥，其不同遽如此，何哉？冒頓方盛而頡利衰故也。二君者豈能爲天下之機，特因其機而不失爾。臣不知士大夫以今日之虜爲盛邪衰邪？方虜盛時，力苟不足，尚以和而訹我，我每墮其計中，自宣和、靖康而來，可迭考而究見之也。虜欲取契丹，始訹我以海上之盟。虜未得太原，又訹我以城下之盟。撻辣以蒙國爲患，棄河南之地而訹我以盟。兀术既引兵臨淮，知江南不可下，又訹我以盟。數十年之間，凡四與我盟，而率自叛之，而謂和猶可恃邪？虜力不足，雖戰必和；虜力有餘，雖和必戰。往事歷歷可鑑，而世不悟，有識者不知涕泗之横集也。虜今已衰，不止於力之不足，一和之後，虜之力有餘，不知今日之盟，士大夫能保其不叛否也！况逆亮死，舊盟已亡，皇帝者我自帝也，上天之所畀付也；大國者我自國也，祖宗之所傳授也，何有於不正之名而汲汲於正之乎？姪國之稱，豈無猶子之嫌，未可以言敵國；而四州之地與和尚原、商於一帶之險，皆不可以輕棄。願陛下深思而熟計之。

當前歲之冬，逆亮敗於采石，死於揚州，虜兵散亡遁去。我乘其機，僅能得此四州，而官軍以戰而死者幾人？戰騎殁於陣者幾乘？輸財發軵，所費者不知其幾千萬計，第功行賞，所遷補者又不知其幾千萬官也，而一旦忍棄之乎？棄之之後，虜無可乘之機如曩時，又可以必取之乎？使必取而得之，國家之所以耗蠹費用，士馬之所以散佚死傷，又不知幾倍於前日也。士大夫厚祿於朝者，亦嘗遠慮却顧，一念及此乎？或者謂太上皇帝得和戎之福，陛下所宜循守，而不知太上當漢高祖之機，休養民力，積兵積財，堅忍二十年之久，以待虜之衰，而以唐太宗之機，付陛下於今日也，繼伐之功孰大焉！

浮言熒惑，古所深慮，願陛下於問安之餘，從容及臣之説，二聖合謀，敉寧天下，開聖子神孫萬世之丕基，臣不勝大幸。

允文又論虜中情僞不可棄四州之地，上奏曰：

臣於二月初得探報虜帥拘留胡昉等，嘗於初五日奏虜必不敢執我使人。已而又報大酋取昉往燕山，臣心實笑之。今据探報，二月十一日自燕山發回昉等，相傳以爲大酋不欲和，必至於戰。臣竊有二疑。若虜庭君臣果不欲和，何不執我使人，即日發兵，尅期會戰？今二小介且不敢留，發之使歸，當是有相就之意。於文移中或有大言，亦是用弱之勢當如此。其不出於戰一也。春今已三月，若和議不成，境上之虜必整齪會合，分道窺邊。自旬日來，方且於界首置擺鋪，每鋪三十騎，以伺我動息，又晝淮河、汝河濶狹處爲圖，再劄量步口淺深，又驅旁邊居民使之内徙，皆是反爲防我之計。其不出於戰二也。使其耻於怯名，便出忿兵，僥倖一戰，我徐以兵應之，主客勞逸之勢分，曲直之理著，官軍破之必矣。況迫於暑月，虜無深入久留之便。要是四州之地必不可棄，當如陛下神謨聖斷無疑也。

臣比遣官團結鄧州人丁，得一萬三千七百九户，凡三萬七千五百六十一口，選壯丁及一萬四千六百五十二人，而中丁之數又三千七百一十四人，視襄陽户口丁數乃三四倍，果可輕棄之乎？先正司馬光嘗論：「三晉者，齊、楚之藩蔽；齊、楚者，三晉之根柢；形勢相資，表裏相依。安有撤其藩蔽以媚盜，曰『盜將愛我而不攻』，豈不悖哉！」臣竊於今日海、泗、唐、鄧之勢亦云。伏惟陛下運獨斷之明，下不移之令，以就大功。或群言一摇，棄地請和，臣聞命之日，即挂衣冠而去，決不敢先負陛下也。冒昧再三，伏用震恐。

允文又論召回信使當殿議中外戰守之備并安集歸正流民，上言曰：

臣准金字牌遞御前封降三省、樞密院劄子，通問使王之望等赴行在奏事，三月二日奉聖旨劄下荆、襄、川、陝，嚴爲邊備，仍不得先事妄舉。臣已具知稟狀聞奏訖。臣於前月初五日嘗具劄子，謂胡昉之歸，虜之弱勢可見，冒昧以二策上干天聽，不自意臣之上策有合於淵衷。伏惟陛下勇智如成湯，爲天所錫；方略如漢高，爲天所授。中外小大之臣實榮千載之遇，効謀効力，誰敢不自盡以赴功名之會，報萬分之一？

臣竊詳諸處探報，虜兵率多內徙，或聚於亳州，或聚於應天府，或聚於汴、洛二京。如其內難未平，當自此稍稍遠去，若只留近郡，即是已迫暑月，爲歇泊之計，簽民料馬，以俟秋冬入寇。則必勝之算、不一之備，凡在我者不可緩也。春已垂莫，虜又寖退，必無深入久戰之憂。况天誅亟決，群疑自定，事當歸于一。屈指防秋之日，不過數月間，士馬之增損，金穀之盈虚，戎器之有餘不足，山川形勢之險夷，與兵出入或守或戰之地，有司所宜蚤計預定，惜分陰而不敢怠之時也。虜比下令，盡驅旁邊之民，逃避者論以軍法。民相驚譁，謂當徙於黄河之北，老幼扶携，咸來歸正者纍纍不絶，而藏匿於山林間者又甚衆，怨咨之聲盈於道路。天將亡胡，遽奪其魄至此。所謂爲淵驅魚，爲叢驅爵，以兆陛下湯、武之興也。應天順人之舉，雷動而風行，臣與江漢草木日月以冀。所有歸正之民，臣亦已遣官齎錢米賑給而安集之矣。伏乞睿照。

允文又論虜中衰弊令兩軍習拒馬法，上奏曰：

臣伏讀明詔，以軍政之弊，有虜人雖弱而我不得志之歎，臣嘗與有識之士日夜飲此恨久矣。今陛下明以訓臣，是臣千載之遇合，其敢不勉？臣竊見虜自逆亮竭其國兵財之力，大舉以窺江，一敗之後，亟抵滅亡，虜氣頓索。中原之民因見虜之力果不可以勝天也，起義兵而歸正之人相與而趨赴，延及渤海、契丹之族，而虜勢遂孤。虜中始多事，外訌内阻，日有岌岌之憂。况頻年旱蝗，今山東、河北斗米千錢，燕山之價倍之，咸平、黄龍之價又兩倍之，人皆相食，以至盗起，識者謂天之亡虜，其在兹乎！臣見荆鄂兩軍諸將多以其無不能戰於平原爲憂，臣比與王彦商量，造木拒馬，用陝西陣法教習兩軍。蓋中原平夷，騎兵所利，而議者多欲造車以當騎，而不知拒馬之用如車，而其便利捷疾，兵不能潰去，車所不若也。自三國、南北時用以取勝，載於正史。近歲吴璘用於西邊，數致大捷，而王彦自謂尤精其法。

臣之孤忠，不獨使荆鄂之兵爲陛下守漢上一面而已。伏乞睿察。

乾道六年，盧陽西據獠楊添朝寇邊，知沅州孫叔傑調兵數千討之，敗績，死者十七八。初，猺人與省户交争，殺二人死，叔傑輒出兵破其十三栅，奪還所侵地，於是猺人相結爲亂。諸司請調常德府城兵三百人，益官兵三千人，合擊討之。宰臣虞允文奏曰：「蠻夷爲變，皆守臣貪功所致。今猺人仇視守臣，若更去叔傑，量遣官軍，示以兵威，徐與盟誓，自可平定。」帝允其奏，俾葉行代叔傑，開示恩信，諭以禍福，遂招降之，邊境悉平。

前知武岡軍趙善穀言：「武岡與湖北、廣西鄰壤，爲極邊之地，溪峒七百八十餘所，七峒隸綏寧縣，五溪峒隸臨江縣。紹興三十年，減冗員，改縣爲臨口砦。然五峒之猺俗尤獷悍，釁生毫髮，則操戈相讎，砦官不能爲重輕。况本軍巡防砦栅，惟真良、三門、兵溪、香平有土軍可備守禦，餘有官無兵，其闞硤、武陽等砦設巡檢二員，徒費廪禄。以臣所知，宜復臨口砦爲縣，則猺蠻易於制服，汰去冗員，則官廪亦無虚費，實邊郡之利也。」

隆興二年，胡銓爲兵部侍郎，上疏曰：

自靖康迄今凡四十年，三遭大變，皆在和議，則醜虜之不可與和彰然矣。肉食鄙夫，萬口一談，牢不可破。非不知和議之害，而争言爲和者，是有三説焉：曰偷懦，曰苟安，曰附會。偷懦則不知立國，苟安則不戒鴆毒，附會則覬得美官，小人之情狀具於此矣。今日之議若成，則有可弔者十；若不成，則有可賀者亦十。請爲陛下極言之。

何謂可弔者十？真宗皇帝時，宰相李沆謂王旦曰：「我死，公必爲相，切勿與虜講和。吾聞出則無敵國外患，如是者國常亡，若與虜和，自是中國必多事矣。」旦殊不以爲然。既而遂和，海内乾耗，旦始悔不用文靖之言。此可弔者一也。

中原謳吟思歸之人，日夜引領望陛下拯溺救焚，不啻赤子之望慈父母，一與虜和，則中原絶望，後悔何及。此可弔者二也。

海、泗今日之藩籬、咽喉也，彼得海、泗，且決吾藩籬以瞰吾室，扼吾咽喉以制吾命，則兩淮決不可保。兩淮不可保，則大江決不可守；大江不可守，則江浙決不可安。此可弔者三也。

紹興戊午，和議既成，檜建議遣二三大臣如路允迪等，分往南京等州交割歸地。一旦叛盟，劫執允迪等，遂下親征之詔，虜復請和。其反覆變詐如此，檜猶不悟，奉之如初，事之愈謹，賂之愈厚，卒有逆亮之變，驚動輦轂。太上謀欲入海，行朝居民一空。覆轍不遠，忽而不戒，臣恐後車又將覆也。此可弔者四也。

紹興之和，首議決不與歸正人，口血未乾，盡變前議。凡歸正之人，一切遣還，如程師回、趙良嗣等聚族數百，幾爲蕭牆憂。今必盡索歸正之人，與之則反側生變，不與則虜決不肯但已。夫反側則肘腋之變深，虜決不肯但已，則必別起釁端，猝有逆亮之謀，不知何以待之。❶此可弔者五也。

自檜當國二十年間，竭民膏血以餌犬羊，迄今府庫無旬月之儲，千村萬落生理蕭然，重以蝗虫水潦。自此復和，則蠹國害民，殆有甚焉者矣。此可弔者六也。

今日之患，兵費已廣，養兵之外，又增歲幣，且少以十年計之，其費無慮數千億。而歲幣之外，又有私覿之費；私覿之外，又有賀正、生辰之使；賀正、生辰之外，又有泛使。一使未去，一使復來，生民疲於奔命，帑廪涸於將迎，瘠中國以肥虜，陛下何憚而爲之。此其可弔者七也。

側聞虜人嫚書，欲書御名，欲去國號「大」字，欲用再拜。議者以爲繁文小節不必計較，❷臣切以爲議者可斬也。夫四郊多壘，卿大夫之辱；楚子問鼎，義士之所深耻；「獻納」二字，富弼以死争之。今醜虜横行，與多壘孰辱？國號大小，與鼎輕重孰多？「獻納」二字，與再拜孰重？臣子欲君父屈己以從之，則是多壘不足辱，問鼎不必耻，「獻納」不必争。此其可弔者八也。

臣恐再拜不已必至稱臣，稱臣不已必至請降，請降不已必至納土，納土不已必至銜璧，銜璧不已必至輿櫬，輿櫬不已必至如晉帝青衣行酒，然後爲快。此其可弔者九也。

事至於此，求爲匹夫尚可得乎？此其可弔者十也。

竊觀今日之勢，和決不成，倘乾剛獨斷，追回使者魏杞、康湑等，絶請和之議以

❶「待」，原作「伐」，今據《胡澹菴先生文集》卷八《上孝宗封事》、《宋史·胡銓傳》改。

❷「節」，原作「簡」，今據《胡澹菴先生文集》、《宋史》改。

鼓戰士，下哀痛之詔以收人心，天下庶乎其可爲矣。如此，則有可賀者亦十：省數千億之歲幣，一也；專意武備，足食足兵，二也；無書名之耻，三也；無去「大」之辱，四也；無再拜之屈，五也；無稱臣之忿，六也；無請降之禍，七也；無納土之悲，八也；無銜璧、輿櫬之哭，九也；無青衣行酒之冤，十也。

去十弔而就十賀，利害較然，雖三尺童稚亦知之，而陛下不悟。《春秋左傳》謂無勇者爲婦人，今日舉朝之人皆婦人也。如以臣言爲不然，乞賜流放竄殛，以爲人臣出位犯分之戒。

孝宗時，銓又上疏曰：

臣嘗讀《商書》，伊尹作《咸有一德》，言君臣皆有純一之德也。其初曰：「皇天眷求一德，俾作神主。惟尹躬暨湯，咸有一德，克享天心。」其中曰：「非天私我有商，惟天佑于一德；非商求于下民，惟民歸于一德。德惟一，動罔不吉。」又曰：「終始惟一，時乃日新。」又曰：「惟和惟一。」又曰：「善無常主，協于克一。」其終曰：「俾萬姓咸曰：『大哉王言』，『一哉王心』。」說者謂一德之言故曰大，能一德則一心。臣謹案：是篇言「一」字凡九，蓋明人主德與心不可二三。何則？二三則方寸亂矣。竊嘗譬之稽天之潦不能終朝，而泰山之溜可以達石，一與不一故也。側行之蟲無爪牙之利，上食槁壤，下飲黃泉，蟹六跪而二螯，非蛇鱓之穴無所寄託者，顓與不顓故也。一則顓，二三則不顓，此必至之理也。顓則成，不顓則敗，亦必至之理也。大凡人之立事，無不鋭始而工於初，以其用志不分，顓且一也。至其半則稍怠，卒而漫漶不振，志分故也。

陛下初登寶位，以剛健之資，奮然欲大有爲於天下，嘗語臣：「朕決不與虜和。」一日，侍從之臣同班上殿，葉顒等首啓和議之請，陛下面折之曰：「卿等不知主辱臣死之義乎？」喑嗚流涕，顒等羞縮而退。臣是時親聆玉音，服膺紥息，知陛下真撥亂興衰之主。是年冬，臣被旨措置海道，以禦虜寇。纔出北關，而和議之使已在道矣。和議既講，犬羊無厭之欲難塞，日務求釁，或蕩摇我邊鄙，或憑陵我城邑。和雖在口，禍實藏心。陛下見幾於未奔沉之先，慨然有恢復之志，四海之内皆引領而望曰：「吾君果撥亂興衰之主也。」

然臣竊有疑焉，何也？以和議之使未絶，而恢復之言日彰也。夫和議未絶，則吾歲幣之害無時弭也；恢復之言日彰，則彼講和之議必不堅也。然而陛下持兩端之説，無一定之論，爲陛下謀主者，豈不曰姑與之和而密圖恢復之計乎？臣竊以爲大不然也。夫不費歲幣，姑與之和，議猶不可，况哀民膏血以爲歲幣而和議不堅，是無益也。和而無益，是舉生靈之膏血，委之溝壑也，而忍乎？難臣者則曰：「安知和議之不堅？」曰：召公戒成王以祈天，成湯誥萬方曰請命，「祈請」二字，乃人主所以尊敬天命也。陛下爲陵寢遣使，以「祈請」爲名，是尊之敬之與天等也，彼乃謂我妄有僥求。夫以尊之敬之爲妄，則和議之不堅彰彰矣。議者必曰：「彼强我弱，彼衆我寡，彼實我虚，彼大我小，彼盛我羸，吾安得不出其下，吾又安得計校生靈之膏血也哉？」臣又以爲不然。臣聞秦以傑顛，徐由邈綿，可以强弱論乎？紂臣億萬，周士三千，可以衆寡論乎？隋洛口倉，唐資以興，可以虛實論乎？魯雞不期，蜀雞不支，可以大小論乎？尫羸致壽，盛壯暴亡，可以羸壯論乎？然則亦顧吾自治之道如何爾。苟能自治，彼又何足畏耶？

臣雖惷愚，竊謂陛下有高世之行九，醜虜有取滅之理三，是我能自治而彼不能也，請索言之。臣聞陛下愛敬盡於事親，高世之行一也；友于兄弟，二也；九族以睦，三也；平章百姓，四也；任賢勿貳，五也；克勤于邦，六也；克儉于家，七也；樂善不倦，八也；惠鮮鰥寡，九也。醜虜虐用其民，取滅之理一也；阻兵安忍，二也；惡直醜正，三也。以彼取滅之理，當吾高世之行，已不戰而勝矣。臣謂亦顧吾自治之道如何者，此也。然則焉用以民膏血委溝壑之爲快哉？

臣願陛下一德一心，應天順民，俾萬姓咸曰「大哉王言」、「一哉王心」，罔俾阿衡，專美有商。臣雖不敏，請事斯語矣，惟聖神少加意焉。

銓爲中書舍人，論復讐疏曰：

臣聞前車覆，後車戒。自紹興初，肉食者不能遠謀，遂墮虜計。和議三十年，廢防弛備，干戈朽，鈇鉞鈍，上下偷生，不戒宴安之酖。一旦逆亮肆封豕長蛇之毒，宗廟社稷幾不血食，天下寒心。陛下即位以來，懲羹吹虀，誓不與醜虜共天，日夜厲民秣馬，蒐乘補卒，志馳於伊吾之北，氣軼乎甌脫之外，不復鴈門之踦不已也，不澡二殺之恥不已也。醜虜知陛下鋭意興復，知吾力脩守備，知吾將士思奮，近者輒移書請和，非甘言誘我，即詭計款我爾。陛下宜鑑前車之覆，益脩守備，益張吾軍，益固吾圉，且戒將士曰：醜虜虎狼之國，犬羊之群，忘我祖宗之大德，而謀動干戈。是以有靖康之禍，殘毀我宗廟，陵蔑我社稷，劫遷我二帝，垢衊我兩宮，皇室淑女媲於穹廬，掖庭良人污於沙漠，玉牒帝胄僕於龍荒，尚忍言之哉！又有甚可憤者，我徽宗皇帝梓宮雖返，而大讐未報；我欽宗皇帝訃音雖聞，而梓宮未返。興言及此，爲之酸鼻。又有大可憤者，我國家山陵發掘殆遍，我哲宗皇帝陵寢既發而又暴其骨。昨者太常少卿方庭實請命祈哀，歸奏其實，所不忍聞。臣是以痛心疾首，飲恨歔泣，思欲知古人枕戈待旦，以雪吾耻，思欲如古人卧薪嘗膽，以逞吾憤，未嘗一日不北望慨然痛哭流涕也，尚忍與之盟哉？如此，則將士激勵，不戰而氣已倍。不然，雖增歲幣，還故疆，如前日屈膝請盟，臣恐復有如逆亮者，竊發於近甸矣。

銓又上奏曰：

臣竊謂自昔夷狄憑陵中原，未有如今日之甚者也。非夷狄有常勝之勢，蓋中國御之失其道爾。何謂御之失其道？自靖康之變，二聖蒙塵，兩宮執辱，非有他也，講和禍之也。自維揚之變，太上皇浮海，生靈屠戮，大內飛羅綺之灰，九衢轔公卿之骨，非有他也，講和禍之也。自逆亮之變，淮甸丘墟，原野饜人之肉，川谷流人之血，遺毒至今，非有他也，講和禍之也。夫自靖康迄今凡四十年，三遭大變，皆坐和議，則醜虜之不可與和彰彰然矣。

范成大内殿論虜使生事劄子曰：

臣竊聞前日金國遣使來奉壽觴，其正使沿路於瑣瑣末節多欲少變舊例，皆非國體重輕，特出一時無稽之説。陛下待之有法，一不得志而去。然自近年未嘗敢爾。其所以敢爾者，士大夫竊議謂有兩説：或謂山東饑旱，民多流徙，恐爲吾所窺測，故爲此驕狀以示泰然而堅盟信；或謂彼國以陛下天錫神武，不忘中原，經理邊陲，江淮增勢，必慮和好不久，虜之君臣或有計議，使者恐預知之，故敢肆然出此。二説是非固未易決，要之皆所以啓陛下自治待時之計。何則？從前之説，彼憚於興役而懼吾有謀耶，則安知其無可乘之機？從後之説，彼疑吾經略而不恃和好耶，則安知其無先事之舉？故曰「皆所以啓陛下自治待時之計」。

臣愚欲望聖慈與帷幄大臣，乘此閒暇之時，稍紓不急之務，益講待敵之策，蚤夜孜孜，更甚前日，以待事至而應焉。臣去年面對，嘗陳三力之説：一曰日力，寸陰可惜者是也；二曰國力，資用所出者是也；三曰人力，愚慮智術之所及者是也。此三力者有限，不可糜費於不急之地，盡用以待敵猶恐不給。

臣區區愚忠，因使人之來，又有所感，故復爲陛下略言之。伏惟留神省察。

乾道四年，敷文閣待制汪應辰轉對論自治劄子曰：

右，臣準御史臺牒，十一月一日視朝，當臣轉對者。臣愚不肖，不足以論天下之事，然竊以爲天下者先後、本末之序，要須有一定之計，然後從事，所謂事豫則立也。昔班固論夷狄之患，以爲漢興，忠言嘉謨之臣運籌策，相與争於廟堂之上，總其要歸兩科而已：縉紳之儒則守和親，介胄之士則言征伐，皆偏見一時之利害，而未究匈奴之終始。臣亦以爲國家自艱難來，所以待夷狄者不過和、戰兩説，然而皆未得其本也。欲和者，則以無事爲安，諱兵而不言，偃武而不修；欲戰者，則不相時，不量力，而姑徼幸於一勝。此二者皆非也。二者皆非，則將何適而可？亦曰反其本而已。反其本者，自治之謂也。吾所以自治者，周密堅固，無所不備，則或和或戰，特應之而已。詩人之稱文王曰：「肆不殄厥愠，亦不殞厥問。柞棫拔矣，行道兑矣，昆夷駾矣，維其喙矣。」夫夷狄而侵中國，此文王之所當愠怒而不釋者也，故「不殄厥愠」。國與夷狄爲鄰，則聘問之禮有所不可已也，故「不殞厥問」。苟吾之政事，井井乎其有條理，所植之木則拔而茂盛，所行之道則兑而成蹊。以中國之治而制夷狄之亂，則彼將遁逃而日以困窮矣。文王之政，其先後、本末之序如此，萬世所不可易也。

恭惟陛下有勤勞恭儉之德，有剛明果斷之才，又有將大有爲之志，而適當艱難之運。祖宗陵寢越在異域，中原士民淪之左衽，豈可以「殄厥愠」哉？惟是國勢未强，民力未裕，聖明遠覽，俯就和議，慰薦撫循，交接賂遺，所以待夷狄者甚備，蓋非淺見狹聞者所能窺測度量之萬一。臣願陛下無欲速，無見小利，而專以自治爲本。譬如農夫，是穮是蓘，人事既盡，天時自至，然後可以收其成。若不芸其田，或揠苗而助之長，皆爲不知時矣。此臣所謂「無欲速」也。孫權時，江邊諸將多陳便宜，有所掩襲。丞相顧雍以爲兵法戒於小利，此等所陳，欲邀功名而爲其身，非爲國也，宜禁制之。苟不足以耀威損敵，皆不宜聽。此臣所謂「無見小利」也。富弼使虜歸，言於仁宗皇帝，願常思夷狄輕慢中國之耻，坐薪嘗膽，不忘戒備，内則修政令、明賞罰、辨别邪正、節省財用，外則選將帥、練士卒、安輯疲瘵、崇建威武。臣所謂「專以自治爲本」者，此其目也。

仰惟陛下以勤勞恭儉之德而持之以久，以剛明果斷之才而慮之以審，以將大有爲之志而養之以晦，凡自治之策，如富弼所云者，無不畢舉，真積力久，其效自見。天意人事，若合符節，必將有不麾而去、不祈而獲者矣。臣不勝仰望之至。

孝宗時，廣西提點刑獄林光朝陛辭劄子曰：

臣聞近日有自嶺外來者，謂南丹馬路不可開，白皮鹽場不可罷，緣此二事關涉蕃、漢，即非州縣泛泛議論，恐亦不可不早定也。陛下不以臣爲駑劣，使之按刑嶺右，是宜宣布陛下寬簡好生之意。至如招誘買馬，及鹽場廢置，各有主此者，然事關蕃、漢，嫌隙一開，是二三有司者之責，故不得不爲此過計。

夫寇賊姦宄，多出於夷人，舜嘗以是命皐陶，皐陶一治刑獄之官，而舜輒以是命之。蓋爲冀州之外，即蠻夷種落，是夷人迫近中都，必有爲此寇賊姦宄之事者，故舜以是責之治刑獄之官。上古夷狄皆小小種落，爲甚易治。自秦人鞭笞六國，合爲一家，匈奴於是時亦效中州，併吞他部，是以有控弦三十萬之衆。上古夷狄與秦、漢以來不同，使唐、虞、三代遇秦、漢之夷狄，不知禦戎當出何策。

漢之郡縣，過交州數千里，唐之安南都護府，即漢之日南也。本朝以交州爲荒梗不毛之地，置之度外。今南方夷狄正如唐、虞之時，乃小小種落耳。宜州邊南面爲高峰寨，高峰去南丹州止一程。羅殿多産馬，每來邕州互市，即爲自杞蠻所梗。數年前，羅殿欲取道南丹，徑來宜州賣馬，南丹蓋嘗主此説，而其説亦甚可聽。自後議者又復多端，謂南丹之外乃爲永樂州，永樂從來不與南丹相下，往時南丹爲永樂所攻，尚怨宜州不出救兵。若置場南丹，則南丹所以望我者，又非前比也。南丹一件，雖未得其要領，然無妨吾事。惟白皮鹽場忽然罷去，一帶亭户往往失業，遂逃入交州，蓋緣溪洞不得白皮場鹽，却轉食交州鹽。溪洞數十，爲吾扞蔽，惟知有内地鹽，豈可令交州鹽却流入溪洞？傳聞交州界上，前此有産鹽地分，故易成争奪，後來不聽交人於近地煮鹽，是以白皮鹽場自紹興之初，官賣帳曆，一一可驗，不應令交州鹽却過來溪洞。若此一事縱而不問，恐積月累歲，非必一典刑獄之官所能治也。

臣愚謂南丹馬路、白皮鹽場是皆邊面細事，不當處之太驟，欲望睿斷行下本路，令逐旋措置。此爲有司所當爲之事，不宜上瀆旒扆，緣是關涉蕃、漢，有此隄防，故不避喋喋。

光朝直寶謨閣，輪對劄子曰：

臣聞古之爲關也，蓋以禦暴，惟譏異言，察異服，不使奇衺之人變亂於國中，此爲關之本意也。是故蠻夷猾夏，寇賊姦宄，舜嘗以是命臯陶，豈唐、虞所都與狄人相近，深恐群狄變亂中華，而爲是寇賊姦宄之事，此不可不責之治獄者。天下釁端常生於所忽，釁之未萌，以簡書治之爲有餘，及其已甚，以甲兵取之爲不足。唐、虞盛時，所以治夷狄者如此，是治之於其早，未嘗攻之於末流也。

東南有海道，所以扞隔諸蕃，如三佛齊、大食、占城、闍婆等數國，每聽其往來，相爲互市。遂於嶺南之廣州、福建之泉州各置市舶一司，諸蕃通貨，舉積於此。荆、淮、湖外及四川之遠，商賈絡繹，非泉即廣。百貨所出，有無相易，此亦生人大利也。臣昨在嶺外，見諸蕃之貨，近年以來多是蕃人以厚貲停塌，而責商賈以數倍之息。所以如是者，謂其自有貨賣之處。近聞蕃客十十五五，嘗在都下自賣蕃物，而以金銀爲回貨。今又聞轉而之他。中國禁令如此濶疏，非所以待夷狄也。夫金銀可貴，吾之所寶，以塗金銷金爲服用，則坐罪爲不輕，若之何棄其所可貴者於化外窮髮之鄉？此物一去，即不復相流通，豈不重可惜也！然中國所得蕃物，往往可以充耳目之玩，若用之於救水旱、行軍旅，一皆爲無用之物。至如金銀可貴，自古而然，豈可使之日蠧月耗而不加恤焉？

臣之過計，又不特此一事。如前年於吉陽軍買馬，今年復於泉州買馬及器仗，此釁漸生，烏可縱而不問？往時海外有一種落，俗呼爲「毗舍耶」，忽然至泉州之平湖，此尚在一絶島，續又至北鎮，去州治無二十里之遠。其視兵刃一無所畏，啗食生人，乃如芻豢。每得尺鐵争先收拾，所過之處，刀斧鉤鑿，爲之一空。及散走嶺外，殺人爲糧，挾舟而行，出没水中，猶履平地，潮、惠一帶，莫不戒嚴。此曹禽獸也，初不知所託在何等處，尚能爲吾民之害，况所謂熟蕃往來中都者乎？

臣願聖慈戒敕嶺外及福建一路，所有蕃客，止令於廣州、泉州相與貿易，不得輒出二州之界。庶幾他處金銀可貴之物不至泄之界外，且無往日意外之患。不勝幸甚。

韓元吉進故事曰：

《唐書·李大亮傳》：「時突厥亡，帝遂欲懷四夷，諸部降者，人賜袍一領、帛五匹，首領拜將軍、中郎將，列五品者贏百員。又置降胡河南。詔大亮爲西北道安撫大使，以綏大度設、拓設、泥熟特勒及七姓種落之未附者。大亮上言：『屬者突厥傾國入朝，陛下不即俘江淮變其俗，而加賜物帛，悉官之，引處内地，豈久安計哉？臣以爲諸稱藩請附者，宜羈縻受之，使居塞外，畏威懷德，永爲藩臣。所謂行虛惠，收實福。河西積困夷狄，州縣蕭條，願停招慰，省勞役，使邊人得就農畮，此中國利也。』帝納其計。」

臣聞唐太宗之平突厥也，降者尚十餘萬，帝用温彦博之議，度朔方地，建順、祐、化、長四州，置定襄、雲中二都督統之。然擢酋豪爲將軍、郎將者尚五百人，奉朝請者且百員，入長安自籍者數千户也。當時廩給之費，蓋亦可見，故大亮安撫伊吾而陳羈縻塞外之策。蓋既往者不咎，姑欲無事招徠於七姓種落，以寬河西州縣而已。且漢置降匈奴五原塞下，以爲捍蔽，未始官於朝也。太宗之降突厥，遂官於朝矣。夫取其才而用之，固足以見聖王之大。至於奉朝請者多，籍長安者衆，則是煩費中國以養裔夷之俘，亦不可不慮者。故大亮有言，太宗遂悟，可謂明矣哉！仰惟國家履中興之運，虜勢就亡，慕義効順者襁負來歸，既已處之州縣矣，則異時系踵而至者，臣亦願聖神鑑此而預爲之謀也。

元吉權吏部尚書，進故事曰：

《唐書》：「太宗引諸衛將卒習射於顯德殿庭，諭之曰：『戎狄侵盜，自古有之，患在邊境小安，則人主逸遊忘戰，是以寇來莫之能禦。今朕不使汝曹穿池築苑，專習弓矢，居閑無事則爲汝師，突厥入寇則爲汝將，庶幾中國之民可以少安乎！』數年之間，悉爲精鋭。」

臣觀太宗可謂不忘突厥也。當時群臣不察，以爲兵刃至御在所，而後世諸儒亦議太宗閲武殿庭，以人主之尊而行將帥之事。臣知太宗之志在突厥者，以其非得已也。蓋唐初夷狄之患，莫甚於突厥，自隋即以公主妻之。高祖得天下，群盜角立，懼其爲助，故卑詞厚幣，約以連和，其禮有爲之屈者。及連歲内侮益甚，至欲遷都避之，不勝其憤。武德八年，命有司削其敵國之禮，更所與書爲詔若敕，都酋頡利因自將其衆襲武功而瞰渭橋。時太宗方即位，以六騎直出，與頡利隔水語，僅成白馬之盟，虜始退舍。由是言之，高祖之憤幾貽大悔，未若太宗之能忍也。然帝雖能忍而其志不一日忘虜，故虜退未踰月，即殿庭以教戰士，校其射藝，誘以厚賞。此特其一端爾，他所以備虜者，從可知也。貞觀之治，用賢納諫之方，選將練兵之法，皆足以自致於安强，然後堅坐不瞬，以待其隙。及頡利勢衰，羊馬多死，又内與突利相攻擊，諸部皆畔，逮貞觀四年，始命李靖以六總管之師，纔十萬人，破之陰山，擒頡利以獻。觀帝之告群臣，有曰：「國家初定，太上皇以百姓之故，奉突厥詭而臣之，朕常痛心病首，思一刷耻於天下。」其勸高祖不必移都，則曰：「願假數年，係頡利之頸，致之闕下。」至是果酬其言。嗚呼！有志者，事竟成，必有忍，其乃有濟，太宗之謂矣。何則？夫待夷狄之禮或可屈，而志不可屈也。唯禮或可屈，故權時之宜有所不校，若太王事獯鬻，文王事昆夷，於傳有之矣。唯志不可屈，故句踐之報吴，太宗之擒頡利，皆是道也。臣竊仰國家今與虜和，豈異是哉！日者奉使之臣辱命而還，陛下既已備正典刑矣，虜之驕慢吾使而禮有未得伸者，譬猶狂犬之吠，毒虺之螫，固不能不爲之動，亦何足與之校是非曲直乎？臣所願陛下沉幾先物，擴帝王之度以容之；堅忍不顧，厲太宗之志以圖之。如聞虜境旱蝗已久，民心離貳，諸雞各擅兵柄，互相窺伺，天道好還，豈患無頡利之變！陛下聖德英武，遠邁於太宗，假以歲月，則渭上之耻未必不啓吾定襄之功也。臣是以因貞觀之事以證之云。

員興宗上殿輪對劄子，一察虜情曰：

臣聞聖人有外懼，故有微權，有密機。權以忍而後濟，機以忍而後發。忍不忍之間，安危繫焉。使其伸縮在我，❶平日晦之，❷一日伸之，大事不足定矣，外懼何爲也

❶「伸縮」，《九華集》卷五《察敵情輪對劄子》作「屈伸」。
❷「晦」，《九華集》作「屈」。

哉？昔句踐爲國，蕞爾國也。奉夫差以玉帛，又奉之以子女，常人所不忍者，句踐一切忍之，此豈其真情也哉？彼其奔走事人之日，皆陰謀生聚教訓之日也。故吴不有越，而越卒有吴者，句踐得此微權也。曹公之於袁紹也，地不如紹，兵不如紹。紹未除大將軍，操不拜也，則避紹而與之。曹公豈避人者哉？彼其曲意奉紹者，所以怠紹之心而緩河北之兵也。故袁不併曹，而曹卒併之者，曹公有此密機也。彼兩人興而機權用，機權用而曹之王易王，越之霸易霸，臣固知其忍而後動者也。

恭惟陛下稟希世之明，天錫之勇，常有掃清中都、囊橐宇宙之意矣。然而即位四年，遵養時晦。敵有小大，勢有堅脆，陛下權敵以御時，俯己爲和柔之盟。陛下意豈在是哉？機權之在是也。陛下忍之亦至矣。越王、曹公之事，規模雖小，充而用之，必在陛下度内也。然臣近者聞諸道路，敵有無故之形，和有不堅之意，衆説紛紛，不可執取。議者猶欲以祖宗待契丹之禮以待之，是不知彼己者也。自紹興至今，敵凡幾和，和亦幾變，信書在道，暴骨在野，前日已不可保，後日庸可保乎？豈可見其形不察其實，信其僞不昭其奸，百事揚揚，猶類平日，上下復欲長此安窮也？

爲今日之計，❶志慮當堅，❷籌謀當預措置。江淮諸處屯兵幾所、孰要孰害，兵甲增減爲數幾何、孰訓孰屈居憧，諸將可倚者凡幾何人，軍食可理凡幾何事，誰善應敵，❸

❶「計」，原脱，今據《九華集》補。
❷「志」，原脱，今據《九華集》補。
❸「誰善」，原作「惟精」，今據《九華集》改。

誰長守扞，❶至纖至悉，不暫解弛，臣猶恐其未也。若將相循循，尚猶偷玩，今日得報則四面倉皇，明日無報則整容閒暇，謀國如此，譬猶抱虎而寢，❷虎未及起，因謂之安，未有不爲傷矣。夫四夷軌道，兵甲不興，誰不願之。不幸或有外禦，雖宣王不免也。臣竊恐近臣大吏轉以簿書期會爲事，❸捨此弗圖，一忽有警，因循將何及也？❹《詩》曰：「維彼雨雪，先集維霰。」而知雨雪者，見其兆也。陛下察敵之兆而預計之，機權在中，應變在外。陛下舉能辦此，願戒小大之臣，勿爲媮怠而已。杜牧曰：「國家大事，小臣不當言。」臣與牧同一罪也。惟陛下幸赦。

二恤歸附曰：

臣聞天下歸往謂之王，四夷觀赴謂之中國，樂於觀赴而極其歸往，聖人之能事於此在矣。臣竊觀鄉者江淮歸正士卒捨氈裘，襲禮義，此豈一都督府有以諭而來之耶？誠以吾宋有大義，中國有至仁，北方將士樂歸陛下之德化者也。❺臣前自上流過沿江諸郡，歸正之士往往而見。其間遊談坐作，意態慘慼，多不自聊者。臣退窮所聞，則所在統軍宿將不能推原陛下德意，接之不以恩惠，是以囂囂相從於此。臣竊思之，華、夷萬里，異生不異情。人之生，去親戚而捨墳墓，甘酸苦而受困折者，皆非情之所安者也。設若諸將能爲朝廷相親相比，

❶「誰」，原作「惟」，今據《九華集》改。
❷「譬猶」，原脱，今據《九華集》補。
❸「事」，原作「故」，今據《九華集》改。
❹「因」，原作「持」，今據《九華集》改。
❺「化」，原脱，今據《九華集》卷五《恤歸附劄子》補。

布露恩私，如待寵子，如支漏甕，則歸附之士未暖席而得此生矣。近聞諸將輒有奴隸服役之者，❶臣恐歸附生心。役不以義，則其徇義之意輕；撫不以情，則其効上之心薄；待不以恩，則其投命之意衰。風塵忽警，是縱虎狼於檻，而保其不噬囓者也，如是其可乎？臣以爲諸將無見於此矣。昔唐初有事於突厥，中葉有事於中原，回鶻、特勒之徒，何力、國昌之將，其人皆蕃種也，❷其兵皆蕃兵也，唐有恩意以寵之，巍官劇職，共濟其用，而共復京師。唐於歸附，一日不輕如此，未聞諸將服役之、陵藉之也。

臣愚伏望陛下垂厚恩，布明旨，凡歸正士卒分戍所在，深詔沿江督將與逐路帥臣務加存恤，賜給之間，務加優厚，使其客主之勢一。委曲相濟則情自相通，然後旌其首領，功狀最白、忠效最篤者，陛下特賜勞問，亦寵矣。後有緩急，出入死地，彼又何辭？安知無國昌、何力之徒，爲我用、爲我守哉？揚雄曰：「御得其道，則天下狙詐咸作使。」此事是也。惟陛下幸察。

知婺州李椿奏曰：

臣竊見自紹興十年以後，節次歸正中原之人，或在軍中，或散民間。此皆國家赤子，頃因南渡，遂成隔絕。今既來歸，如子投父，固宜存撫，以繫中原人心。惟是降虜，我之仇讎，狼子野心，天姿殘忍，因敗來降，蓋非本意，逃死而已。夷狄之性，不可以義理曉，不可以恩信結，弱則服，彊則叛，

❶「輒」，原作「敢」，今據《九華集》改。
❷「種」，原作「衆」，今據《九華集》改。

其來久矣。若必以謂將欲收而用之，則當置之於有用之地，有以要束之，兼於大衆之中，使不得恣，壓以勢力，恐或可用。今散在州郡間，驕橫凌民，無所不有，又多懶惰，不習軍務，高官厚禄，無用而有害，豈宜置而不議？爲今之計，當因其任滿，悉添差上江屯駐中，分配隊伍，毋令管事。其官高頭首，令充不釐務兵將官，庶幾有以關防；其出入禁衛者，切乞聖慈遠之。臣伏願陛下鑑唐太宗之處突厥，幾至狼狽；晉武帝之處諸胡，竟亂中華；苻秦之信慕容垂，❶鮮卑猖獗。當時有識之士，皆知其必然。

臣愚慮實憂之，所以不避瀆聖之誅，冒昧言之。臣不勝恐懼待罪。

椿爲司農卿，上奏曰：

竊見朝廷區處降虜，未盡其宜，私心深憂。自北而來者，皆曰歸明、歸正。然我中原之人，偶因國家南渡，隔絶數十年，身雖陷於異類，其心豈忘祖宗二百餘年仁厚之恩？又豈樂與夷狄同處？今既來歸，固有可用之理。其間猶有不逞好亂之人，自疑南北之異，時於沿邊作梗者，其人皆有人心，可以利害誘之、恩信結之也。如降虜，我之仇讐，狼子野心，天資殘忍，弱則服，强則叛，不可以恩信結，不可以道理曉，其來久矣。故晉武帝時，諸胡雜居中國，不用郭欽、江統之言，不十二年濁亂中華。秦苻堅委信慕容垂，不用王猛之言，鮮卑猖獗。唐太宗受突厥之降，不用魏徵之言，幾至狼狽。宣和間，契丹郭藥師歸朝，朝廷待之至厚，不逾年乃爲金虜前驅，首來犯順。此古

❶「苻」，原作「符」，今據《四庫全書》本改。

今之明驗也。今降虜或布州郡，或掌事軍中，或往來闕下，或宿衛禁庭，此臣所以深憂者也。

臣年齒衰暮，疾病相仍，死亡無日矣，固未必見其爲害。近見耶律适哩所爲，觸類而思之，恐爲害於它日。伏望朝廷於閒暇之際，酌古驗今，思患而豫防，不動聲色，有以處之，措宗社於泰山之安，天下幸甚。若直待臨事而慮，則無及矣。如臣愚言可採，乞賜敷納，密切施行。

制置四川兼知成都趙汝愚論羌賊降後乞修德任賢狀奏曰：

臣昨據黎州申報羌賊奴兒結之弟三開以疾自斃，賴苗率其餘黨悉降，伏蒙聖恩，除臣龍圖閣直學士。臣自惟守邊亡狀，何敢論功！嘗瀝悃誠，乞賜恩免，茲奉温詔，尚閟俞音。臣義當固辭，豈容虚受！實緣臣近方辭免召命，陳乞祠禄，不敢再三煩瀆天聽，已於今月十九日望闕祗拜新命訖。伏念臣蒙陛下之知最深，荷陛下之恩最厚，敢因前事，少效愚忠。

臣伏見黎州自太祖皇帝玉斧畫河之後，二百餘年，三陲晏然，一塵不動。蠢茲小醜，敢爲亂階，殺略吏民，擾我西鄙，覆亡將士，犯我王略，積十餘稔，罪惡貫盈，狡計益深，乍服乍叛，犁庭掃穴，理無可赦。陛下神武不殺，惟務羈縻，聖度有容，屢行恩宥。夫力行者遠無不至，真積者隱無不彰，終之帝德升聞，天鑑昭格，渠魁送死，授首窮荒，餘黨悉平，歸心大化。是知人衆者勝天，天定亦能勝人，非虚語也。《書》曰：「惟德動天，無遠弗届。滿招損，謙得益，時乃天道。」臣愚伏願陛下觀天道爲甚邇，信聖言爲易行，推其所既爲，增其所未至，内以修德爲本，外以用賢爲助，自然天意悦於上，人情協於下，雖以之掃清中原，克復境土，宜無難者。區區小羌，顧何足爲陛下道哉！

臣學術淺陋，無所知識，嘗究觀羌賊本末，而竊有感焉。故因茲摧謝，而輒獻其誠。惟陛下留神，幸甚。

汝愚論金國人使生事狀奏曰：

臣蚤來在幕次侍班，承閤門傳旨，令改别日朝見。臣詢問得今來使人，頗失恭順，奉書不虔，觸犯天威，罪當萬死。陛下盛德全度，曲示含容，天地人神，孰不慶幸？然臣竊謂禮者體也，義者宜也，得體合宜，雖彊必服。萬一調護之際，稍失事宜，竊恐黠虜益驕，更貽後患。故臣謂莫若且令館伴臣寮委曲開諭，援之以久例，曉之以至理，我直彼曲，夫復何辭！然後令就館中封進國書，徐降指揮朝見。蓋陛下威尊固不宜再屈，兼恐臨期復有變態，則於朝廷事體，將來益難區處。若彼堅執愚暗，倔彊不從，則當致饋有司，稍加常禮，移文對境，告以事因，但當曲折其詞，亦不至遽生邊釁。説諭使人此意，料彼安敢不從。然須示以優游，待之閑暇，稍遲旦暮，彼自憂疑。若欲姑務曲從，别加厚賜，非惟有傷國體，亦恐别啓戎心。或謂國家連歲旱傷，未宜輕舉，敵情難測，將起争端。臣則謂不然，使虜誠有深謀，決非卑詞可已；若祇是使人生事，正可伐之以謀。臣伏抱愚誠，輒陳管見，惟聖明裁擇，幸甚。

歷代名臣奏議卷之三百四十九

本卷劉永强校點

歷代名臣奏議卷之三百五十

夷狄

宋寧宗嘉定四年，著作佐郎真德秀奏曰：

臣竊惟今日北虜有必亡之勢三，可爲中國憂者二。蓋自有天地以來，夷狄盛衰不常，然未有昌熾百年而無憂變者也。女真盗據中原九十載矣，自其立國，唯以刑威殺戮劫制上下，非有歡然心服之素也。持此而欲久存，雖秦、隋不能，况區區無道之女真乎？此其必亡者一。方阿骨打、黏罕之徒，崛興窮海之濱，茹毛飲血，雲合鳥散，用夷狄所長，以憑陵諸夏，故所嚮莫能當。今數十年豢養之餘，亡復前日堅悍之氣，而達靼小夷欻起而乘之，干戈相尋，情見力詘，蓋今之女真即昔之亡遼，而今之達靼即鄉之女真也。以垂亡困沮之勢，既不足以當新勝之鋒，而衆叛親離，安知無他變乘之者？此其必亡者二。方其隆時，用民力如犬馬，戕民命如草菅，人情携離，亡一敢畔者，積威約之素也。今其潰散四出，猶川決防，不可遏止，至用赦以安之。瓦解土傾，其形已露，豈待智者而後知哉？此其必亡者三。

嗟夫！堂堂中華，蛇豕穴之，翼翼故都，禾黍生之，有志之士思欲壹洗久矣，而曩者病於機會之難逢，間者敗於權姦之輕舉。顧今何幸，彼自阽危，而臣復以爲憂，何也？蓋傳有之：「自非聖人，外寧必有内憂。」孟子亦曰：「無敵國外患者，國常亡。」❶方陛下更化之初，和議未堅，邊警未撤，君臣上下惕然有不敢康之心。迨夫聘覘交馳，遽已狃目前之安，而忘前日之患。萬一此虜遂亡，莫或余毒，上恬下嬉，自謂無虞，則憂不在敵而在我矣。此臣所謂可憂者一也。事會之來，應之實難，毫釐少差，禍敗立至。設或外夷得志，邀我以夾攻，豪傑四起，奉我以爲主，從之則有宣和結約之當戒，張覺内附之可懲。如將保固江淮，閉境自守，彼方雲擾，我欲堵安，以此爲謀，尤非易事。此臣所謂可憂者二也。

今之議者，大抵以爲夷狄之衰，迺中國之利，抑不思匈奴五單于之争，漢嘗獲其利矣，拓拔氏河南之警，顧反爲蕭梁之害。何耶？蓋有國者不當問敵人之盛衰，惟當計吾政之修否。當漢宣時，内有股肱之良，外有爪牙之勇，朝廷紀綱，本末備具，邊陲備禦，斥候精明，使匈奴盛彊，尚當賓服，況於浸微弱之後乎！若梁武則不然，舍正道而溺異端，棄人事而談空寂。内則三蠹弄權，輕作威福，外則諸王忿鬩，骨肉相圖，❷保境靖民，猶懼不足，況欲乘人之敝，以徼幸萬一之功哉！繇是觀之，使今日能爲漢宣之所爲，則虜之存亡俱不足患，抑猶未也，多事之端，方自此始，臣愚竊獨憂之。

伏惟陛下日與二三大臣深求自治之策，勿以懲羹之故而謂讎耻可忘，勿爲視蔭之謀而謂幸安可恃，修實德以格天命，敷仁政以結民心，獎忠實以作興天下之材，省科

❶「常」，當作「恒」，作者避宋真宗名諱改「恒」作「常」。
❷「肉」，原作「内」，今據《四庫全書》本、《西山先生真文忠公文集》卷二《辛未十二月上殿奏劄二》改。

斂以培養天下之力，至於某人可將，某兵可用，某城當繕，某器當修，無日不計于朝而申訓之，❶庶幾國勢日尊，敵人自懟，則乘機取勝，可以制蚌鷸之危，養威俟時，足以保金湯之固矣。惟陛下毋以臣愚賤而忽其言。

十年，袁燮上己見劄子曰：

臣區區愚忠，二月三日獲對威顔，具陳正月雷雪非常之變，宜益修邊防，❷爲戰守之計。臣非敢爲此臆説也。按《春秋》魯隱公九年三月癸酉，大雨震電；庚辰，大雨雪。周之三月，夏之正月也。孔子以八日之間，再有大變，故謹而書之。又臣恭覽國史，紹興三十一年正月丁亥，風雷雨雪，一夕交作。侍御史汪澈、殿中侍御史陳俊卿皆以爲陰盛陽微，夷狄窺中國之象，是冬逆亮果提兵大入。今殘虜衰微，雖非亮比，而雷雪作孽，無異曩時，臣所以不得不先事言之。累月以來，淮、襄間幸稍寧息，然犬羊之心，變詐萬端，安知其不養力蓄鋭，伺隙而作乎？蜀被其害，所過爲墟，雷雪之變，既昭然矣，秋冬之間，又將若之何？

夫備禦有素，雖强大之敵不足多畏；苟安無策，雖僅存之虜亦能肆毒。而或者之論則曰：「我朝兼愛南北，間不免於用兵，而終歸於和好。今亦和而已矣，豈必他求。」臣以爲不然。曩時戎虜窟穴去中國甚遠，糧運難繼，故不敢輕動，而和可以久。今假息之地密邇于我，利苟在焉，猝焉而

❶「計」，原作「討」，今據《四庫本書》本、《西山先生真文忠公文集》改。

❷「益」，原脱，今據《絜齋集》卷三《論修戰守劄子》補。

至，豈復顧盟好哉？　不可一也。　汴都四平，難以立國，欲奪我險要爲駐足之地，首犯浮光，肆及襄漢，駸駸以至蜀，觀其志願，非專爲歲賜也。　彼無求和之意，而我强欲與通和，大有邀索，何以堪之？　不可二也。且所以欲和者，圖省費爾。　往年四月聘使之還，甫入吾界，而犯順之虜，亦以是日入。難信如此，和可恃乎，戍可撤乎？　輸轉之費，生券之費，猶自若也，夫何省之有？　不可三也。　忠義之流，排難解紛，實賴其力。既與虜爲仇矣，彼方仇之，我則和之，倒戈反噬，莫與爲禦。　不可四也。　堂堂大朝，卑辭厚禮，謹奉垂亡之虜，自示削弱，誰不侮之？　不可五也。　推此以往，其不可者尚多有之。

夫既不可和，則計將安之？　曰：自古立國，固有終不與戎虜通好者。　石勒來聘，晉焚其幣；苻堅雖强，晉不少屈，而卒成淝水之功。　何獨今日欲通好歟？　毋溺於宴安，而常軫淵冰之慮；毋樂於順從，而急聞藥石之言。　思天變之可畏，懼國勢之將危，無一日不修攻戰之具，無一日敢忘侵侮之耻，選擇將帥，如恐不及，練習士卒，常若寇至，而絶口勿言通和，此則帝王之雄畧也。嗚呼！　財用未足，兵力未强，姑從和好，似爲體國；以通和爲戒，若非體國者。　究其實而言之，求和自我，不保其往，將有無窮之悔。　絶不通和，事雖難辦，是乃久安之策。

然則臣之愚忠，爲國慮也深矣。　雖然，謀之寡不若謀之衆。　臣願陛下肆頒明詔，博謀群臣，凡可以制服戎虜者，畢陳於前，而擇其至當者亟施行之。　古者國有大疑，謀及卿士，至于庶人，蓋所以廣其聰明也。

庶人猶且及之，而况在廷之臣乎？惟陛下留神，則天下幸甚。

寧宗時，衛涇論治内備外曰：

臣聞憂先於事，故能無憂；事至而憂，無捄於事。臣觀中國之與北虜，其勢決不能以兩立，而較今日之事體，恐不能如日前之久安無事，所當先事而憂者也。何以明之？夷狄盜據中原，莫如元魏之久。然考其傳序雖十六主，而不克令終者十世，始終雖百餘載，而號稱全盛不過五六十年。蠢兹醜虜，崛起東夷之窟穴，盜我中原之土宇六十有四年。靖康之禍，考之前古，又爲已甚，誠宗社不磨之辱，子孫必報之讎也。高宗皇帝至仁兼覆，隱忍三十二年之間，大志未獲伸；至尊壽皇遵養時晦，勤勞二十八年之久，大業未獲就。陛下以英武神聖，嗣臨大寶，宸謨廟略，得於問安侍膳之餘，凡高宗未獲伸之志、壽皇未獲就之業，皆陛下今日所身任也。彼據非所有，未必懷不自安之心，而犬豕亡厭，猶每有不相忘之意，是則名爲和好而實則仇讎，名爲息兵而實則觀釁，復讎之舉，直須時耳。故曰其勢決不能以兩立。

自昔之有天下，未有更一二君之身、歷五六十年之久，晏然無一日之危動者。前代之君不暇悉論，惟祖宗混一太平極治之世，亦莫不然。矧今以偏方之勢與虜約和，自紹興以來五十餘年無大戰，自隆興以來幾三十年無小鬬，今之虜酋，非前之虜酋比也。亡胡歷嘗患難，逮其得位，志在偷安；新雛少不更事，血氣方剛，必有馳騖喜功之心，國内稍安，必謀外略，間隙之生，遠不過五六年耳。故曰不能如日前之久安無事。

此明識遠見者，所以爲國深憂也。

今爲偷安之説者，乃曰胡運將終，滅亡可待；又曰彼有内難，必不能動；又曰雛虜庸才，不足多忌。夫五行之數終於六十，以其時考之，固爲已盈之運矣。此離得國不以序，群酋頡頏，肘腋之變，誠未可保。然其新立之後，措意造事，類若有謀，恐未易以庸才忽之。彼果内難也，果庸才也，建炎、紹興之間亦有之矣。然一酋斃，一酋出，其勢愈熾，曷嘗爲中國利哉！古人有言：「無恃其不來，恃吾有以待之。」天下之事，豈當計其在彼者，亦顧其在我者如何耳。使吾内治具舉，外備素修，敵雖强不足慮。苟吾自治之策闕然不講，左支右吾，僅足以了目前，敵雖弱猶有可憂，何暇乘敵之隙哉！

臣誠願陛下奮發英斷，規恢遠圖，修德以感天心，施惠以固民志，不以小康爲已足，不以富貴爲可娱，念讎耻之未復，念版圖之未歸，念壽皇付託得人之望爲甚深，念中原遺黎思漢之心爲久鬱，卧薪嘗膽，不忘北鄉。聖志先定，然後與一二三大臣日夕孜孜，講求大計，委任而責成之。國計未强，所以足國計者何策；民力方困，所以寬民力者何道？將偷而未練，何以爲擇將帥之方；兵冗而未精，何以爲勵士卒之術？君臣之間，悉心悉意，不存形迹，休戚憂樂，相與同之，凡足以爲内治外備之具，無不修舉。人事既盡，天時自來，則大讎可復，大義可舉矣。儻陛下立志不堅，大臣不知任責，百執事苟且以安禄位，歲月悠悠，大計不立，天下委靡，日趨於弱。一旦有變，皆諉曰「非我責」，獨以憂勞遺陛下，臣恐後時之悔無及矣。

孟軻曰：「國家閑暇，及是時明其政刑，雖大國必畏之矣。國家閒暇，般樂怠敖，是自求禍也。」臣愚不勝拳拳憂國愛君之私，惟陛下赦其狂僭。

涇奉使回奏事劄子曰：

臣等猥以庸虚，誤叨隆委，將聘虜庭。陛辭之日，玉音宣諭，令因而詢訪韃靼事宜，不可張皇。臣等竊謂覘國者《春秋》之法，咨詢者使臣之事。欽承聖訓，夙夜究心，道塗往來，必加體問。有如虜酋荒淫無度，主德之不脩；頻歲水旱相仍，天時之不順；百姓科斂煩急，人心之已離，凡比年使者之所條陳，近日廷臣之所論奏，雖或未免過實，而亦有所由來。臣等得於見聞，不過若此數事。第虜法素嚴，今尤疑畏。初至北境，間有言者，而未敢謂然。及抵僞都，正欲詢求，而防閑甚密，深懼無以稱塞明詔。今參考事迹，復摭其一二言之。

大抵北虜狃於宴安，習成驕惰，非復曩時之舊。而韃靼生長西北，其人驍勇剽悍，地產壯馬，加以新集之衆，意氣方鋭，倏來忽往，捷於風雨，契丹遺類、蒙國諸戎挾其世讎，環視而動，左枝右梧之不暇。雖侈宫室，盛儀衛，外示强大之形，臣等見其在廷班行人才委靡，上下窘蹙，若有旦夕肘腋之變。而所過河南州郡凋弊太甚，供備牛馬，取辦軍須，十室九空，殆同清野。怨讟並作，至有「及汝偕亡」之謡；遺老尚存，咸起徯我來蘇之望。蓋非特中原之民素不懷附，而蕃兵部落亦有離心，公出怨言，無復顧避。河北、河東累行僉刷，每戰輒敗，或望風犇潰，士馬物故，糧械喪亡。部送餽運至於乏使防護，使客騎兵類多疲駑老弱。

今兩敵相持，猶在亘撫等州，而臨潢被圍，踰時未解。在邊之兵僅三十萬，復期以九月決戰。臣等回至涿州安肅軍，屢見介使奔馳，調發軍馬，曾無虛日。觀其事勢，韃靼諸種雖未足以滅虜，而侵擾者衆，轉鬬未休，久而禍結兵連，必至民愁盗起，危亡之兆端在於斯。

天道好還，胡運將盡，豈非天開陛下以大有爲之期邪？然臣等區區愚衷，有不能自已者。觀人之國，雖古不廢，而自治之策尤今日所宜素講。使吾治具畢張，備禦無闕，敵雖强不足畏。儻偷安歲月，僅了目前，一弱虜滅，一强敵生，猶未足以爲喜也。臣等伏願陛下奮發英斷，規恢遠圖，旰食宵衣，急於自治。强君德，隆主威，振紀綱，守法度，謹爵賞，此自治之本也。選將帥，厲士卒，蓄財用，備器械，審形勢，此自治之末也。君臣交修，本末具舉，平居暇日，國勢尊安，❶威望震疊，有以擊中原思漢之心，絶姦雄窺伺之望。逮其機會之至，則乘瓦解之勢，興席卷之師，一舉而版圖可歸，讎耻可雪矣。若不量其在我而徒欲乘敵之多事，譬之賁育與有力者鬬，未知孰勝。有一人焉，幸其不戒而擣其虛，或不足以制賁育之命，後患將若何？傳曰：「盍姑内省德乎？無闕而後動。」惟陛下留神，幸甚。

涇又進故事曰：

漢文帝十六年冬，匈奴寇邊，上親勞軍勒兵，申教令，欲自征匈奴。皇太后固要，上乃止。後元二年六月，匈奴和親，詔曰：「間者累年，匈奴並暴邊境。夫久結難連

❶「尊」，《四庫全書》本作「奠」。

兵，中外之國將何以自寧？今朕夙興夜寐，勤勞天下，憂苦萬民，爲之惻怛不安，未嘗一日忘於心。故遣使者冠蓋相望，結轍於道，以諭朕志於單于。今單于反古之道，計社稷之安，便萬民之利，新與朕俱棄細過，偕之大道，結兄弟之義，以全天下元元之民。和親以定，始于今年。」

弭兵者，帝王之遠謀；息民者，國家之實利。夫民猶支體也，兵猶爪牙也，支體充盈，氣血强壯，而後爪牙可用之禦侮。自昔仁賢之君、明智之臣非無剛健之志、忠憤之謀，審事量力，終于屈志以保民、待時而養晦者，此非舉事而輒沮、圖功而不竟也，所以爲國計者至深長也。蓋民力之虛實乃命脉之根本，傷耗慮在目前，而事機之成否，他時猶可圖也。漢文帝其知此矣。平城之仇，嫚書之辱，皆文帝之耳目所親聞見，候騎烽火之警至通甘泉，金絮采繒之奉頗疲縣官，文帝豈一念慮忘此虜哉！方十四年身御鞍馬，鋭志親征，真有長驅殄滅之意。及其熟察中外事勢之詳，載念水旱疾疫之變，而堅忍和親，確然不摇，非與始謀自異也，能發而能收者，真慮國保民之善圖也。其和親詔書曰：「朕憂苦萬民，爲之惻怛不安。」又曰：「計社稷之安，便萬民之利，以全天下元元之民。」可見其以民心爲心，而灼知國計之當出乎此也。是以文帝弭兵而海内安富，武帝興師而户口减半，其利如此，其害如彼，前事之驗，後事之師，可不監歟！

理宗紹定六年，知泉州真德秀應詔上封事曰：

臣恭覩正月一日御筆，令内外小大之臣悉上封事，凡朝政得失，中外利病，盡言無隱者。臣愚不肖，往者陛下龍飛五位，召自長沙，一對便朝，再侍經幄，玉色睟然，顧訪甚寵。臣於是時仰窺聖學之高明，已知爲不世出之主矣。狂疏妄發，自速辠愆，投迹山林，繫念宸極，一飯弗舍，此心如丹。陛下以天地之仁，不棄小物，復拔拭而使令之，政雖捐軀，未足論報。而天佑我宋，默啓聖心，躬攬大權，更張庶政，乾動雷發，觀聽一新。方且勞謙弗居，親御翰墨，誕告中外，凡曰臣子，皆許盡言。伏想薦紳之士洋洋動心，直辭正論交進闕下，况如臣者，受恩思報，其敢忘言？而伏念旬時，未知所以言者。

邇者竊聞京湖帥臣以八陵之圖來上，陛下恭覽再三，悲喜交集，命卿監郎官以上詣省恭眂，集議以聞。蓋將稽按舊章，遣使朝謁，以慰一祖六宗之靈。而遠方傳聞，未知其的，或謂韃人以河南歸我，而朝廷因有經略中原之謀。審如所傳，是將復蹈宣和之轍也。日夕恐懼，不知所云。及觀從臣集議之辭，乃知朝廷之上，務存審重，遣使一節，猶不敢輕，經略之謀，斷所不苟。然臣區區猶以爲憂者，蓋强虜暴興，接我疆埸，虎狼之敵，近在藩垣，應接少差，事變難測。

臣自嘉定四年國信使余嶸歸自燕境，適因面對，論金虜必亡者三，中國當圖者二。其後叨塵柱史，宿直玉堂，中夜以思，惕然不寐，亟陳祈天永命之説。未幾，銜命聘虜，道梗莫前，歸對延和，深陳所以備敵之策。既又直前奏事，謂韃能越三關之阻以攻燕，豈不能踰黄河一帶之水以趨汴，盍圖自立之計，以謹未然之防？而一時憸人交相姍笑。臣以孤直，不勝衆謗，因以便親匄外而去。陛辭之日，猶獻瞽言。及在江東，復上封奏，舉宣和之十失，願今日之深懲。蓋臣愚忠，知國家異日必與韃鄰，既與之鄰，安能無隙，既與之隙，不免交兵，勢所必然，理當豫慮。故不敢徇衆人之所忽，而獨陳私己之深憂，欲於未雨之時，大爲徹桑之備，距今二十有四年矣。不幸故相諱聞人言，獨任私智，凡臣所陳，一不訾省。乃今中原無主，遺黎思宋，掃清河洛，茲惟厥時。而士無智愚，僉曰未可者，以二十餘年之間，政出私門，謀猶回遹，隳祖宗之法度，壞朝廷之紀綱，民力朘剥而無餘，人材衰颯而不振，雖陛下赫然振起，風采頓殊，然非堅持一意，行之十年，未可以冀中興之效也。

然以今日之名義，揆諸宣和，固有不同者。蓋宣和之於契丹，與國也；今日之於女真，世讎也。伐與國爲非義，滅世讎爲當然。幽、燕之失，虜取之於前代；中原之失，虜取之於本朝。前代之憾可捐，而祖宗之耻不可以不雪。惟其名義之不同，故或以規恢爲當舉。然名必有實之相副，義非徒説之可行。

求之在我，力未足爲，而欲借助於夷狄，則臣未見其可也。臣觀荆襄露布之上，具述得蔡之由，若盡出於我者，然以「微盧燕貉」等語觀之，是又不能不藉於韃，何邪？自有載籍以來，與夷狄共事者，未嘗無禍。惟周、漢之興，無求於彼，而彼自樂從，所謂多助之至，天下順之者也。若唐高祖則求助於突厥矣，肅宗則求助於回紇矣。然伐隋之役，主謀者太宗，而奮力者諸將。

下西河、破霍邑者太宗，而非突厥也；略扶風、渡渭水者諸將，而非突厥也。入關之師二十萬，而康稍利以兵至者纔五百人，豈嘗專恃之乎？其復長安也，郭子儀爲主將，李嗣業、王思禮副之，王師取勝於前，而回紇始襲擊於後。廣平王俶統蕃漢之兵十五萬，而葉護以兵至者纔四千人，豈嘗專恃之乎？高祖、肅宗惟求助於夷狄，是以有後日之禍。惟不專恃於夷狄，故其禍未至於極焉。乃若宣和，則異於此。童貫圖幽、燕不能得，而女真得之；譚稹圖雲中不能得，而女真得之。我師敗於蘭溝甸，又敗於白溝，又敗於燕城，而女真之兵所至輒克。我不能自取寸土，而即彼以求之，故歲幣百萬之須，吾不能却也；借糧之請、犒師之請，各以二十萬計，吾不能拒也；驅職官、富户以往，而遺我空城，吾不能争也；背雲中之約而自取之，吾不能校也。我無可恃之實，而惟虜是恃，故其禍至此而極，臣尚忍言之哉！

今觀從臣所議，蓋已深得事宜，獨慮帥臣既以爲功，欲其亟遂，虜情未順，必求好以悦之，道途尚梗，必借力以通之。如此，則今之恃韃，如昔恃金，國家多事從此始矣。夫犬戎之性，冒没貪惏，一與之接，烏能中絶。獨不觀宣和海上之盟乎？方其齎詔市馬，亦未決然與之共事也。其後裕陵悔悟，固嘗中輟，而虜責元約，欲止不能，侵尋蹉跌，稔成大咎。今帥臣既遣小使與之往來，又命師徒與之會合，雖曰未嘗交通，不可得已。若朝陵之行又復賴之，臣恐無饜之求、難塞之辭自此狎至，雖竭吾力以奉之，未足以飽豺狼之欲也。

或謂故疆之復，天實命之，天與不取，

反受其咎。臣以爲不然。當宣和之世，契丹潰敗，涿、易來歸，不可謂非天予也，而人謀弗臧，適以賈禍。今治化修明，固非昔比，然圖恢復之功，必有恢復之人；有恢復之人，必有恢復之具。謀臣勇將者，恢復之人也；聚財積粟者，恢復之具也。宣和之時，群邪用事，寧有遠謀？然西兵宿將盡萃闕下，老成持重有如种師道，驍悍敢戰有如楊可世，而驅之即敵，每向輒北。今群賢在列，豈曰乏材，大抵文致雖優，往往弗閑武略，宣威制閫，實難其人。翰取翰守，孰可以繼，儲材待事，所宜蚤圖。而環睞諸將，亦未見有种、楊比者。以种與楊猶不克濟，而况弗若者乎？此臣之所甚憂者一也。

宣和承平熙洽，公私富實可知，用兵曾未幾時而改鹽鈔法，科免夫錢，所至騷然，民不堪命，版圖未復，群盜蝟興。今之事力，視昔何若？權門有丘山之積，公家無旬月之儲，在在枵虛，人人愁歎。江湖閩浙，寇警甫平，民未懷生，幸禍者衆。拊之以循吏，卹之以寬條，疾痛呻吟，庶幾少息。而師期一起，科斂必繁，官吏緣此以誅求，姦雄因之而煽動，豈細故哉！此臣之所甚憂者二也。

况於移江淮之甲兵，以守無用之空城，運江淮之金穀，以治不耕之廢壤，其費甚鉅，其力甚難。富庶之效，茫未可期，根本之虛，其弊立見。方女真以燕城遺我也，其臣有漏言者曰：「此可僅保三年。」蓋謂我之葺理粗成，彼之奪攘必至。及其背盟入寇，果如所云。犬羊之情，今昔豈異？此又臣之所甚懼也。

伏惟陛下親政以來，清明在躬，志氣如

神，二三輔臣，虛懷無我，進退用捨，多叶物情，正塗方開，善類吐氣，此鄉治之機也。但能持之以堅忍，守之以兢畏，姦聲亂色不汩清明，倖臣懿戚不竊威福，廟堂行事常公而無私，臺諫言事有直而無枉，君子得行其志，而小人不敢爲欺，正論益以開明，而邪說不容眩惑，則雖慶曆、元祐之治，指日可期。國家安榮，社稷長遠，爲陛下計，孰便於此？若乃釋樂成之業而冀難必之功，聽可喜之言而忘立至之患，此又臣之所甚惜也。

臣雖儒庸，亦知英主有爲之志，臣子所當奉承。顧今更張俶爾，百度闕然，譬猶宿疢方瘳，正須保養，所當厚擁深培，以固元氣，不當輕舉妄動，以搖本根。願陛下日與輔臣籌之，委常務於有司，講安危之大計，緩謁陵之禮而急扞塞之防，修理內之政以爲禦外之本。凡可以自强其國者，汲汲而圖之，使吾之元氣實，根本牢，則形勢自張，氣燄自著，韃雖强暴，豈能干有道之國哉？然後審度事情，爲之應接，或用祖宗交遼之典故，或倣東晉絶虜之規模，因時制宜，期於適當。至於中原舊物，豈可弭忘，必量吾力之能爲，然後隨機而善應。與其藉虜以啓後患，不若竢時姑固吾圉。

昔晉建元中，北方潰亂，商浩將謀討伐，❶王羲之諫曰：「今雖有可喜之會，而內求諸己，所憂乃重於所喜。功未可期，遺黎殲盡，莫若先爲不可勝之基，須根立埶舉，謀之未晚。」既而洛陽有變，浩遂帥師以往，修復園陵。王彪之亦言未宜輕進，皆不見

❶「商」，當作「殷」，作者避宋太祖父名諱改「殷」作「商」。本篇下同。

從。浩果喪敗而歸，晉室益以不競。今雖未有此舉，然二王之言可爲龜鑑，惟陛下審之重之，毋使制閫之臣誤事如商浩，而臣竊知言之名。不勝大願。

貼黄：臣竊見宣和平燕之議，本自姦臣，徽廟初無固必。其始也，布衣堯臣上書，斥童貫、蔡京妄開邊釁，大臣乞加竄殛。上曰：「言路蔽塞久矣，豈可重罪？」即命以官，此徽廟本心也。故其時内而執政，外而邊臣，猶有以正論進者。其後邪説浸淫，上誤聖聽，師行之日，詔妄議北事者必罰無赦，而宋昭以上書狂妄編竄海南，於是言路絶而禍階成矣。陛下盛德謙冲，開道求諫，群臣仰體聖意，當此大議，必有昌言。言之異同，均於爲國，惟陛下悉加容納，毋以沮事罪之。

理宗時，侍御史李鳴復論韃使引見不必臨軒，上奏曰：

臣竊聞韃使之來，引見有日，都司官條具，欲陛下臨軒以接之。道路傳聞，虚實未可盡信，若果有此，恐於禮未安，臣竊以謂更宜商確。或曰：「臨軒擇士，臨軒釋囚，聖天子未嘗不臨軒也。何獨於此而用其靳？」臣謂不然。三歲一取士，宰執讀其程文，呼名而進之，謂公卿大夫由此其選也。每歲一釋囚，宰執讀其情犯，呼名而釋之，謂清問下民，不可不親也。今泛使之來，無國書可進，如常儀引見，賜之例物足矣。必異其禮，臨軒以接之，何爲也哉？或者又曰：「彼犬羊也，來自外國，未知陛下爲何如主也。臨之以天威咫尺，彼將心悦而誠服。光武之於馬援是也。」臣又謂不然。龍鳳之姿，天日之表，儼然人望而畏之，帝王固自有真也，何俟進移黼座而後足以悦其心乎？下堂而見諸侯，昔人以爲失禮，臨軒以見夷狄，今顧以爲得禮乎？且又有一説，都司條具之始，聞曾引臨軒釋放罪人爲例，萬一使人知之，必謂陛下臨軒乃是以待罪人之例待己，將以悦敵，反以怒敵矣。臣愚切以謂一如常儀爲便。乞陛下與二三大臣更加商確。

貼黄：臣檢閲國史，紹興三年，金國元帥府遣使副李永壽、王詡等到闕議事，上特御後殿引見。八年，金國軍前遣烏陵思謀、石慶充等來朝，朝辭宣陞殿，烏陵思謀以下執禮甚恭。然則虜使之來，御後殿引見則有之，朝辭而宣其陞殿則有之，遷御座以受其禮，則未之前聞也。今引見韃使，如欲使之稍近天顔，當察其果有恭順之實，候朝辭日，特宣陞殿以示恩意，却有前朝故事可以遵行。併乞睿照。

元世祖時，東平布衣趙天麟上《太平金鏡策·宥不庭》曰：

臣聞文德者，養平之膏粱；武威者，定亂之藥石。當太平之時，而耀威振武，所謂以藥石代膏粱之用，其爲害也，寔曰非輕。是以定亂右武，守成上文，乃國家久長之計也。方今龍飛九五，臣服億兆。太祖以神武開基，受天眷命，奄有區夏，誕照多方。先帝以聖德乘時，繩其祖武，蠻荆沐化，異域來庭。今陛下若稽上古之動，光紹前王之蹟，普惠黎庶，屢降德音。今臣幸生於太平之世，竊見國家近年以來，越山浮海，征討不庭，謹獻愚議，惟陛下察之。

臣伏以殊方遼邈，風壤特異，天下有故，則窺隙而先叛；天下已定，則觀化而後服。五帝之所不決羈，三王之所不强臣，然其見利則趨、見害則避之心，與中國之人一也。若將縻之以辨計良圖，震之以長槍大劍，則彼方據險依阻，罄力偷生，遂使吾之軍士身膏異域之風沙。及其納款，則吾之軍士亦已傷矣。且吾之軍士，皆中國之民也；中國之民，皆國家之赤子。爲民父母者，因無用之地而傷其赤子，亦獨何心哉？臣固知斯非國家之本心，但恐偶未之思而過聽下言，或有此事也。昔舜帝舞干羽於兩階而有苗格，文王修德政於西土而崇國降。臣亦非謂放牛歸馬不用兵也。但中國迓衡，則越裳不召而自來，肅慎效誠而自至矣，安用征討爲哉？伏望陛下載宣天旨，明諭軍帥，厲兵秣馬，藩衛邊疆，春夏屯田，秋冬校武。于其無事，則備之而內守；脱有不虞，則應之而不逐。殊方之屬，欲來則聽其來，不來則不以威脅之。但務內崇文化，發政施仁，振我皇綱，一我王度，信我賞罰，興我禮樂。風以之移，俗以之易，上下和悦，內外無虞，體舜之無爲，希大庭之不宰。欲致越裳、肅慎之類，亦豈難哉？此蓋太平當務之資，守成上文之理。故曰：元氣調而無不順之四時，心術定而無不安之四支，中國盛而無不來之四遠。聖人極致，委在於兹。

又《金鏡策·務柔服》曰：

臣聞群生有類，萬物分方。施仁於一類而同類咸臻，擴化於一方而餘方並至，此寔王者仁化之聖也。天道無私，降生庶物，得五行之全、鍾二氣之正者，其惟人乎？彼四遠之外，雖不沾先王之化、聖人之治，然其懷仁慕義、好是懿德之心，則無異焉。中國者，四遠之根柢也；四遠者，中國之枝榦也。自萬殊而言之，分雖不同；以理一而推之，其趣一也。耀之以兵而欲其知畏，則彼方奮其釜魚之餘命，而挾怒以相敵矣。結之以信而欲其來服，則彼方將違其天日之明鑑，而舒蠆以相陵矣。諭之以言而欲其回心，則彼方將背其盟誓之大約，而恃强結援以輕中國矣。

然則何爲而可哉？莫若柔已服以感之而已矣。柔之法奈何？崇其道以臨之，昭其禮以制之，厚其誠以孚之，寬其命以逸之，定名分以曉之，降優詔以撫之，置諸度外以待之。如是，則使餘國未服者聞之而皆曰：「彼已服者既能托大國以自固，而又無刻剥督責之苦，吾屬奚爲而獨逆皇天所輔有道之君哉？」自然相率而來服矣。今國家六合群辟，奔執豆籩，中華之區，貢賦有常。其邊裔已服之域，正宜行此柔之之道，以盡感之之方，又何須徒費錢糧犒賞，以興當偃之師，以征荒僻之地，以勞不可下之民哉？其所以柔之者，非但感未服之國，亦所以盡其在我者當然之理也。郤缺有言曰：「叛而不討，何以示威？服而不柔，何以示懷？非威非懷，何以示德？」臣是以知討以威之，服以懷之，皆所以示其德也。

或者以爲四遠可以威威，不可以德德，臣愚以爲不然。成湯解三面之網，文王息二君之訟，漢南諸侯聞之而歸者四十餘國。又聞至治之極，鳥獸魚鼈咸若，豈有不可以德德之人哉？或者以爲不服則已，既服而置諸度外，不亦甚乎！臣亦以爲非也。夫王者之臨下，其理本於安人也，非欲求土地之廣也。隆周之時，越裳自至，周公猶以爲德澤不加，君子不享其質；政令不施，君子不臣其人。豈宜殺人以求之哉？然而方今或有是事者，皆群下不能副朝廷之意，而曲說請行故也。

伏望陛下幸從臣議，凡已服之國，行柔之之道焉。將見銘心刻骨，荷乾坤再造之恩；同類餘方，仰父母一家之化矣。

秘書監趙良弼奉使日本還，入見，帝詢知其故，曰：「卿可謂不辱君命矣。」後帝將討日本，三問良弼，言：「臣居日本歲餘，覩其民俗，狠勇嗜殺，不知有父子之親、上下之禮。其地多山水，無耕桑之利，得其人不可役，得其地不加富。況舟師渡海，海風無期，禍害莫測。是謂以有用之民力，填無窮之巨壑也，臣謂勿擊便。」帝從之。

歷代名臣奏議卷之三百五十

本卷劉永强校點

歷代名臣奏議作者索引

編製説明

一、《歷代名臣奏議》網羅繁富，卷帙浩瀚，所收歷代名臣直言并奏議共八千餘篇，無愧爲中國古代「奏議之淵海」。但原書僅有一個非常粗疏的分爲三百五十卷、六十七門的總目，翻檢起來，極爲不便。爲了解決這一困難，我們特編製了作者索引。

二、該書所收録奏議，原多無標題，爲了便於檢索，我們一律補擬了篇名，如卷一《諫詰難臣寮上言書》；對於原有標題者，則仍其舊，如卷一《陳論三德劄子》。

三、補擬篇名之中，大部分是根據《全上古三代秦漢三國六朝文》、《全唐文》、《宋朝諸臣奏議》、《全遼文》、《金文最》、《金文雅》、《元文類》、《宋代蜀文輯存》及有關别集過録的；一部分則是根據文意新擬的，凡新擬篇名均加標星號（＊），以示區别。

四、本索引以作者姓名爲綱，按筆畫編排。作者姓氏未詳者置於最後，按卷次排列。

五、作者索引在諸作者姓名之下，按《儒藏》精華編册號及《歷代名臣奏議》卷次、頁碼先後，詳列所收録該作者的全部奏議。篇名之後按「册號/卷次/頁碼」標明。如：

趙抃　乞給還太學田土房緡狀　141/114/3665

表示趙抃此篇奏議見於《儒藏》精華編一四一册第一一四卷第三六六五頁。

六、作者姓名相同者，分别立目，並加注朝代名等，以示區别。如：

王珪〔唐〕

王珪〔宋〕

七、本索引由北京大學中國古代史研究中心張希清、臧健、李秀鉢、戴濟冠、楊澤清等編製。

一畫

一行

請造銅遊儀奏（145/279/8970）

二畫

丁度

論馬政*（144/242/7846）

論鑄大錢之害*（145/264/8532）

議鄧保信阮逸胡瑗等鍾律得失*（145/280/9018）

論制禦西邊之計*（147/325/10400）

論契丹請絶元昊進貢事（147/325/10400）

丁津

上書求爲琅邪王哀行終喪禮（141/121/3903）

上書陳時事損益（141/130/4181）

丁恭

封功臣議（140/104/3410）

封功臣議（143/187/6015）

丁謂

乞禁銷金（143/210/6784）

丁諷

論祀五帝*（138/19/609）

丁鴻

日食上封事（146/296/9455）

丁騭

乞講筵開陳祖宗故事（140/69/2333）

奏請下御史臺體訪小人造作謗議疏（143/212/6870）

卜式

論治民*（138/24/798）

論治民*（141/105/3439）

刁衎

請法太祖勤儉太宗惠慈疏*（138/29/970）

論慎刑*（143/216/6978）

刁柔

嫡子孫承襲議（141/122/3936）

刁雍

興禮樂表（141/118/3790）

爲薄骨律鎮將至鎮上表（144/249/8054）

請水運表（145/261/8416）

請河西造城表（146/320/10260）

三畫

于休烈

請不賜吐蕃書籍疏（147/341/10954）

于志寧

諫太子承乾書(140/71/2406)

諫太子承乾疏*(140/72/2408)

論公主成婚宜待服除*(141/122/3942)

對隕石十八于馮翊疏*(146/298/9524)

于宣敏

請以戚屬爲蜀王疏(140/104/3420)

于翼

辭往河東取宇文訓*(140/76/2553)

諫東討齊陳疏*(140/80/2677)

諫伐齊疏*(144/229/7416)

于謹

論君德*(138/1/8)

論賞罰*(143/187/6021)

論納諫*(143/199/6399)

士文伯

請慎政*(146/295/9413)

士貞子

請勿殺荀林父以重勝楚*(141/129/4143)

大相元太

論測交州*(145/279/8971)

上官均

論治天下在好學廣問(138/8/244)

論寬猛二道(139/39/1353)

論宰相不當關决细務(141/139/4464)

乞清入仕之源(142/161/5162)

乞舉官限三日關報御史臺(142/167/5391)

乞十科外增撥煩一科(142/167/5392)

乞十科外增撥煩一科(係第二狀)(142/167/5393)

乞定州縣考課之法(142/172/5541)

乞講求内外久任之法(142/172/5543)

乞聽言考實疏(143/204/6607)

論太學生不當以言事殿舉(143/205/6627)

乞復義倉疏(144/245/7953)

乞令户部太府檢察内藏諸庫(145/269/8691)

乞罷河北榷鹽(145/270/8693)

論棄地非便疏(147/332/10635)

山簡

上懷帝疏(142/163/5234)

子西

諫荆臺之游*(143/193/6203)

諫封掩餘燭庸*（144/226/7319）

子罕

請君行賞臣行罰*（143/187/6009）

子革

論戒佚欲*（143/193/6202）

子韋

論熒惑在心*（146/295/9415）

子夏

論五帝有師*（138/6/171）

子魚

請内省德*（144/226/7317）

論宋襄公未知戰*（144/226/7317）

四畫

王十朋

論權策*（139/48/1639）

應詔陳弊事（139/51/1722）

除知湖州上殿劄子二（139/51/1727）

上殿劄子一（140/69/2342）

除太子詹事上殿劄子一（140/73/2466）

上殿劄子二（140/92/3064）

除侍御史上殿劄子（140/92/3065）

論進取利害劄子（140/92/3067）

論用兵事宜劄子（140/92/3068）

輪對劄子三（141/107/3519）

代越帥王尚書上劄子（141/125/4025）

輪對劄子一（141/143/4596）

論韓仲通俞良弼劄子（142/145/4667）

論龍大淵撫諭两淮劄子（142/145/4668）

上殿劄子三（142/145/4668）

又代上五劄一（142/145/4670）

除知湖州上殿劄子三（142/157/5036）

除太子詹事上殿劄子二（142/162/5205）

論史浩（143/184/5922）

又論史浩劄子（143/184/5925）

論史正志劄子（143/184/5925）

又論史正志劄子（143/184/5927）

論林安宅劄子（143/184/5944）

再論林安宅劄子（143/184/5945）

乞審核李顯忠等功罪劄子（143/189/6103）

論休假劄子（143/190/6133）

論内庭節省劄子（143/192/6188）
又代上五劄三（143/192/6189）
除太子詹事上殿劄子三（143/196/6318）
輪對劄子二（143/198/6381）
論宿州退師劄子（144/234/7603）
又代上五劄四（144/240/7792）
夔州論馬綱狀（144/242/7856）
再論馬綱狀（144/242/7857）
除知湖州上殿劄子一（146/306/9812）
論廣海二寇劄子（146/319/10203）
又代上五劄五（147/336/10777）

王及善

論誅來俊臣*（142/174/5583）

王之望

論收復當自陝西始奏議（140/96/3220）
初除左諫議大夫上殿奏議（142/157/5034）
乞旌賞戚方狀（143/189/6105）
論人主論兵與將相不同*（144/234/7607）
論調護吴璘王彦奏劄（144/240/7790）
論不宜置同都督江淮軍馬*（144/240/7789）
論經籍*（145/275/8875）
論两淮鎮戍要害（147/336/10766）
論禦邊*（147/336/10768）

王之道

論擇守令以結民心（141/142/4572）
論賞罰不當疏（143/188/6079）
論江北義社*（144/222/7204）
論金人叛盟舉兵北伐*（144/233/7585）
論擇三大將置之三路*（144/238/7742）

王元渤

論保民疏（141/107/3518）
論生財之法疏（145/270/8727）
論弭盗之術（146/318/10191）
論遏虜之策（147/348/11166）

王化基

澄清略言時事（142/159/5100）
論朝廷治邊鄙何患不安*（146/322/10297）

王介

諫降御批疏*（143/214/6925）

論僭致災變*(146/310/9909)

王文用

請駕還京師*(145/287/9257)

王方慶

上明堂告朔議(138/16/537)

論孟春不可議武(144/219/7085)

王旦

論宮禁火灾(146/298/9554)

王弘

又上表遜位(140/76/2546)

奏彈謝靈運(142/173/5566)

與八座丞郎疏(143/209/6749)

上言定丁役(145/254/8195)

王吉

上宣帝疏言得失(138/24/799)

上宣帝疏言得失(141/118/3805)

王朴

論音律疏*(141/127/4100)

平邊策(144/229/7445)

奏進欽天曆表(145/280/9010)

王存

乞崇用忠實仁厚之吏(141/137/4403)

論韓維不當罷門下侍郎(141/139/4467)

乞明論朋黨所在狀(142/155/4976)

乞別詳定制科考格(142/167/5396)

乞依舊教畿内保甲(144/221/7166)

王同

議水(144/253/8174)

王延業

胡太后父廟制議(138/15/496)

王仲丘

請祀五方帝議(138/17/545)

王安中

請開衆正之門立大公之道*(139/44/1528)

請行籍田禮劄子(141/111/3613)

請知縣闕官劄子(141/141/4535)

論正紀綱自任官始(142/162/5191)

論臣寮奏乞推爵劄子(143/188/6069)

論妄興坑冶疏(145/270/8704)

王安石

乞戒耳目之欲而自强以赴功(138/2/38)

上仁宗皇帝言事書(138/33/1106)

時政疏(138/33/1122)

論舍人不得申請除改文字(138/33/1123)
論治亂疏*(138/34/1166)
論本朝百年無事劄子(138/35/1180)
論當法堯舜*(138/35/1183)
議辨小人擇賢臣*(142/154/4956)
論孫覺令吏人書寫章疏(142/154/4957)
乞追還陳習誤罰昭示信令(143/203/6558)
論一歲三赦是政不節*(144/218/7064)
上五事劄子(145/256/8261)
擬上殿劄子(145/264/8521)

王安國

師友策(138/6/199)
論漢文帝王猛及安石*(139/35/1185)

王安禮

論明堂配帝第一劄子(138/20/668)
論明堂配帝第二劄子(138/20/668)
論明堂配帝第三劄子(138/20/670)
諫遷民墓以利國嗣*(140/73/2460)
請容蘇軾*(143/216/7004)
言時政劄子(146/303/9706)

王阮

試禮部對策*(140/103/3403)

王志愔

應正論(143/209/6773)

王求禮

論季春雨雪非祥瑞*(146/298/9524)

王伯大

論危亡聽言*(143/207/6692)

王奂

請南鑾表*(147/340/10911)

王祀之

郊祠灌獻議(138/14/467)

王坦之

將之廣陵鎮上孝武帝表(138/1/7)

王沿

論復十二渠務農實邊書*(145/260/8386)

王居正

論省費(143/192/6186)

王居安

論用人疏*(142/148/4746)
請誅韓侂胄疏(143/184/5921)

王拱辰

論太玄經著草不足學*(138/6/184)

王思誠

論應天以實不以文*(146/314/10043)

王信

論士大夫趨向之弊(139/47/1621)

王禹偁

論軍國大政疏(140/81/2709)

乞下詔恤災疏*(144/243/7880)

論黄州虎鬭雞鳴冬雷之異(146/298/9547)

乞江淮諸郡並置守捉軍士漸葺城壁繕完甲冑疏*(146/317/10130)

上禦戎十事狀(146/322/10298)

王音

困雉雊上言(146/295/9438)

王彦威

論憲宗葬議(141/122/3953)

憲宗不當稱祖議(145/281/9049)

王炳

論尚書省宜備藏天下載籍*(142/159/5096)

王祜

請戒猜忌*(141/132/4245)

王珪〔唐〕

論近代君臣理國多劣於前古*(138/27/885)

論行仁義之道*(138/27/893)

論公主出降行婦見舅姑之禮*(140/74/2479)

論安人之道*(141/105/3446)

論安人之道*(141/110/3593)

論人無學業豈堪大任*(141/131/4199)

論房玄齡等材*(142/154/4935)

諫盧江王姬侍側*(143/193/6225)

論君從諫則聖*(143/199/6399)

諫輕士*(143/201/6481)

論聽言*(143/201/6492)

論斷趾刑*(143/215/6959)

請選善人斷獄*(143/215/6959)

論人無學業豈堪大任*(145/274/8819)

王珪〔宋〕

請權罷臘享議(138/18/585)

太祖配享議(138/19/618)

真宗雩祀配議(138/19/630)

仁宗廟廷配享議(138/19/630)

廟祭與忌日同請不去樂及加牲香議(138/19/631)

論諒陰合行郊禮(138/20/639)

議乞依先朝封贈期親尊屬故事(140/77/2573)

議濮安懿王典禮狀（141/119/3851）
乞依先朝封贈期親尊屬故事（141/123/3975）
服除躬行郊廟議（141/123/3976）
乞奏爲今登歌之樂闕一音劄子（141/128/4119）
舉王安國狀（141/134/4319）
薦孫侔林希劄子（141/134/4319）
薦丘與權劄子（141/134/4320）
薦李徽之劄子（141/134/4320）
薦李庠劄子（141/134/4320）
進士諸科名額奏狀（142/165/5309）
諸科問經義奏狀（142/165/5309）
議貢舉庠序奏狀（142/165/5310）
議再舉伐西夏*（144/230/7482）
濮安懿王合稱皇伯議（145/282/9063）
上仁宗謚號議（145/282/9076）
仁宗謚號議（145/282/9076）
乞令木征不得還熙州劄子（147/344/11045）

王素

請帝禱於郊（146/300/9615）

王莽

奏復長安南北郊（138/14/452）

王師旦

論科舉黜張昌齡等*（142/163/5239）

王師愈

論人君之學*（138/8/262）
論務實八事疏*（139/51/1720）
請君法唐太宗臣法魏徵疏*（139/51/1721）
請觀真宗勤政論俗吏辨*（140/69/2346）
請守仁宗三十五事疏*（140/69/2347）
論太子不宜領臨安府尹疏*（140/73/2465）
請修備待釁疏*（140/94/3161）
論素備五説疏*（140/94/3162）
論士大夫習俗（141/117/3770）
論養人材疏（142/145/4671）
請重郡守之權疏*（142/145/4671）
論作邑之難疏（142/145/4672）

請拔擢歸正不釐務人中人材*（142/170/5474）
論税務賞格*（143/189/6106）
論聽言之要疏（143/206/6670）
乞禁止師巫疏（143/214/6918）
論揀選兵士*（144/224/7261）
請審處其勢勿輕開兵端*（144/234/7600）
論任將不可不久亦不可太久*（144/240/7799）
論和糴之弊疏（144/247/8004）
借米賑濟劄子（144/247/8004）
請頒集議帳於湖廣州縣*（145/258/8338）
論信州米綱疏（145/261/8432）
論綱運之弊疏（145/261/8433）
論潭州貼雇綱船之弊疏（145/261/8434）
論州郡者國財之源*（145/272/8766）
論恐懼致福之本*（146/307/9832）

王益柔

論考課法*（142/172/5538）

王涣之

論應天以實（143/205/6625）

王朗

勸育民省刑疏（138/25/813）
屢失皇子上疏（140/71/2385）
勸育民省刑疏（141/105/3439）
諫文帝游獵疏（143/193/6214）
諫明帝營修宫室疏（146/315/10054）

王陵

論王吕氏非約*（145/288/9258）

王陶

論既擇宗子知宗正寺不可復猶豫遲疑（140/73/2452）
論公主非時入宫（144/225/7302）

王紘

上言備邊（144/229/7415）

王基

伐吴進趣之宜對（144/227/7374）
上明帝疏諫盛修宫室（146/315/10061）

王接

贈恤嵇紹議（145/283/9111）

王彪之

省官並職議（142/171/5514）

王晙

請移突厥降人於南中安置疏（147/341/10953）

王象

薦楊俊（141/130/4167）

王庶

入對論恢復*（140/89/2986）

王章

上封事召見對言王鳳不可任用（146/295/9439）

王涯

論討吐蕃事宜疏（146/321/10295）

王准之

奏請三年之喪用鄭義（141/121/3908）

王琪

請復義倉疏（144/243/7883）

王琚

請誅竇懷貞等*（142/174/5587）

王堯臣

論章獻明肅章惠章穆廟謚之禮*（145/281/9052）

論防禦西夏之計*（147/328/10506）

王萬

轉對論敬天*（138/13/443）

王植

奏上撰定律章表（143/209/6753）

王雱

論兵器疏*（144/220/7147）

王雅

論王恭殷仲堪無當世之才*（141/130/4178）

王閎

上書諫尊寵董賢（145/290/9314）

王欽若

論恭避五帝之名*（138/18/580）

論帝坐*（138/18/580）

王敦

舉賀循爲賢良杜夷爲方正疏（141/130/4180）

王惲

上時政書（139/66/2232）

貢舉議（142/170/5506）

王普

論明堂有未合禮者十一事*（138/22/715）

論宗廟之祭*（138/22/717）

王尊

劾奏匡衡（142/173/5557）

王曾

乞罷營玉清昭應宮疏（146/315/10083）

王椿

上孝武帝讜言疏(146/298/9520)

王粲

論用人*(141/130/4166)

王義方

請重勘李義府致死畢正義奏(142/174/5582)

王慈

朝堂諱榜表(145/281/9042)

王肅〔三國〕

陳政本疏(141/130/4173)

論漢桓帝不當殺李雲*(143/201/6477)

上疏請恤役平刑(143/208/6731)

請征蜀疏(144/227/7372)

論司馬遷非内懷隱切*(145/276/8880)

請山陽公稱皇配謚疏(145/281/9040)

上疏請恤役平刑(146/315/10059)

王肅〔北魏〕

論久旱不雨輟膳三旦*(146/298/9516)

王嘉

上疏請養材(141/129/4153)

諫封董賢等封事(145/290/9310)

因日食舉直言復奏封事(145/290/9310)

遣將行邊對(146/295/9445)

王霆

入對論恢復*(140/100/3333)

王僧虔

樂表(141/127/4077)

請禁上湯殺囚疏(143/215/6955)

王僧綽

論當速斷立太子*(140/71/2395)

王彰

諫遊獵無度*(143/193/6216)

王韶

論和戎六事書*(147/329/10537)

上平戎策三篇(147/344/11045)

王隨

論鹽法通商有五利*(145/263/8491)

王賞

請以黑繒制作大裘如衮狀(138/22/718)

王儉

嗣位郊祀議(138/14/475)

立春在郊無煩遷日(138/15/477)

釋奠釋菜議(141/113/3645)

諒闇議(141/122/3920)

王質

上皇帝書(140/95/3168)
論和戰守疏(140/95/3175)
論廟謀疏(140/95/3176)
論廟謀疏(140/95/3177)
固本論(140/95/3179)
論吏民劄子(141/108/3531)
奏論使材二疏(142/145/4651)
論馭臣勿窮恩疏(142/145/4655)
上舉賢能二論(142/170/5482)
論馭臣勿開隙(143/196/6320)
上皇帝書(144/234/7604)
論州郡財賦殿最賞罰劄子(145/272/8757)
鎮盜論(146/319/10199)

王磐

論有功者宜加官爵不當任職位*(142/162/5213)
論按察司不可罷*(142/162/5213)
論孔廟户百家不當收爲民*(145/274/8846)

王褒

聖主得賢臣頌(141/129/4150)

王慶緒

禮敬太子生母議(141/118/3810)

王導

請修學校疏(141/113/3637)
論孝懷太子之喪*(141/121/3906)
論用人*(141/130/4180)
遷丹陽太守上箋(143/197/6327)
請建立國史疏(145/276/8882)

王融

畫漢武北伐圖上疏(144/228/7393)
上疏乞自效(144/228/7395)
上疏請給虜書(147/340/10911)

王叡

疾篤上疏(138/26/865)

王舉正

論張堯佐一日領四使*(141/134/4321)
論張堯佐除四使不當*(145/289/9287)
論張堯佐再除宣徽使(145/289/9288)

王皞

論有司擬謚不必候臣僚家自請*(145/281/9051)

王凝之

劾范寧表(142/173/5566)

王曙

論玉清昭應宫災*（146/299/9563）

王襄

論彗星疏（146/305/9768）

王應麟

論古人之心*（138/5/158）

論冬雷*（146/313/10018）

王燮之

皇太妃爲國親本親服議（141/121/3918）

王濬

上疏請平吴（144/228/7383）

王濟

論任劉元海爲將*（144/236/7658）

王疇

論勉彊力行疏*（138/1/34）

議仁宗配饗（138/19/633）

論劉永年再除防禦使（145/289/9292）

王嚴叟

論爲君難四事（138/2/46）

論洪範三德（138/2/46）

論聖賢之學在專勤*（138/7/236）

論治道貴清静儉約（139/39/1341）

論選后*（140/75/2512）

乞早安存遭火災宗室（140/77/2580）

應詔論宗室二事（140/77/2581）

論河北榷鹽之害（141/106/3465）

乞安集保甲破産人户狀（141/106/3466）

乞罷三舍法狀（141/114/3687）

請用薦舉之士爲學宦乞罷試法疏（141/114/3687）

論察賢佞之説（141/137/4418）

繳駁安燾除知樞密院（141/137/4420）

論安燾敕命不送給事中書讀（141/137/4420）

再辭書讀乞差官權給事中（141/137/4422）

再論安燾除命（141/137/4423）

論擇相不可不謹（141/137/4423）

乞審於進賢果於去奸（141/137/4425）

乞用君子保泰道（141/137/4426）

論君子小人無參用之理*（141/137/4427）

論劉摯蘇轍（141/137/4428）

乞依治平故事詔執政舉館職（142/153/4907）

論求賢當去六蔽（142/153/4908）
請罷試中斷案人入寺（142/161/5182）
論補諫官疏*（142/161/5183）
請復内外官司舉官法（142/168/5427）
論王安石疏（142/176/5673）
請詔執政裁抑三省人吏僥倖疏（142/176/5677）
論蔡確章惇大姦不可容*（142/180/5801）
乞養誠心以來諫諍狀（143/203/6584）
乞令臺諫專對疏（143/203/6585）
論安反側不必降詔狀（143/203/6586）
論張舜民罷言職狀（143/203/6587）
論張舜民罷言職（143/203/6588）
論張舜民罷言職（係第五狀）（143/203/6588）
請廣言路參用四方之士疏（143/203/6590）
論安反側不必降詔（143/212/6851）
論安反側不必降詔（係第三狀）（143/212/6852）
論赦無益於治*（144/218/7068）
乞免第四等第五等保丁冬教及罷畿内保甲（係第二狀）（144/221/7158）
乞廢罷保甲（144/221/7159）
論保甲之害（144/221/7160）
乞保甲併用冬教（144/221/7163）
論不可以走馬一言輕易元帥狀（144/238/7723）
乞常平不分立三等疏（144/245/7930）
請依舊法賑濟免河北貸粮出息疏（144/245/7931）
乞詔大臣早決河議（144/250/8095）
乞免第四等第五等保丁冬教及罷畿内保甲（145/257/8295）
乞罷青苗免役保甲（145/257/8296）
論河北榷鹽之害疏（145/269/8682）
又論河北榷鹽之害（145/269/8684）
乞罷青苗（145/269/8685）
請詔有司講究商賈利病（145/269/8686）
論隔截諫官直舍（145/286/9205）

論月食(146/304/9727)
論西人請地狀(147/345/11084)

王鶚

請置局纂就實録附修金遼二史*(145/277/8938)

王權

請以獻懿二主祔興聖廟議(138/17/567)

王爚

願詔大臣思治圖安疏(理宗時)(139/63/2149)

王覿

論善繼述*(140/69/2337)
奏乞太學冬季補試疏(141/115/3695)
言進退執政事疏(141/140/4490)
言差除召試事疏(141/140/4491)
留安燾疏(141/140/4493)
乞監司久任(141/140/4494)
上殿劄子(141/141/4522)
薦用丁隲(141/141/4523)
請勿以牧馬一事輕壞官制*(142/161/5183)
論省曹寺監*(142/161/5184)
論特旨薦士*(142/168/5415)
論經明行修人不當充本州解額疏*(142/168/5415)
論選任臺諫官*(142/168/5416)
奏乞責降蔡确疏(142/179/5787)
風聞朝廷欲下詔書以安邪黨乞行寢罷疏(142/179/5788)
論執政張璪疏(142/179/5789)
論蔡确韓縝等居中罔上劄子(142/179/5791)
乞再誅竄吕惠卿疏(142/179/5792)
論責授武昌軍節度副使潭州安置章惇陰邪慘酷竊弄威柄乞行顯戮疏(142/179/5793)
奏爲乞出林希外任事疏(142/179/5794)
乞與刑部郎中王振遠小差遣候敕旨事疏(142/179/5795)
有司緣市易而冒賞者當追奪*(143/188/6064)
上殿劄子(143/196/6308)
論好問不可不擇其人邇言不可不察其實(143/204/6613)
論諫官廳出外别作門出入*(143/204/6614)
論隔截諫官直舍(143/204/6615)

論安反側不必降詔（143/212/6856）
乞稍貴京師常平倉米疏（144/245/7955）
論河北水災疏*（144/245/7957）
奏爲河北流民乞指揮賑濟疏（144/245/7957）
論修治黄河（144/250/8093）
乞添差詳定役法官疏（145/258/8329）
乞重定差役人户等第疏（145/258/8329）
上殿劄子（145/268/8637）
又上殿劄子（145/268/8638）
乞令諸路經略司依舊封樁錢斛*（145/268/8639）
論罷散青苗錢行舊常平倉法疏*（145/268/8640）
論財用疏（145/268/8641）
乞以封樁錢賜户部及諸路轉運司（145/268/8642）
辭免修史（145/276/8910）
上欽聖憲肅皇后謚議（145/282/9087）
論旱爲不肅不罰（146/303/9715）
論變異未盡消由正事猶有闕*（146/304/9738）
論集禧觀災不必於延福宫設醮謝咎*（146/304/9753）
論吕惠卿違侵擾外界旨疏（147/332/10638）
論議吕惠卿違赦出兵罪法狀（147/332/10642）
論吕惠卿之罪在廢詔出兵不在奏與不奏狀（147/332/10642）

王鑒

勸元帝親征杜弢疏（144/228/7385）

王顯

議親征契丹（144/230/7462）
論禦邊疏*（146/323/10344）

元目辰

論遣將追擊蠕蠕*（144/228/7401）

元永貞

真定玉華宫罷遣太常禮樂議（138/22/746）

元休(安定王)

請依成式公除表（141/122/3922）

元孚(拓跋孚)

修樂器表（141/127/4081）
陳賑恤阿邯瓌便宜表（147/340/10921）

元英(拓跋英)

奏請遣使就郡校練學生（141/113/3651）
乞乘虚取沔南表（144/229/7407）

又奏乘虚取沔南（144/229/7407）

元屈

請誅首惡赦其黨類*（144/218/7045）

元彧（拓跋彧）

諫孝莊帝以高祖爲伯考表（138/15/506）

諫孝莊帝追尊兄彭城王劭爲孝宣皇帝*（145/281/9043）

元祥（北海王）

奏劾甄琛李憑（142/173/5575）

元雲（任城王）

請立太子*（140/71/2397）

元結

時議三篇并表（138/28/924）

元絳

議僖祖祧遷*（138/20/649）

元載

城原州議（146/321/10276）

城原州議（147/341/10958）

元暉（拓跋暉）

上疏請布耳目以訪牧守（142/171/5518）

上書論政要（146/321/10269）

元遥

論遏密之中不當便議改奪*（140/76/2553）

元雍〔高陽王〕

考格表（142/171/5515）

奏禁鹽池復置監司取税（145/262/8461）

元端

上言集議郊禘配（138/15/495）

元稹

遷廟議（138/17/568）

對才識兼茂明於體用策（138/28/934）

論教本書（140/72/2418）

論追制表（143/187/6026）

論諫職表（143/202/6519）

獻事表（143/202/6520）

論討賊表（144/229/7433）

錢貨議狀（145/263/8475）

論西戎表（146/321/10293）

元澄（拓跋澄、任城王）

奏停祫祭應待年終（138/15/494）

奏請移禘祀在中旬（138/15/495）

論隨時濟世子産爲得*（138/26/853）

上表言革世事不宜案校（138/26/869）

畜力聚財表（140/80/2676）

請決計遷都河洛疏*（140/103/3383）

奏劾高陽王雍（143/215/

6956）
又重奏配四中郎將兵數（144/236/7660）
上言太和五銖與新鑄五銖及古錢宜並通用（145/262/8458）

元懌（清河王）

乞議定喪禮表（141/122/3935）
論高肇不當擅録囚徒*（143/197/6329）

元繼（江陽王）

請議宗室預祭表（138/15/502）

五十九

請選軍官兼路府州縣之職*（144/224/7290）

不忽木

請徧立學校疏*（141/115/3720）
請遣使諭交阯*（144/235/7645）
請法漢文謹天戒*（146/314/10030）

太平

請舉行天壽節朝賀疏*（141/120/3884）

尤袤

入對奏劄*（138/4/99）
大行太上皇帝廟號疏（145/282/9095）
論人心抑鬱所以感傷天和*（146/306/9797）

屯屠何（南匈奴單于）

求并北成南上言（144/227/7352）

牛大年

入對論敬天*（138/13/443）
論宜振起士風*（141/117/3775）

牛弘

依古制修立明堂議（138/16/507）
奏請定典禮（141/119/3822）
奏請修緝雅樂（141/127/4088）
奏言雅樂定（141/127/4090）
更共姚察許善心劉臻虞世基等詳議（141/127/4091）
議正定新樂疏*（141/127/4093）
上表請開獻書之路（145/275/8860）

牛僧孺

論李直臣不當貸*（143/209/6779）

牛叢

論服章*（143/197/6342）

牛贇

諫趙王破原陽以爲騎邑*（144/219/7081）

毛注
論省邊事足財用收士心禁技巧*（139/43/1510）
論宜早令蔡京去國消弭災咎*（142/180/5813）
論鹽法*（145/270/8700）
答詔論彗星四事（146/304/9754）
毛喜
請寢兵結好*（144/228/7395）
毛碩
請禁約酒官收用實錢*（145/259/8373）
公子成父
賀御廪災*（146/295/9416）
公叔痤
辭賞田百萬*（143/187/6010）
公乘興
上書訟王尊治京兆功效日著（141/129/4152）
公孫弘
元光五年舉賢良對策（138/24/793）
請爲博士置弟子員議（141/113/3635）
公孫瓚
表袁紹罪狀（142/173/5562）
表袁紹罪狀（144/227/7362）
月赤察兒
請安撫款徹處分降人（144/235/7648）
月魯帖木兒
論太上皇之號不足慕*（145/282/9104）
卞壼
奏議王式事（143/208/6745）
奏論樂謨庾怡（143/208/6746）
周札贈謚議（145/283/9111）
卞粹
爲皇太孫服議（141/121/3902）
文天祥
輪對劄子（138/9/314）
御試策一道（139/64/2155）
己未上皇帝書（140/101/3335）
論宜分天下爲四鎮*（140/101/3348）
癸亥上皇帝書（143/186/5996）
乞斬吕師孟疏（143/186/5999）
文同
乞置府學教授狀（141/114/3679）
奏爲乞修興元府城及添兵狀（144/220/7148）
奏爲乞修洋州城并添兵狀（146/318/10172）
文彦博
進尚書孝經解（138/7/210）

進尚書二典義劄子（138/7/213）
進漢唐故事疏（138/7/216）
無爲而治論（138/34/1139）
赴河陽陛辭日面奏（139/39/1324）
乞復賜臣寮儒行中庸篇及文武七條（139/42/1443）
奏久旱乞不追擾事（141/111/3612）
供取索英宗遺事（141/135/4349）
論用人（141/135/4349）
論五帝親事之説（141/135/4352）
答奏（141/138/4430）
乞中外官久任（141/138/4432）
奏吏户刑部官久任（142/161/5166）
論取士（142/167/5374）
奏吏部三類法（142/167/5374）
進無逸圖（143/190/6129）
奏乞立制度使（143/192/6178）
乞繼上奏封細陳事理疏（143/202/6541）
乞恤刑疏（143/216/7003）
論赦事疏（144/218/7064）
乞河東依陝西例點强壯（144/219/7090）
論兵政（144/220/7141）
論西事（144/231/7483）
請嚴軍法（144/237/7695）
奏令邊帥練兵約束諸將（144/237/7697）
論監牧（144/242/7847）
論保馬（144/242/7848）
奏勤恤民隱事（144/245/7953）
論開修漳河不利*（144/250/8079）
奏黄河曹村決溢利害乞擇水官（144/250/8083）
論役法合從民便令轉運司定奪（145/257/8304）
論青苗（145/267/8607）
論市易（145/267/8609）
又論市易（145/267/8610）
奏户部事（145/268/8633）
答詔論星變（146/300/9623）
奏爲修開先殿乞循制度事（146/316/10093）
言修中太一宫（146/316/10100）
論修樓櫓事（146/316/10100）
論討戎瀘小夷不必自秦鳳興師（147/328/10505）
條奏薛向利害（147/329/10532）
論進築河州（147/329/10551）

謝答詔(147/329/10552)
答奏(147/331/10583)
奏夏國事(147/331/10585)
答奏諮訪詔(147/344/11052)

尹文
論人君之事*(138/23/753)

尹洙
論命令恩寵賜與三事疏(138/33/1125)
論用人太察之弊(141/134/4318)
論公論朋黨繫於上意疏(142/154/4947)

尹逸
對成王問(138/23/750)

尹焞
諫講和劄子(147/348/11171)

尹源
唐説及敘兵十篇(138/34/1137)

孔子(孔丘)
論君子惡惡道*(138/1/1)
論秦穆公*(138/23/751)
論哀憂勞懼危*(138/23/756)
論知天下者反之己*(138/23/756)
論使民富壽之政*(141/105/3436)
論衛靈公用公子渠牟等爲賢*(142/154/4925)
請伐陳桓*(144/226/7312)

孔文仲
對策論治道*(139/42/1467)

孔光
奏請議毁廟(138/14/450)
上書對問日蝕事(146/295/9448)

孔伋
論衛國事日非*(143/201/6464)

孔坦
奏議策除秀孝(142/163/5235)

孔武仲
乞輪侍從官進對疏(143/200/6438)

孔季彦
雨雹對(146/296/9458)

孔思迪
請重夫婦之倫*(143/214/6939)

孔琳之
廢錢用穀帛議(145/262/8447)

孔稚珪
奏劾王融(142/173/5573)
上新定律注表(143/209/6754)
上和虜表(147/340/10913)

孔僅
上言鹽鐵（145/262/8442）
孔僖
上書自訟（143/208/6726）
論明王聖主莫不尊師貴道*（145/274/8818）
孔璋
理李邕疏（143/215/6973）
孔緯
論楊復恭乘肩輿上殿*（145/291/9337）
孔融
上書薦謝該（141/129/4164）
薦禰衡疏（141/129/4164）
崇國防疏（143/196/6287）
肉刑議（143/215/6948）
孔穎達
對論語問（138/1/15）
明堂議（138/16/522）
諫太子承乾數虧禮度*（140/71/2407）
孔嚴
諫鴻祀（146/297/9507）
孔顗
上鑄錢均貨議（145/262/8454）
毌丘儉
上疏請定遼東（144/227/7374）
毋將隆
奏請收還武庫兵器（145/290/9314）

五畫

甘廷壽
上疏斬送郅支首（147/340/10890）
甘茂
請盟於息壤*（144/226/7324）
朮速忽里
陳進取之計*（144/235/7641）
丙吉
薦杜延年等以代己*（141/129/4149）
左雄
上疏陳事（142/171/5508）
上封事諫封山陽君及襄邑侯（145/290/9316）
石介
論民爲天下國家之根本*（141/106/3464）
石公弼
論道士燒煉丹砂（142/180/5812）
請崇忠正通諫爭*（143/205/6633）
請復還史館之職（145/276/8901）
石抹世勣
請令軍户分人歸守本業*（141/109/3576）

石倫

論欲復太原不當惜軍賞*(143/189/6116)

石崇

議奏封賞當依準舊事(143/187/6017)

石琚

言郊天配饗疏(138/22/740)

請禁鑄錢疏*(145/273/8808)

論人君言動不可避史官(145/277/8938)

石碏

諫衛莊公寵州吁*(140/76/2531)

石顯

論馮野王不宜爲御史大夫*(142/163/5222)

平當

上書請復太上皇寢廟園(138/14/447)

奏求治河策

北宮文子

論令尹園無威儀*(142/154/4925)

申公

論爲治不在多言*(138/24/792)

申屠剛

舉賢良方正對策(145/288/9266)

申屠嘉

奏議孝文爲太宗廟(138/14/444)

論愛幸群臣朝廷之禮不可不肅*(145/290/9310)

申紹

上疏陳時務(140/79/2665)

田千秋

請罷斥方士言神仙者*(142/173/5554)

田子方

論審於聲則聾於官*(142/154/4927)

論富貴者安敢驕人*(145/285/9160)

田再思

服母齊衰三年議(141/122/3943)

田况〔新王莽〕

上言平盜賊方略(146/317/10124)

田况〔宋〕

論好名(138/1/27)

乞諫官綴兩省班次(142/159/5111)

論攻策七不可(144/230/7463)

内帑策(145/265/8537)

乞汰冗兵(146/300/9609)

上兵策十四事疏(147/325/10406)

乞訪問執政事以虜患爲急疏(147/325/10414)

田叔

請勿案梁*(140/76/2533)

論孟舒爲天下長者*(142/154/4927)

田肯

請使親子弟王齊*(140/78/2622)

田差

論不顧馳逐之車*(143/191/6143)

田蚡

論東甌不足煩中國往救*(144/226/7336)

上言勿塞決河(144/249/8048)

田琢

請屯田疏(141/111/3619)

田錫

進經史子集要語(138/1/20)

論出官河朔疏(138/29/962)

乞早建儲闈(140/72/2423)

論舉國要機朝廷大體疏(140/81/2705)

請復鄉飲禮書(141/118/3794)

乞詢求將相(142/154/4944)

論制科當依漢制取人(142/164/5265)

論輕用兵(144/230/7459)

乞賑給河北饑民(144/243/7882)

應詔論火災疏(146/298/9533)

論旱災疏(146/298/9536)

論揀選强壯失信(146/298/9548)

答詔論邊事(146/322/10308)

論邊事(147/342/10978)

田讓

論賞罰不當*(141/129/4144)

由余

論奢儉之節*(143/191/6142)

史天澤

論治國安民之道疏*(139/65/2200)

史丹

諫動摇太子(140/71/2382)

史玄璨

議禘祫*(138/16/528)

史起

論西門豹未盡仁智*(144/249/8047)

史浩

光宗皇帝初即位進封事(138/4/96)

臨陛辭日進内修八事劄子(139/50/1688)

論歸正人劄子(140/93/3119)

論歸正人第二劄子(140/93/

3120)
薦潛邸舊臣劄子(142/144/4644)
陛辭薦薛叔似等劄子(142/144/4644)
乞罷蕭鷓巴入内打毬劄子(143/196/6320)
論褒賞諫官劄子(143/206/6662)
乞免臺諫侍從當日條具劄子(143/206/6663)
乞免臺諫侍從當日條具第二劄子(143/206/6663)
乞置看詳一司劄子(143/214/6916)
論閲武劄子(144/223/7245)
條具弊事(144/234/7597)
論用兵劄子(144/234/7598)
論未可用兵山東劄子(144/234/7599)
論鎮江都統兼知揚州劄子(144/240/7803)
輪對劄子(145/284/9150)
請安反側劄子(147/348/11181)

史敞

諫探策立后疏(140/74/2476)
薦尚書僕射胡廣(141/129/4160)

史惟良

請釐正不便之事以弭災*(146/314/10042)

史弼

虜渤海王爲亂上封事(140/76/2536)

史嵩之

論籌画糧餉*(145/259/8365)

史彌遠

論征伐疏*(144/235/7621)

史鰌

論政孰爲務*(138/23/757)

丘愔

陳李昭德罪狀疏(142/174/5584)

丘邁之

閏月周忌議(141/121/3912)

白公子張

諫楚靈王*(143/201/6466)

白居易

請揀放後宫内人(140/74/2483)
論王鍔欲除官事宜狀(141/131/4229)
奏論元稹左降狀(141/131/4230)
論太原事狀三件(141/131/4231)
論嚴綬狀(141/131/4232)
論孟元陽狀(141/131/4233)
續虞人箴(143/194/6234)
論非有重望顯功不可任宰相*(143/197/6341)

論制科人狀(143/202/6516)
請罷恒州兵事宜狀(144/229/7434)
論行營五事狀(144/229/7440)
論承璀職名狀(144/236/7676)
再言承璀疏(144/236/7677)
論孫璹狀(144/236/7678)
論張奉國狀(144/236/7678)
奏請加德音中節目二件(144/243/7879)
論和糴狀(145/263/8474)
爲宰相請上尊號第二表(145/281/9050)

白起(武安君)

請釋趙養民*(144/226/7328)
論攻邯鄲*(144/226/7332)

令狐茂

上書理太子(140/71/2381)

令狐峘

諫厚奉元陵疏(141/122/3950)
諫厚奉元陵疏(141/124/4011)

令狐楚

奏舉杜勝等狀(141/131/4242)

令狐綯

論金鏡之要在得賢*(141/131/4241)

令狐德棻

論爲政以薄賦斂省征役爲要*(138/27/902)
請論次周隋各爲正史*(145/276/8887)

包拯

論要務七事(138/34/1141)
請建太子(140/73/2446)
再請建太子(140/73/2447)
論李綬昌國親事(140/74/2495)
乞面釋逋欠人(141/105/3456)
乞因明堂赦書大施曠蕩之澤(141/105/3457)
論歷代并本朝户口疏(141/105/3458)
請罷天下科率疏(141/105/3459)
請兩制官祀九宫貴神(141/126/4060)
論縣令輕授疏(141/133/4288)
請不用苛虐之人充監司(141/133/4289)
上第二劄子(141/133/4290)
引王旦等故事論奏(141/133/4291)
請復封駁疏(141/133/4291)
請先用舉到官疏(141/133/4292)

論委任大臣疏(141/133/4292)
論大臣形迹事疏(141/133/4293)
彈宋庠疏(141/133/4295)
請選諫議大夫疏(141/133/4296)
請選用提轉長吏官(141/133/4296)
請選河北知州疏(141/133/4297)
請選廣南知州疏(141/133/4298)
請選利州轉運使疏(141/133/4299)
再請選轉運提刑疏(141/133/4300)
請置發運判官疏(141/133/4300)
請復韓贄等百官疏(141/133/4301)
論河北帥臣疏(141/133/4301)
請復御史裏行(142/160/5134)
取士疏(142/165/5301)
請依舊封彌謄録考校舉人(142/165/5303)
請令審官院以黜陟狀定差遣先後(142/165/5304)
請重坐舉邊吏者(142/165/5304)
論張堯佐疏(142/175/5640)
論李淑疏(142/175/5641)
論郭承祐疏(142/175/5642)
請安置鹿皮道者疏(142/175/5643)
論明堂覃恩疏(143/187/6038)
乞依賞格酬獎李用和疏(143/187/6039)
論冗官財用等(143/191/6167)
請斷銷金等事(143/191/6169)
進魏鄭公三疏劄子(143/202/6549)
論臺官言事狀(143/202/6550)
論賞當其功罰當其罪*(143/210/6806)
乞止絶内降(143/210/6806)
論詔令數改易疏(143/210/6807)
乞不用贓吏狀(143/210/6807)
請令提刑視按罪人(143/216/6983)
請那移河北兵馬疏(144/219/7102)
請留禁軍不差出招置土兵(144/219/7103)

請添河北入中糧草（144/219/7105）
論邊將（144/237/7709）
請救濟江淮飢民疏（144/243/7892）
又請支義倉米賑給百姓疏（144/243/7893）
請免江淮兩浙折變疏（144/243/7894）
請差災傷路分安撫疏（144/243/7895）
請選内外計臣疏（145/264/8518）
言陝西鹽法疏（145/264/8519）
請謚王明（145/284/9133）
論百官致仕（145/285/9189）
乞追寢張堯佐過越之恩*（145/289/9285）
中書劄子第一道（145/289/9286）
再彈張堯佐第二章（145/289/9287）
論内臣（145/292/9349）
請不修上清宫（146/299/9564）
論日食疏（146/299/9564）
論星變疏（146/299/9565）
謹天戒疏（146/299/9566）
論地震疏（146/299/9567）
上殿劄子（146/299/9568）
論蠻賊事第一疏（146/317/10152）
請速除京東盜賊疏（146/317/10152）
進張田邊説狀（147/328/10508）
論契丹事宜疏（147/328/10508）
論契丹事宜第二疏（147/328/10509）
乞河北添糴糧草疏（147/328/10510）
再請移那河北兵馬及罷公用回易（147/328/10511）
請擇探候人疏（147/328/10513）

主父偃

說武帝令諸侯得分封子弟（140/104/3409）
上書諫伐匈奴（147/340/10885）

玄伯

請以壽光侯建爲將討并州胡*（144/236/7660）

司馬芝

奏請崇本抑末（141/110/3585）

司馬光

陳論三德劄子（138/1/75）
乞簡省細務不必盡關聖覽劄子（138/1/28）

上皇帝疏(138/1/29)
初除中丞上殿劄子(138/2/36)
乞開請筵劄子(138/6/184)
論既開講筵未宜遽罷(138/6/184)
乞講尚書劄子(138/6/185)
乞經筵訪問疏(138/6/185)
上哲宗孝經指解奏(138/6/197)
上皇帝疏(138/10/327)
又上兩宮疏(138/10/329)
上皇帝疏(138/10/331)
言奉養上殿劄子(138/10/332)
言奉養上殿第二劄子(138/10/333)
言奉養上殿第三劄子(138/10/334)
言奉養上殿第四劄子(138/10/336)
上慈聖皇后疏(138/10/336)
論壽星觀御容狀(138/19/618)
論明堂配侑奏(138/19/625)
乞改郊禮劄子(138/19/626)
議祧遷狀(138/19/635)
進五規狀(138/32/1077)
言御臣上殿劄子(138/32/1085)
乞裁決機務上殿劄子(138/34/1147)
上皇太后疏(138/34/1147)
陳治要上殿劄子(138/34/1150)
言爲治所先上殿劄子(138/34/1151)
體要疏(139/36/1199)
修心治國之要劄子(139/39/1348)
乞令六曹長官專達劄子(139/39/1350)
論祖宗之法不可變*(140/69/2327)
請更張新法劄子(140/69/2327)
請建儲副狀(140/72/2428)
請建儲副或進用宗室狀(140/72/2430)
請建儲副或進用宗室狀(140/72/2432)
乞建儲劄子(140/72/2434)
又乞建儲劄子(140/72/2434)
請早令皇子入内劄子(140/72/2435)
論儲嗣*(140/72/2435)
乞令皇子伴讀提舉左右人劄子(140/73/2456)
論公主宅内臣狀(140/74/2499)
論正家上殿劄子(140/74/2499)

乞放宫人劄子（140/74/2500）
言後宫等級劄子（140/74/2501）
上皇太后疏（140/74/2502）
上皇太后疏（140/74/2503）
乞召皇侄就職（140/76/2566）
乞罷散春苗錢白劄子（141/106/3467）
論勸農劄子（141/110/3606）
論勸農莫如重穀（141/110/3607）
乞省覽農民封事（141/111/3609）
乞直講不限年及出身劄子（141/114/3669）
謹習疏（141/116/3740）
論後殿起居劄子（141/119/3846）
論階級劄子（141/119/3847）
濮王典禮劄子（141/119/3848）
議濮安懿王合行典禮狀（141/119/3849）
議濮安懿王典禮狀（141/119/3850）
論濮安懿王稱安懿皇疏（141/119/3851）
乞宰臣押班一依舊制疏（141/119/3852）
論董充媛賜謚册禮疏（141/123/3971）
乞遣告哀使劄子（141/123/3973）
乞撤去福寧殿前尼女劄子（141/123/3973）
言遣奠劄子（141/123/3974）
論虞祭劄子（141/123/3974）
論虞祭劄子（141/123/3975）
山陵擇地劄子（141/125/4015）
論用人疏*（141/135/4336）
論御藥院劉保信等與授外任不得闔理官資狀（141/135/4336）
諫録潁邸直省官爲閤門祗候*（141/135/4335）
論擇言事官當以三事爲先（141/135/4353）
再舉諫官劄子（141/135/4354）
論不當復劄下舍人院須令草李定詞頭（141/135/4354）
薦范祖禹狀（141/135/4355）
乞令監司州縣各舉按所部官吏（141/138/4433）
乞合兩省爲一（142/161/5152）
乞令六曹長官專達劄子（142/161/5154）
乞罷將官狀（142/161/5155）

乞罷提舉官劄子(142/161/5157)
論舉選狀(142/164/5289)
論制策等第狀(142/164/5292)
論科舉*(142/165/5326)
言舉官上殿劄子(142/165/5330)
乞令選人試經義上殿劄子(142/165/5331)
論近歲士人習高奇之論誦老莊之言(142/166/5338)
論貢舉狀(142/166/5339)
再乞資蔭人試經義劄子(142/166/5346)
乞以十科舉士劄子(142/167/5375)
科場劄子(142/167/5377)
乞先行經明行修科劄子(142/167/5382)
論監司守資格任舉主劄子(142/167/5383)
乞分十二等以進退群臣上殿劄子(142/172/5535)
論兩府遷官狀(142/172/5537)
論王逵劄子(142/175/5630)
論張田狀(142/175/5631)
又論張田狀(142/175/5631)
論程戡劄子(142/176/5646)
言程戡劄子(142/176/5646)
論陳述古劄子(142/176/5647)
論皮公弼劄子(142/176/5648)
論王廣淵劄子(142/176/5649)
論王廣淵劄子(142/176/5656)
論王廣淵第二劄子(142/176/5656)
論郭昭選除閣職狀(142/176/5657)
論王安石疏(142/176/5658)
論王安石疏(142/176/5659)
言兩府遷官疏(143/188/6049)
言兩府遷官劄子(143/188/6049)
乞罷近臣恩命上殿疏(143/188/6050)
上辭賜金劄子(143/188/6053)
論王廣淵章服職名疏(143/188/6055)
言遺賜劄子(143/191/6162)
言遺賜第二劄子(143/191/6163)
乞制國用(143/191/6164)
乞節用劄子(143/191/6170)
乞聽宰臣辭免郊賜(143/192/6173)

論乞悉罷燕飲安神養氣（143/194/6241）
乞罷上元連日游幸（143/194/6242）
論上元令婦人相撲狀（143/194/6242）
論臣寮上殿屏人劄子（143/196/6304）
論夜開宫門狀（143/196/6305）
論麥允言給鹵簿狀（143/197/6349）
論王廣淵劄子（143/197/6354）
乞施行制策劄子（143/199/6413）
乞延訪群臣上殿劄子（143/199/6414）
乞延訪群臣第二劄子（143/199/6415）
乞詔侍從直宿以備訪問（143/199/6415）
乞詔侍從直宿以備訪問（143/199/6417）
乞令朝臣轉對劄子（143/199/6417）
乞改求諫詔書劄子（143/199/6426）
乞降封事簽帖劄子（143/199/6427）
乞開言路劄子（143/199/6428）
乞下求言詔書（143/199/6431）
論張堯佐狀（143/202/6544）
留傅堯俞等劄子（143/202/6550）
留吕誨等劄子（143/202/6551）
乞施行封事（143/203/6555）
論政府言職迭相攻毁乞斷以大公至正之道（143/203/6555）
請自擇台諫劄子（143/203/6557）
論吕公著所陳利害（143/203/6569）
論臣民封事乞降出施行（143/203/6570）
乞精察群臣之言決以聖意（143/203/6571）
論勿任厮役小人爲耳目*（143/210/6814）
乞今後有惡逆不令長官自劾疏（143/211/6819）
乞罷刺陜西義勇狀（143/211/6820）
議謀殺已傷案問欲舉而自首狀（143/211/6828）
乞不帖例貸配劄子（143/211/6840）
乞令六曹删減條貫劄子

(143/211/6841)
論皇城司巡察親事官劄子(143/216/6985)
論赦及疏决狀(144/218/7060)
論赦劄子(144/218/7061)
論不得言赦前事上殿劄子(144/218/7065)
論揀兵疏(144/220/7115)
乞罷刺陝西義勇第四上殿劄子(144/220/7127)
乞罷刺陝西義勇第五上殿劄子(144/220/7130)
乞罷陝西義勇劄子(144/220/7132)
又乞罷陝西義勇劄子(144/220/7132)
乞罷刺陝西義勇劄子(144/220/7134)
言招軍劄子(144/220/7135)
乞不令陝西義勇戍邊及刺充正兵劄子(144/220/71238)
乞留渚州屯兵劄子(144/220/71239)
乞不揀退軍置淮南劄子(144/220/7139)
乞罷將官狀(144/221/7150)
乞罷保甲劄子(144/221/7153)
諫西征疏(144/230/7473)
請革弊劄子(144/231/7495)
論張方平狀(144/237/7692)
論張方平第二狀(144/237/7693)
論張方平第三狀(144/237/7694)
言趙滋劄子(144/237/7712)
言趙滋第二劄子(144/237/7713)
言程戡施昌言劄子(144/237/7714)
論荒政劄子(144/244/7896)
言蓄積劄子(144/244/7902)
言錢糧劄子(144/244/7904)
乞訪四方雨水疏(144/244/7908)
乞選河北監司賑濟飢民疏(144/244/7909)
論賑濟劄子(144/245/7927)
乞趁時收糴常平斛斗劄子(144/245/7928)
議修治黄河*(144/249/8074)
乞優賞宋昌言劄子(144/250/8078)
論衙前劄子(145/255/8245)
乞免永興軍路苗役錢劄子(145/255/8247)
乞去新法之病民傷國者狀(145/256/8279)
乞罷免役錢狀(145/256/

8284）
又乞罷免役錢依舊差役疏（145/256/8285）
乞不改更罷役錢敕劄子（145/256/8288）
乞申明役法劄子（145/256/8289）
乞再申明役法劄子（145/256/8292）
乞申敕州縣依前敕差役劄子（145/256/8293）
論財利疏（145/264/8521）
邇英進讀論新法*（145/264/8533）
邇英奏對論理財（145/264/8534）
辭樞密副使劄子（145/264/8534）
乞罷條例司常平使疏（145/266/8590）
論錢穀宜歸一疏（145/269/8689）
乞印行荀子揚子法言狀（145/275/8866）
乞令校定資治通鑑所寫稽古録劄子（145/276/8897）
論夏竦謚狀（145/281/9060）
論夏竦謚第二狀（145/281/9060）
乞不受尊號（145/282/9074）
乞不受尊號更下詔書深自咎責（145/282/9075）
請不受尊號劄子（145/282/9079）
論董充媛賜謚册禮（145/282/9085）
論后妃封贈劄子（145/283/9129）
乞罷進奏補外親劄子（145/283/9130）
乞矜恤陳洙遺孤狀（145/283/9130）
乞官劉恕一子劄子（145/284/9140）
乞優老上殿劄子（145/285/9184）
言陳烈劄子（145/285/9185）
論以公使酒食遺人刑名狀（145/285/9185）
乞推恩老臣劄子（145/286/9205）
論張堯佐除宣徽使狀（145/289/9289）
論李瑋知衛州狀（145/289/9290）
乞后族不推恩劄子（145/289/9293）
論選擇親信密行伺察之弊*（145/292/9348）
論押班須年五十疏（145/292/9349）
論張茂則劄子（145/292/

9355)
論任守忠疏(145/292/9356)
又論任守忠疏(145/292/9356)
論任守忠第三疏(145/292/9357)
論内侍差遣疏(145/292/9358)
論御藥院王中正乞盡罷寄資令補外官狀(145/292/9359)
論王中正及不當令内臣采訪外事狀(145/292/9360)
論高居簡狀(145/292/9361)
又論高居簡狀(145/292/9362)
言高居簡劄子(145/292/9362)
論日食過陰雲不見乞不稱賀狀(146/301/9636)
乞體量京西陝西災傷疏(146/301/9637)
乞車駕早出祈雨劄子(146/301/9637)
應詔言朝政闕失狀(146/302/9685)
乞罷修感慈塔劄子(146/316/10095)
論修造劄子(146/316/10096)
論兩浙不宜添置弓手狀(146/317/10153)
論除盜劄子(146/318/10156)
乞罷保甲招置長名弓手狀(146/318/10173)
言備邊(147/329/10527)
乞戒邊城潤略細故(147/329/10528)
乞留意邊事疏(147/329/10530)
乞留諸州屯兵劄子(147/329/10551)
論環州事宜狀(147/343/11030)
論夏國入弔劄子(147/343/11031)
言横山劄子(147/343/11039)
論納横山非便(147/343/11039)
論召陝西邊臣劄子(147/344/11046)
論西夏劄子(147/345/11073)
乞未禁私市先赦西人劄子(147/345/11077)
乞先赦西人劄子(147/345/11078)
乞不拒絶西人請地劄子(147/345/11080)
乞撫納西人劄子(147/345/11081)
司馬冏
表立清河王覃爲皇太子(140/71/2395)

奏理張華裴頠解系等(145/283/9110)

司馬攸(齊王)

節省議(141/110/3589)

司馬孚

奏請易服復膳(141/121/3893)

奏止詣陵(141/121/3894)

皇后銘旌議(145/281/9038)

司馬相如

上書諫獵(143/193/6208)

司馬師

又上書訓天子(138/6/174)

司馬虓(范陽王)

上表言河間王顒等宜委任如舊(145/285/9170)

司馬康

論荒政疏*(144/245/7963)

司馬楚之

上疏請乘勝南伐(144/228/7400)

司馬興之

郊配用牛數議(138/14/472)

太子妃喪撤樂議(141/121/3916)

國母除太夫人議(141/121/3917)

司馬顒(河間王)

表廢齊王冏(140/76/2543)

司馬懿(司馬宣王)

奏罷曹爽等典兵(142/173/5564)

請因漢中之捷臨兵益州*(144/227/7365)

司徒香山

議陶弘景胡笳曲*(145/275/8879)

弘訥

重議卞壼贈謚(145/283/9112)

召公(召穆公虎)

諫監謗*(143/199/6398)

皮日休

請韓文公配饗太學書(145/274/8819)

請孟子爲學科書(145/275/8865)

六畫

匡衡

上疏戒妃匹勸經學威儀之則(138/1/3)

上言罷郊壇僞飾(138/14/447)

奏徙南北郊(138/14/448)

上疏言治性正家(138/24/802)

上疏言政治得失(146/295/9423)

邢子才

議冬會之禮*(141/118/3818)

邢文偉

論天與帝異稱*（138/16/530）

論樂*（141/127/4099）

邢恕

論五事（139/39/1330）

答詔論彗星上三説九宜（146/303/9700）

邢巒

奏蕃貢非要須者不受（143/191/6149）

請增兵糧圖蜀表（144/229/7409）

請不渡淮表（144/229/7411）

成淹

追理慕容白曜表（145/283/9122）

吕大防

論紀綱賞罰未厭四方之望者五*（138/34/1157）

推廣祖宗家法奏劄*（140/69/2328）

乞選置穎王府官屬（140/73/2458）

請定婚嫁喪祭之禮疏（141/120/3858）

論御臣之要（141/136/4384）

論韓維不當罷門下侍郎（141/139/4467）

請置經略副使判官參謀（142/161/5171）

乞如兩制禮官所議（145/282/9068）

乞行禮官所奏典故（145/282/9069）

論優待大臣以禮不必過爲虚飾（145/286/9191）

應詔論水災疏（146/301/9649）

論華州山變（146/302/9683）

答詔論彗星上三説九宜（146/303/9694）

答詔論西事疏（147/331/10585）

吕大忠

論養兵（144/220/7142）

吕大鈞

對策（139/38/1311）

論選小臣宿衛（144/225/7302）

答詔論彗星上三説九宜（146/303/9698）

吕大臨

論選舉六事疏（142/167/5384）

吕元泰

陳時政疏（138/27/916）

吕公著

論人君在至誠至仁（138/2/44）

議四后廟饗奏（138/19/609）

論三聖並侑奏（138/19/610）

論堯舜唐太宗*（139/39/1324）
修德爲治之要十事（139/39/1341）
論不宜輕失人心（141/106/3461）
乞改温成廟爲祠殿（141/126/4055）
論舉臺官不必校資序（141/135/4345）
論臧否人物宜謹密（141/135/4346）
乞廣收人才（141/135/4347）
論推擇太精群材難進（141/135/4348）
乞增館閣之選（141/135/4348）
論韓維不當罷門下侍郎（141/139/4466）
乞選用前日議論之人不終遺棄（142/154/4973）
乞罷制置三司條例司（142/160/5138）
乞罷制置三司條例司第二狀（142/160/5138）
論司馬光告敕不經由封駁司（142/160/5138）
乞三省事同上奏稟（142/161/5176）
論除監司條制（142/166/5347）
答詔論學校貢舉之法（142/166/5347）
乞寬假長民官狀（142/166/5351）
論濮王在殯乞罷上元燕游（143/194/6239）
乞選置臺諫罷御史察案（143/203/6571）
乞罷召正兵益講民兵府衛之法（144/220/7138）
乞罷提舉官吏及住散青苗錢（145/266/8578）
乞罷提舉官吏及住散青苗錢（係第二狀）（145/266/8579）
乞罷提舉常平倉官吏（145/266/8579）
論青苗（145/266/8580）
論更張新法當須有術（145/269/8681）
論濮安懿王稱親（145/282/9070）
乞致仕官給四分俸錢（145/286/9193）
應詔論水災（146/301/9654）
論淫雨地震疏（146/302/9660）
論彗星疏（146/302/9662）

吕公弼

論言事者數與大臣異議*（141/135/4327）

論肉刑(143/216/6995)

吕公綽

論郊廟祭酒*(138/18/587)

論南郊祖宗之配*(138/18/588)

論天地宗廟日月五方百神之祀*(141/126/4055)

吕本中

論恢復之策*(144/233/7566)

吕夷簡

論契丹*(147/342/10985)

吕向

諫令突厥入仗馳射疏(143/196/6296)

吕好問

論紹述(143/205/6638)

乞罷青苗(145/270/8709)

乞褒贈江公望等(145/284/9143)

論彗星(146/305/9767)

吕希純

上宣仁皇后論立后當采用德閥不當勘選(140/75/2521)

論司馬光薨乞罷紫宸殿稱賀(141/123/3984)

吕尚(太公望、吕望、師尚父)

論黄帝顓帝之道*(138/1/1)

論賢君治國*(138/23/750)

論爲天下在富民*(141/105/3435)

論愛民爲治國之道*(141/105/3435)

論以人言斷者殃*(141/129/4139)

論人君好用小善者國必危亡*(141/129/4140)

論法令數更*(143/207/6718)

吕奏天

乞撰集經史年曆*(145/280/9014)

吕祖儉

論實學實用*(138/8/266)

請進書日到宫*(138/11/361)

請過宫日分預養誠心劄子*(138/11/365)

論親心豫則天意和人心順*(138/12/426)

請加聖心以承天意*(138/13/437)

請圖回内修外攘之實事*(140/97/3229)

請破皇極之言和平之説*(141/117/3771)

乞還國子祭酒李祥職任*(143/206/6681)

請以宣和御筆爲戒*(145/286/9224)

論内廷姦欺尤當深防*(146/293/9390)

請堅强志意審定規模*(147/

337/10785）

吕祖謙

進修徽宗實録劄子*（142/146/4703）

吕陶

陳貴始究治八事疏（139/41/1431）

請許宗室生母祔葬疏（140/77/2592）

請行警勸之術疏（141/106/3480）

論申必行之法任必擇之官疏（141/106/3483）

論節經費以寬民力疏（141/106/3485）

請革三弊以寬民力疏（141/106/3487）

請選良醫以教天下疏（141/106/3489）

乞不用教伶官爲舞郎疏（141/128/4132）

乞差梁彦通充監司任使（141/140/4495）

明任劄子（141/140/4495）

上議官策・論救弊之術一（141/140/4499）

上議官策・論救弊之術二（141/140/4501）

上議官策・論吏治（141/140/4503）

乞戒飭謝景温劄子（141/140/4505）

乞罷言職事（142/155/4987）

乞罷京西路轉運副使除一小郡（142/155/4990）

奏乞降詔舉郡守狀（142/168/5412）

請堂除差遣疏（142/168/5413）

論蔡確等觀望不肯協心改法疏（142/177/5693）

奏爲乞早賜聖斷罷免韓縝張璪事疏（142/177/5695）

乞罷國子司業黄隱職任疏（142/177/5699）

乞察小人邪妄之言疏（142/177/5700）

論安燾誥命不送給事中書讀疏（143/198/6359）

請罷曾肇起居舍人疏（143/198/6360）

論曾肇除命不當疏（143/198/6361）

辯朱光庭彈蘇軾策題事疏（143/204/6611）

請罷安燾新命疏（143/212/6867）

乞應赦文放欠官司不施行者許民庶實封論奏疏（143/212/6868）

奏乞早降私使役人條法事疏（143/212/6869）

奏爲乞復置糾察在京刑獄司並審刑院狀（143/216/7010）
論蔡京斷獄失謬宜重行黜降疏（143/216/7012）
論兵多費廣之弊疏（144/221/7172）
論御兵之道宜憲先烈循故事疏（144/221/7174）
論任將五弊疏（144/221/7176）
論慎功賞精補擢制兵之急務疏（144/221/7178）
請講民兵之法疏（144/221/7180）
論保甲二弊疏（145/257/8305）
論差役當以户税爲差等疏（145/257/8306）
爲乞下有司别定坊郭之法以寬民力疏（145/257/8307）
奏乞罷榷名山等三處茶以廣德澤亦不闕備邊之費疏（145/268/8645）
奏爲乞放坊場欠錢事疏（145/268/8647）
奏爲天下欠坊場錢爲害最大乞行蠲放疏（145/268/8649）
奏乞詔有司再行裁定六曹人吏庶節冗費狀（145/268/8650）
奏乞相度逐界坊場放免欠錢疏（145/268/8650）
奏乞放免寬剩役錢狀（145/269/8666）
奏具買場買茶旋行出賣遠方不便事狀（145/269/8666）
乞藏王乘春秋統解於秘府疏（145/275/8868）
請采王乘春秋統解等書疏（145/275/8869）
請録劉庠大節疏（145/284/9141）
請勿累文彦博以官事疏（145/286/9212）
奏乞罷軍器冗作狀（146/316/10110）
上慮邊五疏（147/331/10590）
乞徙瀘州戎兵歸内郡（147/331/10599）
乞早定蘭會議疏（147/345/11086）

吕景初

論兵冗用度乏*（144/220/7122）

吕强

諫稽私臧疏（142/163/5224）
諫稽私臧疏（145/262/8446）
上疏陳事（145/290/9319）
上疏陳事（145/291/9331）

吕蒙正

論仁民*（141/105/3452）
論征伐與内修政事*（144/230/7457）

吕蒙

請攻皖城*（144/228/7378）

吕誨

乞奉慈闈以全孝德奏（138/10/326）
乞罷郊宫無益工作奏（138/19/629）
論青城勞費乞建齊宫奏（138/20/639）
上慈聖皇后乞少避東殿（138/34/1157）
上慈聖皇后乞歸符寶（138/34/1158）
乞檢會前後臣僚奏議早爲定斷（140/73/2449）
論淮陽王當且設師友未宜建置僚屬（140/73/2449）
乞早立淮陽郡王爲皇太子（140/73/2454）
上慈聖皇后乞調治聖躬建立儲副奏（140/73/2455）
乞罷十閤之制（140/75/2511）
乞中外之臣出入更任（141/135/4327）
乞親擇御史（141/135/4328）
乞添置言事官（141/135/4329）
乞復知州人上殿（141/135/4328）
論王安石姦詐十事第二狀（141/136/4375）
乞薦舉行實之士（142/164/5288）
乞令兩省官歲各舉五人以備器使（142/166/5352）
論臺諫闕員宜速選用（142/166/5352）
論王安石姦詐十事狀（142/176/5665）
請罷韓琦等轉官疏（143/188/6053）
乞親決政事（143/190/6127）
乞會計内庫出入裁損過當（143/191/6169）
乞詔中外咸上封事疏（143/199/6418）
乞察言責實時有懲勸疏（143/202/6553）
乞禁止臣寮上封章告人之罪狀（143/210/6813）
論重辟數多狀（143/211/6830）
論公主非時入宫（144/225/7301）
論差中官爲陝西鈐轄狀（144/237/7714）
論新法（145/267/8600）

論不當罷集議乞別降詔以王珪等議爲定（145/282/9065）
乞令樞府大臣同定典禮是非（145/282/9067）
乞罷稱親(145/282/9071)
乞追罷園廟指揮（145/282/9072）
乞罷内臣暗轉官例（145/292/9346）
乞罷内臣暗轉官例（145/292/9347）
乞今後奏宸諸庫宜謹出入（145/292/9359）
應詔論水災(146/301/9647)
論修内司乞添文臣一員（146/316/10098）
論邊備弛廢疏（147/329/10521）
請重造蕃部兵帳(147/343/11031)

吕端

論夷狄*(147/342/10978)

吕頤浩

論天下安危繫於施設*(140/90/3005)
上邊事備禦十策(140/90/3005)
上邊事善後十策(140/90/3015)
論車駕乘馬事狀(140/90/3025)
論乞定駐驛之地狀(140/90/3026)
論黜浮薄之士（141/143/4607）
請總攬群策察其是非*(143/205/6653)
論乞於邕州置買馬司狀（144/242/7851）
請還元祐臣僚官爵恩澤*（141/143/4613）

朱子奢

立廟議(138/16/520)
請免魏禮臣上書不實死罪*（143/215/6962）
諫欲觀起居紀録表（145/276/8888）

朱台符

應詔論慧星旱灾(146/298/9541)
論宜通使契丹修好通市以專力西事疏（146/322/10315）

朱朴

遷都議(140/103/3388)

朱光庭

乞召講官詢訪以進聖學（138/7/230）
論配帝及以祀之神(138/21/675)
乞擇名師主太學狀(141/

114/3686）
乞詳議五禮以教民（141/120/3862）
論司馬光薨當謹於命相（141/139/4460）
論楊畏除御史不當（141/139/4461）
論楊畏除御史不當第二狀（141/139/4462）
論楊畏除御史不當第三狀（141/139/4463）
論楊畏除御史不當第四狀（141/139/4463）
論楊畏除御史不當第五狀（141/139/4464）
乞以善利二者别邪正之臣（142/155/4994）
論職事官帶職（142/161/5159）
請用經術取士（142/168/5434）
乞於求言詔書内除去限百日指揮（143/204/6591）
乞令臺諫先次上殿（143/204/6591）
再論安燾除命（143/204/6592）
乞令給事中凡差除政令即時關報臺諫（143/204/6592）
論張舜民罷言職疏（143/204/6593）
論安反側不必降詔（143/212/6855）
乞罷大理獄（143/216/7005）
乞拘收保甲兵器及募充弓手（144/221/7156）
論回河（144/250/8092）
乞戒學者遵守正道（145/274/8833）
乞定子思封爵疏（145/274/8830）

朱異

請不釋祭服往哭馮道根*（141/122/3921）

朱京

論用人疏*（141/136/4378）

朱勃

詣闕上書理馬援（144/236/7654）
詣闕上書理馬援（145/285/9165）

朱浮

上書請廣選博士（141/113/3636）
上疏言州牧劾奏宜下三府覆案（141/129/4155）
因日食上疏言牧守换易宜簡（146/296/9450）

朱博

奏復置刺史（142/159/5083）

朱敬則

請除濫刑疏（138/27/915）

諫侯祥等求入供奉疏*(142/174/5583)

朱雲

請斬張禹*(143/201/6474)

朱暉

奏諫行均輸法(145/262/8444)

朱輔

上白狼王唐菆等樂詩疏(147/340/10897)

朱震

論徽宗未祔廟不當行明堂之祭*(141/124/3993)

論市馬*(144/242/7850)

朱熠

論依舊收買浮鹽*(145/273/8805)

朱摅

爭太子和事(140/71/2387)

朱熹

戊申延和奏劄五(138/3/88)

甲寅行宮便殿奏劄一(138/4/118)

癸未垂拱奏劄一(138/8/256)

行宮便殿奏劄二(138/8/266)

乞進德劄子(138/8/270)

乞不以假故逐日進講劄子(138/8/272)

甲寅擬上封事(138/12/412)

論郊廟*(138/22/732)

面奏祧廟劄子(138/22/733)

議祧廟劄子(138/22/735)

壬午應詔封事(139/53/1784)

庚子應詔封事(139/53/1794)

戊申封事(139/53/1800)

戊申延和奏劄一(139/54/1823)

辛丑延和奏劄二(139/54/1824)

己酉擬上封事(139/54/1827)

經筵留身面陳四事劄子(139/58/1979)

垂拱奏劄二(140/95/3164)

垂拱奏劄三(140/95/3167)

戊申延和奏劄三(141/108/3527)

行宮便殿奏劄三(141/109/3555)

條奏經界狀(141/112/3627)

繳納南康任滿合奏稟事所狀四(141/115/3714)

辛丑延和奏劄七(141/115/3715)

乞修三禮劄子(141/118/3797)

乞討論喪服劄子(141/124/3998)

山陵議狀(141/125/4027)
知潭州朱熹同監司薦潘燾韓越蔡咸方銓狀(142/147/4721)
薦龍溪縣令翁德廣(142/147/4722)
論去邪疏(143/183/5912)
奏知台州唐仲友違法促限催税搔擾飢民事狀(143/183/5913)
又按唐仲友狀(143/183/5914)
戊申延和奏劄二(144/217/7026)
繳納南康任滿合奏稟事件狀三(144/246/7982)
辛丑延和奏劄三(144/246/7984)
上延和奏劄(144/246/7989)
辛丑延和奏劄五(144/246/7991)
奏義役利害疏(145/258/8342)
辛丑延和奏劄六(145/258/8343)
奏均減紹興府和買狀(145/271/8729)
奏鹽酒課及差役利害狀(145/271/8733)
乞褒録高登狀(145/284/9155)
奏爲潭州創立晉譙王承及紹興死事臣廟乞賜敕額疏(145/284/9156)
辛丑延和奏劄一(146/307/9815)
乞脩德政以弭天變狀(146/307/9817)
上灾異劄子(146/310/9909)

朱穆

上疏請罷省宦官(145/291/9327)
請罷遣閹人爲常侍小黄门*(145/291/9327)

朱諤

論治諸道留令虧令之罪*(143/213/6875)

朱膺之

皇后爲父服議(141/121/3914)

伍員(子胥)

諫吴王欲從民飲酒*(143/193/6206)
請釋齊而伐越*(144/226/7320)
請勿許越行成*(144/226/7321)
諫伐齊*(144/226/7323)

伍尊

請復丙吉子顯爵邑*(145/285/9162)

伍舉

諫楚莊王日夜爲樂*（143/193/6202）

論章華之臺不足爲美*（146/315/10049）

伏湛

上疏諫征彭寵（144/227/7349）

臼季

請用冀缺*（141/129/4143）

延年

上書請開大河上領出之胡中（144/249/8047）

仲連

進賢士*（142/153/4899）

仲渙

論宗子有文行才術者乞加旌別（140/77/2586）

任伯雨

同論修建景靈西宫劄子（138/21/709）

再言西宫劄子（138/21/711）

論瑤華事宜付外廷議疏（140/75/2526）

論繼神考當無爲疏（140/102/3375）

請賜泰陵役藥餌疏（141/107/3492）

言山陵大事不必奪李諴服使應副疏（141/124/3988）

論用人*（141/140/4521）

上言章惇狀（141/141/4540）

論國是劄子（143/181/5823）

言蔡京劄子（143/181/5824）

再論去蔡京疏（143/181/5832）

論蔡卞疏（143/181/5834）

又論蔡卞疏（143/181/5835）

再言蔡卞疏（143/181/5838）

論王安石家乞納所賜第宅疏（143/181/5840）

論蔡卞假繼述以脅持上下疏（143/181/5841）

論章惇宜誅疏（143/181/5842）

論章惇劄子（143/181/5843）

論章惇疏（143/181/5844）

又論章惇疏（143/181/5844）

論章惇狀（143/181/5846）

又論章惇疏（143/181/5848）

論章惇蔡卞疏（143/181/5850）

論郝隨特許復官狀（143/181/5852）

論昭雪司馬光等當發訓詞疏（143/188/6070）

乞慎密幾事劄子（143/196/6309）

奏宜幾察出入狀（143/196/6309）

乞周防内庭狀（143/196/6310）

論張庭堅送吏部（143/205/6632）
乞今後内降所屬無得輒受（143/212/6873）
請嚴宫禁之法（143/212/6874）
論西北帥不可用武人（144/238/7735）
論黄河（144/253/8165）
論内藏庫無銀支撥財匱可虞疏（145/270/8707）
論赤氣之異（146/304/9749）
論建火星觀以禳赤氣（146/304/9750）
論赤氣之異（係第二狀）（146/304/9752）
議湟鄯事宜策（147/333/10655）
論湟鄯（147/333/10656）
論月暈圍昴畢（147/333/10658）

任伯起

請保全任怨之人*（139/59/2017）
論宗室轉官宜仍具奏聽旨*（143/198/6386）
乞寢罷王師尹轉官指揮*（143/198/6387）
乞寢罷鄧彭年轉遥郡指揮*（143/198/6388）

任昉

奏彈范縝（142/173/5574）
奏彈曹景宗（143/187/6018）
爲范始興作求立太宰碑表（145/283/9121）

任義

論亡主喪師其應不遠*（146/297/9509）

任隨

乞以賞罰責諫臣舉職疏（143/202/6526）

自當

論太后稱太皇太后不合典禮*（145/282/9106）

伊尹

對湯問（141/129/4139）
對湯問（142/159/5082）
對湯問（142/159/5082）

伊陟

論妖不勝德*（146/295/9413）

亦乞剌台

諫起民夫創天靈寺*（142/152/4895）

羊玄保

陳吏民亡叛制（143/209/6752）

羊祜

請伐吴疏（140/79/2639）

羊深

上前廢帝疏（141/113/3654）

羊銜

上疏請勿絶二宫賓客(140/71/2386)

江公望

乞攬權斷奏(138/2/58)
進心説(138/2/59)
論堯舜之道*(138/2/65)
請先義理之學以善繼述*(138/8/246)
論藏之之道(139/44/1522)
乞通下情防太察(139/44/1524)
乞不根治蔡王之獄(140/77/2584)
乞以田疇墾廢多寡爲守令進退之法(141/111/3612)
乞用元祐人才(141/141/4537)
薦人材疏(142/156/5015)
論哲宗紹述疏(142/156/5016)
請獎廉退*(142/168/5440)
論趙挺之挾私誣奏王古*(142/180/5817)
論翫物害治(143/194/6254)
諫獵(143/194/6255)
乞容納直言疏(143/205/6632)
乞依赦文放免欠負劄子(143/213/6878)
乞勿復行封樁*(145/258/8331)
論重修神宗國史*(145/276/8909)
乞遠便嬖疏(146/293/9379)
乞因日食命百官轉對狀(146/304/9753)

江式

求撰集古今文字表(145/275/8856)

江休復

乞因祫享大慶恩恤先后之家(145/289/9291)

江逌

奏諫山陵用寶器(141/124/4008)
諫修後池起閣道疏*(146/315/10064)

江統

諫愍懷太子書(140/71/2387)
徙戎論(147/340/10906)

江彪

尊周貴人爲皇太妃議(145/281/9040)

汲黯

論内多欲外施仁義不可效唐虞之治*(138/24/795)
諫殺士大夫*(142/153/4902)
矯制發河南倉粟以賑貧民*(144/243/7865)
諫新長安令*(147/340/10888)

宇文之邵
上皇帝書(139/35/1175)
宇文孝伯
請選正人爲太子師友*(140/71/2398)
諫除齊王憲*(140/76/2554)
宇文忻
諫旋師*(144/229/7417)
宇文昌齡
論祭地圜丘疏(138/20/671)
宇文弼
議伐齊*(144/229/7416)
宇文虛中
諫燕山用兵疏(147/347/11125)
宇文愷
奏明堂議表*(138/16/515)
宇文粹中
議改衣服制度(138/21/708)
請裁損耗妄疏(143/192/6181)
論起居注書祥瑞不應經典(145/276/8904)
安丙
論懼謗*(144/240/7787)
安堯臣
上書論燕雲之事(147/347/11125)
安童
論銓選之法不當以近侍爲耳目*(142/170/5506)
安燾
論用事之臣持紹述而爲身謀疏*(145/270/8709)
論勿棄熙河及復講攻擾之策*(147/344/11054)
祁奚
舉解狐祁午*(142/163/5222)
祁宰
諫伐宋疏(144/235/7635)
阮种
泰始七年舉賢良對策(138/25/826)
朶兒赤
請親君子遠小人*(143/207/6712)
牟子才
論宜全敬畏忠厚優容三者之本心疏(138/5/157)
經筵入奏第一劄子(138/9/292)
專論正心疏(138/9/295)
論内外四誤疏(139/62/2099)
論六勢疏(139/62/2103)
論朝廷紀綱六事疏(139/62/2109)
論權倖常以好名陷君子疏(139/62/2113)
論相體輕重疏(139/62/2114)
論獨相專柄疏(139/62/

2118）
論專責宰相進退賢否疏（139/62/2121）
論救蜀急著六事疏（140/100/3328）
戒比匪人疏（141/117/3781）
論小人不去有三大害劄子（142/151/4853）
乞留察院徐經孫（142/151/4857）
繳黃蜕狀（142/151/4858）
奏趙汝騰徐霖不當遷逐狀（142/152/4861）
爲趙汝騰辯葉大有劾章狀（142/152/4863）
論救高斯得徐霖李伯玉狀（142/152/4869）
乞留徐霖狀（142/152/4872）
延和殿面對第一劄子（142/152/4874）
因災異進對劄子（142/152/4877）
請及時收召善類疏（142/158/5072）
論君子小人聚散劄子（142/158/5074）
論小人不去有三大害劄子（143/185/5972）
論雪川之變疏（143/207/6699）
論用李曾伯等疏（144/241/7828）
論官合謚有司即爲舉行不待陳請疏（145/282/9103）
諫諂西太乙行款謁恭謝之禮疏（145/287/9243）
請勿效漢武親祠太乙之舉疏（145/287/9244）
繳吴子聰閤门事奏（145/290/9323）
論吴子聰録黃未敢書行疏（145/290/9323）
論董宋臣不當除押班（146/293/9392）
繳李忠輔（146/293/9393）
太陽交食應詔陳十二事疏（146/310/9923）
論正救災異賴宰相疏（146/310/9941）
論修省不在祈禱迎神等事疏（146/311/9943）
論水旱之災正君相交修之時疏（146/311/9950）
論今無崇觀宣靖之事而有其徵疏（146/311/9951）
論復兄弟之天性疏（146/311/9960）
論上有休否之君下有休否之臣疏（146/311/9960）
論陰濁之政有類宣和者五事疏（146/312/9967）
上火災封事（146/312/9974）

論大臣救災宜法子産疏（146/312/9981）
因災異請鑒季漢事疏（146/312/9982）
論雷雨變異疏（146/312/9989）

牟濚

進故事論爲君難四事疏（138/5/163）
進程顥講學故事疏（138/9/300）
請覽通鑑疏（138/9/312）
請日御講筵疏（138/9/313）
論正人心爲扶世道之本疏（139/64/2172）
論繼志述事疏（139/64/2179）
進故事疏（139/64/2181）
請講裕民之策疏（141/109/3571）
進王巖叟上哲宗論求賢當去六蔽故事（142/153/4922）
論奬恬退抑奔競疏（142/170/5503）
進乾道二年故事疏（146/314/10026）

七畫

芮良夫

諫周厲王好利近榮夷公*（145/262/8439）

杜正倫

請慎言疏（138/1/14）
議佐太子*（140/71/2403）

杜如晦

論陳師合*（141/131/4198）
論銓簡之理未精*（142/163/5238）
虞世基罪當死論（143/199/6400）

杜佑

三朝行禮樂制議（141/118/3793）
省官議（142/159/5090）
論邊將請繫党項及吐蕃疏（146/321/10294）

杜林

上疏議郊祀故事（138/14/453）
奏諫從梁統增科禁（143/208/6725）
請徙張步降兵疏（146/296/9451）

杜思淵

乞修疊涇河石Х書*（144/249/8056）

杜衍

乞迭召兩府坐論治道（143/199/6407）
乞詳定常平制度疏（144/243/7884）

乞迭召兩府坐論治道(145/285/9181)
杜恕
請令刺史專民事勿典兵疏(141/110/3586)
諫聽廉昭言事疏(141/130/4169)
議考課疏(142/171/5511)
杜黄裳
論王者之道在修己任賢*(141/131/4233)
杜崇
上言備南單于(147/340/10903)
杜悰
請遣使往諭南詔新王*(147/341/10972)
杜淹
論樂*(141/127/4098)
論設官分職各有所司*(141/131/4198)
論諫諍*(143/201/6481)
杜景佺
論季秋梨花瀆陰陽之應*(146/298/9524)
杜喬
上書諫封梁冀子弟及中常侍等(143/197/6325)
上書諫封梁冀子弟及中常侍等(145/288/9273)
杜欽
白虎殿對策(138/24/804)
舉賢良方正對策(146/295/94237)
杜楚客
招撫議(147/341/10934)
杜詩
薦伏湛疏(141/129/4156)
請以虎符發兵疏(143/196/6286)
乞退郡疏(144/236/7656)
杜預
奏上黜陟課略(142/171/5513)
奏上律令注解(143/208/6732)
陳伐吴至計二表(144/228/7383)
陳農要疏(144/243/7867)
又陳農要疏(144/249/8052)
杜鄴
元壽元年舉方正直言對(146/295/9447)
杜範
除太常少卿轉對劄子(139/52/1772)
軍器監丞輪對第一劄子(139/61/2083)
相位五事奏劄(139/61/2083)
相位條具十二事(139/61/

2084）
入臺奏劄(143/184/5922)
殿院奏事第一劄(143/207/6701)
嘉熙四年被召入見第一劄(146/314/10022)
吏部侍郎已見第一劄(146/314/10023)

杜襲
請招懷許攸*(144/227/7366)

李乂
諫遣使江南以官物充直贖生疏(141/105/3449)

李大性
論陳傅良等皆以言事去*(142/146/4703)
論猺蠻爲亂吏匿不以聞*(147/336/10780)

李大亮
密表使者求鷹*(143/193/6221)

李大臨
論水災乞速定副貳之位(140/73/2437)
繳李定詞頭(141/136/4391)
繳李定詞頭(141/136/4391)

李之純
論邊帥屢易(144/238/7725)

李元禮
諫幸五臺疏(145/287/9256)

李太同
論星變*(146/314/10024)

李中敏
太和六年大旱上言(146/298/9531)

李氏(後漢高祖后)
諫率民財以賞將士*(143/187/6029)

李心傳
論致旱之由在政事多失疏(146/310/9912)

李世民(秦王)
請克復汾晉*(140/80/2677)
帝範(144/219/7084)
諫焚長安*(147/341/10929)

李石〔唐〕
論唐文宗*(138/1/20)
紫宸殿奏對*(138/28/958)
請鑒照不惑疏*(138/29/961)

李石〔宋〕
請以民寄於守令守令寄於監司疏(141/107/3510)
營田疏(141/107/3511)
請下勸農之詔疏(141/111/3616)
請立五經博士疏(141/115/3700)
武備疏(144/223/7221)
請以裕民爲財勿以取民爲財疏(145/270/8727)

李平
諫幸鄴表(145/287/9230)
李吉甫
請汰冗吏疏(142/159/5092)
論宰執奏請*(143/202/6518)
請討吴元濟*(144/229/7436)
李朴
論人君之要道三(139/43/1500)
李百藥
贊道賦(140/71/2399)
封建論(140/104/3421)
李至〔唐〕
諫貸死以流人使自效疏(143/209/6774)
李至〔宋〕
論開冰之祭當在春分*(141/126/4049)
論祭逐方嶽鎮海瀆*(141/126/4049)
諫親征(144/230/7450)
乞懷柔北狄(147/342/10981)
論靈武事疏*(147/342/10983)
李光
論明節皇后不當立忌狀(138/22/714)
治道劄子(139/46/1590)
乞討論祖宗故事劄子(140/69/2338)
論百姓失業劄子(141/107/3499)
乞遣臺諫按察民病以應天災劄子(141/107/3506)
乞按察諸路財賦劄子(141/107/3506)
乞蠲二浙積欠劄子(141/107/3506)
奏引對人乞先經三省劄子(141/141/4556)
乞假借召諫委任大臣劄子(141/141/4556)
乞委官節録封事劄子(141/142/4580)
乞增選臺諫狀(141/142/4581)
論王氏及元祐之學(142/156/5017)
乞辨君子小人劄子(142/156/5031)
論臺諫官*(142/162/5193)
乞薦學武臣狀(142/169/5446)
論王雲等劄子(143/182/5859)
再論王雲等劄子(143/182/5860)
論曾紆等劄子(143/182/5861)
論朱勔等劄子(143/182/5862)
再論朱勔劄子(143/182/5863)

論鄧雍劄子(143/182/5864)
又論鄧雍劄子(143/182/5864)
論李會李擢劄子(143/182/5865)
論楊逴吕齊劄子(143/182/5866)
論王子獻等劄子(143/182/5866)
又上論王子獻等劄子(143/182/5867)
繳馮澥榜朝堂劄子(143/182/5868)
論胡直孺劄子(143/182/5869)
又論胡直孺劄子(143/182/5870)
論燕瑛胡直孺劄子(143/182/5871)
又論燕瑛胡直孺劄子(143/182/5871)
論孫覿劄子(143/183/5907)
論在京擅離官守人一等科罪劄子(143/188/6070)
論人主大權治國要道*(143/198/6375)
論行官冒賞劄子(143/198/6376)
乞戒在位揚職奉法劄子(143/198/6377)
乞開言路劄子(143/200/6446)
乞擇臺省官節録封事劄子(143/205/6640)
乞罷用例酌情指揮劄子(143/213/6881)
奏乞令大暑慮囚狀(144/217/7023)
奏治火災狀(144/217/7023)
乞修京城守禦之備劄子(144/223/7224)
論嚴都城守禦之備*(144/223/7225)
乞車駕親征劄子(144/233/7557)
論守禦大計狀(144/233/7558)
進裴度平蔡故事(144/233/7560)
進高祖與韓信論將故事論任將狀(144/239/7757)
進姚崇言按察使故事論恤民狀(144/246/7979)
乞廢東南湖田(144/253/8176)
論制國用疏(145/270/8712)
進德宗税間架故事論聚斂(145/270/8716)
乞廢常平主管官罷發運司疏(145/270/8717)
乞不用内臣管軍劄子(146/293/9384)
論梁師成劄子(146/293/

9385）
論彗星劄子（146/305/9775）
進龔遂故事論荒旱狀（146/319/10197）
乞措置防江（147/335/10719）

李光贊
諫伐河東乞班師（144/230/7449）

李先
陳滅姚興之計*（144/228/7397）
請集經籍*（145/275/8855）

李仲略
論正本*（139/65/2186）

李行修
請置詩學博士書（145/275/8862）

李充
議封禪*（146/294/9397）

李冲
論選調不當限門品*（142/163/5236）
請矜喪反旆*（144/228/7402）
請預召兵戍南鄭表（146/320/10261）

李安世
請均田息爭疏*（141/112/3623）

李安期
對高宗用才當忘親讐論（142/163/5239）

李安道
上災異疏（146/298/9533）

李克
論觀人有五*（142/154/4926）
論奪淫民之祿以來四方之士*（143/187/6010）
論刑罰之源*（143/207/6718）
論吴之亡以數戰數勝*（144/226/7315）

李邴
條上戰陣守備措畫綏懷各五事（140/88/2977）

李冶
論治天下難易*（139/65/2197）
論完顔仲德之賢*（142/158/5078）
論地震*（146/314/10030）

李君球
諫高宗將伐高麗疏（144/229/7426）

李若水
乞拯救河東河北（147/333/10677）

李世勣
諫受白巖城之降*（144/229/7425）

李苗
上書請定巴蜀（144/229/7413）

上書言秦隴兵事（144/229/7414）

李英

請遣使者分道考察廉能*（142/172/5551）

論王狗兒不當擢授節鉞*（143/198/6393）

李林甫

請用寒族胡人爲將*（144/236/7665）

李抱玉

讓副元帥及山南節度使表（144/236/7665）

李昉

論法寺定斷不當*（143/210/6783）

諫北征（144/230/7450）

李迪

論曹瑋請益兵*（144/236/7683）

請發内藏庫以佐國用（144/243/7882）

論幸汾亳土木之役太過*（145/287/9240）

李固

發喪對（141/121/3891）

上疏陳事（141/129/4161）

駁發荆揚兖豫卒赴日南議（144/227/7356）

對策後復對（146/296/9462）

李垂

論修治黄河疏*（144/249/8061）

李秉鈞

乞謚太醫祁宰疏（145/284/9158）

李郃

奏宜復祭六宗（138/14/457）

因日蝕地震上安帝書（146/296/9458）

李周

應對論禦邊之術*（147/330/10573）

李忽蘭吉

論措置成都之方*（147/339/10881）

李京

論定襄地震孟夏雷未發聲（146/300/9618）

李育

論郊廟之祭*（138/19/626）

論南郊太廟二舞*（138/19/628）

李泌

論君德*（138/1/18）

請無録故怨以安太上*（138/10/326）

諫廢太子*（140/72/2417）

論建寧王不當爲元帥*（140/72/2418）

論勿以琉璃盤罪路嗣恭*

（142/154/4936）
論韓滉無異志*（142/154/4936）
論盧杞之惡*（142/154/4936）
論李勉當復相位*（142/154/4937）
請復所減州縣官（142/159/5092）
議復府兵（144/219/7086）
對肅宗破賊疏（144/229/7432）
請革藩鎮州縣榷率*（145/255/8228）
請募戍卒耕種荒田*（145/260/8384）
請割濠泗以隸徐州*（145/261/8418）
請勿受貢獻及罷宣索*（145/262/8471）
論白起不必於京師立廟*（145/283/9126）
請勿以安西北庭之地與吐蕃*（147/341/10962）
請許回紇和親*（147/341/10962）

李宗勉

論捍禦之圖*（140/100/3334）
論戒佚欲疏*（143/195/6270）
論求諫非難而受諫爲難*（143/207/6692）

李宗訥

議僖祖稱謂*（138/18/579）

李宗閔

論鄭覃殷侑議論*（143/202/6525）

李宗諤

論國家禦邊之術*（146/322/10314）

李孟

論用人之方（142/152/4894）

李珏〔唐〕

論爲國如治身*（138/29/961）
諫穆宗合宴群臣疏（141/122/3953）
論王播增榷茶疏（145/255/8229）

李珏〔宋〕

乞濬治常州漕渠修建望亭二閘*（144/253/8182）

李昭玘

論屬民進策（139/42/1457）
論重外進策（139/42/1460）
論政録進策（139/42/1462）
論治吏進策（141/140/4512）
論治吏下進策（141/140/4515）
論知人進策（142/155/5000）
論省臺寺監進策（142/161/5180）
論取士進策（142/168/5428）

李昭德
請建皇嗣疏(140/72/2414)
李重
奏駁恬和所表二事(138/25/822)
奏霍原應舉寒素(142/163/5232)
請除九品疏(142/163/5233)
請優禮朱冲疏(142/163/5234)
李重貴
論五路進討李繼遷*(147/342/10983)
李胤
奏請延訪三公(143/199/6399)
李彦穎
論聽言*(143/205/6647)
李神通
不服房玄齡等功居第一*(143/187/6021)
李昶
進諷諫*(138/5/166)
李素立
論法不當動摇*(143/209/6765)
李晟
議吐蕃求和*(147/341/10964)
論吐蕃必劫盟*(147/341/10964)
李峴
請宥陷賊官寮奏(143/215/6974)
李倓
請收兵討賊啟(140/80/2681)
李浩
論俗不美者八(141/117/3770)
李邕
諫鄭普思以方技得幸疏(142/174/5585)
李乾祐
論裴仁執私役門卒罪不當死*(143/209/6770)
李專美
論國之存亡不專在厚賞*(143/187/6028)
李彪
表上封事七條(138/26/858)
表上封事七條(141/122/3922)
表上封事七條(144/243/7871)
求復修國史表(145/276/8883)
李常
論修身配天始於至誠無息(138/2/39)
論差提舉常平官敕不由封駁司(142/160/5138)
論内降乞有司執奏疏(143/212/6861)
論青苗疏(145/265/8555)
論青苗第二狀(145/265/

8555)
論王廣廉青苗取息(145/265/8557)
論王廣淵和買抑配取息(145/265/8558)
論青苗(145/265/8559)
論王安石(145/265/8564)
乞因災異請求差僱二法(146/303/9719)

李崇

請減佛寺功材以修學校表(141/113/3653)
諫作永寧石官二寺表*(146/315/10068)

李訢

上疏求立學校(141/113/3648)

李商隱

爲濮陽公陳許奏韓琮等四人充判官狀(141/131/4241)

李惟清

彈陳文顯首起訟端疏*(141/116/3738)
論節費用在選將帥*(144/236/7679)

李清臣

乞罷追帝孔子(145/274/8823)
廷對論災祥*(146/301/9654)

李淑

經筵對進士詩賦策論先後故事*(142/165/5312)

李淳風

議郊廟*(138/16/529)
乙巳占序(145/279/8970)
論律法*(145/279/8970)

李斯

議廢封建(140/104/3405)
上書諫逐客(141/129/4145)
上書言趙高之短(142/173/5554)
請焚書學法令者以吏爲師*(143/207/6719)

李朝隱

執奏裴景仙獄表(143/209/6774)

李復

論治道(139/44/1521)
論虛名實敝奏(139/44/1522)
上限田劄子(141/112/3626)
上取士劄子(141/115/3697)
議禮(141/120/3858)
議樂疏(141/128/4134)
論謹權量劄子(143/213/6876)
論刑法劄子(143/213/6877)
乞罷造戰車劄子(144/222/7183)
乞開黄河中灘(144/253/8174)
乞置榷場疏(145/270/8703)

論錢鈔法疏(145/270/8703)
乞與孫路贈官及例外推恩狀(145/284/9143)
乞置弓箭手堡劄子(147/333/10668)
乞於鵝牟兀突置烽臺劄子(147/333/10669)

李善感

諫作奉天宮疏(146/315/10076)

李道裕

論張亮反形未具*(142/154/4934)
論張亮不當誅*(143/215/6962)

李道傳

論魏峴按林庠乞覈實辨明事*(144/248/8026)

李曾伯

特薦陳通判等二十員狀(142/150/4826)
備襄陽分司王制幹兵册取鄧奏(144/235/7631)
奏詔舉帥材二人(144/241/7823)
淳祐丙午正旦日蝕應詔奏(146/310/9922)
上禦邊五事(147/338/10819)
荆閫回奏四事劄子(147/338/10827)
奏詔言邊事(147/338/10833)

李渤

上封事表(138/28/941)
請禁攤逃人之賦*(141/105/3451)
諫晏朝(143/190/6121)

李尋

對詔問災異(146/295/9441)

李綎

論死刑*(143/216/6994)

李絳

請精求濟時之規*(138/28/940)
請立儲疏(140/72/2421)
請放宫女疏(140/74/2482)
請勿討魏博疏*(140/80/2700)
請以李錡財産代浙西百姓租税狀(141/105/3450)
請崇國學疏(141/113/3663)
論任賢疏(141/131/4234)
論用賢無親疏*(141/131/4235)
論治生於憂危亂生於放肆*(141/131/4236)
論柳公綽强直*(141/131/4237)
論用同年不爲私*(141/131/4237)
對憲宗得賢興化問(142/153/4904)
對憲宗論朋黨(142/154/

4938）
辨李吉甫密奏疏（142/154/4939）
辨裴武疏（142/154/4940）
論王者尚德不尚刑*（143/187/6027）
請發内庫錢以賜魏博*（143/187/6028）
陳時務疏（143/194/6232）
奉命進録歷代事宜疏（143/194/6233）
請授烏重允河陽節度使疏（143/197/6340）
論諫臣（143/202/6523）
論奏陳事理是陛下之利*（143/202/6524）
論白居易言直不私*（143/202/6525）
延英論兵制（144/229/7435）
諫授吐突承璀開府儀同三司狀*（144/236/7675）
論劉從諫求爲留後疏（144/236/7679）
請散内庫拯黎庶疏（145/263/8473）
對憲宗問進羡餘疏（145/263/8474）
論外戚專寵害政*（145/288/9279）
論吐突承璀喪師不當寵以崇秩*（145/290/9322）
言元稹無罪*（145/291/9335）
對出吐突承璀*（145/291/9335）
請辨宦官姦邪狀*（145/291/9336）
論受降城不可徙*（146/321/10291）
論防備回紇經營淮西*（146/321/10292）
延英論邊事（146/321/10292）
論聽回紇請婚有三利*（147/341/10965）
論于季友不當尚主*（147/341/10966）

李椿

論國家大事惟民與兵*（139/52/1749）
論君臣之義*（139/52/1750）
論國家天下譬之一身*（139/52/1752）
陳所見六事劄子*（139/52/1753）
請待軍士以一體*（140/96/3222）
論國家天下譬之一身*（141/108/3529）
論非命官軍兵朝省人不得服紫衫*（141/117/3765）
請區别籍異財及異姓立繼之法以絶爭端*（141/117/

3765）
論天下之興衰在風俗*（141/117/3766）
論腹心之臣規模之計疏*（142/145/4657）
請以公道用人名節取士劄子*（142/145/4658）
乞擢用北人（142/145/4659）
請飭臣寮明安危存亡治亂之理*（142/145/4660）
論用材不拘南北*（142/145/4661）
請精擇職司者較舉主*（142/170/5486）
論薦舉改官*（142/170/5486）
論講究才能資格莫若責大臣公選*（142/170/5487）
請仍立選人勞績賞格*（143/189/6107）
論節儉自貴近始*（143/192/6190）
論求言非難用其言實難*（143/206/6664）
戒治獄之官各思聖人之戒*（144/217/7029）
論有用之兵當益無用之兵當銷*（144/224/7260）
論備虜*（144/234/7602）
奏常平義倉疏（144/247/8008）
論募墾及苗税*（145/258/8345）
論常賦輸本色隨税不納錢*（145/258/8346）
論回易以惠軍有四害*（145/258/8347）
奏減茶引價錢疏（145/271/8745）
奏折錢之弊疏（145/271/8746）
奏二税輸本色別定禄令疏（145/271/8747）
請以開墾爲勸農者殿最劄子*（145/271/8748）
奏措置支遣米斛疏（145/271/8749）
論榷貸之名非美*（145/271/8750）
論錢穀予奪移就之弊*（145/271/8750）
請明告獻羡餘者具奏來歷*（145/271/8751）
乞裁抑中貴（146/293/9387）
論省冗食以弭盜*（146/319/10204）
論務獲盜首而後結解*（146/319/10205）
奏邊備利害疏（147/336/10782）
論處歸正中原之人*（147/349/11206）
論區處降虜劄子（147/349/

11207）

李嗣真

上武后疏（143/215/6972）

李愈

諫幸長樂川*（145/287/9253）

李廌

聖學論（138/7/237）

薦舉論（142/168/5424）

奇正論（144/221/7168）

慎兵論（144/231/7498）

將材論（144/238/7728）

將心論（144/238/7731）

李新

上皇帝萬言書（139/43/1483）

乞戒飭郡守勸農不以其實劄子（141/111/3614）

乞禁州縣學濫進之弊劄子（141/115/3697）

乞州郡講習五禮新儀奏（141/120/3870）

乞令部使者薦進人才劄子（142/168/5441）

乞詔州郡置架閣軍器庫劄子（144/222/7184）

乞罷招安將劄子（147/333/10667）

李義山

爲節度使王茂元奏吐蕃交馬事宜狀（147/341/10971）

李愿

論設位望祭程嬰公孫杵臼*（141/126/4066）

李鳴復

論勤學致知疏（139/58/1983）

請運中和之極開皇極之門疏（139/58/1987）

論舉實理行公理疏（139/58/1988）

論天下勢不可失於輕弱疏（139/61/2073）

論百僚盡道守法疏（139/61/2075）

請諭輔臣以周召爲法疏（139/61/2077）

論修實德行實政用實才疏（139/61/2078）

論定大本建大權疏（139/61/2079）

論先朝典禮可行疏（140/73/2469）

論事勢三可憂疏（140/98/3264）

論用兵五可憂疏（140/99/3281）

擬輪對劄子（140/99/3284）

輪對狀（140/99/3288）

論天變可畏人事當備疏（140/99/3292）

論可慮者三可幸者二當勉者

一疏(140/99/3295)
論措置蜀事疏(140/99/3298)
論保金城之險疏(140/99/3300)
論執政無定見侍從多私情奏(140/99/3301)
論儲帥才制國用疏(140/99/3303)
請紹興府和買絹一半理估疏(141/109/3572)
請擢任二府之臣當責其實(142/148/4747)
論君子小人進退疏(142/150/4821)
論内外兼治當自得人始疏(142/150/4821)
論用人有二要疏(142/150/4823)
請召杜範唐璘留曹豳趙涯疏(142/150/4825)
論改差黄元直疏(142/162/5212)
論取士宜師高宗家法以進鯁直疏(142/170/5500)
論朝廷宜振綱紀疏(143/189/6112)
論進廷宜振綱紀第二疏(143/189/6113)
論重紀綱養名節疏(143/207/6706)
請諭趙范修政恤民疏(144/241/7814)
請出内庫錢絹助糴軍糧疏(145/272/8780)
上制國用(145/273/8799)
論理内之道當以節財爲急(145/273/8802)
論致天變在君相疏(146/309/9882)
論防蜀事疏(147/338/10838)
論今日當議備邊之實(147/338/10839)
論和議不足恃當以守備爲急(147/338/10841)
乞宣引兩督視使各陳己見(147/338/10843)
乞嚴爲廣西之備(147/338/10845)
論一時權宜之計疏(147/339/10847)
論韃使引見不必臨軒(147/350/11224)

李韶

論魏了翁罷督予祠*(142/148/4763)
請召還魏了翁*(142/148/4763)
論辨君子小人疏*(142/157/5060)
乞裁處史嵩之疏*(143/185/5972)

論勤政疏*（143/190/6136）
李綱〔唐〕
諫以舞人安叱奴爲散騎常侍疏（143/197/6331）
辭太子詹事*（143/201/6481）
李綱〔宋〕
議修德（138/3/69）
上道君太上皇帝封事（139/44/1531）
論官制財用不能悉視熙豐劄子（139/44/1539）
上實封言事奏狀（139/45/1541）
上本政論（139/46/1589）
乞深考祖宗之法劄子（140/69/2338）
召赴文字庫祇候引對劄子（140/82/2739）
請堅守京師*（140/82/2741）
論金人需求不已*（140/82/2742）
論國是（140/84/2813）
乞於河北西路置招撫司東路置經制司劄子（140/84/2817）
議巡幸（140/84/2818）
議巡幸第一劄子（140/84/2820）
議巡幸第二劄子（140/84/2822）
論遣使於金*（140/84/2823）
條上六事疏*（140/84/2824）
論中興劄子（140/85/2839）
論車駕不宜輕動疏（140/85/2840）
論和戰劄子（140/85/2843）
論中興之功（140/85/2845）
論使事奏（140/85/2847）
論襄陽形勝劄子（140/85/2853）
實民力劄子（141/107/3500）
論用人材以激士風劄子（141/116/3758）
論張浚罷相*（141/142/4577）
辭免潭州荆湖南路安撫使*（141/142/4577）
論君子小人劄子（142/156/5021）
論朋黨劄子（142/156/5022）
乞省官吏裁廪禄劄子（142/162/5194）
論舉直言極諫之士劄子（142/169/5445）
議責成（142/172/5547）
論去邪*（143/182/5872）
議僭逆（143/182/5878）
議僞命（143/188/6071）
論宜正張邦昌之罪*（143/188/6072）
乞置賞功司劄子（143/188/6073）
乞納級計功推賞劄子（143/

188/6074）
論賜有功將士*（143/188/6075）
乞以寬恤手詔事件通行天下*（143/213/6875）
議赦令疏（144/218/7069）
乞赦河北河東兩路*（144/218/7070）
乞修邊備添置參謀編修官劄子（144/222/7184）
論不可遣罷防秋人兵劄子（144/222/7185）
乞於沿河沿江沿淮置帥府要郡劄子（144/222/7188）
議戰（144/222/7190）
乞募兵劄子（144/222/7191）
乞修軍政劄子（144/222/7192）
乞令諸路郡縣增修城壁器械劄子（144/222/7195）
乞剗刷官田做弓箭刀弩手法給地養兵劄子（144/222/7195）
乞籍陝西保甲京東西弓箭社免支移折變團結教閱劄子（144/222/7196）
乞造船募水軍疏（144/222/7197）
乞教車戰劄子（144/222/7198）
論用師有濟*（144/231/7501）
陳捍禦賊奏狀（144/232/7547）
論擊賊劄子（144/232/7549）
再陳己見劄子（144/232/7550）
論進兵劄子（144/232/7550）
論非有大謀不必遠召將帥*（144/238/7747）
乞括買馬劄子（144/242/7849）
論理財以義疏（145/270/8702）
論財用疏（145/270/8715）
論水災狀（146/305/9761）
又論水災便宜六事（146/305/9762）
論災異之變*（146/305/9765）
以地震應詔條陳八事狀（146/306/9788）
乞益修政事劄子（146/306/9793）
乞修塘濼劄子（147/333/10671）
論守禦劄子（147/333/10671）
論備邊禦敵八事疏（147/333/10672）
乞無罷防秋人兵狀（147/333/10674）
議守（147/334/10681）
乞沿淮漢修築城壘劄子（147/334/10682）

論荆湖當屯宿重兵*（147/334/10683）
論金人議和疏*（147/347/11134）
乞募兵擇將無謂和議可恃*（147/347/11136）
上皇帝封事（147/348/11151）
論金人失信劄子（147/348/11156）

李遼

上表請修孔廟（141/113/3643）

李嶠

上中宗書（138/27/917）
諫建白馬坂大像疏（141/105/3449）
請輟近侍典大州疏（141/131/4208）
請輟近侍典大州疏（142/163/5246）
論巡察風俗疏（142/171/5521）

李德裕

上丹扆六箴疏*（138/1/18）
請尊憲章武孝皇帝爲不遷廟狀（138/17/571）
論公主上表狀（140/74/2483）
論兩京及諸道悲田坊狀（141/105/3451）
奉宣今日以後百官不得於京城置廟狀（141/119/3831）
宣懿皇后祔陵廟狀（141/124/4014）
論九宫貴神壇狀（141/125/4044）
論九宫貴神合是大祠狀（141/125/4045）
請辨邪正專委任疏*（142/154/4942）
論侍講奏孔子門徒事狀（142/154/4942）
請增諫議大夫等品秩狀（142/159/5093）
請復中書舍人故事狀（142/159/5094）
論李訓不可在左右*（142/174/5602）
論趙歸真不宜親近*（142/174/5603）
請斬郭誼*（142/174/5603）
諫索脂盝妝具疏*（143/191/6152）
諫敬宗搜訪道士疏（143/194/6235）
論遊幸狀（143/194/6236）
駙馬不許至要官私第狀（143/196/6298）
請推誠任人明刑欺罔*（143/202/6525）
論朝廷事體狀（143/209/6779）
請以兵爲戎疏*（144/229/

7443）
論時政記等狀（145/276/8891）
論修史體例狀（145/276/8892）
請重兵鎮蜀*（146/321/10295）
議納悉怛謀*（147/341/10966）
請與回紇粟（147/341/10967）
請遣使訪問太和公主狀（147/341/10968）
論田牟請許党項讎復回鶻嗢没斯部落事狀（147/341/10969）
論黠戛斯大通中國宜爲王會圖以示後世*（147/341/10970）
請追贈悉怛謀*（147/341/10970）

李翰

進張巡中丞傳表（145/283/9124）

李諤

上書言公卿子孫不得嫁賣父祖妓妾（141/116/3733）

李諮

論舉官當精擇舉主乃得其人（142/164/5266）

李憲(寧王)

讓楚王爲太子*（140/72/2416）
論凉州曲聲將有播遷之禍*（141/127/4100）

李邈

論章疏不得更乞留中*（143/202/6527）

李膺

論誅張朔*（145/291/9328）

李彌遜

自廬陵以左司召上殿劄子第一道（139/48/1649）
户部侍郎轉對劄子（139/48/1649）
紹興五年被召上殿劄子第一道（140/89/2983）
紹興五年被召上殿劄子第二道（140/89/2984）
紹興五年被召上殿劄子第三道（140/89/2985）
答聖旨條具當行事件劄子（140/89/2985）
乞罷莫將送伴使狀（143/183/5910）
車駕南還舟行乞不乘馬劄子（143/195/6262）
乞許内外職事官言事劄子（143/200/6452）
紹興七年歲旱乞寬恤劄子（144/217/7024）
乞募武臣及諸將諸軍子弟爲衛劄子（144/223/7222）
再乞增禁衛（144/225/7306）
乞薦舉武臣劄子（144/239/

7769）
乞寬恤劄子（144/246/7965）
紹興七年自廬陵以左司召上殿劄子第二道（145/258/8336）
紹興七年自廬陵以左司召上殿劄子第三道（145/270/8713）
乞置使積粟疏（145/270/8714）
乞募土人守禦（147/335/10720）
論和議不當先事致屈劄子（147/348/11173）
答和議劄子（147/348/11174）

李藩

論祈禳非禮*（141/125/4044）

李翺

陵廟日時朔祭議（138/17/570）
論事疏表（138/28/941）
百官行狀奏（145/276/8889）

李覺

論自古馬皆生於中國（144/242/7839）

李繼和

言邊事疏*（146/323/10338）

李繼隆

論親討契丹疏*（144/230/7457）

李觀

請修太學疏（141/113/3660）

車胤

上言庶母服制（141/121/3907）

束晳

廣田農議（141/110/3591）

吾丘壽王

議禁民不得挾弓弩對（146/317/10122）

郁原

辭以亡女與倉舒合葬*（141/121/3891）

邳彤

廷對請勿還長安*（140/78/2625）

扶令育

詣闕上表理彭城王義康（140/76/2548）

把的于思

請停罷近侍諸臣奏請恩賜*（143/192/6199）

把胡魯

論復取會州*（144/235/7640）

步騭

上疏請備蜀（140/78/2632）
上疏獎勸太子登（141/130/4175）
上疏論典校（143/215/6952）
上疏論典校（146/297/9500）

里克

諫晉侯使太子申生伐東山皋落氏*（140/71/2375）

里革

諫漁獵*（143/193/6200）

吳大忠

乞立制度禁侈靡（144/244/7918）

吳及

乞擇親賢優以封爵使入侍禁中（140/73/2445）

論州郡官司擅造閉糴之令*（144/243/7892）

論日食者陰侵陽之戒*（146/301/9635）

吳充

論因弓箭手爲助田法疏*（145/260/8393）

吳泳

論天命人心國勢劄子（138/4/121）

繳進明堂御劄狀（138/22/735）

論内修外攘爲一事*（139/59/2009）

論隨才器使疏*（142/148/4745）

論兵使慘酷甚於火災*（146/309/9887）

吳伸

論經國書（140/87/2922）

請擒劉豫恢復中原書*（140/87/2932）

力圖劉豫書*（140/87/2943）

請定關中以擒劉豫書*（140/87/2952）

論大臣非宰書（141/142/4573）

吳玠

乞修葺興塘*（144/253/8166）

吳昌裔

論天理六事疏（139/61/2087）

國論朝綱疏（139/61/2086）

論蜀變四事狀（140/100/3312）

論蜀事催王遂入蜀狀（140/100/3316）

論今日病勢六事狀（140/100/3317）

論朝廷重輕狀（140/100/3320）

論救蜀四事疏（140/100/3322）

論宰相不當指臺臣爲朋比（142/150/4827）

同杜範乞留徐清叟疏（142/150/4829）

請留徐清叟疏（142/150/4829）

論徐清叟去義難獨留疏（142/150/4830）

論楊恭等疏(142/150/4831)
論史宅之疏(142/150/4832)
論君子小人(142/158/5068)
論史嵩之疏(143/185/5985)
論鄭清之誤國疏(143/185/5986)
論趙汝梓兄弟疏(143/185/5988)
論四都司疏(143/185/5989)
論王定等狀(143/185/5991)
論趙汝愚等狀(143/185/5992)
論安癸仲疏(143/185/5993)
論李煒狀(143/189/6115)
論項容孫轉官加職未當狀(143/189/6115)
論趙范失襄陽疏(144/241/7817)
論趙范召命不當疏(144/241/7819)
論安癸仲疏(144/241/7820)
論君臣濯舊圖新疏(146/310/9913)
論四陰之證狀(146/310/9915)
同臺論邊防事宜疏(147/339/10865)
論三邊備禦狀(147/339/10867)
論三邊防秋狀(147/339/10869)
論本朝仁政及邊事疏(147/339/10872)
論湖北蜀西具備奏(147/339/10877)

吴育

論建立基本以銷未萌之患疏(140/81/2726)
論用人*(141/134/4321)
論制科之設不專因災異宜隨科舉下詔(142/164/5282)
乞禁匿名文字狀(143/210/6794)
乞今後毋輕置詔獄(143/216/6984)
論元昊不足責*(144/230/7467)
論元昊不足以臣禮責(147/343/11028)
論答契丹使臣及使人諭元昊疏*(147/343/11028)

吴奎

乞立太祖太宗之曾孫(140/73/2437)
論福康公主選尚乞依五禮之名存其物數(141/121/3887)
論王安石*(142/154/4956)
乞謹守杜絶内降詔(143/210/6809)
論衛士之變乞責降懷敏(144/225/7296)

論以禮法待君子（145/285/9182）
論水災（146/300/9628）
吴起
論在德不在險*（138/1/2）
振武侯之過*（138/1/3）
論慎始*（138/23/757）
吴執中
論鄭居中除同知樞密院事（145/289/9304）
吴淑
請諸路以閏年圖上職方*（145/275/8865）
吴兢(競)
請保全相王疏*（140/76/2562）
上元宗皇帝納諫疏（143/201/6494）
諫東封不宜射獵疏（145/287/9233）
大風陳得失疏（146/298/9530）
吴漢
請慎無赦*（144/218/7044）
吴潛
論弭災易亂*（146/310/9910）
吴澄
議宗廟叙次*（138/22/747）
岑文本
論學*（138/6/178）
論宇文化及楊玄感皆小人*（141/131/4199）
諫侯君集詣獄簿對疏*（143/187/6022）
論崇儒*（145/274/8819）
大水上封事極言得失（146/298/9522）
何天衢
論薦新不當與朔祭同日*（138/21/709）
何充
論立子不當立弟*（140/71/2395）
請徵虞喜疏（141/130/4184）
何志同
論祭禮*（141/126/4066）
何佟之
奏南北郊牲色議（138/15/482）
景懿后遷登新廟車服議（138/15/482）
明堂配饗又議（138/15/484）
上言改正三夏（138/15/486）
雩祭依明堂議（141/125/4038）
朝日夕月議（141/125/4040）
何妥
定樂舞表（141/127/4096）
上書諫文帝八事（141/130/4194）
何武
上書薦傅喜（141/129/4154）

上封事薦卒慶忌（144/236/7653）

何尚之

密奏庾炳之得失（142/173/5567）

表諫行幸侵夜（143/196/6289）

上言請原竺超民等（143/215/6954）

以一大錢當兩議（145/262/8449）

何承天

奏劾博士顧雅等（141/121/3910）

上元嘉曆表（145/278/8950）

安邊論（146/320/10257）

何承矩

論塘泊屯田之利（145/260/8385）

論屯田禦邊疏*（146/322/10314）

論不宜聽邊民越拒馬河塞北市馬*（146/322/10321）

論廣用地陣慎擇疆吏簡募良材*（146/322/10322）

論沿邊榷場不可廢*（147/342/10985）

何洵直

論衮裘*（138/21/684）

何晏

奏請大臣侍從游幸（145/291/9332）

何郯

論誠與疑乃治亂興亡之本（141/134/4314）

論宰相擇賢材而久其任（141/134/4316）

乞臣寮奏蔭親屬以年月遠近爲限（142/160/5121）

乞不許内外臣寮奏舉近上内臣（142/164/5284）

論不宜貸何誠用（143/187/6037）

請罷宫中燕飲疏（143/191/6161）

諫獵（143/194/6239）

論王守忠預紫宸殿上宴（143/197/6347）

乞罷王守忠兩使留後俸料（143/197/6348）

論兩府遷官疏（143/197/6349）

論重名器（143/197/6352）

乞許兩制兩省上章論事疏（143/199/6410）

論禁中内臣坐甲（143/210/6808）

乞揀放保捷指揮（144/219/7106）

論禁中内臣坐甲（144/225/7293）

論衛士之變乞黜責皇城司及

當直臣寮疏（144/225/7294）
論衛士之變乞重行黜降楊懷敏疏（144/225/7295）
乞專責守宰捕蝗（144/243/7890）
論后族戚里非次改官（145/289/9283）
論連姻臣僚更不得除授典掌侍衛及樞要之任（145/289/9283）
論張堯佐不可進處二府（145/289/9283）
論内臣曾經落職更不許充入内内侍省都知（145/291/9342）
乞罷修寶相寺（146/316/10088）

何偃

北伐議（144/228/7390）

何敞

理郅壽疏（143/201/6475）
上疏諫爲竇篤竇景起邸第（145/288/9270）

何曾

上魏明帝疏請隱核郡守（141/130/4167）
上魏明帝疏請選征遼東副將（144/236/7657）

何諲之

功臣配饗坐板議（138/15/480）

何夔

入爲丞相東曹掾上言（141/130/4166）
制新科下州郡上言（145/254/8194）

何鑄

論士大夫心術不正疏*（142/156/5014）

伯宗

請伐酆舒*（144/226/7312）

伯陽甫

論三川皆震四周將亡*（146/295/9413）

余天錫

請留曹豳疏*（142/148/4742）

余靖

論祭服*（138/18/588）
乞納后之禮稍緩其期（140/74/2489）
乞罷修京城（140/81/2730）
論皇子服罷開宴用樂（141/123/3967）
議李照所定樂（141/127/4104）
乞平時蓄養賢俊（142/153/4906）
乞侍從與聞邊事（143/199/6410）
論范仲淹不當以言獲罪疏（143/202/6534）

乞宣敕并送封駁司審省劄子(143/210/6804)
論馬政修之由人不在於地(144/242/7840)
論借支常平本錢疏(144/243/7888)
乞寬租賦防盗賊疏(144/243/7888)
論兩税析納見錢疏(145/255/8238)
論河北榷鹽疏(145/263/8498)
論張堯佐不當與府界提點(145/289/9282)
論禦盗之策莫先安民疏(146/317/10141)
奏論元昊請和當令權在我疏(147/326/10442)
乞韓琦兼領大帥鎮秦州狀(147/326/10443)
論狄青不可獨當一路狀(147/326/10445)
論契丹請絶元昊貢獻事疏(147/326/10447)
論元昊所上誓書疏(147/326/10449)
論元昊請和劄子*(147/343/11028)

余端禮

論謀敵决勝之道*(144/234/7600)

余應求

條畫利害疏(139/45/1553)
論風俗由大臣倡導疏(141/116/3757)
論將相當同心協謀疏(141/141/4543)
論用人太易(141/141/4545)
論朋黨宜辨之於早狀(142/156/5019)
論中人預軍政之漸狀(143/196/6313)
乞官陳東還吴若舊職(143/205/6639)
論御筆中旨(143/213/6880)
乞將相勿爭私忿早定和戰之計(147/347/11137)

谷永

上疏理梁王立(140/76/2533)
説成帝拒絶祭祀方術(141/125/4033)
上疏薦薛宣(141/129/4152)
上疏訟陳湯(143/187/6014)
請賜謚鄭寬中疏(145/283/9108)
建始三年舉方正對策(146/295/9428)
對策畢復言災異(146/295/9430)
日食對(146/295/9430)
黑龍見東萊對(146/295/9431)

災異對(146/295/9433)
受降議(147/340/10891)
谷那律
諷諫出獵*(143/193/6227)
狄山
論和親便*(147/340/10889)
狄仁傑
請迎還廬陵王*(140/72/2414)
薦張柬之可爲宰相*(141/131/4208)
劾韋玄機王本立*(142/174/5582)
諫觀葬舍利*(142/174/5583)
諫殺誤斫昭陵柏者疏(143/209/6771)
諫殺誤斫昭陵柏者疏(143/215/6963)
請曲赦河北諸州疏(144/218/7048)
請罷百姓西戍疏勒等四鎮疏(146/321/10273)
辛次膺
論金人和好之詐*(147/348/11179)
辛毗
論伐袁尚*(144/227/7367)
諫伐吴疏*(144/227/7370)
議徙冀州士家十萬户實河南*(144/243/7866)
諫修殿舍疏(146/315/10053)
辛替否
陳時政疏(146/315/10076)
諫造金仙玉真兩觀疏(146/315/10078)
辛雄
奉使慰勞關西啟六事(138/26/871)
選舉疏(141/130/4192)
明賞罰疏(143/187/6019)
奏理元匡(143/201/6479)
獄成訴枉宜復斷理議(143/209/6760)
辛棄疾
美芹十論(140/94/3125)
論行用會子疏(145/272/8772)
論阻江爲險須藉两淮疏(147/336/10773)
議練民兵守淮疏(147/336/10774)
論荆襄上流爲東南重地疏(147/336/10775)
論盗賊劄子(146/319/10210)
辛慶忌
上書理劉輔(143/201/6474)
冷褒
奏尊傅太后丁后(145/281/9036)
汪應辰
論君德*(138/3/82)
論君以畏天愛民爲本*(138/

3/83）
進故事(138/3/84)
論講讀官進見希闊(138/8/258)
論天道在人事*(139/48/1651)
進故事(139/48/1651)
輪對論和議異議疏(140/91/3052)
應詔陳言兵食事宜(140/91/3052)
論國用士風軍政疏(140/94/3159)
轉對疏(141/107/3503)
論愛民六事劄子(141/108/3523)
論養民疏(141/108/3525)
論士大夫惇尚節義劄子(141/117/3760)
進杜黄裳李德裕告君故事(142/144/4624)
論申嚴道宫佛寺銷金服飾*(143/192/6187)
乞以諸將禁約人兵不得侵擾百姓詔旨載之著令*(143/214/6921)
論刑部理寺讞決當分職劄子(144/217/7025)
請巡師所過州縣禁約供辦(145/287/9242)
論災異劄子(146/306/9813)
論禦戎以自治爲上策(147/335/10734)
轉對論自治劄子(147/349/11196)

汪藻

請堂除之人先會吏部討論*(142/169/5457)
繳知高郵軍趙士瑗在任降兩官詞頭*(143/183/5909)
乞重罰贓吏劄子(143/189/6086)
奏論宋晦落職不當行詞狀(143/189/6087)
論法令*(143/213/6895)
乞分張俊軍馬策應狀(144/233/7583)
行在越州條具時政(144/239/7759)
論禦將*(144/239/7765)
論淮南屯田(145/260/8394)
乞修日曆疏(145/277/8914)
進書劄子(145/277/8916)
湖州奏乞修魯公祠并賜額狀(145/284/9148)
論邢焕孟忠厚書讀行下指揮未敢施行*(145/289/9305)

沈冲

奏劾江謐(142/173/5572)

沈既濟

論增待制官疏(142/159/

5091）
選舉論（142/163/5250）
論則天不宜稱本紀議（145/276/8888）
沈約
答詔訪古樂（141/127/4078）
沈晦
論置鎮江建康太平池鄂五郡兵*（144/222/7203）
沈畸
論當十夾錫錢最爲剴當（145/270/8699）
沈慶之
諫北討*（144/228/7390）
鑄四銖錢議（145/262/8451）
沈懷文
揚州移治會稽議（140/103/3383）
省録尚書議（142/159/5086）
完顏仲德
諫修見山亭疏（146/316/10118）
論軍紀*（143/189/6116）
完顏守貞
論河防利害事*（144/253/8190）
完顏伯嘉
劾伊爾必斯疏（143/186/6001）
諫廷辱抹撚胡魯剌*（143/207/6712）
論旱暵實由人主自用宰相諂諛百司失職*（146/314/10029）
〔完顏〕宗叙
請募貧民戍邊屯田*（147/339/10880）
完顏宗磐
廟號謚議
完顏承暉
論泰山不可赭*（146/319/10224）
完顏素蘭
請革弊政疏（139/65/2189）
請慎選東宮官屬疏（140/73/2470）
請誅高琪疏*（142/152/4884）
乞令有司舉堪任縣令者疏（142/152/4885）
完顏勖
諫索女直逃入高麗户口疏（138/5/165）
宋白
論省去尊號只稱帝字（145/281/9051）
宋祁
論太廟*
上明堂路寢議（138/18/589）
議五室（138/18/592）
議規蔡邕明堂（138/18/594）
議上帝五帝（138/18/599）
上議配帝（138/18/603）

禮院議祖宗配侑（138/19/607）
應詔論地震春雷之異（138/33/1127）
上遺奏（140/73/2447）
言三路邊防七事（140/81/2727）
乞修復陂塘古迹劄子（141/110/3608）
馳道議（141/119/3834）
言郭禛不應爲嫁母持服狀（141/123/3972）
論國忌疏（141/126/4055）
議樂（141/128/4106）
乞減編磬事奏（141/128/4110）
論引武舞所執九器各有所用（141/128/4111）
乞別撰郊廟歌曲明述祖宗積累之業（141/128/4112）
論太樂署雷鼓靈鼓路鼓備而不擊（141/128/4114）
論太樂署有春牘之名而無春牘之器（141/128/4114）
論竽及巢笙和笙奏（141/128/4115）
論精選太常樂工及募能知音者備太堂官屬（141/128/4116）
直言對（141/132/4250）
薦張定方狀（141/132/4253）
乞知州轉運使三年理一任劄子（142/171/5529）
劾李孝友劄子（142/175/5640）
乞專刑賞狀（143/187/6043）
上三冗三費疏（143/191/6164）
乞復符節官劄子（143/196/6303）
請復唐馱幕（144/220/7118）
論買馬劄子（144/242/7841）
乞養馬劄子（144/242/7842）
論復河北廣平兩監澶鄆兩監（144/242/7843）
乞減税劄子（144/244/7901）
請募民入米京師劄子（144/244/7901）
乞開治滹河（144/250/8078）
論三冗三費（145/263/8492）
代人乞存歿臣僚納家集（145/275/8867）
乞宰相監修唐書疏（145/276/8895）
論以天定律（145/280/9026）
請下罪己詔並求直言疏（146/299/9583）
請嚴巡檢縣尉縱賊之罰*（146/317/10150）
議減邊兵（147/328/10487）
論蠻夷利害劄子（147/328/10488）

上便宜劄子(147/328/10490)
禦狄論(147/328/10492)
議西人劄子(147/343/11029)

宋昭

論女真決先敗盟(147/347/11126)

宋庠

論封畿(140/103/3391)
論入閤儀奏(141/119/3835)
乞御前殿朔日立仗群臣朝服奏(141/119/3836)
論車駕儀衛奏(141/119/3837)
乞禁止祠壇側近葬埋狀(141/126/4056)
乞於御苑空地内種植奉祠祭狀(141/126/4057)
家廟疏(141/126/4057)
資政殿答手詔(141/132/4264)
資政殿答手詔(142/160/5123)
賢良等科廷試設次劄子(142/165/5306)
請禁臣庶妄言*(142/175/5639)
論蠲除雜税劄子(143/210/6790)
論蒐補强壯之籍及添創弓手四事*(144/220/7119)
論河北强壯*(144/220/7121)
乞删修唐書及五代史疏(145/276/8896)
論禳除星異*(146/300/9622)
崇政殿與樞密院同答手詔(147/327/10480)
答手詔論平元昊(147/327/10483)
答内降手詔(147/327/10484)

宋務光

洛水漲應詔上直言疏(146/298/9525)

宋敏求

繳李定詞頭(141/136/4391)
乞如兩制禮官所議(145/282/9064)

宋琪

論天地社稷之祀*(138/18/579)
言邊事疏*(146/322/10302)
言邊事(146/322/10306)

宋意

請遣濟南中山等王各就藩國疏*(140/76/2534)
請勿許南單于北伐疏*(147/340/10902)

宋綬

乞勿以治平自怠(138/1/27)
論總攬威柄*(138/33/1127)
請戒朋黨*(142/175/5644)
乞勿以治平自怠(143/196/6299)

論諫官言章惠太后以舊宅爲道觀*(146/316/10095)

宋璟

議幸東都*(145/287/9234)

諫築墳逾制疏(145/288/9278)

論修德刑疏(146/298/9529)

阿沙不花

請節飲*(143/195/6282)

邵亢

乞下太常禮院修撰潁王聘納儀範(141/121/3888)

邵必

論監祭使衣冠*(138/18/589)

論居喪者不當與郊祀諸大祭*(141/123/3968)

八畫

武平一

處親權猜閒對(140/74/2481)

諫大饗用倡優媟狎書(141/127/4099)

請抑損外戚權寵并乞佐外郡表(146/298/9526)

長孫平

諫隋文帝誅邴紹*(138/1/8)

上書請積穀(144/243/7872)

長孫皇后

諫殺養馬宮人*(143/215/6962)

議赦囚徒并度人入道*(144/218/7048)

長孫晟

上書進離間突厥計(147/340/10922)

論攝圖玷厥阿波突利等可離間*(147/340/10923)

奏請招慰都藍部落(147/340/10923)

論染干除穢草以明威重*(147/340/10924)

長孫無忌

上太宗皇帝配天議(138/16/526)

議三師禮儀*(140/72/2408)

議立晉王爲太子*(140/72/2412)

議君聖臣直*(142/154/4935)

論太子諫斬穆裕*(143/201/6486)

論聽言*(143/201/6490)

論隋之亡*(145/287/9231)

請勿擊突厥*(147/341/10930)

長孫稚

上表乞定樂舞名(141/127/4081)

復收鹽池稅表（145/262/8462）

耶律石柳

諫治乙辛黨書（143/186/6000）

耶律希亮

請明錯誤以安民心*（144/217/7038）

耶律楚材

請定宗社大計*（140/77/2592）

論聖人名教不可廢*（142/152/4887）

論按收楊惟忠被擊*（143/214/6937）

諫屠城*（144/235/7641）

論守成必用儒臣*（145/274/8845）

論瑞獸請班師（146/314/10029）

諫酣飲*（143/195/6278）

苻融

上疏諫用慕容暐等（146/297/9510）

范升

奏難費氏易左氏春秋立博士（145/275/8850）

上疏請謚祭遵（145/285/9164）

奏毀周黨等（145/285/9165）

范百禄

論黄帝堯舜養生禔身之道奏（138/7/234）

分別邪正條目（142/155/4983）

乞以守長考之上中下而別其善惡（142/172/5538）

乞審議轉對之制狀（143/204/6620）

乞別修改奏讞不當免駁勘條（143/212/6858）

乞循祖宗故事視學狀（145/274/8825）

制科策（146/301/9654）

范成大

論日力國力人力疏（140/96/3227）

論不舉子疏（141/108/3528）

論邦本疏（141/108/3529）

論朝市儀注劄子（141/120/3880）

論知人劄子（142/157/5034）

論宋貺召命疏（143/183/5919）

論獻説迎合布衣補官之弊劄子（143/183/5920）

論勤政疏（143/190/6131）

論慎刑疏（144/217/7027）

又論慎刑疏（144/217/7028）

論獄法疏（144/217/7029）

論赦宥疏（144/218/7073）

論兵制疏(144/223/7248)
又論兵制疏(144/223/7249)
論任將疏(144/240/7798)
論黎州買馬疏(144/242/7855)
論透漏銅錢劄子(145/272/8766)
論記高宗退處後言行疏(145/277/8925)
論三朝國史劄子(145/277/8925)
論記注聖語劄子(145/277/8926)
論侍立劄子(145/277/8927)
奏論文州邊事劄子(147/336/10778)
内殿論虜使生事劄子(147/349/11195)

范同

論火化*(141/117/3760)

范仲淹

奏上時務書(138/29/980)
答詔條陳十事疏(138/29/987)
論宜全太后之德*(140/74/2483)
奏乞減放宫人事(140/74/2484)
答手詔五事疏(140/81/2734)
論修建北京狀(140/103/3389)
奏乞出内帑物帛收贖陷蕃漢户劄子(141/105/3455)
論文章與風化*(141/116/3739)
論奉親於内自有家人禮*(141/119/3834)
議葬荆王疏(141/123/3968)
上百官圖(141/132/4254)
乞督責管軍臣寮舉智勇之人狀(141/132/4254)
奏乞擇臣僚令舉差知州通判疏(141/132/4250)
奏乞於職官令録中舉充京官知縣疏(141/132/4255)
奏舉胡瑗李覯狀(141/132/4256)
同韓琦奏舉雷簡夫狀(141/132/4256)
同韓琦奏乞酬獎張信狀(141/132/4256)
奏舉許元張去惑狀(141/132/4257)
奏舉杜杞充館職狀(141/132/4257)
論轉運得人許自擇知州(141/132/4258)
乞許元張去惑下三司相度任使疏(141/132/4259)
奏葛宗古疏(141/132/4260)
奏辯滕宗諒張亢疏(142/

154/4945）
奏雪張亢疏（142/154/4946）
奏乞兩府兼判（142/160/5124）
奏乞選差河北州縣官員（142/160/5127）
奏議許懷德等差遣（143/187/6045）
奏乞重定戰功賞格疏（143/187/6045）
奏贖法疏（143/210/6805）
爲赦後乞放祖宗朝欠負疏（144/218/7062）
奏論陝西兵馬利害（144/220/7117）
奏乞指揮國子監保明武學生令經略部署司講説兵書（144/237/7704）
奏乞減武臣充提刑及令樞密院三班選人進呈疏（144/237/7705）
奏乞揀沿邊年高病患軍員（144/237/7705）
奏陝西主帥帶押蕃使疏（144/237/7706）
奏乞差官陝西祈雨疏（144/243/7889）
答詔條陳十事・厚農桑*（144/249/8062）
乞罷陝西近裏州軍屯田疏（145/260/8390）
乞免關中支移二税乞於次邊入中斛斗（145/261/8428）
奏陝西入中糧草等事疏（145/264/8516）
奏乞許陝西四路經略司回易錢帛疏（145/264/8516）
又請將先減省諸州公用錢却令依舊（145/264/8517）
奏乞將減省諸州公用錢却令依舊（145/285/9188）
奏災異後合行四事疏（146/300/9615）
奏乞災異後合行疏決刑獄等六事疏（146/300/9617）
乞召募兵士捉煞張海等賊疏（146/317/10151）
乞嚴邊城實關内（147/324/10370）
論夏賊未宜進討疏（147/324/10371）
上攻守二策疏（147/324/10373）
再議攻守疏（147/324/10377）
答詔論以文彦博涇原對徙（147/324/10379）
論元昊請和不可許者三大可防者三（147/324/10380）
乞揀選往邊上屯駐兵士疏（147/324/10385）
乞散直等處揀有武勇心力人疏（147/324/10386）

奏陝西河北攻守疏（147/324/10386）
奏元昊求和所爭疆界乞更不問疏（147/324/10394）
乞宣諭大臣定河東捍禦策疏（147/324/10394）
奏爲契丹請絶元昊進貢利害疏（147/324/10396）
乞罷參知政事知邊郡疏（147/324/10397）

范汪

請嚴詔論庾翼還鎮疏（144/228/7388）

范育

論禦戎之要（147/346/11112）

范宗尹

乞革欺罔之風（143/182/5859）

范祖禹

上宣仁皇后乞正君心疏（138/2/54）
進經書要言劄子（138/7/222）
進古文孝經説劄子（138/7/222）
進勸學疏（138/7/223）
乞置無逸孝經圖劄子（138/7/225）
進尚書説命講義劄子（138/7/226）
乞常觀圖史劄子（138/7/226）
聽政劄子（138/10/342）
明堂劄子（138/21/686）
議合祭狀（138/21/687）
畏天劄子（138/13/431）
進故事（139/42/1444）
上殿論法度劄子（139/42/1456）
邇英閣奏對劄子（140/69/2334）
邇英留對劄子（140/69/2334）
聽政第二劄子（140/69/2335）
論立后上太皇太后疏（140/75/2517）
進家人卦解義劄子（140/75/2518）
乞車駕所過不毁民屋劄子（141/106/3478）
論農事疏（141/111/3610）
旌孝劄子（141/116/3752）
乞看詳陳祥道禮書劄子（141/120/3869）
論納后儀制狀（141/121/3888）
論喪服儉葬疏（141/123/3979）
再論喪服疏（141/123/3982）
唐鑑二篇（高宗）（141/123/3984）

唐鑑二篇（太宗）（141/125/4020）
論吕大防劉摯疏（141/139/4472）
舉張咸賢良劄子（141/139/4474）
舉學官劄子（141/139/4475）
薦曾孝純劄子（141/139/4475）
薦韓維等狀（141/139/4475）
再封還解鹽置使狀（141/139/4478）
轉對條上四事狀（141/139/4479）
薦講讀官第二劄子（141/139/4484）
薦講讀官劄子（141/139/4485）
薦講官劄子（141/139/4487）
薦馮山張舉劄子（141/139/4487）
論執政闕官劄子（141/139/4488）
薦陳祥道禮官劄子（141/139/4488）
辨邪正劄子（142/155/4982）
論邪正劄子（142/177/5703）
論召内臣劄子（142/177/5704）
論不當召李憲王中正之子*（142/177/5704）
乞辨析是非深拒邪説*（142/177/5705）
論李之純蔡京劄子（142/177/5705）
上宣仁皇太后疏（143/192/6176）
乞進德愛身疏（143/194/6248）
上宣仁皇后疏（143/194/6251）
論除喪不可特置一燕（143/194/6253）
論求言疏（143/200/6437）
乞復降詔恤刑狀（143/216/7006）
乞疏决劄子（143/216/7006）
乞寬刑劄子（143/216/7007）
論恤刑劄子（143/216/7008）
乞除賊盜重法狀（144/218/7067）
論曹誦劄子（144/238/7726）
乞不限人數收養貧民劄子（144/245/7932）
論常平劄子（144/245/7933）
又論常平劄子（144/245/7935）
封還臣寮論浙西賑濟事狀（144/245/7936）
恤民劄子（144/245/7942）
論回河狀（144/251/8119）
乞罷回河劄子（144/251/

8125）
又乞罷回河劄子（144/251/8126）
乞罷河役狀（144/251/8128）
封還解鹽專置使狀（145/268/8634）
論封樁劄子（145/268/8635）
再論封樁劄子（145/268/8636）
乞改正先聖冠服劄子（145/274/8834）
封還差道士陳景元校道書事狀（145/275/8869）
議謚狀（145/282/9086）
乞優恤司馬康家劄子（145/284/9141）
乞照管司馬家并留使臣劄子（145/286/9206）
乞留文彦博劄子（145/286/9207）
論大使臣持服狀（145/286/9208）
論韓嘉彦不當預政疏（145/289/9295）
論宦官劄子（145/292/9370）
畏天劄子（146/304/9729）
論城濠劄子（146/316/10107）
再論城濠劄子（146/316/10109）
乞不遷開封府狀（146/316/10109）
轉對條上四事狀四（146/318/10177）

范泰

上封事極諫少帝（140/79/2667）
請建國學表（141/113/3644）
諫改錢法（145/262/8448）
表賀元正并陳旱災（146/297/9511）
因旱蝗上表（146/297/9512）
旱災未已加以疾疫又上表（146/297/9513）

范師道

論女御以御寶白制除才人（140/74/2496）
論女御以御寶白制除才人（145/290/9322）

范純仁

乞壽聖節上壽不用樂狀（138/19/633）
乞任群臣疏（139/38/1297）
乞清心簡事尊德委賢狀（139/38/1298）
言母后不宜自出詔令（140/74/2507）
論太皇太后册禮疏（140/75/2525）
論濮王稱親未當狀（140/77/2575）
乞定濮安懿王稱號狀（140/77/2576）

奏濮安懿王稱號乞依兩制所議第二狀(140/77/2576)
奏濮安懿王稱號乞依兩制所議第三狀(140/77/2577)
奏陳青苗等法疏(141/106/3479)
乞於郊赦前復錢公輔官狀(141/135/4337)
再乞復錢公輔官狀(141/135/4338)
奏乞詔還吕誨疏(141/136/4378)
論孫永且令依舊知秦州狀(141/136/4379)
論富弼疏(141/136/4379)
論劉琦等不當責降第一狀(141/136/4381)
論劉琦等不當責降第二狀(141/136/4383)
論告命不經門下辭同知樞密院(141/138/4441)
論韓維不當與外任(141/138/4442)
論大臣輔政不當顧慮形迹(141/138/4443)
論大臣近臣當極天下之選*(141/138/4445)
論精選股肱(141/138/4445)
論擇臺諫(141/138/4445)
奏舉彭汝礪疏(141/138/4446)
論不宜分辨黨人有傷仁化狀(142/155/4995)
繳奏歐陽脩朋黨論(142/155/4996)
奏乞增補諫官(142/160/5150)
再奏乞增補諫官(142/160/5150)
論蕃官久例在漢官之下(142/161/5165)
論貢舉疏(142/166/5360)
論薦舉疏(142/166/5361)
奏乞罪執政邪議尊崇濮邸疏(142/176/5653)
奏乞責首啟濮邸邪議之臣疏(142/176/5655)
奏乞罪邪議尊崇濮邸疏(142/176/5655)
論新法乞責降狀(142/176/5660)
論薛向疏(142/176/5660)
又論薛向疏(142/176/5661)
又論薛向疏(142/176/5662)
論王安石疏(142/176/5663)
彈吴安持李偉疏(142/176/5663)
乞戒約妄陳邊事疏(142/176/5664)
論吕誨薛向疏(143/188/6057)
奏乞權罷秋宴(143/194/

6243）
奏言王安石變祖宗法度掊克財利民心不寧（143/196/6308）
乞將章辟光所奏宣示臺官疏（143/196/6308）
奏乞慎除授以革僥倖（143/197/6353）
乞詔臣僚上封章陳闕失疏（143/199/6419）
再奏乞降詔臣寮各上封章及依次轉對（143/199/6419）
乞詔近侍陳朝廷闕失疏（143/199/6422）
乞詔内外官條陳利害狀（143/199/6423）
乞看詳臣庶所上封章疏（143/200/6443）
乞寬王覿之罪疏（143/204/6618）
論王覿乞從文彦博等言疏（143/204/6619）
論朱宿梁二不當貸命（143/212/6865）
論誅蔡確當與師臣商量疏（143/216/7010）
論陝西沿邊冗費（144/220/7137）
奏乞揀閱保甲（144/221/7157）
奏乞保甲并用冬教（144/221/7158）
論回河乞付有司孰議（144/250/8096）
再論回河畫一疏（144/250/8097）
又論回河利害疏（144/250/8098）
乞減江淮諸路鹽價疏（145/264/8536）
論發運均輸*（145/269/8669）
又論發運均輸狀*（145/269/8669）
乞詔御史覺察轉運使刻剥爲政狀（145/269/8671）
論消復陰沴疏（146/304/9727）
乞戒飭邊臣勿弛備狀（147/330/10567）
條列陝西利害疏（147/330/10567）
繳進後漢光武詔書狀（147/330/10573）
條對手詔所問邊計狀（147/330/10574）
畫夏國疆界三策（147/330/10576）
乞棄廢寨地與西夏（147/330/10577）
乞早分畫西夏地界（147/330/10578）
乞戒邊將不得生事（147/

330/10579）
乞早遣夏國封册使臣疏（147/343/11038）
乞誅鬼章狀（147/345/11089）
論不當許阿里骨與鬼章相見疏（147/345/11091）
論不當授鬼章陪戎校尉疏（147/345/11091）

范純粹

論西師不可再舉疏（144/231/7484）
乞以棄地易被虜之人疏（147/331/10580）
論進築非便疏（147/333/10653）
乞不妄動以觀成敗之變（147/345/11093）
論息兵失於欲速疏（147/345/11096）
乞令蕃官不得換授漢官差遣（147/347/11121）

范純禮

諫是元豐而非元祐*（141/141/4541）
論享澤村民罪止當杖*（144/217/7015）

范堅

駁議減邵廣死罪（143/208/6747）

范甯

陳時政疏（138/25/838）
爲豫章臨發上疏（141/105/3443）
爲豫章臨發上疏（145/254/8194）

范睢

説秦昭王廢太后逐穰侯等四君*（138/23/755）
請先收韓*（140/78/2616）
獻書昭王（140/78/2617）
説秦昭王廢太后逐穰侯等四君*（142/173/5554）
請遠交近攻*（144/226/7331）

范滂

論刻權豪之黨*（142/173/5561）

范質

諫伐河東（144/230/7447）

范鎮

論不宜下行有司事（138/32/1065）
論賞罰責苗疏（139/36/1206）
請建儲疏（140/73/2439）
請速定儲以止久雨之變疏（140/73/2440）
言都城大水久雨爲儲位久虚疏（140/73/2440）
請建儲以答星變疏（140/73/2441）

論星變大水皆由皇嗣未立疏（140/73/2441）
請定大計以答天譴疏（140/73/2442）
論宗廟之憂疏（140/73/2442）
言不定儲貳不敢受職疏（140/73/2443）
請爲宗廟社稷計疏（140/73/2443）
請以前後上章付大臣參議疏（140/73/2444）
請令族屬疏者以次補外疏（140/76/2565）
請諸陵以安陵爲法疏（141/125/4016）
論不當隨葬受命寶及衣冠器玩*（141/125/4017）
議廢慈廟狀（141/126/4062）
乞復用舊樂（141/128/4117）
論律與金石之法非是疏（141/128/4117）
請嚴蔭兄弟叔侄之制疏（142/160/5123）
議取士狀（142/165/5311）
論温成葬事不當爵賞工人疏（143/187/6047）
論陳執中事第三疏（143/187/6047）
請於禁中置章奏簿以備觀覽疏（143/199/6412）
論傳宣與内臣轉官二府不執奏乞正其罪（143/210/6809）
論法令數變狀（143/210/6809）
論御史論陳執中失實狀（143/210/6810）
論中書密院勘送公事仍編敕施行案（143/216/6991）
論赦以惠姦不宜再三疏（144/218/7062）
請先罷招兵疏（144/219/7107）
論益兵（144/219/7109）
論河北河東兵（144/219/7110）
請赦种諤疏（144/237/7708）
論民力困敝劄子（144/244/7898）
奏流民乞立經制狀（144/244/7898）
奏乞二府通主兵民財利劄子（145/264/8518）
論新法（145/266/8587）
又論新法（145/266/8588）
再論新法（145/266/8589）
請權罷詳定修制二局俟真黍至然後爲樂疏（145/280/9023）
乞如兩制禮官所議（145/282/9063）

請罷百官立班郊迎宰相疏（145/285/9182）
論駙馬都尉李瑋家人宜裁節疏（145/289/9291）
請追還石全彬誥敕疏（145/292/9345）
論雷震雨雹之變宜節土木疏（146/301/9632）
論修人事以應災變速定陳執中鄧保吉等進退疏（146/301/9630）
乞罷修并州神御殿（146/316/10093）

范獻忠

請誅鄭普思*（142/174/5586）

范蠡

諫伐吴*（144/226/7319）

茅蕉

諫秦孝文王遷太后於雍*（143/201/6470）

林大中

論郊廟疏*（138/22/735）
論進退人才當觀其趣向之大體*（142/147/4739）
以仲春雷電大雪論時政闕失*（146/308/9844）

林大鼐

請增減薦舉員數以弭奔競*（142/169/5443）

林旦

請求讜言詔語*（143/200/6435）
論安反側不必降詔（143/212/6854）

林光朝

丁亥登對劄子（139/49/1669）
論治道疏*（139/49/1670）
論人才疏*（142/144/4619）
繳奏謝廓然賜出身除殿中侍御史詞頭（142/144/4620）
請考州牧侯伯入對之言*（143/206/6667）
乞增添韶州屯駐軍兵*（144/224/7267）
奏廣南兩路鹽事利害狀（145/271/8752）
論修纂四朝國史次序*（145/277/8923）
陛辭劄子（147/349/11198）
輪對劄子（147/349/11199）

林栗

論以責任臣下疏*（139/51/1746）
以醫喻治疏（139/51/1747）
論皇子慶王非時招延講讀官疏*（140/73/2467）
上封事疏*（140/96/3227）
請致祭東海王廟時封八字王爵*（141/126/4067）

林概

上封事（144/219/7089）

來歙

請奉威命往諭隗囂*（140/78/2625）

上書言隴右事（144/227/7350）

來濟

諫立武氏爲后*（140/74/2480）

論馭下所宜*（138/27/902）

論馭下所宜（141/105/3448）

東方朔

化民有道對（143/191/6143）

論董偃有斬罪三*（145/290/9310）

諫除上林苑（146/315/10051）

郅都

諫救賈姬*（143/196/6285）

叔向

議齊桓公九合諸侯一匡天下其誰之力*（141/129/4143）

諫爲馳底之臺*（146/315/10050）

諫築臺*（146/315/10050）

叔孫生

請築原廟興果獻*（138/14/444）

叔孫通

諫易太子*（140/71/2379）

請起朝議*（141/118/3804）

叔孫輒

議伐魯*（144/226/7322）

尚文

論蒲口不塞便*（144/253/8192）

明槀

論處置湖廣溪峒歸明官*（147/334/10689）

昂吉兒

請罷兵息民*（144/235/7644）

固桑

論得賢士*（142/153/4898）

和苞

請起酆明觀營壽陵疏（146/315/10066）

和洽

論儉素不可以格物*（141/116/3727）

陳毛玠素行并請覈言事之誣*（143/215/6950）

時風不至奏宜節儉（146/297/9496）

和峴

論蜡祭*（141/126/4048）

論雅樂聲高*（145/280/9013）

季文子

論逐莒太子僕*（142/173/5552）

季布

論毀譽*（141/129/4149）

論樊噲可斬*（147/340/10885）

季武子
論君冠禮*（141/121/3886）
季陵
論事有可深慮者四尚可恃者一*（139/46/1584）
論於罪戾中選擇實能疏*（141/143/4614）
應詔言軍政當議者五事*（144/222/7202）
論陰道太盛*（146/305/9776）
季梁
請隨侯修政*（144/226/7315）
季鏞
論經界之法*（141/112/3632）
岳飛
論恢復之路（140/89/2987）
兒寬
改正朔議（141/118/3804）
議封禪對（146/294/9396）
金安節
請復立經義、詩賦兩科*（142/169/5444）
金君卿
論節冗費謹法令敦風教*（139/38/1304）
論文宣王兗國公章服*（141/120/3859）
言貢舉便宜事奏狀（142/165/5320）
論留獄*（143/216/7004）
言災異事奏狀（146/301/9633）
肥義
議胡服騎射*（141/118/3800）
周山文
皇弟訓爲養母服議（141/121/3918）
周公(姬旦)
論治殷民之道*（141/105/3436）
周公環
論開白茅浦*（144/253/8176）
周尹
乞重使者之任（141/137/4410）
論遣李憲措置邊事狀（145/292/9364）
又論遣李憲狀（145/292/9365）
周必大
論開講之制*（138/8/250）
論開講劄子（138/8/258）
求言詔回奏一（138/12/416）
求言詔回奏二（138/13/438）
明堂議（138/22/730）
論明堂劄子（138/22/730）
論明堂太廟拜跪劄子（138/22/732）
議明堂大禮狀（138/22/731）
答選德殿聖問奏（139/49/1664）
論四事（139/49/1667）

論治效(139/49/1668)
乞考初元之政(140/69/2343)
論宗室同名(140/77/2589)
乞優恤二浙(141/108/3526)
論四維(141/117/3762)
答選德殿聖問奏(141/143/4599)
論儲才*(141/143/4600)
論人才(142/144/4625)
又論人才(142/144/4625)
論久任(142/144/4626)
論任官(142/144/4627)
論用人二弊(142/144/4628)
論官吏躐等數易之弊(142/144/4629)
奏論任官(142/147/4732)
乞儲人才(142/153/4909)
論漢儒(142/157/5037)
論縣尉護賊賞(142/169/5460)
論發解考校之弊(142/169/5460)
論薦舉(142/169/5461)
論薦舉監司郡守*(142/169/5462)
乞申飭監司精選所部官(142/169/5463)
乞申嚴薦舉連坐之法(142/169/5464)
論黜陟郡守(142/172/5550)
論名實賞罰(143/189/6098)
求言詔回奏三(143/192/6194)
論章服等差(143/198/6385)
論著庭不必備官(143/198/6386)
論荆襄兩淮利害(143/206/6450)
論荆襄兩淮利害(143/206/6655)
論監司奏陳所部利害(143/200/6457)
論聽言責實疏(143/206/6655)
乞因久雨親札同赦恤民劄子(144/218/7071)
論詳議明堂赦書疏(144/218/7072)
論訓兵(144/223/7226)
論軍士紀律(144/223/7227)
論諸路帥臣將副(144/239/7770)
論久任邊帥(144/239/7770)
論和糴疏(144/247/8007)
論理財(145/271/8744)
論史事劄子(145/277/8924)
太上尊號議(145/282/9092)
論知縣俸(145/286/9221)
論陰雨劄子(146/307/9815)
乞裁節土木之費(146/316/10116)

周行己
上皇帝書(139/44/1512)
論察朋比壅膈之弊(143/196/6312)
論增修法度(143/213/6878)
周青臣
進頌(140/104/3405)
周表臣
論災異不必肆赦疏(144/218/7063)
周林
論時不可失*(140/91/3036)
論行賞當先戰士而後主將*(143/189/6097)
奏推司不得與法司議事劄子(144/217/7019)
奏疑獄劄子(144/217/7020)
周南
對策論治道*(139/56/1927)
兵論(144/224/7268)
論兵之勝負爲國之强弱*(144/234/7611)
代池陽太守上裕民五事疏*(146/319/10219)
周矩
諫制獄酷刑疏(143/215/6963)
周紆
上疏劾竇瓌(142/173/5558)
周朗
上書獻讜言(138/25/841)
周常
論自古求治之主皆以尚志爲先*(138/2/57)
乞自裕陵至宣仁后寢宮所施金珠收貯景靈殿以遵遺訓疏*(141/125/4021)
周紹
論立傅之道六*(140/71/2378)
周景
與尚書邊韶議奏楊秉書著(145/285/9168)
周瑜
論劉備疏(140/78/2631)
請勿遣質於曹操*(140/78/2632)
薦魯肅疏(144/236/7658)
周嵩
諫疏忌王導等疏(141/130/4182)
周墀
論元和循吏韋丹爲第一*(145/283/9127)
周舉
殤帝順帝昭穆議(138/14/457)
對策問旱災(146/296/9475)
對詔問變眚(146/296/9476)
周麟之
論乞進讀本注音切(138/8/255)

論賞罰名實狀(139/46/1588)
論乞修神宗以後寶訓(140/69/2341)
論守應之策(140/91/3046)
論變文格(142/169/5445)
論戒守令遵守成法(143/200/6454)
論禁小報(143/213/6892)
輪當轉對奏狀(145/277/8919)
論臣僚奏對令備録聖訓詳盡(145/277/8919)
論禁傳寫先朝實録疏(145/277/8920)
上封事(147/335/10735)

咎犯

諫好樂*(143/201/6468)

京房

奏考功課吏法(142/171/5508)
論石顯顓權*(142/173/5555)

郑默

論政事*(138/25/831)

法正

請圖巴蜀*(144/227/7364)

宗澤

再奏乞修寶籙宫疏(138/3/71)
奏乞依舊拘留敵使疏(140/85/2855)
乞回鑾疏(140/85/2856)
再乞回鑾疏(140/85/2857)
乞回鑾疏(凡十條)(140/85/2858)(140/85/2859)(140/85/2859)(140/85/2860)(140/85/2861)(140/85/2863)(140/85/2864)(140/85/2865)(140/85/2866)(140/86/2868)
乞回鑾拜罷習水戰疏(140/86/2869)
乞回鑾疏(凡二條)(140/86/2870)(140/86/2870)
遣少尹范世延機幕宗穎詣維揚奏請回鑾疏(140/86/2871)
乞回鑾疏(140/86/2872)
奏乞回鑾仍以六月進兵渡河疏(140/86/2874)
條畫四事劄子(141/142/4561)
條畫四事劄子(143/188/6075)
條畫四事劄子(143/205/6646)
奏乞過河措置事宜劄子(144/232/7527)
論京東河北可行税鹽*(145/270/8713)
上乞毋割地與金人疏(147/348/11150)
奏給公據與契丹漢兒及本朝被虜之民疏(147/348/11151)

宛春

諫天寒鑿池*(146/315/10051)

郎顗

詣闕拜章(146/296/9465)

房玄齡

論仁信*(138/1/17)

論仁信*(138/27/886)

公平正直對(138/27/886)

論存心治道即是甲仗*(138/27/887)

論治道守成*(138/27/887)

論治道守成*(140/102/3370)

論草創與守成之難*(140/102/3370)

論自古草創之主至子孫多亂*(140/102/3371)

論務重穀*(141/110/3593)

山陵制度議(141/124/4011)

薦杜如晦*(141/131/4197)

論秦府左右未得官者*(141/131/4197)

大宗論中書門下*(142/159/5089)

議聽言*(143/201/6487)

論寬党仁弘之死*(143/209/6769)

兄弟緣坐配流議(143/209/6770)

緩討高麗對(144/229/7423)

諫伐高麗表(144/229/7423)

論唐太宗親爲文祭楊震*(145/283/9124)

上封禪議*(146/294/9407)

論和親之策*(147/341/10938)

論不征高麗*(147/341/10940)

房庶

論樂*(145/280/9021)

屈建

論恭王多寵子楚必多亂*(140/71/2379)

屈突通

論尉遲敬德不叛*(141/131/4197)

屈晃

口諫不宜動揺太子(140/71/2385)

弦章

論君明則臣忠*(141/129/4142)

孟昌齡

論導河大伾可置永遠浮橋*(144/253/8167)

孟昭圖

請對不召極諫疏(145/291/9337)

孟康

薦崔林(141/130/4172)

孟達

薦王雄(141/130/4174)

孟雲

上言宜還北虜生口(147/340/10901)

孟揆
論修治黃河*(144/253/8167)

九畫

契苾何力
論薛延陀不可與婚*(147/341/10939)
封軌
明堂辟雍議(138/15/487)
封倫
請擊突厥*(147/341/10930)
封德彝
論封爵太廣非所以示天下至公*(140/104/3420)
論秦王破陳樂*(141/127/4098)
論舉賢*(142/163/5238)
郝處俊
諫遜位武后*(140/74/2481)
諫以二王爲東西朋角勝*(140/76/2562)
諫雍周二王角勝爲樂*(141/118/3791)
諫餌丹*(143/196/6294)
論王者設法不可急亦不可慢*(144/225/7291)
郝經
立政議(139/65/2200)
河東罪言(139/65/2205)
東師議(140/101/3355)
班師議(140/101/3360)
便宜新政(140/101/3364)
備禦奏目(147/339/10882)
荀伯子
上表論先朝封爵(145/283/9115)
荀虎(荀虎子)
請寬省户絺疏*(145/254/8198)
請耕種徐州左右良田表*(145/260/8383)
荀卿
論王者之兵*(144/219/7077)
荀悦
論屏四患崇五政*(138/24/810)
請備置史官*(145/276/8880)
荀爽
延熹九年舉至孝對策陳便宜(141/118/3805)
荀勗
省吏議(142/159/5085)
荀崧
上疏請增置博士(141/113/3638)
荀顗
議帝王優劣之差*(138/6/176)
胡交修
論弭盜保民疏*(146/319/10196)

胡安國

論大居正*（138/2/66）
論聖學以正心爲要（138/8/247）
論爲天下國家必有一定不可易之計*（139/45/1559）
時政論（139/47/1593）
繳葉夢得落職宫觀詞頭（141/141/4554）
論君道之本在於明（142/156/5020）
繳王安中隨州安置晁説之許景衡落職宫觀詞頭疏（143/182/5876）
繳内侍王仍等録黄疏（143/182/5877）
論親兵專掌宿衛（144/225/7304）
論四道置帥狀（144/238/7737）
論伊川學狀（145/274/8836）
論避諱*（145/282/9090）

胡宏

上光堯皇帝書（140/89/2981）

胡直孺

論國朝配祀*（138/22/714）

胡宗愈

論朋黨之弊*（141/140/4507）
論朋黨之弊*（142/155/4999）
論令带職人赴三館供職（142/161/5185）
論宿衛*（144/225/7302）

胡庭直

論禁民通交阯*（147/335/10718）

胡寅

戊午上殿劄子（139/48/1626）
乙卯上殿劄子（139/48/1628）
轉對劄子（139/48/1629）
進萬言書劄子（140/86/2878）
論遣使劄子（140/86/2899）
再論遣使劄子（140/86/2902）
輪對劄子十・論學校（141/115/3699）
請行三年喪劄子（141/124/3989）
輪對劄子十一・論用人（141/143/4594）
繳程千秋乞不以有無拘礙奏辟縣令（141/143/4595）
輪對劄子一・論設官分職（142/162/5196）
輪對劄子十三・論建官（142/162/5197）
輪對劄子八・論建官（142/162/5197）
輪對劄子七・論帥臣監司（142/162/5198）

輪對劄子九・論州置通判(142/162/5198)
輪對劄子十二・論建官(142/162/5199)
論朱勝非疏(143/182/5883)
繳劉倜復秘閣修撰疏(143/183/5891)
繳湖北漕司辟許宜卿爲桃源令疏(143/183/5891)
論吴幵莫儔徐秉哲疏(143/183/5892)
繳傅雱用赦量移疏(143/183/5892)
輪對劄子四・論賞罰(143/189/6097)
繳内侍馮益轉官(143/198/6381)
輪對劄子三・論求言(143/200/6451)
輪對劄子五・論法令(143/213/6883)
輪對劄子二・論法令(143/213/6883)
繳資善堂畫一内未有先聖(145/274/8838)
繳范正國除廣西提刑(145/284/9151)
繳宣諭官明槖乞封龍母五子(146/306/9798)

胡宿

論郊丘定配(138/19/613)
乞罷禱祠立副君(140/73/2447)
論兖國公主議行册禮(140/74/2498)
論修火祀(141/126/4051)
論祀九宫貴神(141/126/4053)
論太湖登在祀典狀(141/126/4054)
乞留三御史奏(141/134/4323)
請詳定官制(142/160/5131)
論增經術取士額狀(142/165/5318)
乞慎選省府推判官提點刑獄(142/165/5319)
論除授宿衛帥臣(142/165/5320)
論詰責臺官言事涉後宫之親(143/202/6545)
論征蠻(144/230/7468)
乞爲晉太傅謝安置守冢禁樵采表(145/283/9131)
論葛懷敏復内侍名職(145/292/9343)
論災異疏*(146/300/9618)
論河北邊備事宜(147/329/10524)
論邊界守約束(147/329/10524)
論西夏事宜疏(147/329/

10525）
論邊事（147/329/10526）

胡舜陟

論反正六事（139/45/1558）
奏請詔東宫官讀孟子疏（140/73/2461）
乞御史言事疏（143/200/6448）
乞救中山疏（147/333/10678）
論高麗人使所過州縣之擾狀（147/347/11148）

胡僧祐

論還都建康*（140/103/3383）

胡銓

請修德以勝虜*（138/3/71）
論持勝疏（138/3/72）
論卜郊疏（138/22/724）
御試策一道（139/46/1560）
論改官及興水利營田疏*（139/49/1659）
請用直言遠私昵戢貪吏*（139/49/1663）
論符離之敗疏（140/87/2906）
論一溺於和則終身不振*（140/93/3103）
進冒頓不肯與東胡甌脱外棄地故事*（140/93/3105）
乞規恢遠圖疏（140/93/3106）
建都疏（140/103/3403）
請禁止軍兵殺人*（141/107/3501）
請詔諸將養鋭持勝少息民力*（141/107/3501）
請責郡守修城毋大興民役*（141/107/3502）
講筵禮序（141/120/3874）
論爲國以禮疏（141/120/3878）
論臣寮陳乞子弟差遣疏（141/142/4558）
論用人疏*（142/144/4618）
論禮及知人疏（142/157/5038）
論江西諸州官冗*（142/162/5206）
進唐服带故事*（143/198/6383）
請詔百官盡言無諱*（143/200/6449）
論賣直疏（143/205/6644）
論聽言*（143/205/6645）
論從諫疏（143/206/6655）
論戒諸將持重*（144/232/7544）
請悉發諸道兵以討不義*（144/232/7544）
上孝宗論兵法疏（144/234/7592）
論宿州之敗宜信賞罰*（144/240/7788）
論濟饑疏*（144/246/7979）

請備來年賑濟米斛疏*（144/246/7980）
論左右史四弊疏（145/277/8920）
應詔上論應天之道疏*（146/306/9798）
應詔上論和議有可痛哭者十*（146/306/9806）
請遣將虔吉間招捉盜賊*（146/318/10187）
上高宗封事（147/348/11177）
上孝宗封事（147/349/11189）
論人主德與心不可二三疏*（147/349/11192）
論復讎疏（147/349/11194）
論中國禦夷狄失道*（147/349/11195）

胡廣

諫採策立后疏（140/74/2476）
上書駁左雄察舉議（142/163/5223）

相威

論監察御史按察司貴得人*（142/152/4887）
陳征倭之策*（144/235/7643）

柳公綽

論杖殺神策小將*（142/174/5601）
太醫箴（143/194/6233）

柳公權

論服三澣之衣乃天子末節*（138/28/947）
論服三澣之衣乃天子末節（143/191/6154）
論用筆法*（143/202/6525）
請遣郭旼二女*（145/288/9279）

柳仲郢

論醫工劉集不當任銅鐵*（143/197/6342）

柳昂

上文帝勸學行禮表（141/113/3656）

柳虯

上文帝疏論史官（145/276/8886）

柳宗元

進農書狀（141/110/3594）
駁復讎議（143/209/6776）

柳彧

諫文帝親裁細務疏（138/26/882）
上隋文帝表（141/130/4196）
諫文帝親裁細務疏（141/130/4196）
上周武帝表（143/187/6021）

柳莊

奏刑法宜合常科（143/209/6765）

柳冕

青帥乞朝覲表（141/119/3830）

柳開

論立新法*（138/29/968）

柳渾

論人君不宜代尹擇令*（141/131/4229）

論玉工罪止當杖*（143/209/6778）

柳澤

上睿宗書（138/27/919）

諫進用奇器書（143/193/6228）

諫復斜封疏（143/197/6332）

郟亶

論蘇州治田利害大概*（144/250/8085）

論蘇州水田*（144/250/8091）

是儀

領魯王傅上疏（140/104/3410）

韋玄成

罷郡國廟議（138/14/445）

韋孝寬

上武帝疏陳平齊三策（144/229/7415）

韋彤

太廟朔望進食議（138/17/567）

韋述

宗廟加籩豆議（138/17/548）

請優恤蘇頲疏（145/285/9179）

韋承慶

明堂災極諫疏（141/131/4207）

韋挺

論風俗失禮表（141/116/3735）

上章陳得失*（143/201/6488）

韋彪

上疏諫置官選職不以才（141/129/4157）

郡國貢舉議（142/163/5223）

韋處厚

論裴度不宜擯棄疏（141/131/4240）

韋萬石

請定明堂大享樂章奏（138/16/532）

韋雲起

諫征王世充表（144/229/7420）

論柳述不堪爲兵部尚書*（145/288/9277）

韋湊

請改義宗廟號疏（138/17/550）

論謚節愍太子疏（145/281/9044）

韋温

論葺太廟不當用中使*（142/159/5093）

韋嗣立

請崇學校疏(141/113/3657)

諫濫官疏(141/131/4209)

省刑罰疏(143/215/6970)

請減濫食封邑疏(144/243/7873)

韋綬

論失德媚人有譴*(146/298/9531)

韋澳

論執械鄭光莊吏*(142/174/5603)

論宦官*(145/291/9336)

韋縚

姨舅服制奏(141/122/3947)

拜住

論得民心*(141/109/3579)

論敢諫之臣*(143/207/6717)

論聽言*(143/207/6717)

香居

諫爲大室*(146/315/10051)

段少連

論廢郭皇后(140/74/2486)

論廢后有大不可者(140/74/2487)

段文振

請遣啓民可汗出塞表(147/340/10924)

從征遼東疾篤上表(147/340/10924)

段秀實

論禁兵不精且數少*(144/225/7291)

段灼

上表陳五事(140/78/2639)

陳時宜(140/104/3416)

又陳時宜(143/187/6016)

上疏追理鄧艾(145/283/9109)

段恭

因會上疏(141/129/4160)

段規

議滅智氏*(144/226/7312)

段熲

應詔上言討先零東羌術略(144/227/7358)

復上言東羌事(144/227/7359)

段應

論罷邊備塞吏卒有十不可*(146/320/10243)

皇甫規

求自效疏(144/227/7357)

建康元年舉賢良方正對策(145/290/9317)

永康元年舉賢良方正對詔問日食(146/296/9484)

侯摯

陳九事疏(139/65/2188)

請往山東河北撫輯遺民*(141/109/3576)

請募選邳海貧民爲兵疏*（144/224/7288）
請縱民輸販勿行官糴疏*（144/248/8040）
請勿棄海州而他徙疏*（147/339/10881）

俞槖

論祭服*（138/21/707）
論學校*（141/115/3699）

俞獻卿

論物價積高民力積困*（145/263/8490）

郤詵

對賢良策*（138/25/822）

爰延

論桓帝爲漢中主*（138/1/5）
星變上封事（146/296/9478）

昝隆

乞立諸葛亮廟表（145/283/9108）

度正

上宗廟二説疏（138/22/737）

施師點

對言除免逋負*（141/108/3523）

施敬本

駁奏舊封禪禮八條（146/294/9408）

洪天錫

論天下之患疏*（143/186/5995）

洪适

論教習樂工止須一月*（138/22/724）
奏旱灾劄子（144/246/7976）
水災應詔奏狀（146/306/9810）

洪彦昇

論蔡京*（142/180/5813）
論辨群吏邪正以行賞罰*（143/213/6879）

洪咨夔

論中書之弊端有四疏*（139/64/2154）
論用崔輿之真德秀魏了翁*（142/150/4800）

洪舜俞

進故事論君德*（138/5/162）
進故事論聖學*（138/9/307）
進故事論經國*（140/98/3279）
進故事論仁民*（141/109/3570）
進故事論用人*（142/151/4852）
進漢武帝順帝故事（142/153/4916）
論科舉*（142/170/5502）
進故事論賞罰*（143/189/6109）
進故事論勤政*（143/190/6140）

進故事論謹名器*（143/198/6391）
進故事論聽言*（143/207/6702）
進故事論征伐*（144/235/7628）
又進故事論征伐*（144/235/7629）
進故事論任將*（144/241/7824）
進故事論賦役*（145/259/8373）
進故事論理財*（145/273/8806）
進神宗故事論弭災*（146/313/10018）

洪遵

論申飭中外循太上皇帝之訓*（140/69/2349）
進故事論守成*（140/102/3377）
乞放免崑山縣隱户田賦劄子（141/108/3537）
論限田劄子（141/112/3626）
薦玉珏奏狀（141/143/4600）
薦用林珦（141/143/4601）
薦胡璉（141/143/4602）
舉監司郡守（142/144/4642）
薦梁公永程渭老劄子（142/144/4643）
舉邵宏淵劄子（142/144/4643）
舉趙撙郭剛劄子（142/144/4644）
乞復建鴻臚寺*（142/162/5196）
論薦舉改官之法*（142/169/5443）
乞川廣進士中第者皆特與注官*（142/169/5458）
論薦舉*（142/169/5459）
經筵進故事（143/188/6083）
乞皇太后慶八十增恩數劄子（143/188/6083）
論李文會不當加恤典*（143/188/6084）
論川陝淮漢立功將士當亟行賞*（143/189/6100）
經筵進故事（143/192/6184）
進故事論節儉*（143/192/6185）
經筵進故事（143/195/6262）
進故事論戒佚欲*（143/195/6263）
乞塞僥倖劄子（143/198/6383）
乞修注官經筵奏事劄子（143/200/6453）
經筵進故事（143/200/6453）
進故事論聽言*（143/205/6652）
論凶盜及雜犯殺人應死而赦者宜分配大軍*（144/218/

7071）
乞精選間諜劄子（144/222/7207）
乞存留揀中禁軍劄子（144/224/7251）
論軍士展俸劄子（144/224/7251）
論制敵定計劄子（144/234/7602）
薦劉氾狀（144/238/7749）
薦李寶狀（144/238/7749）
薦劉澤奏狀（144/238/7749）
論選擇將帥劄子（144/240/7797）
論買馬博易劄子（144/242/7851）
繳羅殿蕃進馬指揮（144/242/7852）
論太平州淫雨爲災亟宜蠲賑*（144/247/7999）
乞倚閣饒州南康軍夏税劄子*（144/247/8000）
乞倚閣饒州南康軍夏税劄子*（144/247/8000）
奏饒州南康軍旱災劄子（144/247/8001）
乞接續賑糶劄子*（144/247/8001）
奏張運助饒州賑濟劄子（144/247/8002）
奏收養童幼劄子（144/247/8002）
奏乞借椿管錢收糴浙西米劄子（144/247/8003）
奏乞借江西米劄子（144/247/8003）
論被水人户折科疏（145/258/8334）
乞訪遺書劄子（145/275/8872）
乞經筵編聖語劄子（145/277/8912）
乞修起居注劄子（145/277/8913）
乞修讀會要劄子（145/277/8914）
乞收還功臣子孫序遷侍從之詔*（145/284/9146）
論禱雨思所當戒劄子（146/305/9785）
乞禁奏祥瑞疏（146/305/9785）
論采石水軍劄子（147/336/10765）

洪擬

論法行偏則人怨而氣乘*（146/305/9782）

洪燾

論郊祀以高宗參配*（138/22/738）

宫之奇

諫許晉假道伐虢*（140/78/

2598)

祖冲之

上新曆表(145/278/8954)

祖納

上趙王倫疏請宥東萊王蕤北海王實(143/208/6738)

祖朝

上書獻公(138/23/754)

祖無擇

論孔宗願襲文宣公(145/274/8822)

胥鼎

諫親細務*(139/65/2196)

請止搜括餘粟疏*(141/109/3575)

請訓練統攝官以制義軍*(144/224/7287)

請降空名宣敕等以補軍儲*(144/224/7287)

諫分義軍爲三等疏(144/224/7287)

請議備禦北兵之策*(144/235/7635)

請備禦南邊勿議西征(144/235/7636)

請伐宋疏(144/235/7637)

請諭帥臣勿焚掠城邑*(144/235/7638)

請勸獎官民出粟賑饑疏*(144/248/8041)

論代州戍兵不可撤*(147/339/10880)

請防閑河北山西河東流户疏*(147/339/10880)

姚希得

論外若清明内有危亡之證疏(139/64/2175)

論君子爲國計小人爲身計疏(143/207/6709)

姚南仲

諫近城爲陵墓疏(141/124/4011)

姚思廉

諫幸九成宫*(145/287/9231)

姚信

表請褒陸續女鬱生(141/116/3728)

姚班

諫節愍太子書(140/72/2413)

姚崇

十事要説(138/27/922)

對問冤獄疏(143/215/6972)

請遣捕蝗疏(146/298/9528)

姚賈

請出使四國*(141/129/4144)

姚樞

進治平八目救弊三十條*(139/65/2198)

論大本遠業*(139/65/2199)

請申不殺人之詔*(144/235/7642)

紇石烈良弼

論世不乏直言之人*（143/207/6711）

請務農*（144/248/8040）

紀瞻

請徵郗鑒疏（141/130/4183）

十畫

馬防

奏上迎氣樂（141/127/4076）

馬伸

請罷黃潛善汪伯彥疏*（143/182/5877）

馬周

上太宗疏（138/10/324）

陳時政疏（138/27/898）

論城陽公主下嫁*（140/74/2477）

陳時政疏（140/76/2558）

論簡擇縣令疏（141/131/4202）

上太宗疏（143/197/6331）

馬得臣

諫上擊鞠疏（143/195/6277）

馬援

論公孫述修邊幅光武大度*（138/1/4）

上疏言隗囂（144/227/7350）

上疏言破羌以西不可棄（147/340/10895）

馬景夷

論陝西罷使銅錢*（145/270/8693）

馬廖

上明德太后疏（143/191/6146）

馬遵

論宗室爵秩禄廪乞守舊制（140/76/2565）

論安危之機在於命相（141/134/4324）

論宰相逐諫官乞與辨明疏（141/134/4325）

論宰相逐諫官乞與辨明（係第四狀）（141/134/4325）

論欲用忠賢當去左右之私言（142/154/4955）

論諫諍乃大臣之任（143/202/6548）

論内降指揮差臺官勘張懷恩等事（143/210/6811）

論内降指揮差臺官勘張懷恩等事（係等二狀）（143/210/6812）

論皇門禁（144/225/7300）

論内東門使臣藏挾女口闌入禁庭狀（144/225/7301）

論内東門使臣藏挾女口闌入禁庭（係第二狀）（144/225/7301）

論開浚汴河奏（144/249/

8074）
論兩省兩制官不得與兩府大臣相見（145/285/9183）
乞加禮杜衍等（145/285/9183）

馬融

上書請赦龎参梁慬（141/129/4159）
上書乞自效（144/227/7357）
延光四年日蝕上書（146/296/9458）

馬默

論西京會聖宫將創仁宗神御殿（138/19/630）
上疏陳十事（139/35/1174）

馬嚴

日食上封事（146/296/9453）

馬懷素

論崔貞慎獨孤禕之餞送魏元忠不當坐以謀反之罪*（143/209/6773）

秦秀

上言王濬位號（143/187/6017）

秦長卿

請誅阿合馬書*（143/186/6007）

秦檜

論邊機三事狀（147/333/10678）

秦觀

舉賢良方正進策（139/40/1360）

班伯

論淫亂之戒在酒*（143/193/6209）

班固

匈奴和親議（147/340/10900）

班昭

上鄧太后疏（145/288/9273）

班勇

西域議（147/340/10904）

班倢伃

辭同輦*（140/74/2475）
對不爲祝詛*（140/74/2475）

班彪

上言選置東宫及諸王國官屬（140/71/2384）
復議羌校尉疏（146/320/10244）
上言宜復置烏桓校尉（146/320/10244）
奏議答北匈奴（147/340/10896）

班超

請兵平定西域疏（147/340/10899）

貢禹

上書言得失・贖罪（138/24/801）
奏宜放古自節（143/191/

6144）
上書言得失·減宫衛免諸官奴婢(143/191/6146)
上書言得失·錢幣(145/262/8444)

袁安

又上封事諫立北單于(147/340/10902)

袁甫

秘書少監上殿第一劄子(138/5138)
右史直前奏事第一劄子(138/5/141)
中書舍人内引第一劄子(138/5/144)
兵部侍郎内引劄子(138/5/147)
經筵進講故事(138/138/5/150)
經筵進講故事(143/195/6270)
轉對論邊事之弊*(139/60/2048)
便民五事狀(139/60/2048)
右史直前奏事第二劄子(139/61/2085)
入對劄子(140/98/3261)
便民五事狀(141/109/3560)
輪對劄子(142/148/4754)
直前奏事劄子(142/150/4808)
中書舍人内引第二劄子(142/150/4812)
經筵進講故事(142/150/4815)
秘書少監上殿第二劄子(142/153/4915)
經筵進講故事(142/153/4913)
論史宅之奏(143/207/6703)
乞團結民兵劄子(144/224/7284)
經筵進講論李允則疏(144/238/7736)
論流民劄子(144/248/8035)
經筵進講故事(144/248/8037)
論履畝劄子(145/259/8365)
再論履畝劄子(145/259/8367)(145/259/8370)
論會子疏(145/273/8792)
江東上封事(146/309/9875)
應詔封事(146/309/9877)
正字上殿劄子(146/309/9880)
戊戌風變擬應詔封事(146/313/10009)
陳時事疏(147/339/10851)
是日上不視事繳進前奏事劄子(147/339/10854)
乞降詔撫諭四蜀劄子(147/339/10857)

備邊四事劄子（147/339/10858）

袁利貞

諫於宣政殿會百官命婦疏（141/118/3792）

袁劭

論不當殺無罪之初軍活當死之次玉*（143/208/6728）

袁盎

論引却愼夫人坐*（140/74/2474）

諫遷淮南王於蜀*（140/76/2532）

請西馳下峻阪*（143/193/6208）

論絳侯非社稷臣*（145/285/9161）

諫宦者趙談參乘*（145/291/9325）

袁高

論盧杞不當用*（142/174/5587）

袁渙

請大收篇籍明先聖之教*（145/275/8853）

袁著

詣闕上書（145/288/9274）

袁桷

進郊祀十議（138/22/746）

國學議（141/115/3724）

修遼金宋史搜訪遺書列事狀（145/277/8938）

袁淑

防禦索虜議（146/320/10253）

袁説友

君道狀（138/4/122）

講高宗聖政實訓（138/8/259）

講學（138/9/274）

日閲兩朝聖政（138/9/277）

論皇太后宜還大内*（138/10/353）

進講高宗聖政（138/10/357）

乞過宫奏（138/12/392）

獨銜自入奏乞過宫狀（138/12/393）

又入奏乞過宫狀（138/12/397）

同衆從官宣引入對狀（138/12/399）

又奏乞過宫狀（138/12/400）

獨銜入奏乞過宫視疾狀（138/12/404）

得聖語令與部中官商量同衆從官入奏狀（138/12/407）

乞速嚴法駕慟哭梓宫之前劄子*（138/12/408）

再乞過宫行禮劄子*（138/12/409）

請寬民力修軍政*（139/50/1702）

論復古之道*(139/50/1703)
皇帝登位六事狀(139/58/1970)
規恢三事奏(140/95/3182)
重閩廣奏狀(140/95/3184)
論衣冠服製*(141/120/3879)
論實才(142/144/4639)
用人狀(142/148/4757)
上言人材議論(142/157/5057)
歷郡守者始除監司狀(142/162/5206)
舉逸隱狀(142/169/5464)
論簾試中銓人(142/169/5465)
舉遺逸實材狀(142/169/5467)
舉材狀(142/170/5493)
論恭儉節約*(143/192/6187)
禁戢銷金劄子(143/192/6193)
乞來忠言疏(143/200/6457)
論養士大夫氣節(143/206/6661)
上言軍屯可行者三説*(144/223/7241)
寬恤士卒疏(144/223/7243)
論陞加之法爲軍政急務*(144/224/7273)
論舉將疏(144/240/7791)
乞收糴淮麥(144/248/8030)
乞增糴常平米(144/248/8032)
推排劄子(145/258/8341)
上寬恤茶商疏(145/272/8760)
論官會之弊*(145/272/8778)
乞留朱熹狀(145/274/8844)
大行至尊壽皇聖帝謚號議(145/282/9100)
論災祥*(146/307/9837)
過宮後再入奏狀(146/308/9867)
論楚州屯戍(147/337/10815)

袁樞

論用人*(142/146/4705)

袁燮

都官郎官上殿劄子(138/4/115)
輪對陳人君宜崇大節劄子(138/4/117)
輪對陳人君法天劄子(138/13/439)
論國家宜明政刑劄子(139/60/2021)
論立國宜正本劄子(139/60/2025)
輪對陳人君宜結人心劄子(139/60/2027)
論立國之本在足食通貨*(139/60/2028)

上便民劄子(139/60/2030)
代武岡林守進治要劄子(139/60/2031)
論蜀奏(140/97/3253)
便民劄子(141/109/3553)
輪對劄子(凡二)(142/148/4749)(142/148/4750)
請崇獎朴直*(142/157/5051)
論增置宰屬*(142/162/5208)
便民策(142/170/5497)
輪對陳人君宜勤于好問劄子(143/200/6458)
便民策(144/224/7269)
輪對劄子(144/224/7270)
議論對劄子(144/224/7272)
己見劄子(144/235/7616)
便民策(144/235/7617)
輪對陳人君宜達民隱劄子(144/248/8029)
上便民劄子(145/259/8361)
論差役之法*(145/259/8362)
上便民疏(145/273/8788)
論内帑不充勿以楮幣度牒補之*(145/273/8789)
上便民疏(145/273/8790)
論弭咎徵宜開言路劄子(146/310/9906)
論弭咎徵宜戒逸豫劄子(146/310/9907)
上便民劄子(146/319/10221)
論備邊劄子一(147/337/10808)
論備邊劄子二(147/337/10811)
又上備邊劄子(147/337/10813)
上己見劄子(147/350/11212)

袁褱

上疏請建國學(141/113/3641)

袁韡

明堂議(138/15/490)
論重鎮將之選當嚴舉主賞罰*(142/163/5237)
奏駁太常議甄琛謚(145/281/9042)
選邊戍事議(146/321/10265)
安置蠕蠕表(146/321/10267)

耿秉

兵事議(144/227/7352)
上言宜許南單于出兵(144/227/7353)

耿育

上疏請寬趙氏(140/71/2383)
上書言便宜因訟陳湯(143/187/6014)

耿弇

請歸上谷益兵*(144/227/7349)

耿純

請從諸將尊號之請*（140/78/2625）

耿國

南匈奴稱藩議（147/340/10895）

耿壽昌

奏糴三輔等郡穀（145/261/8415）

華岳

上皇帝書（143/185/5970）

華歆

諫伐蜀疏（140/78/2631）

華嶠

賀武帝疾瘳表（143/193/6216）

華鎮

國勢論（140/104/3427）

華覈

諫吴主皓盛夏興工疏（140/78/2635）

上務農禁侈疏（141/110/3587）

奏薦陸胤（141/130/4176）

乞赦樓玄疏（141/130/4176）

上務農禁侈疏（143/191/6149）

表薦陸禕（144/236/7658）

上疏救韋曜（145/276/8880）

上疏請召還薛瑩（145/276/8881）

諫吴主皓盛夏興工疏（146/315/10064）

華譚

舉秀才對策（138/25/829）

莫敖子華

論憂社稷之臣*（142/153/4899）

莊辛

諫襄王忘國政*（143/193/6204）

莊夏

上封事疏*（146/308/9873）

真德秀

論初政四事（138/5/129）

召除户書内引劄子一（138/5/131）

召除户書内引劄子四（138/9/302）

直前奏劄一（139/59/2012）

召除禮侍上殿奏劄二（139/61/2058）

直前奏事劄子（140/97/3237）

除江東漕十一月二十二日朝辭奏事劄子一（140/97/3244）

便民奏（140/97/3248）

召除户書内引劄子二（140/100/3306）

召除禮侍上殿奏劄一（141/117/3775）

薦知信州丁黼等狀(142/148/4763)
薦洪彦華等狀(142/148/4764)
薦本路十知縣政績狀(142/148/4765)
因明堂赦薦趙監嶽蕃(142/148/4767)
乙未正月丙辰經筵奏已見劄子二(142/150/4800)
召除禮侍上殿奏劄二(142/150/4801)
召除户書内引劄子三(142/150/4803)
謝奬廉吏奏劄(142/150/4804)
直前奏劄(142/157/5051)
奏申雪葉莫誣枉乞加録用狀(142/158/5061)
戊辰四月上殿奏劄三(142/162/5207)
除江東漕十一月二十二日朝辭奏事劄子二(142/170/5495)
戊辰四月上殿奏劄二(143/184/5931)
奏乞將新知徽州林琰寢罷新任狀(143/184/5932)
奏乞將太平州通判韓楚卿罷免狀(143/184/5933)
乞將和太平州當塗縣謝湯中罷斥主簿王長民鐫降狀(143/184/5933)
乞將知寧國府南陵縣丞李仁任罷黜廣德軍廣德縣丞馮銑送部與嶽祠狀(143/184/5935)
乞將知寧國府張忠恕亟賜罷黜狀(143/184/5936)
按奏寧國府司户錢象求狀(143/184/5940)
乞將新知寧國府陳廣壽寢罷新命狀(143/184/5942)
十二月奏已見劄子(143/195/6272)
庚午六月十五日輪對奏劄二(143/206/6684)
癸酉五月二十二日直前奏事一(143/206/6685)
辛未十二月上殿奏劄三(143/214/6925)
輪對劄子(143/214/6926)
癸酉五月二十二日直前奏事二(143/214/6927)
十一月癸亥後殿奏已見劄子一(144/235/7623)
十一月癸亥後殿奏已見劄子二(144/235/7625)
乞蠲閣夏税秋苗疏(144/248/8017)
乞撥米賑濟劄子(144/248/8021)

乞給降錢會下本路災傷州郡下户收糴麥種疏（144/248/8022）
奏置惠民倉狀（144/248/8023）
奏置十二縣社倉狀（144/248/8025）
奏乞倚閣第四第五等人户夏税疏（145/259/8356）
奏復潭州酒税狀（145/272/8774）
己巳四月上殿奏劄二（145/277/8932）
奏乞將武岡軍簽判葉莫褒賞狀（145/284/9157）
己巳四月殿奏劄一（146/309/9895）
庚午六月十五日輪對奏劄一（146/309/9897）
辛未十二月上殿奏劄一（146/309/9900）
八月一日輪對奏劄（146/309/9901）
乙未正月丙辰經筵奏已見劄子一（146/310/9911）
戊辰四月上殿奏劄一（147/337/10794）
直前奏劄二（147/337/10796）
使還上殿劄子（147/337/10798）
論邊事狀（147/337/10801）
辛未十二月上殿奏劄二（147/350/11210）
甲午二月應詔上封事（147/350/11218）

桓冲

奏納孝武王皇后（140/74/2477）
表救涼州（144/228/7388）
上言吉挹忠節（145/283/9114）
移鎮上明疏（146/320/10253）

桓彦範

論時政表（140/74/2481）
請窮治張昌疏（142/174/5584）
請誅胡僧慧範書*（142/174/5585）
論鄭普思不可爲秘書監*（143/197/6331）

桓階

論曹仁被圍不必親救*（144/227/7366）

桓温

請還都洛陽疏（140/79/2664）
薦譙元彦表（141/130/4184）

桓範

薦徐宣（141/130/4173）

桓譚

陳時政疏（138/24/805）
抑讖重賞疏（145/275/8877）

索綝

請以漢陵爲誡*（141/124/4007）

夏侯惠

薦劉劭（141/130/4172）

夏竦

進策論郊廟*（138/18/583）
總大綱奏（138/29/979）
請興學校疏（141/114/3669）
請斷祅巫狀（141/126/4060）
擇令佐奏（141/134/4306）
進策議選調（142/159/5107）
進策制流外（142/159/5108）
擇牧守奏（142/159/5109）
議職官疏（142/159/5110）
論制貢舉疏（142/164/5270）
進策退巧宦（142/175/5638）
進策慎爵録（143/197/6344）
進策去冗制（143/197/6344）
乞斷祅巫（143/210/6785）
論推易簡之政刊一制度*（143/210/6786）
議刑書狀（143/210/6787）
進策順時令（143/210/6788）
論肆眚之文事從簡*（144/218/7057）
論兵政（144/220/7112）
進策論將帥（144/237/7710）
論任將*（144/237/7711）
均賦斂（145/255/8240）
議國用疏（145/263/8495）
上量支費疏（145/263/8497）
上平筦榷疏（145/263/8497）
陳邊事十策（146/323/10357）
論復塞垣進策（146/323/10365）
論謹邊防奏策（146/323/10366）
進策計北寇（147/342/10985）

致惲

因廢郭后上書（140/74/2475）
上書諫獵（143/193/6209）

柴中行

論以剛德立治本*（138/4/128）
論臣下觀望希合回緩畏避*（143/207/6691）

柴成務

論封駁故事（142/159/5095）
乞河北沿邊營置屯田（145/260/8386）

柴嶽明

論五王院不必作*（146/315/10082）

畢士安

論校勘三國志晉唐書*（145/276/8893）

畢仲游

明堂奏（138/21/705）
併州縣（139/42/1464）
禮禁論（139/42/1466）
封建郡縣議（140/104/3430）

論占田之數復除之法*（141/112/3624）
學校議（141/114/3693）
乞理會河東土俗埋葬劄子（141/116/3753）
名實議（141/140/4517）
論人才（141/140/4519）
知人議（142/155/5004）
官制議（142/161/5167）
試蔭補人議（142/161/5168）
官冗議（142/161/5169）
理會科場奏狀（142/168/5417）
論聽用臺官諫官之言*（143/204/6622）
論兵不可長亦不可略*（144/221/7167）
論役錢疏（145/258/8325）
論役局疏（145/258/8326）
論財用不足*（145/268/8653）
論財足則新法不復興*（145/268/8654）
奏黜異端疏（145/274/8834）
文議（145/275/8870）
論王者有道德之號五行之稱地之名*（145/282/9084）
論捕盜之法*（146/318/10182）
乞置京城廂巡檢劄子（146/318/10181）
論禦戎（147/333/10646）
論西夏利害（147/333/10647）
論進築城寨以破元昊併兵之計*（147/333/10648）
論河外清野利害狀（147/333/10649）
論復境土（147/346/11116）
論棄熙河蘭會（147/346/11118）

晁補之

奏舉趙元緒狀（141/136/4392）
上皇帝安南罪言（144/231/7486）
上書論北事（147/344/11055）

晁説之

奏審覆皇太子所讀孝經論語爾雅劄子（138/8/247）
靖康初上殿劄子二（139/45/1553）
上書陳論重地（140/82/2742）
靖康初上殿劄子一（140/102/3376）
論達言（143/182/5872）
出狩議（144/231/7507）
上負薪對（144/231/7512）
應詔上封事（147/347/11138）

晁錯

論吏平政宣民寧之道在帝王躬親*（138/23/775）
請擇聖人之術以賜皇太子書*（140/71/2380）

說景帝削吴(140/76/2532)
論貴粟疏*(141/110/3583)
言兵事疏*(144/226/7334)
言守邊備塞急務(146/320/10230)

晏敦復

乞斥逐勾龍如淵施廷臣莫將疏*(143/183/5910)
因彗星見應詔言近習姦邪*(146/306/9797)

晏嬰(晏子)

論治東河*(138/23/752)
論禮可以爲國*(138/23/752)
請存養嬰兒*(141/105/3437)
請養老弱室鰥寡*(141/105/3437)
請推盛德於天下*(141/105/3437)
論禁婦人而好丈夫飾者*(141/116/3727)
論禮可以爲國*(141/118/3799)
請先修德毋誅祝史*(141/125/4031)
論國具官而后政可善*(141/129/4142)
論國有三不祥*(141/129/4142)
諫飲酒*(143/193/6205)
諫爲鐘*(143/193/6206)
論和與同異*(143/201/6464)
請賞禮刖跪*(143/201/6465)
論朝居嚴則下無言*(143/201/6465)
論伐晉*(144/226/7318)
論祝史無補*(146/295/9414)
請與靈山河伯共憂*(146/295/9415)

員半千

論天時地利人和爲三陣*(144/219/7084)

員興宗

乞精講議奏(138/8/260)
上皇帝書(140/94/3151)
風俗議(141/117/3768)
議冗員(142/146/4698)
議守令(142/146/4700)
乞嚴爵賞狀(143/189/6100)
又議功賞狀(143/189/6102)
乞廣招募劄子(144/223/7235)
乞恤義士劄子(144/223/7236)
議軍實(144/223/7238)
議國馬(144/242/7859)
議徵税(145/258/8348)
請以鋪兵運餉糧疏(145/261/8430)
議虚額疏(145/272/8760)
議節財(145/272/8762)

察敵情輪對劄子（147/349/11203）

倪若水

諫江南采捕諸鳥表（143/193/6229）

倪思

論人主治國必自齊家始*（140/75/2527）

師丹

上書言封丁傅（140/102/3368）

上書言封丁傅（145/288/9262）

師安石

言備禦二事疏（140/101/3354）

師經

論援琴撞魏文侯*（143/201/6469）

師曠

論老而好學*（138/6/171）

論人君之道*（138/23/755）

論五墨墨*（138/23/755）

論石言*（146/295/9414）

徒單公履

論儒學*（145/274/8846）

徒單克寧

請立金源郡王爲皇太孫表（140/73/2469）

徒單鎰

乞通上下之情疏（139/65/2187）

論爲政之術其急有二*（146/314/10028）

徐元杰

嘉熙戊戌輪對劄子（138/5/151）

嘉熙戊戌輪對第二劄（138/5/155）

紹定壬辰御試對策（138/9/279）

經筵講義（138/9/292）

講讀陳治道*（139/63/2146）

淳祐甲辰上殿第二劄（141/117/3777）

甲辰冬輪對第二劄（141/117/3779）

請不許仍襲恩門門生之稱*（141/117/3780）

甲辰冬輪對劄子（141/124/3999）

三月二十日上進故事（142/151/4837）

應詔薦士狀（142/151/4840）

請置諸臣簿籍*（142/153/4918）

奏繳胡泓新除宗正少卿指揮疏（143/185/5978）

再繳胡泓乞祠不允指揮疏（143/185/5980）

繳錢相召赴行在指揮疏（143/185/5981）

繳鄧泳乞祠不允指揮疏(143/185/5981)
繳趙汝選改差知邵武軍指揮(143/185/5982)
繳蕭郊理還元斷月日指揮疏(143/185/5983)
繳趙逢龍江東提舉王傑知雷州指揮疏(143/185/5983)
淳祐甲辰上殿劄子(143/190/6137)
七月三十日上進故事(143/192/6196)
繳李曾伯淮東制帥指揮(143/198/6390)
十一月初一日上進故事(143/207/6696)
甲辰六月二十五日上進故事(143/214/6935)
四月一日上進故事(144/241/7827)
乙巳正月十五日上進故事(146/310/9918)
轉對狀(146/310/9920)

徐世隆

請不嗜殺人*(144/235/7642)

徐防

五經宜爲章句疏(142/163/5223)
五經宜爲章句疏(145/275/8852)

徐孝嗣

嗣君廟見議(138/15/483)
冠婚禮議(141/118/3810)
表立屯田(145/260/8382)

徐宏

殄寇告二郊議(138/14/466)

徐宗仁

論治道*(139/64/2182)
論董宋臣等佚罰*(143/189/6114)

徐爰

陳留國立世子議(141/121/3915)
爲太子妃服議(141/121/3916)
鑄四銖錢議(145/262/8451)

徐勉

上書請禁速斂(141/116/3731)
上修五禮表(141/118/3811)

徐堅

論刑獄表(143/215/6971)

徐清叟

言風化勸戒選用三事疏*(139/59/2009)
乞禁止專殺疏*(143/214/6929)

徐惠

請抑志摧心慎終成始疏*(146/315/10074)

徐道娛
太廟送神議(138/14/465)
上表請議讀秋令服色(141/118/3808)
徐鉉
論天造有宋運膺火德*(145/280/9013)
徐羨之
奏論郊配(138/14/465)
奏廢廬陵王義真(140/76/2546)
與左光禄大夫傅亮上表歸政(141/121/3909)
重奏(141/121/3909)
朱興妻周事議(143/208/6748)
徐璉
請摹功臣像於景靈宫庭之壁*(141/126/4067)
徐僑
論臣不貧陛下乃貧*(139/63/2149)
徐廣
孝武文李太后服議(141/121/3908)
徐榮叟
入對論民怨*(139/63/2128)
徐範
論治道*(139/59/2009)
徐樂
上武帝書言世務(143/196/6285)
徐霖
言史嵩之姦深之狀疏*(143/186/5995)
徐邈
明堂郊祀配享議(138/14/462)
論兄弟之際宜深慎*(140/76/2545)
王公妾子服其所生母議(141/121/3907)
徐藻
議崇德太后之喪*(141/121/3907)
殷札
請舉大衆伐魏*(144/228/7382)
殷仲堪
奏請巴蜀等三郡不戍漢中(146/320/10252)
殷茂
上言宜令清官子侄入學(141/113/3642)
殷融
顯贈刁協議(145/283/9116)
翁彦國
乞今後非有大勳業者不賜第(143/188/6066)
烏古孫良楨
請置儒臣於禁密疏*(138/9/322)

請從漢南人禮制*（141/117/3785）

烏古論德升

請選德望之士左右太子*（140/73/2470）

逢同

請結齊親楚附晉以厚吴*（140/78/2616）

留正

請令嘉王正儲位（140/73/2467）

高力士

論宜與大臣姚崇裁可否*（141/131/4210）

諫玄宗巡幸不可以政事委李林甫*（145/287/9234）

高允

言農事疏*（141/110/3592）

承詔議興學校表（141/113/3647）

諫文成帝不釐改風俗（141/116/3732）

酒訓（143/193/6218）

諫文成帝起宫室（146/315/10068）

高汝礪

論徙河北軍户家屬於河南非便*（140/101/3353）

上宣宗疏（140/101/3354）

論公生明偏生暗*（142/152/4886）

請有司奏事臺臣勿令迴避疏（143/207/6711）

論歲閲民田徵租不可疏*（145/259/8374）

論出粟更鈔法穀價自平*（145/273/8808）

請減免河南添徵通寶疏（145/273/8809）

請勸誘輸粟疏*（145/273/8810）

高季輔(高馮)

列上五事（138/27/901）

上太宗封事（141/119/3824）

陳得失疏*（143/199/6402）

高定子

進對大略（143/196/6323）

高郢

諫造章敬寺書（146/315/10082）

高祐

上疏論選舉（142/163/5236）

奏請修國史（145/276/8882）

論止盜之方*（146/317/10126）

高柔

諫罪殺禁地鹿者疏（141/105/3439）

諫罪殺禁地鹿者疏（141/105/3439）

諫置校事疏*（141/130/4166）

三公希與朝政上疏（141/130/4167）

諫大興殿舍廣采衆女疏（143/193/6214）
除妖謗賞告之法疏（143/208/6730）
議法令疏（143/208/6731）
軍士亡匃罪妻子啟（143/215/6949）
諫就獄殺公孫晃疏（143/215/6951）
請待博士以不次之位疏（145/274/8818）

高起

論得失天下在用人*（141/129/4148）

高堂隆

諫用法深重疏（138/25/814）
諫取長安大鐘疏（141/127/4076）
論戒佚欲疏*（143/193/6215）
疾篤口占上疏（143/196/6287）
詔問崇華殿災咎對（146/297/9496）
詔問鵲巢陵霄闕對（146/297/9497）
星孛于大辰上疏（146/297/9498）
切諫增崇宮室疏（146/315/10056）

高斯得

論聖學*（138/9/311）
七月二十九日進故事（138/22/738）
輪對奏劄（139/63/2128）
輪對奏劄（139/63/2132）
十月二十日進故事（141/109/3574）
聖主之祀臣有五義論（141/126/4069）
論大臣貴乎以道事君*（142/151/4835）
九月初三日進故事（142/151/4835）
請慎尚書之選疏（142/152/4880）
請法孝宗精擇郡守疏（142/152/4881）
歷舉祖宗盛事疏（142/153/4921）
八月十三日進故事（142/158/5063）
論趙善瀚黨與營救疏（143/185/5976）
論勿復用佞人邪黨*（143/185/5977）
五月初二日進故事（143/195/6275）
轉對奏劄（143/207/6694）
君仁臣直論（143/207/6710）
論省刑疏（144/217/7032）

秋八月壬午大閱疏（144/224/7286）
五月十九日進故事（144/235/7634）
咸淳九年正月十五日進故事（144/241/7831）
四月二十一日進故事（144/248/8039）
十月二十三日進故事（145/277/8935）
應詔上封事（146/313/9992）
七月二十三日進故事（146/313/9997）
直前奏事（146/313/9999）
乞捐內帑錢帛以助賑濟*（146/313/10002）
彗星應詔封事（146/313/10003）
八月十五日進故事（146/314/10024）

高智耀

請免儒士徭役*（145/274/8845）

高道悦

諫水路幸鄴（145/287/9229）

高道穆

論不敢獨於公主虧朝廷典章*（143/209/6761）
論慎刑疏（143/215/6958）
論改鑄錢貨救弊表*（145/262/8462）

高勱

請伐陳表（144/229/7418）

高閭

議斷禄表（141/130/4188）
奏對論法令*（143/209/6756）
論淮南不宜留戍表（144/228/7402）
諫討淮北表（144/228/7404）
應詔陳損益表（144/243/7869）
請築長城表（146/320/10262）

高鳴

論三省不如一省*（142/162/5214）

高適

請罷東川節度使疏（145/254/8204）

高肇

奏定大枷（143/215/6957）
諫伐蜀疏*（144/229/7408）

高熲

奏取陳之策*（144/229/7417）

高錫

諫親決庶政疏（141/131/4244）

高謙之

乞復舊制京令得面陳得失疏
求鑄三銖錢表（145/262/8457）

高繼申
論故官親屬犯罪請減贖之制*（143/210/6782）
郭(龍)〔襲〕
諫游獵書*（143/195/6276）
郭子儀
請車駕還京奏（140/103/3387）
論吐蕃書（146/321/10277）
論吐蕃遣使請和*（147/341/10958）
郭元振
論安置降附部族疏*（147/341/10950）
論吐蕃乞和請罷四鎮兵疏*（147/341/10951）
論吐蕃及十姓四鎮疏*（147/341/10952）
郭文振
請復置河北行省疏（139/65/2197）
郭伋
論不宜專用南陽人*（141/129/4155）
郭守敬
請先南北立表取直測景*（145/280/9029）
上曆法考正七事創法五事*（145/280/9030）
郭知章
請勿以賞罰假借大臣*（143/188/6064）
郭侃
陳平宋策（144/235/7642）
郭威
議進取疏*（144/229/7444）
郭祚
又奏請定考格（141/130/4187）
奏姦吏逃刑止徙妻子（143/209/6758）
表請伐梁（144/228/7400）
郭虔
諫探策立后疏（140/74/2476）
郭崇韜
對割鄆州和梁疏（144/229/7444）
對營清暑樓疏*（146/315/10082）
郭從謹
進言延訪忠良以廣聰明*（143/199/6403）
郭隗
論求臣之道*（142/153/4901）
郭欽
實邊御夷狄疏*（147/340/10910）
郭舜
上言宜絶康居（147/340/10891）
郭瑜
論改受禮*（138/6/179）

郭璞

皇孫生上疏(144/218/7044)

省刑疏(146/297/9503)

唐介

論治道*(138/32/1065)

論法祖*(140/69/2326)

論王安石難大任*(141/135/4352)

唐文若

論勾濤不得見疏(145/286/9221)

唐休璟

不可棄豐州而保靈夏疏*(146/321/10270)

唐仲友

館職備對劄子一(139/52/1757)

館職備對劄子二(139/52/1759)

館職備對劄子三(139/52/1760)

館職備對劄子四(139/52/1762)

代人上書論治道*(139/56/1925)

台州入奏劄子一(144/247/8010)

信州朝辭劄子二(145/258/8339)

信州朝辭劄子一(145/271/8754)

台州入奏劄子二(145/271/8755)

唐坰

論王安石不法之事疏*(142/176/5678)

唐林

上哀帝疏請復師丹邑爵(145/285/9163)

唐重

上高宗疏(140/84/2811)

唐淑問

論王者之學*(138/6/187)

唐紹

請以至冬至日祀圓丘議(138/16/536)

禁奢侈疏(141/116/3737)

論婦人葬禮用鼓吹疏(141/122/3942)

唐蒙

上書請通夜郎(147/340/10887)

唐儉

諫罷獵*(143/193/6221)

唐璘

論擇相疏*(142/148/4746)

唐臨

議蕭齡之罪狀奏(143/215/6963)

凌哲

論諸路州軍大辟類以可憫奏裁疏*(143/213/6879)

陸九淵

刪定官輪對劄子(139/50/1689)

刪定官輪對劄子二(139/50/1690)

刪定官輪對劄子四(139/50/1690)

刪定官輪對劄子五(139/50/1691)

刪定官輪對劄子三(142/157/5040)

陸抗

陳時宜疏(140/78/2638)

請原薛瑩(143/215/6953)

戒動師旅疏(144/228/7383)

請抑黜群小疏(145/291/9333)

陸佃

元豐大裘議(138/20/659)

昭穆議(138/20/660)

廟祭議(138/20/662)

先瓘議(138/20/663)

廟制議(138/21/699)

元符祧廟議(138/21/707)

蔡州召還上殿劄子(139/43/1483)

蔡州召還上殿劄子二(140/102/3375)

上宣仁皇后論文德殿受册疏(141/120/3865)

論用人疏*(141/141/4537)

蔡州召還上殿劄子(142/155/5006)

陸長愈

乞春秋釋奠並以兗鄒二公配享*(145/274/8824)

陸峻

論成肅皇后從葬阜陵爲合典故*(141/124/3998)

陸康

上疏諫鑄銅人(143/191/6147)

上疏諫鑄銅人(145/254/8193)

陸凱

上疏諫吴主皓(138/25/815)

上疏諫吴主皓不遵先帝二十事(140/69/2324)

上疏諫吴主皓(141/105/3442)

上疏諫吴主皓(143/191/6148)

上表諫吴主皓(143/201/6477)

請勿襲弋陽*(144/228/7382)

重表諫起宫(146/315/10063)

陸游

上殿劄子(138/11/390)

上殿劄子二(139/49/1656)

上殿劄子一(139/49/1657)

論選用西北士大夫劄子(142/146/4705)

論作起士氣劄子(142/146/4705)
又上殿劄子(143/195/6267)
又上殿劄子(145/258/8340)
除修史上殿劄子(145/277/8929)
上殿劄子三(147/336/10779)

陸瑁

諫親征公孫淵疏(144/228/7380)

陸賈

論文武兼用長久之術*(138/23/758)

陸遜

請安太子疏(140/71/2387)
建議平山寇(140/78/2634)
議緩興利改作(141/105/3442)
陳時事疏(141/130/4175)
爲荆州士人上疏(142/153/4903)
請勿取夷州及朱崖疏(144/228/7378)
乞息親征公孫淵疏(144/228/7379)
請諸將增廣農畝表(145/260/8382)

陸澄

皇弟休倩殤服議(141/121/3912)

陸機

薦駕循郭訥表(141/130/4179)

陸贄

謝密旨因論所宣事狀(138/28/927)
論關中事宜狀(140/80/2681)
興元請撫循李楚琳狀(140/80/2685)
興元論續從賊中赴行在官等狀(140/80/2687)
論叙遷幸之由狀(140/80/2690)
論收河中後請罷兵狀(140/80/2694)
奉天薦袁高等狀(141/131/4216)
論替換李楚琳狀(141/131/4216)
答論蕭復狀(141/131/4218)
議汴州逐劉士寧事狀(141/131/4219)
論朝官缺員及刺史等改轉倫序狀(141/131/4220)
論宣令除裴延齡度支使狀(141/131/4227)
論齊暎齊抗官狀(141/131/4228)
奉天論解蕭復狀(142/154/4937)

請許臺省長官舉薦屬吏狀（142/163/5252）
論裴延齡姦蠹書（142/174/5588）
奉天論擬與翰林學士改轉狀（143/187/6023）
論進擢苗粲*（143/187/6024）
興元論賜渾瑊詔書爲取散失内人等議狀（143/194/6230）
賀幸梁州論進獻瓜果人擬官狀（143/197/6333）
興元論中官及朝官賜名定難功臣狀（143/197/6335）
請不與李萬榮汴州節度使狀（143/197/6337）
奉天論奏當今所切務狀（143/199/6403）
奉天論前所答奏未施行狀（143/201/6497）
奉天請數對群臣兼許令論事狀（143/201/6502）
興元論解姜公輔狀（143/201/6510）
又答論姜公輔狀（143/201/6514）
商量處置竇參事體狀（143/215/6974）
奏議竇參等官狀（143/215/6975）
請不簿録竇參莊宅狀（143/215/6976）
論左降官準赦合量移事狀（144/218/7049）
再奏量移官狀（144/218/7049）
三奏量移官狀（144/218/7050）
奏天論赦書事條狀（144/218/7052）
請釋趙貴先罪狀（144/218/7053）
興元論請優獎曲環所領將士狀（144/236/7666）
論兩河及淮西利害狀（144/236/7666）
奉天論李晟所管兵馬狀（144/236/7672）
奉天奏李建徽楊惠元兩節度兵馬狀（144/236/7673）
興元奏請許渾瑊李晟等諸軍兵馬自取機便狀（144/236/7674）
請遣使臣宣撫諸道遭水州縣狀（144/243/7874）
論淮西管内水損處請同諸道遣宣慰使狀（144/243/7876）
請依京兆所請折納事狀（144/243/7878）
均節賦税恤百姓六條（145/

254/8205)
論度支令京兆府折税市草事狀(145/255/8226)
請減京東水運收腳價於緣邊州鎮儲蓄軍糧事宜狀(145/261/8418)
奉天請罷瓊林大盈二庫狀(145/262/8467)
論嶺南請於安南置市舶中使狀(145/262/8470)
奉天論尊號加字狀(145/281/9046)
重論尊號狀(145/281/9047)
請還田緒所寄撰碑文馬絹狀(145/283/9126)
鑾駕將還宮闕論發日狀(145/287/9236)
論緣邊守備事宜狀(146/321/10277)
請邊城貯備米粟等狀(146/321/10288)
又請邊鎮儲糧狀(146/321/10289)
興元賀吐蕃尚結贊抽軍迴歸書(147/341/10959)

陳乂

論宜聽靖州守臣節制戍兵疏*(147/336/10781)

陳子昂

諫政理書(138/27/903)
上軍國利害事三條・出使(138/27/907)
答制問事八條疏(138/27/909)
上軍國機要事(140/80/2678)
諫靈駕入京書(140/103/3384)
請修太學疏*(141/113/3657)
勸興明堂疏*(141/119/3827)
上軍國利害事三條(141/131/4204)
上軍國利害事三條・牧宰(141/131/4205)
上軍國利害事三條・人機(143/196/6295)
復讎議狀(143/209/6772)
諫刑書(143/215/6964)
諫用刑書(143/215/6967)
諫雅州討生羌書(144/229/7427)
諫曹仁師出軍書(144/229/7429)
上益國事(145/262/8464)
上西蕃邊州安危事三條(147/341/10942)
諫雅州討生羌書(147/341/10945)
爲喬補闕論突厥表(147/341/10946)

陳天祥

論盧世榮姦邪狀(143/186/

6002）
論征西南夷事（144/235/7646）
論赦令足以長養盜賊*（146/319/10225）

陳元

上疏難范升奏左氏不宜立博士（145/275/8849）
上疏駁江馮督察三公議（145/285/9167）

陳元達

請遠捐商周覆之弊近模孝武光漢之美*（143/201/6478）
諫起魚鷁儀殿（146/315/10065）

陳升之

論轉運使考課*（142/172/5535）

陳公輔

乞迎奉上皇篤其孝心（138/10/346）
乞迎奉上皇篤其孝心（係第二狀）（138/10/348）
論道君不宜升配上帝*（138/22/717）
條畫十二事（139/45/1544）
論致太平在得民心疏（141/107/3497）
論王安石學術壞人心*（143/183/5908）
論不當因孟享游宴（143/194/6257）
乞官陳東（143/205/6638）
論宦人蠱惑人主狀（146/293/9382）
論陰盛（146/305/9766）
乞戒大臣究心邊事疏（147/333/10676）

陳平

請僞遊雲夢*（144/226/7333）

陳仲微

輪對奏劄*（140/98/3266）

陳仲儒

答有司符問立準以調八音狀（141/127/4080）

陳充

乞恭勤守治（143/190/6122）

陳并

答詔論彗星陳四説（146/304/9729）

陳次升

論治道（139/41/1423）
論人和（139/41/1425）
戒豫六事（139/43/1503）
論内治（140/75/2525）
論宗景以妾爲妻（140/77/2584）
論知人（142/155/4999）
論三省之制*（142/161/5187）
論選舉（142/168/5424）
論選舉第一狀（142/168/

5438）
論選舉第二狀（142/168/5439）
論選舉第三狀（142/168/5439）
奏彈曾布疏(142/180/5818)
奏彈曾布第二狀（142/180/5819）
奏彈曾布第七狀（142/180/5820）
奏彈蔡京疏(142/180/5820)
彈蔡京第二狀（142/180/5821）
彈蔡京第三狀（142/180/5821）
論造龍船費用（143/192/6178）
論謹名器(143/198/6371)
又論謹名器(143/198/6372)
又論謹名器(143/198/6373)
又論謹名器(143/198/6374)
奏彈范純禮(143/198/6374)
乞留正言孫諤疏（143/204/6617）
乞寬陳瓘罪狀（143/205/6630）
論敕榜當取信天下劄子（143/212/6864）
乞罷編元祐章疏（143/212/6864）
奏乞立限疏決疏（143/216/7009）
論皇城司獄疏（143/216/7009）
論河北路禁軍例多老病怯弱*（144/221/7166）
論牧馬(144/242/7849)
奏陝西旱乞行賑濟疏（144/245/7962）
奏乞開陳亳溝河狀（144/252/8144）
乞保甲地土不及二十畝者免冬教(145/258/8328)
論理財(145/269/8692)
論中都費用(145/270/8705)
論收湟州(145/270/8706)
奏論常平司錢物（145/270/8706）
論修神宗實録（145/276/8905）
論神宗實録劄子（145/276/8906）
又論修神宗實録劄子（凡二）（145/276/8906）（145/276/8907）
論鄧洵武狀(145/276/8907)
又奏彈鄧洵武（145/276/8908）
幸金明池乞不乘船（145/287/9240）
乞寢賜孟在宅狀（145/289/9297）

彈裴彦臣疏(146/293/9375)
奏彈内侍裴彦臣第二狀(146/293/9375)
論劉瑗疏(146/293/9376)
奏彈内侍劉瑗第二狀(146/293/9377)
論内侍李偁疏(146/293/9378)
奏彈内侍李偁第二狀(146/293/9378)
奏因災變求直言疏(146/304/9740)
奏星變(146/304/9741)
論西戎(147/333/10645)
乞備邊賞有功(147/333/10645)
論西蕃市馬(147/347/11120)

陳求魯

論仁政*(141/109/3569)
論錢荒*(145/273/8805)

陳良祐

論遣使乃啟釁之端*(140/96/3224)
論維持紀綱保全戚畹*(145/289/9308)

陳良翰

論仁德功利*(139/51/1720)

陳長方

帝學論(138/8/253)
代人上殿劄子(146/306/9796)
代人上殿劄子(147/348/11167)

陳東

乞復李綱舊職疏(141/141/4549)

陳叔達

論直言宗室*(140/76/2561)

陳忠

上言令屯役者得歸葬送(141/121/3890)
薦劉愷疏(141/129/4158)
奏劾陳禪(143/193/6210)
上疏豫通帝意(143/201/6476)
論高句驪王宫死宜遣使吊問*(144/227/7355)
奏言太初曆不宜從(145/278/8942)
諫因災異免三公疏(145/285/9168)
因災異上疏劾中侍伯榮(146/296/9460)
清盜源疏(146/317/10125)

陳京

請爲獻祖懿祖立别廟疏(138/17/556)
論褒大節恤賢臣*(145/285/9179)

陳宗禮

陛對論治道*(139/64/2153)
進讀孝宗聖訓奏(143/196/

6323）

陳宓

上封事（139/60/2020）

轉對奏劄*（139/60/2020）

陳建

密表請南征（144/228/7404）

陳居仁

入對論文武并用*（142/146/4704）

陳貞節

請罷隱章懷懿德節愍四太子陵廟疏（138/16/540）

論肅明皇后請別立廟議（138/17/542）

太廟遷祔議（138/17/542）

明堂議（138/17/544）

陳思謙

論不可失圖治之機*（140/102/3378）

論設三策以救四弊*（142/162/5220）

請置群牧使司專治馬政*（144/242/7864）

陳俊卿

諫孝宗騎射疏*（143/195/6268）

乞以不披帶人縱耕荒田*（145/260/8401）

陳亮

廷對（139/57/1953）

五論（140/92/3072）

上孝宗皇帝第一書（140/92/3081）

上孝宗皇帝第二書（140/92/3090）

上孝宗皇帝第三書（140/92/3093）

戊申再上孝宗皇帝書（140/92/3096）

陳洙

請擇宗室之賢者立爲皇子*（140/73/2451）

陳祐〔宋〕

論元祐黨人不宜分別疏（142/156/5007）

陳祐〔元〕

三本書（139/66/2220）

陳祖仁

請誅朴不花槖驩疏*（143/186/6007）

諫修上都宫闕疏*（146/316/10120）

陳耆卿

代上請用人聽言劄子（139/59/2010）

奏請罷健訟疏（143/214/6930）

代上請研覈郡縣兵劄子（144/224/7275）

奏請急水利疏（144/253/8189）

代上請乞輸錢劄子（145/

259/8360）
奏請正簿書疏（145/259/8359）
論錢楮猶母子所以相權（145/273/8786）
論豐歉*（145/273/8787）
陳軒
請復諸道帥守辭見召對之制*（143/200/6439）
陳致雍
祖宗配郊位議（138/18/575）
劾中書不許旌表吉州孝子瞿處圭等疏（141/116/3737）
上音律疏（141/127/4101）
請禁斷造作銷金衣服*（143/191/6154）
陳師錫
論宣取畫圖（138/8/242）
論任賢去邪之道*（141/136/4393）
論任賢去邪在於果斷（141/141/4523）
請斥章惇復司馬光等贈謚墓碑疏*（142/180/5802）
論幸潛宮觀芝草（146/304/9743）
陳恕
論理財*（145/263/8488）
陳球
竇太后不宜别葬議（141/124/4007）
陳規
條陳八事疏（139/65/2191）
陳逵
皇太子爲太后服議（141/121/3896）
陳執中
論元昊寇延州奏疏*（146/323/10367）
論西邊事宜（147/343/11013）
陳副
諫收祭遵*（142/173/5558）
陳堅
請釐正邸第寺觀常賦*（143/192/6197）
陳過庭
乞改正宣仁皇后謗史（138/10/351）
陳敏
論戍守清河口*（140/96/3228）
陳從信
論募舟漕糧載薪炭*（145/261/8427）
陳貫
上形勢選將練兵論三篇（146/323/10338）
陳琰
請勿赦丁謂疏*（142/174/5604）
陳堯臣
乞重惜憲臺之權疏（143/

205/6628）

陳彭年

獻大寶箴（138/1/21）

論上辛析穀*（138/18/582）

答詔五事（138/29/971）

論崇儒*（145/274/8821）

陳朝老

上徽宗皇帝書*（142/180/5812）

陳貴誼

轉對奏劄*（143/206/6684）

陳傅良

直前劄子（138/4/99）

直前劄子（138/4/101）

内引劄子（138/4/103）

再内引劄子（138/4/105）

請對劄子一（138/4/120）

封事（138/11/368）

入奏劄子（138/11/369）

乞對狀（138/11/370）

直前劄子四月二十六日（138/11/371）

奏事劄子五月四日（138/11/363）

壬辰廷對（139/52/1772）

擬奏事劄子（139/52/1782）

中書舍人供職後初對劄子（139/59/2008）

轉對劄子（140/69/2350）

中書舍人供職後初對第二劄子（140/69/2351）

擬奏事劄子（140/96/3218）

吏部員外郎初對第一劄子（141/109/3551）

請對第二劄子（141/109/3554）

薦宋文仲等狀（142/147/4709）

繳奏給事中黄裳改除兵部侍郎狀（142/147/4710）

繳奏給事中黄裳改除兵部侍郎第二狀（142/147/4712）

繳奏張子仁除節度使狀（142/147/4713）

繳奏張子仁除節度使第二狀（142/147/4715）

繳奏朱熹宫觀狀（142/148/4743）

繳奏册寶官吏推恩狀（143/214/6922）

赴桂陽軍擬奏事第三劄子（144/223/7228）

繳奏率逢原除都統制狀（144/240/7808）

吏部員外郎初對第二劄子（145/259/8351）

輪對奏劄*（145/259/8364）

吏部員外郎初對第三劄子（145/272/8767）

論史官劄子（145/277/8930）

奏乞褒録傳察宗澤婁寅亮子孫劄子（145/284/9153）

內引劄子(145/286/9222)
陳舜俞
奉行青苗新法自劾奏狀(145/269/8665)
陳詁
論祭禮*(141/126/4050)
陳淵
紹興九年十一月上殿劄子(138/3/73)
論心過(138/3/75)
論聖學(138/8/252)
論仁政得民心(139/47/1620)
論用宗子奏(140/77/2586)
論除盜賊(140/91/3036)
論用有德(141/143/4597)
論用老成(141/143/4598)
論考實(142/156/5032)
論賞賜之濫*(143/188/6079)
論鄭億年狀(143/188/6080)
紹興九年十一月又上殿劄子(143/192/6182)
論莫將除徽猷閣待制奏狀(143/198/6378)
又論莫將除徽猷閣待制奏狀(143/198/6379)
求言疏(143/200/6454)
論求諫(143/200/6455)
又論求諫(143/200/6456)
又論求諫(143/200/6456)
壬子八月十八日又上殿劄子(143/213/6889)
論放稅劄子(143/213/6890)
論衛兵(144/225/7305)
論用兵必先修政(144/233/7581)
論薄斂(145/258/8334)
十二月又上殿劄子(145/270/8725)
學者以孔孟爲師(145/274/8839)
十二月上殿劄子(145/274/8840)
論程頤王安石學術同異(145/275/8875)
經筵進故事(145/286/9217)
上論宰執不和奏狀(145/286/9219)
壬子八月十八日上殿劄子(146/319/10195)
陳塤
上封事(139/61/2056)
陳塏
請振士大夫難進易退之風*(141/117/3782)
陳損之
乞創立紹熙堰*(144/253/8181)
陳靖
乞置東宮師保(140/72/2423)
論欲厚生民莫先於積穀而務農*(141/105/3452)
均田法議*(141/110/3595)

聚人議(141/110/3595)
乞從京東西起首勸課疏(141/110/3598)
論盛梁所奏(141/110/3604)
論逃民浮客給受田土之制*(141/112/3624)
論宴饗*(141/119/3834)
乞天下官屬三年替移一年一考(142/171/5524)
論江南二税外沿征錢物疏(145/255/8230)

陳群

明帝莅政上疏(138/25/813)
諫謚皇女淑平原公主疏(141/121/3892)
諫追封太后父母(143/197/6327)
復肉刑議(143/215/6949)
諫營治宫室疏(146/315/10055)

陳蕃

薦徐穉等疏(141/129/4161)
理李膺等疏(141/129/4162)
諫幸廣城校獵疏(143/193/6211)
諫封賞内寵疏(143/197/6326)
救李雲疏(143/201/6476)
諫幸廣城校獵疏(145/287/9229)
理劉瓆等疏(145/291/9329)
上竇太后疏(145/291/9331)
因火災上疏(146/296/9478)
駁討零陵桂陽山賊及州郡一切得舉孝廉茂才疏(146/317/10126)

陳薦

論合祭宜循舊典(138/20/657)

陳橐

論與金人和議*(140/91/3033)

陳頵

陳時務疏(142/163/5235)

陳矯

論司馬懿*(142/154/4929)

陳龜

拜度遼將軍臨行上言邊事疏*(146/320/10247)

陳襄

進誠明説(138/6/189)
論天地合祭爲非禮(138/20/652)
禘祫不廢時祭奏(138/20/654)
祭天用樂奏(138/20/655)
赴召修注上殿劄子(139/35/1190)
議學校貢舉劄子(141/114/3684)
論助祭之服(141/126/4063)
論樂劄子(141/128/4130)

（十畫）

乞留陳經不對移任滿狀（141/135/4336）
薦吴師仁劄子（141/136/4394）
論大臣皆以利進（141/136/4395）
乞召還范純仁狀（141/136/4396）
依赦文舉陳烈狀（141/136/4396）
彈李南公除京西運判不當狀（141/136/4397）
乞選擇縣令劄子（141/136/4398）
選差京朝官知縣狀（142/160/5147）
理會吏部資序劄子（142/160/5148）
乞正臺諫官劄子（142/160/5149）
論差除敕不由封駁司劄子（142/160/5149）
乞定審官條例狀（142/160/5150）
理會考校進士卷子狀（142/166/5362）
乞免解舉人推恩狀（142/166/5363）
彈秀州軍事判官李定狀（142/177/5684）
彈監察御史裏行王子韶狀（142/177/5685）
彈劉攽王介狀（142/177/5686）
彈步軍副都指揮使宋守約狀（142/177/5686）
乞止絶權貴非次陳乞恩例劄子（143/197/6353）
論王安石劄子（143/203/6559）
知諫院進劄子（143/203/6561）
乞免劉述等言事罪狀（143/203/6562）
乞疏放秀越二獄干繫人狀（143/216/7003）
乞原免張堯夫等狀（144/218/7065）
論汰冗兵劄子（144/220/7137）
乞抛降和糴小麥價錢狀（144/244/7907）
乞振恤大名等州被水災之民劄子（144/244/7926）
論役法狀（145/256/8262）
論三司條例乞行均輸法劄子（145/266/8571）
論青苗不便乞住支第一狀（145/266/8572）
論青苗第二狀（145/266/8573）
論青苗第三狀（145/266/

8574）
論青苗第四狀（145/266/8576）
論青苗第五狀（145/266/8577）
奉使契丹回上殿劄子（147/329/10536）

陳騤

論時政得失*（139/57/1952）

陳寵

奏駁賈宗斷獄盡三冬議（143/208/6725）
奏請删除律令（143/208/6728）
省刑疏（143/215/6945）

陳瓘

乞觀無逸及漢唐事（138/2/56）
論臣宜守節君當制變*（138/2/56）
乞讀資治通鑑（138/8/243）
請勿頒行王安石字説*（138/8/244）
論神考之大孝*（138/10/346）
言修建景靈四宫狀（138/21/713）
論允執厥中*（139/44/1511）
進仁宗聽丁度講詩匪風故事*（139/44/1512）
論答稽古*（140/69/2337）
乞遣使陝西河北河東京西奉行優恤德音奏狀（141/107/3492）
乞憫恤山陵人夫疏（141/125/4021）
論紹述疏（141/141/4527）
乞罷王師約樞密都承旨疏（141/141/4528）
乞罷王師約樞密都承旨（係第二狀）（141/141/4529）
論立賢無方（141/141/4529）
論用人惟己（141/141/4530）
乞罷温益給事中（141/141/4530）
進故事三條*（141/141/4531）
論一可者偏兩可者平*（142/156/5014）
論蔡京劄子（143/181/5825）
論去蔡京疏（143/181/5830）
論章惇罪大責輕乞行流竄狀（143/181/5852）
邢恕以反覆詭詐得罪先朝乞原情定罪狀（143/181/5854）
論聖人無爲故事敗無執故無失*（143/196/6310）
上思患預防奏（143/196/6311）
論求言之詔未及舊弼劄子（143/200/6446）
論賞言者劄子（143/200/

6447）
乞留龔夬狀(143/205/6631)
進仁祖神考故事*(144/217/7016)
乞正看詳官蹇序辰安惇典刑奏狀(144/217/7016)
進國用須知疏(145/270/8694)
請詔史臣別行刪修紹聖神宗實録(145/276/8898)
論哲宗實録不當止差蔡京兼修狀(145/276/8899)
乞讀資治通鑑(145/276/8900)
請六曹尚書許獨員上殿*(145/286/9213)
論向宗良兄弟交通賓客(145/289/9298)
論熒惑在房心之間狀(146/304/9744)
進仁祖言譴告爲天心之仁故事(146/304/9746)
論衛州進瑞麥狀(146/304/9747)

陶瓚

上言州兵不宜減(146/320/10251)

陶穀

請許群臣不時聞奏疏*(143/202/6526)

陶謙

被詔罷兵上書(144/227/7364)

姬晉(太子晉)

諫壅穀洛*(144/249/8045)

桑弘羊

奏屯田輪臺(145/260/8381)
請縣置均輸鹽鐵官*(145/262/8443)

桑維翰

諫賜優伶無度疏(143/187/6028)
論安重榮請討契丹疏(147/341/10972)

孫升

論安燾除命大臣宜以朝廷法度紀綱爲意(139/41/1410)
乞禁士大夫參請(141/116/3752)
乞明降召用裴綸爲御史因依(141/139/4489)
乞詔大臣首薦名士(142/167/5400)
乞議經歷付受官吏之罪以正紀綱(143/198/6356)
論給事中張問(143/198/6357)
論不當於耳目之官置黨附之疑(143/200/6434)
論疑間一開則言者不安其

職*（143/203/6573）
乞令臺諫專對疏（143/203/6573）
乞依舊制引對臣僚疏（143/203/6573）

孫尹

表復起劉毅（141/130/4177）

孫伏伽

上言三事（140/71/2399）
諫鵾雛之獻及玄武門遊戲表*（143/193/6219）
諫馬射表（143/193/6220）
陳三事疏（143/201/6480）
論諸州有犯十惡者刺史不須坐罪*（143/215/6961）
諫大赦後遷配王世充竇建德黨與表（144/218/7046）

孫甫

論赤雪地震疏（146/300/9610）
又論赤雪地震疏（146/300/9611）

孫抃

論明堂配侑（138/19/622）
論爲六后立小忌（141/119/3838）
論温成護葬宜减損正禮疏（141/123/3969）
論張貴妃進册皇后疏（141/123/3970）
乞議差以次臣僚監護温成皇后葬事疏（141/123/3970）
論方今士習疏（141/134/4322）
論章疏多留中不降出狀（143/202/6549）
論内臣宜限員疏（143/216/6989）
論增置士兵（144/219/7106）
論王守忠不當除節度使（145/292/9343）

孫何

論明德皇太后喪禮*（141/123/3955）
論六部疏*（142/159/5101）
請復設制科（142/164/5262）
請申明太學議（142/164/5264）
請自今郊祀群官不得遷陟*（143/197/6343）
乞參用儒將（144/236/7680）
論禦戎畫一利害（146/322/10317）
應詔論禦邊急務四事疏*（146/322/10320）

孫沔

論宫禁五事（140/74/2490）
乞止絶宫人出入（140/74/2494）
乞納后之禮稍緩其期（141/121/3886）
乞權住豫王葬禮（141/123/

3959）
又乞權住豫王葬禮（141/123/3960）
論張貴妃喪禮過制疏（141/123/3962）
論宰相不進賢者爲將來之資（141/134/4302）
乞定蔭補（142/164/5272）
論許申妄薦狂人疏（142/174/5604）
上書論吕夷簡*（142/174/5605）
乞每旦親政振舉綱目（143/190/6124）
乞免上封事人罪疏（143/202/6532）
乞行諫臣之言疏（143/202/6533）
乞詔令安定議而後行狀（143/210/6795）
論都知押班不可升於閤門引進之上（145/291/9338）
論久陰（146/300/9601）
乞罷修萬春閣（146/316/10088）
論范仲淹答元昊書（147/324/10397）

孫武

章太后廟不宜與殷癸議（138/14/469）
王侯兄弟嗣統議（141/121/3914）

孫固

議僖祖祧遷（138/20/640）
論王安石*（141/136/4378）
乞録用石介之後（145/284/9140）

孫洙

嚴宗廟（138/20/667）
資格（142/165/5332）

孫冕

請令江南荆湖通商賣鹽（145/263/8489）

孫紹

修律令上表（138/26/866）
陳軍國利害又表（138/26/868）

孫堪

上封禪書*（146/294/9409）

孫惠蔚

上言禫終應祫明年應禘（138/15/488）
上疏請校補祕書（145/275/8855）

孫景邕

陳終德爲祖母持重議（141/122/3932）

孫登

臨終上疏（140/78/2634）

孫資

對明帝詔問萬年後計（142/154/4928）

請勿進軍南鄭與諸葛亮戰*(144/227/7371)

孫綽

諫移都洛陽疏(140/103/3381)

孫奭

論祀圜丘*(138/18/583)
論享先農*(141/126/4049)
諫幸汾陰二疏(145/287/9237)
論巡幸疏*(145/287/9239)
論群臣數奏祥瑞(146/298/9553)
論天書(146/298/9553)

孫霄

諫爲琅邪王焕營起陵園疏(141/121/3904)

孫諤

論役法均平便民則善*(145/258/8327)

孫豁之

國子爲生母求除太夫人議(141/121/3913)

孫覺

論人主當不爲血氣所變(138/2/37)
論人主有高世之資求治之意在成之以學(138/6/188)
論所急者近效所勤者小數(139/35/1184)
論人主不宜有輕群臣之心(141/135/4356)
論君臣相疑之弊(141/135/4357)
論任賢使能之異(141/135/4358)
論果於用善斷於去惡(141/135/4360)
論諫官貶秩不當再舉其職(141/135/4362)
論不必每事遣使狀(141/135/4365)
論罷司馬光樞密范鎮封駁司不當(141/135/4366)
乞收還給事中新命且在諫職(141/139/4465)
論知人在務學(142/154/4958)
論知人之要在於知言*(142/154/4958)
論不當召對小臣詢兩府臺閣人物(142/154/4959)
論取士之弊宜有改更(142/166/5336)
乞議經歷付受官吏之罪以正紀綱(143/198/6358)
乞依六典備置諫官(143/204/6594)
乞令臺諫先次上殿疏(143/204/6595)
乞熙河選將如折氏世守狀(144/238/7722)

論帥臣當使便宜行事狀(144/238/7723)
論青苗(145/266/8581)
辭免體量府界青苗錢疏(145/266/8582)
論條例司畫一申明青苗事(145/266/8583)
乞定著内臣員數年未四十不得入諸閨閣狀(145/292/9364)
乞以無災爲懼(146/302/9682)
論自治以勝夷狄之患(147/329/10547)
論治邊之略(147/329/10548)
乞棄蘭州(147/331/10587)

孫鐸

請勿更張號令*(143/214/6937)

孫覿

請筵乞讀范祖禹唐鑑劄子(138/8/249)
侍御史論太學諸生伏闕劄子(143/183/5904)
乞復常平劄子(145/270/8724)
和戎劄子(147/348/11162)
又論和戎劄子(147/348/11164)

十一畫

執失思力

諫逐兔鹿*(143/193/6221)

黃次山

論制勝在將不在兵*(144/223/7215)
論操術立志*(144/223/7216)
擬上道君太上皇帝謚號廟號*(145/282/9091)
論日食地震*(146/306/9787)
論遣還高麗使者劄子*(147/348/11167)

黃序

論耕種失時者並令雜種*(144/248/8028)

黃度

論建康府境大江六渡*(144/253/8183)

黃洽

風諫鋭志肆武*(138/3/92)
論宰相*(142/146/4703)

黃葆光

論君剛健則臣柔順*(138/2/58)
論歲旱疏*(146/304/9760)

黃歇

上書説秦昭王(144/226/7324)

黄廉

建言天下之務莫急於人才(141/136/4394)

論蜀茶(145/268/8633)

黄榦

擬應詔封事(139/63/2151)

結保伍(漢陽條奏便民五事之一)(144/224/7280)

修軍政(漢陽條奏便民五事之三)(144/224/7281)

領監卒(漢陽條奏便民五事之四)(144/224/7282)

復馬監(漢陽條奏便民五事之五)(144/242/7861)

陂塘(代撫州陳守奏之五)(144/248/8033)

廣儲蓄(漢陽條奏便民五事之二)(144/248/8034)

役法(代撫州陳守奏之二)(145/259/8362)

逃户(代撫州陳守奏之四)(145/259/8363)

綱運(代撫州陳守奏之一)(145/261/8436)

黄裳

論盡孝壽皇疏(138/11/359)

論人君憂勤則臣下協心疏(143/195/6269)

論朝廷可憂二事疏(143/196/6322)

論人君不能從諫其蔽有三疏(143/206/6671)

黄履

論天地合祭*(138/20/671)

請祭北郊*(138/21/695)

乞爲皇太子立傅(140/73/2460)

乞特燕宗室以齒(140/77/2579)

論御史言事不當詰其所自來*(143/203/6569)

黄龜年

上皇帝書*(143/183/5911)

黄應龍

論學與道*(138/9/316)

對策劄子*(139/63/2134)

論風俗奢僞理義晦蝕*(139/64/2176)

黄瓊

上疏請行籍田禮(141/110/3585)

疾篤上疏(142/173/5560)

封梁冀議(143/187/6016)

因大旱復上疏(146/296/9477)

黄黼

輪對奏劄*(142/146/4704)

黄霸

單于朝儀議(147/340/10890)

梅詢

論仁民*(141/105/3460)

梅福
上書言王鳳專擅（143/201/6471）
上書請封孔子子孫爲殷後（145/283/9107）
梅摯
引洪範上變戒疏（146/300/9623）
曹元用
論修德明政應天之實*（146/314/10035）
曹充
上言宜制漢禮（141/118/3787）
曹安
請擊捨寅表*（144/228/7401）
曹志
奏議齊王攸之藩（140/76/2545）
曹冏
六代論（140/104/3411）
曹思文
國諱不宜廢學表（141/113/3646）
曹彦約
兵部侍郎上殿劄子（138/9/303）
内引朝辭劄子第一（138/9/304）
内引朝辭劄子第二（138/9/305）
應求言詔書上封事（139/59/1999）
應求言詔上封事（139/61/2061）
論治道*（139/61/2067）
上封事（140/77/2591）
論用人*（142/148/4759）
論牒試劄子（142/170/5499）
論倚忠直去邪佞*（143/207/6708）
論密計江内之事*（144/224/7282）
改知成都擬上殿劄子（144/241/7810）
論財用之弊*（145/272/8781）
内引朝辭劄子第三（147/338/10816）
曹望之
論便宜事（139/65/2186）
曹參
請遵高帝之政*（140/102/3368）
曹植(陳思王、雍丘王)
上責躬應詔詩表（140/76/2537）
上書請免發取諸國士息（140/76/2539）
求存問親戚疏（140/76/2541）
陳審舉之義疏（142/163/

5225）
曹勛
論畏天（138/13/433）
論和戰劄子（140/91/3042）
保民書（141/107/3515）
上皇帝書十四事之二（141/143/4599）
上皇帝書十四事之十一（143/189/6096）
諫止洞霄等處燒香（143/195/6264）
上皇帝書十四事之六（144/223/7218）
議淮上事宜狀（144/233/7582）
上皇帝書十四事之七（145/284/9150）
上皇帝書十四事之三（145/289/9307）
曹輔
論不斷之過（139/45/1550）
諫微行疏*（145/287/9240）
曹鳳
上言建復西海郡縣（146/320/10245）
曹確
諫用伶官李可及爲威衛將軍疏（143/197/6342）
曹劌
論戰*（144/226/7311）
諫魯莊公如齊觀社*（145/287/9228）
曹褒
上疏請定漢禮（141/118/3787）
議著漢禮*（141/118/3805）
曹操
請爵荀彧表（141/129/4165）
請增封荀彧表（143/187/6016）
曹羲
爲兄爽表司馬懿爲太傅大司馬（141/130/4174）
戚綸
論受天書（146/298/9552）
盛度
論通商五利*（145/263/8490）
盛梁
乞授陳靖勸農使諭民耕田曠士疏（141/110/3603）
常同
論朋黨之禍（143/182/5883）
論神哲二史疏（145/277/8912）
常安民
論大臣唱紹述之説（142/155/5003）
論蔡京姦狀疏（142/180/5801）
奏种誼擒鬼章賞未稱功疏（143/188/6060）

常秩
乞追謚孔子帝號加封孟軻揚雄公爵*（145/274/8822）
常衮
請却節度使所獻*（141/105/3449）
論君喪之服*（141/122/3950）
請試李泌爲刺史*（141/131/4214）
請却諸道奉獻罷祠祀解禱*（143/191/6151）
常德暉
請訪察賢能書*（142/152/4883）
鄂千秋
論蕭何功第一曹参次之*（143/187/6011）
婁寅亮
論儲嗣疏*（140/73/2463）
崔日用
論去邪*（142/174/5586）
崔仁師
駁反逆兄弟從死議（143/215/6964）
崔玄亮
諫誅宋申錫*（143/209/6779）
崔光
諫靈太后頻幸王公第宅表（141/118/3818）
臨廣川王諧喪議（141/122/3935）
奏停刑元愉妾李氏（143/215/6958）
答詔問雞禍表（146/298/9517）
答敕示太極西序菌表（146/298/9518）
答詔示禿鶖表（146/298/9519）
崔仲方
上書論取陳之策（144/229/7418）
崔安潛
請勿許南詔和親疏*（147/341/10972）
崔沔
加籩豆增服紀議（138/17/546）
加籩豆增服紀議（141/122/3949）
崔彧
言时政十八事疏（139/66/2226）
崔亮
奏開銅鑛(145/262/8461)
崔祐甫
請即以李正己所獻錢賜淄清將士*（140/80/2700）
論所用多涉親故*（141/131/4214）
奏貓鼠議(146/298/9530)

崔祖思
陳政事啟(138/26/849)
崔神慶
請定宣召太子儀注表(143/196/6295)
崔浩
請崇儲貳*(140/71/2396)
請假劉裕水道*(140/80/2669)
論秦地劉裕不能守*(140/80/2670)
請勿伐宋*(140/80/2673)
論祁纖四王之議不可用*(140/104/3418)
論劉裕新亡未可遽伐*(144/228/7397)
請先克赫連然後南伐*(144/228/7398)
議討沮渠*(144/228/7398)
請速擊薛永宗*(144/228/7399)
諫遷都於鄴(144/243/7868)
上五寅元曆表(145/278/8967)
議軍事表(146/320/10261)
議軍事表(147/340/10915)
崔鄾
論親政事疏*(143/194/6234)
崔敬
請迎歸太后太子疏*(140/77/2596)
諫以歷代珍寶分賜近侍*(143/189/6117)
諫巡幸上都*(145/287/9255)
崔植
對穆宗疏(138/28/947)
對帝王宜儉疏(143/191/6152)
崔敦詩
論軍民一體*(139/51/1740)
論州郡掊克疏(141/108/3533)
論蠲放丁錢米夏稅疏(141/108/3535)
論南康軍奏請白鹿洞書院額疏(141/115/3716)
請詔長吏以風俗爲任*(141/117/3767)
乞以公道用人(142/144/4641)
論聽言疏(143/206/6660)
論假侍從峻職爲沿邊都轉運使*(144/240/7793)
論選將有五途*(144/240/7794)
經筵附進救災五事狀(144/247/8006)
奏乞究和糴之弊疏(145/272/8758)
崔敦禮
代江東帥論法制不可輕立疏(143/214/6919)

代陳丞相乞住白劄施行事（143/214/6920）
代人上殿論郡縣財用劄子（145/272/8759）
崔寔
政論（138/24/807）
崔楷
請治冀定數州水害疏*（144/249/8055）
崔與之
論用人獨斷當以兼聽爲先*（142/150/4807）
論求直言以裨助君德感格天心*（146/310/9912）
崔鉉
論雞山巴南群盜遣使可平*（146/317/10129）
崔群
論開元天寶諷止皇甫鏄疏（141/131/4234）
論翰林舉動*（141/131/4233）
崔德符
乞辨忠邪書（142/156/5009）
崔融
論關市之税疏*（145/254/8200）
請勿棄四鎮議*（146/321/10270）
崔鴻
大考百寮議（142/171/5517）
崔鶠
論王氏及元祐之學（143/182/5855）
又論馮澥狀（143/182/5856）
論應天不在伐鼓用幣素服徹樂*（146/304/9747）
崔纂
奏請更議劉輝事（143/209/6758）
移剌履
請懲艾海陵前事*（143/207/6711）
第五倫
上疏褒稱盛美以勸成風德（138/24/806）
薦用鉅鹿太守謝夷吾（141/129/4157）
上書請抑損后族（145/288/9268）
斜卯愛實
諫近侍干預朝政疏*（146/293/9394）
豚尹
論伐晉*（144/226/7317）
脱脱
請留心聖學*（138/9/322）
諫畋獵*（145/287/9255）
脱脱穆而
請擇精鋭以守河北*（140/101/3366）

魚周詢
答詔條畫時務疏（138/31/1054）
答詔條畫時務疏（係第二狀）（138/31/1056）
祭公謀父
諫征犬戎*（144/226/7310）
祭仲
請制共叔段*（140/76/2530）
許及之
議郊廟*（138/22/732）
許古
請擇將相疏（140/101/3350）
請選募精卒併力擊退蒙軍疏*（144/235/7638）
諫伐宋疏（144/235/7639）
請除職官決杖疏（145/286/9225）
許光疑
論欲去姑蘇水患莫若開江濬浦*（144/253/8166）
許亨
奏南郊不宜祭五祀（138/16/507）
許忻
論和議不便（147/348/11168）
許孟容
停齊總爲衢州刺史敕命表（141/131/4215）
論抑制豪强*（142/174/5601）
夏旱上疏（146/298/9531）
許奕
應詔論災異*（146/308/9873）
許將
乞議皇地祇親祠之禮（138/21/689）
條奏兵馬兵器八事疏*（144/220/7149）
許敬宗
論立正嫡爲太子*（140/72/2413）
許景衡
乞脩德劄子（138/2/67）
進唐鑑十事（138/8/248）
乞涓日講讀劄子 138/8/249）
上十事劄子（139/46/1589）
奏乞寬恤東南疏（141/107/3520）
奏罷官定宋中孚参部劄子（141/141/4542）
乞除尚書省長貳與并除樞密二臣劄子（141/142/4558）
論宗澤劄子（141/142/4559）
論黄潛厚除户部尚書劄子（141/142/4560）
乞令黄潛厚回避第二劄子（141/142/4560）
乞差張瑱知和州劄子（141/142/4561）
論罷李景雲等除寺監丞簿劄子（142/162/5190）
奏罷辟張恕等爲諸州通判劄

子(142/162/5191)
乞選差鄧州守臣劄子(142/162/5195)
論選人改官宜歲限人數*(142/162/5195)
請罷黄宗源殿試指揮*(142/168/5437)
論罷童貫宣撫河東疏(142/180/5815)
奏核劉喜張士英强勒人投軍劄子(142/180/5816)
乞罷黜張公庠劄子(143/182/5881)
論王安中自便劄子(143/182/5881)
乞罷詹度赴行在劄子(143/182/5882)
奏免賜楊惟忠田宅劄子(143/188/6068)
乞獎録翟汝文劄子(143/189/6096)
乞罷錢伯言知杭州疏(143/196/6316)
論道僧度牒之屬不當用黄紙*(143/198/6374)
乞復轉對劄子(143/200/6450)
論救李光程瑀疏(143/205/6641)
論賑濟差官疏(144/246/7964)
乞和糴米劄子(144/246/7964)
乞寢罷臨幸普照寺塔下燒香指揮*(145/287/9241)
乞罷後苑工匠劄子(146/316/10111)
奏乞措置杭州軍賊疏(146/318/10184)
論捉殺鎮江賊劄子(146/318/10184)
乞招捉軍賊疏(146/318/10185)
論捉殺杭州鎮江軍賊劄子(146/318/10185)
乞不招安建州軍賊劄子(146/318/10186)
乞罷招降建州軍賊劄子(146/318/10187)
乞救援順安軍疏(147/334/10683)
乞備江岸把扼劄子(147/334/10684)

許善心

七廟議(138/16/513)

許綰

諫罷起中天臺*(143/201/6469)

許翰

上言經國六事疏*(140/84/2809)
乞加恩死事者疏(141/107/

3497）
用大臣以勵風俗疏（141/116/3759）
論相（141/141/4546）
愼用人才疏（141/141/4547）
論建官劄子（142/162/5193）
繳盛章詞頭劄子（142/180/5814）
繳趙繼詞頭劄子（142/180/5814）
論李邦彦劄子（143/182/5875）
論西師賞功之濫（143/188/6067）
論吴敏疏（143/188/6081）
論學校謗傷事（143/205/6633）
辨忠邪疏（143/205/6634）
論御筆手詔不由三省而下者取旨方行（143/213/6881）
論禦捍盜賊*（144/222/7188）
河北戎政疏（144/231/7502）
論戰（144/231/7502）
論三鎮（144/231/7504）
論復用种師道（144/238/7739）
再論乞用种師道劄子（144/238/7741）
論用將（144/238/7742）
論宦官（146/293/9383）
因時立政疏（146/304/9756）
明堂時令議（146/304/9757）

許衡

論明德以持敬爲先*（138/9/320）
時務五事（139/66/2208）
雜疏四首（139/66/2218）
論生民利害疏（142/152/4894）
論汰省冗官疏*（142/162/5214）
論樞密不必併於中書疏*（142/162/5215）
代擬論楮幣劄子*（145/273/8815）

許懋

封禪議（146/294/9404）

許應龍

論君德人心劄子（138/5/159）
進故事論君德*（138/5/160）
論講讀劄子（138/9/310）
論終始如一劄子（139/58/1990）
轉對劄子（139/58/1990）
論保治劄子（139/58/1994）
二十五日面對劄子（139/58/1996）
論當然之理劄子（141/117/3782）
進抑奔競故事（141/117/3784）

論量能授官第二劄（142/148/4743）
論量材進故事（142/151/4844）
論用人（142/151/4846）
進故事論久任（142/151/4848）
進故事論均内外（142/151/4850）
進故事論名實（142/151/4851）
論人主當有兼容之量（142/153/4919）
破朋黨進故事（142/158/5070）
汰冗官劄子（142/162/5211）
論薦舉劄子（142/170/5496）
論賞罰劄子（143/189/6110）
論法例劄子（143/214/6929）
謹命令劄子（143/214/6931）
進李抱真籍户習射事故*（144/224/7277）
進司馬光歐陽脩范鎮論兵故事*（144/224/7278）
進故事論征伐（144/235/7630）
進劉安世故事論應天以實不以文*（146/313/10019）
進真宗高宗故事論天變*（146/313/10020）
論寇盜劄子（146/319/10222）
陳備邊强本之策*（147/337/10790）
論禦邊之策*（147/337/10792）
進慶曆六年故事論禦邊*（147/339/10859）
進太祖故事論禦邊*（147/339/10860）

庾冰

出鎮武昌臨發上疏（138/25/835）

庾季才

奏請遷都（140/103/3384）

庾亮

讓中書監表（145/288/9275）
上書乞骸骨（145/288/9275）

庾峻

上疏請易風俗興禮讓（141/116/3729）

庾旉

上表諫遣齊王攸就國（140/76/2544）

庾義

上諷諫詩表（138/25/838）

庾質

諫親征高麗*（144/229/7419）

庾曇隆

郊壇不起瓦屋啟（138/15/481）

庾徽之

奏彈顔竣（142/173/5571）

康延孝

對莊宗疏(144/229/7443)

康里山

論奎章閣學士院藝文監等官不可廢*(142/162/5220)

康里脱脱

論爵賞不可太濫*(143/189/6119)

康相

言天(146/297/9508)

康澄

陳時政疏(138/29/961)

康識

論熙河營田事宜*(145/260/8394)

章才邵

論經制辰州盧溪諸蠻書*(147/336/10781)

章沖

論開濬白鶴溪西蠡河置望亭堰牐*(144/253/8178)

章誾

請行經理之法*(145/259/8380)

章誼

論明堂大禮配饗事狀(138/22/719)

又論明堂饗禮疏(138/22/721)

應詔上言論治道*(139/47/1616)

請專宰相之任*(139/47/1619)

請都堂議遵舊制*(139/47/1619)

論宗室子弟恤之宜原率之有法*(140/77/2588)

論經畫招安人馬三事*(140/91/3038)

請固根本以圖中興*(140/91/3038)

論將來明堂大禮請預措置軍兵賜予之物*(140/91/3039)

請委能臣分辨江海險阻兵將粮賦*(140/91/3040)

請屈群策合衆力以圖戰守*(140/91/3041)

請容李允文*(140/91/3042)

乞於臨安駐蹕(140/103/3402)

乞寬假力田之家禁止州縣邀索疏(141/107/3509)

論授田勸農*(141/111/3615)

乞從隆祐太后遺誥服期制(141/124/3994)

請遵隆祐太后遺誥不候除服御朝聽政*(141/124/3994)

乞議定殯宫禮物節省給賜浮費(141/124/3994)

乞減罷總護頓遞二使給賜（141/124/3995）
乞謹選執政大臣（141/143/4584）
又乞參稽衆論選擇大臣（141/143/4584）
乞重宰相之責（141/143/4585）
論大臣數乞引去（141/143/4586）
乞重監司之選（141/143/4587）
論劉綱合還鎮或隸一將帥（141/143/4588）
論徽州知通棄城乞獎擢汪希旦（141/143/4588）
論六部人吏宜謹關防明約束*（142/162/5200）
乞編類吏部四選敕令格式（142/169/5449）
乞專置法司以佐選法*（142/169/5450）
論張晟不當替揚願爲越州觀察判官*（142/169/5451）
論吏部員闕不當盡收以爲充堂除之選*（142/169/5451）
乞委監司郡守各許薦舉*（142/169/5452）
乞於進士之外歲廣薦舉*（142/169/5453）
乞治誣謗韓世忠之人*（143/183/5894）
論贓吏罪狀疏（143/183/5895）
論罷討論文臣濫賞二十六事（143/183/5896）
論宰相建置淮南等路宣諭使副及出賣官田討論濫賞三議當罷其人*（143/183/5897）
論總護使與橋道頓遞使給賜不當一辭一受*（143/183/5898）
彈浦城縣丞不法疏（143/183/5898）
乞推鞫天台知縣申本州守臣受賂事疏（143/183/5899）
乞嚴棄城之罰狀（143/189/6089）
乞加旌擢張琮等狀（143/189/6089）
論濫賞色目狀（143/189/6090）
乞詳廷多士論天下利害疏（143/200/6451）
論沈長卿等四人上書侵宰相不當停廢*（143/205/6650）
乞貸進士吳木以開言路狀（143/205/6650）
論陳戩不當除外郡*（143/

205/6651）
乞恕吳木陳戬＊（143/205/6652）
論給舍等當預議立政出令＊（143/213/6886）
乞申嚴自盗之制＊（143/213/6887）
乞究尚書省鈔房人吏情弊＊（143/213/6888）
乞審訂敕令格式新書＊（143/213/6888）
獻戰守四策（144/222/7208）
乞申明軍法＊（144/222/7208）
論訓兵＊（144/222/7209）
官軍用力不如土豪用智＊（144/222/7210）
乞置水軍＊（144/222/7211）
乞創招添招人兵闕額並罷招填＊（144/222/7211）
乞遴選班直＊（144/222/7212）
論民兵（144/222/7213）
乞親征（144/233/7560）
乞息兵愛民（144/233/7561）
乞遣將助張俊犄角李成（144/233/7562）
乞作勵將士參用土豪以備劉豫＊（144/233/7562）
論李横不可不援＊（144/233/7563）
條陳破李成六事＊（144/233/7564）
論程昌寓保舉馬友不當貶降＊（144/239/7751）
論張浚在陝古宜除副貳往助＊（144/239/7752）
論命謝嚮副辛企宗＊（144/239/7752）
乞令張用鎮撫舒蘄權兼鄂岳二州舊治＊（144/239/7753）
論遏馬進東侵之勢＊（144/239/7753）
乞廣求將之路＊（144/239/7755）
乞委通判均平税役（145/258/8335）
論營田＊（145/260/8395）
乞討論發運使置司之郡博選能臣俾勝其任＊（145/270/8718）
論發運常平官制因革疏（145/270/8719）
乞建使名糾察諸路財計疏（145/270/8720）
論財賦疏（145/270/8720）
論桑成死事疏（145/284/9146）
乞赦邵青張琪賊黨＊（146/318/10189）
論措置建州南劍州盜賊＊（146/318/10190）
論招安范汝爲等＊（146/318/

10190）
乞守臣措置土豪狀（147/334/10692）
乞令張浚措置防秋然後班師（147/334/10693）
論守江之策（147/334/10694）
論具舟師爲守江之備（147/334/10694）
再論舟師水戰之利（147/334/10695）

商倚
乞戒朋黨之弊狀（建中靖國元年）（142/156/5013）

商鞅（衛鞅）
論變法*（143/208/6718）

粘合重山
諫置酒内廷*（143/195/6278）

粘葛仝周
請寶惜金銀牌*（143/198/6393）

淖某（淖姬之兄）
論淖子多欲無咎無譽*（142/154/4927）

淳于俊
論易書禮記*（138/6/174）

淳于髠
論好上*（142/153/4898）
諫伐魏*（144/226/7318）

淳于緹縈
上書求贖父刑（143/215/6942）

梁成大
請察人辨言*（142/158/5061）

梁周翰
論祭禮*（141/126/4047）

梁毗
論楊素專權*（145/290/9321）

梁商
止逮捕張逵獄疏（143/215/6948）
招降匈奴表（146/320/10246）

梁鼎
論申明考績之法疏（142/171/5528）
上鄭白渠利害（144/249/8057）

梁統
刑罰務中疏（143/208/6723）

梁肅
請免徒罪决杖疏*（143/214/6936）

梁襄
諫游金蓮川疏（145/287/9249）

梁燾
論進學之時不可失（138/7/230）
論皇帝進學之時（138/7/231）
上宣仁皇后乞還政（139/41/1413）
上宣仁皇后乞還政（係第二

狀）(139/41/1414)
論政事之要五(139/41/1414)
論四者歸心之道(139/41/1418)
論守治至難(140/102/3372)
論寬賦斂輕徭役(141/106/3491)
乞五事論相之得失(141/138/4434)
乞親賢疏佞堅其始終(141/138/4437)
論宰相以禮去者可以復用(141/138/4439)
論顧臨不當補外(141/138/4438)
論任人才*(141/138/4441)
論爲政之要在辨邪正之實(142/155/4984)
論張舜民罷言職疏(143/204/6604)
論張舜民罷言職疏（係第七狀）(143/204/6605)
乞終始從諫疏(143/204/6606)
論法令宜謹於更張審於施設*(143/212/6863)
乞除放倚閣税賦(144/245/7942)
乞開舊日汴口(144/251/8115)
論吕大防乞以旱罷(145/286/9194)
論陳衍采訪外事狀(145/292/9370)
以久旱上書論時政(146/303/9710)
論華山榷(146/303/9711)
論日食(146/303/9713)
乞罷修京城(146/316/10111)

梁顥

論設科以擢異等之士疏*(142/164/5262)
應詔論邊事疏*(146/322/10316)

寇準

論儲嗣*(140/72/2422)
議澶州事宜狀(144/230/7459)

扈蒙

乞委宰執抄録言動送付史館疏(145/276/8892)

尉遲敬德

諫親征高麗疏(144/229/7423)

張九成

對策論君德*(138/3/73)

張九齡

請郊見上帝議(138/16/539)
論教皇太子狀(140/72/2416)
諫廢太子疏*(140/72/2417)

上封事書(141/131/4210)
論安禄山失律喪師不可不誅*(142/174/5587)
論謹名器*(143/197/6333)
議許民私鑄錢*(145/262/8465)
論幸西京疏*(145/287/9233)
論東北軍未可輕動狀(146/321/10276)
賀奚契丹並自離貳廓清有期狀(147/341/10954)
賀誅奚賊可突于狀(147/341/10955)
賀破突厥狀(147/341/10955)
賀東北累捷狀(147/341/10956)
賀依聖料赤山北無賊及突厥要重人死狀(147/341/10957)
賀突厥小可汗必是傷死狀(147/341/10957)
賀聖料突厥必有亡徵其兆今見狀(147/341/10958)
賀蓋嘉運破賊狀(147/341/10958)

張士弘

請嚴賞罰*(143/189/6119)

張大經

論人心不和有以致旱*(146/305/9782)

張元幹

請去積欠推割支移折變等弊*(141/107/3495)

張公謹

條突厥可取狀(147/341/10931)

張氏(苻堅妾)

諫征江左*(144/228/7396)

張文

蝗蟲疏(146/297/9488)

張文瓘

諫造蓬萊上陽宫疏(141/105/3448)
諫討新羅疏(144/229/7427)

張亢

論禦元昊疏*(147/325/10401)
論邊機軍政所疑十事(147/325/10404)

張方平

請節録唐書紀傳進御(138/6/187)
論郊廟三事疏(138/18/586)
應賢良方正能直言極諫科對制策一道(138/30/1009)
論中書議事(138/30/1023)
宰司論(138/31/1034)
論治道先後(138/31/1035)
陳政事三條(138/31/1036)
對手詔一道(138/31/1039)
政體論(138/30/1023)
論時政要務(139/35/1169)

論治道大體（139/38/1299）
論變更舊制事（140/69/2326）
論王府官屬事（140/73/2459）
乞立皇子劄子（140/73/2460）
后妃論（140/74/2496）
宗室論（140/77/2567）
皇族試用（140/77/2568）
諸院教授（140/77/2569）
論藩鎮疏（140/81/2735）
論罷河北榷鹽*（141/106/3466）
學校論（141/114/3670）
凡資任子弟隸名國子監立格試業補用論（141/114/3672）
奏請州學名額及公田狀（141/114/3674）
僭俗論（141/116/3746）
論小臣妄投封章訕上事（141/116/3748）
禮樂論（141/119/3839）
車服論（141/119/3842）
論廟事疏（141/126/4062）
雅樂論（141/128/4119）
請郊祀用新樂事疏（141/128/4122）
乞令中書樞密院依舊聚廳議事（141/134/4307）
論請通中書樞密院事（141/134/4308）
論磨勘敘遷保任之法*（141/134/4308）
請令二府各舉將帥疏（141/134/4309）
官人論（141/134/4309）
用人體要論（141/134/4311）
論進用互諫官事體（141/135/4327）
辟署之制（142/160/5128）
郡縣理本（142/160/5130）
請慎用两制資序事（142/160/5137）
貢院請誡勵天下舉人文章（142/164/5299）
選舉論（142/164/5292）
孝廉論（142/164/5295）
選格論（142/164/5296）
川嶺舉人便宜論（142/164/5298）
論考功之法狀（142/172/5531）
吏爲姦賊（142/172/5533）
主柄論（143/187/6041）
論不孝之刑（143/187/6042）
請節省財用事（143/191/6159）
又論減省財用事（143/191/6160）
論中使傳宣諸司煩數狀（143/210/6815）
刑法論（143/210/68016）
論赦前事（143/210/6818）

請減刺配刑名劄子（143/211/6821）
請删定敕令劄子（143/211/6823）
官刑之濫（143/216/6985）
詔獄之弊（143/216/6987）
陳州奏監司官多起刑獄（143/216/6995）
論遣使往陝西河東等募强壯充兵（144/219/7090）
論弓手强壯充軍不便事（144/219/7093）
原蠹論（下篇）（144/219/7094）
兵器論（144/219/7096）
民兵論（144/219/7097）
武備論（144/219/7100）
論京師衛兵單寡疏（144/225/7292）
乞擇人分總禁衛狀（144/225/7292）
任將論（144/237/7690）
論西北將率事（144/237/7692）
倉廩論（144/244/7896）
税賦論（145/255/8241）
畿賦論（145/255/8243）
請減省河北徭役疏（145/255/8244）
論募役疏（145/256/8263）
又論免役錢疏（145/256/8264）
屯田論（145/260/8391）
論汴河利害事（145/261/8428）
論河北榷鹽（145/263/8502）
論民力大困起於兵多（145/263/8502）
食貨論（145/264/8505）
食貨輕重論（145/264/8508）
論國用疏（145/264/8510）
論校會邦計事疏（145/264/8511）
再奏請劄子（145/264/8512）
乞弛茶禁疏（145/264/8513）
論國計事（145/269/8673）
論錢禁銅法事（145/269/8676）
奏陳執中碑文（145/284/9134）
論君前臣名事（145/286/9192）
論蘇内翰（145/286/9197）
論内臣奏廕子弟（145/291/9339）
宦者論（145/291/9339）
上疏一道（146/299/9584）
請因郊廟改誠以謝災異疏（146/299/9592）
論地震請備寇盗事（146/299/9593）
論新法（146/303/9708）

論消復災異(146/301/9655)
論州郡武備事(146/317/10148)
又論州郡武備事(146/317/10149)
上平戎十策及表(146/323/10347)
請延召近臣訪議邊事(146/323/10354)
請罷陝西指討經略司事(146/323/10355)
請省陝西兵馬及諸冗費事(146/323/10356)
論祖宗禦戎之要*(147/329/10547)
論請順適趙元昊意使未有以發*(147/342/10987)
請因郊禋肆赦招懷西賊劄子(147/342/10988)
議西北邊事(147/342/10990)
再上議事(147/342/10991)

張允

駁赦論(144/218/7056)

張白澤

表諫獻文帝(143/209/6756)
諫文明太后(143/215/6956)
論遣將追擊蠕蠕*(144/228/7401)

張玄素

陳正道對(138/27/884)
上太子承乾書(140/71/2404)
諫修洛陽乾元殿疏*(146/315/10069)

張光晟

請誅回紇表(147/341/10959)

張廷珪

論置監牧登萊和市牛羊奴婢疏(141/105/3448)
論置監牧登萊和市牛羊奴婢疏(141/110/3594)
諫停市犬馬表(143/193/6229)
奏絀酷吏同利貞*(142/174/5587)
請河北遭旱澇州準式折免表(145/254/8204)
請赦宥張易之黨與疏*(144/218/7049)
諫襲回紇*(144/229/7430)
因旱上直言疏(146/298/9527)

張行成

諫太宗書(138/1/17)
對晉州地震疏*(146/298/9523)

張行信

請立皇嗣疏*(140/73/2469)
上四事疏(140/101/3352)
請廣選舉裁冗食疏(142/152/4886)
論王守信賈耐兒不可爲將*(144/241/7832)

請輦銀粟於洮河等易馬書*（144/242/7862）

張汝霖

論守成難*（143/190/6141）
請勿禁民間收藏制文*（143/214/6936）

張守

上論君德劄子*（138/3/77）
乞修德劄子（138/3/79）
論修德劄子（138/3/80）
論聖學*（138/8/252）
論夷狄未賓莫先自治*（139/48/1622）
經筵上殿時務劄子（139/48/1622）
乞安養宗室（140/77/2588）
應詔論事劄子（140/90/3026）
乞詔大臣講求政事劄子（140/90/3029）
論遣使劄子（140/90/3030）
論今歲浙西糴買之外不得更有科敷*（141/107/3521）
請蠲減紹興府和買*（141/107/3521）
論言李公彥李正民權官不當劄子（141/143/4604）
論增置教授狀（141/143/4606）
再論增置教授狀（141/143/4606）
乞付告事人下御史臺狀（143/183/5904）
請委主將置軍籍以書功績*（143/189/6091）
論正授勤王立功之人官資*（143/189/6091）
請刑賞威福出於朝廷*（143/189/6093）
論諸將請私劄子（143/196/6316）
論聽言劄子（143/205/6647）
乞賞直言劄子（143/205/6648）
乞選除臺諫之臣劄子（143/205/6649）
論罷諫官袁植*（143/205/6649）
乞疏决獄囚劄子（144/217/7024）
論軍人家口不得隨行出師*（144/223/7218）
乞以田募兵劄子（144/223/7219）
乞疾速請求防秋事務劄子（144/223/7220）
論教閱軍兵劄子（144/223/7221）
乞措置捕戮李成劄子（144/233/7575）
乞放两浙米船劄子（144/246/7976）
論淮西科率劄子（145/258/

8336）
乞依舊給還職田*（145/286/9221）
論災異所自劄子（146/305/9777）
乞捕飛蝗劄子（146/305/9780）
論寇賊已就招安不得輒殺*（146/318/10188）
乞措置丁家洲劄子（146/318/10188）
論守禦（147/335/10722）
再論守禦（147/335/10723）
詔論備禦（147/335/10724）
論守禦（147/335/10726）
乞以大河州軍爲藩鎮（147/335/10728）
應詔論防秋利害（147/335/10728）
論大臣當講究防秋（147/335/10730）

張孝祥

進故事（138/3/77）
論總攬權綱以盡更化劄子（139/47/1615）
論治體劄子（139/51/1741）
論謀國欲一奏（140/96/3225）
論先盡自治以爲恢復劄子（140/96/3226）
乞更定太堂樂章劄子（141/128/4137）
論涵養人才劄子（141/143/4608）
論用才之路欲廣劄子（142/146/4706）
繳駁成閔按劾部將奏（143/189/6104）
論先備劄子（143/196/6317）
論王公衮復讎議（143/213/6894）
進故事（144/233/7580）
乞擇近臣令行荆襄參酌去取牧馬專置一司奏狀（144/242/7855）
論修治秦淮水*（144/253/8177）
乞修日曆劄子（145/277/8911）
論衛卒戍荆州劄子（147/336/10772）

張佚

論陰識不當傅太子*（140/71/2384）

張佖

乞復左右史之職疏（145/276/8893）

張奂

應詔上書言災應（146/297/9485）

張良

論不可立六國後*（140/78/

2620）
諫西歸*（140/78/2621）
請捐地許韓信彭越各自爲戰*（140/78/2621）
請從劉敬言都關中*（140/103/3380）
論封賞*（143/187/6011）
請急封雍齒*（143/187/6011）
請聽樊噲言出舍*（143/193/6207）
請令酈食其持重寶啗秦將*（144/226/7332）

張君房
論金符之驗*（145/280/9016）

張玭
論曆法之差*（145/280/9014）

張武
議止代王入嗣（140/78/2623）

張述
乞遴擇宗親試以職務（140/72/2424）
乞遴擇宗親試以職務（係第二狀）（140/72/2425）
乞擇藝祖太宗子孫立爲皇子（140/72/2425）

張叔夜
論士風不振劄子（141/116/3756）

張忠恕
上封事陳八事（139/61/2056）

張知白
論時政（138/29/975）
論重內輕外（142/159/5106）
論周伯星現（146/298/95349）

張東之
請罷姚州屯戍表（146/321/10271）

張昭〔三國〕
諫射虎*（143/193/6216）
諫臨釣臺飲酒*（143/193/6216）

張昭〔五代、宋〕
請追尊高曾四代崇建廟室*（138/18/576）
論郊廟祭玉*（138/18/576）
陳治道疏（138/29/961）
諫皇子竞尚奢侈疏*（140/72/2421）
請以舊法用人疏（141/131/4244）
薦李濤*（141/131/4244）
諫畋獵疏（143/194/6237）

張庭堅
論紹復非孝疏（138/10/346）

張洞
議四后廟饗（138/19/616）

張洎
論入閣圖（141/119/3831）
論吴王不宜加長史之號疏*（142/159/5099）
論汴水疏鑿之由*（144/249/

8058）
乞罷榷山行放法（145/263/8483）
張珪
論當世得失*（146/314/10035）
張起巖
諫譴臺臣疏*（143/207/6716）
張根
請罷錢塘製造局*（138/2/57）
請節糜費別等威*（143/192/6181）
張倫
諫遣使報蠕蠕表（147/340/10917）
張師顔
議僖祖祧遷（138/20/644）
張袞
請連慕容垂共擒劉顯疏*（140/80/2669）
疾篤上明元帝疏（140/80/2669）
張浩
諫帝王不用文學者惟秦始皇*（142/170/5504）
張浚
請勉力圖强重致治效疏（138/3/69）
論帝王之學疏（138/8/256）
論格天之實疏（138/13/433）
請明教化嚴賞罰疏（139/46/1579）
時政七弊（139/46/1580）
論人君以修己爲要得人爲實疏（139/49/1658）
請多擇宗室以爲藩屏疏（140/73/2464）
請舉漢高故事速建太子疏（140/73/2465）
論内治疏（140/75/2527）
論謀事立功勇决爲先疏（140/88/2958）
論當時事務（140/88/2959）
論車駕進止利害（140/88/2959）
論修德以圖恢復疏（140/88/2961）
奏見近報罷諸路檢察財用官（140/88/2963）
論和戰利害疏（140/88/2965）
論經國疏*（140/88/2967）
恢復事宜（140/88/2971）
論歸正人利害疏（140/88/2972）
論招納歸正人利害疏（140/88/2972）
論泗州事宜疏（140/88/2973）
論撫恤淮漢兵民及經理陜西河東事宜疏（140/88/2974）
經理淮甸疏（140/88/2975）

論蕭宇等約降及恢復事宜疏（140/88/2976）
奏恢復事宜（140/88/2977）
論和戰利害疏（140/93/3103）
請於臨淮築堡鎮江造船疏（140/97/3231）
議姑息狀（141/107/3504）
論終行喪禮事（141/124/3992）
論易月之制（141/124/3993）
議任事（141/142/4566）
論謹近臣進退將帥用舍疏（141/142/4566）
條具四事（141/142/4567）
議假竊威權（141/142/4568）
議皇極之道（141/142/4568）
議進退人才（141/142/4569）
論內重外輕之害有八疏（141/142/4569）
論君臣一體疏（141/142/4570）
議彈擊（141/142/4571）
奏論人才（142/144/4617）
論君子小人之辨（142/156/5024）
謝賜御書否泰卦因陳卦義（142/156/5025）
乞別邪子（142/156/5026）
議君子小人（142/156/5026）
議忠臣良臣（142/156/5027）
議親民之官（142/169/5444）
論功賞利害狀（143/189/6084）
請謹錫賚疏（143/192/6184）
諫遣使收買寶劍疏（143/195/6259）
請辨奸邪導君之心疏（143/195/6259）
請堅一心以奏天道疏（143/195/6260）
請謹微疏（143/196/6315）
議固結人心（143/196/6315）
議任人（143/196/6315）
議名器（143/198/6378）
論聽言之難疏（143/205/6643）
議聽言之難（143/205/6643）
議刑罰狀（144/217/7019）
乞申嚴私役禁軍之法（144/222/7205）
論鎗弓弩隊次序不得參錯疏（144/222/7206）
議練兵（144/222/7206）
議撫恤侍衛之人（144/225/7304）
論自治之策（144/232/7527）
論朝廷根本獨在陝西疏（144/232/7529）
辯和議利害（144/232/7530）
議行師（144/232/7531）
論江淮形勢（144/232/7532）
奏楊沂中破劉猊疏（144/

232/7533)
論邊事利害(144/232/7533)
論戰守利害(144/232/7534)
議回牒(144/232/7534)
論用兵(144/232/7535)
進王朴平邊策故事(144/232/7535)
進王朴練兵策(144/232/7537)
論戰守利害狀(144/232/7537)
請於臨淮築堡鎮江造船疏(144/234/7586)
奏邊事(144/234/7587)
奏川陝事宜(144/234/7588)
論東西牽制(144/234/7589)
奏虜勢及海道進取等事疏(144/234/7589)
論牽制事宜(144/234/7590)
議堅忍立事(144/238/7744)
議駕馭將帥(144/238/7744)
議道理(144/238/7744)
恢復中興之功當責望韓世忠疏(144/238/7745)
議將帥之情(144/238/7745)
論王似充宣撫副使五不可疏(144/238/7745)
論臣寮章奏當指究體實疏(145/286/9214)
論廣東西路宜以大臣判州鎮撫疏(145/286/9215)
議録廩之制(145/286/9216)
乞修德選貢以消天變疏(146/305/9780)
請如天之公容誠信疏(146/305/9781)
奏飛蝗爲災狀(146/305/9781)
論軍行誅賞宜先遣辯士往諭疏(146/318/10183)
論虜情及備禦利害(147/334/10689)
論戰守利害(147/334/10690)
論和議利害(147/334/10690)
回奏楚泗等處守禦事宜(147/335/10740)

張紘

諫吴大帝輕騎突敵*(144/228/7378)

張純

奏除親廟(138/14/454)
奏行禘祫祭(138/14/454)
奏宜封禪(146/294/9396)

張虙

論邊事二病*(147/337/10787)

張虙

轉對劄子*(139/59/2010)
應詔論災祥疏*(146/308/9873)

張敏

駁輕侮法議(143/208/6727)

張從惠

論引洛入汴*（144/250/8084）

張猛

請寬王嘉疏*（145/285/9163）

張商英

論當十錢宜改鑄疏（145/270/8700）

張萬公

請罷不急之務無名之費*（146/314/10028）

張雄飛

請早建儲貳*（140/73/2472）

請立御史臺*（143/207/6716）

論赦者不平之政*（144/218/7075）

張斐

表上律法（143/208/6732）

張敞

奏書諫膠東王太后數出游獵（140/74/2474）

答兩府入穀贖罪（143/208/6721）

爲霍氏上封事（145/288/9259）

上書自請治膠東渤海盜賊（146/317/10123）

張臯

諫惑方士（143/196/6298）

張鈞

請斬十常侍書*（145/290/9321）

請斬十常侍書*（145/291/9332）

張舜民

乞留范純仁（141/140/4508）

請内外臣寮各舉堪任將帥狀（144/238/7725）

乞追贈張載疏（145/274/8831）

乞罷中愍造寺（146/316/10102）

論進築非便疏（147/333/10661）

論河北備邊五事狀（147/333/10664）

張普惠

諫過崇佛法不親朝廟郊祀疏*（138/15/505）

論時政得失疏（138/26/870）

請遵減食之謨循象賢之典疏*（140/104/3418）

請考黜以三宅革心選進以三儁居德疏*（141/130/4190）

諫好遊騁苑囿疏*（143/193/6219）

論胡國珍不當稱太上表*（143/197/6329）

請新綿麻之典依太和之税疏*（145/254/8198）

論遣蠕蠕主阿那瓌還國將貽後患疏*（147/340/10919）

張湯

請穿褒斜道疏*（145/261/8415）

張温

上疏諫止徵朱儁（144/236/7657）

張淵

請伐蠕蠕*（140/80/2671）

張虞

請旌孝子許孜疏（145/283/9113）

張暐

論提刑司不可罷*（142/152/4884）

張嵲

論人君之患*（139/46/1591）

請置蜀宣撫使擇襄荆二帥*（141/142/4583）

上疏論地震（146/306/9787）

論攻取（147/334/10696）

張廓

論百官當依典持服*（141/123/3957）

張酺

上疏平竇氏罪刑（145/288/9271）

張戩

乞察官依諫官例登對狀（143/203/6563）

論新法（145/266/8589）

張閣

乞修築錢塘江*（144/253/8166）

張説

諫潑寒胡戲疏（143/193/6229）

曆議（十二篇）（145/279/8972）

議不宜杖廣州都督裴伷*（145/285/9178）

論幽州邊事書（146/321/10275）

張齊賢〔宋〕

乞進兵解靈州之危（144/230/7457）

兵部尚書張齊賢論陝西事宜（146/323/10329）

請增兵以解靈州之圍*（146/323/10331）

論防德明攻六谷疏*（146/323/10331）

論幽燕未下當先固根本（147/342/10976）

張齊賢〔唐〕

七廟議（138/16/533）

東都置太杜議*（141/125/4043）

張綱

上書劾梁冀（142/173/5559）

上書諫縱宦官（145/291/9326）

張儀

說楚王絶齊*（140/78/2612）

議伐韓抑或伐蜀*（144/226/7323）

張德輝

論孔子之性*（138/9/320）

論典兵宰民*（141/109/3577）

論孔子廟食之禮*（145/274/8846）

張養浩

論戒佚欲*（143/195/6282）

張奮

請定禮樂疏（141/118/3787）

因災旱上疏（146/296/9456）

論陰陽不和*（146/296/9457）

張衡

請禁圖讖疏（145/275/8878）

上順帝封事（146/296/9462）

上疏陳事（146/296/9477）

張駿

請齊力時討疏*（140/79/2663）

張璫

上書陳西域三策（146/320/10245）

張璪

論夏至祭地遣冢宰攝事（138/20/657）

請文武之士皆養於太學*（141/114/3684）

張濬

議伐李克用*（140/80/2704）

張燾

論金人禍及山陵疏*（138/10/352）

請修在我之誠書*（139/46/1585）

請先定規模疏*（140/91/3033）

請勿信王倫虛詐疏*（140/91/3034）

劾施廷臣抗章力贊和議疏*（143/183/5911）

請以大義絶金人疏*（147/348/11172）

張藴古

大寶箴（138/1/14）

張鎬

諫招撫史思明奏（142/154/4936）

張鎰

論奴僕告主疏（143/209/6777）

張闡

請使兩淮歸正之民就耕荆襄之田（145/260/8400）

張嚳

論鼎澧辰沅靜諸州宜募溪峒司兵鎮撫蠻夷*（147/334/10696）

張釋之
論山陵*（141/124/4002）
諫拜嗇夫爲上林令*（141/129/4148）
奏犯蹕者罰金盗高廟前玉環者棄市*（143/207/6720）
張騫
具言西域地形（147/340/10887）
請連烏孫（147/340/10888）
張鑄
請省新户科徭奏（145/255/8229）
張鑑
論關輔賦役*（145/255/8230）
張觀
乞體貌大臣簡略細務（138/29/967）
請服御器用皆從純儉*（143/191/6155）
論劍外不宜增賦疏*（145/255/8229）

十二畫

陽固
上讜言表（138/26/866）
陽城
論裴延齡誣逐陸贄等*（142/174/5601）
陽球
奏罷鴻都文學（143/197/6326）
項安世
請即日過重華宫*（138/11/359）
請復留朱熹書*（142/148/4740）
論國用疏（143/192/6195）
彭汝礪
論人主學問在擇人（138/7/226）
論人主務學在親師友（138/7/226）
論人主盡道在脩身脩身在正學（138/7/228）
南北郊合祭議（138/20/665）
論水監司農之害*（139/38/1300）
論興事宜詳變法宜慎*（139/38/1301）
論安撫領使如古之州伯（139/38/1303）
乞蚤擇后而素教之（140/75/2512）
乞詳定祖免婚姻條貫（140/77/2581）
論愛民遠利*（141/106/3462）
論三舍疏（141/114/3678）
論以質厚德禮示人回天下之俗（141/116/3749）

論守令許保明再任（141/137/4411）
論吏部選薦人才*（141/137/4412）
乞選任大臣諫官（141/137/4412）
論用人狀*（141/137/4413）
論縣令狀（141/137/4414）
論遣使狀（141/137/4416）
乞責吏部薦拔才能（141/140/4517）
論列樂士宣等（142/154/4972）
再論列樂士宣（142/154/4973）
論科舉*（142/167/5408）
論不可復以詩賦取人*（142/167/5409）
請正王孝先等之罪*（143/188/6056）
論勤政*（143/190/6128）
論成於憂勤失於怠忽（143/190/6130）
論饑疫乞罷上元放燈（143/194/6245）
論近歲用言好同惡異疏（143/203/6564）
論言事不當問所得疏（143/203/6565）
論聽言之道未至者三（143/203/6566）
論近臣不當以直言罷黜（143/204/6620）
論刑罰之設*（143/211/6839）
論刑名不當取决執政狀（143/211/6839）
乞愚法示人（143/211/6840）
論詔獄（143/216/6997）
論熙河路獄*（143/216/6998）
論朝廷議刑欲重即開有司深入之弊*（143/216/6999）
論赦贖*（144/218/7067）
論賑濟之計*（144/244/7919）
論養財之道*（145/269/8676）
論罷黜韓嘉彦（145/289/9295）
論遣李憲措置邊事（145/292/9369）
論威福之至若皆以爲命則人事幾廢*（146/303/9710）
上弭盜畫一事件*（146/318/10167）

彭景直

請停諸陵每日奠祭疏（138/16/536）

彭龜年

論剛斷得失疏（138/4/106）
上愛身寡欲務學三事疏（138/4/107）

論人主當動循天道疏(138/4/110)
上人主當理情性疏(138/4/113)
乞復祖宗舊制重經筵親儒士置夜直之員疏(138/8/264)
論人主求言問學當務實疏(138/8/265)
論人君之學與書生異*(138/8/266)
乞車駕過重華宫疏(138/11/375)
論小人疑間兩宫乞車駕過宫面質疏(138/11/379)
論陳源間諜兩宫亟宜斥逐車駕往朝重華以息謗騰疏(138/11/382)
因禱雨論車駕不過重華宫無以消弭災眚疏(138/11/384)
論宰執陳乞過宫當賜聽納疏(138/11/386)
論車駕久不過宫無以舉記注職守疏(138/11/388)
請朝太上皇及太上皇后*(138/12/424)
論車駕移御南内於義不安者二於國不安者一奏(138/12/424)
論正始之道疏(139/57/1945)
論車駕過宫愆期視朝爽節章奏壅滯(139/57/1947)
論人主用心立德用人聽言四事疏(139/57/1949)
進内治聖鑒疏(140/25/2527)
乞權住湖北和糴疏(141/109/3558)
乞留侍御史劉光祖以伸臺諫疏(142/147/4716)
論續降指揮之弊(142/147/4718)
論省併監司*(142/162/5209)
乞復湖北主簿省罷税官疏(142/162/5210)
審材辨官疏(142/170/5488)
乞寢罷版行時文疏(142/170/5489)
論韓侂胄干預政事疏(143/184/5928)
請宴豫勿襲宣和之舊*(143/195/6268)
論聽言以講學明理爲本疏(143/206/6671)
論群臣進言早賜處分疏(143/206/6673)
論優遷臺諫沮抑忠直之弊疏(143/206/6675)
論蘇秀等州水災疏(144/247/8012)
論淮浙旱潦乞通米商仍免總領司糴置疏(144/247/

8013）
乞蠲積欠以安縣令疏（145/259/8353）
議紹興和買疏（145/259/8353）
進故事（145/259/8355）
論湖北京西楮幣疏（145/272/8771）
乞寢罷賣田指揮疏（145/272/8771）
論復經筵坐講疏（145/274/8842）
論經筵講讀不當以官職雜壓爲序疏（145/274/8842）
乞申飭奏事臣僚録所得聖語報記注官疏（145/277/8931）
乞車駕過官以書之起居注*（145/277/8931）
乞議知院胡晉臣恤典罷曝書會讌疏（145/284/9154）
論雷雪之異疏（146/308/9844）
論雷震雪作乃陰氣過盛之證*（146/308/9853）
乞詔求直言疏（146/308/9856）
應詔論雷雨爲災奏（146/308/9868）
論邊防事宜疏（147/337/10785）

達奚震

鍾律用鐵尺議（145/278/8968）

葉李

請作養人材以弘治道*（141/115/3723）
論人材不可以驟進*（141/115/3723）
請用漢軍列前大軍斷後以破乃顔*（144/235/7642）

葉清臣

論當世急務*（141/116/3745）
論榷茶（145/263/8492）
論京師地震*（146/299/9580）
論日食（146/299/9580）
論陝西用兵*（147/328/10513）
論備邊之策*（147/328/10514）

葉夢得

論治心*（138/2/57）
奏論治體劄子（139/48/1646）
奏應詔大詢狀（140/87/2906）
應詔咨詢狀（140/87/2916）
奏乞鄂州建帥府及修江寧府等五城狀（140/103/3395）
宮室議（140/103/3396）
奏繳行宮圖并宮室劄子（140/103/3398）
奏營葺行宮制度畫一劄子（140/103/3400）

乞禁罷獻納借貸指揮狀(141/107/3511)
奏乞放免巖衢州諸縣夏税等狀(141/107/3514)
論用人以有德爲先*(141/141/4534)
論朋黨之患本於重内輕外*(142/168/5435)
論招捕倪從慶各官功賞狀(143/189/6098)
奏乞赦書深自貶損劄子(144/218/7068)
奏乞立賞格募人擒捕兀朮等用事首領十三人劄子(144/223/7223)
陳待敵之計有三(144/223/7224)
車駕親征奏陳利害劄子(144/233/7567)
乞下劉琦等討賊(144/233/7569)
論漢高帝破秦項三策劄子(144/233/7571)
乞休兵養鋭(144/233/7573)
乞下諸大帥臨陣審度賊情無落姦便(144/233/7574)
乞復置常平使者播告中外劄子(144/246/7965)
乞免嚴州遂安等三縣二税和買狀(144/246/7966)
乞江北無遏糴劄子(144/246/7967)
奏乞措置江浙夏旱狀(144/246/7968)
論財用劄子(145/270/8722)
奏修城利害并乞截撥發運司拖欠斛斗應副使用狀(146/316/10112)
奏江寧府營造乞從簡約狀(146/316/10114)
奏金賊移軍稍前乞講民兵水軍二事劄子(147/334/10697)
乞措置瀕海州縣防秋狀(147/334/10699)
論防江利害劄子(147/334/10701)
論舉行保社分守地分劄子(147/334/10703)
奏金賊敗盟乞下三大將措置捍禦劄子(147/334/10704)
奏措置防江八事狀(147/334/10707)
乞徙虜人必經由州縣居民劄子(147/334/10716)
奏論金人劄子(147/348/11158)
乞差人至高麗探報金賊事宜狀(147/348/11160)

葉夢鼎

上殿奏劄*(142/152/4880)

葉適

序發（139/54/1835）

應詔論官法三事士學二事兵權二事夷狄四事（139/55/1869）

法度總論（139/55/1894）

應詔條陳六事（139/56/1916）

上殿劄子（140/96/3186）

始論（140/96/3192）

親征論（140/96/3196）

息虚論（140/96/3197）

實謀論（140/96/3198）

論紀綱（140/96/3200）

終論（140/96/3207）

論經國奏劄（140/97/3232）

上寧宗皇帝劄子一（140/97/3233）

上寧宗皇帝劄子二（140/97/3234）

上寧宗皇帝劄子三（140/97/3235）

上寧宗皇帝劄子一（142/148/4740）

論用人奏劄（142/148/4742）

辯兵部郎官朱元晦狀（142/157/5041）

兵總論（144/223/7229）

兵總論二（144/223/7231）

田屯駐六兵（144/223/7232）

廂禁軍弓手士兵（144/223/7234）

上寧宗皇帝劄子二（144/247/8014）

財總論（145/271/8735）

財總論二（145/271/8737）

葛洪

乞嚴飭將帥上下振厲申警軍實疏*（144/241/7814）

葛勝仲

進養士圖籍劄子（141/114/3692）

論禮儀劄子*（141/120/3871）

上元圭繅籍絇組議（141/120/3872）

太常祠祀儀制劄子（141/126/4064）

董公

請爲義帝發喪*（144/226/7332）

董仲舒

元光元年舉賢良對策（138/24/780）

又言限民名田（145/254/8193）

廟殿火災對（146/295/9416）

董行父

論宋當以金爲德*（145/280/9017）

董昭

陳末流之弊疏（141/116/

3727）
諫屯渚中作浮橋疏（144/227/7369）
董宣
論格殺湖陽公主蒼頭*（143/208/6723）
董師中
諫幸景明宮疏*（145/287/9252）
董棻
請正太祖東向之尊*（138/22/716）
董尋
上書諫明帝（146/315/10058）
董槐
論臣爲政而有害政者三*（139/64/2154）
敬翔
上軍事疏（144/229/7443）
敬新磨
諫出獵*（143/194/6237）
椒舉
論諸侯以禮爲歸*（141/118/3799）
棧潛
諫立郭后疏（140/74/2476）
諫太子田獵夜還（143/193/6213）
諫明帝興衆役疏戚屬疏（146/315/10060）
單穆公
論鑄大鐘乖和害政*（141/127/4074）
諫鑄大錢*（145/262/8439）
喻汝礪
論蜀策（140/91/3060）
恢復策（140/91/3061）
請法太祖馭將疏（144/239/7758）
請詔史官録忠義疏（145/284/9144）
論和好（147/348/11179）
嵇紹
上惠帝疏（143/196/6289）
程元鳳
論奏獄遲延*（144/217/7031）
程包
征討板楯蠻方略對（144/227/7362）
程昉
論開濬沙河*（144/250/8080）
程迥
議別籍異財*（143/214/6917）
程咸
已出女不從坐議（143/208/6731）
程珦
應詔論水災（146/301/9638）
程振
論金兵不解由和戰之説未一*（147/347/11136）

程寀

請肅禁禦增謚號正風俗立綱紀戒妒忌嚴宮衛疏（139/65/2185）
請肅禁禦增謚號正風俗立綱紀戒妒忌嚴宮衛疏（140/75/2529）
請肅禁禦增謚號正風俗立綱紀戒妒忌嚴宮衛疏（143/195/6278）
請肅禁禦增謚號正風俗立綱紀戒妒忌嚴宮衛疏（145/282/9104）
請肅禁禦增謚號正風俗立綱紀戒妒忌嚴宮衛疏（145/287/9248）

程琳

上疏論兵在精不在衆（144/219/7086）

程鉅夫

論時相（139/66/2228）
議學校（141/115/3722）
議好人（142/153/4924）
置考功歷（142/172/5551）
論時相（143/186/6005）
百姓藏軍器者死而劫盜止杖百單七故盜日滋宜與藏軍器同罪（146/319/10225）

程瑀

乞籍録臺諫章疏（143/205/6635）

程頤

論經筵輔養之道（138/6/200）
上太皇太后疏（138/6/205）
進經筵之劄子（138/6/206）
乞遇六參日許講讀官上殿（138/6/209）
上仁宗皇帝書（138/33/1130）
代彭思永論濮王典禮疏（141/120/3854）
論除喪不可特置一燕（141/123/3985）
代父上書（141/125/4018）
辯顧臨所言非是（145/274/8826）
代吕公著應詔疏（146/302/9664）

程曉

請罷校事官疏（142/159/5083）

程駿

神主祔廟執事官不必賜爵表（143/197/6329）
請停兵招諭淮南表（144/229/7406）

程顥

論君道之大在稽古正學（138/6/189）
論十事（139/35/1194）
論王霸之辨在審其初（139/

35/1197）
請修學校以爲王化之本（141/114/3675）
乞留張載（141/136/4376）
論養賢（142/153/4907）
論新法（145/266/8595）
論新法乞降責（145/266/8596）

喬行簡

三大憂疏（140/100/3309）
請勿私狥小人疏*（146/293/9391）

喬豫

請起酆明觀營壽陵疏*（146/315/10066）

傅玄

請舉清遠有禮之臣以敦風節疏*（138/25/820）
上便宜五事疏*（146/297/9500）

傅伯成

論胡夢昱不當貶疏*（143/207/6700）

傅季友

代宋國公劉裕作求加贈劉穆之表（145/283/9116）

傅咸

上言宜省官務農（141/110/3589）
上書請詰奢（141/116/3729）
理李含表（141/121/3901）
議立二社表（141/125/4034）
上書陳選舉（141/130/4179）
上書請詰奢（143/191/6149）

傅奕

請革隋制疏（138/27/884）
斥西僧邪術*（142/174/5582）

傅隆

論新禮表（141/118/3809）
黄初妻趙事議（143/209/6753）

傅堯俞

請以誠公對天意順人心*（138/1/34）
上宣仁皇后論治性之道疏（138/2/48）
論蔡確既貶請寬心和气（138/2/49）
論英宗宜依舊專總萬機*（138/10/340）
乞講奉養隆顯皇太后之禮（138/10/340）
論責任守忠乞一切不問餘人（138/10/341）
乞減節南郊費用疏（138/19/634）
陛辭上殿劄子（138/21/672）
陳十事（139/35/1167）
請皇子朝夕侍膳*（140/73/2454）
乞淮陽郡王出閤（140/73/

2458）
上太皇太后乞還政事以全大德（140/74/2506）
論韓忠彦爲左丞以其弟嘉彦尚主未當（140/75/2512）
論皇弟二子恩意禮秩當與潁王差遠（140/77/2572）
論待遇皇子宜有差遠*（140/77/2572）
論河北差夫狀（141/106/3461）
乞減昭陵用途疏（141/125/4017）
彈孫抃奏（141/134/4322）
乞停薛向新命（141/134/4323）
再論徐綬（141/135/4338）
論人才有能有不能*（141/138/4430）
論知人*（142/154/4956）
乞諸司長官舉寮屬（142/165/5305）
論殿試宜依祖宗故事用策（142/167/5399）
論王臨疏（142/176/5650）
請誅竄任守忠*（142/176/5650）
論薛向疏（142/176/5651）
再論薛向劄子（142/176/5652）
又論薛向疏（142/176/5652）
彈安燾疏（142/180/5798）
論蔡確疏（142/180/5798）
又論蔡確疏（142/180/5799）
論執政大臣離間之患*（142/180/5800）
乞伸威斷（143/190/6128）
論劉永年再除防禦使（143/197/6351）
論劉永年再除防禦使（143/197/6351）
乞楚中置簿專令管勾臺諫官章奏*（143/199/6420）
論張舜民以言事罷職疏（143/204/6599）
論張舜民罷言職*（143/204/6600）
論張舜民罷言職（143/204/6601）
論張舜民不當以風聞被黜*（143/204/6601）
論張舜民罷言職（143/204/6602）
論張舜民罷言職（143/204/6603）
論審刑院大理寺等處欺罔事狀（143/211/6825）
再論審刑院等處欺罔事狀（143/211/6825）
乞發遣親事官吴清等照證公事（143/216/6993）
論舉材武宜寬痕累*（144/

237/7719）
論孫長卿非將帥才*（144/237/7719）
乞徙羅適充京西提刑兼治開封府界亳州水事*（144/252/8140）
乞罷修河司以安衆心*（144/252/8141）
又論河事狀（144/252/8141）
乞罷均税（145/255/8240）
議坊郭等第出助役錢（145/256/8276）
論諸路蠶麥熟處不當催督積年逋負*（145/258/8327）
論理財勿寵進言利聚歛之臣*（145/264/8535）
論禮遇武臣*（145/285/9187）
乞止絶内降几進用悉與大臣議其可否（145/292/9349）
彈李允恭不合補孫永言爲入内黄門（145/292/9350）
論彈李允恭朱穎士二奏不當留中不下*（145/292/9350）
再論朱穎士李允恭（145/292/9351）
論李允恭等*（145/292/9352）
再乞追李永言恩命（145/292/9352）
再論李允恭趙繼寵（145/292/9353）
再論李允恭趙繼寵（145/292/9354）
再論李允恭趙繼寵（145/292/9355）
論大雨壞廬舍人宗廟*（146/301/9656）
論引過求言消弭水害*（146/301/9657）
乞正法官之罪以消灾*（146/301/9658）
乞親出祈雨引咎自責*（146/304/9727）
論土功併興*（146/316/10098）
乞備邊（147/329/10534）
乞差人經度西事（147/329/10535）
乞罷内臣招安熟户（147/329/10535）
請柔夏人以德許其請地*（147/346/11099）

傅蝦

對詔訪征吴三計（144/227/7375）

傅燮

上疏請誅中官（142/173/5562）
上疏請誅中官（145/291/9332）
議棄涼州對（146/320/10248）

衆仲
論羽數*（141/118/3786）
御孫
論男女同贄非禮*（141/118/3798）
舒元輿
上論貢士書（142/163/5259）
番係
上言作河東渠田（145/261/8415）
鄒忌（騶忌子）
論鼓琴*（138/23/753）
諷齊王納諫*（143/199/6398）
議救韓*（144/226/7319）
鄒浩
論帝王爲學之本（138/8/241）
論天象乞申敕太史無有諱避（138/13/433）
乞追停賢妃劉氏册禮别選賢族（140/75/2522）
乞先恤公議而後謹獨斷疏（141/141/4522）
上哲宗皇帝書（142/168/5430）
乞如神考故事詔侍從言事疏（143/200/6446）
乞至誠終始納諫疏（143/205/6625）
論太學生不當以言事殿舉疏（143/205/6626）
論士大夫交結向族子弟（145/289/9302）
論京東大水（146/304/9728）
曾三聘
諫幸玉津園疏*（138/12/423）
曾公亮
答詔條畫時務（138/31/1058）
乞不宣取瑞木（146/302/9683）
曾布
議用肉刑*（143/211/6836）
條奏役法疏（145/258/8323）
曾孝寬
論軍器監事不必謀及殿前馬步軍司（146/316/10101）
曾旼
論事神用香及衆星隨其方色用幣*（138/21/695）
曾從龍
論郡守有闕即時進擬疏*（142/148/4745）
曾開
論當修德立政嚴於爲備*（140/90/3032）
曾幾
論征金人*（144/233/7585）
曾肇
論君道在立己知人奏（138/2/49）

乞選端良博古之士以參諷議奏(138/7/235)
乞觀貞觀政要陸贄奏議(138/8/242)
乞分祭奏(138/21/690)
又乞分祭(138/21/691)
議明堂祀奏(138/21/693)
上宣仁皇后論文德殿受册疏(141/120/3866)
論坤成節百官上壽奏疏(141/120/3868)
論惟材是用無係一偏(141/141/4524)
論減罷監司守臣上殿狀(141/141/4526)
論君子之道直而難合小人之言遜而易入(142/156/5007)
論中書舍人不當書門下録黄(142/161/5175)
論經明行修科宜罷投牒乞試糊名謄録之制(142/167/5394)
乞禁止請謁(143/198/6370)
乞詔天下皆得直言及百官次對狀(143/200/6440)
乞復轉對疏(143/200/6442)
乞修轉對之制詔百官民庶極言對政狀(143/200/6444)
乞復轉對狀(143/203/6577)
繳王覿外任詞頭(143/203/6579)
論龔原罷給事中(143/203/6581)
乞旌賞直言疏(143/205/6624)
論内降指揮不可直付有司疏(143/212/6871)
乞下詔禁絶干求内降疏(143/212/6872)
論回河*(144/251/8113)
乞追還優待皇太妃親屬俟俙指揮*(145/289/9294)
論亢旱乞罷春燕(146/303/9725)
論日食赤氣之變疏(146/304/9752)

曾鞏

移滄洲過闕上殿(138/2/40)
熙寧轉對疏(138/6/190)
自福州召判太常寺上殿(138/6/194)
奏乞與潘興嗣子推恩狀(141/137/4418)
乞賜唐六典狀(142/160/5140)
請改官制前預選官習行逐司事務(142/160/5141)
請以近更官制如周官六典爲書(142/160/5143)
請改官制前預令諸司次比整齊架閣版籍等事(142/

160/5144）
請令長貳自舉屬官（142/166/5363）
又請令州縣特舉士（142/166/5365）
請西北擇將東南益兵（144/220/7143）
上救災議（144/245/7958）
議經費（145/269/8678）
再議經費（145/269/8679）
申明保甲巡警盜賊（146/318/10169）
乞存恤外國請著爲令（147/344/11054）

馮山
上言六事封事（139/38/1287）
議免役狀（145/256/8267）

馮光
上言曆元不宜用庚申（145/278/8946）

馮奉世
請用四萬人討羌虜*（144/227/7347）

馮宗
大享議（138/16/534）

馮唐
請赦魏尚*（144/236/7651）

馮逡
奏請浚屯氏河（144/249/8048）

馮異
請分遣官屬巡行郡縣*（140/78/2623）
請國家無忘河北之難*（140/102/3369）
受敕定三輔郡縣*（144/236/7653）

馮道
論仁義爲帝王之寶*（138/1/20）
論穀貴餓農穀賤傷農*（141/105/3451）
論務農*（141/110/3594）
論解縱鷹隼*（143/194/6238）
論安不忘危狀（143/196/6299）

馮當可
應詔論治道*（139/48/1638）
上書論經國*（140/91/3048）
論守令詮選（141/143/4615）
論分重兵以鎮荆襄劄子*（147/335/10718）

馮檝
論沿邊納土三害疏（147/333/10667）

馮澥
論湟廓西寧三州疏（147/347/11123）

湯漢
論持敬*（138/5/163）
轉對劄子*（139/64/2154）

劾董宋臣疏*(143/185/5978)
應詔論災異由立心未公持心不敬*(146/313/10007)
温仲舒
請推恩宥以綏民庶*(141/105/3452)
温彦博
論高麗不可不臣*(147/341/10928)
温嶠
奏軍國要務七事(138/25/833)
游子遠
論渠知不必親討*(144/228/7396)
諫如粟邑起墳*(146/315/10067)
游仲鴻
請亟還朱熹疏*(142/147/4738)
游似
論貞觀治效*(139/59/2012)
游明根
論忠佞*(142/154/4929)
游酢
論士風之壞疏(141/116/3756)
游景仁
論敬天疏*(138/13/442)
富辰
諫襄王以翟女爲后*(140/74/2473)
諫伐鄭*(140/76/2530)
富弼
論人主好惡不可令人窺測*(138/2/38)
乞親行祫饗大禮(138/19/609)
論時政(139/38/1294)
遺奏論治道*(139/38/1296)
論廢嫡后逐諫臣(140/74/2484)
論崇植宗室*(140/76/2563)
乞令宗室幹當在京諸司(140/76/2564)
乞令宰相兼樞密使(141/132/4261)
乞韓琦范仲淹更任内外事(141/132/4261)
薦張昷之等可充轉運使副狀(141/132/4262)
論采聽既多當辨君子小人(141/135/4339)
論除拜大臣當密(141/135/4342)
論自古治亂在用諛佞讜直之人(141/135/4344)
論辨邪正(142/154/4966)
乞詔陝西等路奏舉才武(142/164/5267)
乞革科舉之法令牧守監司舉士(142/164/5269)

乞編類三朝故典(143/210/6804)
乞東南諸郡募兵以防寇盜(144/219/7087)
諫西師(144/230/7472)
論武舉武學(144/237/7685)
論河北流民到京西乞分給田土劄子(144/244/7911)
乞撥河北逃田爲屯田(145/260/8389)
論亳州青苗獄乞獨降責(145/267/8606)
論正旦日蝕請罷宴(146/300/9600)
論災變而非時數(146/302/9670)
論久旱乞罷聽樂上壽(146/302/9676)
論誕日罷燕雨澤之應(146/302/9677)
又論誕日罷燕雨澤之應(146/302/9678)
應詔論彗星疏(146/302/9680)
請親閱群奏畏天愛民不吝改悔*(146/302/9681)
乞諸道置兵以備寇盜疏(146/317/10143)
乞采訪京東狂謀之士疏(146/317/10144)
乞選任轉運守令以除盜賊疏(146/317/10145)
論削兵當澄其冗弛邊當得其要(147/327/10455)
上河北守禦十三策疏(147/327/10457)
論契丹不寇河東疏(147/327/10473)
論元昊所上誓書(147/327/10474)
論河北七事疏(147/327/10475)
答詔問北邊事宜(147/330/10553)
論蠻獠侵犯乞詔諸道以寬民爲務疏(147/330/10556)
論西夏八事(147/342/10996)
論不可待西使太過疏(147/342/11011)

甯子先

論舉官疏*(141/130/4185)

甯戚

論國亡之所以不得士者有五阻*(141/129/4141)

强平

論災異諫勉强政事疏*(146/297/9511)

强幾聖

代轉對劄子(139/39/1326)
論邊事劄子(147/344/11050)

費詩

諫漢中王稱尊號疏(138/1/5)

疏廣

論不當使許舜監護太子家*（140/71/2382）

賀邵

諫烏程侯*（138/1/6）

諫烏程侯疏*（138/25/817）

賀知章

論玉牒之文*（146/294/9409）

賀婁子幹

上書言隴右機（146/317/10127）

上書言隴右機（146/321/10270）

賀循

潁川豫章廟主不毀議（138/14/460）

賀蘭進明

論房琯不堪爲宰相*（141/131/4214）

十三畫

蓋苗

諫泛舟玉泉*（145/287/9257）

諫以建康潛邸爲佛寺*（146/316/10119）

蓋勳

論講武於平樂觀爲黷武*（138/1/5）

蒲宗孟

仕進抑塞書（141/136/4372）

楊大全

請納忠諫疏（143/206/6677）

楊文仲

論春秋尊王抑霸疏（138/9/308）

楊允恭

西鄙轉餉請用木牛之制疏（145/261/8427）

言川峽鐵錢之弊*（145/263/8489）

楊仲昌

加籩豆增服紀議（138/17/550）

楊朶兒只

諫怒納璘*（143/207/6716）

楊宏中

乞竄李沐召還李祥楊簡書*（142/157/5045）

楊尚希

請併省郡縣表（142/159/5087）

楊秉

上言吏職（142/159/5083）

上言吏職（142/173/5559）

上疏諫任左右除拜（143/197/6325）

奏劾侯覽（145/290/9318）

奏劾侯覽（145/291/9328）

因風災上疏諫微行（146/

296/9482）
楊阜
應詔議政治不便於民（138/25/814）
伐蜀遇雨上疏（144/227/7374）
諫治宫室發美女疏（146/297/9498）
諫營洛陽宫殿觀閣疏（146/315/10062）
楊於陵
行宫置寢議（141/124/4013）
楊炎
請留崔寧以收蜀奏（144/236/7666）
請行兩税法奏（145/254/8205）
言天下公賦奏（145/262/8467）
楊相如
陳便宜疏（143/193/6228）
楊昱
請詔太子必降乎敕*（140/71/2398）
楊昭儉
諫宥張彦澤疏（142/174/5603）
楊畏
論舉官*（142/167/5401）
楊畋
論李珣劉永年無功除授（145/289/9292）
論京師大水*（146/301/9635）
楊炯
公卿以下冕服議（141/119/3824）
楊勇
上書諫徙流民實邊（141/105/3445）
楊泰之
入對奏劄*（143/207/6692）
楊珧
奏請建同姓（140/104/3417）
楊恭懿
論治曆*（145/280/9032）
楊時
論父子天性宜一於誠（138/10/350）
論宣仁誣謗未明瑶華位號未復（138/10/350）
面對奏劄論中道*（140/69/2337）
論用人太易（141/141/4548）
乞分别邪正消除黨與狀（142/156/5018）
論王安石學術之謬（143/182/5858）
論姚古不救太原（144/238/7738）
乞罷茶鹽榷法（145/270/8710）
論不可復近奄人狀（146/

293/9380)
論不可復近奄人(係第二狀)(146/293/9380)
論要害三鎮(147/333/10669)
楊倫
上書案坐任嘉舉主罪(142/173/5558)
楊國忠
請除安禄山爲平章事召詣闕*(144/236/7665)
楊偉
上景初曆表(145/278/8948)
楊終
建初元年大旱復上書(140/69/2321)
建初元年大旱上書(146/296/9454)
楊萬里
請罷毬馬之娱求帝王之治*(138/3/86)
駁配饗不當疏(138/22/726)
論君道下(139/50/1707)
論治原上(139/50/1710)
論治原中(139/50/1712)
論君道中(140/93/3106)
論國勢(140/93/3110)
民政疏(141/108/3537)
論民政中(141/108/3540)
論相上(142/146/4676)
論相下(142/146/4678)
論冗官上(142/146/4680)
論冗官下(142/146/4683)
論人才上(142/146/4686)
論人才中(142/146/4688)
論人才下(142/146/4691)
論民政中(142/146/4693)
乞留張栻黜韓玉書(142/146/4695)
留劉光祖奏(142/146/4697)
論朋黨*(142/157/5046)
論選法上(142/170/5474)
論選法下(142/170/5476)
論刑法上(143/213/6898)
論刑法下(143/213/6900)
論馭吏上(143/213/6903)
論馭吏中(143/213/6905)
論馭吏下(143/213/6907)
論治原下(143/213/6908)
論兵上(144/224/7262)
論兵下(144/224/7265)
論將上(144/240/7800)
論將下(144/240/7801)
論薄賦歛*(145/259/8351)
論民政下(145/260/8407)
乙酉自筠州赴行在奏事十月初三日上殿劄子(146/293/9390)
應詔論地震*(146/307/9817)
論致旱之由備旱之策疏*(146/307/9824)

楊朝晟

論發邠寧兵足以城方渠合道木波*（146/321/10290）

楊覃

論緩決死罪決重刑曰減膳徹樂*（143/216/6978）

楊雄

請許單于來朝疏*（147/340/10892）

楊雲翼

論人君宜先正其心*（138/5/166）

論盡言爲事君之大義*（143/207/6712）

言簡卒理財疏（144/235/7640）

楊喬

上書薦孟嘗（141/129/4162）

楊傑

禘祫合正位序議（138/21/672）

奏請四皇后廟升祔狀（138/21/673）

大樂七事（141/128/4124）

堂上鍾磬議（141/128/4127）

奏請太廟殿上鍾磬狀（141/128/4128）

楊瑒

諫限約明經進士疏（141/113/3659）

諫限約明經進士疏（142/163/5246）

奏崔日知之罪*（142/174/5587）

楊椿

諫高祖居哀不食*（138/10/324）

上書諫内徙蠕蠕降户（147/340/10917）

楊虞卿

請廣咨詢*（143/199/6405）

楊嗣復

論能吏之列清流*（141/131/4241）

楊綰

請罷天下團練守捉使*（142/159/5089）

條奏貢舉疏（142/163/5247）

楊震

救趙騰疏（143/201/6475）

上疏請出乳母王聖（145/290/9314）

復詣闕上疏諫劉瓌襲爵（145/290/9315）

諫爲王聖修第疏（145/290/9315）

因地震復上疏（146/296/9461）

楊賜

上疏諫封爵過差遊觀無度（143/193/6212）

蛇變上封事（146/297/9486）

虹蜺對(146/297/9487)
上書諫作林泉畢圭苑(146/315/10053)

楊億

論龍泉縣三處酒坊乞減額狀(141/105/3453)
薦韓永錫(141/132/4249)
次對奏狀(142/159/5102)
奏雨狀(144/243/7880)
議靈州事宜狀(146/323/10332)

楊徽之

請增置五經博士員數*(141/114/3665)

楊簡

請兢業無起意*(138/4/114)
請表章人臣改過之善劄子*(139/60/2043)
請擇賢久任劄子*(139/60/2044)
請存虛明不起意之心劄子*(139/60/2046)
復請擇賢久任劄子*(142/148/4752)
論士大夫勿以改過爲耻*(142/148/4753)
論當今急務二大患二*(144/235/7622)
論殿司十三軍太盛*(144/241/7813)
論錢象祖吝米不肯給助淮民*(144/247/8015)

楊繪

乞放内人景氏(140/74/2508)
乞酌古今之宜限服紀之禮(140/77/2578)
論舊臣多求退(141/137/4405)
論諫官當人主自擇(141/137/4405)
乞因轉對召訪以事閲其能否(142/154/4960)
論王安石(142/154/4960)
論王安石之文有異志(143/196/6306)
論助役疏(145/255/8248)
論助役*(145/257/8319)
論向傳範除知鄆州(145/289/9293)
論不當差王中正等往外幹事狀(145/292/9363)
論种諤擅入西界(147/329/10542)
論李憲討交趾疏(147/330/10571)

甄琛

請取武官領里尉以清輦轂表(142/159/5086)
請弛鹽禁表(145/262/8455)
請取武官領里尉以清輦轂表(146/317/10127)

賈至
議楊綰條奏貢舉疏（142/163/5248）
賈言忠
對伐高麗必克疏*（144/229/7426）
賈山
至言（138/23/758）
賈逵
上書請宥劉愷（140/76/2535）
條奏左氏長義（145/275/8851）
賈昌朝
對乾卦問*（138/1/28）
乞減省冗費（143/191/6156）
論任用親舊恩倖爲將之弊*（144/236/7683）
論張耆等乞免衙謝辭（145/285/9189）
上備邊六事（146/323/10341）（147/326/10450）
賈易
論天下大勢可畏者五（139/41/1411）
賈思伯
明堂議（138/15/501）
賈耽
論不宜就軍中除節度使*（141/131/4215）
賈捐之
棄珠崖議（144/227/7345）
賈虛己
后父不宜贈王疏*（145/288/9278）
賈曾
論郊祭合設皇地祇表（138/16/538）
賈鉉
請定決杖法式書*（144/217/7033）
賈詡
論吴蜀未可圖*（144/227/7368）
賈誼
上疏陳政事（138/23/763）
上疏請封建子弟（140/104/3405）
上疏諫王淮南諸子（140/104/3407）
説積貯（141/110/3582）
諫除盜鑄錢令使民放鑄（145/262/8441）
賈隱林
進言德宗性太急*（138/1/18）
賈黯
論薦人不必滿限*（142/165/5334）
乞立民社義倉疏（144/243/7891）

賈讓
奏治河三策(144/249/8049)
雷觀
乞擇相(141/141/4552)
虞允文
論明良交感惟信與誠疏(138/3/93)
論得一之理疏(139/46/1587)
謝賜御書漢崔寔政論疏(139/51/1717)
論唐太宗德仁功利之説(139/51/1718)
論盡去蠹國害治之事疏(140/89/2980)
論用吴璘以圖恢復疏(140/93/3122)
論益兵荆襄疏(140/93/3123)
奏還吏部侍郎汪應辰除知衢州詞頭疏(141/143/4598)
論用人久任利害(142/144/4621)
論擇相當以天下疏(142/144/4622)
論薦辟勿取多才及虚名之士疏(142/169/5455)
論預歲薦者必赴都堂審察疏(142/169/5456)
繳元居實詞頭疏(143/183/5908)
論金鼐交結秦檜不當授上閤之職疏(143/188/6081)
論金州之弊乞加威令於諸將狀(143/214/6911)
請蒐無用之兵爲有用之備疏(144/222/7203)
論陝西當推行蕃漢弓箭手舊法疏(144/224/7252)
論諸軍弓弩宜分月拍試疏(144/224/7253)
論教荆鄂兩軍先足弓弩手疏(144/224/7254)
請以宣諭司招軍例物錢下四川打造衣甲疏(144/224/7254)
奏三衙兵虚冗之數(144/224/7255)
論失軍心有二疏(144/224/7256)
論給降勁弩截留馬綱疏(144/224/7257)
請因諸軍之歡心去積年之冗籍疏(144/224/7258)
請改修馬船廣立木栅以圖戰勝疏(144/233/7576)
論江上事宜(144/233/7577)
論諸軍大會江口王剛往禦泰州疏(144/233/7579)
論鞏州未下可憂疏(144/234/7593)
論今日事機可戰(144/234/7594)

應詔論進討勝勢兵糧將帥(144/234/7595)
論任用李護輩疏(144/239/7772)
論蜀中大將(144/239/7773)
請差李護胡洪郝嗣祖王中正疏(144/239/7774)
請召李護等親視慶賞疏(144/239/7775)
論差東路兵帥(144/239/7776)
論蜀大將非材乞別選用(144/239/7778)
論李顯忠等宜用吴拱等可采疏(144/239/7779)
論李横可管江州一軍疏(144/239/7780)
論荆襄宜置副都統疏(144/239/7780)
請録李顯忠劉光輔員琦疏(144/240/7782)
論密奏將帥姓名宜出聖意擢用疏(144/240/7783)
論去蜀中二帥疏(144/240/7784)
論吴璘老病王權貪狡疏(144/240/7785)
論遴選重臣付川陝大事疏(144/240/7786)
論吴璘病愈可任恢復疏(144/240/7787)
請損文黎馬額盡力西邊之馬疏(144/242/7853)
奏論四川差科科約之弊(145/258/8333)
論營田之利疏(145/260/8399)
奏西蜀草木之妖措置水旱盜賊之備疏(146/307/9831)
論唐鄧不可棄兩軍禦之策(147/336/10747)
論措置唐鄧一帶爲必守計(147/336/10748)
論親臨唐鄧措置修城之役(147/336/10749)
論唐鄧州必不可棄(147/336/10751)
論固守唐鄧州方略(147/336/10752)
論固守唐鄧兵勢糧運(147/336/10754)
論荆鄂兩軍分戍唐州積糧免差夫運(147/336/10756)
論收復鞏州分兵守險(147/336/10757)
論襄陽一面爲必守之備(147/336/10758)
乞措置清河口防托虜中糧戰船(147/336/10758)
論德順守戰之利不可輕棄(147/336/10760)
論秦隴軍馬錢糧不可棄新復

之地(147/336/10761)
奏陝西事宜狀(147/336/10762)
論虜政衰亡宜益自治(147/336/10764)
論襄陽規模既定當鎮之以靜疏(147/336/10764)
論虜遂衰弱乞和四州不可棄(147/349/11183)
論不當棄四州地與虜和(147/349/11184)
論虜中情僞不可棄四州之地(147/349/11186)
論召回信使當殿議中外戰守之備并安集歸正流民(147/349/11187)
論虜中衰弊令兩軍習拒馬法(147/349/11188)
論經制猺人之亂*(147/349/11189)

虞世南

上山陵封事(141/124/4009)
論山陵疏(141/124/4010)
諫獵疏(143/193/6220)
論修德可以銷變*(146/298/9521)
論慎終如始彗星縱見未足爲憂*(146/298/9521)

虞世基

章服議(141/119/3822)

虞卿

請勿使鄭朱媾秦*(144/226/7314)
請以六城賂秦*(144/226/7315)

虞集

奏開奎章閣疏(138/9/322)
議學校疏*(141/115/3725)
論救關中之道*(144/248/8043)
論措置京師以東之田*(145/260/8414)

虞詡

請復三郡疏(145/260/8381)
自繫廷尉奏言(145/291/9326)
論安定北地上郡兵荒宜圖其安*(147/340/10905)
奏諫增蠻夷租税(147/340/10905)

虞預

上疏請簡良將(144/236/7659)
上書請舉賢才(146/297/9506)
致雨議(146/297/9506)

虞儔

己見劄子(138/9/278)
輪對劄子(139/51/1742)
輪對劄子(139/51/1744)
乞申敕百司勤職守毋事奔競

狀(139/51/1745)
被召上殿劄子(140/98/3269)
力田劄子(141/111/3618)
論郡縣學劄子(141/115/3717)
應詔上封事(141/126/4067)
輪對劄子(142/147/4733)
論用人聽言劄子(142/147/4734)
乞宣示殿試考官務求切直之論劄子(142/170/5478)
上劄子論選舉(142/170/5495)
輪對劄子(143/184/5928)
論諸州軍獄官*(144/217/7030)
請復軍士運糧舊制劄子(144/224/7276)
輪對劄子(145/258/8337)
被召上殿劄子(145/272/8768)
論仰順天意俯修人事*(146/308/9856)
上時政闕失劄子(146/308/9858)

虞翻

奏上易注(145/275/8853)
奏鄭玄解尚書違失事因(145/275/8854)

虞譚

悼楊皇后宜配食武帝議(138/14/459)

虞龢

議劉叔子之喪宜同成人之服*(141/121/3917)
四時講武獻牲議(141/125/4036)

路昌衡

應詔論災異*(146/304/9747)

路思令

陳兵事疏(144/236/7661)

路隋

論李德裕非圖不軌(141/131/4240)
論宰相不宜兼度支*(141/131/4241)

路温舒

上書言宜尚德緩刑(143/215/6943)

解光

奏劾王根王況(145/288/9263)

廉希憲

論罷史天澤*(142/158/5081)

廉頗

論救韓*(144/226/7314)

源恭

請撤府寺大作專建明堂立學校書*(141/113/3652)

源師

論主帥私令衛士出外罪只應徒*(143/209/6765)

源乾曜
請舉行射禮疏（141/119/3830）
源賀
上書請案律斷獄（143/215/6955）
上書請入死者恕死徙邊（143/215/6955）
源懷
請以諸鎮水田給民并減吏佐表（141/105/3445）
奏免逃吏（143/209/6757）
奏請乘釁伐齊（144/229/7408）
增置恒代城戍表（146/321/10266）
褚无量
車駕東幸上書（145/287/9233）
太廟屋壞請修德疏（146/298/9529）
褚遂良
諫寢殿側置太子院疏（140/72/2411）
論魏王廪料不當過東宮疏*（140/72/2411）
論太子諸王宜有定分*（140/72/2412）
諫立魏王*（140/72/2412）
諫立武昭儀爲后*（140/74/2480）
諫魏王泰物料踰東宮疏（140/76/2558）
論太子諸王須有定分*（140/76/2559）
論皇子年幼者勿遣臨州疏*（140/76/2559）
論諫漆器雕俎*（143/191/6151）
論諫漆器雕俎*（143/201/6486）
諫親伐遼東疏*（144/229/7422）
諫討高麗疏（144/229/7422）
論天子不自觀史*（145/276/8887）
諫窮問張元素出身疏（145/285/9177）
論飛雉數集宫中*（146/298/9523）
諫與薛延陀絶婚疏（147/341/10939）
諫納莫離支貢疏（147/341/10940）
辟閭仁諝
明堂告朔議（138/16/530）

十四畫

趙子潚
論開濬常熟諸浦*（144/253/8177）

趙天麟

論心體心用*(138/5/166)
論帝王之德貴公而不私*(138/5/167)
論法祖愛民*(138/5/169)
論宗廟之禮*(138/22/745)
論觀天文察地文來人文守聖文*(139/66/2243)
論清俗澤下之道因威示恩之理*(139/66/2244)
論三理四維*(140/70/2374)
論東宮不當領中書樞密之職*(140/73/2470)
論導宗室以學問*(140/77/2592)
論訓宗室在教行而知禮法明而畏罪*(140/77/2594)
暢八脉以鼓天下之正風・恤困窮(141/109/3577)
樹八事以豐天下之食貨・務農桑(141/111/3619)
論籍田公桑*(141/111/3621)
樹八事以豐天下之食貨・限田産(141/112/3633)
暢八脉以鼓天下之正風・節服章(141/120/3882)
樹八事以豐天下之食貨・停淫祀(141/126/4071)
上太平金鏡策(142/152/4887)
論禮大賢策(142/152/4889)
論清閥閲(142/152/4891)
論束利官(142/152/4892)
上太平金鏡策論考幽明(142/158/5079)
論行省中書*(142/162/5215)
論御史臺*(142/162/5216)
請絶冗官三弊*(142/162/5218)
論舉賢*(142/170/5504)
太平金鏡策(143/186/6005)
宣八令以達天下之恩威・厚勞賞(143/189/6117)
樹八事以豐天下之食貨・禁奢侈(143/192/6197)
杜奢風*(143/195/6279)
宣八令以達天下之恩威・却貢獻(143/195/6280)
論太極大道*(143/198/6394)
論辨三德簡八才*(143/198/6395)
暢八脉以鼓天下之正風・采公議(143/200/6460)
暢八脉以鼓天下之正風・察風謡(143/200/6461)
暢八脉以鼓天下之正風・革副封(143/207/6713)
請崇置諫院隸於都省*(143/207/6714)
上太平金鏡策(143/214/6937)
請秋冬報囚*(144/217/7033)
論籍没*(144/217/7035)

論治盜賊奸宄*（144/217/7036）
論赦非太平常事*（144/218/7073）
宣八令以達天下之恩威·設武舉（144/224/7288）
宣八令以達天下之恩威·偃兵戈（144/235/7645）
論將兵將之道*（144/241/7833）
宣八令以達天下之恩威·詮大將（144/241/7834）
宣八令以達天下之恩威·試嗣將（144/241/7836）
請立天駟監群牧所*（144/242/7863）
樹八事以豐天下之食貨·課義倉（144/248/8041）
論差役策*（145/259/8375）
寬逃民策（145/259/8377）
薄差税策（145/259/8378）
樹八事以豐天下之食貨·廣屯田（145/260/8412）
請改修會通河*（145/261/8437）
請照户口産業行定軍役*（145/273/8812）
論獻商計羡餘及被笞杖復官者*（145/273/8813）
請許教官對策*（145/274/8847）
論同制度疏（145/280/9033）
論大夫以上有罪者*（145/286/9225）
論遊獵*（145/287/9254）
論營膳*（146/316/10118）
宣八令以達天下之恩威·宥不庭（147/350/11225）

趙元僖

薦趙普疏*（141/132/4245）

趙冬曦

請明律例奏（143/209/6773）

趙必愿

論去敝涉疑疏*（139/64/2153）
論草茅結舌乃心腹之疾*（143/207/6706）
論財不可輕施妄用*（145/273/8806）
應詔上封事（146/310/9917）
轉對奏劄*（146/310/9917）

趙光奇

對言詔令不信非税誅求*（145/255/8228）

趙延義

論王者欲弭災異莫如修德*（146/298/9533）

趙充國

先零羌事對（146/320/10232）

趙汝愚

請謹問安視膳之禮五日一朝之儀矣（138/12/417）

請過宫以成信孝仁三善奏（138/12/417）
請會慶節先到重華後開講筵奏（138/12/419）
請過宫成服奏（138/12/419）
請過梓宫前行禮後請聽政奏（138/12/420）
請早謁重華行大祥之禮奏（138/12/421）
論左右潛窺聖意密預政機疏（139/52/1764）
論治效遲速疏（139/52/1766）
乞與大臣建久安之策疏（139/52/1766）
論治體及蜀風俗疏（139/52/1767）
乞謹天戒順人情圖久安之計疏（139/52/1769）
乞凡事責成於有司疏（139/52/1770）
乞廣聖志選群才疏（139/52/1771）
論儉以約己勤以爲人奏（139/57/1952）
論天下事當經由門下省奏（140/69/2348）
論恢復奏（140/94/3154）
乞撫安歸正人疏（140/94/3154）
自治之策（140/94/3155）
論福州便民事疏（141/108/3544）
乞告戒監司郡守求裕民之術疏（141/108/3546）
乞免除拆居民屋宇疏（141/108/3547）
乞置總首統轄金洋州歸正人疏（141/108/3547）
請蠲減江西月樁錢物疏（141/108/3548）
論學校教養課試升貢之法*（141/115/3717）
申請舉子倉事（141/117/3763）
乞編類隆興以後聘使儀禮疏（141/120/3881）
奏請車駕過宫執喪成禮疏（141/124/3997）
論成服奏*（141/124/3998）
論山陵三事奏（141/125/4022）
論山陵乞遵用七月之制疏（141/125/4024）
論山陵乞下禮官詳議疏（141/125/4025）
論山陵利害乞付有司集議疏（141/125/4026）
論謀國者必有腹心之臣（142/144/4630）
申乞甄叙商榮付安撫司自效附奏（142/144/4630）

奏按知金州秦嵩狀(142/144/4631)
薦部内知縣黄謙林李信甫趙彦繩疏(142/144/4633)
薦陳葵趙幼聞王聞詩(142/144/4634)
薦進士劉伯熊常垍(142/144/4635)
乞諸軍各置參謀官狀(142/144/4636)
乞罷諸軍承受(142/144/4637)
奏薦張漢卿元汝楫狀(142/147/4719)
薦蜀中三縣令狀(142/147/4719)
應詔薦李信甫徐誼鄭湜王聞禮范蓀楊翼之狀(142/147/4720)
上議諸軍司馬兵曹參軍甲冑參軍記室參軍資任等事奏(142/162/5200)
請令監司郡守任滿合舉五人并舉京官一人奏(142/169/5468)
請以侍從兩省臺諫所舉人姓名付中書籍記奏(142/169/5469)
請仿司馬光十科之制各以所長論薦奏(142/169/5469)
論福建科場事疏(142/169/5470)
論薦劾西蜀諸守令奏(142/169/5472)
請明舉主賞罰奏(142/170/5491)
請施行諸州教養課試升貢之法奏(142/170/5492)
乞按提刑吴宗旦運判張伯垓疏(143/183/5915)
按汀守趙汝劼奏(143/183/5916)
繳韓彦質除知臨安府奏(143/183/5917)
按永福知縣高㮚羅源縣尉龔史良奏(143/183/5918)
請選公正敢言之士奏(143/189/6099)
請篤信力行奏(143/190/6133)
請發憤有爲奏(143/190/6134)
奏便民事宜(143/192/6191)
請以節用愛人爲本奏(143/192/6192)
論儉以約己勤以爲人奏(143/195/6269)
論國家安危所繫四事(143/196/6318)
論聽言疏(143/206/6678)
繳論張時中獄事狀(143/214/6911)

乞於關外招刺義勇軍疏(144/223/7246)
論諸州廂禁軍之弊(144/223/7247)
乞力行自治之計(144/234/7596)
被旨薦將帥(144/240/7792)
論軍制疏(144/240/7807)
請罷黜舉沙世堅郇元盛雄飛才堪將帥疏(144/240/7808)
請支撥和糴米十萬石付泉福興化三州賑糶奏(144/247/7992)
乞選江北監司守臣接納流民耕種疏(144/247/7992)
乞蠲放旱傷州郡要税身丁錢疏(144/247/7994)
乞置社倉濟鄉民(144/247/7994)
陳荒政五事疏(144/247/7995)
奏綿竹什邡二縣飢民賑濟疏(144/247/7998)
乞選通練公方之士與諸路漕臣講求所部財用(145/272/8765)
論宋汝爲忠節凛著客死蜀道請與其子南强一蜀郡差使便其葬父奏(145/284/9152)
乞褒表孫松壽(145/284/9152)
乞罷陳源添差總管(146/293/9389)
乞降詔求言疏(146/307/9835)
論客星出傳舍疏(146/307/9836)
陳便民事宜(146/316/10117)
論汀贛盜賊利害(146/319/10206)
論汀州致盜有三弊奏(146/319/10209)
論邊防(147/336/10769)
乞嚴戒沿邊官吏禁戢邊民生事疏(147/336/10771)
論羌賊降後乞脩德任賢劄子(147/349/11208)
論金國人使生事劄子(147/349/11209)

趙汝滕

内引第一劄(143/186/5996)

趙安仁

答詔論邊事(146/322/10326)

趙安易

論明德皇太后喪禮*(141/123/3955)

趙抃

論經筵及御製宸翰(138/6/183)
乞罷制置條例司及諸路提舉

官(139/38/1299)
言皇嗣未立(140/72/2427)
論宗室濫賞疏(140/76/2565)
乞給還太學田土房緡狀(141/114/3665)
乞勿令歐陽脩等去職(141/134/4326)
論邪正君子小人(142/154/4952)
乞減舉人正限俾就廷試(142/164/5288)
論道士傳授符籙惑衆疏(142/175/5614)
再乞追寢王拱辰宣徽使新命劄子(142/175/5614)
論李淑疏(142/175/5615)
乞正陳執中之罪(142/175/5616)
奏乞罷免陳執中狀(142/175/5616)
引詔書再論陳執中狀(142/175/5619)
同唐介王陶乞寢罷陳旭除命劄子(142/175/5620)
再論陳旭乞黜守遠藩劄子(142/175/5622)
三乞黜陳旭以革交結權倖之風劄子(142/175/5623)
四乞早賜宸斷屏黜陳旭劄子(142/175/5624)
五論陳旭自乞遠貶劄子(142/175/5625)
論陳旭乞待罪劄子(142/175/5626)
乞速行退罷陳旭劄子(142/175/5627)
乞斥逐燒煉兵士董吉(142/175/5629)
乞許文彦博程戡避親(143/196/6303)
乞立定規除宣徽使并節度使(143/197/6350)
乞不罪王起(143/199/6412)
論内降指揮疏(143/210/6813)
乞釋傅卞罪狀(143/216/6991)
乞改差青鄆二州安撫使(144/237/7712)
乞寢罷内臣修築汴堤(144/249/8073)
論奉宸庫估賣物色疏(145/264/8520)
乞罷制置條例司及諸路提舉官(145/266/8590)
乞罷内臣閻士良带御器械(145/292/9345)
論災異乞擇相(146/301/9630)
乞裁減停罷修造寺院宫觀(146/316/10092)

論契丹遣使無名(147/329/10520)

趙希言

論太廟*(138/18/585)

趙孚

論禦戎之策*(147/342/10980)

趙良弼

論勿擊日本爲便*(147/350/11228)

趙君錫

乞惟設昊天上帝一坐(138/20/658)

趙典

奏諫封恩澤侯(143/187/6015)

趙垂慶

上書論律曆*(145/280/9013)

趙秉文

請立回易務*(145/273/8811)

論禦邊策(147/339/10880)

趙括母

括不可使將(144/236/7650)

趙彦若

乞立宗子課試法(140/77/2579)

趙彦勵

論宜擇智勇爲猺人所信服者爲酋長*(147/337/10787)

趙祐

上言冲帝質帝母未有稱號(145/281/9037)

趙師民

上勸請箴(138/6/180)

論講詩如彼泉流(138/6/182)

論日食*(146/300/9601)

趙崇鼎

論更化之實*(146/309/9905)

趙偁

上河議疏*(144/251/8117)

論修治黄河*(144/251/8118)

趙葵

論用人疏*(142/150/4833)

趙鼎臣

廷試策(139/44/1525)

乞駐蹕府學劄(141/115/3698)

繳進河議奏狀(144/253/8171)

越州大禹寺奏請名額狀(145/284/9142)

代條具北邊事宜(147/347/11132)

趙鼎(趙元鎮)

經筵論事第一疏(139/48/1635)

願法太祖仁宗劄(140/69/2339)

論憂勤中興(140/86/2874)

論畏避苟且欲上下任責(140/86/2875)

論回蹕(140/86/2876)
論明善惡是非(140/86/2877)
論西幸事宜狀(140/103/3392)
經筵論事第二疏(140/103/3394)
論放商税等事狀(141/107/3509)
論駐蹕戎服疏(141/120/3874)
請與潘良貴等職名宫觀狀(141/142/4577)
援任申先第一疏(141/142/4578)
援任申先第二疏(141/142/4579)
除宣撫處置使朝辭疏(142/156/5027)
乞令侍從薦舉人才(142/169/5442)
乞措置吏部參選事(142/169/5442)
論時政得失(143/182/5879)
請覈軍功疏(143/188/6076)
論聽納不諱疏(143/205/6642)
建康府軍兵强奪民物等狀(143/213/6897)
乞曲赦虔寇疏(144/218/7070)
請嚴三衙之選*(144/222/7199)
請移王瓊軍馬城内駐劄*(144/222/7200)
除右相論防秋(144/222/7200)
請支吉州権貨務見錢造戰船粮船*(144/222/7201)
論防江民兵(144/232/7538)
論親征(144/232/7540)
又論親征(144/232/7540)
論防邊第一疏(144/232/7541)
論防邊第二疏(144/232/7542)
奏乞應副李横狀(144/238/7748)
論役法疏(145/258/8332)
論福建兩川鹽法(145/270/8728)
乞追贈邵伯温狀(145/284/9147)
乞抑内侍奏(146/293/9387)
論屯兵疏(147/334/10684)
論防秋利害(147/334/10685)
措置防秋事宜(147/334/10686)
乞下湖北帥司隄備賊馬(147/334/10688)

趙景緯

論監司守令(142/158/5072)

論窒嗜欲之要*（143/195/6276）
應詔論解天意在悦人心*（146/313/10008）
論雷發非時*（146/314/10027）
趙順孫
論今日急務莫過於平糴*（144/248/8038）
趙普
薦張齊賢可任爲相（141/132/4246）
請行百官考績（142/171/5523）
論刑以懲惡賞以酬功*（143/187/6029）
請勿以祖吉隳赦令*（144/218/7056）
議效赦*（144/218/7056）
乞班師（144/230/7451）
論勿以稽留罪轉運使*（145/261/8427）
論彗星（146/298/9538）
禦戎策（147/342/10974）
趙湘
十一、十二月勿斷死罪*（143/216/6982）
趙憬
上審官六議表（141/131/4215）
趙遹
乞撫存北虜疏（147/347/11130）
趙憙
上言宜封禪（146/294/9397）
趙霖
上平江水利策（144/253/8168）
趙瞻
論治道疏*（138/34/1155）
論皇子三位當示降差（140/77/2571）
論追崇濮安懿王*（141/120/3857）
論賞罰*（143/188/6051）
論五路置帥不當更以馮京爲安撫狀（144/237/7715）
論差中官爲陝西鈐轄狀（144/237/7716）
論差中官爲陝西鈐轄狀（144/237/7717）
論勿大興河役*（144/250/8085）
論不當罷集議乞别降詔以王珪等議爲定（145/282/9067）
乞許張昇程戡致仕（145/286/9192）
論京東盗賊疏（146/318/10157）
綦崇禮
乞申飭百官劄子（139/46/1586）
面對劄子（139/46/1586）

遵用舊法劄子（140/69/2340）
乞討論納節换官劄子（140/69/2340）
舉仇愈充監司狀（141/142/4562）
面對第二劄子（141/142/4563）
講筵殿進呈劄子（141/142/4563）
論朋比劄子（141/142/4564）
乞漕司官通共應副財用劄子（141/142/4565）
面對第二劄子（141/142/4565）
請嚴監司州縣廢法之罰*（143/213/6893）
論進討固守利害（144/232/7545）
論昭慈獻烈皇后宜改謚昭慈聖獻皇后*（145/282/9092）
乞召臣僚降詔劄子（145/286/9214）

慕容彦逢

理會居養院劄子（141/106/3491）
論州縣學講堂及齋名奏狀（141/114/3691）
國子監舉主奏狀（141/114/3691）
理會學校劄子（141/115/3695）
理會三禮圖奏（141/120/3870）
論州縣社稷壇土遺不修奏狀（141/126/4065）
理會祭祀劄子（141/126/4066）
論理會守令劄子（141/141/4535）
論武學上舍生奏狀（142/168/5436）
論黄甲擬官奏狀（142/168/5436）
乞以假日特引對付史館劄子（143/190/6131）
上檢察病囚疏（144/217/7015）
刑部斷絶獄案劄子（144/217/7015）
理會常平劄子（145/270/8708）

慕璝

上魏太武帝表（147/340/10916）

蔣乂

論張茂宗新喪不宜奪情尚主疏*（141/122/3952）

蔣之奇

上謹始五事（139/38/1300）
論開河通淮*（144/250/8080）

蔣伸

論僥倖可以致亂*（143/197/6342）

蔣重珍

以火災應詔論災祥*（146/309/9886）

入對上王事（142/158/5067）

蔣琬

承命上疏（144/227/7365）

蔣濟

諫專任中書監令疏（141/130/4168）

諫專任中書監令疏（142/173/5563）

請慎威福*（143/197/6327）

諫遣田豫王雄攻遼東（144/227/7373）

奏請封禪（146/294/9397）

日蝕詔群臣問得失上疏（146/297/9499）

蔡幼學

上封事（138/11/360）

蔡攸

請廢中聲之樂止用正聲*（141/128/4133）

蔡茂

上書禁制貴戚（145/288/9267）

蔡承禧

論除授不經二府（141/137/4408）

論遣李憲措置邊事狀（145/292/9367）

又論遣李憲措置邊事狀（145/292/9367）

論遣李憲措置邊事第三狀（145/292/9368）

論再征交趾疏（147/330/10563）

蔡邕

宗廟迭毀議（138/14/457）

上封事陳政要七事（142/163/5224）

難夏育請伐鮮卑議（144/227/7360）

戍邊上章・天文意（145/278/8948）

對詔問災異八事（146/297/9489）

對詔問災異八事（146/297/9490）

對詔問災異八事（146/297/9490）

上封事陳政要七事（146/297/9491）

蔡戡

論聖孝劄子（138/12/421）

乞皇帝過宮劄子（138/12/421）

廷對策（139/51/1728）

論治道劄子（139/51/1740）

論治道疏（139/57/1960）

論苟且之弊劄子（139/57/1960）
論時事劄子（139/57/1961）
又論時事劄子（139/57/1962）
論謹始八事疏（139/57/1963）
乞以壽皇聖帝爲法劄子（140/70/2372）
乞法太上皇帝馭下納諫二事劄子（140/70/2373）
論選用宗室劄子（140/77/2590）
乞戒諭守令恤民疏（141/108/3541）
論擾民四事疏（141/108/3542）
論州縣科擾之弊疏（141/109/3551）
論用人（142/145/4647）
論委官差人侵擾州縣（142/145/4648）
論用人不當（142/145/4649）
乞遴選監司（142/145/4650）
奏薦鄂州通判劉清之狀（142/147/4723）
奏薦衡州通判宗嗣狀（142/147/4724）
奏薦臨安通判王補之狀（142/147/4725）
奏薦胡槻万俟侣狀（142/147/4725）
奏薦高商老周熺劉董狀（142/147/4727）
奏薦蔣來叟狀（142/147/4728）
奏薦趙時侃方信孺狀（142/147/4728）
奏薦万俟侣張忠恕狀（142/147/4730）
乞選擇監司（142/147/4731）
論邪正（142/157/5049）
除授郡守宜使陛辭*（142/170/5480）
論襄陽形勢劄子（142/170/5481）
論臧否守令劄子（143/189/6107）
進諫録疏（143/206/6664）
乞優容言者疏（143/206/6665）
議治贓吏法狀（143/214/6918）
論和戰（144/234/7612）
乞以兵法賜諸將劄子（144/240/7804）
薦李汝翼王舜臣爲將帥*（144/240/7806）
薦諸軍統制官狀（144/240/7807）
乞平糴（144/247/8011）
乞賑濟（144/247/8011）

乞浚開水渠(144/253/8180)
論屯田劄子(145/260/8401)
條具屯田事宜狀(145/260/8402)
論屯田利害狀(145/260/8405)
乞代納上供銀狀(145/272/8769)
論備盜劄子(146/319/10212)
禦盜十事劄子(146/319/10214)
乞修江陵府城(147/335/10741)
乞備邊(147/335/10743)
論守邊(147/335/10744)
論唐劉問道(147/335/10745)

蔡廓

復肉刑議(143/208/6747)

蔡履

南郊明堂異日議(138/15/477)

蔡蹈

論臣僚上殿不得差遣(141/140/4521)
論內藏庫不隸户部太府寺(142/161/5175)
論賜楊琰度牒(143/188/6059)
論監設獄中使不當受大理囚訴疏(143/216/7009)

蔡謨

征西將軍庾亮移鎮石城議(144/228/7386)
諫攻壽陽疏(144/228/7386)
上言臨軒拜三公宜作樂(145/285/9171)

蔡襄

乞戒厲安撫使書(138/32/1086)
論東南事宜疏(138/32/1088)
論治道奏狀*(138/32/1090)
國論要目十二事(138/34/1158)
乞罷温成皇后立忌(141/119/3844)
乞用新樂於郊廟劄子(141/128/4121)
乞罷吕夷簡商量軍國事(141/132/4264)
乞令韓琦范仲淹更任内外事(141/132/4267)
又論用韓琦范仲淹不宜使後有讒問不盡所長(141/132/4269)
乞罷王舉正用范仲淹(141/132/4270)
再論王舉正(141/132/4270)
乞留歐陽脩狀(141/132/4271)
請叙用孫河狀(141/132/

4272）
乞選擇翰林學士不用資序劄子（141/132/4272）
論改科場條制疏（142/165/5312）
乞令御史中丞舉屬官狀*（142/165/5314）
論李淑梁適奸邪狀（142/175/5632）
乞罷晏殊宰相狀（142/175/5633）
乞責降馮承用狀（142/175/5634）
再論馮承用王守琪狀（142/175/5634）
乞罷陳執中參政狀（142/175/5635）
論吕公綽狀（142/175/5636）
論魏兼狀（142/175/5636）
論中書吏人劉式狀（142/175/5637）
乞責罰醫官狀（143/187/6033）
乞責罰預聞軍政（143/187/6046）
乞賞先奏保州兵士邊臣（143/187/6046）
言增置諫官疏（143/202/6540）
論仍歲減降（144/218/7059）
請改軍法疏（144/220/7112）
乞置鄉兵（144/220/7114）
奏減費用（144/220/7114）
論兵九事疏（144/220/7123）
請誅保州叛卒（144/230/7468）
乞擇涇原邠寧兩路帥臣（144/237/7707）
言河北帥臣（144/237/7708）
論財用劄子（145/264/8513）
言災異一（146/300/9612）
言災異二（146/300/9612）
言災異三（146/300/9613）
言災異乞加竄逐*（146/300/9614）
論拒二虜皆爲邊黨（147/327/10477）
論不利攻戰（147/327/10477）
乞大爲邊備之要（147/327/10478）
乞拒契丹之請（147/327/10478）
請納元昊使人（147/327/10478）
乞通和之後早計費用（147/327/10480）
論赴元昊狂僭之計（147/342/10993）
論地形勝負（147/342/10993）
論虜騎强弱（147/342/10993）
料元昊擾邊境（147/342/

10994）
論契丹遣使之意（147/342/10994）
乞拒元昊之和（147/342/10995）
乞不聽議者許西賊不臣事（147/342/10995）
乞早降元昊册書（147/342/10995）

臧文仲
請備郛*（144/226/7311）

臧旻
上書訟第五種（141/129/4163）

臧哀伯
諫納郜鼎於太廟*（141/118/3798）

臧宫
與馬武上書請滅匈奴（144/227/7351）

臧僖伯
諫觀魚*（143/193/6200）

臧燾
四府君遷主議（138/14/463）
宜太后不配食中宗廟議（145/281/9041）

裴元略
諫宜節儉疏*（143/191/6150）

裴正
奏請冠及冕色並用玄（141/119/3821）
上周明帝書論樂（141/127/4087）

裴守真
封禪射牲議（146/294/9408）

裴郁
禘祫配祭及昭穆位次議（138/17/562）

裴炎
諫立武氏七廟疏*（143/196/6296）
諫立武氏七廟疏*（145/288/9278）

裴垍
請貶責吐突承璀疏*（143/187/6027）
請勿差中使往諸道送赦書疏*（144/218/7055）

裴昭明
郊殷議（138/14/473）

裴矩
奏請户給絹一匹*（141/105/3445）
諫試賂官吏疏*（143/209/6770）
進西域圖記序*（147/340/10925）
論高麗遣使先通於突厥*（147/340/10926）
對請許婚突厥*（147/341/10929）

裴度
論裴寰無辜*（141/105/3450）
論皇甫鎛程異不宜爲相疏*（141/131/4237）
論朋黨*（141/131/4238）
論五坊使楊朝汶暴横*（142/174/5601）
論元稹魏宏簡姦狀疏（142/174/5602）
論劉承偕驕縱不法*（142/174/5602）
諫坐朝稀少疏（143/190/6120）
論田宏正討李師道疏（144/229/7439）
諫幸東都*（145/287/9237）
裴敬彝
論肇建皇孫不妨自我作古*（140/72/2415）
裴漼
諫春旱造寺觀疏（146/315/10081）
裴頠
陳刑法過當表（143/208/6738）
上言外戚不宜專任（145/288/9274）
裴遵
論夷狄不可假以大權*（147/340/10895）
裴潛
請勿以兵威迫單于*（144/227/7366）
裴潾
諫信用方士疏（143/196/6297）
請罷内官復充館驛使疏（145/291/9335）
裴諝
對言河東災荒*（144/243/7874）
對言河東災荒（145/262/8467）
裴耀卿
請行禮樂化導三事表（141/118/3792）
論夷州刺史楊濬决杖表（143/215/6972）
論蓋嘉運不足與立事*（144/236/7665）
請於河口置武牢倉鞏縣置洛口倉疏*（145/261/8417）
京師饑請廣漕運疏（145/261/8417）
暢當
喪服議（141/122/3950）
聞人滋
論選舉*（142/169/5443）
聞人奭
上疏劾茹千秋等（142/173/5566）

箕季

諫佚欲*（143/193/6206）

管仲

論聖人之所爲（138/23/751）

請下室嫁之令*（141/105/3436）

論君仁者以百姓爲天*（141/105/3436）

論賤不能臨貴貧不能使富疏不能制親*（141/129/4140）

論害霸*（141/129/4141）

論豎刁易牙不可用*（141/129/4141）

論豎刁易牙不可用*（142/154/4925）

請身親儉*（143/191/6142）

辭受上卿之禮*（143/197/6325）

請勿失信於曹沫*（144/226/7318）

請通輕重之權*（145/262/8440）

論左右者國之社鼠用事者國之猛狗*（145/291/9325）

論古者受命然後封禪*（146/294/9395）

僧家奴

請定給假省親之制*（145/286/9227）

廖刚

論圖治劄子（138/3/76）

論聖學劄子（138/8/250）

論廟祧申尚書省狀（138/22/722）

論道治劄子（139/48/1648）

論詔奏狀（140/73/2462）

論巡幸劄子（140/91/3035）

論王氏學劄子（141/115/3700）

論縣令劄子（141/143/4591）

論除中丞上殿劄子（141/143/4592）

論朋黨劄子（141/143/4592）

論選任劄子（141/143/4594）

論薦舉劄子（142/169/5457）

乞禁妖教疏（143/183/5906）

論賜圩田劄子（143/189/6095）

論州縣妄費劄子（143/192/6186）

除吏部郎官上殿劄子（144/223/7217）

乞選汰兵卒劄子（144/223/7217）

乞禁遏糴奏狀（144/246/7973）

乞預備賑濟劄子（144/246/7974）

轉對論屯田奏狀（145/260/8396）

論屯田劄子(145/260/8397)
論屯田劄子(145/260/8398)
乞宰相兼制國用疏(145/270/8723)
論戚里除授劄子(145/289/9306)
論救旱劄子(146/305/9783)
消旱暵劄子(146/305/9783)
論造軍器劄子(146/316/10116)
乞約束邊將劄子(147/348/11165)

齊唐

論麒麟疏(146/301/9634)

齊履謙

請去專制之盛以答天變*(146/314/10030)

齊澣

論葛福順不宜與王毛仲爲婚*(145/290/9321)

鄭元璹

論與突厥和戰*(147/341/10928)
請擊頡利*(147/341/10930)

鄭介夫

上奏一綱二十目*(139/67/2247)
論釋道之教無用疏*(140/68/2301)
論邊遠狀(140/68/2304)
論抑强狀(140/68/2306)
論閱武狀(140/68/2310)
論馬政狀(140/68/2311)
因地震論治道疏*(140/68/2312)

鄭文寶

議城古威州*(146/322/10297)

鄭玉

讓官表(143/198/6397)

鄭弘

疾篤上書(145/288/9269)

鄭昌

上書理蓋寬饒(143/201/6471)
請删定律令疏(143/208/6722)

鄭畋

請授黄巢嶺南節度使*(140/80/2704)

鄭俠

十一月初一日奏狀(139/39/1324)
進流民圖狀(144/244/7914)

鄭剛中

論明堂大禮疏*(138/22/718)
論治道人材疏(139/48/1637)
論通虜人保新疆之道疏*(140/89/2987)
請講保養三京之道疏*(140/89/2989)

論東南根本疏（140/89/2990）
請勿置中原於度外疏*（140/89/2991）
采用群言疏（140/89/2992）
諫議和奏疏（140/89/2993）
再諫議和疏（140/89/2995）
三諫議和疏（140/89/2996）
四諫議和疏（140/89/2997）
議和不屈疏（140/89/2999）
議和善後疏（140/89/3001）
請持堅果不變之説疏*（140/89/3002）
定謀齊力疏（140/89/3003）
請除罪籍（141/143/4608）
乞委任李寀（141/143/4609）
論人才（141/143/4610）
乞留曾開罷柳約召命（141/143/4611）
論久任良郡守（141/143/4612）
請添差試官疏*（142/169/5453）
請革虚文之弊疏*（142/172/5548）
重監司郡守疏（142/172/5549）
論陝西二三大帥入覲疏*（143/198/6380）
申救胡銓疏（143/205/6646）
論白契疏（143/213/6884）
請敕臣吏持職奉法疏*（143/213/6885）
奏看定引例劄子（144/217/7020）
論大辟疏*（144/217/7021）
請褒贈李喆疏（145/284/9149）
褒進三老疏（145/284/9149）
論優禮選人疏*（145/286/9216）
論禦江西盜賊疏*（146/319/10193）
請用土豪捕殺海盜疏*（146/319/10194）
論邊郡（147/335/10720）
請放西夏捕獲人王樞等狀（147/348/11166）

鄭朗

論天子不觀史*（145/276/8891）

鄭崇

諫封傅商（145/288/9264）

鄭清之

論敬天之休難疏（138/13/443）

鄭寀

論謹名器疏*（143/198/6389）

鄭覃

論唐文宗*（138/1/20）
論詩*（138/6/180）

諫穆宗疏(143/194/6234)
鄭衆
上疏請爵耿恭(144/236/7657)
上疏諫遣使報單于(147/340/10898)
鄭道昭
求樹漢魏石經表(141/113/3648)
請置學生徒表(141/113/3648)
鄭絪
論竇文場爲護軍中尉不當降麻*(143/197/6340)
鄭雍
論鄧潤甫除侍讀學士疏*(141/140/4506)
論不當設二府防閑*(141/140/4507)
論勿罪有司好生*(143/216/7014)
論賑恤不宜頒料檢家至户到之令*(144/245/7963)
鄭僑
議僖祖當別立廟*(138/22/732)
鄭興
日食上疏(146/296/9451)
鄭獬
請聽政納言疏(138/34/1155)
論減仁宗山陵制度狀(141/125/4016)
論今世亦有房杜之才(141/136/4368)
論薦士及求直言疏(141/136/4369)
論用材劄子(141/136/4370)
論責任有司劄子(141/136/4371)
知開封府劄子(142/154/4963)
論知人劄子(142/154/4964)
論冗官狀(142/160/5145)
論定武臣遷官條例狀(142/160/5146)
請罷河北夫役疏(144/220/7146)
論河北流民劄子(144/244/7921)
請駕出祈兩劄子(144/244/7922)
論安州差役狀(145/256/8278)
乞罷青苗法狀(145/267/8610)
論范亦顔上書欲扳前議請治其罪*(145/282/9083)
乞令祖無擇出獄在外供答*(145/286/9199)
論臣寮極言得失疏(146/301/9652)

論水災地震疏（146/302/9668）
論种諤擅入西界（147/329/10541）
論西夏事宜狀（147/344/11051）
鄭鮮之
諫北討表（144/228/7389）
鄭性之
論廣開言路*（143/207/6692）
滿中行
乞釐正文德正衙之制（141/120/3862）
滿昌
劾奏昆彌使者（147/340/10894）
滿寵
請合肥移兵更立城疏（144/227/7373）
論解合服之圍*（144/227/7373）
寬舒
議祠后土*（138/14/445）
熊克
奏備守之计*（140/96/3226）
熊遠
因災異上疏（138/25/832）
聞北陵被發上疏（140/79/2662）
建議勸農桑（141/110/3592）
懷帝梓宮未返正會不宜作樂議（141/118/3788）
奏請議獄皆準律令（143/208/6742）
上疏諫親征杜弢（144/228/7384）
鄧公(鄧先)
訟晁錯之冤*（143/201/6470）
鄧禹
論定天下在德*（138/1/4）
請延攬英雄務悦民心*（140/78/2624）
薦寇恂爲河内太守*（141/129/4155）
論任將*（144/236/7653）
鄧素
請於懷遠戍增兵*（147/341/10939）
鄧肅
辭免除左正言第十七劄子（140/69/2341）
辭免除左正言第十八劄子（141/107/3507）
辭免除左正言第十劄子（141/107/3508）
辭免除左正言第十三劄子（141/143/4602）
辭免除左正言第八劄子（143/183/5899）
辭免除左正言第十五劄子（143/183/5900）
辭免除左正言第四劄子

(143/183/5901)
辭免除左正言第五劄子(143/183/5903)
辭免除左正言第三劄子(143/188/6077)
論嚴賞罰(143/188/6078)
辭免除左正言第九劄子(143/195/6260)
辭免除左正言第十六劄子(145/261/8429)
辭免除左正言第七劄子(146/293/9386)
辭免除左正言第十九劄子(146/306/9795)

鄧潤甫
請勿許民耕墾前代陵寢*(141/125/4020)
請來天下議論*(143/203/6569)

翟方進
請罷刺史更置州牧*(142/159/5083)
劾紅陽侯王立復奏王立黨友(142/173/5557)

翟酺
上安帝疏諫寵外戚(145/288/9272)

翟汝文
應詔條具虜退利害(147/335/10731)

翟黄
論君仁臣直*(143/201/6469)

十五畫

覩斯贇
論樂羊食其子之肉*(144/236/7650)

摯虞
諫改除普增位一等表(143/208/6737)
議用古尺*(145/278/8949)
泰始四年舉賢良方正對策(146/297/9502)

樓緩
論以三城媾三國*(144/226/7331)

樊若水
論鑄銅錢多鐵錢自當不同*(145/263/8483)

樊準
上疏請興儒學(138/6/172)
上疏薦龐參(141/129/4159)
因水旱災異上疏(146/296/9457)

樊遜(孝謙)
天保五年舉秀才對策(141/130/4193)
天保五年舉秀才對策(143/187/6020)
刊定秘府書籍議(145/275/

8859）
天保五年舉秀才對策（146/294/9405）

樊儵

請誅廣陵王荆*（140/76/2534）
上言理朱浮（143/215/6944）

歐陽守道

論安南國王陳日照子求封太上國王疏*（143/198/6389）

歐陽脩

論臺諫官言事未蒙聽允書（138/1/22）
議四后祫饗（138/19/616）
論祠祭行事劄子（138/19/617）
論乞會百官議事劄子（138/31/1051）
論臣寮不知劄子（138/31/1052）
論内出手詔六條劄子（138/31/1053）
論選皇子疏（140/73/2444）
論美人張氏恩寵宜加裁損劄子（140/74/2494）
條陳三弊五事疏*（140/81/2716）
論乞止絶河北伐民桑柘劄子（141/105/3456）
議（一有新字）學狀（141/114/3666）
論楊察請終喪制乞不奪情劄子（141/123/3964）
論葬荆王劄子（141/123/3964）
論葬荆王一行事劄子（141/123/3966）
請駕不幸温成廟劄子（141/126/4054）
舉米光濬狀（141/133/4274）
再舉米光濬狀（141/133/4274）
乞力拒浮議終責任范仲淹等（141/133/4276）
論鄭戩不可爲四路招討（141/133/4277）
論王舉正范仲淹等劄子（141/133/4275）
論三司判官擇人之利劄子（141/133/4278）
論轉運所按吏不必更令提刑體量疏（141/133/4279）
論用人之要在先察毁譽之人（141/133/4280）
舉胡瑗奏（141/133/4282）
舉梅堯臣狀（141/133/4283）
舉處士陳烈狀（141/133/4283）
再舉陳烈狀（141/133/4284）
舉進士張立之狀（141/133/4284）
論包拯不當代宋祁爲三司使

狀(141/133/4285)
舉布衣蘇洵奏(141/133/4288)
乞補館職劄子(141/135/4329)
又論館閣取士劄子(141/135/4330)
論小人欲害忠賢必指爲朋黨(142/154/4949)
論舉館閣職劄子(142/159/5112)
乞置諸路按察使疏(142/159/5112)
論按察官吏第二狀(142/159/5116)
論大臣不可親小事疏(142/159/5117)
乞定兩制員數劄子(142/159/5118)
論使臣差遣劄子(142/159/5119)
論班行未有舉薦之法劄子(142/164/5272)
論臺官資考劄子(142/164/5273)
再論臺官不可限資考劄子(142/164/5274)
論貢舉劄子(142/164/5274)
又上詳定貢舉條狀(142/164/5276)
論學士差除疏(142/164/5277)
論兩制以上罷舉轉運使副省府推判官等狀(142/164/5278)
乞免舉臺官劄子(142/164/5280)
論權貴子弟衝移選人劄子(142/164/5281)
論臣寮奏帶指使差遣劄子(142/164/5282)
論逐路取人劄子(142/165/5323)
進館閣取士劄子二(142/165/5326)
論按察官吏劄子(142/171/5528)
論李淑姦邪劄子(142/174/5606)
再論李淑劄子(142/174/5607)
論京西官吏非人乞黜按察使陳洎等劄子(142/174/5608)
再論陳洎等劄子(142/174/5608)
論陳留橋事乞黜御史王礪劄子(142/174/5610)
論王礪中傷善人乞行黜責劄子(142/174/5611)
乞罷郭承祐知邢州(142/174/5612)

論張子奭勞少恩多疏（143/187/6033）
再論許懷德狀（143/187/6035）
論江淮官吏劄子（143/187/6036）
乞罷上元放燈劄子（143/194/6238）
論狄青劄子（143/196/6300）
論永寧軍捉獲作過兵士劄子（143/196/6302）
論吕夷簡僕人受官劄子（143/197/6346）
論諫院宜知外事劄子（143/202/6535）
薦王安石吕公著劄子（143/202/6536）
論臺諫官唐介等宜早牽復劄子（143/202/6537）
乞禁止無名子詩傷毁近臣狀（143/210/6796）
論韓綱棄城乞依法劄子（143/210/6797）
論大理寺斷冤獄不當劄子（143/210/6798）
論光化軍叛兵家口不可赦劄子（143/210/6799）
論葛宗古等不當減法劄子（143/210/6800）
論慎出詔令劄子（143/210/6801）
論體量官吏酷虐劄子（143/210/6802）
乞執奏干求内降并根究因緣干請之人狀（143/210/6802）
論内臣梁舉直事封回内降狀（143/210/6803）
論軍中選將劄子（144/237/7697）
論李昭亮不可將兵劄子（144/237/7700）
論郭承祐不可帥真定（144/237/7701）
論趙振不可將兵劄子（144/237/7702）
米光濬斬决逃軍乞免勘狀（144/237/7703）
論乞不勘狄青侵公用錢劄子（144/237/7703）
乞獎用孫沔劄子（144/237/7717）
論監牧劄子（144/242/7844）
論牧馬草地劄子（144/242/7846）
論乞賑救飢民劄子（144/243/7886）
論救賑雪後飢民劄子（144/243/7886）
論救賑江淮飢民劄子（144/243/7887）
論修河第二狀（144/249/

8065）
論修河第一狀（144/249/8068）
論修河第三狀（144/249/8070）
論方田均税劄子（145/255/8235）
上義勇指揮代貧民差役狀（145/255/8235）
論均税劄子（145/255/8237）
請耕禁地劄子（145/260/8387）
論乞不受吕紹寧所進羨餘錢劄子（145/263/8499）
論茶法奏狀（145/263/8499）
言青苗錢第一劄子（145/266/8596）
言青苗錢第二劄子（145/266/8598）
論刪去九經正義中讖緯劄子（145/275/8866）
論修日曆疏（145/276/8894）
論内臣馮承用與外任事劄子（145/291/9341）
論澧州瑞木疏（146/300/9602）
論水災疏（146/300/9603）
再論水災狀（146/300/9607）
論罷修奉先寺等狀（146/316/10089）
論景靈宫不當建郭后影殿（146/316/10091）
論盗賊事宜劄子（146/317/10131）
論禦賊四事劄子（146/317/10133）
論京西賊事劄子（146/317/10134）
再論置兵禦賊劄子（146/317/10135）
論募人入賊以壞其黨劄子（146/317/10136）
論宜專責杜杞捕賊劄子（146/317/10137）
論捕賊賞罰劄子（146/317/10138）
論湖南蠻賊可招不可殺疏（146/317/10139）
再論湖南蠻賊宜早招降劄子（146/317/10140）
通進司上書（147/325/10420）
論契丹修地界狀（147/325/10427）
論韓琦范仲淹乞賜召對陳邊事（147/326/10430）
乞令韓琦居中范仲淹在外（147/326/10430）
論乞令宣撫使韓琦等經略陝西劄子（147/326/10431）
論乞詔諭陝西將官劄子（147/326/10431）

論河北守備事宜劄子(147/326/10432)
論西賊占延州侵地劄子(147/326/10434)
論水洛城事宜乞保全劉滬等疏(147/326/10435)
再論水洛城事乞保全劉滬劄子(147/326/10436)
論西北事宜疏(147/326/10437)
論麟州四議疏(147/326/10439)
論廷議元昊通和事(147/343/11014)
論元昊來人不可令朝臣管伴狀(147/343/11015)
論西賊議和利害狀(147/343/11016)
論西賊議和請以五問詰大臣狀(147/343/11018)
論與西賊大斤茶劄子(147/343/11020)
論乞不遣張子奭使元昊劄子(147/343/11021)
論元昊不可稱吾祖劄子(147/343/11022)
論孫抃不可使契丹劄子(147/343/11022)
論乞放還蕃官胡繼諤劄子(147/343/11023)
論乞與元昊約不攻唃廝囉劄子(147/343/11024)
論劉三嘏事狀(147/343/11025)
論契丹求御容劄子(147/343/11026)
論西邊可攻四事(147/343/11033)
言西邊事宜第二劄子(147/343/11037)

歐陽徹

上皇帝萬言書(140/82/2746)
上皇帝第二書(140/83/2769)
上皇帝第三書(140/83/2783)

黎季明

大旱又上武帝書(143/191/6150)

衛涇

輪對劄子論體剛健之德堅自強之志(138/3/93)
輪對劄子論君心體天意(138/4/124)
丁巳歲右史直前奏事劄子(138/4/125)
論聖學劄子(138/9/273)
集英殿問對(139/50/1692)
輪對劄子(139/58/1973)
輪對劄子又一(139/58/1974)
論天下雖大治之在心*(139/58/1977)
繳進御筆劄子(140/73/

2468）
論復讎之説有名實二端*（140/98/3267）
論淮民當恤疏（141/109/3556）
論歉歲优熟及舊逋疏（141/109/3557）
論祠祭差官當嚴其制劄子（141/126/4069）
奏論人才疏（142/145/4662）
繳徐枘祠禄（142/145/4664）
繳兵部郎官劉炳除江西提舉（142/145/4665）
論人才六事（142/149/4768）
奏舉王覿之狀（142/149/4770）
奏舉滕璘等狀（142/149/4772）
奏舉徐範等狀（142/149/4773）
奏舉蕭舜咨狀（142/149/4775）
奏舉章瑑甄世光乞賜軫録狀（142/149/4775）
列薦徐�朱著留筍乞賜甄擢狀（142/149/4776）
列薦薛洽等狀（142/149/4777）
奏舉李鼎等狀（142/149/4778）
奏舉朱端等狀（142/149/4779）
奏舉陳嗣宗等狀（142/149/4780）
奏舉陳孔碩狀（142/149/4781）
奏舉蔡汝揆等狀（142/149/4781）
奏舉留丙楊恕等狀（142/149/4782）
奏舉范應鈴狀（142/149/4784）
奏舉吴軫等狀（142/149/4785）
奏舉趙汝誠等狀（142/149/4787）
應詔舉真德秀等充廉吏狀（142/149/4787）
應詔舉李燔等狀（142/149/4789）
奏舉趙崇度等狀（142/149/4790）
奏舉封彦明充將帥狀（142/149/4791）
奏舉布衣胡大壯乞賜褒録狀（142/149/4792）
奏舉黄學行等狀（142/149/4793）
奏舉張聲道張履信廖視乞賜甄擢狀（142/149/4794）
應詔舉人才舉游九言等狀（142/149/4795）

奏舉蕭遵等狀（142/149/4796）
奏舉趙綸等狀（142/149/4797）
奏辟宋億充潭州通判狀（142/149/4798）
再奏舉宋億狀（142/149/4799）
論求賢*（142/153/4910）
論轉官*（142/162/5202）
繳劉伯震换武職劄（142/162/5204）
奏乞籍没陳自强家財狀（143/184/5946）
論太師平章軍國事韓侂胄右丞相兼樞密使陳自强乞賜貶竄狀（143/184/5948）
論韓侂胄鑿太廟山及婢妾僕隸封叙官爵及分盗太皇殿金帛狀（143/184/5952）
論奸民猾吏狀（143/184/5954）
論新除司農少卿張鎡乞賜竄責狀（143/185/5956）
論朝議大夫易祓太常少卿朱質朝奏大夫林行可乞賜鐫斥狀（143/185/5957）
論宫觀鄧友龍乞賜鐫黜狀（143/185/5960）
論蘇師旦狀（143/185/5961）
奏按郭榮乞賜鐫黜狀（143/185/5962）
繳壽慈宫内侍王師珪等鐫降狀（143/189/6105）
進故事*（143/190/6135）
同館職乞留劉光祖劄子（143/207/6688）
輪對劄子論臺諫給舍當重其權（143/207/6690）
論當正吕念一弒兄之罪*（143/214/6913）
繳榮傅辰改正（143/214/6914）
進故事*（144/235/7619）
進故事*（144/235/7620）
論圍田劄子（144/253/8184）
又論圍田劄子（144/253/8186）
上繳裴良士乞父謚（145/282/9095）
上太皇太后謚議（145/282/9096）
論張栻當賜以美謚*（145/282/9099）
輪對劄子論敬天（146/307/9833）
論火災疏（146/309/9887）
進故事*（146/309/9888）
辛亥歲春雷雪應詔上封事（146/309/9889）
應詔論北伐劄子（147/337/10787）

論治内備外(147/350/11214)
進故事*(147/350/11217)
衛展
上言宜復肉刑(143/208/6743)
衛博
上殿劄子一(138/3/92)
乞進帝學劄子(138/8/263)
上殿劄子(142/145/4665)
上殿劄子二(142/145/4666)
衛膚敏
論非孝非恩非賞*(145/289/9305)
衛覬
請恤凋匱罷役務疏(143/191/6147)
奏請置律博士(143/208/6730)
衛瓘
請除九品用土斷疏(142/163/5231)
奏請勒封東嶽*(146/294/9399)
徹里
論桑哥姦貪誤國害民*(143/186/6004)
虢文公
諫不籍千畝*(141/110/3580)
滕元發
論治亂之道*(142/154/4956)
滕宗諒
論禁中火災*(146/299/9563)
滕康
論日食*(146/305/9776)
魯丕
上疏論説經(138/6/172)
上疏論説經(145/274/8818)
魯君
論酒味色高臺陂池可以亡國*(143/193/6207)
魯宗道
乞委大臣銓擇守宰(141/132/4249)
魯恭
上疏諫盛夏斷獄(143/215/6946)
上疏諫擊匈奴(144/227/7354)
魯肅
請鼎足江東以觀天下之釁*(140/78/2633)
劉一止(行簡)
進故事(138/3/81)
論人主力行果斷(139/46/1585)
論置修政局*(139/46/1585)
應詔條具利害狀(139/48/1640)
上殿劄子(139/48/1644)
進故事(139/48/1645)
論人主力行果斷疏(139/48/

1648）
論人主不憚改爲疏（140/91/3062）
上殿劄子（141/143/4589）
進故事（141/143/4590）
乞令侍從臺諫舉縣令疏（141/143/4590）
進故事（142/156/5029）
論用君子小人之説疏（142/156/5030）
上殿劄子（142/169/5447）
論令監司守臣各舉所知（142/169/5448）
論選擇州縣之吏（142/169/5449）
論尚書六曹及百司法令之弊疏（143/213/6892）
乞令縣丞兼詔獄事疏（144/217/7022）
議斷罪囚疏（144/217/7022）
轉對奏狀（144/246/7974）

劉几

乞參酌王朴等樂以考中聲（141/128/4129）

劉才卲

乞頒聖學下太學劄子（141/115/3696）
論薦舉乞加勸沮法劄子（142/169/5454）
吏部郎官上殿論銓試劄子（142/169/5454）
論接續編類會要*（145/277/8911）

劉子玄（知幾）

朝服乘車議（141/119/3828）
請節私恩奏（141/131/4208）

劉元承

論尚同之弊疏（139/44/1531）
論謹擇皇子官屬疏（140/73/2461）

劉仁軌

陳破百濟罩事表（144/219/7084）
諫幸同州校獵表（145/287/9233）

劉世讓

請以武將戍崞城*（147/341/10928）

劉平

論開方田以爲扼塞*（146/323/10344）
乞選用酋豪各守邊郡（146/323/10345）

劉弘基

諫乘勝逐宋金剛*（144/229/7420）

劉光祖

請以聖語具申本省疏（138/4/112）
論不居行宮而臨大内當常存憂畏之心疏（138/12/428）

淳熙對策(139/49/1671)
論知言知人疏(139/56/1942)
聖範劄子(140/70/2354)
論正論益衰士風不競疏(141/117/3773)
乞留侍講朱熹劄子(142/147/4735)
論辨學術邪正(142/157/5046)
乞留朱熹劄子(142/157/5049)
論吴端孫瑺二人除授宜寢疏(143/185/5964)
再論吴端孫瑺除轉僥倖疏(143/185/5966)
請止吴端孫瑺除轉疏(143/185/5967)
論陳賈黄掄疏(143/185/5968)
論言事本末疏(143/206/6679)
因災異陳三大事疏(146/308/9861)
請謝絶和好謹修邊備疏(146/309/9902)

劉向

請强公族*(140/76/2533)
説成帝定禮樂(141/118/3786)
諫營昌陵疏(141/124/4003)
理甘延壽陳湯疏(143/187/6012)
極諫用外戚封事(145/288/9260)
使外親上變事(146/295/9418)
條災異封事(146/295/9418)
復上奏災異(146/295/9440)

劉行本

諫殿前笞郎*(143/201/6479)

劉安世

議北郊事*(138/21/695)
論寺監官冗狀(141/139/4468)
論李察知濟州不當劄子(141/139/4469)
論何洵直差除不當狀(141/139/4470)
論韓玠差除不當狀(141/139/4470)
論韓玠差除不當第二狀(141/139/4471)
論韓玠差除不當第三狀(141/139/4471)
論朋黨之弊狀(142/155/5002)
論館職*(142/160/5138)
論館職乞依舊召試(142/161/5172)
再奏論館職乞依舊召試(142/161/5172)

論堂除之弊（142/161/5173）
又論堂除之弊（142/161/5174）
論諸路監司乞著考課之法（142/172/5546）
論御藥李倬不合用内降請地乞付有司根治狀（142/177/5708）
論御藥李倬不合用内降請地乞付有司根治事第二狀（142/177/5708）
論御藥李倬不合用内降請地乞付有司根治事第三狀（142/177/5709）
論胡宗愈除右丞不當劄子（142/177/5710）
論胡宗愈除右丞不當第二劄子（142/177/5711）
論胡宗愈除右丞不當第三劄子（142/177/5713）
論胡宗愈除右丞不當第四劄子（142/177/5714）
論胡宗愈除右丞不當第五劄子（142/177/5715）
論胡宗愈除右丞不當第六劄子（142/177/5716）
論胡宗愈除右丞不當第七劄子（142/177/5717）
論胡宗愈除右丞不當第八劄子（142/177/5719）
論胡宗愈除右丞不當第九劄子（142/178/5723）
論胡宗愈除右丞不當第十劄子（142/178/5724）
論胡宗愈除右丞不當第十一劄子（142/178/5725）
論胡宗愈除右丞不當第十二劄子（142/178/5726）
論胡宗愈除右丞不當第十三劄子（142/178/5727）
論胡宗愈除右丞不當第十四劄子（142/178/5727）
論胡宗愈除右丞不當第十五劄子（142/178/5728）
論胡宗愈除右丞不當第十六劄子（142/178/5729）
論胡宗愈除右丞不當第十七劄子（142/178/5730）
論胡宗愈除右丞不當第十八劄子（142/178/5731）
論胡宗愈除右丞不當第十九劄子（142/178/5732）
論胡宗愈除右丞不當第二十劄子（142/178/5733）
論胡宗愈除右丞不當第二十一劄子（142/178/5735）
論蔡確作詩譏訕事狀（142/178/5736）
論蔡確作詩譏訕事第二狀（142/178/5736）
論蔡確作詩譏訕事第三狀（142/178/5737）

論蔡確作詩譏訕事第四狀(142/178/5738)
論蔡確作詩譏訕事第五狀(142/178/5739)
論蔡確作詩譏訕事第六狀(142/178/5739)
論蔡確作詩譏訕事第七狀(142/178/5740)
論蔡確作詩譏訕事第八狀(142/178/5741)
論蔡確作詩譏訕事第九狀(142/178/5742)
論蔡確作詩譏訕事第十狀(142/178/5742)
論蔡確作詩譏訕事第十一狀(142/178/5743)
論蔡確作詩譏訕事第十二狀(142/178/5744)
論蔡確不合陳乞穎昌府狀(142/178/5745)
論沈括吴居厚等牽復不當狀(142/178/5746)
論盧秉責命不當事狀(142/178/5747)
論盧秉責命不當事第二狀(142/178/5747)
論盧秉責命不當事第三狀(142/178/5748)
論盧秉責命不當事第四狀(142/178/5748)
論周穜不當乞王安石配享事狀(142/178/5749)
乞罷李常盛陶中丞侍御史之職狀(142/178/5749)
論時孝孫差除不當狀(142/178/5752)
論曾肇知鄧州不當事狀(142/178/5753)
論王子韶差除不當疏(142/179/5754)
論王子韶第二疏(142/179/5754)
論王子韶第三疏(142/179/5755)
論王子韶第四疏(142/179/5756)
論王子韶第五疏(142/179/5756)
論王子韶第六疏(142/179/5757)
論路昌衡疏(142/179/5757)
論路昌衡第二疏(142/179/5758)
論路昌衡第三疏(142/179/5759)
論路昌衡第四疏(142/179/5760)
論王子韶路昌衡疏(142/179/5760)
又論王子韶路昌衡疏(142/179/5761)
三論王子韶路昌衡疏(142/

179/5762)
四論王子韶路昌衡疏(142/179/5762)
論鄧温伯差除不當疏(142/179/5763)
論鄧温伯差除不當第二疏(142/179/5764)
論鄧温伯差除不當第三疏(142/179/5764)
論鄧温伯差除不當第四疏(142/179/5765)
論鄧温伯差除不當第五疏(142/179/5767)
論鄧温伯差除不當第六疏(142/179/5768)
論章惇强買朱迎等田産事狀(142/179/5769)
論章惇强買朱迎等田産事第五狀(142/179/5770)
論章惇强買朱迎等田産事第六狀(142/179/5771)
與諫議大夫梁燾左司諫吴安詩同奏章惇疏(142/179/5772)
又同論章惇疏(142/179/5772)
再同論章惇疏(142/179/5773)
四同論章惇疏(142/179/5774)
又論章惇疏(142/179/5774)
應詔言事(142/179/5776)
論開封官吏妄奏獄空冒賞事狀(143/188/6062)
論趙卨無名進職等事狀(143/188/6063)
爲愆亢乞罷上元遊宴(143/194/6246)
論不御講筵及求乳母事(143/194/6247)
論犯贓人於寄禄階改左右字不當事(143/198/6366)
乞罷近臣列薦事(143/198/6366)
論差除多執政親戚(143/198/6367)
初除右正言第一章(143/203/6575)
乞籍録臺諫章疏(143/203/6576)
論命令數易疏(143/212/6870)
乞更張常平之弊疏(144/245/7943)
乞振貸鳳翔府界飢民疏(144/245/7944)
爲歲旱乞講荒政疏(144/245/7945)
論大河利害狀(144/252/8136)
論大河利害第二狀(144/252/8136)

論大河利害第三狀（144/252/8137）
論大河利害第四狀（144/252/8138）
論大河利害第五狀（144/252/8139）
乞罷畿内保甲疏（145/258/8321）
論役法之弊疏（145/258/8322）
論陜西鹽鈔鐵錢之弊疏（145/268/8651）
奏乞訪求齊恢之後奬用事（145/284/9142）
乞徹樂損膳精誠祈禱狀（146/303/9723）
乞舉禋祀荒政及求言恤刑狀（146/303/9723）
爲歲旱地震星殞乞下詔罪己許中外極言闕政諸路賑濟警備賊盜等事（146/303/9724）
奏乞罷修城壕狀（146/316/10104）
奏乞罷修城壕第二狀（146/316/10105）
奏乞罷修城壕第三狀（146/316/10106）
爲愆亢乞罷修城及諸土木之役（146/316/10106）

劉安(淮南王)
上書諫伐南越（144/226/7337）

劉均
請修德化以禳災*（146/297/9509）

劉孝孫
乞召對之人量加試用（141/137/4407）
論方面之寄勿遽更易（141/137/4408）

劉芳
郊壇疏（138/15/492）
立學表（141/113/3650）
社稷宜樹木疏（141/125/4042）

劉克莊
召對劄子一（139/63/2150）
進故事（142/151/4843）
召對劄子二（143/207/6704）
進故事（145/273/8807）
進故事（145/289/9308）
進故事（147/339/10864）

劉宏(建平王)
讜言陳時務議（144/219/7082）

劉劭
上都官考課疏（142/171/5512）

劉述
乞罷英廟神御殿奏（138/19/

635）
上神宗五事（139/35/1170）
乞郡縣主只於見任文武官僚中選擇爲親（140/75/2510）
乞留吕誨（141/136/4377）
論舉御史官*（141/136/4377）
乞假監司之權令察守令（142/154/4965）
論王安石*（142/177/5681）
論百姓侈靡乞身先儉約（143/191/6171）
乞令侍從臺閣條對當今急務（143/199/6420）
論不可代喪（144/230/7471）
論种諤擅入西界（147/329/10544）
論种諤薛向（147/329/10545）

劉易

諫用宦官王沈等表（145/291/9333）

劉昉

論武岡軍猺人有父子相殺者*（147/348/11182）

劉秉忠

論綱紀法度（139/66/2228）

劉攽

論封太祖後狀（140/77/2583）
太常寺論封爵狀（140/104/3430）
輪對劄子（141/140/4512）
貢舉議（142/166/5357）
侍講不合坐狀（145/286/9196）
論以刖刑禁盗賊*（146/318/10183）

劉洎

諫詰難臣寮上言書（138/1/16）
論太子初立請尊賢講學表（140/72/2408）
論左右丞須得人表（141/131/4202）
論左右丞須得人表（142/159/5088）
請勿窮詰上書者*（143/201/6486）

劉波

上孝武帝疏（138/25/836）

劉珏

上十開端之戒（143/196/6314）

劉昺

請頒四時之禁*（141/128/4130）

劉思立

諫農時出使表（144/243/7873）

劉庠

論儲嗣未正*（140/73/2459）

劉炳

上便宜十事疏（139/65/2189）

劉宣
諫伐交阯*（144/235/7643）
請勿更鈔用錢*（145/273/8811）
劉珙
論聖學以明理正心爲萬事之綱*（138/8/256）
劉栖楚
諫敬宗晏遊失德*（143/194/6235）
劉致
太廟空次議（138/22/747）
劉秩
貨泉議（145/262/8465）
劉涇
論夫亡改適願歸者許其母子復合疏（141/116/3754）
上時議策論人才（141/140/4509）
論縣邑（141/140/4510）
請革監司苟簡之弊疏（142/161/5187）
請飭監司上所隸郡縣水土利害疏（144/252/8142）
論財用費出陷失兩弊疏（145/268/8644）
劉容
論輔翼太子*（140/73/2470）
劉祥道
陳銓選六事疏（142/163/5239）
劉陶
改鑄大錢議（145/262/8445）
詣闕上書訟朱穆（145/291/9326）
上疏陳事（146/296/9483）
與樂松袁貢連名上疏言張角（146/317/10126）
陳要急八事疏（146/320/10248）
劉娥
手疏啓救陳元達（143/201/6478）
劉焉
建議選牧伯（142/159/5083）
劉敏中
皇慶改元歲奏議（140/70/2375）
星變奏議（146/314/10031）
劉章
請言耕田歌*（145/288/9258）
劉清之
言用人四事（142/146/4707）
劉陽（東海王、劉莊、皇太子）
諫勤勞不怠*（143/190/6120）
請緩圍妖賊以圖必擒*（144/227/7350）
請勿受北單于使*（147/340/10895）

劉隗

奏刻祖約(142/173/5565)

奏劾周莚劉胤李匡(143/215/6953)

劉琦

論王安石狀(142/176/5669)

劉琨

又勸進表(140/79/2660)

劉敬

請徙六國後及豪傑名家居關中*(140/78/2622)

請都關中*(140/103/3379)

論匈奴不可擊*(144/226/7333)

請以適長公主妻冒頓單于*(147/340/10884)

劉敞

論堯授舜以天下*(138/10/342)

同胡宿論祔郭后於廟(138/19/611)

同胡宿論郭后追祔非禮之正*(138/19/612)

同孫抃胡宿論四后配食(138/19/614)

同孫抃胡宿等議后廟四主皆升合食*(138/19/615)

論奉慈廟(138/19/634)

論温成皇后立忌奏(141/119/3838)

乞叙用吕溱狀(141/134/4321)

論吕溱等補外(142/154/4954)

論讓官疏(142/160/5134)

請諸州各辟教官(142/165/5315)

論諸路薦舉之制*(142/165/5316)

論舉薦(142/165/5317)

乞州郡辟選人爲教授(142/165/5317)

論龍昌期學術乖僻(143/187/6040)

論張茂實(143/196/6304)

論聽政(143/199/6413)

乞闊略唐介之罪(143/202/6546)

論不當排言者疏(143/202/6547)

論糾察司(143/216/6993)

論皇女生疏決賜予(144/218/7060)

請罷五溪之征(144/230/7470)

論狄青宣撫當置副使(144/237/7707)

論水旱之本(144/244/7899)

乞賑恤關中貧下百姓*(144/244/7900)

論修商陰(144/249/8064)

論折變當隨土地之宜疏

（145/255/8239）
論茶法（145/264/8531）
上仁宗乞固辭徽號（145/281/9053）
再上仁宗乞固辭徽號（145/281/9053）
三上仁宗乞固辭徽號（145/281/9054）
論孔宗願襲文宣公（145/283/9127）
封還石全彬除利州觀察使充入内侍省副都知詞頭*（145/292/9344）
論元日合朔避寢太早（146/299/9595）
論天久不雨（146/300/9597）
再上仁宗論大臣不當排言者疏（146/300/9598）
論水旱之本疏（146/300/9598）
論災變宜使儒臣據經義以言（146/300/9598）
論睦親宅不當建神御殿（146/316/10093）
論城古渭州有四不可（147/329/10518）
論邊臣（147/329/10519）

劉備

上言漢帝（140/76/2536）

劉善明

上表陳事（138/26/852）

劉裕

土斷表（138/25/840）

劉瑜

延熹八年舉賢良方正上書陳事（143/193/6210）

劉蒼(東平王)

世祖廟樂舞議（138/14/454）
明帝廟樂議（138/14/455）
辭受恩過禮疏（140/76/2534）
諫爲原陵顯節陵起立郭邑疏（141/124/4006）
薦西曹掾吴良疏（141/129/4157）
上書諫獵（145/287/9228）

劉蒙叟

論節儉疏*（143/191/6155）

劉頌

除淮南相在郡上疏（140/79/2648）
上疏請復肉刑（143/208/6736）
上疏言斷獄宜守律令（143/208/6739）

劉愷

牧守宜同服制議（141/121/3890）

劉義恭(江夏王)

奏徙彭城王義康（140/76/2551）
省録尚書表（140/76/2551）

條制諸王府鎮表（140/76/2552）
舉才表（141/130/4186）
奏請嚴章服（143/197/6328）
請封禪表（146/294/9401）

劉蔓

亥日籍田議（141/125/4037）

劉輔

上書諫立趙后（140/74/2475）

劉曄

論孫權無故求降必有内急*（144/227/7368）
議追尊宜不過高皇疏（145/281/9038）

劉廙

論治道表（142/171/5510）

劉漢弼

請亟選賢臣早定相位*（142/148/4756）

劉隨

上章獻皇后乞還政疏（138/30/1008）
乞分王宗室壯觀洪業（140/76/2563）
乞戒止奔競疏（141/116/3739）
乞留王曾（141/132/4249）
乞顧問諫官疏（143/199/6406）
論當今所切在於納諫（143/202/6528）
繳進天禧詔書乞防漏洩（143/202/6531）
乞禁夜聚曉散及造儀仗事神狀（143/210/6789）
論體量畿内減放（145/255/8234）
乞優禮李允則晁迥狀（145/285/9180）
論水旱蟲螟之異（146/299/9555）
論星變疏（146/299/9556）

劉綜

論州郡長吏審官*（141/132/4248）

劉璡

上書理宋建平王景素（145/283/9117）

劉摯

乞慎擇講讀官奏（138/6/198）
論景靈宮帝后同殿乞下近臣議奏（138/21/706）
論王安石吕惠卿誤國疏*（139/38/1323）
言大臣情志不同事多壅滯（139/39/1352）
論政事稽滯疏（139/39/1352）
乞增宗學官俸狀（141/114/3683）

乞重修太學條制狀（141/114/3688）
論太學條制*（141/114/3689）
論人才（141/137/4400）
論監司（141/137/4402）
乞補諫員（141/137/4402）
論安燾敕命不送給事中書讀（141/138/4446）
乞議經歷付受官吏之罪以正紀綱（係第二狀）（141/138/4447）
乞追還安燾等告命及施行經歷付受官吏之罪（141/138/4447）
論司馬光薨當謹於命相（141/138/4449）
乞選監司澄汰州縣（141/138/4451）
乞令蘇軾依舊詳定役法（141/138/4452）
論人才*（141/138/4453）
論增復館職*（142/161/5177）
論奏舉經明行修不宜用陞朝官泛舉（142/167/5402）
建明貢舉條制（142/167/5403）
論監司奏（142/172/5544）
劾趙子幾疏（142/177/5682）
劾韓縝疏（142/177/5683）
彈四凶疏（142/179/5777）
劾太原擅興疏（142/179/5779）
再劾蔡確疏（142/179/5781）
論蔡確十罪疏（142/179/5782）
劾河北漕臣論河事反覆疏（142/179/5784）
劾章惇疏（142/179/5785）
劾黄隱疏（142/179/5786）
論賊賞稽違疏（143/188/6062）
乞議經歷付受官吏之罪以正紀綱（係第三狀）（143/198/6362）
乞罷文及都司疏（143/198/6363）
論三省樞密院差除疏（143/198/6364）
論執政轉官疏（143/198/6365）
乞增諫員許察官言事疏（143/199/6432）
論群罷臺諫是自塞絶言路疏（143/204/6595）
乞召用傅堯俞等以銷姦党（143/204/6597）
論安反側不必降詔劄子（143/212/6845）
再論降詔疏（143/212/6846）
三論降詔疏（143/212/6847）

論政令疏(143/212/6848)
乞修敕令疏(143/212/6850)
論祖宗不任武人爲大帥用意深遠狀(144/238/7721)
劾程昉開漳河(144/250/8083)
論助役十害(145/255/8250)
論助役法分析疏(145/255/8253)
論助役法分析第二疏(145/256/8255)
論弓手疏(145/256/8259)
乞置局議役法疏(145/257/8313)
論役法疏(145/257/8314)
論保甲疏(145/257/8318)
論川蜀茶法疏(145/268/8656)
乞復錢禁(145/269/8672)
乞褒贈吕誨(145/284/9135)
乞辨明是非褒贈韓琦等援立聖嗣之功*(145/284/9136)
乞以陪祠召張方平(145/286/9201)
請文彦博平章重事疏(145/286/9202)
請依程頤所乞奏(145/286/9203)
歲旱乞修政事奏(146/304/9739)
論禁中修造奏(146/316/10099)
論盜賊疏*(146/318/10168)
論盜賊疏(146/318/10180)
論備契丹奏(147/330/10570)
論應西夏奏(147/331/10588)

劉蕡

對賢良方正直言極諫策(138/28/947)

劉德威

論刑網寖密咎在君不在臣*(143/215/6960)

劉毅(晉東萊)

上疏請罷中正除九品(142/163/5228)
帝方桓靈對*(143/201/6478)
諫賀龍見表(146/297/9502)

劉毅(晉彭城)

請移江州軍府於豫章表(141/105/3443)

劉潔

奏恤南州災民(141/105/3444)

劉曉

請取士以德行爲先疏*(142/163/5240)

劉興祖

建議伐河北(144/228/7391)

劉巘

上皇帝書(142/158/5064)
論内降恩澤(143/198/6392)

諫游幸疏(145/287/9247)

劉應龍

論言者懷疑畏非盛世所宜*(143/207/6706)

劉馥

上疏陳儒訓之本(141/113/3636)

劉騰

奏請定中宮車制(141/118/3815)

劉纂

請禁醉妝(141/116/3738)

劉爚

請招集散亡以耕淮東之田*(145/260/8401)

乞罷僞學之詔*(145/274/8841)

諸葛亮

草廬對(140/78/2626)

前出師表(140/78/2628)

後出師表(140/78/2629)

絶盟好議(140/78/2630)

又稱蔣琬(142/154/4928)

上言追尊甘夫人爲昭烈皇后(145/281/9037)

諸葛恢

論宜尊五美屏四惡進忠實退浮華*(138/25/831)

諸葛瑾

連名上疏請爲周胤復爵(145/285/9169)

諸葛豐

上書謝恩(142/173/5555)

諸御己

諫尊賢用辯士之言*(143/201/6467)

慶鄭

議秦饑乞糴於晉*(140/78/2598)

潘好禮

請立武惠妃爲皇后疏(140/74/2482)

潘良貴

論治體劄子(139/46/1591)

乞詳酌度牒數目立爲定制*(143/213/6882)

論事關六曹宜從有司格法*(143/213/6895)

審忠

上書劾朱瑀(146/297/9495)

樂運

陳失道八事疏*(138/26/881)

議不可葬訖即吉*(141/122/3938)

上宣帝疏諫數赦(144/218/7046)

樂遜

上明帝陳便宜封事(138/26/878)

駱統

民户損耗上疏(141/105/

3440）

燕肅

乞天下死罪皆得一覆奏（143/216/6982）

十六畫

薛元超

諫皇太子勿射獵稍怠政事*（143/193/6227）

薛仁貴

請釋泥熟家口疏（144/229/7427）

薛公

論黥布必出下計*（144/226/7334）

薛收

上秦王書（144/229/7421）

薛季宣

召對劄子二（139/52/1763）

召對劄子（143/195/6264）

上殿劄子三（143/206/6668）

朝殿劄子三（143/206/6670）

代論流配劄子（143/214/6915）

薛放

論孝經論語*（138/6/180）

薛居正

論伐太原疏*（144/230/7449）

薛宣

上疏言吏多苛政（138/24/804）

薛琡

上書論停年格（142/163/5237）

復陳請令大臣薦賢（142/163/5237）

薛極

論治道疏*（139/60/2021）

薛登

論選舉疏（142/163/5242）

請止四夷入侍疏（147/341/10941）

薛頎

論郊祀配天地之禮*（138/17/551）

薛廣德

諫御樓船*（143/201/6471）

上元帝書諫射獵（145/287/9228）

薛綜

上疏諫親征公孫淵（144/228/7379）

上疏諫選交州刺史（146/320/10249）

薛稷

論鍾紹京不當爲中書令*（142/174/5586）

薛融

請停營作疏（146/315/10083）

蕭子良（竟陵王）

又諫射雉啓（143/193/6217）

又陳時政密啓（145/254/8197）
陳時政密啓（146/298/9515）
蕭子雲
請改郊廟樂辭（141/127/4079）
蕭介
諫納侯景表（142/173/5575）
蕭吉
獻皇后吉葬表（141/124/4008）
蕭至忠
陳時政疏（141/131/4208）（145/290/9321）
蕭何
請王漢中*（140/78/2619）
請以上林空地爲民田*（141/105/3438）
請以韓信爲大將*（144/236/7651）
蕭俛
對穆宗問兵法有必勝疏（144/229/7439）
蕭貢
請擢真才核功能慎名器重守令*（142/152/4882）
蕭望之
上疏請選諫官（141/129/4150）
對詔問因亂滅匈奴議（144/226/7344）
建白宜罷中書宦官（145/291/9325）
雨雹對（146/295/9417）
對詔問因亂滅匈奴議（147/340/10889）
蕭復
請以韋皋代陳少游*（141/131/4215）
論宦官不宜爲監軍*（145/291/9335）
蕭鈞
論盧文操盜左藏物法不至死*（143/209/6771）
蕭瑀
論周秦取天下有異*（138/1/9）（138/27/885）
請封建諸侯*（140/104/3425）
論皇太子行冠禮宜用二月爲吉*（141/110/3592）
論皇太子行冠禮宜用二月爲吉（141/121/3886）
請圖破陣樂舞形狀*（141/127/4099）
論求言*（143/199/6401）
論突厥寇涇州*（147/341/10929）
蕭遥光
上明帝表薦王暕王僧孺（141/130/4187）
蕭敵烈
諫伐高麗疏（144/235/7635）

蕭韓家奴
論穆宗爲賢主*(138/5/165)
論治道之要*(139/65/2183)
請追崇四祖爲皇帝疏(145/282/9103)
蕭寶夤
考功表(142/171/5518)
論蕭正德來降表(142/173/5576)
霍去病
請立皇子爲諸侯王疏(140/104/3407)
霍融
上言改定官漏刻(145/278/8942)
盧士宗
論太廟八室*(138/19/622)
盧文紀
請對便殿疏(143/199/6406)
盧坦
諫遣劉泰昕按蔡謇*(141/131/4240)
盧叔虎
請伐周(144/229/7414)
盧昶
奏白鼠見宜飭吏治(141/130/4189)
盧庸
陳防秋便宜*(147/339/10881)
盧植
日食上封事(146/297/9494)
盧淵
議親伐江南表(144/228/7405)
盧毓
對詔論選舉(142/163/5228)
請容高堂隆疏*(143/201/6477)
駁大理奏亡士妻白等始適夫家數日未與夫相見坐棄市(143/215/6950)
盧履冰
請復父在爲母朞古禮*(141/122/3945)
盧藏用
諫作興泰宮疏*(146/315/10076)
盧懷慎
陳時政得失疏(142/171/5522)
盧攜
乞蠲租賑給疏(144/243/7879)
穆亮
諫幸石濟*(143/196/6289)
錢公輔
論明堂配侑奏(138/19/623)
錢若水
答詔論邊事(146/322/10323)
陳備邊之要有五(146/322/10324)

錢明逸
乞上殿三班外亦聽諫臣求對狀(143/202/6541)
錢易
乞除非法之刑疏
錢彦遠
乞置勸農司(141/110/3605)
乞限定學士待制員數(142/160/5121)
條奏牧宰利害(142/164/5285)
乞在朝文武官舉州縣官二人爲京官(142/164/5287)
請焚瘞物故妖僧疏(142/175/5630)
乞禁戚里權要之家塗金(143/191/6161)
論臺諫風聞言事疏(143/202/6543)
乞撥併諸路軍額放停老弱(144/219/7102)
論步直兵士作過(144/225/7297)
論步直兵士作過(係第三狀)(144/225/7297)
論步直兵士作過(係第四狀)(144/225/7298)
論步直兵士作過(係第七狀)(144/225/7299)
論不可令李璋管軍(145/289/9285)
答詔論旱災(146/300/9619)
錢勰
乞參舉才德之士(141/137/4404)
乞擇經術耆艾之士以備顧問(141/137/4405)
錢遹
論廢元祐皇后*(145/282/9086)
錢顗
上要務十事(139/35/1185)
乞減放宫人(140/75/2510)
乞權罷南郊臣寮賜予(143/192/6175)
乞擇將久任狀(144/238/7720)
乞天下置社倉(144/244/7910)
論地震(146/302/9667)
鮑文子
請勿聽陽虎伐魯*(142/173/5553)
鮑宏
論取齊之策*(144/229/7416)
鮑叔牙
論仁義文武*(138/1/1)
請用管仲*(141/129/4140)
鮑昱
救耿恭關寵議(144/227/7352)
對災眚問(146/296/9454)

鮑宣
上書諫哀帝(145/288/9264)
復上書諫哀帝(146/295/9446)
鮑勛
諫出獵疏*(143/193/6214)
獨孤及
景皇帝配昊天上帝議(138/17/551)
直諫表(138/28/925)
請減江淮山南諸道兵以贍國用*(144/219/7085)
閻毗
論法駕*(141/119/3823)
閻纘
輿棺詣闕上書理愍懷太子(140/71/2389)

十七畫

戴冑
論校尉不覺長孫無忌帶刀之罪不當死*(143/209/6765)
論守法令(143/209/6766)
諫修洛陽宮表(146/315/10069)
戴栩
聖學疏(138/9/308)
奏禦邊劄子(147/338/10818)
戴邈
上表請立學校(141/113/3640)
鞠詠
論芝草非瑞*(146/299/9571)
韓川
論大中大夫以上歲舉守臣未當疏*(141/140/4507)
韓子熙
請誅元乂書*(142/173/5577)
韓元吉
丁酉正月進故事(138/3/85)
九月進故事(140/69/2345)
戊戌正月進故事(142/146/4675)
八月進故事(142/157/5039)
丁酉七月進故事(143/206/6656)
九月進故事(143/206/6657)
壬辰五月進故事(143/206/6658)
八月進故事(144/240/7788)
戊戌七月進故事(147/349/11201)
丙申五月進故事(147/349/11201)
韓安國
匈奴和親議(144/226/7340)
韓肖冑
論省費裕國强兵息民之策*

（145/270/8726）
韓秀
敦煌移就涼州議（146/320/10261）
韓昉
論唐明皇有始無終*（142/152/4883）
韓忠彦
論朝廷典禮不必循古*（141/123/3979）
論置司選官共議户部財用*（142/160/5144）
韓宗武
論先帝祔廟*（138/2/56）
答詔論日食（146/304/9741）
韓宗彦
論儲嗣疏*（140/73/2445）
韓思復
諫捕蝗疏（146/298/9529）
韓信
議定三秦*（140/78/2619）
韓泂
請裁江淮七監奏（145/262/8471）
韓祥
論明堂嚴父配侑之典*（138/22/738）
韓偓
諫奪制還位疏（141/122/3954）
請免誅宫人*（143/215/6977）
論宦官不必盡誅（145/291/9338）
韓琦
論父母不慈而子不失孝*（138/10/341）
論皇嗣如已有所屬乞宣示中書密院奉行（140/73/2448）
論皇嗣者天下安危之所繫*（140/73/2448）
論魏國夫人薨就第宣召兩府臣寮（141/123/3958）
論詳定雅樂（141/127/4102）
請復用王朴舊樂（141/127/4103）
乞别自朋黨（142/154/4949）
論僧紹宗妖妄惑衆（142/175/5643）
乞减省冗費（143/191/6158）
論都知以下不可無名優加使額（143/197/6345）
乞止絶内降（143/210/6795）
論驕卒誣告將校乞嚴軍律（143/210/6814）
進嘉祐編敕表（143/211/6826）
乞募陝西義勇（144/220/7127）
乞許邊廷過闕朝見狀（144/237/7694）
乞罷青苗及諸路提舉官

（145/265/8539）
論條例司畫一申明青苗事（145/265/8547）
論頻有災異乞直降御劄不受徽號（145/281/9052）
上尊號册文（145/282/9073）
乞録用魏元成裔孫（145/284/9133）
論楊景宗姿橫不恭（145/289/9281）
論金芝（146/299/9571）
論火災地震（146/299/9571）
論星變疏（146/299/9573）
論星變地震冬無積雪疏（146/299/9574）
論衆星流散月入南斗疏（146/299/9575）
論石龜疏（146/299/9577）
答詔論地震春雷之異疏（146/299/9578）
因災變上別狀十事*（146/299/9578）
乞罷寶相禪院創建殿宇（146/316/10087）
論備禦七事（147/325/10415）
論西北議和有大憂者三大利者一（147/325/10418）
答詔問北邊事宜疏（147/330/10557）
論外憂始於内患（147/342/10986）
論還交趾温悶洞等地*（147/343/11033）
應詔論契丹來求代北地*（147/344/11047）

韓琬

上睿宗論時政疏（138/27/918）

韓援

論勤政（143/190/6121）

韓瑗雪

諫廢皇后*（140/74/2480）

韓愈

禘祫議（138/17/565）
請免享畿百姓今年税物*（141/105/3450）
論孔戣致仕狀（141/131/4238）
舉薦張籍狀（141/131/4239）
舉韋顗自代狀（141/131/4239）
舉馬摠自代狀（141/131/4239）
論今年權停舉選狀（142/163/5258）
論捕賊行賞表（143/187/6024）
復讎狀（143/209/6778）
論淮西事宜狀（144/229/7436）
御史臺上論天旱人饑狀（144/243/7878）

錢重物輕狀(145/263/8477)
論變鹽法事宜狀(145/263/8478)
請上尊號表(145/281/9048)
論黄家賊事宜狀(146/317/10128)

韓滉

請伐吐蕃疏(146/321/10291)

韓維

乞御邇英詢問講讀臣僚(138/6/186)
元豐八年九月二十三日劄子時爲侍讀上皇帝(138/10/342)
議祫享虚東向位狀(138/19/619)
論温成皇后不當立廟疏(138/19/620)
議僖祖廟狀(138/20/650)
初御殿進劄子(139/35/1179)
進答宣問劄子(139/35/1180)
乞不泛於諸家爲潁王擇妃狀(140/74/2508)
乞罷保馬保甲劄子(141/106/3463)
論仁民疏*(141/106/3463)
再論乞施行狀(141/119/3839)
繳蘇寀詞頭論同時斥六諫臣(141/135/4332)
論范鎮請郡劄子(141/135/4333)
繳納舉臺官敕第一劄子(141/135/4334)
繳納舉臺官敕第二劄子(141/135/4334)
論吕誨等敕不由封駁司劄子(142/160/5135)
再論吕誨等敕不由封駁司劄子(142/160/5136)
論敕不由銀臺司待罪劄子(142/160/5136)
乞擇郡守劄子(142/165/5334)
議貢舉狀(142/166/5372)
論宰相與中丞得失狀(142/176/5679)
乞罷遺留賜物(143/132/6175)
乞追還陳習誤罰昭示信令(143/199/6421)
乞改詔書六事(凡三)(143/199/6424)
乞追還詔書復吕誨等職事(143/202/6552)
乞不可以直言黜士狀(143/203/6563)
論敕不由銀臺司劄子(143/211/6824)
乞議恕私罪劄子(143/211/6824)
議謀殺法狀(143/211/6832)
上宣仁皇后論保甲馬(144/221/7155)

論救濟飢民劄子（144/244/7905）
又乞親諭使人救饑民狀（144/244/7906）
乞省末事憂饑民劄子（144/244/7917）
司徒杜公謚正獻議（145/281/9054）
贈太師兼侍中陳執中謚榮靈議（145/281/9055）
論陳執中謚榮靈書（145/281/9056）
論陳執中直降敕謚恭第一狀（145/281/9058）
論陳執中直降敕謚恭第二狀（145/281/9059）
乞不受尊號劄子（145/282/9079）
論息兵棄地（147/345/11081）
又乞息兵棄地（147/345/11084）

韓駒

論文不可廢疏（141/115/3701）
論時文之弊疏（141/115/3703）
請慎擇司文以風動天下疏（141/115/3704）
請立文章模楷疏（141/115/3706）
請勸士博學疏（141/115/3708）
請尊顯博學之士疏（141/115/3709）
請白崇經教士之意於天下疏（141/115/3711）
請仍用策論以定升黜疏（141/115/3712）
請掃蕩陋器以習古樂疏（141/128/4135）

韓麒麟

陳時務表（144/243/7868）

韓獻子

請遷都新田*（140/103/3379）

韓顯宗

上書陳時務（138/26/854）

轅生

説漢王出武關*（144/226/7333）

魏了翁

乙酉上殿劄子三・論人主之心義理所安是之謂天（138/5/135）
被召除禮部尚書内引奏事第三劄（138/5/136）
論人心不能與天地相似者五（139/60/2039）
封事奏體八卦往來之用玩上下交濟之理以盡下情（139/61/2068）
論州郡削弱之弊（140/98/3257）

直前奏事劄子二・論事變倚伏人心向背疆場安危鄰寇動静遠夷利害五幾（140/98/3259）
直前奏六未喻及邪正二論（140/98/3270）
論乞詔諸帥任責處降附安反側（140/98/3278）
論敷求碩儒并闡正學疏（141/115/3719）
論士大夫風俗疏（141/117/3773）
論除授之間公聽並觀如元祐用人疏（142/150/4805）
乞趣詔崔與之參預政機（142/150/4806）
進故事論儲蓄人才（142/153/4911）
被召除禮部尚書内引奏事第一劄（142/157/5053）
論聲樂溺心酒色惑志*（143/195/6274）
乙未秋七月特班奏事（143/207/6698）
進故事論感民莫先詔令當如唐德宗痛自咎責（143/214/6932）
被召除禮部尚書内引奏事第五劄（144/225/7306）
進故事論黄陂判卒（144/241/7824）
又進故事（144/241/7825）
奏論蜀邊墾田事（145/260/8410）
奏乞爲周濂溪賜謚（145/274/8843）
論實録缺文疏（145/277/8934）
乙未秋七月特班奏事（146/313/10016）
論遠人叛服無常力圖自治之實（147/339/10862）

魏子平

論中田下田當與上田均税*（145/259/8374）

魏元忠

論王義方劉藏器不見用爲可惜*（141/131/4203）
論小人在側必爲亂階*（142/174/5583）
上高宗封事（144/236/7662）

魏玄同

請吏部各擇寮屬疏（142/163/5241）

魏初

請謹錫宴盛儀疏*（141/120/3882）
請監察御史按察司官舉人自代疏*（142/170/5504）

魏矼

論宜甄别邪正亟加進用*（146/305/9782）

乞勿輕許金人*（147/348/11173）
魏知古
諫造金仙玉真觀疏（146/315/10081）
魏相
表奏采易陰陽明堂月令（138/24/798）
上書諫擊匈奴右地（144/226/7343）
條奏便宜（144/243/7865）
上封事薦張安世（145/285/9162）
上封事奪霍氏權（145/288/9260）
魏無忌
論親秦伐韓於魏不利（140/78/2599）*
魏無知
論薦陳平*（141/129/4147）
魏絳
請安樂思終*（143/187/6009）
誦虞人之箴*（143/193/6201）
論和戎有五利*（147/340/10884）
魏傳弓
請誅僧慧範疏*（142/174/5586）
魏徵
對爲君之道先存百姓（138/1/9）
論常謙常懼之道*（138/1/10）
對西胡愛珠（138/1/10）
對言者君子之樞機（138/1/11）
對周齊末主優劣（138/1/11）
對積德累仁（138/1/11）
對無事與公等飲（138/1/12）
對有天下者皆欲子孫萬代（138/1/12）
對隋主博學有才（138/1/13）
對齊文宣何如人（138/1/13）
對人君所務寬厚（138/1/13）
明堂議（138/16/523）
對所居殿隋文帝造（138/27/886）
對帝王不能常理（138/27/888）
對帝王有盛衰（138/27/888）
對大亂之後大可致化（138/27/889）
對突厥大雪（138/27/890）
論時政疏　第三疏（138/27/891）
諫高昌不失臣禮（138/27/893）
對君臣治亂（138/27/894）
論時政疏　第二疏（138/27/894）
對上封人請親納表奏（138/27/896）
對周孔儒教商韓刑法（138/27/896）

對爲政之要務全其本(138/27/896)
對平定四方(138/27/897)
手詔問疾(138/27/897)
對太子師保古難其選(140/71/2403)
諫優長樂公主禮數(140/74/2477)
諫止聘充華疏(140/74/2478)
論霍王孝行猶曾閔*(140/76/2554)
諫移魏王居武德殿院(140/76/2554)
諫王善惡録序(140/76/2555)
諫魏王(政要作越王)不得折辱貴臣(140/76/2556)
諫貴臣遇親王下馬(140/76/2557)
對兒子常一處(140/76/2557)
對帝王不能常理(140/102/3369)
對李密王充優劣(140/102/3371)
論封建不便*(140/104/3425)
對隋煬帝求覓無已(141/105/3446)
對隋末百姓不自保(141/105/3447)
對古今人同異(141/105/3447)
對爲君之道先存百姓(141/105/3447)
對慶善樂爲文舞(141/118/3791)
議親王之禮*(141/119/3824)
請預陪息隱王海陵王喪表*(141/122/3938)
諫武官起服(141/122/3942)
豫章公主薨素服踰制疏(141/122/3942)
不見昭陵*(141/124/4011)
對百官應有堪用者(141/131/4200)
論止足之分(141/131/4201)
對古來帝王皆欲國祚長久(142/153/4903)
論知人之事自古爲難*(142/154/4930)
論君子小人疏(142/154/4930)
論御臣之術(142/154/4932)
論人不可令其自舉*(142/163/5239)
論權萬紀許奏房玄齡王珪非竭誠徇國*(142/171/5520)
諫西行諸將不得上考疏(142/171/5521)
議絶讒構之端*(142/174/5580)

諫權萬紀任心彈射（142/174/5581）
諫復龐相壽任（142/174/5581）
諫李弘節家人賣珠坐所舉（143/187/6022）
對加藺謩罪（143/187/6023）
論勤政*（143/190/6120）
論節儉*（143/191/6151）
諫遣使西域市馬（143/193/6222）
諫平高昌以爲州縣（143/193/6222）
諫於虢州采銀（143/193/6223）
諫益州北門造綾錦（143/193/6223）
諫新羅國獻美女（143/193/6223）
論節嗜慾喜怒之情*（143/193/6223）
對西胡愛珠（143/193/6224）
對漢代常以八月選子女（143/193/6224）
十漸疏（143/196/6289）
論居安思危*（143/196/6294）
論守天下甚難*（143/196/6294）
論虛心采納誠宜有言*（143/199/6401）
論節嗜慾喜怒之情*（143/199/6402）
對侍臣全無諫爭（143/199/6402）
論求言*（143/199/6403）
論人主兼聽則明偏聽則暗*（143/201/6482）
願爲良臣不願爲忠臣*（143/201/6482）
侍宴於丹霄門（143/201/6483）
對奏事戰懼（143/201/6483）
諫皇甫德参上書以爲訕謗（143/201/6483）
諫聽諫與貞觀初不同（143/201/6484）
對懷州有上封事者（143/201/6485）
論上封事者當恣其陳述*（143/201/6486）
對百姓藉我撫養（143/201/6487）
論求言*（143/201/6488）
諫優長樂公主禮數（143/201/6490）
諫詔免租賦又令輸納疏（143/209/6766）
諫處張君快等死（143/209/6768）
諫禁張士貴（143/209/6768）
論劉仁軌殺魯寧未足爲罪*（143/209/6769）

諫斬叱奴隲（143/209/6769）
對刑法寬猛（143/209/6769）
論隋日禁囚*（143/215/6961）
論王政本於仁恩*（143/215/6962）
諫簡點中男入軍（144/219/7083）
諫討擊馮盎（144/229/7421）
諫詔免租賦又令輸納疏（145/254/8200）
論治道疏（145/285/9171）
論時政疏　第四疏（145/285/9175）
請解侍中之職*（145/285/9176）
諫内出高昌婦女與薛萬均對事（145/285/9177）
諫責顯仁宮官司（145/287/9231）
諫親格猛獸晨出夜還（145/287/9232）
諫解薛仁方官加杖（145/288/9277）
對太子師保古難其選（145/291/9334）
諫閹豎妄有所奏（145/291/9335）
對封禪（146/294/9406）
諫封禪（146/294/9406）
論時政疏（146/315/10070）
諫責房玄齡等（146/315/10072）
諫西域諸國入朝（147/341/10931）
論處突厥所宜疏（147/341/10932）
諫平高昌以爲州縣（147/341/10935）
對西蕃通來幾時（147/341/10936）
諫遣使市馬疏（147/341/10938）

魏謩

請立東宫*（140/72/2421）
諫納李孝本女疏（143/194/6236）
論董昌齡量移峽州刺史疏（144/218/7055）
請不取注記奏（145/276/8891）

魏繼宗

請假榷貨務錢置常平市易司*（145/266/8570）

鍾期

請勿易韓魏*（140/78/2617）

鍾雅

奏改太廟祝文（138/14/460）
奏劾尚書梅陶（141/121/3906）

鍾繇

論三不欺於君德孰優*（138/

1/6）
請復肉刑代死刑疏（143/215/6951）
諫西征疏（144/227/7372）
鍾離意
王望罪議（144/243/7866）
因變異上疏（146/296/9453）
諫起北宫疏（146/315/10052）
謝方叔
論治道疏*（139/59/2008）
論限民名田*（141/112/3631）
請防左右近習覘上之所好*（143/196/6323）
謝石
上疏請興復國學（141/113/3642）
謝泌
乞用宿舊大臣以小人爲戒（141/132/4247）
論求言*（143/199/6406）
論宰相樞密接見賓客（145/285/9179）
論夷狄疏*（147/342/10984）
謝莊
論王者祭祀畋遊出入有節*（143/193/6216）
謝偃
惟皇誡德賦并序（138/27/898）
謝深甫
論任使之際必察其實*（142/146/4703）
謝弼
上封事陳得失（146/297/9485）
謝絳
論宣祖配侑奏（138/18/584）
乞開内館恢景德之制疏（145/274/8821）
論宋運士德*（145/280/9016）
論禮遇館閣*（145/285/9187）
論水旱蝗災疏*（146/299/9569）
論考功課吏以消蝗災*（146/299/9570）
謝曇濟
明堂配饗議（138/15/481）
謝諤
論書爲治道之本*（138/8/252）
謝靈運
上書勸伐河北（144/228/7391）
襄楷
詣闕上疏（146/296/9479）
應劭
奏上删定律令（143/208/6729）
應奉
上書諫立后（140/74/2476）
理李膺等疏（144/218/7044）

應孟明
輪對論治道*（139/52/1772）
應詹
上疏陳便宜（140/104/3417）
上表請興復農官（141/110/3590）
上疏論便宜（141/113/3640）
爲江州臨行上疏（141/130/4181）
翼奉
因災異應詔上封事（146/295/9425）
因災異上疏（146/295/9426）
上疏請徙都洛陽（146/295/9426）

十八畫

聶昌
陳扞敵之策（147/333/10680）
聶崇義
論禘祫疏（138/18/574）
豐稷
請以洪範爲元龜祖訓爲寶鑑疏*（140/69/2337）
上欽聖皇后疏（145/289/9297）
春方苦寒疏（146/304/9728）
邊光範
請簡都督刺史疏（141/131/4243）
邊韶
上言四分曆之失（145/278/8943）
歸崇敬
東都太廟不當置木主疏（138/17/554）
辟雍議（141/113/3659）
顔衎
請定内外官制（142/159/5094）
顔真卿
論元皇帝祧遷狀（138/17/557）
廟享議（138/17/558）
朝會有故去樂議（141/122/3949）
論百官論事疏（143/201/6496）
請復七聖謚號狀（145/281/9045）
顔師古
明堂議（138/16/524）
顔復
乞詳議五禮以教民（141/120/3864）
乞考正歷朝之祀（141/126/4063）
論人情樂内輕外（142/172/5545）
論孔子後凡五事（145/274/8830）

顔竣
與虜互市議（146/320/10256）
顔盞天澤
請决大河使北流*（144/253/8191）
顔履
論士貴*（145/285/9161）
顔燭
諫罷樂遊而歸*（143/193/6206）

十九畫

蘇天爵
經筵進講賜坐（138/9/323）
乞增廣國學生員狀（141/115/3726）
請詳定朝儀班序（141/120/3884）
請臺察糾劾辨明之弊（142/152/4895）
請保養聖躬（143/195/6283）
乞詳定鬭毆殺人罪（143/214/6939）
乞續編通制（143/214/6941）
禁治死損罪囚（144/217/7039）
建言刑獄五事（144/217/7040）
論不可數赦疏（144/218/7075）
乞免飢民夏税疏（144/248/8043）
修功臣列傳疏（145/277/8939）
災異建白十事（146/314/10043）
山東建言三事（146/319/10225）
蘇世長
諫田獵*（143/193/6221）
論披香殿非聖人所爲*（146/315/10073）
蘇安恒
請復位皇太子疏（140/72/2415）
理魏元忠疏（141/131/4207）
蘇易簡
論守成*（140/102/3371）
蘇威
論天下多盜*（146/317/10127）
蘇則
請勿以獵戲殺郡吏*（143/193/6213）
論大珠不足貴*（143/193/6214）
蘇洵
上皇帝書（138/32/1065）
審勢策（140/81/2730）
蘇秦（蘇子）
説六國合從*（140/78/2600）
説齊閔王（140/78/2608）

論人臣莫難於無妒而進賢*（142/153/4901）
說秦王按兵息民*（144/226/7327）

蘇從

諫莊王三年不聽朝*（143/201/6467）

蘇紳

陳便宜八事（138/34/1144）
論經制安化蠻之策*（147/329/10517）

蘇舜欽

論五事四（141/105/3455）
論五事二（142/159/5109）
投匭疏（142/165/5307）
論賜第疏（143/187/6032）
論五事一（143/196/6299）
乞追寢戒越職言事詔書（143/199/6408）
論五事三（143/210/6793）
論五事五（143/210/6794）
乞發兵用銀牌狀（144/220/7117）
乞用劉石子弟（145/283/9127）
火疏（146/299/9557）
詣匭疏（146/299/9560）
論西事狀（147/329/10523）

蘇軾

論君德六事*（138/2/54）
乞校正陸贄奏議上進劄子（138/7/233）
議富弼配享狀（138/21/676）
奏內中車子爭道亂行劄子（138/21/677）
上圓丘合祭六議劄子（138/21/677）
擬進士對御試策（139/36/1208）
上神宗皇帝書（139/36/1215）
再上皇帝書（139/37/1231）
策略五（139/37/1234）
論治道*（139/37/1285）
朝辭赴定州論事狀（139/41/1421）
辯試館職策問劄子（140/69/2329）
薦宗室令時狀（140/77/2582）
論差役不便劄子（141/106/3468）
應詔論四事狀（141/106/3469）
論積欠六事并乞檢會應詔所論四事一處行下狀（141/106/3476）
乞賜州學書板狀（141/114/3690）
論魏王在殯乞罷秋宴劄子（141/124/3986）
乞改居喪婚娶條狀（141/124/3987）
論乞官劄子（141/138/4453）

薦朱長文劄子（141/138/4454）
薦用劉攽狀（141/138/4454）
乞録用鄭俠王斿狀（141/138/4455）
薦布衣陳師道狀（141/138/4456）
乞留顧臨狀（141/138/4456）
進何去非備論狀（141/138/4456）
乞擢用程遵彦狀（141/138/4457）
乞擢用林豫劄子（141/138/4458）
辨舉王鞏劄子（142/155/4977）
議學校貢舉狀（142/166/5354）
論特奏名劄子（142/167/5398）
繳沈起詞頭奏狀（142/177/5686）
繳陳繹詞頭狀（142/177/5687）
繳張誠一詞頭奏狀（142/177/5688）
繳李定詞頭奏議（142/177/5689）
繳楚建中户部侍郎詞頭狀（142/177/5689）
論吕惠卿疏（142/177/5689）
述災沴論賞罰及修河事繳進歐陽脩議狀劄子（143/188/6058）
諫買浙燈狀（143/194/6243）
論邊將隱慝敗亡憲司體量不實劄子（143/200/6436）
乞依舊制許臣寮上殿（143/203/6582）
論不可每事降詔劄子（143/211/6842）
論倉法猛政（143/211/6843）
乞醫療病囚狀（143/216/7000）
代張方平諫用兵書（144/230/7475）
代滕甫論西夏書（144/230/7479）
奏浙西災傷第一狀（144/245/7946）
奏户部拘收度牒狀（144/245/7950）
再論積欠六事四事劄子（144/245/7951）
述災沴論賞罰及修河事繳進歐陽脩議狀劄子（144/252/8144）
乞開杭州西湖狀（144/252/8146）
申三省起開湖六條狀（144/252/8149）
乞相度開石門河狀（144/

252/8150)
進單鍔吴中水利書狀(144/252/8152)
録進單鍔吴中水利書(144/252/8153)
論給田募役狀(145/257/8298)
論差役法*(145/257/8302)
論役法差雇利害起請畫一狀(145/257/8302)
論均輸法(145/269/8665)
乞罷登萊榷鹽狀(145/269/8686)
乞不給散青苗錢斛狀(145/269/8687)
乞賻贈劉季孫狀(附貼黄)(145/286/9209)
乞許文彦博等辭避免拜劄子(145/286/9210)
乞加張方平恩禮劄子(145/286/9211)
論河北京東盗賊狀(146/318/10158)
上皇帝書(146/318/10159)
代李琮論京東盗賊狀(146/318/10165)
登州召還議水軍狀(147/330/10564)
因擒鬼卒論西羌夏人事宜劄子(147/331/10600)
乞詔邊吏無進取及論鬼章事宜劄子(147/331/10603)
乞約鬼章討阿里骨劄子(147/331/10605)
乞增修弓箭社条約狀(147/331/10606)
論高麗進奉狀(147/346/11099)
論高麗買書利害劄子(147/346/11100)
又論高麗買書利害劄子(147/346/11105)
再論高麗買書利害劄子(147/346/11106)

蘇頌

請詔儒臣討論唐朝故事奏(138/7/236)
論王公封爵故事疏(140/104/3425)
議學校法疏(141/114/3681)
請重修纂國朝所行五禮疏(141/119/3845)
議承重法疏(141/123/3977)
家廟議(141/126/4059)
繳李定詞頭第一劄子(141/136/4385)
繳李定詞頭第二劄子(141/136/4387)
繳李定詞頭第三劄子(141/136/4388)
繳李定詞頭第四劄子(141/136/4389)

貢舉議(142/166/5368)
論制科取士疏(142/167/5396)
請别定縣令考課及立鄉官(142/172/5539)
奏請考校知縣縣令盜賊爲殿最(142/172/5541)
奏乞今後衝改條貫並委法官詳定疏(143/211/6836)
請重議加役流法(143/211/6838)
論省曹寺監法令繁密(143/212/6862)
奏乞春夏不斷大辟(143/216/6994)
奏乞京畿諸縣分屯禁軍(144/220/7123)
奏乞糴官米濟民疏(144/244/7925)
奏乞減定淮南鹽價疏(145/269/8673)
論前代帝王追尊本親疏(145/282/9080)
上論祖無擇疏(145/286/9198)
論屯兵漕河大要疏(147/332/10633)

蘇源明

諫幸東京疏(145/287/9235)

蘇綽

奏行六條詔事(138/26/872)

蘇頲

諫鑾駕親征吐蕃表(144/229/7431)

蘇轍

論明堂神位狀(138/21/704)
自齊州回論時事書附畫一狀(139/38/1308)
論黄河西夏衙前雇役四事*(139/41/1425)
論時事疏(139/41/1427)
論御試策題劄子(140/102/3373)
再乞放積欠狀(141/106/3462)
乞廢官水磨狀(141/106/3467)
論臺諫封事留中不行狀(141/116/3751)
乞令兩制共議納后禮劄子(141/121/3889)
論安燾敕命不送給事中書讀(141/138/4458)
乞分别邪正劄子(142/155/4978)
再論分别邪正劄子(142/155/4979)
乞舉御史劄子(142/161/5177)
論執政生事劄子(142/161/5178)
乞再舉臺官狀(142/161/

5179）
三論舉臺官劄子（142/167/5405）
論堂除太寬劄子（142/167/5406）
乞改舉臺官法劄子（142/167/5407）
言科場事狀（142/167/5408）
論責降官不當帯觀察團練狀（142/177/5706）
再乞責降李偉劄子（142/177/5707）
論君子小人不可並處*（142/180/5800）
乞裁損浮費劄子（143/192/6179）
再論裁損浮費劄子（143/192/6180）
論女寵之害*（143/194/6240）
論言事不當乞明行黜降疏（143/204/6608）
論用臺諫劄子（143/204/6609）
論所言不行劄子（143/204/6610）
論侯偁少欠酒課以抵當子利充填疏（143/212/6860）
乞禁軍日一教狀（144/220/7145）
乞招保甲充軍以消盜賊狀（144/221/7163）
論京畿保甲冬教等事狀（144/221/7165）
論張頡不可用劄子（144/238/7727）
論久旱乞放民間積欠狀（144/244/7923）
乞賑救淮南飢民狀（144/244/7924）
言淮南水潦狀（144/244/7924）
因旱乞許群臣面對言事劄子（144/245/7954）
論京西水櫃狀（144/250/8092）
論開孫村河疏（144/250/8100）
再論回河疏（144/250/8103）
三論回河疏（144/250/8105）
論黄河必非東决疏（144/251/8107）
乞罷修河司疏（144/251/8108）
又乞罷修河司疏（144/251/8111）
論黄河軟堰劄子（144/251/8117）
乞更支役錢雇人一年候脩完差役法狀（145/256/8269）
論罷免役錢行差役法狀（145/256/8270）
論衙前狀（145/256/8272）

陳州爲張安道論時事書（145/256/8272）
民政策（145/257/8308）
論差役五事狀（145/257/8310）
再言役法疏（145/257/8311）
又論差役事狀（145/257/8312）
上皇帝書（145/267/8611）
制置三司條例司論事狀（145/267/8624）
乞借常平錢買上供及諸州軍糧狀（145/267/8624）
論青苗狀（145/268/8626）
再論青苗狀（145/268/8626）
三乞罷青苗狀（145/268/8627）
轉對狀（145/268/8628）
論户部三弊疏（145/268/8630）
論蜀茶五害狀（145/269/8659）
論處置川茶未當狀（145/269/8663）
乞罷五月朔朝會劄子（146/303/9717）
論陰雪劄子（146/303/9717）
奏請罷右職縣尉劄子（146/318/10171）
乞招保甲充軍以消盜賊狀（146/318/10179）
論渠陽邊事劄子（147/330/10565）
又論渠陽邊事劄子（147/330/10566）
論西邊警備狀（147/332/10614）
論蘭州等地狀（147/332/10615）
再論蘭州等地狀（147/332/10619）
論熙河邊事疏（147/332/10620）
又論熙河邊事疏（凡二）（147/332/10622）（147/332/10625）
論前後處置夏國乖方疏（147/332/10626）
論西事狀（147/332/10628）
論北朝政事大略疏（147/344/11048）
論不可失信夏人狀（147/346/11106）
乞罷熙河修質孤勝如等寨劄子（147/346/11110）
乞裁抑高麗人使狀（147/346/11112）

蘇籀

勸農劄子（141/111/3616）
論收用武略之士劄子（144/239/7755）
論注解劄子（145/275/8872）

論取士專優春秋三傳劄子(145/275/8874)
應詔議福建路盜賊(146/319/10197)

關播

請爲政之要在得有道賢人*(142/153/4903)

關并

奏治河策*(144/249/8051)

嚴尤

諫伐匈奴(144/227/7348)

嚴安

論天下長策書*(138/24/796)

嚴挺之

諫安福門酺宴疏(143/193/6228)

嚴郢

駁論自徒已下罪人並徙邊州議(143/209/6775)
奏五城舊屯兵募倉儲等數疏(145/260/8384)

嚴善思

論則天不宜合葬乾陵表(141/124/4011)

羅處約

應詔言三司設官疏(142/159/5097)

羅畸

論禮神玉改用圭璧以應古制*(141/126/4065)

羅隱

請追癸巳日詔疏(146/298/9532)

羅點

論王心當如青天白日*(138/4/112)
論朝賀重華宫*(138/11/360)
論郊祀*(138/22/736)
論君子難進小人難退*(142/157/5050)
應詔論天旱*(146/307/9831)

羅願

南劍州上殿劄子一(139/50/1684)
鄂州到任五事劄子(139/50/1685)
南劍州上殿劄子三(142/170/5479)
擬進劄子二(143/195/6266)
南劍州上殿劄子二(144/240/7796)
擬進劄子一(145/287/9243)

二十畫

譙玄

上書諫成帝(143/193/6208)

譙周

諫後主疏(143/193/6212)

龐參

使子俊上安帝書（144/227/7355）

龐統

奏取成都三計*（140/78/2626）

説先主取益州*（140/78/2627）

龐籍

答詔論時政（138/30/1001）

請改復祖宗舊制（140/69/2324）

乞歷選宜爲嗣者（140/73/24308）

乞序正宫掖（140/74/2489）

論先正内而後正外疏（140/81/2724）

論近年賞典太優刑章稍縱疏（143/187/6029）

論狄青爲樞密使（143/187/6031）

乞罷雇珠玉匠（143/191/6155）

論抑奢侈以濟艱難*（143/191/6155）

論宫中所費宜取先朝爲則（143/191/6156）

轉對上言近日可惑者四事*（143/210/6784）

乞郊煙更不行赦疏（144/218/7058）

論出界攻討未便（144/230/7466）

答詔論時政（145/289/9280）

論并忻州地震（146/299/9582）

論范仲淹攻守之策疏（147/324/10369）

竇武

諫黨事疏（145/291/9328）

請悉誅廢宦官以清朝廷*（145/291/9330）

竇貞固

郊廟議（138/18/574）

請定舉士官賞罰奏（141/131/4243）

竇瑗

上表乞評議麟趾制母殺父條（143/209/6762）

竇儀

論郊廟祭玉*（138/18/576）

進刑統表（143/210/6782）

竇靜

論頡利部衆不便處南河封事（147/341/10931）

竇融

封皇子議（140/104/3410）

論園陵廣袤無慮所用*（141/124/4006）

竇憲

上皇太后疏請以桓郁劉方入侍講（138/6/171）

竇儼
上治道事宜疏(138/29/962)
陳政事疏(142/159/5094)
請禁諸鎮酷刑疏(143/215/6977)

二十一畫

權邦彦
獻十議以圖中興(140/91/3034)
權伯衡
論征南之策*(144/235/7643)
權萬紀
請采宣饒銀坑*(145/262/8463)
權貴
論魏徵不以太宗爲長君*(143/201/6487)
權德輿
上遷廟議(138/17/559)
昭陵寢宫議(141/124/4012)
請以仁厚爲先*(143/215/6977)
論裴延齡不應復判度支疏(145/262/8471)
陳闕政(146/298/9531)
酈食其
請往説陳留*(140/78/2618)
請説齊王
顧和
奏禁喪服違制(141/121/3906)
諫假保母周民名號疏(143/197/6328)
顧悦之
上疏訟殷浩(145/283/9114)
顧臻
請除雜伎樂表(141/118/3789)
顧憲之
牛埭税格議(145/254/8195)
顧譚
上疏安太子(140/76/2542)
議奔喪(141/121/3892)

二十二畫

龔夬
請追寢習律制書*(141/114/3679)
論封駁差除狀(141/141/4534)
乞明忠邪劄子(142/156/5016)
乞六察官兼言事(142/161/5176)
彈章惇疏(142/180/5796)
再論章惇疏(142/180/5796)
又論章惇疏(142/180/5797)
乞示好惡明忠邪疏(142/

180/5802)
彈蔡京疏(142/180/5803)
論蔡京疏(142/180/5804)
論三省不疾速進呈言蔡京章疏狀(142/180/5804)
又彈蔡京疏(142/180/5805)
又論蔡京疏(142/180/5805)
再論蔡京疏(142/180/5806)
奏乞檢尋文及甫究問獄案狀(142/180/5806)
彈蔡卞疏(142/180/5807)
論蔡卞疏(142/180/5808)
又論蔡卞疏(142/180/5808)
論去邪疏(142/180/5809)
又論章惇疏(142/180/5810)
論鄧詢武不宜兼編修神宗録*(145/276/8909)
論青唐狀(147/347/11120)

龔茂良

論用人*(142/144/4629)
論水災請去女寵嬖佞小人*(146/306/9797)

龔鼎臣

乞罷簾前奏事(138/34/1153)
再上太皇太后乞還政事疏*(138/34/1154)

龔勝

論宜以儉約先下*(143/191/6146)

龔遂

論治亂民*(146/317/10123)

二十三畫

欒布

論哭彭越*(143/187/6012)

欒枝

論以封狐文豹爲規*(138/23/754)

二十四畫

鬭伯比

論屈瑕必敗*(144/226/7316)

孀孀

論人君側身修行則天意必回*(146/314/10043)

姓氏不詳

令尹
論楚惠王吞蛭*(138/1/2)
上書人
論請去佞者*(138/1/8)
有司
請尊明帝廟曰顯宗進武德之舞*(138/14/456)
有司
奏文昭皇后廟宜世世享祀*(138/14/457)
有司
奏依裴頠議作殿*(138/14/471)
太常
議郊丘所用宮懸及樂舞*(138/22/741)
尚書省
奏禘祫之儀(138/22/742)
禮官
議建閔宗别廟*(138/22/742)
請釋心喪行禘禮疏*(138/22/743)
論郊祀禮神疏*(138/22/744)
麥丘邑人
論祝主君*(138/23/750)
耶律氏
上時政(139/65/2185)
有司
請立太子*(140/71/2380)
侍臣
太宗自言遇物必誨太子*(140/72/2410)
有司
請收義康付廷尉*(140/76/2550)
楚人
説楚頃襄王伐秦*(140/78/2615)
尚書僕射存
請以孫慮爲鎮軍大將軍疏*(140/104/3415)
吏
周文王葬朽骨*(141/105/3435)
侍者
論卜徙於繹*(141/105/3437)
漁者
獻魚楚王*(141/105/3438)
左右
諫吞蝗*(141/110/3593)
群臣
論刊正氏族*(141/116/3736)
禮官
議班師大事不當以后忌撤樂*(141/118/3796)

有司
請割高宗之制從當時之宜*(141/121/3896)
有司
議皇太子心喪既畢不應復禫*(141/121/3910)
侍臣
議禁辰日不哭*(141/122/3939)
群臣
太宗詔州府縣官簡察送葬不依令式者*(141/122/3939)
尚書八座、禮官
定議服紀*(141/122/3940)
侍臣
太宗恨不早見徐幹中論*(141/122/3941)
太常禮官
論父母併喪之服*(141/123/3957)
禮儀使
論百官有私喪公除者聽赴宗廟之祭*(141/123/3957)
太常禮院
請不以文武品秩高下並聽終喪*(141/123/3967)
有司
請復故陵勿起昌陵*(141/124/4002)
太常寺
論爲哲宗服喪之制*(141/124/3988)
國子監
請定釋奠禮器官序疏(141/126/4070)
尚書省
論祀前降祝板及御署*(141/126/4071)
議禮局
論武舞及宮架樂*(141/128/4133)
有司
請補辰鐘辰磬*(141/128/4137)
諫官
薦裴度*(141/131/4240)
廷臣
請文武換授及歲舉武臣*(142/144/4617)
楚善相人
論觀人之交*(142/154/4926)
臣僚
對房玄齡聞李緯拜尚書如何*(142/154/4935)
有司
請令二千石舉孝廉*(142/163/5222)
侍者
論韓昭侯藏弊袴*(143/187/6010)
漁者
諫逐獸*(143/193/6201)

侍臣
論驕侈則危亡*(143/193/6226)
臣僚
太宗削段綸階級却高麗美女*(143/193/6227)
左右
議求言*(143/199/6402)
權貴
論魏徵不以太宗為長君*(143/201/6487)
左右
議主納忠諫臣進直言*(143/201/6489)
議聽言*(143/201/6492)
群臣
議虞世南忠直*(143/201/6493)
廷尉信
更議著令(143/208/6721)
侍臣
議法令*(143/209/6770)
有司
議李孝協賜死*(143/209/6771)
中書門下
奏令張湜等編集新格*(143/209/6781)
中書
上刑名未安者五(143/211/6832)
有司
議收孥諸相坐律令*(143/215/6942)
群臣
太宗悔斬張蘊古*(143/215/6960)
論中書門下及尚書九卿同議大辟*(143/215/6961)
上言者
請赦高甑生*(144/218/7047)
群臣
議宿衛不必以新舊爲差*(144/225/7291)
少孺子
隱諫伐荆*(144/226/7323)
博士諸生
請擊楚戍卒*(144/226/7332)
三公
請討孫權*(144/227/7370)
有司
請討林邑國蠻*(144/229/7422)
群臣
諫親伐高麗*(144/229/7426)
太史
議大旱*(144/243/7865)
左右
諫吞蝗*(144/243/7872)
臣僚
請濬丹陽練湖*(144/253/

8178)

臣僚

論運河之濬*(144/253/8179)

臣僚

乞下浙西諸司條具築捺之策*(144/253/8183)

臣僚

論賦稅折變*(145/259/8351)

有司

論皮幣金幣三銖錢*(145/262/8442)

制置三司條例司

常平新法盡一申明*(145/265/8543)

請行均輸之法(145/266/8570)

群臣

議行五銖錢*(145/262/8463)

左右

論不當以天子拜孔子*(145/274/8820)

太史

測天下之晷議*(145/279/8971)

有司

請上順帝尊號曰敬宗廟*(145/281/9036)

三公

請上甄后尊謚曰文昭皇后*(145/281/9039)

侍臣

唐太宗詔二名不偏諱*(145/281/9043)

東野鄙人

請禮九九之術*(145/285/9160)

有司

奏言不可哭張公謹*(145/285/9178)

侍郎章

上疏言宜聽韋玄成讓襲爵*(145/285/9162)

御史臺臣

請録用脱脱之子還其田宅宣命*(145/286/9227)

諫車駕田柳林疏*(145/287/9257)

有司

請封禪*(146/294/9402)

群臣

請封禪*(146/294/9406)

議諸州不得申奏祥瑞*(146/298/9520)

群臣

論止盜*(146/317/10128)

匠師慶

諫丹桓宫之楹而刻其桷*(146/315/10049)

臣僚

乞於嶺南要地築城堡籍民兵*(147/337/10814)

全州

論徙閒地巡檢兵分屯諸溪谷山徑*(147/336/10782)

群臣

議安置突厥於河南*(147/341/10941)

臣僚

乞復武岡軍溪山同義保舊制*(147/348/11182)

鳴謝

《儒藏》精華編惠蒙善助，共襄斯文；謹列如左，用伸謝忱。

本焕法師　壹佰萬元

智海企業集團董事長　馮建新先生　壹佰萬元

NE·TIGER時裝有限公司董事長　張志峰先生　壹佰萬元

張貞書女士　壹佰萬元

方正控股有限公司、金山軟件有限公司創始人　張旋龍先生　壹佰萬元

北京大學《儒藏》編纂與研究中心

本册審稿人　李曉明
本册責任編委　谷　建

圖書在版編目(CIP)數據

儒藏.精華編.一四七/北京大學《儒藏》編纂與研究中心編.—北京：北京大學出版社，2022.3

ISBN 978-7-301-11865-8

Ⅰ.①儒… Ⅱ.①北… Ⅲ.①儒家 Ⅳ.①B222

中國版本圖書館CIP數據核字（2022）第036347號

書　　名	儒藏（精華編一四七） RUZANG（JINGHUABIAN YISIQI）
著作責任者	北京大學《儒藏》編纂與研究中心　編
責任編輯	王　應
標準書號	ISBN 978-7-301-11865-8
出版發行	北京大學出版社
地　　址	北京市海淀區成府路205號　100871
網　　址	http://www.pup.cn　　新浪微博：@ 北京大學出版社
電子信箱	dianjiwenhua@126.com
電　　話	郵購部 010-62752015　發行部 010-62750672　編輯部 010-62756449
印 刷 者	北京中科印刷有限公司
經 銷 者	新華書店
	787毫米×1092毫米　16開本　72印張　740千字
	2022年3月第1版　2022年3月第1次印刷
定　　價	1200.00元

ISBN 978-7-301-11865-8
9 787301 118658 >
定價：1200.00元